Malerei der Welt

Herausgegeben von Ingo F. Walther

Malerei der Welt

Eine Kunstgeschichte in 900 Bildanalysen
Von der Gotik bis zur Gegenwart

ERSTER TEIL

Von der Gotik zum Klassizismus

von Robert Suckale, Manfred Wundram,
Andreas Prater, Hermann Bauer,
Eva-Gesine Baur

TASCHEN
KÖLN LONDON MADRID NEW YORK PARIS TOKYO

Abbildung Seite 2:
Tizian
Flora, um 1514
Öl auf Leinwand, 80 x 63,5 cm
Florenz, Galleria degli Uffizi

Hohenzollernring 53, D–50672 Köln

Redaktion und Produktion: Ingo F. Walther, Alling
Mitarbeit: Matthias Feldbaum, München
Umschlaggestaltung: Angelika Taschen, Köln
Satz: Peter Oberressl, Moosinning
Korrekturen: Gisela Friedrich, München
Reproduktionen: Repro Ludwig, Zell am See

Printed in Italy
ISBN 3–8228–6942–2
D

Inhalt

Robert Suckale

GOTIK

Die Wiedergeburt der Kunst

Mit der Gotik beginnt ein neuer Abschnitt der Kunstgeschichte. Der Aufbruch vom Mittelalter zur Renaissance und der Beginn der weltlichen Malerei.
War der Mensch des Mittelalters in seiner Ideenwelt noch ganz dem Jenseitsgedanken verhaftet, so sucht der Künstler der Gotik im Leben selbst nach Inspiration und findet eine neue Wahrheit. Die Entdeckung einer neuen sinnlichen Welt führt auch zu einer freudigeren und gefühlsbetonteren Auffassung der Realität.
Die Entwicklung der höfischen Standesgesellschaft und das Aufkommen stadtbürgerlicher Kulturen fördern das Aufblühen der Gotik und führen zu einer Verfeinerung und neuartigen Eleganz der Kunst. Liebevolle Detailschilderung, bewegte Linienführung, leuchtende Farbgebung und eine raffinierte Technik sind typisch für den neuen Stil, der rasch ganz Europa erobert.
Höhepunkte der Epoche sind die Wand- und Tafelgemälde in Florenz und Siena mit den Meisterwerken Giottos, Duccios, der Brüder Lorenzetti, Simone Martinis oder Fra Angelicos; in Frankreich und in den Niederlanden die prachtvollen Illuminationen der Brüder Limburg und anderer Buchmaler; die Tafelmalerei der Böhmen am Prager Hof oder der »weiche« Stil der norddeutschen Meister bis hin zur Anmut Stefan Lochners.

Giorgio Vasari (1511–1574), Florentiner Maler aus der Schule Michelangelos (1475–1564) und erster Geschichtsschreiber der Kunst Italiens, somit Bahnbrecher für die Kunstgeschichtsschreibung überhaupt, stellt in seiner Lebensbeschreibung Giottos (um 1266–1337) fest, mit ihm beginne die Wiedergeburt der Kunst. Dieser Satz gilt noch heute. Auch in dieser Epochendarstellung steht Giotto am Anfang. Doch sind zwei Einschränkungen zu machen. Der Satz gilt nur für die Malerei, nicht ebenso für Skulptur und Architektur. Und: Wir müssen neben Giotto die großen Maler von Siena stellen.

Wenn Vasari von der Wiedergeburt der Kunst spricht, so meint er damit die Wiedererlangung der vollkommenen Beherrschung der künstlerischen Mittel und der Naturnachahmung wie in der antiken Kunst Griechenlands und Roms. Hierfür verwenden wir den Begriff der Renaissance. Und doch sollte man, wie unten noch erläutert wird, diesen Begriff für die Kunst zwischen 1300 und 1430 nicht verwenden. Denn von einer Wiedergeburt der antiken Kunst oder gar der Malerei können wir nicht sprechen. Zwar bemerken wir an den uns bekannten Werken der Antike vieles, was uns im 14. und 15. Jahrhundert wiederum begegnet: das Studium der Natur und vor allem des Aufbaus und der Bewegungen des menschlichen Körpers; Darstellung von Landschaft und Raum; differenzierte Verwendung der Farbe. Aber von den wenigen antiken Malereien, die wir heute kennen, war keine einzige im 13. Jahrhundert zu sehen. Man wußte von antiken Gemälden nur aus den antiken Schriftstellern.

Man kannte die Mosaiken und verblichenen Fresken der Basiliken Roms aus frühchristlicher Zeit; anscheinend haben sogar die Maler Roms im 13. Jahrhundert bei der Restaurierung der inzwischen gänzlich verlorenen Wandmalereien manche Anregungen empfangen. Antikes Erbe wurde auch über die Buchmalerei tradiert, aber erst die Maler des 15. Jahrhunderts haben aus diesen Buchmalereien etwas Gewinn gezogen. Für die ältere Kunst waren diese Vorbilder wie nicht vorhanden.

Gewiß hatte man genug Werke aus anderen Gattungen der antiken Kunst vor Augen, Gemmen und Münzen, Statuen und Sarkophagreliefs oder die stattlichen Reste antiker Architektur. Man hatte sogar zum Teil mehr davon als heute. Sie wurden studiert, doch sind sie weder Ausgangspunkt des künstlerischen Bemühens, noch finden wir den Ehrgeiz, ihnen gleichzukommen.

Die historische Rolle Frankreichs

Sowenig der Florentiner Lokalpatriot Vasari der verfeindeten Nachbarkommune Siena je eine führende Rolle zuerkennen wollte, sowenig mochte der Italiener Vasari etwas von der Bedeutung Frankreichs für die Entstehung und Ausbildung der europäischen und der italienischen Kunst des 14. Jahrhunderts wissen. Die Zeitgenossen sahen das anders, so Dante Alighieri (1265–1321), so Francesco Petrarca (1304–1374), der längere Zeit in Frankreich lebte. Frankreich war das Land der Ritterschaft und ritterlichen Lebensformen. Das französische Königtum hatte außerordentliches Prestige. König Ludwig IX., der Heilige (1226–1270), war der angesehenste Fürst Europas, ja er galt als der ideale König. Dieses Land war nicht nur das Mutterland der großen Reformorden des 11. und 12. Jahrhunderts, der Kluniazenser, Kartäuser, Zisterzienser oder Prämonstratenser, sondern auch Sitz der hohen Schulen an den Stifts- und Bischofskirchen, die Heimat der ersten echten Universität in Paris. Hier wurde das wissenschaftliche und philosophische System der Scholastik konzipiert und weiterentwickelt. In ihm verband sich das Studium der antiken Philosophen, erstmals auch des Aristoteles, mit einer neuen Rationalität des Denkens und Nüchternheit der Beobachtung. Die Antike ist wesentlicher Bestandteil, und doch ist die Scholastik etwas ganz Eigenes.

Ähnliches könnte man auch von der in Frankreich entstandenen Architektur der Gotik sagen. Denn ihre Motive sind genetisch aus denen der Antike abzuleiten; doch ist in unseren Augen die Eigenständigkeit in Konstruktion und Planung, in Mathematik und Entwurf auffälliger. Sicher ist die Verbreitung der neuen französischen Kunst durch das Prestige Frankreichs gefördert worden. Doch darf man nicht übersehen, daß Frankreich auch höchst reale Macht hatte. Unteritalien wurde von dem französischen Königshaus der Anjou regiert, das im ganzen Land viele Parteigänger hatte, darunter auch Florenz und Siena. Der französische König hatte 1309 den Papst gezwungen, seine Residenz von Rom nach Avignon zu verlegen. Kein Land hatte bis zur Mitte des 14. Jahrhunderts vergleichbare Macht und Ansehen.

Die französischen Verhältnisse prägen den Anfang der Epoche und wirken lange nach. Zwar hat Wilhelm Pinder (1878–1947) mit Recht von der Zeit nach 1300 als dem »Aufstieg des malerischen Zeitalters« gesprochen. Um 1430 ist die Malerei die führende Gattung in Europa. Doch ihre Anfänge sind bescheiden. Sie werden bestimmt von der alles überragenden Architektur und der am Kirchenbau zu neuem Rang gelangten Skulptur; selbst die Goldschmiedekunst ist von größerer Bedeutung. Etwas überspitzt kann man sagen, daß aus der Malerei erst mit dem Aufstieg der Kunst in Italien etwas »werden« konnte.

Der gotische Architekt als führender Künstler

Der Architekt der Zeit ist mehr als seine Vorgänger Techniker und Konstrukteur. Schon die Zeitgenossen verglichen die großen Baumeister des 13. Jahrhunderts mit Dädalus, dem Erfinder der griechischen Sage, der sogar fliegen konnte – und dabei seinen Sohn verlor. Das Experimentieren in technischen Dingen ist Kennzeichen der gesamten Epoche, auch in den bildenden Künsten.

Giotto di Bondone
Die Vertreibung der Teufel aus Arezzo (Detail), um 1296–1297
Fresko. Assisi, San Francesco, Oberkirche

Die großen und immer größer werdenden Bauvorhaben der Kathedralen erzwangen neue Techniken der Planung. Die Architekten entwickelten etwa seit 1200 die maßstäblich verkleinerte Planzeichnung. Die Arbeit des Baumeisters begann sich auf das Zeichnen am Reißbrett zu konzentrieren; der Entwurfsprozeß wurde intellektualisiert. In Verbindung mit der innovativen Grundeinstellung wurde das Entwerfen immer mehr zum Ausdenken und – wie man damals sagte – Erfinden. Selbst die künstlerische Ausbildung scheint umfassender gewesen zu sein und ist über die Lehre des Handwerklichen hinausgegangen. Was wir später als akademische künstlerische Schulung bezeichnen, wird zuerst an den großen Bauhütten spürbar.

Die Architekten haben sich, damit die Baukunst nicht mehr wie zuvor als eine niedrig angesehene »mechanische Kunst« galt, vor allem intensiv mit Geometrie beschäftigt, die zu den sog. »freien Künsten« gehörte. Damit entsprachen sie zugleich einer Vorliebe der Zeitgenossen, die Gott als den Baumeister der Welt ansahen, architectus genannt.

Das Arbeiten mit geometrischen Grundformen und festen Maßen wurde selbstverständlicher Bestandteil architektonischen Entwerfens, ein Element der gotischen Mentalität. Das geometrische Ornament des Maßwerks ist ein Leitmotiv der gesamten damaligen Kunst. Anscheinend im Gegensatz dazu steht die Vorliebe für genau gezeichnete Blätter und andere Naturelemente. Aus dem Sitz des Blattwerks an »dienenden«, untergeordneten Bauteilen und der Kombinierbarkeit mit Maßwerk wird jedoch klar, daß Geometrie nur als die idealste Form der Natur verstanden wurde. Gerade dieses »naturnahe« Geometrieverständnis und der Wunsch nach ständigem Wechsel führten zu immer komplizierteren mathematischen Figurationen und zur Anreicherung mit ungeometrischen Teilen. Diese verschlungenen Formgebilde galten als rational, wirken aber nicht mehr so. Sie erscheinen uns phantastisch, da wir das dahinter stehende Wirklichkeitsverständnis nicht erkennen.

Der soziale Aufstieg der Architekten, ihr wachsendes Ansehen, das manchem sogar den Ritterschlag einbrachte, zog letztlich auch den Aufstieg der anderen Künstler nach sich. Der Architekt leitete ja nicht nur planerisch die Bauhütte, sondern war selbst Künstler, vor allem Bildhauer, auch vielleicht gelegentlich Entwerfer für Glasgemälde und Dekorationsmaler. Die Baukunst nahm die Skulptur und alle Künste in die Schule.

Die Bildhauer der Kathedralen. Die Kirchenportale als neue Aufgabe

Zwischen den Architekten als Begründern der künstlerischen Epoche und den Malern als ihren Vollendern vermitteln die Bildhauer. Sie haben die neuen künstlerischen Entwurfstechniken, aber auch die Wirklichkeitsauffassung und selbständige Erfindung in die bildenden Künste eingebracht. Sie haben sich der Zeichnung bedient. Die Maler brauchten nur noch auf diese Vorlagen und Musterbücher zurückzugreifen. Die Hauptaufgabe der Steinmetzen an den Kathedralen war die Ausstattung der Figurenportale. Hierfür gab es kaum Traditionen; dieser Zwang zum Neuen war eine Chance zu größerer künstlerischer Freiheit.

Die großen skulpturgeschmückten Portale hatten eine klare Aufgabe als öffentlich sichtbare Kunstwerke. Das 12. und 13. Jahrhundert ist eine Zeit des Umbruchs von Wirtschaft und Gesellschaft gewesen. Neben und sogar vor das mittelalterliche Kaisertum treten die Nationalmonarchien. Wir sehen das erste kraftvolle Auftreten des Handelsbürgertums und die damit verbundene Geldwirtschaft. Westeuropa war in eine Umbruchs- und Innovationssituation geraten. Was wir heute als den Aufbruch in die Neuzeit charakterisieren, wurde von den Zeitgenossen oft ähnlich, ebensooft aber als eine schwere Krise und Gefahr, als Epoche der Zerstörung des Alten, ja als Endzeit und Ruin von Kirche und Staat empfunden. Besonders die Kirche wurde durch schnell um sich greifende ketzerische Bewegungen fundamental angegriffen.

Gegen die Kritiker die Lehren der Kirche fest und klar darzustellen und zu behaupten war einer der Hauptzwecke von Kirchenportalen. Wenn zum Beispiel die Katharer die menschliche Natur Christi anzweifelten, wie konnte man diese besser vergegenwärtigen als mit den Mitteln der Kunst? Wie konnte man besser den geleugneten Zusammenhang des Alten und des Neuen Testamentes demonstrieren als in den anschaulichen Gegenüberstellungen der Portale, in den dort geschaffenen systematischen Antithesen oder Stufenbauten? Man nutzte die sinnliche Faszination der bemalten, dreidimensionalen, die Gegenwart des Dargestellten vortäuschenden Skulptur. Für die Bildhauer jedoch folgte daraus das Recht, ja die Notwendigkeit, die Menschen und Dinge möglichst lebensecht und ausdrucksstark darzustellen.

Als eines der Vorbilder diente die in hoher Achtung stehende antike Skulptur, Elfenbeine und Kleinbronzen ebensosehr wie die Statuenreste oder Sarkophagreliefs. Man gewann aus diesen Studien größere Sicherheit in der Durchbildung des menschlichen Körpers, seines Stehens und seiner Bewegung; man entdeckte Möglichkeiten der Gestaltung durch Gewandung und studierte den Ausdruck des Seelischen in Antlitz und Körpersprache. Da aber gerade die emotionale Wirkung ein Hauptziel dieser Kunst war, so veränderten die französischen gotischen Bildhauer die statischen antiken in dynamische Motive. Der Ausdruck wurde übersteigert. Die Gewandung als Element der Neugestaltung wurde zu einem Hauptziel der künstlerischen Bemühungen. Sie war nie ganz unwahrscheinlich und veränderte doch die Figuren, steigerte den Ausdruck und doch auch die Distanz.

Etwa seit 1250/60 begann man in Frankreich die Systematisierung der Formen und die Ausprägung kanonischer Typen zu fördern. Dieser Prozeß war gegen Ende des 13. Jahrhunderts abgeschlossen. Doch verblieb den Bildhauern und anderen Künstlern ein Rest der neu gewonnenen Freiheit, da sie diese Formeln selbständig zu variieren hatten, weil man eine Gleichförmigkeit der Werke ablehnte. Von nun an strebten die Künstler nach mehr Freiheit, ja nach Raffiniertheit der Form. Die Würze eines Werkes lag nun weniger in dem großen Wurf, sondern in der Durchbildung des Details.

Diese gotische »Orthodoxie« führte zu einer Lähmung der fortschrittlichen künstlerischen Kräfte in Frankreich und zugleich zu einer akademischen Verschulung – immerhin wurde Kunst nun auch in höherem Maße lernbar. Doch hatte inzwischen die »neue Kunst« auch außerhalb der französischen Grenzen Fuß gefaßt. Von Bedeutung war vor allem Italien, wo Bildhauer wie Niccolo Pisano (um 1220 bis vor 1287), sein Sohn Giovanni (um 1245 bis nach 1314) und sein Schüler Arnolfo di Cambio (um 1254 bis um 1302) die Ausdruckskraft gotischer Skulptur zu größerer Glut steigerten und die Darstellung der Körper wieder mehr zum Ziel der Kunst machten.

Die Malerei Frankreichs im 13. Jahrhundert

Die Hauptaufgaben der französischen Maler des 13. Jahrhunderts waren nirgends so neu und außergewöhnlich wie die der Kathedralsteinmetzen. An Kirchenausstattung war die Glasmalerei von Bedeutung; hinzu kam die Ausmalung der Bücher. Die Entfaltungsmöglichkeit der Wandmaler wurde durch die fast durchgehende Durchfensterung der Wände immer mehr eingeschränkt – sie überlebte nur in Nebenräumen oder an Mauerzwickeln.

Keine Malerei stand so im Mittelpunkt öffentlicher Aufmerksamkeit wie etwa ein Kirchenportal. Sie war untergeordnet und wurde in großen Stückzahlen hergestellt. Dies gilt von den Tausenden von Glasfenstern wie von den Buchmalereien, die mit viel Routine und einer weit vorgetriebenen Arbeitsteilung unzählbar oft in ähnlicher Art in immer den gleichen Buchtypen angebracht wurden. Selbst die Bücher für den königlichen Hof waren weniger auf Besonderheit der einzelnen Bildseite als auf Geschlossenheit der zyklischen Gesamtwirkung hin angelegt. Auch wenn wir analoge Züge in der Skulptur bemerken, so etwa an den großen Zyklen von Chartres und Amiens, so dominiert bei Bildhauern doch nie die fast serielle Produktion wie bei den Buch- und Glasmalern.

Gebetbücher als neue Aufgabe

Ausgehend von der stärker werdenden Einbeziehung der Laien in die Frömmigkeitsübungen der Geistlichen setzt sich seit Mitte des 13. Jahrhunderts das Stundenbuch durch. Es verbindet Teile des geistlichen Breviers mit dem Gebetbuch der Laien.

Die damalige Meditationsübung isolierte gerne einzelne Züge der zu betrachtenden Szenen voneinander und meditierte sie gemäß den persönlichen Neigungen. Entsprechend wurden an Einzelelementen reiche Bilddarstellungen ausgearbeitet, die es erlaubten, in den Bildern zu lesen. Daneben mußten gerade bei der Aufgabe des Stundenbuches auch Ansprüche auf ästhetische Ausgestaltung, ja Unterhaltung befriedigt werden. Dies wirkte sich nicht nur in der Anbringung von Drolerien aus. Die Bücher wurden zu kostbaren und dekorativen Gebilden. In Farbe und Formgebung wurden auch die religiösen Hauptbilder immer mehr der raffinierten Luxuskunst der Zeit angenähert, den Goldschmiedewerken mit ihren transluziden Emails in gebrochenen Farbtönen, den Elfenbeinen oder kostbaren Seidenstoffen. Die Buchmalerei wurde selbst zu einer Luxuskunst. Der Illuminator trat in Konkurrenz zu den anderen Kunsthandwerkern. Nicht allein technisches Können, sondern immer mehr auch Raffinement und selbständige Erfindung waren verlangt.

Die Vorbildlichkeit der byzantinischen Malerei

Die Maler des 13. Jahrhunderts fanden, anders als die Bildhauer, eine mächtige Tradition vor: die byzantinische Malerei und deren ältere abendländische Umformungen. Deren Vorbildlichkeit ist in der französischen Malerei deutlicher erkennbar als in der Skulptur (Abb. S. 27). In anderen Ländern ist die Orientierung an der östlichen Kunst noch stärker und nimmt im Verlauf des 13. Jahrhunderts noch zu. In Venedig, offiziell ein byzantinisches Herzogtum, ist dies zwar zu begreifen – byzantinische Kunst dominiert hier bis ins 15. Jahrhundert. Doch überrascht um so mehr, daß das Hauptportal der so reich mit Mosaiken im östlichen Stil ausgeschmückten Markuskirche Skulpturen hat, die ohne Zweifel von den modernsten gotischen Formen Frankreichs ausgehen und sogar antike Reminiszenzen zeigen.

Auch die Maler der Toskana, wo es im 12. Jahrhundert eine eigenständige Malerei gegeben hatte, greifen die später von Vasari so verschmähte »maniera greca« auf und machen sie sich zu eigen. Als Ursache wird gern die Eroberung Konstantinopels 1204 durch die westlichen Kreuzfahrer (mit Unterstützung Venedigs) genannt. Doch kann dies nicht der entscheidende Grund gewesen sein, da es vorher nicht nur mehrere Kreuzzüge, sondern auch vielfältige andere Kontakte gegeben hatte. Ein wichtigerer Grund ist gewesen, daß die byzantinischen Tafelgemälde thematisch und in der Darstellungsweise der frommen Betrachtung etwas boten, was es in der abendländischen Malerei nicht gab. Die Rezeption byzantinischer Kunst fällt zusammen mit dem Anwachsen der frommen Volksbewegungen. Da Italien aber das Ursprungsland dieser religiösen Volksbewegungen ist, wurde es auch das Land, in dem die byzantinische Kunst am tiefsten wirkte.

Das Altarbild als neue Hauptaufgabe in Italien

Die großen Altarbilder waren früher der bestimmende Eindruck, wenn man eine Kirche betrat. Wir stellen uns nur schwer vor, daß sie für das 13. Jahrhundert etwas Neues waren. Die Entstehungsgeschichte dieser Aufgabe ist allerdings so kompliziert, daß hier nur der Zustand beschrieben sei, der um 1300 in Italien erreicht ist. Denn Italien ist das

Land, in dem eine gemalte Tafel damals beinahe auf jedem Altar stand. Von dort aus verbreitete sie sich auch im Norden und verdrängte zuletzt das steinerne Retabel.

Die Anregung kam von den byzantinischen Ikonostasen und Ikonen, die Begründung aber aus den Wandlungen in Liturgie und Frömmigkeit. Während der Priester zuvor mit dem Gesicht zur Gemeinde zelebriert hatte, setzte sich immer mehr der Brauch durch, wie zuvor an Nebenaltären, den Gläubigen den Rücken zuzuwenden und den Priester gleichsam als Anführer eines Zuges zu Gott zu denken.

Die Bettelorden förderten zur Hebung der Volksfrömmigkeit den Bilderkult. Zugleich wuchs allgemein der Wunsch nach Vergegenwärtigung. Erst 1264 wurde das Fest der Eucharistie, Fronleichnam, eingeführt. In dieser Epoche wurde es üblich, daß der Priester im Meßopfer die Hostie hochhob. Damals auch wurden die Monstranzen und Ostensorien konzipiert, in denen man nun die heiligen Dinge auch wirklich sehen konnte. Das Altarbild ist nur aus diesem Streben nach Sichtbarkeit zu verstehen. Für den Gläubigen überhöhte es optisch den Priester. Das gemalte Altarbild ersetzt aber auch die Mosaiken und Fresken der Apsiden, und es verdrängt die kostbaren goldenen Antependien und Aufsätze. Zwar ist es im Hauptbild immer feierlich und repräsentativ, doch oft in anderen Teilen wie eine überreiche Bilderwand mit bis zu einem halben Hundert Szenen, wie etwa Duccios (um 1250/60–1318) Maestà. Altarbilder, nicht mehr Kirchenportale, wurden zum wichtigsten Teil der Kirchenausstattung.

Ein Beispiel verdeutlicht am besten, wie sich die Verhältnisse ändern. Die Sienesen verehrten in ihrem Dom ein in Teilen plastisches Altarbild, die sog. »Madonna con gli occhi grossi« (mit den großen Augen), ein bescheidenes Werk des frühen 13. Jahrhunderts, dem sie den großen Sieg von 1260 über die Florentiner zuschrieben. Dennoch wurde es noch nicht einmal fünfzig Jahre nach dem Wunder »abgesetzt«. An seine Stelle trat Duccios Maestà. Dieses Bild wird von Zeitgenossen als »schöner, frömmer und größer« gerühmt. Als Duccios Tafel 1311 aus der Werkstatt des Malers in den Dom transportiert wird, bleiben die Läden geschlossen; alle Menschen sind auf den Beinen, um die feierliche Prozession des neuen Altarbildes der Stadtpatronin in den Dom zu begleiten.

Die Andachtsbilder

Langfristig gesehen ist das Andachtsbild fast noch wichtiger geworden. Denn es war nicht nur vielfältiger, sondern stand im Mittelpunkt der privaten Frömmigkeit und war zugleich das Stück Malerei, in dem sich der private Geschmack zuerst zum Ausdruck bringen konnte. Vorbild waren die byzantinischen Ikonen, treibende Kraft aber die Privatfrömmigkeit des 13. Jahrhunderts. Sie brachte in Frankreich das Stunden- und Andachtsbuch hervor, in Italien die gemalte Tafel. Als große Tafel, größer sogar als Altarretabel, diente sie Bruderschaften für ihre gemeinsamen Andachten und repräsentierte zugleich den gewählten Patron auch öffentlich. Als Ikone, halbfigurig oder in anderen Größen, finden wir sie an verschiedenen Stellen der Kirchen, etwa in Sakristeien oder über Türen, aber ebenso in Kapellen und Privathäusern. Mit der Zeit wurden auch die Bildtypen für die Privatandacht zahlreicher, Bilder für die Reise oder das Schlafzimmer, als Diptychon oder Nachbildung eines Altares.

Die byzantinischen Bilder des Schmerzensmannes oder der Schmerzensmutter, die vielen Marienbilder, die eine innige oder schmerzvolle Beziehung zwischen Mutter und Kind dem gläubigen Betrachter vor Augen stellten, wurden um viele neue Themen und Motive der Meditation, zugleich um immer neue Bild-Erfindungen bereichert. Doch ist vor allem die Gestaltung dieser Bilder bemerkenswert. Da sie relativ frei von liturgischen und anderen kirchlichen Vorschriften gestaltet werden durften, konnte die Auffassung in Inhalt und Form eine ganz persönliche werden, eine menschlich wärmere und tiefere oder prächtigere und oberflächliche. Gute Bilder dieser Gattung sind selten schematisch; vielmehr finden wir hier die individuellsten und ungewöhnlichsten Lösungen.

Giotto und die Wandmalerei in Mittelitalien

Giotto ist vom Wesen her Wandmaler. Um seine historische Stellung zu verstehen, muß man auf diese uns fremd gewordene Gattung der Malerei eingehen. Die ältere Wandmalerei in Italien war eine blühende, wenig an Traditionen und Vorschriften gebundene Aufgabe. Im 13. Jahrhundert hatte sie vor allem in Rom einen neuen Aufschwung genommen, beeinflußt auch durch die Restaurierung der frühchristlichen Fresken zum Beispiel der Basilica San Paolo fuori le mura durch Cavallini.

Anregungen der römischen Maler kamen den Florentinern vor allem während der Ausmalung der Oberkirche von San Francesco in Assisi zugute, damals das wohl wichtigste Tätigkeitsfeld für Wandmaler. In Assisi war jeder der großen Künstler der Zeit zwischen 1270 und 1340 tätig, mit Ausnahme wohl von Duccio. Während zuvor Wandmalerei oft nur als billiger Ersatz des teuren Mosaiks galt, gewann sie durch Giotto ein so hohes Ansehen, daß sie nun auch für reiche Palastkapellen würdig genug erschien. Das Mosaik aber wurde fast ganz verdrängt, außer in Venedig und an einigen päpstlichen Bauten.

Technische Besonderheiten des Freskos

Der Name leitet sich davon ab, Farben auf den noch frischen Putz (al fresco) aufzutragen, im Gegensatz zu der Technik der auf den trockenen Grund (al secco) gemalten Gemälde, die vorzugsweise in den nördlichen Ländern üblich war. Das Fresko wird abschnittsweise (in sog. Tagwerken) und zumeist von oben nach unten gemalt. Es fordert schnelle Arbeitsweise, um nicht die Haltbarkeit der Malerei zu gefährden. Zeit hatte man nur bei den Vorbereitungen. Auf den rohen Grundputz kam eine monochrom und skizzenhaft angelegte Vorzeichnung (Sinopie); bei Bedarf mit einer neuen Putzschicht auch eine zweite. Sie wurden mit der Arbeit Stück für Stück zugedeckt, werden aber heute bei der oft notwendigen Abnahme der Fresken wieder sichtbar. In den fertig aufgetragenen obersten Putzgrund wurden durch Ritzungen oder helle Pinselstriche die Grundzüge des Bildabschnittes erneut angelegt. Der Maler benötigte eine geübte Hand, da Korrekturen kaum möglich waren. Nachträglich aufgetragen wurden nur das Blau und feinere Verzierungen und Vergoldungen.

Leider haben jedoch oft gerade diese Teile nicht standgehalten und sind abgefallen (Abb. S. 30–32). Dadurch wird die Gesamtwirkung alter Fresken oft sehr verfälscht. So ist etwa bei der Verkündigung des Fra Angelico (um 1395/1400 – 1455) in San Marco in Florenz (Abb. S. 59) statt des roten Goldbrokats der Muttergottes, dem ursprünglich stärksten Farbakzent des Bildes, nur ein blaßrosa Schatten geblieben. An diesem Werk sind im übrigen aufgrund der Unterteilung in Abschnitte deutlich die Schwerpunkte des künstlerischen Interesses erkennbar, etwa das Bemühen um die genaue Wiedergabe der Kapitelle. An der mehrfachen Abänderung des Mariengewandes gegenüber den Vorzeichnungen bemerken wir die Intensität der Überlegungen während der Arbeit an der Hauptfigur. Ebenso kann man an diesem wie den anderen Fresken die Arbeitsteilung ablesen. Unwichtigere Teile wurden Gehilfen überlassen, etwa die Wiesenstücke.

Giottos Rationalität

Bei großen Arbeiten wie der Ausmalung ganzer Kirchen waren gute Organisation und Arbeitsteilung notwendig, verbunden mit einer entsprechenden Schulung der Mitarbeiter sowie einer leicht faßlichen Ausprägung der zu malenden Formeln für Gesicht, Gewand und Gebärde. Dies klingt wie eine Beschreibung der Fähigkeiten Giottos und ist es auch. Geschlossenheit und Klarheit im Aufbau sind auch Wesenszug seiner Kunst. Bei der Franziskuslegende in Assisi sind jeweils drei Bilder zusammengefaßt durch eine einheitlich gestaltete, auf einen Blickpunkt bezogene Architektur, ebenso auch durch die Komposition. Die Szenen sind in einem so vorher nicht anzutreffenden Maße streng gerahmte Bilder und zugleich Teile einer genau gegliederten Wand.

Diese Klarheit ist ein Erbe der gotischen Architekten Frankreichs. Im Vergleich der Thronarchitektur der Madonnentafeln von Cimabue (um 1240 bis nach 1302) und Giotto (Abb. S. 28/29) wird deutlich, was von der französischen Architektur an Klarheit (und zugleich Rhythmik) in der Ordnung der Formen zu lernen war. Doch geht Giotto weit über das Vorangegangene hinaus. Bei der Arenakapelle in Padua, seinem Meisterwerk, gestaltet er, der Maler, den Raum, seine Wände und die Gewölbe – er setzt sich an die Stelle des Architekten. Aber er denkt auch wie ein Architekt. Denn er malt die Szenen und Architekturteile so, als würden sie aus einer einzigen Lichtquelle beleuchtet; diese aber ist als identisch mit dem Hauptfenster der Westwand angenommen.

Giotto di Bondone
Kreuzigung (Detail), 1303–1305
Fresko. Padua, Capella degli Scrovegni all'Arena

Die Veränderung der Bilder gegenüber der älteren Kunstauffassung wirkt paradox. Während bei älteren Fresken die Figuren distanziert und fremd wirken, aber vor dem Betrachter fast wie im Schaufenster aufgereiht werden und untereinander keinen echten Handlungs- und Blickkontakt haben, baut der den Betrachterstandpunkt so genau berücksichtigende Giotto zugleich als erster die Handlung in sich logisch auf. Statt der Darstellungskonventionen, wie etwa der bevorzugten Dreiviertelansicht der Köpfe und Körper, gibt er den einen als Rückenfigur, den anderen seitlich oder gedreht, wie es die Darstellung der Erzählung erfordert. Doch wird die Sichtbarkeit der Szenen für den Betrachter dadurch nicht eingeschränkt – im Gegenteil: Giotto benutzt diese Darstellungsweise als Mittel zur Ausdruckssteigerung wie in der Beweinung Christi in Padua (Abb. S. 32).

Giotto di Bondone
Der Hochzeitszug der hl. Maria,
1303–1305
Fresko. Padua, Capella degli Scrovegni all'Arena

Giottos Darstellung der Wirklichkeit

Giotto erzählt einfach. Seine Bilderfindungen wird man nie »Einfälle« nennen können. Sie haben nichts Künstliches. Jede Erzählung wird in Haupt- und Nebenthemen gegliedert – Haupt- und Nebenpersonen werden entsprechend ihrer unterschiedlichen Wichtigkeit für die Handlung teils vereinzelt, teils in eine Gruppe eingebunden. Ausgangspunkt der Komposition ist weniger die Bildtradition, sondern die Vergegenwärtigung des zu erzählenden Momentes und die Prüfung an der eigenen Lebenserfahrung. Bewegung und Ausdruck werden zurückhaltend gestaltet.

Wir können uns heute nur schwer vorstellen, wie überraschend für die Zeitgenossen diese gegenüber dem Älteren fast alltägliche Sicht der Dinge gewirkt hat. Immer wieder wird die »Natürlichkeit« Giottos gerühmt. Doch dürfen wir in ihm keinen Vorläufer holländischer Genremaler des 17. Jahrhunderts vermuten. Denn die Figuren sind im Aufbau streng; sie handeln gemessen und würdevoll. Die Gesamtwirkung der Bilder ist erhaben und monumental. Gegenüber der älteren Malerei hat Giotto aber auch auf vieles verzichtet. So hat er die Fülle der Falten, die zumeist an abstrakte Gespinste erinnern, auf wenige, eher tektonische Formen reduziert. Er vermindert auch den vielen Zierat und die üppige Vergoldung. Landschaft, Handlungsräume und Gegenstände werden nur in knappster Fassung gegeben.

Naturnachahmung

Dem Betrachter der Werke Giottos fällt es schwer, Boccaccio zuzustimmen, Giotto habe die Gabe besessen, »alle Werke der Mutter Natur so getreulich darzustellen, daß seine Wiedergabe nicht nur der Natur ähnelte, sondern selbst Natur zu sein schien, so daß bei vielen Darstellungen das Auge des Betrachters irregeführt wurde und für echt ansah, was nur gemalt war«. Sicher ist dies ein über Jahrhunderte wiederkehrendes Malerlob, und doch nicht nur leere Floskel. Weiter kommen wir mit der Überlegung, daß wir bei der Verwendung der Begriffe »Natur«, »Natürlichkeit«, »Illusion« immer unsere eigenen Vorstellungen einsetzen, ohne rückzufragen, ob man denn früher auch das gleiche dabei gedacht hat. Ebensowenig bedenken wir, daß jeweils ganz verschiedene Aspekte der Wirklichkeit »naturnah« gestaltet werden können, andere weniger oder überhaupt nicht. Unsere Photooptik vermißt vor allem den Naturalismus der Materialimitation und der genau wiedergegebenen Oberflächen. Wir haben jedoch vieles nicht mehr, was frühere Zeiten für selbstverständlich nahmen: die Genauigkeit des Körpergefühls, das Erfassen der unterschiedlichen Art des Stehens und Lastens der Körper, ihrer Bewegung und ihres Ausdrucks. Wir müssen erst sehen lernen, daß Giotto vor allem Figurenmaler ist. Bauten und Landschaft begleiten nur und sind untergeordnet. Bei den Personen gibt er Typus und Gesellschaftsstand, er zeigt ihre Reaktionen, weniger aber ihre individuellen Besonderheiten.

Die gesellschaftliche Stellung Giottos und der Kunst

In diesem Meister erkennen wir etwas von der Rationalität der Florentiner Kaufleute und Bankiers, mit denen er umging und die ihn mit Aufträgen eindeckten. Doch erklärt dies nicht die Entstehung seiner Kunst. Giotto malt für Fürsten und für Kurienkardinäle, für Franziskaner oder Pfarrkirchen – aber er ist nie im eigentlichen Sinne ein Maler der Höfe oder nur einer Gesellschaftsschicht. Er geht nicht ein auf die Geschmacksvorlieben oder auch nur die Selbstdarstellungswünsche seiner Auftraggeber, soweit sie über die Forderung nach guter Malerei hinausgehen. Der Maler bewahrt für sich die republikanisch freie Einstellung seiner Heimatstadt Florenz.

Gewiß hat zu diesem sicheren Auftreten gegenüber den Auftraggebern Giottos gute Vermögenslage beigetragen. Doch verbreitete sich damals in Italien auch die Anschauung, es sei wichtiger, ein bedeutendes Werk zu besitzen als einen großen Künstler in seinen Dienst zu nehmen und in ihm einen Parteigänger oder Diener zu finden. So ist Duccios erster uns erhaltener Auftrag ein großes Tafelbild für eine Florentiner Bruderschaft – gegen die Konkurrenz einheimischer Maler. Der aus Pisa stammende Giovanni Pisano arbeitet im verfeindeten Siena. Robert von Anjou (um 1275–1343) beschäftigt sowohl Giotto und Simone Martini (um 1280/85 – 1344), der Kardinal Orsini († 1343) Simone Martini und Pietro Lorenzetti (um 1280 bis um 1348). Dies ist die Einstellung des »Sammlers« zur Kunst. Wir finden sie in dieser Epoche keineswegs durchgehend; sie wurde aber für die Ausbildung einer selbständigen Kunst sehr wichtig.

Auf die Kunsttätigkeit seiner Heimatstadt wirkte Giotto nicht nur inspirierend. Die Florentiner Künstler fühlten sich nicht veranlaßt, sich an den Themen zu versuchen, die Giotto gemieden hatte. Die Aufgabe des kleinformatigen häuslichen Altar- und Andachtsbildes, die Giotto wohl nicht mochte, wurde erst aufgrund der Anregungen aus Siena aufgegriffen. Offensichtlich fühlten sich die Werkstattgenossen des Meisters bei all ihrem hohen Können als Epigonen und blieben deshalb in immer denselben Formeln und festen Typen für Figur, Haupt und Gebärde stecken.

Die Eigenart der Kunst Duccios

Ist schon Giotto in vielen Zügen uns Heutigen fern, so mutet der künstlerisch gleichrangige Begründer der Sieneser Malerei, Duccio, geradezu fremd an. Dies ist nicht so sehr in seiner Nähe zur byzantinischen Kunst begründet, sondern in der künstlerischen wie menschlichen Eigenart. Giottos Malerei hat die Schwungkraft und Eindeutigkeit der sicher vorgetragenen Rede, Duccios Kunst ist die der Versenkung und eines nur langsamen, sanften Eindringens in die Dinge; es ist ein meditatives Malen. Deshalb ist er im selben Maße vornehmlich Tafel- wie Giotto Freskenmaler. Deshalb zeigen gerade seine besten Bilder Züge beständiger Umarbeitung, die weit über das hinausgehen, was man pentimento (Formveränderung im Malen) nennt. An den heutigen Betrachter, der signalhaft einfache Bildaussagen gewohnt ist, stellen die zarten Linienrhythmen und fein abgestuften Farbtöne deshalb besonders hohe Anforderungen.

Vielen Kunsthistorikern jedoch erscheint vor allem Duccios Offenheit für künstlerische Anregungen als Wertungsproblem: Er ist ihnen nicht genügend originell. Kaum ein zeitgenössischer Maler hatte eine so enge Bindung an die östliche Kunst wie er. Zweifellos verehrte er aber auch die Kunst des Florentiners Cimabue. In seinem späten Hauptwerk, der Maestà im Dommuseum von Siena, finden sich Beispiele für eine Rezeption Giottos.

Duccio, ein Maler für Andachtsbilder

Duccio einen Eklektiker zu nennen ist aber sicher nicht der richtige Weg zum Verständnis des Malers. Wenn man die wenigen von ihm erhaltenen Bilder richtig interpretiert, so erkennt man in Duccio nicht nur primär einen Tafelmaler, sondern – genauer noch – einen Künstler, der vor allem der Aufgabe des häuslichen Andachtsbildes verbunden war. Erkennen wir bei Giotto eine innere Nähe zur großen Altartafel, so erschließt sich Duccios Eigenart am ehesten von den Traditionen und Erfordernissen der Bilder für die Andacht.

Wie wir gesehen haben, war für diese Bilder nicht so sehr das Befolgen von Regeln und Gewohnheiten oder die Imitation tradierter Typen gefordert, obwohl auch dieser Fall bei einem konservativ eingestellten Besteller eintreten konnte. Gefragt waren die Fähigkeit, auf höchst unterschiedliche Themen und Besteller einzugehen, persönliche Auffassung, Abwechslungsreichtum und Erfindungskraft. Dies muß man als einen langwierigen Prozeß der verändernden Einwirkung auf die Kunst begreifen, der bis ins 16. Jahrhundert dauerte. Zunächst standen diesen Wünschen die zünftische Enge der

Duccio di Buoninsegna
Versuchung Christi auf dem Berge, um 1308–1311
Tempera auf Holz, 43,2 x 46 cm
New York, The Frick Collection

Cimabue
Maestà, um 1270 (?)
(Thronende Maria mit dem Kind, umgeben von sechs Engeln)
Tempera auf Holz, 427 x 280 cm
Paris, Musée National du Louvre

damaligen Maler und das Beharren auf den Gewohnheiten entgegen. In einer Zeit wachsenden Bewußtseins von Individualität und der Durchsetzung des Porträts wurde aber der Wunsch, auch ein persönlich empfundenes und gestaltetes Andachtsbild zu besitzen, immer stärker. Es reichte nicht mehr, daß sich eine Familie einmal für immer eine Hausmadonna anschaffte. Wer es sich leisten konnte, strebte danach, ein eigenes Bild zu besitzen oder – wie bei den Sammlern – immer wieder ein neues.

Hier entstanden Ansprüche. Es reichte nicht mehr, daß Maler und Besteller die persönlichen Themenwünsche besprachen. Die Künstler mußten selbst an diesem Prozeß der Individualisierung teilnehmen. Nur dann konnten sie sich auf das Persönliche einstellen, konnten vielfältiger und abwechslungsreicher werden. Ein Weg war, viele Einzelheiten in die Bilder einzubauen: Teppiche, Blumen, kostbare Vasen. Doch führte er nicht weit und konnte leicht zur Sackgasse werden. Duccio zeigte in seinen Bildern, daß die einzig sinnvolle Einstellung auf diese Aufgabe eine Verfeinerung der Technik und Malkultur und eine künstlerisch reichere Gestaltung war, wozu auch die Rezeption fremder Vorbilder diente.

Duccios Franziskanermadonna als Beispiel

An der Franziskanermadonna (Abb. S. 33) ist Duccios neuartige Auffassung dieser Bildaufgabe aufzuzeigen. Gegenstand des Bildes ist die thronende Schutzmantelmadonna. Der Typus stammt aus der byzantinischen Kunst und ist eine ihrer Sonderprägungen. Zu Füßen der Madonna sind drei kniende Franziskaner dargestellt. Die zweifache Wiederholung und Steigerung der Bewegung wird zum Ausdruck leidenschaftlich vorgetragener Fürbitte, der gegenüber die gnadenerweisende und schützende Gebärde Mariens leicht und zart erscheint. Der Ausdruck ist also differenziert. Das Bild wird in eine vielschichtige Spannung von Symmetrie und Asymmetrie gebracht. Die Muttergottes sitzt in der Mittelachse, betont durch den großen Nimbus. Sie schaut nicht auf die Franziskaner, sondern aus dem Bild auf den Betrachter. Das Haupt der Muttergottes ist Mitte des Bildes und zugleich ein Punkt der Ruhe und Konzentration der Betrachtung. Das Bild erinnert hier an ein Kultbild und bietet einen Mittelpunkt für das Gebet. Da es aber gemäß den älteren Frömmigkeitsübungen lange angeschaut und bedacht werden soll, finden sich viele kleine ergänzende inhaltliche Züge: die Engel, die Kindlichkeit des Jesuskindes, seine Segensgeste und sein Griff an den Finger der Mutter. Bereichernd aber wirkt vor allem die Art der künstlerischen Darstellung; sie hält den Anschauenden länger in Bann.

Von der älteren Malerei, aber auch von Giotto aus gesehen, fallen vor allem die fein ondulierten Goldlinien der Gewandsäume auf. Sie sind nicht nur Zierform, sondern, wie man an dem Saum längs des rechten Armes sehen kann, auch Element des Ausdrucks und Leitlinie für das Auge. Mit diesen Linien, die in dieser Form französisch-gotische mit byzantinischen Motiven kombinieren und weiterentwickeln, kann der Maler direkt bezeichnen, aber auch verspielt umschreiben, zart oder hart Bewegungen formulieren. Sie bringen Unruhe und Vielfalt in die Bilder – das Auge kann sich kaum sattsehen.

Dies ist ein neuartiges Eingehen auf die Erfordernisse der Aufgabe Andachtsbild. So erklärt sich aber auch am besten Duccios Farbigkeit. Im allgemeinen überzieht er nicht das ganze Gewand mit goldenen byzantinischen Fischgrätenmustern. Die im kostbaren Gold aufgetragenen Säume stehen isoliert auf der Farbfläche. Dadurch wirken sie in ihrem Wert gesteigert und kostbar. Dies erscheint fast paradox; denn zu Duccios Zeit mußte das »gute« Blau aus dem Halbedelstein Lapislazuli in einem mühsamen Prozeß gewonnen werden und war deshalb vom Materialwert her teurer als das aufgetragene Gold – die Art der Anbringung aber läßt das Gold als kostbarer erscheinen, entsprechend seiner Lichthaftigkeit und symbolischen Bedeutung.

Duccio arbeitet aber nicht ausschließlich mit diesen reinsten und teuersten Farben; er macht ihre Vorrangstellung durch die Verwendung abgestufter und gemischter Töne erst recht bewußt. Um die in den reinen Farben gestalteten Hauptdinge gruppiert sich eine reiche Folge zarter Farbtöne. Die an sich schon emotional tiefgreifende Wirkung der Farben wird dadurch noch gesteigert, ohne daß die Vorstellung ihres Geldwertes aus den Augen verloren wird.

Duccios innovativer Einsatz verschiedener Stile

Für einen Maler von Andachtsbildern ist kein Bruch mit dem Alten in der Art vorstellbar, wie ihn Giotto vollzogen hat. Die byzantinischen Bildprägungen hatten einen zu tiefen Eindruck hinterlassen und konnten nicht ersetzt werden. Zugleich aber forderten die Zeitgenossen eine Modernisierung im Geschmack. Hierfür nahm Duccio die französische Kunst zum Vorbild. Doch blieb der byzantinische Stil als Alternative in Geltung; er wird verwendet für besonders feierliche Themen wie die Verklärung Christi und die Erscheinungen nach seinem Tode an der Maestà, aber auch für Teile der Hauptfront. Die französisch-gotischen Motive in Reinform werden bevorzugt für vereinzelt stehende Figuren, die dadurch den Ausdruck eleganter Bewegtheit erhalten.

Duccio zeigt nirgends Spuren von der Musterbuchmentalität älterer Maler. Er nimmt die Breite vorhandener Stile als Bereicherungsmöglichkeit der Darstellungsmittel und des Ausdrucks. Doch hat ihn dies nicht nur angeregt, sondern in ihm eine Tendenz zur Differenzierung und Innovation gefördert, vielleicht sogar erst ausgebildet. Dies hat ihn erst in die Lage versetzt, der eigentliche Begründer der Aufgabe des Andachtsbildes als Anlaß zu künstlerischer Leistung zu werden.

Hiermit hat Duccio die Verwandlung und Erneuerung der Kunst vorwärtsgetrieben. Zugleich ist er mit dieser Offenheit gegenüber Fremdem auch der Begründer der Sieneser Malerschule geworden. Im Unterschied zu den Nachfolgern Giottos, die von dem »Was« seiner Kunst kaum noch loskamen, haben die großen Sienesen Simone Martini und die Brüder Lorenzetti diese Beweglichkeit ihres Meisters Duccio zur Richtschnur ihrer Kunst gemacht. Duccio allerdings hatte davon den Nachteil, daß noch zu seinen Lebzeiten und nur vier Jahre nach Fertigstellung seiner so gefeierten Maestà Simone Martini den Auftrag für das Wandbild der Maestà im Rathaus der Stadt erhielt (Abb. S. 18). Der Ruhm des Lehrmeisters wurde von dem seines Schülers überstrahlt.

Simone Martini – der erste Hofmaler

Simone war als einziger Maler bei den Zeitgenossen so berühmt wie Giotto. Im Unterschied zu diesem ist er jedoch der erste Vertreter des Typus »Hofkünstler«. Er hat geprägt, was als höfischer Geschmack in der Malerei bis zum Anfang des 15. Jahrhunderts überwiegend in Geltung war. Seine Wirkung, auch außerhalb Italiens, ist kaum zu überschätzen. Er arbeitete hauptsächlich im Dienste des aus Frankreich stammenden Königshauses der Anjou und für dessen Hofleute und Parteigänger, gegen Ende seines Lebens für die Kurie in Avignon. 1317 wurde Simone geadelt. Das ist der erste bisher bekannte Fall dieser Art in der langen Reihe geadelter europäischer Maler und Bildhauer in höfischen Diensten.

Ähnlich wie bei Duccio stellen wir bei ihm die Verarbeitung unterschiedlicher Vorbilder fest. Diese eigentümliche Mischung ist an der Maestà (von 1315/16) im Sieneser Rathaus gut abzulesen. In der Grunddisposition des Bildes, vor allem der Reihung der Assistenzfiguren, ist Duccio Vorbild. Das Paar kniender Engel greift ein Motiv aus Giottos Ognissanti-Madonna auf: Die Einfügung farbiger Schmelzflüsse in das Fresko bezeugt Kenntnis römischer Kunstgewohnheiten. Der Mittelpunkt des Bildes jedoch, das Bild der thronenden Muttergottes, ist französisch.

Duccio di Buoninsegna
Madonna Rucellai (Maestà), um 1285
Tempera auf Holz, 450 x 290 cm
Florenz, Galleria degli Uffizi

Simone Martini
Maestà, 1315/16
Fresko (Detail), 10,58 x 9,77 m (Gesamtmaß)
Siena, Palazzo Pubblico, Museo Civico

Simones Auffassung der französischen Gotik

Simone hat eine besondere Zuneigung zur französischen Kunst gehabt, mehr als je ein anderer Maler in Italien. Die französische Kunst und die französische Hofkultur liefern das Modell für die königliche und würdige Repräsentation der Madonna in der Maestà. Ihr ist ein reich gestalteter Thron in gotischen Architekturformen als königlicher Sitz bereitet. Ein golddurchwirkter Seidenstoff von subtiler Schönheit dient als Gewandung, verziert mit Kronjuwelen. Die Heiligen bilden ihre Hofgesellschaft und halten einen großen Stoffbaldachin über sie wie bei einer Prozession. Mutter und Kind wirken wahrhaft königlich.

Französisches finden wir auch in der Gestaltung. Die Auffassung der Gewanddrapierung ist aus der Pariser Skulptur nach der Mitte des 13. Jahrhunderts entlehnt (nicht aus der zeitgenössischen). Diese Art der Gewandauffassung ist komplex und deshalb schwer zu erklären. Sie verfremdet und gestaltet den Körper, ohne ihn zu leugnen oder selbst unnatürlich zu werden; denn sie ist nach der Natur studiert und doch bewußt stilisiert und umgestaltet. Die Falten haben plastisches Volumen und wirken doch vor allem linear und rhythmisch. Diese Faltensysteme werden in den Händen der damaligen Künstler ausdrucksvoll oder dekorativ, pathetisch oder ornamental. Schon Duccio hatte sie für sich entdeckt.

Simone betont noch stärker als seine französischen Vorbilder die ästhetische Seite dieser Gebilde. So wie er die Gesichter noch stärker stilisiert als die Franzosen, so auch die Gewandung. Alles wirkt gewollt schön, aber auch deutlich kühler und distanzierter. Der Zug des Unnahbaren, den seine Figuren erhalten, wird den Hofleuten sehr wohl gefallen haben. Zugleich aber faßt er alles viel konkreter auf als die Franzosen. In den distanzierten, lässigen oder eleganten Personen Simones konnten die Hofleute sich selbst wiedererkennen. Mehr noch, sie konnten an ihnen die Idealtypen von Haltung und Bewegung bestätigt finden und ablesen.

Zu dieser Wiedergabe der damals realen Gesellschaft gehört auch, was man »Kostümrealismus« nennen kann, das heißt die genaue Beobachtung der Stoffe, aber auch der Tracht und aller Accessoires. Simones Bilder kann man ohne Einschränkung als kulturhistorische Zeugnisse ihrer Zeit ansehen und nutzen. Die Zeitgenossen konnten genau erkennen, wieviel Gulden je Elle die abgebildeten Stoffe gekostet haben.

Wir dürfen sagen: Kein Franzose vor Simone hätte dies je so gewagt. Er hätte gegen alle Darstellungskonventionen der französischen Sakralkunst verstoßen. So konnte nur malen, wer Frankreich nur bereist, nicht aber dort seine Lehre gemacht hat.

Malerei und Luxuskunst

Die Antependien und Retabel des 12. und 13. Jahrhunderts lassen deutlich erkennen daß sie oft nur ein billiger Ersatz für die eigentlich zum Altar gehörigen, aber zu teuren Goldschmiedewerke sind. Die Imitation geht so weit, daß die Maler bei der Bereitung ihrer Goldgründe die Instrumente und Techniken, oft auch die Motive und Zierformen der Goldschmiede verwendeten.

Die Buchmalerei des späteren 13. Jahrhunderts in Frankreich wurde, wie wir gesehen haben, selber eine Luxuskunst, dekorativ, kostbar und zierlich. Ihre Nähe zu den textilen Künsten, der Elfenbeinschnitzerei und auch zur Goldschmiedekunst ist auffällig. Doch bedurfte es eines langwierigen Prozesses, bis die Malerei konkurrenzfähig wurde. Erst die Tafelmalerei hatte hier, vor allem wegen ihrer feineren Technik, eine gute Ausgangsposition.

Zuerst jedoch müssen wir uns in Erinnerung rufen, daß die Goldschmiedekunst im Mittelalter einen außerordentlich hohen Rang einnahm. Im 12. Jahrhundert war sie die führende Gattung der bildenden Kunst. Die Goldschmiede zogen ein hohes Prestige aus den für ihr Handwerk nötigen technischen Kenntnissen, aber auch aus dem hohen Geld- und Symbolwert ihrer Materialien, die an vornehmster Stelle der Kirchenausstattung verwendet wurden und auch den Herrschern für ihre Insignien dienten.

Im 13. Jahrhundert war der gesellschaftliche Rang dieser Künstler nicht mehr ganz so exklusiv; doch formten in erster Linie sie den damaligen Geschmack am Feinen, Harten und Spitzen, die Vorliebe für höchst künstliche Formgebilde. Sie entwickelten raffinierte Licht-Schatten-Spiele, dämpften oder steigerten die Lichtwirkungen durch Behandlung der Oberflächen. Die verschiedenen Arten der Fassung von Edelsteinen und die Neuerungen in der Emailtechnik ermöglichten höchst kostbare Farb-Licht-Kombinationen.

In dem Wettbewerbsverhältnis zwischen Goldschmiedekunst und Malerei hatte sich Giotto zu gänzlicher Enthaltsamkeit entschlossen und sich nur auf die der Malerei eigenen Mittel und Techniken beschränkt; ebenso auch Duccio. Doch offensichtlich konnten die Maler gerade im Andachtsbildbereich den damaligen Vorlieben und öffentlichen Erwartungen auf Dauer nicht ausweichen. Der Gefallen der Leute an den Preziosen war zu groß, als daß sie nicht Ähnliches in der Malerei wünschten.

Simones technische Neuerungen

Simone nahm den Fehdehandschuh auf und überbot die Goldschmiedekunst mit ihren eigenen Mitteln. Damit wurde jedoch eine zumindest indirekte Abhängigkeit der Malerei von der Luxuskunst verfestigt. Sie verhalf zwar der Tafelmalerei zum vollständigen Erfolg im 13. Jahrhundert; doch wurden nun Gemälde, vor allem um 1400, gelegentlich zu Zwittergebilden, der Goldschmiedekunst näherstehend als der Malerei. Von daher wird auch verständlich, weshalb der erste Kunsttheoretiker der Renaissance, Leon Battista Alberti, in seinem Buch über die Malerei empfiehlt, überhaupt kein Gold zu benutzen, sondern die Wirkungen des Lichtes ausschließlich mit Mitteln der Malerei darzustellen. Selbst die Wiedergabe der Metalle solle besser mit Farben erfolgen.

Besondere Perfektion erlangt Simone in der Behandlung der Goldoberflächen. Die Figuren erhalten nicht einfach gewöhnliche Nimben, sondern überreich punzierte Scheiben oder gar Gloriolen aus vielen einzeln eingravierten Strahlen von unterschiedlicher Länge. Bei richtiger Beleuchtung beginnen sie zu strahlen, ja zu gleißen.

Andere Teile des Goldgrundes werden tremoliert oder mattiert. Dabei verwendet der Maler zum Teil die Instrumente der Goldschmiede. Doch hat er sich außerdem für seinen Werkstattgebrauch verschiedene Stempel und Punzen anfertigen lassen mit kleinen Sonnen, Blättern, mit Spitzbögen und über einem Dutzend anderer Muster. Einen solchen Reichtum der Formen und eine so vielfältige Abwandlung der Lichtwirkung wird man bei keinem zeitgenössischen Goldschmied finden. Sie waren ihrerseits nun gezwungen, bei den Malern in die Lehre zu gehen.

Hierbei stießen sie jedoch schnell an die Grenzen des technisch Möglichen. Denn dem Goldschmied gelang es nicht, zum Beispiel die Lüsterfarbentechnik Simones nachzuahmen. Zwar hatte zu diesem Verfahren, dünn lasierend Farben auf eine silberne oder goldene Metallfolie aufzutragen und zum Leuchten zu bringen, die Technik des transluziden Silberemails angeregt. Doch war das Email zerbrechlich und fiel schnell ab. Die Zahl der Emailpigmente war begrenzt. Der Maler hingegen konnte mischen, wie er wollte. Vor allem konnte er die so behandelten Flächen auch wieder gravieren oder mit weiteren Schichten unterschiedlicher Transparenz bemalen.

Simone Martini verdankt wird auch die Durchsetzung der sog. changierenden Farben, zum Beispiel die Verwandlung der grünen in eine rote Farbe innerhalb derselben Fläche. Selbst im Fresko hat er auf diese neue Technik, die in diesem Medium kaum durchführbar ist, nicht verzichtet (Abb. S. 35). Man darf allgemein feststellen, daß er in seinen Versuchen, verschiedene Leuchtkraft und Transparenz durch raffinierte Einfärbung zu gewinnen, aber auch durch unterschiedliche Oberflächenbehandlung, zum erstenmal die Grenzen der traditionellen Temperatechnik aufzeigt. Erst gegen Ende des 14. Jahrhunderts jedoch wird die Technik selbst verbessert. Man experimentiert mit neuen Bindemitteln und gelangt schließlich zur Ölmalerei der Brüder Hubert und Jan van Eyck (die jedoch die Temperamalerei für die Schichten der Untermalung beibehält).

Schon dieser Blick auf die technischen Neuerungen Simones macht verständlich, warum die Malerei seit dieser Zeit zur Kunst der Künste an den Höfen Europas wurde. Erst recht aber ließen ihre Darstellungsqualitäten den Vorsprung gegenüber den Luxuskünsten unendlich werden.

Die Brüder Lorenzetti als fast unzeitgemäße Moderne

Die Brüder Lorenzetti fassen in der Art ihrer Sieneser Vorgänger die älteren Traditionen zusammen und sind zugleich höchst selbständig, ja selbstbewußt und originell. Ungewöhnlich ist zunächst ihr Naturstudium, das sich auch auf Dinge erstreckt, die vordem nicht darstellungswürdig waren. Bei ihnen muß man wirklich von Landschaftsmalerei, nicht nur von topographischer Erfassung sprechen. Sie beobachten die Tages- und Jahreszeiten oder die farbigen Reflexe und den Schattenwurf eines Feuers an der Wand. In den erzählenden Darstellungen werden viele dem Alltag und der Umwelt entnommene Nebenfiguren und Einzelzüge eingefügt, die zuweilen schon an die spätere genremäßige Auffassung erinnern. Manchmal allerdings geraten die Bilder dadurch »aus den Fugen«, so etwa einige Fresken Pietros in der Unterkirche in Assisi, in denen er versucht hat, Figuren einer Szene von Duccio mit der Körperlichkeit Giottos darzustellen und ihnen außerdem noch eine realistische Umgebung zugeben.

Das Naturstudium der Lorenzetti geht ineins mit einer Erweiterung und Verbesserung ihrer künstlerischen Mittel. Das Studium von Räumen und Architekturen führt nicht nur zu frühen Formen der Architekturphantasie (Abb. S. 38), sondern auch zu originellen Lösungen im Verhältnis von Figur und Rahmen oder zu einer klareren Strukturierung der innerbildlichen Komposition. Ähnlich zielbewußt werden die ersten Ansätze einer Zentralperspektive eingesetzt. Bemerkenswert erscheint auch die Erweiterung des Darstellungsmittels Farbe: eigenwillige Kombinationen ausdrucksstarker Farben bei Ambrogio oder die feinabgestuften grünen und grauen Farbtonfolgen bei Pietro. In ihrem Drang nach einer Erweiterung der Sicht auf die Dinge und Menschen, zugleich aber auch auf die Kunst, kommt es sogar zu Antikenstudien mit einer Deutlichkeit wie nie zuvor in der Malerei.

Die toskanischen Maler als Klassiker des 14. Jahrhunderts

Die Florentiner und Sieneser Maler wurden so ausführlich behandelt, weil sie schon zu ihren Lebzeiten, erst recht aber danach als Klassiker galten, deren Vorbild zu befolgen war. Sie nehmen innerhalb der Epoche eine Sonderrolle ein, der Rechnung getragen werden mußte. Zusammen mit den etwas älteren Bildhauern Niccolò und Giovanni Pisano sowie Arnolfo di Cambio sind sie die ersten ganz individuellen Künstlerpersönlichkeiten Italiens. Ihr Rang wurde auch nördlich der Alpen anerkannt. Während aber zum Beispiel Mitteleuropa in mancher Hinsicht fast als künstlerisches Entwicklungsland bezeichnet werden kann, ist die umfangreiche Rezeption italienischer Kunst in einem Land mit so bedeutender eigenständiger Kunstproduktion wie Frankreich erstaunlich. Als Grund dafür die Übersiedlung der päpstlichen Kurie nach Avignon anzugeben, reicht nicht aus.

Wie an dem größten der uns bekannten Franzosen, Jean Pucelle (tätig zwischen 1319 und 1335), zu sehen ist, waren es die Künstler selbst, das heißt die Maler, die diese Rezeption vorantrieben. Sie ist deshalb auch am selbständigsten und freiesten. Ähnlich wie bei den jüngeren unter den großen Sieneser Meistern möchte man von Pucelle behaupten, er habe die großen Vorbilder (vor allem Duccio) zu seiner eigenen Bereicherung studiert, nicht aus Abhängigkeit.

So wird man seine Grisailleminiaturen weniger als eine Geste der Bescheidenheit zu werten haben, sondern als eine der Kunst Simone Martinis analoge Demonstration der Überlegenheit der Malkunst über die Luxuskünste. An die Stelle der edlen und teuren Materialien Elfenbein und Marmor tritt die Kunst des Malers. So wie diese in den adligen und höfischen Kreisen so geschätzten Materialien dadurch in ihrem Ansehen gesteigert wurden, daß kleine Edelsteine, Emails oder eine sparsame farbige oder nur goldene Fassung die edle Blässe erst richtig deutlich machten, so werden bei Pucelle die Grauwerte veredelt durch die Anbringung von zwei oder drei Farbtönen auf jeder Seite.

Nur in Böhmen, dort aber erst um die Jahrhundertmitte, gibt es eine ähnlich eigenständige und bedeutende Verarbeitung der italienischen Vorbilder.

Die große Pest von 1347–1350 und ihre Folgen

Alle Entwicklungen wurden unterbrochen durch ein Ereignis europäischen Ausmaßes, die Schwarze Pest, die in den Jahren zwischen 1347 und 1350 über ein Drittel der Bevölkerung hinwegraffte, an manchen Orten wie in Siena noch sehr viel mehr. Sie ist historisch und psychologisch ein starker Einschnitt – in der Kunst ist dies deutlich zu spüren. Weniger die Politik wurde davon betroffen – etwa eines der Reiche oder Regierungssysteme –, doch führte sie zu großen gesellschaftlichen Verschiebungen, die sich letztlich auch in einer Veränderung der Machtverhältnisse ausdrückten.

Die Pest führte zu einer Konzentration der Vermögen in den Händen der Überlebenden. Dies allein wäre nichts Umwälzendes gewesen, wenn sich nicht durch die Pest auch die Einstellung zum Geld gewandelt hätte. In seiner denkwürdigen Schilderung der Seuche in Florenz zeigt Boccacio die Gegensätze der Reaktion. War dies Unglück für die einen Anlaß zu Buße und frommen Werken, so für die anderen, sich hemmungslos auszuleben und zu genießen, solange man noch genießen konnte. Diese Stimmung der Lebenslust begann nach Beendigung der großen Seuche zu dominieren, ohne die andere, asketische, je völlig zu verdrängen. Für die Kunst folgenreich war das ungeahnte Anwachsen des Luxuskonsums, eine Bedarfssteigerung an allen Dingen, die das Leben verschönern und dem Genuß dienen konnten.

Andere Folgen ergaben sich aus dem starken Bevölkerungsschwund, der aufgrund der periodisch wiederkehrenden Seuchen auch nicht ausgeglichen wurde (erst im 18. Jahrhundert erreichten die Städte durchschnittlich wieder die Einwohnerzahl der Zeit von vor 1347). Die sinkende Zahl von Verbrauchern bewirkte auch eine Krise in den traditionellen Textilzentren, etwa den flandrischen Städten, aber auch in Florenz. Manche Orte erholten sich wirtschaftlich nie mehr und erlagen der Konzentration der politischen Macht wie Siena und Pisa. Die Vielzahl städtischer Zentren in Italien wird kleiner.

Durchschlagend wirkte in ganz Europa die durch die verminderte Einwohnerzahl hervorgerufene Agrarkrise. Der Preis des Getreides und vieler anderer landwirtschaftlicher Erzeugnisse fiel und blieb für über 150 Jahre auf einem niedrigen Stand, während die Preise für handwerkliche Erzeugnisse in der Regel stiegen. Da die Wirtschaft im alten Europa zu gut neunzig Prozent aus der Landwirtschaft bestand, wurde die Agrarkrise zu einem entscheidenden Faktor der wirtschaftlichen Schwächung für alle Gruppen, die vom Grundbesitz und von seinen Einnahmen lebten: den Adel, die grundbesitzenden Klöster und überhaupt den Klerus.

Reaktionen in der Kunst

Die Auswirkungen auf die Kunst sind vielfältig. Die Schwächung der toskanischen städtischen Zentren, das Verbleiben des Papsttums in Avignon und andere Ursachen führten zu einer Umschichtung des politischen, wirtschaftlichen und damit auch künstlerischen Gewichts auf Oberitalien. Nördlich der Alpen wird der Aufstieg der Städte beschleunigt, ebenso der Ausbau der Macht einiger Fürstentümer, vor allem

Duccio di Buoninsegna
Einzug in Jerusalem, 1308–1311
(von der Rückseite der Maestà, dem ehemaligen Hochaltarbild des Domes von Siena)
Tempera auf Holz, 100 x 57 cm
Siena, Museo dell'Opera del Duomo

Böhmens. Das Städteland Flandern wird wie die anderen niederländischen Landschaften fürstliches Herrschaftsgebiet. Die großen Landklöster fallen als Auftraggeber immer mehr aus, ebenso der kleine Adel. Die Bürger und Hofleute treten an ihre Stelle mit ganz anderen Wünschen und Vorstellungen. Das bürgerliche Element wird jedoch, jedenfalls in Mitteleuropa, noch keineswegs prägend wie im 15. Jahrhundert. Die Zeit ab der Mitte des 14. Jahrhunderts wird von den Fürsten und ihren Höfen bestimmt.

Gleichwohl ist diese Epoche weder gleichförmig im zeitlichen noch im örtlichen oder gesellschaftlichen Sinne. Das ist in einer Zeit stark beschleunigter Umschichtungsprozesse auch gar nicht zu erwarten. Es lassen sich Abschnitte aufzeigen, so eine erste Phase bis etwa 1370/80 mit recht unterschiedlichen regionalen Entwicklungen, danach die in sich geschlossenere Blütezeit des sog. »Schönen« oder »Internationalen Stils« mit deutlichen Umbruchstendenzen ab etwa 1410.

Eine unmittelbare Folge der Pestzeit ist die Häufung der Bilder mit Passionsthemen. Es gibt sie zwar schon vor der Pestzeit, sie werden nun jedoch in besonders großer Zahl verbreitet und oft im Ausdruck übersteigert, in Deutschland etwa die grausig verzerrten Vesperbilder.

Eine bezeichnende Erscheinung dieser Jahre sind auch die vielen byzantinisierenden Tafelbilder. Anscheinend befriedigte die neue Malerei der ersten Jahrhunderthälfte, erst recht aber die ganz weltliche Art der Bilder nach der Pestzeit, nicht die frommen Bedürfnisse nach einer überirdischen, sakralen Darstellung. Die Diskrepanz zwischen Frömmigkeit und Kunst wird größer, was am Ende dieser Epoche unter anderem den Bildersturm der Hussiten auslöst.

Die gegensätzliche innere Einstellung wird durch Tommaso da Modena (um 1325/26–1379) vertreten, dessen Erzählung der Ursulalegende zu einem weltlichen Gesellschaftsstück gerät (Abb. S. 46). Die Heilige muß dringend durch einen Nimbus gekennzeichnet werden, da sie sonst nichts heiliger macht als ihre ebenso pausbäckigen und schwatzenden Begleiterinnen. Die Mode der enganliegenden Kleider, deren Schnürung Brust und Hüfte körpersinnlich herausarbeitete, verbindet sich mit der ganz diesseitigen, leiblichen Auffassung des Malers. Hinter beiden steht das gleiche Lebensgefühl.

Die Situation der Auftraggeber

Schon an diesen widersprüchlichen Erscheinungen sind die großen Spannungen der Zeit erkennbar. Ein auffälliges Kennzeichen der Epoche ist die retrospektive Tendenz. Die Gründe, die in frommen Kreisen byzantinisierende Ikonen begünstigt haben, sind aber nicht dieselben, die die Benediktiner veranlaßten, sich ihrer Ordensvergangenheit zuzuwenden und Werke des frühen Mittelalters zu kopieren. Karl V. von Frankreich (1338–1380) orientiert sich an der Kunstepoche Ludwigs des Heiligen, weil sie als die französisch-königliche schlechthin galt. Sein Onkel Karl IV. (1316–1378) hingegen fördert in seiner neuen Hauptstadt Prag alles, was ihm zur Legitimierung seiner konstruierten Herrschaftsansprüche dienen kann. Vorbilder sind auch hier die Architektur und Skulptur des 13. Jahrhunderts, aber auch ebenso andere alte Stile, selbst die vorkarolingische irische Buchmalerei. Er sammelt und integriert fast alle Arten von Altertümern, besonders wenn sie zugleich als Reliquien gelten konnten.

Der Stand der Ritter, der durch die Agrarkrise am meisten geschädigt war, zeigt dort, wo er noch Geld für Kunstaufträge hat, ebenfalls solche nach rückwärts gewandten Neigungen.

Es gibt eine erste Ritterromantik in dieser Zeit, die alten Romane werden wieder abgeschrieben, reich illustriert und auch gelesen. Die Höfe sind beschäftigt mit ritterlichen Maskeraden und überflüssig gewordenen Turnieren. Aber nicht die Ritter verkleiden sich als Ritter, sondern die Fürsten und ihr Hofstaat, die zwar der Herkunft nach Adlige sind, aber längst nicht mehr Ritter der Tätigkeit nach und es nur spielen. Es sind elitäre Zirkel, die sich eine eigene Welt schaffen mit symbolischen Farben, Leitsprüchen und Devisen, die nur der Eingeweihte versteht.

Die Epoche ist aber erstaunlich ähnlich in der Struktur ihrer Widersprüchlichkeit, erst recht gegen Ende des Jahrhunderts. Zur Einheitlichkeit dieser in sich widersprüchlichen Epoche trägt auch bei, daß die Herrscherhäuser familiär eng verflochten sind. Die bayerischen, böhmischen, mailändischen und französischen Fürsten sind aufs engste liiert, oft mehrfach. Man übersandte Geschenke oder schickte auch einmal den Hofmaler auf Besuch.

Man hat die Kunst dieser Zeit als »Internationalen Stil« bezeichnet. Von Internationalität könnte man auch um 1300 sprechen; doch ist sie damals anders. Um 1300 überwiegt das Französische (doch ist der Widerspruch Giottos da). Um 1400 aber haben wir mehrere annähernd gleich wichtige und kreative Zentren nebeneinander: Oberitalien, das frankoflämische Gebiet, Böhmen, aber daneben auch andere Städte und Regionen. Die Anregungen gingen hin und her. Man könnte von einer Grundstruktur dieser Epoche sprechen, wenn dadurch nicht zu leicht der Eindruck entstünde, sie sei stabil gewesen. Alles verschiebt sich, wenn auch zunächst in eine ähnliche Richtung.

Der Sammler

Die analogen Verhältnisse erzeugten überall ein ähnliches Lebensgefühl, eine verwandte Einstellung zur Welt, zu den Dingen und – zur Kunst. Zwar bestehen die unterschiedlichen Aufgaben der Kunst weiterhin; die Traditionen werden keineswegs abgebrochen. Aber die Vorlieben wechseln. Die auf öffentliche und Außenwirkung bedachten Aufträge treten zurück. Die Hauptaufgabe wird die Kunst für den privaten Bereich. Dieser Prozeß verstärkt sich zwischen 1370 und 1400: Kaiser Karl IV. baute in Prag eine Kathedrale und schuf vieles auf öffentliche Wirkung hin; sein Sohn und Nachfolger König Wenzel IV. (1361–1419) ließ fast nur noch für seinen persönlichen Gebrauch arbeiten.

Der Auftraggeber dieser Zeit ist der Sammler. Am einprägsamsten wird dieser Typ durch den Herzog Jean von Berry (1340–1416) repräsentiert, den jüngeren Bruder Karls V., der für den in Wahnsinn verfallenen Neffen, Karl VI. (1368–1422), die Regentschaft übernahm und dies zur persönlichen Bereicherung benutzte. Auch übernahm er aus den Hinterlassenschaften der königlichen Verwandtschaft kostbare Handschriften wie das von Pucelle gemalte Stundenbuch der Jeanne d'Evreux (Abb. S. 43). Sein Sammlertum begreift man erst, wenn man ermißt, daß er mindestens so leidenschaftlich Hunde erwarb (er besaß 1388 ungefähr 1500), dazu Bären, Schwäne und andere exotische Tiere. Er sammelte Juwelen und auch Reliquien. Alle diese Dinge dienen gleichermaßen seinem Ergötzen oder sind ihm kostbar.

Und doch nimmt die Kunst, vor allem die Buchmalerei, einen besonderen Platz ein. Er ist ein echter Liebhaber; die Kunstwerke sind nicht nur ein Bestandteil seines Luxus unter anderen. Er hat nicht nur Gespür für den Kunstwert, sondern möchte die beste Leistung. Immer ist der Herzog auf der Suche nach neuen Talenten, spannt sie anderen aus oder greift – wie im Falle der Brüder Paul, Jean und Herman Limburg (nach 1385 bis um 1416) – nach dem Tod seines Bruders sofort zu und nimmt sie in eigene Dienste. Er fordert seine Künstler und fördert sie. Deshalb sind die Buchmalereien aus seinem Besitz so hervorragend. Der Herzog umgeht den Markt, indem er die Künstler in seine Dienste nimmt und gut bezahlt; denn der Markt für Buchmalerei ist eingestellt auf die Produktion von Massenware. Das Können ist groß, aber die Erfindungskraft gering und die Ausführung oft schematisch.

Seine künstlerischen Interessen sind breit gefächert: antike Kameen und Medaillen, byzantinische Kunstwerke, Teppiche aller Art, Tafelbilder weniger. Ein Gutteil hat er aus Interesse an der künstlerischen Qualität gekauft, doch zählt auch die Lust an der Abwechslung. Die spürt man auch bei manchen von ihm in Auftrag gegebenen Büchern. Mitten in einem Manuskript wechselt die Werkstatt, ohne daß sie aus den Diensten des Herzogs entlassen worden ist. Statt ihrer führt ein Italiener oder Flame ganz nach eigenem Gusto das Buch weiter – es wäre dem Herzog sonst wohl zu langweilig geworden.

Die Entfaltung der Individualität

Sammler sind Individualisten, jedenfalls gemessen am traditionellen Typ des Auftraggebers, der lieber öffentlich etablierten Konventionen folgt, da er ja mit seinen Aufträgen nach außen Eindruck machen will. Dies individualistische Element ist bei den französischen königlichen Brüdern besonders augenfällig. König Karl V. fördert am stärksten offiziöse Kunstrichtungen, aber hat auch Sinn für die frühen niederländischen Realisten wie seinen Hofmaler Jean Bondol (1368–1381 nachweisbar). Bei Louis von Anjou (1339–1384) sind die italienischen Vorlieben offensichtlich; doch ist auch die bemerkenswerteste erhaltene Teppichserie der Zeit, die Apokalypse in Angers, sein Auftrag. Der jüngste Bruder, Philipp der Kühne, Herr von Burgund und von Flandern (1363–1404),

Fra Angelico
Der hl. Lorenz nimmt die Kirchenschätze in Empfang, um 1447–1450
Fresko, 271 x 205 cm
Rom, Vatikan, Cappella Niccoliana

aber konzentriert sich eher auf Bildhauerei und Tafelmalerei. In der Bevorzugung der realistischen Tendenzen seiner Zeit wirkt er am stärksten schon in die Richtung der modernen niederländischen Malerei des 15. Jahrhunderts.

Beim Duc de Berry aber ist auch erkennbar, daß die Betonung des Individuellen mit den Jahren wächst. Die ersten von ihm bestellten Werke sind konventionell; sein erster Maler, Jean Le Noir (um 1335–1380), ist kein wirklich selbständiger Künstler, sondern ein Maler im Stile von Pucelle. Dies ändert sich. Die Brüder Limburg sind von unverwechselbarer Eigenart und wachsen innerhalb weniger Jahre zu noch größerer Originalität.

Es wäre falsch, als einzige Erklärung für die stärkere Ausprägung der Individualität der Künstler die Einstellung der Auftraggeber anzunehmen – dazu sind diese Prozesse zu vielschichtig. Doch ist es ein Irrtum zu glauben, Individualität setze sich von allein durch oder sei gar eine »Naturkraft«; man möchte sie aus historischer Erfahrung eher für eine empfindliche Pflanze halten, die nur da wachsen kann, wo sie die ihr entsprechenden Bedingungen findet. Die Sammler (und mit ihnen die anderen davon angesteckten Auftraggeber) wollten das Besondere, nicht nur die gekonnte Erfüllung der Konvention. Also mußten sie auch die Möglichkeiten zur Ausprägung von künstlerischer Individualität geben, vor allem Freiheit.

Die Rolle des Hofkünstlers, die wir als einen goldenen Käfig zu sehen geneigt sind, hatte für die Künstler entschiedene Vorteile. Zwar war seine Tätigkeit oft die eines Dekorateurs gehobener Art, wenn er etwa die fürstlichen Feste und prunkvollen Einzüge mitgestalten mußte oder gar Wimpel für die fürstliche Flotte malte wie der Niederländer Melchior Broederlam (1381–1409 nachweisbar). Mehr wog jedoch die Befreiung von den Beschwernissen und Einengungen der Zunftordnung mit ihren vielen ängstlichen Vorschriften und Kontrollen. Wichtig war für Buchmaler zum Beispiel die Befreiung von den Mechanismen des Marktes, die Unabhängigkeit von dem doch eher durchschnittlichen Geschmack breiter Kreise. Auch höheres Ansehen und Einkommen war nur in fürstlichen Diensten zu gewinnen.

Bei den Privataufträgen der Fürsten waren die Künstler in der Themenwahl und Gestaltung frei wie nirgends. Experimente, ja eine experimentelle Einstellung war möglich, solange sie von dem Mäzen mitgetragen wurde. Im öffentlichen Raum wären sie aber von vorneherein verhindert worden. Dies erklärt auch, warum bei aller Macht des Bürgertums die bürgerliche Kunst in dieser Zeit konventionell blieb. Der Bürger durfte und wollte sich nicht aus der Etikette lösen, wie es der Fürst konnte.

Man wird etwas überspitzt sagen können: Seit dem späten 13. Jahrhundert wurde auch nördlich der Alpen der Schritt vom Handwerker-Maler zum Künstler vollzogen. Das gesellschaftliche Ansehen war endgültig höher als das des Handwerkers. Der damit gewonnene höhere Anspruch des Künstlers war eine der treibenden Kräfte hinter den Veränderungen der Kunst im 15. und 16. Jahrhundert.

Die innere Einstellung der Künstler und ihre Berufsauffassung ändert sich schon seit dem Ende des 14. Jahrhunderts. Ein wichtiges Element ist, was man den Wandel vom Muster- zum Skizzenbuch genannt hat. Motive werden nicht nur übernommen, sondern direkt nach der Natur studiert. Und: Die Künstler setzen ihren ganzen Ehrgeiz in die selbständige »Erfindung«. Die Einstellung zur Welt und zur Kunst ist tatsächlich die von Erfindern und Entdeckern – dies ist die Epoche der technischen Erneuerung der Maltechnik und anderer Experimente. Das empirische Zeitalter der Leonardo und Dürer kündigt sich an.

Die Dominanz des Privaten

In Umkehrung des Satzes von Pinder, »Form ist Gesinnung«, kann man davon sprechen, daß eine Gesinnung wie die der höfischen Sammler um 1400 auch ihre Form hat. Da aber über ganz Europa dieselben Kreise ähnliche Präferenzen haben, entsteht aus der Dominanz der privaten Aufgabe ein allgemeiner Charakterzug der Kunst um 1400.

Diesen Rückzug ins Private wird man jedoch nicht als Struktureigenschaft von Sammlern ansehen können, sondern unbedingt vor dem historischen Hintergrund von 1400. Er bildet einen wahrhaft düsteren Kontrast. Das päpstliche Schisma seit 1378, die starken wirtschaftlichen und gesellschaftlichen Umschichtungen, die blutigen Kriege und Bürgerkriege, die allgemeine politische Wirrnis lassen deutlich werden, daß die Kunst ein bewußt geschaffenes Gegenbild ist. Sie behauptet die Harmonie und Schönheit der Welt. Angesichts der historischen Wirklichkeit jedoch muß man das Harmonisierung nennen.

Die Stadtpaläste in Paris glichen festungsartig nach außen abgeriegelten Burgen; man denke an den alten Louvrebau Karls V. und die von ihm errichtete Bastille. Im Inneren aber entfalten sich künstliche Paradiese mit Teppichen, Bildern, Büchern und anderen Sammlungsgegenständen.

Die Widersprüche der Zeit werden innerhalb der Bilder erkennbar. Die Spannung zwischen Schönheit und Wirklichkeitssinn wird größer. Doch muß man feststellen, daß die Kunst dadurch geprägt wird, daß das Schöne, Harmonische und Preziöse überwiegt oder bewußt betont wird.

Das künstlerische Leitbild ist ohne Zweifel Simone Martini, die Kostbarkeit seiner Farbe, der Luxuscharakter seiner Technik, die zur Integrierung und Aufhebung der Luxuskunst in der Malerei führt. Ideal schön erschienen auch die graziösen Bewegungen seiner Figuren, die Zierlichkeit seiner Linienkunst, die Feinheit der Erzählung.

Doch sind auch die Veränderungen gegenüber Simone bemerkenswert, denn die Zeit um 1400 ist nicht epigonal. Auf der einen Seite sind es Übersteigerungen: Die Tendenz geht zum kleinen Format. Die Tatsache, daß die Buchmalerei trotz ihrer technisch geringeren Möglichkeiten (im Verhältnis zur Tafelmalerei) noch einmal zu so großer Bedeutung gelangt wie bei den Brüdern Limburg, ist nur so zu erklären.

Preziosität und Schönheit

Gegenüber Simone wird der preziöse Charakter des Kunst noch mehr gesteigert. Die größte Leidenschaft der Fürsten damals war das Sammeln von Edelsteinen, nicht jedoch als »Geldanlage«, sondern aus dem komplexen Reiz an Kostbarkeit, Schönheit, magischer Kraft und Lichtwirkung. Allergrößte Wertschätzung erfuhren die hellen Sorten von Rubinen und Saphiren, außerdem die milchigen Perlen in Kombination von Brillanten. Man genoß die Farbtöne und Lichtwirkungen an sich. Auch wenn also die Malerei längst die Goldschmiedekunst im Kunstwert übertroffen hatte, so blieben doch die Edelsteine und ähnliche Kostbarkeiten als Leitbild der Malerei bestehen. Die Maler haben gegen Ende des 14. Jahrhunderts verstärkte Bemühungen um die Verfeinerung der Farb- und Lichtwirkungen unternommen und unentwegt experimentiert. Fast jedes der uns erhaltenen Gemälde ist farbtechnisch anders aufgebaut. Aus der Faßmalerei (Bemalung von Skulpturen) übernahm man die Verwendung öliger Bindemittel, benutzte sie aber nur für einige der vielen Malschichten der Bilder – je nach der gewünschten Transparenz und Leuchtkraft. Der Arbeitsprozeß der Bilder wurde dadurch sehr verlangsamt; er wurde auch geheimnisvoller und technisch individueller. Doch wurde auf diesem Wege die außerordentliche Brillanz und Kostbarkeit der Farben erreicht, die wir an der altniederländischen Malerei so bewundern.

Der verfeinerte und sich weiter verfeinernde Geschmack förderte die Qualität der Kunst. Man darf die Zeit um 1400 eine Blütezeit der bildenden Kunst nennen. Gerade die Malerei genießt höchstes Ansehen und mit ihr die Maler. Auffällig ist, daß in den Quellen immer wieder Werke ausdrücklich »schön« genannt werden. Die Schönheit dieser Kunst ist jedoch viel konkreter und sinnlicher als die Simones. Die Maler und Bildhauer schwelgen in schönen Formen, zarten und weichen, zierlichen oder reichen, in allen Varianten ästhetischen Wohlgefallens. Die reich gefältelten Gewandungen und zierlich gedrechselten Locken scheinen oft nur um ihrer schönen Wirkung gemalt zu sein. Dies ging zum Teil auf Kosten der Inhalte, die oft zum Aufhänger für das Auskosten künstlerischer Vorlieben wurden.

Die Schönheit ging jedoch nicht auf Kosten der Wirklichkeitsdarstellung. Die reichen Gewänder, dann die Tiere und viele andere Dinge sind zwar zunächst als Sammel- und Luxusobjekte der Reichen in die Bilder gekommen. Sie erweitern die konventionell werdenden Kompositionen und schaffen Abwechslung in einer Kunst, die bei all ihrer Form- und Farbschönheit der Gefahr nicht entging, langweilig zu werden.

Vor allem aber wird man immer vor Augen haben müssen, daß den Menschen dieser Zeit nicht nur die Nachtseite des Lebens bewußt war, die sie täglich vor Augen hatten und lange zu verdrängen suchten. Sondern sie hatten einen ebenso ausgeprägten Wirklichkeitssinn. Denn das Streben nach idealisierender Darstellung war sehr wohl mit dem Wunsch nach dem individuellen Porträt zu vereinbaren gewesen, das nach 1350 seine erste Blüte erlebt. Die Entdeckung und Darstellung der Schönheit der Dinge selbst, der Tiere und Pflanzen, der Landschaft im Wandel der Tages- und Jahreszeiten – dies war nur noch ein kleiner Schritt.

Letztlich aber wurde die einseitig fixierte Balance des »Schönen Stils« durch das anwachsende Interesse an der Wirklichkeit und ihrer nicht mehr nur selektiven, sondern umfassenderen Darstellung ebenso aus dem Lot gebracht wie durch die künstlerische Freiheit und den größer werdenden Ernst des Denkens. Das Ideal mußte auf die Dauer als Fiktion erscheinen – der Stil barg in sich selbst die treibenden Kräfte, die ihn am Ende zerstörten.

Meister Theoderich
Der hl. Gregor, um 1360–1365
(aus der Kreuzkapelle auf Burg Karlstein)
Tempera auf Holz, 113 x 105 cm
Prag, Národní Galerie

Die böhmische Krise

Böhmen nahm seit der Übernahme der Regierung durch Karl IV. einen großen politischen, aber auch wirtschaftlichen Aufschwung. Schon um 1340 können wir eine erste Kunstblüte feststellen, die vor allem durch die Rezeption italienischer Vorbilder beflügelt wurde, aber sehr früh auch schon zu eigenständigen Resultaten von Bedeutung führte.

Die raschen wirtschaftlichen Veränderungen schufen Gegensätze zwischen der meist deutschen Kaufmannschaft und dem böhmischen Adel und Volk, die kaum zu überbrücken waren. Prag war aber auch ein Schmelztiegel geworden, der in seinen Dimensionen alles nördlich der Alpen Gekannte sprengte: Bis zu 10000 Studenten auf einmal werden in Prag nachgewiesen, über 1200 Geistliche, die meisten von ihnen nur schlecht versorgt. Gründe für Spannungen gab es in großer Zahl.

Karl hat sowohl in Frankreich wie in Italien die Möglichkeiten des Einsatzes von Kunst zur Beeinflussung der Volksmassen und der öffentlichen Meinung kennengelernt. Diese Kenntnisse verwendet er rational und systematisch. Die Kunst Böhmens gewinnt zu seinen Lebzeiten eine hohe ästhetische Qualität, höher als anderswo in Mitteleuropa, und dazu eine große Überzeugungskraft. Die etwas düstere, byzantinisch geprägte Farbigkeit, die Intensität der künstlerischen Durchformung und die große Schönheit der äußeren Gestalt beeindrucken noch heute.

Doch waren diese Praktiken zu neu, zu offensichtlich von oben gesteuert und gemacht; Kritik und Widerspruch waren die Folge. Im Mittelalter hat es immer bildfeindliche Kräfte gegeben, so etwa in den Universitäten und den strengeren Orden, wenigstens in ihren Anfängen. Doch die zu Lebzeiten Karls IV. einsetzende lebhafte Kritik am Kult der Bilder ist von größerer Radikalität. Gleichsam als Antwort werden Bilder von besonders großer Faszinationskraft geschaffen und zum Teil als Gnadenbilder propagiert. Auch wenn sie den Ruhm der Prager Kunst noch wesentlich steigern, kann durch sie der Ausbruch der religiösen Unruhen, die zugleich eine soziale, nationale und politische Begründung haben, nicht verhindert werden. Als der theologische Anführer, Jan Hus (um 1369–1415), 1415 in Konstanz als »Ketzer« verbrannt wird, führt die Welle der Empörung zu ersten Aufständen und dann zu einer Umstürzung der Verhältnisse, verbunden mit einem Bilder- und Klostersturm, dem riesige Mengen von Kunstwerken zum Opfer fallen. Daß überhaupt etwas von der böhmischen Kunst erhalten wurde, verdanken wir einigen Adligen Südböhmens und Mährens, die katholisch blieben und den hussitischen Heeren standgehalten haben.

In der Kritik an den Bildern werden die subtilen Techniken, die Opferbereitschaft der Gläubigen zu schröpfen, angegriffen. Die Maler werden als verlogen bezeichnet, weil sie etwas malen, was sie nie gesehen haben, und weil sie unter dem Namen der Heiligen nur schöne Männer und Frauen darstellen, die im Menschen »sündhaftes Verlangen« hervorrufen. Wie kann man Christus und die Apostel in einem schönen Kleid darstellen, wenn man weiß, daß sie arm waren? Echter Glaube und Kunst schienen unvereinbar. Doch ist dies nur die erste, schärfste Reaktion gewesen. Denn die bildende Kunst wurde nicht pauschal verworfen. Die Hussiten selbst bedienten sich der Bilder. In ihnen waren das Leben Christi und die Verwerflichkeit der Papstkirche, der Kirche des Antichrist, betont einander gegenübergestellt. »Mehr Ernst mit den Inhalten der Religion« war die Forderung. Doch hatte dies auch ästhetische Auswirkungen.

Zwischen den radikalen Hussiten und den Anhängern der alten Kirche gab es auch vermittelnde Richtungen. Klar war jedoch, daß in den böhmischen Ländern nach 1410 die Kunst, auch in den katholisch-kirchlichen Kreisen, nicht mehr dieselbe bleiben konnte. Teilweise waren es die Maler selbst (es gab unter den radikalen Hussiten erstaunlich viele Künstler), die aus eigenem Antrieb eine Erneuerung der Kunst und ihrer Aufgaben verlangten, teils die Auftraggeber. Was wir jedoch als künstlerische Resultate haben, charakterisiert sich weniger durch Neues als durch den Verzicht auf reiche Form, sinnliche Gestalt, Schmuck und farbigen Glanz.

Das Ende des »Schönen Stils«

Der böhmische Vorgang ist ein europäischer; denn überall erkennen wir ähnliche Umbrüche. Doch ist jeder von ihnen anders, wird anders begründet und hat andere Ziele. Die erstaunliche Einheitlichkeit der Ziele und Mittel des »Schönen Stils« zerfällt. Was bei den Hussiten Revolution war, ist bei dem Meister des Rohan-Stundenbuches (um 1420–1430 nachweisbar) eher expressionistisches Pathos (Abb. S. 65), bei den van Eycks ein sensibles Studium der Natur und des Lichtes, bei den Florentinern ein neuer Ernst, Antikenstudium und das Bewußtsein einer neuen Wissenschaft, der Perspektive. Alle gehen sie aus von den Errungenschaften des »Schönen Stils«. Keines der Elemente ist grundsätzlich neu. Aber die Einseitigkeit in der Kombination von Schönheit und Wirklichkeitssinn, von Stilisierung und Naturstudium war nicht mehr zu halten.

Wie bisher in der Wissenschaftsgeschichte kann man hier von Paradigmenwechsel sprechen. Doch ist die Einschränkung nötig, daß es in der Kunst keine Unterscheidung zwischen dem »falschen« Alten und dem »richtigen« Neuen geben kann. Auch wenn man die Maler, die zum Teil noch bis nach 1450 an den alten Idealen festhalten, konservativ nennen darf, so sind sie deshalb noch keineswegs schlechte Künstler.

Maler wie Angelico und Stefan Lochner (um 1400–1451) weisen darauf hin, daß die alten Stilideale als mögliche Darstellungsmittel für einige Themen, Aufgaben und Stillagen weiter in Gebrauch waren. Noch nach 1500 stehen die idealisierenden Formeln des »Schönen Stils« in Ansehen und dienen als Vorbild für einige modernisierende Neuprägungen.

FRANZÖSISCHER MEISTER

UM 1213

Der für den persönlichen Andachtsgebrauch der Königin Ingeborg wohl von ihrem Gemahl Philippe Auguste bestellte Prachtpsalter ist die bedeutendste der erhaltenen gemalten Handschriften Frankreichs aus dem frühen 13. Jahrhundert. Zur selben Zeit ist der Skulpturenzyklus der Kathedrale von Chartres schon weit vorgeschritten, der von Reims begonnen; die Westportale von Notre-Dame in Paris sind im Entstehen. Die Kompositionen und viele Motive folgen jedoch der byzantinischen Tradition, repräsentiert etwa durch die großen Mosaikzyklen in Sizilien, während der Goldgrund und die Umrahmung bereits ins 13. Jahrhundert weisen.

Der Pariser Maler bleibt bei den meist gedeckten Farben der östlichen Kunst, mildert aber die strenge Form in Anlehnung an antike Vorbilder zu einem weicher gemuldeten Faltenstil, ohne dabei in ältere ornamentale Auffassungen zu verfallen. Die Personen sind in ruhiger Haltung gegeben, selbst in den erregendsten Ereignissen. Das Bild ist zweidimensional gehalten und wird sehr knapp gerahmt. Die Figuren sind der Maßstab – Unwichtiges wird überschnitten. Diese Strenge und Würde lassen an die Bestrebungen der zeitgenössischen Bildhauer nach mehr Monumentalität denken. Doch mag die Werkstatt damit auch den Vorstellungen des französischen Königshofes entsprochen haben.

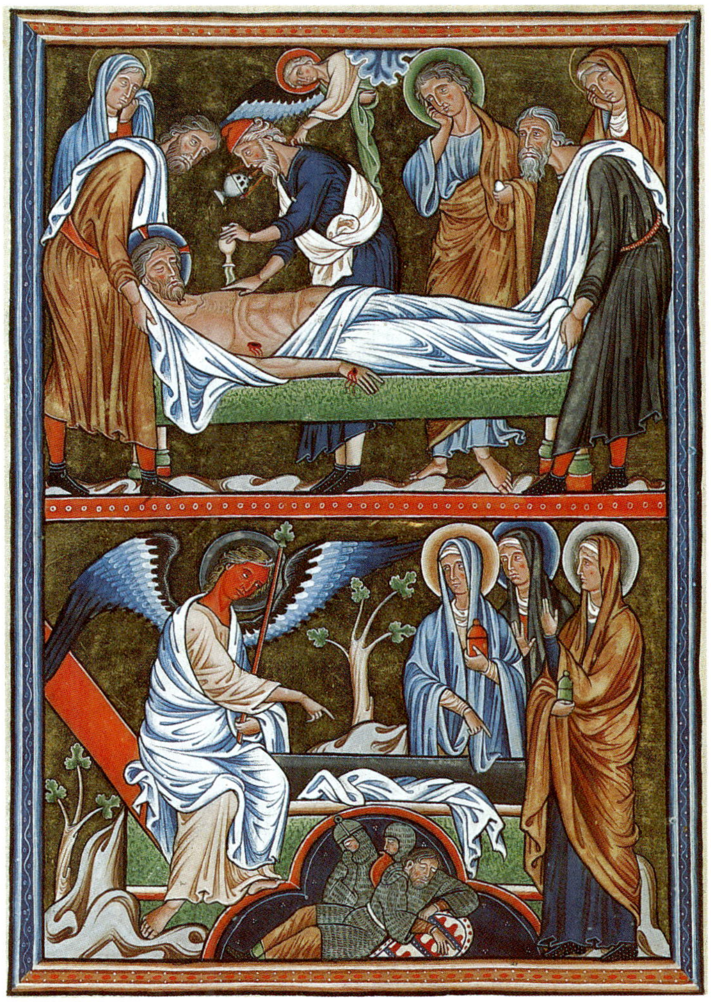

Werkstatt des Ingeborg-Psalters
Salbung des Leichnams Christi und Die drei Marien am leeren Grab. Aus dem Psalter der französischen Königin Ingeborg, um 1213
Buchmalerei, 30,4 x 20,4 cm
Ms. 1695, fol. 28 v
Chantilly, Musée Condé

FRANZÖSISCHER MEISTER

ZWISCHEN 1258 UND 1270

Diese überaus kostbare Handschrift wurde für den hl. Ludwig von Frankreich angefertigt. Eine Folge von 78 ganzseitigen Miniaturen aus den ersten Büchern des Alten Testamentes stehen, paarweise einander zugeordnet, vor dem Text des Psalters. Die rahmende Architektur mit ihren auffällig betonten Fensterrosen zitiert die von König Ludwig so stark geförderte Kapellenarchitektur. Sie hat keine darstellende Funktion, sondern ist Verzierung und Überhöhung. Doch nutzt sie der Maler zur Aufteilung der Erzählung in zwei Hälften.

Links sehen wir Josua, der Sonne und Mond befiehlt stillzustehen, bis die Entscheidungsschlacht gegen die Amoriterkönige gewonnen ist, rechts die Verfolgung der Feinde bis in ihre Städte. Das Ereignis ist in die ritterliche Wirklichkeit des 13. Jahrhunderts verlegt und doch unwirklich genug: Die Farben Rot und Blau in reinen oder abgeschwächten Tönen abwechselnd vor goldenem Grund sind hier nicht als die Farben der gezeigten Dinge gemeint, sondern sind kostbarer Schmuck wie die überirdisch leuchtenden Glasfenster von Chartres. Die zierliche Beweglichkeit der Figuren läßt kaum an einen Patriarchen und eins der größten Wunder der Frühzeit Israels denken, sondern zeigt das neue Ideal des vollkommenen Höflings. Der überfeinerte Stil dieser Kunst ist sich fast Selbstzweck, die Feinheit an sich Genuß für den Betrachter.

Werkstatt des Ludwig-Psalters
Josua hält Sonne und Mond an. Aus dem Psalter Ludwig IX. von Frankreich, um 1258–1270
Buchmalerei, 21 x 14,5 cm
Ms. lat. 10525, fol. 46 r
Paris, Bibliothèque Nationale

Bonaventura Berlinghieri
Der hl. Franziskus
und Szenen aus seinem
Leben, 1235
Tempera auf Holz,
160 x 123 cm
Pescia, San Francesco

BONAVENTURA BERLINGHIERI

NACHWEISBAR 1228–1242

Franz von Assisi (1183–1226) schien seinen Zeitgenossen ein zweiter Christus zu sein, in seiner Gegenwärtigkeit jedoch viel glühender als der in den Himmel entrückte Gottessohn. Das Aufsehen war so groß, daß nach seinem Besuch an einem Ort Erinnerungsbilder gemalt wurden wie das in Subiaco. Jedoch nur neun Jahre nach seinem Tode und sieben nach der Kanonisation wird er in Pescia so dargestellt, als wäre er ein alter Säulenheiliger aus einer byzantinischen Ikonenwand. Daß es sich um ein Altarretabel handelt, ist nicht der Hauptgrund für Strenge und Frontalität. Denn Gründung und Erhalt dieses Ordens der Armut und Volksmission blieben nicht ohne heftigen Widerstand. Wohl auch deshalb ist Franz wie eine himmlische, also unangreifbare Autorität gemalt.

Das unterstreichen auch die Seitenszenen. Ohne die Zeitenfolge einzuhalten, steht links zuoberst die Stigmatisation, das Siegel seiner Christusähnlichkeit; sodann die Vogelpredigt als Bild dafür, daß die Tiere Franz als Gottgesandten sofort erkannten, wie auch für die Naturliebe des Heiligen. Wunder, die er zu Lebzeiten gewirkt hat oder die an seinem Grab geschahen, stehen als Bestätigung seiner göttlichen Kraft (links unten: Heilung eines verwachsenen Kindes; rechts von oben: Heilung der Krüppel, des Gelähmten, Behexte werden von Dämonen befreit).

Cimabue
Thronende Madonna mit Kind, acht Engeln und vier Propheten (Maestà), nach 1285 (aus Santa Trinità, Florenz)
Tempera auf Holz, 385 x 223 cm
Florenz, Galleria degli Uffizi

CIMABUE

UM 1240–1302

Die Marientafel war einst ein Altarretabel, eine damals neuartige, aber schnell popularisierte Bildaufgabe. Sie wurde geschaffen, um durch die gemalte Gegenwärtigkeit Christi das Meßopfer konkreter erscheinen zu lassen und um den die Messe lesenden Priester durch das Bild zu überhöhen.

Feierliche monumentale Wirkung wie leichte Sichtbarkeit waren die Forderung an den Maler. Die Propheten bilden einen Sockel; daß sie zeitlich und theologisch Vorstufen zu Maria und Christus sind, wird anschaulich. Ihre Spruchbänder weisen auf die Jungfräulichkeit Mariens und die Erlöserrolle Christi. Schön wird die Ordnung des Bildes sichtbar, die betonte Mitte, die genaue Symmetrie, die Zuordnung der Seiten. Von dieser Ordnung wird nur in der Muttergottesfigur abgewichen, die seitlich versetzt erscheint und damit mehr Aufmerksamkeit auf ihren Sohn lenkt.

Der Aufbau des Bildes ist klar und einfach, die Zeichnung präzise. Doch sind Sitz- und Haltungsmotive eigentümlich wirklichkeitsfern und untektonisch. Die Motive im einzelnen verraten byzantinische Vorbilder. Die Durchführung läßt Gestaltungsgewohnheiten des Wandmalers erkennen, der kaum auf Feinheiten des Details achtet. Seit der ersten Erwähnung von Vasari (1568) wird die Tafel einstimmig Cimabue zugeschrieben.

GIOTTO DI BONDONE
1266 (?)–1337

Die im selben Raum der Uffizien wie Cimabues Bild aufbewahrte Tafel des Giotto ist ein Lehrstück über den großen Schritt, den die Kunst mit Giotto über alles Ältere hinaus gemacht hat. Das vielleicht nur zwanzig Jahre jüngere Bild ist gleich in Funktion und Thema, ist fast so groß und ähnlich symmetrisch aufgebaut. Doch ist der Thron nicht so räumlich unklar; er soll auch nicht als vom Himmel herabgesenkt verstanden werden – was Cimabue wenig überzeugend darzustellen versucht hatte –, sondern ist auf zwei Stufen aufgebaut, aus Stein, mit Marmorplatten und farbigen Einlagen verziert und von einem zierlichen Tabernakel in gotischen Formen überdacht, das eine gebaute Architektur ersetzen kann. Die Stufen überhöhen die Madonna wie ein hoher Sockel die Statue und schaffen zugleich eine Leerzone, die von dem zelebrierenden Priester und dem Altarkreuz überdeckt werden kann.

Die Begleitfiguren sind seitlich gedrängt, ihre Köpfe niedriger angebracht als der des Kindes. Durch die Einführung der beiden Knienden und die Blickführung ist ihre verehrende Zuwendung zur Muttergottes deutlicher. Nur sie blickt aus dem Bild heraus auf den Beter/Betrachter, an sie hat er sich zu wenden; die Rolle Mariens als die Fürbitterin wird anschaulicher als bei Cimabue. Das Gewicht ihres Sitzens ist spürbar. Doch ist sie dabei streng aufgerichtet und präsentiert das Kind Christus. Sie ist wirklich der »Thron der Weisheit«. Ihr Gewand ist nicht Formel zur Kennzeichnung des Überirdischen, es ist nicht übersät mit der Goldwirkerei östlicher Stoffe. Die Farben sind nicht von größter Pracht und diamantgleicher Reinheit, sondern, wie das Grün der seitlichen Engel, gebrochene Töne und wirken deshalb irdischer (das Blau des Marienmantels ist stark nachgedunkelt und zu einförmig). Das Gewand wird so dargestellt, wie es der Erfahrung nach sein müßte. Und doch dient es, entsprechend dem Vorgehen der Bildhauer des 13. Jahrhunderts, der Gestaltung: Durch den festen Umriß betont es die Blockhaftigkeit der Figurengruppe. Indem es breiter fällt, erhöht es die Mächtigkeit. Die Falten gliedern und lenken zugleich den Blick auf das Christuskind.

Giotto stellt die Muttergottes dar, indem er die Möglichkeiten des Menschen erfaßt, das Würdevollste und Schönste auswählt und überhöht. Trotz der Übersteigerung des Maßstabs wirkt die Madonna nicht fremd. Vielmehr ist sie von königlicher Macht der Erscheinung. Demgegenüber wirkt die Madonna des Cimabue distanziert. Dazu tragen auch das steile Format der Tafel und der überhöhte Sitz der Figur im Bilde bei. Das Bild Giottos ist als gegliedertes besser erfaßbar. Der Sockelabschluß markiert ein Viertel des Bildes, die Thronsitzkante die Hälfte. Hier beginnt der leichte Thronaufbau und zugleich der wesentliche Teil der Figurengruppe – in der Art einer halbfigurigen Ikone, wie sie für Andachtszwecke gebräuchlich war, als Bild im Bilde und Mitte des Ganzen. Die Tafel gehört zu den wenigen Werken, deren Zuschreibung an Giotto nicht umstritten ist.

Giotto di Bondone
Madonna in der Glorie mit Heiligen und Engeln (Ognisanti-Madonna), um 1305–1310
(aus der Kirche Ognisanti, Florenz)
Tempera auf Holz, 325 x 204 cm
Florenz, Galleria degli Uffizi

Giotto di Bondone
Joachim unter den Hirten, um 1303–1305
Fresko, ca. 185 x 200 cm
Padua, Capella degli Scrovegni all'Arena

GIOTTO DI BONDONE
1266 (?)–1337

Eigentlich müßte dieses Fresko »Die Verdüsterung Joachims« heißen. Erzählt wird, wie Joachim, der zukünftige Vater Mariens, nach der Zurückweisung seines Opfers im Tempel (wegen der Schande der Kinderlosigkeit, von bitteren Gedanken und Scham erfüllt) nicht in sein Haus zurückkehrt, sondern in die Einsamkeit zu seinen Herden zieht. Er nähert sich langsam, den Blick in sich gekehrt; den heranspringenden Hund, der ihn freudig begrüßt, nimmt er so wenig wahr wie seine Hirten. In Gebärde und Blick verständigen sie sich über den Gemütszustand ihres Herrn, nehmen Anteil. Die Felsen schließen diese Gruppe wie ein architektonischer Hintergrund ab und paraphrasieren in Andeutungen die Komposition. Raum entsteht aus der Tiefenerstreckung und Rundung der Körper sowie der Staffelung der Personen. Das räumliche Empfinden ist so ausgeprägt, daß selbst der Nimbus Joachims dreidimensional wiedergegeben wird.

Die Szene ist von größter Einfachheit und zugleich Wirkungskraft. Giotto hatte bei den Geschichten von Joachim und Anna, die auf apokryphe Bibeltexte und Legenden zurückgehen, sehr viel größere Freiheit als bei anderen Szenen des Neuen Testamentes; für sie gab es noch kaum ikonographische Traditionen. Diese Bilder sind die ersten von ihm gemalten Teile der Kapelle, die Enrico Scrovegni in der sog. Arena, dem einstigen römischen Amphitheater, erbaut hatte. Sie sind auch in der Ausführung weitgehend eigenhändig und gelten mit Recht als die Meisterwerke des Zyklus.

Auf dem Felde erschien Joachim ein Engel und verkündete ihm die zukünftige Geburt und die besondere Heilsbedeutung dieser Tochter, ebenso auch seiner Gemahlin Anna in Jerusalem. Daraufhin zog Joachim wieder in die Stadt. An der Goldenen Pforte begegneten sich die Eheleute, umarmten sich voller Freude und küßten sich.

Hatte Giotto die Trauer Joachims durch wenige isolierte und ruhige Figuren ausgedrückt, so gestaltet er diese Szene als festlichen Aufzug. Der alte Mann kommt bedächtiger, verbleibt am linken Rand des Bildes, sein Begleiter wird sogar überschnitten. Hierdurch wird dem Betrachter geschickt angedeutet, daß sie mitten in der Bewegung anhalten. Anna aber ist aus dem Tor herausgeschritten, mit ihr zusammen der Zug der vier sie begleitenden Frauen.

Giotto hat diesen Zug in die zeitgenössische Wirklichkeit versetzt. Um die allgemeine Freude nicht monoton werden zu lassen und die Zäsur zwischen Anna und ihren Begleiterinnen stärker zu betonen, hat er eine merkwürdige, in ein dunkles Gewand gehüllte Frau eingefügt, als wollte er zeigen, daß allem Triumphalen dieses Ereignisses ein Element zukünftiger Düsterkeit beigegeben ist.

An diesem Fresko ist gut zu erkennen, daß das bei dieser Maltechnik nachträglich aufgemalte Blau meistens abfällt (Rock Joachims und Hintergrund), ebenso auch andere »A secco« gemalte Teile wie die Verzierung der Goldenen Pforte oder die Goldborten an den Gewändern. Dieser Verlust wird jedoch teilweise dadurch wettgemacht, daß wir die Untermalung und damit den Prozeß der Werkgestaltung besser studieren können.

Giotto di Bondone
Begegnung von Anna und Joachim an der Goldenen Pforte, 1303–1305
Fresko, ca. 185 x 200 cm
Padua, Capella degli Scrovegni all'Arena

GIOTTO DI BONDONE
1266 (?)–1337

Giotto di Bondone
Beweinung Christi, 1303–1305
Fresko, ca. 185 x 200 cm
Padua, Capella degli Scrovegni all'Arena

Zwei Reihen weiter unter den Geschichten von Joachim und Anna, in größter Nähe zum Besucher der Kapelle, auf der gegenüberliegenden gut beleuchteten Seite, ist die Beweinung Christi zu sehen. Giotto gibt in der Regel seine Figuren und Erzählungen in gedämpfter Bewegung. Dadurch sind die Steigerungsmöglichkeiten groß. Die heftigsten Gefühlsausbrüche innerhalb des Zyklus zeigen die Personen der Beweinung. Und doch ist es keine Woge des Schmerzes. Die Gefühlsäußerung der einzelnen Personen wird genau unterschieden: vorne zwei blockhaft zusammengesunkene Frauen, dumpf und unbewegt. Indem sie einen Teil des Leichnams Christi zudecken, konzentrieren sie die Aufmerksamkeit des Betrachters auf die Mittelgruppe der Mutter mit ihrem Sohn; abschiednehmend umarmt Maria Christus, in gefaßtem Schmerz. Magdalena zu Füßen Christi neigt in stiller trauernder Betrachtung ihr Haupt. Die Frau in der Mitte hingegen reißt in einem schön erfundenen Motiv die Arme Christi hoch, als könnte sie ihn hochziehen, und läßt zugleich im Anblick der Wundmale von ihrem Vorhaben ab. In höchster Erregung hat Johannes seine Arme zurückgerissen; ähnlich die Engel am Himmel. Josef von Arimathia und Nikodemus rechts reagieren ihrem Alter gemäß verhaltener und doch unterschiedlich. An der Trauer beteiligt ist auch die Natur. Der Baum rechts ist abgestorben, die Landschaft wüst.

Von großer Wirksamkeit ist der Gedanke Giottos, den Schwerpunkt der Handlung ganz nach links unten zu verlagern und den Umriß der Hintergrundslandschaft als eine große Diagonale zu Christus hin sich absenken zu lassen.

Das Bild der Franziskus-Geschichte ist ein Beispiel für das Mitleid und die Liebe zu den Armen, die Franziskus schon vor seiner Bekehrung hatte: Der reiche Sohn eines Tuchhändlers stieß einst auf einen verarmten Edelmann, dem er spontan seinen Mantel schenkte. Der Beschenkte sieht nicht zerlumpt aus, doch fehlt ihm der Mantel zu einer standesgemäßen Kleidung. Die Parallele zur berühmten Geschichte vom Ritter Martin, der seinen Mantel teilt, um die Hälfte einem Bettler zu geben, ist also nur vage.

Bei der merkwürdigen und einseitigen Auswahl von Franziskusgeschichten im Zyklus der Oberkirche fragt man sogar, ob man nicht mit der Darstellung dieser Tat zeigen wollte, daß das Armutsideal des Franz nicht gegen die gesellschaftliche Ordnung an sich gerichtet war. Franz ist keineswegs als spontan Schenkender gezeigt, sondern in hierarchischer Weise genau in die Mittelachse des Bildes gestellt. Alles ist an der Vorderkante nebeneinander aufgereiht, ohne eigentliche Standfläche. Die Größe der Bildfläche und die Proportion des Formates sind kaum künstlerisch bewältigt. Die Körperlichkeit der Gestalten und die Räumlichkeit der Szene weichen stark von den ersten Arbeiten in der Kapelle ab. Man möchte deshalb dieses Werk nicht nur in der Ausführung, sondern auch in der Erfindung eher für das Werk eines Gehilfen von Giotto halten.

Giotto di Bondone und Mitarbeiter
Der hl. Franziskus verschenkt seinen Mantel, zwischen 1296 und 1299
Fresko, 270 x 230 cm. Assisi, San Francesco Oberkirche

DUCCIO DI BUONINSEGNA

UM 1255 – UM 1319

Maria ist repräsentativ in der Mittelachse angeordnet und blickt den Betrachter/Beter an. Vier Engel halten hinter ihr ein seidenes, goldgesäumtes Ehrentuch, das sie – zusammen mit dem Thron – als »Königin des Himmels« und »Sitz der Weisheit« erkennbar macht. Der Griff des Jesusknaben an ihren Finger versinnbildlicht das mystische Brautschaftsverhältnis zwischen Gott-Sohn und Gottesmutter. Das Motiv des schützend über die drei Franziskanermönche gebreiteten Mantels macht sie zur Schutzmantelmadonna. Das kleine Andachtsbild ist ein gemaltes Gegenstück zum Marienhymnus.

Trotz Vorgravierung des Umrisses hat der Maler an vielen Stellen seine ursprünglichen Vorstellungen abgeändert. Er hat sehr oft über den zuerst angelegten Goldgrund hinweggemalt, was nicht nur einen sorglosen Umgang mit den Kosten bezeugt, sondern auch zu den vielen Abplatzungen der Farbe geführt hat. Auch der Thron ist über den Vorhang des Grundes hinweggemalt, um die knienden Franziskanermönche stärker zu betonen. Dieses ganz ungewöhnliche beständige Herumprobieren erweist, daß Duccio seine Aufträge nicht routiniert und kühl kalkulierend erfüllt hat. Die Feinheit der Farbmodellierung ist leider auch schuld daran, daß wir heute nichts mehr von der zuvor sicher sehr reichen Binnenzeichnung der Mariengewandung sehen. Das Bild wirkt heute flächiger und deshalb strenger als ursprünglich gewollt. Vielleicht war die kleine Tafel noch mit zwei Flügeln zu verschließen. Doch werden auch sie kaum nähere Angaben über die Besteller enthalten haben. Die beiden Franziskaner sind nicht als benennbare Individuen zu deuten; sie knien hier zum Zeugnis der Verehrung ihres Ordens für die Gottesmutter.

Die Tafel war Bestandteil der aufgelösten Predella (Unterbau) des Sieneser Domhochaltarretabels und ist wegen ihres tiefen Sitzes schlecht erhalten. Sie wurde gerahmt von Einzelbildern der Propheten, bei diesem Bild König Salomon. Aufgrund der Plazierung an der hieratisch gestalteten Hauptfront des Kultbildes ist auch die Darstellung des kleinen Bildes in eine strenge und würdevolle Form gebracht.

Die Mitte ist betont durch den Aufbau des Hintergrundes, vor allem den Dreiecksgiebel. Die Anordnung der Personen bleibt streng im Relief. Charakteristisch sind Motive wie die Gruppe der antik gestalteten Pferde, die aus dem Dreikönigsrelief der Sieneser Domkanzel der Pisani übernommen wurde, oder der Thron Mariens. Die Farbgebung ist auf den reinen Blau-Rot-Gold-Akkord konzentriert, wie wir ihn aus der französischen Hofkunst kennen und wie wir ihn bei Duccio für die ranghöchsten Personen, zumal die der Altarhauptseite, benutzt finden. Innerhalb dieses strengen Gerüsts gibt es viele feine Abstufungen, so die Verschiebung der Farbakzente vom Rot links zum Blau rechts; oder die Betonung der Mariengruppe in der Führung der Umrißlinie und Abdachung der Höhle oder das Eingehen der Komposition auf die eigenwillige Rahmung der Tafel.

Duccio di Buoninsegna
Die Madonna der Franziskaner, um 1300
Tempera auf Holz, 24 x 16 cm
Siena, Pinacoteca Nazionale

Unten:
Duccio di Buoninsegna
Anbetung der Könige, 1308–1311
Detail von der Predella der Maestà
Tempera auf Holz, 42,5 x 44 cm
Siena, Museo dell'Opera del Duomo

DUCCIO DI BUONINSEGNA

UM 1255 – UM 1319

Duccio di Buoninsegna
Erste Verleugnung Petri und Christus vor dem Hohenpriester Annas, 1308–1311
(von der Rückseite der Maestà, dem ehemaligen Hochaltarbild des Domes von Siena)
Tempera auf Holz, 99 x 53,5 cm. Siena, Museo dell'Opera del Duomo

Das Überraschende dieses Bildes ist, wie Duccio aus zwei in der Bibel nacheinander geschilderten Ereignissen (die sich allerdings im selben Hause abspielen) ein einziges Bild gemacht hat.

Oben ist dargestellt, wie Christus nach seiner Gefangennahme vor den Hohenpriester Annas gebracht wird und man nun einen Grund sucht, um ihn zu verurteilen. In der Szene sind das Verhör und vor allem das Vorbringen falscher Anschuldigungen durch verschiedene Personen gezeigt. Unten, nach dem Raumverständnis des Bildes im Hof des hohepriesterlichen Palastes, sitzt Petrus im Kreis von Leuten des Priesters und wärmt seine nackten Füße am Feuer. Die Betrachter der Rückfront von Duccios Maestà sind durch die Anordnung der Bilder darauf eingestimmt, immer von unten nach oben zu lesen – für sie ist die Verleugnung Petri die erste, das Verhör die zweite Szene. Durch die in einer Drehbewegung von hinten gezeigte Magd sowie die Treppe wird diese Lesebewegung anschaulich unterstützt. Überhaupt ist die Figur der Magd eine geistreiche Erfindung. Ihr ausgestreckter Arm ist verstehbar als Griff an das Treppengeländer und zugleich als Zeigegeste auf Petrus hin. Sie ist durch ihre herausgelöste Stellung am linken Rand des Bildes sofort als wichtige, das Ereignis erklärende Figur gegeben und doch nicht Hauptperson.

Zwischen der unteren und der oberen Szene besteht ein reiches Geflecht von Beziehungen, teils Analogie, teils aber Kontrast. Die Magd steht zu Petrus in einem ähnlichen Verhältnis wie oben Annas zu Christus. Das unten angeschlagene Thema wird oben überhöht: Christus steht allein vor den Kriegsleuten, von ihnen durch Art und Farbe der Gewandung getrennt. Petrus aber hat sich unter die Leute des Annas gemischt, ist nur geringfügig abgesetzt. Er sitzt, läßt es sich gutgehen, will seine nackten Füße wärmen, während sein ebenso barfüßiger Meister duldet. Bilden die Figuren unten einen räumlich fast geschlossenen Kreis, so sind sie oben strenger gereiht. Unten wird die Architektur mit vielen Einzelheiten geschildert und mehrfach räumlich gestaffelt, oben sehen wir eine bildparallele Raumbühne, die durch eine gleichmäßig gereihte Blendarkatur abgeschlossen wird. Sie ist symmetrisch und betont in ihren fluchtenden Deckenlinien die Mitte, Christus. Man könnte diesen Vergleich weit ausdehnen, müßte vor allem auf die Steigerung der Farben von unten nach oben eingehen, die nicht nur die Hauptfiguren betrifft, und würde immer mehr bewundern, wie reich das Bild an feinen Zügen und genauen Beobachtungen ist.

Kunsthistorisch bemerkenswert aber ist, daß Gestaltungsprinzipien, die man gewöhnlich in verschiedene Zeiten datiert, die obere flachere und symmetrische als älter, die untere plastischere und von größerer Räumlichkeit bestimmte, die an Auffassungen Giottos erinnert, als jünger, hier zur Unterscheidung der Würde und Bedeutsamkeit der Ereignisse nebeneinander eingesetzt werden.

SIMONE MARTINI

UM 1284–1344

Simones Fresko befindet sich in der Sala del Mappamondo, auf der seinem anderen Meisterwerk, der »Maestà« (Abb. S. 18), gegenüberliegenden Wand. Es ist ein Ehrenbild für den Feldhauptmann Guido Riccio da Fogliano und zugleich eine topographische Sicht auf den Fels der eroberten Stadt Montemassi links und die Belagerungsburg der Sienesen rechts. Die Kämpfe fanden im Jahre 1328 statt, als am Ende des Italienzuges von Kaiser Ludwig dem Bayern die päpstliche Partei, zu der auch Siena gehörte, die sich abzeichnende Niederlage des Kaisers zu ihren Gunsten zu nutzen versuchte. Der Reiter und der Ort sind wie zwei voneinander getrennte Gebilde behandelt: Denn der Feldherr ist nicht bei dem historischen Ereignis der Belagerung dargestellt. Die Ortsbeschreibung wirkt fast abstrakt, obwohl wahrscheinlich eine Naturstudie zugrunde liegt. Das Reiterbild des Feldherrn ist ohne festen Standort denkmalhaft der Landschaft vorgeblendet.

Männer wie Guido Riccio sind eine Erscheinung des 14. Jahrhunderts, entstanden aus der Ablösung der Bürger- durch Söldnerheere. Nach den Worten Jacob Burckhardts entstand zwischen diesen Condottieri und den Staaten so etwas wie ein Recht einerseits und eine Pflicht andererseits zum öffentlichen Bild. Simone hat in Guido Riccio eher den Typus als die Person dieser Söldnerführer geschildert, sehr genau aber ihr prunkvolles Auftreten mit den großen Rautenketten auf goldenem Grund, die wie Drachenschwänze die Schabracke des Pferdes und das Prachtgewand des Feldherrn überziehen.

Die Ausstattung des Raumes geht zurück auf die Stiftung eines 1312 gestorbenen Franziskanerkardinals, der ein eifriger Parteigänger des Hauses Anjou war, in dessen Diensten er Ungarn zu erwerben half. Der Zyklus umfaßt zehn Szenen, in denen die Legende des hl. Martin von der Mantelspende bis zu seinem Tod dargestellt sind. Hier haben wir trotz des kirchlichen Ortes ein Werk der Hofkunst vor uns, gemalt von dem im Dienste derselben Anjou geadelten Simone zur Verherrlichung dieses Königshauses in dem sowohl französischen wie ungarischen hl. Martin. Das diente der Absegnung der französischen Herrschaft über das Königreich Ungarn, half dieser Partei in ganz Italien und im Kampf um den Gewinn der Kaiserkrone. Ist das Thema des Ritterschlages des hl. Martin in sich ritterlich-weltlich, so jedoch nicht die Darstellung Simones.

Der Ausschnitt zeigt zwar die Spielleute in der ganzen Buntheit ihrer Tracht – auch sind es keineswegs edle Gesichter –, doch sind vor allem die Sänger ganz erfüllt von ihrer Musik. Simones strenge Linie, die Stilisierung überhaupt, das geringe Maß an Bewegung und Raum distanzieren das Dargestellte vom Betrachter. Dieses Fresko ist erkennbar das Werk eines Tafelmalers. Der Versuch, im Hut des Flötenspielers durch die Überlagerung zweier verschiedener Farben einen Effekt des Changierens zu erreichen, außerdem die Tendenz zur Feinmalerei sind die Übertragung von Leistungen der Tafelmalerei auf das Wandbild.

Simone Martini
Guido Riccio da Fogliano, um 1328
Fresko (Detail), 340 x 968 cm (Gesamtmaß)
Siena, Palazzo Pubblico

Simone Martini
Der hl. Martin wird zum Ritter geschlagen.
Detail: Musikanten, zwischen 1317 und 1319
Fresko, 265 x 200 cm (Gesamtmaß)
Assisi, San Francesco Unterkirche

Simone Martini
Kreuztragung, um 1315 (oder später)
(Teil des Polyptychons Orsini)
Tempera auf Holz, 29,5 x 20,5 cm
Paris, Musée du Louvre

Simone Martini
Kreuzabnahme, um 1315 (oder später)
(Teil des Polyptychons Orsini)
Tempera auf Holz, 29,7 x 20,5 cm
Antwerpen, Koninklijk Museum voor Schone Kunsten

SIMONE MARTINI

UM 1284–1344

In diesen zusammengehörenden Täfelchen eines ursprünglichen Polyptychons – die übrigen vier befinden sich in Antwerpen (Verkündigung und Kreuzigung) und in Berlin (Grablegung) – für den Kardinal Orsini zeigt Simone als Schöpfer kleinfiguriger Andachtsbilder ganz andere Züge seiner Kunst. Die private und der Frömmigkeitsübung dienende Bestimmung der Gemälde erforderte eine andere Auffassung und Darstellung der Themen als etwa in Wandmalerei oder Altartafel. Es sind kleine, fast miniaturhafte Bilder voller Figuren. Vor allem die Leidenschaft der Bewegung ist bemerkenswert: Ein Strom von Menschen ergießt sich in den von den Kreuzesarmen angegebenen Richtungen heraus aus der Stadt Jerusalem. Doch ist es keine Erzählung im üblichen Sinn: Christus ist zwar schreitend gegeben, aber zugleich in dieser Bewegung fixiert wie eine Statue; er lädt zum mitleidigen Verweilen ein. Untergeordnet, aber deutlich herausgearbeitet ist die Beziehung Christi und Mariens. Maria hat die Arme erhoben, als wollte sie das Kreuz tragen helfen; zugleich ist es eine heftige Klagegeste. Aber sie kann weder helfen noch den Zug nach Golgatha stoppen; der Hauptmann, der unter dem Kreuz Christi Göttlichkeit erkennen wird, stemmt mit ganzer Kraft seinen Schild gegen sie. Christus nimmt zurückblickend Abschied von seiner Mutter, während die verzweifelt die Arme hochreißende Magdalena im karminroten Gewand ebenso den Blick auf sich zieht. Die Einbringung neuer Inhalte, die Abweichung von der üblichen Norm und ihre einprägsame bildnerische Gestaltung sind eine große Leistung des Malers.

Der Besteller ließ sich nicht – wie üblich – unterhalb der Kreuzigung darstellen, sondern unter der Kreuzabnahme. Die auffällige, steile Diagonale der Leitern ist die Hauptachse dieses Bildes. Die Hauptgruppe ist extrem nach links verschoben. Das Kreuzesholz bleibt die Mitte im Sinne einer Verehrung dieser ehrwürdigsten aller Reliquien. Maria wirft sich ihrem Sohn entgegen; Johannes versucht ihr Halt zu geben. Alle wenden sich gleich Maria zum Leichnam, auch der Stifter; ja selbst die Pinselfaktur des Bodens von Golgatha geht in diese Richtung. Neben dem Kreuz rechts erfolgt ein optischer Einschnitt, um diese eine Hauptbewegung nicht abzuschwächen. Doch beziehen sich auch die Figuren rechts in Blick und Geste auf den Leichnam, so vor allem die überdeutlich sichtbare Magdalena. Eine Frau hält in ihren verhüllten Händen – ein Zeichen der Ehrfurcht – zwei Nägel vom Kreuz, auch dies eine Andeutung des Kultes der Passionsreliquien. Dieselben Personen kommen immer wieder vor und schaffen so einen Zusammenschluß der einzelnen Bilder zu einem zyklisch erzählten Vorgang. Und doch ist jedes der Bilder ein neu geprägtes Andachtsbild. Zugleich sind sie in der juwelenhaften Leuchtkraft der Farben, den feinen Tönungen und dem delikaten Auftrag auch dem Augensinn ein vielfältiger und sicher vom Besteller erwünschter Genuß.

PIETRO LORENZETTI

UM 1290–1348 (?)

Der Raum der Szene ist illusionistisch aufgefaßt: Durch Bogenöffnungen, die zugleich Bildrahmen sind, blickt man in zwei Zimmer ungleicher Größe. In der Mitte und rechts sehen wir die Gruppe der Frauen, links Joachim und Begleiter. Der Bettvorhang ist beiseite geschoben, um den Blick auf Anna freizugeben. Durch den gemalten Sternenhimmel erhält der Raum zugleich sakralen Charakter. Anna, in ihrer breiten und schweren Lagerung eine Giotto nachempfundene Figur, wird durch die Art der Erzählung und Rahmung als Mittelpunkt erkannt. Entgegen der üblichen Lesweise damaliger Bilder von links nach rechts muß dieses Werk umgekehrt entschlüsselt werden; der Künstler berücksichtigt damit, daß man an diesen Altar nur von rechts herantreten konnte. Deshalb erfolgt ein Ausblick in die Tiefe auch nur im linken Bildteil. Die Genauigkeit in der Wiedergabe des Innenraums und der Szene ist genauso innovativ wie das künstlerische Konzept.

Pietro Lorenzetti
Geburt Mariens, 1342
(aus dem Dom von Siena)
Tempera auf Holz, 188 x 183 cm
Siena, Museo dell'Opera del Duomo

Pietro Lorenzetti
Der Traum Sobachs, 1329
(aus der Predella des Hochaltars von Santa Maria del Carmine, Siena)
Tempera auf Holz, 37 x 44 cm
Siena, Pinacoteca Nazionale

Pietro Lorenzetti
Kreuzabnahme, um 1320–1330
Fresko, 232 x 377 cm
Assisi, San Francesco Unterkirche

PIETRO LORENZETTI

UM 1290–1348 (?)

In den Jahren 1327/28 erhielt Lorenzetti den Auftrag für den Flügelaltar der Karmeliterkirche in Siena. Das fertige Werk übergab er den Karmelitern jedoch erst, nachdem diese den vollen Preis in Höhe von 150 Goldgulden bezahlen konnten. In dieser Szene sagt ein Engel im Traum dem Vater des Propheten Elias, daß von diesem die Gründung des Ordens der Karmeliter ausgehen werde. Während das Hochaltarbild entsprechend den Erfordernissen dieser Aufgabe streng und hierarchisch aufgebaut ist, hatten die Maler in der Gestaltung der Predellen größere Freiheit. Pietro nutzt dies als einer der ersten. Er läßt seinen persönlichen Vorlieben viel Raum, etwa der für großflächig und kräftig gemusterte Flächen (Bettdecke und Fußbodenkacheln), die zugleich mit erstaunlichem Sinn für ihre Materialqualitäten wiedergegeben werden. Auch die Farbigkeit ist eigenwillig; grünlichgraue, reich abgestufte Tonfolgen werden bevorzugt. Was Subjektivismus zu sein scheint, erbringt aber auch neue Möglichkeiten und großen Gewinn für die Darstellung des Themas »Traum«: Der Träumende ist nicht an die Vorderkante des Bildes gerückt, wie man gewohnheitsmäßig erwarten könnte, sondern in die Tiefe des Raumes. Die Restfläche des Bildes ist nicht ein durchgehender Goldgrund, sondern eine reich gegliederte Architektur, kein Abbild eines wirklichen oder auch nur möglichen Gebäudes. Das Bild ist in ungewöhnlich moderner Weise eine Architekturphantasie und deutet so den geheimnisvollen Charakter des Traums an.

Von allen sienesischen Malern hat sich Pietro Lorenzetti am stärksten mit den Gestaltungsprinzipien Giottos auseinandergesetzt. Der zwischen 1320 und 1330 in mehreren Etappen und zum Teil mit Beteiligung von Gehilfen ausgeführte Passionszyklus in der Unterkirche zu Assisi zeigt zunehmend die Vereinfachung der reich bewegten Linie zugunsten ausdrucksstarker, ungebrochener Kurven. Die Kreuzabnahme, mit Sicherheit eigenhändig ausgeführt, bedeutet einen Höhepunkt in dieser Entwicklung. Lediglich der schlank proportionierte Körper Christi mit den vielfältigen Richtungskontrasten der Glieder weist eindeutig auf die sienesische Herkunft des Malers. Raum wird in erster Linie als »Körperraum«, das heißt durch die Zueinanderordnung dreidimensional modellierter Gestalten erfahren. Einzelne Figuren lassen sich unmittelbar auf Vorbilder Giottos zurückführen; so etwa die Maria Magdalena am Kreuzesfuß auf die Figur des opfernden Joachim in der Arenakapelle zu Padua.

Der Vorgang der Kreuzesabnahme wird nicht in einem bestimmten Augenblick festgehalten, sondern als zeitlicher Ablauf suggeriert. Die absinkende Schräge des Körpers Christi wird in ihrer Wirkung unterstützt durch die stadienweise vom Kopf des Joseph von Arimathia abfallenden Neigungen der Köpfe bzw. Oberkörper; sie scheinen über Nikodemus am rechten Bildrand, der mit einer Zange die Nägel aus den Füßen des Herrn zieht, in die Grablegung auf der gegenüberliegenden Seite der Stirnwand der Orsinikapelle einzumünden.

AMBROGIO LORENZETTI
UM 1295–1348 (?)

Dieses beschnittene und schlecht erhaltene Hausaltärchen (ehemals mit seitlichen Flügeln und differenzierter in Farbe und Gewandmodellierung) mag für einen Geistlichen bestimmt gewesen sein, der an dem altarbildähnlichen Aufbau und den theologischen Patronen (Papst Clemens und Gregor der Große, zwei heiligen Bischöfen und den Heiligen Dorothea und Katharina) ein besonderes Interesse gehabt hat. Doch sind nur Anklänge an Altarbilder gegeben: Denn statt des Thrones haben wir einen Faltstuhl; in mütterlichem Griff umfaßt Maria den Leib ihres Knaben, der einen Vers aus dem Vaterunser (»Dein Wille geschehe«) auf dem Spruchband aufzeigt; überhaupt aber weisen die Feinmalerei und der Reichtum der ausgebreiteten Dinge insgesamt in den privaten Andachtsbildbereich.

Der Aufbau gruppiert in einer kühnen Idee Heilige und Engel in Form einer Mandorla um die mit einem Strahlenkranz umgebene Muttergottes. Diese klare Grundform aber ist in sich vielfältig – die Figuren sind sowohl räumlich wie in die Höhe um den Thron gestaffelt. Durch die knienden, fast von hinten gesehenen Päpste wird der Betrachter auf die Mitte verwiesen, eine von den Teppichstreifen aufgenommene Bewegung. Die dahinter und höher knienden Bischöfe zeigen sich im Profil. Die weiblichen Heiligen aber stehen über den vorderen Personen, zugleich aber hinter Maria. Die Engel sind auf den Goldgrund aufgemalt, so daß ihre Farben durchscheinen und die Figuren wie überirdische Wesen über und hinter der Madonna schweben.

Mit den Streifen der Orientteppiche und der Stufung des Throns wird unten eine erfahrbare, irdische, räumliche Steigerung geschaffen, die oben in dem strahlenden Licht einer überirdischen, rational nicht mehr erfahrbaren Räumlichkeit aufgeht. Das Blau und Rot bilden mit dem Gold einen reinen, auch kompositorisch genutzten Dreiklang, bis hin zu fast verblaßten Tönen vielfach abgestuft. Wie aber das Blau der Dorothea gegenüber dem Mariens gebrochen ist, so ist sie auch von weniger strengem Gesichtsausdruck: eine irdischere Schönheit als die noch im traditionellen strengen Typus gemalte Muttergottes.

Die luxuriösen Teppiche, Brokate und Seidenstoffe und die orientalische Goldvase mit den Rosen und Lilien sind Schmuckstücke des Bildes, gesteigert durch delikate Feinmalerei. In der Behandlung der Goldgründe und Goldstoffe sind die raffiniertesten ästhetischen Wirkungen Simones eingeholt. Die Nelken und Rosen der Vase haben zwar eine symbolische Bedeutung. Doch zeigt sich an Andachtsbildern dieser Art, daß der Geschmack für die Kunst um des Kunstschönen willen sich zuerst in dieser Aufgabe entfalten konnte.

Das Bild ist in der Betonung der Päpste und der subtilen Variation über die französischen Königsfarben Gold-Blau-Rot als versteckter Lobpreis des Bündnisses der damals in Avignon an der Rhone residierenden Päpste mit Frankreich zu verstehen; Siena stand damals dem papsttreuen, Italien beherrschenden französischen Haus Anjou nahe.

Ambrogio Lorenzetti
Thronende Madonna mit Kind, Engeln und Heiligen, um 1340
Tempera auf Holz, 50,5 x 34,5 cm
Siena, Pinacoteca Nazionale

Ambrogio Lorenzetti
»Die Gute Regierung«, um 1337–1340
Fresko (Detail), 296 x 1398 cm (Gesamtmaß)
Oben: Allegorische Personifikationen von Glaube, Liebe, Hoffnung
Links: Friede, Tapferkeit, Weisheit
Mitte: »Die gute Regierung«
Rechts: Großmut, Besonnenheit, Gerechtigkeit
Siena, Palazzo Pubblico, Sala dei Nove

AMBROGIO LORENZETTI
UM 1295–1348 (?)

Die Gotik erscheint in unseren Augen als eine Kunst nur für die Kirche. Es ist nicht zu bestreiten, daß der Antrieb zur Entwicklung neuer Techniken und Mittel der Darstellung von den kirchlichen Aufgaben ausging. Doch muß man für das 13. bis 15. Jahrhundert die Existenz einer umfangreichen und bedeutenden profanen Kunst annehmen. Die Quellen berichten uns über wichtige Bildaufgaben, von denen uns fast nichts überliefert ist; zum Beispiel die Schandbilder, in denen Verräter, Schuldner oder politische Gegner porträtiert wurden, oft »schandbar« an den Beinen aufgehängt. Umfangreiche Freskenzyklen sind in den Stadtpalästen, aber auch in Häusern die Regel gewesen. Wir lesen von Badehausdarstellungen, von Minnegärten und -burgen, von illustrierten Ritterromanen. Die Außenfresken wurden durch die Witterung zerstört. Doch gibt es noch tieferliegende Gründe für den Verlust.

Im 17. oder 18. Jahrhundert hatte man allgemein kaum noch Sinn für den künstlerischen Wert der älteren Kunst. Ihr Alterswert aber zählte nur in der Kirche: Die Bilder in San Francesco in Assisi etwa gleichen fast einer Reliquie. Die Kirche war zumeist auf Kontinuität bedacht, kannte nicht das Wechselhafte der Regierungssysteme. Jede Änderung der Herrschaft aber, der Partei, ja der täglichen Politik (etwa ein Bündniswechsel) gefährdete die Bilder, die zur Verbreitung dieser Ideen und Lehren geschaffen worden waren. Kurz, die profane Kunst wurde gründlicher zerstört als die Kunst der Kirchen. Deshalb sind diese Fresken im Rathaus von Siena so kostbar. Sie geben uns einen Begriff davon, was wir verloren haben.

Siena hatte zur Zeit ihrer Entstehung eine republikanische Verfassung, de facto jedoch eine Oligarchie der Handelsbürger. Der Saal der Lorenzetti-Fresken war Beratungssaal des obersten Entscheidungsgremiums der sog. Neun. Doch dürfte dieser Raum zeitweise öffentlich gewesen sein, so daß der Bilderzyklus auch einen plakativen Zweck gehabt hat. Die abgebildeten Szenen sind Ausschnitte eines umfassenden gedanklichen, aber bildlich (allegorisch) ausgedrückten Programms.

An der Stirnwand gegenüber dem Fenster ist die Grundidee abgebildet. Rechts die Personifikation der »Guten Regierung«, gemeint zugleich als die Stadtgemeinde von Siena und die Darstellung des Gemeinwohls; links sehen wir die »Gerechtigkeit«, geleitet von der »Weisheit«. Von ihr geht aus die »Concordia«

(Eintracht), die in Anspielung auf das Wort corda = Seil in wortwörtlicher Darstellungsweise ein Seil dreht. Dieses Seil halten gemeinsam die 24 Räte der Stadt, zum Teil eindeutige Porträts. In der Regie des Malers für die Betrachter ist der Aufbau des Zyklus so konzipiert, daß man bei Betreten des Saales zuerst das Gruselkabinett der Personifikationen der »Schlechten Regierung« sieht, dann in der Wendung nach rechts die Gerechtigkeit als Gegenbild. Erst durch den Zug von Ratsherren kommt man zur großen Gruppe der »Guten Regierung« mit den Kardinaltugenden. An der rechten Wand schließt das große Fresko mit den Folgen der »Guten Regierung« an. Doch ist nicht allein die Abfolge von links nach rechts zu beachten, sondern auch das Übereinander sowie vor allem die gedanklichen Achsen des Bildes. Als eine Hauptachse wird in der Wand der »Guten Regierung« die antikische, lässig sitzende Personifikation des Friedens erkennbar, in der Mitte zwischen Gerechtigkeit und »Guter Regierung«. Nicht ohne Grund heißt dieser Raum in den alten Quellen oft Friedenssaal.

In dem – heute sicher eindrucksvollsten – Wandabschnitt rechts werden die Folgen des Friedens und der Guten Regierung anschaulich ausgebreitet. Ambrogio gibt uns Einblick in die Stadt Siena über die Mauer – die Figuren vorne sind deutlich größer, die hinteren zurückgestuft, ebenso die Bauten vorne höher, die weiter hinten stehenden perspektivisch verkürzt. Auch wenn das Verhältnis Figur – Architektur nicht korrekt im photographischen Sinne ist, so stimmt doch das Größenverhältnis in einem so vorher nicht erreichten Maße. Der Raum gewinnt nicht nur Tiefe, sondern auch Glaubwürdigkeit. Und doch gibt es Merkwürdigkeiten, so etwa, daß die Bauten links von den Tänzerinnen von rechts, die rechts davon aber von links beleuchtet sind. Auch die allgemeine Bewegungsrichtung der Figuren ändert sich an dieser Stelle. Diese reich gekleideten und überproportional großen Tanzenden sind – so darf man sagen – die Hauptachse für die Darstellung der Stadt und der Geschäftigkeit der Menschen, die in ihr wohnen. Die Gruppe ist in einem nach festen Regeln durchgeführten Rundtanz begriffen; dessen räumlich-rhythmische Darstellung zeigt die große Kunst Ambrogios.

Aber diese Konzentration der künstlerischen Bemühungen geschieht mit Absicht. Denn diese so in den Blick fallende Gruppe ist auch der inhaltliche Schlüssel des Bildes, in den Worten des hl. Bernhardin von Siena gesagt: Friede ist Freude (la pace e allegrezza). Der rechte Bildteil, das städtische Umland mit seiner so scharfsichtigen Erfassung der Eigenart der toskanischen Landschaft, führt in den vielen Personen, die einerseits jagen oder ausreiten, andererseits aber arbeiten, diesen Gedanken aus. Hinzu tritt aber noch ein zweites Thema: Frieden bringt Sicherheit, dargestellt in der Personifikation der »Securitas« (links oben). Niemand fürchtet sich, jeder arbeitet zum Wohle der Stadt oder bringt seine Ware zum Markt. Ihren heutigen Titel haben die Fresken übrigens erst 1792 von Achille Lanzi erhalten; vorher hießen sie, wie man in Lorenzo Ghibertis »Commentarii« nachlesen kann, »Der Frieden und der Krieg«.

Ambrogio Lorenzetti
Das Leben in der Stadt
Aus: »Die Folgen der Guten Regierung«, um 1337–1340
Fresko (Detail). Siena, Palazzo Pubblico, Sala dei Nove

Ambrogio Lorenzetti
Das Leben auf dem Land
Aus: »Die Folgen der Guten Regierung«, um 1337–1340
Fresko (Detail). Siena, Palazzo Pubblico. Sala dei Nove

Ambrogio Lorenzetti
Stillende Madonna, um 1320–1330
Tempera auf Holz, 90 x 48 cm
Siena, Pontificio Seminario Regionale

AMBROGIO LORENZETTI

UM 1295–1348 (?)

Dies ist ein Beispiel für einen durch die italienische Kunst weit verbreiteten Bildertypus, die große Marienikone. In ihr hat sich ein älterer byzantinischer Bildgebrauch relativ rein erhalten, doch sind die Funktionen vielfältiger. Die Bilder waren großformatig genug, um auf Seitenaltären stehen zu können; doch konnten sie auch Aufsatz einer größeren Altartafel werden, in einer Kapelle an bevorzugtem Platz hängen oder in einem größeren Raum eines Hauses. Weniger geeignet sind sie für die ganz nahsichtige Betrachtung. Sie stehen also zwischen den offizieller gestalteten großen Altartafeln und den privaten Hausandachtsbildern.

Das Motiv dieser Tafel ist jedoch dem Bereich der privaten Frömmigkeit zugeordnet. Maria, die ihr Kind stillt, dabei jedoch steht – eine repräsentative Haltung aus der älteren Ikonenmalerei. Voller Ernst ist sie ihrem Kind zugewandt, nicht dem Betrachter. Der Knabe aber ist so kindlich aufgefaßt, daß er vor Neugier fast seinen Durst vergißt. Sein linkes Bein hat er strampelnd gehoben. Er ist ein kräftiges Kind, körperlicher als seine Mutter dargestellt, von der Mutter mit einem Schleier bedeckt, einem gelungenen und später vielfach aufgegriffenen Motiv (Abb. S. 71) zur Betonung des Kindes und zum Abschluß des Bildes nach unten. Die innige Einigkeit von Mutter und Kind ist typisch für die sanfte und besinnliche Kunst Ambrogios.

Maso di Banco
Der hl. Papst Silvester zähmt den Drachen, zwischen 1340 und 1350
Fresko, 535 cm (Gesamtbreite)
Florenz, Santa Croce, Cappella Bardi di Vernio

MASO DI BANCO

TÄTIG ZWISCHEN 1320 UND 1350

Das Fresko ist Bestandteil eines Zyklus mit der Lebensgeschichte des hl. Papstes Silvester, der Kaiserin Helena zum Christentum bekehrte und Kaiser Konstantin taufte. Es ist das unterste und somit am besten sichtbare Bild dieses Zyklus aus der Begräbniskapelle der Bardi di Vernio, dem Hauptwerk Masos, das bereits von Ghiberti rühmend erwähnt wurde. Dargestellt ist, wie Papst Silvester einen Drachen bändigt, der sich auf dem Forum Romanum in Rom angesiedelt und dort schon viele Menschen durch den Gestank seines Atems vergiftet hatte. Die Erzählung wendet sich, und wir finden in der Mitte des Bildes den Papst, wie er zwei der Opfer des Drachen wieder erweckt; rechts steht Kaiser Konstantin mit seinen Begleitern.

Maso hat mit eigentümlich historischem Sinn die Ruinenlandschaft des Forum erfaßt, zugleich aber die Mauern und Bögen zur Gliederung der Erzählung verwendet: Die Mauer hinter dem Papst wird unterbrochen und bildet eine Zäsur, ein Bogen im Hintergrund betont diese Stelle. Die Architektur untergliedert die Szene, unterstreicht Blick- und Handlungsrichtungen und gibt dem Bild obendrein einen strengen Charakter und flächigen Aufbau. Aber auch die einzelnen Körper und Gegenstände sind genau und fast kristallin geformt, jedoch eigentlich unplastisch und ohne Bewegung.

JEAN PUCELLE

NACHWEISBAR UM 1320–1334

Das Stundenbuch der Jeanne d'Evreux von Jean Pucelle bezeichnet den Höhepunkt der Pariser Hofmalerei. Es ist ein Geschenk König Karls IV. an seine Gemahlin, die, wie einige andere Damen des Hofes, zu den kultiviertesten und tätigsten Mäzenen der Kunst gehörte. Der Kunstgeschmack Frankreichs wird damals maßgeblich durch diese Damen bestimmt.

In der D-Initiale unter der Verkündigung ist die Königin am Betpult lesend dargestellt. Das Büchlein sollte ersichtlich diese Kunstliebhaberin überraschen: Das kleine Format ist ebenso »Überraschung« wie der weitgehende Verzicht auf Farbe. Auch ist die Arbeit in allen Teilen eigenhändig, ein seltener und bemerkenswerter Tatbestand. Szenen der Kindheit Jesu und Passionsszenen sind jeweils als Bildpaar vor den Abschnitten des Buches angeordnet. Die Ränder sind verziert mit Drolerien, auf dieser Doppelseite Kinder- und Gesellschaftsspiele, dazu groteske Figuren und Wesen, teils zur Belustigung der Leserin, teils auch als geistreiche Anspielung auf die Hauptbilder.

Die Kompositionstypen, aber auch die Darstellung des Raumes sind abgeleitet von Duccios Maestà (Abb. S. 33/34), aber um viele raffinierte Details und Einfälle (wie den zierlich bewegten Engel rechts unter der Maria) bereichert, die dieses Buch zu einer Sammlung kleiner Kunst-Stücke machen.

Jean Pucelle
Gefangennahme Christi und Verkündigung, zwischen 1325 und 1328 (aus dem Stundenbuch der Jeanne d'Evreux; fol. 15 v und 16 r)
Buchmalerei, 9,4 x 6,4 cm (Blattformat)
New York, The Metropolitan Museum of Art, The Cloisters

FRANZÖSISCHER MEISTER

UM 1350–1355

Die Miniatur leitet die Geschichte des Löwen von Guillaume de Machaut ein. Der Autor schildert einen Garten, von dem er durch einen Fluß getrennt ist. Doch gelingt es ihm einzudringen. Er begegnet dort vielerlei Tieren, vor allem aber einem Löwen, der die Treue des Liebenden bedeutet und ihn endlich zu der geliebten Dame geleitet. Die Landschaft ist unwirklich-idyllisch, ohne benennbaren Ort, ohne Angabe von Tages- oder Jahreszeit aufgefaßt und so auch illustriert. Landschaftsschilderungen dieser Art haben eine bis in die Antike zurückgehende literarische Tradition. Neu aber ist, daß sie illustriert werden. In der Form einer kleinen Tafel wird ein Bild des Zaubergartens dem Text vorangestellt, in der alles Einzelne eher konventionell, das Ganze dennoch erstaunlich ist. Gemalt sind Formeln für Bäume, für ihre Form wie ihre Farbe. Die Verteilung der blauen und gelben Blumen geschieht im Sinne eines Dekorationsmusters; die Goldmusterung des blauen Hintergrundes wird deshalb auch nicht als Widerspruch empfunden.

Genauer und lebendiger sind die Tiere gegeben, was bezeichnend für eine Gesellschaft ist, die Jagden und Tiermenagerien liebte. Das Ganze aber ist ein verwunschener Naturbezirk, naiv gemalt, aber voller Reize für das umherwandernde Auge auch noch des heutigen Betrachters.

Meister des Guillaume de Machaut
Die Geschichte vom Löwen: Der geheimnisvolle Garten, um 1350–1355
Buchmalerei, 30 x 21 cm (Blatt)
Ms. fr. 1586, fol. 103 r
Paris, Bibliothèque Nationale

Meister der Berliner Geburt Christi
Geburt Christi, um 1330–1340
Tempera auf Holz, 33 x 24 cm
Berlin, Gemäldegalerie,
Staatliche Museen zu Berlin -
Preußischer Kulturbesitz

BAYERISCHER MEISTER

UM 1330–1340

Die Berliner »Geburt Christi« bildet zusammen mit einer Kreuzigungstafel (in der Sammlung Bührle, Zürich) ein aus zwei Flügeln bestehendes Klappaltärchen (Diptychon). Auf der Rückseite ist ein Schmerzensmann dargestellt (bei der Kreuzigung eine Vera Ikon). Diptychen sind ein Haupttyp des privaten Andachtsbildes, wegen ihres kleinen und handlichen Formats wohl vor allem als Reisealtärchen genutzt.

Das Geburtsbild kopiert das um 1303/05 entstandene Fresko Giottos in der Arena-Kapelle, während in der Kreuzigung eher Motive der Sieneser Malerei vorwiegen. Im Vergleich wird jedoch deutlich, daß der deutsche Künstler die kühnen Überschneidungen von Figuren bei Giotto vermeiden wollte und deshalb einige Abänderungen des Aufbaus vornahm. Inhaltlich bedeutsam ist die Veränderung der Mutter-Kind-Beziehung: Maria hält ihr Kind eng umfangen, anstatt es – wie bei Giotto – aus der Krippe zu nehmen. Es wird also ein Motiv aus dem Andachtsbildbereich integriert. Überhaupt wurde hier ohne Bedenken ein Bild aus der Monumentalkunst in ein Kleinformat übertragen. Aus den mächtigen Figuren Giottos werden kleine Genremotive, besonders im Hintergrund, wo Bär und Hirsch, Wildschwein und Wiesel zum Vergnügen des Betrachters die Landschaft bevölkern.

Meister von Hohenfurth Christus am Ölberg, um 1350 (Tafel vom Hohenfurther Altar). Tempera auf Leinwand auf Holz, 100 x 92 cm. Prag, Národní Galerie

BÖHMISCHER MEISTER

UM 1350

Das Bild gehörte zu einer aus drei mal drei Tafeln bestehenden Bilderwand. Gestiftet wurde es von einem der Herren von Rosenberg. Die Familie besaß große Teile Südböhmens und spielte auch in der Prager Hofgesellschaft eine führende Rolle. Da sie sich später der hussitischen Bewegung verweigerten, blieben in ihrem Gebiet wenigstens einige alte Kunstwerke erhalten, die uns heute eine Ahnung von der Blüte der Prager Malerei zwischen 1330 und 1410 geben. Der Hohenfurther Zyklus ist jedoch ein eher mittelmäßiges Werk. Bezeichnend für diese Epoche böhmischer Kunst ist, wie bestimmte byzantinische oder oberitalienisch-byzantinische Gestaltungsweisen, etwa im Inkarnat oder in der Gesichtszeichnung, verbunden werden mit der kalligraphischen Zeichnung und den Motiven der westlichen Kunst.

Ein direktes Studium der toskanischen Errungenschaften ist nicht anzunehmen. Ausgangspunkt ist vielmehr eine lokale Prager Synthese der verschiedenen Strömungen europäischer Malerei, die Karl IV. in seine neue Hauptstadt gebracht hatte. Die Unterschiedlichkeit der Bildquellen ist nicht ausgeglichen. In einem Widerspruch zueinander stehen die völlig unwirkliche Gestalt des Berges und die genauen Vogeldarstellungen, die aus dem Musterbuch eines oberitalienischen Malers stammen könnten.

BÖHMISCHER MEISTER

UM 1340

Italienische Passionsfrömmigkeit wie auch die damit verbundene Bildgestaltung der Kreuzigung haben sich nördlich der Alpen schnell ausgebreitet. Italienische Studien scheinen den Meister dieser Tafel – eine Kreuzigung von drangvoller Enge – zu der reichlichen Verwendung von Punzierungen und zu seiner Technik, etwa der Grundierung von Gesichtern, gebracht zu haben. Doch steht er, im Gegensatz zum Meister der Berliner Geburt, auf der Höhe italienischen Könnens. Er vermeidet keineswegs Überschneidungen der Personen mit dem Rahmen.

Der böhmische Meister verwendet die schwierigsten Verkürzungen, wie das verlorene Profil. Aber er ist ein völlig selbständig denkender Künstler. Einige Figuren und Motive sind offensichtlich von ihm erfunden; die beiden Schächer am Kreuz sind so in Italien kaum denkbar; anderes ist originell umgewandelt, wie etwa der am Boden sitzende Würfelspieler. Sehr eigenwillig ist sein Umgang mit der Farbe. Die Farben sind für ihn nicht in einer Hierarchie geordnet, in der die reinen, starken Farben als besonders wertvoll, die gebrochenen und aufgehellten Töne als untergeordnet erscheinen. Indem er jedoch die hellen Töne bevorzugt nach vorne, die dunkleren nach hinten nimmt (etwa bei den Kreuzen oder in der Mariengruppe), schafft er eine neuartige Abstufung vom Hellen zum Dunklen.

Meister der Kaufmannschen Kreuzigung
Kreuzigung Christi, um 1340
Tempera auf Holz, 76 x 29,5 cm
Berlin, Gemäldegalerie, Staatliche Museen zu Berlin – Preußischer Kulturbesitz

Unten:
Meister der Madonna von Eichhorn
Madonnentafel aus Eichhorn (Mähren), um 1350
Tempera auf Holz, 79 x 63 cm
Prag, Národní Galerie

BÖHMISCHER MEISTER

UM 1350

Karl IV., König von Böhmen und Deutscher Kaiser, hat die großformatige italienisch-byzantinische Marienikone in Böhmen eingeführt, zumindest aber ihren Kult sehr gefördert. Die strengen und frommen byzantinischen Motive, die der junge Karl während seiner Kriegszüge in Oberitalien kennengelernt haben mochte, die Feinmalerei von emailhaftem Schmelz und reinster Schönheit der Form, der mit Gravierungen und Punzierungen übersäte Goldgrund waren fremd und zugleich bezaubernd. Diese Bildtypen wurden in Böhmen umgewandelt. Die Madonna erhielt eine Krone, oft auch einen Goldreif und anderen Schmuck; ihr Antlitz wurde so schön wie nur möglich gestaltet. Der Erfolg dieser Tafeln war außerordentlich. Nie zuvor haben in Mitteleuropa Bilder so im Zentrum des Kultes gestanden. Viele waren Gnadenbilder oder sogar Ziel einer Wallfahrt. Doch kam es nicht zu einer Normung wie bei Ikonentypen.

Die Madonna von Eichhorn ist sehr königlich und erstaunt durch ihre bildrahmenfüllende, monumentale Komposition, vor allem den in großem Ernst aufgerichteten, gar nicht kindlichen Christus. Mit der Rechten preßt er den Stieglitz an sich, der ihn beißt (die künftige Passion andeutend); mit der Linken greift er in den Schleier, der ihm einst am Kreuz als Lendentuch dienen wird und von dem der Prager Dom ein großes Stück als Reliquie besaß.

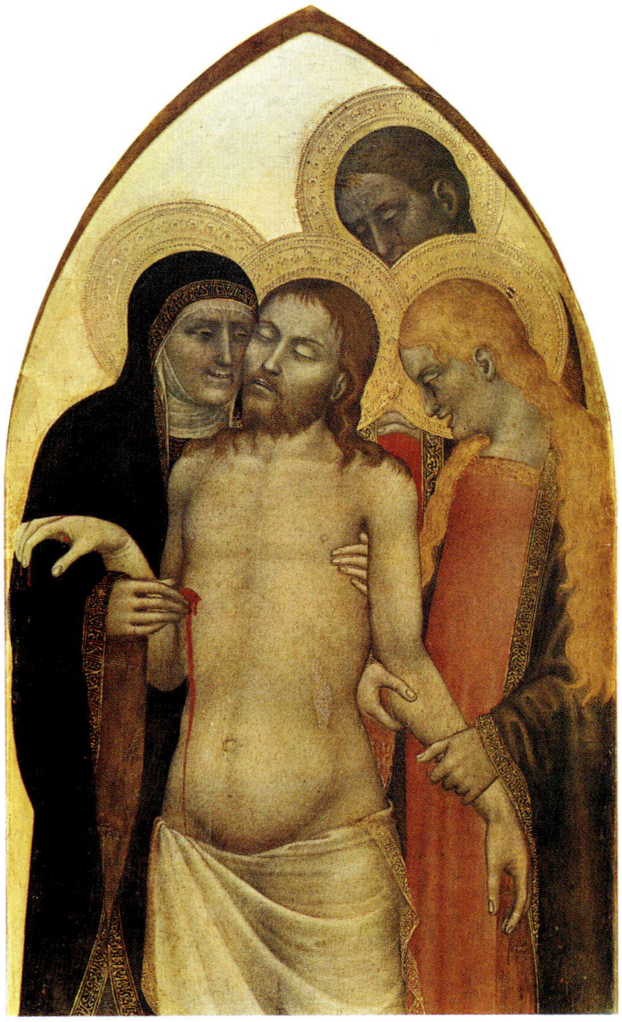

Giovanni da Milano
Beweinung Christi, 1365
(aus San Girolamo della Costa, Florenz)
Tempera auf Holz, 122 x 58 cm
Florenz, Galleria dell'Accademia

GIOVANNI DA MILANO

NACHWEISBAR 1346–1369

Ist es eine Beweinung, ist es eine Kreuzabnahme? Es handelt sich überhaupt nicht um ein erzählendes Bild. So wie Maria ihren Sohn umarmt und ihren rechten Arm bewegt, kann gar kein Halten des Körpers gemeint sein. Liebevoll nimmt sie Abschied und weist dabei auf die Seitenwunde, die in der damaligen Frömmigkeit größte Verehrung genießt; durch sie erfolgte der Stich zum Herzen Jesu. Aus ihr ergoß sich der Strom von Wasser und Blut, nach alter theologischer Auffassung der Moment der Geburt der Kirche und der Einsetzung der Sakramente von Taufe und Eucharistie. Die Seitenwunde war als Zeichen der Liebe Gottes zu den Menschen Andachtsgegenstand nicht nur der Herz-Jesu-Frömmigkeit.

Ausgangspunkt für dieses Bild ist dementsprechend auch gar kein erzählender Bildtyp, sondern das halbfigurige Andachtsbild des Schmerzensmannes, eine byzantinische Ikone, die seit dem 13. Jahrhundert in Westeuropa als Inbild der Passion und ihrer Wiederholung im Meßopfer verbreitet wurde. Bezeichnend für das Maß an künstlerischer Freiheit ist, daß dieser Bildtyp präzisiert, erweitert oder abgewandelt werden konnte. Giovanni hat ihn einer Erzählung angenähert, das Bild dadurch leiblicher und lebendiger gemacht, ganz im Sinne damaliger Frömmigkeitstendenzen.

Tommaso da Modena
Abschied der hl. Ursula, um 1355–1358
(aus dem Zyklus des Chors der Augustinereremitenkirche Santa Margherita)
Fresko (Detail), 233,5 x 220 cm (Gesamtmaß). Treviso, Museo Civico

TOMMASO DA MODENA

1325/26–1379

In zwölf großen Fresken hat Tommaso die märchenhaft unwirkliche Legende von der heiligen bretonischen Königstochter Ursula und ihren 11 000 Jungfrauen erzählt, ihrer Reise nach Rom und ihrem Martyrium durch die Hunnen in Köln. Anlaß war, wie so oft, die Erwerbung einer Reliquie. Wäre man über den sakralen Inhalt nicht informiert, würde man das Fresko, dessen farbiger Reichtum durch den Verlust der meisten A-secco-Partien gelitten hat, für eine Empfangsszene aus der höheren Gesellschaft halten.

Die Personen sind in die neueste, extreme Mode gekleidet: Eng anliegende Kleider betonen die Körperformen, auch bei den Männern. Wo die Formen nicht genug gerundet sind, wird nachgeholfen. Die Kürze der Männergewandung wird durch desto längere Ärmel noch betont. Doch auch die künstlerische Auffassung des Tommaso ist ganz irdisch. Aus dem gut genährten Bürgertum und der Geistlichkeit Trevisos hat er seine Personen gewählt und nur wenig typisiert. Und doch ist, trotz der Menge von Figuren, der Maler bei der Gruppierung recht glücklich vorgegangen. Der unbefangene Blick für die Wirklichkeit mehr noch als das Studium der älteren toskanischen Kunst hat die oberitalienische Malerei seit der Mitte des 14. Jahrhunderts zur Blüte gebracht.

BARNABA DA MODENA

NACHWEISBAR 1361–1383

Die Tafel mag auf den ersten Blick, etwa im Vergleich zur Kunst des ebenfalls aus Modena stammenden Tommaso, wie ein Anachronismus erscheinen. Der breite, reich verzierte Goldgrund, die mit byzantinisierenden Goldornamenten übersäten dunklen Gewandflächen der Madonna scheinen noch hinter die Kunst der ersten Jahrhunderthälfte zurückzugehen. Andererseits ist aber unübersehbar, daß die byzantinischen Fischgrätmuster in einer modern wirkenden Linienrundheit dargestellt sind.

Der Typus des stehenden Christkindes ist zeitgenössisch. Das Antlitz verrät deutlich, daß eines der Kinderbilder Ambrogio Lorenzettis Vorbild gewesen ist. Barnabas Kunst aus einer Imitation veneto-byzantinischer Werke erklären zu wollen, verkennt die historische Situation. Denn die Pestjahre 1347/48 hatten zu einer doppelten Reaktion geführt: zu Lebensbejahung und -genuß, aber auch zu religiöser Umkehr. Erschien der neuen strengen Frömmigkeit die ältere Kunst an sich schon zu profan, so erst recht die irdische Auffassung des Tommaso. So wurde ausdrücklich für devotionale Zwecke eine rückwärts orientierte Darstellungsweise gefunden. Die Künstler sprachen gleichsam zwei Bildsprachen, je nach Auftrag; auch von Tommaso sind derartige Werke im »devoten Stil« überliefert.

Barnaba da Modena
Maria mit Kind, 1370
Tempera auf Holz, 101 x 69 cm
Turin, Galleria Sabauda

ALTICHIERO DA ZEVIO

NACHWEISBAR 1379–1384

Über den Veroneser Maler wissen wir fast nichts; aber seine Fresken zeigen ihn als einen der größten Erzähler des Jahrhunderts und einen Künstler, der größeren Ruhm verdiente. Für ihn ist das Martyrium nicht die Gelegenheit, eine heftige Aktion darzustellen. Er zeigt die Spannung vor der Hinrichtung. Ergeben ist der Heilige niedergekniet. Sein Henker »visiert« prüfend sein Opfer, sein Gehilfe hält das Tuch bereit. Der heidnische Priester versucht – die erregteste Person von allen –, Georg zur Umkehr zu bewegen; alle auf ihn Herabsehenden aber spüren, daß er dafür taub bleibt. Vom Befehlshaber geht deshalb bereits die Weisung aus zu handeln. Im Gespür für das aufziehende schreckliche Schauspiel will ein besorgter Vater seinen Jüngsten vom Schauplatz abziehen.

Verschiedene Momente von nur kleiner Zeitdifferenz sind hier zusammengefaßt und als unterschiedliche Gefühlsreaktionen gedeutet. Die Spannung wird durch die zur Phalanx aufgereihte Soldatenschar und das Gitter ihrer Spieße bedrohlich gesteigert, selbst durch die hoch und weit vorragenden Felsen. Mit scharfem Auge für persönliches und gesellschaftliches Verhalten wird hier eine Hinrichtungsszene vergegenwärtigt, ohne doch zu vergessen, daß es sich um das Martyrium eines Heiligen handelt, das vor langer Zeit in einem fernen Land stattfand.

Unten:
Altichiero da Zevio
Die Enthauptung des hl. Georg, um 1382
(aus einem Freskenzyklus mit Szenen aus dem Leben Christi und der Heiligen Lucia, Katharina und Georg)
Fresko (Detail)
Padua, Oratorio di San Giorgio

MICHELINO DA BESOZZO

NACHWEISBAR 1388–1442

Michelino da Besozzo
Der Jesusknabe krönt den Herzog, um 1402/03
(Illustration zu P. da Castellettos Totenrede
für Gian Galeazzo Visconti)
Buchmalerei, 37,5 x 25 cm. Ms. lat. 5888, fol. 1 r
Paris, Bibliothèque Nationale

Der Hofkünstler Michelino war zugleich Miniator, Tafelmaler und Architekt am Mailänder Dom. Sein Auftraggeber, Herzog Gian Galeazzo Visconti, war der mächtigste Gewaltherr seiner Zeit und beherrschte bis zu seinem Tode fast ganz Oberitalien. Er war Schwager sowohl des französischen Königs Karl V. und seiner Brüder Duc de Berry und Philipp der Kühne von Burgund als auch des Kaisers Wenzel von Böhmen. In den mit Effizienz und Energie regierten italienischen Fürstenstaaten hatte auch Kunst ihren festen Platz. Sie diente der Prachtentfaltung und Propaganda nach außen, aber auch der Befriedigung verfeinerter ästhetischer Bedürfnisse.

Diese Illumination ist ein Zeugnis für die Unverfrorenheit in der Selbstdarstellung: Gian Galeazzo ist in den Himmel aufgenommen, muß nicht erst an St. Peters Pforte klopfen, sondern erhält vom Christkind die Krone; diese ist spätantiken Kaiserkronen nachgebildet, ein geschickt arrangiertes, zwiegesichtiges Motiv, da es die Ansprüche, König von Italien zu sein, ebenso meinen kann wie die Krone der Seligkeit. Die Gruppe ist angeordnet nach dem damals jedermann geläufigen Typus der Krönung Mariens im Himmel. Die zwölf Tugenden assistieren, und die Engel sind Hofpagen, die die Wappen, Turnierhelme und Allianzen des Herzogs präsentieren.

Das alles ist gemalt mit den verfeinerten Mitteln der sienesischen sakralen Kunst, ihren Farbtönen, ihrer Ziervergoldung. Der Rand ist reich verziert mit Propheten, deren Sprüche sich ebensogut auf den Herzog wie auf das Christkind beziehen. Dann folgt noch eine Genealogie mit einer Ableitung des Stammbaums der Visconti von Äneas und seiner Mutter Venus. Derselbe Herzog aber förderte, und das ist kein Widerspruch, auch realistische Tier- und Pflanzenstudien, für die Michelino berühmt war.

Michelino da Besozzo
Das mystische Verlöbnis
der hl. Katharina,
um 1410–1420
Tempera auf Holz,
75 x 58 cm
Siena, Pinacoteca
Nazionale

In dem (schlecht erhaltenen) Tafelbild schlägt der Künstler andere Töne an. Zwar ist die Vergoldung kunstreich gearbeitet, der Thron fein mattiert, die Nimben und die Signatur (unter Maria) plastisch aufgelegt; auch waren die Kronen einst mit Edelsteinen verziert. Doch ist dies kein über das Übliche hinausgehender Prunk. Die Erfindung der Hauptgruppe zeigt eine viel tiefere Auffassung des Themas als die Miniatur: Maria muß die schüchterne Katharina erst an das in seiner Unbeholfenheit sehr genau studierte Christuskind heranschieben; vorsichtig hält sie ihre Hand hin, um den Ring in Empfang zu nehmen.

Beweglichkeit der Form ist eines der Hauptziele von Michelinos Kunst: im Umriß des Thrones, im Ausgreifen der Gewandzipfel, in der Ondulierung der Säume, selbst im Pinselstrich. Doch entsteht keineswegs nur Ornament, sondern auch Bereicherung des Ausdrucks. Michelino ist eigenwillig – die Stellung als Hofkünstler erlaubte es; so verzichtete er gegen die damalige Konvention auf Raumdarstellungen und auf die Trennung von Goldgrund und Fußboden.

GIOVANNINO DE' GRASSI (?)

NACHWEISBAR 1389–1398

Das »Tacuinum Sanitatis« (Notizbuch der Gesundheit) geht zurück auf einen arabischen Traktat des 11. Jahrhunderts, der im 13. für den Stauferkönig Manfred übersetzt und seit der Mitte des 14. Jahrhunderts in ein Bilderbuch mit erläuternden Texten umgewandelt wurde. Auf unserem Bild gräbt ein Bauer Zwiebeln aus, die eine Dame in ihrem Schoß einsammelt. Ein Netz mit Früchten hängt schon am Baum. Die Unterschrift benennt als beste Zwiebeln die weißen und saftigen, als ihren Nutzen Harnbildung und Potenzsteigerung, als möglichen Schaden Kopfschmerzen, die mit Essig und Milch gelindert werden können.

Bemerkenswert ist, daß die Pflanzen nicht isoliert und botanisch präpariert dargestellt werden, sondern im Zusammenhang ihrer Ernte oder ihres Verbrauchs. Da auch die Jahreszeiten und die Bodengliederung der Erde genau beobachtet und dargestellt werden, haben wir in diesen Handschriften den Beginn der neuen objektiven Landschaftsauffassung. Dem offenen Blick entgehen jedoch auch nicht die sozialen Unterschiede in Physiognomie, Kleidung und Haltung. Diese Art der Wirklichkeitsdarstellung ist ein Phänomen der höfischen Kultur, entstanden an den Höfen der oberitalienischen Condottieri mit ihrer Traditionslosigkeit und ihrem Klima nüchterner Sachlichkeit gegenüber der Umwelt.

Giovannino de' Grassi (Umkreis)
Die Zwiebeln. Aus dem Gesundheitsbuch »Tacuinum Sanitatis«, um 1380–1390
Buchmalerei, 32,3 x 25 cm (Blattgröße)
(aus dem Besitz der Gemahlin Herzog Leopolds III. von Österreich, geb. Visconti)
Ms. nouv. acq. lat. 1673, fol. 24 v
Paris, Bibliothèque Nationale

STEFANO DI GIOVANNI

UM 1374 – NACH 1438

Man gerät bei Betrachtung der Tafel in Zweifel, ob sie eine Goldschmiedearbeit oder ein Gemälde sei. Die Anordnung der Farben Blau und Rot auf der Fläche erinnert an die Art, wie Goldschmiede die entsprechenden Saphire und Rubine – etwa auf der berühmten Krone der Münchner Schatzkammer – verteilt haben. Der Auftrag der Farben läßt sie leuchten wie Email. Die vielfältig variierte Mattierung und Lasierung bringt die Goldflächen immer anders zum Glänzen oder Strahlen. Das sog. Goldene Rößl in Altötting, eines der besten französischen höfischen Goldschmiedewerke dieser Epoche, stellt ebenfalls eine Maria im Rosenhag dar. Das Thema war also für Goldschmiedekunst und Malerei der Zeit um 1400 gleichermaßen geeignet. Der Geschmack am Juweliermäßigen wie die poetisch-liebliche Auffassung der heiligen Gegenstände führte jedoch auch zu einer Angleichung beider Medien: Die Goldschmiede versuchten die Farben und das Szenische der Malerei zu imitieren, die Maler die Lichtwirkungen und den verfeinerten Luxus der Metallarbeit. Von jedem der damaligen Künstler aber wurde Virtuoses und Einzigartiges gewünscht. Stefano gibt sein Bestes vor allem in der leichten Beweglichkeit der Engel und der genauen Wiedergabe der Vögel in der Nachfolge seines Vorbildes Michelino da Besozzo. Neben Zeichnungen sind von Stefano zahlreiche Fresken, vor allem in Verona und Umgebung, erhalten.

Stefano di Giovanni (Stefano da Verona)
Madonna im Rosenhag mit der hl. Katharina, um 1425
Tempera auf Holz, 129 x 95 cm. Verona, Museo di Castelvecchio

PISANELLO

VOR 1395 – NACH 1450

Eustachius war der Legende nach ein römischer Ritter. Bei einer Jagd stieß er auf einen großen Hirsch, dessen Fährte er aufnahm. Nach einer langen Hetzjagd sprang das Tier auf einen steilen Felsen und blieb stehen. Zwischen dem Geweih erschien dem Jäger ein Kruzifixus, der ihn ansprach und zur Bekehrung aufforderte. Die traditionelle Art des 14. Jahrhunderts, einen Heiligen darzustellen, ist die ganze oder halbe Figur, präzisiert durch ein Attribut, oder der erzählende Zyklus von mehreren Bildern. Dies hier ist sicher ein Einzelbild, aber weder eine Erzählung noch ein Altarwerk, wohl nicht einmal ein Andachtsbild. Doch ist es auch nicht nur ein Jagdbild.

Das Bild ist vielschichtig, ja rätselhaft. Der Jäger ist zeitgenössisch modisch mit einer turbanartigen Kopfbedeckung und einem langen pelzbesetzten Rock gekleidet, doch nicht wie üblich bunt: Das dunkel lasierte Gold erinnert an die Pracht der Hofkleidung wie an das Gold der Sakralkunst. Überhaupt ist das Bild in Halbdunkel getaucht, ohne daß dies durch den Verfall eines Pigments entstanden oder durch das dunkle Licht des Waldes begründet wäre; das Dämmerlicht gibt dem Bild einen geheimnisvollen Grundton.

Die Jäger unter den Betrachtern damals werden mit Vergnügen die verschiedenen Jagdhundrassen entdeckt haben, die Pisanello in ihrer Eigenart studiert und naturgetreu nachgebildet hat. Doch dies geschah kaum nur um des Vergnügens der Betrachter willen, nehmen sie doch Anteil am Geschehen. Nur der Windhund rechts, der einen Hasen hetzt, hat noch nicht begriffen, daß seinem Herrn etwas Besonderes widerfahren ist. Die anderen Tiere bilden zusammen mit der Landschaft den reichen innerbildlichen Rahmen und Hintergrund des wunderbaren Geschehens. Denn auch die Landschaft »begleitet« nur die Hauptfiguren. Pisanello studiert die Tiere viel genauer. Seine Naturauffassung ist kein »Naturalismus« aus Prinzip. Wohl aber gibt er uns insgesamt den Eindruck einer Paradiesnatur, in die der Jäger störend eingedrungen ist.

Pisanello hat nicht – wie manche seiner älteren Malerkollegen – den heiligen Gegenstand nur zum Anlaß für etwas anderes genommen oder sich zu zynischen Selbstdarstellungen in der Art der Visconti hergegeben. Die Genauigkeit des Sehens ist nicht nur ein Aufmerksamwerden auf immer neue reizvolle Oberflächenstrukturen oder nur ein Befriedigen der Neugier. Dazu ist der Maler zu sehr an den Tieren und Dingen selbst interessiert, nicht nur an ihrer äußeren Erscheinung. Die toskanischen Künstler hatten mit ihrem Ernst eine neue geistige und monumentale Auffassung ausgebildet, der sich die Künstler Oberitaliens nicht entzogen.

Pisanello
Die Vision des hl. Eustachius, um 1435
Tempera auf Holz, 55 x 65 cm
London, National Gallery

Pisanello
Bildnis Lionello d'Este, 1441 (?)
Tempera auf Holz, 28 x 19 cm
Bergamo, Accademia Carrara

Pisanello
Maria erscheint den Heiligen Antonius und Georg, um 1445
Tempera auf Holz, 47 x 29 cm
London, National Gallery

PISANELLO

VOR 1395 – NACH 1450

Pisanello, der die räumliche und plastische Gestaltung des Dreidimensionalen sehr wohl beherrschte, wie man unten sehen kann, hat ein betont flächiges Porträt geschaffen. Der Fürst ist in strengem Profil gezeichnet, das sich von dem dunklen Hintergrund scharf absetzt. Der Kopf bleibt auch in der Modellierung flach; die Büste ist als ein fester, aber nur wenig dreidimensionaler Sockel gebildet. Als Erklärung dafür anzugeben, daß dieses Bild Vorlage für eine Medaille sein sollte, greift zu kurz. Sicher ist Pisanello der größte Medailleur dieser Jahre; er förderte die Renaissance dieser antiken Kunst. Ihm liegen die strenge Rahmung und einfache Form dieser Reliefgattung. Aber Strenge der äußeren Form ist damals auch Zeitgeschmack, bis zum Haarschnitt und Kleidung – wie man sieht. Und doch wirkt all dies vor dem dunkelblauen Grund mit den aufleuchtenden Rosenblüten gemildert, ja ins Märchenhafte verwandelt.

Das Bild unten dokumentiert, wie Pisanello in seinen letzten Schaffensjahren die traditionelle Aufgabe des häuslichen Andachtsbildes auffaßte. In der Dreigliederung und Symmetrie erinnert es an Altarbilder. Unter der von der Sonne umstrahlten Vision der Gottesmutter steht links der Abt Antonius, Beschützer vor Pest und Aussatz, rechts Georg, Vorbild in allen Rittertugenden. Die Beziehung beider Figuren zueinander ist eine formale, keine inhaltliche. Denn man wird kaum annehmen dürfen, daß der gebückte Eremit mit seinem grantigen Gesichtsausdruck und dem Läuten der Schelle Georg meint oder daß sich die adelige Pose des Ritters auf den Alten bezieht. In der Darstellung der Heiligen entzieht sich Pisanello der sakralen Aufgabe. Der modische Hut Georgs ist in Form und Materialwiedergabe ein schönes Stück Kunst; aber er ersetzt nicht den Nimbus. Wir müssen Georg wegen der mit größter Präzision räumlich gezeichneten Rundung der Rüstung und wegen der Lichteffekte auf dem Metall rühmen, aber nicht wegen einer überzeugenden Vorstellung von Heiligkeit.

Man könnte sich leicht mit der Erklärung behelfen, daß hier etwas anderes Thema der Kunst gewesen sei. Doch so einfach ist es nicht. Die Härte der Figurenauffassung wird eingebettet in die stimmungsvolle Kulisse eines Waldes. Ähnlich wie bei dem Porträt wird dadurch der Gesamtcharakter entscheidend verändert. Im Gegensatz zu der diesseitigen Darstellung der Heiligen aber steht vor allem die visionäre Erscheinung der Muttergottes. Das Gold überstrahlt als unirdisches Leuchten den dunklen Grund, aber auch das klare Tageslicht der Figuren. Die Madonna ist nicht zeitgenössisch gewandet, nicht wirklichkeitsgetreu und materialgerecht, sondern in den Farben und Formen des »Schönen Stils« um 1415 gegeben. Wie Duccio die ältere, eigentlich überwundene byzantinische Kunst zitiert, wenn eine Gestalt besonders feierlich erscheinen soll, so greift Pisanello hier eine Erfindung der Brüder Limburg († 1416) auf!

GENTILE DA FABRIANO

UM 1370–1427

Dies jüngste der erhaltenen Werke Gentiles ist in der Pilgerszene ein interessantes religionsgeschichtliches Dokument. Es zeigt dem Betrachter die Wallfahrt zum Grab des Heiligen in Bari, die Popularität der Wallfahrtsstätte, aber in dem Mann links vorne auch eine wundersame Heilung. Zugleich ist es eine nüchtern-objektive Sicht: Gentile beobachtet alle Formen religiösen Eifers; Präsenz oder Einwirkung des Himmels sind nicht erkennbar. Mit erstaunlicher historischer Treue wird in der Apsis der Kirche ein Mosaik des 12. Jahrhunderts abgebildet, darunter in einem – soweit man das erkennen kann – altertümlichen Stil genau die fünf Szenen aus dem Leben des Heiligen, die auch auf der Predella des Florentiner Altars zu sehen sind. Das Dunkel der alten Kirche wird genauso treu erfaßt wie etwa die Ikone der Muttergottes an der Seitenwand der linken Apsis. Gentile hat also durchaus Anteil an der Schärfung des Sinnes für den historischen Wandel, die zu den großen Leistungen des humanistischen 15. Jahrhunderts gehörte. Dies führte damals zu dem Nachweis, daß die Schenkung des Kirchenstaates durch Kaiser Konstantin an den Papst eine Fälschung sei. Es kam zu einer klareren Unterscheidung der Epochen, die eine der Voraussetzungen dafür war, daß eine bewußte Rückwendung zur Antike stattfinden konnte.

Die von derselben Predella stammende Szene der Legende, in der Nikolaus drei verarmte Mädchen vor der Prostitution bewahrte, indem er nachts drei goldene Kugeln durch das Fenster warf, ist künstlerisch anders konzipiert. Lange hat man dieses Bild für ein Werk Masaccios gehalten; das war ein verständlicher Irrtum, an dem klar wird, daß es keinen harten Einschnitt zwischen »Gotik« und »Renaissance« gibt, sondern am ehesten einen Paradigmenwechsel, das heißt einen Wechsel der Leitvorstellungen, der sich teils offen, teils verdeckt durchaus schon vorher ankündigt.

Das Bild gibt Einblick in das Innere eines einfachen Schlafgemaches, in dem sich vier Personen zur Nachtruhe vorbereiten (die Benutzung nur eines Bettes durch mehrere Menschen, dazu verschiedenen Geschlechts und Alters, zeigt die Armut der Leute). Der Maler gestaltet das Bild wie eine Szene des Familiengenres: Wir sehen einen über die Hilfe der Tochter lächelnden freundlichen Vater; man spürt nicht eine Bedrohung ihrer Existenz. Wahrscheinlich hat es Gentile jedoch vor allem interessiert, die Figuren in schwierigen Positionen und Verkürzungen darzustellen: die eine Tochter, wie sie ihr Haar in ein Kopftuch wickelt und anscheinend den Heiligen am Fenster entdeckt, die andere Tochter, die ihr Kleid auszuziehen im Begriff ist. Hiermit wird in einer Stadt wie Florenz, in der eine neue Generation von Künstlern dabei ist, die Florentiner Kunst zur ersten Italiens zu machen, von einem fremden Maler der älteren Generation bewußt Können demonstriert.

Der Altar, den bereits Vasari als Gentiles bestes Werk rühmte, wurde laut einer verlorenen Inschrift im Mai 1425 vollendet.

Gentile da Fabriano
Pilger am Grab des hl. Nikolaus, 1425
(Teil der Predella des Polyptychon Quaratesi aus San Niccolò, Florenz)
Tempera auf Holz, 35 x 36 cm
Washington, National Gallery

Gentile da Fabriano
Die Goldspende des hl. Nikolaus, 1425
(Teil der Predella des Polyptychon Quaratesi aus San Niccolò, Florenz)
Tempera auf Holz, 36 x 36 cm
Rom, Pinacoteca Vaticana

Gentile da Fabriano
Anbetung der Könige, 1423
(aus der Capella Strozzi in Santa Trinità, Florenz; die rechte Tafel der Predella ist eine Kopie)
Tempera auf Holz, 303 x 282 cm (mit Rahmen)
Florenz, Galleria degli Uffizi

GENTILE DA FABRIANO

UM 1370–1427

Der Altar für die Kapelle der Florentiner Familie Strozzi ist kein privates Altarbild, sondern eine öffentliche Demonstration. Die Predellenszenen der Geburt, Flucht und Darstellung sind Kabinettstücke der Feinmalerei mit besonderer Bemühung um Lichtwirkungen. Die Anbetung der Könige zeigt genau die Örtlichkeit der Geburt Christi aus der Predella, aber macht sie zum Schauplatz höfischer Prachtentfaltung. Die Strozzi stellen sich damit auf eine Stufe mit den Fürsten Italiens. Doch sind die abgebildeten Stoffe nicht nur von großer Kostbarkeit, sondern auch mit größtem Können gemalt; die verschiedensten Techniken der Vergoldung, der Gravierung und des Farbauftrags werden verwendet. Doch Gentile verhält sich auch wie ein Zeremonienmeister: Die Figuren sind im Reichtum ihrer Kleidung genau abgestuft; sie dokumentieren die Einhaltung der Kleiderordnung und der Regeln des höfischen Zeremoniells. Als Zugabe aber erscheinen, zum Vergnügen aller Hofleute, die Falken, Jagdgeparden und Affen der fürstlichen Menagerie.

SASSETTA

UM 1392–1450

Sassetta ist der wichtigste Maler Sienas im frühen 15. Jahrhundert. Die Stadt hatte ihren politischen und wirtschaftlichen Rang verloren und mußte widerwillig die Überlegenheit von Florenz anerkennen. In der Kunst öffnete man sich jedoch nicht mehr als vorher den neuen Florentiner Kunstbestrebungen. Im Gegenteil. In der Zeit der lebhaftesten Konkurrenz in der 1. Hälfte des 14. Jahrhunderts waren die Sieneser Maler enger mit der Florentiner Kunst verbunden. Danach vertiefte man sich eher in die eigene künstlerische Vergangenheit. Sassetta ist jedoch ein Beispiel dafür, daß diese Einstellung bedeutende Resultate hervorbringen kann.

Die abgebildete Tafel war Teil eines Anfang des 19. Jahrhunderts aufgelösten Flügelaltars für die Franziskanerkirche in Borgo San Sepolcro. Dargestellt ist, wie dem hl. Franz in einer weiten Ebene zwischen Campiglia und San Quirico unweit Sienas drei arme Frauen begegneten, die an Gestalt, Alter und von Angesicht einander völlig glichen. Sie entboten ihm einen Gruß »Willkommen Herrin Armut« und waren ebenso plötzlich verschwunden. Bonaventura, der diese Geschichte erzählt, deutet die drei Frauen als Armut, Keuschheit und Gehorsam. Das Bild ist also zugleich Allegorie und höchst lebendige Erzählung. Sassetta hat dieser Geschichte eine eigene Wendung gegeben. Die Gleichheit der Gewandfarben hat er aufgehoben, um die Armut franziskanisch-braun, die Keuschheit (in der Lilienfarbe) weiß und den Gehorsam weinrot zu kleiden. Auch ist es nicht nur eine Begrüßung, sondern eine mystische Verlobung des hl. Franz mit der Armut, ein Motiv aus den Fresken der Giotto-Schule in der Unterkirche von San Francesco in Assisi. Den eigentlichen Zauber des Bildes macht die Landschaft aus. In dem klare Umrisse schaffenden, insgesamt aber gedämpften Morgenlicht wird die weite Ebene dargestellt, begrenzt von einem Berg. Die Landschaft ist im strengen Gebirgsprofil und der Monochromie Simone Martini nachempfunden, aber aus eigener Anschauung gestaltet: Die rechteckigen Felder des toskanischen Ackerbaus sind genauso in das Bild eingebracht wie die lockere Streuung der Bäume auf den Hügeln. Der Farbton ist ganz auf das franziskanische Braun abgestimmt. Die Städte und Burgen in ihrer kubischen Bauart, verstreut in der Weite des Landes, sind toskanisch und erscheinen uns doch unwirklich.

Der Zug der Könige ist nur ein Fragment, in dem Sassetta, angeregt von der Prachtentfaltung der lombardischen Maler, den Zug der Heiligen Drei Könige darstellt. Die Landschaft ist entsprechend dem Zeitpunkt des Ereignisses winterlich dürr, in ein kaltes und helles Licht getaucht. Das Himmelblau nimmt an Intensität nach oben zu. Eine Kette von stilisierten Zugvögeln zeichnet sich ab. Im Hintergrund erkennen wir ein Tor in der Art der Porta Romana von Siena. Die Farbwahl und -gestaltung erinnern an die Kunst Angelicos, von dessen Bild in Cortona Sassetta beeindruckt war. Doch ist die Schönheit von Sassettas Bildern herber und strenger.

Sassetta
Die mystische Vermählung des hl. Franziskus, 1437–1444
(vom Hochaltar der Franziskanerkirche in Borgo San Sepolcro)
Tempera auf Holz, 95 x 58 cm
Chantilly, Musée Condé

Sassetta
Die Reise der Heiligen Drei Könige, um 1432–1436
(Fragment eines Bildes mit der Anbetung der Heiligen Drei Könige)
Tempera auf Holz, 21,3 x 29 cm
New York, The Metropolitan Museum of Art

Lorenzo Monaco
Verkündigung an Maria, um 1410–1415
(Detail eines Altars der Badia, Florenz). Tempera auf Holz, 130 x 230 cm (Gesamtmaß)
Florenz, Galleria dell'Accademia

LORENZO MONACO

UM 1370 – UM 1423

Für die Darstellung einer Verkündigung in der Altarbildmitte anstelle etwa einer thronenden Madonna war Simone Martinis Verkündigungstafel von 1333 aus dem Sieneser Dom Vorbild. Von ihm hat Lorenzo das Motiv des Erschreckens der Muttergottes übernommen, aber eigenständig abgewandelt. Mit den noch weiter verfeinerten technischen Raffinessen Simones, den verschiedenen Vergoldungen und Lüsterfarben der Punzierung und Gravierung wird das Gold in vielfältiger Weise zum Leuchten oder Strahlen gebracht. Als Farben sind die am wenigsten irdischen Töne von Gelb, Rot/Violett und Blau gewählt und so aufgehellt, daß sie licht werden und sich dem Strahlen des Goldes angleichen. Die schwingenden Kurven, in der älteren Sieneser Malerei nur eins der Formmittel, sind hier zum Prinzip erhoben. Die Körperbewegung wird in eine Folge von Falten- und Umrißkurven »übersetzt«. Die Heftigkeit des Erschreckens wird dadurch im Ausdruck gemildert. Zugleich aber wird das Motiv bereichert, in eine Vielzahl von Bewegungen und Gegenbewegungen aufgelöst. Vor allem gelingt es dem Maler mit der Übersteigerung des Lichtcharakters der Farbe und der Beweglichkeit der Linie, in dem Betrachter den glaubwürdigen Eindruck zu erzielen, der Erzengel Gabriel schwebe auf einer Lichtwolke in das Bild.

Die Tafel wurde im späten 15. Jahrhundert im Geschmack der Zeit rechteckig eingerahmt und in den Zwickelflächen mit einer Verkündigung und Propheten ergänzt. Ursprünglich dürfte eine Predella vorhanden gewesen sein. Das Thema der Anbetung der Könige erfreute sich damals großer Beliebtheit. Die Verehrung der aus den drei damals bekannten Kontinenten kommenden und zugleich die drei Lebensalter bedeutenden Könige für den »neugeborenen König der Juden« ließ Christi Rang als König der Könige deutlich werden; deshalb auch die Bezeichnung des Festes am 6. 1. als Epiphanie (Erscheinung des Herrn). Der älteste König, Kaspar, steht für Asien, den vornehmsten Kontinent, da Jerusalem, der Mittelpunkt der Welt, in Asien liegt; er bringt Gold als Geschenk und Symbol für Christi Herrschaft dar. Der mittelalte König, Melchior, symbolisiert Europa und schenkt Weihrauch als Zeichen für Christi Priesterschaft. Balthasar, der jüngste, repräsentiert Afrika und überreicht Myrrhe als Zeichen für Christi Passion und Opfertod.

Die Zeit um 1400 schätzte dieses Thema als Möglichkeit der Entfaltung höfischer Pracht, als Bild einer Reisegesellschaft, aber auch als Möglichkeit, die exotischen Völker naturgetreu darzustellen: In diesem Bild sind Afrikaner, Türken, Mongolen in ihrer jeweiligen Tracht, vor allem mit auffälligen Hüten vorgeführt, hinter der Reitergruppe außerdem Kamele. Die Erzählung entfaltet verschiedene Momente des Ablaufs der Handlung, rechts die Beobachtung des Sterns von Bethlehem, das heißt des Kometen, der sie an den heiligen Ort leitete, in der Mitte und links die Entfaltung des Zuges sowie die Anbetung.

Lorenzo Monaco Anbetung der Könige, 1421/22
Tempera auf Holz, 144 x 177 cm. Florenz, Galleria degli Uffizi

FRA ANGELICO

UM 1395/1400–1455

Die genaue Herkunft der großen Florentiner Altartafel ist unklar. Da die Patrone des Hauses Medici, die Ärzte und Apotheker Cosmas und Damian, in der Ehrenposition neben dem Thron der Madonna dargestellt sind, wird vermutet, daß es sich um einen Auftrag des älteren Cosimo de' Medici handelt.

Die Florentiner Künstler bildeten nach 1400 den alten Altartyp der strengen Aufreihung von Heiligen um Maria zu einer lebendigen Gruppe um: Die Heiligen sind nun in verschiedener Weise auf die Mitte bezogen, hinweisend, lehrend, verehrend, nachdenklich oder entzückt. Der frontale Grundzug des Altarbildtyps wird jedoch beibehalten, ebenso der prunkvolle Goldbrokat als Ehrentuch und der reiche Hintergrundschmuck, so daß die repräsentative Feierlichkeit des Kultbildes gewahrt bleibt. Die Madonna ist vergrößert, ihre Erscheinung wird durch die Stufen (mit Einlegearbeiten aus kostbaren Steinen) und den Thron mit einer Muschelnische und den kunstvoll gearbeiteten Lehnen gesteigert. Die Einzelformen der Architektur, so die Frucht- und Blütengehänge mit ihren Granatäpfeln, bezeugen die Orientierung an der damals von Filippo Brunelleschi und seinen Freunden aus dem Studium der Antike neu entwickelten Renaissance-Architektur. In der Gestaltung der Gewandfiguren hält sich der Malermönch jedoch stärker an die gotische Tradition.

Bemerkenswert ist das sanfte Licht, das der Maler über die Gruppe gießt. Am Thron sind deutlich Schatten zu entdecken. Doch gibt das Licht eine Steigerung zur Mitte hin; das in Lüsterfarben gemalte Kleid der Madonna leuchtet stark, am meisten aber die glanzvergoldeten, gravierten und punzierten Nimben.

Fra Angelico
Annalena-Tafel, um 1445
Die thronende Jungfrau mit Kind, umgeben von den Heiligen Petrus Martyr, Cosmas und Damian (links), Johannes der Evangelist, Laurentius und Franziskus (rechts)
Tempera auf Holz, 180 x 202 cm
Florenz, Museo di San Marco

FRA ANGELICO

UM 1395/1400–1455

Fra Angelico
Beweinung Christi, 1436
(aus der Kirche der Bruderschaft der Muttergottes vom Kreuz, Florenz)
Tempera auf Holz, 108 x 165 cm
Florenz, Museo di San Marco

Die Beweinung ist eines der Bilder, die unsere Vorstellung von Angelico einseitig geprägt haben; dennoch ist sie wesentlicher Bestandteil seines Schaffens. Bei diesem Werk für eine fromme Florentiner Bruderschaft hat Angelico einen Bildtyp des 14. Jahrhunderts zum Vorbild genommen oder mußte es tun; durch den Alterswert des Vorbildes schien frömmere Gesinnung garantiert. Hierdurch wurde aber auch eine Art der Bildmeditation übernommen. So ist etwa die Geste der hochgezogenen Arme eine Erfindung Giottos zum Ausdruck leidenschaftlicher Anteilnahme. Hier wird sie aber, nur äußerlich ähnlich, anders aufgefaßt; denn Johannes und die Heilige vorne halten die Arme hoch, um die unzähligen Striemen und Wunden zu betrachten – sie fordern die Betrachter des Bildes auf, ihnen darin zu folgen. Diese einzelne Elemente des Bildes isolierende und meditierende Darstellungsweise führt dazu, daß die Personen des Bildes miteinander nicht verbunden sind, außer in der gemeinsamen Betrachtung. So können ohne Schwierigkeiten rechts Katharina und eine Selige des 14. Jahrhunderts, links Dominikus eingefügt werden. Es ist überhaupt kein erzählendes Bild. Die Tafel hat eher eine gemeinsame Stimmung als eine geschlossene Komposition. Das Stimmungsmäßige wird noch betont durch die leere und fahle Landschaft und die strenge Stadtmauer.

Fra Angelico
Grablegung Christi, 1438–1443
(aus der Predella des Hochaltars von San Marco, Florenz)
Tempera auf Holz, 37,9 x 46,4 cm
München, Bayerische Staatsgemäldesammlungen, Alte Pinakothek

Die Grablegung stammt von dem 1440 in der Klosterkirche von San Marco in Florenz aufgestellten Hochaltar. Die Tafel war die Mitte einer fünfteiligen Predella mit Szenen aus dem Leben der Heiligen Cosmas und Damian (Patrone des Hauses Medici, das den Altar gestiftet hatte). Dieses Bild hatte der Priester am Altar vor Augen. Der Leib Christi wird vorgezeigt wie eine Hostie. Das besagt: Der für die Erlösung geopferte Christus ist (wie) die in der Messe geopferte Hostie. Deshalb wurde auch die Grablegung gewählt und nicht etwa die Kreuzabnahme. Denn nach alter Auffassung ist das Grab Christi wesensähnlich mit den Gefäßen oder dem Tabernakel, in dem die Hostie aufbewahrt wird. Wie das Bild Giovanni da Milanos ist es eine erweiterte Schmerzensmanndarstellung. Es ist als Andachtsbild aufgefaßt, wie an der die Wunden Christi verehrenden Haltung Mariens und Johannes' deutlich wird. Der dunkle Grund der Grabeshöhle bildet ein inneres Feld, geradezu ein Bild im Bilde. In ihm sind die theologisch wichtigen Elemente herausgelöst, und es zitiert einen alten Gnadenbildtyp. Die strenge Symmetrie mit der betonten Mittelachse ist jedoch auf feine Weise belebt: Christus ist Maria näher und neigt sich ihr zu, die besondere Stellung der Gottesmutter betonend. Ihre (Zu-)Neigung ist stärker. Und doch wird durch die frontale und räumliche Darstellung auf der Grabplatte Christus isoliert. Das Bild ist streng aufgebaut und doch lebendig, logisch und doch gefühlvoll. Landschaft und Felsmassiv bilden eine dunkle Folie, vor der das Licht besonders schön zum Leuchten kommt und im Licht die Figur Christi.

Das Fresko der Verkündigung ist trotz einer ähnlich frommen Grundstimmung anders konzipiert. Der Maler hat es für seine Mitbrüder im Dominikanerkloster geschaffen. Es steht am Ende der Treppe, die zu den Mönchszellen führt, und fordert zum Verweilen und – wie die Inschrift sagt – zum Gebet auf. Der Bildtypus der Verkündigung zitiert das vielverehrte Gnadenbild der benachbarten Servitenkirche und wird dadurch selber Gnadenbild. Doch ist diese Funktion als klösterlich-häusliches Schutzbild nur eine Seite des Werkes; da es sich an gelehrte Mönche als Adressaten wendet, ist es gedanklich tiefer. Gegenstand ist das Dogma von Christi Menschwerdung, zugleich der »Eingang« seines Erdenlebens – deshalb auch die Plazierung an der Tür. Dargestellt ist die Vorhalle des Tempels von Jerusalem, in dem Maria die Botschaft empfing. Der umzäunte Garten links spielt auf die Jungfräulichkeit Mariens an. In ihm entdecken wir eine Zypresse, die gerne mit der Zeder des Libanon gleichgesetzt wurde, die ein beliebtes Mariensymbol ist. Hinter ihr sehen wir eine Zelle, gestaltet wie die Mönchszellen des Klosters: Da Maria wie eine Nonne im Tempel lebte, war sie Vorbild mönchischen Lebens. Zugleich hat die Zelle noch eine höhere Bedeutung: Sie verdeutlicht den Gedanken, daß Maria das Brautgemach Gottes ist, das Gefäß, in dem Gott auf Erden Mensch geworden ist. Indem der Maler die Architektur des Klosterbaus von Michelozzo aufgreift, vergegenwärtigt er dieses Ereignis. Die klare und strenge Ordnung der Baukunst und die Reinheit ihrer Formen übertragen sich als Eindruck auf das Bild, das trotz seines vielschichtigen Inhaltes ein Ganzes bleibt. Die perspektivische Darstellung aber verdeutlicht, was auch in der unterschiedlichen Intensität der Gestaltung der Figuren sichtbar gemacht ist, daß die beiden Teile des Bildes von verschiedenem inneren Gewicht sind: Mittelpunkt ist die Muttergottes, was sich ehedem durch die (abgefallenen) roten Goldbrokate des Kleides noch deutlicher einprägte. Sie ist zugleich ein Exempel der Demut, die als die oberste aller mönchischen Tugenden gilt.

Die Krönung der in den Himmel aufgenommenen Muttergottes ist ein Bild des Triumphes und als solches sehr geeignet für ein Altarbild; denn man ging davon aus, daß sich im Moment der Wandlung der Hostie am Altar der Himmel öffnet und die himmlische Gemeinschaft, das heißt die triumphierende Kirche, am Meßopfer Anteil nimmt. Da von der Theologie gelehrt wurde, daß die Kirche auf mystische Weise identisch sei mit Maria, der Mutter und zugleich Braut Christi, ist jedes Marienkrönungsbild in übertragenem Sinne auch ein Bild des Triumphes der Kirche. Diese Idee war insbesondere dem Orden der Dominikaner willkommen, der sich zum Ziel genommen hatte, die päpstliche Macht zu stärken und sie gegen alle Kritiker und Abweichler im Glauben zu verteidigen. Auch deshalb finden sich viele ihrer Ordenangehörigen und Gönner unter den Heiligen dieser himmlischen Hofgesellschaft. In der Predella wird unter anderem in dem Bild, wie der heilige Dominikus die Mauern der vom Einsturz bedrohten Kirche stützt, das Selbstverständnis des Ordens verdeutlicht.

Fra Angelico Verkündigung, um 1450
Fresko, 216 x 321 cm
Florenz, Flur im 1. Stock des Konvents von San Marco

Fra Angelico
Krönung Mariä, um 1430–1435
(aus der Klosterkirche San Domenico, Fiesole)
Tempera auf Holz, 209 x 206 cm
Paris, Musée National du Louvre

Jean Bondol von Brügge
Titelblatt der Historienbibel des Jean de Vaudetar: Der Stifter überreicht die Bibel König Karl V. von Frankreich, Paris 1371
Buchmalerei, 29,5 x 21,5 cm
Ms. 10 B 23, fol. 2 r
Den Haag, Museum Meermanno-Westreenianum

JEAN BONDOL

NACHWEISBAR 1368–1381

Der Ratgeber Karls V. des Weisen hatte, die bibliophilen Neigungen seines Herrn im Auge, eine mit 269 schönen Illustrationen verzierte Bibelnacherzählung anfertigen lassen. Der König ließ eine Titelseite einfügen, auf der sein Hofmaler Jean Bondol aus Brügge eigenhändig die Übergabe des Buches darstellte.

Dieses einzige erhaltene Werk des flandrischen Künstlers wirkt wie ein Tafelgemälde, geht aber in der Grau-in-Grau-Malerei der Gewandung auf Gewohnheiten höfischer Buchmalerei ein (Abb. S. 43), nutzt dies aber zugleich, um das ihm Wesentliche, die beiden Porträts, hervorzuheben. Genau erfaßt sind der übergroße Kopf und die lange Nase des Königs, das blasse Antlitz dieses unritterlichen Gelehrten und Juristen, das gekrümmte Sitzen des schwächlich gebauten Körpers. Schonungslos und unköniglich wird die Person des gerade 35jährigen dargestellt. Diese »kreatürliche« Sachlichkeit hat dem König wohl gefallen, steht aber im Gegensatz zum überreichen heraldischen Dekor der Umgebung. Bemerkenswert im höchsten Maße sind auch die Licht- und Schattendarstellung, die Genauigkeit in der Wiedergabe des Räumlichen wie in der der Materialien, zum Beispiel das Holz des Thronsessels, das Gewebe des Häubchens oder die Struktur des Steins in den Zwickelfüllungen. Es ist das früheste Beispiel altniederländischen Naturstudiums.

Meister des Antwerpener Polyptychons
Geburt Christi, um 1400
Tempera auf Holz, 33 x 21 cm
Antwerpen, Museum Mayer van den Bergh

NIEDERLÄNDISCHER MEISTER

UM 1400

Dieser Flügel eines Hausaltärchens ist ein Beispiel, wie im Norden um 1400 die Aufgabe des privaten Andachtsbildes aufgefaßt wurde: in einer seltsamen Mischung von weltfernidealen und familiär-genrehaften Zügen. Maria liegt auf einem goldenen Seidentuch, das eine Art großen Heiligenschein um sie bildet. Aber dieses feine Tuch liegt auf Kornbündeln. Die Armut ist so groß, daß Josef ein Hosenbein auseinanderschneidet, um dem Kind eine Windel daraus zu bereiten. Die Amme jedoch, die das nackte Kind in die Krippe legt, trägt ein Brokatgewand und dazu eine Schürze, die sich sicher viel besser für die Windel eignen würde.

Doch darf man das Bild nicht auf Konsequenz hin befragen. Außerdem gibt es besondere Gründe für die Verwendung einzelner Motive: Um 1400 blühte in Aachen eine Wallfahrt zu der Reliquie von Josefs Hosen; die Ähren sind symbolisch auf das eucharistische Brot zu beziehen. Das hebt die Widersprüche nicht auf. Der Hintergrund ist ikonenhaft fremd – auf der Rückseite hingegen ist eine recht gut erfaßte Landschaft zu sehen. Das Schmuckbedürfnis ist groß, sogar die Hebamme erhält einen Nimbus. Die Figuren sind erhaben und würdevoll wie Maria oder kommen aus der Puppenstube wie die niedlichen Tierköpfe oder das Tischchen mit Geschirr; die Auftraggeber wollten es so.

MELCHIOR BROEDERLAM

NACHWEISBAR 1381–1409

Der geschnitzte Mittelteil des Altarretabels, von dem dieser Flügel stammt, ist überreich vergoldet, und doch schweift unser Blick unwillkürlich zu den – im Prinzip untergeordneten – Malereien. Dies liegt an der Schönheit der Farben und am Reichtum des Sichtbaren. Der Maler hat sich über das Strenge und Feierliche der Aufgabe hinweggesetzt und breitet statt dessen eine bunte Welt vor uns aus. Zwar ist bei der Darstellung im Tempel eine Erinnerung an Ambrogio Lorenzettis berühmtes Bild von 1342 gegeben; doch wird der hieratische Kompositionstyp mit vielen Details und zierlicher Architektur bereichert; die Farbe wird noch kostbarer. In dem anschließenden Landschaftsstück geht Broederlam über alles bei Altarbildern Übliche hinaus. Eine so reiche Landschaft oder Genremotive wie der einen tiefen Schluck aus der Flasche nehmende Josef kennen wir am ehesten aus der Buchmalerei und der für den Privatgebrauch bestimmten Kunst. In Naturwahrheit und feiner Abstufung der Töne aber übertrifft Broederlam die zeitgenössischen Buchmaler weit: Mit Liebe ist das Fell des Esels gemalt, aber auch der Wunderbrunnen, aus dem das heilige Paar in der Wüste trinken konnte. Das Vielschichtige, Neuartige, ja Widersprüchliche des »Schönen Stils« um 1400 wird selbst innerhalb dieses einen Bildes sichtbar.

Melchior Broederlam
Darstellung im Tempel und Flucht nach Ägypten, 1394–1399
(Linker Flügel eines Altars aus der Kartause von Champmol in Dijon)
Tempera auf Holz, 167 x 130 cm
Dijon, Musée des Beaux-Arts

JACQUES IVERNY

NACHWEISBAR 1411–1438

Der Vater des Auftraggebers, der Marchese Tommaso II. von Saluzzo, hatte während seiner Zeit am französischen Hof den allegorischen Ritterroman vom »Irrenden Ritter« geschrieben, in dem alle die damalige Adelsgesellschaft faszinierenden Themen vereinigt sind, darunter auch die Geschichten von den Neun Helden (drei aus dem heidnischen, drei aus dem jüdischen Altertum und drei christliche) und den Neun Heldinnen. Sein Sohn ließ im Rittersaal den Zyklus dieser Figuren mit den entsprechenden Versen des Buches malen.

Fünf der Heldinnen sind hier abgebildet. Es sind im Sinne einer exotisch-phantastisch aufgefaßten Antike sagenumwobene Frauen des Altertums wie die Königin Semiramis (zweite von rechts) oder die Amazone Penthesilea. Zwar haben sie fast alle Waffen, sind aber doch eher Hofdamen als Heldinnen. Sie stehen auf einer teppichartigen blumenbedeckten Wiese. An Bäumen hängen jeweils zu ihrer Rechten Schilde mit Phantasiewappen. Sie tragen aufwendigste zeitgenössische Hoftracht – Gewänder aus Goldbrokat, Hermelin, Juwelen, goldene Kronen und Blumenkränze –, die für sich selbst genommen schon phantastisch genug auf uns wirkt. Der Freskenzyklus ist ein seltenes Beispiel profaner Kunst und zugleich Dokument für die wirklichkeitsferne, in die eigene Vorstellungswelt eingesponnene französische Hofkultur des frühen 15. Jahrhunderts.

Jacques Iverny
Fünf Heldinnen aus dem Rittersaal von La Manta, um 1420
Fresko (Detail), Wandhöhe 5 m
Schloß La Manta bei Saluzzo, Piemont

BRÜDER LIMBURG
UM 1385/90–1416

Paul, Jean und Herman Limburg
Miniatur zu dem Gebet »Vor dem Beginn einer Reise«, nach 1410
(aus den »Petites Heures«)
Buchmalerei, 21,5 x 14,5 cm
Ms. lat. 18014, fol. 288 v
Paris, Bibiliothèque Nationale

Das Bild ist ein Nachtrag der Brüder Limburg zum ersten der kostbaren Stundenbücher, die sich der Herzog anfertigen ließ. Der älteste Teil wurde zwischen 1372 und 1375 von dem Pucelle-Schüler Jean Noir noch im Stil seines Meisters ausgemalt. Einige Jahre später wurde die Ausmalung von dem neuen Hofmaler Jacquemart de Hesdin weitergeführt. Obwohl der Geschmack des Herzogs sich fortwährend änderte und er immer neue Künstler in seine Dienste nahm, schätzte er weiterhin diese Handschrift. Das wird mit dem späten Bildnachtrag bezeugt.

Die Brüder Limburg haben sich zum Teil, so etwa in der Rankenmalerei, an die älteren Bilder gehalten. Bemerkenswert an der Szene ist, daß der Schutzengel, zu dem gebetet wird, als nebensächlicher Bestandteil des Bildes in die Lünette placiert wird, während den Hauptteil des Bildes der Herzog in Reisekleidung einnimmt, begleitet von seinem Oberhofmarschall und seinem Gefolge.

Schon der älteste Bruder des Herzogs, Karl V., hat sich oft in Handschriften oder an Kirchenportalen darstellen lassen; doch war damit nicht nur die Person, sondern auch das Amt des Königs gemeint. Bei dem Herzog ist es nur noch Selbstdarstellung. Auffallend ist, daß er sich – wie hier – mehrfach innerhalb eines Buches porträtieren läßt.

Paul, Jean und Herman Limburg
Die Vertreibung aus dem Paradies, 1414–1416
(aus den »Très Riches Heures«)
Buchmalerei, 29 x 21 cm
Ms. 65, fol. 25 v
Chantilly, Musée Condé

Die Miniatur ist eine wohl aus eigener Initiative eingefügte Schöpfung der Brüder, da dieses Bildthema in Stundenbüchern nicht üblich ist. Doch bildet der Sündenfall eine durchaus sinnvolle Antithese zur folgenden Verkündigung. Links ist die Versuchung Evas durch die Schlange dargestellt; in der Mitte unten bietet Eva die verbotene Frucht Adam an; daneben verkündet Gottvater sein Urteil, und am rechten Bildrand vertreibt ein Seraph das Paar aus dem Paradies. Eigenwillig ist auch die Konzeption: Das Paradies ist als Gebirgsplateau oberhalb der Wolken visionär dargestellt und erscheint doch als ein symbolischer Ring. Die Proportionen zwischen Menschen und Umwelt sind in keiner Weise gewahrt. Aus anderer Sicht könnte man das Bild auch als großes Goldschmiedewerk mit reicher Emailmalerei bezeichnen. Der Brunnen der Paradiesflüsse könnte gut als fürstlicher Tischbrunnen dienen. Aber die Widersprüche im Bild sind damit nicht aufgehoben oder gar erklärt. Neben Gottvater in gotischer Gewandung sehen wir in Eva einen Frauenkörper entsprechend dem erotischen Ideal der Zeit. Die Pose des knienden Adam ist nach einer antiken Statue studiert, die Paul auf seiner Italienreise gesehen hatte.

Offensichtlich ist hier die Virtuosität des Künstlers zu einem Hauptthema des Bildes geworden. Von da her verstehen sich aber auch die anderen Bilder der Handschrift auf neue Weise. Künstlichkeit dieser Art ist, selbst in dieser Aufbruchszeit, nur in der Buchmalerei und nur für wenige Mäzene möglich. Aber gerade die Spitzenleistungen zeigen die Widersprüchlichkeit dieses anscheinend so harmonischen Stils.

In den üblichen Kalenderbildern war für den Monat Januar in einem kleinen Medaillon der doppelköpfige Gott Janus am Tische tafelnd dargestellt. In dieser letzten und bedeutendsten Handschrift, die sich der etwa 75jährige Herzog anfertigen ließ, werden die Kalenderbilder zur Hauptsache. Aus den eher zeichenhaft wiedergegebenen Jahreszeiten und Monatsarbeiten werden ganzseitige Bilder, in denen jeweils die für den Monat typische Tätigkeit vor einer jahreszeitlich bestimmten Landschaft dargestellt werden; im Hintergrund steht je eines der Schlösser des Herzogs oder des französischen Königs. Im Bogen darüber sehen wir die herrschende Planetengottheit und die Sternzeichen des Monats.

Im Januarbild hat der Duc de Berry sich selbst in Anspielung auf die Position des Janus beim Gastmahl darstellen lassen. Er sitzt auf einer mit blauem Tuch beschlagenen Bank. In gehörigem Abstand sitzt außer ihm nur noch ein Mann, wohl der Bischof von Chartres, einer seiner bevorzugten Gesprächspartner. Die besondere Stellung des Herzogs wird von den Malern weniger durch ein Prunken mit Herrschaftszeichen als mit künstlerischen Mitteln herausgearbeitet: Der Wandschirm, der ihn vor der Hitze des Kaminfeuers schützen soll, wirkt wie ein Nimbus. Das blaue Gewand (mit dem kostbarsten Lapislazuli gemalt) hebt sich effektvoll vom Gelb des Schirmes ab. Überhöht wird dieser Teil durch den roten Baldachin mit dem Lilienwappen und den beiden Devisentieren Schwan und Bär. Neben dem Herzog steht auf dem Tisch die auffälligste Goldschmiedearbeit des Raumes, das Goldene Salzschiff, das in seinen Inventaren ausführlich erwähnt wird. Mit der Inschrift »approche, approche« (Tretet näher, tretet näher) fordert der Kämmerer links neben dem Herzog die Gäste auf, sich vorzustellen.

Zwei Pagen vor dem Tisch teilen die lange Tischfläche in zwei ungleiche Abschnitte und geben auch durch ihre Blick- und Handlungsrichtung der Seite des Herzogs das größere Gewicht; man sieht, wie selbstverständlich Kompositionsmittel, die in Giottos »Beweinung Christi« (Abb. S. 32) neuartig waren, von den Brüdern Limburg gehandhabt werden. Größtes Geschick zeigen die Maler darin, daß sie den gestalterisch in den Mittelpunkt gesetzten Herzog sich anderen Leuten zuwenden lassen und dadurch den Eindruck eines ganz realistischen Momentbildes geben. Die Aufmerksamkeit des Herzogs gilt nicht allein dem Nachbarn auf der Bank, sondern mehr noch den hereinkommenden Fremden, die sein Hofmarschall auffordert, sich zu nähern.

In diesem Bild erfahren wir nicht nur viel über Hofleben und Zeremoniell der Zeit, sondern auch über die Lebensformen. Die Möbel sind roh gezimmert, werden aber durch kostbare Tücher verdeckt. Mittelpunkt der Räume ist der große Kamin, in dessen Nähe sich alles abspielt. Die Wände sind mit Teppichen behangen; auf ihnen sehen wir als Bild im Bilde und als Spiel mit den Realitätsebenen Schlachtszenen aus dem Trojanischen Krieg, jedoch in zeitgenössischer Rüstung und unantiker Auffassung. Das Schaubord links aber breitet vor unseren Augen einiges aus der Gold- und Silberkammer des Herzogs aus: eine Demonstration von Luxus und Reichtum.

Paul, Jean und Herman Limburg
Kalender: Der Monat Januar, 1414–1416
(aus den »Très Riches Heures«)
Buchmalerei, 29 x 21 cm. Ms. 65, fol. 1 v
Chantilly, Musée Condé

BRÜDER LIMBURG

UM 1385/90–1416

Paul, Jean und Herman Limburg
Die Versuchung Christi und das Schloß Méhun-sur-Yèvre, 1414–1416 (aus den »Très Riches Heures«)
Buchmalerei, 29 x 21 cm
Ms. 65, fol. 161 v
Chantilly, Musée Condé

Paul, Jean und Herman Limburg
Kalender: Der Monat Juni, das Palais de la Cité und die Sainte-Chapelle in Paris, 1414–1416 (aus den »Très Riches Heures«)
Buchmalerei, 29 x 21 cm. Ms. 65. fol. 6 v. Chantilly, Musée Condé

Das Bild steht vor den Lesungen zum ersten Sonntag der Fastenzeit. Dargestellt ist, wie der Teufel Christus nach dessen 40tägigem Fasten auf einen sehr hohen Berg mitnahm, ihm alle Reiche der Welt zeigte und zu geben versprach, wenn er vor ihm niederfalle und ihn anbete. Diese kaum dargestellte dritte Versuchung haben die Brüder Limburg zum Thema ihres Bildes gemacht. In einer Überschaulandschaft werden Berge, Städte, Flüsse und das Meer dargestellt, ein Versuch, über das Symbol hinaus zu einer Anschauung von der Größe der Welt zu gelangen. Dies ist eine neuzeitliche Perspektive, die bis zu Pieter Breughel d. Ä. fruchtbar ist. Inhaltliche Spannung erhält das Bild jedoch erst dadurch, daß – fast die ganze Fläche einnehmend – das Lieblingsschloß des Duc de Berry, Méhun-sur-Yèvre, dargestellt ist. Im Wassergraben sehen wir die Schwäne des Herzogs, rechts den Bären, der vor einem Löwen auf einen Baum geflüchtet ist, vielleicht eine Anspielung auf die schweren politischen Krisen der Zeit. Sind das die Herrlichkeiten, die Christus nicht wollte? Sind sie des Teufels? Ist das Schloß Zeichen der Vergänglichkeit der Dinge? In großer Vertraulichkeit mit ihrem Auftraggeber lebende Hofkünstler wie die Limburgs konnten sich solche Fragen wohl erlauben.

Beim Schloß von Méhun wechseln Auf- und Untersicht in schroffer Weise innerhalb des Bauwerks. Demgegenüber ist die Architektur auf dem Junibild topographisch genau und perspektivisch glaubwürdig erfaßt: links die vieltürmigen Gebäude des Pariser Palais de la Cité, die Residenz des Königs, und rechts die Sainte-Chapelle. Diese erstaunliche Ungleichartigkeit innerhalb eines Buches findet jedoch ihre Parallele in der Landschaft: Die Welt-Landschaft des Versuchungsbildes erscheint als phantastisch gegenüber der sachlichen Wiedergabe der Wiese. Wir müssen daraus den Schluß ziehen, daß Auffassung und Darstellung je nach dem Gegenstand unterschiedlich sind. Im Monatsbild zeigen sich die Brüder als so genaue Beobachter, daß die Brüder van Eyck als Fortsetzer ihrer Kunst erscheinen. Sie zeigen die vielerlei Grüntöne der Wiese oder des getrockneten Heus. Man kann sie deshalb nicht einfach als Naturalisten bezeichnen. Zu sehr steht auch dieses Bild in einem andersartigen Rezeptionszusammenhang, ist zuerst und vor allem willkommene Abwechslung für das Auge des verwöhnten Sammlers.

Jede Herrschaftsform entwickelt zeitweise Sehnsucht nach dem einfachen Leben. Denn gesehen werden die Bauern hier durch die Augen des Nichtbauern – auch die Maler gehörten in ihrer privilegierten Position als Hofkünstler dazu. Es sind keine bäurischen Gesichter dargestellt, keine von der Härte der Arbeit zermürbten Gestalten. Und doch werden in der Kontrastierung des Lebens der adligen Gesellschaft (Abb. S. 63) mit dem der Bauern gegeneinanderstehende Welten spürbar; ein Schritt in die Richtung von mehr künstlerischer Freiheit und einer schonungsloseren Darstellung der Wirklichkeit.

ANDRÉ BEAUNEVEU

NACHWEISBAR 1360–1403

Dieses Bild ist die Hälfte eines diptychonartigen Einzelblattes, das einer kostbaren, von Jacquemart de Hesdin ausgestatteten Handschrift vorangestellt wurde. Es ist das Werk eines Bildhauers, in Auffassung und Rahmung aber eher ein auf Pergament gemaltes Tafelbild. Das Gegenüber ist ein Bild der stillenden Muttergottes auf dem Thron.

Der Herzog ist so groß wie die Heiligen. Das ist keineswegs nur eine Maßstabsfrage, sondern eine Angleichung der Bedeutung lebender Personen an die von Heiligen. Genau besehen ist der Herzog sogar noch wichtiger, denn er ist Mittelpunkt des Bildes; seine Schutzheiligen Johannes der Täufer und Andreas assistieren ihm nur. Als Tafelbild hat man Ähnliches erst dreißig Jahre später.

Die Kleidung aller Personen ist in zurückhaltender Grisaille gemalt, wie wir sie von Bondol (Abb. S. 60) kennen. Die Grundfarben sind Rot, Blau und Gold, die gleiche Trias wie beim Ludwigspsalter (Abb. S. 27). Jedoch ist die Verwendung von Gold zurückhaltender. Dieselben Farben sehen wir in abwechselnder Folge auch im Rahmen, der nicht, wie sonst in der Buchmalerei üblich, aus frei sich über den Rand ausdehnenden Ranken besteht, sondern gegliedert wird durch kleine Schmuckformen mit den Devisen des Herzogs sowie Blumengirlanden, in denen Schmetterlinge und Vögel sitzen.

André Beauneveu
Der Duc de Berry zwischen seinen Patronen Andreas und Johannes dem Täufer vor der Madonna, um 1390 (Einleitungsblatt der »Très Belles Heures«)
Buchmalerei, 27,5 x 18,5 cm
Ms. 11060–61, fol 1
Brüssel, Bibliothèque Royale

FRANZÖSISCHER MEISTER

UM 1420–1430

Zwei extreme Reaktionsweisen folgten auf die Kunst der Brüder Limburg, die der van Eyck und die des Rohan-Meisters, das heißt vereinfacht Naturalismus oder Expressionismus. Zunächst fragt man bei diesem Bild ungläubig, was an ihm überhaupt mit der Kunst der Limburg zusammenhängt. Doch zeigt die Handschrift, daß ihr Maler die »Belles« und die »Très Riches Heures« unmittelbar vorliegen hatte. Aber sein Verhalten ist zuerst Verzicht: Verzicht auf schöne Farben, auf sinnliche Körper, auf Darstellung des Raumes und der Natur. Selbst die professionell-verbindliche Sorgfalt der Technik, etwa in der Dekorierung der Nimben, fehlt. Der Maler empfindet Widerwillen gegen die Schönheiten des »Schönen Stils«.

Christus, nackt, liegt von Leichenstarre entstellt am Boden. Maria wirft sich, völlig haltlos, über ihn und wird kaum von Johannes aufgefangen. Selbst der üblicherweise distanziert über den Wolken thronende Gottvater sieht voller Schmerz auf seinen Sohn herab. Die Figurengruppe ist höchst einfach; vom Kreuz aus nach links verschoben, drängt sie über den Rahmen. Das Blau des Himmels wirkt wie finstere Nacht. Alle bildnerischen Mittel dieser Miniatur stammen aus dem Repertoire der älteren französischen und italienischen Malerei. Und doch wird mit ihnen die schroffste Absage an die alte Kunst ausgesprochen.

Meister des Stundenbuchs von Rohan
Beweinung Christi, um 1420–1427
(aus dem Stundenbuch für Jolanthe von Aragon)
Buchmalerei, 29 x 21 cm
Ms. lat. 9471, fol. 135 r
Paris, Bibliothèque Nationale

Jean Malouel
Pietà (La grande Pietà ronde), um 1400
Tempera auf Holz, Durchmesser 64,5 cm
Paris, Musée National du Louvre

JEAN MALOUEL

GESTORBEN 1415

Malouel war einer der zahlreichen, für die französischen Fürsten und ihre Höfe tätigen niederländischen Künstler. Er war ein Onkel der Brüder Limburg. Als Hofmaler der Herzöge von Burgund war er in Dijon an der Ausstattung der Karthause Champmol, außerdem aber auch in Paris tätig. Dieses Bild trägt auf der Rückseite das burgundische Wappen, ist also im Auftrag der Herzöge entstanden.

Die Rundform dieses Andachtsbildes ist vom Vorbild des italienischen Tondo herzuleiten. Es verknüpft und verdichtet verschiedene thematische Aspekte: den Gedanken der Trinität in der bildlichen Fassung des sog. »Gnadenstuhls« mit der Beweinung des toten Christus durch Maria und Johannes; die Präsentation der Wunden Christi, besonders der Herzwunde, wodurch auf die Verwandlung des Weins im Meßopfer in das Blut Christi hingewiesen wurde und die Herzwunde als Quell aller Sakramente, mit der Engelspietà, das heißt dem Vorzeigen des Leichnams Christi, der immer auch als Sinnbild der Hostie zu verstehen ist. Der schön gebildete Körper ist mit größter malerischer Delikatesse behandelt. Der Auftrag der Farben ist zum Teil hauchdünn. Der Maler benutzt andere transparente Lacke und neuartige Bindemittel: Wir befinden uns im Übergang zu einer maltechnischen Erneuerung, die wenige Jahre darauf ihren ersten Höhepunkt in der Kunst der Brüder van Eyck finden wird.

Henri Bellechose Letzte Kommunion und Martyrium des hl. Dionysius, um 1416 (Altarretabel von St. Denis). Tempera auf Holz auf Leinwand, 162 x 211 cm. Paris, Musée National du Louvre

HENRI BELLECHOSE

UM 1380 – UM 1440/44

Bellechose, der wie sein Lehrer Malouel aus den Niederlanden stammt, war dessen Nachfolger im Amt des Hofmalers. Die Mitte des Bildes nimmt, für eine Altartafel sehr passend, ein großer blutüberströmter Christus am Kreuz ein, über ihm Gottvater und die Taube des Heiligen Geistes, die das Ganze zu einem Bild der Trinität und der Erlösung zugleich machen, umgeben von Engelschören. Demgegenüber erscheinen die beiden seitlichen Szenen, das Bild der Letzten Kommunion des heiligen Dionysius sowie das Martyrium des Dionysius und seiner Gefährten auf dem Montmartre bei Paris zunächst unpassend zu sein. Der legendäre erste Bischof von Paris ist Nationalpatron Frankreichs und spezieller Schutzheiliger des französischen Königshauses, der ja die burgundischen Herzöge angehörten; das Blau und Gold der liturgischen Gewänder in diesem Bild bezieht sich auf die Farben der französischen Königslilie. Dionysius galt als Apostelschüler. Die Legende, daß Christus im Gefängnis erschien, um ihm persönlich die Letzte Kommunion zu reichen, sollte seine besondere Christusnähe und damit bevorzugte Stellung unter den Heiligen der Kirche unterstreichen. Sein Martyrium jedoch ist als höchste Form der Nachfolge Christi anzusehen, als größtmögliche Verähnlichung des Heiligen mit dem Erlöser, demutsvoll vor ihm kniend dargebracht. Es wird mit großer Brutalität dargestellt.

GIRARD D'ORLÉANS (?)

NACHWEISBAR 1344–1361

Das Bildnis König Johanns II. ist eins der frühesten erhaltenen autonomen Porträts der europäischen Malerei. Bildnisse von Herrschern gibt es zwar durchgängig seit der Antike – auf die Bedeutung der Antike als Vorbild auch in diesem Bild weist die Wahl des reinen Profils, wie es in den antiken Münzen und Medaillen üblich war. Das mittelalterliche Porträt schildert jedoch nicht die individuellen Züge eines Königs, sondern stellt die idealen und typischen heraus. Voraussetzung für die Anerkennung des Individuums war der große geistige Wandel, der sich seit Ende des 13. Jahrhunderts anbahnt: Die Umkehrung der Vorstellung, die Ideen seien die höhere, eigentliche Realität, die Individuen nur unvollkommene Ausformungen. Nunmehr galt das Individuum als das Wirkliche, die Ideen und Begriffe waren nur mehr »Namen«. Das führte im Ergebnis dazu, daß die Erfahrung (Empirie) an Wertschätzung zunahm, das philosophische Denken (die Theorie) aber abnahm. Der »Nominalismus« kam aus Italien, ebenso die das Empirische betonende Porträtmalerei. Idealtypische Vorstellungen wirkten jedoch weiter: So hatte gemäß einer alten Konvention der Herrscher am passendsten rotblonde Haare und eine Adlernase. Der König wird nicht mit seinen Insignien dargestellt, sondern trug ehedem einen Kragen nach Art von Gelehrten, um seine Weisheit herauszustreichen.

Girard d'Orléans (?)
Bildnis Johann II., »der Gute«, König von Frankreich, um 1349
Tempera auf Leinwand auf Holz, 59,8 x 44,6 cm
Paris, Musée National du Louvre

ENGLISCHER MEISTER

NACHWEISBAR UM 1390–1395

Dies ist eine modernere und höfischere Form des Diptychons: Der von einem Kranz von Engeln umgebenen Madonna mit dem Kind wird der von seinen Schutzpatronen empfohlene englische König fast gleichberechtigt gegenübergestellt. Es dient also im gleichen Maße der Andacht wie der Selbstinszenierung des Königs. Die Reproduktion vermittelt nur eine unvollkommene Vorstellung von der hohen Malkultur und der miniaturhaften Genauigkeit des Bildes. So findet sich zum Beispiel auf einer Kugel oberhalb der Fahne ein kleines Abbild der englischen Insel mit einem weißen Schloß. Die Blumen der Marienwiese sind mit höchstem Detailreichtum gestaltet, ebenso die kleinen Hirsche auf den Kleidern der Engel, die Brokatmuster der höfischen Gewänder mit ihren Falten und anderem Zierrat, der nicht nur gemalt, sondern zum Teil gepunzt und eingraviert ist. Der Maler dürfte ein Engländer gewesen sein, der jedoch die Kunst an den französischen Höfen genau kannte. Ebenso gut war dem Maler der Typus der böhmischen Schönen Madonna (Abb. S. 71) geläufig – Richard II. war ja in erster Ehe mit einer böhmischen Königstochter verheiratet gewesen. Bezeichnend für dieses Werk des »Schönen Stils«, den man zu Recht auch den »Internationalen Stil« nennt, sind auch die italienischen Verkürzungsmotive, die als »Kunststücke« die Virtuosität des Malers demonstrieren sollen.

Meister des Wilton-Diptychons
König Richard II. von England (kniend) wird von seinen Schutzheiligen König Edward, Edmond von Ostanglia und Johannes dem Täufer (linke Tafel) der Jungfrau Maria mit dem Kinde, umgeben von elf Engeln, empfohlen (rechte Tafel), um 1395 oder später
Tempera auf Holz, je 45,7 x 29,2 cm. London, National Gallery

Meister Theoderich
(Umkreis)
Kreuzigung, um 1370
(aus dem Emmaus-Kloster Na Slovanech, Prag)
Tempera auf Holz,
132 x 98 cm
Prag, Národní Galerie

Unten:
Meister Theoderich
Der hl. Hieronymus,
um 1360–1365
(aus der Kreuzkapelle auf Burg Karlstein)
Tempera auf Holz,
113 x 105 cm
Prag, Národní Galerie

MEISTER THEODERICH

NACHWEISBAR 1359–1381

Meister Theoderich steht für eine neuartige Kunst nach 1360 in Böhmen, die sich nicht mehr ohne weiteres von ausländischen Vorbildern herleiten läßt. Diese Maler orientieren sich eher an der süddeutschen Skulptur. Selbst Gruppenbilder bauen sie aus monumentalen Einzelfiguren. Diese Kreuzigung müßte eigentlich heißen: der Gekreuzigte zwischen Maria und dem Hauptmann. Der am Kreuz ausgespannte Christus nimmt in Länge und Breite die Bildfläche ganz ein. Er ist von schwerem, ja massigem Körperbau. Die Figuren beengen sich gegenseitig, wirken auch auf den Betrachter bedrängend. Sowenig der Maler an anatomischer Genauigkeit interessiert ist, so wenig auch an reicher Gewandfältelung: Die Gewänder hüllen die Körper ein und verstärken noch ihren blockhaften Charakter. Neuartig ist die Auffassung des Lichtes. Zur Körperfront hin sind die Figuren aufgehellt, zu den Seiten hin abgedunkelt; nirgends wird mit der abgrenzenden Linie gearbeitet. Die Figuren werden nicht von einer Seite her beleuchtet, sondern scheinen selbst zu leuchten: glühend das Rot des Hauptmanns, bleich die Helle des Mariengewandes, wächsern transparent der Christuskörper. Dies steht in innerem Zusammenhang mit der thematischen Konzeption. Nicht das Drama des Kreuzestodes ist gemeint, sondern die Ruhe des »Es ist vollbracht«.

Das Bild stammt aus der Kapelle des hl. Kreuzes in der Burg Karlstein, die Kaiser Karl IV. dazu ausersehen hatte, die Reichskleinodien aufzunehmen, unter denen sich ein großes Stück vom Kreuzesholz, die hl. Lanze mit dem hl. Nagel und andere Reliquien von Rang befanden. Die vergoldete Decke des Raums stellte mit ihren aus Goldgläsern gebildeten Sternen den Himmel vor oder war mit Wandbildern ausgemalt. Die Wände waren bedeckt mit 133 Tafelbildern einer hierarchisch geordneten »Heerschar« von Heiligen. Der Eindruck, nicht vor einem Abbild des Himmels, sondern im Himmel selbst zu sein, wurde durch die mit Halbedelsteinen ausgekleideten Wände gesteigert. 550 Kerzen erfüllten den dunklen Raum mit Licht. Ihr Streiflicht hob nicht nur die vergoldeten Stuckteile besonders hervor, sondern brachte die Farben zum Leuchten. Nach dem Willen ihres Erbauers trafen sich in diesem Raum irdische und himmlische Kirche; es war ein Ort der Selbstdarstellung der kaiserlichen Herrschaft und ihrer himmlischen Legitimation. Meister Theoderich, der die Ausstattung der Kapelle wesentlich mitbestimmt hat, entwarf die Bilder speziell als Wandtafeln. In der Verknappung auf Kopf und Hände haben sie aber auch etwas Ikonenhaftes. Sie sind bewußt unräumlich. Die Attribute, wie hier das Buch des hl. Hieronymus, sind überproportional groß. Den abgebildeten Heiligen wurde über ihre künstlerische Vergegenwärtigung hinaus noch eine höhere Gegenwart verliehen, da ihre Rahmen jeweils eine Reliquie von ihnen bergen.

Ungeklärt ist, ob diese Tafel eine eigenhändige Arbeit des Meisters ist, oder ob sie von einem Werkstattgehilfen stammt.

BÖHMISCHER MEISTER

UM 1380–1390

Die beiden Tafeln von der Werktagsseite des nur fragmentarisch erhaltenen Hochaltarretabels der Klosterkirche in Wittingau sind Werke eines Meisters von europäischem Rang. Wie die böhmische Kunst innerhalb von dreißig Jahren gewachsen ist, zeigt ein Vergleich mit dem Hohenfurther Ölberg (Abb. S. 44). Das Bild ist einheitlicher geworden, darauf ausgerichtet, den Hauptgegenstand entsprechend in Szene zu setzen: Christi Todesangst, die schlafenden Jünger und – auf der anderen Seite – den nahenden Judas mit seinen Schergen.

Als eins der Mittel hierzu dient die Landschaft, die der Maler nach eigenem Belieben gestaltet. Die in sich gewundene Figur des knienden Christus ist von größter Ausdruckskraft; auf seiner Stirn sehen wir den blutigen Schweiß. Statt der konventionellen Blau-Rot-Formel wählt der Maler ein graues Gewand. Die halbdunkle Grundtönung des Bildes suggeriert schon die Dunkelheit der Nacht.

Die Intensität dieses Malers in der Reflexion und Neugestaltung der Inhalte wird deutlich auch am Bild der Auferstehung: Durch den geschlossenen und versiegelten Sarg ist der Auferstandene entschwebt. Es ist nicht der Moment der Auferstehung gezeigt, sondern der Zustand. Der Maler vermittelt dieses Ereignis als echtes Wunder. Wie verzaubert schauen die Grabwächter auf die Erscheinung.

Während die Ölbergszene im Halbdunkel gegeben ist, ist das Licht im Osterbild strahlender. Der Maler hat Sinn für die Ausdruckskraft der Dinge; nie zuvor erschienen Waffen spitzer und Rüstungen stachliger. Zugleich aber hat er Sinn für schöne rhythmische Formen, wie man an der Folge von Kurven im Gewand des Petrus sieht – dieses Vergnügen an weich schwingenden Linien steht aber keineswegs im Widerspruch zu der tieferen Auffassung des Themas. Aus der Nähe betrachtet bieten die Bilder eine Fülle von Feinheiten; hier sind nicht nur die Einzelheiten aus der Natur wie die vielen Vögel zu nennen. Bemerkenswert ist die Lockerheit der Pinselführung, aber auch die unterschiedliche Gestaltung der Oberflächen. Helme und Nimben sind unterschiedlich lasierend übermalt, so als verfügte der Meister bereits über die Kenntnis der Ölmalerei. Die Farben werden in ihrer Licht- und Farbwirkung reich abgestuft.

Aus der Nähe sieht man auch, daß der Maler von seinen eigenen Vorzeichnungen, die als Einritzungen in den Grund noch genau erkennbar sind, mehrfach abgewichen ist, daß er, der selbst so typenprägend gewirkt hat, während der Ausführung immer weiter über seinen Gegenstand nachdachte und keineswegs mit fertigen Vorstellungen an das Bild ging. Eine bezeichnende Ausnahme ist die Figur des Auferstehenden: Hier hat er offensichtlich einen älteren, statischeren und flacheren Typus in der Art des Meisters der Hohenfurther Kreuzigung zitiert. Die Komposition ist ebenso ungewöhnlich wie gekonnt. Die diagonale Felsmauer teilt das Bild in zwei Hälften; die linke wird von Christus beherrscht, die rechte von den Jüngern.

Meister von Wittingau
Christus am Ölberg,
um 1380–1390
(vom Altar der Augustiner-Chorherren-Stiftskirche St. Ägidius)
Tempera auf Holz,
132 x 92 cm
Prag, Národní Galerie

Meister von Wittingau
Auferstehung Christi,
um 1380–1390
(vom Altar der Augustiner-Chorherren-Stiftskirche St. Ägidius)
Tempera auf Holz, 132 x 92 cm
Prag, Národní Galerie

Werkstatt der Wenzelsbibel
Titelillustration des »Quadripartitus« des Ptolemäus, um 1395–1400
Buchmalerei, 41 x 30,5 cm
Cod. 2271, fol 1 r
Wien, Nationalbibiliothek

BÖHMISCHER MEISTER

UM 1395–1400

In der Initiale der Titelseite des »Quadripartitus« von Ptolemäus, dieses Hauptbuches der antiken Astronomie sitzt Kaiser Wenzel als Astronom vor seinem Studierpult und trägt Zahlen in die Tabellen einer Tafel ein. Astronomie, damals zugleich immer auch Astrologie, beherrscht das Denken der Epoche, besonders aber Wenzel; der Glaube an die Vorbestimmtheit aller Ereignisse durch die Gestirne entsprach seinem Mangel an Entschlußkraft und förderte ihn zugleich.

Wenzel ist einer der größten Buchliebhaber der Zeit um 1400. Auf die Ausgestaltung seiner Handschriften hat er direkt eingewirkt; die überwuchernde Dekoration ist sein Geschmack. Er und seine Günstlinge (die wahrscheinlich eine Geheimgesellschaft bildeten) haben die Symbolik der Darstellungen ausgedacht: Die Bademädchen als allegorische Verkleidung der Venus – oder auch seiner Frau – befreien Wenzel, der im »W« festsitzt wie im Pranger; sie tragen ein geknotetes Tuch um Hals oder Hüften, einen sog. Minneknoten, als Zeichen der Treue zu seiner Gemahlin Sophie. Die wilden Männer stehen für die Wildheit der Naturkräfte und zugleich für Wenzel. Diese nur einem kleinen Kreis von Eingeweihten verständliche Symbolik hat aber auch eine ganz reale, erotisch-sinnliche Seite, die durch die kostbare Vergoldung und künstlerische Behandlung noch gesteigert wird.

Meister des Pähler Altars
Kreuzigung Christi zwischen Johannes dem Täufer und Barbara, um 1400
(Altarretabel aus der Schloßkirche in Pähl)
Tempera auf Holz, 103,5 x 68 cm (Mitteltafel) und 103,5 x 28,5 cm (Seitenflügel)
München, Bayerisches Nationalmuseum

BÖHMISCHER MEISTER

UM 1400

Das Werk dürfte für den Altar einer fürstlichen Kapelle gemalt worden sein. Der den Bildrahmen füllende Gekreuzigte folgt zwar dem des Theoderich (Abb. S. 68), wirkt aber nicht so bedrängend, die Personen stehen freier. Farbe und Form sind so subtil durchgebildet, daß sie höchste ästhetische Ansprüche befriedigen. Der Goldgrund ist mit Punzierungen bedeckt; ganz leicht, kaum sichtbar, sind zierliche Engelsfiguren eingraviert. Mit den einander abwechselnden Farben des gedämpften Rot und Blau ist in der Mitte ein anderer Grundton angeschlagen als in dem grisaillehaft dezenten Grau und Beige des Johannes und dem Braun der Barbara, der Hauptmodefarbe der Jahre um 1402.

Auch in der Gestaltung der Figuren ist ein Unterschied zwischen Mittelteil und Flügeln gemacht: Der Umriß Mariens ist streng, aber zugleich von fast nazarenischer Sanftheit. Unterstreicht diese Umrißlinie die aus byzantinischer Tradition stammende Gebärde des Vorzeigens des blutbetropften Schleiers, so ist der Evangelist Johannes fast bewegungslos in der Gebärde und Haltung wie die Maria von Theoderich (Abb. S. 68). Die seitlichen Heiligen hingegen zeigen reichere und schönere Gewandkompositionen. Der Pähler Altar ist eine Umwandlung der leidenschaftlicheren Art des Wittingauer Meisters in eine noble und ruhige Kunst.

BÖHMISCHER MEISTER
UM 1390/1400

Die Tafel hat einen Rahmen, der mit einem Dutzend freistehender Holzreliefs verziert ist, die wie Goldschmiedeapplikationen wirken. Dargestellt sind Heilige, Engel und ein Stifter, dazwischen waren Edelsteine angebracht. Allein durch diese Rahmung erscheint die Tafel als Werk höchster Kostbarkeit; dies meint zugleich die Schönheit Mariens wie die Schönheit der Malerei. Maria, die im theologischen Verständnis die schönste der Frauen ist, ist so auch dargestellt, mit süßem Mund, goldenem Haar, ebenmäßigem Antlitz und reinen Gesichtszügen. Aber zugleich ist sie so nah am damaligen Frauenideal, daß man die Vorwürfe der Bilderstürmer Böhmens verstehen kann, man habe im Bilde der Muttergottes nichts als nur schöne Frauen dargestellt.

Es war immer eine utopische Forderung, Maria als die arme Frau des Zimmermanns Joseph und zugleich als Himmelskönigin darzustellen. Hier geht das heilige Ideal ins Profane über. Die Haltung der Hände ist geziert, die Finger sinken in den weichen Leib des Kindes ein. Zwar nimmt das Gewand, das den Körper so zudeckt, daß man ihn kaum ahnt, etwas von der Sinnlichkeit zurück. Doch der Formenreichtum und das Spiel der roten und blauen Gewandformen haben eindeutig Selbstzweck. Sie sind nicht Ausdrucksmittel, sondern »Augenweide«.

Meister der Madonna von St. Veit
Madonna,
um 1390–1400
(aus St. Veit, Prag)
Tempera auf Holz,
89 x 77 cm (mit Rahmen)
Prag, Národní Galerie

BÖHMISCHER MEISTER
UM 1400

Die Madonna von St. Veit wurde als Gnadenbild verehrt und war in vielen Kopien verbreitet. Sie ist selbst jedoch nur Kopie eines älteren Bildes. Ausgangspunkt waren die italienischen Marienikonen (Abb. S. 42). Der Bildtyp scheint um 1340 in Bologna geschaffen worden zu sein. Die Inschrift einer anderen ähnlichen Tafel erzählt die fromme Geschichte, es handele sich um ein vom Evangelisten Lukas gemaltes Porträt Mariens. Diese legendenbefrachteten Gnadenbilder konnte man ohne Schwierigkeiten zu stehenden oder thronenden Figuren erweitern oder einer Anbetung der Könige einfügen. Das Gnadenbild wurde auch als Skulptur verbreitet. Erst die Bildhauer haben ihm die sinnlichen und körperlichen Qualitäten vermittelt, die auch der Maler des St. Veiter Bildes anstrebte. Dadurch aber gab er dem Madonnentypus erst die Süße und Ausstrahlung, die zu der gesteigerten Verehrung und der großen Zahl von Kopien führte.

Die Madonna von Neuhaus ist eine Übertragung des Bildtypus ins häusliche Andachtsbild. Maria ist thronend dargestellt. Aber sie ist auch noch süßer, fast eine Puppe; das Kind ist niedlich wie ein Baby. Es mit einem Schleier zu bedecken ist ein hübscher Einfall, optisch reizvoll und doch auch Akzent und Bedeutungssteigerung. Faltenwurf und Kolorit sowie die kindhafte Anmut der Figuren erinnern an die Buchmalerei der Zeit.

Meister der Madonna von Neuhaus
Madonna, um 1400
Tempera auf Holz,
25 x 19 cm
Prag, Národní Galerie

Werkstatt des Martyrologiums von Gerona
Schöpfungsgeschichte, um 1415
Frontispiz der Boskovic-Bibel
Buchmalerei, 41,5 x 28,5 cm
M III 3
Olmütz, Universitätsbibliothek

BÖHMISCHER MEISTER

UM 1405–1425

Die Miniatur steht hier für eine Gruppe herausragender Handschriften der Zeit um 1405–1425, denen Tafelgemälde entsprochen haben müssen, die jedoch nicht erhalten sind. Der Buchmaler verwendet Lüsterfarben auf Gold und Silber – eine für diese Gattung höchst ungewöhnliche Technik; in Vorzeichnung und Ausführung ein sehr komplizierter Prozeß.

Dem entspricht auch die Höhe der Kunst und das Raffinement der Anordnung. Das obere Medaillon ist Ausgangs- und Endpunkt der Reihe, Darstellung des thronenden Gottvaters und zugleich des siebten Tages, an dem Gott ruhte. Die Reihe der Schöpfungstage geht von links oben nach unten und von unten rechts wieder nach oben.

Aus dem chaotischen Hintergrund werden – von Medaillon zu Medaillon deutlicher – Landschaften mit Pflanzen, Tieren und Menschen gefüllt, wobei der Horizont jeweils bis knapp an den oberen Bildrand herangeschoben ist. Die Figur Gottvaters wird siebenmal in neu erfundenen Bewegungen von großer Überzeugungskraft dargestellt. Ihr Sitz im Rahmen wechselt und folgt doch den Erfordernissen der Gesamtkomposition. Diese Buchmalerei ist mehr als nur eine gehobene Art der Dekorationskunst. Die Werkstatt ist eine böhmische Parallele zu den Brüdern Limburg.

Meister der Raigerner Kreuztragung
Kreuztragung Christi, um 1415–1420
(Tafel vom Raigerner Altar)
Tempera auf Holz, 99 x 147 cm
Brünn, Moravské Muzeum

BÖHMISCHER MEISTER

UM 1415–1430

Wer das Martyrologium von Gerona mit der Kunst der Brüder Limburg vergleicht, muß auch sagen, daß in Böhmen kein van Eyck gefolgt ist, ja daß es ihn nicht geben konnte. Die Kritik der Hussiten am Gebrauch der Bilder führte fast zum Absterben der Produktion, vor allem aber zur Mißachtung jeder auf sinnlich schöne Wirkung zielenden Kunst.

Die Auftraggeber dieses Werkes waren wohl nicht Anhänger von Hus und wurden doch von dessen Gesinnung beeinflußt; bemerkenswert genug ist, daß Kreuztragung und Kreuzigung übereinander die Feiertagsseite des Retabels ausmachen. Auch ist an ihnen nichts Feierliches, im Gegenteil: Soldateska und Schergen dominieren im Bild. Rechts oben wird der Ort Golgatha als Schädelstätte brutal gezeigt; der Gestank der verwesenden Leichen zwingt zum Zuhalten der Nase. Die Farben sind stumpf und düster oder, wie das Rot, brennend, nie absichtlich schön. Die Gruppierung ist nicht kunstreich und gegliedert; die Leute stehen zuhauf und schubsen sich gegenseitig. Das Widerwärtige am Passionsgeschehen wird betont herausgekehrt. Das inhaltliche Interesse überwiegt; künstlerisch ist es ein Weiterarbeiten mit den alten Motiven wie der händeringenden Magdalena Simone Martinis (Abb. S. 36) links und den gegebenen, aber reduzierten bildnerischen Mitteln.

ÖSTERREICHISCHER MEISTER
UM 1420

Dieses Täfelchen darf als ein österreichisches Gegenstück zu Angelicos Grablegung aus San Marco (Abb. S. 58) gelten; es ist eine ebenso persönliche und einmalige Verdichtung des Schmerzensmannthemas. Der vom Kreuz herabgenommene Christus ist an den Kreuzesstamm angelehnt, wirkt jedoch nicht leichenstarr, sondern fast lebendig, in einer Haltung der Resignation. Zwar sitzen Maria und Johannes hingekauert daneben, aber ganz der Meditation hingegeben, nicht etwa in Vorbereitung auf die Grablegung – das offene Grab sieht man links im Fels. Niemand der anderen Helfer wie Nikodemus oder Josef von Arimathia ist da.

Bei diesem Bild für die häusliche Andacht sind verschiedene Absichten miteinander verbunden. Es ist zum einen ein Täfelchen zur Meditation der Passion in ihren einzelnen Marterinstrumenten, die an das Kreuz angelehnt sind. Doch wird die Meditation auch selbst zum Gegenstand: Maria und Johannes werden zum Vorbild und zu Identifikationsmöglichkeiten des Betrachtenden. Das Bild ist aber nicht wie ältere Passionstafeln der Art überörtlich oder überzeitlich. Dies ist Golgatha, getaucht in die düstere Stimmung eines fast nächtlichen Himmels, vor einer leeren Landschaft und einer kahlen Stadtmauer, die wesentliche Stimmungsträger des Bildes sind.

Meister der Darbringungen
Christus unter dem Kreuz mit den trauernden Maria und Johannes, um 1420
Mischtechnik auf Holz, 25 x 34 cm
Berlin, Gemäldegalerie, Staatliche Museen zu Berlin – Preußischer Kulturbesitz

ÖSTERREICHISCHER MEISTER
UM 1420–1440

Das Bild ist nur zu verstehen, wenn man unterhalb der Madonna auf einem kleinen Rasenstück vor Goldgrund zwei Gruppen kniender Stifter mit ihren heiligen Patronen ergänzt. Maria ist hier also als himmlische Erscheinung zu verstehen. Dabei ist an die in der Apokalypse des Johannes geschilderte sonnenumstrahlte, vom Drachen verfolgte Frau zu denken (die in der Theologie immer auf die Muttergottes bezogen wurde), ebenso an die Marienvision des Antonius am Tage der Geburt Christi (sog. Madonna Aracoeli; vgl. Abb. S. 52) und an die in den Himmel aufgenommene Madonna. Dem widerspricht nicht, daß sie den Christusknaben auf dem Schoß hat. Dies ist das Bild ihrer verewigten Mutterschaft und, was im Zusammenhang eines Votivbildes noch wichtiger ist, ihrer Fürbitte.

Das dunkle Blau des Marienmantels ist in seinen Lichtwerten sanft abgestuft bis hin zum Hellblau, so daß die Farbe zu leuchten beginnt, wie wir es aus der böhmischen Malerei kennen. Der goldene Strahlenkranz und die leuchtend rote Aureole mit den Engeln bilden mit diesem Blau einen altertümlich wirkenden starken Dreiklang von intensiv strahlenden Farben. Maria erscheint so tatsächlich als überirdische, von Engeln gekrönte Königin des Himmels.

Meister des Londoner Gnadenstuhls Strahlenkranzmadonna, um 1420
(Fragment einer Votivtafel aus dem Benediktinerstift St. Lambrecht, Steiermark)
Tempera auf Holz, 58 x 55,5 cm. Graz, Landesmuseum

Meister des Frankfurter Paradiesgärtleins
Maria im beschlossenen Garten mit Heiligen, um 1410
Mischtechnik auf Holz, 26 x 33 cm
Frankfurt am Main, Städelsches Kunstinstitut

OBERRHEINISCHER MEISTER

UM 1410

Vielleicht für eine Stiftsdame oder Äbtissin bestimmt, gehört das Bild zum Typus der Maria im Rosenhag, ist aber eine eigenwillige Variante. Maria oben im Bild mit dem Buch ist zwar erkennbar die wichtigste Figur, aber nicht nach den Darstellungsgewohnheiten der Zeit der Mittelpunkt eines Geschehens oder wenigstens die Mittelachse. Zu ihren Füßen spielt Katharina mit dem Christkind, Dorothea zur Linken pflückt Kirschen, Barbara schöpft Wasser aus einem Brunnen. Zur Rechten sitzen der Erzengel Michael mit dem Teufel zu Füßen und Georg mit einem Drächlein; der sagenumwobene hl. Oswald lehnt sich an einen Baumstamm.

Die Handlungen geschehen bedächtig. Die Zartheit der Stimmung wird nirgends gestört. Man betrachtet die Personen einzeln, mit den Augen im überreichen Bild wandernd, und so auch die Blumen und Pflanzen, die meist eine auf Maria zu beziehende Bedeutung haben. Das Thema lebt von der Bildlichkeit der Mariensymbole, so etwa dem des beschlossenen, das heißt fest ummauerten Gartens, der auf Marias unverletzte Jungfräulichkeit hinweisen soll. Er bildet den innerbildlichen Rahmen. Doch verniedlicht diese Art der Frömmigkeit mit ihrer Freude am Kleinen auch die Dinge wie etwa den Drachen Georgs und öffnet die Bildtradition einer subjektiven Umgestaltung.

Meister der hl. Veronika
Die hl. Veronika mit dem Schweißtuch, um 1420
(wahrscheinlich aus St. Severin, Köln)
Mischtechnik auf Holz, mit Leinwand überzogen, 78,1 x 48,2 cm
München, Bayerische Staatsgemäldesammlungen, Alte Pinakothek

MEISTER DER HL. VERONIKA

UM 1400–1420

Veronika ist eine legendäre Schöpfung. Sie entstand aus den »wahren« Bildern Christi (vera ikon), die ihn angeblich genau porträtieren, teils als Tafelgemälde, teils als Grabtuch (in Turin) oder eben als bemaltes Tüchlein. An ein solches bemaltes Tüchlein knüpfte die Legende die Person der Veronika und ihre Geschichte, wonach sie Christus auf seinem Kreuzweg ihr Schweißtuch gereicht habe; wunderbarerweise habe sich sein Antlitz darauf abgezeichnet. Die Popularität des Bildes wurde dadurch gefördert, daß die Schweißtuchreliquie eines der Hauptziele der Romwallfahrt des Mittelalters war und sich gerade mit der Verehrung dieses Bildes viele Ablässe verbanden. Außerdem erhofften sich viele Christen von diesem Gnadenbild, daß sein Anblick einen plötzlichen Tod verhüte.

So ist also das Schweißtuch mit dem »wahren« Antlitz Christi eigentliches Thema und zugleich Mittelpunkt. Veronika, die viel kleiner gegeben ist, hält es in andächtiger Haltung. Die beiden Gruppen kleiner Engel beschauen und bedenken in dem Schweißtuch zugleich das Geheimnis und die Gesamtheit der Passion. Gerade diese Engel sind in den zartesten Farben und einer höchst verfeinerten lasierenden Technik gemalt und bezeugen hohes Können und Sensibilität des Meisters, was bereits Goethe 1815 mit Bewunderung vermerkte.

KONRAD VON SOEST

UM 1370 – NACH 1422

Das Bild des großen westfälischen Malers ist eine von vielen Darstellungen, die Konrad von Soest für den Flügelaltar der Stadtpfarrkirche St. Nikolaus in Bad Wildungen geschaffen hat. Bei dieser Aufgabe bestand die Notwendigkeit einer der Funktion als Hochaltarretabel gemäßen würdevollen Darstellung; gefordert war aber auch ein Bildentwurf, der die Andachtsbedürfnisse befriedigte, möglichst in Verbindung mit einer breiteren Ausmalung der Details und erzählenden Zügen, entsprechend den populären Andachtsgewohnheiten der Zeit.

Der Maler hat die vielschichtige Aufgabe mit Geschick erfüllt: Mutter und Kind sind als die einzigen Personen mit Nimbus gebührend hervorgehoben; sie werden durch die Stallarchitektur abgegrenzt (der Balken rechts, der die Verkündigung an die Hirten abtrennt, ist nachträglich aufgemalt). Eine Engelsgloriole in Rot und Gold ist hinter Marias Haupt zu sehen. Doch sind Mutter und Kind in der zärtlichen Haltung dargestellt, die wir von Pisanello (Abb. S. 52) kennen und die sicherlich auf ein niederländisches Madonnengnadenbild zurückzuführen ist. Die Halbfigur der Madonna könnte ausgeschnitten als vollständiges (Andachts-)Bild gelten. Mit dem Brei kochenden Josef hingegen wird der liebevoll sorgende Hausvater gezeigt und das Bild mit bürgerlich-häuslichen Zügen reichlich ausstaffiert.

Konrad von Soest
Geburt Christi, 1403
Mischtechnik auf Holz, 73 x 56 cm
Bad Wildungen, Stadtpfarrkirche

MEISTER FRANCKE

UM 1380 – NACH 1435

Auf dieser Tafel aus einem vielteiligen Legendenzyklus der hl. Barbara für den Dom in Turku (Finnland) wird erzählt, wie dem wütenden Vater der Heiligen bei der Verfolgung seiner Tochter plötzlich wunderbarerweise eine Mauer den Weg versperrt. Der Vater, in einem prächtigen orientalischen Kostüm, stürzt mit geballter Faust und gezücktem Krummschwert von links herein. Die Mauer ist von links hinten quer nach vorn bis an den vorderen Bildrand gezogen und verhindert jedes Weiterkommen. Sie wird zu einem Bild der Ausweglosigkeit. Die Mauer wirkt auf den Betrachter wie eine Kulisse; sein Blick auf die Heilige im Hintergrund ist nicht verstellt: Die fallende Diagonale der Maueroberkante wird im Bergumriß für den Betrachter eine aufwärtssteigende; statt der Raumsperre entsteht eine Raumöffnung. Raumdarstellung aber ist bei Francke nicht an sich Ziel der Kunst, sondern Mittel der Erzählung, ist den Personen und – als Mittel der Rahmung – auch dem Bildganzen untergeordnet.

Das Bild ist bemerkenswert wegen seiner halbdunklen Atmosphäre. Dem Maler war die reiche Stufung des Lichtes wichtiger als nur die Kontrastierung starkfarbiger Flächen. Er erweist sich hierin als Mann einer jüngeren, von der neuen niederländischen Malerei geprägten Generation.

Meister Francke
Das Mauerwunder, 1414
(vom Barbara-Altar, Turku)
Mischtechnik auf Holz, 91,5 x 54 cm
Helsinki, Kansallismuseo

STEFAN LOCHNER

UM 1400–1451

Die historische Stellung Lochners kann man erst ermessen, wenn man sich vorstellt, daß alle seine Werke nach dem Tode van Eycks und Masaccios entstanden sind. Doch darf man daraus nicht schließen, Lochner sei ein in seiner Kunst veralteter oder gar provinzieller Maler. Technisch steht er auf der Höhe der besten niederländischen Meister. Er arbeitet weitgehend mit Ölfarben; sein Farbauftrag ist so hauchdünn, daß die Helligkeit im Blau des Marienmantels nicht durch die Beimischung von Weiß entsteht, sondern durch das stärkere Durchscheinen des weißen Grundes. So wie er keine Schatten malt, sondern nur Abschattierungen, so auch ungern strahlendes Glänzen oder gleißendes Licht. Er liebt den matten Schimmer von Perlen und ähnliche milde Töne, vermeidet Erdfarben, aber lasiert das Gold, um seinen Glanz zu dämpfen und abzustufen. Er ist technisch einer der größten Meister des Jahrhunderts.

Seine Einstellung zur zeitgenössischen, primär um die Wiedergabe von Wirklichkeit bemühten Malerei der Niederländer wird von ihm im großen Dombild ausgesprochen. Die Außenflügel zeigen naturgetreu die Gegenstände und den Raum und arbeiten mit den gebrochenen Faltenmotiven der neuen Malerei des Robert Campin; das Innere aber ist in den weichen, feierlichen Formen des »Schönen Stils« gestaltet. Wir spüren, daß die älteren Motive und Darstellungsweisen nicht nur ein Stilideal Lochners sind, sondern ein Lebensideal. Ihm liegen nur die lieblichen und sanften Themen des Glaubens – in seinem Werk finden wir keine Passionsdarstellung. Und doch ist Lochner nicht einförmig; er unterscheidet genau entsprechend der Aufgabe und dem Bildthema. So ist die Anbetung, ein einfaches Hausaltärchen im Kleinformat, bescheiden ausgeführt ohne Goldgrund, beschränkt auf die Figur der Muttergottes und das wie eine Hostie auf ein Corporale gelegte Kind. Die Einzelheiten sind fast unräumlich gestaltet, gruppiert um die die Bildfläche beherrschende Muttergottes. Die Darbringung im Tempel ist hingegen als Hochaltarbild komplexer, reicher und repräsentativer.

Die größte Feinheit und Sensibilität entwickelt Lochner im Bild der Maria im Rosenhag. Im Unterschied zu anderen Bildern dieses Themas lenkt nichts von der Person Mariens ab. Die Tafel ist in der Hauptsache ein Bild von Marias Demut und Verherrlichung; erst in zweiter Linie auch ein Bild ihrer Eigenschaften (die Blumen als Sinnbilder ihrer Tugenden, die Einhornbrosche als Bild ihrer Jungfräulichkeit, die Krone als Zeichen ihrer königlichen Würde). Der ganze Reichtum der künstlerischen Mittel ist eingesetzt, um das Reine, Lichte und Süße des Marienthemas zum Ausdruck zu bringen.

Stefan Lochner
Anbetung des Christkindes, 1445
Teil eines Hausaltärchens oder Diptychons
Mischtechnik auf Holz, 37,5 x 23,6 cm
München, Bayerische Staatsgemäldesammlungen, Alte Pinakothek

Stefan Lochner Darbringung im Tempel, 1447
(vom Hochaltarretabel St. Katharina, Köln)
Mischtechnik auf Holz, 139 x 126 cm
Darmstadt, Hessisches Landesmuseum

Stefan Lochner
Madonna im Rosenhag, um 1448
Mischtechnik auf Holz, 51 x 40 cm
Köln, Wallraf-Richartz-Museum

Lukas Moser
Magdalenenaltar, 1432
Mischtechnik auf Holz, ca. 300 x 240 cm
Tiefenbronn, S. Maria Magdalena

Giebel: Gastmahl im Hause Simons.
Von links: Seefahrt der Heiligen Maria Magdalena, Martha, Lazarus, Maximinus und Sidonius; Die schlafenden Heiligen Sidonius, Maximinus, Lazarus und Martha; Die hl. Maria Magdalena erscheint dem Fürstenpaar im Traum (darüber); Letzte Kommunion der hl. Maria Magdalena

LUKAS MOSER

UM 1390 – UM 1450

Moser ist von den Künstlern seiner Generation wohl der modernste, dem neuen Realismus niederländischer Prägung nächste. Altertümliches wird in den Nebenszenen erkennbar, umgekehrt also als bei Lochner. Die Hauptseite des Magdalenenaltars zeigt in allen drei Szenen einen einheitlichen Raum und Tageslichtbeleuchtung aus einer Lichtquelle. Landschaft und Architektur sind von erstaunlicher Tiefenwirkung und sehr genau beobachtet; das Meer wird zum Teil mit einer Metallfolie unterlegt, damit es wäßriger wirkt.

Das gemalte Retabel verdeckt ein Fresko; aber man merkt kaum, daß sich hinter dem Mittelbild noch eine Schreinskulptur mit der Himmelfahrt Magdalenas versteckt. Der Maler ist nicht an der Unterscheidung von Werktags- und Feiertagsseite interessiert – er will eine durchgehende, ständig sichtbare Tafel, wie er es von Italien her kannte.

Manfred Wundram

FRÜHRENAISSANCE

Europäische Malerei im 15. Jahrhundert

Während der Frührenaissance übernimmt die Malerei erstmals in der Geschichte der abendländischen Kunst den Vorrang gegenüber den anderen Gattungen. Ein neues Verhältnis zwischen Kunstwerk und Betrachter entsteht: Das Bild hat nicht mehr nur dienende Funktion, sondern fordert das anschauende Gegenüber.

Die Erforschung von Perspektive und Proportion, die neue Vorstellung vom Porträt als Abbild des Individuums und die beginnende Landschaftsmalerei sind große Neuerungen der Zeit.

Künstlerisch wird ein Weg von der »Natürlichkeit« der Wiedergabe zur eindringlichen »Naturerfassung« beschritten. Das gilt für Italien mit den Werken eines Masaccio, Uccello, Piero della Francesca, Botticelli und Mantegna ebenso wie für die Deutschen Multscher oder Witz. Eine Blütezeit erlebt die Tafelmalerei der Niederlande mit den Brüdern van Eyck, Rogier van der Weyden, Hugo van der Goes und Memling bis hin zur rätselhaften Spukwelt eines Hieronymus Bosch.

Im späten 15. Jahrhundert bereitet sich in Venedig, vor allem durch Antonello da Messina und Giovanni Bellini, eine malerische Revolution vor, die über die Hochrenaissance hinaus ins 16. Jahrhundert weist.

Frührenaissance und Spätgotik

Die großen Stilepochen, in die wir die abendländische Kunst einzuteilen pflegen – Vorromanik, Romanik, Gotik, Renaissance und Barock –, können lediglich Hilfsmittel für eine grobe Orientierung sein. Sie bieten Annäherungswerte innerhalb einer zuweilen stark auf künstlerische Neuerungen, nicht selten aber auch auf die Wiederbelebung älterer Gestaltungsprinzipien ausgerichteten Entwicklung, die weniger durch Zäsuren als vielmehr durch Evolution gekennzeichnet ist. Dabei kommt es zu Phasenverschiebungen, die eine übergreifende Epochenbezeichnung verweigern. Während etwa Nordfrankreich während des 12. Jahrhunderts Entstehung und Entfaltung der Frühgotik erlebt, gelangt in den südlichen Landschaften Frankreichs ebenso wie in Deutschland und Italien die Hochromanik zu ihrer höchsten Blüte.

Da die bildende Kunst nur eine Ausdrucksmöglichkeit der allgemeinen Kultur- und Geistesgeschichte ist, spielen die jeweiligen historischen, religionsgeschichtlichen, soziologischen und kulturgeographischen Vorbedingungen eine entscheidende Rolle für die jeweiligen künstlerischen Erscheinungen und Entwicklungen. Ohne daß der Wert einer rein von ästhetischen Gesichtspunkten ausgehenden Deutung des Kunstwerkes in Frage gestellt werden sollte, bleibt stets zu berücksichtigen, daß die der Kunstgeschichte benachbarten Disziplinen wesentliche Hilfen zum Verständnis eines Kunstwerkes leisten können – wie umgekehrt das Kunstwerk über sich selbst hinaus größere kulturgeschichtliche Zusammenhänge zu beleuchten vermag. Allerdings sollten wir bei dem Wunsch nach interdisziplinärer Zusammenschau niemals vergessen, daß jedes Werk der bildenden Kunst seine Informationen ausschließlich über das Auge und damit über genaue Beobachtung seiner künstlerischen Gestaltung vermitteln kann. Was nicht anschaulich erläutert werden kann, bleibt in das Reich der Spekulation verwiesen.

Kaum ein anderes Jahrhundert unserer europäischen Vergangenheit entzieht sich einem verallgemeinernden Epochenbegriff mit der gleichen Hartnäckigkeit wie das 15. Jahrhundert. Während um 1400 in Italien mit der Frührenaissance die »Kunst der Neuzeit« beginnt – die Ausschreibung der Konkurrenz um die Ausführung der zweiten Bronzetür für das Baptisterium in Florenz im Jahre 1401 wird als eine Art von Angelpunkt für diesen Neuanfang angesehen –, erleben die Kunstlandschaften nördlich der Alpen eine als Spätgotik bezeichnete Blütezeit ohnegleichen. Die Renaissance zieht hier nach allgemeiner Vorstellung mit einer Phasenverschiebung von rund hundert Jahren ein, wobei die beiden Reisen Albrecht Dürers (1471–1528) nach Italien 1496 und 1506/07 entscheidende Meilensteine bedeuten.

Allerdings ist man sich seit langer Zeit bewußt, daß diese Polarisierung von Frührenaissance und Spätgotik die Erscheinungsformen der Kunst im 15. Jahrhundert vielfach verfehlt. Das Problem wurde nur verschoben, indem man etwa für die Malerei nördlich der Alpen die Begriffe »altdeutsch« und »altniederländisch« einführte, um sie gegen die Gotik abzusetzen; und auch der von Kurt Gerstenberg 1917 geprägte Terminus der »Sondergotik« für die deutsche Architektur des 15. Jahrhunderts kann nur ein Hilfsbegriff sein, der diese Phase gegen die Spätgotik abgrenzt, ohne ihren Charakter anschaulich zu benennen. Lassen sich also möglicherweise für die Kunst von 1400 bis 1500 – und in diesem Rahmen speziell für die Malerei – andere Kategorien finden, die Unterscheidendes und Verbindendes angemessener bezeichnen?

Florenz und die Entstehung der Frührenaissance

Wenden wir uns zunächst Italien als der im frühen 15. Jahrhundert anscheinend »fortschrittlichsten« Region Europas zu. Florenz, ein Zentrum von mittlerer politischer und hoher wirtschaftlicher Bedeutung, wird damals Ausgangspunkt einer künstlerischen Erneuerung, für die die Historiker des 19. Jahrhunderts – allen voran Jacob Burckhardt (1818–1897) – nur im Athen der klassischen Zeit des 5. vorchristlichen Jahrhunderts ein Vergleichsbeispiel sahen. Zeitlich an erster Stelle sind es herausragende Bildhauer – Lorenzo Ghiberti (1378–1455), Nanni di Banco (um 1375–1421), Donatello (um 1382/86–1466) –, die die Gewandstatue des Mittelalters durch die vom organischen Aufbau des menschlichen Körpers her entwickelte Standfigur der Neuzeit ablösen und einen Reliefstil schaffen, der in einer zuvor unbekannten Weite des Raumes die natürlichste Wiedergabe vielfiguriger Szenen erlaubt. Um 1420 folgt mit den Frühwerken des Architekten Filippo Brunelleschi (1377–1446) – dem Findelhaus, der Alten Sakristei an San Lorenzo und der Kirche San Lorenzo selbst – eine Ablösung der gotischen Baukunst durch Konzepte, die einerseits die Dimensionen auf menschlich begreifbare Maße zurückführen, andererseits die einzelnen Elemente aus dem Bereich der römisch-antiken Architektur übernehmen. Schließlich folgen seit 1424 in einer knappen Entwicklungsspanne von nur fünf Jahren die Werke des Malers Masaccio (1401–1428), die in der Abbildung von Raum und Körper dem ganzen Jahrhundert die Richtung weisen.

Rückgriffe auf die Antike sind in allen drei Gattungen offenkundig. Die Statuen Donatellos und Nanni di Bancos beleben die ponderierte, das heißt nach gespannter Standbein- und entspannter Spielbeinseite differenzierte Standfigur wieder, wobei die Rückbesinnung auf das Altertum durch die Gewänder, etwa die römische Toga, doppelt deutlich wird. In der Architektur ist das Wiederaufleben spätantiker bzw. frühchristlicher Formen am unmittelbarsten anschaulich. Und für

Benozzo Gozzoli
Reiterzug der Heiligen Drei Könige, 1459–1461
Fresko (Detail), Wandbreite ca. 750 cm
Florenz, Palazzo Medici-Riccardi
In der Reitergruppe kann man vier Mitglieder der Familie Medici identifizieren: Cosimo den Alten (mit dem Zügel in beiden Händen) und rechts daneben seine Söhne Giovanni und Piero di Cosimo sowie über Cosimo dessen unehelichen Sohn Carlo (mit der hohen roten Kopfbedeckung)

Masaccio
Anbetung der Könige, 1426
(Tafel der Predella des Polyptychons für S. Maria del Carmine in Pisa)
Tempera auf Holz, 21 x 61 cm
Berlin, Gemäldegalerie, Staatliche Museen zu Berlin – Preußischer Kulturbesitz

Masaccio hat Emil Maurer am Beispiel des Freskos mit der Darstellung des »Zinsgroschens« (Abb. S. 94/95) die Kenntnis der frühchristlichen Mosaiken in San Paolo fuori le mura in Rom wahrscheinlich machen können.

Handelt es sich also, einer auf langer Tradition fußenden Anschauung folgend, bei der Kunst der Florentiner Frührenaissance um eine Wiedergeburt von Skulptur, Architektur und Malerei aus dem Geiste der Antike? Der aus der Zeit von vor 1400 erhaltene Bestand an Kunstdenkmälern beweist ganz offensichtlich das Gegenteil. In der toskanischen Architektur des späten 11. und frühen 12. Jahrhunderts, die Burckhardt als »Protorenaissance« bezeichnet hat, finden sich sowohl die gesamten antikisierenden Schmuckformen als auch die Durchgliederung von Räumen und Wänden nach harmonisch aufeinander bezogenen Maßen, wie sie Brunelleschi in seinen Werken verwendet. Das Baptisterium und die Fassade von San Miniato in Florenz sind die wichtigsten erhaltenen Beispiele dieser Renaissancebewegung, die sich in weniger ausgeprägter Form auch durch die toskanische Gotik hindurchzieht. Das Erbe der Antike ist, mehr oder weniger an die Oberfläche tretend, eine Art von rotem Faden, der niemals abriß. Nehmen wir hinzu, daß Brunelleschi nach der Überlieferung seines Biographen Antonio Manetti (1423–1491) das Florentiner Baptisterium für einen originalen antiken Bau hielt, so sind wir berechtigt, sein Werk in der Nachfolge der heimischen Tradition zu sehen, ohne das legendäre Studium antiker Monumente in Rom voraussetzen zu müssen.

Vergleichbar ist die Situation in der Skulptur. Auch hier ist die Vorbildlichkeit spätantiker und frühchristlicher Werke niemals in Frage gestellt worden. Niccolò Pisano, sein Sohn Giovanni und sein Schüler Arnolfo di Cambio haben die Skulptur tatsächlich aus dem Geiste der Antike heraus erneuert, und sowohl in ihren Schöpfungen als auch in herausragenden Werken der Florentiner Dombauhütte während der letzten Jahrzehnte des 14. Jahrhunderts werden antike Vorbilder in einem Grade kopiert, wie sich das nach 1400 nur noch in Ausnahmefällen nachweisen läßt. Ohne die Kontinuität der Auseinandersetzung mit der Antike für die Frührenaissance in Abrede stellen zu wollen, darf behauptet werden, daß die Antike nicht der entscheidende Antrieb gewesen ist, der die abendländische Kunst über die Schwelle vom Mittelalter zur Neuzeit führte.

Dem widerspricht auch die Entstehung des Renaissancebegriffs. Zuerst hat Vasari in seinen Künstlerbiographien, die erstmals 1550 und dann in erweiterter Form 1568 erschienen, von der »Rinascità«, von der Wiedergeburt der Kunst gesprochen. Er verstand darunter aber keineswegs die Wiederentdeckung der Antike, sondern die »Rinascità« der »guten Kunst« – in seinem Verständnis die Überwindung der vom Naturvorbild abstrahierenden Kunst des Mittelalters, besonders des von der byzantinischen Kunst geprägten strengen Linienstils, den er als »maniera greca« bezeichnete. Insofern begann für ihn mit der Kunst um 1300, deren herausragender Vertreter Giotto ist, ein – wenn nicht der – entscheidende Einschnitt in der italienischen Kunst. Tatsächlich ist in der jüngeren Forschung, und nicht zuletzt von den benachbarten geisteswissenschaftlichen Disziplinen, erwogen worden, ob nicht die Wende vom 13. zum 14. Jahrhundert einen tieferen Epocheneinschnitt bedeute als die vom 14. zum 15. Jahrhundert. Wie nachhaltig beeindruckt Zeitgenossen und nachfolgende Generationen von der neuen Wirklichkeitserfahrung waren, die sich speziell in der Malerei seit 1300 widerspiegelt, belegt ein Satz aus Giovanni Boccaccios (1313–1375) Novellensammlung »Decamerone« (1348–1353): »Der andere, Giotto mit Namen, hatte einen Geist von solcher Erhabenheit, daß unter allen Dingen, die die Mutter Natur unter dem Kreislauf des Himmels erzeugt, nicht ein einziges war, das er nicht mit Griffel und Feder so getreulich abgebildet hätte, daß sein Werk nicht das Bild des Gegenstandes, sondern der Gegenstand selbst zu sein schien, so daß es bei seinen Werken sehr oft vorkam, daß der Gesichtssinn des Menschen irrte und das für wirklich hielt, was nur gemalt war.«

Die von Burckhardt als entscheidende Triebfeder der Frührenaissance postulierte »Wiederentdeckung der Welt und des Menschen« hat also ihre Wurzeln bereits im 14. Jahrhundert. In der zeitlichen Nachfolge Giottos, besonders bei den großen sienesischen Malern Simone Martini sowie den Brüdern Ambrogio (gestorben um 1348) und Pietro Lorenzetti, wird die Auseinandersetzung mit den Phänomenen der diesseitigen Wirklichkeit bis zu einem erstaunlichen Grad weiterentwickelt. Kennzeichnend ist dabei, daß das auf große, zusammenfassende Formen gerichtete Konzept der Giotto-Zeit durch das genaue Studium des Details gleichzeitig bereichert wie auch aufgelöst wird.

Wir dürfen also zwei Feststellungen treffen: Erstens ist der Einbruch irdisch erfahrbarer Realität – die Wiedergabe von Figur, Raum, Landschaft – und nicht die Antike Grundlage der Frührenaissance; und zweitens bedeuten die Jahre um 1400 eine wichtige Etappe, aber nicht einen abrupten Einschnitt in der Entwicklung. Die Frührenaissance ist nicht eine künstlerische Revolution, sondern Ziel einer Evolution. Wie stark die Kontinuität zwischen dem 14. und 15. Jahrhundert war und wie wenig die Zeitgenossen sich bewußt waren, in einer Epoche des Umbruches zu leben, läßt sich in der Florentiner Kunstgeschichte vielfältig belegen. So ist etwa die Domkuppel, nach weitverbreiteter Vorstellung die erste große Leistung der Frührenaissancearchitektur, in ihrer formalen Gestalt bis in die Neigung der Wölbung hinein bereits vor Brunelleschis Eingreifen festgelegt gewesen. Und als man 1401 die Ausführung der zweiten Bronzetür für das Baptisterium beschließt, werden die Künstler hinsichtlich Rahmung und allgemeiner Aufteilung auf die 1330–1336 von Andrea Pisano (um 1295 bis nach 1349) ausgeführte ältere Bronzetür verpflichtet.

Was berechtigt uns gleichwohl, im 15. Jahrhundert einen neuen Abschnitt der abendländischen Kultur zu sehen? Zunächst kann uns wiederum Vasari einen Schritt auf die Beantwortung der Frage zuführen. Während er an Giotto die Natürlichkeit der Darstellungsweise rühmt, bewunderte er an den führenden Künstlern der Frührenaissance die perfekte Nachahmung der Natur. Giotto und Masaccio vertreten für ihn eine erste und zweite Stufe der »Rinascità«; Masaccio verkörpert gleichsam einen Giotto auf einer höheren Stufe der Naturerfahrung. Die Dinge so zu sehen heißt allerdings, sie unzulässig zu vereinfachen.

Piero della Francesca
Madonna von Senigallia, um 1460–1475
Tempera auf Holz, 61 x 53,3 cm
Urbino, Galleria Nazionale

Zwar hat noch Leonardo da Vinci (1452–1519) an Masaccio das Studium des Naturvorbildes gerühmt; aber er führt uns dem Verständnis der Epoche näher, wenn er hinzufügt, daß die Natur nicht nur abgebildet, sondern in ihrer Vollkommenheit gezeigt werden solle: »Die Malerei bewahrt lebendig jene Harmonie der schön entsprechenden Glieder, welche die Natur mit all ihren Kräften zu erhalten nicht vermöchte. Sie erhält das Abbild einer göttlichen Schönheit, dem Zeit oder Tod sein Naturvorbild rasch zerstört hat.«

Es ist also die Suche nach den idealen Normen hinter dem Naturvorbild, die bei gleichgerichteten Tendenzen das 15. vom 14. Jahrhundert unterscheidet. In dieser Durchdringung von Realem und Idealem liegt die innere Verwandtschaft zwischen Antike und Frührenaissance, aber nicht im Bereich äußerer Vorbildlichkeit. Daß gleichwohl der Blick der Künstler auf das antike Erbe gelenkt wurde, ist durch die Suche nach der »natürlichen« Erscheinungsform bedingt – gemäß dem Ausspruch Denis Diderots (1713–1784): »Il faut étudier l'antiquité pour voir la nature« (man muß die Antike studieren, um die Natur zu erkennen). Ursache und Wirkung sind umgekehrt als landläufig üblich zu sehen. Nicht der Wunsch nach Nachahmung der Antike führte zur natürlichen Erscheinung, sondern das Bemühen um Wiedergabe der natürlichen Erscheinung öffnete erneut die Augen für die Antike.

Nicht minder gewichtig für die Abgrenzung des 15. gegen das 14. Jahrhundert ist ein zweites Phänomen. Während die Auseinandersetzung mit Raum und Körper sich während des 14. Jahrhunderts wesentlich auf Erfahrungswerte gründete, beginnt man seit etwa 1420, ihre Gesetzmäßigkeit zu erforschen. Besonders Perspektive und Proportionslehre werden auf wissenschaftlicher Grundlage diskutiert und erforscht. Das setzt eine Bewußtheit voraus, die auf ein neues Selbstverständnis des Menschen in der Schöpfung verweist. Dieser dem Mittelalter unbekannte Stellenwert des Individuums spiegelt sich in der bildenden Kunst in einer neuen Gattung: Es entsteht das Porträt im modernen Verständnis des Begriffs, das heißt als die Abbildung der einmaligen, unverwechselbaren Einzelpersönlichkeit. Und im gleichen Sinne wandelt sich die Wiedergabe von Stifterfiguren. Sie werden aus der Zwergenhaftigkeit des mittelalterlichen Bedeutungsmaßstabes gelöst und im Format den Gestalten aus Heils- und Heiligengeschichte angeglichen.

Bisher wurde der Renaissancebegriff nur am Beispiel von Florenz erläutert. Wieweit sind wir berechtigt, von einer gesamtitalienischen Frührenaissance seit 1400 zu sprechen? Der Versuch einer Antwort zielt sofort auf eine weitere Schwierigkeit hinsichtlich einer zusammenfassenden Begriffsbestimmung für das 15. Jahrhundert. Schon für die südliche Toskana, etwa den Bereich Sienas, gelten andere Traditionen und Entwicklungen als für die nördliche Toskana. Die Malerei bleibt hier das ganze Jahrhundert hindurch in wesentlichen Zügen von den Innovationen des 14. Jahrhunderts geprägt. Das »moderne« Formengut setzt sich nur allmählich und in Einzelheiten durch.

Giovanni Bellini
Der hl. Franziskus in der Wüste, um 1480
Tempera und Öl auf Holz, 124,4 x 141,9 cm
New York, The Frick Collection

Die Kunstlandschaften Oberitaliens

Geradezu gegensätzliche Phänomene ergibt eine Gegenüberstellung von Florenz mit den Kunstlandschaften Oberitaliens, besonders mit der Lombardei und Venetien, neben der Toskana den wichtigsten Zentren der Kunst, da Rom nach der Rückkehr der Päpste aus Avignon (1376) und dem anschließenden Schisma (1378–1417) zunächst zur Bedeutungslosigkeit verurteilt war. Mailand steht in allen Kunstgattungen während der ersten Jahrzehnte des 15. Jahrhunderts ganz im Banne der »Internationalen Gotik«, und die venezianische Kunst entwickelt sich im gleichen Zeitraum streng in den vom 14. Jahrhundert vorgezeichneten Bahnen. Soweit Renaissanceformen überhaupt aufgenommen werden, sind sie Applikationen auf gotische Strukturen. Die Unterschiede lassen sich zum Teil durch zweifellos ungleiche Traditionen begründen: Die Lombardei ist durch ihre geographische Lage und Handelsbeziehungen von jeher enger mit den nordeuropäischen Ländern verbunden gewesen als Mittelitalien; Venedig bleibt durch wirtschaftliche Orientierung unter starkem Einfluß des byzantinischen Bereiches. Wichtiger aber dürften die völlig andersartigen sozialen Voraussetzungen sein.

In der Lombardei bleiben die Kirche, vor allem aber die Herzöge aus dem Hause der Visconti und seit 1447 aus dem Geschlecht der Sforza die maßgebenden Auftraggeber. Giangaleazzo Visconti (1351–1402) plante unter seiner Herrschaft ein geeintes Königreich Italien – ein ehrgeiziger Plan, dem sein früher Tod im Jahre 1402 ein Ende setzte. Venedig ist zwar nominell eine Republik, de facto jedoch die glanzvollste Feudalherrschaft südlich der Alpen. Florenz dagegen wird seit dem 12. Jahrhundert von Bürgern regiert. Die Stadtverwaltung vergibt die repräsentativen Aufträge. Nichts ist hierfür bezeichnender als die Gründungsurkunde für den Neubau des Domes aus dem Jahre 1296: Das Werk soll zur Ehre der Stadt und der Jungfrau Maria errichtet werden. 1331 wird die Verantwortung für die Fortführung des Baues der Arte di Lana, der Wollweberzunft, übertragen. In den Bauaufsichtsgremien sitzen neben Sachverständigen Bürger der Stadt und jeweils nur ein Vertreter des Dornkapitels. Die Zahl vergleichbarer Beispiele ließe sich vermehren.

Im Unterschied also zu den oberitalienischen Kunstlandschaften begegnen wir in Florenz einer bürgerlich geprägten Kultur. Das Bürgertum aber verfügte im ausgehenden Mittelalter nur über Ansätze einer eigenen Traditionsbildung. Zu Wohlstand und politischem Einfluß gelangt, schafft es sich um die Wende vom 14. zum 15. Jahrhundert eigene Ausdrucksformen, die sich der Tradition bedienen können, aber nicht an sie gebunden sind. Kirche und Adel dagegen legitimieren sich von jeher durch Tradition und wollen diese in die Zukunft hinein fortsetzen. Das Festhalten an überlieferten Formen ist für sie ein natürliches Anliegen.

Zudem dürfte die Gedankenwelt von Bankiers, Wollwebern und Tuchhändlern den Phänomenen der diesseitigen Wirklichkeit näher stehen als kirchlichen und weltlichen

Auftraggebern. Wir haben die Frührenaissance in ihren Wurzeln als eine wesentlich vom Bürgertum getragene Bewegung zu verstehen – die erste große kulturelle Leistung dieses Standes. Zugleich äußern sich in den neuen Ausdrucksformen der Künste »Abgrenzungsphänomene« gegen die Tradition.

Die Malerei des frühen 15. Jahrhunderts nördlich der Alpen

Welche Positionen besetzt im frühen 15. Jahrhundert die bildende Kunst, speziell die Malerei, nördlich der Alpen? Läßt sich die Polarisierung von Frührenaissance und Spätgotik aufrechterhalten? Wie weit reichen die grundlegenden Unterschiede? In welchem Maße lassen sich möglicherweise auch Parallelen ziehen?

Seit dem dritten Jahrzehnt – also in überraschender zeitlicher Übereinstimmung mit dem Wirken Masaccios – treten in Flandern und im Südwesten des deutschen Sprachgebietes eine Reihe von Meistern ersten Ranges auf; die sich mit der gleichen Leidenschaft um die Abbildung von Raum, Körper und Landschaft bemühen wie die italienischen Zeitgenossen: Vor 1426, dem dokumentarisch überlieferten Todesjahr des inschriftlich als Hauptschöpfer genannten Hubert van Eyck (um 1370–1426), wird der Genter Altar begonnen, den Jan van Eyck (um 1390–1441) 1432 vollendet (Abb. S. 125). In den gleichen Zeitraum fallen die ersten Werke der Reifezeit Robert Campins (um 1380–1444). Zwischen 1430 und 1440 sind der Tiefenbronner Altar von Lukas Moser (um 1390 bis nach 1434), der Heilsspiegelaltar von Konrad Witz (um 1400 – 1445) in Basel (Abb. S. 142), der Werl-Altar Campins (Abb. S. 126) und der Wurzacher Altar (Abb. S. 143) von Hans Multscher (um 1390 bis um 1467) entstanden. In den Werken dieser und zahlreicher weiterer Meister werden – mit jeweils anderer Akzentuierung der Gestaltungsprobleme – die Darstellung des perspektivisch verkürzten Raumes, die scheinbar dreidimensional modellierte, als »Skulptur« erscheinende Figur und die natürliche Landschaft zum Thema. Die den Werken Masaccios, Paolo Uccellos (1397–1475) und Andrea del Castagnos (um 1421/23–1457) unmittelbar parallel gerichtete Tendenz der künstlerischen Ziele ist unübersehbar. Sie führt etwa bei Witz und Castagno bis zur Identität, indem beide die scheinbar frei im Raum stehende, farbig gefaßte Statue bis zum Grade der Austauschbarkeit von Malerei und Skulptur gestalten. Dabei hat in diesem Falle der Norden sogar die zeitliche Priorität vor dem Süden.

Malerei und Skulptur

Hier wie dort also findet eine enge Begegnung zwischen den beiden Hauptgattungen der abbildenden Kunst statt. Wir können sie nur so verstehen, daß die Skulptur einen unmittelbar prägenden Einfluß auf die Malerei ausübte – in Umkehrung des Verhältnisses im frühen 14. Jahrhundert. Damals etwa hatten Giotto und seine Nachfolger wesentliche Impulse an die Skulptur abgegeben. Daß die toskanischen Maler der

Andrea Mantegna
Brustbild des Kardinals Lodovico Trevisano, um 1459/60
Tempera auf Holz, 44 x 33 cm
Berlin, Gemäldegalerie, Staatliche Museen zu Berlin – Preußischer Kulturbesitz

Frührenaissance ihre entscheidenden Lehrmeister in den großen Bildhauern und Bronzegießern hatten, wurde bereits kurz erläutert. Bezeichnenderweise ist die Situation nördlich der Alpen die gleiche. Die Werke, die der aus den Niederlanden an den Hof Philipps des Kühnen in Dijon berufene Claus Sluter (um 1355–1406) für die Kartause in Champmol bei Dijon schuf – die Portalskulpuren, der sogenannte Mosesbrunnen (1395 begonnen) und das Grabmal des Herzogs –, sind immer wieder als wichtige stilistische Quellen für Campin, für Witz, für den Meister des Verkündigungsaltars in Aix-en-Provence (tätig um 1442–1450) genannt worden. Die Beziehungen sind tatsächlich zum Teil so eng, daß wir das Studium der Skulpturen durch die Maler voraussetzen dürfen.

Der Einfluß der Bildhauer auf die Maler im frühen 15. Jahrhundert bedarf noch einer genaueren Untersuchung. So sollte etwa der in seinem Schaffen noch nicht genügend scharf abgegrenzte Madern Gerthner (um 1360–1430/31) in diesem Zusammenhang stärkere Beachtung finden. Und in der Werkstatt Multschers tritt die Durchdringung der beiden Gattungen möglicherweise in ein und derselben Persönlich-

Robert Campin
Verkündigung, o.J.
Tempera auf Holz, 61 x 63 cm
Brüssel, Musées Royaux des Beaux-Arts

keit zutage; entweder war der bedeutendste deutsche Bildhauer und -schnitzer in der ersten Hälfte des 15. Jahrhunderts zugleich einer der führenden Maler seiner Zeit, oder erstrangige von ihm beschäftigte Maler nahmen die bildhauerischen Kategorien der Werkstatt bis zur Identität auf.

Aber nicht nur die enge Beziehung zwischen Malerei und Bildhauerei ist ein verbindendes Kennzeichen zwischen Norden und Süden zu Beginn der Frührenaissance, sondern auch die zeitliche Abfolge der Kunstgattungen. Ebenso wie südlich der Alpen die Malerei der Frührenaissance erst um eine knappe Generation später auf den Plan tritt als die Skulptur, geht auch nördlich der Alpen die Bildhauerei zeitlich voran. Sluter schafft seine gesicherten Werke im letzten Jahrzehnt des 14. und im ersten des 15. Jahrhunderts. Gerthner gehört der Generation der um 1365 Geborenen an. Da beide Kunstgattungen ihr zentrales Thema in der Wiedergabe des Menschen haben, bedarf diese Phasenverschiebung im Aufgreifen der Empirie, der sinnlich erfahrenen Welt, einer Erklärung. Schon der Versuch einer Annäherung an die Lösung dieses Problems müßte uns einer übergreifenden Begriffsbestimmung für das 15. Jahrhundert näherbringen.

Wir sollten uns die unterschiedlichen Realitätsgrade der verschiedenen Kunstgattungen bewußt machen. Das dreidimensionale Bildwerk, also vor allem die Statue, hat seiner Natur nach den höchsten Realitätsgrad – es ist am ehesten mit dem von ihm verbildlichten Gegenstand identisch. Schon Friedrich Theodor Vischer (1807–1887) hat in seiner »Ästhetik oder Wissenschaft des Schönen« (1846–1857) treffend in bezug auf die Malerei von der Notwendigkeit einer mittelbaren, und damit gleichsam doppelten, Idealisierung, bei der Skulptur lediglich von der Notwendigkeit einer unmittelbaren Idealisierung gesprochen. Das heißt, die Malerei muß zunächst die Gegenstände, die sie darstellen will, auf die Bedingungen der zweidimensionalen Fläche übertragen. Und erst wenn dieser Prozeß vollzogen ist, muß der eben durch diesen Prozeß seiner Unmittelbarkeit entkleidete Gegenstand auf der Fläche idealisiert werden, will er nicht zum naturalistischen Abbild werden. Die Skulptur dagegen bleibt in ihrer Tastbarkeit erhalten, sie bedarf nur der unmittelbaren Idealisierung, will sie nicht – etwa im Sinne der Pop Art eines George Segal (*1924) oder Andy Warhol (1928–1987) – mit ihrem Gegenstand im Sinne perfekter optischer Täuschung identisch werden. Indem die Skulptur als die ihrem abgebildeten Gegenstand nächst verwandte Kunstgattung die zeitliche Priorität beim Einsetzen der Frührenaissance beansprucht, liegt erneut der Schluß nahe, daß nicht die Antike, sondern eine gegenüber dem Mittelalter unbekannte Auseinandersetzung der Künstler mit der diesseitigen Welt der Erscheinungen die ausschlaggebende Triebkraft der Renaissance ist.

Verbindendes und Unterscheidendes

Wenn hier der Versuch unternommen wird, für die Malerei des frühen 15. Jahrhunderts südlich und nördlich der Alpen einen gemeinsamen Nenner zu finden und damit eine verbindende Begriffsbestimmung vorzubereiten, so soll doch keineswegs aus zu großer Distanz – gleichsam von einem zu weit entfernten Betrachterstandpunkt aus – das Unterscheidende aus dem Blickfeld gerückt werden. Der Genter Altar der Brüder van Eyck darf nach äußerem Umfang und Vielfalt der Gestaltungsmittel ebenso wie hinsichtlich seiner überragenden künstlerischen Qualität für die Malerei nördlich der Alpen in etwa den Stellenwert beanspruchen, den Masaccios Werke für den Beginn der Frührenaissancemalerei in Italien einnehmen. Eine vergleichende Gegenüberstellung bietet sich trotz der unterschiedlichen Techniken – überwiegend Freskomalerei bei Masaccio, Öl-Tempera-Malerei bei den Brüdern van Eyck – um so mehr an, als absolute Kongruenz der Entstehungszeit gesichert ist.

Der geschlossene Genter Altar mit der Verkündigung im oberen, den Stifterfiguren in Verehrung Johannes' des Täufers und Johannes' des Evangelisten im unteren Teil bietet gestalterische Lösungen, die denen in den Fresken Masaccios direkt vergleichbar sind. Maria und der Engel der Verkündigung sind in einem mit perspektivischen Mitteln verkürzten Innenraum dargestellt, dessen Volumen durch die Fülle von Fluchtlinien außerordentlich suggestiv wirkt – man gewinnt den Eindruck eines vorne geöffneten »Kastenraumes«. Die Figuren erscheinen als kräftig modellierte Volumina, so daß Körperraum und Perspektivraum einander steigern und ergänzen. Bis zu diesem Punkt Masaccios künstlerischen Prinzipien durchaus verwandt, bestehen im weiteren gravierende Unterschiede, die allerdings nicht auf einen anderen Epochenstil, sondern auf unterschiedliche Traditionen zurückzuführen sind. Während Masaccio beispielsweise in seinem Fresko der Heiligen Dreifaltigkeit in Santa Maria Novella (Abb. S. 93) den Raum mit perspektivisch exakt berechneten Mitteln konstruiert, erfassen die Brüder van Eyck den Raum intuitiv; sie gehen von Erfahrungswerten aus, die auf genauer Beobachtung beruhen, aber nicht intellektuell aufgearbeitet sind. Entsprechend wirkt die dreidimensionale Modellierung der van Eyckschen Figuren auf den ersten Blick absolut überzeugend, läßt aber bei genauerer Betrachtung das Verständnis für den organischen Aufbau des Körpers unter der Masse des Gewandes vermissen, während Masaccios Gestalten die »natürliche« Proportion durch das Gewand hindurch veranschaulichen.

Der untere Teil des Genter Altars steht den Prinzipien der italienischen Frührenaissance wiederum auf vielfältige Weise außerordentlich nahe. Die Stifter, Jodocus Vyd und seine Frau, sind in den Größenverhältnissen den heiligen Gestalten angeglichen. Der Wandel im Maßstab der Stifterfiguren zeugt von dem gleichen Wandel im Selbstverständnis des zeitlichen Menschen, den Masaccios Stiftergestalten dokumentieren. Und mehr noch: Das Ehepaar Vyd trägt so unverwechselbare individuelle Züge, daß kein Zweifel an der Porträtähnlichkeit aufkommen kann. Die quantitative Aufwertung der Stifterfiguren und die Entstehung des Porträts kennzeichnen die Malerei des frühen 15. Jahrhunderts im Süden und Norden gleichzeitig und in gleichem Maße. Gegen die farbigen und durch die Farbe unmittelbar gegenwärtigen Stifter setzen sich die in Weiß und Grau getönten Johannesfiguren ab und werden damit der Zeitlichkeit entzogen. Es handelt sich unmittelbar um »gemalte Skulpturen«. Im Vergleich zu Masaccio treten wiederum wesentliche Unterschiede in Erscheinung. Während der Italiener das Detail der Großform unterordnet, addiert der Flame die Großform aus der Fülle genau studierter Details. Das gilt auch, ungeachtet der unterschiedlichen Aufgabenstellung, für die Gesamtkomposition. Zwar werden im Genter Altar Oben und Unten, Seiten und Mitte durch die farbige Korrespondenz von Verkündigungs- und Johannesfiguren überzeugend verbunden, aber die einzelnen Tafeln behaupten im Gegensatz zu der Masaccios Komposition zugrundeliegenden Ganzheitsvorstellung ihre Selbständigkeit.

Bei aller Vorsicht vor Verallgemeinerungen wird man sagen dürfen: In der Auseinandersetzung mit der irdischen Realität sind Masaccio und die Brüder van Eyck im gleichen Maße Vertreter eines neuen Entwicklungsabschnittes, den wir als Frührenaissance bezeichnen dürfen. Die Unterschiede dagegen sind die gleichen, die ebenso die vergangenen wie alle zukünftigen Stilepochen kennzeichnen: Individualisierung im Norden, Idealisierung im Süden oder, mit anderen Worten, Subjektivität im Norden, Streben nach Objektivität im Süden und – nicht minder bezeichnend – intellektuelle Durchdringung künstlerischer Phänomene südlich der Alpen, stark gefühlsbetonte Intuition nördlich der Alpen.

»Detailrealismus« und neue technische Mittel

Indem sich der Norden der möglichst getreuen Nachbildung des Individuellen zuwendet, gewinnt das Detail – sei es im Porträt, in der Gestaltung von Innenräumen oder Landschaften, in der Wiedergabe von Stoffen und Schmuck – eine im Süden nie erreichte, weil nie angestrebte Bedeutung. Speziell für die niederländische Malerei des 15. Jahrhunderts ist der anschauliche Begriff des »Detailrealismus« geprägt worden. Gattungen der Tafelmalerei, die sich im 16., vor allem aber im 17. Jahrhundert verselbständigen werden, haben hier ihre Wurzeln: Stilleben, Landschaft, Interieurdarstellungen. Das Bemühen um möglichst getreue stoffliche Wirkung der Einzelheiten verlangte nach neuen technischen Möglichkeiten. Wie stets in der Kunstgeschichte führen neue handwerkliche »Erfindungen« nicht zu neuen künstlerischen Lösungen, sondern umgekehrt schaffen sich die Künstler für neue gestalterische Aufgaben die adäquaten technischen Mittel.

Mit der niederländischen Malerei des frühen 15. Jahrhunderts beginnt ein entscheidendes Kapitel in der Geschichte der Farbe innerhalb der europäischen Malerei. Nach der Meinung Vasaris (1550) hat Jan van Eyck die Ölmalerei »erfunden«. Die Behauptung hat einen wahren Kern, wenn sie auch in ihrem Absolutheitsanspruch nicht zutrifft. Die Mischtech-

Jan van Eyck
Bildnis des Kardinals Nicola Albergati, um 1432
Öl auf Holz 34 x 26 cm
Wien, Kunsthistorisches Museum

Rogier van der Weyden
Altar der sieben Sakramente, Mittelteil: Kreuzigung in einer Kirche, um 1445
Tempera auf Holz, 200 x 97 cm
Antwerpen, Koninklijk Museum voor Schone Kunsten

nik der vorangehenden Jahrhunderte hat bereits Öl als eines unter anderen Bindemitteln gekannt. Doch standen andere Substanzen etwa Feigenmilch oder Eigelb, also undurchsichtige Bindemittel – im Vordergrund. Sie bewirkten eine Farboberfläche, die absolut deckend, »opak«, war. Abstufungen wurden durch nachträgliche »Höhungen« mit anderen oder leicht variierten Farbtönen erzielt. Im Zeitalter der Brüder van Eyck erhielt das Öl – also ein durchsichtiges Bindemittel – eine erhöhte Bedeutung innerhalb der Mischtechnik. Auf diese Weise wurde es möglich, mehrere durchscheinende Farbschichten übereinander aufzutragen. Die Farboberfläche erhielt dadurch eine zuvor unbekannte Tiefe und Leuchtkraft. Ihr verdanken die Stoffe, der Schmuck, die Blüten ihre die Grenze von Gegenstand und Abbildung streifende Natürlichkeit, die sehr bald in ganz Europa bewundert wurde. Die Festtagsseite des Genter Altars bietet einen der ersten Höhepunkte dieser Entwicklung.

Ebensowenig wie in Italien bedeuten die künstlerischen Neuerungen nördlich der Alpen einen Einschnitt im Sinne eines »revolutionären« Neubeginns. Sie entwickelten sich unter jedem Aspekt aus der Tradition des 14. Jahrhunderts. Raum und Körper sowie deren wechselseitige Durchdringung waren zentrale Themen der Werkstatt Peter Parlers (um 1354 – 1387/88), also bezeichnenderweise wiederum der Skulptur. Die kurz nach 1370 begonnene Reihe der Triforiumsbüsten im Chor des Prager Doms bezeichnet darüber hinaus einen Meilenstein auf dem Wege zur Entstehung des »modernen« Porträts. Speziell die böhmische Malerei nach der Mitte des Jahrhunderts hatte unter der Führung von Meister Theoderich (1359–1381 nachweisbar) den folgenreichen Schritt von der Dominanz der abgrenzenden und umgreifenden Linie zur Betonung der farbigen Modulation getan. In den gegen Ende des Jahrhunderts entstandenen Tafeln des Meisters von Wittingau (um 1380–1390 tätig) möchte man bereits die stärkere Beimischung von Öl vermuten, die die Bilder wie von innen heraus leuchten läßt. Perspektivische Wirkungen werden im letzten Drittel des Jahrhunderts, etwa im Werk Meister Bertrams von Minden (um 1340–1414 oder 1415), zunehmend angestrebt, allerdings nur in Form einer »partiellen«, das heißt Raumteile erzeugenden Perspektive. Vor allem aber ist es die Buchmalerei im flämisch-burgundischen Bereich, die in der Erfassung von Architektur und Landschaft den neuen abbildenden Charakter der Frührenaissancemalerei vorbereitet. Wie südlich der Alpen ist der zu Beginn des 15. Jahrhunderts mächtig hervorbrechende Wirklichkeitssinn in der bildenden Kunst nicht eine Revolution, sondern Ziel einer Evolution.

Kunstlandschaftliche Unterschiede

Eine dritte Parallele zwischen Norden und Süden trägt zum Verständnis der kunstgeschichtlichen Entwicklung im 15. Jahrhundert Entscheidendes bei. Campin, die Brüder van Eyck, Rogier van der Weyden (um 1400–1464), Moser, Multscher, Witz, der Meister der Verkündigung von Aix wachsen in einem geistigen Klima auf, das stark vom bürgerlichen Patriziat bestimmt wird. Gent und Brügge, Rottweil, Ulm und Basel sind Zentren des Handels und des Gewerbes von internationalem Ruf; haben aber keine von einer dominierenden kirchlichen oder feudalen Autorität geprägte Vergangenheit. Wo diese hingegen Jahrhunderte hindurch die Kultur bestimmt hatte, wie etwa in Köln, oder wo die Bindung an kirchliche Institutionen erhalten bleibt, wie etwa in Hamburg, sieht das Erscheinungsbild der Malerei grundverschieden aus. So kann gleichzeitig mit dem Genter Altar der sogenannte Englandfahrer-Altar von Meister Francke (um 1380 – um 1436) mit seinem vorherrschend spirituellen Charakter in Hamburg entstehen, kann sich in Köln in den Traditionen des 14. Jahrhunderts eine Malerschule entfalten, die an Goldgrund, Gestalten von nur angedeuteter Körperlichkeit und auf Räume von lediglich hinweisendem Charakter festhält. Erst der aus dem Bodenseegebiet zugewanderte Stefan Lochner, aus einem Mißverständnis heraus als Inbegriff der Kölner Malerei angesehen, bringt die »modernen« Gestaltungsprinzipien an den Niederrhein, indem er das Erbteil seiner seeschwäbischen Heimat freilich in sensibelster Weise mit der Kölner Tradition verschmilzt.

Die kunstlandschaftlichen Unterschiede sind also nördlich der Alpen ebenso groß wie in Italien. Wie dort erwachsen sie aus den konträren sozialen Voraussetzungen. Die im Sinne der Zeit »fortschrittlichen«, mit anderen Worten die »Renaissancetendenzen« breiten sich im Umkreis des Bürgertums aus. Aus der Perspektive des Nordens bestätigt sich die These, daß die Frührenaissance die erste kulturelle Großtat des Bürgertums ist. Damit erscheint freilich die Polarisierung zwischen »Frührenaissance« und »Spätgotik« in einem wesentlich anderen Licht. Es besteht kein grundsätzlicher Unterschied zwischen Italien und den Kunstlandschaften nördlich der Alpen, sondern eine nicht geographisch festzulegende, weil wesentlich vom Auftraggeber her bestimmbare Grenzziehung zwischen Tradition und »Fortschritt«.

Jean Hay (Meister von Moulins)
Maria in der Glorie, von Engeln umgeben, um 1489–1499
(Mittelteil des Triptychons in der Kathedrale von Moulins)
Tempera auf Holz, 157 x 133 cm
Moulins, Notre Dame

Die Bedeutung des Sakralen und des Profanen

Eine Frage, die weit über den kunstgeschichtlichen Bereich hinausgreift, ergibt sich aus den bisherigen Anmerkungen zur Entwicklung im 15. Jahrhundert zwangsläufig. In welchem Grade bedeutet jene Strömung, der die Zukunft gehören wird und die hier als Frührenaissance im strengen Sinne des Wortes bezeichnet wird, eine Profanierung der Kunst? Die Antwort wird häufig positiv gegeben. Scheinbar zu Recht. Tatsächlich ist die Frührenaissance ein entscheidender Abschnitt auf dem Weg von einem theozentrischen, also auf das Göttliche bezogenen, zu einem anthropozentrischen, das heißt den Menschen als Maßstab setzenden Weltbild. War es Aufgabe der mittelalterlichen Kunst, eine alle sinnliche Erfahrung übersteigende heilsgeschichtliche Botschaft zu übermitteln, so bestimmt jetzt das unmittelbar Wahrnehmbare Malerei und Skulptur. An die Stelle des Sinnbildes tritt zwar nicht das Abbild, aber das Sinnbildliche wird jetzt durch das Abbildende vermittelt.

Trotzdem möchte man der These von der Profanierung der Kunst im Zeitalter der Frührenaissance mit allem Nachdruck widersprechen. Zunächst einmal dürfte rein quantitativ die profane Malerei gegenüber den vorangehenden Jahrhunderten kaum zugenommen haben. Der Bestand an erhaltenen Werken kann hier leicht über den wahren Sachverhalt täuschen. Profane Malerei des Mittelalters war überwiegend Wandmalerei. Wir wissen, daß Burgen, Schlösser und vornehme Stadthäuser mit umfangreichen Zyklen ausgestattet waren. Wandmalerei bedeutete im Mittelalter eine Technik »al secco«, das heißt die Farben wurden auf den bereits getrockneten Putz aufgetragen. Das bedingte eine geringe Widerstandskraft gegen Witterungseinflüsse. So ist der gesamte Bestand an mittelalterlicher Wandmalerei, die kirchliche eingeschlossen, heute auf einen Bruchteil des ursprünglich Vorhandenen reduziert. Hinzu kommt, daß im profanen Bereich das Maß an gewaltsamer Zerstörung noch höher zu veranschlagen ist als auf dem Gebiet kirchlicher Ausstattung.

Wichtiger freilich sind andere Aspekte. Wir dürfen für den sakralen Bereich nicht von einer Tendenz zur Profanierung sprechen, sondern von einer Akzentverschiebung im Verständnis des Sakralen. So hat die »Wiederentdeckung« der Natur als Darstellungswert entscheidende Wurzeln in der franziskanischen Bewegung. Wenn der heilige Franziskus Bruder Sonne und Schwester Mond besingt, wenn er in Vögeln und Pflanzen die Schöpfung Gottes verherrlicht, wird

Sandro Botticelli
Minerva und Kentaur, um 1482
Tempera auf Leinwand, 207 x 148 cm
Florenz, Galleria degli Uffizi

der Kunst unmittelbar der Weg zu neuen Aufgaben gewiesen. Der Zusammenhang ist längst erkannt worden. Schon 1885 veröffentlichte Henry Thode (1857–1920) sein großes Werk über »Franz von Assisi und die Anfänge der Kunst der Renaissance in Italien«. Und die Aufforderung der Franziskaner zur »Compassio«, zum persönlichen Mit-Erleiden der Gläubigen, bedeutet eine Aufwertung des Individuums, das sich aus dem »Kollektiv« des Kirchenvolkes zu lösen beginnt.

Nicht so unmittelbar greifbar, aber mittelbar von nicht geringerer Bedeutung ist die Theologie der deutschen Dominikaner, und zwar die »Mystik«. Wenn Meister Eckehart (um 1260–1328) und seine Zeitgenossen immer wieder vom »inwendigen Menschen« sprechen, wenn der vor 1300 in Straßburg geborene Patriziersohn Johannes Tauler († 1361) schreibt: »Hieran liegt ja alles: an einem unergründlichen Entwerden in ein unergründliches Nichts«, so bedeutet das zunächst einen Gegenzug gegen die Weltoffenheit der staufischen Zeit, eine Abwendung zugleich von jeder Berechtigung abbildender Qualitäten in der Kunst.

Tatsächlich spiegeln Malerei und Skulptur des frühen 14. Jahrhunderts nördlich der Alpen diesen Begriff des »Entwerdens«, »des Zurücktretens aus der Erscheinung« (Goethe) in vielfältiger Weise. Aber indem die Vertreter der Mystik den einzelnen ansprechen, zeigt sich die andere, extrem »moderne« Seite dieser Religiosität. Einerseits lehrt sie die Abwendung von den Freuden der Welt – und erscheint damit durchaus mittelalterlich –, andererseits jedoch kennzeichnet sie ein dem Mittelalter unbekannter Individualismus. Dieser tritt besonders deutlich am Beispiel Meister Eckeharts hervor. Ihn erreicht 1339, im Jahre seines Todes, die Bannbulle aus Avignon. Der äußere Anlaß sind 28 angeblich ketzerische Sätze. So heißt es in Satz 11: »Alles, was Gott Vater seinem eingeborenen Sohne in der menschlichen Natur gegeben hat, das hat er auch völlig mir gegeben. Hiervon nehme ich nichts aus, weder die Einung noch die Heiligkeit…«; und in Satz 18 wird ausgesprochen: »Laßt uns nicht die Frucht äußerer Werke bringen, die uns nicht gut machen; sondern innere Werke, die der Vater, in uns bleibend, tut und wirkt.« Das klingt in der äußeren Schicht an Gotteslästerung an, eine vermessene Überhöhung des Individuums. Aber die inneren Gründe, die zum Bann führten, sind doch wohl das Postulat der Würde und zugleich der Verantwortlichkeit des einzelnen vor Gott, der nicht mehr unbedingt der Vermittlung der Kirche bedarf, und eine Absage an die Werkgerechtigkeit, die protestantisches Gedankengut vorwegnimmt.

Religionsgeschichtliche und soziale Wandlungen, einander vielfältig durchdringend, führen zu einem neuen Selbstverständnis des einzelnen und zu einer Aufwertung der sinnlich erfahrbaren Schöpfung Gottes. Dieser Prozeß spiegelt sich in der Kunst des 14. Jahrhunderts und findet seinen vorläufigen Abschluß in der Frührenaissance. Weit entfernt von dem Gedanken, in der empirisch erfahrbaren Welt einen selbständigen ästhetischen Wert zu erkennen, sucht man – etwa in den Bereichen von Perspektive und Proportionslehre – die Ordnung des von Gott geschaffenen Kosmos zu ergründen.

Wechselwirkungen zwischen Norden und Süden

Parallel verlaufende Entwicklungslinien und verwandte künstlerische Phänomene legen die Frage nach Wechselwirkungen nahe. In welchem Umfang gab es im 15. Jahrhundert einen unmittelbaren Austausch zwischen dem Süden und dem Norden? Das Problem ist erst punktuell diskutiert worden, eine intensivere Auseinandersetzung würde möglicherweise unser Verständnis der Kunst im Zeitalter der Frührenaissance wesentlich erweitern.

Daß Wanderjahre nach abgeschlossener Lehrzeit für Bildhauer und Maler in Mittelalter und beginnender Neuzeit prinzipiell als nicht üblich ausgeschlossen werden müssen, wird man nicht behaupten dürfen. Aus dem Schweigen der schriftlichen Überlieferung sollten wir nicht voreilige Schlüsse ziehen. Immerhin besitzen wir in dem um 1230–1235 entstandenen Skizzenbuch das Villard de Honnecourt (nachweisbar um 1230–1235) das unschätzbare Zeugnis eines wandernden Architekten. Immerhin wissen wir, daß Jean Fouquet (um 1415/20 – um 1480) und Rogier van der Weyden rund um die Mitte des Jahrhunderts Reisen nach Italien unternommen haben, daß Justus von Gent (um 1435 – nach 1480) 1472–1475 am Hof von Urbino tätig gewesen ist. Immerhin sind uns schriftliche Zeugnisse darüber erhalten, daß Francesco Sforza (1401–1466), Herzog von Mailand, den Maler Zanetto Bugatto († 1476) für drei Jahre zu van der Weyden in die Lehre schickt; das Dankschreiben der Herzogin an Rogier aus dem Jahre 1463 blieb erhalten.

Derartige Wanderungen von Norden nach Süden und umgekehrt für Ausnahmefälle erklären zu wollen steht im Widerspruch zum allgemein akzeptierten und stilistisch allerorts nachweisbaren Einfluß der Niederlande auf das deutsche Sprachgebiet, und zwar nicht nur auf die geographisch angrenzenden Kunstlandschaften, sondern ebenso auf Süddeutschland. Unmittelbare Kenntnis der Niederländer gehört in der zweiten Hälfte des Jahrhunderts zur »Bildung« eines jeden besseren Malers und darf für die Frühzeit bei den herausragendend Künstlerpersönlichkeiten vorausgesetzt werden. Bedenkt man schließlich, daß sich die Mobilität des Europäers bis hin zu Goethes Zeiten – und darüber hinaus – nicht verändert hat, so wird man mit Recht fragen dürfen, ob wirklich nur ein reger Austausch in west-östlicher und nicht auch in nord-südlicher Richtung stattgefunden hat.

Gewiß wurde die Kenntnis der jeweiligen Neuerungen durch Export bzw. Import von Kunstwerken vermittelt. Wir wissen, daß in Venedig, in Urbino, vor allem aber am Hofe der Aragonesen in Neapel Meisterwerke niederländischer Malerei gesammelt wurden. Der 1478 in Florenz aufgestellte Portinari-Altar von Hugo van der Goes (um 1440/45–1482) hat die toskanische Malerei des späten 15. Jahrhunderts mitgeprägt. Schriftliche Zeugnisse beweisen, daß man in Italien über die Kunst des Nordens, vor allem über ihren hohen Rang, informiert war. In seiner Abhandlung »De viribus illustris« (Berühmte Männer), die er 1455 bis 1457 verfaßte, nennt der Neapolitaner Bartolomeo Facio (um 1405 – 1457) einerseits Gentile da Fabriano (um 1370–1427) und Pisanello (um 1395–1455), andererseits Jan van Eyck und »Rogerius Gallicus« (also Rogier van der Weyden) als die vier berühmtesten Maler der Welt. Norden und Süden werden also proportional gleich gewertet, wobei auffällt, daß gerade jene Meister, die für uns die Frührenaissance in Italien begründen, gar nicht genannt werden. Etwas später, um 1480, erwähnt Giovanni Santi (um 1435 – 1494), der Vater Raffaels (1483 –1520), ebenfalls Jan van Eyck und Rogier van der Weyden – allerdings neben zahlreichen italienischen Meistern – unter den bedeutendsten Malern des Jahrhunderts.

Für den Norden sind entsprechende schriftliche Zeugnisse nicht erhalten. Wir sollten uns dabei aber vor Augen halten, daß ein »modernes« Geschichtsbewußtsein in Italien früher einsetzt als nördlich der Alpen und daß die Geschichte der folgenden Jahrhunderte der Erhaltung archivalischen Materials im Süden günstiger gesonnen war. Mit Sicherheit dürfen wir voraussetzen, daß in den Niederlassungen der großen toskanischen Handelshäuser und Banken auf niederländischem Gebiet italienische Gemälde der Frührenaissance gesammelt und damit auch den dort wirkenden Künstlern zugänglich wurden.

Aber wir dürfen, wenigstens vermutungsweise, einen Schritt weitergehen. Sollte eine Persönlichkeit wie Domenico Veneziano (um 1410–1461) seine neue Technik, die in Italien erstmals die malerische Veranschaulichung von Licht und Atmosphäre ermöglichte, nur aufgrund des Studiums einzelner niederländischer Bilder entwickelt haben oder ist er, über dessen Schulung und Frühwerk wir nahezu nichts wissen, im Norden gewesen? Hat der Florentiner Alessio Baldovinetti (1425–1499) die starken niederländischen Einflüsse, die besonders seine Landschaften kennzeichnen, nicht an Ort und Stelle aufgenommen? Und in der entgegengesetzten geogra-

Domenico Veneziano
Bildnis einer jungen Frau, um 1465
Tempera auf Holz, 52,5 x 36,5 cm
Berlin, Gemäldegalerie, Staatliche Museen zu Berlin – Preußischer Kulturbesitz

phischen Richtung gefragt: Kannten die Begründer der Frührenaissance im Norden – Campin, die Brüder van Eyck, Moser, Witz – Italien nicht aus eigener Anschauung? Einheit und Vielfalt des 15. Jahrhunderts, die hier nicht primär durch eine Trennung Europas in Norden und Süden, sondern durch eine für den gesamten Bereich des damaligen Abendlandes gültige Verschiedenartigkeit kultur- und gesellschaftspolitischer Entwicklungen erklärt wird, würden in der Annahme eines lebhaften unmittelbaren Austausches gleichsam Fleisch und Blut hinzugewinnen.

Der Stilumbruch nach 1450

Die Betrachtung der europäischen Kunst in der ersten Hälfte des 15. Jahrhunderts weckt die Erwartung einer kontinuierlichen Entwicklung in Richtung auf die Hochrenaissance der Zeit um 1500. Diese Erwartung wird weder südlich noch nördlich der Alpen eingelöst. Nach der Jahrhundertmitte vollzieht sich in allen Kunstgattungen ein Stilwandel, der durch zahlreiche Merkmale einer »Regotisierung« gekennzeichnet ist; Rückgriffe auf die Tradition, besonders auf die »Internationale Gotik«, finden sich in vielfachen Variationen. Daß dieser Prozeß gleichermaßen im Norden und Süden stattfindet, bestätigt noch einmal die prinzipielle Einheit der Epoche. Über die kunst- und geistesgeschichtlichen Grundlagen dieses Stilwandels ist häufig nachgedacht worden, und in besonderem Maße wurden kirchliche Entwicklungen zur Erklärung herangezogen. Daß sie allein, oder auch nur in entscheidendem Maße, das Phänomen begründen können, darf bezweifelt werden. Hier soll die innere Logik des Umbruchs nach 1450 ohne Anspruch auf eine definitive Lösung des Problems unter zwei Aspekten betrachtet werden.

Die Entwicklung im fortschreitenden 15. Jahrhundert erscheint stilgeschichtlich durchaus folgerichtig. Dem großen »Wurf«, der die ersten Jahrzehnte kennzeichnet – der überzeugenden Veranschaulichung von Körper, Raum und Landschaft in ihrer Gesamterscheinung –, folgt sowohl im Norden als auch im Süden die Erarbeitung des Details in der »richtigen« Wiedergabe des Körpers, der perspektivischen Verkürzung, sowie des architektonischen oder landschaftlichen Umraumes. Zur Bezeichnung des Details aber eignet sich vornehmlich die Linie anstelle der großformigen Modellierung. In den Niederlanden wird dieser Weg bereits im Werk van der Weydens eingeleitet, in Südwestdeutschland ist der Weg der Werkstatt Multschers vom Wurzacher Altar (1437) zum Sterzinger Altar (1457/58) überaus kennzeichnend, in Italien dürfen Sandro Botticelli (1445–1510), Filippino Lippi (um 1475–1504) und Luca Signorelli (um 1450–1523) als Protagonisten dieser Entwicklung genannt werden. Der Weg führt also zunächst vom Ganzen zum Einzelnen – eine Zielrichtung, für die es in der abendländischen Kunstgeschichte zahlreiche Parallelen gibt. Die italienische Malerei in den auf Giotto folgenden Generationen ist ein besonders bezeichnendes Beispiel, und auch die Kunst des 16. Jahrhunderts, nach der Auflösung des zeitlich schmalen Gipfelgrates der Hochrenaissance, wird bei aller Unterschiedlichkeit der Stilerscheinungen durchaus verwandte Tendenzen zeigen.

Wird aber im Sinne dieses knappen Überblickes über die Malerei des 15. Jahrhunderts vorausgesetzt, daß kunstgeschichtliche Entwicklungen nicht nur ihre eigene Dynamik haben, sondern größere kulturelle Bewegungen voraussetzen und widerspiegeln, so wird man auch in diesem Fall im weiteren historischen Rahmen Umschau halten müssen. Ganz offensichtlich vollzieht sich rund um die Jahrhundertmitte ein Wandel im Selbstverständnis des Bürgertums. Hatte es im frühen 15. Jahrhundert entscheidenden Anteil an der Ausbildung der Frührenaissance gehabt, um sich auf diese Weise gegen Tradition und traditionelle Auftraggeber abzugrenzen, so scheint sich jetzt eine gegenläufige Tendenz anzubahnen. Mit zunehmendem Reichtum, der zugleich auch Macht bedeutet, zeichnet sich der Wunsch nach höfischem Glanz ab. Die Geschichte des Hauses Medici ist das herausragende Beispiel dieser Entwicklung, die Ausmalung der Hauskapelle im Palazzo Medici durch Benozzo Gozzoli (1420–1497) das signifikanteste künstlerische Werk für den »Umschwung« (Abb. S. 80, 102). Einen entsprechenden Gesinnungswandel dürfen wir für Gent und Brügge, für Köln und Nürnberg, für Ulm und etwas später für Augsburg voraussetzen, um nur wenige Beispiele herauszuheben. Er spiegelt sich nicht nur in Malerei und Skulptur bzw. Bildschnitzerei, sondern gleichermaßen in der Architektur. Der Chor der Pfarrkirche St. Lorenz in Nürnberg oder der Bau des Rathauses in Löwen beispielsweise zeugen von dem Wunsch des Bürgertums nach höfischer Repräsentation. Den »Abgrenzungsproblemen« des frühen Jahrhunderts folgen um 1450 »Angleichungsprobleme«. Die Wirtschafts- und Sozialgeschichte wird hier zum Verständnis der künstlerischen Entwicklung noch wesentlich beitragen können.

Indem während der gleichen Jahrzehnte die großen Höfe die Errungenschaften der Frührenaissance zu adaptieren beginnen, löst sich der Antagonismus von bürgerlicher Kunst auf der einen, von kirchlicher und feudaler Kunst auf der anderen Seite auf. Allerdings darf der Stilwandel trotz aller Rückgriffe nicht als »Rückschritt« mißverstanden werden. Es gibt in der Kunstgeschichte weder den reinen »Fortschritt« noch den reinen »Rückschritt«. Jeder Verzicht auf einmal gewonnenes Terrain wird durch Eroberung eines neuen ausbalanciert.

Die Summe aus der vielfältigen und komplizierten Entwicklung des 15. Jahrhunderts wird um 1500 die Hochrenaissance ziehen, nach den Worten Heinrich Wölfflins (1864–1945) die »klassische Kunst« der Neuzeit. Sie wird, wiederum im lebhaften Austausch zwischen Norden und Süden, die Realität suggerierende Ganzheitsvorstellung des frühen mit dem realistisch abgebildeten Detail des späten 15. Jahrhunderts verschmelzen.

MASACCIO
1401–1428

Das für eine noch nicht eindeutig bestimmte Florentiner Patrizierfamilie gemalte Trinitätsfresko gehört zu den Gründungswerken der neuzeitlichen Malerei. Erstmals wird mit Hilfe der soeben von Brunelleschi wiederentdeckten Linearperspektive ein Raum auf die Fläche projiziert. Es entsteht der Eindruck einer tatsächlichen Wanddurchbrechung – Grundlage aller späteren, vor allem während des Manierismus und Barock, bis zur optischen Austauschbarkeit von Realität und Schein gesteigerten »illusionistischen« Malerei.

Die Möglichkeit für den Betrachter sich unmittelbar mit der Bildwelt zu identifizieren, wird durch die natürliche Größe der Figuren und durch das Zusammenfallen des Augenpunktes von Bild- und Realraum gesteigert. Die Einzelformen der Architektur sind zwar der Antike entlehnt, korrespondieren aber zugleich mit den ersten Werken der Frührenaissancearchitektur (San Lorenzo von Brunelleschi, Tabernakel des hl. Ludwig an Or San Michele). Auch durch diesen Bezug muß auf den damaligen Betrachter der Realitätsgrad der Darstellung überwältigend gewirkt haben.

Allerdings darf Masaccios Fresko nicht nur im Hinblick auf die revolutionierenden abbildenden Qualitäten gesehen werden, sondern auch unter dem Aspekt hoher künstlerischer Intelligenz im Aufbau der Figurengruppe. Einerseits knien die Stifter vor den rahmenden Pilastern, wirken auf diese Weise raumbildend und steigern die Beziehung zwischen Betrachter und Fresko, andererseits setzt die Zusammenfassung aller Figuren in einem steilen Dreieck – also einer geometrischen Form – die Fläche wieder in ihr Recht ein.

Masaccio
Die Heilige Dreifaltigkeit, 1425/26
Fresko, 667 x 317 cm
Florenz, Santa Maria Novella

Dargestellt ist rechts unten an der Fensterseite, leider beim Einbau des barocken Altars am linken Bildrand empfindlich beschädigt, eine Szene aus der Apostelgeschichte: Petrus hatte die Urgemeinde zur Abgabe aller irdischen Güter und zu deren gleichmäßiger Verteilung aufgefordert. Bei der Almosenspende fiel der reiche Ananias, der einen beträchtlichen Teil seines Goldschatzes für sich behalten hatte, tot zu Boden.

Auch hier setzt sich Masaccio in stärksten Kontrast zur vorangehenden und zeitgenössischen »Internationalen Gotik«, für die etwa die gleichzeitig entstandene Anbetungstafel von Gentile da Fabriano ein besonders repräsentatives Beispiel auf Florentiner Boden ist. Die Figuren erscheinen wie farbig gefaßte Statuen und sind räumlich stark zur Tiefe hin gestaffelt, was Masaccio nicht zuletzt durch Kontraste von Licht und Schatten erreicht.

Der Tiefenzug wird durch die übereck gestellten Architekturen und den Ausblick in eine Berglandschaft gesteigert, für die die Umgebung von Florenz Vorbild gewesen sein dürfte (ist der zinnenbewehrte Palazzo im Hintergrund die Villa Torre di Gallo?). Jedoch ist Masaccio weit davon entfernt, ein »Abbild« schaffen zu wollen. Den zahlreichen den Bildraum erschließenden Elementen setzt er die flächenparallele Anordnung der Figuren, vor allem des toten Ananias, entgegen.

Masaccio
Almosenspende des hl. Petrus und Der Tod des Ananias, um 1426/27
Fresko, 230 x 162 cm
Florenz, Santa Maria del Carmine, Cappella Brancacci

MASACCIO
1401–1428

Um 1424 begann Masaccio gemeinsam mit dem älteren Masolino die Ausmalung der dem hl. Petrus gewidmeten Kapelle. Die ältere These, derzufolge Masolino der Lehrer des jungen Masaccio gewesen sei und zunächst allein mit der Ausmalung der Kapelle begonnen habe, ist durch jüngste Untersuchungen widerlegt worden. Die ganz der Frührenaissancearchitektur verpflichtete gemalte Rahmung der Fresken entstand zu Beginn der Arbeiten, und sie kann nur als Werk jenes Künstlers verstanden werden, der auch das Trinitätsfresko in Santa Maria Novella ausführte.

Alle Möglichkeiten Masaccios konzentrieren sich in der Szene des »Zinsgroschens«. Ungeachtet des streifenartigen Formats und der Dreiteilung der Erzählung gelingt Masaccio eine selbstverständliche Einheit. Um das zentrale Geschehnis, den Befehl Christi an Petrus, ordnet Masaccio links den wunderbaren Fischfang und rechts die Übergabe des Zollgroschens an den Zöllner. Die Szenen erscheinen frei angeordnet, ohne eine die Lebensfülle gefährdende symmetrische Aufteilung des Bildfeldes. Die Verknüpfung der Gruppen erfolgt durch sehr viel differenziertere gestalterische Mittel: durch »Komplementärfiguren« wie die Rükken- und die Frontalfigur des Zöllners im Zentrum bzw. am rechten Bildrand oder den rechten Apostel der Hauptgruppe und die weisende Figur des Petrus. In gleichem Sinne wirken Farbbezüge, vor allem aber der kunstvolle und

zugleich natürliche Rhythmus von Gebärden, Wendungen und Blickrichtungen. Hier liegen Vorstufen für die »Figurenregie« in Leonardos Abendmahl! Nicht zuletzt aber werden Landschaft und Architektur zugunsten der Bildeinheit aktiviert: Die Bergzüge bilden eine »Klammer« für den gesamten szenischen Ablauf, und die Fluchtlinien der Architektur treffen sich im Kopf Christi.

Wo liegen die Quellen zu Masaccios Stil? Die Malerei der vorangehenden Generation hilft zur Beantwortung der Frage wenig. Dagegen dürften die Frühwerke Donatellos und die Statuen Nanni di Bancos das von bildhauerischen Vorstellungen bestimmte Figurenkonzept des Malers entscheidend geprägt haben.

In dieser »statuarischen« Auffassung steht Masaccio in der Reihe führender Florentiner Maler von Giotto bis Michelangelo. Damit ist der zweite Bezugspunkt für Masaccios Werk genannt. Er ist, auf einer neuen Stufe der Naturerfahrung, der wahre Erbe Giottos. Mit ihm teilt er die Vorstellung der dreidimensionalen Figur, die Reduktion des Details auf das für die Veranschaulichung des Vorganges unerläßliche Mindestmaß; schließlich die Verwendung von Architektur und Landschaft als integrale Bestandteile des Szenischen.

Nachdem die Fresken im Lauf der Jahrhunderte viel von ihrer Helligkeit verloren hatten, erstrahlen sie nach der kürzlichen Restaurierung wieder in ihrem ursprünglichem Glanz.

Masaccio
Der Zinsgroschen, 1426/27
Fresko, 255 x 598 cm
Florenz, Santa Maria del Carmine, Cappella Brancacci

Paolo Uccello
Reiterbildnis des Giovanni Acuto (John Hawkwood), 1436
Fresko, auf Leinwand übertragen, 732 x 404 cm. Florenz, Duomo

Paolo Uccello
Der hl. Georg und der Drache, um 1456
Tempera auf Leinwand, 57 x 74 cm
London, National Gallery

PAOLO UCCELLO

UM 1397–1475

Das 1436 datierte und signierte Werk hat eine lange Vorgeschichte. Zunächst plante man für den verdienten Söldnerführer, den die Florentiner Giovanni Acuto nannten, ein Marmorgrabmal, reduzierte aber aus Kostengründen das Vorhaben auf ein gemaltes Reiterbildnis, das Agnolo Gaddi ausführte. 1433 für veraltet gehalten, wurde es durch Uccellos Werk ersetzt, der hier mit den neuen Möglichkeiten perspektivischer Verkürzung und dreidimensionaler Körperdarstellung eine »gemalte Skulptur« schuf.

Der Sockel scheint auf drei Konsolen aus der Wand herauszutreten. Der Blick auf die kassettierte Unterseite suggeriert tastbare Dreidimensionalität, die durch die gedämpfte Farbigkeit noch unterstützt wird. Die Verkürzung der einzelnen Architekturelemente läßt auf genaueste perspektivische Vorstudien schließen, wie sie von Uccello für stereometrische Körper mehrfach überliefert sind.

Die brillante Wiedergabe von Schräg- und Unteransicht des Sockels wird für Uccello so sehr zum gleichberechtigten Thema der Darstellung, daß er einen Bruch in der perspektivischen Konstruktion in Kauf nimmt: Architektur und Reiter haben verschiedene Blickpunkte, der Heerführer ist streng von der Seite gesehen.

Hieraus einen Planwechsel abzuleiten, dürfte verfehlt sein. Für die heraldische Figur des Reiters verbot sich die Untersicht, und in Uccellos Augen wog der bravouröse Aufbau des Sockels den Bruch auf. Roß und Reiter, kräftig modelliert, setzen sich plastisch gegen den dunklen Grund ab – jener Einfluß bildhauerischer Kategorien auf die Malerei, wie er zehn Jahre zuvor erstmals bei Masaccio sichtbar wurde, bestimmt jetzt die figürliche Darstellung vollkommen.

Ucellos Tafel »Der hl. Georg und der Drache« vertritt exemplarisch die späte Entwicklungsstufe des Malers. Auf die heroische Monumentalität der großen Fresken und Schlachtenbilder folgt in Entsprechung zum sich wandelnden Zeitgeschmack eine gleichsam novellistische Phase.

Die Darstellung wirkt bei aller beabsichtigten Dramatik wie die Illustration eines Märchenbuches. Die schlanke Königstochter führt den bereits besiegten Drachen mit seinen verschiedenartig bunt gemusterten Flügeln an einer zierlichen Leine, während von rechts der Ritter schräg aus der Tiefe herauszugaloppieren scheint. Sein Schimmel steht in der Tradition der mächtig modellierten Pferde auf den Schlachtenbildern. Die große schattenfangende Felsenhöhle auf der linken Seite findet rechts ihr Gegenstück in den strudelnden Gewitterwolken hinter dem Reiter.

In der geometrischen Parzellierung der Landschaft setzt Uccello die Gestaltungsprinzipien der Schlachtenbilder (Abb. rechts) fort; allerdings öffnet sich jetzt der Bildraum kontinuierlich vom Vorder- über den Mittel- zum Hintergrund.

Eine zweite Version der Komposition befindet sich im Pariser Musée Jacquemart-André.

Die drei Tafeln mit der Schlacht von San Romano wurden vermutlich im Auftrag der Medici für deren Stadtpalast geschaffen; jedenfalls werden sie dort 1491 in einem Inventar erwähnt. Dargestellt ist eine ruhmreiche Episode aus der jüngeren Florentiner Vergangenheit. Am 1. Juni 1432 hatte der Söldnerführer Niccolò da Tolentino, zu dessen Gedächtnis Andrea del Castagno 1456 das Reitermonument im Dom malte, bei San Romano in einem kühnen Handstreich die sienesischen Truppen besiegt. Daß man zu einem Zeitpunkt, als die Medici sich auf dem Weg zur Feudalherrschaft befinden, ein Ereignis aus der republikanischen Geschichte der Stadt Florenz verherrlichen läßt, dürfte auf politischer Berechnung beruhen. Man wollte offenbar wenigstens nach außen hin die tatsächlichen Machtverhältnisse verschleiern.

Die Tafeln bilden eine zyklische Komposition. Links (London) leitet Niccolò da Tolentino, im Zentrum auf einem Schimmel dargestellt, mit vorgestrecktem Kommandostab den Angriff auf San Romano ein. In der Mitte (Florenz) wird der Führer der siegreichen sienesischen Söldner, Bernardino della Carda, durch einen Lanzenstoß vom Pferd geschleudert: Der entscheidende Moment der Schlacht ist zugleich Mittelpunkt der Gesamtkomposition, wobei Uccello durch eine leichte Verschiebung aus der Mittelachse jeden Anschein starrer Symmetrie vermeidet. Rechts (Paris) sind die Söldner des Florentiner Condottiere Michelotto da Cotignola im Angriff dargestellt, die Niccolò da Tolentino zu Hilfe kommen und die Sienesen zu einer Zweifrontenverteidigung zwingen.

Die Komposition ist nur aus dem Zusammenhang aller drei Tafeln verständlich. Von den Reitergruppen am linken Bildrand des Londoner und am rechten des Pariser Gemäldes ist die Bewegung über die beiden zentralen Reiterfiguren dieser Tafeln auf die Mitte des in Florenz verbliebenen Bildes hin angelegt. Auch die Anordnung der Lanzen spielt für den Zusammenschluß der friesartigen Anlage eine wichtige Rolle. Zugleich betonen die multiplizierten Schrägen dieser Lanzen die Bildfläche und sind kennzeichnend für den Stil, den ein gewisser Abstraktionsprozeß bestimmt. Die Umrisse von Pferden und Reitern werden zugunsten kräftiger plastischer Volumina stark vereinfacht – man vergleiche in dieser Hinsicht die Pferde auf der Anbetungstafel des Gentile da Fabriano (Florenz, Uffizien), die Uccello genau studiert haben wird –, Seitenansichten dominieren über die, freilich meisterhaft beherrschten, Raum erschließenden Verkürzungen. Die Landschaft, Nachklang der in ähnlicher Weise am Hintergrund emporgezogenen Landschaften in Ambrogio Lorenzettis »Folgen der Guten Regierung« im Rathaus von Siena, zeigt eine stark geometrisierende Parzellierung.

Bezeichnenderweise hat eine Richtung der italienischen Malerei im frühen 20. Jahrhundert (die »valori plastici«, »die plastischen Werte«) von hier starke Impulse erfahren und eine kunstgeschichtliche Neubewertung Uccellos herbeigeführt.

Oben:
Paolo Uccello
Die Schlacht von San Romano, um 1456 (linke Tafel)
Tempera auf Holz, 182 x 317 cm
London, National Gallery

Mitte:
Paolo Uccello
Die Schlacht von San Romano, um 1456 (mittlere Tafel)
Tempera auf Holz, 182 x 323 cm
Florenz, Galleria degli Uffizi

Unten:
Paolo Uccello
Die Schlacht von San Romano, um 1456 (rechte Tafel)
Tempera auf Holz, 180 x 316 cm
Paris, Musée National du Louvre

Andrea del Castagno
Farinata degli Uberti, um 1450
(aus dem Zyklus der »Uomini famosi«
aus der Villa Pandolfini, Legnaia)
Fresko, 245 x 165 cm
Florenz, Galleria degli Uffizi

ANDREA DEL CASTAGNO

UM 1421/23–1457

Um 1450 malte Castagno für die Villa Pandolfini in Legnaia bei Florenz einen Saal mit den überlebensgroßen Gestalten der »Uomini famosi« aus. Bezeichnend ist die Zusammenstellung der »berühmten Persönlichkeiten«, in der sich im Sinne des Frühhumanismus Geschichte, Mythologie und Kunst mischen. Neben den Söldnerführern Niccolò Acciaiuoli, dem hier abgebildeten Farinata und Pippo Spano stehen die Dichter Dante, Petrarca und Boccaccio, ferner die Cumäische Sibylle sowie Esther und die Königin Tomyris. Das Thema entstammt einem Gedankenkreis, der weit in das 14. Jahrhundert zurückreicht (Petrarca), mit der Frührenaissance aber besondere Aktualität gewinnt. In der Verherrlichung der großen Einzelpersönlichkeit liegen die Wurzeln zum neuzeitlichen Geniekult.

Die in so vielfältiger Form gestaltete Aufgabe der gemalten Skulptur findet hier bis hin zu Michelangelos Sixtinischer Decke ihre höchste Erfüllung. Die Suggestion der Austauschbarkeit von Malerei und Skulptur wird noch gesteigert durch den Effekt des Heraustretens aus einer perspektivisch virtuos konstruierten Scheinarchitektur, von der so zahlreiche Fragmente erhalten sind, daß sich der ursprüngliche Zusammenhang gut rekonstruieren läßt. Die Figuren scheinen die Grenze zwischen Bild- und Betrachterraum zu überschreiten.

Domenico Veneziano
Maria mit Kind und Heiligen (Sacra Conversazione), um 1442–1448
Tempera auf Holz, 209 x 213 cm. Florenz, Galleria degli Uffizi

DOMENICO VENEZIANO

UM 1410–1461

Die Altartafel mit der thronenden Madonna zwischen den Heiligen Franz und Johannes dem Täufer auf der linken, Zenobius und Lucia auf der rechten Seite gehört in doppelter Hinsicht zu den bedeutendsten Werken der italienischen Frührenaissance. Sie bezeichnet einen Meilenstein auf dem Wege zur Überwindung des weit in das 15. Jahrhundert hinein beibehaltenen Polyptychons, das die Madonna und die begleitenden Heiligen auf einzelne, durch Rahmenwerk getrennte Tafeln verteilte. Denn Domenico schließt die Figuren durch die verbindende Architektur, die in ihrer reizvollen Mischung von antikisierenden und gotisierenden Elementen von Ghiberti beeinflußt sein könnte, und durch die Anordnung auf einem einschwingenden Halbkreis zusammen. Außerdem dürfte die Tafel durch die farbige Gestaltung auf die Zeitgenossen revolutionierend gewirkt haben.

Im Gegensatz zu der von den Florentinern bevorzugten kräftigen Lokalfarbigkeit gibt Domenico eine Fülle von Nuancen, die der verstärkte Zusatz von Öl als Bindemittel ermöglicht. Erstmals in der neuzeitlichen Malerei wird Sonnenlicht, zuvor meist durch Gold suggeriert, mit malerischen Mitteln wiedergegeben. Hier liegt einer der wesentlichen Ausgangspunkte für Domenicos Schüler Piero della Francesca.

PIERO DELLA FRANCESCA
UM 1420–1492

Pieros »Taufe Christi« entstand als Altarbild für eine im frühen 19. Jahrhundert abgerissene Kirche in Borgo San Sepolcro. Anschließend wurde sie als Mitteltafel eines Altars in der Kathedrale der Stadt aufgestellt, dessen übrige Teile sich noch heute dort befinden und von dem Sienesen Matteo di Giovanni stammen. Die im Unterschied zur gleichzeitigen Florentiner Malerei reich und differenziert gestaltete Landschaft ist von Licht durchflutet. Piero schreitet hier mit verfeinerten Mitteln auf dem Wege fort, den Domenico Veneziano mit seiner »Sacra Conversazione« eingeschlagen hatte. Im Figurenstil kündigt sich die Entfernung von den Idealen der Florentiner Frühzeit an. Zwar sind die Gestalten kräftig modelliert, aber ohne betontes Interesse an der Veranschaulichung der dritten Dimension; vor allem fällt die Vereinfachung der Umrisse und der Binnenzeichnung der Gewänder auf.

Die Landschaft erweist Piero als Meister tiefenräumlicher Anordnung, etwa in dem kurvig den Bildraum erschließenden Jordan, in dem sich die Landschaft spiegelt. Zugleich aber wahrt Piero die Bildfläche durch einen reliefartigen Aufbau der Figuren, wobei die rechtwinklige Zueinanderordnung von jeweils zwei Gestalten eine wichtige Rolle spielt. Flächenbestätigend wirken auch die Konstellation von Christus und Baum sowie das planimetrische Übereinander von Christus, Taufschale und Hand des Täufers, Taube und Baumwipfel.

Für die Engel hat man auf die Koren der Akropolis als geistesverwandte Schöpfungen hingewiesen; Piero kann sie jedoch nicht aus eigener Anschauung gekannt haben.

Piero della Francesca
Taufe Christi, um 1440–1450
Tempera auf Holz, 168 x 116 cm
London, National Gallery

In der Wahl des strengen Profilporträts, das von der Kunst der Medaillenprägung beeinflußt ist und eine stärkere Idealisierung bedingt als die von der Besessenheit zum individuellen Detail bestimmmten Dreiviertelansichten der flämischen Malerei, steht Piero ganz in der Tradition der italienischen Frührenaissance. Das Kompositionsprinzip dagegen – Darstellung von Figuren in stark überhöhter Position mit entsprechendem Ausblick auf eine tiefgelegene Landschaft von unermeßlicher Weite – hat keine Vorstufen in der italienischen Malerei. Hier müssen Einflüsse aus den Niederlanden vorausgesetzt werden, die letztlich auf die Rolin-Madonna Jan van Eycks (Abb. S. 123) zurückführen.

Was dort jedoch durch das theologische Programm bedingt war, hat sich jetzt als Aufgabe künstlerischer Gestaltung verselbständigt. Piero hatte Gelegenheit, am Hof von Urbino niederländische Malerei sowohl in der Sammlung des Herzogs als auch durch die Person des Justus von Gent kennenzulernen. So zeigt sich flämischer Einfluß auch in der Technik. Im Schmuck der Battista Sforza beispielsweise erreicht Piero durch feinste Öllasuren eine in der gleichzeitigen italienischen Malerei nur Antonello da Messina vergleichbare Materialrealität.

Auf der Rückseite des Diptychons ist der Triumphzug des Herzogpaares in antikisierender Form dargestellt.

Piero della Francesca
Doppelbildnis von Federigo da Montefeltro und seiner Frau Battista Sforza, um 1470
(Vorderseite eines Diptychons)
Tempera auf Holz, je 47 x 33 cm
Florenz, Galleria degli Uffizi

PIERO DELLA FRANCESCA

UM 1420–1492

Die Ausstattung des Chores von San Francesco geht auf einen Auftrag der reichsten Familie Arezzos zurück, die Bacci. Nachdem diese bereits 1416 erwogen hatten, die Hauptchorkapelle ausmalen zu lassen, begann 1447 der Florentiner Bicci di Lorenzo, ein in spätgotischer Tradition verhafteter Meister, mit der Freskierung des Gewölbes. Vermutlich unmittelbar nach seinem Tode 1452 übernahm Piero della Francesca den Auftrag. Er hatte an den drei Wänden des über rechtwinkligem Grundriß errichteten Chores die Legende von der Geschichte und Wiederauffindung des heiligen Kreuzes darzustellen – ein Themenkreis, der zwar in der Ikonographie der Franziskanerkirchen nicht neu ist (Agnolo Gaddi hatte um 1380 den Chor von Santa Croce in Florenz ebenfalls mit der Kreuzlegende ausgestattet), der aber jetzt, um die Mitte des 15. Jahrhunderts, besondere Aktualität gewann.

Papst Pius II. versuchte zum letzten Male in der abendländischen Geschichte, die europäischen Fürsten zu einem Kreuzzug gegen die Türken aufzurufen, deren Sieg in Jerusalem unvermeidlich schien. Ein Stück Kreuzzugspropaganda dürfte auch dem Freskenzyklus in Arezzo zugrunde liegen: Nur aus dem Willen zur Aktualisierung erklärt sich die Erweiterung der von Jacobus a Voragine in der »Legenda aurea« festgehaltenen Geschehnisse um den einer anderen Quelle entstammenden Bericht vom Raub des Kreuzes aus Jerusalem durch den Perserkönig Chosroe und den Sieg des Heraklios über die Perser mit der Rückgewinnung des Kreuzes.

Piero faßt die beiden geschlossenen Längswände des Chores als Kompositionseinheiten auf: Jeweils eine mittlere Darstellung mit nachdrücklich hervorgehobenen Architekturen wird oben und unten von Szenen in freier Landschaft eingeklammert. Die Regie der Figurengruppen bewirkt in jedem eine zwanglose, doch für die Gesamtwirkung wichtige Teilung zwischen links und rechts. Aber auch über die Breite des Chores hinweg schafft Piero feine Verspannungen zwischen den Bildwänden, und zwar ohne Rücksicht auf die literarische Chronologie der Legende, sondern allein nach künstlerischen Gesichtspunkten.

Die beiden Schlachtendarstellungen bilden jeweils die Basis, die Architekturdarstellungen die Mitte, wobei die von der Architektur gesetzte Vertikale das Bildfeld beide Male in feiner Verschiebung aus der Mittelachse rhythmisiert, die Landschaftsdarstellungen in den spitzbogigen Lünetten schließlich Ausklang bzw. Einleitung der Erzählung, wobei

die Verteilung der Figurengruppen und die Akzentuierung durch die Bäume wiederum den Eindruck von »Pendants« hervorrufen.

Der Mittelstreifen der rechten Wand verbindet zwei Szenen miteinander. Auf ihrem Wege zum Palast Salomos erreicht die Königin eine über einen Bach führende Brücke, erkennt in dem Holz, aus dem die Brücke gezimmert ist, das Material, aus dem man später die Balken des Kreuzes Christi anfertigen wird, und kniet betend nieder. Rechts schließt sich die Begegnung der Königin mit Salomo in dessen Palast an.

Piero erreicht in diesem Zyklus die volle Reife seiner gestalterischen Mittel. Die Landschaft auf der linken Seite zeigt die gleiche Weite und – auch noch im heute leider stark beschädigten Zustand der Malfläche – die Lichtfülle, die schon die »Taufe Christi« kennzeichnete. Allerdings bewirken die Anordnung der Figuren und die von links nach rechts ausgebreitete Hügellandschaft im Hintergrund einen entschiedenen Ausgleich des Tiefenraumes zugunsten einer Angleichung an die Bedingungen der zweidimensionalen Fläche.

Diese Tendenz tritt bei dem hallenartigen Palast des Salomo noch deutlicher hervor. In den Einzelheiten an antiker Architektur geschult, bietet sich ein Raum von suggestiver Tiefenwirkung dar. Nach Uccello ist Piero in Theorie und Praxis der größte Perspektivkünstler der Frührenaissance. Aber die Beherrschung der technischen Mittel wird nicht demonstriert. Die Fluchtlinien der Architektur werden durch die betonten Horizontalen ausbalanciert.

Pieros Bedeutung für die Monumentalmalerei der Frührenaissance wird nirgends anschaulicher als hier. Hatte man in den ersten Jahrzehnten die Entdeckung der neuen Möglichkeiten von Raumdarstellung und optischer Wanddurchbrechung voll ausgespielt, so setzt Piero die Fläche wieder in ihr Recht ein: Bei selbstverständlicher Beherrschung der perspektivischen Mittel integriert er Raum und Fläche. Diese Leistung sichert ihm den entscheidenden Platz in der europäischen Wandmalerei zwischen Masaccio und Raffael.

Die Ausführung der Details ist durch eine weitere Vereinfachung der Umrisse charakterisiert, die eine fast archaisierende Strenge annehmen. Die Gesichter erfahren eine vom Porträt abstrahierende Gestaltung. Die Architektur wird auf stereometrische Grundformen reduziert. Daß die Fresken trotzdem den Grundklang festlich gestimmter Freude ausstrahlen, verdanken sie der Fülle des gemalten Lichtes.

Piero della Francesca
Die Anbetung des hl. Holzes und Die Königin von Saba bei König Salomo, nach 1452
Fresko, 360 x 750 cm
Arezzo, San Francesco

Fra Filippo Lippi
Das Gastmahl des Herodes.
Tanz der Salome, um 1460–1464
Fresko, Breite ca. 880 cm
Prato, Duomo, Cappella Maggiore

FRA FILIPPO LIPPI

UM 1406–1469

Salome, von ihrer Mutter Herodias um das Haupt Johannes des Täufers gebeten, verlangt von ihrem Vater Herodes die Erfüllung eines Wunsches, den dieser zu gewähren verspricht, wenn sie beim Gastmahl vor ihm tanzen werde. Im Sinne der kontinuierenden Darstellung (das heißt der Aneinanderreihung mehrerer zeitlich aufeinanderfolgender Ereignisse innerhalb eines Bildfeldes) sind links der Tanz und rechts die Übergabe des Hauptes in einer Silberschüssel dargestellt.

Die Komposition hat ihre Wurzel in Abendmahlsdarstellungen. Filippo dürfte Castagnos Fresko im Refektorium von Santa Apollonia in Florenz gekannt haben, bemüht sich aber in der verstärkt hufeisenförmigen Anordnung der Tafel und dem entsprechend stark verkürzten Fliesenfußboden um eine Ausweitung des Raumes.

Insofern stellt das Fresko eine wichtige Vorstufe für Ghirlandaios Fassungen des Abendmahles im Konvent von San Marco in Florenz dar (Abb. S. 108). Allerdings strebt Filippo durch unterschiedlich hohe Augenpunkte noch nicht die Verschmelzung von Bild- und Realraum an. Ein Hang zu preziösen Bewegungen und einem sehr dekorativen Faltenstil sind Kennzeichen von Filippos Spätstil, entsprechend der Ausführung des Freskos zwischen 1460 und 1464.

Benozzo Gozzoli
Reiterzug der Heiligen Drei Könige, 1459–1461
Fresko (Detail), Wandbreite ca. 750 cm
Florenz, Palazzo Medici-Riccardi

BENOZZO GOZZOLI

1420–1497

Aufgabe war es, drei Wände eines kleinen Kapellenraums fortlaufend mit dem Reiterzug der Heiligen Drei Könige auszuschmücken. Ein knappes Jahrzehnt nach den in Raum- und Figurendarstellung weit in Neuland vorstoßenden Fresken von Uccello und Castagno stehen wir mit Verblüffung vor einem Werk, in dem der Geist der »Internationalen Gotik« wieder aufzuleben scheint. In verschwenderischer Fülle werden Figuren, reiche Gewänder und kostbarer Schmuck vor und in prachtvollen Gebirgslandschaften ausgebreitet. Über die Zeitspanne einer Generation hinweg scheint die Anbetungstafel von Gentile da Fabriano das Vorbild geliefert zu haben. Eine Fülle von Porträts, wie hier der junge Lorenzo der Prächtige zu Pferd, ein nahezu unerschöpfliches Repertoire an zeitgenössischen Kostümen mußte auf den Betrachter als unmittelbarer Reflex der Gegenwart wirken.

Benozzos erzählerische Begabung, seine in der Goldschmiedelehre bei Ghiberti geschulte Neigung zum kostbaren Detail konnten sich, unterstützt von einer frischen Farbigkeit, hier voll ausleben. Die an der Bildfläche emporgezogene Felslandschaft spiegelt die Erfahrung wider, die Gozzoli während der Mitarbeit an der Paradiestür gesammelt hatte. Der Maler baut auf den großen Leistungen der vorangehenden Generation auf und gibt an Persönlichem seine hinreißende Fabulierkunst hinzu.

ANTONIO DEL POLLAIUOLO
1432–1498

Der vorwiegend als Bronzekünstler tätige Meister hat sich wie kein zweiter der Zeitgenossen um die Darstellung der bewegten, auf mehrere Ansichtsseiten berechneten Figur bemüht. Diese gestalterische Aufgabe bestimmt auch seine Gemälde, unter denen die vermutlich unter Mitwirkung des jüngeren Bruders Piero ausgeführte Sebastianstafel den ersten Platz einnimmt. Dem zu dramatischer Zuspitzung neigenden Temperament dürfte das Thema des Martyriums anstelle der isolierten Einzelfigur besonders entgegengekommen sein. So wirken etwa die in den verschiedensten Aktionen wiedergegebenen Bogenschützen wie in das Medium der Malerei übertragene Kleinbronzen. In der Hauptgruppe sind auf bewundernswerte Weise Freiheit und Strenge der Komposition miteinander verbunden: Der auf einem Baumstumpf hoch hinausgeschobene Heilige wird kreisförmig von den Schergen umgeben, deren lebhafte Bewegungen scheinbar frei variiert sind, in Wirklichkeit aber genau berechnete Gegengewichte darstellen. Ungewöhnlich wie die im oberen Bildteil frei gegen den Horizont gestellte Figur des Heiligen ist der Aufblick auf die sich weit in den Hintergrund erstreckende Landschaft, die mit großer Sorgfalt und feinen Abstufungen der farbigen Valeurs ausgeführt ist. Hier spiegelt sich die Kenntnis Antonellos, der auf dem Weg nach Venedig in Florenz gewesen sein mag.

Antonio Pollaiuolo
Martyrium des hl. Sebastian, 1475
Tempera auf Holz, 292 x 203 cm
London, National Gallery

Unten:
Melozzo da Forlì
Papst Sixtus IV. ernennt Bartolomeo Platina zum Präfekten der Vatikansbibliothek, um 1480
Fresko, auf Leinwand übertragen, 370 x 315 cm. Rom, Vatikan, Pinacoteca Vaticana

MELOZZO DA FORLÌ
1438–1494

Melozzos »Bibliotheksfresko« bedeutet in der Monumentalität des mit großer perspektivischen Sicherheit konstruierten Raumes, in der ruhigen Würde der kräftig modellierten Gestalten, in der durch feine Verschiebungen belebten Anordnung der zweimal drei Figuren den erstaunlichsten Vorgriff auf die Hochrenaissance, den die Malerei der Zeit aufzuweisen hat. Die klaren, einfachen Umrisse der Gestalten deuten auf die Kenntnis der Werke Pieros della Francesca. Während aber Piero hinter dem Individuellen stets den Typ sucht, erweist sich Melozzo als ein Porträtist von hoher psychologischer Einfühlung. In der Architektur verbindet sich die Kenntnis antiker Monumente mit einem kultivierten Geschmack in der Verwendung des dekorativen Details. In Einzelheiten zeigt sich ein kunstvolles Spiel mit der Grenze zwischen Kunst- und Betrachterraum: die Eckpilaster scheinen plastisch aus der Wand herauszutreten, ein Eindruck, den die Einschwingung der Sockelplatte links verstärkt; und der Gewandsaum des knienden Platina fällt über die Inschriftplatte herab. Offenbar berücksichtigt der Maler das natürliche Licht des ursprünglichen, unbekannten Anbringungsortes: Während die Pfeiler auf der linken Seite im Schatten liegen, sind sie rechts beleuchtet. Bei der Komposition dürfte Fra Angelicos Fresko mit der »Weihe des hl. Laurentius« Pate gestanden haben

SANDRO BOTTICELLI
1445–1510

Die Tafel gehört zu den bezeichnendsten Zeugnissen für den künstlerischen Wandel in der Florentiner Malerei des fortgeschrittenen 15. Jahrhunderts, die die Entwicklung von einer betont bürgerlichen zu einer höfischen Kultur widerspiegelt.

Schon 1439 war auf Wunsch der Medici das Unionskonzil, das Ost- und Westkirche wieder vereinigen sollte, von Ferrara nach Florenz verlegt worden. Das bedeutete einerseits einen außerordentlichen Repräsentationsanspruch, andererseits kamen im Gefolge der Byzantiner eine Reihe von Schriftstellern und Philosophen, die den humanistischen Interessen der Florentiner neue Impulse gaben.

Noch unmittelbarer tritt das Streben nach fürstlicher Prachtentfaltung zwanzig Jahre später in dem Fest hervor, das Piero de' Medici für Papst Pius II. und den Mailänder Herzog Galeazzo Sforza gab. Damit stellten sich die Medici in eine Reihe mit den Mächtigsten Italiens. Die Ausmalung der Kapelle im Palazzo Medici durch Benozzo Gozzoli (Abb. S. 80, 102) reflektiert nicht nur die vorangegangen festlichen Ereignisse, sondern bezeichnet exemplarisch den Umschwung in der Florentiner Gesellschaftsstruktur nach der Jahrhundertmitte.

Vor diesem zeitlichen Hintergrund muß Botticellis Werk gesehen werden. Mars, der Kriegsgott, ist von Venus, der Göttin der Liebe, überwunden worden. Ausgestreckt ist der schöne Jüngling eingeschlafen. Aller Waffen beraubt, die Faune im Mittelgrund davontragen, und als Aktfigur dargestellt, verkörpert er das »Ideal-Schöne« fern aller Wehrhaftigkeit. Venus dagegen, reich gewandet wie eine junge Dame aus vornehmem Haus und damit dem Bereich des Erotischen weitgehend entzogen, wacht und veranschaulicht auf diese Weise die Dauer des Friedens.

Die Neuinterpretation der mythologischen Liebesszene ist nur verständlich im Hinblick auf die bereits von Cosimo de' Medici geplante »Akademie«, die zur Zeit Lorenzos des Prächtigen ihre Blüte erlebte. Ihr geistiges Haupt

war der Dichter und Philosoph Marsilio Ficino. Ihr Gedankengut war vor allem von der Philosophie Platons geprägt. So erschließt Botticellis Gemälde einen Sinn: Die Liebe, im Sinne Platons vornehmlich als geistige Macht verstanden, hat die Schrecken des Krieges und der Gewalttat überwunden. Antike Philosophie und christliches Weltverständnis gehen eine Verbindung ein, die man als »Neuplatonismus« bezeichnet hat.

Durch die Genialität seiner Komposition bewältigt Botticelli das für die Darstellung weniger Figuren denkbar ungünstige schmale Breitformat. Venus und Mars sind einander gleichgewichtig und annähernd spiegelsymmetrisch zugeordnet. Die nach oben geöffnete Dreiecksform wird durch die drei Faune mit der Lanze geschlossen. Diese geometrische Gesamtfigur vermittelt alle Einzelheiten – trotz der frei im Raum entfalteten Wendungen und Gebärden – den Bedingungen der Bildfläche.

Aktivität und Passivität werden in den Hauptfiguren mit höchster künstlerischer Intelligenz ausgewogen: Bei »literarischer« Betrachtung vertritt Venus als wachende und im Oberkörper aufgerichtete Gestalt den aktiven, Mars als schlafende und mit dem Kopf zurückgelehnte Figur den passiven Part der Szene. In der »Flächensyntax« dagegen sind die »Rollen« ausgetauscht. Venus ist auf einer von links oben nach rechts unten absinkenden, also Ruhe verkörpernden Schrägen dargstellt, und diesen Eindruck verstärkt die Geschlossenheit ihrer Umrisse. Mars dagegen ist auf einer von links unten nach rechts oben aufsteigenden, also ausdrucksmäßig aktiven Schrägen ausgestreckt, und entsprechend sind seine Umrisse geöffnet und bringen Bewegung zur Anschauung. Abbildendes Motiv und künstlerische Ausformung treten in ein reizvolles Spannungsverhältnis zueinander.

Die Gestalt des Mars darf als unmittelbare Vorstufe zum Adam in Michelangelos Erschaffungsszene an der Sixtinischen Decke gelten (vgl. Abb. S. 168/169), die etwa dreißig Jahre später entstanden ist.

Sandro Botticelli
Mars und Venus, um 1480
Tempera auf Holz, 69 x 174 cm
London, National Gallery

Sandro Botticelli
Madonna del Magnificat, um 1481/82
Tempera auf Holz, Durchmesser 115 cm
Florenz, Galleria degli Uffizi

Sandro Botticelli
Beweinung Christi, nach 1490
Tempera auf Holz, 140 x 207 cm
München, Bayerische Staatsgemäldesammlungen, Alte Pinakothek

SANDRO BOTTICELLI

1445–1510

Die Darstellung der thronenden Madonna mit Kind im Kreise von Engeln erhielt ihren Namen nach dem aufgeschlagenen Buch, in das Maria soeben den Text des »Magnificat« zu schreiben scheint. Kurz nach 1480 entstanden, setzen sich hier die Tendenzen fort, die schon in der Darstellung der »Primavera« anklangen. Es herrschen zarte, fließende Umrisse, eine zu höchster Sensibilität gesteigerte Faltenführung. Das Detail – Gewandsäume, Haare, abwehende Schleier, Krone mit Strahlenkranz – ist mit einer Sorgfalt durchgeführt, die auf Botticellis Lehre in einer Goldschmiedewerkstatt zurückverweisen.

Die Einfügung der Figurengruppe in die Form des Tondos ist mit einer Selbstverständlichkeit geleistet, für die es in der vorangehenden Malerei kein Beispiel gibt. Erst Raffael wird um 1515 mit seiner »Madonna della Sedia« dieses Kompositionsprinzip noch einmal vervollkommnen. Dem Ausblick in die Tiefe der Landschaft wird hier eine für Botticelli ungewöhnliche Aufmerksamkeit gewidmet. Indem die Figuren im Vordergrund bereits räumlich zur Tiefe hin leicht gestaffelt werden, verbinden sie sich mit dem Landschaftsraum zu einer Wirkung, die sich dem Einblick in eine Halbkugel nähert.

Botticelli verzichtet im Spätwerk auf die Ideale von methodischer Raumwiedergabe und organischer Körperlichkeit. Er ordnet sich damit einer internationalen Strömung ein, die auf die kraftvolle Wirklichkeitserfassung der ersten Jahrhunderthälfte folgt.

Das Thema der auf Maria und Christus konzentrierten Pietà-Gruppe ist in Mittelitalien niemals heimisch geworden. Während der stärker zur Kontemplation neigende Charakter der venezianischen Malerei die Pietà in einer Landschaft besonders durch Giovanni Bellini zu einer bevorzugten Darstellung erhebt, verlangt das zu Diskussion und dramatischer Zuspitzung tendierende Temperament des Florentiners nach vielfigurigen Gruppen. Das jeweilige Ereignis wird von zahlreichen Begleitfiguren reilektiert, und Botticellis Gemälde gewinnt durch die umfangreiche Wiedergabe des Felsengrabes einen zusätzlichen szenischen Akzent: Aus dem nördlich der Alpen so beliebten Andachtsbild der Marienklage wird eine Station zwischen Kreuzabnahme und Grablegung.

Das Werk, vermutlich unter Mitwirkung von Gehilfen ausgeführt, veranschaulicht die letzte Entwicklungsstufe Botticellis. Die Konturen von Figuren und Felsen sind scharf gezeichnet, in den zum Teil fast grellen Farbkontrasten, vor allem aber in den geradezu heftig gegeneinander geführten Kontrasten der Gebärden und Bewegungen verkörpert sich der Schmerz unmittelbar. Das allgemeine kulturelle Klima im Florenz um die Jahrhundertwende – nach dem Ende der glanzvollen Epoche des Lorenzo de' Medici (genannt »il Magnifico«, »der Prächtige«) und nach der öffentlichen Verbrennung Girolamo Savonarolas (1498) – mag hier ebenso eingewirkt haben wie die Kenntnis niederländischer Werke.

Die im Format monumentale (lebensgroße Figuren!), in den Einzelheiten von einer an Miniaturenmalerei erinnernden Feinheit ausgeführte Tafel entstand wahrscheinlich 1477/78 für Pierfrancesco de' Medicis Villa in Castello. Ebenso wie ihr Pendant, die »Geburt der Venus«, bezeichnet sie den künstlerischen Gesinnungswandel, der sich in Florenz nach 1450 vollzogen hatte. Die Antike wird im formalen Bereich nahezu bedeutungslos, während sie als literarische Vorlage nach wie vor rezipiert wird..

Der verschlüsselte Bildinhalt kann mit Hilfe eines Gedichtes von Angelo Poliziano gedeutet werden, der seinerseits auf Ovid zurückgriff. Im Zentrum steht Flora, auf der linken Seite zerstreut Merkur den Nebel, während rechts ein Windgott eine fliehende Nymphe verfolgt. Raum und Körper sind nicht mehr entscheidende Themen der künstlerischen Gestaltung. Dagegen herrscht äußerste Kultur der sensibel geführten Linie bei Streckung der Proportionen. Die Gestalten heben sich in teils durchscheinenden Gewändern hell gegen den dunklen Unter- und Hintergrund ab. Statt der kräftigen Buntheit, die die Malerei in der Frühzeit des Jahrhunderts kennzeichnete, verwendet Botticelli zurückhaltende, gedämpfte Farben. Wo er scheinbar antike Motive zitiert wie in der Gruppe der drei Grazien am linken Bildrand, greift er nicht unmittelbar auf das Altertum zurück, sondern auf Ghibertis Paradiestür (Gruppe der Dienerinnen im Jacob-Esau-Relief) am Florentiner Baptisterium.

Sandro Botticelli
La Primavera (Der Frühling), um 1477/78
Tempera auf Holz, 203 x 314 cm
Florenz, Galleria degli Uffizi

Gegen die Meinung der jüngeren Forschung, die »Geburt der Venus« sei gleichzeitig und als Gegenstück zur »Primavera« gemalt worden, sprechen verschiedene Gründe. Einmal weichen die Formate erheblich voneinander ab, zweitens dürften die Bilder zwei verschiedene Phasen in der künstlerischen Entwicklung Botticellis vertreten, und schließlich unterscheiden sie sich in maltechnischer Hinsicht. Die Komposition der »Geburt der Venus« ist strenger gebaut – man hat auf die Verwandtschaft zur bildlichen Tradition der »Taufe Christi« hingewiesen – und ist vom Gleichklang der Linien und Bewegungen erfüllt. Das additive Prinzip, das die »Primavera« bestimmt, ist überwunden. Die in einem letztlich noch gotischen Schwung in der Muschel stehende Hauptfigur ist einem Schönheitsideal verpflichtet, das Botticelli verschiedentlich verwendet hat, etwa in der vermutlich um einige Jahre später entstandene »Verleumdung des Apelles« (Florenz, Galleria degli Uffizi). Ob wir als Modell die in den Stanzen Polizians verherrlichte Simonetta Vespucci vermuten dürfen, muß offen bleiben. Auffallend ist Botticellis Desinteresse an der Ausarbeitung der Landschaft, das für sein gesamtes Werk gilt und das er in einem von Leonardo da Vinci aufgezeichneten Gespräch offen geäußert hat.

Der Kunsthistoriker Jan Lauts hat nachgewiesen, wie die »Geburt der Venus«, die sich rein aus der Anschauung zu erschließen scheint, in Wahrheit komplizierte Gedankengänge der neuplatonischen Akademie spiegelt, die unter der Leitung des Marsilio Ficino in der Medici-Villa Careggi (regelmäßig) ihre Zusammenkünfte abhielt.

Sandro Botticelli
Die Geburt der Venus, um 1485
Tempera auf Leinwand, 172,5 x 278,5 cm
Florenz, Galleria degli Uffizi

DOMENICO GHIRLANDAIO

1449–1494

Domenico Ghirlandaio
Abendmahl, 1480
Fresko, Gesamtbreite 812 cm
Florenz, Konvent von San Marco, Refektorium

Das Fresko ist die wichtigste Etappe zwischen den Abendmahlsdarstellungen von Castagno und Leonardo. Erreicht Ghirlandaio durch die gleichmäßige Reihung beruhigter Gestalten auch nicht die Ausdruckskraft Castagnos, so geht er in dem Bemühen um Verschmelzung von Bildraum und Betrachterraum wesentlich über jenen hinaus. Erstmals stimmen Augenhöhe des Betrachters und perspektivischer Augenpunkt des Bildes überein, so daß der Aufblick auf den Marmorfußboden des Freskos einlösbar wird. Da zudem die Figuren Lebensgröße haben und die Wölbungen von Real- und Bildraum ineinander überzugehen scheinen, entsteht der Eindruck eines bühnenartigen Podestes, das das Refektorium tatsächlich erweitert. Dabei wird der Tiefenzug noch gesteigert durch den gemalten Ausblick in den Klostergarten.

In der Wiedergabe der Einzelheiten – die Tischdecke mit ihren Falten und Mustern, Gegenstände auf dem Tisch, Bäume und Vögel im Hintergrund – bemüht sich Ghirlandaio um größte Naturtreue. Hier wird der Einfluß der niederländischen Malerei sehr anschaulich. Wie sehr der Maler den Geschmack der Zeitgenossen traf, zeigt die Tatsache, daß sein Fresko in San Marco eine nur in Details abgewandelte Wiederholung des kurz zuvor für das Refektorium von Ognissanti gemalten Abendmahls ist.

Domenico Ghirlandaio
Großvater und Enkel, 1488
Tempera auf Holz, 62 x 46 cm
Paris, Musée du Louvre

Das Werk nimmt eine Sonderstellung in der Florentiner Porträtkunst der Frührenaissance ein. Nie zuvor war hier der Realismus des Details unter Einschluß des Häßlichen, ja Entstellenden mit gleicher Sorgfalt wiedergegeben worden. Der Weg zu den physiognomischen Studien Leonardos, die auch das Abnorme zu erfassen suchen, ist geöffnet. Hier wie dort hat der Einfluß des Portinari-Altars (Abb. S. 133) von Hugo van der Goes nachhaltig gewirkt. Ohne genaues Studium der Köpfe der anbetenden Hirten ist Ghirlandaios Darstellung kaum verständlich.

Obwohl die Zuschreibung nicht endgültig gesichert ist, lassen sich vielfältige Beziehungen zu Ghirlandaios Spätwerk herstellen. Unter den Chorfresken für Santa Maria Novella sind zahlreiche Porträtköpfe alter Männer, die jenseits aller Idealisierung die Spuren des Alterns eindringlich abbilden. Auch der Kinderkopf mit den fein gemalten, durch Goldhöhung leuchtenden Haaren erinnert an Jünglingsköpfe in Tafelbildern des Malers.

Die Beziehung zwischen Großvater und Enkel wird durch den gütig-nachdenklichen Blick des alten Mannes und das vertrauensvoll-bittende Aufschauen des Kindes auf das lebendigste zur Anschauung gebracht.

Die Landschaft vertritt in der präzisen Durchzeichnung aller Elemente bei Verzicht auf Abbildung einer realen Örtlichkeit exemplarisch die Auffassung der Florentiner. Der Gegensatz zwischen der geschlossenen Wand und dem Ausblick in die Ferne mag ein Hinweis auf das fast abgeschlossene und das noch in der Zukunft liegende Leben sein.

ANDREA DEL VERROCCHIO
UM 1435–1488

Auf das Konzept eines Bildhauers weist der Aufbau der ponderierten Standfiguren mit der präzisen Ausarbeitung anatomischer Einzelheiten. Das persönliche künstlerische Temperament Verrocchios wird in der szenischen Zuspitzung der Darstellung anschaulich: Christus steht nicht mehr in strenger Frontalität wie noch bei Piero della Francesca, sondern wendet sich nach rechts dem Täufer zu, und entsprechend scheint Johannes in einer lebhaften Schrittstellung von rechts in das Bild einzutreten. Kompositionsprinzipien, wie sie der Bronzegießer wenig später seiner Christus-Thomas-Gruppe zugrunde legt, werden hier vorausgenommen.

In der Malweise der Hauptszene dominiert die Linie: Gewänder und freiliegende Teile der Körper sind mit einer fast graphischen Schärfe durchgezeichnet, und ebenso setzen sich die einzelnen Steinlagen im Vordergrund gegeneinander ab. Im Kontrast dazu stehen die Engelsgruppe und die in die Tiefe sich entwickelnde Flußlandschaft. Hier gewinnt die Gestaltung aus der farbigen Modulation heraus die Oberhand. Mit wachsender Entfernung verlieren die Konturen ihren abgrenzenden Charakter, die Farben hellen sich zum Hintergrund hin auf. Offenbar hat der damals in Verrocchios Werkstatt tätige Leonardo an dem Bilde mitgewirkt.

Andrea del Verrocchio Taufe Christi, um 1475
Tempera auf Holz, 177 x 151 cm. Florenz, Galleria degli Uffizi

FILIPPINO LIPPI
UM 1457–1504

Um 1486 entstanden, bezeichnet das Bild den ersten Höhepunkt in der Entwicklung Lippis. In Haltung und Gebärden der Figuren, in der sensiblen Zeichnung der Köpfe und in der reichen Bewegung der Gewandfalten wird der prägende Einfluß seines großen Lehrers Botticelli deutlich. Die unruhige Vielteiligkeit der Komposition dagegen weist auf Filippinos große Freskenausstattungen, vor allem in Santa Maria Novella (Florenz, 1501), voraus.

Filippino ordnet die Hauptgruppe vor eine Felslandschaft, die über Maria und dem hl. Bernhard aufgipfelt, während rechts, zum Hintergrund gestaffelt, Szenen aus dem franziskanischen Ordensleben dargestellt sind. Das Motiv der angeschnittenen Stifterfigur, die dem Bild den Charakter eines zufälligen Ausschnittes verleiht, dürfte der Maler von Donatello übernommen haben. Nicht das Komponierte, sondern das scheinbar spontan Arrangierte bestimmt den Bildeindruck. Überaus bezeichnend in dieser Hinsicht ist ein Vergleich mit Peruginos etwa gleichzeitig entstandenem Gemälde (Abb. S. 111). Bei Perugino herrscht Dauer, bei Filippino scheint sich die Vision in eben diesem Augenblick zu vollziehen.

Die hohe Leuchtkraft der Farben ist offenbar durch die starke Beimischung von Öl als Bindemittel entstanden – Reflex des 1478 in Florenz aufgestellten Portinari-Altars von Hugo van der Goes?

Filippino Lippi
Vision des hl. Bernhard (Maria erscheint dem hl. Bernhard), um 1486
Tempera auf Holz, 210 x 195 cm. Florenz, Badia Fiorentina

Luca Signorelli
Bildnis eines Rechtsgelehrten, um 1490–1500
Öl auf Holz, 50 x 32 cm
Berlin, Gemäldegalerie, Staatliche Museen zu Berlin – Preußischer Kulturbesitz

LUCA SIGNORELLI

UM 1450–1523

Wie seine Zeitgenossen übernimmt Signorelli den in der niederländischen Malerei entwickelten Typ der Dreiviertelansicht, der im Vergleich zu der in der 1. Hälfte des 15. Jahrhunderts von den Italienern bevorzugten strengen, an Münzprägungen geschulten Profildarstellungen ein höheres Maß an Individualisierung ermöglicht. Signorelli erweist sich in dem Bildnis eines Unbekannten, seinem künstlerischen Temperament entsprechend, als ein kühler Beobachter. Trotz des kleinen Formates der Tafel erreicht er durch die vereinfachten, geschlossenen Umrisse und die farbige Einheit von Gewand und Kopfbedeckung ein hohes Maß an Monumentalität. Die Gesichtszüge, besonders die Falten um Augen, Nase und Mund, wirken wie gemeißelt und bestätigen Signorellis Affinität zur Skulptur, die auch Bildmittel- und Bildhintergrund bestimmt. Auf Landschaft im strengen Sinne des Wortes verzichtet der Maler. In starkem Maßstabskontrast – und damit weit vom vorderen Bildrand abgerückt – erscheinen lebhaft bewegte Figuren und antikisierende Architekturen. Besonderes Interesse verdient die an antiken Skulpturen orientierte Gruppe von Aktfiguren rechts, wie sie Signorelli häufig als Staffage benutzt – Vorstufen zu Michelangelos Epheben in seinem Tondo der »Madonna Doni«. Den stärksten Akzent erhält der architravierte Triumphbogen am rechten Bildrand, dessen dem Betrachter zugewandte Schmalseite das Relief einer Kampfszene zeigt. Auf farbige Modulation verzichtet Signorelli zugunsten ausgeprägter Umrisse und kräftiger Lokalfarben. Das Rot der Kleidung des Porträtierten und dem Stein angenäherte Farben bestimmen den malerischen Eindruck.

Bereits um 1447 hatten Fra Angelico und Benozzo Gozzoli die Ausmalung der Kapelle begonnen, doch erst um die Jahrhundertwende wird der Auftrag neu vergeben. Signorelli erreicht hier in der umfangreichsten Darstellung des Jüngsten Gerichtes und der Geschichte des Antichrist, die die abendländische Malerei bis dahin kannte, den Gipfel seiner Entwicklung. Er verzichtet bis auf minimale Andeutungen auf Landschaft und konzentriert sich auf die Wiedergabe der heftig bewegten menschlichen Figur. Nirgends vor Michelangelo tritt das von der Skulptur bestimmte Grundkonzept der toskanischen Malerei so rein in Erscheinung wie in diesem Zyklus.

Die Farbe dient ausschließlich der Gegenstandsbezeichnung und, wichtiger noch, durch Kontraste von Licht und Schatten der Steigerung der plastischen Qualitäten. Die hart abgrenzende und umgreifende Linie ist beherrschendes Gestaltungsmittel. Der Erfindungsreichtum der Stellungen und Wendungen ist unerschöpflich und läßt an einen Reflex von den im 14. Jahrhundert entstandenen Gerichtsreliefs an der Fassade des Domes denken. Näher noch liegen Verbindungen zu der im späten 15. Jahrhundert sich entwickelnden Gattung der Kleinbronzen. Für Michelangelos »Jüngstes Gericht« bilden die Fresken in Orvieto die wichtigste Vorstufe.

Luca Signorelli
Die Verdammten aus dem Jüngsten Gericht, 1499–1503
Fresko (Detail), Gesamtbreite ca. 670 cm
Orvieto, Duomo, Cappella di San Brizio

PIETRO PERUGINO

UM 1448–1523

Innerhalb des Freskenzyklus, der seit 1481 für die untere Wandzone der Sixtinischen Kapelle entsteht, darf Peruginos Beitrag den ersten Platz beanspruchen. Der Schöpfer ausdrucksstarker und stimmungsvoller Altarbilder erweist sich hier als Meister der großen Form und der Flächenregie. Das zentrale Ereignis wird in der von Christus zum knienden Petrus abfallenden Schräge unmittelbar anschaulich und erhält durch den achteckigen Zentralbau im Hintergrund einen zusätzlichen Akzent. Die begleitenden Figurengruppen sind frei gegeneinander ausgewogen – ebenso wie die aus dem Studium römisch-antiker Architektur hervorgegangenen Triumphtore am linken und rechten Bildrand zwar spiegelsymmetrisch angelegt, aber in der Ansichtigkeit doch leicht gegeneinander verschoben sind.

Die Grundlagen der Kunst Peruginos treten deutlich hervor. In der sicheren Anwendung der Perspektive, in der Betonung flächenparalleler Bildzonen und in der festlichen Gestimmtheit der Komposition ist der Einfluß Pieros della Francesca unverkennbar. Im Aufbau der Figuren und in der Modellierung der Gewänder dagegen zeigt sich der Reflex des ersten ausgedehnten, seit 1472 nachweisbaren Aufenthaltsort in Florenz, wo Perugino im Atelier Verrocchios gearbeitet haben wird. Die Ausgewogenheit des Bildbaues und die Neigung zu weiträumigen, gleichsam lautlosen Szenerien, beides dem umbrischen Erbteil entwachsen, werden Peruginos Stil durch sein ganzes Werk bestimmen.

Die für Santa Maria Maddalena dei Pazzi in Florenz gemalte Tafel gehört zu den Höhepunkten europäischer Malerei im späten 15. Jahrhundert. Dargestellt ist die Vision des hl. Bernhard von Siena, dem Maria als junge Frau erscheint. Die perspektivisch sichere Konstruktion der mehrschiffigen Pfeilerhalle und der selbstverständliche Aufbau der ponderierten Standfigur sind Errungenschaften der Florentiner Studien- und Arbeitsjahre. Im Ausdruck freilich läßt sich kaum ein größerer Gegensatz zu den zeitgenössischen toskanischen Meistern denken: Die Figuren scheinen wie im Traum befangen. Die ausgewogene Gruppierung, durch das quadratische Format unterstützt, wird gleichwohl belebt, indem das Betpult des Heiligen aus der Mittelachse verschoben und Maria bereits aus der Pfeilerflucht auf Bernhard zugetreten ist, so daß der Eindruck des Ankommens entsteht. Die Farben sind kräftig und leuchtend, bilden aber nicht jenen häufig »lauten« Akkord wie bei den Florentinern. Ebenfalls umbrisch ist die liebevolle Behandlung der Landschaft, die hier zum zentralen Ausblick und zum Stimmungsträger wird. Auch in der hallenartigen Weite der Architektur mögen Erinnerungen an umbrische Sakralbauten nachklingen.

Alle Bildelemente stehen in vollkommenem Einklang miteinander. Es bedürfte nur eines kleinen Anstoßes, um die heilige Versammlung aus dem Zauberbann ihres Traumes zu lösen, und die Schwelle zur Hochrenaissance wäre überschritten.

Pietro Perugino
Christus übergibt Petrus die Schlüssel zum Himmelreich, um 1482
Fresko, 335 x 550 cm. Vatikan, Cappella Sistina

Pietro Perugino
Die Vision des hl. Bernhard, 1489
(aus Santa Maria Maddalena dei Pazzi, Florenz)
Tempera auf Holz, 173 x 170 cm
München, Bayerische Staatsgemäldesammlungen, Alte Pinakothek

Carlo Crivelli
Verkündigung an Maria
mit dem hl. Emidius, 1486
(aus Santa Annunziata,
Ascoli Piceno)
Öl auf Leinwand, auf Holz
übertragen, 207 x 147 cm
London, National Gallery

CARLO CRIVELLI
UM 1430/35 – UM 1500

Die 1486 entstandene Tafel vertritt exemplarisch den Spätstil Crivellis. Das eigentliche Thema nimmt dabei einen überraschend geringen Raum ein. Die kleinen Figuren treten, weil durch die Wand des Palastes getrennt, nicht in unmittelbaren Kontakt zueinander. Zudem wird ihre Verbindung durch die überreich ausgestattete Gestalt des Bischofs mit dem Stadtmodell unterbrochen. Man gewinnt den Eindruck, als unterhielte sich der Engel mit dem Bischof.

Das Hauptaugenmerk wird von den kühnen perspektivischen Konstruktionen der Architektur und der multiplizierten Anwendung kostbarer Dekoration in Anspruch genommen. Dabei ist kennzeichnend, daß Crivelli seine Komposition aus den zahlreichen Einzelheiten gleichsam addiert. Die der Antike entlehnten Elemente der Bauskulptur werden gehäuft, ohne daß sich im geringsten antike Gesinnung durchsetzen könnte. Stillebenhafte Details wie der Pfau auf dem Gesims im Vordergrund, der kostbare wehende Teppich mit der Blumenschale, die beiden auf der Brüstung stehenden Männer im Hintergrund erinnern an die Tafel mit dem heiligen Sebastian Antonellos da Messina. Crivelli, der sich auch hier noch immer als Venezianer bezeichnet (Signatur am Sockel des vorderen Pilasters), könnte die Tafel während eines Aufenthaltes in Venedig gesehen haben.

Oben:
Piero di Cosimo
Tod der Prokris, um 1510
Öl auf Holz, 65 x 183 cm
London, National Gallery

Unten:
Piero di Cosimo
Venus und Mars, um 1498
Öl auf Holz, 72 x 182 cm
London, National Gallery

PIERO DI COSIMO
1462–1521

Die beiden Tafeln, die ungeachtet der in der Forschung unterschiedlich angesetzten Datierung möglicherweise Teile eines Zyklus mit Themen aus der antiken Mythologie sind, überraschen durch das für einen Florentiner ungewohnte Interesse für die Darstellung der Landschaft. Die zur Bildtiefe hin sich aufhellenden Farben und die gleichzeitige Abnahme zeichnerischer Schärfe zugunsten farbiger Modulation spiegeln die neuen Farbtheorien Leonardos.

Das obere Bild zeigt den Tod der Prokris, die versehentlich auf der Jagd von ihrem Mann Kephalos durch den unfehlbaren Pfeil getötet wurde, den sie von König Minos erhalten hatte. Rechts der ebenfalls von König Minos geschenkte Hund.

Das Gemälde »Venus und Mars« fordert zum Vergleich mit Botticellis Darstellung dieses Themas heraus (Abb. S. 104/105). Beide Bilder entstammen dem gleichen Gedankenkreis der mediceischen platonischen Akademie: Überwindung des Krieges durch die Liebe. Pieros Darstellung ist weitaus erzählfreudiger und zugleich sinnlicher. Beide Gestalten erscheinen als Aktfiguren. Mars ist auch hier seiner Waffen beraubt, das Taubenpaar steht als Symbol des Friedens. Venus hält den Amorknaben unter dem linken Arm, während ein Hase – Zeichen für die »voluptas«, die Begehrlichkeit – sich an ihrer Hüfte aufrichtet.

FRANCESCO DEL COSSA

1436 – UM 1477/78

Das gelehrte Programm für die Ausschmükkung des großen Festsaals entwarf der Astrologieprofessor Pellegrino Prisciani: Zwölf Wandfelder, die über einem gemalten Sockel die ganze Höhe des Raumes einnehmen, sind jeweils einem Monat zugeordnet. Jeder Wandabschnitt ist horizontal dreifach unterteilt. Das oberste Feld zeigt den Triumph des astrologischen Monatsregenten; im niedrigen mittleren Streifen sind Tierkreiszeichen und Sterndämonen dargestellt; das untere Feld schließlich, doppelt so hoch wie der Mittelstreifen, ist einer an den jeweiligen Monat gebundenen Darstellung höfischer Ereignisse gewidmet. Der Zyklus wurde zwischen 1460 und 1470 von Cossa und Cosmè Tura ausgeführt. Lediglich die Wandfelder an der Ostseite mit März, April und Mai blieben relativ gut erhalten. Sie bezeichnen den Höhepunkt in der künstlerischen Entwicklung Cossas.

Unbekümmerte Erzählfreude und Frische der Farbgebung lassen bei dem unbefangenen Betrachter den Gedanken an das stark theoretisierende Programm gar nicht aufkommen. Jagdgesellschaften und Wettkämpfe sind durch kräftig modellierte Figuren, sicher verkürzte Architekturprospekte und zahlreiche Zitate nach der Antike gekennzeichnet. Für Einzelheiten müssen wir Kontakte Cossas zu der am Hof von Ferrara in hoher Blüte stehenden Miniaturmalerei voraussetzen.

Francesco del Cossa
Allegorie des Monats April (Gesamtansicht), 1470
Fresko. Ferrara, Palazzo Schifanoia, Sala dei Mesi

Unten:
Cosmè Tura
Der Drachenkampf des hl. Georg und die Prinzessin, um 1470
Tempera auf Leinwand, 413 x 339 cm
Ferrara, Museo del Duomo

COSMÈ TURA

UM 1430–1495

Die beiden Tafeln bilden die Außenseiten von Orgelflügeln, die Cosmè Tura, der Begründer der ferraresischen Renaissancemalerei, für den Dom von Ferrara geschaffen hat. Auf der Rückseite ist die Verkündigung an Maria dargestellt. Das Werk ist kennzeichnend für eine spezifisch ferraresische Malerschule, die sich gleichermaßen gegen die Toskana wie gegen Venedig absetzt. »Moderne« antikisierende Elemente und die abbildende Qualitäten zurückdrängenden, gleichsam noch mittelalterlichen Kennzeichen gehen eine sehr eigengeprägte Verbindung ein. Der Kampf des Ritters mit dem Drachen, in spiralförmiger Anordnung dramatisch gesteigert, und die fliehende Königstochter erscheinen vor einer phantastischen, völlig irrealen Landschaft. In der Gestalt der Prinzessin klingt ein etruskisches Figurenschema nach. Die erregte Linienführung der Gewänder führt häufig zur Bildung abstrakter, unorganischer Ornamente.

Die Farbigkeit ist durch dunkle Töne gekennzeichnet; wo helle Werte erscheinen, wie etwa in dem Schimmel, strahlen sie ein fahles Licht aus. Wenn trotzdem der Gesamteindruck von Kostbarkeit entsteht, so wird er neben den dekorativen Qualitäten des Faltenbildes vor allem durch die vielfache Anbringung von Schmuck und die reiche Verwendung von Gold erzielt.

Andrea Mantegna
Christus am Ölberg, um 1460
Tempera auf Holz, 63 x 80 cm
London, National Gallery

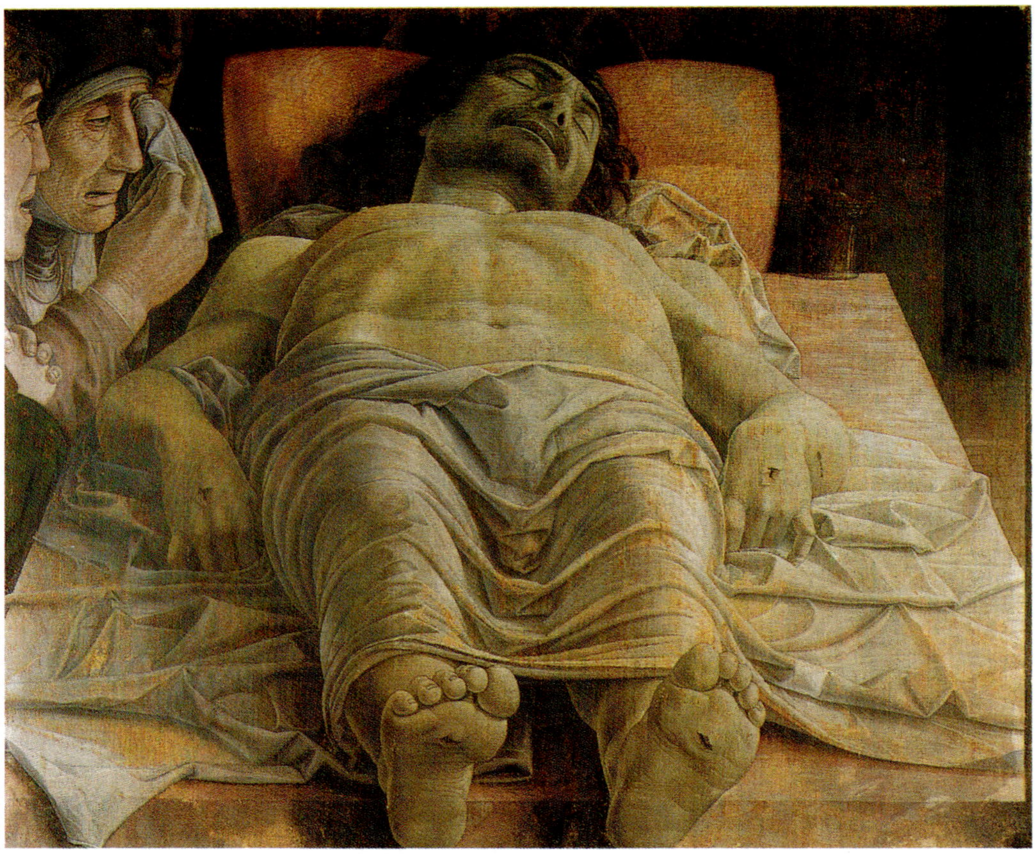

Andrea Mantegna
Toter Christus, um 1480
Tempera auf Leinwand, 66 x 81 cm
Mailand, Pinacoteca di Brera

ANDREA MANTEGNA
1431–1506

Mantegnas Gemälde, das zwar signiert, aber nicht datiert ist, wurde von der Forschung sehr unterschiedlich in sein Werk eingeordnet. Die graphische Schärfe der Linienführung sowohl in der Landschaft als auch bei den Gewändern der Figuren läßt eine Entstehungszeit um 1460 vermuten, also noch unter den Auswirkungen der vor Donatellos Paduaner Werken empfangenen Eindrücke. Auch deutet die additive Vielteiligkeit des Gemäldes eher auf ein Werk der frühen Reifezeit.

Die nach links oben zu der Engelgruppe gerichtete Gebärde Christi wird in ihrer Ausdruckskraft durch die Höhenstaffelung der Landschaft in Vorder- und Hintergrund, den Anstieg der Stadtsilhouette und die im Mittelgrund von rechts heranziehenden Schergen unterstützt. Da die Haupthandlung sich auf einer von links oben nach rechts unten absinkenden Diagonalen vollzieht, wird die Unentrinnbarkeit des Schicksals anschaulich, zumal die schlafenden Jünger unter dem zerklüfteten Felsen wie eine Anspielung auf die Grablegung erscheinen. Sollte der über den Bachlauf gelegte Balken, der diese Diagonale bis in die rechte untere Bildecke fortführt, ein Hinweis auf das Holz sein, das man für Christi Kreuz verwenden wird?

Das Gebirge im Hintergrund und das Stadtbild Jerusalems entstammen rein der Phantasie des Malers – ohne jeden Hinweis auf eine unmittelbare Auseinandersetzung mit der Natur. Dagegen bekundet die Tafel Mantegnas in der Paduaner Lehre erworbene antiquarische Interessen, insofern dem Stadtbild einzelne Motive des antiken und mittelalterlichen Rom eingefügt werden: Kolosseum, Trajanssäule, Torre delle Milizie.

Das als »Cristo in scurto« schon im 16. Jahrhundert berühmte Gemälde ist lange Zeit vor allem als extremste Leistung der perspektivischen Virtuosität Mantegnas bewundert worden. Tatsächlich wurde eine derartige, unmittelbar in die Bildtiefe sich verkürzende Figur in der abendländischen Malerei zuvor nicht dargestellt. In welchem Grade Mantegna seine darstellerischen Mittel vervollkommnet hat, zeigt ein vergleichender Blick auf den vorderen Jünger im Ölberg-Bild. Zwischen beiden Werken dürfte der zeitliche Abstand fast einer Generation liegen.

Allerdings hieße es den Ausdrucksgehalt des Bildes verkennen, wollte man hier nur das perspektivische »Kunststück« sehen. Der Aufblick auf die Wundmale an Händen und Füßen, der in seiner Verkürzung hilflos wirkende Oberkörper und der Schrägblick auf den leicht geneigten Kopf lassen die Endgültigkeit des Todes in einer zuvor unbekannten Weise anschaulich werden. Die der Grisaille angenäherte Farbigkeit unterstützt den Eindruck des Trostlosen. Auferstehungshoffnung schließt die Komposition aus.

Überraschend grob sind die angeschnittenen Halbfiguren der trauernden Maria und Johannes gemalt und zudem unbeholfen in das Bild eingefügt. Sollte es sich um eine nachträglich Hinzufügung handeln?

Andrea Mantegna
Die Familie Gonzaga, 1474 vollendet
Fresko (Detail), 600 x 807 cm
Mantua, Palazzo Ducale, Camera degli Sposi

1460 war Mantegna Hofmaler der Gonzaga in Mantua geworden. Zu seinen wichtigsten Aufgaben gehörte die Ausstattung der »Reggia«, der markgräflichen Wohnräume im Castello di San Giorgio. Erhalten blieb nur Freskenschmuck in der Camera degli Sposi, dem Schlafgemach des Lodovico Gonzaga und seiner Frau. Der Verlust der Zyklen in anderen Räumen der fürstlichen Wohnung läßt ermessen, wie fragmentarisch und damit auch zufällig unsere Kenntnisse von Kunst und Kultur der Frührenaissance sind.

Mantegnas Fresken bedeuten den kühnsten Vorstoß in den Bereich der »Illusionsmalerei«, den das gesamte 15. Jahrhundert zu verzeichnen hat. Zwei Wände des Raumes sind mit Pilastern und Vorhängen bemalt, die beiden übrigen stellen ein festliches zeitgeschichtliches Ereignis dar: die Begegnung des in den Kardinalsrang erhobenen Sohnes Francesco Gonzaga mit seinen Eltern im Jahre 1472. Um die Bedeutung des Themas für den Zeitgenossen zu verstehen, muß man sich vergegenwärtigen, welche außerordentliche Ehrung die hohe geistliche Würde für eine Familie war, deren Haupt aus dem Landadel und dem Condottierehandwerk zu noch jungem fürstlichen Stand aufgestiegen war.

An der (hier nicht abgebildeten) Eingangswand tritt Marchese Lodovico seinem Sohn Francesco entgegen: lebensgroße Figuren von meisterhafter pyhsiognomischer Durchdringung der Porträts vor einer Gebirgslandschaft mit einer mauerumwehrten Stadtvedute, die – ähnlich wie in dem Gemälde des Ölbergs – Erfindung der Phantasie ist, aber zahlreiche Zitate antiker Architektur einschließt.

Die Kaminwand zeigt die fürstliche Familie in zeitgenössischen Kostümen, die für den damaligen Betrachter die »Gegenwärtigkeit« erhöhte. Die Gestaltung der Figuren als kräftig modellierte farbig gefaßte »Statuen« wird durch das Studium der Werke Castagnos und dessen »Uomini famosi« (Abb. S. 98) beeinflußt sein: 1466 und 1468 war Mantegna in Florenz gewesen und hatte dort die neuen gestalterischen Lösungen der Frührenaissance unmittelbar kennenlernen können. Auf die Auseinandersetzung mit Castagno ist auch die Verschmelzung der gemalten mit der realen Architektur zurückzuführen. Wie bei jenem treten auch bei Mantegna einzelne Gestalten vor die gemalte Wandgliederung. Aber Mantegna geht noch einen Schritt weiter, indem einzelne Figuren über eine vom Kaminsims ausgehende Treppe in den Raum herab- bzw. in das Bild hinaufzusteigen scheinen. Hier wird das Spiel mit der »ästhetischen Grenze«, das heißt der Grenze zwischen Kunst- und Betrachterraum, vorweggenommen, das in Manierismus und Barock ein zentrales Gestaltungsmittel werden wird.

Antonello da Messina
Der hl. Hieronymus im Gehäuse, um 1456
Tempera auf Holz, 46 x 36 cm
London, National Gallery

ANTONELLO DA MESSINA

UM 1430–1479

Die kleine Tafel, nach der Abreise aus Messina entstanden, zeigt Antonellos engste Anlehnung an die niederländische Malerei, setzt aber zugleich in der virtuos beherrschten Kunst perspektivischer Verkürzung die Auseinandersetzung mit den Errungenschaften der Frührenaissance voraus.

Die Bildrahmung durch eine torartige Architektur, die in gleichem Maße der Raumwirkung und der Betonung der Grenze zwischen Betrachter und Bild dient, ist ein der flämischen Malerei besonders seit Rogier van der Weyden vertrautes Motiv. Ebenso weisen die gotischen Formen der Architektur und die Liebe zum stillebenhaften Detail – Schale auf der vorderen Stufe, Fliesen, Ausblick in die Landschaft – auf das Studium der Niederländer. Vor allem aber erreicht Antonello durch eine an der niederländischen Malerei geschulte Technik eine zuvor in Italien unbekannte Wirkung. Die verstärkte Anwendung von Öl erlaubt mehrere übereinanderliegende Farbschichten, sogenannte Lasuren, die der Farbe Tiefe und Leuchtkraft verleihen. Gleichwohl unterscheidet sich Antonellos Bild von jedem zeitgenössischen Werk eines Niederländers durch die denkmalartig dem Rahmen der Architektur eingefügte Anlage des Studierzimmers und durch die fast einer Demonstration gleichende Vielfalt rational konstruierter perspektivischer Einblicke.

Antonello da Messina
Maria der Verkündigung, um 1475
Öl auf Holz, 45 x 34,5 cm
Palermo, Galleria Nazionale della Sicilia

Der Entwicklungsschritt von dem Frühwerk mit dem »Hl. Hieronymus im Gehäuse« zu der ikonographisch ungewöhnlichen Darstellung der als Halbfigur isolierten Verkündigungsmaria, die Antonello in mehreren Fassungen gemalt hat, ist erstaunlich. Das Klein- und Vielteilige weicht einer großen, geschlossenen Form. Die Figur ist in die Umrisse eines Dreieckes eingebunden, die Führung der Falten betont den Hang zu geometrisierender Gestaltung. Gleichwohl ist die Darstellung weit entfernt von jeder ikonenhaften Strenge. Leicht aus der Mittelachse nachs links gerückt, wird die Figur durch eine behutsame Gegenbewegung von Schulter und Kopf belebt. Die Augen suchen nicht den Blick des Betrachters, sondern sind leicht nach links gewendet. Raum wird durch die mehrfachen, nach rechts bildeinwärts führenden Schrägen in Tisch, Lesepult und aufgeblätterter Schrift angedeutet. Bewunderung verdient die »Sprache« der Hände im Widerspiel der ausgreifenden, Schatten fangenden Rechten und der hell beleuchteten, nach innen weisenden Linken. Hat Leonardo da Vinci die Darstellung gekannt und in der über das Christuskind gehaltenen Gebärde seiner »Felsgrottenmadonna« variiert?

Daß die »Annunziata«, die man als Hauptwerk des »Strengen Stiles« (J. Lauts) in Antonellos Werk bezeichnet hat, der venezianischen Schaffensperiode des Malers zuzuordnen ist, belegen das Arbeiten mit feinsten Lasuren im Blau des Gewandes und die Differenzierung von hell beleuchteten und verschatteten Partien, besonders in den Händen und im Gesicht. Ihre nächste Parallele findet die Darstellung in der »Sacra Conversazione« (Abb. rechts).

In den Werken des kurzen, für 1475/76 bezeugten Aufenthaltes in Venedig kulminiert Antonellos Entwicklung. Sie belegen eine zweite, für den Maler ebenso entscheidende Begegnung wie zuvor die Auseinandersetzung mit den Niederländern: das Studium der Werke Pieros della Francesca.

Der hl. Sebastian wird im fortschreitenden 15. Jahrhundert eine bevorzugte Figur auf repräsentativen Altartafeln. Das dürfte nicht nur in seiner Bedeutung als Nothelfer gegen die großen Epidemien begründet sein, sondern ebenso in der Möglichkeit zur Darstellung einer bewegten Aktfigur. Antonellos Sebastian, »ein christlicher Apollo«, zeigt eine Klarheit der Umrisse und einen Aufbau aus präzise definierten, nahezu stereometrischen Formen, die auf Pieros Einfluß zurückgehen. Von kubischer Bestimmtheit ist auch die Konstruktion der den Platz rechtwinklig umgebenden Architektur. Die plastischen Kräfte scheinen sich in dem am Boden liegenden Säulenzylinder, dem Symbol des durch die Standhaftigkeit des Märtyrers überwundenen Heidentums, zu kristallisieren. Das Viel- und Kleinteilige der Jugendwerke ist zugunsten der großen Form überwunden, ohne daß Antonellos Begabung für das stillebenhafte Detail nachgelassen hätte: Die »zeitgenössische« Architektur mit den über die Brüstung der Loggia herabhängenden Teppichen und die Ausblicke durch die Torbögen gehören zum Kostbarsten, das die italienische Malerei im 15. Jahrhundert hervorgebracht hat. Neu in der Sebastianstafel ist die Behandlung des Lichtes, das sich unter dem Eindruck der Begegnung mit Piero zur ganzen Fülle entwickelt hat.

Die »Sacra Conversazione« Antonellos, 1475/76 für die Pfarrkirche San Cassiano in Venedig entstanden, ist das Urbild aller künftigen venezianischen Kompositionen dieses Themas bis hin zu Tizian. Leider wurde die Tafel im 17. Jahrhundert zersägt. Die Teile gelangten in verschiedene Sammlungen oder gingen verloren; doch lassen drei in Wien erhaltene Fragmente sowie bildliche Quellen den ursprünglichen Zusammenhang rekonstruieren: Die Madonna thront, auf hohem Sockel über die acht begleitenden Heiligen herausgehoben, in der tonnengewölbten Chornische einer Kuppelkirche. Die Sicherheit in der perspektivischen Konstruktion sowie die auf Gleichgewicht, aber nicht starre Symmetrie angelegte Gruppierung der Figuren lassen an Pieros Montefeltre-Madonna denken. Der Reichtum in der Wiedergabe kostbarer Stoffe und üppig mit Schmuck ausgestatteter Gewänder wird gebändigt durch die geometrischen Gesetzen gehorchende Flächengliederung in Gesamtkomposition wie Einzelheiten, etwa den beherrschenden Dreiecksformen im Gewand der Maria.

Die Frage nach der zeitlichen Abfolge von Antonellos Tafel und Giovanni Bellinis Pala di San Giobbe (Abb. S. 120) ist zwar umstritten, doch dürfte Antonello der Gebende gewesen sein. Erst nach 1475, unter dem Eindruck der Tiefe und Leuchtkraft von Antonellos Farbgebung, tritt Bellini in ein neues Entwicklungsstadium ein, das sein gesamtes künftiges Werk bestimmt.

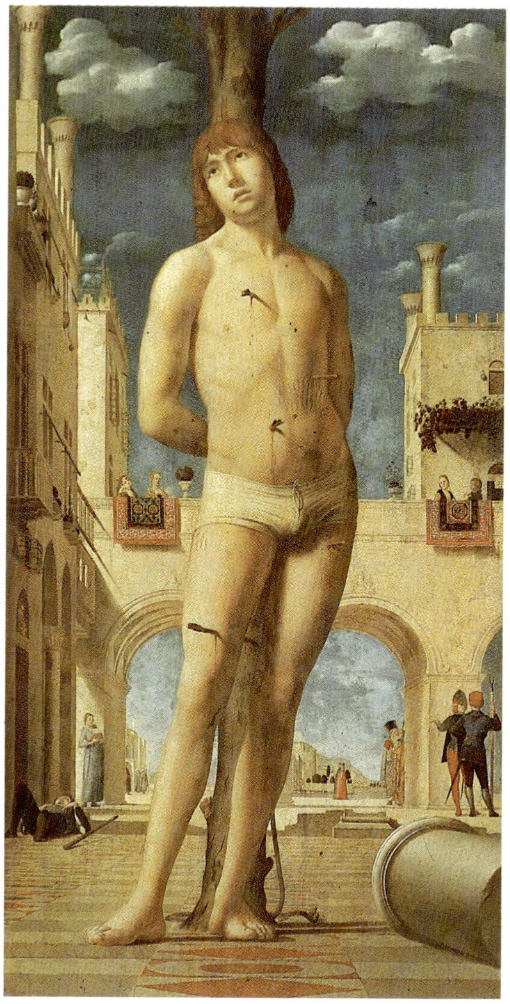

Antonello da Messina
Der hl. Sebastian, um 1476
Tempera auf Holz, auf Leinwand übertragen, 171 x 86 cm
Dresden, Gemäldegalerie Alte Meister

Antonello da Messina
Maria mit Kind und Heiligen (Pala di San Cassiano), 1475/76 (aus San Cassiano, Venedig). Tempera auf Holz (Fragment)
Die hll. Nikolaus und Anastasia, 56 x 35 cm; Maria mit Kind, 115 x 63 cm; Die hll. Dominikus und Ursula, 57 x 36 cm
Wien, Kunsthistorisches Museum

GENTILE BELLINI

1429–1507

Gentile Bellini, ältester Sohn des Familienoberhauptes Jacopo und Schwager Mantegnas, war der offizielle Maler der Regierung Venedigs und wohl auch der erste Künstler überhaupt, der in den Adelsstand erhoben wurde (1479 durch Kaiser Friedrich III.).

Gegen Ende des 15. Jahrhunderts führt Gentile eine Reihe von großformatigen Leinwandbildern aus, die Szenen aus der Legende des »Wahren Kreuzes« zum Gegenstand haben, und von der Scuola di San Evangelista in Auftrag gegeben worden sind. In diesem Zyklus wird noch einmal exemplarisch das Erbe des Vaters Jacopo anschaulich. Während jedoch der Ältere aus der Phantasie heraus Landschaften und Architekturen gestaltete, gewinnen die Darstellungen bei Gentile Porträtcharakter. Seine Objekttreue, die in einer gewissen nüchternen Distanz zu dem nicht durch persönliche Emotionen verwandelten Gegenstand wurzelt, läßt ihn zum berufenen Schöpfer großformatiger Historienbilder werden.

Die Prozession auf dem Markusplatz in Venedig ist ein bildliches Dokument ersten

Ranges. Mit genauer Beobachtungsgabe vermittelt uns der Maler das Aussehen des Platzes im späten 15. Jahrhundert, ehe die Prokuratien, die Gebäude der venezianischen Staatsverwaltung, ausgebaut wurden. Die historischeTreue in der Wiedergabe geht so weit, daß wir dem Gemälde Anhaltspunkte für den mittelalterlichen Mosaikenschmuck an der Fassade von San Marco entnehmen dürfen. Das riesige Bildformat wird einerseits durch die architektonische Kulisse, andererseits durch eine mit Mitteln der Geometrie arbeitende »Regie« der Figurenmassen systematisiert. Was Gentiles Zyklus an »äußerer Wahrheit« vermittelt, fehlt ihm freilich an der zur Hochrenaissance überleitenden, gleichsam von innen heraus entwickelten Ganzheitsvorstellung der großen gleichzeitigen Altartafeln seines Bruders Giovanni. In seinem deskriptiven Charakter steht der Zyklus am Beginn der später in Venedig zur Spezialität entwickelten Gattung der Vedutenmalerei, die im 18. Jahrhundert mit Canaletto und Guardi ihre Blütezeit erlebt.

Gentile Bellini
Prozession auf der Piazza San Marco, 1496
Tempera auf Leinwand, 367 x 745 cm
Venedig, Galleria dell'Accademia

Giovanni Bellini
Sacra Conversazione
(Pala di San Giobbe), um 1487/88
(aus San Giobbe, Venedig)
Tempera auf Holz, 468 x 255 cm
Venedig, Galleria dell'Accademia

GIOVANNI BELLINI
UM 1430–1516

Die monumentale Tafel mit etwa lebensgroßen Figuren wurde vermutlich um 1487/88 für die Pfarrkirche San Giobbe gemalt, wo sich die prachtvolle plastische Rahmung aus Marmor noch heute befindet. Sie war integrierender Bestandteil des heute am oberen Rande veränderten Altarbildes, insofern sie die innerbildliche Raumwirkung verstärkte und zugleich ein reizvolles Wechselspiel zwischen Realität und Illusion eröffnete.

Die heilige Versammlung ist hier unter einem kassettierten Tonnengewölbe mit bildeinwärts abschließender Rundapsis vereinigt. Einer Gliederung des riesigen Bildfeldes von außen her bedarf es nicht mehr. Bei freiester Bewegung der Einzelfiguren (hl. Sebastian) liegt der Komposition eine Ganzheitsvorstellung zugrunde, in der jedes Teil seinen unverrückbaren Platz hat. Die Gesetzmäßigkeit wird gleichsam von innen her durch über die Bildfläche hinweg sich spannenden Korrespondenzen von Farbe, Bewegung und Ausdruck entwickelt. Die Gruppe der musizierenden Engel am Fuße des Throns wiederholt den pyramidenförmigen Aufbau der Hauptfiguren. Der Klang ihres Musizierens scheint in die Harmonie der Komposition einzugehen.

Die Leuchtkraft der Farbe und die Vorherrschaft farbiger Modulation vor dem zeichnerisch abgrenzenden Umriß weisen auf den Einfluß Antonellos da Messina und stellen Giovanni zugleich an den Beginn jener Entwicklungsstufe der venezianischen Malerei, die im 16. Jahrhundert zu der völlig freien Gestaltung aus der Farbe heraus führen wird.

Giovanni Bellini
Verklärung Christi (Transfiguration), um 1460
Tempera auf Holz, 134 x 68 cm
Venedig, Civico Museo Correr

Das Bild ist eines der bezeichnendsten Beispiele für jene Entwicklungsphase im Werk des Malers, die nachhaltig durch die Begegnung mit Andrea Mantegna geprägt ist. Bellini öffnet mit perspektivischen Mitteln die Landschaft, indem er Vordergrund, unteres Felsplateau und den Gipfel des Berges Tabor mit der Erscheinung des verklärten Christus zwischen den Propheten Elias und Moses hintereinander staffelt. Zugleich macht er damit die Bergsituation unmittelbar anschaulich.

Die komplizierten Verkürzungen der Jünger, die teils noch im Schlaf befangen sind, teils erschrocken auffahren, beweisen ein bei Bellini zuvor unbekanntes Interesse an der organischen Wiedergabe des Körpers unter dem Gewand.

Vor allem aber ist es die fast kalligraphische Schärfe der Linienführung, die auf Mantegna – und damit zugleich mittelbar auf die Paduaner Bronzeskulpturen Donatellos – zurückzuführen ist. Sie betrifft in gleichem Maße die Durchzeichnung des Felsgesteins wie die Faltenführung der Gewänder, die den Eindruck farbig gefaßten Metalls assoziieren. Entsprechend ist die malerische Gestaltung durch kräftige, gegenstandsbezeichnende Lokalfarben charakterisiert.

Der ursprünglich vermutlich rundbogige obere Abschluß dürfte die Gestalt Gottvaters im Kreis von Cherubim gezeigt haben. Die Tafel wurde vor 1780 aus unbekannten Gründen beschnitten.

Die neue Gattung des Porträts hatte sich in Venedig zu Beginn des 15. Jahrhunderts nicht im gleichen Maße entfaltet wie in der toskanischen und flämischen Malerei. Erst im späten 15. Jahrhundert, und sicher nicht zuletzt unter dem Einfluß Antonellos da Messina, wird die Freiheit für die Abbildung des unverwechselbar Individuellen gewonnen.

Bellinis Spätwerk, in den ersten Jahren des 16. Jahrhunderts entstanden, bezeichnet den Höhepunkt in der Entwicklung des venezianischen Porträts an der Schwelle von Früh- zu Hochrenaissance. Meisterschaft der physiognomischen Gestaltung und der malerischen Verwirklichung von Stoffen und Schmuck halten sich die Waage. Die Modellierung erfolgt ausschließlich durch den Wechsel von Licht und Schatten. Auf jede Anwendung perspektivischer Mittel wird verzichtet, die leichte Wendung des Kopfes durch die herabfallenden Bänder der Dogenmütze an die Fläche vermittelt.

Indem Bellini keinerlei Hinweise auf eine bestimmte Örtlichkeit gibt, die Büste wie eine farbig gefaßte Marmorarbeit erscheinen läßt und in das Gesicht den Ausdruck distanzierender Beobachtung legt, bewahrt das Gemälde einen letzten Hauch von Ikonenhaftigkeit.

Giovanni Bellini
Bildnis des Dogen Leonardo Loredan, um 1501–1505
Tempera auf Holz, 62 x 45 cm
London, National Gallery

Die Szene, die zu den Hauptwerken der Reifezeit Giovanni Bellinis gehört, läßt sich inhaltlich schwer deuten. Zwar sind einzelne Figuren – unter anderem der hl. Sebastian, der rotgewandete Paulus mit dem Schwert und die thronende Madonna – unmittelbar identifizierbar, doch ergibt sich daraus nicht der inhaltliche Zusammenhang. Die Tafel steht am Beginn einer Reihe von teils christlichen, teils mythologischen Darstellungen, deren Entschlüsselung vermutlich nur durch einen glücklichen Fund aus dem Umkreis der zeitgenössischen theologisch-humanistischen Literatur gelingen kann. Möglicherweise handelt es sich um jenes Bild, das Bellini für Isabella d'Este malte. Bestellt als »Christi Geburt«, war der Maler nicht bereit gewesen, auf die Wünsche seiner hohen Auftraggeberin einzugehen, und hatte eine andere Tafel nach seinen Vorstellungen ausgeführt.

Die Entschlüsselung wird durch nachträgliche Änderungen erschwert. So wurde der Orientale am linken Bildrand offenbar hinzugefügt, da heute unter seinem Mantel das Gras eines ersten Zustands sichtbar wird. Sebastian und Hiob (oder Hieronymus?) rechts zeigen nicht die gleiche Qualität der körperlichen Modellierung.

In jeder Richtung zeigt Bellini sich im Vollbesitz seiner gestalterischen Mittel. Die Terrasse im Vordergrund mit den zu einem kunstvollen Muster zusammengesetzten Marmorplatten ist mit selbstverständlicher Beherrschung der Perspektive konstruiert. Die Qualitäten des Materials sind geradezu täuschend wiedergegeben. Vor allem aber erweist sich Bellini auch hier als der große italienische Landschaftsmaler des späten 15. Jahrhunderts. Dabei wird die Tiefe der Landschaft nicht mehr primär mit linearperspektivischen, sondern mit farbperspektivischen Mitteln wiedergegeben. In der Nachfolge Antonellos da Messina gelingt Bellini jener Reichtum an Abstufungen des Lichtes, der auf die Kunst Giorgiones vorausweist.

Giovanni Bellini
Christliche Allegorie, um 1490
Tempera auf Holz, 73 x 119 cm
Florenz, Galleria degli Uffizi

Vittore Carpaccio
Szene aus dem Leben der hl. Ursula: Empfang der Pilger durch Papst Cyriacus vor den Mauern Roms, um 1491
(aus der Scuola di Santa Orsola, Venedig)
Tempera auf Leinwand, 281 x 307 cm
Venedig, Galleria dell'Accademia

VITTORE CARPACCIO
UM 1455/65–1526

Carpaccios neun große Leinwandbilder für die Bruderschaft der hl. Ursula in Venedig sind neben Hans Memlings Ursulaschrein (Abb. S. 131) die ausführlichste Darstellung der Legende in der Malerei der Frührenaissance. Carpaccio steht in der Auffassung des Historienbildes in unmittelbarer Nachfolge seines Lehrers Gentile Bellini, allerdings unter Verzicht auf die archäologische Treue bei der Wiedergabe der wechselnden Schauplätze. Während Bellini seine Heimatstadt Venedig darstellte, hatte Carpaccio die verschiedenen Stationen der Pilgerfahrt Ursulas und ihres Verlobten von England nach Rom abzubilden, die er nicht aus eigener Anschauung kannte. Die Begrüßung der Verlobten durch den Papst findet zwar vor der Kulisse der Engelsburg statt, doch ist diese in die venetische Vorgebirgslandschaft gestellt. Das Aussehen der Engelsburg wird dem Maler durch Zeichnungen oder Stiche römischer Monumente vermittelt worden sein.

Für die kompositionelle Bewältigung des großen Bildformates bedient sich Carpaccio einer ähnlichen Inszenierung wie sein Lehrer: Den flächenparallel angeordneten Hauptfiguren im Vordergrund schließen sich links und rechts zur Tiefe hin gestaffelte Gruppen an. Der mächtige Baublock der Engelsburg wird mit dem Vordergrund durch die Reihe der Fahnen verbunden – Vorne und Hinten, Oben und Unten sind auf diese Weise einander vermittelt. Gegenüber der Strenge des »Chronisten« Bellini zeichnet sich Carpaccio durch phantasievolle Behandlung des Details und heitere Farbigkeit aus.

JAN VAN EYCK

UM 1390–1441

1434 malte Jan van Eyck das Vermählungsbild des Giovanni Arnolfini, eines in Flandern tätigen Kaufmannes aus Lucca. Der Maler hat der Feier offenbar beigewohnt, denn an der Rückwand ist zwischen Kronleuchter und Spiegel die Inschrift angebracht: »Johannes de eyck fuit hic 1434«. Der Konvexspiegel, der von kleinen Medaillons mit Passionsszenen gerahmt ist, zeigt die Hauptfiguren von der Rückseite und zwei männliche Gestalten in Vorderansicht: Auf kunstvolle Weise wird der Außenraum in den Bildraum hineingespiegelt.

Die Komposition ist symmetrisch aufgebaut, die Mittelachse durch Kronleuchter, Spiegel, die ineinandergelegten Hände und den Hund im Vordergrund hervorgehoben. Der Raum wird weniger durch perspektivische Fluchtlinien als durch Überschneidungen von Figuren und Gegenständen gebildet. Die Verkürzungslinien der Seitenwände sind immer wieder in die Senkrechte umgedeutet.

Überraschend ist die geringe individuelle Ausprägung der zeitgenössisch gekleideten Figuren. Um so mehr »Porträtcharakter« zeigen die Details: der vielfach variiert im Licht schimmernde Kronleuchter, auf dem noch eine Hochzeitskerze brennt, der Spiegel, die Gewänder und der Teppich oder das Fenster mit dem Ausblick auf der linken Seite. Die Stoffqualitäten – Pelz, Samt, Seide, Leinenhäubchen, Hundefell – sind fast »greifbar« deutlich gemacht.

Jan van Eyck
Giovanni Arnolfini und seine Frau Giovanna Cenami (Arnolfini-Hochzeit), 1434
Tempera auf Holz, 82 x 60 cm
London, National Gallery

Nicolas Rolin, seit 1422 im Dienste Philipps des Guten, Kanzler von Burgund und Brabant, ließ die Tafel für die Kollegiatskirche in Autun malen. Im Format der Madonna gleichgestellt, kniet der Stifter anbetend mit ausgesprochenen Porträtzügen, in ein Brokatgewand von natürlichster stofflicher Wirkung gekleidet. Das offenbar in einem Turm gelegene Gemach ist mit fürstlicher Pracht ausgestattet. In der Raumkonstruktion fällt der weitgehende Verzicht auf zur Tiefe führende Fluchtlinien auf: Figuren und Bogenstellungen sind einander eher flächenparallel zugeordnet. Auf der zinnenbewehrten Brüstung im Hintergrund leiten zwei Rückenfiguren den Blick auf eine tiefgelegene Landschaft, in der ein Fluß zu einem in weiter Ferne liegenden Hochgebirge zieht. Diese von einem hohen Standort aus wiedergegebene »Überblickslandschaft« gehört zu den Wurzeln der seit dem frühen 15. Jahrhundert sich entwickelnden Weltlandschaft.

Allerdings muß der moderne Betrachter sich hüten, diese Phänomene allein aus der neuen Auseinandersetzung mit der Realität zu erklären. Van Eycks Bild bezieht sich offenbar auf die Traktate des Honorius Augustodunensis zur Marienlehre und zum Hohen Lied. Hier wird im 12. Jahrhundert die Turmsituation über der Stadt literarisch fixiert, hier werden die Zinnen, der Flußlauf, die schneebedeckten Berge in der Ferne, die geschäftigen Bürger in der Stadt genau beschrieben. Künstlerische Neuerung und ikonographische Tradition dürfen nicht unabhängig voneinander gesehen werden.

Unten:
Jan van Eyck
Madonna des Kanzlers Rolin, 1434–1436
Öl auf Holz, 66 x 62 cm
Paris, Musée National du Louvre

Jan oder **Hubert van Eyck**
Madonna in der Kirche, um 1437–1439
Öl auf Holz, 31 x 14 cm
Berlin, Gemäldegalerie, Staatliche Museen zu Berlin – Preußischer Kulturbesitz

Unten:
Jan van Eyck
Maria mit dem Kinde in einer Kirche thronend, 1437
(Mitteltafel eines Reisealtars)
Öl auf Holz, 27,5 x 21 cm
Dresden, Gemäldegalerie Alte Meister

JAN VAN EYCK

UM 1390–1441

Während die Madonna in der Schwingung und in der Modellierung dem Ideal der »Schönen Madonna« verpflichtet ist, zeigt der Einblick in den Kirchenraum ein erstaunliches Maß an genau beobachteten Einzelheiten. Trotz perspektivischer Unstimmigkeiten ist die Kraft der räumlichen Suggestion außerordentlich, zumal die Hauptfigur ungeachtet ihres gegenüber der Architektur irrationalen Maßstabs in das Mittelschiff hereingerückt wird. Das Kircheninnere läßt sich eindeutig dem Bereich der burgundischen Gotik zuordnen. Im Gegensatz zu Italien wird das Interesse des Nordländers am individuellen Detail deutlich.

Eine neue Freiheit in der Behandlung des Raumes verkündet die Tafel des Reisealtars. Maria ist weit in das Kircheninnere zurückgesetzt, die Flucht der in der Farbe wechselnden Säulen betont die Tiefe. Im Vergleich zur »Madonna in der Kirche« sind nicht nur die Größenverhältnisse zwischen Architektur und Figuren natürlicher, sondern die Architektur selbst gehört einer fortgeschrittenen Stilstufe an. Statt rein gotischer Formen überwiegen Renaissanceelemente in der Ausbildung der Sockel und Säulen mit Basis, Schaft und Kapitellen; an die Stelle des Rundbogens ist der Spitzbogen getreten; die Horizontale über den Arkaden wird betont. In der Veranschaulichung stofflicher Qualitäten von Teppichen, Baldachin und Schmuck erreicht Jan van Eyck hier den Gipfel seiner Möglichkeiten.

Der Genter Altar gilt als Gründungswerk der niederländischen Malerei der Frührenaissance. Der geöffnete Mittelteil zeigt in etwa lebensgroßen Figuren Christus (oder Gottvater?) zwischen Maria und Johannes als Fürbitterin für die Menschheit beim Jüngsten Gericht. Darunter ist die Anbetung des Lammes durch die Bewohner der Gottesstadt dargestellt. Die Kostbarkeit der leuchtenden Farben, die Sorgfalt in der Wiedergabe der Details – kostbare Gewänder, im Licht funkelnder Schmuck, landschaftliche und architektonische Details – sind allen Tafeln zu eigen. Hinsichtlich der malerischen Qualitäten dürfte der Genter Altar in der Malerei um 1430 ohne Konkurrenz sein.

Ungewöhnlich dagegen ist die Übereinanderordnung großer Einzelgestalten und einer ebenso klein- wie vielfigurigen Szene. Überraschend auch der Gegensatz zwischen den auf das Fliesenmuster beschränkten Raumangaben oben und dem weiteren Landschaftsausblick unten. Sind hier zwei verschiedene Projekte zu einem Altarwerk vereinigt worden? Liegt die Unsicherheit in der Bestimmung der thronenden Hauptfigur (Christus?) in der nachträglichen Zusammenstellung der Tafeln, die das Thema durch Übereinanderordnung von Lamm (= Christus), Taube des Heiligen Geistes und Gottvater zur Dreifaltigkeit erweiterte?

Jan van Eyck Genter Altar (Mittelteil), 1432
Öl auf Holz. Maria und Johannes der Täufer, je 167 x 72 cm; Christus, 210 x 80 cm; Anbetung des Lammes, 134 x 237 cm. Gent, St. Bavo

Robert Campin
Die hl. Barbara am Kamin, 1438
(Tafel eines Triptychons)
Tempera auf Holz, 101 x 47 cm
Madrid, Museo del Prado

ROBERT CAMPIN

UM 1380–1444

Obwohl letzte Zweifel noch nicht ausgeräumt sind, identifiziert die Forschung heute den lange Zeit unter dem Notnamen »Meister von Flémalle« geführten Maler mit Robert Campin, dem Lehrer Rogiers van der Weyden. Kein zweiter niederländischer Maler des frühen 15. Jahrhunderts hat sich mit gleicher Besessenheit um die Wiedergabe des perspektivisch zur Tiefe fluchtenden Innenraumes bemüht wie Robert Campin. Kompositionell auf eine links anschließende Mitteltafel hin angelegt, verläuft eine Fülle von Fluchtlinien von rechts vorne zum Fenster am linken Bildrand. Fliesenfußboden, Kamin, Kommode, aufgeklappter Fensterladen, die Deckenbalken, vor allem aber die ungewöhnlich lange, durch das rote Polster betonte Sitzbank summieren sich zu einer Vielzahl bildeinwärts führender Linien, die die Figur als inhaltliches Zentrum des Bildes gleichsam auf den zweiten Platz verweisen: Thematisiert ist der Raum!

Dabei geht der Maler nicht wie die zeitgenössischen Italiener von der mathematisch exakt konstruierten, sondern von der »Erfahrungsperspektive« aus. So haben etwa Fußboden und Decke sehr stark voneinander abweichende Fluchtpunkte. Gleichwohl entsteht der Eindruck einer Beschleunigung in der Raumerfassung. Man hat anschaulich von »übereilter« Perspektive gesprochen.

Auffallend ist jeder Verzicht auf Motive feudaler oder kirchlicher Architektur. Die Königstochter ist in ein rein bürgerliches Milieu versetzt, und die Sorgfalt in der Ausführung des Details richtet sich nicht auf höfischen Schmuck, sondern auf alltägliche Dinge.

Der 1438 entstandene Flügelaltar, nach seinem Stifter auch Werl-Altar benannt, ist das einzige datierte Werk Campins. Während die Mitteltafel verloren ist, zeigt der linke Flügel den betenden Stifter Heinrich von Werl neben Johannes dem Täufer.

Robert Campin
Bildnis eines Mannes, um 1435
Tempera auf Holz, 41 x 28 cm
London, National Gallery

Neben Jan van Eyck hat sich kein anderer Meister nördlich der Alpen zu Beginn des Jahrhunderts mit gleicher Hingabe um die unmittelbar abbildenden Qualitäten der neuen Gattung Porträt bemüht wie Robert Campin (schon bei Rogier van der Weyden setzt ein gewisses Maß an Stilisierung ein).

Als grundlegend für die Gestaltung des Bildes, das auf ein ebenfalls in London aufbewahrtes weibliches Gegenstück berechnet ist, darf die Tendenz zu dreidimensionaler Modellierung und zur Beobachtung auch des kleinsten individuellen Details gelten. Kennzeichnend sind etwa die differenzierte Bildung der Augenpartie und des Mundes.

Insgesamt ist das Bild auf wenige beherrschende Grundfarben reduziert, doch werden innerhalb dieses Akkordes mit Hilfe von Licht und Schatten feinste Nuancen erreicht. Die stofflichen Qualitäten von Haut, Gewand und Pelzbesatz werden geradezu tastbar anschaulich.

Überraschend ist die feste kompositionelle Bindung der Halbfigur an die Bildgrenzen, die nach oben und zur rechten Seite hin durch die Kopfbedeckung bestätigt werden.

ROGIER VAN DER WEYDEN
UM 1400–1464

Als Rogier im heiligen Jahr 1450 Rom besuchte, könnte diese »Sacra Conversazione« entstanden sein. Ikonographische Anhaltspunkte (die Namenspatrone der Familie, Cosmas und Damian rechts, die abgewandelte Florentiner Lilie im Wappen) weisen auf die Medici als Auftraggeber.

Die Komposition, die die Figuren räumlich auf einem leicht bildeinwärts schwingenden Halbkreis und flächenmäßig durch die Anordnung auf den Stufen in einer den rahmenden Rundbogen vorwegnehmenden Kurve zusammenschließt, könnte durch Domenico Venezianos »Sacra Conversazione« (Abb. S. 98) angeregt worden sein. Der Vergleich zeigt allerdings auch die grundlegenden Unterschiede zwischen flämischer und florentinischer Malerei um die Mitte des 15. Jahrhunderts. Bei Rogier sind die Figuren eng aneinandergerückt, Petrus und Johannes scheinen im Vergleich zu den frei im Raum agierenden Gestalten Domenicos unmittelbar miteinander verbunden zu sein, die Proportionen sind stark gelängt (man vergleiche zum Beispiel die beiden Johannesfiguren!). Die Standfestigkeit wird mehr durch die Umrisse der Gewänder als durch den organischen Aufbau der Körper bewirkt.

Dafür bietet Rogier in der Präzision und Stofflichkeit der Details – Pflanzen und Vase im Vordergrund, das Glas in der Hand des hl. Cosmas, der kostbare Damast im Inneren des zeltartigen Baldachins – Qualitäten, die für die zeitgenössischen Florentiner eine neue Erfahrung bieten mußten.

Rogier van der Weyden
Maria mit Kind und den Heiligen Petrus, Johannes, Cosmas und Damian (Medici-Madonna), um 1450
Tempera auf Holz, 53 x 38 cm
Frankfurt am Main, Städelsches Kunstinstitut

Rogier hat bei der Konzeption des Werkes offenbar einen Altarschrein mit geschnitzten Figuren vor Augen gehabt. Dafür spricht nicht nur die Rahmung mit der flachen Kehlung und den Maßwerkornamenten in den oberen Ecken, sondern auch die Komposition der Gestalten. Sie wirken wie in einem Hochrelief einander zugeordnet.

Das gegenüber Jan von Eyck grundsätzlich andersartige künstlerische Temperament tritt hier exemplarisch in Erscheinung. Der intuitiven Gestaltungsweise van Eycks stellt Rogier einen intellektuell außerordentlich durchdachten Bildaufbau entgegen. Die Fläche wird durch einander entsprechende bzw. ergänzende Bewegungen und Richtungen gegliedert. Man beachte etwa die bei aller Unterschiedlichkeit von Ausdruck und Modellierung miteinander korrespondierenden Figuren des Johannes am linken und der Maria Magdalena am rechten Bildrand oder die Wiederholung der Haltung Christi in der zu Boden sinkenden Maria. Trotz starker Bewegung im Raum werden die Figuren immer wieder den Bedingungen der Fläche angepaßt. In der Armhaltung Christi und Mariae sind die Grundrichtungen der Tafel unmittelbar anschaulich.

Im Vergleich zu den kräftig modellierten, aber unter dem Gewand verhältnismäßig undifferenzierten Figuren van Eycks gliedert Rogier seine Gestalten kleinteiliger und läßt trotz gestreckter Proportionen die Einzelheiten des anatomischen Aufbaus klarer hervortreten.

Rogier van der Weyden
Kreuzabnahme, um 1435–1440
(Mittelteil eines Triptychons)
Tempera auf Holz, 220 x 262 cm
Madrid, Museo del Prado

Rogier van der Weyden
Anbetung der Könige, um 1455
Mitteltafel des Dreikönigsaltars (Columba-Altar) aus St. Columba, Köln
Tempera auf Holz, 138 x 153 cm
München, Bayerische Staatsgemäldesammlungen, Alte Pinakothek

ROGIER VAN DER WEYDEN

UM 1400 – 1464

Rogier befand sich auf dem Höhepunkt seines Schaffens, als er um 1455 für die Kölner Kirche St. Columba seinen Dreikönigsaltar schuf. Die Eindrücke seiner Italienreise lagen etwa zehn Jahre zurück und waren inzwischen mit seinem persönlichen Stil völlig verschmolzen. Die Mitteltafel der Anbetung wird links von der Verkündigung, rechts von der Darbringung Christi im Tempel flankiert.

Den Aufbau der Tafel kennzeichnet eine meisterhafte Balance zwischen Freiheit und Strenge. Maria mit dem Kind ist leicht aus der Mittelachse nach links gerückt, die nur scheinbar durch den mittleren Pfeiler und die Kopfbedeckung des knienden Königs akzentuiert wird. In Wahrheit sind auch diese beiden Details aus der Bildmitte nach links verschoben. Den Ausgleich schaffen der kniende und der durch seine freie Drehung optisch stark betonte jugendliche König. Die asymmetrisch einsichtige Ruine des Stalles steht in genauer Korrespondenz zu diesem Aufbau der Hauptgruppe.

Indem Rogier seine Figuren von links nach rechts wie in einer Art Relief aufbaut und auch die Architektur flächenparallel ausrichtet, bleibt er seinen bereits für die »Kreuzabnahme« grundlegenden Prinzipien treu. Freilich ist er in der Beherrschung der organisch aufgebauten menschlichen Figur und in der partiellen Erschließung des Raumes souveräner geworden.

Das Braque-Triptychon zeigt auf der Mitteltafel Christus zwischen Maria und dem Evangelisten Johannes in Halbfigur, auf dem linken Flügel Johannes den Täufer und auf dem rechten Maria Magdalena. Die schlecht erhaltene Außenseite trägt die Stifterwappen und die Namen Braque und Barban. Da der Ritter Jehan Braque aus Tournai 1452 starb und da im Nachlaß seiner Frau Cathérine de Brabant »un tableau à cinq ymaiges« erwähnt wird, liegt eine Datierung des Werkes gegen oder um 1452 nahe. Der Typ des Triptychons mit Halbfiguren war zuvor nördlich der Alpen unbekannt, in Italien dagegen seit dem 13. Jahrhundert geläufig. Insofern bildet der Braque-Altar eine weitere Reminiszenz an Rogiers Aufenthalt in Italien.

Geschlossenheit der Umrisse, die die Körperformen nachdrücklich hervortreten lassen, kennzeichnen die Darstellung der hl. Maria Magdalena, deren Dreiviertelansicht mit den Figuren auf den anderen Tafeln zusammengesehen werden muß. Statt eines kleinteiligen Faltenwurfes beherrscht der ornamental fein differenzierte, von Rot und Gold bestimmte Stoff des Ärmels die farbige Erscheinung. Dem gesammelten, in sich gekehrten Ausdruck der Heiligen entspricht die Ruhe der weit in den Hintergrund sich erstreckenden Landschaft. Lediglich am rechten Bildrand – in Korrespondenz zum Kopf der Figur – steigt ein Fels auf, der zugleich den festen, rahmenden Abschluß des gesamten Triptychons bildet.

Rogiers Grablegung, die aus der Medici-Villa in Careggi stammt und daher vermutlich 1450 in Florenz entstanden sein dürfte, ist ein weiteres Zeugnis für die Auseinandersetzung des Malers mit der italienischen Kunst. Die Komposition fußt auf einer Predellentafel Fra Angelicos vom ehemaligen Hochaltar in San Marco zu Florenz (Abb. S. 58). Die in der Tradition des Bildthemas ungewöhnlich senkrechte Haltung Christi in Verbindung mit Maria und dem Evangelisten Johannes sowie die Rahmung des Grabes innerhalb des Felsens sind von dort übernommen worden. Allerdings stellt Rogier der strengen, fast geometrisierenden Anordnung des Florentiners eine freiere und in der Figurenzahl bereicherte Komposition entgegen. Christus ist aus der strengen Achsialität gelöst; die kniende Maria Magdalena führt den Blick des Betrachters in das Bild und verbindet sich mit dem in diesem Augenblick herantretenden Evangelisten Johannes zu einem lebhaften Bewegungsablauf, den die schräg bildeinwärts führende Grabplatte unterstützt. Die Schrägstellung Christi in Verbindung mit der Darstellung der Kreuze auf dem Berge Golgatha und dem vor den Füßen Christi auf die Grabplatte herabfließenden Leichentuch vermittelt den Eindruck, als sei hier ein Moment des Geschehens zwischen Kreuzabnahme und Grablegung dargestellt. Im Vergleich zu Fra Angelico herrscht in jedem Detail – Physiognomien, Gebärden, landschaftlichen Elemente – das Individuelle über das Typische. Man denkt an die Worte des Cyriacus von Ancona, der 1449 schon über ein Bild Rogiers notierte: »Die Gesichter, die der Maler lebendig zeigen wollte, sieht man atmen und den Dahingeschiedenen einem Toten vollkommen gleich.«

Rogier van der Weyden
Maria Magdalena, um 1452
(rechter Seitenflügel des sog. Braque-Altars)
Öl auf Holz, 41 x 34 cm
Paris, Musée National du Louvre

Rogier van der Weyden
Grablegung, um 1450
Öl auf Holz, 110 x 96 cm
Florenz, Galleria degli Uffizi

Dieric Bouts
Feuerprobe der Gräfin vor Kaiser Otto III., um 1470–1475
Tempera auf Holz, 324 x 182 cm
Brüssel, Musées Royaux des Beaux-Arts

Unten:
Dieric Bouts
Abendmahl. Tafel des Abendmahlaltars, 1464–1467
Tempera auf Holz, 180 x 150 cm
Löwen, Sankt Peter

DIERIC BOUTS
UM 1410/20–1475

1468 erhielt Bouts den Auftrag, vier Bilder für den Gerichtssaal der Stadt Löwen zu malen – als Mahnung zur Gerechtigkeit. Bei seinem Tode war ein Gemälde fertig, ein zweites noch nicht ganz vollendet. Hugo van der Goes soll die bereits geleistete Arbeit geschätzt haben.

Dargestellt sind die Verleumdung des unschuldigen Grafen durch die Kaiserin, die ihn zu verführen versucht hatte, bei Otto III., und auf der hier abgebildeten Tafel das Gottesurteil durch die Feuerprobe, das den Grafen rechtfertigt. Es handelt sich um eine Übertragung der biblischen Erzählung von Potiphars Weib, das Joseph in Ägypten verführen wollte und ihn nach dessen Weigerung verleumdete. Als Vorbilder dienten möglicherweise entsprechende Darstellungen, die Rogier van der Weyden 1436 für das Rathaus in Brüssel gemalt hatte und die 1695 zerstört wurden.

Kompositionell zeigt sich gegenüber dem Sakramentsaltar eine extreme Steigerung der Vertikaltendenzen, die schon im Bildformat angelegt sind. Bei völliger Negierung des körperlichen Volumens sind die Gestalten stark gelängt, speziell die Randfiguren bestätigen optisch die senkrechten Rahmenleisten und erscheinen nahezu in der Funktion von Architekturgliedern. Trotz der räumlichen Weite wird auch im Landschaftsausblick das Auge nicht primär in die Bildtiefe, sondern nach oben geleitet. Im Bereich der niederländischen Malerei bezeichnen die Gerechtigkeitsbilder von Bouts den äußersten Punkt der für das fortschreitende 15. Jahrhundert in den bürgerlichen Zentren charakteristischen Regotisierungstendenzen.

Die Abendmahlszene aus St. Peter in Löwen ist die Mitteltafel eines auf Bestellung der Bruderschaft des hl. Sakramentes ausgeführten Flügelaltars. Der Maler wurde vertraglich zu eigenhändiger Ausführung und zur Befolgung der Anweisungen von zwei Theologieprofessoren verpflichtet.

Erstmals wird nicht die Ankündigung des Verrats, sondern die Einsetzung der Hostie gewählt. Damit ist von vornherein auf dramatische Zuspitzung verzichtet, was offenbar dem künstlerischen Temperament des Malers entgegenkam. Im Vergleich zu den Meistern des frühen 15. Jahrhunderts gelingt Bouts zweifellos eine starke Raumausweitung, die aber eher den Eindruck von »Leere« als den eines suggestiven Raumvolumens vermittelt. Der Tiefenerstreckung stehen die für die Zeit nach 1450 kennzeichnenden Vertikalisierungstendenzen entgegen (Hochformat der Tafel, starke Aufsicht auf den Fußboden, vielfache senkrechte Elemente in den seitlichen Wänden). Das streng Gebaute der Komposition reduziert den Eindruck der Lebensnähe und schafft Distanz: Die Mittelachse wird kunstvoll betont und dient zugleich als Symmetrieachse der Komposition. Die Körperlichkeit der Figuren ist stark reduziert, die Rückenfiguren vor der Tafel wirken nahezu wie gefaltete Gewandflächen. Insgesamt steht die Tafel im Gegensatz zur sinnlichen Fülle, die für das 15. Jahrhundert so charakteristisch war.

HANS MEMLING

UM 1430/40–1494

Der geschnitzte und vergoldete Reliquienschrein in Form eines kleinen Kirchenbaues zeigt auf jeder Längsseite drei gemalte Szenen aus der Legende der hl. Ursula; auf den Schmalseiten die Heiligen und die 11 000 Jungfrauen sowie Maria mit dem Kind und die Stifterinnen. Die Arbeit steht im Zentrum des umfangreichen Werkes von Hans Memling. Sie zeigt gleichermaßen die hervorragenden Qualitäten wie auch die Grenzen in der Begabung des Malers. Seine Liebe gehört der Darstellung der anmutig bewegten Einzelfigur, der realistischen Beobachtung des Details und einer kostbaren, oft an Miniaturmalerei erinnernden Farbigkeit. Memling erzählt, aber seinem Temperament ist selbst in einer Martyriumsszene dramatische Zuspitzung fremd. Es fehlen ihm Vertiefung des Ausdrucks und die Fähigkeit zu überzeugender »Regie« figurenreicher Szenen. Statt dessen gibt er eine Fülle von unerschöpflich variierten Einzelheiten, aus denen die Gesamtheit des Bildes »addiert« ist. Überaus lehrreich ist ein vergleichender Blick auf die annähernd zeitgenössischen Ursulaszenen des Venezianers Carpaccio (Abb. S. 122).

Daß Memling die Stadt Köln aus eigener Anschauung kannte, beweist die genaue Schilderung der Stadtsilhouette mit dem nach Vollendung des Chores liegengebliebenen Dombau, dem charakteristischen Chorturm von Groß-St.-Martin und der Kirche St. Kunibert am linken Bildrand.

Hans Memling
Das Martyrium der elftausend Jungfrauen und das Martyrium der hl. Ursula
Vom Reliquienschrein der hl. Ursula, 1489 geweiht
Öl auf Holz, je 35 x 25 cm. Brügge, Sint Janshospitaal

Das Porträt steht beispielhaft für die Entwicklung der Gattung in der niederländischen Malerei des späten 15. Jahrhunderts. Wiewohl im Vergleich etwa zu Robert Campin jetzt eine durch die farbige Marmorsäule als herrschaftlich gekennzeichnete Architektur gegeben wird, spielt der Raum nur eine nebensächliche Rolle. Perspektivische Angaben fehlen, der Abstand zwischen vorderem Bildrand und der rückwärtigen Brüstung mit dem kostbaren Teppich scheint äußerst knapp bemessen. Entsprechend kann die Halbfigur des vornehmen jungen Mannes keinen Körperraum entwikkeln: Die den Raum erschließende Dreiviertelansicht wird durch die Anordnung des Gewandes und durch die Gebärde der betenden Hände in die Fläche überführt. An die Stelle kräftiger plastischer Volumina und des Ausgleiches zwischen horizontalen und vertikalen Werten treten die Betonung der Senkrechten und die genaue Beobachtung des Details, die in gleichem Maße der Figur wie der Kleidung gewidmet wird. Man beachte die differenzierte Modellierung der Augenpartie, die sensible, leicht asymmetrische Zeichnung der Lippen und vor allem die fast »fotografisch« getreue Abbildung der Finger. Die gleiche Sorgfalt verwendet Memling auf die Wiedergabe des kostbar geschmückten Ärmels.

Der Ausblick auf die Landschaft am rechten Bildrand folgt einem geläufigen Schema des Frührenaissanceporträts, das über die Schwelle zum 16. Jahrhundert hinaus Geltung behalten wird. Memling hält den Ausblick so schmal, daß er weder von der Figur ablenkt noch diese stimmungsmäßig akzentuiert.

Hans Memling
Bildnis eines betenden Mannes, um 1480–1485
Öl auf Holz, 29,2 x 22,5 cm
Castagnola, Sammlung Thyssen-Bornemisza, Schloß Rohoncz

HUGO VAN DER GOES
UM 1440/45–1482

Hugo van der Goes
Der Sündenfall, vor 1470
(linke Tafel eines Diptychons)
Öl auf Holz, 34 x 23 cm
Wien, Kunsthistorisches Museum

Die Darstellung dürfte zu den frühesten überlieferten Arbeiten des Meisters gehören. Die Figuren des ersten Menschenpaares lassen das Vorbild des Genter Altars von Jan van Eyck erkennen. Doch geht Hugo van der Goes in der Durcharbeitung des anatomischen Details über den älteren Meister hinaus. Dabei ist es kennzeichnend, daß die Modellierung der Figuren weniger mit Hilfe der abgrenzenden Linie als vielmehr durch farbige Modulation erreicht wird.

Die Komposition steht in hohem Maße unter dem Gesetz der Fläche: Adam und Eva sowie die in Menschengestalt verwandelte Schlange sind nebeneinander nahe an den vorderen Bildrand gerückt. Zusammen mit dem Baum der Erkenntnis bilden sie eine Art von Reliefschicht, hinter der die Landschaft als Folie aufwächst. Der stark verschattete Mittelgrund spielt optisch nur eine geringe Rolle. Lediglich auf der rechten Seite öffnet sich der Ausblick in eine weitere Ferne.

Dem miniaturhaften Format entspricht die minuziöse Ausführung der Einzelheiten: Gräser, Blüten und Blätter der Bäume sind im Vordergrund jeweils als selbständige Teile gegeneinander abgesetzt. Das Stilleben mit Schwertlilien im Vordergrund, deren eine Blüte auf den Schoß Evas verweist, dürfte symbolisch auf Maria vorausdeuten, wobei allerdings bezeichnenderweise Blau anstelle des die Reinheit bezeichnenden Weiß der echten Lilie, etwa in Verkündigungsdarstellungen, gesetzt wird.

Hugo van der Goes
Anbetung der Könige, um 1470
(Mitteltafel des Monforte-Altars; aus dem Kloster Monforte de Lemos, Spanien)
Öl auf Holz, 147 x 242 cm
Berlin, Gemäldegalerie, Staatliche Museen zu Berlin – Preußischer Kulturbesitz

Obwohl wir die künstlerische Entwicklung von Hugo van der Goes nur über eine kurze Zeitspanne verfolgen können, ist der Bogen der gestalterischen Möglichkeiten weit gespannt. Die Berliner Anbetung dürfte die Reifezeit, der Portinari-Altar die Spätphase des Meisters bezeichnen. Ursprünglich gehörten zu der Tafel noch zwei Flügel mit der »Geburt Christi« und der »Darstellung im Tempel«. Der heutige Eindruck wird durch die Verkürzung der mittleren Überhöhung beeinträchtigt: Hier schloß ein Kreis von schwebenden Engeln die Komposition nach oben harmonisch ab.

Im Vergleich zum »Sündenfall« haben die Figuren an Volumen, die räumliche Anordnung an Freiheit und die Komposition an innerer Festigkeit gewonnen. So sind etwa die drei Hauptfiguren einerseits verschieden weit vom vorderen Bildrand entfernt, zugleich aber planimetrisch in einem Dreieck zusammengefaßt. Der jugendliche stehende König bekräftigt innerbildlich den rechten Abschluß der Komposition. Die schräg zur Tiefe fluchtende Architektur führt den Blick kontinuierlich bildeinwärts und rhythmisiert zugleich die Hauptgruppe. Die Frage nach den Impulsen für diesen überraschenden künstlerischen Wandel läßt sich am schlüssigsten beantworten, wenn wir eine Reise des Malers nach Italien annehmen. Angesichts der lebhaften Handelsbeziehungen zwischen Flandern und Florenz, vor allem aber im Hinblick auf die Verbindungen zwischen Hugo van der Goes und der Familie Portinari ist ein solcher unmittelbarer Kontakt mehr als wahrscheinlich.

auptwerk des größten niederländischen
im späten 15. Jahrhundert hat eine ein-
ge historische und künstlerische Bedeu-
Tommaso Portinari, der seit 1465 als
des Handelshauses der Medici in Brügge
tlicher Pracht lebte, stiftete den Altar
Florentiner Kirche San Egidio. Das
bild flankieren Flügel mit den Familien-
örigen und Namenspatronen, deren
eiten in Grisaillemalerei die Verkündi-
zeigen.
ünstlerisch sind die Unterschiede zu den
en der vorangehenden Generation, aber
zu den früheren Gemälden des Meisters
iffend: Raum und Körper werden zwar
verständlich beherrscht, aber nicht mehr
tisiert. Auf einem freien Platz liegt in
Strahlenkranz das Christkind, von den
, Engelgruppen und anbetenden Hirten
ben. Die in etwa kreisförmige Gruppie-
läßt sich gleichermaßen als eine räum-
und eine planimetrische, also flächen-
ende Anordnung ablesen. Die Figuren
im Vergleich zum Monforte-Altar an

Volumen verloren, aber an Ausdruckskraft in Gesichtern und Gebärden gewonnen. Wiewohl durch unterschiedliche Abstände vom vorderen Bildrand und durch die Schräge, die links von Josef der antikisierenden Säule, der Krippe mit Ochs und Esel sowie der Architektur im Mittelgrund gebildet wird, Tiefe suggeriert ist, wird die Logik des räumlichen durch Rückkehr zum mittelalterlichen »Bedeutungsmaßstab« aufgehoben. Die Engel im Vordergrund etwa sind überraschend klein im Vergleich zu Maria und Josef – ein Kontrast, der sich auf den Flügeln zwischen Stiftern und Heiligen wiederholt.

Die malerische Ausführung, etwa der Engel in ihren Chormänteln und der Blumenstilleben im Vordergrund, gehört zum Kostbarsten, das die gesamte Frührenaissancemalerei geschaffen hat.

Seit seiner Aufstellung in Florenz (1478) hat der Altar eine faszinierende Wirkung auf die Florentiner Maler ausgeübt; sie spiegelt sich besonders in den Werken Ghirlandaios und Leonardos.

Hugo van der Goes
Anbetung der Hirten, 1476–1478
(Mitteltafel des Portinari-Altars)
Öl auf Holz, 253 x 304 cm
Florenz, Galleria degli Uffizi

Petrus Christus
Bildnis einer jungen Dame, um 1470
Öl auf Holz, 28 x 21 cm
Berlin, Gemäldegalerie, Staatliche Museen zu Berlin – Preußischer Kulturbesitz

PETRUS CHRISTUS

UM 1410/20 – UM 1472/73

Das Porträt einer jungen Frau bezeichnet eine neue Entwicklungsstufe in der niederländischen Bildnismalerei. Folie für die Dargestellte ist nicht mehr ein neutraler, gegenständlich indifferenter Grund, sondern die Andeutung eines Zimmers. Indem der Betrachter die Figur in ihrer Umgebung wahrnimmt, entsteht ein unmittelbarer Kontakt zu der Dargestellten.

Stilistisch ist das Werk Zeugnis eines Stilwandels, der sich nach der Mitte des Jahrhunderts vollzieht. Im Vergleich zu der Betonung des Volumens in den Bildnissen Roger Campins und Jan van Eycks wird die dritte Dimension stark reduziert, die Proportionen des schmalen Oberkörpers und des Kopfes sind gestreckt und werden in dieser Hinsicht durch die V-förmige Anordnung des Hermelinkragens und der Kopfbedeckung gesteigert. An die Stelle des bürgerlichen Realismus, den die Gründergeneration des 15. Jahrhunderts geschaffen hatte, tritt ein Element höfischer Verfeinerung. Die profilierte Horizontale zwischen der Holzverkleidung im unteren Teil der Rückwand und der verputzten Mauerfläche darüber, die die Höhe der Tafel genau im Verhältnis 1:1 teilt, ist ein wesentlicher Bestandteil der Komposition, indem sie für einen harmonischen Richtungsausgleich sorgt. In der sinnlich geradezu greifbaren, kostbaren Ausführung von Gewand und Schmuck erweist sich Petrus Christus als Schüler Jan van Eycks.

Geertgen tot Sint Jans
Der hl. Johannes der Täufer, um 1485–1490
Öl auf Holz, 42 x 28 cm
Berlin, Gemäldegalerie, Staatliche Museen zu Berlin – Preußischer Kulturbesitz

GEERTGEN TOT SINT JANS

UM 1460/65 – VOR 1495

Die kleine Tafel, im Format kaum über eine große Buchseite hinausgehend, vermittelt uns die Vorstellung vom Rang eines Malers, dessen Werk aufgrund seines frühen Todes und lückenhafter Überlieferung nur noch schwer in die Geschichte der niederländischen Malerei des 15. Jahrhunderts einzuordnen ist.

Die in Nachdenken versunkene Figur, die sich leicht in einen monumentalen Maßstab übertragen ließe, ist nahe an den vorderen Bildrand gerückt und mit diesem durch das Ornament des herabfallenden Mantels unmittelbar verbunden. Die gedämpften Farben von Blau und Violett unterstützen den Eindruck der Versunkenheit. Die Landschaft, eine der schönsten des 15. Jahrhunderts, erscheint von der räumlichen Anordnung her der Figur des Heiligen »angehängt« zu sein, verbindet sich aber durch die Ruhe und Weite mit dem Ausdruck des Täufers; man ist versucht, sie als eines der frühesten Beispiele für eine Stimmungslandschaft zu bezeichnen. Ihr Ausmaß in der Gesamtheit des Bildes wie die minuziöse Ausführung der Details – Pflanzen im Vordergrund, Bäume, Vögel – sind kennzeichnend für die Haarlemer Schule. Die Suggestion der Tiefe im Ausblick auf Stadt und Gebirge, die durch Aufhellung der Farbe und allmähliche Auflösung der Konturen erreicht wird, erinnert an gleichzeitige Werke von Bosch, aber auch an die neuen Farbtheorien Leonardos.

Hieronymus Bosch
Der Garten der Lüste (Triptychon), um 1510
Öl auf Holz, 220 x 389 cm
Links: Das irdische Paradies, 220 x 97 cm
Mitte: Der Garten der Lüste, 220 x 195 cm
Rechts: Die Hölle, 220 x 97 cm
Madrid, Museo del Prado

HIERONYMUS BOSCH

UM 1450–1516

Wie das »Heuwagen-Triptychon« (Madrid, Prado) und der »Weltgerichtsaltar« (Wien, Gemäldegalerie der Akademie der Bildenden Künste) entzieht sich der sogenannte »Garten der Lüste« jeder herkömmlichen ikonographischen Einordnung. Von Boschs großen Triptycha-Kompositionen ist der »Garten der Lüste« die größte, vielteiligste, vermutlich als späteste entstandende und darf als sein Hauptwerk bezeichnet werden. Seinen Namen trägt es schon seit dem 16. Jahrhundert: als man es am 3. Juli 1593 in das Kloster Escorial brachte, wurde es als »una pintura de variedad del Mundo« bezeichnet.

Der vertrauten Welt christlicher Darstellungen entspricht lediglich der linke Flügel. Im Vordergrund führt Gottvater Adam und Eva einander zu, um in Harmonie der Natur und allen ihren Geschöpfen leben zu können. Den aus sanften Hügeln, Wiesen, Hecken und einem Teich bestehenden Garten Eden beleben Tiere und Pflanzen, unter denen exotische Gattungen auffallen. Lediglich die bizarren Umrisse der felsigen Berge im Hintergrund wirken wie ein Hinweis auf die mögliche Störung des friedlichen Zusammenlebens. Ob wir die merkwürdige, fialenähnliche Architektur in der Mitte des Wasserspiegels als ein Phallus-Symbol deuten dürfen, das auf das ganz den Freuden des Leibes ergebene Treiben im Zentrum des Triptychons vorausweist, muß offen bleiben.

Die Mitteltafel jedenfalls zeigt die Menschheit, wie sie sich ganz den sinnlichen Begierden zuwendet, die in unerschöpflichen Variationen, rein aus der Anschauung sich erschließend, dargestellt werden. Im Mittelgrund wird ein Teich mit Badenden dargestellt, dessen Kreisform ein Reiterzug, fast ausschließlich Aktfiguren, betont. Handelt es sich um den in der Malerei des 16. Jahrhunderts so beliebten Jungbrunnen oder um ein Gewässer, in dem sich die Badenden von ihren Sünden freiwaschen wollen? Auf dem rechten Flügel hat Bosch die Höllenqualen geschildert, denen die gesamte Menschheit ausgeliefert wird. Es gibt keine Gerechten und Verdammten, wie bei Gerichtsdarstellungen, sondern ausschließlich Sünder ohne Hoffnung auf Erlösung. Hat Bosch hier, unter dem Einfluß der Unruhen in der Kirche und in der Vorahnung des Zusammenbruchs einer jahrhundertealten Heilswahrheit, einen tiefen Pessimismus zum Ausdruck gebracht? Jedenfalls schildert er eine dämonische, bedrückende Traumwelt mit zahllosen Qualen. Unten rechts etwa muß sich ein Mensch die Umarmung durch ein Schwein gefallen lassen. In der Mitte ist ein in seiner menschlichen Gestalt völlig deformiertes Monstrum dargestellt, desssen Leib ausgehöhlt ist, dessen Kopf eine Scheibe trägt, auf der kleine Ungeheuer tanzen, während die Beine, abgestorbenen Baumstümpfen ähnlich, in zwei Booten stehen. Am rechten Bildrand verschlingt eine Spukgestalt Menschen, um sie sogleich wieder auszuspeien.

Über der Frage nach der inhaltlichen Entschlüsselung sollten die künstlerischen Qualitäten nicht übersehen werden. Dem Triptychon liegt trotz seiner Viel- und Kleinteiligkeit eine überlegte Komposition zugrunde. Paradies und Erde sind durch die helle Farbigkeit und die Landschaft mit gleichem Horizont verbunden. Auch die aufragende steinerne Form im Zentrum des Paradieses kehrt in der Mitteltafel wieder, und zwar in fünffacher Abwandlung. Sie gibt in Verbindung mit dem Kreis von Wasser und Reitern der zunächst fast unüberschaubar erscheinenden Vielfalt der Figuren ein gewissse Maß an Ordnung. Die Höhle dagegen geht keinerlei Verbindung mit den anderen Tafeln ein – eine Nachtdarstellung ohne jede Hoffnung spendenden Lichtschimmer. – Die leuchtende Farbigkeit von linkem Flügel und Mitteltafel ist mit persischen Miniaturen verglichen worden (L. v. Puyvelde), während die grandiose Nachtdarstellung im oberen Teil der Hölle auf die Gestaltung nächtlicher Szenen im 16. und 17. Jahrhundert vorausweist.

Hieronymus Bosch Das Narrenschiff, nach 1490
Öl auf Holz, 57,8 x 32,5 cm. Paris, Musée National du Louvre

HIERONYMUS BOSCH

UM 1450–1516

Die Torheit der Welt, die Eitelkeit luxuriöser Lebensführung, die Verweltlichung der Kirche sind Themen, die gegen 1500 Kunst, Literatur, Philosophie und Theologie gleichermaßen beschäftigen. Der Rigorismus, mit dem Savonarola 1494, nach dem Tode Lorenzos des Prächtigen, der kulturellen Blüte in Florenz zunächst ein Ende setzte, und Sebastian Brants ebenfalls 1494 unter dem Titel »Das Narrenschiff« erschienene literarische Schilderung der Torheit der Welt sind herausragende Zeugnisse dieser Tendenzen.

Bosch nimmt Sebastian Brants Begriff unmittelbar bildlich. In einem Schiff wird getrunken, gegessen und musiziert. Bezeichnenderweise bilden ein Mönch und eine Nonne den Mittelpunkt der Gesellschaft. Andere Personen sind bemüht, immer aufs neue Wein und Nahrungsmittel herbeizuschaffen. Aber keiner bemerkt, daß über dem fröhlich flatternden Wimpel im Zentrum der Baumkrone eine Teufelsfratze angebracht ist. Der Sinn des Geschehens verdichtet sich in dem auf einem morschen Ast sitzenden Mann in der typischen Narrenkleidung. Die lockere Malweise, besonders die duftigen Farben von Landschaft und Himmel, deuten auf eine fortgeschrittene Entstehungszeit in Boschs Werk.

Bosch überträgt hier seine von spukhaften Vorstellungen erfüllte Phantasie auf die Darstellung eines Heiligen, den das 15. Jahrhundert in der Regel als nachdenklichen Schriftsteller in seiner Studierstube wiederzugeben pflegte. Hier bilden Löwe (links) und Kardinalshut (unten rechts) lediglich hinweisende Accessoires während der Kirchenvater, hilflos hingestreckt und anscheinend vergeblich die Hände zum Gebet erhebend, von Elementen der Hölle eingeschlossen ist. Pflanzen, Bäume und Felsen nehmen anthropomorphe Formen an. Die alptraumhaften Erscheinungen, die auch sexuelle Symbole umfassen, rücken das Bild in die Nähe von »Versuchungen des hl. Antonius«. Der kleine Maßstab der Figur unterstützt den Eindruck des ohnmächtig den Kräften der Finsternis ausgelieferten Heiligen. Religiöse Unruhe, wie sie sich während des späten 15. Jahrhunderts gerade in den Niederlanden ausbreitet, wird die Spukwelt Boschs wesentlich mitbestimmt haben.

Ohne unmittelbare Beziehung zur Hauptdarstellung öffnet sich im Hintergrund eine Landschaft von höchster malerischer Qualität. Die kontinuierliche Raumerschließung vom vorderen Bildrand in die Tiefe fehlt: Hinter der Hauptszene wird der Blick über einen steilen Geländeabfall auf eine Ebene geleitet, die auch farblich das Bindeglied zwischen Vorder- und Hintergrund bildet. Die Hügel, die den See umgeben, erscheinen wie getupft gemalt; zusammenhängende Umrisse werden malerisch aufgelöst, die Farbe zum Horizont hin aufgehellt.

Hieronymus Bosch
Der büßende hl. Hieronymus, um 1500
Öl auf Holz, 77 x 59 cm. Gent, Musée des Beaux-Arts

Pedro Berruguete
Inquisitionsgericht unter Vorsitz des hl. Dominikus, um 1500
Tempera auf Holz, 154 x 92 cm
Madrid, Museo del Prado

PEDRO BERRUGUETE

UM 1450/55 – UM 1504

In Kastilien mischen sich während des 15. Jahrhunderts, nicht zuletzt durch die Sammelleidenschaft der Könige, niederländische und italienische Einflüsse mit der heimischen Tradition. Berruguetes Spätwerk weist in erstaunlichem Grade bereits über die Grenzen des Jahrhunderts hinaus: Eine figurenreiche Repräsentationsszene ist auf einer den Raum von rechts nach links erschließenden Schrägen angeordnet. Daß gleichwohl die Komposition nicht »kippt«, wird dem Einsatz genau kalkulierter künstlerischer Mittel verdankt: Der hl. Dominikus als Hauptfigur ist aus der senkrechten Bildachse nach rechts verschoben, der hell leuchtende vordere Teil des Baldachins und der abwehende Wimpel sind nahezu flächenparallel geführt.

Die zukunftweisende Gesamtanlage zeigt sich in den Einzelheiten noch durchaus den Tendenzen des späten 15. Jahrhunderts verpflichtet, ja trägt teilweise sogar noch spätmittelalterliche Züge. Im Vordergrund sind Einzelfiguren und Figurengruppen einander »additiv« zugeordnet; der mittelalterliche »Bedeutungsmaßstab« dominiert über die logische Raumkonstruktion, insofern die beiden verurteilten »Ketzer« im Vordergrund unverhältnismäßig klein gegenüber den Schergen, vor allem aber im Vergleich zur Gestalt des hl. Dominikus und den Beisitzern des Gerichts, dargestellt sind.

Jaume Huguet
Abendmahl, nach 1450
Tempera auf Holz, 162 x 170 cm
Barcelona, Museu Nacional d'Art de Catalunya

JAUME HUGUET

UM 1414–1492

Im Vergleich zu Berruguete zeigt sich die ganze Spannweite der spanischen Malerei im 15. Jahrhundert, die auf grundlegenden sozial und politisch bedingten kunstlandschaftlichen Unterschieden beruht. Katalonien bleibt in einer für die Frührenaissance einzigartigen Weise dem Mittelalter verpflichtet. In Huguets Altarretabeln spielt nicht die Eroberung von Raum oder Körper eine Rolle, sondern allein die hieratische Wiedergabe des christlichen Heilsgeschehens.

Das Abendmahl mit der Gruppierung der Jünger um den Tisch folgt einem Kompositionsschema des 14. Jahrhunderts, für das die Höherstaffelung in der Fläche als Ersatz für räumliche Schichtung kennzeichnend ist. Lediglich die Aufsicht auf den Boden mit den sich perspektivisch verkürzenden Fliesen führt den Blick bedingt bildeinwärts.

Christus ist in strenger Frontalität vor reich verziertem, reliefiertem Goldgrund auf der Mittelachse angeordnet. Die Jünger bilden gleichgewichtige bzw. nahezu symmetrische Gruppen. Judas, die zweite Figur von links im Vordergrund, ist durch Weglassen des Heiligenscheins als Verräter gekennzeichnet. Thema ist nicht der spannungsgeladene Moment nach der Ankündigung des Verrats, sondern die Einsetzung des Abendmahls: Kelch und Hostie sowie die Segensgebärde Christi sind inhaltliches Zentrum.

ENGUERRAND QUARTON

UM 1410–1461 (?)

Enguerrand Quarton
Krönung Mariä, 1453/54
Tempera auf Holz, 183 x 220 cm
Villeneuve-lès-Avignon, Musée de l'Hospice

Die ungewöhnliche Verbindung von Marienkrönung, Gekreuzigtem und Jüngstem Gericht fußt auf dem ausführlichsten schriftlichen Programm, das für ein Gemälde des 15. Jahrhunderts erhalten geblieben ist. Der Stifter, der Kanonikus Jean de Montagnac, schrieb dem Maler jedes Detail vor: so etwa die vermutlich auf eine Anregung des 1439 in Florenz tagenden Unionskonzils zurückgehende Gleichheit von Gottvater und Christus, die Namen der anbetenden himmlischen Heerscharen, die Darstellung der Städte Rom und Jerusalem, die Vision des Moses vor der Gregorsmesse in der linken unteren Bildecke und nicht zuletzt die Hinzunahme von Auferstehenden und Verdammten als Basis der gesamten Komposition. Unter dem Kreuz auf der Mittelachse der Tafel kniet in Anbetung der Stifter in Kartäuserkutte.

Dem Maler gelingt trotz der Vielschichtigkeit des Auftrages eine überwältigende Einheit der Komposition. Sie wird vor allem durch die ineinanderschwingenden, in Rot, Blau und Gold kräftig leuchtenden Gewänder der nahezu einem Kreis einbeschriebenen Hauptfiguren erreicht. Dieser Kreis korrespondiert mit dem gegen den Goldgrund abgesetzten tiefblauen Segmentbogen, der vermutlich den Erdkreis andeuten soll. Die Mittelachse wird durch den Kruzifix, den kostbar gemalten Chormantel der Maria und die Taube des Hl. Geistes streng festgelegt.

In den geradezu kraß differenzierenden Maßstäben für die einzelnen Zonen erweist sich Quarton noch als durchaus dem Mittelalter verpflichtet. In Einzelheiten dagegen bricht sich eine ausgesprochene Freude an realistischer Wiedergabe Bahn. Das gilt besonders für die kleinen Figuren der Gerichtsszene am unteren Bildrand und für die Stadtveduten: Quarton, der Rom und Jerusalem nie gesehen hat, verwendet hier Architekturen, die noch heute in Avignon und Villeneuve zu sehen sind.

Enguerrand Quarton
Beweinung Christi, um 1460
(aus der Kartause von Villeneuve-les-Avignon)
Tempera auf Holz, 162 x 217 cm
Paris, Musée National du Louvre

Die Pietà ist erst in jüngster Zeit als ein weiteres Hauptwerk von Quarton erkannt worden. Sie dürfte ebenfalls von Jean de Montagnac in Auftrag gegeben worden sein, dessen Gesichtszüge wahrscheinlich der Stifter am linken Bildrand trägt.

Im Gegensatz zur höfischen Kunst eines Jean Fouquet vertritt der bedeutende Meister eine noch durchaus mittelalterliche, Figur und Raum nur als Medium zur Veranschaulichung einer das menschliche Begreifen übersteigenden Botschaft dienende Gesinnung. Die stille Klage des knienden Lieblingsjüngers Johannes, der anbetenden Maria und der trauernden Maria Magdalena mit dem Salbgefäß werden mit geringstem Aufwand an physischer Vergegenwärtigung dargestellt. Die große Fläche des Goldgrundes, die nur auf Andeutung beschränkte Landschaft und die wie eine Vision wirkende Silhouette Jerusalems (der Kuppelbau ist als Hagia Sophia gedeutet worden) entrücken die Szene vollends der Zeitlichkeit. Der sensibel variierte Ausdruck des Schmerzes in der Dreiergruppe der Trauernden wird durch den Richtungskontrast zwischen Christus und Maria noch gesteigert.

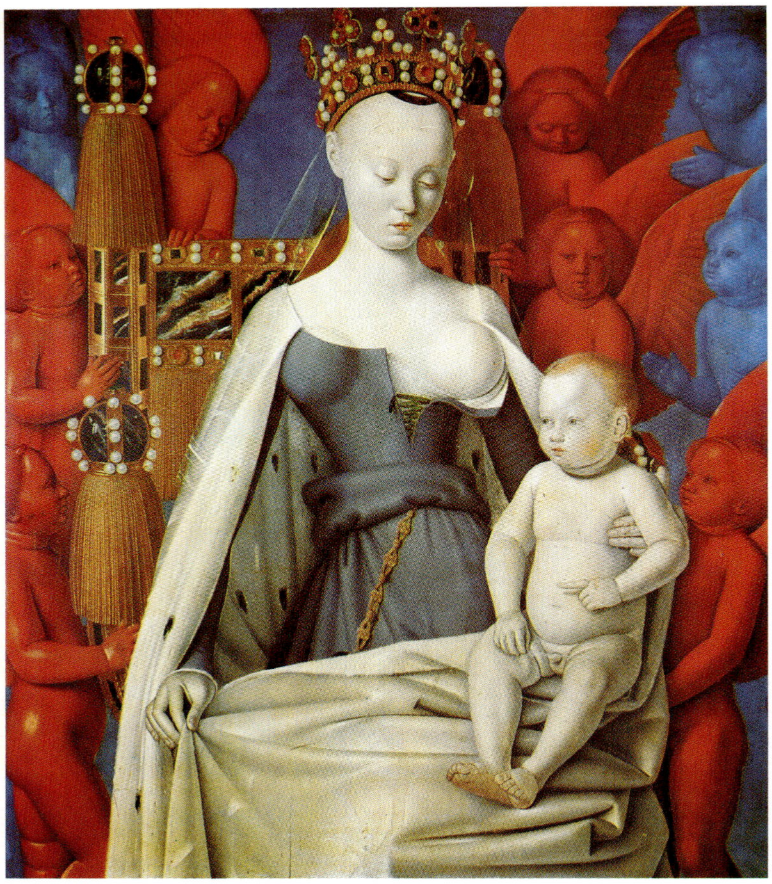

Jean Fouquet
Maria mit Kind, um 1450
(linke Tafel des Diptychons von Melun)
Tempera auf Holz, 91 x 81 cm
Antwerpen, Koninklijk Museum voor Schone Kunsten

Jean Fouquet
Bildnis des Guillaume
Juvenal des Ursins, um 1460
Öl auf Holz, 92 x 74 cm
Paris, Musée du Louvre

JEAN FOUQUET
UM 1415/20 – UM 1480

Es handelt sich um den linken Teil des Diptychons von Melun, das für das Grabmal des Estienne Chevallier, Schatzmeister König Karls VIII. von Frankreich, bestimmt war. Die zugehörige Tafel mit der Figur des Stifters, der von einem Heiligen der Madonna empfohlen wird, befindet sich in Berlin.

Die Darstellung, in ihrem äußerlich sakralen Charakter durch die begleitenden Engel gesteigert, erweckt gleichwohl den Eindruck einer Übertragung des Themas in den profanen Bereich. Dazu trägt einerseits der Porträtcharakter der Madonna bei – nach der Überlieferung diente Agnes Sorel, die Geliebte Karls VII., als Modell –, zum anderen die Freilegung und Modellierung der Brust, die hier nicht vom Thema her bedingt ist, sondern einen erotischen Selbstwert darstellt.

Hier wird exemplarisch die Prägung eines Kunstwerks durch gesellschaftliche Bedingungen anschaulich. Fouquet, Hofmaler des Königs, räumt dem aristokratisch Verfeinerten, nahezu Gezierten eine in der Malerei des mittleren 15. Jahrhunderts einzigartige Bedeutung ein. Auch der irreale Kontrast von Rot und Blau in den Engeln kann diesen Eindruck von Weltlichkeit nicht aufheben. An logischer räumlicher Komposition ist der Maler nicht interessiert. Die Farben stehen hart gegeneinander. Dagegen entfaltet sich ein hohes Maß an Malkultur in der Wiedergabe des Schmucks, die die Auseinandersetzung mit der niederländischen Kunst des frühen 15. Jahrhunderts erweist.

Im Werk Fouquets vollzieht sich die engste Verbindung zwischen italienischer und französischer Kunst zur Zeit der Frührenaissance. Das Bildnis des Juvenal ist das anschaulichste Zeugnis dieser Symbiose.

Das gegenüber dem Diptychon von Melun mächtig gesteigerte Volumen der Figur, durch die Schrägstellung noch unterstützt, dürfte auf die während des Italienaufenthaltes in den vierziger Jahren gewonnenen Eindrücke zurückgehen. Demgegenüber wird das Detail mit einer Besessenheit ausgearbeitet, nach der die zeitgenössischen Italiener nie gestrebt haben. Das in der Tradition der Niederländer in Dreiviertelansicht wiedergegebene Porträt zeigt das Bemühen um realistische Wiedergabe jeder Falte und Schwellung im Gesicht. Der Pelzbesatz an Kragen und Ärmeln sowie der reich geschmückte, vom Gürtel herabhängende Geldbeutel suggerieren natürliche stoffliche Qualitäten – ebenfalls Auswirkung niederländischer Schulung.

Das durch und durch weltliche Selbstbewußtsein des Juvenal wird durch den Hintergrund nachdrücklich betont. Eine vergoldete Rahmenarchitektur mit Pilastern und antikisierendem Gebälk umschließt fingierte Marmorplatten. Sosehr sich hier in jedem Element die Kenntnis italienischer Schmuckformen dokumentiert, sosehr überwiegt andererseits das dekorative Geflecht die architektonische Grundstruktur.

Das Berliner Kupferstichkabinett bewahrt eine Vorzeichnung zu diesem Gemälde auf.

NICOLAS FROMENT
UM 1430 – UM 1485

Das Hauptwerk des Malers, ein Triptychon, entstand im Auftrag König Renés. Die Flügel zeigen den König und seine Frau im Kreis ihrer Schutzpatrone. Die Haupttafel ersetzt gemäß einer im Mittelalter entstandenen ikonographischen Tradition die Darstellung Moses', dem der Herr im brennenden Dornbusch erscheint, durch die Vision der Maria mit Kind. Daß der Dornbusch trotz der Flammen unversehrt bleibt, dürfte ein Hinweis auf die Jungfräulichkeit der Muttergottes sein. Im Motiv von Mutter und Kind wird das Thema der Madonna im Rosenhag aufgegriffen. Zugleich bildet der von links herantretende Engel eine Anspielung auf die Verkündigung. Es durchdringen sich also in dieser Darstellung verschiedene Themenkreise.

Die erzählerischen Fähigkeiten Froments sind gegenüber dem Frühwerk erheblich gewachsen. Der Engel wendet sich Moses mit lebhafter Gebärde zu, während dieser im Begriff ist, den zweiten Schuh abzustreifen – sicher kein Genremotiv, sondern eine Geste der Demut und Ehrfurcht. In den Einzelheiten bleibt der niederländische Einfluß auf den Provenzalen spürbar. So ist beispielsweise der Engel eine der schönsten Figuren in der Nachfolge Rogiers van der Weyden. In dem weiten Landschaftsausblick dagegen hat man Erinnerungen an den toskanischen Aufenthalt des Meisters vermutet.

Nicolas Froment
Moses vor dem brennenden Dornbusch, 1476
(Mitteltafel eines Triptychons)
Tempera auf Holz, 410 x 305 cm
Aix-en-Provence, Cathédrale Saint-Sauveur

MEISTER VON MOULINS
TÄTIG UM 1480–1500

Jean Rolin, Sohn des von Jan van Eyck dargestellten Kanzlers, ließ das Altarbild 1480 für die Kathedrale seiner Heimatstadt malen. Trotz der offensichtlichen Kenntnis niederländischer Kunst werden hier spezifische Eigenschaften einer französischen Frührenaissance deutlich. Ebenso weit entfernt von dem reliefhaften Aufbau der Bilder eines Rogier van der Weyden wie von der kontinuierlichen Tiefenerschließung bei den italienischen Zeitgenossen, ordnet der Meister, den man erst kürzlich als Jean Hay (oder Hey) identifiziert hat, hinter die Krippe mit anbetenden Engeln Maria und Joseph sowie, etwas zurückgesetzt, die großformatige Gestalt des Stifters. Indem ein Zaun den Bezirk des Stalles nach rückwärts flächenparallel abschließt und auch die Landschaft vorwiegend von links nach rechts entwickelt ist, entsteht eine Folge von hintereinandergeordneten, aber jeweils die Bildfläche bestätigenden Raumzonen.

In der Ausführung der Details – Gewänder, Stallwände, Zaun – herrschen die Senkrechten vor. Insgesamt liegt der Komposition ein orthogonales Bezugssystem zugrunde, das der Darstellung einen »klassizistischen« Anflug gibt. Aber der Eindruck von Kühle wird durch die Delikatesse der Farben vermieden, denen feinste Lasuren ein strahlendes Eigenlicht geben. Hier klingt die Auseinandersetzung mit den Niederländern nach.

Meister von Moulins
Geburt Christi mit dem Stifter Kardinalerzbischof Jean Rolin, um 1480
Tempera auf Holz, 55 x 73 cm
Autun, Musée Rolin

Konrad Witz
Sabothai und Benaja, um 1435
(Flügel des Heilsspiegelaltars aus St. Leonhard, Basel)
Tempera auf Holz, 102 x 78 cm
Basel, Öffentliche Kunstsammlung, Kunstmuseum Basel

Konrad Witz
Der wunderbare Fischzug Petri, 1444
Tempera auf Holz, 132 x 154 cm
Genf, Musée d'Art et d'Histoire

KONRAD WITZ

UM 1400–1445

Die Tafel stammt von einem vielteiligen Altarwerk, das Witz für die Leonhardskirche in Basel ausführte. Der ursprüngliche Zusammenhang ist nicht erhalten, läßt sich aber weitgehend rekonstruieren. Inhaltlich liegt ein mittelalterliches Andachtsbuch zugrunde, das »Speculum humanae salvationis« (»Heilsspiegel«), eine Folge von Gegenüberstellungen alt- und neutestamentlicher Szenen, wobei die Geschehnisse aus dem Alten Testament auf die des Neuen vorausweisen.

Die Tafel mit den beiden Rittern gehört mit der links anschließenden zusammen, auf der Abisai vor König David kniet. Die drei überbringen David Wasser aus der Zisterne von Bethlehem. Die Darstellung galt als alttestamentliches Gegenstück zur Anbetung der Könige. In der Thematisierung der gemalten Figur als Skulptur hat der Heilsspiegelaltar für die Malerei nördlich der Alpen etwa den Stellenwert wie Castagnos Zyklus der »Uomini famosi« für die italienische. Möchte man im Hinblick auf die Figurendarstellung eine Italienreise von Witz voraussetzen, so deutet andererseits die hohe stoffliche Realität von Rüstung, Gewändern und Goldbrokat des Hintergrundes auf Kenntnis der Niederländer.

In der Wiedergabe der farbig gefaßten »Statue« geht Witz beim Heilsspiegelaltar jedoch über die italienischen (Masaccio) und niederländischen (van Eyck) Zeitgenossen in dem Maße hinaus, daß man gelegentlich an eine Tätigkeit auch als Bildschnitzer gedacht hat. Schlüssige Beweise dafür konnten bisher allerdings nicht erbracht werden.

Der linke Flügel eines Petrusaltars mit Konrads Seebild gehört zu den Meilensteinen der Frührenaissancemalerei. Erstmals in der abendländischen Kunst wird eine eindeutig identifizierbare Landschaft, nämlich das Randgebiet des Genfer Sees, dargestellt: Der charakteristische Umriß des Berges über dem Kopf Christi gibt den Dôle wieder. Hier zeigen sich mit besonderer Deutlichkeit die grundlegenden Gemeinsamkeiten wie auch die Unterschiede in der Malerei nördlich und südlich der Alpen. Bei gleicher »Besessenheit« für die »richtige« Wiedergabe von Körper, Raum und Landschaft wendet sich der Nordländer dem individuellen Detail, der Südländer dem hinter den Einzelheiten stehenden Prinzip zu.

Die mächtige Gewandstatue Christi und ebenso die feine lasierende Technik, die die meisterhaften Spiegelungen auf dem Wasser erlaubt, lassen an eine Auseinandersetzung mit der Kunst Jan van Eycks denken. Der Kontrast zwischen der lebhaften Bewegtheit der Jünger und der denkmalhaften Gestalt Christi entrückt die Hauptfigur der Gegenwärtigkeit des Geschehens und veranschaulicht so das Wunder, das hier dargestellt ist.

Die Köpfe, beim Bildersturm 1529 beschädigt, sind Ergebnis von zwei Restaurierungen. Der Rahmen trägt die Inschrift »Hoc opus pinxit magister conradus sapientis de basilea 1444« (»dieses Werk malte Meister Konrad Witz von Basel 1444«).

HANS MULTSCHER
UM 1390 – UM 1467

Das von »hansen muoltscheren vo richenhofen burg ze ulm« stammende und nach seinem letzten Aufstellungsort als Wurzacher Altar bezeichnete vielteilige Werk ist neben den Schöpfungen von Konrad Witz die bedeutendste Leistung einer spezifisch deutschen Frührenaissance. Die Rekonstruktion von Schrein, Predella und Gesprenge ist nicht gesichert. Erhalten blieben zwei Flügel mit je zwei Tafeln auf jeder Vorder- und Rückseite.

Mit stürmischer Leidenschaft sucht sich hier der Maler die Realität im Bild zu erobern, nicht ohne Gewaltsamkeiten, nicht vor dem Häßlichen und sogar Gemeinen zurückschreckend. Im Zentrum seines Interesses steht die menschliche Figur, die in machtvollem Volumen wiedergegeben und deren Körper unter dem Gewand plastisch modelliert wird. Man möchte eine Personalunion von Maler und Bildhauer voraussetzen.

Mit dem gleichen heftigen Zugriff bemächtigt sich Multscher der Wiedergabe des Raumes. Der Sarkophag stößt schräg in die Bildtiefe vor, der von den schlafenden Wächtern gebildete Kreis wird durch den Holzzaun und die Anordnung der Bäume bestätigt. Trotz gotischer Reminiszenzen – den aus der byzantinischen Malerei stammenden gratigen Felsen und dem Goldgrund am oberen Bildrand – überwiegt das Erlebnis unmittelbarer Gegenständlichkeit.

Hans Multscher
Auferstehung Christi, 1437
Tempera auf Holz, 148 x 140 cm
Berlin, Gemäldegalerie, Staatliche Museen zu Berlin – Preußischer Kulturbesitz

MARTIN SCHONGAUER
UM 1450–1491

Ungeachtet der späten Entstehungszeit, die Tafel bewahrt auf der Rückseite das Datum 1437, steht Schongauers malerisches Meisterwerk noch in der Tradition der »Internationalen Gotik«. Das Bild ist bei der Einfügung in den prachtvollen geschnitzten Rahmen zu Beginn des 16. Jahrhunderts an allen Seiten beschnitten worden, doch vermittelt uns eine kleinformatige Kopie in Boston einen Eindruck der ursprünglichen Gesamtkomposition. Für die Höhe lassen sich etwa 250 cm errechnen.

War ehemals die räumliche Wirkung etwas größer als im heutigen Zustand, so beherrschte doch die vielgestaltig untergliederte Fläche den Eindruck. Figuren, Rasenbank und Rosenhecke sowie Pflanzen, Blüten und Vögel sind wie in einem Teppich verwoben, und der Goldgrund hebt vollends die Suggestion einer realen Situation auf. Stefan Lochner hatte bei dem gleichen Thema eine Generation zuvor Raum und Körper wesentlich nachdrücklicher betont. Dafür sind die abbildenden Qualitäten in der Rosenhecke und im Schmuck der Krone auf ein Höchstmaß gesteigert – Nachklang der niederländischen Schulung Schongauers. In den unruhig bewegten, wie vom Winde ergriffenen Gewändern der Engel erweist sich der »Zeitstil«, der südlich der Alpen etwa in Botticelli einen seiner bedeutendsten Vertreter hat.

Martin Schongauer
Maria im Rosenhag, 1473
Tempera auf Holz, 200 x 115 cm
Colmar, Dominikanerkirche

Michael Pacher
Auferweckung des Lazarus. Vom Wolfgangsaltar, 1471–1481
Tempera auf Holz, 175 x 130 cm
St. Wolfgang, Hochaltar St. Wolfgang

Unten:
Michael Pacher
Hl. Augustin und hl. Gregor, um 1480 (Mitteltafel des Kirchenväteraltars)
Öl auf Holz, je 212 x 100 cm
München, Bayerische Staatsgemäldesammlungen, Alte Pinakothek

MICHAEL PACHER
UM 1435–1498

Die Darstellung weicht in verschiedener Hinsicht von der ikonographischen Tradition ab. Zunächst einmal ist die Szene in einen Innenraum verlegt, dessen Formen eine erstaunliche Mischung von zeitgenössischer Architektur aus profanem und sakralem Bereich zeigen. Sodann entwickelt sich das Geschehen nicht von links nach rechts, sondern von vorne in die Bildtiefe. Zwar knien die Schwestern des Lazarus bildparallel im Vordergrund, und auch die Gebärde Christi bestätigt diese Richtung, aber Lazarus ist vom Rücken her gesehen und verkürzt sich bildeinwärts. Dabei unterstützen die wesentlichen Kompositionslinien diesen Tiefenzug: die mit der Wölbung korrespondierende Rahmung des Grabes, die zur Tiefe hin fluchtende Anordnung der Figuren, die Spalier zu stehen scheinen, schließlich der Ausblick durch den auf der Mittelachse sich öffnenden Rundbogen in eine Landschaft von unbestimmter Ferne. Indem hier die meisterhafte Beherrschung der Perspektive geradezu demonstriert wird, gewinnt sie die Oberhand über das neutestamentliche Ereignis.

Das Studium Andrea Mantegnas darf mit Sicherheit vorausgesetzt werden, die Gestalt des Lazarus scheint geradezu dessen »Toten Christus« vorauszunehmen. Pachers Kompositionsprinzip weist aber noch einen Schritt weiter in die Zukunft voraus, indem alle Verkürzungslinien nicht auf ein sammelndes Zentrum hinführen, sondern den Blick gleichsam ins Freie stürzen lassen.

Der für Kloster Neustift bei Brixen geschaffene Altar überträgt das Thema eines geschnitzten Schreins auf die Bedingungen eines Tafelbildes. Ideell steht er damit in der Nachfolge der »Kreuzabnahme« von Rogier van der Weyden (Abb. S. 127), geht aber in der optischen Vermischung der beiden Kunstgattungen wesentlich über diese hinaus.

Dargestellt sind die vier großen lateinischen Kirchenväter: von links nach rechts Hieronymus als Kardinal mit dem Löwen, dem er den Splitter aus der Pfote gezogen hatte; Augustinus mit dem Kinde in Anspielung auf die Legende, derzufolge der Heilige in Gedanken versunken am Meer entlangging und dem Kind begegnete, das mit einem Löffel Wasser schöpfte; auf die Frage nach dem Sinn seines Tuns erwiderte das Kind, es sei genauso sinnlos wie der Versuch des Heiligen, das Wesen der Dreifaltigkeit rational zu durchdringen. Es folgt an dritter Stelle Papst Gregor der Große, der Kaiser Trajan aus dem Fegefeuer erlöst, und an der rechten Seite der schreibende Erzbischof Ambrosius. Als Sinnbild göttlicher Inspiration ist jedem Heiligen die Taube des Hl. Geistes beigegeben.

Die sich verkürzenden Bodenfliesen und die scheinbar in den Raum vorstoßenden Baldachine verbinden sich zu einer den Blick verwirrenden scheinbaren Durchdringung von Bild und Realität. Der virtuosen perspektivischen Verkürzung entspricht allerdings nicht die Modellierung der Figuren, die ihren Raum wesentlich aus der suggestiven Kraft der sie überfangenden Gewölbe gewinnen.

Manfred Wundram

RENAISSANCE UND MANIERISMUS

Europäische Malerei im 16. Jahrhundert

Mit der Malerei der Renaissance erreicht die abendländische Kunst ihren absoluten Höhepunkt. Die Wandlung des Weltbildes durch die Naturwissenschaften und die großen Entdeckungsreisen, religiöse Spannungen und politische wie soziale Unruhen spiegeln sich in der Malerei wider. Reales und Ideales, Profanes und Sakrales, ekstatische Versenkung und kühle Skepsis entstehen in engster Nachbarschaft.

Leonardo da Vinci vollzieht den entscheidenden Schritt, indem er das Gleichgewicht zwischen Farbe und Linie zugunsten der farbigen Modulation der Umrisse aufhebt. Raffael und Michelangelo folgen seinem Weg und schaffen Formen, die für ganz Europa verbindlich werden. Fast gleichzeitig entwerfen Giorgione, Tizian, Tintoretto und Veronese in Venedig ein neues malerisches Weltbild, das den Menschen mit der Natur zu einer Einheit verbindet.

In Deutschland erlebt die Malerei mit Dürer und Grünewald, Altdorfer, Holbein und Lucas Cranach eine in Qualität und Vielfalt einmalige Blütezeit. Während in den Niederlanden die geniale Schöpferkraft eines Pieter Breughel alles überstrahlt, klingt die Epoche in den religiösen Visionen El Grecos aus.

Zum Epochenbegriff des 16. Jahrhunderts

Begreifen wir die europäische Kunst zwischen 1400 und 1600 als das Zeitalter der Renaissance, so kulminiert sie in den Jahrzehnten um 1500 in einem zeitlich schmal bemessenen Gipfelgrat, den wir als Hochrenaissance bezeichnen dürfen. In allen Kunstgattungen werden die vielgestaltigen Ausdrucksformen, die das 15. Jahrhundert entwickelt hatte, zu einem alle Möglichkeiten integrierenden Konzept zusammengefaßt. Burckhardt hat in seinen letzten Lebensjahren das Phänomen zu bestimmen versucht. Am 18. Dezember 1895 schrieb er an Wölfflin, daß es nur zu Beginn des 16. Jahrhunderts den »einen höheren Sonnenblick« gegeben habe, in dem man durch »Vereinfachung und höhere Oeconomie ... zunächst dem realistischen Individualisieren auswich«. Und ein Jahr später bemerkte er, ebenfalls gegenüber Wölfflin: »... constatieren Sie – vielleicht zum hundertsten Male – den Verzicht auf das Viele (selbst, wenn es sehr schön war) zugunsten des Mächtigen und namentlich des Bewegten.« Für Burckhardt war die Hochrenaissance, und namentlich das Werk Raffaels, die einzige Epoche der neueren Kunst, die der griechischen Klassik als ebenbürtig gelten durfte. Sein Schüler Wölfflin hat dann 1898, unter Beschränkung auf die italienische Kunst, die Entwicklung der Jahrzehnte um 1500 der bis heute gültigen programmatischen Bezeichnung »Die Klassische Kunst« unterstellt.

Tatsächlich sind sich Antike und Neuzeit in der Kunst nie zuvor und nie wieder in der Folgezeit so nahegekommen. Dabei steht nicht die Nachahmung der Antike im Vordergrund – sie hätte wie im späten 18. und frühen 19. Jahrhundert nicht zur »Klassik«, sondern zum »Klassizismus« geführt –, sondern das Streben, die idealen Normen hinter dem Naturvorbild rein zur Anschauung zu bringen.

Wie für alle klassische Kunst, so ist auch für die Hochrenaissance die vollkommene Balance zwischen entgegengesetzten und damit also einander scheinbar ausschließender künstlerischer Position kennzeichnend: Reales und Ideales, Profanes und Sakrales, Bewegung und Ruhe, Freiheit und Gesetz, Raum und Fläche, Linie und Farbe werden miteinander in einer beglückenden Harmonie der Kräfte versöhnt.

Vollkommener Ausgleich aller Spannungen, seiner Natur nach der Steigerung nicht fähig, kann entweder nur zur Erstarrung oder zu schöpferischer Aufhebung führen. Die europäische und speziell die italienische Kunst haben den zweiten Weg eingeschlagen. Es sind die Protagonisten der Hochrenaissance selbst – allen voran Leonardo da Vinci, Michelangelo und Raffael –, die die Richtung in neue gestalterische Möglichkeiten eröffnen. Durchaus zu Recht werden die Jahrzehnte von etwa 1520 bis 1600 als Spätrenaissance bezeichnet, insofern die Kunst des 16. Jahrhunderts fast in allen Einzelheiten auf die Hochrenaissance rückbeziehbar ist. Freilich werden ihre Ideen von den nachfolgenden Generationen in einen teilweise völlig neuen Kontext gestellt – im übertragenen Sinne des Wortes: Man übernimmt die »Vokabeln«, schafft aber eine neue »Grammatik«. Dabei breiten sich auf der Grundlage tiefgreifender kulturgeschichtlicher Wandlungen »antiklassische« Tendenzen aus, die in der jüngeren Kunstgeschichtsschreibung vielfach den Begriff der Spätrenaissance durch die Epochenbezeichnung »Manierismus« ersetzt haben. Bei dem Versuch, verbindende stilistische Kategorien zu finden, wird die Frage nach einer angemessenen Bezeichnung für das 16. Jahrhundert immer neu zu überdenken sein.

Leonardo da Vinci
Jungfrau und Kind mit hl. Anna und hl. Johannes, um 1495
Kohle, weiß gehöht, auf braunem Karton, 141,5 x 104 cm
London, National Gallery

Die Malerei um 1500 in Italien

Florenz war während des 15. Jahrhunderts zweifellos das Zentrum der sich erneuernden Künste gewesen. Hier entsteht zwischen 1400 und 1450 die Frührenaissance im engeren Sinne des Begriffes, von hier gehen nach 1450 entscheidende Impulse auf die übrigen italienischen Kunstlandschaften aus. Allerdings darf diese Tatsache nicht darüber hinwegtäuschen, daß die Vorstufen zur »klassischen Kunst« außerhalb der Toskana liegen. Piero della Francesca (um 1420–1492), trotz aller Virtuosität in der Anwendung der Perspektive zutiefst erfüllt von der grundlegenden Bedeutung der Fläche für die Malerei und zugleich durch die Wiedergabe »atmosphärischer« Lichtwirkungen von größter Bedeutung für die Geschichte der Farbe in der europäischen Malerei, kommt hier die gleiche Bedeutung zu wie Pietro Perugino (um 1448 – 1523), dessen Werk zu Unrecht hinter dem seines größten Schülers Raffael zurücktreten mußte, dem dieser doch Entscheidendes verdankt. Nicht in der Prägung ausdrucksvoller Figuren liegt Peruginos entwicklungsgeschichtliche Rolle, sondern in der spezifisch umbrischen Neigung zu Weiträumigkeit, in der starken Betonung des landschaftlichen Elements, in der Reduzierung der zeichnerischen Fixierung zugunsten modulierender farbiger Übergänge, vor allem aber in seiner Auffassung von Bild- und Wandflächen als einem ganzheitlichen Organismus, der zwar noch nicht die freie Beweglichkeit der Werke Raffaels erreicht, aber doch zu dieser überleitet.

In ganz ähnlicher Weise, allerdings mit differenzierteren malerischen Mitteln, entwickelt sich in Venedig Giovanni Bellini (um 1430–1516) auf die Hochrenaissance zu – ja, er überschreitet mit seinem Spätwerk als einziger der großen Maler des 15. Jahrhunderts die Schwelle zwischen Früh- und Hochzeit der Epoche. Bellini war, »gleichsam von Geburt an, stets auf dem Wege zur Hochrenaissance gewesen ... Bellini war mit der Magnetnadel zur Klassik geboren« (Erich Hubala).

Nicht zufällig verlagert sich um 1500 das Schwergewicht in der italienischen Kunst nach Rom und Venedig, während Florenz aus seiner führenden Rolle zurücktreten muß. Dafür

Leonardo da Vinci
Mona Lisa, um 1503–1505
Öl auf Holz, 77 x 53 cm
Paris, Musée National du Louvre

sind zweifellos politische und gesellschaftliche Ursachen in erster Linie bestimmend gewesen. Der Sturz der Medici-Herrschaft 1494 und die anschließende Herrschaft des von endzeitlichen Visionen erfüllten Dominikanermönchs Girolamo Savonarola (1452–1498) setzten der kulturellen Blüte, die unter Lorenzo dem Prächtigen (1449–1492) ihren Höhepunkt gefunden hatte, ein jähes Ende. Nach Savonarolas Feuertod 1498 wurde Florenz zum Spielball rivalisierender Mächte, ehe 1512 die Medici zurückkehren konnten. Genau in jenen beiden Jahrzehnten, in denen die »klassische Kunst« ihre Hauptwerke hervorbrachte, fehlten in Florenz die großen Anreger und Mäzene. Venedig dagegen überschritt die Schwelle vom 15. zum 16. Jahrhundert mit einer politisch und wirtschaftlich unangetasteten feudalen Auftraggeberschicht. Vor allem aber trat das im Laufe der Frührenaissance wiedererstärkte Papsttum jetzt mit dem Anspruch auf, Rom erneut zum kulturellen Zentrum des Abendlandes zu machen. Mit der Berufung Donato Bramantes (um 1444–1514) zum Bauleiter der neuen Peterskirche 1504, dem Auftrag für das Grabmal Papst Julius' II. an Michelangelo 1505 und der Übersiedlung Raffaels nach Rom 1509 ist zunächst die Vorrangstellung Roms in der italienischen Kunst besiegelt.

Allerdings darf man sich fragen, ob Florenz unter anderen historischen Voraussetzungen in der Lage gewesen wäre, die Renaissance zu ihrem Höhepunkt zu führen. So unerschöpflich die Toskana durch die Jahrhunderte an der Ausprägung immer neuer künstlerischer Möglichkeiten gewesen ist, so sehr fehlte ihr die Begabung zu klassischem Ausgleich: Das dialektische Prinzip von Ratio und Emotion und damit ein ständiges Spannungsgefüge liegen allen Höchstleistungen der Florentiner Kunst zugrunde. Nicht zufällig wird sich die Toskana erneut zu Worte melden, wenn »antiklassische« Tendenzen in den Vordergrund zu treten beginnen.

Im Bewußtsein, daß jeder Versuch einer zusammenfassenden Begriffsbildung Vereinfachungen und damit Unschärfen zur Folge hat, wird man sagen dürfen, daß die Hochrenaissance in Rom sich vorwiegend Form-, in Venedig vorrangig Farbproblemen zuwendet. In der Malerei ist Leonardo der einzige, der beide Möglichkeiten auf höchster Ebene miteinander verbindet. Bei äußerster Steigerung der realistischen Tendenzen, die das 15. Jahrhundert gekennzeichnet hatten, gewinnen in seinem Werk Flächengeometrie und Raumstereometrie eine der voraufgehenden Generation unbekannte Bedeutung. Leonardos »Abendmahl« im Refektorium von Santa Maria della Grazie in Mailand (Abb. S. 161) überwältigt den Betrachter durch die scheinbare Möglichkeit zur Identifikation mit den gemalten Figuren. Tatsächlich aber wird er durch die unterschiedlichen Perspektivsysteme von Real- und Kunstraum, durch die bis in das kleinste Detail durchdachte Idealität der Komposition und den monumentalen Figurenmaßstab in Distanz gehalten. In Leonardos Tafelbildern verbindet sich diese Kunst des Bildbaus mit einem revolutionären Wandel der malerischen Gestaltung. Weit über die Vorstufen bei Piero della Francesca, Perugino und Giovanni Bellini hinausgehend, ersetzt er zunehmend die be- und abgrenzende Linie, also die Zeichnung, durch farbige Modulation; die Übergänge zwischen Figuren und Gegenständen werden fließend. Raum ist nicht mehr in erster Linie durch Anwendung der mathematischen Perspektive erfahrbar, sondern durch Aufhellung der Farben und allmähliche Auflösung der Umrisse. Leonardo, der in vollkommener Weise das Ideal des in allen Kunstgattungen tätigen und zugleich universal gebildeten Künstlers vertritt, fand weder in Florenz noch in Rom das ihm gebührende Verständnis. Seine Übersiedlung nach Oberitalien, äußerlich durch die Fülle repräsentativer Aufträge von Seiten des Mailänder Herzogs Francesco Sforza (1401–1466) legitimiert, dürfte letztlich auf einer inneren Logik gründen: In der kunstlandschaftlichen Nachbarschaft Venedigs konnte er sich sowohl entfalten als auch auswirken. Die endgültige Befreiung der venezianischen Malerei zu ihrer ureigensten Begabung, der Farbe, durch Giorgione (um 1477/78–1510) und den jungen Tizian (um 1473–1490 bis 1576) wird ohne Auseinandersetzung mit Leonardo nicht denkbar sein.

Die andere Komponente der künstlerischen Persönlichkeit Leonardos, die Idealität der Form, wird in Mittelitalien aufgegriffen. Schon im Laufe des 15. Jahrhunderts war in der Architektur der Zentralbau, das heißt der richtungslose bzw. nach allen Seiten gleichmäßig um eine ruhende Mitte entfaltete Baukörper und Raum, zunehmend vervollkommnet worden. Ihm entsprechen in der Malerei in sich zentrierte Bildformate wie das Quadrat und der Kreis (Tondo). Der Zentralbaugedanke beherrscht nicht nur die Architektur der Hochrenaissance – Bramantes und Michelangelos Neubaupläne für die Peterskirche in Rom sehen, möglicherweise in symbolischer Anspielung auf das Zentrum der Christenheit, reine Zentralbauten vor –, sondern bestimmt auch die Gedanken der Maler. Da von den großen Bauvorhaben der Zeit um 1500 nur wenige verwirklicht worden sind, beruht unsere Kenntnis der Architektur der Hochrenaissance zu einem wesentlichen Teil auf den Architektur-»Staffagen« der Maler. Wichtiger als diese unmittelbare Spiegelung architektonischer Ideen ist die Tatsache, daß der gesamte Bildbau mittelbar zentralisierenden architektonischen Gesetzen gehorcht: Kugel und Kreis sowie deren wechselseitige Durchdringung bewirken die innere Verwandtschaft zum Zentralbau. In dieser Beziehung bezeichnen die Werke der Reifezeit Raffaels, namentlich seine Fresken in der Stanza della Segnatura des Vatikans, den Höhepunkt der Hochrenaissancemalerei.

Die Malerei um 1500 nördlich der Alpen

Gegen Ende des 15. Jahrhunderts, auf dem Gipfel bürgerlicher Kultur, erhebt sich die deutsche Malerei zu einer seit den Miniaturen in den Prachthandschriften ottonischer und salischer Zeit nicht wieder erreichten Höhe. Hatte die sog. »altdeutsche« Malerei des 15. Jahrhunderts qualitativ im Schatten der epochalen Leistungen der »Altniederländer« gestanden, so kehrt sich jetzt das Verhältnis auf erstaunliche Weise um, ohne daß dieses Phänomen einstweilen von kunst- oder kulturgeschichtlicher Seite her erklärt werden könnte. War es die schöpferische Unruhe im Vorfeld der Reformation, die in den deutschen Kunstlandschaften neue Kräfte freisetzte?

Erstrangige künstlerische wie historische Bedeutung kommt Dürer zu. Zunächst ganz in der Tradition seiner Lehrergeneration arbeitend, verwendet er die Linie als vornehmstes Ausdrucksmittel. Entsprechend stehen im Frühwerk Holzschnitt und Kupferstich im Vordergrund seines Schaffens. Während seiner beiden Italienreisen 1496 und 1506/07 fand die entscheidende Begegnung mit der italienischen Kunst statt. Dürer erfuhr, wie rund drei Jahrhunderte später Johann Wolfgang von Goethe (1749–1832), die beglückende Ganzheitsvorstellung eines Kunstwerks, die im Gegensatz zu der Vereinzelung der Bildelemente in der Kunst nördlich der Alpen stand; er lernte von den Venezianern, vor allem von Giovanni Bellini, die farbige Modulation der Umrisse, und er erkannte schließlich die Notwendigkeit einer fundierten Kunsttheorie, die über die lediglich intuitive Erfassung der Gegenstände hinausgeht. Die für die Niederlassung der deutschen Kaufleute in Venedig geschaffene »Rosenkranzmadonna« (Prag, Národní Galerie), das »Allerheiligenbild« (Wien, Kunsthistorisches Museum; Abb. S. 188) – Gegenstück zu Raffaels »Disputà« in den Stanzen des Vatikans – oder die »Vier Apostel« (München, Alte Pinakothek; Abb. S. 187) sind herausragende Zeugnisse einer Verschmelzung von deutschem und italienischem Formgefühl.

Die Spannweite der deutschen Malerei um 1500 ist außerordentlich. Nahm Dürer seinen Ausgang vornehmlich von der Linie, so setzte Matthias Grünewald (um 1470/80–1528) den Akzent auf die Gestaltung aus der Farbe heraus. Sein um 1512 begonnener Isenheimer Altar (Abb. S. 190) ist der bedeutendste Beitrag zur Geschichte der Farbe, den die gesamte deutsche Kunst geleistet hat. Wieweit hier Beziehungen zu den neuen Farbtheorien Leonardos und etwa zu den Werken Giorgiones bestehen, bedarf einer genauen Untersuchung.

Albrecht Dürer
Bildnis Hieronymus Holzschuher, 1526
Öl auf Holz, 48 x 36 cm
Berlin, Gemäldegalerie, Staatliche Museen zu Berlin – Preußischer Kulturbesitz

Von der Modulation der Farbe gingen auch die Maler der sog. »Donauschule« aus, allen voran der junge Lucas Cranach (1472–1535), Albrecht Altdorfer (um 1480–1538) und Wolf Huber (um 1485–1553). Die Darstellung der Landschaft gewann eine zuvor nördlich der Alpen nicht bekannte Bedeutung, und angesichts der »Stimmungslandschaften«, die im Umkreis der Donauschule entstanden, ist man versucht, von einer ersten Phase der »Romantik« in der deutschen Kunst zu sprechen.

Daß auch unabhängig von unmittelbaren Kontakten mit der italienischen Kunst eine Tendenz zur großen, ausgewogenen Form und zur Integration von Realität und Idealität um 1500 als ein die europäische Kunst verbindendes Phänomen gleichsam in der Luft lag, beweisen etwa die Werke der Reifezeit eines Gerard David (um 1460–1523), die allerdings nicht neue Perspektiven für die Zukunft eröffnen, sondern in der Auffassung der menschlichen Figur als eines kräftig modellierten Volumens bezeichnenderweise auf Jan van Eyck zurückgreifen.

Der Austausch zwischen Norden und Süden

Im Allgemeinbewußtsein beginnt mit Dürers Italienreisen der lebhafte Austausch zwischen den großen europäischen Kunstzentren, wobei der Norden in der Regel als der vorwiegend nehmende Teil angesehen wird. Diese Auffassung dürfte in doppelter Hinsicht zu modifizieren sein. Erstens müssen wir davon ausgehen, daß schon im 14. und 15. Jahrhundert auf den vielbefahrenen Handelswegen von Nord nach Süd und umgekehrt auch künstlerische Erfahrungen ausgetauscht wurden. Wir wissen, daß Werke der großen niederländischen Maler des 15. Jahrhunderts in Mailand, Venedig, Florenz, Urbino und Neapel bekamt waren und gesammelt wurden.

Schule von Fontainebleau
Gabrielle d'Estrées und eine ihrer Schwestern im Bad, um 1594–1599
Öl auf Holz, 96 x 125 cm
Paris, Musée National du Louvre

Wir wissen ferner, daß etwa Rogier van der Weyden 1450 über die Alpen zog, daß Justus von Gent 1473–1480 im Dienste des Hofes zu Urbino stand, daß über Künstler des Alpenlandes wie etwa Michael Pacher (um 1435–1498) die Verbindung zu Oberitalien hergestellt war. Die Reflexe der niederländischen Malerei sind in der italienischen Kunst der Frührenaissance vielfach nachweisbar. Dagegen wissen wir nicht, ob auch italienische Meister im 15. Jahrhundert nordwärts gezogen sind. War der um 1440 in Venedig geborene Maler und Kupferstecher Jacopo de' Barbari (um 1440/50 – um 1516), der um 1500 nach Deutschland übersiedelte und dann weiter in die südlichen Niederlande zog, tatsächlich der erste? Die Frage bedarf ebenso wie der gesamte Komplex eines möglichen italienischen Einflusses auf die Kunst nördlich der Alpen noch detaillierter Untersuchungen.

Neben den Kunstwanderungen bot sich aber seit der Mitte des 15. Jahrhunderts noch eine andere Möglichkeit des Austausches. Annähernd gleichzeitig entwickelten sich nördlich und südlich der Alpen die vervielfältigenden Drucktechniken zu eigenständigen Kunstgattungen: der im frühen 15. Jahrhundert nördlich der Alpen entstandene Holzschnitt, vor allem aber der Kupferstich, dessen Anfänge vermutlich in der süddeutschen Kunst ebenfalls des frühen 15. Jahrhunderts liegen; das erste datierte Beispiel trägt das Datum 1446. Die Inkunabeln des italienischen Kupferstichs stammen aus den Werkstätten Andrea Mantegnas (1431–1506) und Antonio Pollaiuolos (1432–1498). Für die Verbreitung künstlerischen Formengutes auch in geographisch weit entfernte Bereiche war damit eine völlig neue Grundlage geschaffen. Holzschnitt und Kupferstich stehen am Beginn der Entwicklung zu den modernen visuellen Massenmedien.

Um 1500 ist die Kenntnis graphischer Blätter in dem Maße vorauszusetzen, daß die Frage nach unmittelbarer oder mittelbarer Aneignung neuen Formengutes auf stilistischer Grundlage häufig kaum zu entscheiden ist. Mußte etwa der Augsburger Hans Burgkmair (1473–1531), wie allgemein angenommen, Italien bereist haben, um zu der Ganzheitsvorstellung seines »Kreuzigungsaltars« von 1519 (Augsburg, Bayerische Staatsgemäldesammlungen) zu kommen, oder hatte er graphische Vorlagen studiert, wie jüngste Forschungen glaubhaft machen? Dieselbe Frage stellt sich etwa bei Altdorfer. Umgekehrt dürfen wir auch die Kenntnis von Dürer-Graphik in Italien während des frühen 16. Jahrhunderts nicht unterschätzen.

Darüber hinaus setzt seit dem zweiten Jahrzehnt des neuen Jahrhunderts ein dokumentarisch gesichertes, überaus lebhaftes Wanderleben in beiderlei Richtung ein. Seit Jan Gossaert (um 1478/88–1533/36) 1508 nach Rom zog, gehört speziell für die Maler der südlichen Niederlande, die sog. »Romanisten«, ein Italienaufenthalt zum festen Bestandteil der künstlerischen Ausbildung. Umgekehrt tragen bedeutende italienische Maler durch ihre Tätigkeit speziell am französischen Hof nachhaltig zur Ausbreitung der Renaissance südlicher

Prägung im Norden der Alpen bei. Auf Leonardo, der 1516 eine Einladung König Franz' I. (1494–1547) annimmt, folgen 1530 Rosso Fiorentino (1494–1540) und ein Jahr später der Bolognese Primaticcio (1504–1570), die mit der Ausstattung des Schlosses in Fontainebleau schulbildend über die Grenzen des französischen Kronlandes hinaus wirken.

Allerdings fällt diese Internationalisierung der europäischen Kunst bereits in eine Zeitspanne, in der sich die Einheit der Hochrenaissance in einem Wirbel von Gegenströmungen aufzulösen beginnt.

Der Auftakt zur Spätrenaissance

Die Hauptwerke der Renaissance – etwa Leonardos »Abendmahl« (Abb. S. 161), Raffaels »Schule von Athen« (Abb. S. 172), Giorgiones »Ruhende Venus«, Dürers »Allerheiligenbild« (Abb. S. 188) und die »Vier Apostel« (Abb. S. 187) – vermitteln den Eindruck des Selbstverständlichen und Endgültigen zugleich, nicht steigerungs- und damit entwicklungsfähig. Aber man verkennt das Schaffen der herausragenden Meister, wenn man den Duktus nicht als eine große Kurve, sondern als eine mehr oder minder statische Linie zu begreifen versucht. Sie alle wachsen aus der Tradition des späten 15. Jahrhunderts heraus, erreichen jene als klassisch bezeichnete glückliche Harmonie aller Kräfte und öffnen schließlich den Weg in eine neue Epoche der »Neuzeit«. Nicht zuletzt in dieser Wandlungsfähigkeit, die die Auseinandersetzung mit immer neuen gestalterischen Problemen ermöglicht, liegt ihre Größe.

Gerade Raffael, dessen Werk als reinste Verkörperung aller Ideale der Hochrenaissance gilt, durchmißt in den nur zwei Jahrzehnten seines Wirkens einen Weg, der – bei absoluter innerer Konsequenz – einer Wanderung durch völlig unterschiedliche Landschaften verglichen werden kann. Hatte er zwischen 1509 und 1511 in den Fresken der Stanza della Segnatura den Höhengrat der Hochrenaissance erlangt und für alle Zukunft definiert, so finden wir ihn unmittelbar anschließend bei der Ausmalung der Stanza dell'Eliodoro im Vatikan bereits auf völlig neuen Wegen. Man vergleiche die »Schule von Athen« mit der »Vertreibung des Heliodor aus dem Tempel«. Bei prinzipiell verwandtem Bildbau lassen sich die beiden Darstellungen nur geradezu entgegengesetzten Begriffen zuordnen, wobei freilich der unterschiedliche dramatische Gehalt der Szenen nicht übersehen werden soll. Schon der Verzicht auf die harmonisch abgestimmten, dem Halbkreis angenäherten Proportionen des Formats überrascht. Vor allem aber sprengt Raffael die auf ein Zentrum ausgerichteten Bewegungszüge der »Schule von Athen« in Richtung auf eine zentrifugale Komposition, die auf der senkrechten Mittelachse einen suggestiven Tiefenzug öffnet: Der Ausgleich zwischen Fläche und Raum wird zugunsten der dritten Dimension aufgehoben. Rascher Wechsel von Licht und Schatten beschleunigt die Bewegung von vorne nach hinten, womit sich zugleich die Harmonie zwischen Linie und Farbe zugunsten der malerischen Behandlung zu verschieben beginnt. In dieser Richtung schreitet das Konzept der »Befreiung Petri«, ebenfalls in der Stanza d'Eliodoro, fort. Zum erstenmal in der Geschichte dieses Bildthemas nimmt Raffael die Worte der Apostelgeschichte ganz wörtlich: »... und ein Licht erschien in dem Gemach ... und es deuchte ihn, er sähe ein Gesicht.« Realität und die sinnliche Erfahrung Übersteigendes treten auseinander, und das Phänomen des innerbildlichen, gemalten Lichts setzt einen Markstein für die Entwicklung der Farbe innerhalb der italienischen Malerei.

Raffael
Papst Leo X. mit den Kardinälen Giulio de' Medici und Luigi de Rossi, 1518/19
Öl auf Holz, 154 x 119 cm
Florenz, Galleria degli Uffizi

Raffaels Weg vollendet sich, auch nach seiner inneren Gesetzmäßigkeit, in seinem letzten Werk, der »Verklärung Christi« (Abb. S. 172). Das sich körperlich übertragende Gleichgewicht der »Schule von Athen« wird durch Asymmetrie abgelöst, Bewegungszüge von höchster Dynamik stellen eine neue Form von Bildeinheit her, die der Betrachter aktiv nachvollziehen muß. Die Realitätsebenen des Wunders und der irdischen Zone werden durch unterschiedliche körperplastische Behandlung der Figuren und mit Hilfe differenzierter malerischer Behandlung voneinander abgehoben. In Raffaels Werk vollzieht sich, entsprechend den von Wölfflin aufgestellten Kategorien, ein Wandel von der geschlossenen zur offenen Form, von der Fläche zur Tiefe, von der Einheit zur Vielfalt.

Am schwersten läßt sich Michelangelo den normativen Idealen der Hochrenaissance einfügen, sieht man von den Skulpturen des knapp 30jährigen wie etwa dem »David« (1501–1504) ab. Schon während der Ausmalung der Sixtinischen Kapelle im Vatikan (1508–1512) sprengt Michelangelo den Rahmen der Hochrenaissance. Entgegen dem ersten Eindruck ist der gewaltige Zyklus perspektivisch nicht als Einheit erfahrbar, die einzelnen Abschnitte sind nach je eigenen Perspektivsystemen, das Ganze gleichsam »multiperspektivisch« angelegt. Die starken Maßstabskontraste – etwa zwischen den Sibyllen und Propheten, den Aktfiguren der Jünglinge und den Gestalten der Schöpfungsgeschichte heben vollends den Eindruck einer in sich geschlossenen Ordnung auf. Die Grenzen zwischen Architektur, Skulptur und Malerei werden durchlässig. In den Jünglingsfiguren, den »Ignudi«, löst sich Michelangelo formal wie inhaltlich aus den Bahnen der ikonographischen Tradition. In ständiger Steigerung des Bewegungsduktus zeichnet sich Michelangelos künftiger Weg ab: die Darstellung der menschlichen Figur als Bekenntnis persönlichen Erlebens und Erleidens zu begreifen.

Auch der älteste Meister aus dem Dreigestirn der italienischen Hochrenaissance, Leonardo, überschreitet in seinen späten Werken die Grenze von der Hoch- zur Spätrenaissance, indem er Figuren und Gegenstände wie hinter einem Schleier zurücktreten läßt – jener Auflösung der Konturen in farbige Übergänge, die Vasari als »Sfumato« (italienisch »sfumare« = abtönen, verrauchen) bezeichnet hat. Hier steht Leonardo geradezu im Gegensatz zum Phänomen der Hochrenaissance, die er doch wesentlich mitbegründet hatte: Die »Klassische Kunst« lebt nicht zuletzt von Tageshelle und Greifbarkeit.

Nördlich der Alpen zeichnet sich bei den etwas jüngeren Vertretern der Dürerzeit – vornehmlich bei Hans Holbein (um 1497/98–1543) und Hans Baldung Grien (um 1484/85 –1545), aber auch bei dem späten Altdorfer – der Hang zu kühler Distanz, einem besonders in der Gattung des Porträts hervortretendem Skeptizismus ab. Hand in Hand damit geht die Zunahme profaner Bildthemen – Holbein malt 1528 mit der »Madonna des Bürgermeisters Jakob Meyer« (Abb. S. 195) sein letztes religiöses Bild! Erotische Szenen, weder der Frührenaissance noch dem Mittelalter fremd, gewinnen ein zuvor nicht bekanntes Maß an Vordergründigkeit, zumal sie häufig aus der Einbindung in einen mythologischen Zusammenhang gelöst werden – auch das ein Hinweis auf die Spaltung einer ganzheitlichen Lebensauffassung, die eine der Grundlagen der Hochrenaissance gewesen war.

Manierismus – Begriff und Begriffsverwirrung

Der heute für die Kunst der Spätrenaissance weithin gebräuchliche Epochenbegriff des Manierismus geht in der Wurzel ebenso wie die Stilbezeichnungen Gotik und Renaissance auf Vasaris 1550 in erster, 1568 in zweiter, wesentlich erweiterter Auflage erschienenen Lebensbeschreibungen der italienischen Künstler von Cimabue bis in seine eigene Gegenwart zurück (»Le Vite de' piu eccellenti architetti, pittori e scultori italiani«). Vasari spricht von der »maniera« Michelangelos und verwendet diese Definition lediglich im Sinne von Stil. Tatsächlich hat die »maniera« Michelangelos nicht nur auf das 16. Jahrhundert, sondern weit in den Barock hinein prägend gewirkt. Daneben existiert in der Geschichte der französischen Literatur seit dem späten Mittelalter die Vorstellung von »manière« als einer den Vorstellungen des gesellschaftlichen Anstandes entsprechenden Verhaltens – Wurzel unserer geläufigen Redensart, »gute Manieren zu haben«. Diese durchaus positiv zu wertenden Begriffe erfahren am Übergang von Spätbarock zu Frühklassizismus – also in der zweiten Hälfte des 18. Jahrhunderts – eine negative Interpretation in Richtung eines gekünstelten, übertriebenen und auch absonderlichen Verhaltens. Die Kunstgeschichtsschreibung hat im späten 19. Jahrhundert den Begriff des »Manierismus« als einen für die Kunst von etwa 1520 bis 1600 auf weite Strecken kennzeichnenden Charakterzug aufgegriffen – zunächst unter dem Einfluß klassizistischer Ästhetik negativ im Sinne von Zerfallserscheinungen der Hochrenaissance, seit den ersten Jahrzehnten des 20. Jahrhunderts dagegen in der Erkenntnis grundlegender schöpferischer Neuerungen zunehmend positiv.

Gleichwohl bleibt der Begriff des Manierismus als europäischer Stilerscheinung problematisch. Verbindende Grundlage für die Kunst des 16. Jahrhunderts ist die Hochrenaissance, deren Ideale und Normen allerdings vielfach übersteigert oder zerstört werden. Insofern handelt es sich um eine Epoche, die gleichsam den Widerspruch zum Prinzip erhebt. Trotzdem ist eine knappe, auf einen Nenner gebrachte Definition für die Phänomene des Manierismus nicht möglich – es sei denn, in einem sehr allgemeinen Rahmen, eben unter dem Nenner des Widerspruchs oder auch des Sichwidersprechenden. Statt von dem Manierismus, sollte man vorsichtiger von einer breit gefächerten Skala von »Manierismen« in der Kunst zwischen 1520 und 1600 sprechen, wobei bedacht sein will, daß sich das Zentrum der europäischen Malerei im 16. Jahrhundert, Venedig, und sein bedeutendster Vertreter Tizian dieser Begriffsbestimmung weithin entziehen.

Erscheinungsformen der Spätrenaissance

Abbildende Kunst kann ihrer Natur nach nur einen bestimmten Moment festhalten bzw. mehrere zeitlich aufeinanderfolgende Momente in einer »kontinuierenden Darstellung« aneinanderreihen. Malerei und Skulptur des 16. Jahrhunderts erheben die optische Suggestion von Bewegung erstmals in

Michelangelo Buonarroti
Das Jüngste Gericht, 1536–1541
Detail: Verdammter, von einer Schlange gebissen
Fresko, 1375 x 1220 cm (Gesamtmaß)
Rom, Vatikan, Cappella Sistina

Tizian
Bildnis eines Mannes (sog. »Ariost«), um 1512
Öl auf Leinwand, 81,2 x 66,3 cm
London, National Gallery

der abendländischen Kunst zu einem zentralen Problem der Gestaltung. In der Malerei betrifft das vor allem Themen, die inhaltlich einen zeitlichen Ablauf umfassen – also Darstellungen der Himmelfahrt Christi oder Mariae, der Kreuzabnahme und der Grablegung. Der Beginn dieser Entwicklung fällt bereits in einen Zeitraum, der im allgemeinen Verständnis noch als Hochrenaissance bezeichnet wird. Den grandiosen Auftakt bilden gleichzeitig Tizians »Assunta« (Mariae Himmelfahrt in Santa Maria Gloriosa dei Frari in Venedig, 1516–1518) und Raffaels »Verklärung Christi« (1517–1520).

Wie stark das Verlangen nach Veranschaulichung von Bewegung die Malerei des 16. Jahrhunderts beherrscht, zeigt die Tatsache, daß auch Bildthemen, die ihrer Natur nach zu Statik und Ruhe prädestiniert sind, scheinbar in einen zeitlichen Ablauf versetzt werden. Das gilt beispielsweise für Darstellungen der Sacra Conversazione (der thronenden Maria im Kreise von Heiligen). Die »Madonna delle Arpie« (Florenz, Uffizien, 1517) von Andrea del Sarto (1486–1530), Tizians »Madonna aus dem Hause Pesaro« (Venedig, Santa Maria Gloriosa dei Frari, 1519–1526) und, bereits bis zum Exzentrischen gesteigert, Correggios (um 1489–1534) »Madonna di San Gerolamo« (Parma, Pinakothek, um 1530) stehen am Anfang einer Entwicklung, in der gemäß der Bildtradition beschaulich in sich gekehrte Figuren entweder in einer kreisförmigen oder aufsteigenden Bewegung begriffen sind.

Eine führende Rolle übernimmt jetzt erneut Florenz. Nicht nur politisch wieder gefestigt, sondern der Tendenz zu klassischem Ausgleich enthoben, bemächtigt sich der dialektisch bestimmte Charakter der Florentiner der neuen, das Widersprüchliche nicht mehr integrierenden, sondern in seinem Spannungsverhältnis offen zur Anschauung bringenden gestalterischen Probleme. Der sog. Florentiner Frühmanierismus unter Führung Pontormos (1494–1556) und Rosso Fiorentinos wird weit über die Grenzen der Toskana hinauswirken. In seiner »Heimsuchung« (Pfarrkirche in Carmignano bei Florenz, um 1530) verwandelt Pontormo das in der Bildtradition auf Zuständlichkeit hin angelegte Thema in einen unentwegt kreisenden »Reigen« – darin, bei allen stilgeschichtlichen Unterschieden, Tizians »Dornenkrönung« (Abb. S. 178) von 1576 in der Grundanlage eng verwandt.

In engem Zusammenhang mit der Aufgabe, Bewegung zu veranschaulichen, muß die neue Raumauffassung in der Kunst des 16. Jahrhunderts gesehen werden. Früh- und Hochrenaissance hatten gleichermaßen in Architektur wie Malerei den eindeutig und allseitig begrenzten Raum geschaffen. Im Gegensatz zu dem »diaphanen«, das heißt weitgehend entmaterialisierten und »durchscheinenden« Wandsystem der Hochgotik werden die Raumgrenzen als »endliche« erfahrbar und schaffen für den Betrachter einen gesicherten Rahmen und einen festen Standort. Diese Position wird im Laufe des 16. Jahrhunderts in das genaue Gegenteil verkehrt. Leonardos »Abendmahl« (1496–1498) und Tintorettos (1518–1594) genau um ein Jahrhundert späteres Werk gleichen Themas (Venedig, San Giorgio Maggiore, 1592–1594) bezeichnen die einander entgegengesetzten Pole dieser Entwicklung. Bei aller virtuosen Beherrschung der perspektivischen Mittel hält Leonardo die Bedingungen der zweidimensionalen Bildfläche stets bewußt; Tintoretto dagegen öffnet den Bildraum in eine für den Blick nicht mehr eindeutig bestimmbare Tiefe und löst zugleich auch die seitlichen Raumgrenzen auf: Der Raum verliert jede rational greifbare Dimension.

Die Entwicklung läßt sich in eine Reihe von zeitlich aufeinander folgenden Stadien gliedern. Zunächst einmal wird die Balance zwischen Fläche und Raum zugunsten der Dominanz des Raumes aufgehoben. In einer zweiten Stufe werden die Bildräume scheinbar ins Unendliche erweitert; häufig reißt eine perspektivische Tiefenflucht in der Bildmitte den Blick mit sinnverwirrender Beschleunigung in die Tiefe, wird dort nicht durch ein »Ziel« aufgefangen, sondern verliert sich in nicht meßbarer Ferne. Wie nahe sich in dieser Beziehung Architektur und Malerei kommen können, zeigt ein Vergleich der von Vasari 1560 begonnenen Uffizien in Florenz mit den Darstellungen der Markuswunder Tintorettos in Venedig. Schließlich wird der Bildraum nicht nur zur Tiefe hin als unbegrenzt dargestellt, sondern auch in seinen seitlichen Begrenzungen durchlässig.

Die Malerei nördlich der Alpen verwirklicht den Eindruck von unendlichen Dimensionen mit anderen Mitteln als die italienischen Zeitgenossen, da die im Laufe des 15. Jahrhunderts in Italien zunehmend differenzierten Möglichkeiten perspektivischer Verkürzung nicht zur Verfügung standen. Hier wird der Typ der »Weltlandschaft«, des aus der Vogelschau gesehenen Landschaftsüberblicks, entwickelt, der in engem Zusammenhang mit der Geschichte der Landkarte gesehen werden muß. Besonders die niederländische Malerei in der Nachfolge Joachim Patinirs (um 1480–1524) greift diese Gattung auf. Für alle genannten Möglichkeiten gilt die These von Dagobert Frey (1883–1962): Die »Darstellung der Unendlichkeit wird zum Problem«.

Ebenso wie Wiedergabe von Bewegung und Unendlichkeit in wechselseitiger Abhängigkeit stehen, so ist die neue Raumauffassung in ursächlichem Zusammenhang mit dem Streben nach Aufhebung der Grenze zwischen Kunst und Wirklichkeit sowie zwischen den einzelnen Kunstgattungen zu sehen. Die Übertretung der Grenze zwischen dem Kunstraum und dem Realraum, die treffend als »ästhetische Grenze« bezeichnet worden ist (E. Michalski), hatte bereits die Frührenaissance beschäftigt. Dabei konnte einerseits der Realraum sich scheinbar im gemalten Raum fortsetzen wie in den Abendmahlsdarstellungen Domenico Ghirlandaios in Florenz, oder Elemente bzw. Figuren der Malerei schienen in den Betrachterraum einzudringen wie etwa in Mantegnas Fresken in der Camera degli Sposi in Mantua. Man könnte zwischen aktiver und passiver Überschreitung der ästhetischen Grenzen sprechen. Die Hochrenaissance hatte solche Grenzverwischungen vermieden, indem sie dem gemalten Raum ein eigenes, nicht an der Augenhöhe des Betrachters orientiertes Perspektivsystem gab. Leonardos »Abendmahl« und Raffaels Fresken in der Stanza della Segnatura sind herausragende Beispiele.

Pontormo
Josef mit Jakob in Ägypten, um 1515
Öl auf Holz, 96,5 x 109,5 cm
London, National Gallery

Tintoretto
Die Entstehung der Milchstraße, um 1575–1580 (?)
Öl auf Leinwand, 148 x 165,1 cm
London, National Gallery

Im 16. Jahrhundert dagegen wird dieses Prinzip der Verschmelzung von Kunst- und Realraum weit über die Vorstufen der Frührenaissance hinaus gesteigert. Der Sienese Baldassare Peruzzi (1481–1536) malt 1508–1511 in der römischen Villa Farnesina die Sala delle Prospettive (Saal der Perspektiven) aus: Eine gemalte Architektur scheint den Ausblick auf das umgebende Trastevere zu öffnen. In dem nach der kurzen Ausführungszeit seiner Fresken als Sala dei cento giorni (Saal der hundert Tage) benannten Hauptsaal des Palazzo della Cancelleria in Rom bewirkt Vasari ein sinnenverwirrendes Spiel mit den Raumgrenzen, indem sich einerseits die Wände zu öffnen, andererseits Treppen und Figuren in den Betrachterraum einzudringen scheinen. Am weitesten in dieser Richtung geht Paolo Veronese (1528–1588) bei der Ausmalung der Villa Barbaro in Maser bei Treviso (1561 begonnen; Abb. S.184), indem er gleichermaßen Landschaftsausblicke suggeriert und Architekturglieder und Figuren bis zur Augentäuschung (»trompe-l'œil«) mit rein malerischen Mitteln verwirklicht.

Gerade am Beispiel Veroneses wird eine weitere Form der Grenzvermischung anschaulich: eine Aufhebung der für die einzelnen Kunstgattungen spezifischen Bedingungen. Die Ersetzbarkeit einer Gattung durch eine andere – etwa der Skulptur durch Malerei, der Architektur durch Skulptur – reicht bis in das späte Mittelalter zurück. Seit dem Aufkommen der Grisaillemalerei (französisch »gris« = grau) in der Glasmalerei des Zisterzienserordens während des 12. Jahrhunderts werden häufig Skulpturen durch Malerei nachgeahmt.

In der Frührenaissance erscheinen gemalte Figuren häufig wie farbig gefaßte Statuen. Ihre volle Entfaltung findet die Öffnung der Kunstgattungen zueinander aber wiederum erst im 16. Jahrhundert. Michelangelo nähert sich während der Arbeit an der Decke der Sixtinischen Kapelle zunehmend der Kategorie der Freifigur. Um 1518/19 malt Correggio die Camera di San Paolo im gleichnamigen Konvent in Parma aus und hebt hier nicht nur eine feste Begrenzung der Decke für den Blick auf, sondern suggeriert mit Malerei das Vorhandensein von Skulpturen und architektonischen Elementen. Wiederum ist es Veronese, der in der Ausstattung der Villa Barbaro die Grenzen zwischen Architektur, Skulptur und Malerei am weitesten öffnet.

Aber auch in anderem Zusammenhang – und hier nun bereits das »Abnorme« streifend – werden Grenzen übertreten: wenn beispielsweise im Giardino delle Monstre (Garten der Monstren) in Bomarzo bei Orvieto Architekturen in Form von figürlichen Skulpturen erscheinen, Skulptur also betretbar wird, oder wenn im Park zu Pratolino über Florenz Skulpturen unmittelbar aus der Natur herauswachsen, gleichsam Natur werden.

Darstellung von Bewegung und Unendlichkeit, Aufhebung von Grenzen zwischen Kunstwerk und Betrachter bzw. zwischen den einzelnen Kunstgattungen bilden verschiedene Möglichkeiten der Abwendung von der idealisierten Abbildlichkeit der Hochrenaissance. Damit wird die Grundlage für eine in den gestalterischen Mitteln neuartige Veranschaulichung des Überirdischen geschaffen.

Paolo Veronese
Allegorie von Tugend und Laster (Die Wahl des Herkules), um 1580
Öl auf Leinwand, 219 x 169,5 cm
New York, The Frick Collection

Die mittelalterliche Malerei hatte durch die Bevorzugung des Goldgrundes bei Verzicht auf körperplastische Erscheinung der Figuren und irdische Raumdarstellung eine Bildwelt jenseits unserer täglichen Erfahrung vermittelt.

Zur Zeit der Frührenaissance – mit der »Wiederentdeckung der Welt und des Menschen« (Burckhardt) – werden die heilsgeschichtlichen Ereignisse, Wunder und Visionen, der die menschliche Erfahrung übersteigende Bereich des Himmlischen den Bedingungen des diesseitigen Raumes und der menschlichen Figurenwiedergabe unterworfen. Das Wunder »ist ein Vorgang wie ein anderes irdisches Geschehen« (Frey). Auch die Hochrenaissance stellt den sakralen und den profanen Bereich unter die gleichen Bedingungen der Gestaltung. In Raffaels »Disputà« beispielsweise sind irdische und himmlische Zone im gleichen Realitätsgrad der Darstellung miteinander verbunden.

Die Malerei des 16. Jahrhunderts dagegen entwickelt neue Möglichkeiten, um die Realitätsgrade des Irdischen und Überirdischen anschaulich zu trennen, jetzt »bricht das Jenseits in das Diesseits ein« (Frey). Voraussetzung für dieses Phänomen ist ein neues malerisches Konzept. Die Frührenaissance war durch die Dominanz der Linie über die Farbe gekennzeichnet. Die Linie fixiert einen Gegenstand auf der Fläche, läßt ihn greifbar und damit real erscheinen. Die durch Leonardo eingeleitete Reduzierung der Linie zugunsten der farbigen Abgrenzung befreit die Bildelemente aus ihrer »Greifbarkeit«; und während sich die Linie vornehmlich an den Intellekt, die Ratio wendet, spricht die Farbe in erster Linie die Erlebnisfähigkeit, die Emotion an. Mit Hilfe der Farbe werden die Voraussetzungen für die »Überwältigung« des Betrachters durch das im Bilde veranschaulichte Wunder geschaffen.

In allen bisher betrachteten Erscheinungsformen des Manierismus setzt die Kunst des 16. Jahrhunderts die Normen der Hochrenaissance außer Kraft. Sie ist prinzipiell »antinormativ«, aber deswegen noch nicht »manieristisch« im Sinne des modernen Sprachgebrauchs. Dagegen gilt der Begriff des »Manierierten« für eine Reihe von Phänomenen, die bis heute zu stark die Vorstellung der Epoche bestimmt haben.

In erster Linie ist hier die Deformation des idealen Menschenbildes zu nennen, die häufig der Ausdruckssteigerung dient. So hat Rosso Fiorentino ohne Zweifel Michelangelo studiert, transponiert aber dessen herkulisches Menschenbild in scheinbar willkürliche Proportionen und häufig die Details großzügig zusammenfassende Formen. Besonders in der Florentiner Malerei werden die Figuren oft überlängt, die Köpfe dagegen verhältnismäßig klein gehalten. Vornehmlich Pontormo führt dieses Prinzip, das im späten 16. Jahrhundert El

Greco (um 1541–1614) aufgreifen wird, zu einem ersten Höhepunkt. 1523 malt Parmigianino (1503–1540) ein »Selbstbildnis im Konvexspiegel« (Wien, Kunsthistorisches Museum) und thematisiert damit geradezu die Verzerrung des ideal überhöhten Menschenbildes der Hochrenaissance. Die Bereiche des Surrealismus streift der Mailänder Giuseppe Arcimboldo (1527–1593), wenn er menschliche Köpfe ausschließlich aus realistisch erfaßten pflanzlichen Details zusammensetzt oder in traumhaft-unwirkliche Zusammenhänge einordnet (Abb. rechts).

In den Bereich der Verformungen des Naturvorbildes gehören nicht zuletzt antiklassische, sozusagen unnatürliche Farbkombinationen, besonders in der Florentiner Malerei des 16. Jahrhunderts, und die Aufhebung logischer Zusammenhänge durch divergierende Perspektiv- und Maßstabsanwendung.

Verallgemeinernd, und damit zwangsläufig auch vergröbernd, folgen in der Kunst der Renaissance drei Entwicklungsstufen in der Darstellung des Menschen aufeinander. Das Ideal der Frührenaissance war der Mensch in seiner natürlichen Erscheinung. Das Ideal der Hochrenaissance wird die Idealisierung der natürlichen Erscheinung, die Darstellung des in der Realität an seiner vollen harmonischen Entfaltung gehinderten Naturkonzeptes. Das »Ideal« des Manierismus ist die Überwindung des Naturvorbildes und zum Teil dessen Verformung zugunsten des gesteigerten Ausdrucks.

Giuseppe Arcimboldo
Der Frühling, 1563
Öl auf Holz, 66,7 x 50,4 cm
Madrid, Real Academia de Bellas Artes de San Fernando

Kulturgeschichtliche Grundlagen des Stilwandels im 16. Jahrhundert

Der Umbruch von der Hoch- in die Spätrenaissance spiegelt tiefgreifende religiöse, soziale und naturwissenschaftliche Prozesse wider. Mit Martin Luthers (1483–1546) Thesenanschlag im Jahre 1517 ist der äußere Auftakt zu einer religiösen Revolution gesetzt, die die Allgemeingültigkeit des von den Reform- und »Ketzer«-Bewegungen des Mittelalters niemals ernsthaft angetasteten Selbstverständnisses der römischen Kirche für alle Zukunft in Frage stellen sollte. Die katholische Kirche hat mit den Reformen des Tridentiner Konzils um die Mitte des 16. Jahrhunderts zum Gegenschlag ausgeholt und das religiöse Leben in weiten Gebieten Europas restauriert. Aber es handelt sich dabei um eine unter Anspannung aller Kräfte vollzogene Reaktion, die den alten Zustand der Selbstverständlichkeit, der nicht hinterfragten Wahrheiten zwangsläufig nicht wiederherstellen konnte. So ist das Jahrhundert von außerordentlichen religiösen Spannungen erfüllt, die jene für die Hochrenaissance so bezeichnende Balance zwischen der profanen und der sakralen Sphäre, zwischen Realität und Idealität in der Wurzel zerstören mußten. Die Unruhe, die sich in Bewegung äußert, mag nicht zuletzt hier ihren Motor haben.

Für die deutsche Kultur zog sich die Glaubensspaltung als ein ständiger Konfliktherd durch die folgenden Jahrhunderte. Zweifellos ist Luthers Lehre von der »Freiheit eines Christenmenschen«, der seiner eigenen Verantwortlichkeit übergeben wird, eine der größten Taten der deutschen Geistesgeschichte. Sie barg aber auch in doppelter Hinsicht Gefahren, die sich in der Zukunft mehrfach als Katastrophe auswirken sollten. Erstens überschätzte Luthers Lehre die moralische Qualität des Menschen, denn der wohlverstandene Protestantismus setzt eine elitäre Geisteshaltung voraus. Zweitens beschränkte sich Luthers Lehre auf die innere Freiheit des Menschen, forderte aber strengen Gehorsam gegenüber der weltlichen Macht. Auf diese Weise förderte der Protestantismus ein obrigkeitsstaatliches Denken, das auf Jahrhunderte hinaus die Entwicklung eines demokratischen Verständnisses verhindern sollte.

Die negativen Folgen der Reformation hat Luther noch erlebt. 1526 tobten die Bauernkriege, nachdem schon zuvor etwa der Bundschuh größere Freiheiten für den Bauernstand gefordert hatte. Unter dem Eindruck der reformatorischen Lehre wollten die Bauern sich in das staatliche Leben eingliedern, verlangten Aufhebung der Leibeigenschaft und der weltlichen Kirchenherrschaft. Nach anfänglichen Erfolgen wurden die Aufständischen vernichtend geschlagen, zumal ihrer Bewegung ein koordinierender Führer fehlte. Luther versuchte zunächst zu vermitteln, stellte sich dann aber eindeutig auf die Seite der Obrigkeit.

Lorenzo Lotto
Bildnis eines Jünglings vor weißem Vorhang, um 1506–1508
Öl auf Leinwand, 53,3 x 42,3 cm
Wien, Kunsthistorisches Museum

Die Ablehnung des Bilderkultes, am schärfsten von Johann Calvin (1509–1564) vertreten, führte in Deutschland und den Niederlanden zu einem verheerenden Bildersturm, der nur der byzantinischen Bilderverbrennung im 8. Jahrhundert vergleichbar ist. Das Ausmaß der Zerstörungen dürfte erst von der Vernichtungswelle durch die Luftangriffe des Zweiten Weltkrieges übertroffen worden sein.

Die durch das ganze 16. Jahrhundert anhaltenden religiösen Auseinandersetzungen hatten aber für die deutsche Kultur noch eine bis ins 20. Jahrhundert nachwirkende Konsequenz, die Golo Mann (1909–1994) am treffendsten gekennzeichnet hat: »Deutschland, das bisher alle großen Erfahrungen Europas mitgemacht hatte, Romanisierung und Christentum, Feudalismus und Kreuzzüge, Klöster und Universitäten, Städte und Bürgerstand, Renaissance und Reformation, machte nun die größte aller Erfahrungen nicht mehr mit: die beginnende Europäisierung der Welt. Seine Schiffe durchpflügten weder den Atlantischen noch den Indischen Ozean. Sein Handel schrumpfte, seine Städte verarmten, sein Bürgertum verknöcherte. Die unschätzbare Erziehung, welche die Kolonisation und der Kampf um die Kolonien bedeuten, die Erweiterung des Horizonts, die materielle Bereicherung und Intensivierung des Lebens, an alledem hatte Deutschland geringen Anteil.« Mit anderen Worten: Die Reformation eröffnete der deutschen Kultur den Weg in einen gewissen Provinzialismus, den sie Jahrhunderte hindurch nicht wieder zu überwinden vermochte. Das Fehlen großer Auftraggeber machte sich schmerzlich bemerkbar. Nicht umsonst verbrachte Deutschlands größter Maler nach Dürers Tod, Hans Holbein, einen großen Teil seines Lebens in England. Cranach, einer der phantasiebegabtesten Künstler um die Jahrhundertwende, glitt als Hofmaler Friedrichs des Weisen von Sachsen (1482–1532) in einen kühlen, gekünstelten Ästhetizismus ab. Die Auseinandersetzung mit der Renaissance erfolgte vorwiegend im ornamentalen Bereich, wobei das Formengut nicht einmal direkt, sondern über die Niederlande vermittelt wurde.

Auch Italien erfährt im dritten Jahrzehnt des 16. Jahrhunderts neben religiösen empfindliche politische Erschütterungen. Annähernd gleichzeitig mit den Bauernkriegen in Deutschland wird Italien 1527 durch den »Sacco di Roma«, die Plünderung Roms durch die Söldnerheere Karls V. (1500–1558), auf das heftigste erschüttert. Weithin wird das Ereignis als ein Strafgericht für Lockerung der Sitten und Verherrlichung eines luxuriösen Lebensstils empfunden. Wenn durch unseren Jammer dem Zorn und der Strenge Gottes genuggetan ist, »wenn diese furchtbaren Strafen uns wieder den Weg öffnen zu besseren Sitten und Gesetzen, dann ist vielleicht unser Unglück nicht das größte gewesen«, schrieb am 1. September 1527 Jacopo Sadoleto (1477–1547), seit 1517 Bischof von Carpentras, an Papst Klemens VII. (1478–1534). Jedenfalls war seit diesem Ereignis das Vertrauen in den Glanz weltlicher Machtentfaltung zutiefst gestört, und das um so mehr, als weite Teile Italiens unter spanischer Herrschaft blieben.

Aber die »Krise der Hochrenaissance« vollzieht sich nicht nur über historischen, religiösen und sozialen Wurzeln, sondern ist in gleichem Maße Folge eines neuen Weltbildes. 1492 entdeckte Christoph Kolumbus (1451–1506) in der Absicht, Indien zu erreichen, Amerika. Zwischen 1497 und 1504 unternahm der Florentiner Amerigo Vespucci (1451–1512) vier Entdeckungsreisen nach Honduras und Südamerika. Sein Vorname gab dem »neuen« Kontinent den Namen. 1497/98 gelang es Vasco da Gama (um 1460–1524), Afrika zu umsegeln und nun wirklich Indien auf dem Seeweg zu erreichen. In Verfolgung dieser Route wurden u.a. 1517 Südchina, 1526 Neuguinea und 1542 Japan entdeckt. 1519–1522 unternahm Fernão de Magalhães (um 1480–1521) die erste Weltumseglung – eine bewundernswerte Pionierleistung und wichtige Etappe in der Geographie. Die seit frühchristlicher Zeit vermutete Kugelgestalt der Erde war endgültig bewiesen. Der neue Kontinent Amerika mit seinen riesigen Dimensionen wird im dritten und vierten Jahrzehnt des 16. Jahrhunderts genauer erforscht; seit 1528 dringen die Spanier von Mexiko aus tief in nordamerikanisches Gebiet vor, 1534 besetzen die Franzosen Teile Kanadas.

Insofern ist das 16. Jahrhundert die Epoche einer im direkten Sinne des Wortes sich wandelnden Weltanschauung. Die in sich ruhende »Alte« Welt wird in ihrem Bezug auf das Ganze relativiert; sie kann fortan nicht mehr als das von einigen mehr oder minder exotischen Randzonen umgebene Zentrum der Erde gelten, sondern lediglich noch als ein verhältnismäßig kleiner Abschnitt innerhalb eines weiten, großenteils noch unerforschten Horizonts. Die Vielfalt der Landschaften, Völker und Kulturen stellt Europa und seine Randgebiete als den allgemeingültigen Maßstab in Frage.

Dabei entwickelte sich folgerichtig ein neuer Begriff für nahezu unmeßbare Dimensionen, für Unendlichkeit. Zweifellos stoßen wir hier auf die entscheidende Wurzel für die neue Raumauffassung in der Kunst der Epoche.

Aber noch in anderer Richtung wandelte sich das Weltbild, als Nikolaus Kopernikus (1473–1543) zu Beginn des 16. Jahrhunderts mit der bereits von Regiomontanus vorbereiteten Revision von der Lehre der Planetenbewegung hervortrat: Nicht die Erde, sondern die Sonne steht im Zentrum der kreisförmigen Planetenbahnen; auch die Erde umkreist die Sonne und dreht sich gleichzeitig um ihre Achse. Rund hundert Jahre später, 1614, mußte Galileo Galilei (1564–1642) diese Lehre vom heliozentrischen Weltbild widerrufen!

Die Entwicklung der Kunsttheorie

Hand in Hand mit dem Stilwandel von der Hoch- zur Spätrenaissance geht eine Erweiterung der Kunsttheorie – ein Phänomen, das in diesem Rahmen nur gestreift werden kann. Hatte sich die Frührenaissance in Italien vorwiegend mit Problemen der Wiedergabe von »Wirklichkeit« theoretisch auseinandergesetzt – Perspektive, Proportionslehre, Anatomie –, so verlagert sich nun das Schwergewicht auf ästhetische Fragen. Im Vordergrund steht die Auseinandersetzung über den Vorrang von Linie und Farbe. Während Florenz leidenschaftlich am Primat der Linie festhielt, verteidigte Venedig nicht minder engagiert die Bedeutung der Farbe als des vornehmsten Gestaltungsmittels in der Malerei. Hier beginnt eine Diskussion, die in den heftigen Disputen der französischen Akademie zwischen »Rubenisten« und »Poussinisten« (den Anhängern von Rubens bzw. Poussin) während des 17. Jahrhunderts ihren Höhepunkt finden wird und die noch weitgehend das Spannungsverhältnis zwischen Klassizismus und Romantik im 18. und frühen 19. Jahrhundert bestimmt.

In enger Beziehung zu dieser Auseinandersetzung steht die Frage nach der rangmäßigen Abfolge der Kunstgattungen. Wiederum stehen sich Florenz und Venedig als Pole gegenüber. Florenz, dessen große schöpferische Leistungen von Giotto über Masaccio bis zu Michelangelo in allen Kunstgattungen von einem bildhauerischen Konzept bestimmt sind, hat stets die Skulptur als vornehmste Kunstgattung betrachtet, während Venedig, das auch der Architektur und Skulptur einen »bildhaften« Charakter aufprägte, die Malerei als höchste Verwirklichung allen künstlerischen Schaffens sah.

Eine Anekdote, die Paolo Pino (tätig 1534–1565) in seinem »Dialogo di pittura« (Dialog über die Malerei, Venedig 1548) festgehalten hat, schildert die gegensätzliche Auffassung höchst anschaulich. In einem Gespräch mit Bildhauern sollte Giorgione von der Überlegenheit der Skulptur überzeugt werden, könne doch diese die menschliche Figur allseitig, die Malerei dagegen nur von jeweils einer Seite wiedergeben. Giorgione malte daraufhin einen heute verschollenen hl. Georg zur ständigen Verblüffung der Bildhauer. Die Figur stand in Rüstung, auf einen Lanzenschaft gestützt, am Rand einer Quelle, die die ganze Figur spiegelte; ferner war an einen Baumstamm ein Spiegel gelehnt, in dem sich die ganze Gestalt vom Rücken und von einer Seite abzeichnete; ein zweiter Spiegel stand auf der anderen Seite im Bilde und gab den Heiligen von der Gegenposition aus wieder. Giorgione wollte damit beweisen, daß ein Maler eine Figur mit einem einzigen Blick simultan von allen Seiten sichtbar machen könne, während der Betrachter eine Skulptur erst umschreiten müsse, um sie vollkommen zu begreifen.

Man wird immer wieder versucht sein, die Unterschiede zwischen Florenz und Venedig aus kunstlandschaftlichen Gegensätzen, im unmittelbaren Sinne des Wortes genommen, zu erklären. Mußte nicht die Bergwelt der Toskana in ihrer

Agnolo Bronzino
Eleonora von Toledo und ihr Sohn Giovanni, um 1545
Öl auf Holz, 115 x 96 cm
Florenz, Galleria degli Uffizi

stereometrischen Erscheinung, mit den von Licht und Schatten scharf modellierten Konturen die schöpferischen Kräfte vornehmlich in Richtung plastischer Gestaltung leiten, während umgekehrt die sich vielfältig über dem Wasser brechenden Farben der venezianischen Lagunenlandschaft zuallererst das Auge des Malers und nicht den Tastsinn herausforderten?

Das Theoretisieren über die Künste nahm im Laufe des 16. Jahrhunderts vielgestaltige Formen an. Einen Schlüssel für das Verständnis der Spätrenaissance – und deren Distanz zur Hochrenaissance – bot Giovanni Paolo Lomazzo (1538–1600) 1590 in seiner »Idea del tempio della pittura« (Vorstellung vom Tempel der Malerei), in der das Spannungsverhältnis zwischen der schöpferischen Idee des Künstlers (dem »concetto«) und dem Naturvorbild diskutiert wird.

Die »Wiederentdeckung« des Manierismus im 20. Jahrhundert

Die Rezeption historischer Epochen und einzelner Künstlerpersönlichkeiten in Theorie und Praxis ist von der Kunstgeschichte erst zu einem kleinen Teil untersucht worden. Hier bietet sich ein noch unerschlossenes Feld, das eine Fülle von Perspektiven eröffnen wird. Schärft die jeweilige Einschätzung eines historischen Phänomens doch nicht nur den Blick für bisher nicht erkannte oder jedenfalls doch nicht für entscheidend gehaltene Informationen, sondern trägt in gleichem Maße zum Verständnis des jeweils Gegenwärtigen bei. Für Kunstgeschichte und Kunsttheorie ließe sich dabei vielfältig nachweisen, wie der jeweilige Betrachterstandort – ob bewußt oder unbewußt – von den künstlerischen Strömungen des wechselnden Gegenwärtigen beeinflußt ist.

Die Aufwertung der »manieristischen« Erscheinungen in der Kunst des 16. Jahrhunderts durch die beginnende Moderne unserer Zeit ist hierfür ein bezeichnendes Beispiel. Hatte der alte Burckhardt in seinen 1894/95 niedergeschriebenen »Randglossen zur Skulptur der Renaissance« nicht ohne leise Ironie von der »Naivität in der Kunst des Quattrocento, die man neuerdings hat schätzen lernen«, gesprochen und in bezug auf die Spätrenaissance bemerkt: »Wer jedoch in den erforderlichen hohen Jahren ist, hat schon solche Wandlungen des Kunsturteils erlebt, daß ihn auch eine solche zugunsten mancher manieristischer Werke nicht zu sehr wundern würde, wenn einmal der Hunger nach dem Schönen sich der Ährenlese hingäbe, da wo die Ernten längst eingetan sind«, so trat dieser Wandel tatsächlich bereits ein Jahrzehnt später ein.

In der Verformung bzw. Vereinfachung des idealen Naturvorbilds erkannten Expressionismus und Kubismus wesentliche Grundlagen ihres eigenen schöpferischen Konzepts. Die Aufhebung rationaler logischer Strukturen und die Eröffnung traumhafter unbewußter Schichten der menschlichen Erlebnisfähigkeit mußten dem Surrealismus ebenso wie der Psychoanalyse als wesensverwandt erscheinen. Das Bestreben, Bewegungsabläufe anschaulich zu machen, wurde zwischen etwa 1900 und 1912 unmittelbar vom italienischen Futurismus aufgegriffen. Filippo Tommaso Marinetti (1876–1944) hat 1909 in seinem »Ersten futuristischen Manifest« die Ziele der Bewegung definiert: formale Wiedergabe von Bewegung (»dinamismo«) der modernen Technik und Zivilisation, Auflösung des statischen Bildes, »Schönheit der Geschwindigkeit« einzufangen. Wenn er ferner schreibt: »Wir lehnen den rechten Winkel als leidenschaftslos ab. Wir wollen den Schock der spitzen Winkel, die dynamische Arabeske; die schrägen Linien, die auf die Sinne des Betrachters fallen wie Pfeile, die vom Himmel kommen«, so scheinen unmittelbar Gestaltungsprinzipien in der Malerei des 16. Jahrhunderts angesprochen zu sein.

Spätrenaissance und Barock

Tatsächlich aber hatte sich die entwicklungsgeschichtliche Bedeutung der Kunst des 16. Jahrhunderts längst mit dem Übergang zum Frühbarock erfüllt. Zentrale künstlerische Ideen werden im 17. Jahrhundert aufgegriffen und weiterentwickelt. Michelangelo da Caravaggio (1537–1610) etwa übernimmt von den großen Venezianern die Gestaltung aus der Farbe heraus, läßt die neutestamentlichen Geschehnisse trotz aller naturalistischen Wiedergabe der Details als Wunder anschaulich werden und führt die Suggestion von Bewegungsabläufen über die Möglichkeiten des 16. Jahrhunderts hinaus (»Kreuzigung Petri«, Cesari-Kapelle an Santa Maria del Popolo, Rom, 1601; »Grablegung Christi«, Rom, Vatikanische Pinakothek, 1602–1604). Im Jahre 1600 bricht der 23jährige Peter Paul Rubens (1577–1640) in den Süden auf, um das Erbe des 16. Jahrhunderts als genialer Verwandler und Bewahrer für den nordeuropäischen Barock fruchtbar zu machen. Die »Grenzverwischungen« zwischen den Kunstgattungen wie die Aufhebung der Grenze zwischen Kunst- und Realraum im Barock sind ohne die Vorbereitung im 16. Jahrhundert undenkbar.

Es sind vornehmlich diese die Bildstatik der Hochrenaissance außer Kraft setzenden dynamischen Gestaltungsmittel in der Malerei des 16. Jahrhunderts, die in der für jeden Entwicklungsprozeß gültigen Spannung zwischen »Verlust« und »Gewinn« das zukunftweisende Potential darstellen. Unter zahlreichen Aspekten darf die um 1600 einsetzende Kunst des Barocks als eine Synthese dieser Elemente mit den Normen der Hochrenaissance gelten, wobei an die Stelle der bewegten Harmonie die harmonisierte Bewegung tritt.

Angesichts des großen Entwicklungsbogens, der von der Hochrenaissance zum Barock führt, sollte die Kunst des 16. Jahrhunderts anstelle des weithin irreführenden Begriffs des Manierismus doch eher ihre alte Bezeichnung als Spätrenaissance zurückerhalten.

LEONARDO DA VINCI
1452–1519

Kein anderes Werk der abendländischen Kunst ist so sehr zum Inbegriff seines Themas geworden wie Leonardos Abendmahl. Aufbauend auf den Darstellungen Castagnos und Ghirlandaios, findet Leonardo gleichwohl eine völlig neue, in ihrer Überzeugungskraft nicht mehr zu steigernde Formulierung. Meisterhaft in der perspektivischen Konstruktion, suggeriert das Wandbild zunächst den Eindruck einer realen Raumerweiterung, aber durch die unterschiedliche Höhe des Augenpunktes von Bild und Betrachter sowie durch das monumentale Figurenformat wird sofort Distanz geboten. Die gemalte Architektur ist äußerst schlicht gehalten und hat lediglich eine dem szenischen Geschehen dienende Funktion: Alle Fluchtlinien treffen sich in der Gestalt Christi als dem inhaltlichen Zentrum, das durch das breitere Fenster mit dem segmentbogenförmigen Abschluß zusätzlich betont wird.

In Abwandlung von Vorstudien, die gemäß der Bildtradition Judas vor dem Tisch zeigen, wird der Verräter jetzt der Jüngergruppe eingegliedert und damit ein anderer Moment des Geschehens gewählt. Christus hat seine Worte gesprochen, und die Jünger reagieren erschreckt mit der Frage: »Herr, bin ich's?« Beiderseits der als Dreieck isolierten und durch den Farbklang Rot-Blau herausgehobenen Gestalt Christi sind die Apostel jeweils zu dritt gruppiert. Ihre unterschiedlichen Emotionen werden in der Vielfalt der Bewegungen deutlich – gemäß dem Ausspruch Leonardos, daß der Maler den Geist eines Menschen nicht durch die Gesichter, sondern durch Haltung und Bewegung auszudrücken habe. Auf diese Weise hat das Wandbild trotz seines schlechten Erhaltungszustands kaum von seiner Wirkung eingebüßt.

Leonardo da Vinci
Abendmahl, 1495–1498
Öltempera auf Stein, 460 x 880 cm
Mailand, Santa Maria delle Grazie, Refektorium

Obwohl nur in der Untermalung ausgeführt, bildet die Komposition gleichsam den Auftakt zur Hochrenaissance. Das in sich zentrierte quadratische Format ist Bedingung der Figurengruppierung: Die knienden Könige verbinden sich mit der Marienfigur zu einem Dreieck, dessen Spitze auf den Kopf der Maria genau in der Mitte des Bildfeldes weist. Die in sich gedrehte, gleichsam kontrapostisch aufgebaute Gruppe von Mutter und Kind vermittelt zwanglos zwischen links und rechts – man könnte sie als Gelenkfigur des gesamten Bildorganismus bezeichnen. In den ausdrucksstarken Gesichtern spiegelt sich das Studium des Portinari-Altars von Hugo van der Goes, der wenige Jahre zuvor – vermutlich 1478 – in Florenz aufgestellt worden war.

Warum Leonardo das Bild nicht vollendete, ist unbekannt. Jedenfalls malte Filippino Lippi 1496 für denselben Auftraggeber und denselben Aufstellungsort (das Kloster San Donato a Scopeto bei Florenz) eine neue Fassung des Themas (heute ebenfalls in den Uffizien). Möglicherweise stand die für die Darstellung der Reiterspiele im Hintergrund erforderliche Präzision der Zeichnung im Widerspruch zu Leonardos Farbtheorien hinsichtlich der mit wachsendem Abstand zunehmenden Auflösung der Konturen.

Leonardo da Vinci
Anbetung der Könige, um 1481
Öl und Bister auf Holz, 240 x 246 cm
Florenz, Galleria degli Uffizi

LEONARDO DA VINCI
1452–1519

Leonardo da Vinci
Felsgrottenmadonna, um 1483
Öl, von Holz auf Leinwand übertragen, 199 x 122 cm
Paris, Musée National du Louvre

Das Thema hat mehrere ikonographische Wurzeln: die Anbetung des Kindes durch Maria und den Johannesknaben; die Geburt Christi, die nach der byzantinischen Bildtradition in einer Felsgrotte stattfand; schließlich einen von Leonardo schriftlich festgehaltenen Traum, der das überwältigende Erlebnis einer Höhlenwanderung schildert.

Die Komposition wird durch das Dreieck der Figuren bestimmt, das freilich durch Asymmetrien und feine räumliche Stufungen jeden Eindruck von »Bildgeometrie« vermeidet. Der Raum wird durch differenzierteste Mittel an die Fläche zurückgebunden. Größte Bedeutung kommt in diesem Zusammenhang dem anatomisch überlängten Arm des Engels zu, dessen Ausführung Leonardo in einer Zeichnung genau vorbereitete. Kopf des Jesusknaben, Arm des Engels und beschützende Hand der Maria verbinden sich zugleich zu einer flächenparallelen Vertikalen. Welche Bedeutung dieses Detail für das Bildganze hat, beweist der Verzicht auf die Gebärde in der späteren Version.

In der malerischen Gestaltung verwirklicht Leonardo seine neuen Farbtheorien. Der genialste Zeichner seiner Zeit verzichtet auf jede lineare Abgrenzung der Bildelemente, in den Landschaftsdurchblicken hellen sich die Farben bei zunehmend aufgelösten Konturen auf.

Über die Gründe, die zur Auswechslung dieser Fassung gegenüber der früheren führten, lassen sich nur Vermutungen anstellen. Jetzt haben die Figuren Heiligenscheine erhalten, Johannes ist durch den Kreuzstab eindeutig gekennzeichnet, der Verzicht auf die weisende Gebärde des Engels hebt Christus als Hauptfigur stärker hervor. Was das Londoner Bild an Idealität der Komposition verliert, gewinnt es an ikonographischer Eindeutigkeit hinzu.

Leonardo da Vinci
Felsgrottenmadonna, vollendet um 1506
Öl auf Holz, 190 x 120 cm
London, National Gallery

Leonardos Darstellung darf in vieler Beziehung als das Gegenstück zu Michelangelos Doni-Tondo angesehen werden. Wie dort ist eine Gruppe von drei Figuren in überaus komplizierten, großenteils gegenläufigen Bewegungen miteinander verbunden. Während aber Michelangelo nach Veranschaulichung der dritten Dimension strebt, bindet Leonardo die raumweisenden Gebärden und Haltungen den beherrschenden geometrischen Formen ein.

Gravierender noch sind die Gegensätze der malerischen Mittel. Während Michelangelo primär mit der Linie arbeitet und die Farbe nur gegenstandsbezeichnend hinzutreten läßt, entwickelt Leonardo Konturen und Binnenformen rein aus der farbigen Modulation heraus – in dieser Beziehung bereits auf den späten Tizian vorausweisend. Mit Hilfe der Farbe erreicht er auch die Verbindung von Figuren und phantastischer Landschaft im Hintergrund.

Leonardo da Vinci
Die hl. Anna selbdritt, um 1508
Öl auf Holz, 168 x 130 cm
Paris, Musée National du Louvre

GIORGIONE

UM 1477/78–1510

Giorgione
Thronende Madonna mit den Heiligen Franziskus und Liberale (Madonna di Castelfranco), um 1504/05
Öl auf Holz. 200 x 152 cm
Castelfranco Veneto, San Liberale

Giorgiones frühestes gesichertes Werk bezeichnet eine Etappe in der Entwicklung der venezianischen Sacra-Conversazione-Darstellung. Erstmals wird die Madonna auf einem real nicht betretbaren Thron hoch über die begleitenden Heiligen hinausgehoben und zum anderen vor einen Landschaftsausblick gestellt. Staffelung der Figuren im Raum und in der Fläche ergänzen einander. Die Komposition läßt noch die »kristalline« Ordnung der Werke Antonellos da Messina nachklingen. In der Figurengruppierung überlagern sich Dreieck und Parallelogramm und binden die rationale, mit perspektivischen Mitteln sicher konstruierte Räumlichkeit an die Fläche zurück. An Einflüsse Antonellos erinnern auch die kostbaren Textilien sowie das Wappen der Familie Costanzo am Sockel des Throns, für deren Familienkapelle das Bild gemalt wurde.

Noch halten sich Zeichnung und farbige Modulation die Waage, aber die vielfach spiegelnde Rüstung des Ritterheiligen und die in der Landschaft allmählich verschwimmenden Konturen deuten bereits auf Giorgiones künftige Entwicklung voraus. Wir dürfen daran erinnern, daß Leonardo 1501 in Venedig war.

Entstehungsgeschichte und Urheberfrage dieses von den französischen Malern des 19. Jahrhunderts bewunderten Bildes konnten bis heute nicht zufriedenstellend geklärt werden. Handelt es sich um das letzte uns bekannte Werk Giorgiones? Haben Giorgione und Tizian hier gemeinsam gearbeitet? Oder geht das Werk im wesentlichen auf Tizian zurück? Die Unsicherheit der Forschung beweist, wie kontinuierlich die Entwicklung von Giorgione zu Tizian verläuft und welche Bedeutung der Frühverstorbene für das Schaffen des größten europäischen Malers der Spätrenaissance hatte.

Die Verschmelzung von Figuren und Landschaft ist über das »Gewitter« hinaus weiterentwickelt. In dem Ausblick scheint das Musizieren der Figuren anschaulich zu werden.

Indem bekleidete Figuren in Zeittracht und Aktfiguren nebeneinander erscheinen, ist die Nacktheit nicht mehr mythologisch legitimiert, sondern unmittelbar gegenwärtig. Allerdings sucht keine der Gestalten den Blick des Betrachters, wie zum Beispiel später in Manets »Frühstück im Freien« (Abb. S. 491), das in der Nachfolge des »Ländlichen Konzerts« steht. Giorgione wahrt die in sich abgeschlossene Bildwelt.

Giorgione
Ländliches Konzert, um 1510/11
Öl auf Leinwand, 110 x 138 cm
Paris, Musée National du Louvre

Der allegorisch verschlüsselte Bildinhalt hat sich bis heute nicht deuten lassen. Schon um 1530 wurde das Gemälde (Abb. rechts) lediglich als »Landschaft auf Leinwand mit dem Gewitter, der Zigeunerin und dem Soldaten« beschrieben. Alle Interpretationsversuche werden erschwert, seit wir durch Röntgenaufnahmen wissen, daß zunächst anstelle des Soldaten eine weitere Aktfigur vorgesehen war und daß das Werk insgesamt in mehreren Arbeitsetappen entstand – bezeichnend für das spontane und gefühlsbetonte Vorgehen des Venezianers im Gegensatz zu der reflektierten Arbeitsweise der Florentiner.

Sicher handelt es sich um eines der letzten Werke Giorgiones. Das Verhältnis zwischen Figur und Landschaft entwickelt sich nachdrücklich zugunsten der Landschaft, die Zeichnung tritt völlig hinter der farbigen Modulation zurück, der literarische Vorwurf verliert an Interesse. Insofern ist der ins 16. Jahrhundert zurückreichende Bildtitel durchaus berechtigt: Die Darstellung eines Naturereignisses war zumindest eines der zentralen Themen in der Vorstellung Giorgiones.

Die faszinierende Auflösung des zeichnerisch Fixierten in die Ausdruckskraft der Farbe (Gewand des Soldaten, Gestaltung des Himmels) weist bereits über Tizians Frühwerk auf dessen Reifezeit voraus.

Giorgione
Das Gewitter (La Tempestà), um 1510
Öl auf Leinwand, 78 x 72 cm
Venedig, Galleria dell'Accademia

Fra Bartolommeo Verkündigung, um 1500
Öltempera auf Holz, 20 x 10 cm (je Flügel)
Florenz, Galleria degli Uffizi

FRA BARTOLOMMEO
1472–1517

Die beiden Täfelchen gehören zu den Arbeiten, die Bartolommeo noch vor seinem Eintritt ins Kloster gemalt hat. Sie sind Flügel eines für Piero del Pugliese geschaffenen Hausaltars, die auf der Rückseite Geburt und Beschneidung Christi zeigen und ein Marienrelief Donatellos umschließen. Durch nachträgliches Anschneiden auf allen Seiten sind der ursprüngliche Zusammenhang, der besonders durch die segnende Gebärde des Engels hergestellt wurde, und ebenso der Ausblick durch die geöffnete Tür in der Rückwand empfindlich gestört.

Die Darstellung der Verkündigung als Grisaille (Grau-in-Grau-Malerei) wird auf das Studium niederländischer Werke zurückgehen (Bartolommeo kannte beispielsweise den 1478 in Florenz aufgestellten Portinari-Altar von Hugo van der Goes). In Figuren- und Raumauffassung dagegen steht der junge Künstler eher unter dem Einfluß Peruginos. Zwischen der idealen vorderen Bildgrenze und der streng flächenparallel ausgebreiteten Rückwand entsteht eine klar definierte »Bühne«, auf der die mit Hilfe körperumspannender Falten dreidimensional erscheinenden Figuren sich in freier Bewegung entfalten können. Allerdings bestätigen sie durch den von links nach rechts gerichteten Bewegungsablauf ihrerseits die Bedingungen der zweidimensionalen Fläche, die zudem das die Rahmengrenzen wiederholende Betpult, an dem Maria kniet, unterstützen.

Andrea del Sarto
Pietà, um 1519/20
Öl auf Holz, 99 x 120 cm
Wien, Kunsthistorisches Museum

ANDREA DEL SARTO
1486–1530

Indem der Maler auf die Vielzahl von Begleitfiguren, die das Geschehnis gleichsam reflektieren, verzichtet, schafft er für die Florentiner Malerei einen neuen Typ der Marienklage: Er konzentriert die Darstellung auf Maria und Christus, denen lediglich zwei Engel zugesellt sind. Im Zentrum steht Maria mit dem Ausdruck ihres Schmerzes. Die unmittelbare Verbindung zwischen Mutter und Sohn ist aufgehoben, da Christus im Vordergrund auf einer Bahre liegt und die Leiden des Todes überwunden zu haben scheint.

Einerseits folgt Sarto den Normen einer »klassischen« Komposition: Die Figuren sind, zwei Reliefschichten vergleichbar, hintereinander angeordnet und bestätigen damit das Gesetz der Fläche; die optischen Gewichte sind links und rechts ohne starre Symmetrie gleichmäßig verteilt. Andererseits entsteht eine vibrierende Unruhe vornehmlich durch die Malweise; die Auflösung der Umrisse in farbige Modulation kontrastiert mit eckig gebrochenen Faltenzügen, und besonders der rechte Engel mit den Leidenswerkzeugen erweckt den Eindruck ständiger Veränderung in Bewegung und Blickführung. Die großen, vom Gegenständlichen gelösten Pinselstriche des Hintergrundes zeigen die malerische Auffassung des späten Sarto exemplarisch. Proportionierung und Ausdruck der Gesichter verarbeiten Anregungen Pontormos.

MICHELANGELO BUONARROTI
1475–1564

Michelangelos einziges absolut gesichertes Tafelbild ist wegen der Künstlichkeit des figürlichen Aufbaus häufig kritisiert worden. Tatsächlich fügen sich die drei Hauptfiguren in einem außerordentlich komplizierten Figurenduktus zueinander, der bei den Manieristen der folgenden Generation vielfach Schule gemacht hat, zumal Michelangelo Verformungen der natürlichen Proportionen in Kauf nimmt. Aber es hieße das Werk in seinem Sinn völlig verkennen, wenn man in ihm vorwiegend ein »Kunststück« sehen wollte. Erstens ist es Michelangelos Anliegen, die Statik zugunsten eines transitorischen Momentes zu überwinden. Zweitens bemüht er sich – als die herausragende bildhauerische Urbegabung der abendländischen Kunst – um die Wiedergabe einer plastisch erscheinenden Gruppe: Das in der Malerei der Hochrenaissance so beliebte geometrische Dreieck wird durch die stereometrische Pyramide ersetzt. Und drittens dürfte das Hinaufreichen des Kindes durch Maria zugleich auf die Bereitschaft zu seinem Opfer und seine Himmelfahrt vorausverweisen. Das deutet auch die Figur des kleinen Johannes des Täufers am rechten Bildrand an, der, durch eine Mauer von seinem Spielgefährten getrennt, in die Welt gehen wird, um Christi Ankunft zu verkünden.

Auch die Folge der hinreißenden Jünglingsakte im Hintergrund – an Tondobilder der Heiligen Familie von Luca Signorelli erinnernd – dürfte nicht als Profanierung des Themas bzw. Freude des Bildhauers an plastischer Gestaltung zu erklären sein, sondern den Bereich des Alten Testaments symbolisieren.

Vermutlich für die Hochzeit von Agnolo Doni und Maddalena Strozzi gemalt, ist die Tafel als »Madonna Doni« bzw. »Doni-Tondo« in die Literatur eingegangen.

In dem Zyklus der Sibyllen und Propheten verfolgt Michelangelo einen Weg, der optisch vom Relief zur Freifigur führt. Zacharias über der Eingangs- und Jonas über der Altarwand bezeichnen die Pole dieser Entwicklung, die mit einer Steigerung des Figurenmaßstabs Hand in Hand geht.

Obwohl die »Delphische Sibylle« noch dem ersten Arbeitsabschnitt in der Ausführung der Decke angehört, zeigt sich bereits deutlich die Tendenz zur Ablösung von der gemalten Architektur. Die Figur wendet sich um die eigene Körperachse nach rechts, während der Arm mit dem Spruchband nach links hinübergreift. Ein Bewegungsmotiv aus dem Doni-Tondo wird hier in Richtung auf kräftigere Raumdurchkreuzungen aufgegriffen.

Diese Wirkung unterstützen die beiden Putti, die nicht mehr nebeneinander, sondern auf einer bildeinwärtsführenden Schrägen angeordnet sind und damit noch einmal zur Lösung der Figur aus dem architektonischen Zusammenhang beitragen. Zudem assoziiert die relativ kühle Farbigkeit den Eindruck einer farbig gefaßten Marmorskulptur. Nie zuvor ist die Malerei in gleichem Maß von urplastischen Vorstellungen beherrscht worden wie in Michelangelos Sixtinischer Decke.

Oben:
Michelangelo Buonarroti
Hl. Familie (Doni-Tondo), um 1504/05
Öltempera auf Holz, Durchmesser 120 cm
Florenz, Galleria degli Uffizi

Michelangelo Buonarroti
Delphische Sibylle, um 1506–1509
Fresko, ca. 350 x 380 cm
Rom, Vatikan, Cappella Sistina

MICHELANGELO BUONARROTI
1475–1564

Unter dem 2. Dezember 1786 schreibt Goethe in der »Italienischen Reise«: »Am 28. November kehrten wir zur Sixtinischen Kapelle zurück ... alles wird ... durch den Anblick des größten Meisterstücks ersetzt. Und ich bin in dem Augenblicke so für Michelangelo eingenommen, daß mir nicht einmal die Natur auf ihn schmeckt, da ich sie doch nicht mit so großen Augen wie er sehen kann.« Goethe erkennt hier ein grundlegendes Phänomen der Hochrenaissance: ihr Verhältnis zur Darstellung der Natur im Sinne einer hinter jedem Naturgegenstand stehenden »Idee«. Indem das »Natur-Schöne« und das »Ideal-Schöne« verschmelzen, rückt für einen kurzen Augenblick die abendländische Malerei in unmittelbare Nachbarschaft zur griechischen Klassik.

»Die Erschaffung Adams« dürfte etwa die zeitliche Mitte in der Ausführung der Decke bezeichnen. Michelangelo vergrößert zunehmend den Figurenmaßstab bei Verzicht auf szenisches oder landschaftliches Beiwerk. Erstmals in der Tradition dieses Bildthemas ist Gottvater horizontal, also spiegelbildlich zu Adam dargestellt. Michelangelo nimmt damit die Schilderung der Schöpfungsgeschichte

wörtlich: »So schuf Gott den Menschen nach seinem eigenen Bild ...« (1. Mose 1, 27). In der Jünglingsfigur scheint das Ideal des männlichen Körpers schlechthin veranschaulicht zu sein. Genauestes Studium des anatomischen Details ist nicht wie etwa bei Luca Signorelli (Abb. S. 110) Selbstzweck, sondern führt zur Erkenntnis der höchsten Harmonie in den Proportionen. Größte Natürlichkeit verbindet sich mit größtem künstlerischen Kalkül: Trotz reicher Bewegung im Raum werden die Hauptfiguren durch ihre Gebärden den Bedingungen der Fläche angeglichen. Besonders kennzeichnend dafür ist die Verbindung von Blickrichtung, linkem Arm und aufgestütztem Bein Adams.

Land und Wolke wiederholen in freier Form die Umrisse der Figuren, während die zueinanderführenden Arme vor hellem Grund freigestellt sind, der einem elektrischen Spannungsfeld vergleichbar ist.

»Es gibt im ganzen Bereich der Kunst kein Beispiel mehr von so genialer Übertragung des Übersinnlichen in einen völlig klaren und sprechenden sinnlichen Moment« (Jacob Burckhardt).

Michelangelo Buonarroti
Die Erschaffung Adams, um 1510
Fresko, ca. 280 x 570 cm
Rom, Vatikan, Cappella Sistina

RAFFAEL

1483–1520

Während seiner Florentiner Jahre hat Raffael wiederholt die Madonna in einer Landschaft mit Christus und dem Johannesknaben gemalt. Er setzt sich dabei mit den jüngsten gestalterischen Problemen hinsichtlich der Auffassung von Figur und Raum auseinander. Der starke Kontrast im Bewegungsmotiv der Hauptfigur läßt an Einflüsse Leonardos (Studien zur »Anna selbdritt«) denken. Freiheit der Figuren in ihrer Zuordnung zu Raum und Fläche verbindet sich selbstverständlich mit genau kalkulierter Komposition. Die Kinder, deutlich vor Maria stehend bzw. kniend, sind aus der Bildmitte nach links verschoben, werden aber in das die gesamte Gruppe umschreibende, annähernd gleichschenklige Dreieck mit einbezogen.

Als bildliche Quelle ersten Ranges bezeichnet die Tafel Raffaels Schritt aus der Früh- in die Hochrenaissance. Zwar übernimmt er Gesamtkomposition wie zahlreiche Details aus einer ebenfalls 1504 vollendeten Darstellung gleichen Themas von seinem Lehrer Perugino, aber gerade auf dieser Folie erweist sich Raffael als Vertreter einer jüngeren Generation. Die Hauptgruppe wird auf Kosten der Begleitfiguren deutlicher hervorgehoben, die Vorgeschichte mit den abgewiesenen Freiern durch den Jüngling rechts vorne stärker mit einbezogen. Vor allem aber löst sich Raffael von dem in Reliefschichten aufgebauten Kompositionsprinzip Peruginos. Die Figuren im Vordergrund stehen auf einem einschwingenden Halbkreis, der mit der Landschaft im Hintergrund, der Kuppel des Zentralbaus und dem oberen Bildabschluß zusammen gesehen werden muß. Indem die hinteren Figuren der Hauptgruppe umgekehrt bildeinwärts einschwingen, korrespondieren sie mit der Grundform des kleinen Tempels und verbinden sich mit der Landschaft zu einem kreisförmigen Grundriß.

In der Komposition überträgt Raffael hier die in den Fresken der Stanza della Segnatura verwirklichten Prinzipien einer vollendeten Durchdringung von Bildformat und innerbildlicher Komposition auf ein Tafelbild. Die Figuren in der irdischen Zone nehmen das Halbrund des oberen Bildabschlusses auf, ergänzen es zum Kreis und projizieren es durch ihre räumliche Staffelung zugleich in die dritte Dimension. Die Kreisform wird auch von der Gloriole um Maria und von dem Regenbogen über der Landschaft aufgenommen. Ungeachtet der bewundernswerten Einheit der Komposition ordnet Raffael irdische und himmlische Zone verschiedenen Realitätsgraden zu. Die himmlische Sphäre erscheint durch Zunahme der farbigen Modulation und die Fülle gemalten Lichtes irdischer Greifbarkeit entrückt. Insofern bedeutet die Tafel einen Meilenstein in der Geschichte der abendländischen Malerei.

Raffael
Die Madonna im Grünen, 1505/06
Öltempera auf Holz, 113 x 88 cm
Wien, Kunsthistorisches Museum

Raffael
Die Vermählung der Maria (Sposalizio della Vergine), 1504
Öltempera auf Holz, 170 x 117 cm
Mailand, Pinacoteca di Brera

Raffael
Die Madonna von Foligno (Madonna di Foligno), um 1512
Öl auf Holz, auf Leinwand übertragen, 301 x 198 cm
Rom, Musei Vaticani Pinacoteca

Raffael
Verklärung Christi (Transfiguration), um 1517–1520
Öl auf Leinwand, 405 x 278 cm
Rom, Musei Vaticani, Pinacoteca

RAFFAEL
1483–1520

Raffaels letztes Werk bedeutet die Zusammenfassung seiner gesamten künstlerischen Entwicklung und zugleich den Auftakt zu einem neuen Zeitalter. Das Thema ist neuartig gefaßt. Während auf dem Felsplateau des Berges Tabor Christus als Lichtgestalt zwischen den Propheten Moses und Elias den erschreckt zu Boden gestürzten Jüngern erscheint, wird unten der epileptische Knabe von den verzweifelten Eltern zu den Jüngern gebracht, die nicht helfen können. Zwei in den Evangelien zeitlich aufeinanderfolgende Ereignisse werden miteinander verbunden: Christus als der einzige, der Hilfe bringen kann, wird in seiner Wundergestalt sichtbar, und damit wird die Erlösung zugleich zur Gewißheit gemacht.

Raffael steigert den Kontrast zwischen einer irdischen und einer himmlischen Zone. Die körperplastische Modellierung und die kräftigen Farbakkorde im unteren Teil des Bildes stehen im Gegensatz zu den in ihrer Körperlichkeit weniger greifbaren, in hellen Farbklängen miteinander vereinigten Gestalten der Verklärung.

Gleichwohl gelingt Raffael die optische Verbindung der beiden Zonen. Die Kreissegmente, auf denen die Figuren oben und unten zusammengeschlossen sind, die zahlreichen nach oben weisenden Gebärden, vor allem aber die dynamisch von links unten nach rechts oben ansteigende Schräge der schattenfangenden Felswand verbinden die beiden Sphären.

An der Vollendung des unteren Bildteils wird Raffaels Werkstatt, besonders Giulio Romano, beteiligt gewesen sein.

Raffael
Die Schule von Athen, 1511/12
Fresko, Breite ca. 800 cm
Rom, Musei Vaticani, Stanza della Segnatura

Zwischen 1509 und 1512 malt Raffael in einem Privatzimmer Papst Julius' II. die vier klassischen Fakultäten mit großer geistiger Freiheit. Der Verehrung des Altarsakramentes in der »Disputà« (Theologie) steht die Personifizierung der antik-heidnischen Philosophie gegenüber. Im Zentrum einer großen gewölbten Halle, deren Anlage die Kenntnis antiker Thermen voraussetzt, stehen Plato und Aristoteles, die während des ganzen Mittelalters als Hauptvertreter der antiken Philosophie galten. Links ist die Profilfigur des Sokrates erkennbar; auf der Treppe lagert, Ausdruck seiner materiellen Bedürfnislosigkeit, Diogenes; vorne links hält ein Knabe dem Pythagoras die Tafel der Harmonielehre; auf der Gegenseite entwirft Euklid vor einer Jünglingsgruppe eine geometrische Figur; in der Rückengestalt mit dem Globus dürfte Ptolemäus, ihm frontal gegenüber Zoroaster mit der Sphärenkugel zu erkennen sein; die auf den Marmorblock gestützte Figur (Heraklit? Michelangelo?) wurde später eingefügt. Angesichts der weiträumigen Komposition wird dem Betrachter kaum bewußt, daß er sich in einem schiefwinkligen, schlecht beleuchteten Raum befindet. Freilich führt Raffael den Blick nicht in die Unendlichkeit, sondern vermittelt den Bildraum den Gesetzen der Fläche. Die Figuren sind jeweils von links nach rechts nebeneinandergeordnet, die Tiefenflucht der Architektur auf der Mittelachse wird immer wieder durch seitlich ausgreifende Wände aufgefangen.

PALMA VECCHIO
1480–1528

Die Darstellung zeigt Diana im Kreise ihrer Gefährtinnen beim Bade. Die Figur am linken Bildrand wird als Callisto gedeutet, deren Liebesabenteuer mit Zeus, der sie später in einen Bären verwandelt haben soll, Diana entdeckte. Palmas gesamtes Schaffen steht stark unter dem Einfluß Giorgiones. Die Landschaft nimmt einen bedeutenden Teil der Darstellung ein und fesselt durch die Qualität ihrer Ausführung in den farbig vielfach differenzierten Baumgruppen und Bergzügen stärker als die Figuren. Die Umrisse werden zugunsten feiner farbiger Modulationen aufgelöst. Im Gegensatz zu Giorgiones Werken bleibt freilich die Komposition locker, die Figuren sind, teilweise zu zweit und dritt miteinander verbunden, frei über die Bildfläche verteilt. Der Grund mag teilweise darin zu suchen sein, daß Palma für die einzelnen Nymphen auf verschiedene Vorbilder zurückgreift. Die sitzende Figur, die sich kämmt, geht auf einen Stich von Marcantonio Raimondi zurück; in der Gestalt der Callisto wird eine Variation auf die Aphrodite Kallipygos in Neapel gesehen, in der Rückenfigur rechts eine Umwandlung der Aphrodite von Melos. Interessant ist der Kontrast zu Tizian, der seine Figuren stets nahe am vorderen Bildrand aufbaut und den Raum weitaus weniger in die Aktion miteinbezieht. Die füllige Modellierung der weiblichen Akte deutet auf Palmas spätere Schaffensphase.

Palma Vecchio
Diana entdeckt den Fehltritt der Callisto, um 1525
Öl auf Leinwand auf Holz, 77,5 x 124 cm
Wien, Kunsthistorisches Museum

SEBASTIANO DEL PIOMBO
UM 1485–1547

Das Porträt des Kardinals, das zu Beginn des römischen Aufenthalts Sebastianos entstanden sein dürfte, zeigt exemplarisch die Möglichkeiten, aber auch Grenzen der Begabung des gebürtigen Venezianers. Er erweitert, in Anlehnung an den ihm vorübergehend befreundeten Raffael, die Gattung zum Gruppenbildnis durch die Hinzufügung des Schreibers und einer nicht identifizierbaren Figur am linken Bildrand. Gegen den Betrachterraum ist die Darstellung durch den Tisch und den rechten Arm des Kardinals streng abgeschlossen. In der kühlen, nahezu glatten, nüchtern beobachtenden Physiognomie des Kardinals dürfte sich die nachdrücklich von profanen Interessen geprägte Atmosphäre der römischen Kurie vor dem »Sacco di Roma« widerspiegeln. Entsprechend ist die räumliche Umgebung eine ausgesprochen profane: Die perspektivisch meisterhaft verkürzte Kolonnade könnte Teil eines aristokratischen Palastes der römischen Hochrenaissance sein.

Andererseits erinnern die Malweise etwa des hermelinbesetzten Gewandes und der Kontrast von Licht und Schatten an die Lehrjahre des Malers in Venedig. Der Landschaftsausblick über dem Schreiber ist eine Variation der ebenfalls am rechten Bildrand plazierte Landschaften im Werk Giorgiones, mit dem Sebastiano in Venedig zusammengearbeitet hatte, und der Frühwerke Tizians.

Sebastiano del Piombo Kardinal Carondelet und sein Sekretär, um 1512–1515. Öl auf Holz, 112,5 x 87 cm. Lugano, Sammlung Thyssen-Bornemisza

Correggio
Jupiter und Antiope, um 1524/25
Öl auf Leinwand, 188 x 125 cm
Paris, Musée National du Louvre

Correggio
Leda mit dem Schwan, um 1531/32
Öl auf Leinwand, 152 x 191 cm
Berlin, Gemäldegalerie, Staatliche Museen zu Berlin – Preußischer Kulturbesitz

CORREGGIO
UM 1489–1534

Zeus nähert sich in der Gestalt eines Satyrs der Antiope, Tochter des Nykteus, Regent von Theben (nach anderer Version ist Antiope die Tochter des Flußgottes Asopos). Der schlafende Amor deutet auf den bevorstehenden Liebesakt voraus. Correggio ersetzt in seiner Komposition das klassische Gleichgewicht der Hochrenaissance durch Assymetrie und unterwirft die Figuren äußerst komplizierten Stellungen. Gleichwohl wird durch die parallelen Schrägen der Hauptpersonen ein festes Bezugssystem innerhalb des Bildfeldes erreicht. Correggios Farbkultur hat sich in der Auseinandersetzung mit Leonardo und den venezianischen Malern des frühen 16. Jahrhunderts, vor allem mit Giorgione, entwickelt. Anstelle von farbigen Umrissen arbeitet Correggio ausschließlich mit farbigen Modulationen, die in Verbindung mit dem Licht den Figuren ein hohes Maß an Schwerelosigkeit geben.

Correggios Darstellung der Leda, die Zeus in Gestalt eines Schwans empfängt, fordert unmittelbar den Vergleich mit Michelangelos nur in Kopien erhaltenen Arbeiten zu diesem Thema heraus. Während Michelangelo die Szene ausschließlich auf die Figurengruppe konzentriert, bettet Correggio sie in eine Waldlandschaft ein und bereichert sie um badende Nymphen, den musizierenden Amor und Putten.

Indem Leda in einer komplizierten Drehung als Frontalfigur dargestellt ist, wird der Augenblick der Vereinigung mit einem Höchstmaß an Deutlichkeit anschaulich, ohne daß indessen der Eindruck des Obszönen entstände. Dazu tragen nicht unwesentlich die teils badenden, teils deren Gewänder haltenden, teils musizierenden Begleitfiguren bei. Vor allem aber vermittelt die in feinstem Sfumato gemalte Landschaft den Eindruck einer durchaus idyllischen Szene.

Die zunächst als völlig improvisiert erscheinende Komposition mit der freien Beweglichkeit und Verteilung der Figuren ist genau durchdacht. Leda wird durch den großen Baumstamm akzentuiert, der von der Bildmitte leicht nach links versetzt ist. Nymphen, Amor und Putten sind kreisförmig um die mittlere Baumgruppe verteilt und leiten den Blick in die Tiefe der Landschaft, deren farbige Behandlung in dem Verzicht auf Hervorhebung von Details die größte Freiheit zeigt.

In »Io« und »Ganymed« erreicht Correggio den Gipfel seiner malerischen Möglichkeiten. Die Vereinigung der Nymphe Io, Tochter des Flußgottes Inachus, geht in dieser Form auf die »Metamorphosen« des Ovid zurück. Io flieht vor Zeus, bis dieser »über das weite Gefilde Finsternis zieht, das Mädchen in der Flucht hemmt und ihre Schamhaftigkeit besiegt«. Während sich aber bei Ovid Zeus nur in der Dunkelheit unsichtbar macht, stellt ihn Correggio in eine Wolke verwandelt dar. Die farbige Wirkung beruht auf dem Kontrast zwischen dem von dunklen Wolken erfüllten Himmel und der wie aus sich selber erleuchteten Gestalt der Io. Während in der Figur trotz

raumgreifender Bewegung die Fläche durch die Wendung des Kopfes und die Haltung von linkem Arm und Bein gewahrt wird, ist der Hintergrund durch vielfache, geradezu »proto-impressionistische« Modulation in eine unbestimmte Ferne aufgelöst – eine andere Form der Entgrenzung, wie sie Correggio kurz zuvor in seinen Kuppelausmalungen in Parma verwirklicht hatte.

Zweifellos sind die beiden Gemälde für die hier abgebildete Anordnung geschaffen. Die Gestalt der Io bereitet das Entschweben des schönen Knaben Ganymed nach oben vor. Der aufblickende Hund und der aus vielfachen Vertikalen geformte Felsen unterstützen die Suggestion dieses Bewegungsablaufes, für den die extrem steilen Bildformate die ideale Voraussetzung bilden.

Correggio
Jupiter und Io, um 1531/32
Öl auf Leinwand, 163,5 x 74 cm
Wien, Kunsthistorisches Museum

Correggio
Die Entführung des Ganymed, um 1531/32
Öl auf Leinwand, 163,5 x 70,5 cm
Wien, Kunsthistorisches Museum

Tizian
Venus von Urbino, um 1538
Öl auf Leinwand, 119 x 165 cm
Florenz, Galleria degli Uffizi

TIZIAN

ZWISCHEN 1473 UND 1490–1576

Tizians Gemälde fordert den Vergleich mit Giorgiones »Ruhender Venus« (Dresden) heraus. Die Übereinstimmung in der Haltung geht bis in Einzelheiten. Auch der Kontrast von Weiß und Rot auf dem Lager wird übernommen. Aber gerade die Entsprechungen lassen die Unterschiede um so fühlbarer hervortreten. Bereits der Wechsel von der Landschaft zum Innenraum hebt den Eindruck einer Entrückung aus der Wirklichkeit auf. Vor allem aber ist Tizians Figur nicht schlafend dargestellt, sondern sie wendet den Kopf mit wachem Blick aus dem Bild. Es wird die »äußere Einheit«, das heißt die Beziehung zwischen Bildfigur und Betrachter hergestellt. Der Ring am kleinen Finger der linken Hand, die zwischen den Fingern der Rechten aufgeblätterten Rosen und der Armreif tragen vollends dazu bei, die junge Frau als der Wirklichkeit zugehörig erscheinen zu lassen. Die Bezeichnung als Venus beruht auf einem Mißverständnis. Es handelt sich um eine schöne Kurtisane, für die Frauen im Hintergrund Kleider bereitlegen.

Während Giorgione Figur und Landschaft verschmolz, zielt Tizians Darstellung auf Kontraste. Der Schließung des Raumes auf der linken steht die Öffnung auf der rechten Seite gegenüber. Der helle Körper und das Leinen stehen vor dem Dunkel von Vorhang und Wand. Auch im Verhältnis von Linie und Farbe unterscheiden sich die Bilder. Waren bei Giorgione beide Gestaltungsmittel in Balance gehalten, so grenzt Tizian die einzelnen Bildelemente durch farbige Übergänge ab.

Thema und Komposition rufen das 1514 entstandene »Götterfest« von Giovanni Bellini in die Erinnerung. Gegenüber dem Werk seines Lehrers zielt Tizians Bildaufbau auf Dynamisierung in der Lebhaftigkeit der Bewegungen und in der von links nach rechts ansteigenden Linie von Landschaft und Figuren, die in dem schlafenden Greis auf dem Hügel am rechten Bildrand mündet. Zudem wird die durch Wein und Liebe geweckte Sinnenfreude der zum Teil in unbefangener Nacktheit dargestellten Figuren weitaus unmittelbarer zur Anschauung gebracht als bei Bellini. Gleichwohl wahrt Tizian die geschlossene Form, indem keine der Bildfiguren Kontakt mit dem Betrachter sucht. Wie bewußt Tizian das Bild aufbaut, beweist unter anderem die das Venusmotiv variierende Schlafende vorne rechts, die innerbildlich die Rahmengrenzen festigt.

Indem Tizian dem Gesicht seiner unbekannten Schönen formales Ebenmaß wie natürliche Ausdruckskraft verleiht, steht das Bildnis noch in der Tradition der Hochrenaissance. Der klare Bildaufbau wird durch feine rhythmische Verschiebungen in Raum und Fläche belebt. Vor allem aber ist es der Zauber der malerischen Abstufungen, der »La Bella« unter die schönsten Beispiele dieser Gattung aus Tizians Reifezeit einreiht.

Tizian
Bacchanal (Die Andrier), um 1519/20
Öl auf Leinwand, 175 x 193 cm
Madrid, Museo del Prado

Tizian La Bella (Die Schöne), um 1536
Öl auf Leinwand, 100 x 75 cm
Florenz, Galleria Pitti

Tizian
Dornenkrönung Christi, um 1576
Öl auf Leinwand, 280 x 182 cm
München, Bayerische Staatsgemäldesammlungen, Alte Pinakothek

Unten:
Tizian
Pietà, um 1573–1576
Öl auf Leinwand, 351 x 389 cm
Venedig, Galleria dell'Accademia

TIZIAN

ZWISCHEN 1473 UND 1490–1576

Zwar bleibt Tizian durch sein gesamtes langes Schaffen der von der Hochrenaissance entwickelten Idealität von Komposition und Figur verpflichtet, aber zugleich ist es unter anderem seine Leistung, die Statik des Bildbaus zu überwinden. Die Schergen schließen sich durch ihre Bewegungen kreisförmig um die »Achse« der Figur Christi zusammen. Der Eindruck ständiger Bewegung wird noch verstärkt, indem diese Achse selber in Rotation versetzt zu sein scheint. Die Stellungen der Figuren sind so gewählt, daß sie den jetzigen Moment veranschaulichen – sie werden sich im nächsten Augenblick verändern müssen. Diese Entstabilisierung ist nur möglich durch den völligen Verzicht auf die fixierende Zeichnung, den Tizian in seinem Spätwerk erreicht – Ziel eines Entwicklungsganges, den der Maler durch rund sieben Jahrzehnte seiner Tätigkeit konsequent verfolgte.

In der »Dornenkrönung« steigert sich die Gestaltung aus der reinen Farbe heraus zu fast vorimpressionistischen Wirkungen, die durch den nicht vollendeten Zustand des Bildes noch gesteigert werden.

Im Hinblick auf die Wirkung Tizians ist es von höchstem Interesse, daß der junge Manet seine Werke im Louvre intensiv studiert und sogar kopiert hat.

Tizians letztes Werk, für den Altar über seinem Grabmal bestimmt, wurde von Jacopo Palma dem Jüngeren vollendet. Rechts unter der Figur der Hellespontischen Sibylle befindet sich ein Votivtäfelchen mit dem Maler und seinem Sohn Orazio.

Eine von goldenem Licht erfüllte Apsis, die aus einzelnen Quadern zusammengesetzte Pfeiler mit einem gesprengten Giebel rahmen, bildet das statische Element in der Komposition. Auf dieser Folie kommt die Bewegung der Figuren um so lebhafter zur Anschauung. Links und rechts außen sind Moses mit den Gesetzestafeln und die Hellespontische Sibylle mit dem Kreuz als gemalte Skulpturen dargestellt.

Von Moses fällt eine Diagonale bis zu dem knienden Nikodemus ab. Über das Thema der Beweinung hinaus wird hier zugleich auf die Grablegung vorausgewiesen. Im Körper Christi dagegen beginnt eine entgegengesetzte, nach rechts aufsteigende Bewegungsrichtung, die der fackeltragende Putto aktiviert und zur Sibylle mit dem aufragenden Kreuz weiterleitet: ein sprechender Hinweis auf die künftige Auferstehung. Indem sich der helle, wie aus sich selbst leuchtende Körper Christi mit den steinfarbenen Figuren von Moses und Sibylle verbindet und zugleich gegen die warme, dunkle Rottöne bevorzugende malerische Behandlung der anderen Figuren absetzt, ist er bereits der Zeitlichkeit enthoben. Nie zuvor hat eine Pietà den Tod des Heilands und seine Überwindung in so umfassender Weise vor Augen geführt.

Licht und Farben bestimmen wesentlich den Ausdruck, wobei die Zeichnung zugunsten der malerischen Übergänge ganz zurücktritt, was zum Beispiel am rechten Arm Christi deutlich wird.

LORENZO LOTTO
UM 1480–1556

Nach der römischen Sage wurde Lucretia, die Frau des Lucius Tarquinius Collatinus, von dem Sohn des römischen Königs entehrt und nahm sich daraufhin das Leben. Das Ereignis soll den Anstoß zum Sturz des etruskischen Königshauses (510 v. Chr.) ausgelöst und damit zur Gründung der römischen Republik geführt haben.

Im 16. und 17. Jahrhundert wird Lucretia häufig als Verkörperung der Reinheit dargestellt. Lotto zeigt eine vornehm gekleidete, reich geschmückte Dame in Dreiviertelfigur. Leicht in den Raum gedreht, hält sie mit ihrer linken Hand eine Zeichnung mit der Aktdarstellung der Lucretia, die sich den Dolch in das Herz stößt. Ein Blatt auf dem Tisch trägt in lateinischer Sprache die Inschrift: »Lucretias Vorbild folgend soll keine geschändete Frau weiterleben.«

In der Farbkultur gehört das Gemälde zu Lottos höchsten Leistungen. Während das Gesicht Verwandtschaft zur Giorgione-Nachfolge erkennen läßt, ist der Kontrast zwischen den hell beleuchteten Schultern und den reich abgestuften Rot- und Grüntönen des Kleides eines Tizian würdig. Der kostbare Anhänger der Goldkette, in deren Edelsteinen sich das Licht vielfältig bricht, findet in der venezianischen Malerei des 16. Jahrhunderts kaum seinesgleichen.

Lorenzo Lotto
Bildnis einer vornehmen Dame als Lucretia, um 1530
Öl auf Leinwand, 96 x 111 cm. London, National Gallery

JACOPO BASSANO
UM 1517/18–1592

Das Werk gehört in die erste Schaffensphase des Malers. Die Figuren drängen sich am vorderen Bildrand. Landschaft und Himmel werden im Hintergrund, die Komposition nach oben abschließend, nur angedeutet. Von den im späteren Schaffen Bassanos so häufigen kühnen Architektur- und Landschaftsperspektiven fehlt noch jede Andeutung. Aus der drangvollen Enge heftig bewegter, zum Teil in lebhaften Verkürzungen und Wendungen wiedergegebener Figuren hebt sich die durch den Gleichklang der Richtungen zusammengeschlossene Gruppe von Christus und Veronika als Zentrum heraus. Christus wendet sich zu Veronika zurück, als die ihm in einer von Mitleid und Anbetung gemischten Gebärde das Schweißtuch entgegenhält.

Der starke Zug nach links wird kompositionell ausgeglichen durch das dem Quadrat angenäherte Bildformat, den Querbalken des Kreuzes und die nach rechts aufsteigende Linie der Köpfe, die in den Figuren in der oberen rechten Bildecke mündet. Die Rückenfigur im Zentrum des Bildfeldes bedeutet eine Art von Drehachse, die die auseinanderstrebenden Richtungszüge der Komposition einander vermittelt. Die modulierende Farbbehandlung, besonders in den Gewändern von Christus und Veronika, weist auf die ersten Begegnungen des jungen Malers mit der venezianischen Malerei hin.

Jacopo Bassano Kalvarienberg, um 1540
Öl auf Leinwand, 145 x 133 cm
London, National Gallery

Parmigianino
Madonna mit dem langen Hals,
um 1534–1540
(aus der Servitenkirche in Parma)
Öl auf Holz, 216 x 132 cm
Florenz, Galleria degli Uffizi

PARMIGIANINO
1503–1540

Das an der rechten Seite unvollendet gebliebene Gemälde gehört zu den wichtigsten Beispielen der gegen die Hochrenaissance revoltierenden manieristischen Tendenzen. Schon die Veranschaulichung des Themas bleibt zwischen thronender Madonna und Pietà letztlich unentschieden. Die komplizierten, zum Teil geradezu gesuchten Bewegungen der Figuren verbinden sich mit anatomischen Verformungen, denen das Bild seinen Namen verdankt. Die Madonna, deren Gewand einen vom Aufbau des Körpers unabhängigen dekorativen Eigenwert hat, ist in einem Zustand zwischen Sitzen und Schweben wiedergegeben, zumal eine Thronarchitektur fehlt.

Mit der »Verfremdung« im Aufbau der Figuren korrespondiert die Auflösung jedes logischen Raumzusammenhanges. Ist schon die Lokalisierung der Engelfiguren unklar, so wird der Blick vollends durch die maßstäblichen Diskrepanzen zwischen Hauptgruppe, dem auf Christi Erscheinen vorausweisenden Propheten am rechten Bildrand und der hochaufragenden (nur unvollständig ausgeführten) Säulenfolge verwirrt.

Freilich darf man die Abweichungen von den Normen der Hochrenaissance nicht ausschließlich unter formalen Aspekten deuten, sondern hier auch eine neue Möglichkeit in der Verbildlichung des die Realität Übersteigenden sehen.

Agnolo Bronzino
Allegorie der Liebe
(Venus und Cupido),
vor 1545
Öl auf Holz,
146 x 116 cm
London, National
Gallery

AGNOLO BRONZINO
1503–1572

In kunstvoller Verschlüsselung des Themas stellt Bronzino Freuden und Leiden der Liebe dar. Im Vordergrund umarmt Cupido in einer spiralförmigen Drehung Venus, die in aufgerichteter Haltung dem Betrachter frontal zugewandt ist. Ein von rechts heranstürmender Knabe streut Rosen. Im Hintergrund dagegen sind Alter, Eifersucht und Betrug dargestellt.

Die Komposition ist von geradezu gesuchter Künstlichkeit: Arme und Beine der Venus werden parallel zu den Bildrändern ausgerichtet, die räumliche Schichtung in reliefartige Wirkung überführt. Der anatomisch überlängte Arm des Alten vollendet die Bildfiguration, die an Theodor Hetzers Begriff vom »Bildornament« denken läßt.

Künstlichkeit kennzeichnet auch die Farbgebung. Bronzino schafft eine emailartig glatte Oberfläche, die die Wahl einer Holztafel statt der eigenstrukturierten Leinwand als Bildträger verständlich macht. In seiner unterkühlten Erotik ist das Gemälde Zeugnis einer spezifisch französischen Hofkunst, die ihre Wurzeln schon im 15. Jahrhundert bei Jean Fouquet hat. Als Hofmaler der Medici hat Bronzino zahlreiche Porträts von strenger Form, minuziöser Detailschilderung und kühler Noblesse hinterlassen.

Da Bronzino das Werk für König Franz I. von Frankreich malte, muß es vor 1545 entstanden sein.

ROSSO FIORENTINO
1494–1540

Die große Altartafel ist eines der bezeichnendsten und zugleich bedeutendsten Zeugnisse des sog. Florentiner Frühmanierismus. Rosso verzichtet in seinem Frühwerk auf alle Normen der Hochrenaissance, die auf die Wiedergabe der idealisierten Natur abzielten. Ein logischer Raumzusammenhang zwischen Figuren, Kreuz und Leitern wird nicht erkennbar. Die Figurenmaßstäbe sind willkürlich gewählt, die »klassischen« Proportionen durch Überlängung der Körper und kleine Köpfe verformt. Lichter und Schatten lassen sich nicht aus einer einheitlichen Lichtquelle erklären. Zudem verwendet Rosso sowohl in den Gewändern (etwa bei Maria Magdalena und Johannes am rechten Bildrand) als auch in der Aktmodellierung (Rückenfigur auf der Leiter) kühne, zu geometrischen Flächen tendierende Kürzel. Und schließlich werden die kräftigen Lokalfarben der Hochrenaissance durch eine kühle Farbskala ersetzt.

Es wäre ein Mißverständnis, in diesen Stilprinzipien vorwiegend artistische Qualitäten zu sehen. Die Gebärde der Maria Magdalena und die Haltung des Lieblingsjüngers veranschaulichen äußerste Verzweiflung und tiefen Schmerz. Indem sich der Betrachter nicht mehr mit den Bildfiguren identifizieren kann, tritt der Ausdruck um so reiner hervor, was Rossos Werk in unserem Jahrhundert auf neue Weise »interessant« gemacht hat.

Rosso Fiorentino
Kreuzabnahme Christi, 1521
(aus dem Dom in Volterra)
Öl auf Holz, 333 x 195 cm
Volterra, Pinacoteca Comunale

PONTORMO
1494–1556

Wie die Tafel Rossos gehört auch Pontormos »Kreuzabnahme« zu den wegweisenden Neuschöpfungen einer antiklassischen Malerei. Bereits das Thema läßt sich nicht eindeutig bestimmen. Für eine Kreuzabnahme fehlt das Kreuz, für eine Grablegung das Grab und für eine Pietà bzw. Beweinungsgruppe die unmittelbare Beziehung zwischen Maria und Christus. Die Malerei kann ihrer Natur nach nur einen bestimmten Moment festhalten. Pontormo versucht in faszinierender Weise, dieses Prinzip zugunsten der Veranschaulichung eines Bewegungsablaufes zu überwinden. Es werden gleichsam die einzelnen Stadien einer Kreuzabnahme dargestellt, die sich zur Suggestion eines in jedem Augenblick neu sich vollziehenden Absinkens zusammenschließen. Die Figuren sind in einer großen, vielfach im Raum sich schraubenden S-Kurve miteinander verbunden, deren nach unten weisende Tendenz durch die Gestalt der Maria und die nach rechts unten abfallende Diagonale besonders sinnfällig wird.

Die Komposition entbehrt jeder Stabilität, zumal weder Architektur noch Landschaft einen Halt bieten. Man kann sie als ein kunstvolles Miteinander »labiler Balancen« bezeichnen. Die transparenten und modulierenden Farben, die sicher von Rosso beeinflußt sind, nehmen den Figuren vollends ihre Schwerkraft und entziehen sie der Realität.

Pontormo
Kreuzabnahme Christi, um 1526–1528
Öl auf Holz, 313 x 192 cm
Florenz, Santa Felicità, Cappella Bardori

TINTORETTO
1518–1594

Tintoretto
Der hl. Georg im Kampf mit dem Drachen, um 1550–1560
Öl auf Leinwand, 157 x 100 cm
London, National Gallery

Das Bild steht am Beginn der Reifezeit Tintorettos, in der er die letzten Bindungen an die Fläche zugunsten kühner Raumkonstruktionen aufgibt. Von der fliehenden Königstochter wird der Blick über die Hauptgruppe und die zur Tiefe fluchtenden Bastionen des Kastells zum fernen Horizont des Meeres geführt. Dabei bewirken die starken Maßstabskontraste der Figuren eine suggestive Beschleunigung.

Auf dieser Grundlage wird die Szene über alle vorangehenden Darstellungen des Themas hinaus dramatisch zugespitzt. Die divergierenden Bewegungszüge der Königstochter, die nach vorne rechts aus dem Bildraum herauszustreben scheint, und der Landschaft, die den Blick nach links in die Tiefe zieht, stehen exemplarisch für die der klassischen Stufe der Hochrenaissance diametral entgegengesetzten Prinzipien eines zentrifugalen Bildbaus. Der Kampf des Ritters veranschaulicht in dem sich nach links überstürzenden Bewegungsduktus äußerste Anspannung aller Kräfte.

Als ikonographische Neuerung darf die Figur des ausgestreckt am Boden liegenden Leichnams gelten, der auf die Vorgeschichte des Dramas hinweist. Wie wichtig diese Figur für Tintoretto war, beweist eine sorgfältig ausgeführte Studie im Louvre. Indem der Tote mit ausgestreckten Armen am Boden liegt, assoziiert er die Gestalt des Gekreuzigten. Wird der heilige Georg hier als Überwinder des Bösen in Parallele zu Christus gesetzt?

Die malerische Gestaltung hat sich von der Leuchtkraft des tizianesken Kolorits zugunsten gebrochener Farbtöne abgewandt. Beleuchtungseffekte spielen eine dominierende Rolle und ermöglichen auch den visionären Charakter der himmlischen Erscheinung in der lichterfüllten Wolke.

Tintoretto
Christus bei Maria und Martha, um 1580
Öl auf Leinwand, 200 x 132 cm
München, Bayerische Staatsgemäldesammlungen, Alte Pinakothek

Unter den großen Venezianern des 16. Jahrhunderts vertritt Tintoretto zwar am entschiedensten die Prinzipien des Manierismus, doch in seinem Spätwerk gelingt ihm häufig eine Überwindung in Richtung auf den Barock.

Im Gegensatz zu zahlreichen gleichzeitigen Fassungen des Themas, besonders in der niederländischen Malerei, die in Umkehrung der eigentlichen Bildaussage die Küchenszene im Vordergrund, die Hauptaktion aber miniaturhaft im Türausschnitt zeigen, sichert Tintoretto dem Geschehen durch die Monumentalität der drei Hauptfiguren unmittelbare Anschaulichkeit. Christus und die beiden Schwestern sind zwar überaus kunstvoll aufgebaut, aber doch spontan erfaßbar miteinander verschränkt. Dabei kommt der farblichen Korrespondenz in den Gewändern entscheidende Bedeutung zu.

Gleichwohl bleibt Tintoretto seinem auf oft heftigen Verkürzungen basierenden Kompositionsprinzip treu. Die von Christus über die Tischplatte in den Türausblick und in das Kücheninterieur des Hintergrundes verlaufende Raumflucht zieht den Blick unwiderstehlich in die Tiefe – eine andere optische Verwirklichung von Bewegung, wie sie die kreisförmige Zueinanderordnung der Hauptfiguren suggeriert.

Die Liebe zwischen Venus und Mars, von Botticelli im Sinne der neuplatonischen Philosophie als eine ideale dargestellt, erhält in der Malerei des 16. Jahrhunderts einen stark erotischen Charakter. Für Tintorettos zu dramatischer Inszenierung neigendes Temperament ist es bezeichnend, daß er nicht die Vereinigung der Liebenden, sondern deren Entdeckung durch den alternden Gemahl der Venus, Vulkan, zum Thema wählt. Vulkan, noch im Schreiten begriffen, legt die Scham der Venus frei, während sich Mars unter dem Bett versteckt hat.

Der Raum öffnet sich von links vorne nach rechts hinten in betonter Asymmetrie. Die Verkürzung der Wand, unterstützt durch die Lage Amors, und der nach rechts in das anschließende Gemach weiterführende Tiefenzug der Fliesen wirken zusammen. Ebenso suggeriert der Spiegel eine Raumerweiterung und verbindet sich zugleich mit den Hauptfiguren zu einer weiteren Diagonalen. Darüber hinaus hat der Spiegel eine zweite wichtige Funktion. Er ergänzt die ohnehin in ihrer Drehung raumgreifende Figur des Vulkan zu einer simultan allansichtig erfahrbaren »Skulptur« – eine Assoziation, die durch die muskulöse, auf Michelangelo-Studien zurückgehende Modellierung noch unterstützt wird. Im Kontrast dazu steht die fast knabenhaft spröde Aktfigur der Venus, für die Tizians »Andromeda« Vorbild gewesen sein mag. Kompositionell bildet Venus das Gegengewicht zu dem starken diagonalen Tiefensog.

Als Vorstudie zu dem Münchner Gemälde blieb eine Federzeichnung von großer Spontaneität im Berliner Kupferstichkabinett erhalten, die in Technik und Rahmung des Bildfeldes als Unikum in Tintorettos Werk gelten muß. Dort fehlen allerdings der ruhende Amor und Mars, der sich unter dem Bett versteckt.

Tintoretto
Vulkan überrascht Venus und Mars, um 1555
Öl auf Leinwand, 135 x 198 cm
München, Bayerische Staatsgemäldesammlungen, Alte Pinakothek

Jenseits aller moralisierenden Tendenzen, die in anderen Darstellungen des Themas etwa durch die Bestrafung der beiden lüsternen Alten zur Anschauung gebracht werden, konzentriert sich Tintoretto ausschließlich auf den erotischen Gehalt der Szene. Hell im Licht erscheinend, bildet die Aktfigur der Susanna, einer in voller Reife erblühten jungen Frau, das inhaltliche Zentrum der Komposition, zu dem der Blick immer wieder zurückgeführt wird. Frei im Raum bewegt und in kräftiger Plastizität modelliert, dürfen wir Susanna entwicklungsgeschichtlich als ein Bindeglied zwischen Michelangelo und Rubens ansehen.

Ungewöhnlich in Tintorettos Werk ist die Genauigkeit, mit der die Toilettengegenstände, der Schmuck und die Spiegelungen im Wasser wiedergegeben sind. Es entsteht zwischen Susanna und der Hecke geradezu ein Stilleben.

Freilich bleibt Tintoretto auch bei dieser Darstellung seinem beinahe manischen Hang treu, den Blick durch perspektivische Fluchtlinien in die Tiefe, wenn nicht in die Unendlichkeit zu ziehen. Der Rand des Wasserbeckens, die Rosenhecke, der jähe Maßstabskontrast zwischen den beiden Greisen und der Ausblick auf die ferne Parklandschaft summieren sich, um die Bildfläche so vielfältig wie nur möglich in die dritte Dimension aufzulösen.

Tintoretto
Susanna im Bade, um 1565
Öl auf Leinwand, 147 x 194 cm
Wien, Kunsthistorisches Museum

Paolo Veronese
Giustiana Barbaro und Amme, um 1561/62
Fresko (Detail)
Maser (Treviso), Villa Barbaro

Paolo Veronese
Allegorie der Liebe: Die Untreue, um 1575–1580
Öl auf Leinwand, 189x189 cm
London, National Gallery

PAOLO VERONESE
1528–1588

Die Ausstattung der 1559 von Palladio vollendeten Villa durch Veronese bezeichnet die äußerste Grenzverwischung zwischen Schein und Realität, die dem 16. Jahrhundert möglich war und die selbst vom Barock nicht übertroffen wurde. Scheinbar greifbare Architekturelemente und Skulpturen sind ebenso gemalt wie Ausblicke in Nachbarräume oder in den Park. Das gilt auch für die Balkons im Saal des Olymp. Hinter einer kunstvoll in Untersicht gegebenen Balustrade, deren einzelne Glieder zudem durch Licht und Schatten modelliert erscheinen, steht eine vornehm gekleidete junge Dame – nach der Überlieferung die Herrin des Hauses – mit ihrer Amme, die durch dunklere Hautfarbe und schlichtere Gewandung eindeutig einem anderen sozialen Stand zugeordnet ist. Die Identifizierungsmöglichkeit des Betrachters mit den beiden Figuren wird durch Lebensgröße gesteigert.

Obwohl die Freskotechnik ein rasches Arbeiten erfordert, sind der Reichtum farbiger Übergänge und die Suggestion gemalten Lichtes faszinierend.

»Die Untreue« gehört zu einem Zyklus von »Vier Allegorien der Liebe«, die um 1580 vermutlich im Auftrag Kaiser Rudolfs II. entstanden. Veronese stellt die Rückenfigur der Frau in das Zentrum der Komposition. Während sie mit dem rechten Arm den Ehemann zurückhält, sind nach links hin Blick und Gebärde dem Liebhaber zugewandt. Der Bogenausschnitt, der die Figuren in der Fläche zusammenhält, wird zugleich als Kreissegment in den Raum projiziert. Wie immer bei Veronese bezeichnet das landschaftliche Beiwerk nicht nur die räumliche Situation, sondern dient zugleich – in diesem Falle durch den Verlauf von Baumstämmen und Ästen – dem Bewegungsduktus der Szene.

Das Thema ist kaum je in so festlicher Heiterkeit wiedergegeben worden wie hier. In wachsender Furcht vor dem ständig sich vermehrenden Volksstamm der Israeliten befahl der Pharao, alle ihre Neugeborenen zu töten – alttestamentlicher Gegentyp zum Bethlehemitischen Kindermord. Die Mutter des Moses setzte den Säugling in einem Binsenkörbchen auf dem Nil aus, wo er von der Tochter des Pharao aufgefunden und an Kindes Statt angenommen wurde. Die Komposition verbindet auf das selbstverständlichste Bewegung und Ordnung, die durch den Zusammenklang von Figuren und Landschaft gestiftet wird. Besonders wichtig in dieser Beziehung sind die beiden vorderen Bäume, die die V-förmig auseinanderstrebenden Haltungen der Hauptfiguren aufnehmen. In der zarten Leuchtkraft der Farben und der Fülle feinster Abstufungen wird das Gemälde von keinem anderen Werk Veroneses übertroffen und scheint auf Velázquez vorauszuweisen.

Paolo Veronese
Die Auffindung des Moses, um 1570–1575
Öl auf Leinwand, 50x43 cm
Madrid, Museo del Prado

691.

1498
Das malt Ich nach meiner gestalt
Ich was sex und zwenzig Jor alt
Albrecht Dürer
382
972

ALBRECHT DÜRER
1471–1528

Dürer ist der erste Maler der abendländischen Kunst, der sich immer wieder selbst dargestellt hat. Wir besitzen in der Folge dieser Bildnisse ein unschätzbares Zeugnis für die menschliche Entwicklung des Künstlers.

Das Bild des 26jährigen im Prado zeigt in der gewählten, an einen Edelmann erinnernden Kleidung und der Sorgfalt von Haar- und Barttracht Dürers Bestreben, über den Handwerkerstand hinauszuwachsen. Man erinnert sich des sieben Jahre später aus Venedig an seinen Freund Willibald Pirckheimer gerichteten Briefes, in dem es heißt: »Hier bin ich ein Herr, daheim ein Schmarotzer.«

Obwohl in Dreiviertelansicht gegeben und in dieser Wendung durch den Landschaftsausblick rechts noch unterstützt –, bindet Dürer die Figur durch den flächenparallel auf die Brüstung gelegten Arm, das geflochtene Mantelband und den jede Verkürzung aufhebenden Ärmelbausch über den Händen an die Fläche zurück. Die Einfügung des Brustbildes in ein rahmengerechtes Raumgefüge entspricht italienischen Vorbildern.

Im Vergleich mit dem um sieben Jahre älteren Selbstbildnis ist Dürer unter dem Einfluß der venezianischen Malerei in der Handhabung seiner Mittel freier geworden. Die leichte Wendung des jungen Mädchens ist einheitlich in Kopf und Schulter durchgeführt, das Proportionsverhältnis zwischen Kopf und Rumpf ist natürlicher geworden, in der malerischen Ausführung tritt mit Hilfe feinster Lasuren die farbige Modulation gleichberechtigt neben die genau beobachtende Zeichnung.

Die beiden Tafeln mit den Aposteln Johannes, Petrus, Paulus und Markus, die entgegen älterer Meinung wohl niemals als Flügel eines Triptychons geplant waren, bedeuten Höhepunkt und Abschluß von Dürers malerischem Werk. Das monumentale Format, das sich mit dem statuarischen Figurenkonzept verbindet, ist ebenso aus den venezianischen Eindrücken erwachsen wie die malerische Gestaltung, in der die farbige Modulation über die Zeichnung dominiert. Das unmittelbare Vorbild für Dürers Werk blieb in den seitlichen Tafeln von Giovanni Bellinis 1488 geschaffenem Triptychon in Venedigs Frarikirche erhalten. Auf der anderen Seite bewahrt Dürer in der reich variierten Ausdruckskraft der Gesichter sowie in der Liebe zum Detail sein nordisches Erbteil.

Man hat in den vier Figuren eine Verkörperung der vier Temperamente gesehen: auf dem linken Flügel Johannes als Sanguiniker und Petrus als Phlegmatiker, auf der rechten Seite Markus als Choleriker und Paulus als Melancholiker.

Vermutlich hat Dürer die Tafeln seiner Vaterstadt als Mahnung zum Festhalten am wahren lutherischen Glauben gewidmet.

Albrecht Dürer
Selbstbildnis, 1498
Öl auf Holz, 52 x 41 cm
Madrid, Museo del Prado

Albrecht Dürer
Bildnis einer jungen Venezianerin, 1505
Öl auf Holz, 35 x 26 cm
Wien, Kunsthistorisches Museum

Albrecht Dürer
Die »Vier Apostel« (Johannes, Petrus, Paulus, Markus), 1526
Öl auf Holz, 215,5 x 76 und 214,5 x 76 cm
München, Bayerische Staatsgemäldesammlungen, Alte Pinakothek

Albrecht Dürer
Geburt Christi,
um 1502–1504
(Mitteltafel des
Paumgartner-Altars)
Tempera auf Holz,
155 x 126 cm. München,
Bayerische Staatsgemäldesammlungen,
Alte Pinakothek

Unten:
Albrecht Dürer
Allerheiligenbild, 1511
Öltempera auf Holz,
135 x 123 cm
Wien, Kunsthistorisches Museum

ALBRECHT DÜRER
1471–1528

Das Triptychon, dessen Flügel die Heiligen Georg und Eustachius – vermutlich Porträtfiguren der Familie Paumgartner – zeigen, wurde vermutlich um 1497 für die Katharinenkirche in Nürnberg gestiftet. Obwohl sich die seitlichen Figuren der Darstellung der Anbetung auf der Mitteltafel zuwenden, bleibt durch die Unterschiede im Maßstab sowie in der Gestaltung des Unter- und Hintergrundes der Eindruck dreier selbständiger Bilder vorherrschend. Dazu trägt auch der Kontrast zwischen den statuarisch aufgefaßten Heiligen und der lebhaften Erzählweise der Anbetung bei.

In der Mitteltafel ergibt sich erst aus der Addition von Figuren sowie Landschafts- und Architekturelementen die »Summe« der Komposition. Dürer steht in dieser Beziehung noch ganz in der Tradition des 15. Jahrhunderts, die er erst mit Werken wie dem »Allerheiligenbild« zugunsten einer neuen Ganzheitsvorstellung überwinden wird. In der Gruppierung der Figuren bleibt der mittelalterliche Bedeutungsmaßstab erhalten. Die Präzision der Linienführung verrät den großen Zeichner und Graphiker. Sie unterstützt die Verselbständigung der Einzelheiten, wenn auch durch die Bogenfolgen der Ruinenarchitektur und durch perspektivische Mittel die Teile der Komposition zusammengeführt werden.

Matthäus Landauer gab das Gemälde für die Kapelle zu Allerheiligen in Nürnberg in Auftrag, die zu dem von ihm 1501 gestifteten Zwölfbruderhaus gehörte. Dort sollten zwölf alte Handwerker, die ohne eigenes Verschulden in Not geraten waren, aufgenommen werden.

Eine Entwurfszeichnung mit dem prachtvollen Rahmen (Chantilly, Musée Condé) ist 1508 datiert. Damals war also der Auftrag bereits erteilt und die Komposition in allen wesentlichen Zügen festgelegt. Der Originalrahmen befindet sich heute im Germanischen Nationalmuseum in Nürnberg.

Dargestellt ist die Heilige Dreifaltigkeit – Gottvater, Christus und die Taube des Heiligen Geistes –, die von der Civitas Dei (den Bewohnern des Gottesstaates) angebetet wird. Nicht nur das Thema, sondern auch die Komposition erinnern an Raffaels »Disputà« in der Stanza della Segnatura des Vatikans, die Dürer indessen noch nicht gekannt haben kann, da sie frühestens 1509 begonnen wurde. Vielmehr zeigt sich eine internationale Tendenz zur »klassischen« Form, die freilich ohne italienische Einflüsse nördlich der Alpen nicht vorstellbar ist.

Dürer überwindet die Vereinzelung der Bildelemente sowohl durch die farbige Modulation als auch vor allem durch die Komposition. Ähnlich wie bei Raffael durchdringen sich Kreis- und Kugelausschnitte, das heißt geometrische und stereometrische Elemente. Zugleich wird der obere, aus einem Kreissegment gebildete Abschluß der Tafel auf diese Weise in die innerbildliche Komposition mit einbezogen. Dürer gewinnt formal eine Monumentalität, die die Übersetzung der Figuren in lebensgroßes Format denkbar werden läßt.

HANS BURGKMAIR D. Ä.

1473–1531

In der deutschen Malerei gibt es kaum ein eindrucksvolleres Beispiel für die Darstellung des Evangelisten, der, ergriffen von seinen Visionen, die Apokalypse niederschreibt. Monumentalität und Pathos der Figur steigern sich gegenseitig. Alle Kleinteiligkeit früherer Figurenerfindungen Burgkmairs ist der großen zusammenfassenden Form gewichen.

Der dramatische Bewegungsduktus, der durch den Richtungskontrast von Beinstellung, Gebärden und Kopfwendung hervorgerufen wird, dürfte wenigstens mittelbar durch italienische Vorbilder angeregt worden sein. Die mächtigen Baumstämme geben der Komposition als rahmende Elemente einerseits Festigkeit; andererseits unterstützt die Neigung der Zweige anschaulich die Botschaft des von oben links heranschwebenden Engels.

Obwohl Burgkmair durch die Wiedergabe von Palmen und exotischen Vögeln eine Anspielung auf die griechische Inselwelt gibt, zeigt die Landschaft doch jenen romantischen Stimmungswert, der auf die Berührung mit der »Donauschule« zurückzuführen ist. Für die Darstellung der tropischen Vegetation soll Burgkmair die Pflanzen in den Gärten der Augsburger Fugger studiert haben.

Die Tafel bildet das Zentrum eines Triptychons, auf dessen Flügeln bei geöffnetem Zustand die Heiligen Erasmus und Martin dargestellt sind.

Hans Burgkmair d. Ä.
Johannes der Evangelist auf Patmos, 1518
(Mitteltafel des Johannesaltars)
Öl auf Holz, 153,1 x 127,2 cm
München, Bayerische Staatsgemäldesammlungen, Alte Pinakothek

HANS BALDUNG

UM 1484/85–1545

Indem Baldung auf feierliche Repräsentation der Hauptfiguren verzichtet, lenkt er den Blick des Betrachters zuerst auf die Ruinenarchitektur und die im Maßstab gesteigerten Ochs und Esel. Die Konstruktion des Raumes erfolgt zwischen den Polen exakter perspektivischer Verkürzung – etwa in den scharf gezeichneten Sockelplatten im Vordergrund – und Unbestimmtheit, die durch die Maßstabsdifferenzen von Tieren und Figuren noch erhöht wird. Aber Irritation des Betrachters und manieristische Verfremdung sind hier ganz offenbar nicht Ziel der Gestaltung.

Mit Hilfe von gemaltem Licht, dessen Quelle über die Realität hinausweist, wird das Wunder der Heiligen Nacht mit einer für Baldung ungewöhnlichen Tiefe der Empfindung zur Anschauung gebracht. Das Kind, von Putten in seinen Windeln gehalten, scheint Licht auf das rote Gewand Josefs sowie auf Hände und Gesicht Marias auszustrahlen. Die von Ziegeln gerahmte rundbogige Türöffnung in der rissigen gekalkten Wand gibt den Blick auf eine zweite wunderbare Erscheinung frei: den in einer Lichtglorie herabschwebenden Engel, der einem Hirten neben seinen weiß aufleuchtenden Schafen die Geburt verkündet. Die Verschmelzung von Licht und Schatten und die weich modellierten Umrisse lassen an eine Berührung Baldungs mit der »Donauschule« denken.

Hans Baldung gen. Grien
Geburt Christi, 1520
Öl auf Holz, 105,5 x 70,4 cm
München, Bayerische Staatsgemäldesammlungen, Alte Pinakothek

Matthias Grünewald
Verspottung Christi, um 1503
Öltempera auf Holz, 109 x 73,5 cm
München, Bayerische Staatsgemäldesammlungen, Alte Pinakothek

Matthias Grünewald
Kreuzigung. Vom Isenheimer Altar, zwischen 1512 und 1516
Öl auf Holz, 269 x 307 cm. Colmar, Musée d'Unterlinden

MATTHIAS GRÜNEWALD

UM 1470/80–1528

In Grünewalds erstem gesicherten Werk äußert sich sein von einer urtümlichen Kraft der Emotion beherrschtes künstlerisches Talent in einer zuvor unbekannten dramatischen Zuspitzung der Szene. Christus, mit gefesselten Armen und Händen sowie zugebundenen Augen, ist den Schlägen der Geißelknechte, deren Physiognomien ausschließlich Brutalität ohne jede menschliche Anteilnahme ausdrücken, hilflos ausgeliefert. Der Haß, der hier veranschaulicht wird, führt bis an die Grenzen der Karikatur. Mit Recht hat man an Beziehungen zu Hieronymus Bosch und den physiognomischen Studien Leonardos gedacht.

In der malerischen Gestaltung kündigt sich bereits Grünewalds weitere Entwicklung an. So genau die Einzelheiten noch durchgezeichnet sind, so sehr löst sich die Farbe schon von der Großflächigkeit zugunsten vielfach changierender Übergänge und weich verfließender Umrisse.

Die berühmte Kreuzigung vom Isenheimer Altar veranschaulicht das Leiden Christi in einer nie zuvor und auch in der Folgezeit nie wieder erreichten Eindringlichkeit. Der geschundene Körper mit tief herabgesunkenem Haupt und in Grau übergehender Farbgebung zeigt in den gezerrten Muskeln und Sehnen und den wie im Krampf erstarrten Fingern alle Zeichen der überstandenen Qualen. Der Eindruck des lastend am Kreuz hängenden Körpers wird durch die leichte Durchbiegung des Querbalkens noch gesteigert. In der nachtschwarzen Gewitterlandschaft und den expressiv gesteigerten Gebärden von Maria, Johannes und Maria Magdalena wird das grausame Geschehen gespiegelt.

Einzigartig in der Ausdruckskraft der Gebärde, gewinnt Grünewalds Darstellung ihren »Überwältigungscharakter« vornehmlich aus der eruptiven Kraft der Farbe und der Farbkontraste. Kein anderer der großen deutschen Maler der Dürerzeit hat die Emotion des Betrachters in vergleichbarer Weise durch die malerische Gestaltung anstelle der zeichnerischen Fixierung aufgerufen.

Als feierliches Repräsentationsbild nimmt die Tafel eine einzigartige Stellung in Grünewalds Werk ein. Farbig gefaßten Statuen vergleichbar, stellt er die beiden Hauptfiguren in den Vordergrund. Indem er eine Akzentuierung der Mittelachse vermeidet, bewirkt er eine Überwindung der Statik: Der Mohrenheilige scheint soeben von rechts heranzutreten.

Durch den kleineren Maßstab und die weniger scharfe Konturierung der rückwärtigen Figuren gewinnt Grünewald eine starke Ausweitung in den Raum hinein. Die malerische Ausführung von Pontifikalgewand und Ritterrüstung gehört zu den höchsten Leistungen der deutschen Kunst der Dürerzeit.

Matthias Grünewald
Die Heiligen Erasmus und Mauritius, um 1520–1524
Öl auf Holz, 226 x 176 cm
München, Bayerische Staatsgemäldesammlungen, Alte Pinakothek

Albrecht Altdorfer
Christus am Ölberg, um 1515
(Tafel vom Passionsaltar)
Öl auf Holz, 128 x 95 cm
St. Florian, Augustiner-Chorherrenstift

Albrecht Altdorfer
Susanna im Bade und Steinigung des Alten, 1526. Öl auf Holz, 74,8 x 61,2 cm
München, Bayerische Staatsgemäldesammlungen, Alte Pinakothek

ALBRECHT ALTDORFER
UM 1480–1538

In den Landschaftsdarstellungen dieses großen Altarwerks erreichen die »romantischen« Elemente, die die sog. »Donauschule« kennzeichnen, ihren Höhepunkt. Die Szene ist in eine phantastische Felslandschaft eingefügt, die Beleuchtung mit dem brennend roten Himmel übersteigt alle »natürliche« Abbildlichkeit. Christus kniet demütig hinter der Gruppe der schlafenden Jünger und nimmt die Erscheinung des Engels mit dem Kelch nicht wahr.

Indem die wesentlichen Kompositionslinien – in der Abfolge der Jünger und in der Blickführung von den Häschern über die Hauptfigur zum Engel – nach rechts bildaufwärts und zugleich zum Licht führen, wird über die folgende Passion hinaus bereits ein Hinweis auf die künftige Himmelfahrt gegeben, den das leuchtende Gelb über Christi Haupt noch unterstützt.

Die Erzählung von den beiden lüsternen Alten, die die schöne Susanna beim Baden beobachten und zur Strafe gesteinigt werden (im Bild auf der Terrasse rechts), wird von Altdorfer in die Stimmung eines traumhaft-bunten Märchens übertragen. Daß trotz der Vielteiligkeit von Figuren, Architektur und Landschaft eine kompositionelle Einheit entsteht, ist auf intensive Vorstudien zurückzuführen. Die mit den Fähigkeiten perspektivischer Konstruktion prunkende Palastanlage dürfte auf oberitalienische, wahrscheinlich venezianische Einflüsse zurückgehen.

Kein Historienbild der vorangehenden Zeit vermochte eine gleiche, scheinbar zahllose Fülle von Kriegern und damit den Eindruck eines wirklichen Schlachtgetümmels zu suggerieren. Altdorfers Meisterschaft besteht nicht zuletzt darin, die minuziös ausgeführten Details zu einer geschlossenen Komposition zusammenzufügen. Von größter Bedeutung ist die Einbettung des szenischen Geschehens in eine von hohem Betrachterstandpunkt aus gesehene Landschaft, die überzeugend als Wiedergabe des gesamten Mittelmeerraumes gedeutet werden konnte. Man sieht im Mittelgrund das östliche Mittelmeer mit Zypern, hinter dem schmalen Isthmus das Rote Meer, rechts daneben Ägypten mit dem Nil, dessen Delta exakt mit sieben Armen gekennzeichnet ist, links den Golf von Persien und in dem darunterliegenden nadelförmigen Berg den Babylonischen Turm.

Im Gegensatz zum fest begrenzten Raumausschnitt der Hochrenaissance wird hier die Wiedergabe von Unendlichkeit, die »Weltlandschaft«, angestrebt. Die Verbindung von Präzision der Zeichnung und Reichtum in der farbigen Modulation erweist Altdorfer als einen der größten Meister der gesamten deutschen Malerei.

Albrecht Altdorfer
Alexanderschlacht (Schlacht bei Issus), 1529
Öltempera auf Holz, 158,4 x 120,3 cm
München, Bayerische Staatsgemäldesammlungen, Alte Pinakothek

ALEXANDER M. DARIVM VLT: SVPERAT
CÆSIS IN ACIE PERSAR: PEDIT: C M. EQVIT
VERO X M. INTERFECTIS. MATRE QVOQVE
CONIVGE, LIBERIS DARII REG. CVM M. HAVD
AMPLIVS EQVITIB: FVGA DILAPSI. CAPTIS.

Hans Holbein d. J.
Die Gesandten
(Jean de Dinteville und Georges de Selve), 1533
Harztempera auf Holz, 207 x 209,5 cm
London, National Gallery

HANS HOLBEIN D. J.

UM 1497/98–1543

Das Bild entstand vermutlich im April 1533, als Bischof Georges de Selve (rechts) seinen Freund Jean de Dinteville besuchte, der sich als Botschafter in London aufhielt.

Holbein wählt mit dem in sich zentrierten Quadrat ein von der Hochrenaissance bevorzugtes Bildformat, das streng gegliedert wird. Die beiden Figuren übernehmen innerbildlich Rahmenfunktion. Rechts und Links sowie Oben und Unten werden durch Senkrechte und Waagerechte miteinander verspannt, wobei die wenigen Schrägen eine gewisse Auflockerung bewirken. In diese übergreifende Ordnung fügen sich die Details auf Regal und Tisch ein, jeweils mit einer bestimmten und noch nicht in allen Fällen entschlüsselten Symbolik belegt. Deutlich wird eine Vorliebe für Geometrie und Astronomie; der Zerrspiegel im Vordergrund und die gerissene Saite der Mandoline sind Hinweise auf den Tod; das aufgeschlagene Buch zeigt einen Ausschnitt aus Johann Walters 1524 in Wittenberg erschienenen »Geystlichen Gesängen« – Andeutung der vermittelnden Stellung, die die beiden Edelleute zwischen Katholizismus und Protestantismus einnahmen.

Das Werk steht am Abschluß der religiösen Aufträge Holbeins. Es zeigt den Baseler Bürgermeister Meyer und seine Familie unter dem Schutz der Madonna. Für die Privatkapelle des Stifters geschaffen, haben wir leider keine Anhaltspunkte für die ursprüngliche Rahmung. Setzte sich die monumentale gemalte Muschelnische mit den Konsolen in einem geschnitzten oder skulptierten Rahmen fort, so daß – vergleichbar venezianischen Sacra-Conversazione-Darstellungen – Bild- und Realraum ineinander überführt wurden? Welche Funktion kam den Ausblicken auf Pflanzen und Himmel links und rechts hinten ursprünglich zu?

Holbein verwirklicht eine genau kalkulierte Komposition. Die bildauswärts weisende Schräge, die die Figuren auf der linken Seite bilden, wird durch die Wendung der Madonna nach rechts ausbalanciert. Die Gestalten auf der rechten Seite bilden einen stabilen Abschluß. Das Schutzmantelmotiv wird durch die schräg ausgreifenden Voluten unterstützt, die die Figuren nochmals umschließen.

Erstaunlich, etwa im Vergleich zur Madonna von Solothurn, ist die räumlich komprimierte Zueinanderordnung der Figuren. Raum entsteht nur insoweit, als die statuarisch modellierten Körper ihn bilden. Man hat deshalb daran gedacht, daß Holbein während seines Frankreichaufenthalts Skulpturen studiert hat (zum Beispiel Werke von Michel Colombe). Daneben klingen Vorbilder Leonardos in den Gesichtern der Madonna und dem älterem Sohn des Stifters nach. In bewußten Kontrast stellt Holbein die Idealisierung der Madonna und die starke Individualisierung in den Köpfen der Stifterfamilie.

Hans Holbein d.J.
Madonna des Bürgermeisters Jakob Meyer zum Hasen (Darmstädter Madonna), um 1528/29
Harztempera auf Holz, 144 x 101 cm. Darmstadt, Großherzogliches Schloß

Das Bildnis zeigt Holbein auf der Höhe seiner Meisterschaft. Die Figur ist beherrschendes, von wenigen großen Linien umschlossenes Zentrum innerhalb eines kleinteiligen, scheinbar zufällig angeordneten Interieurs. Der schräg in den Raum gestellte Tisch und die leicht bildeinwärts gewandte Figur sind zu einer kunstvollen räumlichen Komposition gefügt. Holbein beobachtet sein Modell mit dem gleichen kühlen, forschenden Blick, mit dem uns der Dargestellte ansieht.

In den Gegenständen auf dem Tisch lebt noch die Freude an der Darstellung des stillebenhaften Details, die Holbein als Erbteil aus der deutschen Malerei des 15. Jahrhunderts, vor allem aber von den Niederländern übernahm. Freilich zeigen die Einzelheiten – das Blumenstilleben, die Geldkassette, die holzgeschnitzten Geräte, die Bücher und Schriftstücke – nicht jene wärmende Leuchtkraft, wie sie von Jan van Eyck bis zu Hugo van der Goes Kennzeichen der niederländischen Malerei gewesen ist. Gleichwohl verfügt Holbein über höchste Farbkultur. Das beweisen nicht zuletzt die vielfach changierenden Weißhöhungen auf den roten Ärmeln, das kunstvolle, geradezu »greifbare« Muster des gewirkten Tischteppichs und das durchsichtig schimmernde Glas der Blumenvase.

Holbein vereinigt hier wie in seinen übrigen Porträts die Monumentalität italienischer Formgebung mit dem »Detailrealismus« der Kunst nördlich der Alpen. Das Gemälde zählt zu den überragenden Werken der gesamten deutschen Bildnismalerei.

Unten:
Hans Holbein d.J.
Bildnis des Kaufmanns Georg Gisze, 1532
Öl auf Holz, 96 x 86 cm
Berlin, Gemäldegalerie, Staatliche Museen zu Berlin – Preußischer Kulturbesitz

LUCAS CRANACH D. Ä.

1472–1553

Lucas Cranach d. Ä.
Ruhe auf der Flucht, 1504
Öltempera auf Holz,
69 x 51 cm
Berlin, Gemäldegalerie,
Staatliche Museen zu Berlin – Preußischer Kulturbesitz

Unmittelbar vor seiner Berufung als Hofmaler nach Wittenberg entstanden, zeigt das Bild Cranachs schöpferische Kräfte auf dem Höhepunkt. Die Komposition verbindet Klarheit mit Freiheit der Anordnung, indem die Figuren sich zu einem lockeren Dreieck zusammenschließen, die vertikale Mittelachse durch Josef und den Baum akzentuiert ist, zugleich aber in der leichten Achsenverschiebung jede Starrheit vermieden wird. Schließung des Raumes auf der linken und freier Ausblick in die Landschaft auf der rechten Seite ergänzen einander auf glückliche Weise.

In der Anwendung der malerischen Mittel zeigt Cranach eine erstaunliche Freiheit, die durch die Vorherrschaft der farbigen Modulation besonders in der Landschaft jene romantische Stimmung hervorruft, die die sog. »Donauschule« kennzeichnet.

Ob der Bildinhalt mit »Ruhe auf der Flucht« tatsächlich richtig bezeichnet ist, muß dahingestellt bleiben. Handelt es sich nicht eher um eine Heilige Familie in einer Landschaft mit musizierenden und spielenden Engeln, deren märchenhafte Erscheinung im Ausdruck der Landschaft widerklingt? Jedenfalls fehlen der Esel und das übliche Reisegepäck; lediglich der Stock in der Hand Josefs könnte auf die Wanderschaft hindeuten. Im übrigen ist die Szene mit der größten Unbefangenheit in eine süddeutsche Vorgebirgslandschaft eingebettet.

Lucas Cranach d. Ä.
Kardinal Albrecht von Brandenburg vor dem Gekreuzigten, um 1520–1530
Öl auf Holz, 158 x 112 cm
München, Bayerische Staatsgemäldesammlungen,
Alte Pinakothek

Das Gemälde nimmt in Cranachs Werk eine entwicklungsgeschichtlich einzigartige Stellung ein. Der repräsentative Anspruch, der an den Hofmaler gestellt wird, verbindet sich ein letztes Mal mit der stürmischen Spontaneität des jungen Meisters.

Weit entfernt von mittelalterlichen Stifterbildern, nimmt der Kardinal, hervorgehoben durch den Kardinalspurpur, quantitativ den ersten Platz ein. Mit seinem Gewand fast den ganzen Vordergrund ausfüllend, wendet sich der Kirchenfürst mit seiner anbetenden Gebärde nicht zum Gekreuzigten, sondern blickt schräg aus dem Bild heraus. Cranach gelingt das meisterhafte Porträt eines letztlich ungeistigen, aber allen weltlichen Freuden verpflichteten Renaissancemenschen.

Im äußersten Kontrast dazu steht der gestreckte Körper des Gekreuzigten, der an ein spätgotisches geschnitztes Kruzifix denken läßt. Durch die geschlossenen Umrisse könnte eine gewisse zuständliche Ruhe entstehen, wenn nicht der bildeinwärts weisende obere Kreuzbalken und das in heftiger Bewegung flatternde Tuch auf das Geschehen im Hintergrund verwiesen. Der zerrissene, gewitterschwarze Himmel – die eindringlichste Unwetterdarstellung der deutschen Renaissancemalerei neben Grünewalds Kreuzigungsdarstellungen – lädt die Szene ebenso mit Ausdruck auf wie die kahle Kuppe des Berges Golgatha in ihrer fahlen Farbigkeit. Noch einmal erweist sich Cranach als der große Meister der »Donauschule«, wobei allerdings jetzt Landschaft und Figuren ausdrucksmäßig getrennt sind.

Um von einer schweren Krankheit geheilt zu werden, soll das Delphische Orakel Herkules aufgetragen haben, sich für drei Jahre als Sklave verkaufen zu lassen. Im Dienste der Omphale, Königin von Lydien, vollbrachte er große Taten: die Tötung bzw. Gefangennahme der Kerkopen, die Tötung des ausgestoßenen Syleus und seiner Tochter, die Zerstörung der Stadt der Itoner und schließlich die Vernichtung der großen Schlange. Nach verschiedenen römischen Schriftstellern habe Herkules während seines Aufenthaltes in Lydien Frauenkleider getragen, musiziert und zu spinnen gelernt, um seiner Herrin zu gefallen.

Kennzeichnend für den späten Cranach ist der Verzicht auf eine szenische Darstellung zugunsten eines »Gruppenporträts«, in dem die eher genrehafte Situation mit Herkules am Spinnrocken dargestellt wird, während ihm Hofdamen ein Kopftuch umbinden. Vergleichbar Niklaus Manuel, wird das Thema der antiken Mythologie in den zeitgenössischen Bereich nördlich der Alpen transponiert. Allerdings geht Cranach dabei mit weniger Originalität zu Werke als Manuel – Zeichen der Abschwächung seiner ursprünglich so impulsiven Phantasie. Herkules als wackerer deutscher Bürger nähert sich durch die »Verkleidung«, die junge Hofdamen vornehmen, einer Karikatur. In der reich gekleideten Figur am rechten Bildrand dürfen wir Omphale erkennen.

Gesichter und Gesten sind geziert, zum Teil geradezu gesucht. Die Qualität der Arbeit liegt in der Ausführung der Details – Vogelstilleben links, Gewänder, vor allem Schmuck und Kopfbedeckung der Omphale.

Lucas Cranach d. Ä.
Herkules bei Omphale, 1537
Öltempera auf Holz, 82 x 119 cm
Braunschweig, Herzog-Anton-Ulrich-Museum

In seiner Zuschreibung an den älteren oder jüngeren Cranach umstritten, zeigt das Bild die Kontinuität in der Werkstatt von Vater und Sohn. Die Landschaft weckt Assoziationen an die Frühzeit des älteren Cranach als einem der Hauptvertreter der »Donauschule«; die aus vielen Einzelheiten addierte »Summe« der Komposition und gewisse Unbeholfenheiten in der Figurendarstellung weisen auf eine schwächere Hand. Denkbar wäre eine Zusammenarbeit von Vater und Sohn.

Das Bild greift in der Idee auf den mythischen Glauben an die reinigende und erneuernde Kraft des Wassers, formal auf mittelalterliche Badeszenen zurück. Auffällig ist die Beschränkung auf das weibliche Geschlecht. Von links werden die Alten auf Schubkarren und Leiterwagen zu dem Bassin gebracht, dem sie rechts verjüngt entsteigen; dort werden sie von Edelleuten zum Ankleiden in die Zelte gewiesen. Rechts im Mittelgrund sind die jugendlichen Freuden des Tafelns, Musizierens und Liebens dargestellt. Das Nachsehen haben die eitlen Männer, die nicht verjüngt werden und nun aus der Ferne mit ansehen müssen, wie ihr törichter Wunsch bestraft wird.

Dem Handlungsablauf von links nach rechts steht die Verkürzung des Bassins entgegen, die den Tiefenzug in die ferne Landschaft einleitet. Das anekdotische Detail herrscht über die Gesamtform.

Die erotisierende Atmosphäre, die von dieser Tafel ausgeht, ist kennzeichnend für Cranachs Spätwerk und den leicht dekadenten Geschmack seiner adligen Auftraggeber.

Lucas Cranach d. Ä. oder **Lucas Cranach d. J.**
Der Jungbrunnen, 1546
Öl auf Holz, 121 x 184 cm
Berlin, Gemäldegalerie, Staatliche Museen zu Berlin – Preußischer Kulturbesitz

Jörg Ratgeb
Geißelung Christi, 1518/19
Flügel vom Herrenberger Altar
(aus der Stadtpfarrkirche in Herrenberg)
Öltempera auf Holz, 262 x 143 cm
Stuttgart, Staatsgalerie Stuttgart

JÖRG RATGEB
UM 1480–1526

Wie kein anderes Werk der deutschen Malerei spiegelt der Herrenberger Altar die religiöse und soziale Unruhe der Zeit wider. Die Harmonie der Hochrenaissance ist hier zu einem frühen Zeitpunkt unter jedem Aspekt zerstört. Die Tafeln des 1519 signierten Altars zeigen Szenen aus der Jugend und der Passion Christi. Eine phantastische Architekturrotunde bildet den Rahmen nicht nur für die zentrale Geißelung, sondern zugleich für Dornenkrönung (vorne rechts), die Vorführung Christi (auf der Treppe im Hintergrund) und das Verhör durch Pilatus (auf der obersten Balustrade).

Ohne Kenntnis der italienischen Kunst werden hier wesentliche Gestaltungsprinzipien des Florentiner Frühmanierismus aufgegriffen: Aufhebung des logischen Raumzusammenhanges durch gewaltsame perspektivische Verkürzungen und enorme Maßstabskontraste in den Figuren; asymmetrischer Bildaufbau bei starker Betonung eines um die Geißelsäule gleichsam kreisenden Bewegungsduktus; Verformung natürlicher Figurenproportionen zur Ausdruckssteigerung und schließlich helle, changierende Farben.

Die komplizierte Architektur mit ihren vielfältigen Verkürzungen, Durchblicken und höhenmäßigen Staffelungen erscheint wie eine ferne Vorahnung von Giovanni Battista Piranesis visionären und surrealistisch anmutenden Raumphantasien der »Carceri d'invenzione«.

Niklaus Manuel
gen. Deutsch
Das Urteil des Paris,
um 1517/18
Tempera auf Leinwand,
223 x 160 cm. Basel,
Öffentliche Kunstsammlung,
Kunstmuseum Basel

NIKLAUS MANUEL
UM 1484–1530

Das Geschehnis aus der griechischen Mythologie wird auf sehr persönliche Weise in einen deutschen Wald mit zeitgenössischen Figuren verlegt. Paris erscheint als Schweizer Landedelmann, der soeben Venus den Apfel als Siegespreis überreicht hat. Juno, in der Farbigkeit ihres Gewandes mit Paris korrespondierend, und die als Aktfigur wiederum auf Venus bezogene Minerva haben sich nach ihrer Niederlage abgewandt. Von einem Ast des Baumes schießt Amor mit verbundenen Augen – als Symbol für die Liebe, die blind macht – den Pfeil auf Paris ab. Die beiden Wappen im Geäst gehören der Familie des Benedicht Brunner, einem Berner Ratsherrn, der aller Wahrscheinlichkeit nach der Auftraggeber war.

Eigentümlich ist die Diskrepanz zwischen dem antiken Thema und dem völlig antiklassischen Figurenideal, das bei den Frauen mit den stark gewölbten Leibern auf Dürer zurückgeht. Die Schwierigkeiten in der Wiedergabe der Anatomie gleicht Manuel durch äußerste Feinheit in der Zeichnung der Gesichter aus.

Mit der ungewöhnlichen Technik – Tempera auf Leinwand – erreicht der Maler einen pastellartigen Farbcharakter von hohem Reiz. In Einzelheiten wie dem Schleiergewand der Venus äußert sich eine hohe Malkultur. Die Komposition, in der die Figuren wie in einem Relief vor einen verschatteten Waldhintergrund gestellt sind, erinnert an Gobelins.

GERARD DAVID
UM 1460–1523

Gerard David
Die mystische Vermählung der hl. Katharina, um 1505–1510
Öltempera auf Holz, 106 x 144 cm
London, National Gallery

Vergleichbar den um 1500 entstandenen Sacra-Conversazione-Darstellungen der italienischen Malerei, wird Davids Gemälde von einem glücklichen Ausgleich zwischen Ruhe und Bewegung, zwischen Raum und Fläche, zwischen Ganzheitsvorstellung der Komposition und Sorgfalt in der Ausführung des Details bestimmt.

Ausgangspunkt der Darstellung dürfte Jan von Eycks »Madonna mit dem Kanonikus van der Paele« sein. Doch ist die Anordnung der Figuren auf einem einschwingenden Halbkreis räumlich freier, das anatomische Detail beweglicher geworden. Der anbetende Stifter in seiner kräftigen plastischen Modellierung und mit seinen porträthaften Zügen ist gegen die höfisch verfeinerten Gestalten der Heiligen abgesetzt. Der Gesichtstyp der Frauen läßt noch die Kunst Hans Memlings nachklingen, dessen führende Rolle in der Brügger Malerei David übernommen hatte.

Auf Bewegung verzichtet der Maler fast ganz. Mit einer scheuen Geste wendet sich die hl. Katharina, durch die Krone als Königstochter gekennzeichnet, dem Christusknaben zu, der ihr den Ring ansteckt. Die kostbare Ausführung der Einzelheiten – Schmuck, Gewänder, der hinter Maria herabhängende Teppich, die Blumenstilleben neben dem Thron belegt noch einmal Davids Rückbesinnung auf Jan van Eyck. Einen Hang zum Vielteiligen und Abwechslungsreichen bekundet der Ausblick über die Mauer auf eine Stadtvedute, in der profane und Gebäude der öffentlichen Repräsentation in den damals modernen Formen vereinigt sind. Möglicherweise ist in den Untergeschossen des Turmes eine Anspielung auf den Belfried in Brügge zu erkennen.

Der von dem Schatzmeister der Stadt Brügge, Jean Trompes, gestiftete Altar zeigt neben der Taufe Christi auf den Innenseiten der Flügel die Stifterfamilie mit ihren Namenspatronen, außen Maria mit Kind und die zweite Frau des Stifters mit der heiligen Elisabeth. Nirgends zeigen sich deutlicher als hier Davids künstlerische Begabung und zugleich ihre Grenzen. Auf Aktion verzichtet der Maler fast ganz. Der kniende Täufer und der in einem kostbaren Chormantel gekleidete Engel sind einander in freier Symmetrie und feiner räumlicher Differenzierung zugeordnet. Die Mittelachse der Tafel wird durch die Gestalt Christi, die Taube des Heiligen Geistes und die Erscheinung Gottvaters streng betont.

Der Reiz der Darstellung beruht in erster Linie auf dem weiten Landschaftsausblick, in den Szenen aus dem Leben des Täufers eingestreut sind. Bewunderung verdient die Fülle der mit minuziöser Liebe zum Detail ausgeführten Blumenstilleben im Vordergrund. »Milde leuchtende Farben übergießen die reiche schöne Welt der Landschaften, Gestalten und Dinge mit einem silbernen Schimmer, der den Betrachter der eigenen Wirklichkeit enthebt. Die von stiller Größe erfüllten Ordnungen treten zu feierlichen Harmonien zusammen, persönliche Wärme bewegt den getragenen Ton« (Wolfgang Schöne).

Gerard David
Taufe Christi, um 1505
(Mitteltafel des »Taufe-Christi«-Triptychons)
Öl auf Holz, 128 x 97 cm
Brügge, Groeningemuseum

Quentin Massys
Der Geldwechsler und seine Frau, 1514
Öl auf Holz, 70 x 67 cm
Paris, Musée National du Louvre

QUENTIN MASSYS
UM 1465/66–1530

In einer gewissen Opposition zum niederländischen »Romanismus« hielt Massys an der Tradition der alten Niederländer fest. Italienische Einflüsse, die ihm nur mittelbar zugänglich wurden, schlagen sich allenfalls in der Monumentalisierung der menschlichen Figur nieder.

Die Tafel mit dem Geldwechsler-Ehepaar steht am Beginn eines reichen Spektrums von Genredarstellungen, die die Malerei während des 16. Jahrhunderts in Flandern und den nördlichen Niederlanden entwickeln wird. Hinter dem Tisch sitzend und zudem auf beiden Seiten vom Rahmen überschnitten, sind die Figuren kräftig vom vorderen Bildrand abgerückt. Obwohl in den farbigen Nuancen von hoher Kultur, erscheinen die Gesichter relativ gleichgültig. Von individuellem Leben erfüllt sind dagegen die stillebenhaften Details: der kostbar illuminierte Codex, in dem die Frau blättert; der schräggestellte Spiegel, der in kunstvoller perspektivischer Verkürzung die Außenwelt in das Bild hineinprojiziert; die spiegelnden Gefäße, Schmuck und Goldstücke auf dem Tisch und in den Regalen der Rückwand. Indem die Gegenstände dominieren, bildet das Gemälde eine wichtige Etappe auf dem Weg zum reinen Stilleben.

In der Abbildung seines eigenen Konterfeis in einem Konvexspiegel folgt Massys dem Vorbild Jan van Eycks und dessen »Arnolfini-Hochzeit« aus dem Jahre 1434.

Quentin Massys
Bildnis eines Chorherren, um 1510–1520 (?)
Öl auf Holz, 60 x 73 cm
Vaduz, Sammlung des Fürsten von Liechtenstein

Im Gegensatz zu dem Gemälde mit dem »Geldwechsler und seiner Frau« stellt der Maler hier seine Begabung für die sichere Erfassung von Physiognomien unter Beweis. Der Chorherr prüft mit ruhigem Blick die Außenwelt, aber seine Gedanken scheinen nach innen gerichtet zu sein. Interessant ist in dieser Beziehung der Vergleich mit Sebastiano del Piombos »Bildnis des Kardinals Carondelet« (Abb. S. 173), das etwa gleichzeitig entstanden ist. Der Kardinal kalkuliert die Umwelt mit kühlem, berechnendem Blick, sucht sie aber im Kontrast zu dem Chorherrn von Massys nicht gütig zu erfassen. Dem profanen Charakter des Carondelet steht die im Glauben verwurzelte Persönlichkeit des Chorherrn diametral entgegen. In der Komposition gelingt Massys eine von ihm nur selten erreichte Geschlossenheit und Größe. Die Halbfigur ist, das Bildfeld beherrschend, in einen der Pyramide angenäherten Umriß eingebunden. Die leichte Verschiebung aus der Mittelachse nach rechts und die behutsame Drehung zwischen Schultern und Kopf vermeiden jede Starrheit.

Die malerische Behandlung in den changierenden Farbtönen des Mantels und in dem von Licht und Schatten modellierten Kopf ist der gleichzeitigen venezianischen Malerei, die Massys nicht gekannt haben dürfte, ebenbürtig. Nicht zuletzt besticht der harmonische Gleichklang von Figur und Landschaft. Von leicht erhöhtem Standpunkt aus gesehen, erstreckt sich ein weiter Ausblick über Hügel und Wiesen bis zu den fernen, in den Umrissen leicht verschwimmenden Bergen. Die Natur ist von der gleichen Ruhe erfüllt wie die Physiognomie des Chorherrn.

JOACHIM PATINIR
UM 1480–1524

Wie in den meisten seiner Werke benutzt Patinir ein szenisches Geschehen als »Vorwand« für die Darstellung einer von sehr hohem Betrachterstandpunkt gegebenen Landschaft; ein früher exemplarischer Beleg für jene Gattung der niederländischen Malerei, die man als »Weltlandschaft« bezeichnet. Ihre Wurzeln liegen in der ersten Hälfte des 15. Jahrhunderts (Jan van Eycks »Madonna des Kanzlers Rolin«, Abb. S. 123); ein herausragendes Beispiel in der deutschen Malerei ist Altdorfers »Alexanderschlacht« (Abb. S. 193).

In einer eigentümlichen Mischung von christlicher Ikonographie (der Engel, der am linken Ufer als Wächter zu stehen scheint; die Unterwelt, die rechts als Hölle dargestellt wird) und antiker Mythologie (der Nachen mit Charon, der den Verstorbenen über den Hades geleitet) sucht Patinir das Düstere des Geschehens vornehmlich durch die Stimmung der Landschaft zu veranschaulichen. Indem sich der Fluß über den sichtbaren Horizont hinaus bildeinwärts erstreckt, werden die Kugelform der Erde und zugleich Unendlichkeit angedeutet. Die aufziehenden Gewitterwolken verbinden sich mit den Flammenherden der Unterwelt. In den spukhaften Erscheinungen der Hölle, vor allem aber in der malerischen Behandlung, die die Konturen zum Hintergrund hin auflöst, zeigt sich der Einfluß von Hieronymus Bosch.

Joachim Patinir
Überfahrt in die Unterwelt, um 1521
Öl auf Holz, 64 x 103 cm
Madrid, Museo del Prado

JAN GOSSAERT
UM 1478/88 – UM 1533/36

Dargestellt ist, halb entkleidet, Danae, die nach der griechischen Mythologie Zeus in Form eines auf ihren Schoß niederfallenden Goldregens empfing. Die nischenartige Pfeilerarchitektur mit ihren zahlreichen Renaissanceelementen geht auf Gossaerts Eindrücke während seines Romaufenthalts zurück. Auch in einzelnen Bauten des Stadtausschnitts im Hintergrund klingen Erinnerungen an die Italienreise nach. Allerdings ist Gossaert von der archäologisch getreuen Wiedergabe römischer Architektur durch seinen Landsmann Maerten van Heemskerck ebenso weit entfernt wie von der Ganzheitsvorstellung italienischer Hochrenaissancemalerei. Übernommen werden lediglich Details, gleichsam Vokabeln, deren Zusammenhang unverstanden bleibt. Entsprechend wird der Gesamteindruck durch Addition von Einzelheiten beherrscht.

Bezeichnend für das Werk Gossaerts sind die Klarheit der Zeichnung, die kühle Glätte der Malerei und die zurückhaltende Farbigkeit. Perspektivische Raumkonstruktion und Körperraum der Figur, deren nicht sicher beherrschter anatomischer Aufbau durch das Gewand überspielt wird, verbinden sich jedoch kaum überzeugend. Auch fehlt der Veranschaulichung des Themas jene erotische Spannung, die ihm etwa Correggio oder Tizian zu geben wußten.

Jan Gossaert gen. Mabuse Danae, 1527
Öltempera auf Holz, 113,5 x 95 cm
München, Bayerische Staatsgemäldesammlungen, Alte Pinakothek

Lucas van Leyden
Lot und seine Töchter, um 1520
Öl auf Holz, 48 x 34 cm
Paris, Musée National du Louvre

LUCAS VAN LEYDEN
1494–1533

Die Geschichte vom Untergang Sodoms, von der Errettung Lots und der Sünde seiner Töchter wird im ersten Buch Moses erzählt. Lot und seine Familie dürfen die Stadt verlassen unter der Bedingung, sich nicht umzusehen. Lots Frau bricht das Gebot und erstarrt zur Salzsäule. Lot zieht mit den Töchtern weiter. Da die Schwiegersöhne an dem Auszug nicht teilgenommen hatten, sprachen die Töchter: »Unser Vater ist alt, und ist kein Mann mehr auf Erden, der zu uns eingehen möge ... So komm, laß uns unserem Vater Wein zu trinken geben und bei ihm schlafen, daß wir Samen von unserem Vater erhalten.« Aus der Verbindung sollen die Stämme der Moabiter und der Ammoniter hervorgegangen sein.

Als stark erotisiertes Gruppenbild oder als Historiendarstellung ist das Thema im 16. und 17. Jahrhundert beliebt. Das Pariser Gemälde, dessen Zuschreibung an van Leyden, der schon mit zwölf Jahren seine erste Auftragsarbeit ausgeführt haben soll, nicht gesichert ist, zeigt die zweite Möglichkeit: Die Vernichtung der Stadt Sodom durch Blitz und Feuer setzt neben der Gruppe im Vordergrund einen zweiten optischen Schwerpunkt. Der Maler gibt unter dem Einfluß von Patinir eine Art »Weltlandschaft«, die sich von vorne links diagonal in die Tiefe erstreckt. In der malerischen Ausführung wird den landschaftlichen Elementen besondere Sorgfalt gewidmet.

Unten:
Bernaert van Orley
Die Heilige Familie, 1522
Öltempera auf Holz, 90 x 74 cm
Madrid, Museo del Prado

BERNAERT VAN ORLEY
UM 1488–1542

Das in lebhafter Bewegung auf seine Mutter zueilende Kind eröffnet einen diagonalen Tiefenzug, der über Maria zu dem gütig blickenden, greisen Josef rechts im Hintergrund führt. Die Gruppierung der Hauptfiguren bewirkt also sowohl Asymmetrie als auch Durchbrechung der Bildfläche. Mit hoher künstlerischer Intelligenz schafft Orley den Ausgleich, indem er die linke Bildseite durch den ehrfürchtig herantretenden Engel mit dem geflochtenen Blütenkorb und den schwebenden Engel mit der goldenen Krone akzentuiert und beide Figuren flächenparallel anordnet. Der Christusknabe verbindet die verschiedenen Bildelemente miteinander. Seine linke Hand greift nach der Schulter der Mutter, der Blick ist zur Krone emporgerichtet, mit der er einst Maria zur Himmelskönigin erheben wird, und der rechte Arm weist auf den Apfel in der Hand Josefs – Symbol der Sünde, zu deren Überwindung Jesus der Welt erschienen ist.

Orley erweist sich als ein Maler, der zwischen zwei Zeitaltern vermittelt. Noch steht das mit größter Liebe zu stofflicher Wirkung ausgeführte Detail im Vordergrund des Interesses, aber die kunstvolle Balance zwischen Raum und Fläche sowie der in feinsten Abstufungen sich verlierende Landschaftsausblick weisen auf den Meister der Hochrenaissance. Orley ist als Schöpfer großer Altarwerke bekannt sowie als Porträtist.

JAN VAN SCOREL
1495–1562

Stärker als seine Zeitgenossen ist Scorel von den Eindrücken seines Italienaufenthalts geprägt: Scorel war bis 1542 – als Nachfolger Raffaels – Verwalter der päpstlichen Antikensammlungen unter dem niederländischen Papst Hadrian VI. Das gilt ebenso für den formalen Aufbau wie für die malerische Behandlung. Maria Magdalena ist aus der senkrechten Mittelachse leicht nach rechts gerückt, um dem Bildaufbau Lebendigkeit zu geben. Die Balance in der Fläche bewirkt der Baum am rechten Bildrand, dessen Zweige weit nach links ausgreifen und fast das Felsmassiv erreichen, das der Komposition am linken Bildrand einen gesicherten Abschluß gibt. Der leichten Wendung in den Schultern Maria Magdalenas antwortet die Gegenbewegung des Kopfes. Linker Arm und Salbgefäß vollenden den Ausgleich zwischen Raum und Fläche.

In den feinen farbigen Abstufungen der Landschaft, die im Hintergrund zunehmend auf abgrenzende Zeichnung zugunsten malerischer Übergänge verzichten, klingt die Kenntnis venezianischer Malerei nach. Die Sicherheit des Bildbaus und die Virtuosität der malerischen Behandlung vermögen nicht über eine gewisse Profanierung des Themas hinwegzutäuschen. Das Gemälde könnte das Porträt einer jungen Dame aus vornehmem Hause sein, wäre die Dargestellte nicht durch das kostbare Salbgefäß als Maria Magdalena gekennzeichnet.

Jan van Scorel Maria Magdalena, 1529
Öl auf Leinwand, 67 x 76,5 cm
Amsterdam, Rijksmuseum

MAERTEN VAN HEEMSKERCK
1498–1574

Das Bild einer unbekannten Familie gehört zu den bedeutendsten Leistungen der Porträtmalerei in der niederländischen Kunst des 16. Jahrhunderts. Zugleich bezeichnet es exemplarisch die Möglichkeiten, die aus der Verbindung altniederländischer Tradition, italienischen Einflusses und schöpferischer Eigenbegabung hervorgehen konnten.

Der klare Bildbau, den Vater und Mutter als »Eckpfeiler« ohne jede starre Symmetrie stabilisieren, weist ebenso auf Heemskercks römische Erfahrungen wie sein Bemühen um plastische Wirkung von Figuren und Gegenständen. Der reich gedeckte Tisch dagegen mit den sorgfältig abgebildeten Gefäßen und Speisen leitet sich aus der Vorliebe der Altniederländer für das Detail her; hier wird der Weg sichtbar, der zum Stilleben als einer eigenständigen Gattung führt.

Obwohl die drei Altersstufen der Kinder genau charakterisiert sind, bleiben die Dargestellten doch in kühler Distanz gegenüber dem Betrachter. Die Bildwelt ist hermetisch in sich abgeschlossen, wozu die helle, in den Wolkenformen vom Naturvorbild abstrahierende Malweise mit dünnem, glattem Farbauftrag wesentliche Unterstützung leistet.

Heemskercks »Familienbild«, das zu seinen hervorragenden Arbeiten gehört, wurde lange Zeit als Werk seines niederländischen Landsmannes Jan van Scorel angesehen.

Maerten van Heemskerck
Familienbild, um 1530
Öl auf Holz, 118 x 140 cm
Kassel, Staatliche Gemäldegalerie

Pieter Breughel d. Ä.
Sprichwörter, 1559
Öl auf Holz, 117 x 163 cm
Berlin, Gemäldegalerie, Staatliche Museen zu Berlin – Preußischer Kulturbesitz

PIETER BREUGHEL D. Ä.

UM 1525/30–1569

Die Darstellung menschlicher Torheiten gehört zu Breughels bevorzugten Bildthemen. Er hat sie entweder in großfigurigen Gemälden (»Sturz der Blinden«, Neapel, Museo Nazionale di Capodimonte, 1568) einzeln oder in kleinteiligen Kompositionen gleichsam zyklisch zur Anschauung gebracht. Breughel steht damit unmittelbar in der Tradition von Hieronymus Bosch. Wir dürfen annehmen, daß sich dem zeitgenössischen Betrachter die Bildinhalte unmittelbar erschlossen.

Vermutlich wird Breughel für sein Sprichwörterbild eine für alle Details verbindliche Vorlage ebensowenig benutzt haben wie für die etwa gleichzeitig entstandenen »Kinderspiele« (1559), den »Kampf zwischen Karneval und Fasten« (1560, beide Wien, Kunsthistorisches Museum) und die »Dulle Griet« (Antwerpen, Museum Mayer van den Bergh, 1561), die aufgrund übereinstimmender Maße vielleicht Teile eines Zyklus bildeten, sondern geläufiges Gedankengut in Anschauung übersetzt haben.

Die Berliner Tafel zeichnet sich durch die bewundernswerte Einheit der Komposition aus, die die Fülle des Klein- und Vielteiligen zusammenfaßt. Breughel erreicht diese Einheit in erster Linie durch die Anordnung auf einer beherrschenden Diagonalen, die von unten links sowohl zur rechten oberen Bildecke aufsteigt als auch nach rechts hin in die Tiefe führt. Zudem bewirkt die warme, leuchtende Farbigkeit, in der alle Abstufungen von Braun vorherrschen, die »atmosphärische« Verschmelzung von Figuren, Architekturen und Landschaftselementen.

Man hat auf dem Gemälde etwa hundert Sprichwörter erkannt, die alle auf den Begriff der »Verkehrten Welt«, wie das Bild auch genannt wird, hinauslaufen. Unmittelbar ist diese kopfstehende Welt in der Erdkugel mit dem Kreuz veranschaulicht, die links über dem Eingang zu dem großen Hause hängt. Im Vordergrund, rechts neben der Mitte des Bildfeldes, versucht ein Mann durch eine Kugel zu kriechen (der Mensch muß sich krümmen, will er durch die Welt gelangen). Auf dem zinnenbekrönten Turm am oberen Bildrand hängt ein Mann seinen Mantel nach dem Wind. In der Meeresbucht rechts im Hintergrund beweist ein Nachen, daß vor dem Wind gut segeln ist, und auf der Landzunge links daneben führt ein Blinder die anderen (miniaturhafte Vorstufe zu der großen Fassung des »Blindensturzes« in Neapel). Wer sich in die Einzelheiten vertieft, sollte darüber nicht die hohe Malkultur übersehen, mit der Breughel auch das kleinste Detail behandelt.

Das erste Buch Moses berichtet, wie die damals noch an einem Ort, in Babylonien, wohnende und eine einzige Sprache sprechende Menschheit eine neue, prachtvolle Stadt errichten wollte, in deren Zentrum ein gewaltiger Turm bis in den Himmel aufsteigen sollte. Aber Jahwe, der Gott des Alten Testaments, verwirrte zur Strafe für ihre Vermessenheit die Sprache der Menschen, die er in alle Himmelsrichtungen zerstreute. Der Turmbau blieb unvollendet.

Erste bildliche Darstellungen des Ereignisses finden sich schon im 6. Jahrhundert in der Buchmalerei. Im 16. Jahrhundert wird der Turmbau zu Babel ein beliebtes Thema der Tafelmalerei, das als Warnung vor Hochmut und Überheblichkeit weltlicher, aber wohl auch kirchlicher Macht verstanden wird.

Breughel legt seiner Darstellung die von hohem Betrachterstandpunkt aus gesehene »Weltlandschaft« zugrunde, deren Einzelheiten mit größter Sorgfalt behandelt werden. Die Wahrung der großen Form bewirkt der Turm, der seinerseits detailliert in allen Stadien des Bauvorganges dargestellt ist. Der Einblick in die Konstruktion des oberen Teiles spiegelt die Kenntnis antiker römischer Architektur, etwa des Kolosseums, wider. Auch die Verwendung von Backsteinmauerwerk, das außen mit Quadern verkleidet ist, wird von dort übernommen sein. Die von links in den oberen Abschluß übergreifende Wolke deutet an, daß der Turm in den Himmel wächst.

Der Bautyp läßt sich in den frühen Kulturen des Mittelmeerraumes nachweisen, zum Beispiel in den erhalten gebliebenen Untergeschossen der Zikkurat (Tempelturm) des Mondgottes Nanna in Ur (2250–2233 v. Chr.).

Pieter Breughel d. Ä.
Der Turmbau zu Babel, 1563
Öl auf Holz, 114 x 154 cm
Wien, Kunsthistorisches Museum

Das Bild gehört in die Gruppe der Allegorien, in denen der Maler die Torheit und Unmäßigkeit der Welt geißelt. Im Gegensatz zu den Sprichwortbildern schafft Breughel im Spätwerk aber eine monumentale Form, die die kleinen Maße der Tafel fast zu sprengen scheint. »Hauptakteure« sind drei feiste Männer, die entweder schlafend oder bewegungsunfähig am Fuße eines Tisches mit Essensresten und umgestürzten Flaschen liegen. Durch ihre Kleidung deutlich als verschiedenen Ständen zugehörig gekennzeichnet (Ritter, Bauer und Gelehrter oder Geistlicher), sind sie in ihren kühnen Verkürzungen wie die Speichen eines Rades gruppiert. Auf diese Weise entsteht der Eindruck des Rotierens, also eines Bewegungsablaufes, der an Kompositionsprinzipien des italienischen Manierismus erinnert.

Das anekdotische Detail – das ausgeleerte laufende Ei, das gebratene Spanferkel oder das Lebkuchenhaus – sollte nicht den Blick für die Kunst der Komposition und die hohe Kultur der malerischen Ausführung verstellen. Man beachte etwa die fast tastbare Stofflichkeit des pelzgefütterten Mantels, auf dem der vornehme, durch das Buch zudem als gelehrt gekennzeichnete Mann rechts liegt.

Der steile Absturz zu dem See im Hintergrund mag ein Hinweis auf das Schicksal der nur den materiellen Freuden ergebenen Menschheit sein.

Als literarischer Vorwurf diente wohl der 1530 erschienene Schwank »Schlaraffenland« von Hans Sachs.

Pieter Breughel d. Ä.
Das Schlaraffenland, 1566
Öl auf Holz, 52 x 78 cm
München, Bayerische Staatsgemäldesammlungen, Alte Pinakothek

PIETER BREUGHEL D. Ä.

UM 1525/30–1569

Pieter Breughel d. Ä.
Kornernte, 1565
(der Monat August aus dem Zyklus der »Monatsbilder«)
Öl auf Holz, 118 x 161 cm
New York, The Metropolitan Museum of Art

Breughel, in seiner historischen Bedeutung durch die Bezeichnung als »Bauernbreughel« völlig mißverstanden, ist der größte europäische Landschaftsmaler des 16. Jahrhunderts. Sosehr etwa die Darstellung der Landschaft in Venedig zunehmend kultiviert wird, bleibt sie doch immer »Staffage« für szenisches Geschehen. Bei Breughel wird das Verhältnis umgekehrt. Das Figürliche erscheint nun seinerseits als Staffage von Landschaften, die für den Maler ein zentrales Thema seiner Kunst waren. Carel van Mander berichtet in seinem 1604 erschienenen »Schilderboek« von der Erschütterung, die die Begegnung mit der Alpenwelt in Breughel während seiner Wanderung nach Italien 1554 auslöste: »Als er die Alpen durchquerte, schluckte er alle Berge und Felsen ein, die er nach seiner Heimkehr auf Holztafeln und Leinwand wieder ausspuckte.«

Die »Kornernte« vertritt den August in einem Zyklus von Monatsbildern, von dem sich andere Tafeln in Wien (»Jäger im Schnee« für Januar, »Der düstere Tag« für Februar, »Heimkehr der Herde« für Oktober oder November; alle im Kunsthistorischen Museum) und Prag (»Heuernte« für Juli; Národní Galerie) erhalten haben.

Es ist Breughels allen Kategorien manieristischer Malerei sich entziehende Leistung, die Viel- und Kleinteiligkeit der in den Niederlanden so beliebten »Weltlandschaften« zugunsten monumentaler Formen überwunden zu haben. Insofern sind seine Landschaften eine entscheidende Vorstufe für den Barock, vor allem für die Landschaften von Rubens.

Pieter Breughel d. Ä.
Jäger im Schnee, 1565
(der Monat Januar aus dem Zyklus der »Monatsbilder«)
Öl auf Holz, 117 x 162 cm
Wien, Kunsthistorisches Museum

Wie in der »Kornernte« ist auch hier in erster Linie die Landschaft thematisiert. Das szenische Geschehen – die ausziehenden Jäger mit ihrer Hundemeute, die Schlittschuhläufer – ist demgegenüber nur erläuternder Hinweis. Auch ohne jedes figürliche Beiwerk würde der Betrachter mit den schneebedeckten Flächen und Gebirgsgipfeln, den gefrorenen Gewässern und den kahlen Bäumen den Begriff »Winter« verbinden.

Mit den gleichen malerischen Mitteln, mit denen in anderen Werken Sonnenlicht zur Darstellung gebracht wird, scheint hier unmittelbar Frost veranschaulicht zu sein. In der Erschließung des Landschaftsraumes geht der Maler ähnlich vor wie in der »Kornernte«. Von einem hochgelegenen Vordergrund aus wird der Blick über einen jähen Abfall geleitet, von dem aus die Berge bildeinwärts wieder ansteigen. Die kontinuierliche Entwicklung der Landschaft vom vorderen Bildrand aus und damit die Verschmelzung der Bildgründe wird erst eine Leistung der Barockmalerei sein.

Die Komposition erhält durch ein Netz von vertikalen und schräg abfallenden bzw. aufsteigenden Linien ein festes Grundgerüst. Die dominierende Achse ist die betonte Diagonale, die von der Hundemeute links unten zu den Felsmassiven oben rechts hinüberführt. Meisterhaft ist Breughels Gespür für den Bildraum, indem er der trotz aller Details leer wirkenden Landschaft durch den wie im Flug innehaltenden Vogel Tiefe verleiht.

JEAN CLOUET

UM 1475 – UM 1540/41

Obwohl Clouet kein einziges signiertes Werk hinterlassen hat, darf seine Autorschaft an diesem Bildnis als ziemlich gesichert gelten, zumal der Künstler enge Beziehungen zum französischen Hof unterhielt.

Während der Ausdruck des Dargestellten die Oberfläche kaum durchdringt, ist auf die Wiedergabe der Kleidung und der goldenen Kette um so mehr Sorgfalt verwendet. Prachtvoll stehen die kostbaren, zwischen Goldton und Braun wechselnden Farben des Gewandes gegen den mit den Insignien des Königs verzierten roten Brokat des Hintergrundes. Raum wird nur insoweit angedeutet, als ihn die Figur selbst zwischen der Brüstung und der neutralen Folie des Wandteppichs entfaltet.

Sicher wurde Clouet durch die »Schule von Fontainebleau« beeinflußt. Die Leuchtkraft der Farben und das Proportionsverhältnis zwischen kleinem Kopf und ausgesprochen monumentalisiertem Rumpf ist ohne Kenntnis des italienischen Manierismus um diese Zeit im Umkreis des französischen Hofes kaum denkbar.

Vermutlich hat Clouet noch mehrere Porträts der königlichen Familie geschaffen, so das »Reiterbildnis Franz' I.« (Florenz, Uffizien), das Porträt des »Dauphin François« (Antwerpen, Koninklijk Museum) und das Bildnis der Tochter Franz' I., »Charlotte« (Chicago, Sammlung Epstein).

Jean Clouet
Bildnis Franz' I., König von Frankreich, um 1535
Öl auf Holz, 96 x 74 cm
Paris, Musée National du Louvre

FRANÇOIS CLOUET

UM 1505/10 – 1572

Clouet zielt auf ein Spannungsverhältnis zwischen erotischem Reiz und kühler Distanz, wobei italienische Einflüsse, etwa durch Bronzino, unverkennbar sind. Das in sich zentrierte Bildformat wird zu einer betont asymmetrischen Komposition ausgenutzt, indem die Dame an den rechten Bildrand gerückt und zudem noch durch einen größeren Ausschnitt des roten Vorhangs akzentuiert wird. Treten auf diese Weise Bildformat und Komposition in ein Spannungsverhältnis zueinander, so gleichermaßen Fläche und Raum. Die Schöne im Vordergrund wendet sich dem Betrachter dergestalt frontal zu, daß Unter- und Oberarm die Rahmengrenzen innerbildlich wiederholen. Diese Bindung an die Fläche wird durch den Umriß des Vorhangs verstärkt. Im diametralen Gegensatz dazu wird der Blick nach links hin fast gewaltsam in die Tiefe gezogen: Die Entfernung, die der Maßstabskontrast zu der sitzenden Frau im Hintergrund vermuten läßt, ist von der räumlichen Konstruktion her nicht einlösbar.

Gegensätzlichkeit der Mittel bestimmt schließlich auch die farbige Wirkung, indem die helle Aktfigur vor einem stark von Schatten bestimmten Grund gesetzt wird. In der Technik hinter seinem Vater zurückbleibend, übertrifft er diesen an künstlerischem Vermögen. Für die Dame diente wohl Diane von Poitiers als Modell, eine Geliebte Karls IX.

François Clouet
Dame im Bade (Diane de Poitiers?), um 1570
Öl auf Holz, 92 x 81 cm
Washington. National Gallery of Art

CORNEILLE DE LYON

UM 1500/10 – NACH 1574

Corneille de Lyon
Bildnis Gabrielle de Rochechouart, um 1574
Öl auf Holz, 16,5 x 14 cm
Chantilly, Musée Condé

In seiner Zuschreibung nicht unumstritten, verbindet sich das Bildnis eng mit jener Gruppe miniaturhaft kleiner Porträts, die Corneille zugewiesen werden. Kennzeichnend sind der neutrale, in graugrünlichen Farbtönen leicht changierende Hintergrund und die vorsichtige Drehung von Oberkörper und Kopf, die der rechts auf die Schulter herabfallende Schleier weitgehend an die Fläche zurückbindet.

Der kühl-distanzierte Ausdruck der Edeldame mit der präzisen Zeichnung von Augen, Nase und Lippen sowie die glatten Flächen von Stirn und Wangen gliedern das Bild in den Bereich französischer Hofkunst ein. In gewissem Kontrast dazu steht die liebevolle Ausführung der Details in Kleidung und Schmuck. Dürfen wir hier das niederländische Erbteil des aus Den Haag gebürtigen Malers sehen? Allerdings bedient sich jetzt der Hang zum »Detailrealismus« neuer malerischer Mittel. Die aus dem dunklen Obergewand an den Ärmeln bauschig hervortretenden hellen Partien wirken wie »impressionistisch« hingetupft, in sich farbig vielfältig moduliert und ohne feste Abgrenzungen. Hatte der Maler, dessen Werk uns noch so viele Rätsel aufgibt, Kontakte zu Venedig? Jedenfalls versteht man, daß sich der ganze Hof von ihm malen ließ, wie eine zeitgenössische Quelle berichtet, und daß er es zum »Peintre et Valet de Chambre du Roi« brachte, dem höchsten Hofamt für einen Maler.

JEAN COUSIN D. Ä.

UM 1490/1500 – UM 1560

Jean Cousin d. Ä.
Der hl. Mammès und Herzog Alexander, 1541
Wirkteppich, 440 x 450 cm
Paris, Musée National du Louvre

Nach der historischen Überlieferung erlitt der heilige Mammès um 275 unter Kaiser Aurelian in Kappadokien das Martyrium. In frühchristlicher Zeit wurde er in Kleinasien hoch verehrt und als »Großmärtyrer« bezeichnet. Nach der Überführung seiner Reliquie nach Langres in Frankreich im 8. Jahrhundert wurde er Schutzherr der dortigen Kathedrale.

Um 1540 wurden für den Kanonikerchor acht Bildteppiche mit Darstellungen aus der Legende des Heiligen geschaffen. Drei blieben erhalten, zwei in Langres und einer im Louvre. Nachdem der Heilige mit den wilden Tieren gesprochen hatte (dargestellt auf einem der beiden Teppiche in Langres), begab er sich mit einem jungen Löwen zu Herzog Alexander (gemäß der am unteren Rand eingewirkten Inschrift – tatsächlich müßte es sich um Aurelian handeln), der ihn dem Märtyrertod überantwortet (die Hinrichtung ist in der tempelartigen Architektur des Mittelgrundes gezeigt).

Die Weiträumigkeit der Landschaft, die sichere Beherrschung der Perspektive und die antikisierenden Architekturen weisen auf italienischen Einfluß, der durch die »Schule von Fontainebleau« vermittelt sein dürfte. Darauf deuten die dekorative Bereicherung der Architekturen und die Ornamentik des Rahmens hin. Erstaunlich ist die nuancenreiche Farbkultur, die den Eindruck eines Leinwandbildes suggeriert.

SCHULE VON FONTAINEBLEAU

UM 1530 – UM 1570

Wie bei der folgenden »Landschaft mit Dreschern« ist die Urheberfrage des Gemäldes vollkommen offen. Die schlanken Proportionen der Figur mit dem kleinen Kopf und die äußerst komplizierte Bewegung deuten auf Schulung des Meisters in der von Rosso Fiorentino und Primaticcio begründeten »ersten Schule von Fontainebleau«. Diana schreitet zwar prinzipiell im Profil von links nach rechts, doch ist diese Seitenansicht kunstvoll aufgelockert. Die leichte Drehung der Schulter, gegenläufig zur Schrittstellung, läßt die Linie des Rückgrats sichtbar werden; die Kopfwendung kontrastiert ebenfalls zu der Schulterhaltung. Typisch »manieristisch« ist die gegensätzliche Bewegungsintensität von Diana und dem begleitenden Hund. Das gelassene Schreiten der Göttin verbindet sich mit dem Dahinjagen des Tieres; zwei verschiedene Rhythmen werden in einem Moment fixiert.

Die Baumgruppe im Hintergrund und der Landschaftsausblick sind in jener großzügigen, die Details zusammenfassenden Malweise ausgeführt, die auch die »Landschaft mit Dreschern« kennzeichnet – offenbar ein herausragendes Kennzeichen der »zweiten Schule von Fontainebleau«, das eine der Grundlagen für die französische Landschaftsmalerei des 17. Jahrhunderts bilden wird.

Die pretiöse und kühle Erotik der »Diana« ist bezeichnend für zahlreiche Werke der »Schule von Fontainebleau« und entsprach dem französischen Zeitgeschmack.

Schule von Fontainebleau
Diana als Jägerin, um 1550
Öl auf Holz, auf Leinwand übertragen, 191 x 132 cm
Paris, Musée National du Louvre

In der Landschaftsmalerei des 16. Jahrhunderts kommt diesem Bild eine herausragende Bedeutung zu. Die Frage der Autorschaft hat sich bis heute nicht einmal annäherungsweise beantworten lassen. Die Zuschreibung an Niccolò dell'Abbate wird durch Vergleiche mit gesicherten Werken (»Die Errettung des Moses«, Paris, Louvre; »Aristäus und Eurydike«, London, National Gallery) widerlegt. Seinem Sohn Giulio Camillo darf man den hohen künstlerischen Rang kaum zutrauen, und der Franzose Etienne Delaune ist uns vorwiegend als Kupferstecher bekannt.

Am ehesten bietet sich ein Vergleich mit Breughels etwa gleichzeitigen Monatsbildern an. Wie dort werden die Figuren nur als Staffage benutzt, wie dort wird der Blick von einem hohen Standpunkt im Vordergrund in ein Tal und dahinter aufwachsende Berge geführt. Jedoch gibt der unbekannte Maler dieser Landschaft statt der von Breughel bevorzugten Diagonal- eine zentralisierte Komposition. Der Heuhaufen bildet in etwa die Achse, um die Figuren und landschaftliche Elemente kreisen; die Zueinanderordnung der Figurengruppe links wiederholt sich spiegelsymmetrisch im Mittelgrund rechts. Zudem gelingt dem Maler eine stärkere Verschmelzung der Bildgründe, die in erster Linie durch die für das 16. Jahrhundert einzigartige »pseudo-impressionistische« Malweise erreicht wird. Das »gemalte Licht« weist auf Claude Lorrain voraus. Ohne eine Zuschreibung wagen zu wollen, möchte man an die Ausführung der Hintergründe in den Porträts von Corneille de Lyon denken.

Schule von Fontainebleau
Landschaft mit Dreschern, um 1555–1565
Öl auf Leinwand, 85 x 112 cm
Fontainebleau, Musée National du Château

EL GRECO
UM 1541–1614

El Greco
Entkleidung Christi (El Espolio), um 1590–1600
Öl auf Leinwand, 165 x 99 cm
München, Bayerische Staatsgemäldesammlungen, Alte Pinakothek

El Greco
Christus am Ölberg, um 1595
Öl auf Leinwand, 102 x 114 cm
Toledo (Ohio), Museum of Art

Das Gemälde mit überlebensgroßen Figuren ist eine von drei Fassungen, die El Greco eigenhändig ausführte. In der streng zentrierten Komposition, den verhältnismäßig plastisch modellierten Gestalten, vor allem aber in der hohen Farbkultur klingen noch die Eindrücke der venezianischen Jahre, besonders der Werke Tizians, nach. Das Anschneiden der Figuren unten links und die leicht ins Bildinnere sich verkürzende Gestalt Christi lassen auf die Bestimmung für einen hohen Aufstellungsort schließen. Beachtet man unter diesen Bedingungen das leuchtende Rot des Mantels, durch den Christus aus seiner Umgebung hervorgehoben wird, und die summierten Vertikalen von Figuren und Lanzen, so gewinnt das Bild über das unmittelbar dargestellte Thema hinaus einen Verweis auf die künftige Himmelfahrt.

Im Vergleich zur »Entkleidung« zeigt der »Ölberg« eine erstaunliche künstlerische Entwicklung. Die Erfahrungen des Italienaufenthaltes treten im gleichen Maße zurück, in dem sich El Greco vom Naturvorbild entfernt. Die Figuren verlieren an Körperlichkeit und werden in ihrer Ausdruckskraft durch irreale Landschaftsformen (Überhöhung Christi durch den Felsen; die bergende Höhle zur Veranschaulichung des Schlafes der Jünger) gesteigert. Der Figurenmaßstab wird aus den logischen Relationen gelöst. Die absinkende Diagonale, die vom Engel über Christus zu den Häschern am rechten Bildrand führt, verdeutlicht die Unausweichlichkeit des Schicksals. Die »Verfremdungen« des Naturvorbildes, die auch in der visionären Erscheinung des Mondes deutlich werden, haben unter anderem zur Wiederentdeckung El Grecos um 1900 wesentlich beigetragen.

Die Inschrift unter dem Altarbild erzählt die dargestellte Legende. In der ersten Hälfte des 13. Jahrhunderts sollen beim Begräbnis des frommen Grafen Orgaz die Heiligen Stephanus und Augustinus aus dem geöffneten Himmel herabgestiegen sein und die Grablegung eigenhändig vorgenommen haben.

El Greco malt eine faszinierende Vision, in der himmlische und irdische Zone sowohl getrennt als auch gleichzeitig miteinander verschmolzen werden. Im Kreis der Kleriker und Edelleute neigen sich die beiden Heiligen mit dem Toten zum Grabe hinab. Eine Knabenfigur am linken Bildrand – der Sohn El Grecos? – sucht den Blick des Betrachters und weist auf das Geschehen hin. Auf jede Angabe einer räumlichen Situation wird verzichtet. Das ermöglicht die unmittelbare Öffnung des Himmels, in dem Christus als Weltenrichter mit Maria und Johannes dem Täufer als Fürbitter für die Menschheit erscheinen. Die nach oben weisenden Bewegungszüge der jenseitigen Sphäre verhalten sich komplementär zum Absinken in der irdischen Hauptgruppe: Tod und Auferstehung werden gleichzeitig anschaulich.

El Greco
Das Begräbnis des Grafen Orgaz, um 1586
Öl auf Leinwand, 488 x 360 cm. Toledo, Santo Tomé

El Greco
Die Heilige Familie mit der hl. Anna und dem jungen hl. Johannes dem Täufer, um 1594–1604
Öl auf Leinwand, 107 x 69 cm
Madrid, Museo del Prado

Unten:
El Greco
Toledo im Gewitter, um 1604–1614
Öl auf Leinwand, 121 x 109 cm
New York, The Metropolitan Museum of Art

EL GRECO
UM 1541–1614

El Greco hat das Thema der Heiligen Familie unter Einschluß der Anna mehrmals gemalt. Im Vergleich zu der vermutlich rund zehn Jahre jüngeren Fassung im Hospital di San Juan Bautista in Toledo fällt zunächst der Wandel von einer hellen, fast heiteren Farbigkeit zu der Bevorzugung dunklerer, Gewitterlicht suggerierender Beleuchtungseffekte auf. Die Hinzunahme Johannes' des Täufers, der mit dem Zeigefinger seiner linken Hand zum Himmel weist, läßt das Bild vollends als Vision der künftigen Passion erscheinen.

Die Gruppe der fünf Figuren ist eng zusammengeschlossen, zugleich aber kompliziert im Raum verschränkt. Anna, der die Tochter Maria den Arm um die Schulter legt, beugt sich von links über das auf den Knien der Muttergottes liegende Jesuskind – Anklang an Pietà-Darstellungen und damit wiederum an die Leidensgeschichte Christi. Josef, Komplementärfigur zu Anna, wendet sich von rückwärts dem Kinde zu. Indem unmittelbare Blickkontakte zwischen den Figuren vermieden werden, entsteht eine eigentümlich unwirkliche, traumhafte Stimmung.

In der malerischen Behandlung verzichtet El Greco auf jede detaillierte Gegenstandsbezeichnung. Die Gewänder sind großflächig behandelt, die Umrisse verfließen; das wird besonders an der Modellierung der beiden Kinderkörper deutlich. Es öffnet sich der Weg zu El Grecos Spätwerk, das sich zunehmend von der Wiedergabe der ins Ideale überhöhten Natur abwenden wird.

Als reine Landschaftsdarstellung in seinem Werk einzigartig, hat El Greco gegen Ende seines Schaffens seine Wahlheimat Toledo im Bild festgehalten. Von einem tiefen Betrachterstandpunkt aus wird der Blick über den ansteigenden Hügel zu dem von Alkazar und Kathedrale beherrschten Stadtzentrum geführt. Den dynamischen Bewegungszügen von unten nach oben sowie von vorne in die Bildtiefe verbindet sich eine Diagonale, die vom linken Bildrand über die das Tal des Tajo überspannende Brücke und die ansteigende Stadtmauer zu dem ragenden Kirchturm führt.

In keiner Weise auf abbildendes Detail zielend, faßt El Greco Bäume, Grasflächen und ferne Berge in nahezu verfließenden Konturen zusammen. Dagegen heben sich in geisterhafter Beleuchtung die einzelnen Monumente der Stadt um so schärfer ab. Der weite Himmel mit den ineinander verwobenen Wolken- und Blauflächen entspricht der großzügigen, vom Naturvorbild weitgehend abstrahierenden Malweise seiner Spätwerke.

Das Bild ist zugleich »Landschaftsporträt« und von unheimlichen Naturkräften erfüllte Ausdrucksstudie. Über Kathedrale und Festung, also kirchlichem und weltlichem Zentrum, zieht der Gewitterhimmel nachtschwarz auf. Die historische Überlieferung sagt uns nicht, ob der Maler hiermit einen bestimmten Sinngehalt zum Ausdruck bringen wollte.

Auf die Maler von Expressionismus und Surrealismus hat das Werk wie eine Art Offenbarung gewirkt.

Andreas Prater

BAROCK

Die Malerei des 17. Jahrhunderts in Italien, Frankreich, England, Deutschland und Spanien

Der Barock – das Zeitalter zwischen Absolutismus und Aufklärung – gilt als der letzte gesamteuropäische Stil. Lange Zeit nur als »verwilderter Dialekt der Renaissance« angesehen, stellt der Barock dem klassischen Ebenmaß einen Komplex dynamischer Vielfalt an Form und Ausdruck entgegen.
Weltliche Lebensfreude und vornehme Sinnlichkeit, religiöse Geistigkeit und strenge Askese, breite Formenvielfalt und strenge Regelhaftigkeit stehen einander gegenüber. Gleichzeitig dringt mit dem Illusionismus das Bühnenhafte und Theatralische in die Kunst ein. Theater, Zeremonie und höfisches Fest sind nicht nur Ausdruck barocker Vitalität, sondern auch kunstvolle Form zur Bewältigung von Massen.
In Rom gelingt Caravaggio mit seiner dramatischen Helldunkelmalerei der entscheidende Durchbruch, während die Carracci die Barockmalerei in Bologna begründen. In Frankreich ragen die heroischen Landschaften Poussins heraus, die Nachtstücke La Tours und die Lichtpoesie Claude Lorrains. In Spanien finden wir das warme Kolorit Murillos, die Stille mönchischen Lebens bei Ribera und Zurbarán und den vehementen Ausdruck der höfischen Porträts von Velázquez. Der deutsche Beitrag hat in Adam Elsheimers zarten Landschaften einen Höhepunkt.

Zur Geschichte des Epochenbegriffs

Keine andere Epoche der europäischen Kunstgeschichte hat in ihrer wissenschaftlichen Definition, in der Beschreibung ihrer Phänomene, ihrer zeitlichen Abgrenzung und in der Aufdeckung ihrer geistesgeschichtlichen Hintergründe ein so wechselvolles Schicksal durchlaufen wie der Barock. An Widersprüchlichkeit wird die Geschichte seiner Erforschung, die vor etwa hundert Jahren begonnen hat, nur noch von jener des Manierismus übertroffen, der, ein spätes Resultat dieser Forschungsgeschichte, als stilgeschichtliche Abgrenzung zwischen Renaissance und Barock bestimmt wurde.

Dem Zeitalter selbst waren derartige Periodisierungsfragen und Epochenbegriffe fremd, die Bezeichnung Barock kannte es in diesem Sinne nicht. Weder von den Auftraggebern noch von den Künstlern selbst oder den Theoretikern der Kunst, die die Zeit in großer Zahl hervorbrachte, wurde das Wort »barock« auf künstlerische Vorhaben und Leistungen angewandt. Anders als das Rokoko, das sich mit dem Begriff des »goût rococo« selbst einen Namen gab, sprach man im Zuge eines absolutistischen Selbstverständnisses im 17. Jahrhundert allenfalls vom »grand goût«, vom großen Geschmack als Träger eines umfassenden Repräsentationswillens. Nur im Bereich der Werkstatt und des Ateliers begegnet uns das Wort »baroquer« als Bezeichnung für die kurvigen Kontierungen von Möbeln und die Auflösung fester Umrisse in der Malerei. In der satirischen und burlesken Literatur Italiens taucht das Wort »barocco« seit etwa 1570 als Bezeichnung eines skurrilen, witzigen Einfalls auf.

Erst die rationalistische Kritik, die seit der Mitte des 18. Jahrhunderts einsetzte, verwendet das Eigenschaftswort »baroque« zur Kennzeichnung eines Stils, den man als regelwidrig, auswüchsig, bizarr und geschmacklos verurteilte. Die neue klassizistische Doktrin begriff sehr gut die Schlüsselstellung einzelner Hauptmeister der vorausgehenden Epoche, zum Beispiel Gianlorenzo Berninis (1598–1680), die sie für den allgemeinen Kunstverfall verantwortlich machte und deren Wurzeln sie bis zu Michelangelo zurück verfolgte. Um die Wende zum 19. Jahrhundert war die herabsetzende Bedeutung des Wortes bereits gebräuchlich und seine auch bei anderen Stilbegriffen (zum Beispiel Gotik) zu beobachtende Wandlung vom polemisch eingesetzten Tadelwort zur Kennzeichnung eines Epochenstils vorbereitet. Es waren eigentlich die avantgardistischen Künstler des 19. Jahrhunderts, die letztlich die positive Wertung dieses vermeintlichen »Verfallsstils« durchsetzten. Diego Velázquez (1599–1660), Rubens, Rembrandt (1606–1669) und Frans Hals (1591–1656) besaßen spezifisch malerische Qualitäten, für die sich zumal die Impressionisten eingehend zu interessieren begannen.

Caravaggio
Der junge Bacchus, um 1591–1593
Öl auf Leinwand, 66 x 53 cm
Rom, Galleria Borghese

Carl Justis (1832–1912) grandiose Monographie »Diego Velázquez und sein Jahrhundert« (Bonn 1888) bezieht in die kunstgeschichliche Darstellung die Sehweisen seiner eigenen am Impressionismus geschulten Zeit mit ein; die Sensibilität für malerische Valeurs, für Lichtwerte und Fakturen hatte zur Neubewertung einer Epoche geführt. Dieser positive Ansatz in der kunsthistorischen Rezeption fand in den Arbeiten Wölfflins und Alois Riegls (1858–1905), um noch zwei Namen zu nennen, ihren ersten Höhepunkt. Rom wurde als Entstehungsort und Hauptstadt des Barockstils bestimmt und seine Merkmale systematisch und normativ von jenen der Renaissance abgegrenzt.

Übergreifende Konstanten

Renaissance und Manierismus sind freilich aber auch die unmittelbaren stilgeschichtlichen Voraussetzungen des Barocks. Die Auffassung, daß es sich in der Epochenfolge von der Frührenaissance des 15. Jahrhunderts bis zum Klassizismus des späten 18. Jahrhunderts um eine große kulturgeschichtliche Einheit handle, findet gerade von Seiten der Kunstgeschichte manches stützende Argument. Es sind die übergreifenden inhaltlichen und thematischen Konstanten, die über alle modalen und ästhetischen Gegensätze hinweg die Zusammengehörigkeit erkennen lassen. Das Prinzip des Illusionismus, der täuschenden Raumerweiterung, in der die monumentale Wand- und Deckenmalerei die Grenzen der realen Architektur zu transzendieren und in zum Beispiel himmlische Bereiche überzuleiten vermag, ist eine solche von der Frührenaissance her überkommene und im Barock zu höchster Vollkommenheit gesteigerte und theoretisch durchdachte Leitform.

Das Thema der Säulenordnungen etwa hat in dem genannten Zeitraum unumschränkte Gültigkeit in der Sprache der Architektur. Selbst so umfassende Neuerer wie Michelangelo im 16., Bernini und Francesco Borromini (1599–1667) im 17 Jahrhundert haben nur ihre syntaktischen Möglichkeiten erweitert, aber niemals das Prinzip in Frage gestellt. Dasselbe gilt für das Auftreten der antiken Götter und Heroen im Bilde, die weder Gegenstand einer religiösen, neuheidnischen Verehrung noch bloße Dekorationsgestalten waren, sondern mythologisch geprägte Sinnträger, die jede ihnen anvertraute Handlung mit aktuellem Bezug auf eine höhere Ebene geschichtlicher und mythischer Wirklichkeit emporhoben.

Andere variable Konstanten sind in der Malerei das Helldunkel und die Trias der Kardinalfarben, das gemeinsame Auftreten von Rot, Gelb und Blau, der Grundfarben, aus deren Mischungen alle anderen Farben hervorgehen. Als Gegenspieler dieses koloristischen Kosmos modifiziert das unfarbige Helldunkel mit seinen extremen farblosen Polen Schwarz und Weiß die Palette des Malers in zahllosen Brechungsmöglichkeiten. Die Erkenntnis ist noch nicht alt, daß es sich bei diesem Helldunkel um Licht und Finsternis als elementare Größen im Farbgefüge der Malerei handelt und nicht so sehr um die Abbildung konkreter Beleuchtungsverhältnisse aufgrund der Verteilung von Licht und Schatten im Bild.

Eine weitere Konstante ist schließlich auch die allegorische Bildsprache und damit zusammenhängend die humanistische Leidenschaft für die Verschlüsselung von Aussagen, die selbst wiederum als Beweis dafür angesehen wird, daß alles potentiell sinnhaltig und Träger verschlüsselter Botschaften ist, die sich entschlüsseln lassen. Die Hieroglyphenkunde des 15. Jahrhunderts, die Emblematik und die barokken Ikonologien geben in einer unglaublichen Fülle von Publikationen Zeugnis von der Überzeugung einer essentiellen Verwandtschaft von Wort und Bild, auf die sich der leidenschaftliche Glaube einer universalen Interpretierbarkeit aller natürlichen und künstlichen Phänomene gründet.

Das temporäre Gesamtkunstwerk

Das Verhältnis des Barocks zu diesen Konstanten ist aber insofern ein neues und einzigartiges, als es von einer bis dahin unbekannten Kraft zur Synthese geprägt wird, die ihren überzeugenden Ausdruck im barocken Gesamtkunstwerk gefunden hat. Zu diesem Gesamtkunstwerk gehören nicht nur die Künste, Architektur, Plastik, Malerei und Ornament in ihrer gegenseitigen Durchdringung, wie wir sie im Kirchen- und Schloßbau vereinigt finden, sondern auch das Fest, das diese Künste erst im geistlichen und weltlichen Zeremoniell miteinander verbindet und ihnen dabei noch die Musik, die Dichtung und den Tanz beigesellt. Barocke Gesamtkunstwerke stellen sich dem heutigen Betrachter nur noch als großartige Rahmenkonzepte jener temporären Aktualisierungen dar, durch die das Gesamtkunstwerk erst wirkliche Gestalt gewonnen hat. Diese Intention zum Festlichen und Temporären ist daher ein konstanter Zug barocker Kunst. Die oft zitierte »Dynamik«, die wir in den bewegten Fassaden und Innenräumen, in den wie von übernatürlichen Energien emporgewirbelten Gestalten der Heiligenhimmel in Deckenmalereien und nicht zuletzt als seelische Bewegung im Ausdruck der Gesichter und Gesten erleben, zielt nach jener Aufhebung des Widerspruchs zwischen Augenblick und Dauer, wie er nur im festlichen Zeremoniell und nur symbolisch zu gewinnen war. Keine andere Zeit hat so sehr im Bewußtsein der Zeitlichkeit gelebt. Nicht zufällig sind größte geistige und materielle Aufwendungen gerade und immer wieder für vergängliche Architekturen, Bildprogramme und Dekorationen der Triumphzüge und feierlichen Einzüge, der »Trifoni« und der »Entrées solennelles«, und schließlich auch für die Schaugerüste, die »Castra doloris«, der Leichenfeiern gemacht worden.

Höhepunkte dieser scheinbaren Paradoxie der ephemeren Monumente, wie man derartige Erscheinungen nennen könnte, waren die Feuerwerke, die ganz im Gegensatz zu dem, was wir heutzutage darunter zu sehen gewohnt sind, durchaus abbildenden Charakter hatten. Ihre Planer und Arrangeure waren den besten und angesehensten Künstlern gleichgestellt; ein Unterschied zwischen »Kunst« und einem großartigen Feuerwerk wäre für die Menschen des Barocks nicht erkennbar gewesen, da die Purifizierung des Kunstbegriffs, die seit dem 19. Jahrhundert das Gesamtkunstwerk in seine Teile zerlegte, noch gänzlich außer Sichtweite war.

Die neuen Bildaufgaben

Fragt man einmal nach den spezifischen Unterschieden, die – abgesehen von allen Stilkriterien im einzelnen – die Eigenständigkeit barocker Kunst gegenüber den ihr vorausgegangenen Epochen begründen, so wird man vor allem auf eine gewaltige Erweiterung des thematischen Gesichtsfeldes hinweisen müssen. Die barocke Malerei hat, anders als der Manierismus, echte Neuentdeckungen vorzuweisen. Die Dinge, die ihr bildwürdig erscheinen, beschränken sich nicht mehr allein auf die sakrale und profane Geschichte, auf das Porträt und die Allegorie – Aufgaben, in deren Mittelpunkt stets die menschliche Gestalt, und zwar die im antiken Sinne freie und groß gesehene menschliche Gestalt, stand. Die barocke Bildwelt erschließt sowohl nach oben wie nach unten neue Bereiche: die Apotheose und das Staatsporträt, die Landschaft, das Genre (das Sittenbild) und das Stilleben, die Karikatur und die Anamorphose (eine absichtlich verzerrte Darstellung, auch »Verstreckung« genannt).

Nicht eine dieser Aufgaben ist vollständig neu, Ansätze und Vorläufer gibt es für alle schon früher. Neu aber ist, daß die Extreme von einst nun die Leitformen der Epoche werden. Ihnen ist gemeinsam, daß sie zwar alle im Rückblick auf die humanistischen Bildkonzepte der Renaissance von anthropozentrischen Grundvoraussetzungen ausgehen, jedoch stets über diese hinausweisen. So gilt die Verherrlichung, die der hl. Ignatius in seiner Apotheose von Baciccio (1639–1709) erlebt, nicht so sehr seiner Person als vielmehr der Glorie des Jesuitenordens; wenn Charles Le Brun (1619–1690) den Kanzler Séguir bei einem feierlichen Einzug mit den höchsten Würdezeichen seines Amtes darstellt, so manifestiert sich in diesem Staatsporträt nicht die Person des Kanzlers, sondern der Gedanke des absolutistisch gelenkten Staates. Aus den Landschaften Annibale Carraccis (1560–1609) oder Nicolas Poussins (um 1593/94–1665) verschwindet zwar der Mensch nicht, neu aber ist, daß hier die Vorstellung einer vom Menschen nicht domestizierten Natur entsteht, die weit über die Aufgabe, bloßer Schauplatz seines Auftretens zu sein, Selbständigkeit erlangt. Auf mehrfache Weise führt das Genrebild über die Grenzen des einzelnen und seiner Individualität hinaus. Die Kunstkritik des 19. Jahrhunderts hat das ganz richtig gesehen, wenn sie vom Gesellschaftsporträt sprach, und die Entdeckungen der neueren Kunstgeschichtsschreibung bestätigen es, wenn sie den moralischen oder universalistischen Sinngehalt freilegen, der sich hinter den Szenen des Alltags verbirgt. Und nicht anders verhält es sich mit der überaus populären Bildgattung des Stillebens, in der ausdrücklich jede menschliche Beteiligung ausgeschlossen und

Nicolas Poussin
Triumph Neptuns und der Amphitrite, 1634
Öl auf Leinwand, 114,5 x 146,6 cm
Philadelphia, Philadelphia Museum of Art

dessen meist erbaulicher Sinngehalt von einem wahren Kult sinnlicher Reize überdeckt wird. In der Anamorphose und in der Karikatur, deren »Erfindung« und Verbreitung aus der Schule der Carracci kommen, ist dem Axiom des großen und schönen Menschen, das die Renaissance aufstellte, das entscheidende Gegenargument gegenübergestellt. Das Lächerliche und Komische ist seither eine legitime und unverzichtbare Aufgabe der Kunst geblieben.

Erwähnt werden muß in diesem Zusammenhang ein eigentümliches Phänomen des italienischen und deutschen Spätbarocks: der »Bozzetto« als selbständige Bildschöpfung. Als skizzenhafter Entwurf ist die meist kleinformatige Malerei – als Beispiel sei Baciccios Bozzetto »Der hl. Ignatius in der Glorie« (Abb. S. 239) genannt – auf das Wand- oder Deckenbild hin orientiert, das es vorbereitet und als dessen Vertragsgrundlage es für Auftraggeber und Maler dient. Doch aus dieser untergeordneten zweckdienlichen Stellung steigt der Bozzetto allmählich zu eigenständigem Wert auf, er wird ein Sammlungs- und Galerieobjekt. Ein malerischer Zwischenbereich, nicht Fresko und nicht Tafelbild, etabliert sich, ohne einen der angestammten Bereiche als Aufgabe der Malerei zu verdrängen. So kreuzen sich im Bozzetto als selbständiger Schöpfung die verschiedensten Intentionen des barocken Bildes: das Monumentale und das Intime, der gezeichnete, skizzierte, flüchtige Duktus und die reiche farbige Gestalt des ausgeführten Freskos, das Transportable des gerahmten Tafelbildes und die Vision weiter Himmelsräume. Er verbindet das Flüchtige und das Dauernde, läßt das Fließende in feste Formen übergehen und hält dem Begrenzten Verwandlungsmöglichkeiten entgegen. Der Bozzetto ist gleichsam eine zur Gültigkeit erhobene Werdeform des Bildes, die in ihrer Potentialität der Inbegriff einer sehr spezifischen Seite des barocken Bildbegriffs ist.

Neue Bildmittel

Während die Renaissance das Problem des Bildes als das Problem der Darstellung einer von Gott geschaffenen Natur an seinem Ebenbild, dem Menschen, verdichtete, ging es im Barock darum, mit Hilfe bestimmter Kunstmittel, des Theatralischen, des extrovertierten Pathos und der Illusionistik, auf der einen Seite und auf der anderen durch extreme Nahsicht, Verinnerlichung, Verfremdung und Realitätsentzug die natürliche Welt zu transzendieren. Die Augentäuschung durch das »Trompe-l'œil«, das künstliche Leben raffinierter Automaten, die Wunderwelt der Theatermaschinen gehören ebenso zu diesen Mitteln wie der Gedanke, das ganze Leben eines Herrschers wie Ludwig XIV. (1638–1715), seine Residenz, seinen Hof und den gesamten Staat in eine andere, allegorische Wirklichkeit des Sonnenstaates und des Sonnenkönigs zu transponieren.

Überhaupt ist ein wesentliches Grundelement des barocken Bilddenkens die Allegorie, sofern darunter mehr verstanden wird als die bloße Personifizierung, das heißt, die Veranschaulichung eines abstrakten Begriffs oder Sachverhalts durch eine mit Attributen ausgestattete menschliche Figur. Ja, man könnte sagen, daß gerade die Erweiterung allegorischer Funktionen in die Bereiche von Landschaft, Genre, Stilleben und Karikatur zum ikonologischen Stil des Barocks

Domenichino
Himmelfahrt der hl. Magdalena, um 1617–1621
Öl auf Leinwand, 129 x 100 cm
St. Petersburg, Ermitage

gehört. Allegorisch konzipierte Gestalten, Szenen und Sinnbilder sind je nach den nationalspezifischen Aufgaben, die sich im 17. Jahrhundert deutlicher als je zuvor herauskristallisieren, die Bausteine oft sehr komplexer Bildprogramme.

Ein sehr bezeichnendes Beispiel hierfür ist etwa Pietro da Cortonas (1596–1669) Deckenfresko im großen Saal des Palazzo Barberini in Rom (1633–1639), die »Stiftungsurkunde« der hochbarocken Deckenmalerei, wie man es genannt hat. Es zeigt den Ruhm des Hauses Barberini als Geschenk der göttlichen Vorsehung, die den Mittelpunkt der vielteiligen Komposition bildet. Das ganze Bild ist eine Allegorie auf das Pontifikat des Barberini-Papstes Urban VIII. Gemalte Architekturglieder, gemaltes Bauornament und gemalte Bauplastik bilden ein Gliederungssystem, innerhalb dessen die untergeordneten Teile des Programms, das der barberinische Hauspoet Francesco Bracciolini (1566–1645) entworfen hat, verteilt sind. Dabei kommen alle Bildgattungen zu Wort: Allegorie und Historie, Mythos, Landschaft und sogar das Stilleben.

Als ein weiteres Beispiel sei noch das Deckenfresko in der Stiftsbibliothek von St. Florian bei Linz angeführt, das 1747 von Bartholomäus Altomonte (1702–1783) gemalt wurde. Der Erfinder seines »concetto«, das heißt des inhaltlichen Konzepts, war selbst Künstler: Daniel Gran (1694–1757), ein »pictor doctus«, ein gelehrter Maler. Das Zentrum der Decke stellt den allegorischen Hauptgedanken dar: die Vermählung (connubium) von Wissenschaft und Tugend durch die Religion. Generell setzte sich das System durch, den entscheidenden Gedanken in die Mitte der großen allegorischen Apparate einzusetzen.

Der neue Bildbegriff

Die große synthetisierende Kraft des barocken Bilddenkens äußert sich aber nicht nur in der Ikonographie derartiger allegorischer »Vermählungen«, sondern ebenso unmittelbar sinnlich erfahrbar im Verhältnis der Gattungen zueinander. Architektur und Malerei vereinen sich unter einem neuen übergeordneten Bildbegriff. Das Bild der Renaissance war im allgemeinen unter strenger Beachtung der Rahmengrenzen der Architektur eingefügt oder als perspektivische Konstruktion wie der Blick aus einem Fenster konzipiert. Dabei hatte es bereits innere Gemeinsamkeiten gegeben: Die Malerei hatte architektonische, plastische und dekorative Elemente in sich aufgenommen. Nun aber kommt es zu einem gegenseitigen Durchdringen von Bild und Architektur, zum Kontinuum der Lichtführung im gebauten und im illusionierten Raum. Im Barock wird Architektur selbst weitgehend bildhaft, das heißt sie ist in ihrer Bildwirkung am besten zu erfassen. Freilich stellt dies nur eine Möglichkeit barocker Malerei dar, denn parallel dazu wird der Prozeß der Autonomisierung des Bildes, der ja zu den folgenreichsten Schritten der Renaissance gehört, mit ungleich radikaleren Mitteln fortgesetzt. Erst im Barock gibt es auf ganz breiter Basis das, was man zutreffend als Kabinettmalerei bezeichnet – Bilder, die jeder konkreten kultischen oder propagandistischen Funktion enthoben sind und als reine Sammlungskunst gesucht und, dies ist das Neue, auch für diesen Zweck produziert werden.

Die Inventare großer römischer Sammlungen im 17. Jahrhundert, der Giustiniani oder der Barberini, belegen, daß man Bilder nicht nach ihren Themen und Inhalten kaufte und gruppierte, sondern um ihres Kunstwertes, ihrer Seltenheit und des Ruhmes ihrer Schöpfer willen. Die frühe Sammlungsgeschichte eines Bildes von Caravaggio, der wesentlich an der Entstehung des frühen autonomen Galeriebildes beteiligt ist, kann dies illustrieren. Joachim von Sandrart (1609–1688), der weitgereiste Maler und Kunstschriftsteller, berichtet in seiner »Teutschen Academie« von einem erfolgreichen Vorschlag, den er dem Marchese Vincenzo Giustiniani († 1637), einem außerordentlich ambitionierten Mäzen und Kunstsammler, hinsichtlich Caravaggios »Amor als Sieger« (heute in Berlin, Gemäldegalerie) gemacht hat: »Nachmalen mahlte er (Caravaggio) für unsere Kunst Vatter Marches Justinian einen Cupido in Lebensgröße nach Gestalt eines ohngefähr zwölffjährigen Jünglings, sitzend auf der Weltkugel und in der Rechten seinen Bogen über sich haltend, zur Linken allerley Kunstinstrumenta, auch Bücher zu Studien und ein Lorbeerkranz auf den Büchern; Cupido hatte nach seiner Gestalt große braune Adlersflügel, alles zusammen in Correctura gezeichnet, mit starker colorit, Sauberheit und solcher Rundirung, daß es dem Leben wenig nachgegeben. Dieses Stück ware neben hundert und zwanzigen, von den fürtrefflichsten Künstlern gemacht, in einem Zimmer und offentlich zu sehen, aber es wurde auf mein Einrahten mit einem dunkelgrün seidenen Vorhang bedeket und erst, wenn alles andere zur Genüge gesehen worden, zuletzt gezeigt, weil es sonsten alle andere Raritäten unansehnlich gemacht, so daß es mit gutem Fug eine Verfinsterung aller Gemälden mag genennet werden.«

Rom als Hauptstadt des Barocks

Die Möglichkeit, Kunst vor allem als Kunst zu sehen, eröffnet ein unabsehbar weites Feld an weiteren, vor allem ästhetischen Möglichkeiten der Synthese, nämlich den bewußten Rückgriff auf andere Künstler und ihren Stil. Rom ist gerade in den Anfängen des Barocks der Ort, an dem sich die entscheidenden Strukturen einer »Renaissance der Renaissance« formieren. Daß der Barock in Rom entstanden sei, ist ein im Kern immer noch gültiger Leitsatz der Stilgeschichte. Wo die Architektur ein kontinuierliches und einheitliches Bild der Entwicklung vorzuweisen hat – man denke nur an die Baugeschichte von St. Peter oder an Il Gesù –, verläuft die Geschichte der frühen Barockmalerei wesentlich dramatischer und unberechenbarer. Annibale Carracci mit seinem familiären und akademischen Anhang und Caravaggio pflegt man, wenn nicht als Kontrahenten, so doch als Gegensätze im Sinne künstlerischer These und Antithese anzuführen. Und in der Tat, wer je in der Cerasi-Kapelle in Santa Maria del Popolo Caravaggios »Kreuzigung Petri« und die »Bekehrung Sauli« zusammen mit Annibales »Mariä Himmelfahrt« gesehen hat, wird sofort verstehen, daß es eines der aufregendsten Ziele der folgenden Malergeneration sein mußte, das dramatische »Tenebroso« des Lombarden mit der neoklassischen Anmut der Bolognesen zu vereinen.

Annibales Ausmalung der Galleria Farnese (Abb. S. 227) ist für die römische, ja für die barocke Monumentalmalerei überhaupt von immenser Bedeutung gewesen. Die Wiedergewinnung einer großen Form war dafür entscheidend. Aber ebenso bedeutsam wurde auf der anderen Seite die Humilisierung großer Themen durch Caravaggio. Der Realitätssteigerung durch die große Form entspricht ein Realitätsgewinn in der Entdeckung des Trivialen, Alltäglichen und Vulgären. So unterschiedlich diese beiden Ausgangspositionen auch sind, beide verarbeiten Bilderfindungen der Hochrenaissance. Giorgione, Tizian, Raffael, Michelangelo und Correggio sind die Namen, die hier immer wieder in der Bedeutung von »Ahnen« des Barocks genannt werden müssen. Aber erst Rubens, dem vielleicht universalsten Bilddenker des Barocks, ist es gelungen, all diese Quellen in einer echten Synthese zusammenzufassen und sie an den europäischen Höfen heimisch zu machen.

Wohl mit Recht wird immer wieder betont, daß es eine allenthalben spürbar gewordene Ermüdung und ein Überdruß an spätmanieristischen Formenkonventionen gewesen sein dürfte, der eine oder, besser, mehrere Reformen verursacht hat. Man kann den frühen Barock in Rom durchaus als antimanieristisch bezeichnen. Die eine Leitidee, die Wiedergewinnung einer idealen, an der Kunst der Hochrenaissance geschulten Natürlichkeit, hatte bereits in Francesco Barocci (um 1535–1612) aus Urbino ein bedeutendes Vorspiel gehabt, bevor die Carracci daraus ein künstlerisches Programm entwickelten. Der rigorose Realismus Caravaggios hingegen ist insofern programmatisch, als er mit den manieristisch entleerten klassischen Idealen des »buon costume«, der »invenzione«, des »disegno«, »decoro« und der »scienza« (der Erfindung und schönen Zeichnung, dem Wohlgeschmückten und Gelehrten), wie Caravaggios schärfster Kritiker Giovanni Pietro Bellori (um 1615–1696) urteilte, gebrochen hat.

In Rom aber kreuzen sich die Wege von Italienern, Franzosen, Deutschen und Niederländern. Die nationalen Eigenarten artikulieren sich im Barock klarer als je zuvor. Nur das Zentrum, dessen Weltoffenheit und großzügiges Mäzenatentum so viele Künstler nicht mehr aus seinem Bann entließ, schuf sich keinen Lokalstil der Malerei; zu vielfältig und eigenständig waren die internationalen Begabungen, die hier vor allem Rom als Mythos, als Topos und Idee belebten.

Frühbarocker Stilpluralismus

Aber sie taten dies durchaus in der Auseinandersetzung mit jenen höchst aktuellen und in ihrer Verschiedenheit zur Synthese herausfordernden Richtungen, die in dem nach Vermittlung und Schülerschaft strebenden Konzept der Carracci und der schroffen, einzelgängerischen Art Caravaggios verkörpert waren. Rom war keine historisch verklärte, von Ruinenklagen erfüllte Traumstadt, sondern eine Metropole höchst vitaler Parteiungen, in der weltliche und geistliche Mäzene von geradezu dekadenter Liberalität den Ton angaben und durch ihre Individualität jeden Ansatz zu einem frühbarocken Gesamtstil unmöglich gemacht haben. Freilich wäre eine Aufteilung in Caravaggisten auf der einen und Carraccisten auf der anderen Seite eine allzu einfache und daher verfälschende Formel.

Wenn Francesco Albani (1578–1660) und Domenichino (1581–1641), die Carracci-Schüler, und Carlo Saraceni (um 1580/85–1620) und Guercino (1591–1666) in der Nachfolge Caravaggios gewohnheitsmäßig gegeneinander ausgespielt werden, so trifft das nur die allgemeine Richtung; denn so wie es eine gegenseitige Wertschätzung der Protagonisten gab, hatten auch die Nachfolger die Verbindung jener großen Anreger als einen dauerhaften und fruchtbringenden Weg zur barocken malerischen Form entdeckt. Überhaupt ist die Unvereinbarkeit der Idealisten und der Naturalisten eine erst verhältnismäßig spät entstandene Doktrin, die außerhalb der künstlerischen Praxis geblieben ist. Selbst im Werk eines

»Erzklassizisten« wie Guido Reni (1575–1642) gibt es eine Fülle von Zeugnissen, die seine intensive Beschäftigung mit der »Gegenseite« belegen.

Nur für ganz wenige und im höchsten Maße eigenständige Begabungen wie Adam Elsheimer (1578–1610) oder Velázquez hat sich das Problem einer schulischen Bindung oder bestimmter dominanter Einflüsse nicht gestellt. Zu ihnen darf man auch Cortona zählen, den Hauptmeister der römischen Freskanten, der zugleich ein hochbedeutender Architekt und in der Bildhauerei erfahren war. Beides befähigte ihn, riesige Flächen wie jene der Decke im Palazzo Barberini räumlich zu bewältigen. Er ist ein Dekorationsmaler im höchsten Sinn: Architektonisches und Plastisches werden nicht nur als Elemente der Malerei eingesetzt, sondern gemalte und plastische Bestandteile miteinander kombiniert wie in einigen Deckenbildern im Palazzo Pitti – ein System, das von großer Bedeutung für die künftigen Möglichkeiten barocker Raumausstattungen werden sollte.

Mit demselben Recht, mit dem man feststellen mag, daß erst im Barock sich national deutlich definierte Schulen innerhalb des sehr schwer bestimmbaren allgemeinen Zeitstils herausbilden, kann man sagen, daß der Austausch internationalen Gedankengutes und die Fluktuation der Künstler so intensiv wie nie zuvor waren. So konnte es zu dem einzigartigen Phänomen kommen, daß zum Beispiel ein Oldenburger, Johann Liss (um 1595 – um 1629/30), die venezianische Malerei seiner Zeit in einer Qualitätshöhe und mit einem Temperament repräsentierte, mit der kein einheimischer Künstler sich messen konnte. Verstärkt wurde diese eminente Erweiterung des Horizonts noch durch die vermehrte Verbreitung von Reproduktionsgraphik, die eine Fülle von Bilderfindungen – freilich ohne das Kolorit – schnell zugänglich und verfügbar machte. Rubens beschäftigte Stecherateliers, die seine Kompositionen in ganz Europa bekannt werden ließen. Viele Maler widmeten sich aber auch der Druckgraphik und nutzten sie zu eigenständigen Bildschöpfungen, denen nun neben den geläufigen Techniken, Stich und Radierung, auch neue Erfindungen, wie Schabkunst und Aquatinta, zur Seite traten.

Es scheint, als hätte erst die Internationalisierung der europäischen Malerei im Barock, die durch all diese Faktoren zustande kam, zu der deutlichen Artikulation der nationalen Schulen geführt, denn nun erst gab es ja tatsächlich die Möglichkeit, aus einem gewaltigen Angebot alter und moderner Kunst zu wählen. Und die Wahl eines Leit- und Vorbildes ist vielleicht das entscheidende Problem, das den Mikro- und Makrokosmos des barocken Kunstbetriebes in Bewegung hält. Es ist das durchgehende Thema aller akademischen und das heißt pädagogischen Überlegungen – angefangen von jener »Accademia degli Incaminati«, der Akademie der auf den rechten Weg Gebrachten der Carracci, bis zur Pariser Académie Royale und dem an ihr ausgefochtenen Streit der »Rubenisten« und »Poussinisten« über die Vorherrschaft der Farbe bzw. der Linie. Für den einzelnen Künstler lag in dieser Wahl eine ebenso entscheidende Existenzfrage wie für die Kommune oder den Fürsten, der durch seine Entscheidung den herrschenden Geschmack bestimmte und damit nicht selten den Ruin über Nacht unmodern gewordener Künstler herbeiführte.

Kaum eine andere bedeutende Kunstnation verdankt ihre Eigenart so ausschließlich dem Import fremder, das heißt italienischer und flämischer, Errungenschaften wie die französische. Und dennoch gibt es nichts Französischeres als die zeitlosen Landschaften Claude Lorrains (1600–1682), das heroische Harmonieren von Mensch und Natur bei Poussin, die Strenge der Porträts des Philippe de Champaigne (1602 – 1674) oder die mathematische Klarheit der Stilleben Lubin Baugins (um 1610/12–1663). Ihre Herkunft von Domenichino bzw. den Flamen und Holländern ist nachweisbar, aber sie ist nicht das Entscheidende. Es ist die Kraft der Verwandlung, die hier die künstlerische Substanz und damit die Physiognomie des französischen Barocks entstehen läßt. Die unglaubliche und von den Zeitgenossen bestaunte Wandlungsfähigkeit eines Sébastien Bourdon (1616–1671), der es darauf anlegte, die Kenner durch Bilder im Stil Poussins, der Le Nains, eines Italieners oder eines holländischen Fachmalers zu täuschen, ist ein kritisches Phänomen sowohl für die persönliche Frage der Vorbildwahl wie für die Situation Frankreichs gegenüber den Quellen der Barockmalerei. Es ist geeignet, diese Seite der Epoche brennpunktartig zu erhellen. Der puristische Geniekult des 19. Jahrhunderts hat uns seine Abwertung derartiger Erscheinungen als Eklektizismus vererbt und sich als ungeeignet erwiesen, den komplizierten Prozessen barocker Stilschöpfung gerecht zu werden. Ihre Neubewertung müßte über ein besseres Verständnis der zeitgenössischen Nachahmungstheorie versucht werden.

Gegenreformation und Absolutismus

Von allen Erklärungen, die zur geistesgeschichtlichen Interpretation des Barocks unternommen worden sind, haben sich zwei am längsten und wohl auch mit relativ großer Berechtigung behaupten können. Die eine sieht im Barock den Stil der Gegenreformation. Solange dabei die Formen des protestantischen Barocks nicht ignoriert werden und die Gegenreformation nicht als hervorbringendes Prinzip eines Stils, sondern dieser in der Rolle eines willig ergriffenen Instrumentes religiöser Propaganda gesehen wird, ist diese Zuordnung stichhaltig. Denn es ist ja auffällig, daß gerade die Reformpäpste Pius V. (1504–1572), Gregor XIII. (1502–1585) und Sixtus V. (1521–1590) und ebenso die großen Ordensgründer Thomas Cajetanus (1469–1534), Ignatius von Loyola (1491 – 1556), Filippo Neri (1515–1595) und Carl Borromäus (1538–1584) noch eine Kunstpolitik vermissen lassen, die in eine spezifisch barocke Richtung gewiesen hätte.

Ähnlich verhält es sich mit der zweiten politischen Theorie, die den Barock als vollkommenen Ausdruck absolutistischer Staats- und Machtansprüche erklärt. Auch diese funktionale Gleichung ist so lange in Ordnung, als man sich bewußt bleibt, daß die frühen absolutistischen Staaten – wie zum Beispiel in der zweiten Hälfte des 16. Jahrhunderts das Florenz unter Cosimo I. de' Medici (1519–1574) – nicht die Entstehungszentren des Frühbarocks waren und daß dessen Ursprünge in Bologna und Rom weit entfernt von den Aufgaben waren, denen sich die Idee des absolutistischen Souveräns und des absolutistischen Staates im 17. Jahrhundert verpflichtet fühlen sollte.

Frankreich

Das klassische Beispiel für den Barock im Dienste des Absolutismus bietet das Frankreich Ludwigs XIV. Für den Frühbarock, das heißt die erste Hälfte des 17. Jahrhunderts, ist die französische Entwicklung kaum bedeutsam gewesen. Die französische Sonne geht erst in der zweiten Jahrhunderthälfte mit einem Glanz auf, der für die übrigen europäischen Fürsten von beispielhafter und vorbildgebender Kraft wurde. Man könnte sagen, zum absolutistischen Stil wurde der Barock – wenn er legitim überhaupt als ein Stil gelten kann – erst durch das Vorbild Frankreichs. Freilich ist der Einsatz der Künste, und zwar aller Künste, zur Darstellung politischer Ideale durchaus nicht neu, doch nie zuvor war der Zweck so wohlorganisiert durch Institutionen und Intendanten und mit solcher Machtfülle und durch so große Projekte angestrebt worden.

Als Ludwig 1661 nach dem Tod Jules Mazarins (1602–1661) selbst die Regierung übernahm und damit wieder Fürst und Staat in einer Person vereinte, wählte er sich Jean-Baptiste Colbert 1619–1683) zum Berater auch in Fragen der Kunst. Dieser begann zielstrebig 1663 mit der Reorganisation der »Manufacture Royale des Meubles de la Couronne«, die für alle Aufgaben der Luxuseinrichtung und Dekorationen bis hin zu den Gobelins ausgerüstet wurde. Gleichzeitig traten Colbert als, man darf sagen, politischer und Le Brun als künstlerischer Leiter an die Spitze der seit 1648 bestehenden königlichen Akademie für Malerei und Skulptur, die damit ganz zum Instrument der königlichen Kunstpolitik wurde. Nachdem Colbert seit 1664 als »Surintendant des Bâtiments« und 1671 mit der Gründung der Akademie der Baukunst nun auch die Aufsicht über alle architektonischen Projekte und die Ausbildung der Nachwuchsarchitekten in seiner Hand vereinte, kam 1666 als Krönung dieser Zentralisierung noch die Gründung einer französischen Akademie in Rom hinzu. Dies bedeutete einen entscheidenden Zugriff auf die Freiheit des künstlerischen Lebens der Ewigen Stadt, durch den die französischen Stipendiaten von vornherein besser kontrollierbar werden sollten. Zugleich aber etablierte sich Paris durch diese Institution im Gelobten Land aller Kunststudien und beanspruchte in der Folge auch die Rolle eines »zweiten Rom« in Dingen der Kunst. Das Scheitern Berninis in Paris ist nicht zuletzt vor diesem Hintergrund zu verstehen.

Simon Vouet
Die Toilette der Venus, um 1628–1639
Öl auf Leinwand, 183,8 x 153 cm
Cincinnati, Cincinnati Art Museum

Barocke Kunst ist vom Gedanken der Akademie, von akademischer Theoriebildung und Diskussion nicht zu trennen. Das kann bis zu einem Grade gehen, wo diese Theoriepflege als eigene Disziplin betrieben wird und gar nicht mehr nach ihrer Auswirkung auf die reale Kunstpolitik verlangt. Als Beispiel dafür sei der bereits erwähnte berühmte – nach ihren jeweiligen Symbolfiguren Rubens und Poussin genannte – Streit der Rubenisten und Poussinisten um die Vorherrschaft von Farbe oder Zeichnung in der Malerei angeführt. Die bezeichnende, man könnte sagen barocke Konstante dabei ist aber das Prinzip der Polarität, das hier wieder wie einst in Rom zwischen den »eklektischen« Anhängern der Carracci und den »naturalistischen« Caravaggio-Jüngern unter anderen Vorzeichen wiederaufgelegt worden ist.

Ob man einen Koloristen wie Jean-Antoine Watteau (1684–1721) noch ernstlich mit diesem Theoretikerstreit und einem Sieg der Farbe in Verbindung bringen darf, sei dahingestellt. Obwohl er vielleicht der einzige französische Maler war, der Rubens aus einer inneren koloristischen Wahlverwandtschaft heraus verstand, während ein Rubenist wie Pierre Mignard (1612–1695) bei äußerlichen Adaptionen blieb, ist er bereits der Bahnbrecher eines neuen Zeitalters, das des »grand goût« überdrüssig geworden war.

Was nun die oben erwähnte, nicht grundsätzlich falsche, aber eben doch problematische Gleichung von Barock und Absolutismus angeht, so ist es gerade im Falle Ludwigs XIII., Colberts und Le Bruns unübersehbar, welch bedeutender Teil der französischen Maler außerhalb jener zentralisierenden Kunstpolitik seine eigenen Wege gegangen ist. Paradoxerweise ist es gerade die für die klassische Doktrin bedeutsamste Gestalt, Poussin, der Inbegriff französischer Malerei, die ihr 17. Jahrhundert auch ihr »Goldenes Jahrhundert« nennt, gewesen, der sich von Paris enttäuscht sah und nach 18 Monaten anläßlich einer überaus ehrenvollen Berufung durch Ludwig XIII. nach Rom zurückkehrte, das auch für Lorrain zur Wahlheimat geworden war. Dennoch haben beide aus der Ferne den Geist der französischen Bildkunst mehr beeinflußt, als dies irgendeinem in Paris ansässigen Maler – Le Brun nicht ausgenommen – möglich gewesen wäre. Unabhängig, aber nichtsdestoweniger hoch begehrt waren auch die von der offiziellen Doktrin unberührten Brüder Antoine (um 1588 – 1648), Louis (um 1593 – 1648) und Mathieu (1607 – 1677) Le Nain, Georges de La Tour (1593 – 1652) und schließlich auch der in Florenz geschulte großartige Radierer Jacques Callot (um 1592/93 – 1635), dessen Zyklus »Die Schrecken des Krieges« von 1632/33 dem souveränen Anspruch auf Glorifikation der Politik durch die Kunst ein negatives Gegenbild vorhält.

Die außerakademischen Kräfte der französischen Malerei waren mächtig. Ihre dem Realismus der Caravaggio-Nachfolge verpflichtete Strömung konnte sich nicht nur einer bürgerlichen, sondern zuweilen sogar der königlichen Vorliebe erfreuen. Ludwig XIV. hatte aus seinem Zimmer alle Bilder entfernen lassen und an ihrer Stelle allein den »Hl. Sebastian« La Tours anbringen lassen. In seinem Schlafzimmer hingen fünf Valentin de Boulognes (1594 – 1632), und überdies hat der König auch Bilder Caravaggios angekauft.

Diego Velázquez
Philipp IV. von Spanien, um 1631
Öl auf Leinwand, 195 x 110 cm
London, National Gallery

Neapel

Neben den beiden so verschiedenen Metropolen barocker Malerei – Rom und Paris – darf als dritte Neapel nicht vergessen werden. Die Malerei hat hier bis zum 17. Jahrhundert kaum europäischen Rang erreicht; keine eigene Tradition konnte hier richtunggebendes Ziel einer Erneuerungsbewegung werden wie die Hochrenaissance in Rom. Daher fehlt der neapolitanischen Barockmalerei auch das harmonisierende klassische Element, das ihren Hang zu kühnem Nonkonformismus gemäßigt hätte. Entscheidend wurde der Aufenthalt Caravaggios in der Stadt, der hier Hauptwerke seines Spätstils geschaffen hat. Sein Helldunkel und humiler Realismus wurden richtungweisend für das ganze Jahrhundert. Bezeichnenderweise blieben die Aufenthalte Domenichinos und Giovanni Lanfrancos (1582 – 1647) in Neapel folgenlose Episoden.

Eine neapolitanische Eigenart ist die Auflösung des Bildgefüges in ein Muster von Farbflecken, die man als »macchia« und deren Vertreter man als »macchiettista« bezeichnet. Diese skizzenhafte, häufig und fälschlich impressionistisch genannte Malweise ist das Stilmittel einer improvisierenden und virtuosen Bravourmalerei, in der es nicht um ikonographisch ausgefeilte Inhalte geht, sondern um das Pittoreske von Reitergefechten, Bambocciaden und von skurrilen Sittenbildern aus dem Soldaten- und Vagabundenleben. Ihr bedeutendster Vertreter ist der Malerpoet Salvator Rosa (1615 – 1673), der in allen thematischen Bereichen brillierte und dessen Spezialität Schlachtenbilder waren. Von allen Malern des Zeitalters darf er derjenige mit der bizarrsten Phantasie genannt werden. Das »Capriccio«, das heißt der unvorhergesehene, launenhafte Einfall, der unberechenbare Phantasiestreich, ist seine bleibende Leistung. Seit Rosa ist das Capriccio eine aus der barocken Bildthematik nicht mehr fortzudenkende Möglichkeit. Als die populärsten Vertreter der Neapolitaner Barockmalerei gelten seit je Mattia Preti (1613–1699) und der Schnellmaler Luca Giordano (1634–1705), der Meister »fa presto«, wie ihn die Zeitgenossen nannten. Mit letzterem besitzt Neapel einen großen Freskanten, der über die lokalen Möglichkeiten hinaus nun auch römische Anregungen, vor allem Cortonas, verarbeitete.

Neapels Bedeutung für die barocke Malerei wird aber noch durch einen ganz anderen Umstand begünstigt, nämlich seine Eigenschaft als spanisches Dominium. Neapel wurde dadurch zu einer Hauptquelle, aus der sich die spanische Barockmalerei speiste. Eine Schlüsselfigur ist der hier ansässige Spanier Jusepe de Ribera (1591–1652) gewesen, in dem der neapolitanische Caravaggismus seinen Hauptvermittler gefunden hat.

Spanien

Zwei äußere Umstände dürfen bei der Betrachtung der spanischen Barockmalerei nicht übersehen werden. Einmal die außerordentliche Rückständigkeit der sozialen Stellung, gegen die die Maler in Spanien seit El Greco zu kämpfen hatten. Dessen verlorene Trakate über Architektur, Bildhauerei und Malerei wurden im 17. Jahrhundert noch um die bescheidene Literatur eines Francisco Pacheco (1564–1654), Vicente Carducho (um 1576–1638) und Juan Bautista Martínez del Mazo (1612–1667) erweitert, der wir viele Nachrichten über die Künstler verdanken, die aber auch den Zweck hatte, das gesellschaftliche Ansehen des Künstlers zu heben – ein Begehren, das in Italien bereits zwei Jahrhunderte vorher auf vergleichbare Beweise erfolgreich sich durchzusetzen begonnen hatte. Sosehr die spanische Malerei darauf angewiesen war, die Anregungen, die sie benötigte, um mit dem Niveau Italiens und der Niederlande schritthalten zu können, von außen zu gewinnen, so wenig Einfluß hat sie selbst bis zum 19. Jahrhundert im übrigen Europa gehabt. Dies hängt mit zwei Umständen zusammen, denen die spanische Barockmalerei ihre spezifische Physiognomie mit verdankt: Ihre Blütezeit fällt nämlich in die Zeit eines fortschreitenden Macht- und Prestigeverlustes der spanischen Regierung. Ereignisse wie die Niederlage der Armada gegen die Engländer, die das Ende der spanischen Vorherrschaft zur See besiegelte, der Waffenstillstand, der nach zermürbenden Kämpfen 1609 mit dem kleinen protestantischen Holland geschlossen werden mußte und dessen Unabhängigkeit endlich 1648 anzuerkennen war, sind nur die spektakulären Zeichen eines Niedergangs und einer Ermüdung, die das Land als Folge einer jahrzehntelang rücksichtslos betriebenen Machtpolitik befallen hatte. Der spanische Hof hatte unter Philipp II. (1527–1598) kaum noch Aufträge zu vergeben, die für ausländische Künstler attraktiv gewesen wären. Die Arbeiten, die Rubens in Madrid ausführte, sind dem Umstand zu verdanken, daß der Flame als spanischer Untertan und als Diplomat in Diensten der Krone stand.

Bartolomé Esteban Murillo
Die Pastetenesser, um 1662–1672
Öl auf Leinwand, 124 x 102 cm
München, Bayerische Staatsgemäldesammlungen, Alte Pinakothek

Diese beiden Faktoren, das Ausbleiben höfischer Aufträge (von Bildnissen für repräsentative und diplomatische Zwecke abgesehen, zählen nur die Zyklen von Schlachtenbildern für den Salon de Reinos, Francisco de Zurbaráns, 1598–1664 Herkules-Serie und die Mythologien für die Torre de la Parada der Rubens-Werkstatt) sowie das geringe Ansehen des bildenden Künstlers in Spanien wurden noch verstärkt durch das Fehlen einer nennenswerten adeligen und bürgerlichen Auftraggeberschicht. Für die Realitätsfremdheit, mit der sich der Adel in seiner sprichwörtlichen Donquichotterie über seine Bedeutungslosigkeit hinwegträumte, bot das Repertoire barocker Themen wenig Anreiz. Allein die Kirche hatte ein gesteigertes Bilderbedürfnis, für das die unter den Augen der römischen Gegenreformation hervorgetretenen Stilmittel bereitwillig aufgegriffen wurden. In der religiösen Malerei verkörpern die mädchenhaft süßen Immaculadas – eine ikonographische Sonderleistung seit El Greco –, die zärtlichen Schilderungen des Jesuskindes von Bartolomé Esteban Murillo (um 1617/18–1682) und die herben, strengen und mystischen Heiligenporträts Zurbaráns die Extreme.

Das Eindringen des Caravaggismus hat auch in Spanien die entscheidenden Impulse ausgelöst. Er begegnet hier einer einheimischen, auf niederländischen und spätmanieristischen

Grundlagen entstandenen Helldunkelmalerei und bringt in Sevilla, wohl der bedeutendsten spanischen Malerschule im 17. Jahrhundert, eine charakteristische Form der tonigen Braunmalerei hervor, die das Farbgefüge eines Bildes aufs äußerste reduzieren und auf einen halb- bis unbunten Bereich einengen kann, in dem jeder Ton als Funktion eines Lichtes erscheint, das mit der Farbmaterie innig verschmolzen ist. In Zurbaráns Bild »Der hl. Franziskus in Ekstase« (München, Alte Pinakothek; Abb. S. 264) ist es nicht mehr der plötzliche, heftige Lichteinfall von außen, der als begleitende rhetorische Geste einen übernatürlichen seelischen Erregungszustand veranschaulicht; ebenso fehlen die natürlichen Lichtquellen, die in der Caravaggio-Nachfolge so gerne zur Begründung gänzlich anaturalistischer Lichteffekte herangezogen wurden. Zurbaráns Helldunkel ist den Farben vielmehr inhärent, und die Oberflächen der Dinge sind damit getränkt. In dieser Verschmelzung des Immateriellsten, des Lichtes, mit den farbigen Synonyma der humilsten Materie, wie sie auch in dem erdigen Kolorit so vieler Philosophenbildnisse, Stilleben und Küchenstücke geschieht, besitzt die spanische Barockmalerei eine spirituelle Qualität, die ihr einen einzigartigen Rang in der europäischen Kunst verleiht.

Auch Velázquez ist in seinen Anfängen ein höchst origineller Vertreter dieses spanischen »Tenebroso«. In einem Frühwerk wie dem »Wasserverkäufer von Sevilla« (London, Wellington Museum) unternimmt er es, ein einfaches, aber von der silbrig-kühlen Brechung des Lichtes geadeltes Glas Wasser in einen geheimnisvollen und kostbaren Gegenstand zu verwandeln und dies in der Erlebnissphäre der Personen zu reflektieren. Velázquez hat sich nur vorübergehend mit den Bodegones, jenen Volksstücken aus Küche und Keller, beschäftigt; er ist niemals ein Fachmaler gewesen und hat sein Repertoire neben den Routineaufträgen des Hofes, den Ganz-, Halb- und Viertelporträts, den Kinder- und Reiterbildnissen selbständig so erweitert, daß außer der Wand- und Deckenmalerei, die im barocken Spanien ohnehin nur eine geringe Rolle spielen, alle großen Themenbereiche der Zeit in seinem Werk vertreten sind. So gibt es bei ihm den weiblichen Akt in der Gestalt der »Rokeby-Venus« (London, National Gallery; Abb. S. 272), die einzige erhaltene von vier Venusdarstellungen, ein überaus seltenes Sujet in der spanischen Malerei, ferner die mythologische und sakrale Historie und die großen Allegorien der Malerei, die er in die Gemälde der »Spinnerinnen« (Madrid, Prado) und in ein Familienbild Philipps IV. (»Las Meninas«, Madrid, Prado; Abb. S. 272) eingewoben hat.

In seinem Zeitalter ist Velázquez ein denkender, reflektierender Maler, der wie kein anderer den Wert menschlicher Würde hochgehalten hat. Sein großes Ereignisbild der »Übergabe von Breda« (Madrid, Prado; Abb. S. 270) stellt nicht die Unterwerfung, sondern die Versöhnung mit dem Gegner dar. Und selbst in den vom Hof so geschätzten Bildnissen der Zwerge, Narren und Idioten bewahrt Velázquez diesen als lebende Karikaturen gesehenen Menschen eine Würde, die keiner Spottlust Vorschub zu leisten bereit ist. Velázquez aber gehört zu jenen künstlerischen Persönlichkeiten, die gerade wegen solcher sehr persönlicher Qualitäten nicht schulbildend werden konnten.

Deutschland

Während Rom und Italien als Reise- und Ausbildungsziel für die spanischen Maler nur ausnahmsweise in Frage kamen – bekanntlich blieb Ribera für immer in Neapel –, gehört ein langjähriger Auslandsaufenthalt in den Niederlanden, in Italien oder gar in beiden Ländern zum Normalbild des deutschen Barockmalers. Sieht man von der größten und einschneidendsten Störung der frühbarocken Kunstentwicklung in Deutschland, dem Dreißigjährigen Krieg, ab, so stellt sich als wichtigster Grund für die Fluktuation der Künstler das Fehlen eines eigentlichen territorialen Zentrums im Heiligen Römischen Reich Deutscher Nation heraus, das als stilgebende Hauptstadt jene Normen hätte vermitteln können, die die Voraussetzung einer in Gesamtzügen beschreibbaren Barockmalerei in Deutschland sein müßte.

Bereits mit Hans Rottenhammer (1564–1625), der sich 1589 in Venedig niederläßt, beginnt die Vorliebe der Deutschen für die Lagunenstadt. Der Frankfurter Elsheimer schließt sich ihm an, bevor beide im Jahre 1600 in Rom ihre endgültige Wahlheimat finden. Venedig war auch das Ziel des Holsteiners Liss und des Münchners Johann Carl Loth (1632–1698). Während letzterer das römische »Tenebroso« Caravaggios mit dem venezianischen Kolorit zu verbinden wußte, brachte Liss aus Amsterdam und Haarlem niederländische Elemente in die Malerei Venedigs, als deren Hauptrepräsentanten im 17. Jahrhundert die beiden Deutschen zu ihrer Zeit galten. Damit aber blieb ihr Einfluß, zumal der von Liss, auf die deutsche Malerei beschränkt.

Andere, wie Johann Heinrich Schönfeld (1609–1682), der seine römischen und neapolitanischen Erfahrungen nach seiner Rückkehr weitergab, hatten eine breitere Wirkung als Vermittler fremder Malschulen. Als bedeutendstes kunsthistoriographisches Ergebnis dieser Reisefreudigkeit hat Sandrart seine »Teutsche Academie der edlen Bau-, Bild- und Mahlerey-Künste« 1675–1679 in Nürnberg herausgebracht, die in der Überlieferung theoretischer und historischer Nachrichten eine unschätzbare Quelle nach dem Vorbild von Vasaris »Viten« ist und als ein Gründungswerk der deutschen Kunstgeschichtsschreibung bezeichnet werden kann.

Seinem historisch-literarischen Akademiegebäude hat Sandrart, der als höchstgeschätzter Künstler eine gewichtige Autorität war, bereits 1662 eine Akademie als künstlerische Lehranstalt vorausgehen lassen. Sie wurde auf seine Anregung hin in Nürnberg gegründet, aber die Wirkung eines normgebenden künstlerischen Zentrums hat sie kaum erfüllen können. Gemessen an der gesamteuropäischen Entwicklung und der Rolle, die die Akademien in anderen Ländern zu dieser Zeit spielten, war sie eine zu spät Geborene.

ANNIBALE CARRACCI
1560–1609

Das Interesse von Künstlern und Käufern an weltlichen Bildthemen des »niedrigen« Alltagslebens ist stets von besonderer geistesgeschichtlicher Bedeutung. Vorstöße in dieser Richtung haben zur Entstehung des sog. Genres geführt, wie es bereits in der französisch-flandrischen Teppichwirkerei im 15., seit Pieter Aertsen und Willem Beuckelaer in der Mitte des 16. Jahrhunderts – und sicher nicht ohne deren Vorbilder – im italienischen Frühbarock zu finden ist. Besonders die oberitalienischen Schulen, die sich seit jeher nordischen Einflüssen geöffnet haben, brachten der realistischen Tendenz dieser Bildgattung großes Interesse entgegen.

Ein einfacher Bauer oder Landarbeiter sitzt beim Essen. Gierig schlingt er mit einem Holzlöffel gekochte weiße Bohnen aus einer Schüssel hinunter. Zwiebeln, Brot, ein Teller mit Gemüsepastete, ein halbvolles Weinglas und ein bunt gestreifter Tonkrug stehen auf dem Tisch. Alles in diesem Bild ist derb und ungeschlacht, die Speisen ebenso wie der Mann, seine Kleidung, seine geräuschvollen Tischsitten und sein lauernder, wenig einladender Blick auf den Betrachter. All das wäre im Vergleich mit Beispielen anderer Maler noch nicht so erstaunlich. Wirklich neu und verblüffend aber ist, daß Annibales Malweise und künstlerische »Machart« dem Anspruchslosen und Vulgären seines Sujets völlig entspricht. Erdig-stumpfe Farben sind in groben Lagen und Strichen auf die Leinwand gesetzt. Der einfache Bildaufbau kennt keine Ansprüche an Perspektive und Raumaufteilung, die schlichte additive Reihung der Dinge auf dem Tisch bedient sich einer geradezu unbeholfen anmutenden Verkürzung. Das Revolutionäre dieses Bildes, zu dem es mehrere Vorzeichnungen gibt, ist die bewußt gewählte Kunstlosigkeit der Darstellung, die dadurch erst ihre ungeahnte Überzeugungskraft gewinnt.

Die Begebenheit aus dem Leben des Apostels Petrus steht in der Legendensammlung des Jacobus a Voragine aus dem 13. Jahrhundert. Sie erzählt, wie der Apostel, nach seinem Sieg über den Magier Simon aus dem Gefängnis befreit, von den Christen Roms überredet wurde, die Stadt zu verlassen. »Also kam er an das Stadttor«, lesen wir bei Jacobus, »da sah er Christus gegen ihn kommen und sprach: ›Herr, wohin gehest du‹? Sprach der Herr: ›Ich gehe nach Rom, daß ich zum anderen Male gekreuzigt werde‹.« Petrus versteht, daß Christus ihn damit an sein eigenes Martyrium erinnern wollte, und kehrt nach Rom zurück, wo er gefangengenommen und gekreuzigt wird.

Die legendäre Begebenheit meint also nichts anderes als den Beginn von Petri eigener Passionsgeschichte. Das erklärt die heftigen Bewegungen, das Zurückweichen und Erschrekken des Apostels in Carraccis Bild. Nicht die unerwartete Begegnung mit dem Auferstandenen bringt den Apostel aus dem Gleichgewicht, sondern die Erkenntnis der eigenen menschlichen Schwäche. Die Mahnung zur Umkehr war es also, die Annibales großartige Rhetorik dem Betrachter in Erinnerung rufen will.

Annibale Carracci
Der Bohnenesser, um 1580–1590
Öl auf Leinwand, 57 x 68 cm
Rom, Galleria Colonna

Annibale Carracci
»Domine, quo vadis?«
(Christus erscheint Petrus auf der Via Appia), um 1601/02
Öl auf Holz, 77,4 x 56,3 cm
London, National Gallery

Annibale Carracci
Steinigung des hl. Stephanus, um 1603/04
Öl auf Leinwand, 51 x 68 cm
Paris, Musée National du Louvre

Annibale Carracci
Beweinung Christi, 1606
Öl auf Leinwand, 92,8 x 103,2 cm
London, National Gallery

ANNIBALE CARRACCI
1560–1609

Die kleine Tafel mit der Steinigung des Stephanus zeigt uns eine ganz andere Seite von Annibales Kunst und bestätigt seine virtuose Fähigkeit im Einsatz der dem jeweiligen Thema angemessenen Stilmittel.

Vor den Mauern einer Stadt hat sich eine Gruppe von Männern versammelt, um die Hinrichtung des Stephanus, eines Diakons und Bekenners des christlichen Glaubens, zu vollziehen. Der Heilige kniet schon blutend nieder. Die Steine, die von drohend erhobenen Fäusten gegen ihn gezielt werden, beachtet er nicht, denn von oben schwebt ihm ein Engel mit Krone und Märtyrerpalme entgegen. Er ist ein Abgesandter des Himmels, der sich golden öffnet und den Blick freigibt auf Gottvater und Christus, die – nur dem Heiligen sichtbar – als Zeugen seines Opfertodes erscheinen. Eine Vielzahl von Einzelbewegungen über große Strecken hinweg wird sicher zusammengefaßt und von einem weitläufigen Landschaftsausblick hinterfangen. Die ausgesprochene Feinmalerei mit sorgfältigster Zeichnung und eine kräftige und zugleich zarte Farbskala sind die Stilmittel einer Bildregie, die ein dramatisches Ereignis in eine kostbare Form bringt.

Mit seiner späten, erst 1606 entstandenen »Beweinung« hat Carracci, wenngleich in kleinerem Format, zu einer ähnlich monumentalen Formulierung des Passionsthemas gefunden wie Caravaggio in seiner »Grablegung« im Vatikan. Wie bei dem Lombarden ist es die Schwere auf allen Bedeutungsebenen des Wortes, die den anschaulichen Charakter der Komposition bestimmt. Keine der Figuren auch nicht die in der Mitte stehende Frau, ist voll aufgerichtet. Gebeugt streckt sie die Arme nach der ohnmächtig hintüber gesunkenen Muttergottes aus. Liegende, kauernde, gebückte und gebeugte Haltungen, das eigenartige Motiv der drei in- und hintereinandergestaffelten Figuren bilden die Komposition. Der obere Bildrand ist tief heruntergezogen, nicht eine Gestalt könnte sich bis zur vollen Körpergröße aufrichten. Dies alles trägt dazu bei, die Schwere des toten Christus nicht nur in physischer, sondern auch in psychischer Hinsicht auf die Erlebnisweise des Betrachters zu übertragen: Der Anblick des Leichnams Christi fordert kein aufgerichtetes statuarisches Gegenüber wie etwa ein Denkmal, sondern eine Entsprechung zu jener Gemütsschwere, wie sie sich in Gesten und Haltung der klagenden Frauen ausdrückt.

Von dieser Absicht, den Betrachter in eine ähnliche Gestimmtheit zu versetzen, zeugen auch andere Mittel der Komposition. Die Gruppierung der Personen ist nicht eigentlich schön oder harmonisch zu nennen. Ein tiefer Riß geht diagonal zwischen den beiden Marien mit dem toten Christus und den beiden Klagefrauen rechts hindurch, und sosehr die Gestalt Christi auch als gemeinsamer Gegenstand der Klage mit den Frauen verbunden ist, so isoliert wird er doch dem Blick des Betrachters dargeboten. Er hebt sich hell vor dem schweren, vollen Kolorit der Gewänder und der finsteren Silhouette des Grabhügels ab.

Mit dem Ende des 16. Jahrhunderts wurden allenthalben Ermüdung und Überdruß an den Formen spätmanieristischer Konzepte spürbar, die mit der zweiten Jahrhunderthälfte zu einem internationalen gesamteuropäischen Stilzwang geworden waren. Insofern bedeutet die Phase des italienischen Frühbarocks nicht zuletzt eine ganz bewußt vollzogene, aus der Kritik geborene Reform auf allen künstlerischen Ebenen. Die Schule der Bolognesen Lodovico, Agostino und vor allem Annibale Carraccis formulierte diesen Anspruch sinnfällig in der Gründung einer Akademie. Als das Hauptwerk dieser Reformbewegung entstand die gewaltige Bilderfolge der Galleria Farnese in Rom, für deren Planung und Ausführung Annibale Carracci verantwortlich war.

Zu dem sehr weitläufigen mythologischen Programm, das die Macht der Liebe an Beispielen der olympischen Götter darlegt, gesellt sich unübersehbar auch ein ästhetisches Konzept, das für die ganze folgende barocke Freskomalerei von grundlegender Bedeutung werden sollte. Die Leitidee der Akademie spricht sich in diesem Großwerk klar aus, sie verfolgt die Wiedergewinnung einer idealen Natürlichkeit, wie sie in der Kunst der Hochrenaissance schon einmal verkörpert war. Bernini, der Hauptmeister des römischen Barocks, hat dieses Ziel in seinem Urteil über Annibale so formuliert: Er hat »alles Gute zusammengefaßt: die graziöse Linie Raffaels, die gründliche Anatomie Michelangelos, die vornehme Malweise Correggios, das Kolorit Tizians und die Phantasie von Giulio Romano oder Mantegna«.

Das Ergebnis dieser auf die Synthese abgestellten Haltung war freilich nicht ein trockener Eklektizismus, sondern eine im höchsten Maße vitale Bildwelt, die in der Lage war, nicht nur ein einheitliches Programm – nach den »Metamorphosen« Ovids – über riesige Flächen zu entfalten, sondern in der Überwindung manieristischer esoterischer Elemente die erotische Natur der Mythologien unmittelbar sinnlich und voller Lebenswärme entstehen zu lassen.

Im Hochzeitszug von Bacchus und Ariadne, der das Mittelfeld der Decke ausfüllt, sind diese Qualitäten zur dichtesten Komposition der Galleria Farnese verschmolzen.

Annibale Carracci
Triumph von Bacchus und Ariadne, um 1595–1605
Deckenmalerei (Detail)
Rom, Palazzo Farnese

Orazio Gentileschi
Die Lautenspielerin, um 1626
Öl auf Leinwand, 144 x 130 cm
Washington, National Gallery of Art

ORAZIO GENTILESCHI
1563 – UM 1639/40

Unter den bedeutenden Nachfolgern Caravaggios in Italien ist Gentileschi wohl die stärkste Persönlichkeit. Dabei waren es nicht so sehr das Tenebroso und das dramatische Licht aus der mittleren und letzten Zeit des Lombarden, sondern die klare, kühle Farbigkeit von Caravaggios Frühzeit, an die er in origineller Weise anknüpfte.

»Die Lautenspielerin«, um das Jahr seiner Übersiedlung nach England entstanden, gehört zu Gentileschis berühmtesten Werken. Ein junges Mädchen in zitronengelbem Kleid sitzt, halb mit dem Rücken zum Betrachter, an einem Tisch, auf dem eine Violine, eine Schalmei und zwei Notenhefte liegen. Lauschend hat das Mädchen die Laute emporgehoben und legt das Ohr auf den bauchigen Korpus des Instruments, ganz in den Akkord versunken, den die Linke auf dem breiten Griffbrett gesucht hat.

Die Deutung des Bildes ist nicht leicht, zumal sich ja gerade in dieser Zeit allegorische Inhalte mit Vorliebe in scheinbar alltäglichen Genreszenen verbergen. Das Lauschen des Mädchens läßt an eine Allegorie des Gehörs denken, doch ebenso möglich wäre es, daß es sich hier um eine Verkörperung der Harmonia, des Zusammenklangs von Verschiedenartigem, handelt, wie es in den 19 Saiten der doppelchörigen Laute, die das Mädchen spielt, wohl gegeben ist.

Caravaggio
Der Früchtekorb, um 1596
Öl auf Leinwand, 46 x 64 cm
Mailand, Biblioteca Ambrosiana

CARAVAGGIO
1573–1610

Von Caravaggio ist der Ausspruch überliefert, daß eine Vase mit Blumen zu malen ihn ebensoviel Mühe koste wie ein Bild mit menschlichen Figuren. Diese Anschauung stellt nicht nur die seit Alberti festgeschriebene Hierarchie der Bildgattungen in Frage, sondern bedeutet auch den Beginn einer nunmehr kontinuierlich sich entwickelnden Tradition des Stillebens in der europäischen Malerei. Hatte es bis dahin nur vereinzelte Fälle »reiner« Objektbilder gegeben – ein Steckbord von Carpaccio, eine Jagdtrophäe von Barbari und eine Nachricht (1506) über einen Antonio da Crevalcore, der ein »Gemälde voll von Früchten« gemacht haben soll –, so beginnt seit Caravaggio das Stilleben die populärste Gattung zu werden. Es ist die Antwort auf das Zunehmen privater Kunstsammlungen und deren Bedarf an profaner und virtuoser Malerei.

Caravaggio hat den damit verbundenen Verlust an inhaltlichem Gewicht auf überraschende Weise wettgemacht. Der Korb steht in Augenhöhe, er ragt vor die Tischkante in den Realraum des Betrachters hinein. In dieser formalen Steigerung und der aus allen attributiven Zusammenhängen befreiten Sicht erlebt der triviale Gegenstand eine ungeahnte Monumentalisierung, die nun erst das geheime Leben und Geschehen der Dinge, das Spiel des Lichtes auf den Oberflächen und die Vielfalt ihrer Stofflichkeit bildwürdig werden läßt.

Mit der »Wahrsagerin« hat Caravaggio um 1595 eine Thematik in die italienische Malerei eingebracht, die man allenfalls von niederländischen Bildern her kannte: das sogenannte Genre, das heißt Szenen des alltäglichen Lebens, die mit einem verborgenen Hintersinn dem aufmerksamen Betrachter eine Lehre erteilen wollen.

Ein stutzerhaft gekleideter junger Mann, ein »Milchgesicht« ohne Lebenserfahrung, reicht einem jungen Mädchen mit undurchsichtigem Gesichtsausdruck seine Rechte, um sich daraus die Zukunft lesen zu lassen. Seine Vorstellungen darüber werden von der schicksalskundigen Zigeunerin wirkungsvoll beeinflußt, denn die leisen Berührungen beim Nachzeichnen der Handlinien fesseln den hübschen Dummkopf so, daß er nicht bemerkt, wie man ihm sachte den Ring vom Finger zieht. Man könnte diese anekdotische Nacherzählung noch weiter ausspinnen, denn das Bild lädt dazu nicht nur durch seine Handlung ein, sondern auch durch die Schilderung der beiden Charaktere mittels ihrer Kleidung. Der Federhut, die Handschuhe und der viel zu große angeberische Degen sagen uns sofort, mit wem wir es hier zu tun haben. Ebenso ist auch das Zigeunermädchen mit dem duftigen Leinenhemd und dem exotisch wirkenden Umhang als Typus, nicht als individuelle Person beschrieben. Und das heißt, es wird nicht eine Anekdote zweier bestimmter Menschen, sondern eine alltägliche Geschichte erzählt. Weder Ort- noch Zeitangabe lenken die Aufmerksamkeit von der Pointe ab, die dem Betrachter sowohl seine Überlegenheit wie eine durch ästhetischen Genuß versüßte Lektion garantiert.

Caravaggio
Die Wahrsagerin, um 1594/95
Öl auf Leinwand, 99 x 131 cm
Paris, Musée National du Louvre

Das Lukasevangelium (Kap. 24, 13–32) erzählt von der Begegnung zweier Jünger mit dem wiederauferstandenen Jesus. Erst bei der Mahlzeit erkennen ihn die Begleiter am Segnen und Brechen des Brotes. Aber da ist die Erscheinung des Heilands auch schon vorüber. Bei Markus heißt es, er sei ihnen »in einer anderen Gestalt« begegnet, und so hat Caravaggio ihn auch nicht bärtig und im Alter seines Kreuzestodes gemalt, sondern als Jüngling.

Interessiert, aber verständnislos betrachtet der Wirt die Überraschung und Bestürzung der Jünger. Schlagartig wie das Wiedererkennen ist auch das Licht, das von links oben die Szene beleuchtet. Es hält den Höhepunkt der Geschichte fest, wo aus dem Sehen ein Erkennen wird. Das Bildlicht ist also nicht nur Beleuchtung, sondern auch Gleichnis. Es modelliert die Dinge, macht sie dem Auge sichtbar und ist zugleich doch spirituelles Abbild der Offenbarung, der Erscheinung, die im nächsten Augenblick vorüber sein wird.

Caravaggio hat dieser extrem zugespitzten Zeitlichkeit des Geschehens im Stilleben auf dem Tisch einen Pol der Ruhe gegenübergestellt. Auf den Oberflächen der Gläser, Geschirre, von Brot und Früchten, Geflügel und Weinlaub entfaltet er wie nie zuvor in der italienischen Malerei den ganzen sinnlichen Zauber stofflicher Schilderung.

Der Realismus, mit dem Caravaggio auch religiöse Themen behandelte – hier etwa die wie Arbeiter aussehenden Jünger oder die dickliche, leicht feminine Christusgestalt –, stieß bei der Kirche auf heftigen Widerstand.

Caravaggio
Christus und die Jünger in Emmaus, um 1596–1602
Öl auf Leinwand, 140 x 197 cm
London, National Gallery

Caravaggio
Bacchus, um 1598
Öl auf Leinwand, 98 x 85 cm
Florenz, Galleria degli Uffizi

CARAVAGGIO
1573–1610

Um die geschichtliche Stellung von Caravaggios Kunst zu verstehen, muß man sich sein revolutionäres, beispielloses Umgehen mit den traditionellen Bildinhalten vergegenwärtigen. Dies betrifft sowohl die sakralen wie die profanen Themen. Sein Bacchus begegnet uns nicht mehr wie eine antike Göttergestalt, es ist nicht mehr die olympische Erscheinung, an der Hochrenaissance und Manierismus festgehalten hatten. Caravaggio malt vielmehr einen etwas vulgären, verweiblichten und geschminkten Halbwüchsigen, der uns sein rundes Gesicht zuwendet und mit gespreizter Geste und schmutzigen Fingernägeln Wein anbietet. Nicht Bacchus, sondern ein gewöhnliches Individuum, das als Bacchus verkleidet ist, blickt uns hier träge und wach zugleich an. Auf der einen Seite ist Caravaggio in dieser Profanierung einer heidnischen Gestalt zum zweideutigen Freudenspender der große Realist, als der er immer gerühmt wurde, auf der anderen Seite aber ist die sinnliche Poesie seiner Malerei so überwältigend, daß jeder Gedanke an Karikatur oder Travestie verfehlt wäre.

Etwas Ähnliches begegnet uns auch in der Petruskreuzigung in Santa Maria del Popolo, einem der beiden Wandbilder der Cerasi-Kapelle. Drei finstere Gestalten, deren Gesichter verdeckt oder abgewendet sind, ziehen, schleppen und drücken den Kreuzesbalken, auf dem Petrus mit den Füßen nach oben angenagelt liegt. Caravaggios Petrus ist kein heroischer Märtyrer, kein herkulischer Held, als den ihn etwa Michelangelo dargestellt hat, sondern ein alter Mann, der Schmerzen leidet und Todesangst hat. Die Szene ist düster, ihr Schauplatz irgendwo auf einem steinigen Acker. Der dunkle, undurchdringliche Bildgrund wirft den Blick immer wieder auf die scharf beleuchteten Gestalten zurück, die den Betrachter mit der unerhört banalen Häßlichkeit ihres Tuns und ihrer Stellungen – man beachte nur das gelbe Hinterteil und die schmutzigen Füße des unteren Schergen – daran erinnern, daß der Tod des Apostelfürsten sich nicht als heroisches Schauspiel, sondern als klägliche, entwürdigende Hinrichtung ereignet hat.

Unter allen Gemälden Caravaggios ist die »Grablegung« bzw. die »Vorbereitung des Leichnams Christi auf dem Salbstein« wohl die monumentalste Bildschöpfung. In sich streng symmetrisch ist die Gruppe auf der diagonal aus der Bildtiefe ragenden Steinplatte aufgebaut. Das Bild stammt vom Altar der Chiesa Nuova in Rom, die der Pietà gewidmet ist. Salbung des Leichnams und Grablegung sind nur die Begleitthemen der Marienklage, die im Mittelpunkt der Beweinung steht.

Nichts trennt Caravaggios Historienbilder stärker von der Kunst der Renaissance als sein Verzicht auf die Erscheinung des erhabenen, schönen und heroischen Menschenbildes. Seine Gestalten agieren niedergebeugt, gebückt, kauernd, liegend oder doch mit gesenktem Haupt. Das selbstbewußte statuarische Auftreten ist einer demütigenden, erniedrigten Existenzform gewichen.

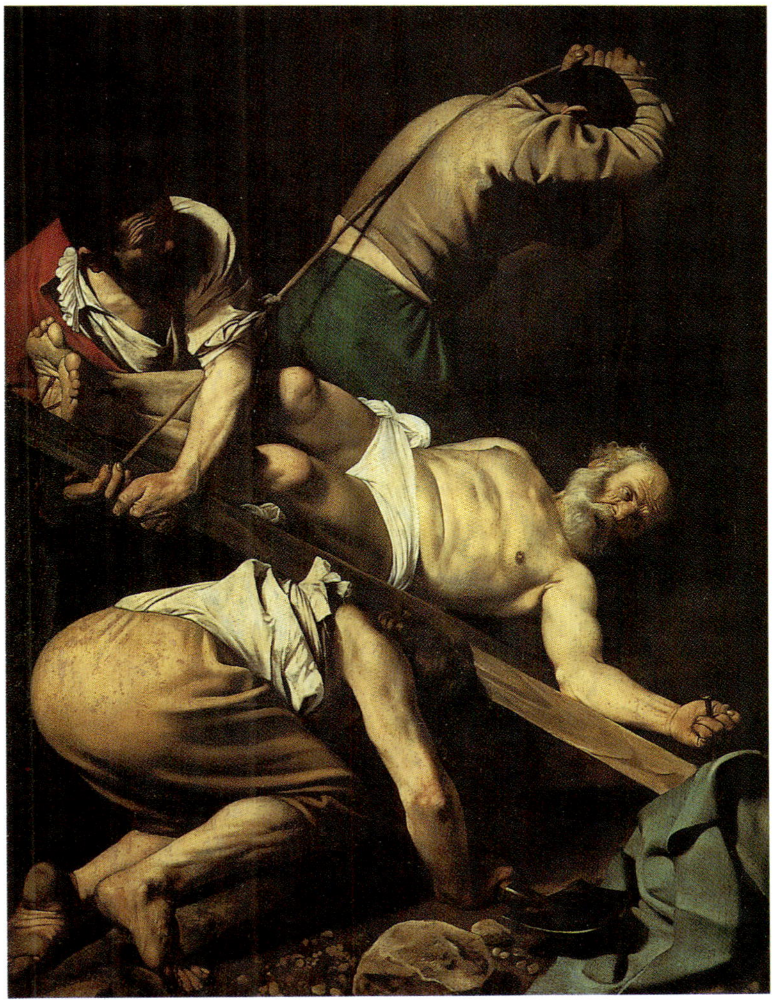

Caravaggio
Kreuzigung Petri, 1601
Öl auf Leinwand,
230 x 175 cm
Rom, Santa Maria
del Popolo

Caravaggio
Grablegung Christi, um 1602–1604
Öl auf Leinwand, 300 x 203 cm
Rom, Vatikan, Pinacoteca Vaticana

Guido Reni
Der Bethlehemitische Kindermord, 1611
Öl auf Leinwand, 268 x 170 cm
Bologna, Pinacoteca Nazionale

GUIDO RENI
1575–1642

Sowenig die geschichtliche Bedeutung Caravaggios, sein enormer Einfluß auf die Barockmalerei, übersehen werden kann, sowenig darf auf der anderen Seite der Widerspruch gegen die extremen Tendenzen seiner Kunst, den Verlust der heroischen Sphäre, die Aktualisierung des Alltäglichen und Vulgären, ignoriert werden. Als sein eigentlicher großer Rivale, dessen Wirkung noch weit über jene Caravaggios ins 18. und 19. Jahrhundert reichen sollte, muß der Bolognese Guido Reni bezeichnet werden. Ein frühes Werk wie der »Bethlehemitische Kindermord« läßt einerseits noch sehr gut die anfängliche Bindung an Caravaggio und zugleich schon die wichtigsten Argumente gegen ihn erkennen.

Vor einem lichtdurchfluteten, aber mit mächtigen düsteren Architekturen bestückten Landschaftshintergrund wird ein kunstvolles Gefüge aus acht Männern und Frauen sowie acht Kindern (die Siegespalmen verteilenden Putten mitgerechnet) aufgebaut. Schon das für dieses Thema ungewöhnliche Hochformat vor allem aber die symmetrische Verschränkung und Entsprechung der Hauptakteure lassen erkennen, daß es Reni vor allem auf ein Kompositionsproblem, die Balance zwischen zentripetaler und zentrifugaler Bewegung und ihre gleichzeitige Einbindung in einen statischen Bildaufbau, ankam. Dieses Gleichgewicht sucht Reni auch im Ausdruck der Affekte und in der Verteilung der Farbakzente.

Guido Reni
Taufe Christi, um 1623
Öl auf Leinwand, 263,5 x 186,5 cm
Wien, Kunsthistorisches Museum

Renis »Taufe Christi«, in der Mitte der zwanziger Jahre als ein Hauptwerk seines reifen Stils entstanden, zeigt noch ähnliche Kompositionsprinzipien wie der »Kindermord«. In drei klar voneinander abgehobenen Ebenen ist das Bild aufgebaut. Ganz vorn beugt sich Christus unter der Taufschale, die Johannes mit erhoben ausgestrecktem Arm über ihn ausgießt. Der Täufer steht oder, besser, kniet etwas über Christus erhöht am Jordanufer. Unter dem Bogen, den diese einander in Demut zugewandten Gestalten bilden, werden zwei Engel sichtbar, die zusammen mit einem dritten ganz links die Gewänder für Christus bereithalten. Dahinter verbinden sich Bäume, Wolken und ein tiefes Himmelsblau zu einer unbestimmten Ferne, aus der der Heilige Geist als Taube herabschwebt.

Die ganze Szene ist, auch im farbigen Aufbau, von überwältigender Einfachheit. Der Taufakt selbst bleibt völlig frei von allen Buntfarben. Das mattschimmernde Inkarnat der beiden Aktfiguren hebt sich klar und ruhig vor dem Mittel- und Hintergrund ab, wo alles auf den festlich reinen Kontrast der drei Grundfarben Rot, Gelb und Blau abgestimmt ist. Auf ganz anderer Ebene aber sind alle Gestalten zutiefst verbunden: im Ausdruck der vollkommenen seelischen Hingabe an das Geschehen, eine Gefühlslage, die niemand so wie Reni zu treffen wußte. Aus der disziplinierten Strenge der Kompositionsform im Verein mit einem überreichen Sentiment hat Reni ein Gleichgewicht zu schaffen verstanden, das seinen zahlreichen Nachahmern versagt blieb.

CRISTOFANO ALLORI
1577–1621

In der Schule seines Vaters ist Cristofano Allori als Enkelschüler des bedeutenden Florentiner Manieristen Agnolo Allori, genannt Bronzino, ausgebildet worden. Auch wenn Cristofano zu den Überwindern jener späten manieristischen Richtung und zu den erklärten Verfechtern frühbarocker Reformideen gehört, so behält er sich dennoch vor, bestimmte Züge aus der »Physiognomie des Manierismus« bildwirksam einzusetzen. In seiner berühmtesten Schöpfung, der »Judith«, ist es die Zuspitzung des Kontrastes zwischen dem bärtigen finsteren Haupt des Holofernes und dem engelsgleichen Antlitz seiner Mörderin, die ihre Wirkung aus dieser Schulung beziehen mag.

Der Überlieferung zufolge hat Allori in der Gestalt der Judith seine Geliebte Mazzafirra und in der alten Dienerin deren Mutter porträtiert. Das Haupt des Holofernes ist vielleicht ein Selbstbildnis. Wenn das zutrifft, so stellt das Bild den klassischen Fall des sog. »Portrait historié« dar, in dem die Dargestellten als historische Gestalten auftreten. Wie dem auch sei, die Bedeutung des Bildes liegt in einer unerhörten erotischen Spannung, die nicht allein aus der Geschichte von Judith und Holofernes resultiert, sondern von der sinnlichen Erscheinung der alttestamentarischen Heldin ausgeht. Aus dieser Sicht war das bedeutsame Thema des Triumphes über die Tyrannei noch nie gestaltet worden.

Cristofano Allori
Judith mit dem Haupt des Holofernes, 1613
Öl auf Leinwand, 139 x 116 cm
Florenz, Galleria Pitti

FRANCESCO ALBANI
1578–1660

Albani ist ein typischer Vertreter jener von den Carracci eingeleiteten Reformbewegung. Als Schüler der Bolognesen und Mitarbeiter Annibales bei der Ausstattung der Aldobrandini-Lünetten hat er jene Sicherheit in der Wahl und Anwendung seiner Stilmittel erlangt, die ihn sowohl zur Bewältigung großer Wandflächen wie auch zur Aufgabe des kleinen, intimen Andachtsbildes befähigten.

In seiner »Heiligen Familie« hat Albani jene charakteristische Verbindung von hoheitsvoller Anmut und Zartheit gefunden, die das Urteil eines heutigen Betrachters leicht in Verlegenheit bringen kann. Wer dem Gefühlsbetonten und Lieblichen einer solchen Szene mißtraut, vergißt in der Regel, welche konkreten Aufgaben und Bedürfnisse sie bei hochgebildeten und geschmacklich kultivierten Käufern zu erfüllen hatte. Der klassische Ort für Bilder dieser Thematik war in herrschaftlichen Häusern jene Nische im Schlafzimmer, in der die tatsächlichen Andachten verrichtet wurden. Aus dieser Funktion erklären sich die charakteristischen Züge des Bildes: die Intimität des familiären Beisammenseins, ihre Einfassung durch Zitate großer, anspruchsvoller Architektur, die von den beiden Engeln als vorbildlich vorgeführte Andachtshaltung und die meditative Schau des greisen Josef – alles Signale, in denen der zeitgenössische Betrachter sich angesprochen und berührt finden konnte.

Francesco Albani
Heilige Familie und Engel, um 1630–1635
Öl auf Leinwand, 57 x 43 cm
Florenz, Galleria Pitti

Domenichino
Das Mädchen mit dem Einhorn, um 1602
Fresko. Rom, Palazzo Farnese

DOMENICHINO
1581–1641

»Das Mädchen mit dem Einhorn« ist Teil der unter der Regie Annibale Carraccis ausgemalten Galleria Farnese. Das Fresko über der Südostwand ist als Werk seines Schülers Domenichino zwar schon früh bezeugt, dennoch ist sich die Forschung uneinig über den Grad seiner Selbständigkeit.

Was immer von Annibales Kompositionen damit verglichen werden könnte, verrät ein anderes Temperament. Die strikte Vermeidung dynamischer Raumdiagonalen und die bildparallele Gruppierung von Einhorn und Jungfrau entsprechen weit mehr der stets gesehenen »klassizistischen« Orientierung Domenichinos und seiner Vorliebe für die Kunst entsprechender Vorbilder in der Renaissance, zum Beispiel Raffaels. Aber auch im Bereich des Seelischen gibt es Argumente für Domenichino. Das Einhorn ist der Jungfrau nicht einfach als Attribut beigegeben. Die Tradition dieses Sinnbilds der Keuschheit läßt es Schutz im Schoße einer Jungfrau suchen. Domenichino legt den Akzent auf das Scheue der beiden sensiblen Wesen, die sich aus der Bildmitte an den Waldrand zurückgezogen haben. Anstelle der vollblütigen Sinnlichkeit, von der Annibales Gestalten in der Galleria Farnese durchpulst sind, setzt Domenichino den Ausdruck sanfter, stiller Innigkeit.

Bernardo Strozzi
Vanitas-Allegorie, um 1635
Öl auf Leinwand, 132 x 108 cm
Bologna, Privatbesitz

BERNARDO STROZZI
1581–1644

Gleich nach seiner Lehrzeit war Strozzi ins Kapuzinerkonvent von Santa Barbara in Genua eingetreten. Obgleich er es später als Weltgeistlicher wieder verlassen sollte, ist die entsagende innere Haltung in seinem gesamten Werk immer wieder zu spüren. Hier zeigt er eine Greisin mit welker Haut und weißem Haar, die sich selbst der Würde des Alters beraubt. Sie läßt sich das kunstreich frisierte Haar mit Geschmeide, Bändern und Federn schmücken, trägt ein jugendliches, tiefdekolletiertes Kleid und besieht sich wohlgefällig im Spiegel.

Der thematische Vorwurf des Bildes ist durchaus traditionell: die Alte, die nicht gelernt hat, ihrem Leben andere Inhalte zu geben als Putzsucht und Eitelkeit, die zudem außerstande ist, die Wahrheit und sich selbst im Spiegel zu erkennen. Aber Strozzis Formulierung ist individuell und neu. Er kostet die Oberflächenwerte aus, setzt bewußt die unterschiedlichen Qualitäten der welken Haut gegen die der frischen einer Gehilfin, setzt das Schlaffe neben das Pralle. Er entlarvt im Spiegelbild das Wangenrot der Alten als Rouge, er gibt ihr eine duftig-blühende Rose in die faltige Hand. Und er zeigt die kritiklose Selbstzufriedenheit in ihrem Gesicht, die die Erkenntnis des Peinlichen, Leeren, das Durchschauen der Illusion und den moralisch ermahnenden Schluß dem Betrachter überläßt.

GIOVANNI LANFRANCO
1582–1647

Sara, die so lange kinderlose Frau Abrahams, führte diesem ihre ägyptische Magd Hagar zu, damit er mit ihr Nachkommen zeuge. Nachdem sie jedoch selbst Isaak geboren hatte, forderte sie von ihrem Mann: »Jage die Magd da und ihren Sohn fort! Denn der Sohn dieser Magd soll nicht mit meinem Sohn Isaak erben.« Hagar und Ismael irrten in der Wüste umher, vom Verdursten bedroht. Doch Gott erhörte die Klagen der Mutter und sandte ihr einen Engel, der Hagar einen Brunnen wies und prophezeite, ihr Sohn werde der Gründer eines großen Volkes werden.

Hagar hebt gerade ihr Haupt, das sie weinend aufgestützt hatte, staunend empor; auch ihr Kind, das sich hinter ihrer Schulter verbirgt, blickt ungläubig auf die liebliche Engelsgestalt, die sie am Arm faßt und ihr den Weg zum ersehnten Wasser weist. Es ist vor allem der Farbregie des Malers zu verdanken, daß das Unerwartete des Geschehens so präsent wird: Vor dem öden Braun des wüsten Landes leuchten das schwere Rot und das nächtliche Blau von Hagars Gewändern wie eine pathetische Klage. Die Blässe ihres erschöpften Gesichts ist der glänzenden Engelsgestalt zugewandt, die alles Licht mit sich zu bringen scheint. Licht liegt auf der Gestalt, Licht geht aus von diesem Engel auf Hagar, steigt auf in einer hellen Wolke hinter ihm und wird zum Orange seiner Haare und des Schleiers.

Giovanni Lanfranco
Hagar in der Wüste, o. J.
Öl auf Leinwand, 138 x 159 cm
Paris, Musée National du Louvre

DOMENICO FETTI
UM 1589–1623

Wörtlich übersetzt bedeutet Melancholie Schwarzgalligkeit – Hinweis auf die Herkunft dieses Begriffs, der der antiken Temperamentslehre entstammt. Die Gemütshaltung wird aus konkreten körperlichen Voraussetzungen erklärt und zu bestimmten Qualitäten in Bezug gesetzt: hier zum Trockenen, Kalten, Schweren. Dementsprechend werden der Melancholie als Element die Erde, als Jahreszeit der Winter, als astronomische Konstellation der Saturn, das bleierne Gestirn, zugeordnet.

Fetti veranschaulicht all dies: Schwer liegt das Haupt der Frau in der Hand aufgestützt, schwer ist ihr Fleisch, schwer sind die Lider. Ihr Ort ist eine düstere Ruinenlandschaft, ohne das Grün des Frühlings, ohne die Früchte des Sommers. Braune Tonigkeit breitet sich über der Szene aus. Doch auch das philosophische Temperament der Melancholie, von den Neuplatonikern in Florenz wiederentdeckt, deutet sich an. Die brütende Betrachtung über dem Totenschädel, das niedergelegte Handwerkszeug (Hobel, Palette, Pinsel und Torsomodell), die ungenutzten Attribute der Wissenschaft (Astrolabium, Buch und geometrisches Lehrbuch) zeigen die Melancholie nicht nur als ein Wesen, das wehrlos den Anfällen der Niedergeschlagenheit ausgesetzt ist, sondern als das begabte und wissende Wesen, dessen Untätigkeit nur aus dem Bewußtsein unlösbarer Probleme erwächst.

Domenico Fetti
Die Melancholie, um 1620
Öl auf Leinwand,
168 x 128 cm
Paris, Musée National du Louvre

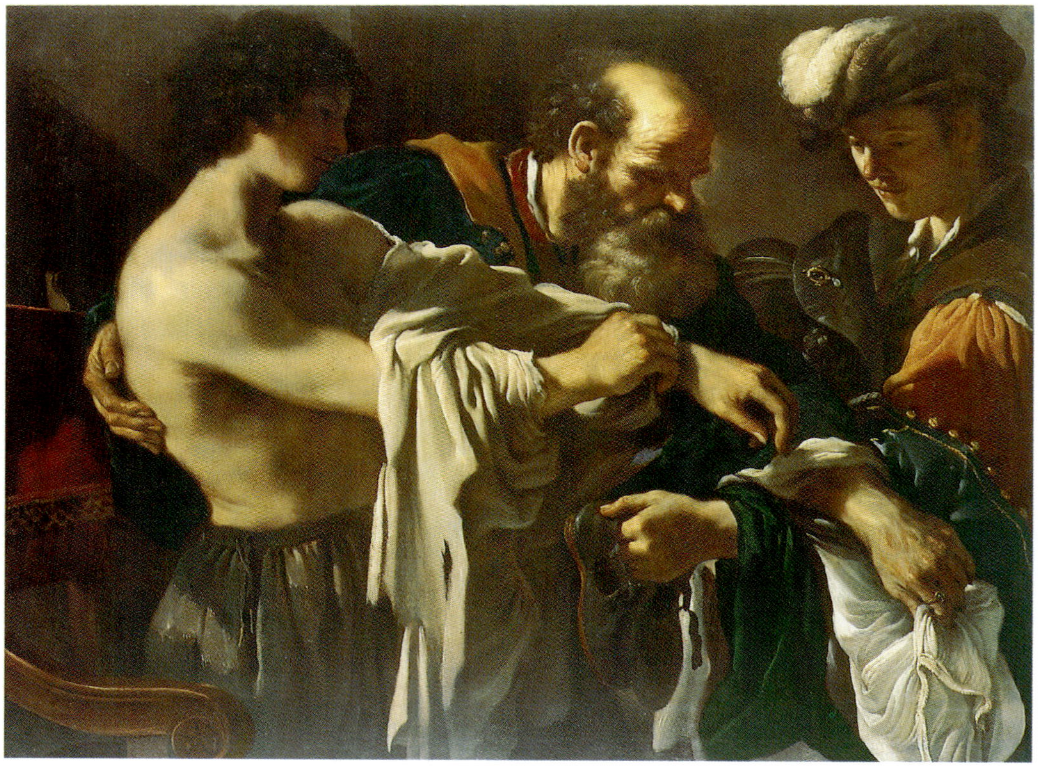

Guercino
Die Rückkehr des verlorenen Sohnes, 1619
Öl auf Leinwand, 106,5 x 143,5 cm
Wien, Kunsthistorisches Museum

GUERCINO
1591–1666

Die Tafel stammt aus der frühen Schaffenszeit Guercinos, als der Maler seinen ersten Ruhm erntete und vertraut war mit den beiden Hauptströmungen des italienischen Frühbarocks, dem Caravaggismus und der Bologneser Reform der Carracci-Schule. Seine Entscheidung für Rückgriffe auf Gedankengut Caravaggios mag mit dem Thema zusammenhängen, das die erniedrigte menschliche Existenz und Möglichkeiten der Kostümierung in gegenseitigen Kontrast bringt – ein Gedanke, den Caravaggio etwa in seinen Bildern für San Luigi formuliert und mancher seiner Nachfolger pointiert ausgekostet hat.

Guercino schildert nicht die Rückkehr des verlorenen Sohnes als Szene des Wiedererkennens oder des Freudenfests, sondern er greift ein stilleres Motiv des biblischen Gleichnisses auf, die Bekleidung. Links im Bild hat sich der Jüngling erhoben und streift die Lumpen des Sauhirten ab, während ein Alter, wohl der Vater, ihn um die Schulter faßt und einem stutzerhaft gekleideten anderen jungen Mann, der über seinem ausgestreckten Arm neue Kleider und in der Hand neue Schuhe hält, ein reines Hemd abnimmt. In der Zerteilung der Gruppe durch das Helldunkel gewinnt das Hin und Her der ausgestreckten zugreifenden Hände ein seltsames Eigenleben, in dem sich die Erzählung auf ungewöhnliche Weise verdichtet.

Pietro da Cortona
Die Heilige Familie bei der Rast auf der Flucht nach Ägypten, um 1643
Öl auf Kupfer, 48 x 39 cm
München, Bayerische Staatsgemäldesammlungen, Alte Pinakothek

PIETRO DA CORTONA
1596–1669

Das kleine Madonnenbild des großen Freskanten und Architekten Cortona, des eigentlichen Begründers des römischen Hochbarocks, könnte man als Inbegriff eines barocken Andachtsbildes bezeichnen. Es zeigt die Heilige Familie bei der Rast. Josef mit dem Engel naht im Hintergrund, während ein Engel dem Kind Früchte zur Erquickung reicht. Doch muß der Ausdruck »Andachtsbild« mit Vorsicht gebraucht werden, denn die Frage der Ausbildung fester Typen dieser Gattung wird noch immer lebhaft diskutiert, und für die nachmittelalterlichen Epochen fehlt es noch an grundlegenden Untersuchungen.

Dennoch zeigt schon der erste Blick, daß die Intimität von Cortonas Madonnenbild mehr als ästhetische Absicht ist; sie hat den Zweck, die Gedanken des Beschauers in eine Stimmung zu versetzen, die dem privaten Gebet förderlich ist. Freilich – und das macht die Andachtsbildfrage kompliziert – stammen die Bildrequisiten, die Cortona zu Gebote standen, wie die Idylle, die Pastorale, die antike bukolische Landschaft mit schattigen Bäumen und wildem Wein, aus jenen heidnischen Bildwelten, die der römische Frühbarock den zunehmend ästhetischen Interessen von Auftraggebern und Käufern erschlossen hat. Cortonas Kraft zur Synthese erweist sich gerade in ihrer fruchtbaren Verwendung in einem sakralen Stimmungsbild.

MATTIA PRETI
1613–1699

Mattia Preti
Der Zinsgroschen, um 1640
Öl auf Leinwand, 193 x 143 cm
Mailand, Pinacoteca di Brera

Pretis Biograph Dominici berichtet, »Der Zinsgroschen« sei in Malta entstanden, wohin der Maler, ein Ritter des Ordens, 1660 gereist sei, um die Ausschmückung der Kathedrale San Giovanni zu übernehmen. Von besonderem Interesse ist das Bild schon durch die abermalige Begegnung Pretis mit Werken Caravaggios, der in Malta seit 1607 bedeutende Arbeiten ausgeführt hat.

Das Thema ist jene biblische Erzählung, die in dem so folgenschweren Satz Christi gipfelt: »Gib dem Kaiser, was des Kaisers ist.« In dem zähen braunen Bilddunkel behaupten sich mit Mühe sechs Personen, die ein spärliches Licht aus nicht lokalisierbarer Quelle nur unvollständig erfaßt. Der Zolleinnehmer hält im Schreiben inne, als ihm Petrus das Geldstück hinhält; nur dieses Innehalten deutet auf das Wunder, das sich soeben ereignete, wie Petrus das Geld in einem Fisch fand, den er auf Geheiß Christi gefangen hatte. Der Turban eines Mannes, eine Hand, die die Feder hält, eine andere mit der Münze, ein Profil mit tiefen Stirnfalten, einem weiteren zugewandt, das nur Schläfe und Nase erkennen läßt, ein kahler Schädel, ein wenig roter Stoff und wulstige Falten in grobem braunen Tuch sind versprengte, aber nicht zusammenhanglose Fragmente, aus denen der Blick hin und her wandert und die Erzählung rekonstruiert.

SALVATOR ROSA
1615–1673

Salvator Rosa
Demokrit in Meditation, um 1650
Öl auf Leinwand, 344 x 214 cm
Kopenhagen, Statens Museum for Kunst

Demokrit, der große Vorsokratiker und Begründer einer streng materialistischen Weltsicht, suchte nach neuen Erklärungen für Werden, Sein und Vergehen. In seiner Lehre vom Atomismus sind die Atome die kleinsten Teile aller Materie, die sich in ewiger Wirbelbewegung vereinen und trennen. Philosophisch vertrat er ein Leben in Mäßigkeit und Ruhe, das sinnlichen Freuden weitgehend entsagt.

Rosa zeigt ihn, in der traditionellen Pose der Melancholie, in einer Szene des Verwesens, des Zerfalls, der Öde. Tierschädel und Gebeine, Indizien vergangener antiker Größe (Vase, Altar und Herme) und gefallener Macht (der tote Adler), kennzeichnen diese wüste Stätte, über der schwere graue Wolken lasten. Eine Eule hoch oben im Baum ist sein einziger lebendiger Gefährte – auch sie gleichermaßen Zeichen des Nächtlichen wie der Weisheit. Der Demokrit Rosas ist nicht der Philosoph am Ziel seines Denkens, ist nicht Repräsentant der postulierten heiteren Ruhe, ist nicht der überlegen-erkennende Analytiker. Vielmehr sehen wir einen verlassenen Grübler vor den Anlässen seines geistigen Schaffens: das Tote, das Vergangene, das unruhevoll Aufgewühlte, das in Einzelteile Zerborstene. Die Vanitas der Gegenstände bleibt nicht unbeantwortet: In der Gestalt des brütenden Philosophen liegt der Keim einer Antwort, die aber noch in melancholischer Tatenlosigkeit befangen ist.

EVARISTO BASCHENIS
1617–1677

Evaristo Baschenis
Stilleben mit Musikinstrumenten, um 1650
Öl auf Leinwand, 115 x 160 cm
Bergamo, Galleria dell'Accademia Carrara

Der Bergamaske Baschenis war ein hochspezialisierter Fachmaler, der sich fast ausschließlich der Darstellung von Saiteninstrumenten widmete. Das nahe Cremona, berühmtes Zentrum des Geigen- und Lautenbaus, lieferte die Vorbilder. Aber anders als etwa in der holländischen Malerei drängt sich bei Baschenis nicht so sehr ein allegorischer und mahnender Sinn auf – Musikinstrumente wurden dort oft als Symbole des Gehörsinns eingesetzt, und die Flüchtigkeit der Töne erinnerte an die Vergänglichkeit –, die Betonung liegt bei dem Italiener eher auf ästhetischen und dekorativen Aspekten, was aus der eigenartigen Herausarbeitung der malerischen und ornamentalen Qualitäten der Instrumente erhellt.

Eine Theorbe, eine Tenor- und Diskantlaute sowie eine Violine mit Bogen sind zusammen mit einem Schreibkästchen, einer Feder und einem Notenbuch auf einem Tisch arrangiert, an dem ein Cello lehnt. Ein geheimnisvolles Leben entfaltet sich zwischen den Dingen. Der milde Glanz auf den Oberflächen der Hölzer, der farbige Wechsel zwischen den Spänen des Lautenkorpus entfalten eine optische Eigenständigkeit, die den Zweck der Instrumente vergessen läßt. Ihre Wölbungen bieten sich wie zufällig in den ungewohntesten Blickwinkeln dar. Aus den Requisiten der Musik wird ein Fest der Stille für die Augen und den Tastsinn.

LUCA GIORDANO
1634–1705

Luca Giordano
Der Erzengel Michael stürzt die abtrünnigen Engel in den Abgrund, 1666
Öl auf Leinwand, 419 x 283 cm
Wien, Kunsthistorisches Museum

Der Sturz der abtrünnigen Engel ist das große Thema der Gegenreformation. In ihm führt die Propaganda der streitenden Kirche ihren Anspruch und ihr Vorbild im Kampf gegen alle Formen der Häresie vor Augen. Zugleich war im Thema des Engelkampfes auch der Triumph des Lichts über die Rebellion der Mächte der Finsternis enthalten – Gelegenheit für den Maler zu einem inhaltsgeladenen Helldunkel, in dem Himmel und Hölle, der Weihrauch der Seligen und der Schwefelgestank der Verworfenen auf engstem Raum sich gegenüberstehen und in deren Spannungsbogen der ritterliche Engel die breiten Schwingen und die großen Gesten seines Sieges entfaltet.

Mit vergleichsweise wenigen Gestalten – man denke etwa an den »Höllensturz« von Rubens – inszeniert Giordano das Schauspiel. Vor dem Hintergrund eines tiefgoldenen Lichts balanciert der Erzengel gleichsam mit zierlichem Ballettschritt auf der mächtigen Brust des in ein Knäuel seiner Diener verkeilten Luzifer, dessen scharfe Fledermausflügel das dunstige Sfumato des Höllenfeuers zerteilen. Was zunächst so dramatisch aussieht, ist eigentlich nicht so sehr die Schilderung eines Kampfes. Michael schlägt mit seinem Schwert nicht auf die Höllenbrut ein, er hält es wie ein Wahrzeichen in die Höhe, als sei es sein bloßes Erscheinen, das Satan und sein Gefolge in die Verdammnis stieße.

BACICCIO
1639–1709

Das kleine Ölgemälde mit der »Glorie« oder »Apotheose« des hl. Ignatius, des Gründers des Jesuitenordens, ist ein Bozzetto, das heißt eine vorbereitende Skizze für das Gewölbefresko, das Baciccio im linken Querhausarm von Il Gesù in Rom ausgeführt hat, der Gründungskirche des Ordens. Der Bozzetto weicht davon nur in einigen Engelsfiguren und seiner gegenüber der Freskotechnik kräftigeren Farbgebung ab. Obwohl die Apotheose des Heiligen in der Kirche ihren festen Platz in einem Gesamtprogramm hat, aus dem sie nicht herausgelöst werden kann, ist die Ölstudie doch auch ein selbständiges Bild, sorgfältiger durchgearbeitet, als man es bei einer Skizze erwarten dürfte.

Von einer freudetrunkenen, musizierenden und blumenstreuenden Engelschar wird der Heilige nach oben getragen. Er schwebt mit ausgebreiteten Armen einer goldenen Lichtflut entgegen, die aus der Tiefe des Himmelsraumes hervorbricht. Baciccio faßt diesen überirdischen Triumphzug nicht als ferne entrückte Vision auf, sondern als reale Begebenheit. Die Körper des Heiligen und der Engel sind plastisch greifbar, nicht im Licht verklärt, und in dieser irdischen Leibhaftigkeit vermittelt das Bild zwischen der Welt des Betrachters und dem Licht, dessen Quelle für uns unsichtbar bleibt, aber in der Gestalt des Heiligen erlebbar wird.

Baciccio
Der hl. Ignatius in der Glorie, um 1685
Öl auf Leinwand, 48 x 63,5 cm
Rom, Galleria Nazionale

GIUSEPPE MARIA CRESPI
1665–1747

Durch das Ölpapier im Fensterrahmen fällt ein trübes Licht in die ärmliche Dienstbotenkammer. Unordentlich liegen Kleidungsstücke auf dem Fußboden und auf einer roh gezimmerten Bank. Einige Haushaltsgeräte und Wäsche an einer Stange hängen an der unverputzten Ziegelmauer, deren übriger Schmuck aus wenigen persönlichen Habseligkeiten besteht. Die hübsche Bewohnerin der Stube, eine Magd oder ein Dienstmädchen, sitzt nur mit einem Hemd bekleidet auf der Bettkante, und während sie gedankenverloren auf der Suche nach einem Floh ist, der sich vermutlich an ihrem Busen versteckt haben mag, entblößt sie ihre runden Knie, die festen Arme und eine wohlgeformte Schulter.

Die vollkommene Intimität der Szene und des Stillebens der Utensilien nimmt ein Thema vorweg, das dem Geschmack des späteren 18. Jahrhunderts so sehr entsprechen sollte: die heimlich belauschte Unschuld. Zwar gibt es noch ferne, durchaus nicht frivole Reflexe allegorischer Konventionen – der kleine Hund am Bettende, die Rosen in der Vase neben dem Schminktopf –, doch wollen sie die Identität des Mädchens mit Venus nicht ernsthaft behaupten. Mit der »Schlüssellochperspektive« ist dem Betrachter auch das nachdenkliche Geschäft der Wahl in der Interpretation dessen überlassen, was seine ungebetene Neugier erspäht.

Giuseppe Maria Crespi
Der Floh, um 1707–1709
Öl auf Kupfer, 46 x 34 cm
Florenz, Galleria degli Uffizi

Quentin Varin
Darbringung im Tempel,
um 1618–1620
Grisaille, 46 x 36,5 cm
Beauvais, Musée
departemental de l'Oise

QUENTIN VARIN
UM 1570–1634

Die Szene zeigt Maria, die ihren Sohn durch ein Opfer vom Dienst im Tempel befreit, denn nach jüdischer Sitte ist alle Erstgeburt Eigentum Jahwes. Nach dem Lukasevangelium verbindet sich damit das Reinigungsopfer der Mutter, was hier durch die Tauben im Korb der Dienerin angedeutet ist. Der greise Simeon tritt als Seher auf, der beim Anblick des Kindes dessen Göttlichkeit erkennt.

Das Gemälde Varins, der kaum zu den Großen der französischen Malerei zu zählen ist, gibt einen Begriff davon, über welch qualitätvolle Stilmittel auch kleinere Meister des Barocks verfügten. Das Bild ist eine sog. Grisaille, das heißt, es ist einfarbig Grau in Grau gemalt. Ähnliche monochrom ausgeführte Malereien gibt es seit dem Spätmittelalter auch in anderen, meist aus farbigen Erden gewonnenen Varianten. Varins »Darbringung« thematisiert koloristisch den subtilen Grenzbereich zwischen einer auf bloße Schwarzweißwerte reduzierten Palette und den Spuren einer zarten, keimhaft angelegten Buntfarbigkeit. Das Grau ist nämlich keineswegs unfarbig. Varin mischt es aus einer dunklen grünlichen Erde, Braun und einem leicht gelblichen Weiß; und überdies läßt er den dunkelroten Ton der Leinwandgrundierung durch dünn aufgetragene Partien, zum Beispiel am Altartuch, hindurchscheinen und erreicht damit ein farbiges Gefüge von äußerster Sensibilität.

Simon Vouet
Saturn, besiegt durch Amor,
Venus und Hoffnung,
um 1645/46
Öl auf Leinwand, 187 x 142 cm
Bourges, Musée du Berry

SIMON VOUET
1590–1649

15 Jahre hatte er in Italien verbracht, als ihn Ludwig XIII. und Kardinal Richelieu nach Frankreich zurückberiefen, um ihn zum künstlerischen Repräsentanten ihrer Ideen, Ideale und Ideologie zu machen. Was gerade Vouet für diese Aufgabe geeignet schienen ließ, war, neben seinen bravourösen malerischen Fertigkeiten, seine Neigung zur großen, aber immer ausgewogen-schönen Komposition. Neben sakralen Themen widmete er sich bevorzugt allegorischen Darstellungen.

Der greise Saturn, sein Attribut, die Sense, in der Hand, ist zu Boden gestürzt – er verkörpert die Zeit. Eine junge Frau zerrt heftig an einer seiner Schwingen, sie ist durch den Anker zu ihren Füßen als die Hoffnung ausgewiesen. Neben ihr rauft ihm eine Schöne mit entblößter Brust kräftig das graue Haar – sie stellt die Wahrheit dar. Oberhalb dieser Gruppe schwebt, in changierendem Gewand, Fama, die den Ruhm bedeutet, den sie selbst durch die Posaune verkündet. Sie legt ihren Arm um eine Gestalt mit nach vorn wehendem Haarschopf – traditionelles Kennzeichen der Occasio, der guten Gelegenheit –, mit Insignien der Macht und des Reichtums in der Hand, was sie zusätzlich zur Fortuna, der Allegorie des Glücks werden läßt. Die leuchtende Farbigkeit, die dramatische und doch gezügelte Bewegtheit sind Äquivalente des affirmativen Inhalts der Allegorie.

LOUIS LE NAIN
UM 1593–1648

Louis Le Nain
Heimkehr von der Heuernte (La Charette), 1641
Öl auf Leinwand, 56 x 72 cm
Paris, Musée National du Louvre

Den Maler dieses Bildes können wir nicht mit letzter Sicherheit bestimmen: Die drei Gebrüder Le Nain geben der Forschung bis heute ein Rätsel auf, da ihre Anteile an den Gemeinschaftsarbeiten nicht zu ermitteln sind. Ihre Bauernbilder – nur ein Teil des Gesamtwerks – machten sie vor allem im 19. Jahrhundert zu einem Begriff.

Die Gefahr, sie primär aufgrund dieser ländlich-bescheidenen Genreszenen zu beurteilen, ist groß. Hier wird nicht, getragen von tiefer Religiosität, Armut dargestellt (wie sie uns bei Murillo begegnet), sondern das einfache Leben bereits im Sinn einer Idylle interpretiert. Die nuancenreiche Verwendung von Braun- und Grautönen, durch wenige karminrote Akzente belebt, verselbständigt sich zu einer raffinierten Eigenwertigkeit, der der thematische Vorwurf nur als äußerliche Legitimation dient. Die Delikatesse im Bereich des Farblichen hat in der Komposition ihre Entsprechung. Die Kinder auf dem Heuwagen, die Mutter mit dem Kind auf dem Schoß, der kleine Schweinehirt mit seinen Gefährtinnen bilden selbständige, in sich geschlossene Einzelgruppen aus, die gleichsam zu effektvollen Versen eines Gesangs werden, der die Schönheiten des Landlebens preist – von einem Städter der höheren Gesellschaft angestimmt.

Es ist ein Bild von unvergeßlichem Ernst. Weit entfernt von jenen sog. Bambocciaden, an die vor den Bauernbildern Le Nains meist erinnert wird, zeigt es nicht den leisesten karikierenden oder humoristischen Zug. Das wenige, das hier überhaupt um eine fast leer zu nennende Mitte gruppiert ist, besitzt nichts von jenen Annehmlichkeiten, mit denen das Landleben so häufig als heiter und wohltuend in Verbindung gebracht wird. Die Bauernfamilie Le Nains ist auch nicht in Arkadien zu Hause, und niemand, dem im 17. Jahrhundert die Bauern und Hirten dieses poetischen Reiches vertraut waren, wird sich hier an sie erinnert gefühlt haben. Wenige Bilder sind so geeignet wie dieses, Pauschalurteile von der Kunst des Barocks und ihrer schwelgerischen Sinnenfreude Lügen zu strafen.

Ganz rechts steht ein in Lumpen gehüllter Mann neben einem Knaben, der mit ausgestreckten Beinen auf dem Boden sitzt und einen Hahn auf dem Schoß hält; ihm gegenüber eine Frau auf einem Stuhl; im Hintergrund eine junge Frau mit einem Kind auf der Treppe des heruntergekommenen Hauses, aus dessen Türen und Fenstern die übrigen Bewohner scheue Blicke werfen. Vollkommen reglos stehen und sitzen sie da. Weder Freude noch Trauer, weder Erwartung noch Ablehnung sprechen aus ihren Gesichtern. Nur der große teilnahmslose Ernst ihrer Augen zwingt dem Blick des Betrachters eine verwandte Haltung auf und gibt den Realismus dieses Bildes als die Unnahbarkeit einer Würde zu verstehen, die sich sowohl der Rhetorik der Anklage wie der Verklärung verschließt.

Le Nains Kunst erschließt sich uns direkt. Keine Allegorie, kein Symbol, keine Historien: Alles ist so gemeint, wie wir es sehen.

Louis Le Nain
Bauern vor ihrem Haus, o. J.
Öl auf Leinwand, 55 x 68 cm
San Francisco, The Fine Arts Museums of San Francisco, California Palace of the Legion of Honor

Georges de La Tour
Drehleierspieler, um 1620–1630
Öl auf Leinwand, 162 x 105 cm
Nantes, Musée des Beaux-Arts

GEORGES DE LA TOUR
1593–1652

Der brutale Realismus und die schmutzig-tonige Farbgebung mit einer einzigen kräftigen Buntfarbe, einem stumpfen Rot, lassen zunächst an spanische Malerei denken, der das Bild des Lothringers auch immer wieder zugeordnet wurde. »Ekelhafte, grausige Wahrheit; ein spanisches, Murillo zugeschriebenes Bild. Es ist nicht ohne Reiz. Brave Farben, wirklichkeitsnaher Ausdruck ...« So zwiegespalten beschrieb Stendhal in den »Mémoires d'un touriste« als erfahrener Kenner italienischer und französischer Malerei seine Empfindungen und traf damit den Kern der Darstellung: die scheinbar paradoxe Bemühung malerischer Kultur um einen elenden Gegenstand. Man glaubt geradezu die mißtönende Stimme des Blinden zur Begleitung seiner heiser näselnden Drehleier zu hören. Doch meint diese ungeschönte Schilderung keine besonders anteilnehmende Einstellung gegenüber den sozial Schwachen des Zeitalters. Im Gegenteil. Themen dieser Art dienten dem hohen Adel als Belustigung, man holte sich per Bild das ergötzliche Schauspiel des Armeleute-Lebens in die herrschaftlichen Häuser.

Zum Themenkreis des moralisierenden, durch Caravaggio populär gewordenen Genre gehört das große Falschspieler-Bild. Ein unerfahrener, wohlhabender und aufgeputzter junger Mann wird in zweifelhafter Gesellschaft einer Kurtisane mit ihrem Galan und einer eingeweihten Dienerin kräftig beim Kartenspiel gerupft. Wein und die Verheißung eines erotischen Abenteuers machen den Stutzer leichtsinnig, so daß er den plumpen Betrug mit dem aus dem Gürtel gezogenen As nicht merken wird. Man darf derartige Schilderungen als Bordellszenen verstehen – eine Frau, die in Gesellschaft von Männern Wein trinkt, konnte in den Augen eines Betrachters des 17. Jahrhunderts nur eine Dirne sein. Die Verschwörung der drei Komplizen hat es auf das Geld des jungen Mannes abgesehen, ihre Verständigung erfolgt durch Seitenblicke und sparsame Gesten. Der Betrachter wird so zum Zeugen gemacht, und der Blick der Magd scheint ihn bereits als Mitspieler abzuschätzen.

Georges de La Tour
Der Falschspieler mit dem Karo-As, um 1620–1640
Öl auf Leinwand, 106 x 146 cm
Paris, Musée National du Louvre

Der hl. Sebastian war im 17. Jahrhundert einer der wichtigsten Schutzheiligen. Man rief ihn gegen Seuchengefahr, vor allem aber gegen die Pest an, von der gerade Lothringen besonders betroffen wurde. Im Rückgriff auf die mittelalterliche Legende, die erzählt, wie sich die Witwe Irene des für tot liegengelassenen Märtyrers annimmt, spiegelt sich sehr deutlich die Erwartung wider, die man in die Fürsorge des Heiligen setzte. La Tour malt eine Nachtszene, die durch eine Fackel in der Hand Irenes erhellt wird. Trauer, Mitgefühl und ein Licht, das von gleißender Helle bis in tiefstes Dunkel reicht, lassen eine ergreifende Meditation über die Barmherzigkeit entstehen.

Georges de La Tour
Die hl. Irene pflegt den hl. Sebastian,
um 1634–1643. Öl auf Leinwand, 160 x 129 cm
Berlin, Gemäldegalerie

Valentin de Boulogne
Konzert an einem Stein mit antikem Relief, um 1622–1625
Öl auf Leinwand, 173 x 214 cm
Paris, Musée National du Louvre

VALENTIN DE BOULOGNE
1594–1632

Er gab sich selbst den Beinamen »Innamorato« – der Verliebte. Er führte in Rom ein Leben, das seine Biographen verwerflich fanden. Er verkehrte mit Spielern, Dirnen, Trinkern und – wie Sandrart berichtet – bevorzugt mit holländischen und flämischen Künstlerkollegen. Valentin de Boulogne ist jedoch nicht nur biographisch, sondern auch als einer der eigenwilligsten und bedeutendsten Caravaggisten interessant. Gerade in einer Genreszene wie dem »Konzert an einem Stein mit antikem Relief« beweist er seine Individualität in der Caravaggio-Nachfolge, dessen Bildmöglichkeiten er völlig neu interpretiert. Für die französische Malerei ist Valentin hingegen nur indirekt von Bedeutung.

Um einen Steinblock mit antikem Relief sitzt eine Gruppe von Musikanten mit Gitarre, Violine, Mandoline und Gesangsnoten, dazwischen ein halbwüchsiges Kind, dahinter und davor ein Zecher. Formal bedient er sich des Helldunkels, das Caravaggio »entdeckte«, in dem Gesichter, ein Bein, ein Federbusch, ein Seidenärmel hervortreten. Aber hier wird das Raumdunkel zum ambivalenten Urgrund: Seine Düsternis verschattet die Züge, erfüllt sie mit einer furchtsamen Traurigkeit (keine der Gestalten lacht oder lächelt). Und zugleich ist es der Nährboden, der Schoß, der bereits alle Farben, alles Leben in sich birgt, das aus ihm hervorgeht.

Lubin Baugin
Stilleben mit Schachbrett (Die fünf Sinne), o. J.
Öl auf Holz, 55 x 73 cm
Paris, Musée National du Louvre

LUBIN BAUGIN
UM 1610/12–1663

Die strengen, von einem »A. Baudin« signierten und Lubin Baugin zugeschriebenen Stilleben gehören zum Qualitätvollsten der Barockmalerei Frankreichs. Das »Französische« zeigt sich in der klaren Verteilung der Gegenstände sowohl in dem schmalen Raumausschnitt wie in ihrer Verteilung auf der Bildfläche. Keine Überfüllung, wenige und niemals verunklärende Überschneidungen lassen eine kühle, beinahe mathematisch geordnete Welt entstehen, deren Stille allem Pathos, wie es gleichzeitig die Niederländer lieben, abhold ist. Jedes der Dinge spielt auf einen der fünf Sinne an: die Laute und die »klingende« Münze im Beutel auf das Gehör, das Notenbuch auf das Gesicht, das im Spielbrett und in den Karten zitiert wird, Wein steht für Geschmack, Brot, das gebrochen wird, für Tastsinn und die Blumen für Geruch. Was zunächst nur als vornehm arrangierte Gruppierung gleichgültiger Dinge wirkt, ist in Wahrheit die Figuration einer belehrenden Sentenz, die den irdischen symbolhaft den Verweis auf die überirdischen Güter entgegenhält. Wein und Blumen setzen nur scheinbar die Freuden des Spiels fort, sie meinen das Abendmahl, und dies wird durch die drei Nelken bestätigt, deren Name, »carnation«, auf die Menschwerdung Christi verweist. So ist das Bild ein Argument für die Anwesenheit Gottes in den Symbolen, die das alltägliche Leben bereitstellt.

NICOLAS POUSSIN
UM 1593/94–1665

Nicolas Poussin
Midas und Bacchus, um 1630
Öl auf Leinwand, 98 x 153 cm
München, Bayerische Staatsgemäldesammlungen, Alte Pinakothek

Der französische Barockklassizismus feiert im Werk des Wahlrömers Poussin seinen größten Triumph. Das Gemälde mit der selten dargestellten Midas-Sage gehört zu seinen schönsten mythologischen Bilderfindungen. Die Entlehnung von Motiven der antiken Plastik, auf denen die meisten Figuren des Bildes beruhen, garantiert gleichsam die Authentizität des bildlichen Erzählstils, dessen Stoff sich in Ovids »Metamorphosen« findet. Midas, König von Phrygien, macht, vom Reichtum verblendet, sehr unklugen Gebrauch von einem göttlichen Geschenk. Bacchus hatte ihm die Erfüllung eines Wunsches versprochen, und Midas begehrt, daß sich alles, was er berühre, in Gold verwandeln solle. Zu spät erkennt er sein Verhängnis. Verhungern und Verdursten wird sein Los sein, da alles, was er zu den Lippen führt, zu Gold wird. Auf sein Flehen erlöst Bacchus ihn von seiner unglückseligen Gabe, und er kann den Zauber im Fluß Paktolos abwaschen, der seither Gold in seinem Sand führt.

Welche Szene ist hier in dem bacchischen Reich der berauschten Silene, Mänaden und Satyrn dargestellt? Ist es die Gewährung des törichten Wunsches, das Flehen um Befreiung von seinem Bann oder der Dank des Königs an Bacchus, der ihn vor dem Tod bewahrt hat? Letzteres ist wohl gemeint, denn jene Gestalt, die im Hintergrund neben dem Flußgott kniet, scheint das Gold im Sand des Paktolos zu entdecken. Und das bedeutet, daß die Szene nach der Lösung des Midas vom Bann spielt.

Nicolas Poussin
Landschaft mit drei Männern, um 1645–1650
Öl auf Leinwand, 100 x 130 cm
Madrid, Museo del Prado

Erst verhältnismäßig spät, seit 1648, hat Poussin begonnen, die Landschaft als selbständiges Gebiet zu pflegen. Vielleicht hat dies seinen Grund darin, daß Landschaften im Gegensatz zur Architektur und Menschendarstellung nicht in antiken Vorbildern erhalten waren und Poussin die Beseelung der Natur aus dem Geist der Antike, so wie er sie verstand, ganz aus sich heraus leisten mußte. Die Landschaft im Prado ist insofern ein kühnes Bild, als Poussin hier auf jede prägnante Handlung verzichtet. Die drei Männer sind tatsächlich nur Staffage. Ihre Gesten scheinen weite Wege zu beschreiben, ihre Haltung die Ruhe des Wanderers, der sie gegangen ist.

Das 15. Jahrhundert hat die Konstruktion der Linearperspektive vervollkommnet und in feste Regeln gefaßt; das frühe 16. Jahrhundert hat die Luftperspektive als ein koloristisches Mittel der Raumdarstellung entdeckt, und Landschaftsbilder sind seither ohne die Beobachtung der farbigen Veränderung der Dinge, je nach der Entfernung vom Auge, nicht mehr denkbar. Aber erst dem 17. Jahrhundert blieb es vorbehalten, diesen Mitteln zur Erzielung tiefenräumlicher Illusion auch jenen schier ungreifbaren Gehalt zu geben, den man meist zu unpräzise als Atmosphäre bezeichnet. Deshalb entsteht vor den Landschaftsbildern des Barocks auch niemals der Eindruck von leerem Raum, wie ihn frühere Jahrhunderte kennen. Atmosphäre ist im Barock mehr als Luft; sie ist gleichsam die Substanz eines Landschaftsraumes, die das ganze Bild erfüllen und zu einer Einheit zusammenfassen kann.

Nicolas Poussin
Echo und Narziß, um 1627/28
Öl auf Leinwand, 74 x 100 cm
Paris, Musée National du Louvre

Nicolas Poussin
Der Mosesknabe tritt auf die Krone Pharaos, 1645
Öl auf Leinwand, 99 x 142,2 cm
Woburn Abbey, Sammlung Duke of Bedford

NICOLAS POUSSIN
UM 1593/94–1665

Die Nymphe Echo – so überliefert uns Ovid die Legende in seinen »Metamorphosen« – verliebte sich in den schönen Jüngling Narziß. Dieser jedoch verschmähte ihre Liebe, so daß sie sich derart in Kummer verzehrte, daß nur noch ihre Stimme – das Echo – von ihr blieb. Als Narziß sich danach im Wasser besah, verliebte er sich in seine eigene Gestalt, die er nicht erlangen konnte, und verging an seiner Eigenliebe. Zur Strafe wurde er in eine Blume seines Namens verwandelt.

Poussin malt den Jüngling am Bach liegend, von Totenblässe überzogen, unter dessen Haupt bereits die Narzissen sprießen, dahinter Amor, der mit seiner Fackel die Liebe Echos entflammte, und diese als körperlos-elegische Scheme im Felsgestein.

Als die Tochter des Pharao, so berichtet uns der »Heilsspiegel« aus dem 14. Jahrhundert, das Moseskind im Schilf gefunden hat, beschließt sie, es ihrem Vater vorzustellen. Der spielt mit dem Kind und setzt ihm im Scherz seine Krone auf. Moses aber wirft sie zu Boden, so daß sie zerbricht. Der Hohepriester erkennt in dem Knaben jenen, der nach der Prophezeiung Pharao stürzen wird, und will ihn töten. Nur die Berufung auf die Unwissenheit des Knaben und ein späteres Gottesurteil retten Moses.

Poussin überläßt es der Vielfalt rhetorischer Gesten, die Bestürzung über den Vorfall variantenreich und in klassischer Gemessenheit auszudrücken. Seinen Höhepunkt erreicht das Gebärdenspiel in dem »Dialog« zwischen dem Hohenpriester, der den Dolch zückt, und der Einhalt gebietenden Linken der Amme, die hinter der Pharaotochter steht.

Die Ikonographie der hl. Cäcilie hat erst spät aus der Märtyrerin eine Musikerin gemacht. Raffael hat sie dargestellt, wie sie verzückt den Klängen himmlischer Harmonien lauscht und die Instrumente der irdischen Musik ihren Händen entgleiten. Poussins Auffassung dagegen greift auf die Darstellung der selbst musizierenden Heiligen zurück.

Vor einem Landschaftsausschnitt und einem Zitat klassischer Architektur rafft ein Putto einen roten Vorhang über der Heiligen zur Seite. Die so entstandene Raumkulisse ist Schauplatz eines intimen Konzerts. Cäcilie spielt auf einem Tasteninstrument, zwei Engel vor der Säule singen dazu. Poussin hat eine Synthese aus dem Konzert der Heiligen und der himmlischen Musik geschaffen. Die irdischen Klänge werden in der Mitwirkung der Engel zur himmlischen Harmonie, die unhörbar für profane Ohren doch ein sichtbares Gegenbild in dem volltönenden Akkord der Kardinaltrias von Rot, Gelb und Blau besitzt, der in den stufenweisen Übergängen von beleuchteten zu unbeleuchteten Flächen die Skala seiner Modulationsmöglichkeiten durchspielt.

Nicolas Poussin Die hl. Cäcilie, um 1627/28
Öl auf Leinwand, 118 x 88 cm
Madrid, Museo del Prado

Claude Lorrain
Landschaft mit Diana, Kephalus und Prokris, 1645
Öl auf Leinwand, 102 x 132 cm
London, National Gallery

CLAUDE LORRAIN
1600–1682

Claude Lorrain ist vielleicht der erste reine Landschaftsmaler im modernen Sinn. Seine Spezialisierung auf diesem Gebiet hat nicht zuletzt seine Lebensgewohnheiten und seine Arbeitsweise bestimmt, seine intensive meditierende Naturbeobachtung und das Skizzieren im Freien. Seiner Beurteilung als reinem Landschaftsmaler scheint zunächst zu widersprechen, daß er trotz seiner offenkundigen Unbegabung für die Darstellung von Figuren nicht auf die Belebung seiner Landschaften durch Staffagen verzichten wollte und sich diese häufig von Gehilfen und befreundeten Malern ausführen ließ. Die Menschen in diesen Bildern, so klein und für die eigentliche Landschaftskomposition unerheblich sie oft sein mögen, sind offensichtlich mehr als bloße Zutat, mehr als Staffage im Sinn dekorativer Ausstattung. Sie sind vielmehr ein Teil der Landschaft selbst, Verkörperung ihres jeweiligen Charakters durch Mythenerzählungen, in denen die Natur zum Schauplatz der Begegnung von Sterblichen und Göttern wird.

Nichts weist in der Szene der Versöhnung von Kephalus und Prokris durch Diana auf das tragische Ende hin, das hier seinen Anfang nimmt. Die Geschichte wird von Ovid in den »Metamorphosen« erzählt: Prokris flieht vor Kephalus, den sie der Untreue verdächtigt, zu Diana und ihren Jägerinnen. Von ihr erhält sie einen Hund und einen Zauberspeer, der nie sein Ziel verfehlt, zum Geschenk. Beides gibt sie Kephalus bei ihrer Versöhnung, die Claude – anders als Ovid – im Beisein Dianas schildert. Dem damaligen Betrachter wird die Fortsetzung der Geschichte geläufig gewesen sein, in der die neuerliche Eifersucht der Prokris dem Paar zum Verhängnis wird. Vom Gedanken an die Untreue ihres Gatten gequält, spioniert sie ihm, hinter Buschwerk verborgen, nach. Kephalus, durch ein Geräusch aufgeschreckt, schleudert seinen Speer in das Versteck und tötet nichtsahnend Prokris. Claudes friedliches Bild muß vor diesem Hintergrund als Warnung vor Untreue und Eifersucht verstanden werden.

Die Pastorale mit Apoll und Merkur unterschlägt alle feindseligen Züge in diesem bemerkenswerten Akt göttlichen Viehdiebstahls, den die Geschichte vom Raub der Rinder des Admetos erzählt. Wenn die Übertragung poetischer Begriffe auf Werke der Malerei sinnvoll sein kann, dann auf ein Bild wie dieses, in dem ein wirklich lyrisches Thema – der spielende, singende und durch seine Musik gänzlich entrückte Apoll nicht bemerkt, wie die unvergleichlichen Rinder des Admetos von dem listenreichen Merkur hinweggeführt werden. Das Lyrische besteht in der Verwandtschaft der schwärmerischen seelischen Stimmung des Gottes, die mit jener der Landschaft verschmilzt und in der lichtdurchfluteten Weite der Ebene, in die sich der schimmernde Fluß ergießt, ihre Entsprechung findet. Ein Lieblingsgedanke barocker Kunsttheorie, Dichtung als redende Malerei und Malerei als stumme Dichtung aufzufassen, wird hier in seltener Vollkommenheit anschauliche Wirklichkeit.

Claude Lorrain
Landschaft mit Apoll und Merkur, um 1645
Öl auf Leinwand, 55 x 45 cm
Rom, Galleria Doria-Pamphilj

Das große »innere« Thema der Malerei des 17. Jahrhunderts ist das Licht. Sei es Beleuchtung aus unsichtbarer Quelle und als Gegenspieler übermächtiger Bildfinsternis, wie bei Caravaggio, sei es das lebendige Licht einer Kerze, wie es bei Georges de La Tour von der weißlichen Helle der Flamme durch alle Trübungen des Dunkels hindurch die Bilder durchwirkt, oder sei es der Blick in die Sonne, wie ihn Claude Lorrain zum erstenmal darzustellen gewagt hat – ein Blick in eine Sonne, die die zarten Schleier des Morgendunstes durchdringt und in ihrem Licht die weite Horizontlinie des Meeres mit fernen Segeln, Landschaften mit Bergen, Städten und Türmen zergehen läßt.

Dieses Licht scheint dem Betrachter nicht aus einer porträtierten, sondern erdichteten Welt entgegen. Der Hafen mit dem römischen Triumphbogen und den verfallenden Befestigungsanlagen ist vielleicht der Schauplatz einer alltäglichen Szene des antiken Lebens. Und doch ist es keine Rekonstruktion des Altertums, die uns hier geboten wird. Sträucher und Gras überwuchern die alten Bauwerke; die Antike ist nur Bild, ist nur Ruine und Erinnerung einer zeitlosen Welt, in die die verklärende Sonne ein Morgenlicht ohne Schatten wirft. Sowenig es möglich ist, das Jahrhundert zu bestimmen, in dem die Menschen in einem Bild Claude Lorrains leben, so wenig lassen sich die Länder nennen, in denen seine Landschaften liegen. Wie niemand zuvor hat der Lothringer die poetische Wirklichkeit zum Thema seiner Malerei gemacht.

In dem Münchner Bild »Seehafen bei aufgehender Sonne« schildert Claude den Transport von Warenballen zwischen einem Lastkahn und dem nahen Ufer mittels kleinerer Boote. Dabei ist nicht einmal erkennbar, in welcher Richtung der Transport eigentlich erfolgt, ob zum Kahn hin oder von ihm weg. Die Arbeiter, die Unterhaltung am Ufer und die Personengruppe am Triumphbogen sind reine Staffage, reines Attribut der Landschaft. Es ist keine Szene der zeitgenössischen oder antiken Dichtung, und die großartigen klassischen Ruinen werden nicht von Gestalten der Mythologie bevölkert. Claude leistet auf seine Weise einen Beitrag zur Genremalerei und zu der Vorliebe, die seine Zeit für Darstellungen des einfachen Volkes hatte. Man könnte diese Rückübertragung des Alltags in die Vergangenheit als »Genre historié« bezeichnen – analog zum »Portrait historié«, das besonders in den Niederlanden beliebt war und Porträts lebender Personen als Gestalten der biblischen oder heidnischen Antike auftreten ließ.

Claude Lorrain
Seehafen bei aufgehender Sonne, 1674
Öl auf Leinwand, 72 x 96 cm
München, Bayerische Staatsgemäldesammlungen, Alte Pinakothek

PHILIPPE DE CHAMPAIGNE
1602–1674

Philippe de Champaigne
Oberin Cathérine-Agnes Arnauld und Schwester Cathérine de Sainte-Suzanne, Tochter des Malers (Exvoto von 1662), 1662
Öl auf Leinwand, 165 x 229 cm
Paris, Musée National du Louvre

Champaigne, ein gebürtiger Flame, war der große Porträtist am Hofe der Maria de' Medici und Ludwigs XIII. Seine von Haus aus tief im katholischen Glauben verwurzelte Weltanschauung fand nach persönlichen Schicksalsschlägen – 1638 war seine Frau, 1642 sein Sohn gestorben – immer deutlicheren Ausdruck in seiner Kunst. Seine beiden Töchter hatte er in das berühmte Kloster von Port-Royal gegeben. 1655 starb die jüngere, ein Jahr später nahm die ältere unter dem Ordensnamen Cathérine-Suzanne den Schleier.

Man muß diese Vorgeschichte kennen, um das Exvoto zu verstehen, denn dieses Bild ist aufs engste mit den persönlichen Gefühlen des Malers verknüpft. Es zeigt zwei Nonnen im Ordenshabit, eine ältere, die kniet und mit fröhlichem Gesichtsausdruck betet, und eine jüngere, die in einem Stuhl sitzt, die Beine auf einem Schemel ausgestreckt hat und sich dem Gebet der älteren anschließt. Eine lange lateinische Inschrift erklärt die Geschichte. Champaignes Tochter, es ist Cathérine, die jüngere der beiden Nonnen, war von einer Lähmung befallen worden und hatte nach neuntägigem Gebet ihre Gesundheit wiedererlangt. Charakteristisch ist, daß der Maler nicht die wunderbare Heilung darstellt, sondern das unendlich vertrauensvolle Gebet seiner Tochter und der ihr Beistand leistenden Oberin.

GASPARD DUGHET
1615–1675

Gaspard Dughet
Landschaft mit dem hl. Augustinus und dem Mysterium der Dreifaltigkeit, 1651–1653
Öl auf Leinwand, 278,5 x 385,5 cm
Rom, Galleria Doria-Pamphilj

Der Schwager und Schüler Poussins entwickelt – gerade in der Landschaftsmalerei – schon bald eine eigene Sprache, welche die Begegnung mit Werken Elsheimers, Rosas oder Brils nicht verleugnet. Auch hier spürt man dieses andersartige Temperament, dessen Erregtheit und Phantasie die gelassene Stille der Landschaft beleben. Das Unergründliche in der Natur wird Gegenstand und bewirkt neue Verbindungen von Bildraum und Bildgeschehen.

Die Legende berichtet, wie der Kirchenvater Augustinus, am Strand von Ostia wandelnd, über das Problem der Dreifaltigkeit nachdachte – hier erscheint sie visionär in den Wolken. Da beobachtet er ein Kind, das sich bemüht, mit einem Löffel das Meer in eine kleine Grube zu füllen. Augustinus weist es auf die Unmöglichkeit seines Vorhabens hin und erhält zur Antwort, daß das Mysterium des dreieinigen Gottes noch viel weniger auszuschöpfen sei.

In Dughets Gemälde wird die Legende plausibel durch die Landschaft. Ihre intensiven Stimmungswerte – die Unruhe des weiten Meeres, die Vorgewitteratmosphäre, das Dräuen der Wolken – versetzen den Betrachter in eine angespannte Erwartung, als wolle auch er ein Geheimnis ergründen. Und er empfindet die Verlorenheit seiner Existenz analog zu dem kleinen Format der Gestalten in dieser Landschaft, die zugleich Weltenlandschaft ist.

SÉBASTIEN BOURDON
1616–1671

Die virtuose Leichtigkeit in der Beherrschung verschiedenster Stilregister hat bis heute verhindert, daß sich mit Bourdons Malerei auch die Vorstellung einer scharfumrissenen Malerpersönlichkeit verbindet. Zu den stärksten Eindrücken, die auf ihn gewirkt haben, gehört ohne Zweifel Poussin. Eines der schönsten Zeugnisse dafür und für Bourdons Fähigkeit, Fremdes originell zu verarbeiten, ist »Die Auffindung des Mosesknaben«.

Eine gelöst heitere, aber gemessen schreitende Prozession von Frauen und Männern ist ans Ufer des Nils getreten, aus dem soeben zwei Männer den Korb mit dem Knaben gefischt haben, den sie Dienerinnen übergeben. So vertraut die klassischen Gewandformen von Poussin her sein mögen, so grundverschieden sind die Landschaftsauffassung und vor allem das Kolorit. In Silhouetten und sparsamster Binnenmodellierung weitet sich eine von Licht und Schatten zerteilte Ferne, in der dunkle Vegetationsmassen und hellgraue Architekturkuben verteilt sind. Vor dieser in großzügigen Flächen bravourös hingestellten Phantasielandschaft hebt sich die zarte Modellierung der Gewandfarben pointiert ab. Die Erinnerung an Poussin oder andere Vorbilder verblaßt in dem Maße, wie dies gänzlich verschiedene kontrastierende Verhältnis von Figur und Landschaft deutlich wird.

Sébastien Bourdon
Die Auffindung des Mosesknaben, um 1650
Öl auf Leinwand, 119,6 x 172,8 cm
Washington, National Gallery of Art

PIERRE MIGNARD
1612–1695

Die künstlerische Biographie Mignards wird in diesem Bild in verkürzter Form anschaulich. Gelernt hatte er vor allem in der Pariser Werkstatt Vouets, des großen Meisters der klassizistisch-ausgewogenen Komposition, der eleganten allegorischen Formulierung. Diese Schulung verrät nicht allein die gefällige Pose oder die – dem Kind eher unangemessene – würdevolle blaue Draperie, wie sie die Venus eines Vouet trägt. Auch die Allegorie ist als Bildbestandteil ein Hinweis auf seinen Lehrer: »Homo bulla« – der Mensch ist eine Seifenblase – ist die Aussage, die die Vergänglichkeit menschlichen Seins thematisiert und der Mignard noch Nachdruck verleiht durch die Uhr, die unter der Seifenblase auf dem Tisch liegt. Ob die Muschel mit der Seifenlauge ein Verweis auf Venus sein soll, deren Attribut sie ist, sei dahingestellt.

Auf Mignards intensives Tizian-Studium verweist nicht nur das Hündchen, sondern auch der Landschaftsausblick, der in dessen Madonnenbildern sein Vorbild hat. Erst vier Jahre vor seinem Tod wurde Mignard »Peintre du Roi«, als Nachfolger Le Bruns, über den er in diesem Porträt auch hinausgeht. Der pathetische Vorwurf, die repräsentative Strenge sind hier kein starres Schema mehr, sondern die vitale Persönlichkeit des Kindes dominiert deutlich über barocke Bildtraditionen.

Pierre Mignard
Das Mädchen mit den Seifenblasen, 1674
(Marie-Anne de Bourbon)
Öl auf Leinwand, 132 x 96 cm
Versailles, Châteaux de Versailles

Charles Le Brun
Das Martyrium des Evangelisten Johannes an der Porta Latina, um 1641/42
Öl auf Leinwand, 282 x 224 cm
Paris, Saint-Nicolas du Chardonnet

CHARLES LE BRUN
1619–1690

Die Gestalt Le Bruns könnte man als die Symbolfigur der Kunstpolitik unter Ludwig XIV. bezeichnen. Schon 1638, gerade 19 Jahre alt, ist er bereits Hofmaler, und zwei Jahre später erhält er von Richelieu den Auftrag für drei große Gemälde. Ein wichtiger Schritt in seiner steilen Karriere wird auch der Auftrag für dieses Bild gewesen sein, den wahrscheinlich die Zunft der Maler, Bildhauer und Vergolder der Stadt Paris erteilte.

Das Martyrium des Evangelisten nimmt unter den Berichten und Legenden der Blutzeugen Christi einen besonderen Platz ein. Es heißt, daß der Evangelist unter Trajan in Rom bei der Porta Latina einer grausamen Marterung in einem Kessel siedenden Öls unterworfen wurde, die er indessen heil und verjüngt überstanden haben soll. Obwohl Johannes später eines natürlichen Todes starb, wurde ihm so dennoch der Rang eines Märtyrers zuteil.

Le Bruns Darstellung wählt den dramatischen Augenblick, wo der Evangelist in den brodelnden und dampfenden Kessel gehoben wird. Finstere Götzenbilder und berittene Soldaten mit den Symbolen kaiserlicher Macht umgeben den Schauplatz. Aber während die Henkersknechte ihre letzten Vorbereitungen treffen und das Feuer angefacht wird, wird dem Todgeweihten die himmlische Botschaft zuteil, die ihn mit den Ehrenzeichen seines Martyriums, Blumenkronen und Palmzweigen, begrüßt. Der sichtbare Triumph des Glaubens im Augenblick der äußersten körperlichen Not ist das Thema aller Martyriumsdarstellungen, aber nur die hochbarocke Malerei hat zu Formulierungen gefunden, die die seelische Entrückung eines Heiligen gegen physische Brutalität auszuspielen wußten.

Charles Le Brun
Der Kanzler Séguir beim Einzug Ludwigs XIV. in Paris im Jahre 1660, 1660
Öl auf Leinwand, 295 x 351 cm
Paris, Musée National du Louvre

Das Reiterbildnis das Kanzlers Séguir stellt den großen ersten Mäzen Le Bruns dar, für den schon sein Vater, ein unbedeutender Bildhauer, gearbeitet hatte. Séguir verschaffte dem jungen ehrgeizigen Maler Zutritt in das Atelier des gefeierten Vouet und finanzierte ihm ein Stipendium für Rom, das ihm nicht nur die Reise ins gelobte Land des Kunststudiums ermöglichte, sondern auch die Bekanntschaft mit Poussin vertiefte.

Der Kanzler, der prächtig gekleidet auf einem mit wallender goldbestickter Schabracke bedeckten Schimmel sitzt, wird von sechs Pagen umringt, die das Pferd in gemessenem Schritt führen und über ihrem Herrn die Würdezeichen der Sonnenschirme emporhalten. Die Erscheinung hat beinahe etwas Exotisches, und man versteht bald, daß dieser Eindruck auf einer inhaltlichen Doppelorientierung des Bildes beruht. Denn einerseits ist der Kanzler hier in höchst zeremonieller Würde dargestellt, in einem Amtsporträt, das nur verhältnismäßig wenig über die individuelle Person aussagen soll; andererseits aber ist dieses Reiterbildnis nur imaginärer Teil des feierlichen Einzugs Ludwigs XIV. in Paris im Jahre 1660 und damit ein Historienbild in der Tradition jener »Entrées solenelles«, wie sie seit Franz I. zur zeremoniellen Selbstdarstellung des Königtums und der Kommunen gehören.

EUSTACHE LE SUEUR
1616–1655

Drei bekränzte Mädchen in einer arkadischen Landschaft widmen sich einem ländlichen Konzert. Während das eine anmutig auf dem Boden sitzt, ein Notenbuch auf den Knien hält und singt, wird es von einem zweiten, das den Blick inspiriert zum Himmel emporwendet, auf einer Viola da gamba begleitet. Das dritte, etwas im Hintergrund, lauscht und blickt ernst auf den Betrachter, dem freilich kaum Zweifel über die Natur dieser Trias kommen. Wenn es sich nicht um die drei Chariten handelt, die Göttinnen der Anmut und Freude, so können nur die drei mit ihnen befreundeten Musen gemeint sein. Die erste wird man als Melpomene, die Muse der tragischen Dichtung, ansprechen dürfen, jene mit der entblößten Brust als Erato, die Muse der erotischen Poesie und Mimik, und die Singende ist ohne Zweifel Polyhymnia, die die Dichter der Hymnen um Beistand bittet.

Von einer Trias darf hier auch in einem ganz anderen Sinn gesprochen werden: Le Sueur hat die schwesterlich enge Verbindung und ihre gleichzeitig prägnant unterschiedene Charakteristik durch ein einfaches, aber wirkungsvolles koloristisches Mittel hergestellt. Gelb, Rot und Blau sind die Grundfarben, aus denen alle Farben hervorgehen. So wie diese drei Musen die gesamte Dichtung umfassen, ist das gesamte Farbspektrum des Malers in ihren Kleidern enthalten.

Eustache Le Sueur
Melpomene, Erato und Polyhymnia (Die Musen), um 1652–1655
Öl auf Leinwand, 130 x 130 cm
Paris, Musée National du Louvre

HYACINTHE RIGAUD
1659–1743

Das berühmte Bildnis gilt bis heute als Inbegriff des absolutistischen Herrscherporträts. Aber es leistet mehr als repräsentative Prachtentfaltung. Die üppige rot-goldene Draperie fungiert nicht nur als Würdemotiv, sondern bildet mit ihrem Faltenwurf eine Rahmenform aus, die den Fall des hermelingefütterten Prachtgewandes nachzeichnet. Der blaue, mit goldenen Bourbonen-Lilien geschmückte Samtbrokat wiederholt sich im Bezug eines Sessels, eines Kissens, in dem Überwurf des Tischchens darunter: Der König gibt ganz anschaulich »den Ton an«. Eine monumentale Marmorsäule auf hohem Sockel wird so verschleiert, daß sie die hohe Gestalt nicht beeinträchtigt. Ludwig steht in eleganter Drehung, weit über dem Standpunkt des Bildbetrachters, und scheint sich diesem gnädig zuzuwenden; dennoch hat seine Haltung eine stabile Unverrückbarkeit.

Rigauds Meisterschaft wird aber erst darin deutlich, wie er das Antlitz des Königs malt: Dessen Unnahbarkeit liegt nicht in klassizistischer Idealisierung begründet, sondern in der Wahrheit einer alternden, undurchsichtigen Physiognomie. Der Mund ist ironisch und entschieden geschlossen, die Augen haben einen harten, dunklen Glanz, die schmalrückige Nase verrät Unduldsamkeit. Dieser Herrscher ist weder gut noch böse, sondern steht jenseits aller moralischen Kategorien.

Hyacinthe Rigaud
Bildnis Ludwigs XIV., 1701
Öl auf Leinwand, 279 x 190 cm
Paris, Musée National du Louvre

Nicholas Hilliard
Bildnis des George Clifford, Earl of Cumberland, um 1590
Mischtechnik auf Pergament, 25,7 x 17,8 cm
Greenwich, National Maritime Museum

NICHOLAS HILLIARD
UM 1547–1619

Der Goldschmied und Miniaturporträtist Hilliard gehört zu den wenig beachteten, aber hochrangigen Künstlern des Frühbarocks. Seine einzigartige Leistung ist die Hervorbringung eines höfischen Bildnistypus, der seinesgleichen in der damaligen europäischen Malerei nicht besitzt. Freilich hat er dabei auf Holbein zurückgegriffen, den unerreichten Altmeister des Miniaturporträts, und seiner Bewunderung für dieses Vorbild in einem Traktat auch vorbehaltlos Ausdruck verliehen. Aber Hilliards Miniaturen sind mit ihrer verfeinerten Raffinesse nur in der meisterhaften Technik der Feinmalerei und in bestimmten ästhetischen Grundsätzen wie der Vermeidung von Helldunkelkontrasten und starker Modellierung dem altdeutschen Vorgänger verpflichtet. Freilich sind schon dies die Merkmale einer absolut aristokratischen Haltung, wie sie auch die Dargestellten selbst in unvergleichlicher Weise zur Schau tragen.

Das Bildnis des George Clifford, Earl of Cumberland, ist ganzfigurig, was selten vorkommt, und eine der aufwendigsten Arbeiten des Meisters. Der erfolgreiche Flottenführer war Favorit Elisabeths I. und trägt als Auszeichnung den Handschuh der Königin an seinem federgeschmückten Hut, der nur die Krönung einer vollständig in höfischer Galanterie aufgegangenen Verkleidung als Ritter ist.

Peter Lely
Bildnis Henriette von Frankreich, Königin von England, 1660
Öl auf Leinwand, 49 x 39 cm
Chantily, Musée Condé

PETER LELY
1618–1680

Das Porträt, das im 18. Jahrhundert zu der glanzvollsten Gattung der englischen Maltradition werden sollte, wurde im 17. Jahrhundert noch fast ausschließlich von ausländischen Künstlern beherrscht, die im Umkreis des Hofes ein breites Auftragsfeld fanden. Neben van Dyck ist es vor allem Lely, der diese Phase der Fremdbestimmtheit repräsentiert. Das Bildnis Henriettes, Tochter König Heinrichs IV. von Frankreich und der Maria von Medici, ist ein postumes Idealporträt. 1660, als ihr ältester Sohn als Karl II. den englischen Thron bestiegen hatte, kehrte sie nach England zurück, wo sie im Alter von 51 Jahren ihr bewegtes Leben beschloß. 1625 hatte sie Karl I. geheiratet, verlor jedoch bald die Gunst von Parlament und Volk, weil sie sich für die englischen Katholiken einsetzte. Später versuchte sie vergeblich unter größtem persönlichen Einsatz, von Holland aus ihrem Gatten zu helfen. Nach dessen Hinrichtung hatte sie zuerst in einem französischen Kloster und dann in bitterster Armut in Paris gelebt.

Lely malt sie als schöne, vornehme Frau in königlichem Ornat, aber mit dem Ausdruck leidvoller Erfahrung auf den Lippen, einer distanzierten Trauer im Blick. Das ist nicht mehr barockes Repräsentationsporträt, sondern individuelles Nachzeichnen eines Lebenswegs, der sich in der Verschlossenheit eines Gesichts verbirgt.

ADAM ELSHEIMER
1578–1610

Das Kreuz als Mittelpunkt der »gloria del paradiso« wird von den Heiligen und Auserwählten des Gottesreiches verehrt, die rings um den Kreuzesstamm auf Wolkenbänken lagern und paradieren. Rechts erkennt man die Stammeltern, darunter Moses, Abraham und den König David, ferner Jonas auf dem Fisch sitzend und zum Kreuz aufblickend, Katharina und Magdalena in schwesterlicher Umarmung. Ganz vorne eine Disputation zwischen Sebastian und Papst Gregor, Hieronymus, Ambrosius und Augustinus sowie Stephanus und Laurentius, den ersten Märtyrern der Kirche. Um das Kreuz, das von einer knienden weiblichen Gestalt umfaßt wird – wohl einer Verkörperung des Glaubens –, scharen sich Engel mit den Leidenswerkzeugen, darüber erkennt man die Evangelisten und Apostel. An der Spitze einer in die lichtverklärte Tiefe des Bildes ziehenden Engelsprozession, und schon überstrahlt von der hervorbrechenden Lichtflut, wird der Betrachter Zeuge der Marienkrönung.

Die einzigartige Kunst Elsheimers erweist sich unter anderem in der staunenswerten Illusion unerhörter Weite und Tiefe in dieser kleinen Bildtafel. Raum ist hier nicht mehr das Problem kontinuierlich abnehmender Größenmaßstäbe, sondern zugleich die simultane Staffelung farbiger Intensitäten und der Verteilung von Licht- und Dunkelmassen. So entstehen ineinandergreifende Farb- und Lichträume, die wohl das Auge durchmessen kann, die aber dennoch, dem eigenen Körpergefühl unerreichbar, reine Vision sind. Das Gemälde gehörte einst zu einem dreiteiligen Kreuzaltar und gilt als Hauptwerk des Frühverstorbenen.

Adam Elsheimer
Die Verherrlichung des Kreuzes, um 1605
Öl auf Kupfer, 48,5 x 36 cm
Frankfurt am Main, Städelsches Kunstinstitut

Die kleine Tafel ist sicher das schönste Beispiel für die Nachtstücke, die so sehr zu Elsheimers Ruhm beigetragen haben. Vier Lichtquellen leuchten in der grünlichblauen Nachtlandschaft mit dem sternenübersäten Himmel: der Vollmond, der rechts tief über den Bäumen eines Seeufers steht, und sein Spiegelbild im Wasser, dann das Lagerfeuer der Hirten rechts, von dem eine Funkensäule zu der mächtigen tiefdunklen Baumkuppel aufsteigt, und schließlich die Fackel in der gesenkten Hand des hl. Josef, der den Esel mit Maria und dem Kind führt. Jede dieser Lichtquellen modelliert nur fragmentarisch die Dinge in unmittelbarer Umgebung, so daß beleuchtete Flächen und unbeleuchtete übergangslos aneinandergrenzen. So tastet sich das Auge über Strecken undurchdringlicher Finsternis zu Inseln von miniaturhaft feiner Zeichnung vor, folgt den gewölbten Silhouetten der Baumkronen.

Die Nacht wird hier mit den Mitteln der Kunst als ein Wunder geschildert, das der Flucht der Heiligen Familie zur Hilfe kam. Das Bedrohte und zugleich Geborgene der nächtlichen Reise hat Elsheimer allein mit den Stimmungswerten dieses Helldunkels auszudrücken gewußt. Es wäre daher falsch, den Akzent ausschließlich auf das Thema der Landschaft zu legen. Das Bild ist vielmehr etwas vollkommen Neues auf dem Gebiet der sakralen Malerei, in der die Landschaft die Entdeckung neuer Erzählungsinhalte erschließt.

Adam Elsheimer
Die Flucht nach Ägypten, 1609
Öl auf Kupfer, 31 x 41 cm
München, Bayerische Staatsgemäldesammlungen, Alte Pinakothek

Georg Flegel Großes Schauessen, o. J.
Öl auf Kupfer, 78 x 67 cm
München, Bayerische Staatsgemäldesammlungen, Alte Pinakothek

GEORG FLEGEL
UM 1566–1638

Flegel, der erste reine Stillebenmaler in Deutschland, soll in der Werkstatt des Flamen Lukas van Valckenborch als Bildstaffierer für Blumen, metallene Gefäße und Früchte tätig gewesen sein, was vor unserem Bild überzeugend erscheint.

Der sehr »niederländische« Blumenstrauß mit Papageientulpen, Lichtnelken, Rosen und Narzissen ist ebenso bravourös gemalt wie die mit goldenen Maskarons besetzte Silbervase, in der er steht. Den unterschiedlichen Qualitäten von Silber, Gold und Zinn, ihren verschiedenen Graden des Glanzes, der Härte und ihrer Verarbeitung ist besondere Aufmerksamkeit gewidmet. Den dickrandigen Zinntellern ist eine elegante, scharfrandige silberne Gebäckschale, dieser wiederum ein goldener Deckelpokal mit feiner bekrönender Marsstatuette zur Seite gestellt. Die Klinge des Messers am Tischrand, die gewellte Schüssel mit Haselnüssen, Deckel und Rand des braunen Fayencekrugs – in immer neuen Spielarten variiert der Maler sein Thema. Ziemlich effektlos erscheint dagegen auf den ersten Blick die Anordnung der Speisen, die ohne kunstvolles Arrangement dargeboten werden. Alles wirkt auf so unabsichtliche Weise geordnet, daß man an allegorische Deutungen kaum denken mag. Rein additiv erscheint diese Komposition, und dennoch ist sie exakt kalkuliert, vor allem in der kunstvollen Verteilung der Farbakzente.

Johann Liss Tod der Kleopatra, um 1622–1624
Öl auf Leinwand, 97,5 x 85,5 cm
München, Bayerische Staatsgemäldesammlungen, Alte Pinakothek

JOHANN LISS
UM 1595 – UM 1629/30

Kleopatra, Königin von Ägypten, beging Selbstmord, um ihrer drohenden Gefangennahme durch Oktavian zu entgehen, der seinen Rivalen um die Herrschaft Roms, Antonius, Kleopatras Geliebten, besiegt hatte. Plutarch berichtet, die Königin wollte durch den Biß einer Schlange sterben, da dieser Tod ihr nach dem Glauben der Ägypter Unsterblichkeit verlieh.

Der Maler wählt nicht den dramatischen Höhepunkt, nicht den Entschluß zum Selbstmord, nicht den Biß der Schlange, sondern den Moment, in dem die Spannung sich zu lösen beginnt. Das Tier hat sein tödliches Werk getan, ein Mohrenknabe hält den Blumenkorb und starrt mit furchtsamen Augen auf die Schlange darin, während eine Dienerin ihre zurücksinkende Herrin stützt. An äußerem Geschehen eher arm, konzentriert sich alles auf den Wendepunkt zwischen Leben und Tod. Alles Licht fällt auf die junge Königin und läßt ihren Körper in warmen, sinnlichen Farben aufleuchten. Alles Leben scheint im Schmelz ihres Inkarnats auf der Schwelle zum Tod versammelt, der sich schon in dem kraftlos niedersinkenden Arm und dem umdunkelten Blick ankündigt. Das eigentliche Geschehen ist die Transitorik dieses Augenblicks, die in dem Wechsel von Licht und Dunkel und der sprunghaften Steigerung der Bildfarben von der Tiefe nach vorne zu ihre Entsprechung besitzt.

JOHANN HEINRICH SCHÖNFELD
1609–1682

Die Nachrichten über Schönfelds Leben sind spärlich. Eine davon besagt, »er ist 18 Jar in Italia darunter aber 12 Jar zu Neapoli gewesen«, wie der Ulmer Baumeister und Kunstsammler Joseph Furttenbach in seinem Tagebuch notierte. Die Umgebung dieser Stadt, ihre Frömmigkeit, ihre Kunst haben um 1643/44 eine tiefgreifende Veränderung im Werk des Biberacher Künstlers bewirkt. An die Stelle der heiter-hellen Darstellungen aus Mythologie und Altem Testament treten stille, dunkle Bilder überwiegend christlicher Themen – und eben dieser Chronos.

Kahlköpfig und ausgemergelt sitzt der Greis in tiefmelancholischer Pose in einem düsteren Ambiente, den Arm auf einen Sockel mit der Aufschrift »Il tempo« (die Zeit) gestützt. Darauf stehen Sanduhr und verlöschende Kerze als Symbole der Vergänglichkeit, davor hockt auf einem Totenschädel ein Putto, der Seifenblasen bläst – ebenfalls Sinnbild der Nichtigkeit menschlichen Lebens. Die braune Tonigkeit des Gemäldes, einzig durch das Blau des Lendentuches belebt, realisiert im Bereich der Bildfarbe analoge Aussagen: Sie ist nicht nachträglich über die Gegenstände gebreitet, sondern diesen eigen. Der gesamten Bildwelt ist die Farbe, das Bunte, als Indiz vitalen Daseins entzogen. Dieser Chronos ist nicht mehr Philosoph des Verfalls und der Gebrechlichkeit, sondern Teil davon.

Johann Heinrich Schönfeld
Il Tempo (Chronos), um 1645
Öl auf Leinwand, 102 x 77 cm
Augsburg, Deutsche Barockgalerie im Schaezlerpalais

JOACHIM VON SANDRART
1609–1688

Sandrart, bekannt geblieben durch seine große Kunstgeschichte, die 1675 erschienene »Teutsche Academie«, gehört zu den wenigen schreibenden Künstlern, deren bildnerische Produktion mit ihren literarischen Ambitionen schritthielt.

Für Kurfürst Maximilian von Bayern malte Sandrart neben den Allegorien des Tages und der Nacht auch einen Zyklus von zwölf Monatsbildern für den Speisesaal des alten Schleißheimer Schlosses. Die Monatsbilder waren, von Versen begleitet, in Stichen und Repliken weit verbreitet. In lebensgroßen Halbfiguren in Landschaften oder in Innenräumen, mit charakteristischen Tätigkeiten der jeweiligen Jahreszeiten befaßt und von ihren natürlichen Attributen umgeben, treten die Monate auf. Der November, begleitet vom Sternzeichen des Schützen, ist ein heimkehrender Jäger. Die nervösen Hunde an der kurzen Leine, die Beute geschultert, strebt er einem Schloß zu, das in dem Landschaftsausschnitt in kurzer Entfernung sichtbar ist. Ein scharfer Wind reißt die Blätter von den Bäumen und treibt sie vor sich her. Landschaft und Sittenbild, Stilleben und Allegorie verbinden sich zu einem Bilde, das einen Inbegriff, ein gleichsam sinnliches Konzentrat des Monats November ergibt. Nur kurz, nur im Vorübergehen blickt der Jäger zur Seite, die Allegorie mündet wieder in die Bewegung der Zeit, die sich in ihr personifiziert.

Joachim von Sandrart
Der November, 1643
Öl auf Leinwand, 149 x 123,5 cm
München, Bayerische Staatsgemäldesammlungen

Johann Carl Loth Merkur und Argus, vor 1660
Öl auf Leinwand, 117 x 100 cm
London, National Gallery

JOHANN CARL LOTH
1632–1698

Mit Caravaggio war eine bestimmte Form des Halbfigurenbildes modern geworden. Er selbst hatte bereits Genrebilder (»Die Wahrsagerin«) und mythologische Bildnisse (»Bacchus«) in dieser Art gemalt und mit dem frühesten seiner erhaltenen Bilder, einem Konzert eigentümlich mädchenhaft wirkender Jünglinge, ein erotisch-mythologisches Halbfigurengenre geschaffen. Dies war auch das Produkt eines ausgefallenen Auftraggeber- bzw. Sammlergeschmacks, aber die Form als solche erfreute sich weiterhin größter Beliebtheit, zumal bei Historienbildern, in denen die Intimität eines Augenblicks nach den Reizen einer gesteigerten physischen Nähe verlangt.

Loth erzählt hier die Geschichte der Überlistung des vieläugigen Argus, der von Hera beauftragt worden war, die Geliebte Jupiters, die von der zornigen Göttermutter in eine Kuh verwandelte Io, zu bewachen. Merkur nähert sich dem als riesenhaft beschriebenen Wächter und schläfert ihn mit dem Spiel seiner Flöte ein, um ihn dann zu töten. Man könnte meinen, der grausame Plan sei von Loth in eine idyllische Hirtenszene verwandelt worden. Doch schwingt etwas Drohendes in dem finsteren Bildgrund, in den tiefliegenden Augen der beiden Männer mit. Das brennend rote Gewand, das sich über dem Dolchgriff Merkurs bauscht, und seine von Erregung geschwellten Armmuskeln kündigen den Mord an.

Johann Michael Rottmayr Der hl. Benno, 1702
Öl auf Leinwand, 118 x 100 cm
München, Bayerische Staatsgemäldesammlungen

JOHANN MICHAEL ROTTMAYR
1654–1730

1688 war der Maler von einem 13jährigen Aufenthalt in Venedig zurückgekehrt, wo er in der Werkstatt Loths gearbeitet hatte. Als dieses Bild entsteht, sind die Einflüsse venezianischer Koloristik bereits in einem individuellen Stil aufgegangen, der auf dem Boden süddeutscher Traditionen steht.

Benno, aus thüringischem Grafengeschlecht, war von 1066 bis 1106 Bischof von Meißen. Der Legende nach soll der Schlüssel seines Doms, den er in die Elbe geworfen hatte, bei seiner Rückkehr im Bauch eines Fisches wieder aufgefunden worden sein. Seit 1580 ruhten seine Reliquien in der Münchner Frauenkirche, so daß er bald zum speziellen Patron Münchens und Altbayerns wurde.

Das betont Süddeutsche an Rottmayrs Darstellung der Schlüsselauffindung ist die menschliche Gestaltung. Benno erscheint nicht als abgeklärter Heiliger, sondern als ein vor Schreck erblaßter älterer Mann, der ungläubig einen Engel auf das wunderbare Ereignis aufmerksam macht. Der Engel selbst, lebensglühend und heiter, legt dem Erschrockenen begütigend den Arm um die Schultern. Das Wirkliche in diesem Bild ist nicht die historische Gestalt Bennos, sondern der Fisch mit aufgeschlitztem Bauch, der gefundene Schlüssel und der Engelsjüngling. Die Gläubigkeit des Heiligen wie des Malers wird in der Wahrhaftigkeit des Wunders deutlich.

JUAN SÁNCHEZ COTÁN
1561–1627

Eine angeschnittene Melone mit lachsfarbenem Fleisch, eine warzige Gurke, ein fahlgelber Apfel, ein Kohlkopf mit dickfleischigen Blättern: Gegenstände äußerster Anspruchslosigkeit. Bildparallel schneidet ein glattgetünchter Rahmen eine Fensteröffnung aus dem Bildgrund aus. Von der Seite des Betrachters fällt Licht auf die Brüstung, auf der die abgeschnittene Melonenscheibe und die Gurke so angeordnet sind, daß sie überragen, man sie betasten zu können glaubt – ein Effekt, wie ihn die niederländische Malerei des 17. Jahrhunderts liebt und der als »Trompe-l'œuil«, als »Augenbetrüger« bezeichnet wird. Kohlkopf und Apfel hängen, wohl an der Oberseite des Rahmens befestigt, an zwei Schnüren vor dem gähnenden Dunkel herab.

Auch wenn durch die Anordnung der Gegenstände eine vermeintlich greifbare Nähe zu den Gegenständen suggeriert wird, sind sie gleichsam entrückt. Die Isolierung jedes einzelnen, durch die Schwärze dahinter verstärkt, macht ihn jeweils zu einem Objekt äußerster Künstlichkeit – aller naturalistischen Wiedergabe zum Trotz – und monumentaler, fast skulpturaler Gewichtigkeit. Die Mitte des Bildfeldes ist leer, die Anordnung »zufällig« – die Dimension des gemalten Bildes wird verleugnet. Und andererseits wird sie im Extrem thematisiert: Das gemalte Bild als irritierende Suggestion ist eigentlicher Inhalt.

Juan Sánchez Cotán
Stilleben, um 1602 (?)
Öl auf Leinwand, 65 x 81 cm
San Diego, The Fine Arts Gallery of San Diego

JUSEPE DE RIBERA
1591–1652

Er steht inmitten einer weiten Landschaft, in geflickten braunen Kleidern, die Krücke geschultert. Sein Gebrechen ist unübersehbar: Die Mißbildung einer seiner nackten Füße ist mitten in den Blickpunkt des Betrachters gesetzt. In der linken Hand hält das bemitleidenswerte Geschöpf einen Zettel mit der Aufschrift: »DA MIHI ELIMO/SINAM PROPTER/AMOREM DEI« – »Gib mir ein Almosen, um der Liebe Gottes willen«.

Alles scheint, so beschrieben, ein Bild demütig bettelndes Elends zu sein. Aber das, was wir sehen, widerspricht einer so eindeutigen Bildaussage. Der Junge mit dem überalterten Gesicht steht aufrecht und stolz vor der Landschaftskulisse. Seine Augen sind mit dem Ausdruck gelassener, erfahrener Überlegenheit auf den Betrachter gerichtet, der unter ihm steht. Der Mund ist zu einem wenig schönen, das Zahnfleisch entblößenden Grinsen auseinandergezogen, das die Arroganz des Mitleids förmlich abblockt. Ribera erschuf hier ein Monument der Gerechtigkeit Gottes. Er entblößt unser hierarchisches Denken, unsere diesseitigen Erwartungshaltungen an die Dankbarkeit des Ärmeren, dem wir ein Almosen geben. Hier steht das vermeintlich Elende, Wertlose wie ein Denkmal, das uns ermahnt, die Gleichheit aller Geschöpfe Gottes nicht zu vergessen. Dieser Junge erbettelt keine Gnade, sondern vertritt seinen Anspruch darauf.

Jusepe de Ribera
Der Knabe mit dem Klumpfuß, 1642
Öl auf Leinwand, 164 x 92 cm
Paris, Musée National du Louvre

JUSEPE DE RIBERA
1591–1652

Jusepe de Ribera
Archimedes, 1630
Öl auf Leinwand, 125 x 81 cm
Madrid, Museo del Prado

Das Bild des antiken Gelehrten, das wir heute haben, ist den klassizistischen Idealen des 19. Jahrhunderts verpflichtet. Diese Vorstellung von kühler Distanziertheit und weihevollem Ernst findet ihren schärfsten Gegensatz in einem Bild wie Riberas »Archimedes«: Der große Physiker, Mathematiker und Naturforscher ist hier ein zahnloser spanischer Greis. Sein Gesicht, wettergegerbt und faltendurchzogen, hat nichts von marmorner Studierstubenblässe. Mit der einen seiner ausgemergelten Hände hält er einen Papierstoß mit Notizen, in der anderen einen Zirkel. Seine Nägel sind schmutzig, seine Kleidung ist nachlässig – ein alter Mantel, in aller Eile über das Unterhemd geworfen, die nackte Brust sieht hervor. Dieser Archimedes, der uns mit breitem Grinsen ansieht, ist der Alltagssphäre von Riberas Zeitgenossen ebensowenig entzogen wie seine Heiligengestalten. Es gibt hier keine Denkmalswürde, sondern nur noch die Würde der starken Persönlichkeit.

Wie Caravaggio in seiner »Kreuzigung Petri« widerspricht hier Ribera der kanonischen Vorstellung des heldenhaften Märtyrers, der die Qualen mit stiller Standhaftigkeit oder heiterer Heilsgewißheit erträgt. Bartholomäus, Apostel und Prediger, der im armenischen Albanapolis von König Astyages geschunden und ermordet wurde, ist im Bild Riberas ein älterer, ausgemergelter Mann, dem Todesangst und Verzweiflung ins Gesicht geschrieben sind. Die Schergen, die ihn vor den Augen teilnahmsloser Neugier an einem Querbalken emporzerren, sind völlig auf ihre Tätigkeit konzentriert. Die Frage nach Schuld und Unschuld bleibt unbeantwortet, weil noch keine Zeit über das Geschehen hinweggegangen ist und ihr Urteil gefällt hat, sondern dieses ganz gegenwärtig ist.

Unten:
Jusepe de Ribera
Das Martyrium des hl. Bartholomäus, 1630
Öl auf Leinwand, 234 x 234 cm
Madrid, Museo del Prado

Die Legende berichtet, wie einst der Riese Offorus bei Nacht das Christuskind über einen Fluß trägt, dabei von der Last des Kindes unter Wasser gedrückt und getauft wird und so den Namen Christophorus (Christusträger) erhält. Ribera entspricht in seinem nächtlichem Bild durchaus der Legende. Aber er tut noch mehr: Er erweckt die Gestalt des Riesen zum Leben. Er gibt ihm den einfältigen Ausdruck ungläubigen Staunens im Anblick des Jesuskindes. Er zeigt seine körperliche Kraft in der genauen Zeichnung der Arm- und Schultermuskulatur. Und er verleiht ihm – paradox und doch einleuchtend – die flammenden Schatten verzehrender Ekstase, die in gesteigerter Form seine mönchischen Gestalten in anderen Bildern beherrscht. Es ist eine Szene äußerlicher Armut, die auf den Festglanz alles Bunten und Leuchtenden verzichtet. Das wunderbare Erlebnis des Christophorus ist nicht hoheitsvoll und vergangen, sondern wiederholt sich mit heiliger Alltäglichkeit vor unseren Augen.

Jusepe de Ribera
Der hl. Christophorus, 1637
Öl auf Leinwand, 127 x 100 cm
Madrid, Museo del Prado

Jusepe de
español

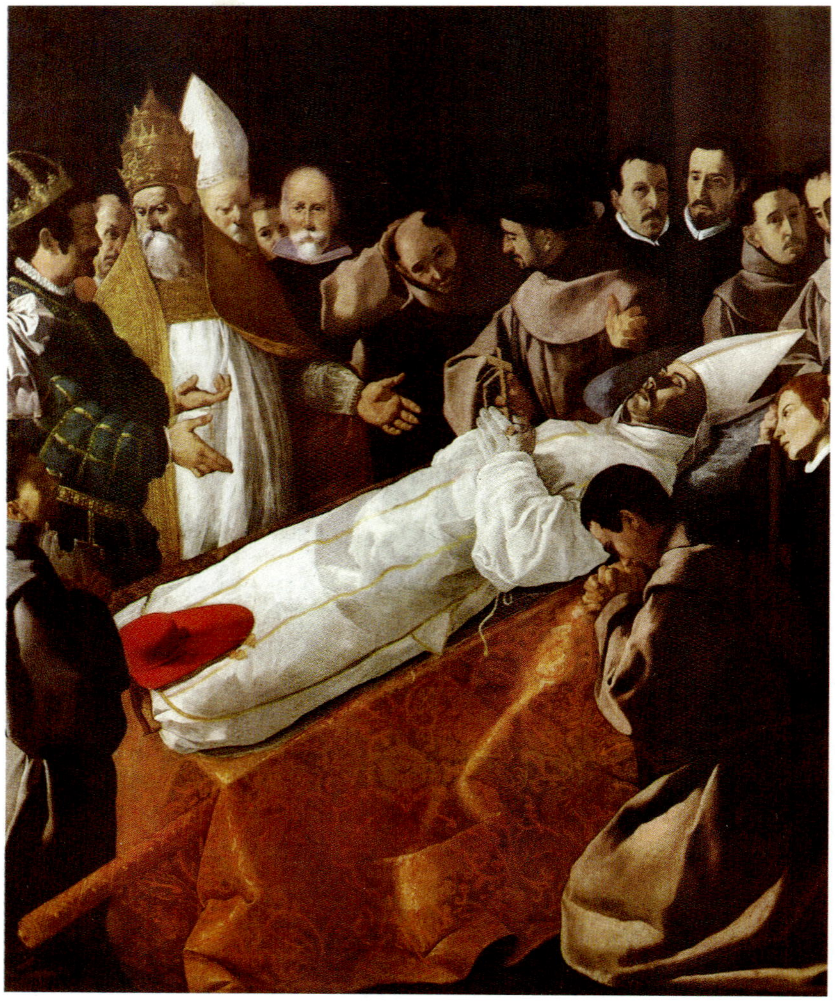

Francisco de Zurbarán
Der Tod des hl. Bonaventura, 1629
Öl auf Leinwand, 245 x 220 cm
Paris, Musée National du Louvre

Francisco de Zurbarán Besuch des hl. Hugo von Grenoble im Refektorium der Kartäuser, um 1633
Öl auf Leinwand, 102 x 168 cm
Sevilla, Museo Provincial de Bellas Artes

FRANCISCO DE ZURBARÁN
1598–1664

In leuchtend weißem Bischofsornat, das Kreuz in den gefalteten Händen, liegt der Leichnam des Heiligen auf einer Bahre, die mit kostbarem Brokat bedeckt ist, den Kardinalshut zu Füßen. Papst Gregor X., der ihn 1273 zum Kardinalbischof von Albano ernannt hatte, steht als weißbärtiger Mann neben dem König, den er auf die Verdienste des Verstorbenen aufmerksam zu machen scheint. Aber den größten Teil der Trauergemeinde machen einfache Franziskaner in ihren graubraunen Kutten aus, die einfältig, erstarrt, andächtig-betend oder in sich gekehrt den Toten umgeben. Und ihnen gehört er eigentlich zu, mit seinem stillen, klaren Gesicht, dessen fahles Inkarnat die matte Farbe der Kutten zu spiegeln scheint. Der große Scholastiker und umsichtige Verwalter seines Ordens steht hier zwischen kirchlicher und weltlicher Macht und der Welt der einfachen, hingebenden franziskanischen Brüderlichkeit. Es wurde ihm der Titel »Doctor seraphicus« verliehen, der »glühende, von heißer Liebe erfüllte Lehrer«. Und das malt Zurbarán: den dem praktischen Leben verbundenen Lehrer, dessen Antlitz noch im Tod von mystischem Verlangen erfüllt ist.

Zurbaráns Bild vom Refektorium der Kartäuser vermittelt intensiv das Ideal des Einsiedlerordens: Einfachheit, Nüchternheit und stille Kontemplation. Der Raum ist ohne jeden Aufwand, nur ein Gemälde mit der Muttergottes, die das Jesuskind stillt, und Johannes in der Wüste – Vorbild der Mönche – schmückt die Wand; eine Bogenöffnung läßt den Blick auf eine typische einfache Kartäuserkirche frei. In weißer Soutane und weißem Skapulier mit Kapuze sitzen die Mönche am Tisch, nur Brot und Geschirr bedecken ihn. Bis auf den einen, der die Hände im Gebet gefaltet hat, sind sie völlig in sich gekehrt mit gesenkten Augen und schenken dem fremden Gast, dem hl. Hugo, den ein greiser Abt einzuweisen scheint, keinerlei Beachtung. Das Bild atmet eine Stille, die durch das Ereignishafte nicht berührt wird.

Schon seit dem 7. Jahrhundert fand die apokryphe Legende vom Leben und Sterben der Margareta von Antiochien im Westen Verbreitung; von ihrem heidnischen Vater verstoßen, sei sie im Zuge der Diokletianschen Christenverfolgungen gemartert und enthauptet worden. Im Lauf der Jahrhunderte rankten sich mehr und mehr Legenden um die populäre Märtyrerin. Zurbarán malt sie, mit Strohhut und Stab, im spanischen Schäferkostüm, dahinter den Drachen, den sie mit dem Kreuzeszeichen überwunden haben soll. Völlig aktionslos, die Bibel in der Linken, eine gewobene Hirtentasche über dem Arm, blickt sie mit kindlich-lieblichem Gesicht den Betrachter an. Hier wird nicht die bewegte Episode einer Vita erzählt, sondern eine Heilige so gezeigt, wie sie in der Heimat des Malers verehrt wird.

Francisco de Zurbarán
Die hl. Margareta, um 1630–1635
Öl auf Leinwand, 192 x 112 cm
London, National Gallery

Francisco de Zurbarán
Der hl. Franziskus in Ekstase, um 1660
Öl auf Leinwand, 65 x 53 cm
München, Bayerische Staatsgemäldesammlungen, Alte Pinakothek

Francisco de Zurbarán
Stilleben mit Zitronen, Orangen und Rose, 1633
Öl auf Leinwand, 60 x 107 cm
Florenz, Sammlung Contini-Bonacossi

FRANCISCO DE ZURBARÁN
1598–1664

Im Jahre 1181 oder 1182 wurde er in Assisi als Sohn eines reichen Tuchhändlers geboren, am 3. Oktober 1226 starb er an demselben Ort als besitzloser Diakon. Das gelebte Bekenntnis des Franziskus zu Armut, Bescheidenheit, Selbstlosigkeit und heiterer, unterschiedsloser Nächstenliebe hatte dem von ihm begründeten Orden der Fratres Minores zu einer beispiellosen Verbreitung im gesamten Abendland verholfen. Seit dem Konzil von Trient in der Mitte des 16. Jahrhunderts wird der hl. Franziskus als abgezehrter Asket, als Büßer und Ekstatiker dargestellt, häufig in der Ordenstracht der Kapuziner und mit dem Totenschädel als Attribut.

Zurbaráns Heiliger trägt die ganze Komplexität dieser Gestalt in sich. Dies ist der Franziskus der Entsagung, in brauner Kutte, ohne Würdezeichen und ohne jeden Schmuck. Dies ist der Franziskus der Demut, der die Farben der Erde hat. Und es ist der Franziskus verzückter Ekstase, der die Stigmatisation der fünf Wundmale erfahren hat. Andachtsvoll ist das junge Gesicht emporgewandt, eine Hand aufs Herz, die andere auf einen Totenschädel, das Zeichen der Meditation, gelegt. Es ist ein Heiliger auch der geistigen Vertiefung und Bildung, wie sie seine Züge verraten. Aber es ist kein lebensferner, von mystischer Leidenschaft verzehrter Mönch, sondern ein lebensvoller Mensch, den Zurbarán zeigt. Sein »Porträt« wird hier zum Sinnbild gläubiger Hingabe und wahrhaftiger Einfachheit.

Vom Umfang wie von der Bedeutung her dominiert im Werk Zurbaráns die sakrale Thematik. Und eines der beschreibenden Schlagworte aus diesem Bereich ist die Askese. Das Stilleben, dem sich der Maler gleichwohl ausführlich widmet, scheint einer solchen Haltung des Enthaltsamen, einer solchen Neigung zu stiller Andacht und innerer Einkehr nur dann entgegenzukommen, wenn die Auswahl der Objekte bereits auf die Hinfälligkeit des menschlichen Daseins verweist.

Aber Zurbarán zeigt uns hier keine Uhr, keinen Totenschädel, kein Stundenglas. Er zeigt auf einem glänzend polierten Tisch eine Zinnschale mit Zitronen, ein Weidenkörbchen mit Orangen samt Laub und Blüten und eine feine Porzellantasse auf silbernem Teller, an dessen Rand eine voll erblühte Rose liegt. Allerdings: Die Zitrusfrüchte, in einem niederländischen Stilleben Zeichen für Reichtum, haben hier, im Land ihres Gedeihens, einen anderen Stellenwert. Als Früchte des alltäglichen Lebens werden sie aber dennoch nicht dargeboten, sondern in einer feierlich-strengen Weise gleichsam auf einem Altar aufgestellt.

Wie in den Bildern seines Zeitgenossen Sánchez Cotán isoliert Zurbarán hier die einzelnen Gegenstände voneinander – selbst die Komposition gebärdet sich zwar als bewußte aber nicht kunstreiche Anordnung. Vor dem dunklen Hintergrund werden die Dinge völlig reglos, scheinen dem täglichen Ablauf, dem sie entstammen, entzogen zu sein. Der Mensch, dem sie vermeintlich zugehören, hat hier keinen Zutritt mehr.

ALONSO CANO
1601–1667

Das von Canos Zeitgenossen als Meisterwerk des Malers gepriesene Bild war Teil des Hauptaltars der zerstörten Kirche Santa María in Madrid. Beschädigt und nahezu vergessen, kam das Gemälde erst 1941 in den Prado, wo seine Qualität wieder angemessen gewürdigt werden kann.

Die Legende erzählt, daß der Sohn des hl. Isidor einst in einen Brunnen gefallen war. Durch die Gebete des Heiligen und seiner Frau stieg auf wunderbare Weise der Wasserspiegel im Brunnen und brachte das Kind wohlbehalten nach oben. Wir sehen den hl. Isidor gelassen mit ausgebreiteten Armen vor dem gemauerten Brunnen stehen. Die junge Frau birgt das Kind und blickt ihren Mann staunend an. Zwei Mägde im Hintergrund kommentieren mit beredten Gesten das Wunder. Sein Hergang wird von zwei Kindern und einem Hund erläutert, die sich von dem überfließenden Wasser angezogen fühlen. Zwei Themen verbindet Cano in diesem Bild miteinander: das eigentliche Wundergeschehen und das gleichzeitige Erkennen der Heiligkeit Isidors durch die Frauen. Für den Maler bedeutete dies, ihn als Akteur eines Historienbildes und zugleich als Kultporträt darzustellen. Er fand die Lösung des Problems in jener abgerückten beiläufigen Beteiligung des Heiligen am Geschehen, die nicht selten als Schwäche des Bildes mißverstanden worden ist.

Alonso Cano
Das Brunnenwunder des hl. Isidor,
um 1646–1648
Öl auf Leinwand, 216 x 149 cm
Madrid, Museo del Prado

BARTOLOMÉ ESTEBAN MURILLO
UM 1617/18–1682

Sie ist nicht in fast mystischer Entrückung, sie ist nicht in verzehrender Andacht gezeigt. Murillos Maria ist eine sehr junge Frau mit fast kindlichen Gesichtszügen, die vor ihrem Betpult kniet und nachdenklich zu Boden blickt. Sie hat ihr Handarbeitskörbchen zur Seite gestellt und scheint mitten in ihrer Andacht von einem Engel gestört zu werden. Und auch der ist – von seinen Flügeln abgesehen – ganz und gar ein Geschöpf von dieser Welt. Er hält sich nicht im Ungewissen schwebend, er ist keine Vision, sondern kniet auf den Fliesen, mit kräftigen Gliedmaßen, fast bäuerlich nackten Füßen und einem hübschen, von dunklen Locken umrahmten Gesicht. Mit einer Hand weist er auf die Taube des Heiligen Geistes, die – nun wahrhaft eine überirdische, nicht faßbare Erscheinung des Himmels – zwischen den Häuptern schwebt. Mit der anderen Hand vollführt er eine überredende Geste: Er scheint Maria recht energisch auf Sinn und Zweck seiner Mission aufmerksam zu machen.

Obwohl nun das gesamte Geschehen so diesseitig plausibel ist – selbst die Putten in den Wolken ändern an diesem Eindruck nichts –, wird das Wunderbare deutlich. Die Unschuld Mariens, durch die Lilie als Reinheitssymbol verstärkt, ist von solcher Intensität, daß man die Stille ihres Bedenkens, die Erregtheit ihrer Erwartung des prophezeiten Wunders, ihre Betroffenheit von dem Erlebten spürt.

Bartolomé Esteban Murillo
Verkündigung an Maria,
um 1660–1665
Öl auf Leinwand,
125 x 103 cm
Madrid, Museo del Prado

BARTOLOMÉ ESTEBAN MURILLO
UM 1617/18–1682

Bartolomé Esteban Murillo
La Immaculada, o. J.
Öl auf Leinwand, 96 x 64 cm
Madrid, Museo del Prado

Murillos »Immaculada« hat nichts von einer Himmelskönigin. Auf einer Mondsichel, wie in der Apokalypse beschrieben, von Engelchen umschwebt, die den Spiegel als Zeichen der Reinheit und den Palmwedel als Zeichen der erduldeten Leiden tragen, steht sie ohne große Pose da. Ihr Gesicht ist blaß, die Augen sind sehnsuchtsvoll nach oben gerichtet. Man sieht ihr die durchlittenen Schmerzen an, die Trauer um den Sohn. Still und in sich gekehrt ist sie Sinnbild demutsvoller Jenseitserwartung, nur durch ein mildes Lächeln verklärt, das Murillos Bilder dieser Zeit kennzeichnet, der »estillo vaporoso« – der duftige Stil.

Der Raum ist so dunkel, daß wir die Gegenstände in ihm kaum ausmachen können: Unter der kleinen Fensteröffnung steht ein grober Holztisch, darauf ein irdener Krug und ein weißes Tuch, ein weiterer Tonkrug auf dem Boden. Am rechten Bildrand liegen auf einem Schemel Spindel und Spinnrocken. Die Alte, die sie soeben zur Seite gelegt hat, hockt nun da und laust einen kleinen Jungen. Er sitzt auf dem Boden, lehnt sich an ihre Knie und neckt dabei ein Hündchen, das nach dem Brotstück giert, von dem er selbst einen Brocken gerade sehr unmanierlich in seinen Backentaschen verstaut. Beide sind äußerst ärmlich gekleidet, die wenigen Angaben über den Raum verstärken noch den Eindruck der Bedürftigkeit.

Murillo ist wohl der einzige barocke Maler von Rang, der der Armut derart freundliche und versöhnliche Züge abgewonnen hat. Nichts von jenem derben Ergötzen am pittoresken Armeleuteleben ist hier zu spüren, dem dieses Genre so gerne verpflichtet ist. Murillo wählt Farben der Erde. Der Ton des Geschirrs, der Stein der Mauern, das Holz der Möbel, die Gesichter und Kleider der beiden, alles ist durch dieses warme Kolorit zu einer Einheit verbunden – so selbstverständlich und natürlich, daß sich die Frage nach Armut oder Reichtum, Glück oder Unglück gar nicht stellt.

Bartolomé Esteban Murillo
Häusliche Toilette,
um 1670–1675
Öl auf Leinwand,
147 x 113 cm
München, Bayerische Staatsgemäldesammlungen, Alte Pinakothek

Ein kleines Mädchen mit einem wahren Madonnenköpfchen, ein heiterer Junge, der den Verdienst in ihrer Hand zufrieden betrachtet und einen traubengefüllten Korb umfaßt, der allein schon ein Stilleben von höchster Qualität ist. Ein Sinnbild der Sorglosigkeit?

Die augenscheinliche Armut der beiden, ihre so kinderfremde, aber notwendige Erwerbstätigkeit lassen eigentlich eher das Gefühl der Trostlosigkeit und des Elends aufkommen. Und trotzdem strahlen diese Kinder eine selbstvergessene Heiterkeit und zufriedene Lebensfreude aus. Und hierin liegt die christlich-gläubige Aussage Murillos verborgen: Weil diese Kinder ihre Not nicht als Last, ihre Existenz nicht als freudlos empfinden, sind sie schön und »vornehm« – dieses Bild kann im Palast jedes Herrschers einen Platz finden.

Bartolomé Esteban Murillo
Die kleine Obsthändlerin, um 1670–1675
Öl auf Leinwand, 149 x 113 cm
München, Bayerische Staatsgemäldesammlungen, Alte Pinakothek

Juan de Valdés Leal
Allegorie des Todes, 1672
Öl auf Leinwand, 220 x 216 cm
Sevilla, Hospital de la Caridad

JUAN DE VALDÉS LEAL
1622–1690

Unter den großen Malern der Sevillaner Schule – neben Zurbarán, Velázquez und Murillo – ist Valdés Leal in seiner künstlerischen Eigenart am schwersten zu fassen. Wirklich populär geblieben sind nur zwei große Allegorien auf die Vergänglichkeit und auf den Tod, die er selbst »Hieroglyphen unseres Jenseits« genannt haben soll. Sein Auftraggeber war der Calatravaritter Don Miguel de Mañara, der aus Buße für seinen üppigen Lebenswandel zum Wohltäter der Bruderschaft des Hospitals und seiner Kirche wurde. Seine Grabinschrift daselbst beschreibt am besten den Geist, der für die gewaltigen Vanitas-Stilleben verantwortlich zeichnet: »Hier ruhen die Gebeine und die Asche des schlechtesten Menschen, der je auf der Erde gewohnt hat.« Sein letzter Wille enthält die demütigsten Selbstbezichtigungen nicht nur als großer Sünder, sondern auch als Ehebrecher, Räuber und Teufelsdiener.

Die »Allegorie des Todes« stellt den Triumph des Zerstörers dar. Riesengroß kommt der Schnitter ins Bild gehuscht. Mit dem einen Knochenfuß tritt er auf die Weltkugel, mit dem anderen auf Rüstungen, Würdekleider und Machtinsignien. Unter dem Arm schleppt er einen Sarg und die Sense, mit seiner Rechten löscht er die Kerze und starrt den Betrachter, dessen Lebenslicht mit diesem alten Symbol gemeint ist, aus den Abgründen seiner leeren Augenhöhlen an.

Claudio Coello
König Karl II.,
um 1675–1680
Öl auf Leinwand,
66 x 56 cm
Madrid, Museo
del Prado

CLAUDIO COELLO
1642–1693

Zu den wichtigsten Aufgaben, die ein Hofmaler im Zeitalter des Absolutismus zu erfüllen hatte, gehörte das Porträt in Gestalt des Einzelbildnisses, des Familien- oder Gruppenporträts. Die meisten dieser Auftragsarbeiten wurden an andere Fürstenhäuser verschickt. Aus welchen Anlässen dies im jeweiligen Fall auch geschah, stets hatte ein Porträt dieser Art eine ausgesprochene Stellvertreterfunktion und diente vor allem der Repräsentation des Hofes.

Bei Coellos nicht vollendetem Porträt König Karl II. kann man dem Maler bei der Arbeit zusehen. Das Dreiviertelprofil des noch jugendlichen Königs wurde in ein Medaillon gesetzt. Coello konzentrierte sich darauf, den Glanz der schimmernden Rüstung, die reiche Fältelung der Schleife mit spontanen und freien Pinselstrichen wiederzugeben. Reproduktionen eines 1945 verloren gegangenen Porträts Karl II. aus dem Frankfurter Städel lassen vermuten, daß Coello in einer weiteren Überarbeitung diese Freiheiten etwas zurückgenommen hatte. Im Vergleich mit Bildern seines hundert Jahre früher für den spanischen Hof arbeitenden Namensvetters Alonso Sánchez Coello fällt Claudio Coellos kaum noch durch das strenge Hofzeremoniell geprägter Blick auf den Herrscher auf. Er ist der letzte bedeutende Vertreter jener spanischen Bildtradition, die im Manierismus des 16. Jahrhunderts ihren Höhepunkt hatte.

DIEGO VELÁZQUEZ
1599–1660

Velázquez bezieht sich in diesem frühen Werk auf die Erzählung des Lukasevangeliums, die von der Einkehr Christi im Hause Marthas und Marias berichtet. Während sich Maria zu seinen Füßen niederließ, um seinen Worten zu lauschen, verrichtete Martha die Küchenarbeit; schließlich trat sie hinzu und sprach: »Herr, fragst du nicht danach, daß mich meine Schwester läßt allein dienen?« Und Christus antwortete: »Martha, Martha, du hast viel Sorge und Mühe. Eins aber ist not: Maria hat das gute Teil gewählt; das soll nicht von ihr genommen werden.«

Die Komposition des Bildes, die Küchenszene – hier in der Tradition der »Bodegones« – im Vordergrund, die Situation um Christus hingegen als Ausblick bzw. hier im Spiegelbild zu zeigen, ist in den Niederlanden vorgeprägt. Und auch die dralle, rotwangige Gestalt der Martha, das Stilleben mit Fischen, Knoblauch, Eiern und Pfefferschote erinnern an solche Beispiele. Aber darüber hinaus ist dieses Bild beherrscht von einer eigenartigen Spannung und Unruhe. Dem im Spiegel bereits bildgewordenen Geschehen, das von Ruhe und Gelöstheit bestimmt und in mildes Licht getaucht ist, steht vorn das lebensvoll Laute, Geschäftige gegenüber. Es ist mit seinen Glanzlichtern und seiner Formenvielfalt ein Ambiente, das Martha dennoch nicht zu befriedigen scheint. Sie konzentriert sich nicht auf ihre Tätigkeit, sondern blickt sehnsuchtsvoll, weinerlich und ärgerlich hinüber, als wüßte sie es bereits: Maria hat das bessere Teil gewählt.

Diego Velázquez
Christus im Hause von Martha und Maria, um 1619/20
Öl auf Leinwand, 60 x 103,5 cm
London, National Gallery

Das Bild des von acht Zechern umgebenen Bacchus hat Velázquez für Philipp IV. gemalt, der es in seinem Sommerschlafzimmer aufhängen ließ. Das Gemälde ist einzig in seinem Werk und in der spanischen Malerei, die sonst keine Trinkerstücke kennt wie etwa die flämische und holländische. Trunkenheit galt in Spanien als überaus verächtliches Laster, »borracho«, Trinker, als tödliche Beleidigung. Am königlichen Hof freilich scheint man dabei seinen Spaß gefunden zu haben, wenn man Rüpel aus den Komödienhäusern holte, um sie zur Belustigung der Damen betrunken zu machen. Doch was für ein Weingott ist dieser, der seine Jünger mit dem, wie es hieß, die Hitze des Weins kühlenden Efeu bekränzt, der sich unter Bauern mischt, die feixend aus dem Bild blikken und den Betrachter, das heißt ursprünglich den König, sehr komisch finden? Die Autorität des Gottes, dessen Anwesenheit sie mit tiefer Freude erfüllt, macht sie souverän. Und angesichts der köstlichen Travestie königlicher Auszeichnungen, die Bacchus soeben vornimmt, drehen auch sie den Spieß um und lachen den Lachern ins Gesicht. Ist dieser Bacchus nur ein weingeborener Mythos, nur eine Verkörperung jener niedrigen Freuden, über die ein Edelmann die Nase rümpft? Oder ist der Gott gar ein Höfling, der sich eben jenen Spaß macht, über den die Damen gerne lachen? Wie vor ihm nur Caravaggio hat Velázquez das dämonische Wesen des Bacchus (besser Dionysos) als Gott der Maske, des Theaters, der Verkleidung gesehen.

Diego Velázquez
Der Triumph des Bacchus (Los Borrachos), um 1629
Öl auf Leinwand, 165 x 225 cm
Madrid. Museo del Prado

Diego Velázquez
Die Übergabe von Breda, 1635
Öl auf Leinwand, 307 x 367 cm
Madrid, Museo del Prado

DIEGO VELÁZQUEZ
1599–1660

Die grundsätzliche Problematik eines personenreichen Historienbildes ist die Bewältigung der Massen. Velázquez begegnet dieser Schwierigkeit zunächst, indem er den Bildraum in zwei Ebenen aufteilt: einen höhergelegenen Aktionsraum, auf dem sich wie auf einer Bühne das zentrale Geschehen abspielt, und eine darunterliegende Zone mit Stadt und Hafen von Breda und dem Meer. Den Charakter des Bühnenhaften verstärkt er im Vordergrund durch verschiedene Mittel. Die beiden Feldherren – der besiegte Kommandant von Breda übergibt die Schlüssel der Festung an den Spanier Spinola – werden sofort als Hauptdarsteller erkennbar, weil sich hinter ihnen der Durchblick auf die sonst verstellte Kulisse öffnet, während sich rechts und links das jeweilige Kriegsgefolge wie eine Statistengruppe schart. Und doch zeigt sie uns Velázquez nicht wie ein anonymes Soldatenvolk. Aus dem Trupp der siegreichen Spanier mit ihren selbstbewußt erhobenen Lanzen sehen uns ebenso viele Mienen der Erschöpfung entgegen wie aus dem resignierten Häuflein der besiegten Niederländer.

Im Bereich des dynastischen Porträts stellt das Bildnis des Infanten, des kindlichen Herrschers, den Maler vor besondere Probleme. Das souveräne Auftreten, anspruchsvolle Gewandung und traditionelle Würdeformen müssen zwangsläufig mit der eigentlichen kindlichen Natur kollidieren. Velázquez löst die Aufgabe, indem er die kleine Kindergestalt auf ein kräftiges Roß setzt, so daß sie wie auf einen Denkmalsockel erhoben wird und an die »richtige« Stelle in der Bildfläche rückt. Die Sicht rechtfertigt er durch eine weiträumige Landschaft, deren Naturbelassenheit sich wie von selbst mit dem ernsten, aber weichen und unverstellten Kindergesicht verbindet.

Diego Velázquez
Prinz Balthasar Carlos zu Pferde, um 1635/36
Öl auf Leinwand, 209 x 173 cm
Madrid, Museo del Prado

Die Zwergengestalt des Don Sebastián de Morra wird ganzfigurig gezeigt – aber nicht selbstbewußt stehend oder in eleganter Pose auf einem Stuhl, sondern auf der nackten Erde sitzend mit nach vorn gestreckten Füßen. Die Niedrigkeit dieser Position denunziert nicht nur das anspruchsvolle Galagewand zum aufgeputzten Narrenkostüm, es verstärkt vielmehr den Effekt, den die angewiesene Haltung erzielt: Der Narr ist dem Betrachter ausgeliefert. Mit solchen Bildmitteln entlarvt der Maler den Voyeurismus, mit dem die königlichen Herrschaften diesen Menschen zum Gegenstand schamloser Schaulust, Willkür und Machtdemonstration machen. Zugleich aber macht er eine zweite Aussage. Er malt einen Narren, der sich nicht das geringste verschenkt, kein Lächeln, keine Albernheiten. Reglos, forschend und undurchsichtig fixieren die dunklen Augen ihr Gegenüber, das sich unter diesem Blick ertappt fühlt – und abwendet.

Diego Velázquez
Der Hofzwerg Don Sebastián de Morra, um 1644–1648
Öl auf Leinwand, 106 x 81 cm
Madrid, Museo del Prado

Diego Velázquez
Venus und Cupido (The Rokeby Venus), 1641
Öl auf Leinwand, 122 x 177 cm
London, National Gallery

Diego Velázquez
Las Meninas (Die Ehrenfräulein), 1656
Öl auf Leinwand, 318 x 276 cm
Madrid, Museo del Prado

DIEGO VELÁZQUEZ
1599–1660

Sie zählt, wie Tizians »Venus von Urbino«, zu den schönsten und bedeutendsten Venusdarstellungen in der abendländischen Malerei. Und doch ist es nahezu unmöglich, den Zauber dieses Gemäldes zu artikulieren. Die konsequente farbliche Beschränkung auf glänzendes Rot, sanftes Blau, klares Weiß und einen warmen rötlichen Braunton läßt das Inkarnat der Venus – eigentlich nur aus den vorhandenen Farben gemischt – als einen Eigenwert hervortreten, der mit kostbarem Schimmer alles andere dominiert.

Venus bietet sich uns in sinnlich aufreizender Pose dar und ist doch keusch, ist dem Bildganzen so sehr verschmolzen, daß sie nicht berührt werden kann. Cupido, abgerüstet, ohne Pfeile und Köcher, hält einen Spiegel, die Hände von zarten rosa Fesseln umschlungen, zur Untätigkeit verdammt und nur in die Betrachtung der schönen Göttin vertieft. Das Spiegelbild zeigt uns – allen Gesetzen der Optik widersprechend – nicht die andere Seite der Venus, sondern nur verschwommen ihre Gesichtszüge. Und vielleicht liegt hierin ein Hinweis auf den konkreten Bildsinn verborgen: das Bild nicht als konkretes Abbild eines weiblichen Aktmodells zu verstehen, auch nicht als das einer gesehenen Venus, sondern als das Bild selbstvergessener Schönheit. Die Liebesgöttin tritt nicht auf, sondern erscheint als eine ziel- und zweckfreie mythische Wahrheit, die keine Aktionen benötigt, sondern wie von selbst als Bild der Schönheit vor unseren Augen aufgeht.

Es ist eine Komposition von äußerster repräsentativer Wirkung. In stolzer Haltung steht die Infantin Isabella inmitten ihrer Gefährtinnen, darunter rechts eine Zwergin. Obwohl sie die Kleinste ist, ist sie als zentrale Gestalt zu erkennen: Während die eine Gefährtin kniet, ist die andere leicht vorgeneigt, so daß das Stehen der Infantin, stabilisiert durch den breiten Reifrock, sie bereits hervorhebt, zum Drehpunkt der Bewegung macht. Die Zwergin, ihr annähernd gleich in der Größe, ist von derart derber Häßlichkeit, daß Isabella zartgliedrig, zerbrechlich und kostbar erscheint. Links im Bild, dunkel und still, zeigt sich der Maler selbst vor einer riesenhaften Leinwand und über dem Kopf der Infantin das Herrscherpaar im Spiegel.

Aus der räumlichen Situation und Verteilung der Figuren ergibt sich folgende Sicht: Der Gruppe der Meninas um die Infantin steht auf »unserer« Seite, Philipp mit seiner Gemahlin gegenüber. Ihnen gilt nicht nur die »Vorführung«, sondern auch das Augenmerk des Malers, als sei er mit ihrem Porträt beschäftigt. Obwohl nur im Reflex des Spiegels gemalt, sind König und Königin das eigentliche Zentrum, auf das hin alles ausgerichtet ist. Und weiterhin muß der Betrachter erkennen, daß er aus dem gesamten Geschehen ausgeschlossen ist – denn an seiner Stelle steht das Herrscherpaar. Das vermeintlich »öffentliche« Bild erweist sich als völlig hermetisch – eine Aussage, die sich in dem unseren Augen verborgenen Gemälde vor Velázquez verdichtet.

Hermann Bauer

BAROCK IN DEN NIEDERLANDEN

Die Malerei der Niederlande im 17. Jahrhundert

Im 17. Jahrhundert, nach der Teilung des Landes, erreicht die Malerei in den Niederlanden eine Blütezeit, die ihr das Prädikat »Das Goldene Zeitalter« einbrachte. Mit Rubens im katholischen Süden und Rembrandt im protestantischen Norden sind sowohl die Gegensätze wie auch die Gemeinsamkeiten einer zu unübertroffener Höhe geführten Barockmalerei angesprochen.

Während Rubens in seinen monumentalen Schöpfungen für Adel und Kirche eine Brücke von der Welt hinüber in die Überwelt des Himmels und Olymps schlägt, macht Rembrandt mit seiner sensiblen Helldunkelmalerei das Unsichtbare im Menschen sichtbar und erschließt eine neue Dimension des Menschenbildes.

Neben diesen Genies der Malkunst ragen die Bildnisse von Frans Hals und van Dyck hervor, die Landschaften von Ruisdael, van Goyen und Hobbema, die Allegorien von Jordaens, die Stilleben von Heda und Kalf, die Genreszenen von Brouwer, Steen, Terborch oder de Hooch. In Vermeers Interieurs, Meisterwerke der Lichtregie und Farbharmonie, findet diese Epoche ihren krönenden Abschluß.

Rubens und Rembrandt: die südlichen und die nördlichen Niederlande

Als Rembrandt für den Prinzen Friedrich von Oranien (1584 – 1647) einen Zyklus von Passionsbildern malte, von dem die meisten Bilder sich heute in der Alten Pinakothek in München (Abb. S. 315) befinden, entspann sich zwischen 1636 und 1639 eine Korrespondenz mit dem Statthalter-Sekretär Constantijn Huygens (1596–1687), aus der sieben Briefe des Malers, die einzigen übrigens, erhalten sind. Mit der »Grablegung«, schrieb Rembrandt, habe er in den Bildern »die größte und natürlichste Beweglichkeit beachtet«, was auch der Grund sei, daß er solange daran gearbeitet habe. »Die meeste ende natuereelste beweechgelickheijt« meint hier die ebenso subtile wie realistische Malweise in der Darstellung sowie den Ausdruck von innerer Bewegtheit der Gestalten.

Ein Künstler noch des 16. manieristischen Jahrhunderts hätte seine Malerei ganz anders angepriesen. Er hätte die Kunstfertigkeit und die artifizielle Erfindung, das Kunststück, hervorgehoben. Rembrandts Bemerkung zielte dagegen auf etwas anderes, was jedoch zu den Grundkategorien der barocken Malerei, vor allem der niederländischen, werden sollte: auf Realismus und einen neuen, nahen Bezug zu den Erscheinungsweisen dieser Welt sowie zugleich auf neue Dimensionen des Pathos und des Ausdrucks – die »natuereelste beweechgelickheijt«.

Rembrandts Passionszyklus ist das Frühwerk eines holländischen Malers. Zur gleichen Zeit entstand das Spätwerk des Flamen Peter Paul Rubens. Im Auftrag des spanischen Königs malte dieser zwischen 1636 und 1638 die Entwürfe und teilweise auch die Ausführung des großen mythologischen Bilderzyklus für die Torre de la Parada bei Madrid. Mag zwar der vielstrapazierte Vergleich zwischen Rembrandt und Rubens vielfach sinnlos sein, so gibt er doch Hinweise: daß das, was bei Rembrandt ein Auftrag ist, bei Rubens eine abschließende Steigerung des Lebenswerkes darstellt. Es ist eine in Rubens Spätwerk feststellbare Steigerung der pathetischen Affekte, der Dramatisierung der Ausdruckselemente.

»Es ist fast zu bewundern, daß da der vortreffliche Rembrandt von Ryn nur aus dem platten Land und von einem Müller entsprossen, gleichwohl ihn die Natur zu so edler Kunst in der Gestalt getrieben, daß er durch großen Fleiß, angeborene Inklination und Neigung auf einen so hohen Staffel in der Kunst gelanget ... und ging ihm wegen Gütigkeit der Natur, ungesparten Fleißes und allstetiger Übung nichts ab, als daß er Italien und andere Örter, wo die Antiken und Kunsttheorie zu erlernen, nicht besucht, zumal, da er auch nichts, als nur schlecht niederländisch lesen, und also sich durch die Bücher wenig helfen können. Dennoch blieb er beständig in seinem angenommenen Brauch und scheute auch nicht, wider unsere Kunstregeln als die Anatomie und Maß der menschlichen Gliedmaßen, wider die Perspectiva und den Nutzen der antiken Statuen, wider Raphaels Zeichenkunst und vernünftige Ausbildungen, auch wider die unserer Profession höchst nötigen Akademien zu streiten und denselben zu widersprechen, vergebens, daß man sich einzig und allein an die Natur und keine andere Regeln binden solle . . .« So schrieb Joachim von Sandrart in seiner »Teutschen Academie« von 1675, einer Kunstgeschichtsschreibung nach italienischen Vorbildern und unter dem Einfluß der klassischen Theorie. Das Urteil ist zwar durch italienische Muster geprägt, aber keineswegs inkompetent. War Sandrart doch jahrelang in Holland gewesen und kannte Rembrandt persönlich. Mindestens an zwei Stellen wird dabei sein Urteil interessant: dort, wo er sich gezwungen sieht, neben den akademischen Wertkategorien des Schönen und Richtigen die Natur als einzige Instanz Rembrandts einzuführen, und dort, wo eine eigenständige holländische, um nicht zu sagen nationale Kunst unübersehbar geworden ist.

Nationalstolz machte sich auch schon vor dem frühen Rembrandt bemerkbar. Der schon zitierte Huygens, damals Sekretär des Prinzen von Oranien, schrieb über Rembrandts Bild mit »Judas vor den Hohepriestern« von 1629: »Das ganze Italien trete heran und alles, was sich seit dem Altertum an Herrlichem und Bewundernswertem erhalten hat . . .«

Bei den großen Tafeln von Rubens aus den dreißiger Jahren des 17. Jahrhunderts, von den Altarbildern zu den Entwürfen für die »Pompa introitus« Ferdinands, von den Mythologien, etwa der Torre de la Parada bei Madrid, bis zu den Landschaften wird zunehmend eine Verdichtung und Zentrierung deutlich, gewinnt jedes der Bilder seinen Sinn nicht zuletzt in einer Zuordnung der Wesen und Dinge auf den Inhalt, eine Verdichtung, an der Licht und Farbe einen wesentlichen Anteil haben.

Damit sind vor Rembrandt und Rubens Kriterien der niederländischen Barockmalerei festgestellt: Realistik und Gegenstandstreue. Deren Einsatz geschieht jedoch als Schilderung von Pathos und Bewegtheit; Steigerung der Aussagekraft des Bildes durch Zentrierung und eine tiefgreifende Farb- und Lichtregie sind das Mittel.

Ein Vergleich zwischen dem späten Rubens und dem frühen Rembrandt hat seine Grenzen. Die Unterschiede waren auch Anlaß dafür, Polaritäten festzustellen. Einmal ist da der Malerfürst, geübt auf internationalem Parkett und von den Herrschern Europas hofiert wie von der Kirche. Der andere ist Müllerssohn aus Leiden, der in seinem Versuch, ein großes Haus in Amsterdam zu führen, scheiterte und schließlich menschenscheu am Rande des Ghettos sich malend zurückgezogen hatte. Mythenbildung tat das ihre zu solchen verallgemeinernden Gegenüberstellungen. Übersehen ist dabei, daß Rubens als Sohn eines protestantischen Emigranten in seiner Ausbildung und Laufbahn keineswegs vorgegebene und

Peter Paul Rubens
Bildnis Susanne Fourment (Le chapeau de paille), um 1625
Öl auf Holz, 79 x 54,5
London, National Gallery

Rembrandt Harmensz. van Rijn
Selbstbildnis mit Stock, 1658
Öl auf Leinwand, 133,5 x 104 cm
New York, The Frick Collection

bereitete Bahnen betrat und daß seine Bildung wie die Rembrandts weitgehend autodidakt war, auch wenn er später in der Rolle des »uomo universale« auftrat. Gemeinsam war beiden, daß sie bald Schule machten, wörtlich wie im übertragenen Sinn. Sie wurden die Lehrer ihres Jahrhunderts, und sie bestimmten die Entwicklung der Malerei. Sie waren in den Niederlanden auch die einzigen, die in allen Gattungen und Themen malten, vom Historienbild bis zum Porträt; zugleich ging von ihnen wieder eine Spezialisierung der Fachmalerei aus. Rubens bildete aus und beschäftigte Spezialisten für Blumen, Genrefiguren, aber auch für eine Malerei »à la Rubens«. Von Rembrandt war mehr oder weniger jeder holländische Spezialist abhängig, von der Feinmalerei über das »Trompe-l'œil« (Augentäuscherbild) bis hin zum Porträt.

Der Aufschwung einer malerischen Kultur geschah in den Niederlanden in politisch dramatischen Zeiten, in denen die Spaltung des Landes konfessionell wie in der Herrschaft endgültig wurde. Es war die Zeit, in der Antwerpen an Macht und Reichtum im gleichen Maße verlor wie Amsterdam dazugewann. Wenn Rubens seine Auftraggeber bei Kirche und Fürsten hatte und seine Kunst internationale Maßstäbe setzte, so hat dies seinen Grund nicht zuletzt darin, daß er zunächst aus dem eingeengten Antwerpen nach dem Mutterland der Künste, Italien, ausweichen mußte, um dort sich einen Namen zu machen. Unter politischem Druck wurde die Kunst Rubens' extensiv, während andererseits in dem reich und stolz gewordenen Amsterdam man sich rühmte, daß Rembrandt in Italien war, wobei seine Kunst in umgekehrtem Maße intensiv wurde, der Radius der Bewegung sogar in Amsterdam immer kleiner wurde.

Im Jahre 1566 war es in Antwerpen, das etwa 120 000 Einwohner hatte, zu einem Bildersturm gekommen, bei dem die zum Geusenbund vereinigten Protestanten katholische Kirchen und Klöster plünderten. Die Reaktion der spanischen Landesherren war die Einführung der Inquisition, die Abdankung der Statthalterin Margarethe von Parma (1522–1586) und der Einmarsch der Truppen des Herzogs von Alba (1507–1582). Viele Protestanten flohen ins Ausland, darunter der Jurist Jan Rubens, der im Gefolge des Oranierprinzen Wilhelm (1533–1584) nach Köln ging und nach einer Affäre mit der Gemahlin des Statthalters schließlich nach Siegen abgeschoben wurde. Hier wurde sein Sohn Peter Paul geboren. Im Siegener Matrikelbuch wurde als seine Konfession »lutherisch« eingetragen. Nach dem Tod des Vaters zog die Mutter mit den Kindern nach Antwerpen zurück – sie war offensichtlich katholisch geblieben –, wo Peter Paul in die Lateinschule kam (die übrigens Rembrandt in Leiden ebenfalls kurz besuchte). Dann mußte er sich aber bald sein Brot selbst verdienen, wurde Page bei einer Grafenwitwe und schnell darauf Lehrling bei einem Maler, von dem wir wenig mehr wissen als den Namen Tobias Verhaechts (1561–1631). Dann finden wir ihn bei dem renommierten Adam von Noort (1562–1641) und schließlich vier Jahre lang bei Otto van Veen (1556–1629), einem internationalen Manieristen.

War Rubens nach Italien gegangen um zu lernen, so machte er dank seiner offensichtlichen Begabung schon auf seiner ersten Station in Venedig Karriere, wo der Herzog von Mantua auf ihn aufmerksam wurde und ihn als Hofmaler berief. Das Kopieren der italienischen Meister war gleichermaßen seine Aufgabe wie das Porträtieren der herzoglichen Familie. Als er schließlich 1603 in diplomatischer Mission nach Spanien geschickt wurde, malte er, kopierte er und restaurierte an eigenen wie Werken der alten Meister. Nach einem Jahr kehrte er nach Italien zurück, bis er 1608 endgültig nach Antwerpen ging, um sich hier niederzulassen.

Die südlichen Niederlande waren spanisch und katholisch geblieben. Das Leben begann gerade, sich zu normalisieren; Kirchen und Klöster wurden wieder aufgebaut und restauriert. Die Gemahlin des Statthalters, die Infantin Isabella Clara Eugenia (1566–1633), eine Schwester König Philipps III. von Spanien (1578–1621), war kunstliebend und förderte Rubens, der bald mehr als genug Aufträge von Hof, Stadt und Kirche hatte.

Es wurde die große historische Leistung Rubens', die Tradition der klassischen Malerei in einer bislang unvorstellbaren

Synthese zusammengefaßt zu haben und dabei keine historisch statischen Gebilde und Retrospektiven, sondern dynamische Perspektiven geschaffen zu haben. Er wurde der Maler des neuen Barockzeitalters, der in dieser Dynamisierung die Grenzen zwischen Welt und Überwelt aufheben konnte, der die einst in der Renaissance weitgehend statischen Gegenstände in theatralische Aufführungen brachte. Er wurde der Maler der geistlichen wie weltlichen Apotheose, das heißt er stellte mit sinnlichen Mitteln dar, wie der große Mensch vergöttlicht wurde, aufgenommen wurde in die Welt der Überzeitlichkeit und der Begriffe. Die »Himmelfahrt« in den verschiedensten Formen und Möglichkeiten wurde sein Thema. »Ascensus« und »Descensus«, Auffahrt, Aufstieg in das höhere Reich und Herabkunft in die Sphäre des sinnlich Begreifbaren wurden seine Bildthemen, Auftraggeber waren die Kirche der Gegenreformation und die »höfische Gesellschaft«.

Als Rembrandt 1606 in Leiden geboren wurde, hatten die nördlichen Provinzen der Niederlande unter der Statthalterschaft des Moritz von Oranien (1567–1625) noch nicht lange (seit 1596) ihre völlige Unabhängigkeit von Spanien erreicht, bestand (bis 1621) ein Waffenstillstand. Mit dem Westfälischen Frieden von 1648, der auch den Dreißigährigen Krieg beendete, erfolgte die endgültige Anerkennung der nördlichen Niederlande, wurden aber auch die südlichen Landesteile endgültig abgetrennt. Sie blieben spanisch und wurden später, 1714, österreichisch.

Die Provinz Holland übernahm die Führung innerhalb des Zusammenschlusses der Provinzen Seeland, Gelderland, Overijssel, Drenthe, Friesland und Groningen. Es hatte die Schelde gesperrt und damit Antwerpen, der im 16. Jahrhundert reichsten Handelsstadt des Nordens, den Handel zerstört, während Amsterdam zu unerhörtem Reichtum aufstieg. Dieses Holland hatte – in Konkurrenz zu England – zeitweise geradezu das Monopol für Schiffsfrachten, beherrschte den Getreidehandel über die Ostsee und besaß inzwischen koloniale Stützpunkte in Ostindien, Westindien, Nord- und Südamerika. Vor allem war Amsterdam auf dem Geldmarkt führend. Amsterdams Börse war das, was heute Wallstreet ist. 1602 schlossen sich verschiedene Handelsgesellschaften zur niederländisch-ostindischen Handelskompanie zusammen, was unvorstellbaren Zufluß an Geld nach Amsterdam bedeutete.

Die politische Konstruktion der »Generalstaaten« war föderalistisch; die Oranier waren zwar als Fürsten eingesetzt, aber als Verwalter von sich selbst regierenden Republiken, in denen eine Geldaristokratie entstand, ein reiches Bürgertum, das die staatliche Selbstverwaltung übernahm und das seine Legitimation aus dem Freiheitskampf und auch den finanziellen Erfolgen ableitete.

Der Prozeß der Verselbständigung der Niederlande war nicht zuletzt ein Glaubenskampf, in dem sich verschiedene Formen des Protestantismus durchsetzten, voran der Calvinismus. Eine 1618 in Dordrecht einberufene Synode konnte den katholischen Gottesdienst ganz verbieten und alle Ämter mit Calvinisten besetzen. Auch die Anhänger des Hauses Oranien waren zumeist orthodoxe Calvinisten, während nur Teile des Nordens und des Bauernlandes katholisch blieben.

Die Geschichte des neuen Landes der nördlichen Niederlande begann mit Bilderstürmen. Johann Calvin hatte in seinem »Dekalog« Stellung zur Bildfrage genommen und hier schlichtweg ein Verbot der Darstellung des Heiligen im Bild ausgesprochen. Die geradezu sakramentale Würde des Heiligenbildes im katholischen Bereich war jetzt ein Sakrileg. Damit schieden als Auftrag für die Malerei weite Bereiche aus: die Kirche und ihre Ausstattung, vornehmlich das Altarbild.

Die Entstehung eines neuen Bildes

Wenn Rembrandt im Auftrag des Oranierprinzen einen Passionszyklus schuf, so handelte es sich um private Andachtsbilder. Aber auch die Herrschaft war mit Schloßbauten kaum noch Auftraggeber, Freskierungen und große Bildausstattungen fielen aus. Das Oranierschloß Huis ten Bosch bildete eine der wenigen bescheidenen Ausnahmen und wurde denn auch von flämischen Malern dekoriert. Wie sehr die Bilderfrage dennoch zunächst eine Frage nach dem religiösen Bild war, zeigt sich darin, daß die Bildproduktion in den Niederlanden seit dem ausgehenden 16. Jahrhundert immens anwuchs und

Peter Paul Rubens
Venus vor dem Spiegel, um 1615
Öl auf Holz, 124 x 98 cm
Vaduz, Sammlung des Fürsten von Liechtenstein

die Balance zwischen Angebot und Nachfrage sich erheblich komplizierte.

Daß die christliche Thematik nicht radikal aus dem Bild auszuscheiden war, sollte sich bald in den nun dominierenden Gattungen zeigen. Wo Calvin in seiner Prädestinationslehre dem einzelnen, der Persönlichkeit, jeweils so etwas wie ein eigenes Priestertum zugewiesen hatte, mußte das Porträt, das Bildnis des Menschen, neue Bedeutung gewinnen. So wurde es schließlich auch in Holland zu einem hervorragenden Instrument. Das Bildnis des Individuums, aber auch das einer Gruppe, stellte auch die Stellung des Menschen zwischen Gott und der Welt dar. Wo das Bild Gottes verpönt war, mußte das Gleichnis um so wichtiger werden. Sehr häufig findet sich in der holländischen Malerei das sogenannte »Portrait historié«, ein konkretes Bildnis, meist von mehreren Personen, aber in einer biblischen oder mythologischen Rolle. Wenn beispielsweise zwei Brüder sich nach Familienauseinandersetzungen wieder versöhnten, so konnten sie sich als die biblischen Jakob und Esau zur Feier der Beendigung des Zwistes porträtieren lassen.

Was auf einen ersten Blick in der niederländischen Malerei als Genrebild erscheint – und lange wurde es auch so gesehen –, hat in so gut wie allen Beispielen und Variationen Gleichnischarakter oder ist ein Verweis auf sogenannte »Wahrheiten«. Szenen von galanten Unterhaltungen, die ihren Ursprung in Bordellszenen haben, gehen zurück auf das Gleichnis vom verlorenen Sohn. Jan Steens (um 1625/26–1679) lustige Szenen sind Verbildlichungen von Lebensweisheiten, Gleichnissen, Anspielungen, Sprichwörtern. Die Vordergründigkeit des rein Unterhaltsamen konnte sich allerdings dabei verselbständigen. Eine Vorliebe des Manierismus, den Bildsinn zu verrätseln, zu verstecken, in der Art eines Rebus Inhalte feinsinnig zu verpacken, wurde übernommen, dann im 17. Jahrhundert eindeutiger, simpler und augenscheinlicher gestaltet.

Jan Steen
Rhetoriker am Fenster, um 1662–1666
Öl auf Leinwand, 74 x 59 cm
Philadelphia, Philadelphia Museum of Art

Das wohl auffallendste Beispiel der Ablösung des sakralen Bildes durch das Bildgleichnis ist das Stilleben, genauer das Vanitas-Stilleben. Die Bezeichnung sagt, daß in den zumeist schön und gefällig gemalten Gegenständen ein Hinweis auf die Vergänglichkeit allen Irdischen zu sehen ist. Ein Totenkopf oder eine verlöschende Kerze sind in ihrer Bedeutung klar, und daß eine Seifenblase die Nichtigkeit des Lebens symbolisieren kann, liegt ebenfalls noch auf der Hand. Darüber hinaus läßt sich ein großer Katalog von uns nicht mehr geläufigen Symbolbedeutungen aufstellen, in denen immer in der gleichen Richtung der Vanitas-Bedeutung den Dingen ein besonderer Sinn zugewiesen ist. Das häufige Vorkommen von Brot und Wein auf holländischen Stilleben liefert einen weiteren Hinweis, daß hier säkulare Surrogate der einst sakralen Gegenstände der Eucharistie zu suchen sind. In dem Maße, in dem das sakrale Bild suspekt wurde, begann eine Blütezeit dessen, was man das Gleichnis-Bild nennen kann. Dabei waren es nicht nur die protestantischen Niederlande, in denen diese Ablösung geschah. Auch der Süden machte die Entwicklung teilweise mit, mit einem Unterschied allerdings, nämlich mit einer viel engeren Ausrichtung auf die italienische Tradition hin und die traditionellen Themen der katholischen Malerei.

Im gleichen Maß, in dem seit dem fortschreitenden 16. Jahrhundert gerade in den Niederlanden Bilder weniger integraler Bestandteil eines architektonischen Zusammenhangs waren, wurde das Bild nicht nur mobiler Gegenstand, sondern auch Ware. Indiz für diese Entwicklung ist die Entstehung eines Kunsthandels und vor allem eines Ausstellungswesens. Wir wissen, daß bemalte Leinwände jetzt sogar als Spekulationsobjekte und auf Vorrat angeschafft wurden, daß sie als Kapital oder Zahlungsmittel oder auch als Pfand gelten konnten. Mit einer zunehmenden Emanzipation der bürgerlichen Schichten erweiterte sich der Kreis der Käufer von Bildern in einem Maß, wie es noch in der ersten Hälfte des 16. Jahrhunderts unvorstellbar gewesen wäre, wo Kirche, Adel und ein begrenzter Kreis von Humanisten die Besteller von Bildern waren. Berühmt und vielzitiert ist der Tagebucheintrag eines Engländers, der bei seinem Besuch in Holland 1641 schrieb: »Wir trafen spät in Rotterdam ein, wo gerade der Jahrmarkt oder die Messe stattfand. Es gab so viele Bilder (insbesondere Landschaftsbilder und ›drolleries‹, wie man hier diese narrenhaften Darstellungen nennt), daß ich staunte. Der Grund, weswegen es diese Menge Bilder gibt und sie so billig sind, ist darin gelegen, daß Land fehlt, um ihr Kapital darin zu investieren. Darum ist es völlig normal, einen Bauern zu treffen, der zwei- oder dreitausend Pfund in Bildern investiert. Ihre Häuser hängen voll damit und sie verkaufen sie mit großem Gewinn während ihrer Kirchmessen.«

Gleich, ob die hier angesprochenen Preise so hoch waren, so ist an dieser Äußerung bemerkenswert, daß für einen Fremden das Bild als so sehr mobiler Gegenstand eine fremdartige Erscheinung war. Nachdem zunächst in Antwerpen Verkaufsausstellungen eingerichtet waren, wurde dieser Brauch im 17. Jahrhundert in Holland üblich. 1640 hatte die Utrechter Malergilde eine solche ständige Verkaufsausstellung. In Den Haag vereinigten sich 1656 die Maler zu einer Korporation unter dem Gesichtspunkt des Verkaufes, wobei einige Male auch Versuche unternommen wurden, die Bildformate zu standardisieren (wir würden sagen: auf DIN-Maße zu bringen), um den Verkauf und die Preisgestaltung zu rationalisieren. Auch der Rahmen des holländischen Bildes wurde uniform und standardisiert. Dunkles oder schwarzes Holz mit Flammleisten an den Profilen, zwar kunstvoll geformt, aber auch neutral, gleichsam in das Bild einführend.

Gab es bislang Kunstagenten, die zwischen einer adeligen oder kirchlichen Käuferschaft und den Künstlern vermittelten, so entstand jetzt der Beruf des Kunsthändlers, gab es Taxatoren und Versteigerer, wobei Amsterdam zu einem Zentrum des Kunstmarktes wurde. Sehr häufig war anzutreffen, daß Maler neben den eigenen auch Bilder von anderen oder antiquarische Stücke anboten. Wir wissen von Rembrandt, daß er mit Werken seiner Schüler handelte, und Arnold Houbraken (1660–1719), der Kunstgeschichtsschreiber dieses 17. Jahrhunderts, berichtet, wie Frans Hals seinen Schüler Adriaen Brouwer (um 1605/06–1638) ausbeutete.

Eine Folge und eine Ursache der neuen Mobilität des Bildes war eine zunehmende Spezialisierung einzelner Maler auf einzelne Gattungen und Sujets. Arbeitsteilungen waren keine Seltenheit, eher die Regel. Daß Rubens sich eigene Spezialisten für bestimmte Bildgegenstände hielt, ist bekannt. Jan Breughels (1568–1625) Blumenmalerei in Rubensbildern ist ein solcher Fall von Arbeitsteilung. Nicolaes Berchem malte Staffagefiguren in Bildern von Jacob van Ruisdael (um 1628/29–1682). Umgekehrt gibt es in einem Landschaftsbild von Berchem ein Porträt eines Ehepaares, das wiederum von einem Bildnisspezialisten, Gerard Wons, ausgeführt wurde. In den Innenansichten von Kirchen des Pieter Saenredam (1597–1665) stammen die Staffagefiguren häufig von Pieter Post (1608–1669).

Wo die Malerei Herstellung einer Ware wurde, geriet der Berufsstand des Malers in die Gefahr, dem bloßen Handwerk wieder zugerechnet zu werden, aus dem sich in der Renaissance der Künstler emanzipiert hatte. Rubens und Anthonis van Dyck (1599–1641) setzten sich erfolgreich als neue Form

Jan Breughel d. Ä.
Der Einzug in die Arche, 1615
Öl auf Kupfer, 25,7 x 37 cm
London, Wellington Museum

des Künstleradels in Szene, wobei sich Rubens auch einmal, von einem wirklichen Adeligen gerüffelt, in seine Schranken verweisen lassen mußte. Bei Rembrandt wurde dieser Versuch eher zur tragikomischen Aufführung einer frühen Form des Bohemiens. Nebenberufe der Maler oder umgekehrt die Malerei als Nebenberuf bezeichneten die Situation. Jan van Goyen (1596–1656) handelte mit Tulpen und Immobilien. Viele, darunter Steen und Adriaen van de Velde (1636–1672), waren Schankwirte. In Schänken konnte man Bilder ausstellen und auch für die schuldige Zeche in Zahlung nehmen. Jacob van Ruisdael war Chirurg, Philips Koninck (1619–1688) gehörte eine Schiffahrtslinie, Meindert Hobbema (1638–1709) war Steuereinnehmer – reich wurden nur wenige durch die Malerei.

Zu den Umwälzungen, die am Ende des 16. Jahrhunderts in den Niederlanden mit einer Emanzipierung des Bildes stattfanden, gehört auch, daß diese »Ware« Bild nicht unbedingt mehr »Inhalte« im alten Sinn haben mußte, sondern eher in Gattungen zusammengefaßte Gegenstände beinhaltete. Viel weniger als vordem wurden bestimmte Ikonographien für bestimmte Bildausstattungen dem Maler vorgeschrieben, als daß man beim Kauf von Bildern bestimmte Gegenstände bevorzugte oder ablehnte. Das im 19. Jahrhundert dann so wichtige Wort vom »Sujet« bezeichnet am ehesten das, was jetzt von einzelnen Spezialisten hergestellt wurde.

Bestellungen erfolgten sehr häufig und verständlicherweise im Bereich des Porträts und des Gruppenporträts. Bei letzteren gab es Institutionen und Versammlungshäuser, wie die der Schützenverbände, in denen Bildern feste Plätze zugedacht waren. Nur einmal eigentlich, nämlich mit dem neuen Rathaus von Amsterdam, entstand ein Bau von der Größe und den Ansprüchen eines Residenzschlosses, dem auch die

Ausstattung und Ikonographie entsprachen. Der Bau wurde auch als die »Kathedrale« Hollands bezeichnet. Besser spräche man von einem »Versailles« dieser republikanischen Stadt. Hier gibt es in der Tat eine konsequent durchgeführte Gesamtikonographie einer Bildausstattung, in der die Freiheit und die bürgerlich-republikanischen Tugenden in Exempeln vorgeführt wurden. Ferdinand Bol (1616–1680), Govaert Flinck (1615–1660), aber auch Rembrandt malten hier im

Jacob van Ruisdael
Die Mühle in Wijk bei Duurstede, um 1670
Öl auf Leinwand, 83 x 101 cm
Amsterdam, Rijksmuseum

Auftrag der Stadt – von der hervorragenden Bildhauerarbeit des Artus Quellinus (1609–1668) am gleichen Bau nicht zu reden. Hier jedenfalls waren die Spezialisten im Historienbild am Werk, jener Gattung also, die in der Rangordnung der Bildgattungen an erster Stelle stand, de facto jedoch nichts mit den Bewegungen auf dem Kunstmarkt zu tun hatte.

Im Kunstmarkt wurden Bilder mit bestimmten Sujets umgesetzt, hier sah ein kritisches, geschultes Publikum darauf, mit welcher Überzeugungskraft und Kunstfertigkeit ein Maler die Gegenstände dieser Welt darstellen und mit welcher Feinsinnigkeit er ihnen eine »Wahrheit« unterlegen konnte. Die holländische Barockmalerei entstand gerade in dieser Spezialisierung auf verschiedenste Sujets hin. Je mehr es einzelne Kreissektoren wurden, in denen die einzelnen Spezialisten ganz bestimmte Ansichten der holländischen Welt malten, desto eindringlicher wurde auch die Ansicht dieser einzelnen Bilder.

Eine Reihe von Bildgattungen entwickelte sich jetzt zu großer Reinheit. Waren die Einzelteile in der manieristischen Malerei noch Teilaspekt aus größeren oder weiteren Zusammenhängen, so erfolgte jetzt eine Emanzipation, die sich am Beispiel des Stillebens wohl am besten verfolgen läßt. Den Ausgang bildeten Küchenstücke, Vorratskammerbilder, Marktdarstellungen, »Haushalte«, wobei etwa bei Pieter Aertsen (1508–1575) oder Joachim Beuckelaer (um 1530/35 – um 1575/78; im fortgeschrittenen 16. Jahrhundert) solche Bildteile mit den Gegenständen der Küche und des Marktes vordergründig den größten Teil des Bildes in Anspruch nahmen, während im Hintergrund etwa eine biblische Szene, geradezu versteckt, den eigentlichen Bildsinn abgab. Mit die wichtigste Entwicklungsstufe zum Barock hin liegt da, wo die komplizierten Vielschichtigkeiten, die überanstrengte Spannweite des manieristischen Bildes abgebaut und dieses Bild in einzelne »lebensfähige« Teile zertrennt wurde und das nahsichtige Stilleben sich beispielsweise aus solchen Zusammenhängen emanzipierte. Gleiches geschah mit dem Landschaftsbild. Bei Pieter Breughel d. Ä. (um 1525/30–1569) sind Landschaftsbilder bereits von einer unübersehbaren Eindringlichkeit, was das Atmosphärische, das Besondere der Jahreszeiten und das Charakteristische betrifft. Aber es sind stets und zugleich »Weltlandschaften« (wie auch bei Patinir), in denen die Spannweite des Sichtbaren und der Standpunkt über dieser Landschaft, eine potentielle Vogelperspektive, immer ein Mehr an Gewußtem, Gedachtem, Symbolischem und Bedeutungshaftem hinzufügen, während im Landschaftsbild des 17. Jahrhunderts dann etwa nicht mehr der Sommer oder der Winter, sondern die Ansicht von Land oder Meer an einem Sommer- oder Wintertag gemalt ist.

Dabei gilt es, einem Mißverständnis vorzubeugen. Die barocken Maler malten nicht am Bild auf einer Staffelei im Freien, wie es später erst in Frankreich mit der Schule von Barbizon im 19. Jahrhundert Brauch wurde. Es wurde im Freien höchstens skizziert, notiert oder sogar mit der Camera obscura, einer Zeichenkamera, eine bestimmte Situation festgehalten, während das endgültige Bild dann im Atelier entstand. Wenn wir dies berücksichtigen, sollten wir niederländischen Barockbildern nicht Wirklichkeitskopien unterstellen. Zu viel spricht dagegen, daß die Landschaftsbilder, auch wenn sie eine konkrete Situation eines bestimmten Ortes beinhalten, oder die Stilleben, auch wenn ihre Gegenstände überraschend tastbar »echt« zu sein scheinen, ein Ausschnitt aus der sichtbaren Welt sind. Wir wissen, daß einige Maler, vor allem in Delft, zunächst mit der Camera obscura Aufzeichnungen des Gegenstandes, der Stadtvedute, machten. Jedoch im Aufbau etwa von Jan Vermeers (1632–1675) »Ansicht von Delft« (Abb. S. 333) ist das Stadtbild schließlich auf wenig spürbare, aber doch energische Weise in ein Bildschema zurechtgerückt, wie es allgemeiner in solchen Veduten üblich war und den Bildbegriff ergab. In den Stilleben ist dieses Verfahren ganz offensichtlich. Was an den Gegenständen den Anschein des zufällig Vorgefundenen, des Beiläufigen hat, gehört der Dimension an, in der das Irdisch-Vergänglich-Bedeutungslose angezeigt wird. In einer anderen Dimension sind diese Gegenstände ebenso auf das Bild und die Bilderscheinung hin geordnet und damit bedeutend gemacht.

Themen und Inhalte – Fachmaler und Malerfürsten

Zu den großen Leistungen der niederländischen Barockmalerei gehört es, daß sie innerhalb der schon erwähnten Spezialisierung auf verschiedenste Bildgattungen Schemata ausgebildet hat, in denen die verschiedensten Gegenstände zu einer eigenen und bislang unbekannten Würde gelangten.

In zeitgenössischer Reihung steht das Historienbild an erster Stelle. Darunter war das »geschichtliche Ereignisbild« gemeint, das als Schilderung von bedeutsamen aktuellen Vorgängen allerdings eine geringe Rolle spielte. Recht bezeichnend ist, daß die Darstellung des Gerard Terborch (1617–1681) vom Friedensschluß zu Münster von 1648 (London, National Gallery) viel eher ein Gruppenporträt der Vertreter der Signatarmächte ist, während Schlachten und andere Kriegsereignisse wenig beliebt waren, es sei denn als malerisches Genre von Reiterkämpfen usw. Historienbilder waren aber auch die gleichnishaften Themen aus der antiken, vor allem republikanischen Geschichte, wie sie in öffentlichen Bauten unter bestimmter Programmatik angebracht wurden. Und als Historienbild galt schließlich auch die Darstellung der biblischen Geschichte, vor allem des Alten Testaments.

Die protestantische Möglichkeit des sakralen Bildes, die biblische Parabel, wurde von Rembrandt schließlich tiefer als je in der Malerei ausgeschöpft und auf das Menschliche wie auf das Göttliche hin befragt. Bei seinen Schülern, Flinck, Bol oder Nicolaes Maes (1632–1693), ist dieses Aktuelle, Gegenwärtige des Biblischen, des Verhältnisses der Menschen zu Gott hin, jeweils vordergründiger, in den Anspielungen direkter und im »Portrait historié« oft ein theatralischer Akt. Dennoch ist im holländischen Historienbild der hohe Anspruch, die eigene Existenz und Gegenwart in die Geschichte und die Bibel zurückzuprojizieren und umgekehrt das biblische oder antike Paradigma so zu aktualisieren, von einer oft naiven, immer jedoch humanen Direktheit.

Die Flamen Rubens oder Jacob Jordaens (1593–1678) waren in ähnlichem Sinne Historienmaler, die Unterschiede zu den Holländern sind jeweils dort zu suchen, wo die Sinnlichkeit und die Gegenständlichkeit wie Leiblichkeit der irdischen Erscheinungen in den Steigerungen von Farbe und Formen Überwirklichkeiten ahnen lassen oder zum Vorschein bringen.

Seit dem 15. Jahrhundert war das Porträt eine selbständige Bildgattung geworden, seit Dürer und der Hochrenaissance auch das Selbstporträt der Maler. Im niederländischen 17. Jahrhundert wurde das Bildnis zu der Möglichkeit schlechthin, nicht nur eine Persönlichkeit, deren Rang und Stellung darzustellen, sondern deren Seele im Ausdruck zu ergründen. Zudem wurde im Porträt jetzt auch das Verhältnis des einzelnen zu Gemeinschaften hin festgestellt, sei es im Familienbild, von dem es bei Rubens Beispiele innigster Zuneigung gibt, sei es im Gruppenporträt der Holländer, wo bei Hals, Thomas de Keyser (um 1596/97–1667), aber auch bei Rembrandt der gelungene Versuch unternommen wurde, Individuelles im Gemeinsamen zu porträtieren. Welche Entwicklung hier stattfand, wird im Vergleich mit schon vor der Mitte des 16. Jahrhunderts entstandenen Gruppendarstellungen deutlich, etwa des Jan van Scorel (1495–1562). Zunächst wurde in additiver Reihung ein Bildnis (etwa von Jerusalemfahrern) an das andere gefügt, bei Hals ist der Anlaß, das Prinzip und das Wesen einer Gruppe dasjenige, was zunächst einmal die Bildform bestimmt und seinen Inhalt. Schließlich ist auch Rembrandts »Nachtwache« (Abb. S. 313) ein Gruppenporträt, in dem sich allerdings der Maler weit über die Konventionen dieser Bildgattungen hinwegsetzte zugunsten einer theatralischen Aufführung.

Gerard Terborch
Eine Musikgesellschaft, um 1675
Öl auf Holz, 58,1 x 47,3 cm
Cincinnati, Cincinnati Art Museum

Im gleichen Maß, in dem der Sakralraum in den Niederlanden profaniert wurde und – nach den Bilderstürmen – Weihe wie Weihebild einbüßte, wurde dieser gleiche Kirchenraum bzw. das Architekturbild mit vornehmlich Kirchen darin zu einem bevorzugten Sujet der Malerei. Man könnte in den »Vergegenständlichungen« eine Art von Kompensation sehen, wie gleichzeitig in das Stilleben Elemente des eucharistischen Bildes eingingen. Gerade die Bilder mit Kircheninnenräumen sind, sowohl was die Entwicklung angeht als auch in ihrer jeweiligen Ansicht, sehr vielsagend. Da gibt es zwar bei Emanuel de Witte (um 1617–1692) oder Gerard Houck-

Anthonis van Dyck
Bildnis eines Mitglieds der Familie Balbi, um 1625
Öl auf Leinwand, 132,7 x 120 cm
Cincinnati, Cincinnati Art Museum

geest (um 1600–1661), um zwei Spezialisten in diesem Genre zu nennen, Kirchenbilder, in denen ein Prediger mit seiner Zuhörerschaft zu sehen ist, viel häufiger sind jedoch spielende Kinder in den viel zu mächtigen Räumen, Flaneure oder Hunde, die die Pfeiler als Baum benutzen, was ikonographisch wohl eindeutig ist. Der eigentliche Bildgegenstand wird in der weiteren Entwicklung nicht mehr der Kirchenraum, sondern der Raum im Licht sein, der vor allem deshalb als Raum empfunden wird, weil er zu groß, unbenutzt, vom Besuch der Leute nicht tangiert und wie im Stilleben von Architektur in sich ruhend existiert.

Die Entwicklung des Architekturbildes nahm folgenden Verlauf: Vor allem bei den Flamen waren zunächst Phantasieräume mit überraschenden Effekten und Perspektiven beliebt. Dann wurde diese oft noch manieristische Darstellungsweise von dem abgelöst, was Hans Jantzen (1881–1967) den »Wirklichkeitstraum« nannte, Aufnahmen von Binnenräumen, in denen ein Porträt einer architektonischen Individualität erstellt wurde, zugleich jedoch die Erfassung des Raumes noch weitgehend vom Bild abhängig war, von dessen Rahmen und dem damit vorhandenen Ausschnitt und der Perspektive. Pieter Saenredam war der bedeutendste Kirchenporträtist dieser Periode. In einer letzten Stufe, die vor allem von de Witte vertreten wird, nahm man den Ausschnitt aus den Innenräumen viel enger und machte nicht mehr architektonische Strukturen, sondern einzelne Partien, Pfeiler (oben angeschnitten) oder Übereckstellungen zum Gegenstand des Spiels von Licht und Schatten; vor allem die Atmosphäre eines Raumes wurde zum eigentlichen Bildgegenstand.

Gegenstände im Raum und vor allem im Licht und dieser Raum selbst werden in der holländischen Malerei zum Gegenstand. Jeder Gegenstand – Mensch, Tier, Raum – ist wie in einem Innehalten dargestellt. So gibt es auch viele Bildvariationen, in denen Stillebenteile mit anderen Gegenständen kombiniert sind. Die Innenräume Vermeers sind wie ein erweiterter Raum um solche Stilleben. Bei Carel Fabritius (1622–1654) gibt es eine Ansicht von Delft, über den Laden eines Verkäufers von Musikinstrumenten hinweg gesehen, in der eine Laute und ein Cello als Stilleben vor dem Stadtbild zu liegen kommen.

Neben dem Porträt ist das Stilleben eine Schlüsselgattung in der niederländischen Malerei. Es gab auch hier erhebliche Spezialisierungen und Unterschiede zwischen den einzelnen Schulen. Haarlem verlegte sich auf Darstellungen von Prunktischen mit wertvollem Tafelgeschirr. In Leiden waren die Vanitas-Stilleben bevorzugt mit Büchern, Krügen, Tabakspfeifen und Schreibutensilien. In Den Haag dagegen wurden vornehmlich die Früchte aus dem Meer angeboten, nicht zu reden von den Unterschieden, die zwischen der flämischen und der holländischen Stillebenmalerei bestehen. In Antwerpen, bei Frans Snyders (1579–1657), ist das Prunkstilleben stets eine theatralische Vorführung von Heterogenem und Verschiedenstem, von wertvollster Gegenständlichkeit nebeneinander. Ist das flämische Stilleben extensiv, so könnte man das holländische intensiv nennen, weil es seine Reize aus der Beschränkung auf nur wenige Dinge bezieht. Selbst da, wo in den Haarlemer »Banketten« solche Prunkstilleben nach flämischem Muster aufgebaut sind, spricht der Raum und das Licht in ganz anderem Maße mit.

Die Landschaft der niederen Lande und des Meeres, aber auch die aus der Phantasie stammender Erinnerungen an den Süden, die Gefilde Arkadiens, Landschaft als Porträt eines bestimmten Ortes oder einer Gegend und Landschaft als Vorstellungsbereich wurde erst mit der Barockmalerei und hier vornehmlich in den Niederlanden zu einem eigenständigen Bildthema. Mit den Landschaftsaquarellen Dürers hatte noch vor 1500 eine Emanzipation dieser Gattung eingesetzt. Mit Pieter Breughel haben sich dann die Elemente von Stimmung, Atmosphäre und Individualität weitgehend verselbständigt. Es kann als Sphärisches bezeichnet werden, was sich in der Thematik von Monatsdarstellungen oder Jahreszeiten ausprägt. Im barocken Landschaftsbild zwischen van Goyen, Jacob van Ruisdael und Hobbema ist dann etwas zentral geworden, was bislang eine Modalität der Veranschaulichung war. Seit Leonardo da Vinci ist das Phänomen der Luftperspektive bekannt, die Tatsache, daß sich die Gegenstände zur Ferne hin nicht nur in der linearen Perspektive, sondern auch in Licht und Farbe verändern. Die niederländische Landschaftsmalerei hat die Distanz als solche, den Raum, die Atmosphäre zwischen den Gegenständen, das Dazwischen, in dem das Licht seine Wirkungen entfaltet, zum Gegenstand der Bilder gemacht. Der französische Dichter Paul Claudel (1868–1955) hat es sehr schön so beschrieben: »Ich glaube in der Tat, daß wir die holländischen Landschaften – Gedichte der Beschaulichkeit, Quellen des Schweigens –, welche ihren Ursprung weniger einer nach außen gerichteten Neugierde als einer nach innen gewandten Versunkenheit verdanken, besser verstehen würden, wenn wir lernen wollten, ihnen in der gleichen Zeit unser Ohr zuzuneigen, in der wir kraft unserer Augen unseren Verstand mit ihnen erfüllen. Im Vergleich zu den überladenen, mit Gegenständen vollgepfropften Bildern der englischen und der französischen Malerei fällt an ihnen zuerst die ungeheure Wichtigkeit der Leere im Vergleich zur Gefülltheit auf. Man ist betroffen von der Langsamkeit, mit welcher der unaufhörlich durch alle Spiele der Tönung wieder und wieder zurückgehaltene Farbton sich endlich in einer Linie oder in einer Form zur Eindeutigkeit entschließt. Die Ferne vermählt sich der Leere, das Wasser auf der weit geöffneten Erde trägt die Wolke.«

Anders ausgedrückt: Die Leere, die Distanz, ist zu einem Gegenstand geworden, ruhend wie ein Teil eines Stillebens. Vergegenständlichung selbst des Raumes und des Lichts und zugleich Stillegung von allem zeichnet das niederländische Landschaftsbild aus. Bezeichnend ist, daß häufig der Horizont von Land oder Meer sehr tief gelegt ist; ganz anders als in den früheren Landschaftsbildern mit ihren fast weltüberspannenden Distanzen. Aus der Vogelschau gesehen oder zumindest von einem erhöhtem Standpunkt aus, wird Weite jetzt dadurch hergestellt, daß Augenpunkt und Horizont ganz tief gelagert sind. »Himmel bestreitet als feuchter Dunst, als atmosphärisch beseelter Wolkenzug die Hauptrolle im Bild« (Eduard Hüttinger). In mehreren Versionen gibt es eine Ansicht von Haarlem des Jacob van Ruisdael, im Hochformat, zwar von erhöhter Stelle aus gesehen, aber mit der Stadt in so weiter Distanz, daß sie den Horizont bildet, mit ihren Kirchtürmen dort in den Himmel sticht, wo Dunst und Wolken die verschwommene Grenze bilden. Sie liegt beim unteren Bilddrittel. Die anderen beiden Drittel sind dem Wolkenhimmel gewidmet. Zwischen uns, dem Betrachter, und der Stadt liegen die Bleichwiesen mit den ausgelegten Leinwandbahnen aus den Haarlemer Manufakturen. Lichtbahnen aus dem teilweise offenen Himmel wandern über diese Bleiche. Das Erleben des Lichtes wird am Gegenständlichen möglich, im Auftreffen der Sonnenstrahlen auf Leinwand, was ebenso trivial wie von einer fast weihevollen Stimmung ist. Ganz ähnlich ist es in den Innenraumbildern von Vermeer, wo etwa eine Dame vor dem Fenster steht und ihre Perlenkette im Licht betrachtet. Ganz banales Licht wird im Eindringen in den Raum und im Auftreffen an den Gegenständen zu einem feierlichen Ereignis. Dazu gehört, daß bei aller Wechselhaftigkeit des Lichtes und seiner Unbeständigkeit nicht kurze

Frans Hals
Zwei musizierende Knaben, 1626
Öl auf Leinwand, 62 x 54,5 cm
Kassel, Staatliche Kunstsammlungen

Momente dargestellt sind, weder im Innenraum noch in der Landschaft, sondern »gedehnte«, in denen das Alltägliche zum Feierlichen wird.

Die Spezialisierung innerhalb der niederländischen Malerei wird nirgends so deutlich wie innerhalb der einen Gattung der Landschaftsmalerei. Da gab es eine italienisierende Richtung, in der zunächst nicht nur Bildschemata der italienischen Malerei, sondern südliche und antike Motive Bildgegenstand waren. Lehrjahre in Italien sind bei diesen Malern die Regel, zu denen Herman van Swanevelt (um 1600–1655), Berchem und Jan Asselijn (1610–1652) gehörten, Rosa und Lorrain wurden Vorbilder. Dann gab es die Haarlemer Landschaftsmaler, die bevorzugt Ansichten mit tiefem Horizont und das Weite der flachen Polder und der Niederungen am Meer malten. Van Goyen malte zunächst in Haarlem, Jan Porcellis (um 1584–1632), Hercules Seghers (1589/90 – um 1633) und Salomon van Ruysdael (um 1600/1603–1670) gehörten den Haarlemer Schenken an. Bei den Marinemalern gab es den Bildtyp mit der ruhigen, friedlichen See, mit nur noch leichter Dünung im Abendlicht (Jan van de Capelle, um 1624/25–1679), gab es die stürmische See mit bedrohten und gekenterten Schiffen, wie er auch in Antwerpen gepflegt wurde, da gab es den Typ des Flottenbildes, in dem die male-

Pieter de Hooch
Der Hof eines Hauses in Delft, 1658
Öl auf Leinwand, 73,5 x 60 cm
London, National Gallery

rische Erscheinung der Schiffe festgehalten wurde (Willem van de Velde, 1633–1707) – während das Historienbild von der kämpfenden holländischen Flotte im 17. Jahrhundert dann kaum mehr eine Rolle spielen sollte und wie das Schlachtenbild weitgehend bedeutungslos wurde.

Vor allem unter dem Einfluß von Rubens entwickelte sich in den südlichen Niederlanden eine Landschaftsmalerei mit vielen, auch den Holländern gemeinsamen Zügen, aber auch Unterschieden. Sogar bei Jan Siberechts (1627 – um 1700/1703), einem Antwerpener, der das flämische Bild mit holländischen Elementen bereicherte, fällt dieser Unterschied auf. Das, was in der holländischen Landschaftsmalerei von den einzelnen Spezialisten separiert wurde, findet sich bei den Flamen zumeist in einem einzigen Bild: friedliche Ebene und bewegt-bizarre Berge oder die Idylle eines im Waldschatten verlaufenden Flusses und zugleich Blick in die weite Ferne des Horizonts. Vom späten Rubens gibt es Bilder, die zum Bedeutendsten gehören, was die europäische Landschaftsmalerei hervorbrachte. Seine »Landschaft mit Regenbogen« (München, Alte Pinakothek, und London, National Gallery) und die »Landschaft mit Schloß Steen« (London, National Gallery), gegen 1735 gemalt, sind mehr als bloße Ansichten von einem Stück Welt. Der Reichtum der Erscheinungsweisen der Natur erscheint im Spektrum der Farben, die flämische Bauernlandschaft scheint ein verschwundenes Arkadien zu sein, und die Mägde und Knechte bei der Ernte in Wirklichkeit aus Metamorphosen der Götter und deren Verkleidung zu entstammen. In der Tat sind mehrere Rubens-Landschaften Schauplatz des – oft in kleinen Figuren eingebrachten – Mythos. Übertreibend könnte man einen Unterschied zwischen holländischen und flämischen Landschaftsbildern so formulieren: Bei den ersteren entsteht gerade in der Konzentration auf das Gegenständliche hin Schönheit, während bei den letzteren die Gegenständlichkeit der Welt eine poetische Metapher zu sein scheint.

Das Genrebild, wie die Gattung (eigentlich provisorisch) genannt wird, umfaßt den ganzen Themenkreis der Gesellschaftsstücke, der Darstellungen von Szenen aus dem Alltagsleben ebenso wie das Musizieren, die Liebe, das Lotterleben, das Zahnziehen, den Arztbesuch oder die Selbstdarstellung der Maler in ihrem Atelier. Daß es dafür jeweils Spezialisten für einzelne Typen innerhalb der Gattung gab, versteht sich von selbst. Steen galt als Spezialist für den Witz der »verkehrten Welt«, der ebenso moralisierenden wie derben Szenerien, Gabriel Metsu (1629–1667) für die Feinmalerei in der Darstellung des ruhigen Daseins in schönen Innenräumen, Brouwer und Adriaen van Ostade (1610–1685) für das kleinformatige Bild vom Bauerngenre. Diese Liste ließe sich beliebig verlängern, sie wäre jedoch auch angetan, in solchen Benennungen einem Mißverständnis Vorschub zu leisten, das gerade gegenüber der niederländischen Genremalerei und seit dem 19. Jahrhundert besteht. Dieses Mißverständnis breitete sich da aus, wo die Bilder dieser Gattung als anekdotisch, als Situationsschilderung oder auch als Illustration von Handlungen angesehen werden. Vor einer solchen Interpretation, als anekdotisch, sollte warnen, daß zwar vielfach, bei Brouwer oder Ostade, eine punktuelle Situation, eine Handlung kurzlebiger Art auftreten kann, daß zugleich jedoch Elemente des Stillebens und des Innehaltens, der Dehnung der Zeit, festzustellen sind. Sehr deutlich wird dies bei den Genrebildern Vermeers, in denen mehrere Personen, etwa bei Musik und Wein, im schönen Innenraum beisammen sind, das Konversationsstück mit seinen Handlungselementen in traditioneller Weise fortgeführt ist, aber auch deutlich wird, wie sehr die Handlung nicht als Aktion zwischen Akteuren besteht, sondern in einer Art von Konzentration dieser Personen auf die Gegenstandswelt, die Gläser mit Wein, die Musikinstrumente usw.

Um die Interpretation eines der bedeutendsten Bilder dieser Art, Vermeers »Allegorie der Malerei« (Wien, Kunsthistorisches Museum), auch »Der Ruhm der Malkunst« oder »Das Atelier« genannt, entbrannte eine Gelehrtendebatte (Abb. S. 334). Von einer Seite wurde eine solche Interpretation versucht, in der das Bild als Illustration gesehen ist; auf der Gegenseite wurde der geglückte Versuch unternommen, verschiedene Schichten von ikonographischer Bedeutung freizu-

ABRAHAM BLOEMAERT
1564–1651

Bloemaert wurde fast neunzig Jahre alt, er war Zeitgenosse Rembrandts und gehörte doch zur Generation von dessen Lehrern. Er war der Hauptvertreter der Utrechter Manieristen und Vorstand wie Begründer der dortigen Lukasgilde, aber er arbeitete noch lange ins barocke 17. Jahrhundert hinein, als längst schon eine Enkelgeneration von Landschaftsmalern am Werk war.

Seine Bauernlandschaft läßt denn auch noch Elemente des Manierismus erkennen, etwa in der großen Spanne zwischen Vordergrundsgegenständen und der Weite des Horizonts oder in der Vereinigung von Kontrasten. Was die holländischen Landschaftsmaler von ihm übernehmen konnten, sind die Elemente des Pittoresken, die er an Gegenständen der Natur wie an den Hütten und Behausungen vorführt. Der malerische Reiz halbverfallener Katen, löchriger Reetdächer, vergammelter Zäune oder vermoderter Baumstrünke wurde seit Bloemaert wesentlicher Teil der niederländischen Landschaftsmalerei.

Bloemaert nahm auch eine Mittlerstellung ein zwischen der flämischen und holländischen Malerei. In seinen Bildern mythologischer Thematik oder auch in den biblischen Erzählungen schließt er an den internationalen flämischen Manierismus an, während er in der realistischen Drastik des ländlichen Genres die Holländer beeinflußte.

Abraham Bloemaert
Landschaft mit ruhenden Bauern, 1650
Öl auf Leinwand, 91 x 133 cm
Berlin, Gemäldegalerie, Staatliche Museen zu Berlin – Preußischer Kulturbesitz

JOOS DE MOMPER
1564 – UM 1634/35

Momper gilt zu Recht als der bedeutendste flämische Landschaftsmaler zwischen Pieter Breughel und Rubens. Der Einfluß Breughels ist auch in dieser Winterlandschaft zu spüren, und vermutlich hat dessen Sohn Jan auch einige der Staffagefiguren zu diesem Bild beigesteuert.

Mompers eigene Leistung liegt in der Verselbständigung der Landschaft als pittoresker Bildgegenstand. Symbolbedeutungen sind unerheblich geworden, der Aspekt der großen Weltlandschaft ist zurückgetreten, das Pittoreske zum Eigenwert geworden. Meist ist Mompers Bild in verschiedene Schichten durch eine Art von Kulissenstellungen geteilt, es bilden sich Silhouetten, abwechselnd von hellem Licht oder dunklen Gewitterwolken hinterlegt. Die Menschen bewegen sich auf verschlungenen Wegen zwischen tiefen Gründen, und diese Wege zu begehen scheint abenteuerlich.

Die atmosphärischen und meteorologischen Erscheinungen – Gewitter, Regen, Sonnenschein oder Schnee, wie hier – sind Ursache von malerischen Stimmungswerten. Damit ist ein wichtiger Schritt in der Entwicklung zum autonomen Landschaftsbild getan. In ihm ist die Landschaft nicht Schauplatz für etwas, sie ist mit allen ihren Erscheinungsweisen bereits eigenständiges Sujet.

Joos de Momper
Ländliche Winterlandschaft, um 1620
Öl auf Holz, 49,5 x 82,5 cm
Privatbesitz

JAN BREUGHEL D. Ä.

1568–1625

Jan Breughel d. Ä.
Großer Fischmarkt, 1603
Öl auf Holz, 58,5 x 91,5 cm
München, Bayerische Staatsgemäldesammlungen,
Alte Pinakothek

Breughels »Großer Fischmarkt« stammt aus dem Jahre 1603. Es ist ein Bild mit vielen Elementen der manieristischen Landschaftsmalerei. Fast schon aus der Höhe der Vogelschau öffnet sich der Blick über einen abfallenden Vordergrund mit Hunderten von Figuren um die Buden eines Fischmarkts bis zu einer Hafenbucht hinunter, geht weiter an der Küste entlang, über ganze Städte, Ruinen, Molen und Befestigungen – bis weit in der Tiefe die Berge ins Blau des Meeres übergehen.

Es ist eine »Weltlandschaft«, die sich vor unseren Augen auftut, in der aber in Einzelteilen Themen angelegt sind, die sich bald verselbständigen sollten. Die Szenen des Fischmarkts wurden in der flämischen Malerei, bei Snyders zum Beispiel, ein eigenes Sujet. Auch Stilleben mit den zum Verkauf ausgelegten Fischen zeichnen sich ab. Das Marinebild, das Ruinenstück und selbst die reine Landschaft sind hier noch zusammen in einem Bild zu finden. Selbst ein Familienbildnis glaubt man herauslösen zu können: In der Mittelgruppe des Vordergrunds wird ein Selbstbildnis des Malers mit seiner Familie vermutet. Vergleichbar hatte Rubens die Familie seines Freundes Breughel gemalt (London, Courtauld Institute).

Aus dem zweiten Jahrzehnt, also aus der Spätzeit Breughels, gibt es eine Reihe von Landschaftsbildern, die sich erheblich von den Weltlandschaften unterscheiden. Flaches Land mit wenigen Motiven, mit Windmühlen oder vereinzelten Häusern liegt im wechselnden Licht. Der Porträtcharakter hat zugenommen, Figurengenre ist nur noch sparsam eingesetzt. Wie in Landschaften von Rubens fahren auf den Wegen Bauernfuhrwerke einher, durch den diagonalen Zug verstärkt sich der Eindruck von Raumtiefe und Distanz. Daß es sich hier um ein flämisches und kein holländisches Landschaftsbild handelt, ist am ehesten am sehr hoch liegenden Horizont erkennbar.

Jan Breughel d. Ä.
Landschaft mit Windmühlen, um 1607
Öl auf Holz, 34 x 50 cm
Madrid, Museo del Prado

Die »Heilige Familie« läßt erkennen, weshalb der zweite Sohn Pieter Breughels den Beinamen Samt- oder Blumenbreughel erhielt. Es ist ein Kabinettstück der Feinmalerei, in dem sich Elemente des Blumenstücks, der Landschaft und des Andachtsbilds zu einem harmonischen Ganzen zusammenschließen.

Wie ein Triumphbogen umrahmt eine prunkvolle Girlande aus minuziös gemalten Blumen und Früchten, in denen sich die ganze Vielfalt der Natur spiegelt, die idyllische Szene. Sie bildet ein M, das für Maria steht, die wie in einem »beszlozzenen garten« sitzt und mit dem Jesuskind auf dem Schoß den Mittelgrund beherrscht. Neben ihr die Engel mit dem Lamm, dahinter Josef und der Ausblick auf eine Landschaft mit äsenden Rehen. Die Figuren hat Pieter van Avont beigesteuert – ein schönes Beispiel für die Arbeitsteilung nach Spezialgebieten innerhalb der niederländischen Malerei.

Jan Breughel d. Ä. Die Heilige Familie, o. J.
Öl auf Holz, 93,5 x 72 cm. München, Bayerische
Staatsgemäldesammlungen, Alte Pinakothek

Peter Paul Rubens
Die vier Philosophen (Selbstbildnis mit seinem Bruder Philipp, Justus Lipsius und Johannes Wouverius), um 1611
Öl auf Holz, 164 x 139 cm
Florenz, Palazzo Pitti, Galleria Palatina

PETER PAUL RUBENS
1577–1640

1611 verstarb plötzlich Philipp Rubens, der Bruder des Malers. Das wohl kurz darauf entstandene Gruppenbild sollte den humanistischen Kreis und sein Denken beschwören, in dem die Brüder aufgewachsen waren. Links am Bildrand steht der Maler, daneben der Verstorbene mit der Schreibfeder in der Hand, dann der Humanist Lipsius, der Lehrer, und rechts Johannes van de Wouwere. Der fünfte im Bunde ist Seneca, dessen Büste in einer Nische über allen wacht; durch eine Vase mit Tulpen hat man ihn geehrt, Lipsius war der Herausgeber seiner Schriften. Im Ausblick auf ein Stück Landschaft wird der römische Palatin sichtbar.

Ein Bach hat nach einem Gewitter Verwüstungen angerichtet, Felder und Wiesen überschwemmt, Bäume geknickt und stürzt jetzt im Vordergrund über einen Wasserfall nach unten. Der Gewitterhimmel ist wieder gelichtet, am Wasserfall zieht ein kurzer Regenbogen auf. Das Unwetter hat die friedliche Landschaft gestört.

Durch die am rechten Bildrand eingeführten Figuren wird das Geschehen zum Gleichnis für ein größeres kosmisches Ereignis. Als Jupiter und Merkur einst in Menschengestalt auf der Erde wandelten, waren es allein Philemon und Baucis, die sie aufnahmen und bewirteten. Die Götter überschwemmten darauf das ganze Land mit einem schrecklichen Unwetter, die beiden Alten aber überlebten das Unglück, und ihre Hütte blieb verschont.

So gibt es nichts von allen Erscheinungen der Erde, was nicht bei Rubens von den Göttern belebt und den dauernden Metamorphosen unterworfen wäre, die aus Bäumen und Flüssen Wesen machen oder Wesen in diese zurückverwandeln.

Peter Paul Rubens
Sturmlandschaft mit Philemon und Baucis, um 1620
Öl auf Leinwand, 147 x 209 cm
Wien, Kunsthistorisches Museum

Zur Vermählung von Rubens mit Isabella Brant, der Tochter eines Antwerpener Patriziers, dürfte das Doppelbildnis des Paares entstanden sein. Im Jahr zuvor war Rubens aus Italien zurückgekehrt, wo er sich am Hof von Mantua Ruhm und Ansehen verschaffte. Die Heirat war standesgemäß, und dies hält auch das Bild fest. Den Typus einer solchen Darstellung eines in Zuneigung vereinten Ehepaares kannte Rubens aus der italienischen Malerei des 16. Jahrhunderts. Er aber steigert die Bedeutung durch symbolische und emblematische Bezüge. Das Paar sitzt vor einer Ranke aus Geißblatt, auch »Jelängerjelieber« genannt, ein vielzitiertes Symbol für eheliche Liebe und Beständigkeit. Die ineinandergelegten Hände sind Zeichen für die vollzogene Trauung.

Überraschend an diesem Ehebildnis ist die minuziöse Gegenstandsbezeichnung, das akkurate Herausarbeiten der Stoffe, Spitzen und Stickereien. Wie ein Schmuckstück ist alles durchgearbeitet, wie zum Beweis der Kunstfertigkeit des Malers.

Peter Paul Rubens
Rubens und Isabella Brant in der Geißblattlaube, um 1609/10. Öl auf Leinwand auf Holz, 178 x 136,5 cm. München, Alte Pinakothek

Peter Paul Rubens
Die Ankunft der Maria de' Medici im Hafen von Marseille, um 1622–1625
Öl auf Leinwand, 394 x 295 cm
Paris, Musée National du Louvre

Unten:
Peter Paul Rubens
Raub der Töchter des Leukippos, um 1618
Öl auf Leinwand, 224 x 210,5 cm
München, Bayerische Staatsgemäldesammlungen, Alte Pinakothek

PETER PAUL RUBENS
1577–1640

1621 erhielt Rubens seinen wohl bedeutendsten Auftrag, nämlich für die französische Königinwitwe Maria de' Medici einen Bilderzyklus zu erstellen, der das Obergeschoß beider Flügel im neuerbauten Palais du Luxembourg schmücken sollte. Das Programm wurde vom Abbé de Saint-Ambroise ausgearbeitet, die Königin, auch Kardinal Richelieu und Rubens selbst machten Vorschläge zu den Bildern, die Ereignisse und Taten aus dem Leben Königs Heinrichs IV. und Marias schildern und verherrlichen sollten. Die insgesamt 21 Gemälde befinden sich heute im Louvre, die Alte Pinakothek in München besitzt 16 Skizzen dazu.

Das Gemälde zeigt eine Szene vom 3. November 1600: Maria landet in Marseille und wird von Allegorien Frankreichs und der Hafenstadt begrüßt. Darüber schwebt Fama; Neptun und Nereiden haben das Schiff begleitet und sichere Fahrt gewährt.

Der Anlaß für den Auftrag war nicht zuletzt politischer Natur. Maria war vom König als Regentin eingesetzt worden, als dieser in Todesahnung in den jülisch-klevischen Krieg zog. Am Tag nach der Krönung wurde Heinrich IV. ermordet. Die nun regierende Königinwitwe geriet bald in Auseinandersetzung mit ihrem Sohn, dem späteren Ludwig XIII. Der Zyklus der Gemälde sollte nun an hervorragendem Platz die Herrschaft und Legitimation Marias bekräftigen.

Es gab wohl keinen anderen Maler, der diesen Auftrag so hätte erfüllen können, nämlich die historische Wirklichkeit in überzeitliche Bedeutsamkeit zu überführen, die Grenzen zwischen Geschichte, Irdischem und dem Bereich der ewigen Mächte aufzuheben.

Den Inhalt des Gemäldes erkannte erst 1777 der Dichter Wilhelm Heinse bei der Lektüre von Theokrits Idyllen, worin sich die von Rubens gemalte Szenerie befindet: Castor und Pollux, die Söhne der Leda, letzterer von Zeus gezeugt und deshalb unsterblich, entführen während der Hochzeitsfeier die beiden Töchter des Leukippos von Argos, obwohl sie anderen, den Zwillingen Lynkeus und Idas, versprochen waren.

Daß das Bild nicht als Illustration von Mythologie gedeutet werden kann, ist offensichtlich. Man wird ihm eher gerecht, wenn man sich vor Augen führt, was Rubens nicht darstellte. So ist nicht der Kampf um die Leukippiden, nichts von der Hochzeit und nichts von der Verfolgung dargestellt. Die beiden Berittenen heben die beiden nackten Jungfrauen hoch, weniger zu sich aufs Pferd als schlichtweg hoch – beide blicken entzückt bis überwältigt nicht auf die Entführer, sondern zum Himmel auf. Darin enthüllt sich ein für Rubens typischer Bildsinn. Es handelt sich um eine Apotheose, eine Vergöttlichung, die hier geschieht, die Leukippiden werden dem Irdischen enthoben, sie werden geradezu hochgerissen in die olympischen Höhen des himmlischen Zeus. Obwohl die Szene zunächst bewegt und voller Spannung erscheint, hat Rubens die Aktion beruhigt, indem er die Bewegungen kunstvoll ineinanderfließen läßt.

Um das Jahr 1615 gab Kurfürst Maximilian I. von Bayern bei Rubens eine Serie von vier Jagdbildern in Auftrag, die zur Dekoration des Alten Schlosses in Schleißheim bestimmt waren. Die Franzosen entführten den Zyklus 1800 nach Frankreich, und nur »eine crudele Jagt wider monstrose Crocodilen«, wie Joachim von Sandrart in seiner »Teutschen Academie« von 1675 die »Nilpferdjagd« beschrieb, kehrte nach München zurück.

Blickpunkt und Zentrum der Komposition, auf die alle Aktionen konzentriert sind, ist das wilde Nilpferd. Die Handlung hat ihren dramatischen Höhepunkt erreicht, das Tier ist gestellt, wutschnaubend hat es seinen Rachen aufgerissen und zeigt den Jägern seine Zähne. Es ist mit solcher zoologischen Exaktheit geschildert, daß man annehmen darf, Rubens habe ein solches Tier mit eigenen Augen gesehen, vielleicht in einer fürstlichen Menagerie, und nach der Natur gezeichnet wie Dürer sein Panzernashorn.

Um das wilde Tier herum sind drei maurische Reiter mit ihren aufsteigenden Pferden gruppiert, ihre Lanzen sind auf den Mittelpunkt gerichtet. In dieser Richtung verläuft auch der Angriff der beiden Hunde links und des einen Kämpfers, der zur Hälfte unter dem Krokodil begraben liegt, das verzweifelt versucht, dem Getümmel zu entfliehen, während der Kampf für den rechts wie leblos am Boden Liegenden bereits beendet scheint. Über diesem öffnet sich der Blick auf den Horizont mit einer exotischen Landschaft.

Weit entfernt von der Wirklichkeit des Jagens, ist das Bild eher als eine Allegorie über den Kampf zwischen Mensch und Kreatur zu verstehen – dies ausgedehnt auf die ganze Breite und Vielfach der irdischen Erscheinungen. Ganz ähnliche Schemata benutzte Rubens auch in seinen Schlachtendarstellungen, womit sich unterstreichen läßt, daß weniger die Jagd als vielmehr der Kampf das Thema ist, bei dem beide, der Mensch und das Tier, eine Chance haben.

Die feurigen Pferde, die flink zuschnappenden Hunde, die bekleideten und nackten Leiber der Jäger – alles wirbelt und dreht sich um den Körper des dicken, aber in seiner Wut gefährlichen Nilpferds. Nackt und bekleidet, glänzend glatt und schuppig, schwarz und weiß, hochsteigend und am Boden liegend, das Bild erscheint wie eine Auseinandersetzung aller Erscheinungsformen, die eine sagenhaft große und exotische Welt kennt – beklemmend und schön zugleich.

Peter Paul Rubens
Jagd auf Nilpferd und Krokodil, um 1615/16
Öl auf Leinwand, 248 x 321 cm
München, Bayerische Staatsgemäldesammlungen, Alte Pinakothek

Peter Paul Rubens
Die drei Grazien,
1639
Öl auf Leinwand,
221 x 181 cm
Madrid, Museo del
Prado

PETER PAUL RUBENS
1577–1640

»Die drei Grazien« gehören zu den letzten Werken des Malers. Seit etwa 1620 hatte er das Thema mehrmals dargestellt, aber erst zuletzt in der von der Antike vorgegebenen Form, so daß sie einen Reigen bilden und eine der drei uns den Rücken zuwendet: »Sie waren die Göttinnen der Annehmlichkeit, Wohltaten und Dankbarkeit ... ohne sie war nichts anmuthig und gefällig. Sie ertheileten den Menschen die Freundlichkeit, das aufgeräumte Wesen, die Holdseligkeit und Gesprächigkeit ... Sie wurden als drey schöne Jungfrauen vorgestellet, und zwar entweder ganz nackend ... oder auch mit einem dünnen durchsichtigen Zeuge bekleidet ... Sie stunden alle dreye so beysammen, daß ihrer zwo die Gesichter gegen den, der sie ansah, zu, und nur eine dasselbe ihm abkehrete.«

Rubens' spätes Bild mit den nackten Figuren beweist die außergewöhnliche Farbgebung des Malers im Inkarnat, also der menschlichen Hauttöne. Rubens baut sie mit den drei Grundfarben auf, der Farbtrias aus Gelb, Rot und Blau. Recht deutlich ist hier der ansonsten ungewöhnliche Anteil von Blau. Dadurch trägt die menschliche Figur die gleichen Grundfarben in sich, die zugleich den ganzen Kosmos der Farberscheinungen der Welt erstellen, all das, was hier in der Landschaft und den Blumen, dem Himmel und den Bäumen versammelt ist.

Pieter Lastman
Odysseus und Nausikaa, 1619
Öl auf Holz, 91,5 x 117,2 cm
München, Bayerische Staatsgemäldesammlungen,
Alte Pinakothek

PIETER LASTMAN
1583–1633

Daß Lastman in Italien war und dort vor allem unter dem Einfluß von Elsheimer stand, zeigt sich auch im Bild vom nackten und gestrandeten Odysseus, wie er von Nausikaa und ihren Gefährtinnen gefunden wird. Bildaufbau wie einzelne Gesten und Pathosformeln sind theatralisch, Szenerie und Aufwand stellen Bedeutung her. Durchaus originell ist, wie vor dem hellen Himmel die Figuren in den Formen der Überraschung und des Erschreckens mit ausgebreiteten Armen dargestellt sind – ein Motiv, das Rembrandt bald aufnehmen sollte. Vor allem eines ist jedoch an diesem Bild auffallend, ein Element, das in der nachfolgenden holländischen Malerei Zukunft haben sollte. Es ist das Element des »Portrait historié«. Man gewinnt den Eindruck, als ob ein historisches Stück von ganz bestimmten Personen aufgeführt würde, so, als würden diese in einer Theaterrolle porträtiert. Damit beginnen Historienstück und Wirklichkeit der Handelnden auseinanderzuklaffen.

In diesem Bild sieht der nackte Odysseus nicht nur wie der große Held des Trojanischen Krieges aus, er ist in seiner Rolle auch menschlich, allzumenschlich karikiert. Im gleichen Maße, in dem Lastman den gegenständlichen Aufwand seiner Requisiten steigerte, nahmen auch sein Realismus und seine erzählerische Drastik zu. Der junge Rembrandt griff diese Spannung wieder auf.

FRANS HALS
UM 1581/85–1666

Das Bildnis der St.-Georgs-Schützen ist das erste große Gruppenporträt von Frans Hals, das erste monumentale Schützenstück der neuen holländischen Malerei überhaupt. Neben den »Vorstandsgremien« öffentlicher, karitativer oder beruflicher Vereinigungen vergaben die Schützengesellschaften die meisten Aufträge für Sammelporträts, die im Laufe des Jahrhunderts enorme Ausmaße annahmen. Die »Doelen-Stücke« hatten auch dokumentarischen Wert, es gab Namenslisten der Dargestellten, und in den Vereinshäusern wurden sie an Ehrenplätzen aufgehängt.

Die »Schützenstücke« waren Ausdruck eines barocken Repräsentationswillens, dessen Tradition bis ins Mittelalter zurückreicht. Seit dem 13. Jahrhundert gab es in den niederländischen Städten Schützenvereinigungen. Sie hatten eine wichtige Funktion in der Selbstbehauptung der Städte gegenüber der Feudalherrschaft und gewannen vor allem im Freiheitskampf der Niederlande politische wie militärische Bedeutung.

Bereits 1599 hatte Cornelis van Haarlem die Offiziere der Georgsschützen porträtiert. Ihm gegenüber revolutionierte Hals den Bildtyp, machte aus einer Reihung von einzelnen Bildnissen eine zusammenhängende Szenerie, deren Anlaß das Festbankett ist. Es ist jedoch keine Momentaufnahme von einer Tafelrunde, sondern eine äußerst witzig kalkulierte Komposition, in der zum einen ein szenischer Zusammenhang zwischen allen Beteiligten hergestellt ist und zum anderen jeder für sich als Individualität posiert und agiert. Das Problem, eine vielfigurige Gruppe unterschiedslos nach dem Rang der Personen ins Bild zu bringen, hat Hals hier auf neue und überzeugende Weise gelöst.

Der junge Mann mit einem Totenschädel wurde auch als »Hamlet« bezeichnet, was falsch sein dürfte. Handelt es sich doch hier um eine holländische Vanitas-Allegorie. Wie in entsprechenden Stilleben mit dem gleichen Requisit ist eine Mahnung ausgesprochen, nämlich jederzeit, auch in der Jugend, an den Tod zu denken. Allerdings ist mit einem solchen Verweis zwar ein Bildinhalt, aber noch keineswegs die eigentliche Bildbedeutung berührt. Sie ist da zu suchen, wo Hals ein Thema des Utrechter Caravaggismus aufgriff und dahin gehend veränderte, daß hier ein Modell, ein junger Bursche, mit besonderen Requisiten ausgestattet ist und nun dargestellt ist, wie er für ein Bild posiert. Dies ist die eigentliche Aktion, und sie ist sehr ähnlich der des jungen Rembrandt vor der Staffelei, an der stehend er sich gleichzeitig in ähnlicher Draperie malte.

Gegenüber den Utrechtern bestehen bei aller Abhängigkeit erhebliche Unterschiede. Die Figur entwickelt sich nicht aus dem Dunkel zum Licht hin, sie ist hell hinterlegt. Effekte des »Trompe-l'œil«, die scharf verkürzte ausgestreckte Hand und der fast vor der Bildebene liegende Schädel sind Bravourstücke, in denen weniger Augentäuscherei als malerischer Witz das Wichtigste ist.

Frans Hals
Festmahl der Offiziere der St.-Georgs-Schützengilde in Haarlem, 1616
Öl auf Leinwand, 175 x 324 cm
Haarlem, Frans-Hals-Museum

Frans Hals
Junger Mann, einen Schädel haltend, um 1626
Öl auf Leinwand, 92 x 81 cm
London, National Gallery

Frans Hals
Fröhlicher Zecher,
1628
Öl auf Leinwand,
81 x 66,5 cm
Amsterdam,
Rijksmuseum

Frans Hals
Die Zigeunerin,
um 1628–1630
Öl auf Holz,
58 x 52 cm
Paris, Musée
National
du Louvre

FRANS HALS
UM 1581/85–1666

Neigt das holländische Bild dazu, die Bildebene nach vorn zu durchbrechen, also Effekte des »Trompe-l'œil« herzustellen, so nähert sich uns der »Fröhliche Zecher« nicht nur in seiner Geste – er reicht uns das Weinglas aus dem Bild heraus –, sondern die Bildgegenstände sind in ihrer Optik sehr nahe, erfahrbar, unmittelbar. Mit den umgekehrten Mitteln wie denen der Feinmalerei wird dies erreicht. Der Gegenstand wird nicht imitativ nachgezeichnet, sondern verlebendigt, indem im Pinselstrich Andeutungen seiner Erscheinung im Licht erfolgen. Diese Andeutung ist so präzise gesetzt, daß der Betrachter einen ganz frischen Eindruck von der Erscheinung gewinnt.

Die Darstellung der sogenannten »Zigeunerin« liegt in der Mitte zwischen Porträt und Genrebild. Der frech-ungenierte Gesichtsausdruck und die provozierende Aufmachung sind eindeutig, deutlich aber handelt es sich auch um ein Porträt einer ganz bestimmten Person aus dem Dirnenstand. Wie auch bei anderen Genreporträts dieser Art sind Derbheit, Schmutzigkeit, Grobheit und Häßlichkeit zwar ein interessantes Motiv, aber dies wird durch die Malweise aufgehoben.

Wichtig ist das, was vom Gegenstand als Momentanes, Spontanes abgelesen wird, und dies ist etwas Flüchtiges, Veränderliches, das aus einem kurzen Eindruck besteht, bei dem keine Zeit bleibt, über den moralischen Gehalt zu grübeln. So gesehen sind die Genreporträts von Hals geradezu unmoralisch. Denn sie verherrlichen den Sinneseindruck und die Augenfreude und machen das Grübeln über den Sinn dahinter lächerlich.

Ein reicher Kaufmann präsentiert sich in ritterlicher Attitüde. Der Rosenstrauch, das Weinblatt auf dem Boden und das Liebespaar im Hintergrund dürften als Vergänglichkeitssymbole zu deuten sein, an die Mühsal des Erwerbs irdischer Güter erinnernd; vielleicht handelt es sich bei der von einem Vorhang drapierten Tür um die Pforte des Marstempels, der im alten Rom in Friedenszeiten verschlossen war.

Für gewöhnlich sind auch holländische Porträts mit solchen versteckten Hinweisen auf die Person des Dargestellten ausgestattet, die in diesem Fall besagen, daß ein Kaufmann hier in seiner Verantwortung in Friedens- wie in Kriegszeiten dargestellt ist. Dabei sind weder Pose noch symbolische Attribute leere Zeichen, sondern prächtige Ausstaffierung eines sich als bedeutend darstellenden Mannes. Das Parvenühafte, das vielen holländischen Standesporträts anhängt, die allzu noble Kostümierung biederer Bürger, wird durch das Doppelbödige der Bildform aufgehoben. Sind doch all die schönen Dinge nur Würdeform, eitler Tand und Maskerade, schön – und doch vergänglich.

Frans Hals
Bildnis des Willem van Heythuysen, um 1625–1630
Öl auf Leinwand, 204,5 x 134,5 cm
München, Bayerische Staatsgemäldesammlungen,
Alte Pinakothek

FRANS HALS
UM 1581/85–1666

Frans Hals
Die Regentinnen des Altmännerhauses in Haarlem, 1664
Öl auf Leinwand, 170,5 x 249,5 cm
Haarlem, Frans-Hals-Museum

Die beiden großformatigen Gruppenporträts der Regenten und Regentinnen des Altmännerhauses in Haarlem stellen nicht nur ein letztes großes Werk des – neben Rembrandt – bedeutendsten Bildnismalers dar, sie sind auch die letzten historisch bedeutenden Beispiele dieser Gattung.

Während bei Hals zuvor die einzelnen Gesten, Haltungen und Posen einen festlichen und mehr als momentanen Zusammenhang herstellten, isolieren sich jetzt die Einzelteile, die Individuen. Die Gesichter über den weißen Kragen schwimmen geradezu in der dunklen Folie eines schwer auszumachenden Raumes. Einer »Zersetzung« des Gegenständlichen entspricht der Einsatz der Farbe, der beschrieben wurde als Duktus in nicht mehr durchgehendem Bewegungsstrom, sondern abgehackt, bröckelig, zu müden Farbparzellen geronnen. Manchmal leuchtet noch Rot über schwarzem Grund auf – wie ein letzter Rest von Glut in der Asche.

Wenn bislang die Vanitas-Ikonographie, die Thematik von der Vergänglichkeit, in der holländischen Malerei sich in bestimmten Symbolen ausdrückte, so scheint jetzt das bislang Vitalste, das Gruppenbildnis, dem Vergänglichkeitsgedanken anheimgestellt zu sein. Alter und Tod bedrohen das, was einst Aktivität und Geselligkeit war.

DIRCK HALS
1591–1656

Dirck Hals
Fröhliche Gesellschaft, o. J.
Öl auf Holz, 45 x 67,5 cm
Winterthur, Sammlung Reinhart

Dirck Hals ging bei seinem älteren Bruder Frans in die Lehre. Doch während Frans sich auf das Porträt spezialisierte, malte Dirck vornehmlich Genre- und Konversationsstücke nach Art von Esasias van de Velde und Willem Pietersz. Buytewech. Seit den zwanziger Jahren ließ er vielfach die Figuren auf seinen Bildern durch einen eigenen Spezialisten, Dirck van Deelen, hinzufügen. Er bevorzugte einen höfischen Rahmen und vornehme Gesellschaften, während die »Fröhliche Gesellschaft« die thematische Tradition des Bordellbildes und der Erzählung vom verlorenen Sohn aufnimmt. Das Bett links im Hintergrund, die Handgreiflichkeiten der Paare sind eindeutig. Zugleich aber handelt es sich um ein »Fünf-Sinne-Bild«: Nicht nur der Tastsinn wird befriedigt, es wird musiziert und gesungen, geraucht und getrunken, die Augen sind in einen geleerten Krug oder in das Mieder einer Dame versunken.

Der Innenraum macht anschaulich, wie in Holland Bilder aufgehängt wurden. An einer schäbigen Wand hängen sie hier durcheinander wie ohne System, eine Landschaft, ein Marinebild, ein Porträt. Es zeigt sich, daß das gemalte Bild jetzt auch etwas sehr Beiläufiges sein konnte, billiger oder teurer, besser oder schlechter gemalt, aber nicht mehr mit außerbildlichen, etwa ikonographischen Bedeutungen befrachtet.

ROELANT SAVERY
1576–1639

Von Typus und Formulierung überholt, erweist sich Saverys Bild als ein Nachzügler des späten Manierismus. Landschaften als phantasievolle Kombinationen heterogener, natürlicher wie erfundener Teile wurden jetzt abgelöst durch Ausschnitte aus einer vertrauten Umgebung, Tierbilder im Sinne eines zoologischen Musterbuchs wurden ersetzt durch Porträts einheimischer Haustiere.

Saverys Bild will eingehend gelesen und genossen werden, seine Kunst besteht in Gelehrsamkeit und Kenntnissen, die das Interesse der Zeit an der aufkommenden Naturwissenschaft und an Exotik spiegeln. Das neue holländische Bild dagegen will empfunden und belauscht werden, es appelliert an die Sinne. In seiner aufzählenden Art ist die Landschaft mit Vögeln flämischen Blumenstilleben vergleichbar, in denen auch lange die botanische Vielfalt gebündelt vorgezeigt wurde. Ihren Ursprung hat Saverys Bildform in Paradiesdarstellungen des 16. Jahrhunderts, wo um Adam und Eva die Vielfalt der Tierwelt friedlich versammelt war. Häufig ist die Szenerie durch malerische Ruinen nach Art des Maerten van Heemskerck bestückt, ein Sujet, das die italienisierende Landschaftsmalerei dankbar aufgriff. In seinen zahlreichen Zeichnungen hat Savery in ebenso spontanen wie präzisen Einzelstudien niedergelegt, was er dann im Bild zusammenkomponierte.

Roelant Savery
Landschaft mit Vögeln, 1628
Öl auf Holz, 42 x 57 cm
Wien, Kunsthistorisches Museum

FRANS SNYDERS
1579–1657

Wie sich in Amsterdam um Rembrandt ein Kreis von Spezialisten für einzelne Genres bildete, so war es schon vorher in Antwerpen um Rubens der Fall. Hier arbeitete Snyders häufig mit ihm zusammen, wenn es darum ging, Gemälde durch Arrangements von Gegenständen auszustaffieren. Umgekehrt übertrug Snyders barocke neue Prinzipien von Rubens in sein Fachgebiet, das Prunkstilleben. Dabei gelangte er zu einigen neuen Bildtypen in diesem Bereich.

Zunächst ging er aus von den großen Kücheninterieurs und Vorratskammerbildern der flämischen Manieristen wie Aertsen oder Beuckelaer. Wo bei diesen die Gegenstände aber »episch« gereiht waren und in größtmöglicher Breite erscheinen sollten, dynamisierte Snyders seine Stilleben. Er schuf das Jagdstillleben, in dem nicht nur das Wildbret aufgereiht präsentiert wurde, sondern auch noch die Jagd selbst ausklingend mit einbezogen war, wo jedes Tier, ob tot oder lebendig, noch agierte und seine Geschichte erzählte. In der Tierdarstellung war er zu seiner Zeit unübertroffen. Wo das holländische Stilleben »Wahrheiten« verschlüsselte und an die Vergänglichkeit mahnte, inszenierte Snyders eine theatralische Aufführung, die den Reichtum der Welt vorstellte. Ein ebenso bewegtes Szenarium schildert Snyders auch in seinen »Vorratskammer«-Bildern, einer Variante des Jagdstillebens.

Frans Snyders
Großes Stilleben, 1614
Öl auf Leinwand, 156 x 218 cm
Köln, Wallraf-Richartz-Museum

FRANS FRANCKEN D.J.
1581–1642

Frans Francken d.J.
Gastmahl im Hause des Bürgermeisters Rockox, um 1630–1635
Öl auf Holz, 62,3 x 96,5 cm
München, Bayerische Staatsgemäldesammlungen, Alte Pinakothek

Der Titel des Bildes verleitet dazu, in ihm eine Situationsschilderung zu sehen. Wir erkennen jedoch nicht den Hausherrn, und bei näherer Betrachtung entpuppen sich die Herren und Damen als Vertreter einer Fünf-Sinne-Darstellung (Musik = Gehör; Mann, der ein Bild betrachtet = Gesicht; Dame, die an der Rose riecht = Geruch; Weintrinker = Geschmack; die sich am Kamin wärmen = Gefühl).

Vor allem aber ist dies eine Allegorie auf den Kunstsinn des Auftraggebers. Der humanistisch gebildete Jurist und Bürgermeister hatte sich 1603 ein großes Haus gekauft, das er umbauen und als Kunstkammer einrichten ließ. Franckens Gemälde zeigt den Hauptraum mit den bedeutendsten Stücken, darunter Antiken. Über dem Kamin hängt das heute in London aufbewahrte Rubens-Bild mit Samson und Dalila, im Durchblick des Hintergrundes gerade noch sichtbar dessen »Ungläubiger Thomas«, von Rockox für seine Grabkammer bestellt. Mehrere andere Gemälde, von Massys bis Hemessen, sind noch zu erkennen.

Der Einblick in eine großbürgerliche Kunstkammer gibt auch einen Begriff von der Schwierigkeit, den eigentlich noch mittelalterlichen Raum für eine Sammlung zu nutzen. Für die antiken Büsten mußte ein Bord an die Wand gehängt werden, kleinere Bilder stehen ganz hoch auf dem Karnies der Wandbespannung.

CORNELIS DE VOS
UM 1584–1651

Cornelis de Vos
Die Familie des Malers, um 1630–1635
Öl auf Leinwand, 144,5 x 203,5 cm
Gent, Museum voor Schone Kunsten

Das Familienbild des Malers, in den späten zwanziger Jahren entstanden, ist geeignet, Unterschiede zwischen der flämischen und der holländischen Malerei deutlich zu machen. De Vos war eine Zeitlang Mitarbeiter von Rubens und schuf zusammen mit Jordaens nach Entwürfen von Rubens unter anderem eine Triumphbogenarchitektur zum Einzug des Kardinalinfanten Ferdinand in Antwerpen. Er war der Schwager von Snyders, er war ein guter Handwerker und Handlanger an den großen barocken Apparaten des Rubens-Kreises.

Wenn es darum ging, in einer eigentlichen Domäne der Holländer, im Gruppenporträt, zu malen, zeigen sich bei ihm Schwierigkeiten. Dort, wo die Holländer nämlich nuancieren, psychologische Unterscheidungen treffen und Individualitäten herauszeichnen, entsteht bei de Vos eine trockene Aufzählung. Das flämische Bild lebt von szenischer Bewegung. Im Zwang zur Aufzählung verliert es seinen Charakter. Für den holländischen Bildnismaler dagegen stellt das Gruppenporträt eine willkommene Herausforderung dar. Die Lösung der Aufgabe, das Stereotype zu durchbrechen und Charaktere einzeln herauszustellen, das gab genügend Handlung für ein Bild ab. De Vos wurde gerühmt, weil er den Blick seiner Porträtierten gut sprechen lasse. Hier aber blicken alle, Eltern wie Kinder, gleichmäßig auf den Betrachter – und das wirkt irritierend.

HENDRIK AVERCAMP
1585–1635

Der taubstumme Avercamp, wegen seines Gebrechens auch »De Stomme van Campen« genannt, war noch ein Schüler Pieter Breughels d. Ä. Da er sich zunächst weitgehend an dessen Landschaftsbildern orientierte, mag ein Vergleich zwischen beiden angebracht sein. Während bei Breughel jede auch noch so unbedeutend erscheinende Figur eben doch etwas bedeutet, hintergründig moralische »Wahrheiten« oder Sentenzen ausdrückt, hat sich bei Avercamp das Genremäßige weitgehend verselbständigt, ist der landschaftliche Schauplatz im Wechsel der Jahreszeiten Ort von einfachen und spaßigen Lustbarkeiten geworden. Bevorzugt malte Avercamp die spiegelglatte Fläche gefrorener Kanäle und Seen, auf denen sich Dorfbewohner bei Schlittschuhlauf und Golfspiel vergnügen oder elegant gekleidete Bürger lustwandeln.

Pieter Breughel war der erste, der den Winter als landschaftliche Stimmung malte. Avercamps Winterbilder haben das Atmosphärische und die Kühle von Licht und Luft zu einem wesentlichen Element des Bildes gemacht. Obwohl seine Landschaften noch manieristische Züge tragen, so etwa in der großen Spanne zwischen den Dingen im Vordergrund und der Bildtiefe oder in der Verteilung vieler Figuren über den Schauplatz, so ist ebenso der Anfang zur »Tonigkeit« der neuen holländischen Landschaft gemacht.

Hendrik Avercamp
Winterfreuden in Yselmuiden, um 1613
Öl auf Holz, 47 x 73 cm
Genf, Musée d'Art et d'Histoire

HENDRICK TERBRUGGHEN
UM 1588–1629

Terbrugghens Bild des Lautenspielers, der von einer vollbusigen Sängerin begleitet wird, die den Takt mit den Händen mitklatscht, entstand ein Jahr vor seinem Tod. Der Maler war neben Baburen und van Honthorst sicher der bedeutendste unter den Utrechter Caravaggio-Nachfolgern, wenngleich er zu Lebzeiten nicht sonderlich beachtet wurde.

In extrem ausgeleuchteter Modellierung sind sinnliche und realistische Reizwerte in den Vordergrund des Bildes gepreßt. Es ist ein »lautes« Bild, weil der Versuch gemacht ist, beim Betrachter »anzukommen«, ihn mit Kunstmitteln wie einer raffinierten Beleuchtung zu überreden und zu fesseln.

Ein beliebtes und geradezu durchgehendes ikonographisches Gerüst gibt für solche Bilder die Thematik an: die Einteilung in die »fünf Sinne«. Gehör (wie hier), Geruch, das Sehen, das Fühlen und das Schmecken werden, oft auch in Serien, als Begriffe verkörpert und in der Malerei Hollands häufig auch in Genreszenen vorgeführt. Die Bilder von Musikanten, Tafelrunden, Gelagen, raufenden Bauern – sie sind letztlich Verkörperungen der allegorischen Begriffe dieser »fünf Sinne«. Dabei sind aus der vorangehenden Malerei, vor allem Italiens und besonders Caravaggios, Pathosformeln und Bildstrukturen übernommen, die zunächst Themen auf einer höheren Ebene zugeordnet waren.

Hendrick Terbrugghen
Das Duo, 1628
Öl auf Leinwand, 106 x 82 cm
Paris, Musée National du Louvre

Jacob Jordaens
Allegorie der Fruchtbarkeit, um 1622
Öl auf Leinwand, 180 x 241 cm
Brüssel, Musées Royaux des Beaux-Arts

Jacob Jordaens
Die Familie des Malers, um 1621
Öl auf Leinwand, 181 x 187 cm
Madrid, Museo del Prado

JACOB JORDAENS
1593–1678

In der Mitte eines Kreises nackter Leiber steht eine Frau, mit einem roten Umhang bekleidet und dadurch ausgezeichnet. In diesem Tuch präsentiert sie, bestaunt von den anderen, weiße und rote Trauben. Diese bilden den Mittelpunkt des Bildes, ein Gottesgeschenk. Es dürfte sich um Pomona handeln, die Göttin der Früchte. Zunächst sind es die Trauben, die von den Nymphen und Satyrn bewundert werden, nachdenklich und voll Erstaunen hält man sie in Händen. Links jedoch schleppt eine Gestalt ein riesiges Bündel von Kirschzweigen, Artischocken, Obst und Melonen heran. Dadurch und durch die Art, wie die Früchte sich über das ganze Bild verteilen, erinnert die Tafel an ein Prunkstilleben im Stile von Snyders. Überschneidungen zweier verschiedener Bildgattungen sind keine Seltenheit in der niederländischen Barockmalerei. Verbindungen eines Figurenbildes von Rubens mit einem Blumenstück von Breughel sind nur ein Beispiel dafür.

Weitere Versionen dieses Themas von der Hand des Jordaens gibt es in München, Madrid und London. Stets erstaunt dabei, mit welcher Freiheit der Maler die nackte menschliche Gestalt einsetzt. Im Brüsseler Bild bildet der Rückenakt einer Nymphe die Symmetrieachse. Links hockt ein nackter Satyr, dem Betrachter ungeniert zugewendet, während rechts der Rücken einer nackt Kauernden die Entsprechung bildet. Einzelne Figuren solcher Kompositionen von Jordaens lassen sich auch bei Rubens nachweisen.

Der jungen Frau, die links in einem Sessel sitzt, begegnen wir wieder im Münchner Bild vom »Satyr beim Bauern« gegenüber. Es ist Catharina, die Frau des Malers, Tochter des Adam van Noort, bei dem Jordaens in die Lehre ging und auch Rubens gelernt hatte. Sie ist vornehm gekleidet, angetan mit einer großen Halskrause, einem Wagenrad. Die kokett-verschämt lächelnde kleine Tochter zieht sie zu sich heran. Jordaens steht neben seinem Stuhl, eine Laute in der Hand, einen Fuß hat er höher auf die Zarge des Stuhls gesetzt, womit er eine für noble Herren reservierte Pose des Triumphs einnimmt (so setzt man den Fuß auf den unterlegenen Gegner oder das erlegte Wild). Dahinter steht eine Dienerin mit einem Korb voll schöner Trauben. Zwei weitere originell komponierte Gruppenbildnisse, »Jordaens und die Familie seines Schwiegervaters«, befinden sich in Kassel (Gemäldegalerie) und St. Petersburg (Ermitage).

Ausstattung und Requisiten des Familienbildes verraten deutlich den Anspruch des Künstlers auf Anerkennung als Edelmann im Sinne eines Künstleradels. Rubens hatte diesen als erster in die Tat umgesetzt, sein Haus als Palais eingerichtet und sich auch ein Landschloß zugelegt. Ähnlich wie bei Rubens sind auch bei Jordaens die Pathosformel und das »Requisitäre« der Erscheinungen zugleich menschlich erfüllt und vital vorgetragen. 1618/19 hatte Jordaens in dessen Werkstatt gearbeitet, und nach 1640, dem Todesjahr von Rubens, trat er dessen Nachfolge als führender Meister der flämischen Malerei an.

Das Bild ist eine frühe Fassung eines von Jordaens noch mehrmals behandelten Themas. Die Münchner Version erinnert in den starken Hell-Dunkel-Kontrasten sehr an den Utrechter Caravaggismus. Ähnlichkeiten zu Gemälden von Honthorst bestehen in dem Agieren der Figuren auf den Betrachter zu, im Herausmodellieren realistisch gezeichneter Körperlichkeit aus dem dunklen Grund. Kontraste werden geradezu genießerisch vorgestellt, etwa zwischen dem häßlichen braunen Satyr und der hellhäutigen jungen Frau, der runzligen Alten und dem pausbäckigen Kind.

Den Vorwurf für diese Genreszene lieferte eine Fabel von Äsop. Ein Bauer hat einen Satyr in seine Hütte eingeladen. Zuerst muß er zusehen, wie der Bauer in seine Hände bläst, um sie zu wärmen, und wie er dann seine Suppe bläst, um sie zu kühlen. Der Satyr fühlt sich zum Narren gehalten und springt auf.

Allerdings handelt es sich bei Jordaens um keine bloße Illustration der antiken Fabel, sondern um eine Verknüpfung von Genre- und Historienbild, wie sie als niederländische Erfindung angesehen werden kann. Der nackte Satyr aus der griechischen Mythologie ist in einen flämischen Haushalt aufgenommen worden. Die junge Frau (Catharina Jordaens) und die Kinder dürften Porträts sein. Auch die rustikalen Gegenstände und das Vieh entstammen einem flämischen »Haushalt«. Das Kunterbunt von Mythos und Genre, Vergangenheit und Aktualität, Fabel und Moral aus der Geschichte wurde erst durch Rubens so möglich. Auf höherer Ebene – das beste Beispiel ist dafür der Medici-Zyklus – gibt es bei Rubens Verknüpfungen von historischer Wirklichkeit und Aktualität und der Überwelt, Bilder davon, wie diese eingreift in das menschlich Tun und Handeln.

Jacob Jordaens
Der Satyr beim Bauern, nach 1620
Öl auf Leinwand auf Holz, 174 x 205 cm
München, Bayerische Staatsgemäldesammlungen, Alte Pinakothek

Willem Claesz. Heda
Stilleben (Frühstückstisch mit Brombeerpastete), 1631
Öl auf Holz, 54 x 82 cm
Dresden, Gemäldegalerie Alte Meister

WILLEM CLAESZ. HEDA
UM 1593/94–1680

Dargestellt ist ein »ontbijtje«, ein Frühstückstisch. Damit ist jedoch das, was hier zu einem Stilleben zusammengefügt ist, nur sehr mangelhaft beschrieben. Die Bezeichnung rührt auch daher, daß man in Holland die Dinge gern beim Namen nannte und das Wort »Stilleben« bis um 1650 überhaupt nicht kannte. »Ontbijtjes« waren eine beliebte Form des Haarlemer Vanitas-Bildes. Die Reste eines Frühstücks stehen noch auf dem Tisch, das Tischtuch ist zusammengerafft, eine Zitrone halb geschält, der Kuchen nur zu einem Viertel gegessen, eine Trinkschale ist umgestürzt, ein Glas zerbrochen. Vor allem die Uhr erinnert an die vergängliche Zeit. In den Resten von Tafelfreuden wird die Eitelkeit allen irdischen Seins aufgezeigt.

Weil aber andererseits ein äußerst kunstvolles Arrangement vorliegt, in dem die einzelnen Dinge Glanz und Reize ihrer Materialien entfalten, ist etwas Doppeldeutiges entstanden. Das, was an Vergänglichkeit, Zerstörung und Verwesung erinnern soll, ist zu einer Augenfreude geworden, die ikonographische Funktion zu einem Alibi.

Die Reduktion der Buntfarben läßt die Reflexe der Metalle und Gläser um so schöner erscheinen. Man spricht von »monochromen banketjes« und meint damit die Steigerung der Oberflächenreize durch die Zurücknahme von farbigen Eigenwerten.

Gerrit van Honthorst
Der ungläubige Thomas, um 1620
Öl auf Leinwand, 125 x 99 cm
Madrid, Museo del Prado

GERRIT VAN HONTHORST
1590–1656

Seit 1610 hielt sich Honthorst im Rom auf, wo man ihn wegen seiner Vorliebe für Nachtstücke mit besonderen Beleuchtungseffekten auch »Gherardo delle Notti« nannte. »Der ungläubige Thomas« dürfte gegen Ende seines Italienaufenthalts entstanden sein, also bevor er 1622 nach Utrecht zurückkehrte. Der Einfluß Caravaggios, dessen Werke er in Rom studierte, ist unübersehbar. Der Kontrast zwischen dem Dunkelgrund des Bildes und einer Erhellung der wesentlichen Teile der Szenerie aus einer unsichtbaren Lichtquelle betont weniger das Wundersame des Geschehens als dessen realistischen Aspekt: Thomas hat tatsächlich zwei Finger in die Wunde Christi gesteckt. Gerade aber die vordergründige Wirklichkeit soll das Überirdische sichtbar machen.

Lichtquelle und Lichtführung sind zunächst bei Caravaggio, aber auch bei seinen Nachfolgern nicht völlig rational berechenbar, eher ein selbstständiges Prinzip. Beim späteren Honthorst wird das Licht jedoch meist gegenständlich erklärt, sei es als Kerze oder Laterne, die auch häufig vordergründig durch eine Figur verdeckt ist.

Nach Utrecht zurückgekehrt, wurde Honthorst der bedeutendste Vertreter einer an Caravaggio geschulte Gruppe von Malern. Hier übersetzte er die zunächst vorherrschende religiöse Thematik der Hell-Dunkel-Bilder in volkstümliche Genreszenen.

JAN VAN GOYEN
1596–1656

Die beiden Landschaften stehen am Anfang einer Periode im Schaffen van Goyens, die »monochrom« oder »tonig« genannt wird. Gemeint ist, daß in dieser Zeit die Buntfarben aus den Bildern zunehmend zurücktreten zugunsten des Atmosphärischen, das heißt der Darstellung jenes licht- und dunsterfüllten Raumes, den die Farbe an den Gegenständen durchdringen muß. Daß gerade die Reduktion der bunten Lokalfarben den Farbeindruck verstärken kann, beschreibt der Dichter Paul Claudel als folgendes Erlebnis: »Ich fühlte mich ... angezogen oder, besser gesagt, festgehalten von einem kleinen Bild, das sich bescheiden in einer Ecke versteckt hielt ... Es war eine Landschaft in der Art van Goyens, in einem einzigen Farbton wie mit vergoldetem Öl auf leuchtenden Rauch gemalt. Aber was mich aus der Entfernung zum Erzittern gebracht hatte, was das gedämpfte Ganze für mich wie eine Trompete schmettern ließ, ich begreife es jetzt: es war ein kleiner zinnoberroter Punkt neben einem Atom von Blau, ein Salzkorn und ein Pfefferkorn.«

Es fragt sich, was denn der Gegenstand der Landschaften van Goyens ist. Die kargen, kaum bewachsenen Dünen, die verfallenden Bretterbuden, der Strandhafer, die versprengten kleinen Figürchen, deren Tun unklar bleibt? Hinweise auf eine mögliche Antwort gibt der Vergleich mit gleichzeitigen Stilleben. In ihnen wurden zunehmend die Reflexe, aber auch die Absorption von Licht an den Oberflächen der Dinge zum Inhalt der Darstellung. Weniger die Gegenstände selbst als das, was an ihnen und um sie an Raum und Atmosphäre entsteht, ist der eigentliche Bildgegenstand. Dies läßt sich auch von den Landschaften Jacob van Ruisdaels sagen. Dünen, Wasser, Hütten, Bäume gewinnen erst da Bedeutung, wo sie Träger das eigentlichen Bildgegenstands sind, der Lichtatmosphäre.

Das Wort »Stimmung« stellt sich leicht ein, will aber präzisiert werden. Es kommt weniger Sentimentalität auf als Melancholie. Da die Gegenstände alle belanglos, verfallen, flüchtig in der Zeit oder unfaßbar weit und groß wie Meer und Himmel sind und das, was wichtig an ihnen ist, nicht sie selbst, sondern ihre irdische, wechselnde Erscheinungsweise ist, stimmen sie melancholisch. Sie selbst sind nichtig, aber ihre Erscheinungsweise ist schön.

Mit aller gebotenen Vorsicht darf man wohl sagen, daß Elemente des Vanitas-Stillebens auch im Landschaftsbild zu finden sind. Wie dort die Gegenstände nicht nur Symbole der Vergänglichkeit sind, sondern auch ihre Erscheinungsweise dem schönen Schein zugehört, so ist es ähnlich in den Gegenständen eines van Goyen oder Ruisdael. Das Land und das Menschenwerk darauf sind alt und geradezu Ruine, aber sie strahlen Schönheit aus. Diese Schönheit ist schnell vergänglicher Schein, so wie Beleuchtung und Stimmung in dieser Landschaft veränderlich sind.

Van Goyen hat über tausend Gemälde hinterlassen und zählt neben Jacob van Ruisdael und Hobbema zu den bedeutendsten holländischen Landschaftsmalern.

Jan van Goyen
Dünenlandschaft, um 1630–1635
Öl auf Holz, 54 x 37,5 cm
Wien, Kunsthistorisches Museum

Jan van Goyen
Bauerngehöfte am Fluß, 1636
Öl auf Holz, 39,5 x 60 cm
München, Bayerische Staatsgemäldesammlungen, Alte Pinakothek

PIETER CLAESZ.

UM 1597/98–1661

Pieter Claesz.
Stilleben mit Musikinstrumenten, 1623
Öl auf Leinwand, 69 x 122 cm
Paris. Musée National du Louvre

Holländische Stilleben werden oft von einer Gegensätzlichkeit bestimmt. Einmal handelt es sich um ein wohlkomponiertes Arrangement von schönen und bildwürdigen Dingen, zum anderen sind diese Dinge »außer Gebrauch«, vergessen, wie beiläufig, nur noch da. Das Bild entsteht aus dem Glanz und Reiz der Oberfläche der Dinge, aus den Spiegelungen des Lichts, den Reflexen an Glas und Metall oder, wie hier, am hölzernen Korpus der Musikinstrumente. Manieristische Spannungen in der Raumflucht, von großen Vordergrundsdingen bis zum Kleinen des Hintergrunds, leben noch nach. Aus der Tradition jedoch haben die Gegenstände eines solchen Stillebens eine Aussage: Die Zeit vergeht, das Irdische ist eitel und hinfällig. Alles ist Vanitas.

Ganze Kataloge ließen sich aufstellen für die einzelnen sinnbildlichen Bedeutungsmöglichkeiten der Gegenstände. Brot und Wein sind häufig für eine weltliche Form der Eucharistie anzusehen. Das Fleisch einer Nuß beispielsweise kann als Zeichen der Göttlichkeit Christi, die Schale für das Kreuz stehen, eine Brezel für die Zerbrechlichkeit des Menschen, eine Zitrone ist Sinnbild des äußerlich Schönen, dessen Inneres aber bitter ist: Genuß kann ein bitteres Ende haben.

Aber all diese Mahnungen, die so in den Dingen stecken können, werden von der Schönheit dieser gleichen Dinge unterlaufen.

Thomas de Keyser
Bildnis des Pieter Schout zu Pferde, 1660
Öl auf Kupfer, 86 x 69,5 cm
Amsterdam, Rijksmuseum

THOMAS DE KEYSER

UM 1596/97–1667

Das lebensgroße Reiterbildnis, im 17. Jahrhundert an den Fürstenhöfen Europas weit verbreitet, findet sich in Holland nur selten. Von Rembrandt und Potter gibt es je ein Beispiel dafür. Die republikanische Geisteshaltung des Landes schien gegen diese feudal-barocke Würdeform zu sprechen. Dagegen gibt es kleinformatige Reiterporträts reicher Bürger, vor allem im Werk Keysers.

Als im Sommer 1660 der zehnjährige Prinz von Oranien, der spätere Wilhelm III., in Begleitung seiner Mutter Maria Stuart Amsterdam besuchte, wurde der hohe Gast von einer prunkvollen berittenen Kompanie der Schützen in die Stadt geleitet. Dabei war auch Pieter Schout, der sich wohl zur Erinnerung an dieses Ereignis hat porträtieren lassen. In vornehmer Kleidung, mit funkelndem Degen und gelbbraunem Lederkoller, sitzt der Reiter auf seinem Pferd. Die feine Malerei und ein geschmackvolles Kolorit unterstreichen die edle Haltung des selbstbewußten Bürgers. Und doch scheint sein Blick weniger signoriles Selbstbewußtsein zu verraten als Nachdenklichkeit und Selbstbesinnung eines Bürgers.

Bemerkenswert ist der erhebliche Anteil der Landschaft und des Himmels. Das Bild wird nicht von der zentralen Figur des Reiters her bestimmt und der Raum dieser zugeordnet, sondern umgekehrt wird der Reiter in den holländischen Landschaftsraum hineingestellt.

ANTHONIS VAN DYCK
1599–1641

Das Bild der »Susanna im Bade« entstand während van Dycks Italienaufenthalt, der bis 1627 dauerte. Es zeigt deutlich die Inspiration durch die venezianische Malerei. Die tief leuchtenden Farben, vor allem das kräftige Rot im Mantel der Susanna, lassen an Tizian denken, während für die Bewegungskontraste Tintoretto das Vorbild war. Darüber hinaus ist die Darstellung dem Caravaggismus verpflichtet, der gleichzeitig seinen Höhepunkt erreichte. Wie Susanna halbnackt, in ihrem Inkarnat geradezu aufleuchtend, aus dem Dunkelgrund sich herausbewegt, wie in diesem Dunkel die Köpfe der beiden Alten als einziger heller Akzent modelliert sind, das läßt an die Genremalerei von Honthorst oder Baburen in ihrer römischen Zeit denken.

Die Effekte sind bei van Dyck bewußt kalkuliert. Indem Susanna keusch-verängstigt vor den lüsternen Alten zurückweicht, wendet sie sich dem Betrachter zu, der zu ihrem Beschützer wird. Kontakte dieser Art, in denen über die Bildgrenzen hinaus auf ein Gegenüber zu agiert wird, sind bei den Caravaggisten häufig; ebenso häufig ist, daß die Erzählung sich ganz eng im Ausschnitt auf nur wenige Figuren beschränkt und der Schauplatz nur in Andeutungen erscheint.

Als die St.-Martins-Kirche in Zaventem 1621 bei van Dyck ein Altarbild bestellte, schickte er ein Gemälde ab, das wahrscheinlich schon einige Zeit in seiner Werkstatt stand und seit etwa 1618 fertig gewesen sein dürfte. Seine Komposition geht auf eine Zeichnung von Rubens zurück und ist damit nur eines von vielen Beispielen dafür, über welch schier unerschöpfliches Reservoir an Erfindungen dieser verfügte.

Die Legende von der Mantelspende des hl. Martin an den frierenden Bettler ist nach allen Regeln des Dramatischen inszeniert. Das rote Tuch, dessen eines Ende der Heilige für sich behält und dessen anderes der heroisch-nackte, im Stroh sitzende Bettler an sich reißt, ist fast völlig getrennt. Vor dem blauen Himmel, dem hellsten Teil des Bildes, wird es gleich ganz auseinanderreißen. Auf diesen Punkt der Handlung hin ist die Komposition aufgebaut, hier liegt der Kreuzungspunkt der Handlungslinien wie der Bewegungsrichtungen. Selbst das Pferd ist mit einer pathetischen Bewegungsformel an der Szene beteiligt: In einer Figur der Hohen Schule hat es den Kopf gesenkt und beugt sich in der Piaffe so, daß der Reiter selbst sich nicht bücken muß. Eine Harmonie im Kolorit ist in diesem Frühwerk noch nicht erreicht. Aber es gelingt van Dyck, die heftigen Akkorde von Rot und Blau durch eine breite Palette von Grautönen im Leib des Pferdes und der Kleidung der beiden Bettler zu mildern.

Bei aller Abhängigkeit von der Malerei des Rubens werden Unterschiede deutlich. Wenn bei Rubens jede der Pathosformeln gleichsam in einen höheren Bereich verweist, wirkt sie bei van Dyck eher wie von Schauspielern vorgeführt, dem Repertoire des Theaters entstammend.

Anthonis van Dyck
Susanna im Bade, um 1621/22
Öl auf Leinwand, 194 x 144 cm
München, Bayerische Staatsgemäldesammlungen, Alte Pinakothek

Unten:
Anthonis van Dyck
Der hl. Martin teilt seinen Mantel, um 1618
Öl auf Holz, 171,6 x 158 cm
Zaventem, St. Martin

ANTHONIS VAN DYCK
1599–1641

Anthonis van Dyck
Bildnis Marie Louise de Tassis, um 1630
Öl auf Leinwand, 130 x 93,5 cm
Vaduz, Fürst Liechtensteinische Gemäldegalerie

Unten:
Anthonis van Dyck
Der Graf von Arundel und sein Sohn Thomas, 1636
Öl auf Leinwand, 187 x 162 cm
Madrid, Museo del Prado

Die anschauliche Erscheinungsweise der Noblesse ist der Glanz von Prunkharnischen und von Seide. War bei Rubens die Farbe eine Erscheinungsweise von etwas, was tief in allen Dingen des Kosmos seine Wurzeln hatte, so wurde die Farberscheinung bei van Dyck zu einem Abglanz von Oberflächenschönheit. Die Dargestellte war eine Antwerpener Patrizierstochter, ihr Bildnis entstand vor van Dycks Abreise nach London.

Als dieses Bildnis des Herzogs von Arundel entstand, war van Dyck zum vielbeschäftigten und geschätzten Porträtisten des englischen Hochadels geworden; man war es Rang und Namen schuldig, von ihm gemalt zu werden. Der Hofmaler des Königs hatte dabei allerdings Bildformen entwickelt, die den gestellten Anforderungen besonders gerecht wurden und die bis weit ins 18. Jahrhundert hinein nachwirkten.

Die Bildform mit einem Landschaftsausblick auf der einen und einer Draperie oder Säulenarchitektur auf der anderen Seite stammt aus der sakralen Malerei des venezianischen 16. Jahrhunderts. Van Dyck übertrug sie auf das höfische Porträt. Außerdem sind seine Bildgründe mit lyrischen Stimmungswerten besetzt, die den Dargestellten jeweils aus der Banalität des Alltäglichen deutlich heraushebt. Auch das Kinderbildnis kam jetzt nicht nur in Mode, sondern auch zu Ehren. Die lyrische bis sentimentalische Grundstimmung, in die das Bild eingebettet ist, gab schließlich sogar Landjunkern und Haudegen ein Flair von Schönheit und Schöngeistigkeit.

Karl I. aus dem Hause der Stuarts verkörperte den barocken Absolutismus ebenso wie ein vielgerühmtes Kavaliersideal. Vom »göttlichen Recht der Könige« überzeugt, war die Kunst für ihn eine hervorragende Möglichkeit, den Herrscher als gottähnliche Erscheinung zu präsentieren. CAROLUS / REX MAGNAE / BRITANIAE lautet die Inschrift auf der Tafel rechts am Baum.

Seit Tizians Reiterbildnis Kaiser Karls V. von 1548 (Madrid, Prado) war die Landschaft zu einer besonderen Würdeform dieser Art von Herrscherporträt geworden. Rubens schuf eine Version, und auch von van Dyck gibt es aus den frühen zwanziger Jahren eine Darstellung Karls V. zu Pferd. Für das anspruchsvolle Porträt des englischen Königs griff er auf diese Möglichkeit zurück und versetzte den Reiter in eine malerische Landschaft mit tiefem Ausblick auf der einen und einem schattenwerfenden Baum auf der anderen Seite. In einem vorangegangenen Reiterbildnis desselben Königs erscheint dieser frontal unter einem Triumphbogen. Jetzt bildet gleichsam die Landschaft ein solches Triumphalmotiv.

Anthonis van Dyck
Reiterbildnis Karls I. von England, um 1635–1640
Öl auf Leinwand, 367 x 292,1 cm
London, National Gallery

Salomon van Ruysdael
Überfahrt bei Nimwegen, 1647
Öl auf Leinwand, 70 x 89 cm
Bonn, Rheinisches Landesmuseum

SALOMON VAN RUYSDAEL
UM 1600/1603 – 1670

Zwar gibt das Bild eine flache Flußlandschaft mit einer Stadt über ihrem Ufer wieder, aber die topographische Situation der Waal bei Nimwegen ist nicht exakt abgebildet. Ruysdael kombiniert vielmehr Einzelteile, die auch auf anderen seiner Bilder vorkommen, hier zum Beispiel der Turm der im 18. Jahrhundert abgebrochenen »Plompetoren« von Utrecht. Wichtiger als die Festlegung auf eine bestimmte geographische Situation ist ihm die Schilderung der niederländischen Flußlandschaft im Mündungsgebiet von Rhein und Maas.

Der Strom ist breit und träge geworden. Segelboote und Lastkähne liegen wie bewegungslos auf seiner glatten Fläche. Im Schlick einer Landzunge haben Fischer ihr Netz ausgeworfen, etwas weiter oben stehen Kühe im seichten Uferwasser. Vorne überquert eine Fähre den Fluß und das Bild. Ein paar Leute sind darauf, zwei Kühe und zwei Pferde, deren Reiter noch im Sattel sitzen. Einer von ihnen ist Trompeter und kündigt mit einem Signal seine Ankunft an.

Durch dieses sichtbare akustische Signal wird erst deutlich, wie still die Landschaft ist und wie Ruhe das eigentliche Thema darstellt. Die Farben des Bildes sind zu Grau bis Blau hin gebrochen, so daß eine Tonigkeit entsteht, die alle Erscheinungen wie durch einen Dunstschleier aufscheinen läßt.

Pieter Jansz. Saenredam
Innenansicht der St.-Jakobs-Kirche in Utrecht, 1642
Öl auf Holz, 55,2 x 43,4 cm
München, Bayerische Staatsgemäldesammlungen, Alte Pinakothek

PIETER JANSZ. SAENREDAM
1597 – 1665

Gemalt ist ein Einblick in die aus dem 14. bis 15. Jahrhundert stammende St.-Jakobs-Kirche in Utrecht. Saenredam hat das Bild in mehreren Skizzen und Konstruktionszeichnungen genauestens vorbereitet.

Während frühere Innenansichten weitgehend mit dem Blick in das Bild hinein korrespondierten, der Bildrahmen so etwas wie die Einleitung zur Architektur im Bild war, ist bei Saenredam ein Innenraum zu einem objektivierten Gegenstand geworden. Noch ist nicht, wie später bei Witte, ein übereckgestelltes Detail aus dem Raum in den Bewegungen des Lichts gezeigt; es ist jedoch ein Binnenraum nicht wegen seiner Perspektive, sondern als Architektur mit Raum und Licht zum Bildgegenstand gemacht. Daß ein Mann mit seinem Hund sich allein und wie verloren in der Kirche bewegt, unterstreicht die Selbständigkeit der Architektur als Motiv. Im Gegensatz zu den sogenannten »Stimmungsräumen« der folgenden Generation wurden Saenredams Interieurs als »Wirklichkeitsräume« bezeichet. Gemeint ist damit, daß solche Räume nicht als Folie für etwas anderes dienten, sondern eigenständiger Bildgegenstand waren. Sie wurden porträtiert und nicht an von außen herangetragene Schemata angepaßt. Bei Saenredam fasziniert die in den Farben karge, in der Linienführung trockene Bezeichnung der architektonischen Gegenstände.

ADRIAEN BROUWER
UM 1605/06–1638

Im Werk Brouwers, der in Flandern zur Welt kam, dann in Amsterdam und Haarlem lebte, bevor er wieder nach Antwerpen zurückkehrte, mischen sich flämische und holländische Traditionen, seine Wirkung in beiden Teilen der Niederlande war erheblich. Während seine derben bäuerlichen Typen die Erinnerung an Pieter Breughel wachrufen, erinnert die vitale Art, in der er menschliche Emotionen wie Schmerz und Wut oder derben Spaß auszudrücken vermag, an Frans Hals, in dessen Atelier er eine Zeitlang arbeitete.

Für Holland war das, was Brouwer aus den Bauernszenen oder Sprichwörterbildern Breughels mitbrachte, noch neu. Allerdings waren seine Bilder nicht mehr von der Vielschichtigkeit und Bedeutsamkeit der Bilderzählungen des 16. Jahrhunderts, sondern bestanden aus Reduktionen auf einzelne drastisch-anschauliche Anekdoten, deren Format bezeichnenderweise zumeist sehr klein war. Es sind Kabinettstücke, deren Effekt nicht zuletzt darin besteht, daß auf kleinstem Raum mit großzügiger Malweise vitale Erscheinungen festgehalten sind.

Während noch um die Wende zum 17. Jahrhundert die Allegorie vornehmlich in der Form figürlicher Verkörperungen und durch entsprechende Attribute dargestellt wurde, sind es jetzt realistische Szenerien, scheinbar aus dem Alltag genommen. Das Genremäßige und Anekdotische läßt dabei den ursprünglichen Hintergrund zurücktreten, der jedoch im niederländischen Bild stets vorhanden und der Sphäre der sogenannten »Wahrheiten« und Lebensweisheiten zugehörig ist. Häufig ist es das Gleichnis vom verlorenen Sohn, das zum Anlaß genommen wird, das Dirnenmillieu oder wüste Wirtshausszenen mit singenden und streitenden Bauern darzustellen.

In diesem Sinn können auch zunächst in anderen Zusammenhängen stehende Bildtypen eine Verwandlung erfahren. Das beliebte Motiv der »Dorfbaderstube«, in der eine Fußoperation in Form des Hühneraugenausschneidens stattfindet, bedient sich etwa der Form des christlichen Martyriumsbildes, was Brouwer jedoch nicht davon abhält, in der Zeichnung der Physiognomien bis an die Grenze zur Karikatur zu gehen. Solche Übernahmen fanden vielfach um die Wende zum 17. Jahrhundert in der Utrechter Schule statt, wo Kontakte zur italienischen Malerei und vor allem zur realistischen Hell-Dunkel-Malerei Caravaggios bestanden.

Auch wenn es sich bei Brouwers Bildern nicht immer um Teile einer Serie handelt, so gehören sie doch meist in den Zusammenhang der »Fünf-Sinne-Darstellungen«. So wie die »Fußoperation« für das »Gefühl« steht, so sind raufende, saufende oder rauchende Bauern nicht reines Genre, sondern zugleich »Verkörperungen« von »Geschmack« und »Geruch«. »Tabagie« nannte man in Antwerpen solche Spelunken, in denen man heimlich dem verbotenen Genuß des Tabakrauchs nachging. Dabei gelangte durch die kurzen Tonpfeifen so viel Nikotin in den Körper, daß es nicht nur zu Rauschzuständen kam, sondern auch zu schweren Vergiftungen.

Adriaen Brouwer
Dorfbaderstube, o. J.
Öl auf Holz, 31,4 x 39,6 cm
München, Bayerische Staatsgemäldesammlungen, Alte Pinakothek

Adriaen Brouwer
Rauchende und trinkende Bauern, um 1635
Öl auf Holz, 35 x 26 cm
München, Bayerische Staatsgemäldesammlungen, Alte Pinakothek

Rembrandt Harmensz. van Rijn
Selbstbildnis vor der Staffelei, um 1626–1628
Öl auf Leinwand, 25,5 x 32 cm
Boston, Museum of Fine Arts

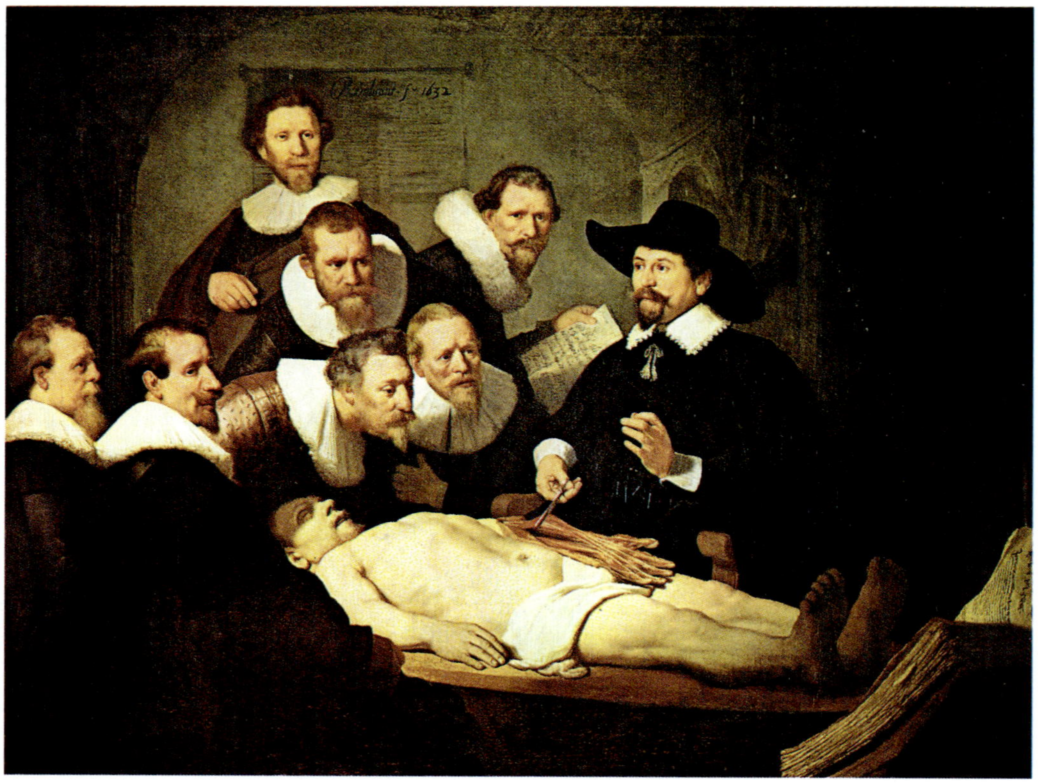

Rembrandt Harmensz. van Rijn
Anatomische Vorlesung des Dr. Nicolaes Tulp, 1632
Öl auf Leinwand, 162,5 x 216,5 cm
Den Haag, Mauritshuis

REMBRANDT
1606–1669

Noch in Leiden malte sich der junge Rembrandt als Maler vor der Staffelei und eröffnete damit eine Reihe von Künstlerselbstbildnissen in Holland. Diese Form des Porträts wurde zu einer Gelegenheit, den Berufsstand des Künstlers und die eigene Existenz darzustellen. Rembrandt wählte dazu eine sehr ungewöhnliche Form.

Der Maler steht in einer auffälligen Aufmachung vor uns, herausgeputzt mit einem viel zu großen Mantel wie in einer Maskierung. Im späten Atelierbild Vermeers ist der Maler ebenfalls vornehm gekleidet und beweist dadurch, daß seine Kunst vornehm und keine »Handarbeit« ist. Wenn Rembrandt sich diesem alten Topos von der vornehmen Kleidung des Malers unterwirft, der bis auf Leonardo zurückgeht, dann ist dies zugleich bei ihm als »nur« Maskerade hinterfragt. Dazu paßt, daß das Atelier von karger Ärmlichkeit ist, ohne jedes Requisit; wie verloren steht der Maler hier, konfrontiert mit seiner Leinwand auf der Staffelei. Von ihr sehen wir nur die im Schatten liegende Rückseite, vorne liegt Licht auf ihr, das in den Raum reflektiert.

Das gleiche Licht in ansonsten dunklen Räumen gibt es beim jungen Rembrandt in seinen Wunderdarstellungen, den biblischen Szenen mit Erscheinungen des Überirdischen; es ist ein Kunstmittel, übernommen von den Caravaggisten. Hier läßt dieses Licht ein Staffeleibild wie von selbst leuchten. Geradezu ausgesetzt, klein und in ärmlicher Umgebung steht ein junger Maler mit seiner großen Aufgabe vor der Kunst und ihren Ansprüchen.

Es handelt sich um ein Gruppenporträt, in dem ein berühmter Amsterdamer Arzt im Kreise von Kollegen, Schülern und Interessierten bei dem seltenen und spektakulären Akt des Sezierens dargestellt ist. Ein erstes solches Anatomiebild ist aus dem Jahre 1619 von Keyser bekannt. Während früher die Anatomievorlesung meist vor einem Gerippe stattfand, ist jetzt ein Leichnam das Objekt. In der Art des toten Christus ist er in seiner Leichenblässe aufgebahrt.

Anatomische Vorlesungen mit dem Sezieren einer Leiche waren ein seltenes Ereignis, bei dem sogar Eintrittsgelder genommen wurden, und erregten gewaltiges Interesse. Aus Amsterdam wird aus dem Jahre 1632, als das Bild entstand, von nur einer berichtet. Der Gegenstand war die Leiche eines gehenkten Büchsenmachers. Die Komposition des Bildes, in dem die Zuschauer (ihre Namen stehen auf dem Blatt, das einer von ihnen in Händen hält) im Halbkreis um den Kopf des Leichnams gruppiert sind, während Dr. Tulp etwas isoliert an der Seite sitzt, ist eine Erfindung Rembrandts. Er schildert nicht eine momentane Situation, sondern richtet ein Bildschema ein. Das geht auch daraus hervor, daß die freigelegten Armmuskeln der Zeichnung eines anatomischen Lehrbuchs entstammen. Andreas Vesalius, der größte Arzt des 16. Jahrhunderts und Begründer der modernen Anatomie, hatte ein solches verfaßt. Wir finden es hier wieder, aufgeschlagen zu Füßen des Leichnams.

Das wohl berühmteste und am meisten diskutierte Gemälde Rembrandts hat seinen falschen Titel »Die Nachtwache« erst zu Anfang des 19. Jahrhunderts erhalten; eine Bezeichnung, die aufgrund des gedämpften Lichts gewählt wurde und dazu geführt hat, allerlei verborgene Geheimnisse in diesem Bild zu suchen. Sehr trocken dagegen liest sich die Inhaltsbezeichnung im noch erhaltenen Familienbuch des Hauptmanns Banningh Cocq, in dem sich auch eine Nachzeichnung des Gemäldes befindet: »Skizze des Gemäldes aus dem großen Saal von Cleveniers Doelen, auf dem der junge Herr von Purmerlandt als Kapitän seinem Leutnant, dem Herrn von Vlaerderdingen, den Befehl erteilt, seine Bürgerkompanie ausrücken zu lassen.«

Es handelt sich also um ein »Doelenstück«, ein Gruppenporträt, auf dem im Vordergrund der Hauptmann in schwarzer und der Leutnant in gelber Uniform zu erkennen sind. Was Rembrandts Gruppenporträt allerdings von vergleichbaren unterscheidet, ist, daß er sein Helldunkel als Mittel einer theatralischen Inszenierung einsetzt, die als Auftritt inszeniert ist. Deutungen allerdings, die eine schlüssige Handlung konstruieren, rechnen nicht damit, daß die Szenerie sich eher aus einer Komposition einzelner »Typen« aufbaut. So taucht der behelmte Lanzenreiter bei Rembrandt wieder als »Alexander der Große« (Glasgow, Art Gallery) auf, finden wir auch in der »Nachtwache« den »Mann mit dem Goldhelm« (Berlin, Gemäldegalerie; neuerdings Rembrandt abgesprochen), findet sich ein ganzes Repertoire von Porträthaltungen und Gesten, die insgesamt aus jener Requisitenkammer stammen, aus der Rembrandt seine Menschen versorgte, um sie bildwürdig zu machen.

Mit der Erscheinung eines Menschen in einem holländischen Gruppenbild ist stets Festlichkeit verbunden. Während aber etwa bei Frans Hals ein Festbankett die einzelnen Teilnehmer gleich versammelt, löst Rembrandt hier die Gruppierung auf, Typen und Teilnehmer verselbständigen sich in ihren eigenen Aktionen und nicht zuletzt in einem Spiel für sich selbst.

Rembrandt Harmensz. van Rijn
Die Nachtwache (Die Kompanie des Hauptmanns Frans Banning Cocq und des Leutnants Willem van Ruytenburch), 1642
Öl auf Leinwand, 363 x 437 cm
Amsterdam, Rijksmuseum

REMBRANDT
1606–1669

Rembrandts Selbstbildnis, nur wenige Jahre vor seinem Tod entstanden, läßt Passivität bis Resignation, Skepsis bis Ironie deutlich werden. Was vordem Aufputz von Requisit und Künstlerattitüde war, ist jetzt zum Hausgewand geworden, das die private Sphäre bezeichnet. Betont ist alles, was das Persönliche, Zurückgezogene, die Vereinsamung, aber auch Skurrilität des alten Mannes sichtbar werden läßt. Die malerischen Mittel sind gleichzeitig wie absichtlich roh und ungefüge eingesetzt, als komme es auf das Detail nicht an. Die pastose Farbe bildet auf der Leinwand geradezu ein Relief, das Abbild des alten Mannes ist brüchig und wie in Auflösung begriffen.

Demgegenüber hat die Farbe einen stabilisierenden Wert; leuchtendes, tiefes Rot dringt aus dem braunen Grundton, in ihm scheint noch Leuchtkraft angezeigt. Während alle Form der Vergänglichkeit und dem Verfall anheimgegeben ist, während selbst der Pinselstrich unförmig und brüchig wirkt, ist die tiefgründige Farbe Lebensprinzip und Hoffnung.

Mit seiner »Kreuzabnahme«, die zu einem Passionszyklus gehört, den der Statthalter der Niederlande bei ihm bestellte, schließt Rembrandt an das Altarbild an, das Rubens für die Kathedrale in Antwerpen gemalt hatte. Der Vergleich gibt Aufschluß über die Besonderheit seiner Malerei. Der starke Kontrast zwischen Dunkelgrund und Helligkeit hebt weniger das Pathetische und Dramatische der Passionsszene hervor als das Menschliche des kreatürlichen Leides, auch der Erbärmlichkeit im Tod. Licht zerteilt nicht das Dunkel, es ist nicht das Licht des Sieges über die Mächte der Dunkelheit, sondern die fahle Helligkeit des Leichentuches und der wachsbleichen Haut des toten Christus. Das Licht im Helldunkel des frühen Rembrandt ist weniger Anzeichen des Übernatürlichen als Hervorhebung des Irdisch-Realistischen.

Das Bild hat etwas Erschreckendes, weil die blutig-fettige Masse des geschlachteten Ochsen wie in einem Stilleben bildfüllend erscheint und dabei ästhetische Reize entwickelt. Dies ist beim späten Rembrandt zunehmend festzustellen. Entweder werden die Gegenstände, auch im Porträt oder Historienbild, geradezu brutal im Pinselstrich aufgegriffen und auch zersetzt, bis die Leuchtkraft der Farbe, vor allem von Rot, freigesetzt ist. Oder es werden wie hier Gegenstände gewählt, die substantiell bereits diese Auflösung erfahren; auch sie strahlen farbig auf wie ein besonders schöner Stillebengegenstand. Das Beispiel illustriert auch die Rolle, die bei Rembrandt der braune Grundton des Bildes spielt. Dieses Braun des Raumgrundes ist keineswegs bunt, aber in ihm scheinen die Buntfarben geradezu geborgen zu sein, so daß Licht und Farbe zugleich daraus entstehen können.

Rembrandt Harmensz. van Rijn
Selbstbildnis als 63jähriger, 1669
Öl auf Leinwand, 86 x 70,5 cm
London, National Gallery

Rembrandt Harmensz. van Rijn
Kreuzabnahme Christi, 1633. Öl auf Holz, 89,4 x 65,2 cm
München, Bayerische Staatsgemäldesammlungen, Alte Pinakothek

Rembrandt Harmensz. van Rijn
Der geschlachtete Ochse, 1655
Öl auf Holz, 94 x 67 cm
Paris, Musée National du Louvre

Rembrandt Harmensz. van Rijn
Die Vorsteher der Tuchmachergilde
(De Staalmeesters), 1662
Öl auf Leinwand, 191,5 x 279 cm
Amsterdam, Rijksmuseum

Rembrandt Harmensz. van Rijn
Aristoteles vor der Büste Homers, 1653
Öl auf Leinwand, 143,5 x 136,5 cm
New York, The Metropolitan Museum of Art

REMBRANDT
1606–1669

Hinter einem Tisch, der mit einem roten Teppich bedeckt ist, sitzen mit dem Rücken zur aufwendig vertäfelten Wand die fünf »Staalmeesters«. Es handelt sich um einen Ausschuß der Tuchmachergilde, wohl um die »Waardijns van de Lakenen«, die Prüfer der Tuchqualität. Ihre Namen und der des im Hintergrund stehenden Dieners sind überliefert. An der Rückwand, kaum zu erkennen, hängt ein kleines Ölbild mit einem Leuchtturm darauf, ein Sinnbild für vorbildliches Verhalten und Weisung für den rechten Weg.

Wie bei den letzten beiden Gruppenporträts von Frans Hals aus dem Jahre 1664 sind auch bei Rembrandt die Theatralik und der szenische Aufwand – am deutlichsten bei der »Nachtwache« – auf ein Minimum reduziert. Die Pathosformeln und die Posen sind nur noch bruchstückhaft vorhanden. So ist etwa der zweite der »Waardijns« von links halb sitzend, halb stehend dargestellt, und der nächste der Herren erklärt zwar etwas aus dem Rechnungsbuch vor ihm, ohne jedoch sich laut zu äußern. Der fehlende szenische Zusammenhang bewirkt eine Isolierung der einzelnen.

Das Bild war lange falschen Deutungen ausgesetzt, die etwa in die Richtung der folgenden Anekdote gingen: Die Kommission der Tuchprüfer muß sich gegen Vorwürfe verteidigen, einer legt Rechnung, während ein anderer gierig den Geldsack an sich reißt. Schlimmer kann man den eigentlichen Inhalt des Gemäldes kaum verkennen. Dieser besteht vor allem darin, daß fünf verantwortungsbewußte Männer als Gruppe porträtiert sind und daß jetzt die Individualität des einzelnen wichtiger ist als eine pathetisch-theatralische Verknüpfung. Was dieses Gruppenbild von der früher entstandenen »Nachtwache« jedoch unterscheidet, ist der Entzug von Vitalität in der Erscheinung und die Distanz zwischen Gruppe und Betrachter.

»Aristoteles vor der Büste Homers« ist ein Auftragsbild, das der sizilianische Edelmann Don Antonio Ruffo 1653 bei Rembrandt bestellte und mit fünfhundert Gulden bezahlte, was den vierfachen Preis eines vergleichbaren italienischen Bildes ausmachte. Später bestellte Don Ruffo noch zwei weitere Bilder, einen Alexander und einen Homer. Der Gipsabguß der antiken Homer-Büste befand sich in Rembrandts Haus.

Sinnend hat der Philosoph seine Hand auf die kahle Stirn des steinernen Dichterkopfes gelegt. Es findet ein Treffen über die Zeiten hinweg statt, ein Treffen im Geiste, dessen Symbol das warme Licht ist, das zwischen den beiden Personen liegt. Die Büste scheint lebendig zu werden, so wie Gegenstände in einem holländischen Vanitas-Stilleben sprechen. Zugleich dringt die lebende Figur des Aristoteles in die Vergangenheit ein, sein Blick ist im Nachdenken völlig nach innen gewendet. Die blinden Augen Homers und die nicht blickenden, sondern schauenden Augen des Aristoteles treffen sich also direkt, während da, wo die Blicke sich kreuzen sollten, das Bildlicht am hellsten aufleuchtet.

JAN DAVIDSZ. DE HEEM
1606 – UM 1683/84

De Heems Stillebenmalerei stand zunächst der Haarlemer Schule nahe, näherte sich aber später mehr der flämischen Art des großen Prunkstillebens. Die holländischen Elemente sind allerdings unverkennbar. In diesem Bild sind sie jeweils dort sichtbar, wo ein »dialektisches Prinzip« die Bildstruktur ausmacht.

Eine große Fülle von Früchten und Blumen ist auf einem steinernen Bord arrangiert. Die Aufzählung der einzelnen Arten wäre lang, sie reichte von reifen Kastanien bis zu Brombeeren, von der Akelei bis zu Rosen. Die verschiedensten Oberflächen, das jeweils andere Verhalten im Licht, reine oder changierende Farben, all das ist vor uns ausgebreitet. Über das Weinlaub kriechen aber bereits Schnecken, das Laub trocknet aus und verfärbt sich, die Getreideähren biegen sich am Halm, der Pfirsich ist aufgebrochen, die Zitrone halb geschält, die weiße Nelke hängt vertrocknend über den Tisch.

Gerade da, wo ein ikonographischer Inhalt in die Darstellung eingebracht wird, wo die Vergänglichkeit von allem Irdischen am Reichtum der Erde vorgeführt wird, entsteht die letzte Schönheit dieser Erscheinungen. Wie eine Ruine die malerische Erscheinungsweise von Architektur war, so wird ein Weinlaub, in das Schnecken Löcher gefressen haben, pittoresk und entfaltet sich zu voller, letzter Schönheit.

Jan Davidsz. de Heem
Stilleben, o. J.
Öl auf Holz, 36 x 47 cm
Gent, Museum voor Schone Kunsten

JUDITH LEYSTER
1609 – 1660

Judith Leyster gehört zu den wenigen Malerinnen, die in die Haarlemer Gilde aufgenommen wurden. Obwohl sie bereits von einem zeitgenössischen Geschichtsschreiber, in Anlehnung an ihren Namen, als »Leitstern der Kunst« gerühmt wurde, blieb sie lange Zeit unbekannt, ihre Werke galten als verschollen oder wurden ausnahmslos Frans Hals zugesprochen. In dessen Werkstatt hat sie wahrscheinlich um 1630 gearbeitet und war auch mit der Familie befreundet, da sie ein Jahr später die Patenschaft von Hals' Tochter Maria übernahm.

Wie Hals zur gleichen Zeit, schloß sich auch die junge Malerin zunächst an den Utrechter Caravaggismus an, jene Schule, die mit starken Hell-Dunkel-Modellierungen sich an Caravaggios Malerei orientierte. Seit Mitte der zwanziger Jahre entstehen bevorzugt effektvoll beleuchtete Genreszenen, meist Halbfigurenbilder, von fröhlichen Musikanten, Spielern und Dirnen, die stark von der Malerei Terbrugghens und Honthorsts beeinflußt sind. Während in Utrecht die Oberflächen der Gegenstände noch glatt gerundet zwischen Hell und Dunkel stehen, ist für Hals und seine Schule der breite, vitale und selbständige Pinselstrich typisch. Im Unterschied zu Hals ist bei der Leyster das Kolorit meist unharmonischer, die Ausführung der Hände flüchtiger, das Lächeln auf ihren Gesichtern oft verzerrt und die Pinselführung zerfahrener.

Judith Leyster
Lustige Gesellschaft, 1630
Öl auf Leinwand, 68 x 54 cm
Paris, Musée National du Louvre

Jan Asselijn
Italienische Landschaft mit den Ruinen einer römischen Brücke und eines Aquädukts, o. J.
Öl auf Leinwand, 67 x 82 cm
Amsterdam, Rijksmuseum

JAN ASSELIJN
1610–1652

Asselijn war in seiner Lehrzeit in Frankreich und in Rom. Nach Amsterdam zurückgekehrt, spezialisierte er sich auf das Tierbild und auf die italienische Landschaft, die einen festen Platz innerhalb der holländischen Bildthemen einnahm. Motive aus der römischen Campagna, Ruinen, pittoreske Motive wie Felsen und Burgen geben den Schauplatz ab, ein Genre von Reitern und Hirten belebt ihn. Dabei ist der Bezug zur wirklich vorgefundenen Landschaft geringer als der zur malerischen Tradition. Beleuchtungsregie im Sinne von Claude Lorrain, die die Landschaft in eine »romantische« Stimmung mit goldener Farbgebung taucht, oder malerische Motive nach Salvator Rosa gehören zum festen Repertoire der »italienisierenden« Holländer.

Als Holländer sind sie gleichwohl leicht zu erkennen, weil im Genre barocke Pathosformeln fast völlig fehlen und statt dessen die ehrwürdigen Reste des Altertums wie Gegenstände eines Stillebens zu einem Teil von Natur geworden sind. Für Genreelemente sorgen der Zug der Maultiere mit ihren Begleitern und die Figuren auf der Brücke.

Wie ein angebrochenes Stück Brot oder ein angeschlagener irdener Krug entfalten die Ruinen im Licht und in der Ruhe des Abends ihre melancholischen Reize. Die Erinnerung an die Vergänglichkeit alles Irdischen läßt ästhetische Werte entstehen.

Frans Post
Hacienda, 1652
Öl auf Holz, 45 x 65 cm
Mainz, Mittelrheinisches Landesmuseum

FRANS POST
1612–1680

Von 1637 bis 1644 begleitete Post den Prinzen Johann Moritz von Nassau nach Brasilien, wo er vor allem bei Pernambuco und auch auf einigen ozeanischen Inseln die dortige Landschaft, aber auch das Genre und die Einrichtungen des Landes malte. Der Sinn des holländischen Malers für konkrete Situationen, für spezifische Eigenschaften von Land und Leuten machen die brasilianischen Bilder Posts zu einer beachtlichen Quelle in Hinblick auf die damalige Pflanzen- und Tierwelt, die Trachten und Sitten dieser Kolonien.

Von seiner Reise zurückgekehrt, siedelte sich Post – Spezialist wie alle seine holländischen Malerkollegen – wieder in Haarlem an und widmete sich besonders der tropischen, exotischen Ansicht. In seinen Bildern ist zu beobachten, daß er zwar in den Details und den Einzelangaben konkrete Informationen aus dem fernen Land liefert, daß jedoch die Gemälde auch nach dem in Holland üblichen Schema der Landschaftsdarstellung aufgebaut sind. Vom Vordergrund mit seinen seitlichen Kulissen wird in die Landschaftstiefe übergeleitet; der Blick in die Ferne mit den atmosphärischen Veränderungen, der große Anteil des Himmels im Bild sind typische Merkmale für die holländische Malerei. Die Genrefigur wird auch in diesen brasilianischen Ansichten zum Bildgegenstand und gliedert so die Struktur des Bildes.

ADRIAEN VAN OSTADE
1610–1685

Ostades Bilder der dreißiger Jahre sind ein Beleg für die Wirkung des frühen Rembrandt. Obwohl Ostade in der Haarlemer Werkstatt von Hals gelernt hatte, gleichzeitig mit Brouwer, wurde für ihn die Helldunkelzeichnung Rembrandts prägend. Auch das Genre der verkommenen und verfallenen Wirtshäuser und Hütten, die zunächst Ostades fast ausschließliches Sujet sein sollten, findet sich unter vielem anderen bei Rembrandt. Man darf deshalb skeptisch sein, wenn man in diesen Bildern von raufenden oder betrunkenen Bauern Reproduktionen aus dem holländischen Alltag sieht. Viel eher hat sich aus älteren Bildtraditionen ein offenbar beliebtes Sujet abgespalten und ist zu einer eigenen Bildgattung geworden.

In seiner Frühzeit grenzte Ostade aus dunkel gehaltenen Räumen in scharf gelenktem Licht eine Szenerie aus. Bildlicht und ärmliche Architektur stammen aus der Tradition der Darstellung des Stalles von Bethlehem. Das Publikum für diese Bilder mit bäuerlichem Genre ist sicherlich in der Stadt zu suchen, wo Klischeevorstellungen von der Primitivität und Dumpfheit der ländlichen Bevölkerung durch solche Karikaturen bestätigt wurden und wo man zugleich den Witz der gelungenen Darstellung verstand. Dieser Witz bestand auch darin, daß malerische Fertigkeiten an einen völlig unangemessenen Gegenstand »verschwendet« wurden.

Adriaen van Ostade
Ausgelassene Bauern in einer Schenke, um 1635
Öl auf Holz, 28,8 x 36,3 cm
München, Bayerische Staatsgemäldesammlungen, Alte Pinakothek

DAVID TENIERS D.J.
1610–1690

Teniers war der beliebteste Genremaler des 17. Jahrhunderts in Antwerpen und in den südlichen Niederlanden – das flämische Gegenstück zu den Holländern Steen und Ostade. Das Bild mit einer Szene des »Dreikönigsfests« oder »Bohnenfests« gehört seiner Frühzeit an, den dreißiger Jahren, in denen noch deutliche Anklänge an die Genrebilder Adriaen Brouwers erkennbar sind. Später, als Teniers zum Hofmaler und Verwalter der Kunstsammlungen des Statthalters Erzherzog Leopold Wilhelm in Brüssel ernannt worden war, malte er vielfigurige Veduten, auch Sammlungsräume.

Seit dem 16. Jahrhundert wurde – vornehmlich in den Niederlanden, aber auch anderswo – am Dreikönigstag das Bohnenfest gefeiert. In einen Kuchen wurde eine Bohne eingebacken, wer sie in seinem Stück fand, war Bohnenkönig. Das gab Möglichkeiten, höfisches Zeremoniell in einer Travestie zu adaptieren. »Der König trinkt«, diese zeremonielle Formel wird hier in einem flämischen Haushalt gegrölt.

Teniers Bild unterscheidet sich von vergleichbaren holländischen Darstellungen durch die noch deutlich spürbare Anlehnung an Pieter Breughel d. Ä., mit dessen Tochter er verheiratet war, und durch die vielfigurige Erzählung. Ähnliche Szenen sind etwa bei Ostade oder Metsus »Bohnenfest« stärker auf einen Kern der Handlung konzentriert und »schärfer« ausgeleuchtet.

David Teniers d.J.
Das Dreikönigsfest (Der König trinkt), um 1634–1640
Öl auf Leinwand, 58 x 70 cm
Madrid, Museo del Prado

Gerard Dou
Die wassersüchtige Frau (Ärztliche Visite), um 1663 (?)
Öl auf Holz, 86 x 67 cm
Paris, Musée National du Louvre

GERARD DOU
1613–1675

Dou war der bedeutendste Vertreter der »Feinmaler« in Leiden. Alte niederländische Traditionen der minuziösen Gegenstandsbezeichnung, mit feinem Pinsel und mit der Lupe gemalt, treffen sich bei ihm mit der holländischen Vorliebe für das »Trompe-l'œil«, das Augentäuscherbild. Dou, der zunächst Glasmaler war und dann in der Werkstatt Rembrandts gelernt hatte, wurde berühmt durch seine Gegenstandsimitation. Dabei werden in die vorderste Bildebene Gegenstände verlegt, die auch dem Betrachterraum anzugehören scheinen, etwa geraffte Vorhänge oder Fensteröffnungen. Die Gegenstände werden mit feinstem Pinsel bezeichnet, vor allem das Licht, wie es sich auf den Oberflächen der Dinge verhält.

Dous bevorzugte Sujets sind Genreszenen in Innenräumen. Wie bei Steen sind darin meist »Wahrheiten«, Sentenzen oder Witze versteckt. Das Bild im Louvre trägt den Titel »Die Wassersüchtige«, sicher eine spätere Erfindung und sollte eher »Ärztliche Visite« lauten. Wir sehen einen Arzt, der eine Urinprobe gegen das Licht hält. In den meisten solcher Bilder besteht der Witz nun darin, daß den eingebildeten Kranken auf diese Weise ein Schwangerschaftstest gemacht wird. Wie in einem Stilleben leuchtet das Uringlas mit seinem Inhalt im Licht, der Arzt blickt darauf, als hätte er eine Vision, während Dienerin und Tochter um die schmachtende Kranke weinen.

Emanuel de Witte
Kircheninneres, um 1660
Öl auf Leinwand, 80 x 66 cm
St. Petersburg, Ermitage

EMANUEL DE WITTE
UM 1617–1692

Witte war unverkennbar ein Vertreter der Delfter Schule, auch wenn er aus Alkmaar stammte und schließlich nach Amsterdam ging. Seine Innenräume von Kirchen sind in mehrfacher Hinsicht den Interieurs Vermeers vergleichbar, wo ebenfalls das Licht im Raum zum eigentlichen Bildgegenstand geworden ist.

Die Entwicklung Wittes wirft ein Licht auf die Praxis der holländischen Fachmalerei. Nachdem er sich zunächst im Genrebild und im Porträt versucht hatte, kam er zum Kircheninterieur, dem Spiel des Lichts und der wandernden Schatten auf Teilen hoher Pfeilerarchitekturen. Der Haarlemer Saenredam war ihm vorausgegangen. Er schuf das, was man »Wirklichkeitsraum« genannt hat, Ansichten, in denen die Binnenarchitektur nicht nur in ihrer Funktion und Größe, sondern in ihrem tatsächlichen Zustand abgebildet wurde. Entsprechend sprach man bei Witte dann von einem »Stimmungsraum«, womit gemeint ist, daß weniger die Struktur von Architektur als ihre augenblickliche Erscheinungsweise im Licht das Bildmotiv abgibt.

Der Einblick in Architektur folgt dabei nicht mehr den vom Bau vorgegebenen Perspektiven, er ist vielmehr wie vom Zufall bestimmt. Übereckstellungen und Überschneidungen sind die Regel. Das Licht ergreift irgendwelche Teile und läßt sie wie in einem Stilleben dieses Licht reflektieren.

GERARD TERBORCH
1617–1681

Nach der Jahrhundertmitte veränderte sich das holländische Genre- und Gesellschaftsbild. Thematisch ist eine Bevorzugung nobler Milieus und des Quasihöfischen zu bemerken. Formal wird die Stoffbezeichnung, das subtile Eingehen auf verschiedenste Materialien und Oberflächen, sehr wichtig. Terborch, der Generation Vermeers angehörend, verkörpert die letzte bedeutende Phase des holländischen Genrebildes, die etwa von 1650 bis 1680 reicht, in sehr typischer Weise.

Im Bild der Kartenspieler ist zunächst noch ein Nachwirken des Caravaggismus und der Utrechter Schule spürbar, das Thema wurde von dieser geprägt und auch die Art der Lichtregie. Ansonsten aber fallen die Unterschiede zu entsprechenden Bildern von Terbrugghen oder auch Hals auf.

Die Dame im Vordergrund wendet uns den Rücken zu. Wortlos und nachdenklich konzentriert greift der neben ihr stehende Mann ihre Karten, der Gegenspieler sitzt ebenso wortlos, aber lauernd gegenüber. Bei den »Caravaggisten« hätten die Spieler auf uns, den Betrachter, zu agiert, das Kartenspiel wäre Anlaß zu Händel mit Folgen gewesen. Hier, bei Terborch, ist das Kartenspiel nicht mehr drastische oder pathetische Handlung, diese scheint aufgehoben zu sein.

Gleiches gilt auch für den »Verweigerten Brief«. Ein als Soldat pittoresk aufgeputzter junger Mann, ein Kurier, ist in die gute Stube getreten, um der vornehm gekleideten Dame einen Brief zu überbringen. Sie aber weicht zurück und verbirgt die Hand, anstatt mit ihr zuzugreifen, abwehrend unter dem Umhang. Die Dienerin ist erstaunt, das Hündchen der Dame kläfft den Boten an.

Dem Eingeweihten ist der Bildsinn deutlich: Der Brief ist ein Liebesbrief. Das Bett im Hintergrund sagt alles. Die Dame aber ist tugendsam, was die stillebenhaften Gegenstände auf dem Tisch bezeugen. Waschschüssel, Kanne und Bürste bezeugen Reinlichkeit wie Reinheit, wenngleich Spiegel und Perlenkette ihr auch wieder Eitelkeit bescheinigen. Die Novelle ist erst an ihrem Anfang.

Die Bilderzählung ist allerdings an einem Punkt der Handlung zum Bild geworden, wo diese sich zu einer Pause dehnt. Man weiß nicht recht, wie es weitergehen soll. Was soll der Bote mit dem Brief. Die Dame hat ihre Hand versteckt, die Dienerin wartet ab. Kein Höhepunkt in der Erzählung ist erreicht, sondern das, was man den »Stillebenpunkt« nennen könnte, jenen Zustand, wo in den holländischen Bildern alles, das Gegenständliche wie die Menschen, innezuhalten scheint.

Terborch war auch ein begabter Porträtist. Die Fähigkeit subtiler Oberflächenbezeichnung kam ihm auch da zugute, wo er im Physiognomischen fein beobachtend Individuelles nachzeichnete. Das, was man ein wesentliches Kennzeichen bei holländischen Gruppenporträts nannte, die »Aufmerksamkeit«, das findet sich auch in den Gesichtern Terborchs. Die »Fünf Sinne« sind aufmerksam und wach.

Gerard Terborch
Die Kartenspieler, o. J.
Öl auf Holz,
25,5 x 20 cm
Winterthur,
Sammlung Reinhart

Gerard Terborch
Der verweigerte Brief, um 1655
Öl auf Holz,
56 x 46,5 cm
München,
Bayerische Staatsgemäldesammlungen,
Alte Pinakothek

Philips Koninck
Dorf an einem Hügel, 1651
Öl auf Leinwand, 61 x 83 cm
Winterthur, Sammlung Reinhart

PHILIPS KONINCK
1619–1688

Koninck gehört zur letzten Generation der holländischen Landschaftsmaler. In den sechziger Jahren machte er eine allgemeine Phase der »Nobilitierung« verschiedenster Genres durch, in der auch die Interieurs von Vermeer und de Hooch vornehm wurden und selbst die Stillleben. Bei Koninck wurde es sogar die Landschaft, die er zuletzt mit höfischen Staffagefiguren und Schloßarchitekturen bestückte.

In den fünfziger Jahren dagegen, auf dem Höhepunkt seines Schaffens, malte Koninck Landschaften, die das Holländische in ungewöhnlicher Reinheit verkörpern. Er führte den Typus der flachen Panoramalandschaft zu höchster Blüte. Weiches goldgetöntes Licht wird über das flache Land geführt; was es dabei aufleuchten läßt, ist eigentlich uninteressant: sandige Dünen, ein paar Bäume, Wasserflächen, ein Dorf. Nichts Hervorstechendes und Abruptes, die Sensation entsteht da, wo das Braun der Erde unter dem Sonnenlicht zu goldenem Ton wird.

Koninck war beeinflußt von Rembrandts Landschaftsmalerei, die ein eigenes Kapitel in dessen universellem Werk darstellt. Dieser Einfluß zeigt sich im goldbraunen Lichtton seiner Bilder und im Einbringen von manchmal unerwarteten phantastischen Gegenständen, einer glitzernd über das Wasser gebogenen Brücke, einer Ruine oder einer märchenhaften Burg.

Willem Kalf
Stilleben, um 1653/54
Öl auf Leinwand, 105 x 87,5 cm
St. Petersburg, Ermitage

WILLEM KALF
1619–1693

Kalfs Prunkstilleben sind fast immer gleich im Aufbau und ähneln sich auch in den dargestellten Gegenständen. Ein damastenes Tuch oder ein Teppich, ein »Tafelkleid«, deckt den Tisch. Darauf steht kostbares Prunkgeschirr, goldene und silberne Kannen, Pokale, die des öfteren als Werke von Goldschmieden, etwa Jan Lutmas, nachweisbar sind. Fast nie fehlt eine chinesische Porzellanschale, meist schräg liegend, so daß die wunderschönen Früchte herauskullern.

Eine Beschreibung, in der von Bewegung die Rede ist, ist allerdings vor einem Stilleben von Kalf verfehlt. Die Gegenstände sind in einem labilen Gleichgewicht, und Reste von Dynamik erinnern an flämische Prunkstilleben mit ihren Handlungselementen. Da jedoch alle Verweise über die wenigen Gegenstände hinaus fehlen, beschränkt sich das Bild auf das bloße und schöne Dasein derselben in einem Stillstand von Zeit. Die eigentliche Belebung entsteht aus einem Paradoxon. Die Dinge sind nach Art von Vanitas-Bildern wie zufällig und als Reste vorgefunden, so die halb geschälte Zitrone, das angebrochene Brot. Zugleich aber sind sie kunstvoll arrangiert, wird die geordnete Zufälligkeit zu einem ästhetischen Reiz. Die Malweise erinnert an Vermeer. Auch er läßt das Licht auf den Oberflächen der Gegenstände in funkelnden Glanzpunkten als hellkörnigen Niederschlag erscheinen.

AELBERT CUYP
1620–1691

Man könnte die Darstellung dreier dichtgedrängt an den Boden geschmiegten Hennen und des stolzierenden Hahnes, der eifersüchtig über sie wacht, ein Genrebild aus dem Hühnerleben nennen. Der holländische Kunstfreund sah hier etwas, was ihm vertraut war, was ihn amüsierte. Wohlig haben sich die Hennen in den Sand gelegt, nachdem sie die Reste eines Fisches und von Muscheln aufgepickt hatten. Nur der Hahn posiert, ansonsten ist alles still, man glaubt höchstens das schläfrige Gluckern der Hennen zu hören.

Nicht viel anders geht es in einem Konversationsstück zu, wenn ein Herr seinen Damen den Hof macht. Die Pause in der Unterhaltung dehnt sich, das Licht auf den Gegenständen, im Sand, im Gefieder, es hat die Handlung übernommen.

Cuyp war zugleich Spezialist für Tierstücke wie für Landschaften, letztere sind seine eigentliche Leistung wegen ihrer besonderen Verklärung der Gegenstände durch ein warmes, goldenes Licht. Aufgrund dieser Eigenschaft hat man ihn auch den »holländischen Claude Lorrain« genannt. An dieser Möglichkeit, an Gegenständen Lichtstimmung zu schaffen, nimmt auch sein Tierbild teil. Obwohl Cuyp ein umfangreiches Werk hinterließ, wurde seine künstlerische Leistung in den Niederlanden erst spät erkannt, während die Engländer seine Arbeit hoch einschätzten.

Aelbert Cuyp
Hahn und Hennen
Öl auf Holz,
48 x 45 cm.
Gent, Museum voor Schone Kunsten

ABRAHAM VAN BEYEREN
UM 1620/21–1690

Während das große Prunkstilleben zunächst in der flämischen Malerei gepflegt wurde, wo es etwa bei Snyders zu großen dekorativen Arrangements auswuchs, wird dieser Typus in der holländischen Malerei erst nach der Jahrhundertmitte häufiger. Wie gleichzeitig bei Metsu oder de Hooch das Gesellschaftsstück immer nobler wurde, so auch das Stilleben. So sind bei Beyeren kostbares Goldschmiedegerät und teure Früchte pathetisch drapiert, während die Würdeformen einer Säule und eines gerafften Vorhangs den Hintergrund bilden.

Eindeutig sinnbildlich gemeint ist die geöffnete Taschenuhr, die in arrangierter Zufälligkeit zwischen dem Obst liegt. Sie mahnt an die verrinnende Zeit. Doch der Charakter des vielfältigen Aufwands läßt eher darauf schließen, daß sich hier die Gegenstände der »Luxuria« als ästhetische Gebilde verselbständigt haben.

Wie auch sonst fast überall dort, wo das holländische Bild nobel wird, verhärtet sich die Darstellungsweise der Gegenstände, werden die Konturen scharf und die Oberflächen glatt. So ist auch bei Beyeren keine größere Differenzierung zwischen den verschiedensten Materialien zu spüren, ist die Lichtführung hart und etwas schematisch geworden. Das, was in der holländischen Malerei so wesentlich war, das Atmosphärische, ist hier kaum mehr zu spüren.

Abraham van Beyeren
Großes Stilleben mit Hummer, 1653
Öl auf Leinwand, 125,5 x 105 cm
München, Alte Pinakothek

Carel Fabritius
Der Distelfink, 1604
Öl auf Holz, 33,5 x 22,8 cm
Den Haag, Mauritshuis

CAREL FABRITIUS
1622–1654

Das Bild des gefangenen Vogels war ursprünglich wohl auf eine Schranktür gemalt. Es kam vor, daß man hier sogenannte »Trompe-l'œils«, Augentäuscherbilder, anbrachte, etwa Darstellungen von Briefhaltern mit eingesteckten Schreibutensilien. Wichtig dabei war der nachahmende Effekt, daß in einer vordersten Bildebene solche Dinge zum Greifen nahe und verwechselbar mit realen Gegenständen gemalt waren. Etwas von einer solchen Wirklichkeitsnachahmung steckt auch im Bild des Distelfinks auf seinem Bauer. Er ist nicht im Raum, sondern vor einer Fläche dargestellt, die die vorderste Bildebene zu sein scheint. Eine der holländischen Malerei eigene Spielart – die Malerei als Imitation – wird auch hier deutlich.

Ein anderes wesentliches Element ist, daß nicht nur Gegenstände, sondern auch Lebewesen – Tiere, aber auch Menschen – in stillebenhafter Ruhe und Bewegungslosigkeit dargestellt werden können. So ist hier ein Vogel in seiner Gefangenschaft still geworden, nur noch vorhanden. Bei Menschen würden wir sagen »verinnerlicht«.

Indem Fabritius hier einen hell erleuchteten Hintergrund wählt, vor dem sich sein Gegenstand klar abhebt, löst er sich gleichzeitig von seinem Lehrer Rembrandt, der dunkle, tonige Bildgründe bevorzugte. Auf diesem Weg der Lichtbehandlung sollte Fabritius' bedeutendster Schüler fortfahren: Jan Vermeer.

Unten:
Paulus Potter
Bauernfamilie mit Vieh, 1646
Öl auf Holz, 37,1 x 29,5 cm
München, Bayerische Staatsgemäldesammlungen, Alte Pinakothek

PAULUS POTTER
1625–1654

Potter, der bereits im Alter von 29 Jahren an Schwindsucht verstarb, liebte die Wiesen, Weiden und weiten Ebenen seiner holländischen Heimat, die er zumeist, wie Jan van Goyen, im warmen Sonnenlicht darstellte. Vielleicht geht seine Vorliebe für helle, freundliche Landschaften auf seine italienisierenden Zeitgenossen wie Karel Dujardin zurück, obwohl er selbst Italien nie besucht hat.

Potter hat sich auf das Genre des Tierbildes spezialisiert, minuziös gemalte Porträts von Ziegen, Schafen und vor allem Kühen, die er in einer bäuerlichen Umgebung zeigt. Berühmt wurde sein lebensgroßes Bild »Der junge Stier« (Den Haag, Mauritshuis), an dem der Betrachter noch heute die fast pedantische Besessenheit für das Detail bewundert.

Die Landschaft, über der sich ein atmosphärischer Wolkenhimmel erhebt, ist in ein bräunlich-goldenes Sonnenlicht getaucht. Den Vordergrund bildet das weidende Vieh, jedes Tier ist liebevoll charakterisiert und in typischer Haltung porträtiert – wie die Menschen einer fröhlichen Tafelrunde bei einem Gruppenbildnis. Sie sind nicht Schmuck oder bloße Staffage, sondern bilden das Hauptmotiv, hinter dem Raum und Landschaft zurücktreten. Gegen Ende des 19. Jahrhunderts wurde Potters Kunst, besonders in England, als »Kabinettmalerei« gerühmt, Tischbein kopierte dieses Gemälde in einer Aquarellstudie.

JAN STEEN
UM 1625/26–1679

Unter den Genreszenen, die Steen beliebt und berühmt machten, gibt es nahezu zwanzig, die einen Arztbesuch in einer bürgerlichen Wohnstube schildern. Theatralisch wie in einem Stück der Commedia dell'arte wird ein Spiel aufgeführt, das von Einbildungen, Geheimniskrämerei, Vermutungen und Indiskretionen handelt. Es geht um eingebildete Krankheiten, eine nicht vorgesehene Schwangerschaft oder um Liebeskummer. Das Bett, darüber ein Gemälde mit einem Liebespaar und eine Statue Amors auf dem Windfang setzen den Betrachter sogleich ins Bild. Das Kohlebecken im Vordergrund mit der verglimmenden Schnur – die Reaktion auf den Qualm diente Quacksalbern als Diagnose für eine Schwangerschaft – und die Magd mit ihrem Kavalier vor der Tür sind weitere Requisiten des Genres. Die Patientin, der der Arzt gerade den Puls fühlt, hält einen Zettel in der Hand mit den Worten: »Daar baat gen/medesyn/want het is/minepeyn« (»Da hilft keine Medizin, wenn es Liebesschmerz ist«).

Die nicht gerade geistreiche Sentenz formuliert eine sogenannte »Wahrheit«, eine Moral, wie sie fast immer Grund und Anlaß für ein holländisches Bild ist. Bei aller Verselbständigung der Sujets ist ein Bild ohne solchen »tieferen« Sinn noch nicht denkbar und war dann auch erst eine Sache des 19. Jahrhunderts.

Wie fast ein Jahrhundert später Hogarth in England schildert Steen ein junges, lebenslustiges Paar, das sich nach allen Regeln der Kunst gehen läßt. Weinselig und ungebührlich hingerekelt, dabei aber nach der letzten Mode gekleidet, sitzen die beiden im Vordergrund. Nur einen spöttischen Blick hat der junge Mann übrig für das züchtige ältere Ehepaar, das ihn mit frommen Worten aus einem Buch auf den rechten Weg aufmerksam macht. Auch Steen war, obwohl eine Zeitlang als Schankwirt tätig, frommer und gläubiger Katholik. Im Haus herrscht große Unordnung. Die Dienerin schläft, die Kinder tollen umher, der Hund stiehlt das Essen vom Tisch, eine Ente sitzt dem Moralprediger auf der Schulter, ein Schwein frißt Abfälle vom Boden.

Vordergründig handelt es sich bei diesem Genrebild also um ein wüstes Durcheinander von Dingen wie von Handlungen. Hintergründig aber stecken verschiedenste »Wahrheiten«, also Lebensmaximen, darin. Die Schrift auf der Tafel rechts an der Treppe verkündet eine solche: »In weelde siet toe« – »im Wohlstand sehet zu«. Der höher gehängte Korb, die wertvollen Dinge, vor die Säue geworfen, sie alle spielen auf moralische Wahrheiten und Sprichwörter an.

Das Bild steht somit in einer längeren Tradition, die nicht erst mit Breughels Sprichwörterbildern ihren Anfang nahm. Bei Steen ist der Bildtyp jedoch doppelbödig. Er läßt den entsprechend bewanderten Betrachter das Durcheinander als eine Sammlung von Lebensweisheiten entschlüsseln, zugleich aber entstehen aus der Drastik und Situationskomik der Szene Spaß und genießerische Freude an der Malerei.

Jan Steen
Die Liebeskranke, um 1660
Öl auf Leinwand, 61 x 52,1 cm
München, Bayerische Staatsgemäldesammlungen, Alte Pinakothek

Jan Steen
Verkehrte Welt, um 1660
Öl auf Leinwand, 105 x 145 cm
Wien, Kunsthistorisches Museum

Jan van de Capelle
Segelboote im Hafen, 1650
Öl auf Holz, 85 x 115 cm
London, National Gallery

JAN VAN DE CAPELLE
UM 1624/25–1679

Capelles Bildschema war nicht sehr variabel. So malte er gegen 1650 mehrfach und nicht viel verändert das glatte Meer in Hafenbuchten gedrängt von Schaluppen, Leichtern, Beibooten und Kähnen, manche voll mit Passagieren, salutschießend, abgetakelt, kaum in Bewegung, sondern auf Reede. Während die Schiffe dem fachkundigen Betrachter ihre Details und Konstruktionsmerkmale anbieten, nimmt er zugleich an einem Schauspiel teil. Es ist ein Schauspiel aus Wasser, Himmel, Wolken, Feuchtigkeit, Licht und Atmosphäre. Der Horizont der See ist so tief gelegt, daß fast alles aus dunsterfülltem Himmel besteht. Zudem spiegeln sich die Segel und die Wolken auf dem glatten Wasser so, daß buchstäblich alles zu schwimmen scheint.

Die Tafel ist ein extremes Beispiel dafür, wie sehr das holländische Bild stabilisierende, tektonische Elemente, Bildarchitekturen usw. vermeidet, weil der eigentliche Gegenstand das Unbegrenzte, Veränderliche ist. Ein holländisches Bild wird nicht konstruiert, es spiegelt vielmehr Eigenschaften der Natur, der Elemente. Die Erscheinung der Gegenstände geschieht über Reflexe. Das Licht reflektiert auf Oberflächen und läßt so Farben erscheinen. Diese wiederum sind gedämpft und gebrochen. Häufig sind die Gegenstände auch gespiegelt. Boote spiegeln sich im Wasser, ebenso der Wolkenhimmel.

Willem van de Velde d. J.
Der Kanonenschuß, o. J.
Öl auf Leinwand, 78,5 x 67 cm
Amsterdam, Rijksmuseum

WILLEM VAN DE VELDE D. J.
1633–1707

Van de Velde war Spezialist für Marinen, das heißt für Seestücke, genauer gesagt, er war Porträtist von Schiffen. Obwohl es von ihm auch Historienbilder gibt, Darstellungen von Seeschlachten, sind seine Marinen anders angelegt. Schiffe aller Art sind auf Reede gegangen, sie sind da, und sie sind als solche bemerkenswerter Bildgegenstand. Der Maler kannte sich aus, er hätte in Holland auch keinen Käufer finden können für seine Zeichnungen, wenn die Details, vom Schiffskörper bis zur Takelage, nicht der Wirklichkeit entsprochen hätten. Wie die penibel gezeichneten Schiffe allerdings ins Bild genommen sind, das läßt an Stilleben denken.

Ein Schiff schießt Salut. Akustisches wird sichtbar als Wolke von Rauch und Dampf, als atmosphärisches Schauspiel, die See erscheint wie eine Art Resonanzboden, der die Töne zum Klingen bringt. Mit treffenden Worten hat der französische Dichter Paul Claudel das Bild beschrieben: »Es ist, als ob bei diesem Signal, bei diesem plötzlichen Zerbersten eines Schalles in einen Rauchschwaden der Lauf der Natur augenblicks innehielte: Feuer!, und als ob das Aufhorchen des Meeres bis zu uns herandränge. Die stolze Staffelung der Rahen und Segel scheint der umgebenden Unermeßlichkeit einen Befehl einzuschärfen. Es ist eines jener Bilder, die man fast mehr hört, als man sie sieht.«

JACOB VAN RUISDAEL
UM 1628/29–1682

Ruisdaels Landschaften sind in einem besonderen Sinn poetisch. Sie sind zunächst Porträts von Wirklichkeit, jede Einzelheit entstammt der alltäglichen Erfahrung und dem holländischen Land. Im Bildzusammenhang sind dieses Gegenstände jedoch so weit gesteigert und auch in neue Zusammenhänge gestellt, daß eine Steigerung in dem eintritt, was sie an Stimmung, Gefühlen und Inhalt hervorrufen.

1816 schrieb Goethe eine Studie für das »Morgenblatt für gebildete Stände« unter dem Titel »Ruysdael als Dichter«. Darin heißt es: »Seine Werke befriedigen vorerst alle Forderungen, die der äußere Sinn an Kunstwerke machen kann. Hand und Pinsel wirken mit größter Freiheit zu der genauesten Vollendung. Licht, Schatten, Haltung und Wirkung des Ganzen läßt nichts zu wünschen übrig. Hiervon überzeugt der Anblick sogleich jeden Liebhaber und Kenner. Gegenwärtig aber wollen wir ihn als denkenden Künstler, ja als Dichter betrachten, und auch hier werden wir gestehen, daß ein hoher Preis ihm gebühre.«

Was Goethe faszinierte, war eben, daß Ruisdael an den gewohnten Gegenständen der heimischen Landschaft Steigerungen inszenierte, die zum Nachdenken und Mitempfinden auffordern: »Das ... Bild hat die Absicht: im Gegenwärtigen das Vergangene darzustellen, und dies ist auf das bewundernswürdigste erreicht, das Abgestorbene mit dem Lebendigen in die anschaulichste Verbindung gebracht ... Im Angesicht dieser Gebäude steht ein vor alten Zeiten gepflanztes, noch immer fortwachsendes Lindenrund, um anzudeuten, daß die Werke der Natur ein längeres Leben, eine größere Dauer haben als die Werke der Menschen ... Glücklich aus der Natur gegriffen ist dies Bild, glücklich durch den Gedanken erhöht, und ... so wird es uns immer anziehen ...«

Goethe schrieb dies in einer Zeit, in der mit den besonderen Mitteln des Landschaftsgartens an das Sentiment appelliert werden sollte, eine Landschaft Nachdenklichkeit und Empfindungen wecken sollte. Die Architekten dieser neuen Landschaftsgärten des 18. Jahrhunderts setzten Bilder wie die von Ruisdael in die gepflanzte Wirklichkeit um, bauten sie nach.

Jacob van Ruisdael
Zwei Wassermühlen, um 1650–1652
Öl auf Leinwand, 87,3 x 111,5 cm
London, National Gallery

Jan Siberechts
Landschaft mit Regenbogen
(Henley-on-Thames), um 1690
Öl auf Leinwand, 82,5 x 103 cm
London, Tate Gallery

JAN SIBERECHTS
1627 – UM 1700/1703

Selbst in der Spätzeit bleibt die flämische Landschaftsmalerei bei wesentlichen Gestaltungsmerkmalen, die sich bereits im 16. Jahrhundert herausgebildet hatten, so bei Pieter Breughel oder Momper. Um 1690 ist Siberechts »Landschaft mit Regenbogen« entstanden.

Von einem erhöhten Standpunkt aus hat man einen weiten Blick, zunächst über eine Viehweide, die sich zu einem Fluß hin senkt. Auf ihm wird ein Lastkahn getreidelt, rechts liegt ein Dorf an diesem Fluß. Dahinter steigt das Gelände wieder an, Äcker liegen im wandernden Sonnenlicht, ein doppelter Regenbogen spannt sich darüber. Links weitet sich der Blick in die Tiefe bis zu den Bergen am Horizont.

Das Landschaftsbild eines Holländers, etwa Ruisdaels, ließe sich kaum so beschreiben. Denn dort sind ganz selten so verschiedene und kontrastierende Elemente zugleich ins Bild genommen, so wie hier Nähe und Ferne, Berg und Ebene, Tiere, Menschen, Schiff und Häuser. Flämische Landschaften haben häufig den Anspruch auf Universelles, holländische konzentrieren sich auf eines.

Das Bild ist typisch für das Spätwerk von Siberechts, der um 1672 nach England gegangen war. Während seine flämischen Landschaften meist einen kleinen Naturausschnitt zeigen, wird er jetzt – man erkennt rechts Henley an der Themse – topographisch genauer.

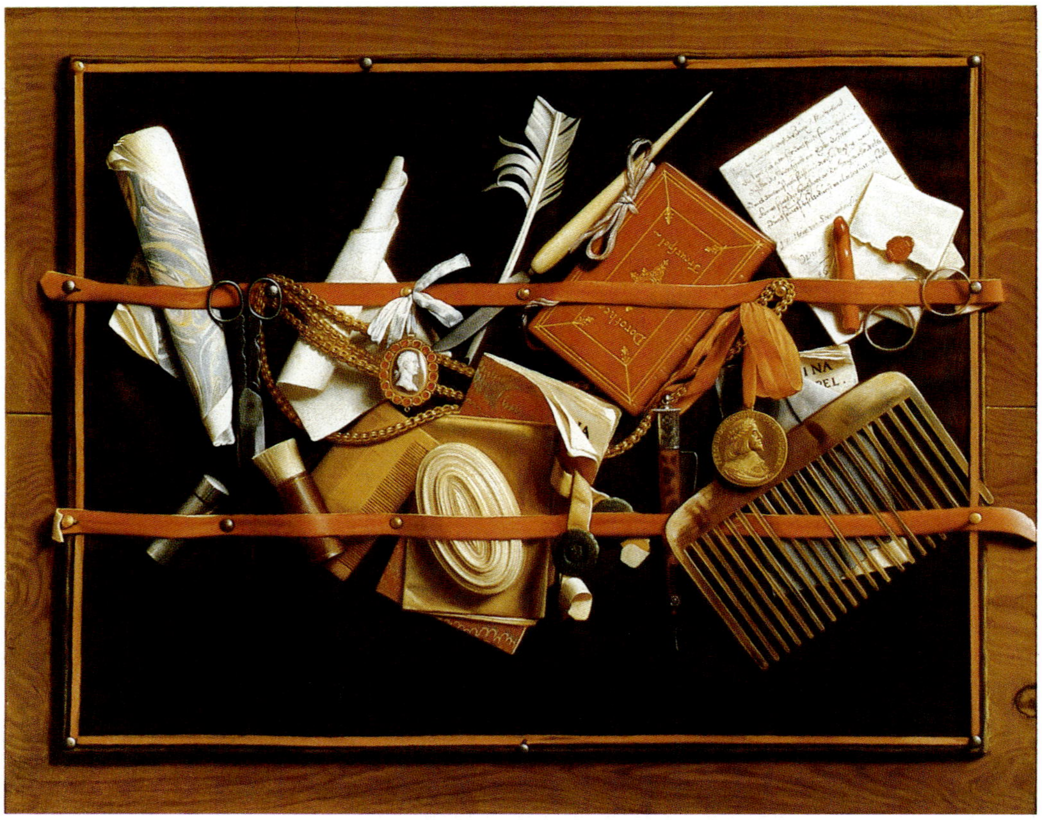

Samuel van Hoogstraten
Stilleben, um 1666–1668
Öl auf Leinwand, 63 x 79 cm
Karlsruhe, Staatliche Kunsthalle

SAMUEL VAN HOOGSTRATEN
1627–1678

Die holländische Malerei neigt zur Imitation, zur Aufhebung der Grenze zwischen Realraum und Bildraum. Nicht zuletzt Rembrandt malte »Fensterbilder«, in denen sich der oder die Porträtierte in einen Tür- oder Fensterrahmen lehnt, der identisch mit dem Bildrahmen ist. Gerade in seiner Nachfolge bildet sich das sogenannte »Trompe-l'œil« aus, das »Augenbetrügerbild«. Ein Spezialist dafür war Hoogstraten, dessen Bild die typische Form dieser Gattung zeigt. Weil die Täuschung nicht über den Tiefenraum gelingt, sondern an die Fläche gebunden ist, wählte man flache Geräte, die in die Bildebene gelegt werden können, um darauf wieder Gegenstände zu setzen, die keinen Tiefenraum beanspruchen. Hier zum Beispiel diverse Alltagsgegenstände, die von zwei über einen Holzrahmen gespannten Lederriemen gehalten werden.

Die alte Anekdote von der Täuschung des Betrachters durch gemalte Gegenstände feiert hier Urstände, doch darf man nicht übersehen, daß es sich beim »Trompe-l'œil« um einen Witz handelt und daß bei der Entdeckung von Malerei anstelle von Wirklichkeit ein »Aha-Effekt« entstehen sollte. Dennoch läßt derartige Reproduktion von Wirklichkeit durch das Bild allgemeinere Rückschlüsse auf das holländische Bild zu. Es ist in besonderem Maße »gegenständlich«, das heißt es kann Inhalte nur über den Weg von Verdinglichung herstellen.

PIETER DE HOOCH
1629 – NACH 1684

Als präziser Schilderer des häuslichen Lebens in Holland ist de Hooch in die Kunstgeschichte eingegangen. Der private Alltag, die bürgerliche Welt in ihrer Ruhe und Ordnung, in der keine Sensation die abgeschirmte Stille stört, sind sein Thema. De Hooch öffnet den Blick in enge Gassen, auf Vorgärten und Höfe und läßt uns in Nebengemächer und in die gute Stube blicken. Wie Vermeer hat er sich auf die Darstellung von Innenräumen spezialisiert, das Interieur.

Doch während bei diesem es meist die in ihrer Tätigkeit innehaltende Gestalt ist, die den Raum beherrscht, dominiert bei de Hooch der Raum selbst, seine Tiefen, die Durchblicke durch Türen und Fenster, wird der Mensch zu einem Bestandteil dieser Binnenräume. Wesentlich ist das Licht, wie bei Vermeer das Tageslicht, das in den verschiedensten Arten von Brechungen und Reflexen die Räume belebt. Während Mensch und Tier in ihrer Tätigkeit innehalten, ist das Licht das aktive Element, es dringt ein, wandert über Mauern und Wände, Kacheln und Fliesen und bringt die Dinge zum Leuchten oder läßt sie im Schatten versinken.

Wie Vermeer greift auch de Hooch auf überlieferte sakrale Bildtypen zurück und »übersetzt« sie in die bürgerliche Welt des Alltags. So erinnert zum Beispiel das Bild von der Frau und Magd, die in einem gepflegten Hof den Fisch säubert, an den Topos von Maria im beschlossenen Garten. Lichterfüllte Räume übernehmen die Form des Verkündigungsraumes oder des von bunten Glasfenstern erleuchteten Kirchenraums mit der Madonna van Eycks.

In den Jahren zwischen 1654 und 1665, die der Maler in Delft verbrachte, entstanden unter dem Einfluß Vermeers und des Rembrandt-Schülers Fabritius die Meisterwerke de Hoochs, zu denen auch die »Kartenspieler« gehören. Obwohl schon hier eine Vorliebe für prunkvolle Räume und elegante Gesellschaften deutlich wird, ist die malerische Gestaltung noch liebevoll, die Architektur des Raumes mit den schachbrettartigen Fliesen, die die Tiefenwirkung verstärken, sorgfältig nachgezeichnet.

Als de Hooch 1667 nach Amsterdam übersiedelt und mit Vorliebe in vornehmer Gesellschaft verkehrt, werden seine Interieurs zunehmend nobler, werden die einfachen »Haushalte« verdrängt von geradezu fürstlich dekorierten Räumen. Gleichzeitig verliert die Darstellung an Präzision, geht die Vitalität des holländischen Genrebildes mehr und mehr verloren. Verloren ging dabei auch das, was in der Fachsprache die »Valeurs« genannt wird, die Kraft eines Farbtons, wie sie Eugène Fromentin, ein Maler des 19. Jahrhunderts, treffend beschreibt: »Die Zartheit eines Metsu, das Geheimnis eines Pieter de Hooch hängt davon ab, daß die Gegenstände viel mehr Luft umgibt, daß viel Schatten um die Lichter liegen, daß viele Ruhepunkte in den flüchtigen Farben sind, viel Versetzungen in den Tönen, viel rein erfundene Umformungen im Anblick der Dinge, mit einem Wort: die wundervollste Behandlung, die jemals dem Helldunkel zuteil geworden ist ...«.

Pieter de Hooch
Hausfrau und Magd in einem Hof, 1660
Öl auf Leinwand, 73,7 x 62,6 cm
London, National Gallery

Pieter de Hooch Kartenspieler, um 1663–1665
Öl auf Leinwand, 67 x 77 cm
Paris, Musée National du Louvre

Frans van Mieris
Galante Szene, o. J.
Öl auf Holz
Privatbesitz

FRANS VAN MIERIS
1635–1681

Das Gesellschafts- und Konversationsstück, ein in Holland besonders beliebter Bildtyp, hat seinen Ursprung in der spätmanieristischen Malerei, wo vor allem in der Utrechter Schule Darstellungen von Trinkern, Musikanten oder Liebespaaren sich häuften. Dabei gibt es zweifellos Zusammenhänge zwischen der jetzt erfolgten »Privatisierung« des niederländischen Bildes, dem Verfall sakraler Aufgaben und der wachsenden Beliebtheit solcher »galanten« Gesellschaftsstücke.

Hier versucht ein Freier, der Dame seiner Wahl ins Mieder zu greifen, das diese noch zögernd zusammenhält. Die Bezahlung des Liebesdienstes liegt jedoch schon in ihrem Schoß. Eine eindeutige Szene aus dem Dirnenmilieu ist also mit den schönsten Requisiten eines Stillebens und der Musik ausgestattet und »fein gemalt« nach Art der Leidener Schule. Seinen Ursprung hat das Thema in der biblischen Erzählung vom verlorenen Sohn, der sein Geld mit Dirnen verpraßte und im Schweinestall landete. Was davon übrigblieb, ist eine moralische Sentenz und – viel mehr noch – ein vergnüglicher Augenspaß.

Auch im Bereich des Genrebildes fand eine enge Spezialisierung statt. Bei Ostade oder Brouwer war das Bauern- und Wirtshausmilieu Schauplatz dieser Bildgattung, während die Leidener Feinmaler Dou, Metsu und Mieris höfische Elemente einbrachten.

Gabriel Metsu Das Bohnenfest, um 1650–1655
Öl auf Leinwand, 80,9 x 97,9 cm
München, Bayerische Staatsgemäldesammlungen, Alte Pinakothek

GABRIEL METSU
1629–1667

Metsus »Bohnenfest« ist unter dem Einfluß von Steen entstanden. Aber während diese Szene, in der ein durch Zufall für einen Tag gekürter Bohnenkönig trinkt, vordem häufig als ausgemachter Spaß geschildert wird (man vergleiche etwa Teniers »Dreikönigsfest«), ist jetzt das Laute und Derbe der Handlung zurückgenommen. Was allgemein seit der Jahrhundertmitte im Genrebild zu beobachten ist, zeigt sich selbst in der Schilderung einer so volkstümlich-drastischen Szenerie. Selbst da, wo ein komischer Moment illustriert wird, hält die Darstellung inne, wird es still, nimmt das Genre stillebenhafte Züge an.

Die Exzesse des Bohnenfestes am Dreikönigstag waren der reformierten Kirche ein Ärgernis geworden. Dem König für einen Tag wurde ein närrischer Hofstaat zugeteilt, die Tafelfreuden nahmen im sittenstrengen Land üble Formen an; und außerdem hatte der Brauch seinen Ursprung in katholischen Ländern. So wurde er von den Städten zeitweise verboten, und Bilder davon wurden wie entsprechende vom pittoresken und derben Bauernleben in der Stadt als Erzählungen von einer anderen, bizarren Welt angesehen.

Metsus Bild kann als Beleg dafür gelten, daß in der niederländischen Malerei nie ein direkter Bericht von Wirklichkeit vorliegt, sondern daß feste Bildtypen in verschiedenen Lösungen auf den Kunstmarkt kamen.

Meindert Hobbema
Die Allee von Middelharnis, 1689
Öl auf Leinwand, 103,5 x 141 cm
London, National Gallery

MEINDERT HOBBEMA
1638–1709

Als Hobbema während seines Aufenthalts in Middelharnis die Ansicht der kleinen Stadt mit der darauf zulaufenden Allee malte, hatte die holländische Landschaftsmalerei ihren Höhepunkt schon überschritten. Aber sie konnte noch längere Zeit von ihrer Substanz zehren, die schier unerschöpflich war.

Hobbema war zunächst von Jacob van Ruisdael abhängig und setzte in pittoresken Kontrasten knorrig verwachsene Bäume gegen leuchtend glattes Wasser, tiefen Waldschatten gegen helle Lichtungen in der Sonne und staffierte diesen Naturschauplatz mit malerischen Requisiten aus, mit Ruinen, Mühlen und Bauernkaten. In seinen letzten Werken jedoch wurde diese Ausstattung sehr karg, so daß das Konstruktionsschema des Bildes bloßgelegt erscheint.

Die Ansicht von Middelharnis ist eine Vedute, allerdings von typisch holländischer Art, in der die Stadt und ihre Häuser wie zufällig am Ende der Allee erscheinen und der Weg darauf zu wie der eigentliche Bildgegenstand wirkt. Dieser Weg hat das Bild berühmt gemacht. Die oberen beiden Drittel nimmt der Wolkenhimmel ein, darunter liegt das flache Land. Dort, wo waagrecht die Horizontlinie verläuft, sieht man noch die Kirche und die Häuser der Stadt. Genau auf die Mitte des Horizonts läuft vom Betrachter aus die Allee zu, der Fluchtpunkt ihrer Perspektive liegt dort, wo die Stadt den Horizont verdeckt. Wie mit dem Lineal ist das Perspektivschema gezeichnet. Gerade dadurch wird auch deutlich gemacht, wie sehr der Mensch, der hier Entwässerungsgräben zog und Straßendämme anlegte, dem Land seine Gestalt gab.

Gegen diese prosaische Geometrie haben Wetter und Zeit erfolgreich angekämpft. Die Pappeln an der Allee haben in ihrer starren Reihe schon Lücken und sind im Wind zu grotesken dünnen Besen zerzaust. Der schnurgerade Weg zwischen den beiden Gräben ist lehmig, ein Wagen hat eine sich unsicher schlängelnde Spur hinterlassen. Ein Mann, noch klein in der Entfernung, kommt uns mit seinem Hund entgegen.

Die Frage, worin sich Hobbemas spätes Bild von Ansichten etwa der sechziger Jahre unterscheidet, ist nicht leicht zu beantworten. Am ehesten deuten die starke Hervorhebung der Linearkonstruktion und die wie kulissenartige Einschübe von den Seiten hereinragenden Bildteile auf die Spätzeit hin. Man hat den Eindruck, von einem festen Platz aus mit einem Bühnenbild konfrontiert zu sein.

Jan Vermeer
Die Spitzenklöpplerin, um 1665
Öl auf Leinwand auf Holz, 24 x 21 cm
Paris, Musée National du Louvre

JAN VERMEER
1632–1675

Unter dem großen Dreigestirn der holländischen Malerei des 17. Jahrhunderts – neben Rembrandt und Frans Hals – war Vermeer der jüngste. Über sein Leben ist wenig bekannt, er hat nur etwa vierzig Gemälde hinterlassen, und seine Familie litt unter ständiger Not. Fast zweihundert Jahre lang geriet sein Werk in Vergessenheit, ehe es gegen Ende des 19. Jahrhunderts wiederentdeckt wurde, zu einer Zeit, als die Entstehung von Bildlicht aus der Farbe Gegenstand des impressionistischen Bildes geworden war. So war denn auch Vermeers »Spitzenklöpplerin«, neben Watteaus »Einschiffung nach Cythera«, für Renoir das schönste Bild der Welt.

Die »Spitzenklöpplerin« hat sich tief über ihre Arbeit auf dem Tisch gebeugt und bildet mit diesem eine geschlossene Fläche, auf der das Licht die Akzente setzt. Es fällt von rechts in den imaginären Räum – eine Ausnahme bei Vermeer – und zeichnet im Wechselspiel von Hell und Dunkel die plastische Form des Kopfes nach: Gesicht, Haar und Hände werden erst durch das Licht erschaffen. Einfache Buntwerte, das Gelb der Jacke, das Blau des Kissens und das Rot der Seidenfäden sind nicht in Lasuren geglättet, sondern körnig mit Weiß durchsetzt, was die Struktur der Leinwand noch verstärkt. Man glaubt zu sehen, wie das Licht auf dem Körper der Frau und den Gegenständen liegenbleibt, eine stillebenhafte Ruhe erzeugt. Darüber hinaus wird eine Lichtatmosphäre im Raum hergestellt, die geradezu gegenständlich erfahrbar zu sein scheint.

Unten:
Jan Vermeer
Die Goldwägerin, um 1665
Öl auf Leinwand, 42 x 35,5 cm
Washington, National Gallery of Art

Eine junge Frau – wir dürfen in ihr die schwangere Catharina Vermeer erkennen, die ihrem Mann elf Kinder gebar – steht in Gedanken versunken vor einem Tisch am fast verhangenen Fenster. In der Rechten hält sie eine Waage und prüft das Gewicht einiger Goldmünzen; vor ihr liegen Münzen und schimmernde Perlen, auf Schnüre gereiht und leuchtend vor tiefblauem Tuch. Die rechte Hand mit der Waage bildet das Zentrum des Bildes, in ihm schneiden sich die Diagonalen.

Der Vorgang des Wägens und das Bild an der Wand mit einer Darstellung des Jüngsten Gerichts verweisen auf eine mögliche Deutung: Der Tand dieser Welt ist eitel, er wird für zu leicht befunden werden, so wie wir auch, wenn wir unser Leben an das Irdische binden. Und noch eines: Leben (auch das werdende Leben im Leib der Mutter) und Tod sind nahe beisammen, uns bleibt nicht viel Zeit, die Spanne zu nutzen. Das Bild ist lesbar wie ein Vanitas-Stilleben. Doch wie ein holländisches Stilleben noch nicht ausgeschöpft ist mit der Feststellung seiner allegorischen Bedeutung, so ist es auch mit den Bildern Vermeers. Hier können Innenräume und sogar Genreszenen stillebenhafte Züge annehmen, sind die Menschen darin im Innehalten und ihrer Versunkenheit »aus der Zeit genommen« – der Gedanke an die Ewigkeit entsteht, wo die Alltäglichkeit zu einem Stillstand gelangt ist. So ist es die große Leistung Vermeers, Elemente und Prinzipien des Stillebens auf das Interieur und das Genrebild übertragen zu haben.

Jan Vermeer
Ansicht von Delft, um 1658–1660
Öl auf Leinwand, 98,5 x 117,5 cm
Den Haag, Mauritshuis

Es war bereits im 17. Jahrhundert üblich, für die Erstellung einer Vedute – einer möglichst wirklichkeitsgetreuen Ansicht einer Stadt oder Landschaft – optische Hilfsmittel zu benutzen. Zweifellos hat Vermeer für seine »Ansicht von Delft« eine Zeichenkamera benutzt, eine Art Camera obscura, von der noch einige Exemplare erhalten sind. Gerade in seiner Heimatstadt Delft experimentierte man viel im Bereich der Optik. Sogar das Haus, aus dessen Fenster Vermeer den Blick auf Delft »nachzeichnete«, hat sich nachweisen lassen. Doch an der künstlerischen Leistung ändert die Verwendung eines technischen Hilfsmittels nichts, denn die wesentlichen Elemente des Bildes bleiben die Leistung des Malers.

In der Geschichte der barocken Vedutenmalerei nehmen die holländischen Ansichten einen besonderen Platz ein. Man war seltener darum bemüht, einen Überblick oder eine Gesamtschau der Stadt zu gewinnen, sondern suchte »malerische« Aspekte. Weniger das Repräsentationsbild einer Stadt als deren typisches Erscheinungsbild, auch im Pars pro toto, ergaben die holländische Vedute.

Ein Streifen des Delfter Hafens mit Mauern und Toren, die meisten aus roten Ziegeln, ergibt die Ansicht. Die Stadt mit ihren Dächern sinkt dahinter ab, auch die Türme sind kaum noch zu sehen. Verschwommen spiegelt sich das Mauerwerk im Wasser davor, mehr als die Hälfte des Bildes nimmt der Wolkenhimmel ein. Die Vedute handelt davon, wie die Stadt Delft im schnell wechselnden Licht und in den Reflexen des Wasser erscheint. Ansonsten »agiert« die Stadt nicht, sie ist wie ein Stilleben begriffen, in absoluter Ruhe, distanziert. Der eigentliche Bildgegenstand scheint die Lichtatmosphäre zu sein, aus ihr entsteht die Form der Stadt Delft.

Wie in seinen Innenraumbildern malt Vermeer auch an den Ziegelwänden der Häuser und am Rumpf der Schiffe das Auftreffen des Lichts und seine Reflexe. Körniges Weiß höht das Rot und Braun, an den alten, unbeweglichen Materialien von Holz und Ziegel entsteht so der Eindruck von beweglichem Licht. Eine stille Harmonie entsteht, in der sich die Ton- und Farbkontraste einander die Waage halten.

JAN VERMEER
1632–1675

Jan Vermeer
Allegorie der Malerei (Das Atelier), um 1666
Öl auf Leinwand, 120 x 100 cm
Wien, Kunsthistorisches Museum

Es handelt sich um ein Atelierbild, ein in der holländischen Malerei häufiger Typus. Rembrandt malte sich vor der Staffelei, nach ihm Dou, Ostade und viele andere. Das Ungewöhnliche an Vermeers Darstellung ist jedoch, daß er aus einer Selbstdarstellung eine mehrschichtige Allegorie macht. Um die »richtige« Deutung dieser Allegorie ist ein kunsthistorischer Gelehrtenstreit entbrannt, der die Vielschichtigkeit des Bildes unterstreicht. Der Innenraum ist mit Requisiten der Künste und mit einer Landkarte der freien niederländischen Provinzen ausgestattet. Der Maler ist vornehm gekleidet, ganz so, wie der Raum sich darstellt. Möglicherweise sind hier Sätze aus Leonardo da Vincis Traktat unterlegt, in denen er von der Malerei schreibt: »... der Maler sitzt mit großer Bequemlichkeit vor seinem Werk, wohl gekleidet, und regt den leichten Pinsel mit anmutigen Farben. Mit Kleidern ist er geschmückt, wie es ihm gefällt.« Eine Anspielung vielleicht auch auf die Überlegenheit der Malerei gegenüber Architektur und Bildhauerei?

Was er bereits auf die Leinwand gemalt hat, das ist der Lorbeerkranz, den das Modell trägt; es hält aber auch noch Posaune und Buch in Händen und ist somit als Fama, als allegorische Verkörperung des Ruhmes, zu interpretieren. Eine Szene im Atelier, fast genrehaft, wird so zu einer Allegorie vom »Ruhm der Malkunst« in den Niederlanden.

Dies entspricht einer sehr allgemeinen holländischen Möglichkeit, im vordergründigen Genre »Wahrheiten«, also allgemeinere Aussagen, einzubringen. Etwas Außergewöhnliches in diesem Bild aber ist Vermeers Gestaltung des Lichts, seine »Lichtregie«, die in der Kunst des 17. Jahrhunderts beispiellos ist und von den Impressionisten zwei Jahrhunderte später wiederentdeckt wurde. Aus einem unsichtbaren Fenster fällt es auf das Modell, das vom Maler direkt in die größte Helligkeit postiert ist. Ein natürlicher Lichteinfall wird zum glorifizierenden Licht – so, wie es einer Allegorese zukommt.

Jan Vermeer
Junge Frau am Spinett sitzend, um 1675
Öl auf Leinwand, 51,5 x 45,5 cm
London, National Gallery

Im Spätwerk Vermeers – das Gemälde dürfte um 1675 entstanden sein – werden Schwächen deutlich. Das System der Gegenstandsverteilung im Raum, mit dem Bild an der Frontwand, dem links gerafften Vorhang und der Figurenanordnung nach der linken Seite, ist zu einer stereotypen Formel geworden. Die Dinge sind in ihren Konturen hart und scharfgezeichnet und ihre Oberflächen und die Stofflichkeit in minuziöser Detailiertheit wie bei den Feinmalern imitiert.

Ein Vergleich mit den bedeutendsten Bildern Vermeers aus den sechziger Jahren deckt die Ursache der späten Schwächen auf. Er verzichtet nämlich jetzt darauf, das Bildlicht zu seinem eigentlichen Gegenstand zu machen. Hier ist es »nur« eine Aufhellung an den Gegenständen, während vordem – etwa im Bild der Spitzenklöpplerin – das Eindringen des Lichtes in die Oberflächen der Dinge das eigentliche Bildthema war. Zunehmend findet sich in den Schattentiefen ein tiefes Schwarz, wie es bei Vermeer bislang nicht zu sehen war.

Eva-Gesine Baur

ROKOKO UND KLASSIZISMUS

Europäische Malerei im 18. Jahrhundert

Im Rokoko findet der erhabene Stil des Barocks zu spielerischer Gelöstheit. Empfindung und Gefühl dominieren vor der Vernunft. Doch galante Feste und Schäferspiel, raffinierte Eleganz und amouröse Idylle sind oft nur theatralische Inszenierung, heiter-elegische Träume, hinter denen sich das Wissen vom verlorenen Paradies verbirgt.
Zentren der Rokokomalerei sind Paris, Venedig und London. In Paris dominieren die galanten Szenen Watteaus, Bouchers und Fragonards oder die delikaten Stilleben und Genreszenen Chardins. In der Lagunenstadt Venedig ragen die Stadtveduten und Galas von Canaletto und Guardi hervor neben der lichtdurchfluteten Deckenmalerei des genialen Tiepolo. Das gesellschaftsfrohe London feiert die großen Porträtisten Hogarth, Gainsborough und Reynolds, während sich über Süddeutschland und Österreich ein heiter-frommer Kirchenhimmel von Asam und Zimmermann, Troger und Maulbertsch erhebt.
In Opposition zum Rokoko steht der strenge und kühle Klassizismus eines David, während im Werk des Spaniers Goya, der auch die Abgründe menschlicher Existenz schonungslos offenbart, bereits eine neue Zeit anbricht.

1874 publizieren die Brüder Edmonde und Jules de Goncourt den letzten Band ihres gemeinsamen Werkes »L'art du XVIIIe siècle« (Die Kunst des 18. Jahrhunderts). Damit ist der erste Schritt getan zur Rehabilitierung einer Epoche, die unter der Bezeichnung »Rokoko« eine – bis heute – wechselvolle Rezeptionsgeschichte durchlebte und durchlebt, in der die meisten Annäherungsversuche und Wiederbelebungsbemühungen kläglich endeten.

Das Mißverständnis begann bereits zu Lebzeiten: Man sagte eine Epoche tot, die nicht tot war. Man grenzte sich mit Entschiedenheit gegen etwas ab, in das man selbst verwickelt war, verwahrte sich gegen einen Zeitgeist, dem man noch angehörte. Er wurde eigentlich zu Grabe getragen in den Tumulten der Französischen Revolution. Daß das Datum 1789 bereits deren Ende bedeutete, daß der Zeitpunkt, zu dem sie »ausbrach«, die notwendige Folge eines Gärungsvorganges war, der längst begonnen hatte, wird von Seiten der Historiker immer wieder hervorgehoben. Der eigentliche Anfang dieses Prozesses ist nicht festzustellen, sondern nur als graduelle Veränderung im Bewußtseinswandel zu beobachten.

Die kategorische Grenzziehung zwischen Rokoko und Klassizismus war und ist eines der größten Hindernisse im Verständnis des gesamten 18. Jahrhunderts. Als in den neunziger Jahren dieses Jahrhunderts in Pariser Künstlerkreisen aus einer Stilisierung des Wortes »rocaille« die Vokabel »rococo« hervorging, war sie bereits negativ belastet. Die Schlagworte des Verspielten, Oberflächlichen, Lächelnd-Heiteren, die noch heute den Blick auf das Rokoko versperren, konstituierten sich bereits damals. In Deutschland vor allem trug die Entfaltung einer breiten Hervorbringung von Idyllendichtung, Schäferspielen und anakreontischer Lyrik – meist mittelmäßigen Niveaus – dazu bei, diese Sehweise zu verstärken. Die Rosenbänder, Liebeshaine, Nachtigallen, die flüsternden Zephyre und errötenden Chloen repräsentierten nur einen schmalen Ausschnitt, der für das Ganze genommen wurde.

Kein Wunder also, daß die Jungdeutschen in den dreißiger Jahren des 19. Jahrhunderts »Rococo« zum Schimpfwort erstarrter Galanterie, unbeweglicher Konvention und eines überjährten Ancien Régime machten. Noch 1859, als Wolfgang Menzel (1798–1873) diesen Begriff in die Literaturgeschichte einführte, war er Synonym gezierter Sinnentleertheit. Der Ästhetiker Friedrich Theodor Vischer (1807–1887) war wohl der erste, der die kritische Übernahme dieses Terminus in die Kunstgeschichte vorschlug, in die er in den sechziger Jahren einging, um allmählich zu einem wertneutralen historischen Epochenbegriff zu werden.

François Boucher
Die Toilette der Venus, 1751
Öl auf Leinwand, 108 x 85 cm
New York, The Metropolitan Museum of Art

Daß – nach den Klassizismen des vergangenen Jahrhunderts – gerade der Jugendstil, das Fin de siècle, wieder Zugang zu der Kultur des Rokoko fand, sie in Dichtungen Hugo von Hofmannsthals (1874–1929), Richard Dehmels (1863–1920) oder Otto Julius Bierbaums (1865–1910) reflektiert, ist kein Zufall; man fand dort eine Identifikationsmöglichkeit, fand Wesensverwandtes. Auch wenn diese Interpretation des Rokoko subjektiv war, leistete sie immerhin eines – die Befreiung dieser Epoche vom Vorwurf mangelnden Tiefgangs.

Die Verdrängung der Angst

Die Endzeitängste und Identitätskrisen, die Todesvisionen und Wirklichkeitszweifel verbanden in den Augen dieser Generation die eigene Zeit mit der »Barock-Endzeit«. Und die Spielarten der Verdrängung – nicht Bewältigung – sind in gewisser Hinsicht tatsächlich verwandt. Mythen und Märchen, Feste und Phantasien, Theater und Musik werden herangezogen, um Traumwelten und Zwischenreiche zu erschaffen, die all das vergessen machen, ohne jedoch dabei die Erkenntnis dieser Mechanismen zu verlieren, ohne die Reflexion über den Schein aufzugeben.

Wenn wir die venezianischen Feste und Maskentreiben bei Francesco Guardi (1712–1793), die Konzerte Nicolas Lancrets (1690–1743), die Liebesfeiern Watteaus, die einfachen Vergnügungen des Volks in Zirkus und Gasse bei Pietro Longhi (1702–1785) unter diesem Aspekt betrachten, erfassen wir sie nicht vollständig, aber in einem wesentlichen Charakterzug. Und das Vermeiden der Schatten ist auch eines der Kennzeichen neuer Techniken. Die Weißgrundigkeit des Kolorits in den Gemälden Jean-Honoré Fragonards (1732–1806), die Helligkeit des Pastells bei Rosalba Carriera (1675–1757), Maurice Quentin de La Tour (1704–1788) und Jean-Etienne Liotard (1702–1789), der tiefenlose Glanz der Porzellanfiguren eines Franz Anton Bustelli (1723–1763) sind ebenso symptomatisch für diese Epoche wie die alterslose Mode gepuderter Perücken. Die »Ile enchantée«, die verzauberte Insel, wird als Projektionsmöglichkeit eines Traumes von Zeitenthobenheit und Sorglosigkeit entdeckt, sie erscheint als »Kythera« bei Watteau oder namenlos bei Guardi, der einen Zyklus von 21 Inseln malt. Venedig wird zum Ziel der Künstler und Reisenden. Das Fremdländische, Exotische wird zum Fluchtpunkt neuer Daseinsperspektiven, »Russeries«, »Chinoiseries«, »Japanoiseries« werden zu einem Fundus verschiedenster Kostümierungen.

Die Distanz als Bestandteil der Bildfunktion

Zugleich werden gerade hier die ironische Distanz und Selbsterkenntnis des Rokoko deutlich: Das Fremde wird bewußt als Unverstandenes und Unverständliches benutzt, verwendet, ausgebeutet. Diese Distanziertheit des aufgeklärten Geistes ist tragendes Element unterschiedlichster Äußerungen. Er manifestiert sich in der Synopse der »veduta

Canaletto
Die Lagune von San Marco und die Abfahrt des Bucintoro am Himmelfahrtstag, um 1735–1741
Öl auf Leinwand, 121,9 x 182,8 cm
London, National Gallery

ideata«, den Panoramen eines Canaletto (1697–1768) und Bernardo Bellotto (1721–1780), er ist Grundlage der Kunstkritik eines Denis Diderot (1713–1784), ist Nahrung und Basis der Karikatur, die, in England vor allem, zu ungeahnter Blüte gelangt.

Distanziertheit prägt auch den Bereich, dem primär der Vorwurf oberflächlicher Frivolität galt und gilt: das Erotische. Giacomo Casanova (1725–1798), vielleicht die kennzeichnendste Gestalt seiner Epoche, berichtet in seinen Memoiren von einem Erlebnis, das ihm die eigene Eitelkeit vor Augen führt. Ein Mädchen, das all seinen Verführungskünsten nicht erlag und das er deswegen als prüde »ad acta« legte, beobachtet er des Nachts dabei, wie es mit einem anderen das erprobt, was er ihr vergeblich in den Stichen Giulio Romanos (um 1499–1546) schmackhaft zu machen versucht hatte.

Das Indirekte, die ironische Brechung, ist auch bestimmend für die größte Leistung des 18. Jahrhunderts, das Porträt. Im Selbstbildnis von William Hogarth (1697–1724) ist es der gnadenlose Vergleich mit dem physiognomisch so ähnlichen Mops (Abb. S. 380), in den Selbstporträts La Tours das süffisante schmallippige Lächeln als Verweigerung schöner Pose (Abb. S. 362). Jean-Antoine Houdons (1741–1828) Skulptur von Voltaire (1694–1778) zeigt diesen welk und zynisch, haarlos, ohne Perücke. Man läßt sich im Morgenrock oder Negligé malen, man stellt sich ungeschminkt. Die Koketterie des Entblößens ist geistreich-kritisches Jonglieren mit Wahrheit und Lüge, mit Schein und Sein.

Indirekt ist ebenso das Verhältnis zur Natur. Der »Englische Garten« eines Capability Brown (1715–1783), naturbelassen geplant, genau kalkuliert in seinen »zufälligen« Effekten, führt den Spaziergänger auf einem »belt walk« um den Garten herum, der ihm die vorherberechneten Überraschungen als Bilder darbietet. Thomas Gainsboroughs (1727–1788) Landadlige (Abb. S. 384) sind ebensowenig Teil der Natur, wie die Königin Marie Antoinette (1755–1793) in ihrem künstlichen Dorf in Trianon Milchmagd wird. Das Rollenporträt, das »Portrait historié«, eines Joshua Reynolds (1732–1792) betont die Grenze zwischen Spiel und Identität nicht laut, sondern im verhaltenen Ton eines Geheimnisses, eines Versehens, eines unabsichtlichen Sichverratens (Abb. S. 383). Die Kultivierung und Thematisierung von Oberfläche findet im Bereich des Ornaments zu ihrer dichtesten und kompliziertesten Form. Die Rocaille, der der »style rocaille« und letztlich die Epoche ihren Namen verdanken, ist gegenstandslos und doch gegenstandshaltig, hat Korallen-, Muschel-, Rankenhaftes in sich. Sie verzichtet auf Symmetrie, auf Achsen und Hierarchie und unterwirft sich doch Fläche und Raum. Sie ist kunstvolle Gestalt und zugleich amorph.

Die Auflösung der Kontur

Gerade der Aspekt des Auflösens von Kontur ist zentraler Gedanke für die Formgesetze und Inhalte der Malerei. Christoph Martin Wieland (1733–1813) äußerte sich zu seinem Epenfragment »Idris und Zenide« in einem Brief einmal folgendermaßen: »Stellen Sie sich eine Fabel im Geschmacke der ›Quatre Facardins‹ oder des ›Bêlier‹ von Hamilton vor – aber eine Fabel, die keiner anderen gleichsieht, die noch aus einem gesunden Kopfe gekommen ist – die Quintessenz aller Abentheuer der Amadise und Feenmährchen. – Und in diesem Plane, unter dieser frivolen Außenseite Metaphysik, Moral, Entwicklung der geheimsten Federn des menschlichen Herzens, Kritik, Satyre, Charaktere, Gemählde, Leidenschaften, Reflexionen, Sentiments – kurz alles, was Sie wollen, mit Zaubereyen, Geisterhistorien, Zweykämpfen, Centauren, Gorgonen ... so schön abgesetzt und durcheinandergeworfen, und alles in einem so mannigfaltigen Styl, so leicht gemahlt, so leicht versifiziert, so tändelhaft gereimt, und das in ottava rime.« Für die Literaturwissenschaft hat Alfred Anger eine Feststellung gemacht, die für die Kunstgeschichte fruchtbar werden sollte, wenn er von der »Auflösung der Gattungsgrenzen« spricht: die Mischung und Verschmelzung von Formen, Stoffen, Realitätsebenen, Zitaten und Kostümen (als solches ist die klassische italienische Gedichtform der »ottava rime« zu verstehen). Das Unhierarchische des Rokoko vereint die Gestalt einer Mätresse mit der der Venus, es vermischt die Gestalten der heidnischen Mythologie ohne Rücksicht auf ihren Rang. Es bringt Tragisches und Satirisches in »Marriage à la mode« oder »Harlot's Progress« eines Hogarth zusammen, es schafft in Reynolds' Bildnis »Samuel als Kind« (Abb. S. 383) ein Wesen voll einfältigem Ernst, es verschmilzt in den Harlekins, Gilles und Pulcinellen bei Watteau Komisches und Trauriges (Abb. S. 350). Spiel und Wirklichkeit sind in Fragonards »Blindekuh-Spiel« (Abb. S. 360) ebensowenig voneinander zu scheiden wie Theater und Leben, Mythologie und erotisches Genre, Traumvision und Episode bei Watteau, François Boucher (1703–1770) oder Allesandro Magnasco (1677–1749). In Hubert Roberts (1733–1808) Bildern werden Ruinenarchitektur, Straßenszene, Staffage und Beobachtetes zu einer vitalen Bühnenwirklichkeit (Abb. S. 367). Auch im Bereich des Gesellschaftlichen werden die kategorialen Abgrenzungen aufgelöst, wird längst vor der Französischen Revolution das Bürgerliche als eine neue, selbstbewußte Möglichkeit entdeckt, wie es uns zum Beispiel in den »Kindern der Familie Graham« (Abb. S. 380) von Hogarth entgegentritt. Zudem erfahren – gerade in England – das Ländliche, das Einfache eine Aufwertung gegenüber dem Sentimentalen. In Lawrence Sternes (1713–1768) berühmtem Roman »Eine empfindsame Reise durch Frankreich und Italien« (1768) wird Mitleid mit Armut geistiger wie leiblicher Art nicht nur zum Mittel, die eigene Empfindsamkeit zu erfahren, sondern wird durchdrungen von einer sehnsüchtigen Utopie, in der Begrenztheit des Intellekts oder des Komforts wahre Ruhe zu finden. Wenn bei Samuel Richardson (1689–1761) und seinen unzähligen Nachahmern Dienstmädchen zu den zentralen Romanheldinnen werden, bedeutet dies ebenso die Projektion einer Glücksvorstellung in den Bereich des vermeintlich »Natürlichen« und Unverstellten wie die »Fancy Pictures« eines Gainsborough. Die soziale Hierarchie wird aufgelöst, um Zugang zu bisher verstellten, unzugänglichen Lebensmöglichkeiten zu gewinnen, in denen man ein Arkadien vermutet. Diese Auflösung läßt außerdem zu, in einer komplizierten Brechung die barocken Ordnungssysteme zu raffinierten Steigerungsmöglichkeiten völlig konträrer Interessen zu benutzen. Die Regelhaftigkeit des Zeremoniells erst macht die satirische Schärfe aus in Hogarths »Marriage à la mode« (Abb. S. 340), ihr Vorhandensein, ihre Kenntnis ist Basis des Dekuvrierens. Die Kontrolle erhöht den Reiz des Heimlichen: In Fragonards »Schaukel« (Abb. S. 360) ist die Anwesenheit des töricht-unschuldigen Geistlichen Stimulans des erotischen Kitzels für das Pärchen. Die moralische Zensur in Form überlastig-pathetischer Gefühle ist in den Bildern eines Jean-Baptiste Greuze (1725–1805) als Zensur erkenntlich und steigert so den Reiz der verlockenden Dekolletés (Abb. S. 363). Die gesellschaftliche Konvention des Porträtstehens bringt in den Kinderbildern eines Reynolds oder Hogarth das Kindliche um so vitaler zum Ausdruck (Abb. S. 380, 383). Und die Auflösung starrer Systeme bedeutet auch die Auflösung barocker Typologie und gibt so den Weg frei für eine der größten Leistungen in der Malerei des 18. Jahrhunderts, das Porträt.

Das lebendige Beobachten als Basis des Abbildens

Die Wirkungen aufklärerischer Bewußtseinsveränderungen werden in der Unvoreingenommenheit des Beobachtens spürbar, mit der das unwiederholbare Individuum gesehen und wiedergegeben wird. Ein Phänomen wie das – uns heute leicht befremdende – englische Tierporträt muß in eben diesem Zusammenhang gesehen werden. Der Pudel bei George Stubbs (1724–1806) ist nicht irgendein Pudel, sondern ein individuelles Lebewesen, das mit bestimmten persönlichen, einmaligen Empfindungen verbunden ist. Die Kultivierung

Giovanni Battista Tiepolo
Der hl. Carlo Borromeo, um 1767–1769
Öl auf Leinwand, 122,6 x 111,5 cm
Cincinnati, Cincinnati Museum of Art

der Individualität ist also gleichzeitig Kultivierung dessen, was Jane Austen (1775–1817) zum Titel einer ihrer Romane macht: »Vernunft und Gefühl« (1811).

Zu ganz anders gearteten Ausdrucksformen führt das genaue, wertfreie Beobachten bei Hogarth und vor allem bei Francisco José de Goya (1746–1828). Sein schonungsloses Bildnis der »Familie Karls IV.« (Abb. S. 400) oder die Porträts einzelner Mitglieder des spanischen Königshauses sind Beispiele dafür, aber auch für die Erkenntnis entleerter Würdeformen und -formeln. Im rigorosen Verzicht auf unglaubwürdig gewordene Floskeln werden Pathos und Monumentalität der Wahrheit freigesetzt. Hierin gerade liegen Goyas wegweisende Leistung und Funktion für die Kunst des 19. und sogar des 20. Jahrhunderts. Im privaten Bereich seines abgelegenen, schmucklosen Hauses wagt er die extremen Folgerungen seiner Klarsicht zu Bildern zu machen; in der Quinta del Sordo werden die Visionen eines Unterganges Wirklichkeit, verschlingt Saturn bestialisch seine Kinder, ertrinkt ein verlassener Hund in der Sanddüne. Johann Heinrich Füsslis (1741–1825) Darstellung des »Alptraums« ist damit durchaus verwandt; auch hier findet die Manifestation eines neuen Wirklichkeitsbegriffes statt, für den Traum, Phantasmagorie, Ahnung und psychische Vorgänge real sind.

William Hogarth
Kurz nach der Hochzeit, 1744
Öl auf Leinwand, 70x91 cm
London, National Gallery

Die Wiederkehr der Bildmoral im Klassizismus

Im Gegensatz zu solchen Bildern, die uns heute noch unvermittelt treffen und berühren, ist der Zugang zu zeitgleichen Erscheinungen wie Jacques-Louis Davids (1748–1825) »Schwur der Horatier« (Abb. S. 365) nur schwer zu finden. Hier etablieren sich erneut Ordnungssysteme moralischer, historischer, sozialer und künstlerischer Art, die kompromißlos und damit in hohem Maße zeitgebunden sind. Wiederum ist es eine Frage veränderten Bewußtseins, die vor diesen Bildern gestellt werden muß. Die Verantwortlichkeit gegenüber der Bildaussage, das Kalkül ihrer Formulierung, die Systematik des Aufbaus, die beabsichtigte Herstellung von Stimmung oder Stilcharakter gehören zu den Wesenszügen des Klassizismus.

Das zeigt sich in Frankreich bei David, der der Bildkomposition eine neue, didaktische Funktion überträgt. In ihr und durch sie werden ganz gezielt bestimmte moralische Wertbegriffe als Ideale formuliert und suggeriert. Das Didaktische – ein Kennzeichen klassizistischer Kunsthaltung bis hin zu Goethes Propyläen-Wettbewerben im 19. Jahrhundert – zeigt sich, gerade bei David, darin, daß die ikonologische Vieldeutigkeit, Beweglichkeit oder Belanglosigkeit des Rokokobildes zugunsten einer eindeutigen und unmißverständlichen, ja unausweichlichen Bildaussage aufgegeben wird. Die Komposition wird so zu einer Instanz, welche die Bildgegenstände gewissermaßen vorzensiert – ein Phänomen, das bei Greuze schon zu beobachten ist, wenn er die bewußt evozierte erotische Ausstrahlung mit moralisch-pathetischen Inhalten betrachtet (allerdings ohne sie dadurch zu mindern). Daß jede Art sinnlicher Erotik im Klassizismus vermieden wird – es sei denn, sie wird exakt berechnet eingesetzt, um primäre Bildaussagen zu verstärken –, ist konsequente Folgerung aus eben jenem erzieherischen Anspruch. Das Vagante, das Nichtgreifbare des Eros steht im Widerspruch zu jeder Art zielorientierten Appells.

In England ist der Übergang zum Klassizismus weniger deutlich abzugrenzen. Thomas Lawrence (1769–1830) ist durchaus noch der Bildnistradition Reynolds' verpflichtet, obgleich er in der Kalkulierung seiner Effekte, in der Reduktion sinnlicher Reize zugunsten kühler Eleganz, in der Stabilisierung und Tektonisierung der Komposition mit Mitteln der Farbe durchaus als Klassizist eingeordnet werden darf. Richard Wilsons (1714–1782) Landschaften (Abb. S. 387) oder auch die Philipp Hackerts (1737–1807) in Deutschland, Claude-Joseph Vernets (1714–1789) in Frankreich belegen die Inversion der Verfahrensweise im Bildaufbau: Auch hier wird Stimmung durch musivisch eingebrachte Versatzstücke hergestellt, das heißt die Rezeption des Bildes wird konstruiert. Und gerade im Bereich der Rezeption lassen sich, zumindest für die französische Kunst, Motive und Impulse eines Stilwandels aufzeigen, die die Kunstkritik formuliert.

Die Kunstkritik als Symptom eines neuen Publikumsbegriffs

Das 18. Jahrhundert ist das Jahrhundert, in dem Kunstkritik im modernen Sinn überhaupt erst entsteht. Ihre Genese ist nicht zu trennen von der des Ausstellungswesens, von einem neuen Öffentlichkeitsbedürfnis und -verständnis. Zwar hatte es schon 1667 einen »Salon« – eine vom König inszenierte Jahresausstellung – gegeben, der aber im Freien, im Hof des

Palais Royal, stattfand. 1699 wurde er dann in der Grande Galerie des Louvre abgehalten, jedoch nur in unregelmäßigen Abständen, insgesamt lediglich zehnmal unter der Regierung Ludwigs XIV. 1737 schließlich wurde der Salon zur festen Einrichtung des französischen Kunstlebens, wurde Zentrum der Begegnung von Künstlerschaft und Publikum. Die Einbeziehung der breiten Öffentlichkeit zeitigte rasch ihre Konsequenzen. Das Pariser Publikum nahm mit Vehemenz und Entschiedenheit die Möglichkeit wahr, sein Urteil über die Exponate zu fällen und zu verlautbaren und somit die Auswahl der ausgestellten Kunstwerke zu beeinflussen. Die gleiche Richterrolle übernahmen aber bald einzelne Schriftsteller, Journalisten, Philosophen und Laien, die in unterschiedlichsten Presseorganen unterschiedlichsten Niveaus ihre Meinung kundtaten: die Kunstkritiker.

Begonnen hatte das Kritikerwesen mit Unkritischem. Seit den zwanziger Jahren des 17. Jahrhunderts brachte der »Mercure de France« gelegentliche Berichte über Ausstellungen, die in emphatischen und nichtssagenden Lobhudeleien auf die Künstler und ihre Werke bestanden. Der allgemeine Wunsch nach echter Kritik manifestiert sich in einer 1747 erschienenen Arbeit von Lafont de Saint-Yenne, »Réflexions sur quelques causes de l'état présent de la peinture en France«, worin er das Recht auf Kritik wie folgt formuliert: »Ein ausgestelltes Bild ist ein zum Lichte des Druckes gegebenes Buch, ein auf der Bühne dargestelltes Stück – jedermann hat das Recht, darüber zu urteilen.« Lafont gibt zwar vor, in dem »natürlichen Gefühl« das wesentlichste Urteilskriterium zu sehen, redet aber eigentlich der Dogmatik des Akademismus das Wort – worin ihm alle anderen Kunstpublizisten der Epoche nachfolgten. Lafont formuliert eine rigide Kritik an der Malerei des Rokoko, deren Kernworte bezeichnend sind für einen tiefgreifenden Gesinnungswandel: Er verurteilt die Kraftlosigkeit, die Unwahrhaftigkeit und modische Trivialität, die er in ihr zu sehen glaubt. Wenngleich sich die Künstler, allen voran Charles-Antoine Coypel (1694–1752), energisch gegen diese Art der Meinungsbildung und -mache zur Wehr setzten, war der Kunstkritik ihr Schiedsrichterstuhl nicht mehr zu entreißen. Charles Montesquieu (1689–1755), Jean Baptiste d'Alembert (1717–1783), Voltaire, Jean-François Marmontel (1723–1799) und der Marquis d'Argens (1704–1771) – fast alle großen Literaten und Philosophen betätigten sich als Kunstschriftsteller und verhalfen diesem Metier zu Anerkennung und Eigenwertigkeit. Dem gegenüber stand eine nicht minder breite Flut populärer satirisch-feuilletonistischer Broschürenkritik meist trivialen Niveaus.

Die Kunstkritik war es auch, die Kategorien erstellte und bewertete; Friedrich Melchior Baron von Grimm (1723–1807), der ab 1753 mit seinen »Correspondances littéraire, philosophique et critique« hervortrat, unterschied das »Poetische« und das »Malerische«, wobei er ersteres ablehnte als eine Kunst ungezügelter Einbildungskraft, letzteres empfahl als die Kunst großer Seelenbewegungen und Leidenschaften.

Francisco de Goya
Bildnis Doña Isabel de Porcel, 1805
Öl auf Leinwand, 82 x 54,6 cm
London, National Gallery

Anstatt des »glücklichen Augenblicks« – wie ihn Fragonard, Boucher und Lancret festzuhalten suchten – forderte man nun, den großen, den bedeutenden Augenblick darzustellen. »Natur« und »Wahrheit« werden zu den zentralen Begriffen dieses neuen Stilwollens, der Sinngehalt beider Termini erhellt dessen geistigen Hintergrund.

Was ist »Natur«?

Grimm versteht unter Natur »Expression« – den Ausdruck des gesteigerten menschlichen Daseins und erhabenen Charakter. Die ungemein positive Beurteilung der Skulptur, die sich dann vor allem bei Diderot und Voltaire findet, beruht auf diesem Naturbegriff; man sah in ihr eine Kunst, die zu der Antike in einem »natürlichen« Verhältnis stehe. Dieser Antikenbegriffs einerseits zeigt seine klassizistische Prägung dort, wo die Kritik in den Werken Jean-Baptiste Pigalles (1724–1785), François Girardons (1628–1715), Etienne-Maurice Falconets (1716–1791) oder Pierre Philippe Mignots

Jean-Antoine Watteau
Die Tonleiter der Liebe,
um 1717–1719
Öl auf Leinwand, 50,8 x 59,7 cm
London, National Gallery

(1715–1770) antiken Geist repräsentiert sieht. Die Statuarik Davidscher Figuren entsprach eben dieser Begeisterung für skulpturale Qualitäten. Wenngleich Diderot, der wohl bedeutendste Kunstkritiker des 18. Jahrhunderts, zeitlebens an einem Nachahmungsbegriff festhielt, der in dem Studium antiker Bildwerke die Erziehung zum Sehen der Natur gewährleistet sah, hatte das mit der Nachahmungstheorie Johann Joachim Winckelmanns (1717–1768) nur wenig zu tun. 1755 hatte Winckelmann seine »Gedanken über die Nachahmung der Griechischen Wercke in der Malerei und Bildhauerkunst« veröffentlicht, die in ganz Europa Aufsehen erregten. Die Erfassung der Wahrheit und Natur der Dinge wird dort bereits als Basis künstlerischer Tätigkeit gesehen, ist jedoch anders interpretiert. Den Ausdruck – vor allem das »Heftige«, das Erregte – sieht er als Hindernis. »Kenntlicher und bezeichnender wird die Seele in heftigen Leidenschaften, groß aber und edel ist sie in dem Stande der Einheit, in dem Stande der Ruhe.«

In direktem Zusammenhang – auch persönlichem, engem Kontakt – zu Winckelmann steht Anton Raphael Mengs (1728–1779). Sachse wie dieser, lernt er ihn in Rom kennen und macht, späterer Zerwürfnisse ungeachtet, Winckelmanns Theorie zu Ziel und Inhalt seiner Kunst. Die extremen Folgeerscheinungen dieser programmatischen Thesen treten zum Beispiel in England auf. Wenngleich der Autor selbst schon vor unreflektiertem Kopieren warnte und das »idealisch Schöne« nur in der »Überwindung des Naturalismus« erreichbar sah, wurde er oft in dieser Richtung mißverstanden. Das Primat der Zeichnung und die Wichtigkeit der Kontur, die er hervorhob, versah er zugleich mit der Warnung: »Derjenige, welcher einen ausgehungerten Kontur hat vermeiden wollen, ist in die Schwulst verfallen; der diese hat vermeiden wollen, in das Magere.« John Flaxmans (1755–1826) Umrißzeichnungen mythologischer Szenen sind ein augenfälliges Beispiel für eben dieses »Magere«.

Gerade die Aufwertung des Randbereichs, der Randzone, ist jedoch eine kritische Form des Stilwandels. Das zeigt sich nicht nur darin, daß David, aber auch Ramon Bayeu y Subías (1746–1793) und in einer bestimmten Phase Goya die Figuren hart und klar konturiert vor einen homogenen monochromen Grund setzen. Es zeigt sich ebenso in der Deckenmalerei Süddeutschlands, wo die barocke zentrierte Komposition bereichert, manchmal verdrängt wird von einer umlaufenden Zone parallel zu den Bildrändern. Daß diese Zone Landschaft darstellt, ist ebenfalls Indiz für eine entscheidende Änderung. Die Illusion der Raumerweiterung, die im Barock mit Mitteln der Scheinarchitektur erweckt worden war, ist damit zunichte. Das Bild gibt sich wieder als Bild zu erkennen. Der Raum schließt sich. Das Transzendente, das Grenzverwischen und Grenzüberschreiten, wird so gesehen bereits im Rokoko beendet, obwohl es in anderen Bereichen stilprägend ist für die Epoche.

Was ist »Wahrheit«?

Der zweite zentrale Begriff der französischen Kunstkritik ist die Wahrheit. Die Kritik pries die Wahrheit Greuzes, womit die Intensität der evozierten Gefühle gemeint war. Rührung als Erfahrung der eigenen Mitleidensfähigkeit war der neue Seinsbeweis und darum »wahr« – ein Phänomen, das auch in England zu beobachten ist. Dort entwickelt sich rasch nicht nur sentimentale Dichtung – so Sternes »Eine empfindsamme Reise« oder Richardsons Dienstmädchenromane –, sondern auch ein sentimentaler Porträttyp bei George Romney (1734 – 1802), John Opie (1761 – 1807) und Henry Raeburn (1756 – 1832), der gleichzeitig klassizistisch erstarren kann. Die Wahrheit wird aber ebenso gepriesen bei Vernet, Jean-Baptiste Oudry (1686 – 1755) und Jean-Baptiste Siméon Chardin (1699 – 1779). Dort ist damit Klarheit und Einfachheit gemeint. Bei Vernet will Diderot die Wesensverwandtschaft mit dem bewunderten Lorrain in der Gemeinsamkeit einheitlicher Bildkonzeption erkennen – ein Mißverständnis, das die kompilatorische Technik Vernets, das Zusammengesetzte seiner Landschaften aus zitierten Einzelmotiven, völlig übersieht. Vor den Stilleben Oudrys und Chardins fällt es leichter, nachzuvollziehen, was die Kritik sie als »wahr« bezeichnen ließ. Es ist primär bereits die Beschränkung auf wenige, meist einfache Bildgegenstände, es sind aber auch die Klarheit der Komposition und die Verhaltenheit bildnerischer Mittel.

Chardins Erdbeerstilleben (Abb. S. 344) ist die geniale Verdichtung dieser Eigenschaften. Die Pyramide gleicher Beeren in einem Korb – ohne Zierat und Dekoration vor den Betrachter gestellt – ist von einer monumentalen Einfachheit. Die Stille des Bildes basiert auf der Immanenz seiner Bedeutungen; auf allegorische Verweise über das Gezeigte, über das Bild hinaus, wird verzichtet. Kein erregendes Licht läßt nach dessen Quelle suchen. Kein Rätsel über den Bildsinn stellt sich dem Betrachter. Es ist nicht allein die Identität der Dinge mit sich selbst, sondern darüber hinaus die Identität des Bildes mit sich selbst, die den Begriff der Wahrheit davor gerechtfertigt erscheinen lassen.

Das englische Verhältnis zur Wirklichkeit

Daß im England des 18. Jahrhunderts die Kunstkritik keine auch nur annähernd vergleichbare Rolle spielte, liegt mit darin begründet, daß sich dort die Polarität des Akademismus und des Nichtakademischen nie in dem Maße verschärfte wie in Frankreich. Ein Stilwechsel, wie ihn Publikum und Kritik dort forderten, fand in der englischen Kunst nicht abrupt statt, sondern vollzog sich als ein von individuellen Künstlerpersönlichkeiten getragener allmählicher Wandel. Dennoch findet die Diskussion des Wahrheitsproblems auch hier statt – nicht im Theoretischen, nicht in der Rezeptionsästhetik, sondern im Schaffen zahlreicher Künstler. Sie ist hier nicht kritische Form eines Epochenwechsels, sondern vielmehr logische Konsequenz aus der Beobachtung sozialer wie geistiger oder seelischer Vorgänge.

Jean-Honoré Fragonard
Der gekrönte Liebhaber, um 1771 – 1773
Öl auf Leinwand, 317,8 x 243,2 cm
New York, The Frick Collection

Gleich am Anfang des goldenen Jahrhunderts in der englischen Maltradition steht mit Hogarth eine Künstlergestalt, die keinerlei akademischen Zwang kennt, keinerlei Bindungen an bestimmte Schulen, sondern gerade in der Dominanz eigener Individualität die Freiheit zur unvoreingenommenen Beobachtung findet. Das Wahre an Hogarth erweist sich primär bereits in der Unangepaßtheit seines Stils, in der unprätentiösen Haltung, die jegliches Repräsentationsbedürfnis hinter die unbestechliche Wiedergabe des Gesehenen zurückstellt. In seinen graphischen Serien »A Rake's Progress«, »A Harlot's Progress« und »Marriage à la mode« entlarvt er die Scheinheiligkeit und Verlogenheit gesellschaftlicher Verabredungsformeln, die Grausamkeit sozialer Zwangsläufigkeiten. Wenn er in vielen seiner Bilder immer wieder die Funktion der Perücke hervorhebt, sie ironisch übertreibt als lächerliche Machtsymbole alternder, desinteressierter Richter, aufgeputzter Gecken, eingebildeten Adels, oder gar zeigt, wie sie einem angetrunkenen Galan vom kümmerlichen Haupthaar rutscht, müde zur Seite gelegt, bewußt abgenommen wird, wenn er an die Perücke gerade dadurch erinnert, daß der Wüstling in »A Rake's Progress« am Ende als Irrer mit abstoßend nacktem Schädel erscheint, dann ist das eine kritische Form. Das hat nichts gemein mit der aufklärerischen Koketterie des »Deshabillé«, in dem sich die Damen und Herren der französischen Gesellschaft in den Pastellen La Tours, den Bildern Bouchers oder Jean-Marc Nattiers (1685–1766) zeigen. Es ist erbarmungsloses Entblößen, nur gemildert durch die englische Fähigkeit, dabei Komisches spürbar zu machen. Die oft derben, manchmal grobschlächtigen Sittenkarikaturen Thomas Rowlandsons (1756–1827), George Cruikshanks (1792–1878) oder James Gillrays (1757–1815) gehören diesem Sinnzusammenhang an, sind Formulierungen einer Wahrheitssuche, die nicht moralisch-theoretisch, sondern im Beobachten des Lebens stattfindet. Wenn Füssli in seinen Traumbildern wie etwa dem »Nachtmahr« (Frankfurt am Main, Goethe-Museum) unbewußtes seelisches Geschehen wiedergibt, steht er – so irritierend es klingt – in eben dieser Tradition, die sich von den Kategorien ästhetischer Bildzwänge und Wirklichkeitsnachahmung befreit und dadurch Wahres darstellen kann.

Die großartigsten und erschreckendsten Beispiele einer nahezu besessenen Wahrheitssuche finden sich im Werk Goyas. Nicht nur in Porträts – wie denen der spanischen Königsfamilie –, sondern auch und vor allem in seinen druckgraphischen Serien »Caprichos« (Einfälle), »Disparates« (Torheiten), den Stierkampfszenen der »Tauromachia«, den »Proverbios« (Sprichwörter) und den »Desastres de la guerra« (Schrecken des Krieges). Die Brutalität der Inquisition, die Schrecken der napoleonischen Kriege, die Grausamkeit alter Riten sind nicht sachliche Reporte gesehenen oder erlebten Unrechts, sondern über alle konkrete, zynisch-scharfe Sozialkritik hinaus Fanale eines erregten, selbstzerstörerischen Zwangs, hinzusehen, zu durchschauen, zu erkennen. Die Wahrheit tritt nicht mehr in allegorischem oder mythologischem Gewand auf, sie ist weder edel noch hehr, sondern nur noch unentrinnbar.

Jean-Baptiste-Siméon Chardin
Stilleben mit Erdbeerkorb, um 1760/61
Öl auf Leinwand, 37 x 45 cm
Paris, Privatbesitz

Goya verschärft diese Aussagen dadurch, daß er auf die ästhetische Fluchtmöglichkeit schöner Bildfarbe verzichtet und sich schwarzweißer Drucktechniken bedient – der Radierung, der Aquatinta, im Alter sogar noch der Lithographie –, die zu diesem Zeitpunkt teilweise erst neu entwickelt waren. Das 18. Jahrhundert kennt einen zuvor nie dagewesenen Pluralismus künstlerischer Techniken, der das Gesicht der Epoche entscheidend geprägt hat. Die Hochzeit des Rokoko entdeckt für sich zum Beispiel das Malen in Camaieu bzw. Grisaille, längst entwickelten und geläufigen koloristischen Möglichkeiten, neu als eine ihren Ausdrucksgehalten analoge Form. Indem das Bild nur aus einer Farbe – meist einer unbunten wie Grau oder Braun – aufgebaut wird, entzieht es sich dem Anspruch der Wirklichkeitsabbildung. Es gibt sich als Bild zu erkennen, betont die Artifizialität des Mediums Bild, schafft eine Kunstwelt eigener Gesetzlichkeiten. Zudem können so im Bild selbst die Realitätsgrenzen aufgelöst, verschiedene Realitätsebenen vermischt werden in der Irrealität monochromer Gegenstandswelten.

Das Pastell: Eine Vorliebe des Rokoko

Noch kennzeichnender ist eine andere Vorliebe dieser Epoche: das Pastell. Die Anstöße dazu wurden bereits im italienischen 15. Jahrhundert gegeben. Aber obwohl es Kreidezeichnungen von Leonardo, von Holbein, Philippe de Champaigne, Wallerant Vaillant (1623–1677) und vielen anderen gibt, wird diese Technik erst mit der Künstlerin populär, die oft fälschlicherweise als »Erfinderin« des Pastells galt: Rosalba Carriera. Und drei Merkmale ihrer Kunst bzw. der Genese ihres Stils sind für die Entwicklung des Pastells von Bedeutung. Erstens der Aspekt des Dilettantischen: Rosalba, die Tochter eines armen Holzhändlers, erhielt einen alles andere als hochwertigen Unterricht in ihrer Heimatstadt Venedig bei dem Bassano-Schüler Giovanni Antonio Lazzari (1639–1713), der ihr das Zeichnen mit farbigen Kreiden nahelegte, entwickelte im übrigen aber ihren Stil autodidaktisch weiter. Sie selbst schätzte sich, wie aus ihrem aufschlußreichen Tagebuch hervorgeht, mehr als arrivierte Laienkünstlerin denn als professionelles Talent ein. Dennoch wurde sie rasch zu einem der begehrtesten Porträtisten in ganz Europa, Repräsentantin eines modischen Geschmacks. Die nicht sehr hohen technischen Anforderungen des Pastells, in dem mit künstlich gemischten Farbkreiden auf Pergament oder – oft getöntes – Papier gezeichnet wird, leisteten seiner Beliebtheit bei Dilettanten Vorschub. Die übliche Vermischung der Konturen mit einem sogenannten »tortillon«, die leicht mögliche Korrektur, die »saubere« Arbeitsweise ohne Palette, die Gefälligkeit selbst belangloser Werke und Werkchen machten das Pastell vor allem in England zu einer überaus populären Technik. Auch ließ sie sich mit den gesellschaftlichen Vorstellungen angemessener weiblicher Beschäftigung vereinen.

Ein weiteres Merkmal, das für die Bilder der Carriera symptomatisch ist, stellt ihre Herkunft von der Miniaturmalerei dar. Die Kleinteiligkeit dieser Bildgattung, das additive Vorgehen verbinden sie mit dem Pastell. So begann zum Beispiel auch der große Pastellist Liotard als Miniaturist.

Die Starre in den Pastellen der Rosalba, die ihr oft zum Vorwurf gemacht wurde und wird, ist ebenfalls ein wesentliches Kennzeichen. Trotz des Sfumatos, trotz der Auflösung scharfer Konturen, wie sie mit dem Rokokogeschmack so gut konvenierte, vermitteln sie eine eigentümliche Unbewegtheit, die vielleicht erst mit La Tour überwunden wurde, zugleich aber die Basis der klassizistischen Verwendbarkeit der Pastelltechnik – bei Johann Heinrich Wilhelm Tischbein (1751 – 1829) oder Angelika Kauffmann (1741 – 1807) – bildete.

1720/21 verweilte Rosalba in Paris und gab damit den Impuls zu der großen französischen Pastellmalerei. Die verhaltene und kühle Repräsentation, die nicht anspruchsvoll-dominierend, sondern der Boudoir-Intimität angemessen war, machte diese Technik geeignet, eine Domäne französischer Künstler zu werden. Doch hier ist nun die Vielfalt verschiedener Talente auffallend, die jeweils andere Seiten des Pastells nutzten. La Tour, der bedeutendste aller Pastellisten, bevorzugte blaugetönte Untergründe, die von vornherein eine farblich bedingte Distanziertheit bewirkten, welche – wie in seinen Selbstporträts – mit der Ironie im Ausdruck der Dargestellten harmonierte. La Tour entdeckte auch die andere Möglichkeit, zu charakterisieren, Typisches in einer Physiognomie zu erfassen, wie das Pastell sie bot: durch die rasche Vorgehensweise, in der man mehrere Strichlagen übereinandersetzen konnte, ohne daß die Farben sich vermischten. Ein kühner roter Strich über mattes Blau, ein Bildnis wie das der Sängerin und Geliebten La Tours, »Mademoiselle Fel« (St.-Quentin, Musée »Dupouch«), das sind neue und geniale Erscheinungsformen im Porträt, die eben im Flüchtigen das Wesenhafte, in der veränderlichen Vitalität die Identität aufspüren.

Jean-Baptiste Perronneau (1715 – 1785), La Tours Nebenbuhler in der Gunst des Publikums, bewies in seinen Bildern die Vornehmheit dieser Technik. Indem auf heller Grundierung aufgebaut wird, dominiert eine glanzlose Helligkeit auch die Farben. Perronneau beherrschte die Kunst mit Bravour, aus nur wenigen, manchmal nur zwei Grundfarben das gesamte Bild zu entwickeln. Die Vermeidung aller lauten Effekte zugunsten nobler Delikatesse, die Vermeidung alles Direkten zugunsten einer zurückgenommenen Präsenz, einer Abstand wahrenden Künstlichkeit machen seine Pastelle aus. Liotard hingegen suchte gerade die Buntfarbigkeit. Neben einigen Bildern in hellen, von Weiß bestimmten Tönen finden sich in seinem Werk zahlreiche – oft »folkloristisch« türkische – Szenen und Porträts, die durch vermehrte Pigmentbeimischung in der Kreide ein kräftiges, kontrastreiches Kolorit haben. Aber auch bei ihm ist der Schatten aus der Bildwelt verbannt. Das Pastell ist niemals düster, niemals unverbindlich. Es kennt nichts Absolutes, nichts Abruptes. Und deswegen erlebte es im Rokoko seine höchste Blüte.

Alexander Roslin
Dame mit Schleier: Marie Suzanne Roslin, 1768
Öl auf Leinwand, 65 x 54 cm
Stockholm, Nationalmuseum

Capriccio – Caprice – Capricho

1617 gab Callot eine graphische Serie heraus, die den Titel »Capricci« trug und schon die Wesensmerkmale dessen aufwies, was in der Folgezeit als »Capriccio« zu einem festen Begriff werden sollte: Auf ein Titelblatt folgten Blätter von relativ kleinem Format, die ohne jede programmatische Gebundenheit Szenen starken Improvisationscharakters zeigten und die, ohne sich auf eine Ordnung festzulegen, von einem Bildgegenstand zum nächsten übergingen. Die Entstehung des Wortes »Capriccio« ist noch nicht geklärt, wenngleich allgemein eine Ableitung von capra (= Ziege) und hieraus folgernd eine Bedeutung im Sinn von Laune oder Grille gebräuchlich ist. Vasari verwendete bereits das Adjektiv »cappricioso« für eigentümlich, geistreich und die Regeln durchbrechend. Montana und Stefano della Bella (1610 – 1664) übertrugen das Capricciohafte noch im 17. Jahrhundert auf ornamentale Folgen, und im Bereich des Ornamentstichs kristallisierte es sich dann im 18. Jahrhundert als Rocaille zur kennzeichnendsten Form des Rokoko heraus.

François Cuvilliés d. Ä. (1695 – 1768) publizierte um die Jahrhundertmitte seine »Morceaux de Caprices à divers

Joshua Reynolds
Bildnis Susanna Beckford, 1756
Öl auf Leinwand, 127 x 101 cm
London, Tate Gallery

usage«, die die Rocaille in ihrer symptomatischen Universalität zeigten – als Rahmenform, als Dekorationsprinzip, als Ornament für Möbel, als Bildgegenstand. Wurde anfangs die Auflösung der Konturen im weitesten Sinne als ein Merkmal der Rokokokunst angenommen, ist dies vor der Rocaille anschaulich nachzuvollziehen. Sie vereint in den alludierten Gegenständen – Korallen, Muscheln, Segel, Rauch, Blattranken – die Elemente, ohne einem motivisch eindeutig anzugehören. Sie kann Grenzen überspielen zwischen Bild und Rahmen, zwischen Architektur und Bild vermitteln, Flächen überspannen, ohne sie auszufüllen, zugleich aber selbst Darstellungsgegenstand in ornamentaler Form oder verborgenes Prinzip bildinterner Bewegungen sein.

Giovanni Battista Tiepolos (1696–1770) Radierungsfolge »Varii Capricci« (1749) weist die Gestaltenfülle auf, die das Capriccio zum Inbegriff phantasievoller Form macht: Krieger, Orientalen, Satyrn und Hirten, fahrendes Volk und unterschiedliche Tiere, Antikes und Exotisches sind Instrumente sich selbst darstellenden Ideenreichtums. Eine andere Tendenz haben die »Idee pittoresche sopra La Fuga in Egitto« (1753) seines Sohnes Giovanni Domenicho (1727–1804), in denen der irreale Zauber des Capriccios die Szenen der »Flucht nach Ägypten« zu zarten, märchenhaften und wunderbaren Ereignissen verklärt.

Giovanni Battista Piranesis (1720–1778) »Carceri«, oft als künstlerische Manifestation eines Antirokoko im Rokoko bewertet, waren in ihrer ersten Ausgabe um 1745 unter dem Titel »Invenzioni Caprici di Carceri« erschienen. Ihr Capricciocharakter, der sie wie auch Piranesis »Opere varie di Architettura« (1750) durchaus als Kunstform der Epoche verstehbar macht, ist wiederum anders geartet; konkrete Architekturversatzstücke werden zu einem Labyrinth verdichtet, das seinerseits nicht mehr konkrete Architektur abbilden will, sondern in gegenständlicher Unwirklichkeit die Wirklichkeit wachgerufener Assoziationen beweist. Das Capriccio ist hier Mittel, die aus ihrem eigentlichen Kontext herausgelösten und so verfügbar gemachten Dinge nicht zu einer musivischen Staffage zu verbinden – wie es im Klassizismus geschieht –, sondern zu einer neuen Einheit zu verschmelzen, deren Konstruktionsprinzipien der Phantasie und Imaginationskraft des Künstlers entspringen.

Faßt man den Capricciobegriff etwas weiter, fällt darunter auch die Ruinenmalerei, die in Rom in Giovanni Paolo Pannini (um 1691/92–1765) und dessen Schüler Hubert Robert, genannt »Robert de ruines«, ihre bedeutendsten Vertreter hat. Antike Architekturfragmente sind hier noch nicht mit dem reflektierten Stilbewußtsein des romantisch-klassizistischen Gartenbaus eingesetzt, auch nicht – wie bei Wilson, Hackert oder Vernet – als einzelne, addierbare Stimmungsträger. Sie sind in ihrem Nicht-mehr-vollständig-Sein auch nicht barocker Vanitas-Allegorik verhaftet. Das Ruinöse wird vielmehr als ein Gegenstandsangebot wahrgenommen, das durch seine Mangelhaftigkeit Raum läßt für die ergänzende, assoziierende Einbildungskraft jedes individuellen Betrachters, das durch sein Aufgelöstsein barocken Ordnungssystemen widerspricht und das potentieller oder genutzter Bühnenraum vitaler Ereignisse ist. Magnascos nächtliche Szenen haben in dieser Interpretation ebenfalls Capricciocharakter.

Guardis Inselserie jedoch verdeutlicht am klarsten, daß das Capriccio eine thematische Schwestererscheinung zu der Vision einer »Ile enchantée« darstellt. Die Losgelöstheit von den Prinzipien innerbildlicher Logik und zusammenfassendem Programm steht in Wechselbeziehung mit der Losgelöstheit vom Festland, die private Subjektivität der Bilderfindung mit der intimen Begrenztheit einer Insel. In der Unbegrenztheit subjektiver Phantasien und Imaginationen entdeckt das Individuum in sich selbst ein »Vineta«, eine versunkene, goldene Insel. Die Projektionsmöglichkeiten der »Fêtes galantes« haben hier ihre Alternative gefunden, den Endzeitängsten zu entrinnen. Vielleicht muß man in einem Bild wie Goyas »Begräbnis der Sardine« (Madrid, Academia di San Fernando) den drastischen Schlußpunkt dieser Festvisionen als Vehikel sehen, der Tatsächlichkeit entrückt zu werden: Aus der Liebesfeier ist ein apokalyptisches Spektakel geworden.

Fragmentierung und Erfindung

Und ebenso ist nach Goyas »Caprichos« (1793–1798) das Capriccio als Entfaltungsraum heiterer Verzauberung, als Insel außerhalb jeder Wirklichkeitsverpflichtung, als Erlebnisfeld subjektiver Episoden versperrt. Goya nimmt das Capriccio gewissermaßen nur noch als thematischen Vorwand dafür, an keine formalen und inhaltlichen Vorgaben gebunden zu sein. Aber die Unverbindlichkeit des Phantastischen gibt es hier nicht mehr. Die Visionen geflügelter Monster, abnormer Physiognomien, surrealer Mensch-Tier-Gestalten, sinistrer Gnome, maskierter Falschheit, von Grausamkeit und Zerstörungslust sind Abbilder, die Alpträume Wirklichkeit. Die schöne Hexe trägt die Züge der Herzogin von Alba, die bestialischen Gespenster tragen Mönchskutten, die heuchlerischen Opportunisten zeitgenössisch-höfische Gewandung; die Ehebrecherin zitiert die Gestalt einer Prinzessin in dem Bildnis der Königsfamilie, die Opfer entsetzlicher Inquisitionsfoltern sind mit »genrehafter« Genauigkeit dem Leben gemäß ausgestattet; die zum Tod verurteilte Frau, die, von ihrem Mann geschunden, einen Liebhaber nahm, bezieht sich auf einen konkreten Prozeß. Goya macht es dem Betrachter absolut unmöglich, der Faktizität des scheinbar Irrealen zu entrinnen, sich der Erkenntnis zu entziehen, daß das vermeintlich Phantastische nicht nur im abstrakten Sinn wahr, sondern real vorhanden ist. Die Unterschriften der Bilder funktionieren genauso. Meist sind es Zitate aus Literatur oder Sprichwortgut, die oft Antiphrase zum Gezeigten sind – eine Hexe vor zwei Hexenmeistern wird mit dem Kommentar »Frommes Bekenntnis« versehen –, immer aber sind sie in ihrer Verrätselung eindeutig, wenn sie in den damaligen akuten Kontext sozialer, politischer oder literarischer Art gestellt werden, dem sie entnommen sind. Dieser Kontext darf nicht als hermetisches Geheimwissen angenommen werden, er war Allgemeingut. Goya macht und beweist in den »Caprichos« die revolutionäre Entdeckung, daß in der Verweigerung der äußeren Wirklichkeitsabbildung erst die eigentliche innere Wirklichkeit sichtbar gemacht werden kann. Er entdeckt, daß die nachahmende Ähnlichkeit der Wesenserfassung im Wege steht. Er erkennt, daß das Ähnliche unähnlich macht – und gerade darin ist die Kunst des 20. Jahrhunderts, die Kunst eines James Ensor (1860–1949) oder Francis Bacon (1909–1992), ohne ihn nicht zu verstehen.

Aber auch in dieser radikalen Konsequenz, wie sie Goya zieht, ist noch der eigentliche Diskussionsgegenstand der Wahrheit enthalten, der für das 18. Jahrhundert von so eminenter Bedeutung ist. Wahrheit und Wirklichkeit können jedoch ebenso in ihrem Gegenteil Gestalt gewinnen. Wahrheit und Wirklichkeit sind Inhalt der Illusion. Und das zeigt sich in der illusionärsten aller Illusionen: auf der Bühne.

Die Bühne: neue Techniken der Illusion

Um 1700 setzt im Bereich der Bühnenmalerei eine Wende ein, die nicht zu lösen ist von der Dynastie der Galli Bibiena,

Thomas Gainsborough
Miss Anne Ford (Mrs. Philip Thicknesse), 1760
Öl auf Leinwand, 197,1 x 134,9 cm
Cincinnati, Cincinnati Museum of Art

deren bekannteste Mitglieder Giovanni Maria (1625–1665), Ferdinando (1657–1743), Giuseppe (1696–1756) und Carlo (1728–1787) sind. Sie arbeiteten in Venedig, Berlin, Dresden, München, Prag, Wien, Bayreuth und zahllosen anderen Städten. Die nachhaltigste Erfindung machte Ferdinando, der 1703 in der Accademia del Porto zu Bologna erstmals das Diagonalachsensystem anwandte: die Kunst, die Zentralachse zu verschieben und so Nebenräume über die Ecke zu sehen – »veder la scena per angolo« –, was dieser Technik die Benennung »scena per angolo« einbrachte. 1711 wurde dies von Ferdinando theoretisch dargelegt und somit verfügbar gemacht. In dieser Erfindung nur ein belebendes Element zu sehen, das die erstarrten Traditionen barocker Bühnentradition aufbricht, hieße sie in ihrer eigentlichen Bedeutung verkennen. Daß die Hierarchie achsialer Systeme aufgegeben wird, ist nicht nur ein symptomatisches Phänomen dessen, was das Rokoko ausmacht, sondern auch Indiz einer veränderten Kommunikation zwischen Bild und Betrachter. Die

Illusionskraft des Überschaubaren hat sich erschöpft, die Illusionskraft des Labyrinthischen ist entdeckt. Die strenge Gesetzlichkeit der Zeremonie, wie sie das barocke Bühnenbild noch forderte und bedingte, ist in einer »scena per angolo« nicht möglich. Die Dezentralisierung des Bewegungsraumes bewirkt automatisch eine Dezentralisierung der Bewegungsabläufe. Der Widerspruch der Begriffe »Künstlichkeit« und »Natürlichkeit« wird auf eine interessante Weise aufgelöst und zugleich betont: Wenn sich auf einer solchen Bühne Geschehen »natürlich« abspielt, so ist diese Selbstverständlichkeit das Resultat künstlich geschaffener Konditionen.

Die Bühne der Galli Bibiena ist noch in einer anderen Hinsicht wesentlich und charakteristisch für den Beginn einer neuen Epoche. Sie ist bildlicher Ausdruck einer neuen Rhetorik, die nicht durch klare Gliederung und geradlinige Logik überzeugt, sondern durch das Indirekte der Aussage. Hier wird hinter schrägstehenden Wänden verborgen, hier gibt es Ecken für Heimlichkeiten und Schleichwege für Überraschungen. Unerwartetes, Nichtberechenbares bannt den Zuhörer bzw. Zuschauer, das Nichtgesehene wird zum Katapult der Illusion. Hier kann der Auftritt wirklich zum Ereignis werden – und diese Möglichkeit nutzt ein scheinbar entgegengesetzter Bereich, nämlich die Sakralkunst.

Die frommen Bilder des Rokoko

Die Verlängerung des Realraumes im Deckenbild durch ein in die Fläche übertragenes architektonisches System, wie es Pozzo erfunden hatte (übrigens selbst ein Bühnenbildner), entspricht noch der barocken Rhetorik. In den Deckenfresken Cosmas Damian Asams (1686–1739) in den Klosterkirchen Weingarten (1718/19) oder Aldersbach (1720) werden dadurch hierarchische Ränge ausgebildet, auf denen sich das himmlische Geschehen abspielt. Schon in Weltenburg (Abb. S. 392) werden die Grenzen dieser einzelnen Aktionsetagen überspielt im eigentlichen Wortsinn. Und ebendort wird auf einer anderen Ebene bereits das heilige Theater, das »theatrum sacrum« inszeniert: Vor einem Lichtgrund erscheint der hl. Georg. Die Stuckfigur steht frei in einem für sie geschaffenen und beleuchteten Bühnenraum, sie tritt auf. Auch die Himmelfahrt Mariens in der Klosterkirche in Rohr will das besagen: Das wunderbare Geschehen ist greifbar, es ist menschlich nahes Ereignis.

Unter diesem Aspekt ist es geradezu von innerer Zwangsläufigkeit, wenn Johann Baptist Zimmermann (1680–1758) zum Beispiel in der Steinhauser Wallfahrtskirche eine Landschaftszone, die sogenannte terrestrische Zone, auf die Decke malt, die wie ein Rahmen die Himmelsmitte umgibt. Damit schafft er eine Bühnenrampe für den Auftritt heiliger und profaner Akteure. Die Wunder sind verstehbar, sind gegenwärtig und dennoch entrückt, greifbar und unerreichbar in einem, denn die menschliche Nähe und Erklärbarkeit des Erscheinens werden zurückgenommen durch die Hermetik des Bildes, das sich jetzt als solches zu erkennen gibt. Und diese Verwertung von Bühnenerfahrung ist auch dann spürbar, wenn der Bühnenraum leer bleibt. In dem Deckenfresko der Wieskirche läßt Zimmermann die Himmelspforte verschlossen, den Thron des Weltenrichters unbesetzt und läßt ihn dazwischen in Wolken auf dem Regenbogen der Versöhnung erscheinen. Die Spannung zwischen den beiden unerfüllten Aufenthaltsräumen, die wie Pole im Westen und Osten einander gegenüberstehen, steigert sich eben dadurch, konzentriert sich auf die Botschaft, die Christus in der Mitte verkündet. Nicht direkt, sondern indirekt, nicht in der Erfüllung, sondern in der Erwartung erleben wir das Heilsgeschehen.

Wenn bei Johann Evangelist Holzer (1709–1740) oder Franz Anton Maulbertsch (1724–1796), Zimmermann oder Matthäus Günther (1705–1788) volkstümliche Elemente in die sakrale Sphäre Einzug halten, wenn Tiepolo Requisiten italienischen Alltags in biblische Szenen einbringt, ist das alles einer ähnlichen Bildsprache verpflichtet. Und das Rokoko als eine Epoche reduzierter Frömmigkeit zu interpretieren heißt, diese Sprache nicht verstehen, die sich neuer Vokabeln, neuer rhetorischer Mittel bedient, um gehört zu werden und anzukommen.

Die Bedeutung des Individuums und des Individuellen

Der Zugang zur gesamten Kunst des 18. Jahrhunderts ist nur möglich, wenn man Formen, Mittel, Kategorien und Wertordnungen des Barock kennt, ohne sie als gültigen Maßstab anzuwenden. Nie zuvor spielte das Individuelle, Subjektive in der Kunst eine so große Rolle. Es ist zentraler Darstellungsgegenstand im Porträt. Die Unwiederholbarkeit des Individuums wird nicht nur im Menschen, sondern auch im Tier entdeckt, und die topographisch genaue Wiedergabe einer Stadtansicht ist ebenfalls als Bildnis einer einmaligen Erscheinung zu sehen. Das Individuelle ist darüber hinaus aber auch Darstellungsmodus, wird als Eigenwert ins Bild aufgenommen, wie sich zum Beispiel im Capriccio zeigt. Und nur in der Dominanz, künstlerischer Persönlichkeit über Strömungen, Stilmerkmale und Verabredungsbegriffe der Epoche werden die größten Maler dieser Zeit verstehbar. Tiepolo wie Goya, Piranesi wie Hogarth, William Blake (1757–1827) wie Chardin sind keiner Stilepoche unterzuordnen. Ihr Werk ist geprägt von Bilderfahrung und Zeitgeist der eigenen Generation, entzieht sich aber dadurch, daß es über diese hinauswächst, dem terminologischen Zugriff. Vielleicht ist es gerade das Entgrenzende des Rokoko, das den Weg freigibt für solche Sondertalente.

JEAN-ANTOINE WATTEAU
1684–1721

Zu diesem Bild des »Gleichgültigen« gibt es ein Pendant, eine Lautenspielerin, die in Pose und Kleidung mit Haltung und Kostüm des Tanzenden korrespondiert. Aber auch ohne es zu kennen, begegnen wir ihm hier: Das Lauschen und Schauen des jungen Mannes lassen uns die Musikantin sehen, die Saitenklänge vernehmen. Fast genau auf die Mittelachse hat Watteau seine Gestalt plaziert, als wolle er ihr dadurch den Halt verleihen, den sie selbst nicht haben kann. Die Beinhaltung des Tänzers ist denkbar instabil, sein linkes Bein extrem gedreht, der Fuß rechtwinklig gestellt, und mit dem rechten Bein balanciert er auf der Fußspitze in labilster Schrittpose. Und dennoch liegt Versunkenheit in seinem Blick, hält er still in der Bewegung. Er nimmt eine Haltung äußerster Anmut und choreographischer Künstlichkeit ein, die schwerelos scheint und doch gefährdet ist.

Wir ahnen, wir wissen bereits das Ende dieses Augenblicks, wo er den Fuß aufsetzen, wieder Halt gewinnen und Kraft sammeln muß. Zugleich aber liegt in der fast selbstvergessenen Hingabe des jungen Mannes eine Ruhe und Zeitlosigkeit, die diesen Gedanken verbietet. Und Watteau zeigt auch, daß dieser Gedanke in diesem Bild unausführbar wäre: Da gibt es weder Erde noch Bretterboden, da gibt es keinen begehbaren Raum, keine konturierte Umwelt. Bewegung, Haltung und Ponderierung als reale körperliche Probleme werden hier irreal. In dem Moment, in dem der Tänzer diese Haltung künstlicher Grazie und Anmut aufgibt, erlischt das Bild.

Ob es sich um einen Abschied von der Insel der kytherischen Venus handelt oder um die Ankunft dort, ist nicht zu klären. Die Kunstwissenschaft hat anschaulich bewiesen, daß diese thematische Unbestimmtheit beabsichtigt ist. Dieses örtliche und zeitliche Nirgendwo macht die »Ile enchantée« aus, die verzauberte Insel, befähigt sie, zwischen Wirklichkeit und Unwirklichkeit zum Schauplatz lebender Träume und geträumten Lebens zu werden. Die Venus als steinerne Herme, rosenumschlungen, der Silen, Gefolgsmann des Bacchus, die Eroten in der Luft und auf der Erde, die Insel Kythera selbst: Alle Zitate aus der Mythologie verunklären den Realitätsgrad. Und wie auch die Mythologie selbst ihre Aura aus der Unschärfe, aus der Deutbarkeit bezieht, werden auch hier der Dunst über der Rubensschen Weltlandschaft, die Ungeklärtheit der Situation zur Bildaussage. Das Motiv der Pilgerschaft, erkennbar an den Pilgerhüten, Pilgerstäben und Umhängen, wird zum Motiv inbrünstiger Sehnsucht.

Das Ziel heiliger Pilgerfahrten, die Wunder wirken, Hoffnungen stillen, Gelöbnisse erfüllen sollen, erfährt seine profane Umdeutung. In der Zeitenthobenheit des Liebesfestes liegt die Unsterblichkeit, im Liebesschwur die Wahrhaftigkeit des Gelöbnisses, in der Liebe selbst die himmlische Verzückung. Die Pilger brechen nicht auf, sie kommen nicht an, weil es keiner Reise bedarf: Die Sehnsucht ist in ihnen, von ihnen selbst zu stillen.

Jean-Antoine Watteau
Der Gleichgültige, 1717
(Junger Mann in Tanzpose)
Öl auf Holz, 26 x 19 cm
Paris, Musée National du Louvre

Jean-Antoine Watteau
Einschiffung nach Kythera, um 1718/19
Öl auf Leinwand, 129 x 194 cm
Berlin, Staatliche Museen zu Berlin, Schloß Charlottenburg

Jean-Antoine Watteau
Gilles, 1721
Öl auf Leinwand,
184 x 149 cm
Paris, Musée National
du Louvre

Jean-Antoine Watteau
Der Fehltritt, 1717
(Junges Paar im Freien)
Öl auf Leinwand,
50 x 41 cm
Paris, Musée National
du Louvre

JEAN-ANTOINE WATTEAU
1684 – 1721

Kaum einer, der das Bild gesehen hat, kann es vergessen. Man forschte nach Textvorlagen, suchte nach biographischen Bezügen, nach Spätwerks-Verklärung, weil es in Watteaus Todesjahr entstand, und erklärte es zum Aushängeschild einer italienischen Truppe. Seine Faszination wird dadurch nicht verstehbar.

Wir sehen Zedern, Pinien, Sträucher, eine Faunsherme, Akteure der Commedia dell'arte und davor, darüber den Gilles. Er steht da mit hängenden Armen in seinem weiten Pierrotkostüm; er steht ganz vorn und ist scheu, er soll erheitern und schaut nur melancholisch aus dunklen Augen, er sollte präsent sein und scheint traumhaft in sich zurückgezogen, er ist unbeholfen, obwohl die Bühne gewohnt. Die Kollegen im Hintergrund gehören einer anderen Sphäre an, sie sind vital, lustig-rege, beachten ihn nicht. Der Gilles ist einsam. Fast – denn mit einem Auge nur, aber mit dem gleichen melancholischen Blick schaut ein Esel über die Bühne. Ist die Natur Kulisse, ist die Kulisse Natur? Spielt Gilles die Rolle des einfältig Wissenden, des schüchternen Träumers, oder ist er das? Ein regloser, unbemerkter Augenblick der Stille im Theaterlärm, ein Moment der Wahrheit im Intrigenspiel, ein Atemzug der Natur in der Kunstwelt.

Ein junges Paar in der freien Natur. Bäume, Büsche, Blumen sind nur zu erahnen, sind nur so angedeutet, daß ihnen die begehrliche Luft des Hains entsteigt, daß die Aura süßer Heimlichkeit aufgeht. Dunstig zerfließen die Farben ineinander, als wäre ihr Widerstand bereits gebrochen, kein Dunkel schreckt, keine Tageszeit mahnt. Leuchtend rot liegt ein Mantel im Gras. Das Entkleiden hat schon begonnen, das Rot wird zur farblichen Schwerkraft, scheint magisch anzuziehen. Wir sehen die kräftige Hand des Mannes, die zugleich stützt und nach hinten geleitet, sein brünettes Gesicht mit faunischen Zügen, wir sehen den weißen Hals der Frau, ihr silbrigblaues Seidenkleid, das sich um feste Schultern spannt. Noch drückt ihre Rechte ihn widerstrebend von sich, aber die Linien von Nacken und Rücken drängen bereits in eine andere Richtung.

Wir genießen die Lust unbemerkten Lauschens, aber Watteau läßt uns nicht zu Voyeuren der Hingabe werden. Er zeigt uns nur das letzte Zögern, das verheißungsvolle Noch-Nicht. Und eben dadurch beteiligt er uns an der Szene, fordert uns auf, sie zu Ende zu denken, so daß letztlich wir die Verführten sind.

Bei dieser »Fête galante« beansprucht nichts und niemand, Zentrum des Geschehens zu sein: selbstvergessen das menuettanzende Paar, vor sich hinträumend der Dudelsackpfeifer, ein Kavalier, der sich mit der Eroberung seiner Schönen beschäftigt, ein spazierendes Paar vor dem Brunnen, eng zusammengerückt zwei Damen und ein Komödiant. Zusammengefaßt zu einem atmosphärischen Ganzen wird alles durch die Anverwandlung der Materien, Taft, Wasser, lebendige Gestalt und steinerne Figur, Laub und Gelock sind einander ähnlich, beteiligt an der Suggestion des Festes.

Jean-Antoine Watteau
Venezianisches Fest, 1719
Öl auf Leinwand, 56x46 cm
Edinburgh, National Gallery of Scotland

Jean-Baptiste Oudry
Stilleben mit weißer Ente, 1753
Öl auf Leinwand, 95 x 63 cm
London, Sammlung Marquise de Cholmondeley

JEAN-BAPTISTE OUDRY
1686–1755

Oudry kannte die niederländischen Stilleben des 17. Jahrhunderts. Er hatte sie gesehen und durch seine Lehrer Michel Serre und Nicolas de Largillière vermittelt bekommen. Aber in einem Spätwerk wie diesem zeigt er radikal: Das französische Stilleben des 18. Jahrhunderts ist völlig anders geartet. Der Bildinhalt verzichtet nicht nur auf allegorische Verweise, sondern er wird nahezu negiert. Die Auswahl der Gegenstände – die weiße Ente, das weiße Dessert in weißer Porzellanschüssel, das weiße Damasttischtuch, die weiße Kerze in silbernem Leuchter, das weiße Blatt Papier mit Signatur und Datum, alles vor eine weiß getünchte Wand gesetzt – macht auf eindringliche Weise deutlich: Hier hat nicht der Sinngehalt der Dinge die Auswahl bestimmt, sondern einzig und allein die gemeinsame Eigenschaft, einem Komplex von weiß-silbrigen Tönen anzugehören. Die Monochromie des Bildes wird nicht durch eine nachträgliche Entfärbung buntfarbiger Gegenstände erreicht, sondern ist diesen bereits immanent.

Die so oft zitierte Künstlichkeit des Rokoko erscheint hier in einer ironisch-raffinierten Brechung. Sie gibt sich nämlich nicht als etwas Nichtgemachtes zu erkennen, sondern erscheint als Abbild des Vorgefundenen. Solchermaßen werden die Artifizialität und Delikatesse zur Realität erklärt. Sie muß nicht hergestellt, sondern nur gesehen werden.

Unten:
Nicolas de Largillière
Die schöne Straßburgerin, 1703
Öl auf Leinwand, 138 x 106 cm
Straßburg, Musée des Beaux Arts

NICOLAS DE LARGILLIÈRE
1656–1746

Der Name der Schönen ist in Vergessenheit geraten. Doch obgleich Largillière eine bestimmte Schönheit abbildete, die ihm Modell stand, tritt ihre Individualität hinter ihrer Kleidung und Herkunft zurück. Diese Straßburger Tracht ist eigentlich Gegenstand des Bildes, sie ist detailgetreu und unverwechselbar wiedergegeben mit der bravourösen Materialkennzeichnung, die auf die flämische Ausbildung des Malers verweist. Der Spitzenbesatz an Umschlagtuch und Blusenjabot, der kunstreich gefältelte Ärmel, das fest geschnürte Mieder mit reicher Bordüre und im Kontrast dazu der schlichte Rock und schmucklose, weitausladende Hut – das sind keineswegs nur Demonstrationsobjekte malerischen Könnens. Sie beweisen, daß hier weniger eine bestimmte Person als ein Kostüm porträtiert wurde.

Die zarte Schönheit der Dargestellten bekommt so den Charakter des Allgemein-Unverbindlichen, wohingegen ihr Gewand das Besondere, das Charakteristische ist. Zugleich ist die Eleganz der Pose, die Feinheit des Gesichts Indiz dafür, daß hier keine ländliche Schönheit ihr Festtagsgewand stolz präsentiert, sondern daß eine raffinierte Dame von Welt, das Mätressenhündchen im Arm, die Tracht als Verkleidung gewählt hat, um die Illusion fester, unverbrüchlich-naiver Traditionsgebundenheit zum Vehikel eines gespielten Daseins zu machen.

JEAN-MARC NATTIER D.J.
1685–1766

Als um die Mitte des Jahrhunderts der Anteil der Porträts auf den offiziellen Kunstausstellungen immer größer wurde, forderte die Kritik, künftig nur solche Bildnisse zuzulassen, die sich durch einen übergeordneten thematischen Vorwurf zum Rang von Gemälden erhöben. Gleichzeitig brachte gerade diese Generation eine Vielzahl an Porträtbegabungen hervor, zu denen neben Roslin oder La Tour auch Nattier gehörte.

Wie kein anderer nutzte Nattier die Chance, die die barocke Form des »Portrait historié« bot, eine Einkleidung in historisch-mythologisches Gewand. Es gelang ihm, thematische Aufwertung und Verallgemeinerung mit höfischer Eleganz und dekorativer Pose zu verbinden. Als er endlich zum »Peintre du Roi« ernannt wird, zählen vor allem die »Mesdames« zu seinen Modellen. Auch die Porträts, die der König für sein Schlafzimmer in Choisy bestellt, stellen zwei seiner Töchter dar – Madame Adelaïde als Diana, Madame Henriette als Flora –, wobei das Kostüm Zeugnissen zufolge auf die verschiedenen Temperamente anspielte. Nattier berichtet in seinen Erinnerungen, daß er – den Anweisungen der Königin folgend – zuerst den Kopf gemalt habe. Physiognomische Ähnlichkeit und mythologische Rolle, stilistische Freiheit und Reglement des Auftraggebers mußten in eleganter Staffage vereint werden.

Jean-Marc Nattier d.J.
Madame Henriette als Flora, 1742
Öl auf Leinwand, 94,5 x 128,5 cm
Florenz, Galleria degli Uffizi

NICOLAS LANCRET
1690–1743

Neben Jean-Baptiste Pater gilt Lancret als der bedeutendste Repräsentant in der breiten Nachfolge Watteaus, die meist aus dessen »Fêtes galantes« einzelne Motive oder Gruppen herauslösten, um sie zu eigenständigen Bildthemen zu machen. Dieses Vorgehen allein ist schon bezeichnend für eine charakteristische Tendenz des Rokoko: die Neigung zum Kleinen, Intimen. In Lancrets »Schaukel« wird ein Lieblingsmotiv aufgegriffen, das sich nicht nur bei Fragonard, Boucher und Pater, sondern auch bei weniger bedeutenden Malern der Epoche findet. Was gerade die Schaukel zu einem so gern gewählten Bildgegenstand macht, wird hier deutlich.

Es ist nicht nur die erotische Aura, die in den Blicken unter die Röcke ihren »glücklichen Augenblick« erlebt, sondern auch die Tatsache, daß die Schaukel Sinnbild eines Zwischenreichs ist, das weder der Erde noch der Luft zugehört. Sie ist weder in der Zugehörigkeit zu einem Element noch in ihrem Ort faßbar. Sie entzieht sich durch ihre Bewegung dem Zugriff; dem körperlichen Kontakt, den sie provoziert. Die Unverbindlichkeit der Koketterie, die Freiheit des Intimen, das »Anbandeln«, ohne sich fest zu binden, finden in der Ziehschnur, mit der der begehrliche Kavalier die Schaukel in Bewegung setzt, kein Symbol, aber doch eine unübersehbare Anspielung.

Nicolas Lancret
Die Schaukel, o.J.
Öl auf Leinwand, 70 x 89 cm
London, Victoria and Albert Museum

François Boucher Die Erziehung Amors, 1742
Öl auf Leinwand, 118 x 136 cm
Berlin, Staatliche Museen zu Berlin,
Schloß Charlottenburg

François Boucher
Die Rückkehr Dianas von der Jagd, 1745
Öl auf Leinwand, 94 x 132 cm
Paris, Musée Cognacq-Jay

FRANÇOIS BOUCHER

1703–1770

Auf Wolken, über die eine scharlachrote Draperie gebreitet ist, lagert die jugendliche, kraftvolle Gestalt des Götterboten Merkur. Neben ihm steht Venus, eine Taube ans Herz gedrückt, bis zu den Knien in Wolken, zeigt ihren perlmuttern schimmernden Rücken und blickt mit koketter Miene zu Merkur, dessen Interesse der Unterweisung Amors gilt. Amor, Kuppler und Liebesstifter, scheint unbeteiligt angestrengt studiert er in einem großen Folianten, der den Namenszug Bouchers und das Entstehungsdatum des Bildes trägt. Doch seine Macht besiegt alles, wirkt durch seine Anwesenheit. Schon wendet sich Merkur über die Schulter Venus zu, schon lockt sie mit Blicken und Gesten. Noch ist das Feuer, das Amors Fackel zu entzünden pflegt, nicht entfacht. Doch die gespannte Erwartung, die erotisch geladene Atmosphäre des Davor, die die Situation beherrschen, kündigen bereits seinen Sieg an.

Diana, stolz und siegreich, kehrt beutebeladen im Gefolge ihrer Gefährtinnen von der Jagd zurück. Für den barocken Maler ein Anlaß für einen großartigen Triumphzug, für Boucher Thema einer intimen Entkleidungsszene. Er zeigt die keusche, strenge Göttin als ein junges Mädchen mit verführerischen Reizen, von deren glatten Schultern das Batisthemd sanft heruntergleitet. Ein Ausdruck leichter Ermattung liegt auf ihrem Körper, was die erotische Delikatesse der Szene noch steigert. Die Früchte ihrer Beute sind nebensächlich, die drei Nymphen neben ihr in frischer Anmut verstärken den Antichambre-Charakter der Situation und heben zugleich die pulsierende, schwüle Müdigkeit der Göttin hervor. Der Akt des Entkleidens ist zum zentralen, anzüglichen Thema geworden und Diana zu einer Paraphrase der Louise O'Murphy, die sich, von ihren Dienerinnen assistiert, auf den Besuch ihres fürstlichen Geliebten vorbereitet.

In dieser Familienszene beim Frühstück ist nichts von Nestwärme zu spüren, nichts von innigem Mutterglück und Geborgenheit. Die jugendlich-elegante Mutter wendet sich nur beiläufig dem Kind zu, das mit seinem Spielzeug beschäftigt ist. Eine Amme hält ein kleines Mädchen auf dem Schoß, das püppchenhaft starr wie ein Requisit wirkt. Auch der Diener, der eine Kanne bereithält, wirkt unbeteiligt. Die Stimmung, die das Bild entfaltet, ist vielmehr die einer uneingeschränkten heiteren Helligkeit. Die Kinder sind Symbole der Sorgenfreiheit, die Frauen und der Diener die von Jugend und Schönheit, die Morgenstunde Inbegriff des Schattenlosen. Spiegel und Vergoldungen, goldgelbe Gardinen, helles Porzellan und vor allem die weit herabgezogenen hohen Fenster: Alles trägt Helligkeit und Glanz in sich, kennt keine Schatten, kein Alter, keine Armut. Nur ahnen lassen sich dahinter die Ängste der Vergänglichkeit.

François Boucher Das Frühstück, 1739
Öl auf Leinwand, 81,5 x 65,5 cm
Paris, Musée National du Louvre

François Boucher
Ruhendes Mädchen
(Bildnis der Louise O'Murphy), 1752
Öl auf Leinwand, 59 x 73 cm
München, Bayerische Staatsgemäldesammlungen, Alte Pinakothek

FRANÇOIS BOUCHER
1703–1770

In den Salonberichten der »Nouvelles Littéraires« des Jahres 1750 wird Boucher gerügt, weil er »die Frauenköpfe mehr hübsch als schön, mehr kokett als edel« male. Solche Kritik kann man im Porträt der Louise O'Murphy bestätigt sehen, einer jungen Irin, die als Modell bei Boucher arbeitete und 1753 für kurze Zeit zur Mätresse Ludwigs XV. wurde. Hier wird keine Venus von klassischer Schönheit dargestellt, sondern in herausfordernder Pose die eindeutige erotische Verlockung einer niedlichen Kindfrau präsentiert.

Bei aller Bewunderung, die das zeitgenössische Publikum Boucher entgegenbrachte, monierte es doch des öfteren die Künstlichkeit seiner »Porzellanköpfe«, seiner farblich delikaten Interieurs. Auch hier ist das Kolorit von ausgesuchtem Raffinement, sind die Bildfarben einander angenähert durch ihre gemeinsame Weißgrundigkeit, wodurch eine pudrige, tiefenlose Oberfläche entsteht. Hier gibt es weder unergründliche Schatten noch feierliche Hell-Dunkel-Kontraste. Die Weißgrundigkeit nimmt auch der Trias Rot-Gelb-Blau ihren Anspruch, denn sie wird abgeschwächt zu dezenterem Rosa-Hellgelb-Hellblau. Die unberührbar kühle Schönheit wird entthront zugunsten einer hübschen kleinen Kokotte.

Alles scheint vordergründig, wie die Pose der Mätresse, und ist dennoch dem Zugriff des Betrachters entzogen. Der so nahe sich darbietende Körper ist nicht wirklich gegenwärtig, sondern durch die Künstlichkeit der Oberfläche entrückt. Die Bereitwilligkeit und die Reize des Mädchens werden gezeigt als Attribute einer naiven Schönheit, nicht als Appell aus dem Bild heraus. Das Artifizielle des Kolorits betont das Bild als eigentlich hermetische Welt eigener Gesetzlichkeiten. Das träge-reglose Warten gilt nicht dem Betrachter. Der Bildraum eröffnet uns nur den neidvollen Einblick in einen Raum, dessen Tür verschlossen ist. Und die verhaltene Spannung löst Boucher nicht auf, indem er den Erwarteten auftreten läßt, sondern er steigert sie durch Geschehnislosigkeit. Keine Person und keine Aktion stehen im Wege, um den Verlockungen nachzugeben, sondern nur die Bildgrenze.

JEAN-BAPTISTE SIMÉON CHARDIN

1699–1779

Vincent van Gogh schrieb 1885 an seinen Bruder Theo, er sei »mehr und mehr davon überzeugt, daß echte Maler ihre Bilder nicht vollenden in dem Sinn, den man oft der Vollendung gibt, jener Vollendung, die so weit getrieben ist, daß die Dinge greifbar werden.« Diese hohe Kunst, die Bildgegenstände dem optischen Zugriff zu entziehen, sah van Gogh insbesondere bei Chardin vorgeführt. Vor dem »Kind mit dem Kreisel« wird deutlich, was van Gogh damit meint, und fühlbar, was Chardin damit bewirkt.

Räumlich nahe, an einem bis an die Bildfläche vorgerückten Tisch, steht ein Junge und beobachtet den Kreisel, den er in Schwung gesetzt hat. Die Situation ist alltäglich und vertraut, die Aktion des Kreiseldrehens schnell und flüchtig, die Szene ist dem Betrachter in jeder Hinsicht »nah«. Trotzdem aber ist nichts »greifbar«, denn das Momentane und Nahe sind zurückgenommen, was ebenso mit maltechnischen Mitteln wie dem stumpfen Farbauftrag erreicht wird wie auch mit Möglichkeiten der Komposition. Indem Chardin den Knaben nur im Profil und nicht dem Betrachter zugewendet zeigt, betont er dessen Konzentration: Er ist völlig ins Spiel versunken und damit dem Zuschauer, den er gar nicht bemerkt, ebenfalls entzogen. Ruhe, Stille, zufriedenes Kinderglück strahlt dieses Bild aus – eine paradiesische Welt, die man nur leise besehen, aber nicht be-greifen kann.

Spielen meint im 18. Jahrhundert zumeist die Lustbarkeiten der Erwachsenen, die erotischen Travestien, die sinnlichen Theaterspielereien, den Flirt mit der Verwandlung. Chardin hingegen nimmt das Spiel ernst und versetzt es dorthin zurück, wo es herkommt: in die Welt des Kindes, das noch nicht zu unterscheiden weiß zwischen Wahn und Wirklichkeit, Gespieltem und Gelebtem.

Wie die großen Niederländer des 17. Jahrhunderts in ihren häuslichen Genreszenen, schafft auch Chardin in seinen Kinderszenen einen Bildraum von völliger Ruhe und Entspanntheit. Verschleiert und matt ist die Oberfläche des Bildes, gelassen die Haltung des Mädchens, das nicht auf seinen Federball schlägt, sondern nachdenklich verharrt. In dieser Szene gibt es nichts Plötzliches und Lautes, sie zeigt ein stilles Leben. Als Stillebenmaler war Chardin in die Akademie aufgenommen worden, als Stillebenmaler wurde er berühmt. Und wenn er wie hier das Kinderbild zum Stilleben macht, setzt er das Kind in eine Reihe mit den Früchten der Natur: es ist kreatürlich, der Natur nah, unverdorben und unverfälscht. Wenn er Erdbeeren malte, einfach zu einer Pyramide gehäuft auf einer Schale, oder Pfirsiche, ganz ohne reiches Dekor oder prächtige Zutaten, sagt Chardin dasselbe wie hier: Schönheit meint Naturbelassenheit. Es ist also nur logisch, daß dieses kleine Mädchen nicht kokettierend und aufmerksamkeithaschend aus dem Bild schaut, sondern ganz dort bleibt, wo es keiner stört – in der Welt des Kindes, diesem verlorenen Paradies.

Jean-Baptiste Siméon Chardin
Das Kind mit dem Kreisel, 1738
Öl auf Leinwand, 67 x 76 cm
Paris, Musée National du Louvre

Jean-Baptiste Siméon Chardin
Ballspielendes Mädchen, um 1740
Öl auf Leinwand, 82 x 66 cm
Florenz Galleria degli Uffizi

Jean-Baptiste Siméon Chardin
Stilleben mit Tabakspfeife, um 1755
Öl auf Leinwand, 32,5 x 40 cm
Paris, Musée National du Louvre

Jean-Baptiste Siméon Chardin
Das Tischgebet, 1739
Öl auf Leinwand, 49,5 x 38,5 cm
Paris, Musée National du Louvre

JEAN-BAPTISTE SIMÉON CHARDIN

1699–1779

Das Bild macht deutlich, warum Chardin seinen Ruhm vor allem dem Stilleben verdankt. Doch ist er in diesem Genre weniger den Niederländern des 17. Jahrhunderts verpflichtet als einer genuin französischen Tradition. Dort nämlich finden sich jene Merkmale, die für Chardin bezeichnend sind. Die matte, »verschleierte« Farbqualität, das stetige, auf jeden extremen Glanz verzichtende Licht und eine eher mit den Bildgegenständen identische Inhaltlichkeit. Ein einfacher Krug, ein Trinkgefäß mit Deckel, ein aufgeklappter Holzkasten, die helle Tonpfeife daneben – Gegenstände, die auf symbolischen Anspruch ebenso verzichten wie auf jede Erlesenheit oder Delikatesse. Die Komposition wirkt zufällig, hat keine Pointe, keinen Höhe- und Mittelpunkt im Bereich des Farblichen oder der Beleuchtung. Und doch empfindet man vor diesem Bild harmonische Vollkommenheit.

Ein zeitgenössischer Kunstkenner hat ihn als »französischen Teniers« bezeichnet. Und wirklich läßt uns dieses Interieur Chardins an Innenräume jener Zeit denken. Licht und Farbe sind verhalten, nichts ist jäh oder plötzlich. Auch die Bewegungen sind langsam, ja, das Bild scheint förmlich einen Augenblick des Innehaltens einzufangen. Die Ausstattung des Raumes ist bescheiden, an der Wand nur ein Bord mit Flaschen und einer irdenen Schale, darunter eine kupferne Kasserolle, der Tisch mit schlichtem weißen Tuch bedeckt. Und diesem Bezugssystem sind die drei Personen völlig eingeordnet. Keiner ihrer Blicke entweicht dem fensterlosen Bildraum – die ungestörte Stille eines geschlossenen Mikrokosmos bietet sich uns dar.

Denkt man an Maler wie Fragonard oder Boucher, so entzieht sich dieses Bild unserer Vorstellung vom Rokoko. Sieht man jedoch in einem Phänomen wie der bewußten Verdrängung und Kompensation endzeitlicher Ängste einen grundlegenden Wesenszug des Rokoko, so gehört auch »Die Rübenputzerin« dazu. Der Bezug zu niederländischen Küchenstücken entpuppt sich rasch als äußerlich, als ein »à la mode«, das sich auf die Wahl der Requisiten und des von Braun bestimmten Kolorits beschränkt. Auch wäre es falsch, der Szene eine allegorische Aussage zu unterstellen. Sie zeigt nur eine Küchenmagd in einem unbestimmten Raum, die in ihrer Arbeit innehält. Ihre Miene verrät weder Trauer noch Freude, ihr Blick ist ziellos, ohne verloren zu sein. Der Bildraum der zunächst als festumgrenzt erscheint, erweist sich als ein Nirgendwo, dessen Geborgenheit nur durch eine innere Ganzheit entsteht. Der Augenblick zufriedenen Ausruhens wird zu einer zeitentbundenen Ewigkeit, hinter der sich ein Refugium vor Angst und Vergänglichkeit verborgen hält.

Jean-Baptiste Siméon Chardin
Die Rübenputzerin, um 1740
Öl auf Leinwand, 46 x 37,5 cm
Washington, National Gallery of Art

Jean-Honoré Fragonard
Das Blindekuh-Spiel,
um 1760
Öl auf Leinwand,
114 x 90 cm
Toledo (Ohio), The Toledo Museum of Art

Jean-Honoré Fragonard
Die Schaukel, 1767
Öl auf Leinwand,
81 x 65 cm
London, Wallace Collection

JEAN-HONORÉ FRAGONARD
1732–1806

Die zentrale Gestalt des Bildes ist ein junges Mädchen im Kostüm einer Schäferin, das mit verbundenen Augen jemanden zu erhaschen versucht. Unter seiner weißen Augenbinde jedoch lugt es heraus. Und das ist der Angelpunkt des Bildsinns. So wie sich hier das Spiel nur als Vorwand erotischer Koketterie erweist, ist die gesamte Bildwelt zweideutig. Ist es ein Kind, ist es eine Frau, die hier einen so raffinierten kleinen Schwindel betreibt? Ist sie eine Schäferin, ihr Spielgefährte ein Schäfer, oder ist es nicht vielmehr ein Paar aus besten Kreisen, das in ländlicher Verkleidung und »unschuldigem« Blindekuhspiel den Reiz, den Kitzel des Flirts zu erhöhen trachtet? Sind es Kinder oder Amoretten, die am Boden sich verbergen und die Suchenden narren? Ist es Natur oder Bühne, wo sie sich aufhalten?

Die Grenzen zwischen den Realitätsebenen scheinen hier aufgehoben. Lüge und Wahrheit, Mythologie und Alltagsbelustigung, bukolisches Leben und Theater werden in einer künstlichen Natürlichkeit zu einer beschwörend schönen Einheit verschmolzen. Und diese Schönheit hat zugleich etwas ungemein Flüchtiges, sie kennt kein Ziel, keinen Zweck. Die Suchende sucht nicht, um zu fangen oder zu finden. In ihren anmutig ausgebreiteten Armen hält sie nichts als die amouröse Atmosphäre eines langen Augenblicks.

»Balancement« heißt Schaukeln auf Französisch. Und um Balance geht es in diesem Bild, das so zum Sinnbild einer Epoche wird. Denn das Rokoko war ein einziger großer Balanceakt, immer absturzgefährdet in seiner waghalsigen Anmut. Und auch hier balanciert der Maler elegant an der Gefahr vorbei. Das Geschehen ist eindeutig, aber die Absicht ist als Zufall getarnt. Als wäre er gestolpert und ins Gebüsch gefallen, liegt der junge Galan zu Füßen eines steinernen, rein zufällig vom Liebesgott Amor gekrönten Denkmals; und rein zufällig auch scheint sich ihm der Blick unter die rauschenden Röcke der süßen Schauklerin zu eröffnen. Aber die Szene zeigt mehr als das kokette Wechselspiel zwischen Voyeurismus und Exhibitionismus. Das Gesicht des jungen Mannes, der da in den Rosen liegt, leuchtet, als werde es von einer nicht sichtbaren Lichtquelle bestrahlt – so wie die Gesichter der Heiligen, die einer himmlischen Erscheinung gewahr werden. Aber statt göttlicher Wahrheit offenbart sich ihm die menschliche: Er sieht in den Himmel auf Erden und die Wonnen, die der ihm verheißt, sind rein irdischer Natur. Bestellt hatte das Bild ein reicher Baron als Hommage an seine Geliebte. Doch Fragonard drückt mehr aus als die Ergebenheit des Verehrers und die Schönheit der Angehimmelten. Starr ist der Blick der hübschen Frau, wie Glasaugen wirken sie in dem lieblichen rosigen Gesicht. Was hier passiert, symbolisiert bereits den Höhepunkt, den auch die Schaukel in ihrem Schwung erreicht hat. Gleich wird sie wieder zurückfallen, gezogen von dem älteren Mann im Dunkeln: ein Sekundenbruchteil erotischer Verzückung, so selig lüstern und gefährdet wie das Rokoko.

Im »Geraubten Hemd«, das nach Fragonards Italienreise entstand, als er sich in Paris aufhielt und am gesellschaftlichen und künstlerischen Leben der Metropole teilnahm, macht der Maler den Betrachter zum Voyeur; er macht ihn zum Belauscher einer intimen Szene, einer sich unbeobachtet wähnenden Schönen. Er zeigt sie in ihrem Bett, das zum Bildhintergrund hin durch einen roten Baldachinvorhang verhüllt ist. Und eben dieser Hintergrund des Bildes ist die Vorderseite der Szene, die sich so eigentlich neugierigen Blicken entzieht. Der Betrachter wird von Fragonard solchermaßen hinter dem Bett versteckt, er sieht die »Kehrseite« der Situation im wahrsten Sinn des Wortes. Aber nachdem er sich nun der Indiskretion schuldig gemacht hat, nimmt Fragonard die erotische Direktheit wieder zurück. Er malt über das rosige junge Mädchen mit dem blauen Bändchen im Haar einen Putto, der ihr Hemd entführt. Der Putto ist ein Attribut der Venus. Doch Venus trägt kein Hemd, bindet ihr Haar nicht mit blauem Band achtlos zusammen, ist keine frische Landschönheit.

Die Doppeltheit des Bildvorwurfs, die Zweiansichtigkeit der Szene, das Spiel mit Verbergen und Enthüllen haben in den Bildmitteln ihre Entsprechung. Die sinnlichen Reize des schimmernden rosigen Fleisches werden von innen her durch stumpfes Puderweiß durchdrungen, dessen Mattigkeit das Bild als Bild betont, das Gesehene als Gemaltes zeigt, die Oberfläche des Bildes zwischen die Verlockungen der Venus-Kindfrau und den Zugriff des Betrachters schiebt.

Die Tradition der barocken Sinne-Allegorien ist zu Ende. Die Gelegenheit, wie dieser Bildvorwurf sie bietet, wird ausgeschlagen. An die Stelle klar begrenzter Aussagen, konturierter und übersetzbarer Wörter einer Bildsprache, tritt die Suggestion des Verunklärten, das sich begrifflicher Fixierung entzieht. Die Hingabe, mit der das junge Mädchen sich der Musik widmet, ist in nichts zu unterscheiden von der Hingabe, die in den Blicken des Lehrers liegt und die den Reizen ihres zarten Dekolletés gilt. Das Entgrenzende aller Hingabe, wie es in dem verschwimmenden Kolorit seine formale Entsprechung findet, ist wesentlicher als die jeweiligen Gegenstände, der sie gilt. Das Vagante als Kennzeichen des Eros bleibt nicht auf ihn beschränkt, sondern erfaßt alle Sinne gleichermaßen. Es negiert die Grenzen des Alters, der Tageszeiten, der Räumlichkeiten. Die Katze auf dem Stuhl ist kein Symbol dafür, aber Indiz eines solchen Bildsinns; sie ist sinnlich und zärtlichkeitsbedürftig, aber sie entzieht sich der Kontrolle. Sie schweift durch ihr Revier zu jeder Tag- und Nachtzeit. Wie der Eros, ist sie rastlos auf der Suche nach Erfüllung ihrer Sehnsüchte. Fragonard macht dieses Bild nicht zu einem Bild der fünf Sinne, sondern der Sinnlichkeiten. Er läßt das Erotische zur treibenden und gestalterischen Kraft werden. Die Flüchtigkeit sinnlichen Erlebens – des Hörens, Sehens, Fühlens – ist nicht Anlaß vanitärer Ermahnungen. In der Tiefe der Hingabe wird die Zeit überwunden. In der Dichte aller Empfindungen scheint die Hoffnung einer panischen Lebenssucht ihr Ziel gefunden zu haben.

Jean-Honoré Fragonard
Das geraubte Hemd, um 1767–1772
Öl auf Leinwand, 36,5 x 43 cm
Paris, Musée National du Louvre

Jean-Honoré Fragonard
Die Musikstunde, um 1770–1772
Öl auf Leinwand, 110 x 120 cm
Paris, Musée National du Louvre

Joseph-Siffred Duplessis
Christoph Willibald Gluck am Spinett, 1775
Öl auf Leinwand, 99,5 x 80,5 cm
Wien, Kunsthistorisches Museum

JOSEPH-SIFFRED DUPLESSIS
1725–1802

Seine Karriere kam spät, sein Aufstieg als gefeierter Porträtist verlief dafür um so rascher. Auf dem Höhepunkt seines Erfolgs entstanden in demselben Jahr, 1775, zwei völlig gegensätzliche Werke: ein ganzfiguriges Bildnis des jungen Ludwig XVI., barocker Tradition verhaftet, repräsentativ und konservativ, und ein halbfiguriges des Komponisten Gluck, das zum Inbegriff des vitalen, individuellen Künstlerporträts werden sollte. Gluck war zu dieser Zeit umjubelter Mittelpunkt des Pariser Musiklebens, hatte zusammen mit seinem Librettisten Calzabigi den Sieg über die erstarrte Opera seria errungen und in seinen Reformopern wie »Orpheus und Eurydike«, »Alceste« oder »Iphigenie in Aulis« neue Dimensionen seelischen Ausdrucks in das totgeglaubte Musiktheater eingebracht.

In gewisser Hinsicht verfährt Duplessis analog dazu, belebt ein klassisch-kanonisches Muster, erfüllt die traditionelle Form eines Halbfigurenporträts mit neuem Inhalt. Die Nähe zum Wort, die für Glucks Musik so bedeutend ist, hat hier ihre Entsprechung in einem Wörtlichnehmen der Persönlichkeit, die durch keinerlei Idealisierung entzogen wird, sondern ihre Lebensnähe aus einer genauen Wiedergabe bezieht: Das ältliche, pockennarbige Gesicht des Komponisten ist lauschend nach oben gewendet, einzig durch den Glanz des inspirierten Augenblicks erhellt.

Maurice Quentin de La Tour
Selbstbildnis, 1751
Pastell, 64,5 x 53 cm
Amiens, Musée de Picardie

MAURICE QUENTIN DE LA TOUR
1704–1788

Als La Tour dieses Bildnis von sich zeichnet – das Pastell wird mit Kreiden hergestellt und ist daher keine wirklich malerische Technik –, ist er längst einer der gesuchtesten Porträtisten seiner Zeit. Trotzdem verzichtet er auf jede Art selbstbewußten Anspruchs, auf Würdemotive und feierliche Steigerung. Der intime Charakter des Pastells, das kaum Großformate und keine pathetischen Hell-Dunkel-Kontraste kennt, wird noch verstärkt durch die lockere Haltung des Dargestellten, der dem Betrachter scheinbar verbindlich zulächelt.

Doch bei etwas längerem Hinsehen verschiebt sich der Gesichtsausdruck des Malers in Richtung auf eine überlegene, verhaltene Ironie, das vermeintlich Offene seiner Haltung wird als undurchdringlich spürbar. Die kühle, vom Blau bestimmte Farbigkeit des Bildes schließt den Maler in eine hermetische Welt erlesener Künstlichkeit ein, die an keiner Stelle angreifbar ist, die keinen Zutritt gewährt. Die Helligkeit ist nicht lichthaltig, sie ist in einer eigentümlichen Weise statisch, unabhängig von veränderten Beleuchtungsverhältnissen, und nimmt so das Momentane der frischen, spontanen Zeichnung zurück. Das Material der Pastellkreide stellt nicht den Puder der Perücke dar, es ist der Puderstaub, ihr stumpfer, matter Schimmer ist der des Samtes. Distanz und Intimität – in La Tours Pastellkunst wird beides zugleich anschaulich gemacht.

JEAN-BAPTISTE GREUZE

1725–1805

»Laßt in der Malerei die Moral sprechen«, so forderte der große Kritiker Denis Diderot im Jahre 1763 emphatisch und sah diesen Wunsch im Werk von Greuze entsprochen. Heute sieht man, gerade in einem Bild wie »Die Klagen der Uhr«, eine nur mit dem dünnen Schleier moralischer Scheinheiligkeit bedeckte erotische Delikatesse.

Dieser Widerspruch löst sich auf, wenn man den Moralbegriff Diderots richtig interpretiert. Er postulierte keinen totalen Verzicht auf die Darstellung sinnlicher Reize, sondern verlangte nach einem Bildsinn, einer Aussage, die sich nicht auf die Selbstdarstellung des Erotischen beschränkt, wie es ein Fragonard so vollendet beherrschte. Die Kenntnis holländischer und flämischer Stichwerke vermittelte Greuze das ikonographische Vokabular, aus dem er seine Bilderzählungen aufbaute. Die Uhr in der Hand der kindlich-mädchenhaften Gestalt verweist als traditionelles Vergänglichkeitssymbol auf die Flüchtigkeit und Unbeständigkeit eines genossenen Liebesvergnügens, das solchermaßen als falsches Glück gekennzeichnet wird. Die Leistung von Greuze besteht darin, den ansprechenden Reiz der halb entblößten Brüstchen zum »Aufhänger« der Bildlegende zu machen, die das zerwühlte Bett, das gelockerte Mieder, die achtlos zur Seite gestellte Handarbeit, die verstreuten Gürtel und Bänder, die abgelegte Haube und vor allem der Brief – ein Abschiedsbrief des Liebhabers – erzählen.

Als »Die Dorfbraut« 1761 zum ersten Mal im Pariser Salon ausgestellt wurde, erntete Greuze Lobeshymnen von Kritik und Publikum. Mit seinem Gemälde der zaghaften jungen Braut, die mit niedergeschlagenen Augen am Arm ihres Bräutigams hängt, der bei den greisen Eltern um ihre Hand anhält, hatte er eine ethische Lücke im Zeitgeschmack gefüllt. Der anrührende Ernst in den Gesichtern von Brautpaar, Eltern, Notar, Kindern, Verwandten und Freunden, die reinliche Einfachheit, die fromme Ärmlichkeit und unverdorbene Schüchternheit in dieser Situation formulierten ein neues Ideal. Der elitären Arkadien-Idylle, der erotischen Schäferszenen-Idylle wurde nun etwas Neues entgegengestellt: das sentimentale Familiengenre. Die Schlagworte des einfachen Glücks, der trauten Geborgenheit und der freudigen Rührung, ohne die das 19. Jahrhundert keine »Gartenlaube« hervorgebracht hätte, haben hier ihren Ursprung.

Und doch ist dieses Sittenbild dem 18. Jahrhundert verhaftet, denn es wird getragen von einem Pathos, das nur aus dem direkten Widerspruch zu dem unpathetischen Rokoko eines Pater, Lancret, Drouais oder Boucher verstehbar ist. Das Erzählende und Nacherzählbare dieser Szene ist die Basis der ungeheuren Popularität, die dieses Bild erlebte, und ist zugleich Vorzeichen einer Suche nach neuen bürgerlichen Idealen. Die leisen Töne zarter Empfindungen werden verbunden mit der Theatralik einer Schlußszene in einem gelungenen Rührstück.

Jean-Baptiste Greuze
Die Klagen der Uhr,
um 1775
Öl auf Leinwand,
79 x 61 cm
München, Bayerische Staatsgemäldesammlungen, Alte Pinakothek

Jean-Baptiste Greuze
Die Dorfbraut, 1761
Öl auf Leinwand, 90 x 118 cm
Paris, Musée National du Louvre

À MARAT,
DAVID

JACQUES-LOUIS DAVID
1748–1825

Am 12. Juli 1793 wurde David zu seinem jakobinischen Parteigenossen Marat gerufen. »Ich fand ihn«, berichtet er, »in einer Lage, die mich selbst überraschte. Neben ihm stand ein Holzklotz, auf dem sich ein Tintenfaß und Papier befanden, und seine Hand notierte vom Bad aus seine letzten Gedanken zum Wohle des Volkes.« Am Tag darauf wurde Marat von Charlotte Corday ermordet und David vom Konvent beauftragt, ihn in einem Bild zu verewigen. Dort begegnet er uns in eben dieser Situation. Die Feder ist seiner Hand entglitten, der Kopf zur Seite gesunken. In der Linken hält der Tote noch das heuchlerische Gesuch der Bittstellerin, auf dem Holzklotz liegt das Schreiben eines anonymen Wohltäters, am Boden die Waffe der Mörderin. Die Szene scheint zunächst allzu privat für ein offizielles Memoralbild zu sein. Doch bei näherer Betrachtung wirkt das streng komponierte Bild wie ein propagandistisches Denkmal: Der Holzklotz mit knapper Inschrift ist zum Grabstein geworden, die Wanne, in der der Tote sitzt, zu seinem Sarg.

Als David den »Horatierschwur« 1784 in Rom vollendete, wurde sein Atelier zum Ziel wahrer Wallfahrten. Aber nicht das historische Thema und die fast archäologische Detailtreue erklären den triumphalen Erfolg, sondern die Eindringlichkeit des Bildaufbaus. Jedem der antiken Rundbogen ist eine Figurengruppe zugeordnet: rechts die klagenden Frauen, links die drei jungen Horatier, die Rechte zum Schwur erhoben, und in der Mitte der Vater, der mit einem Bittgestus die Schwerter emporhält im Augenblick vor der Schlacht. Effektvolle Choreographie und Lichtregie konzentrieren alle Energie auf den Schwur, alles kulminiert in der Mitte des Bildes. Tatendrang, Entschlossenheit und Einigkeit sind von so intensiver moralischer Suggestion, daß das Leiden daneben zur Nebensächlichkeit verblaßt.

Madame Récamier unterhielt in Paris einen Salon, in dem sich die Gegner einer antinapoleonischen, restaurativen Politik trafen. Als David sie malt, ist sie 23 Jahre alt und nimmt ihm gegenüber, dem ehemals aktiven Jakobiner, der jetzt Napoleons Hofmaler ist, eine politisch konträre Position ein. Dennoch stellt er sie dar, als wäre sie eine Heldin der Republik oder Protagonistin des Kaiserreichs.

In antikischer Pose lagert sie auf einem Möbel, das seit diesem Bild als »Récamiere« bezeichnet wird. Sie ist ungeschmückt, trägt ein schlichtes weißes Kleid und ist barfüßig. Auch der Raum enthält nur eine Fußbank und einen Kandelaber. Trotzdem bleibt sie erkennbar als Dame der Gesellschaft, wirkt vornehm, distanziert und keineswegs volksnah. Das einfache Gewand, die schlichte Frisur, die nackten Füße – einst Attribute einer revolutionären Haltung – sind nur noch eine Mode.

Jacques-Louis David
Der Tod des Marat, 1793
Öl auf Leinwand, 165 x 128 cm
Brüssel, Musées Royaux des Beaux-Arts

Jacques-Louis David
Der Schwur der Horatier, 1784
Öl auf Leinwand, 330 x 425 cm
Paris, Musée National du Louvre

Jacques-Louis David
Madame Récamier, 1800
Öl auf Leinwand, 173 x 243 cm
Paris, Musée National du Louvre

Jacques-Louis David
Napoleon in seinem Arbeitszimmer, 1812
Öl auf Leinwand, 204 x 125 cm
Washington, National Gallery of Art

Unten:
Jacques-Louis David
Bonaparte, die Alpen überschreitend, 1799
Öl auf Leinwand, 259 x 221 cm
Rueil-Malmaison, Musée National du Château de la Malmaison

JACQUES-LOUIS DAVID
1748–1825

Als perfekter Techniker schätzten ihn seine Zeitgenossen wie alle späteren Generationen. Als Maler großer psychologischer Einfühlung galt und gilt er weniger. Wer aber versucht, dieses allzu bekannte Porträt Napoleons mit unvoreingenommenem Blick zu betrachten, erkennt die seelische Tiefe hinter der Glätte des Repräsentationsbildnisses. 1812 ist es entstanden, im Schicksalsjahr des Kaisers. 1804 hatte er sich selbst in Gegenwart des Papstes zum Kaiser gekrönt und David, in diesem Jahr offiziell zum »Peintre de l'Empereur« ernannt, hatte diesen anmaßenden Staatsakt von kalter Pracht und Selbstherrlichkeit verewigt. 1812 erreichte die Lebenskurve des Korsen ihre Peripetie. In diesem Jahr schlug der Triumph zum erstenmal in die Niederlage um: Auf dem Rückzug von Moskau wurde seine gesamte Armee zerschlagen. Auch auf diesem Herrscherbild sieht Napoleon nicht wie ein Held aus. Sein blasses Gesicht ist aufgedunsen, der Körper ist außer Form geraten, der Blick melancholisch, statt siegesgewiß. Und die Pose, die selbstbewußt wirken soll, ist eher unsicher. Nicht straff und dynamisch, sondern leicht gebeugt steht der Kaiser inmitten seines ägyptisierenden Prunkmobiliars. Ein Mann, der den Zenit seines Lebens und seines Erfolgs mit 43 bereits überschritten hat. Es ist fast nichts mehr übrig von dem kühnen Helden, dem stürmischen Eroberer, als den David ihn 1799/1800 porträtiert hatte.

Kurz danach entstand das Reiterbildnis, das den Ersten Konsul am St.-Bernhard-Paß zeigt. Und zwar nicht als intelligenten Strategen, nicht als skrupellosen und furchtlosen General, sondern als romantischen Helden, überhöht zu einer mythischen Figur, die eine mythische Grenze überschreitet – die Alpen. Vier Jahre zuvor war David Napoleon zum erstenmal begegnet. Elf Jahre vorher, 1778, hatte Davids Landsmann Falconet ein Reiterstandbildnis von Zar Peter dem Großen in St. Petersburg vollendet, das Katharina II. in Auftrag gegeben hatte. Genau darauf antwortet David mit diesem gemalten Standbild, weniger groß, aber nicht weniger wuchtig als Falconets Monument. Und wie dort Zar Peter eine steile Klippe heraufreitet, sprengt hier der kühne Reiter die felsigen Alpen hinauf. Napoleon wird bei David als leidenschaftlicher Held verherrlicht, in dessen Gesicht sich Schönheit und Entschlossenheit zu einem klassizistischen Ideal vereinigen. Modell gesessen zu diesem Porträt hatte der Feldherr ihm so wenig wie zu dem Bild von 1812. Aber in demselben Jahr 1799, als das zweite Reiterstandbild entstand, brachte der rastlose General ein, zwei Stunden für eine Sitzung bei dem verehrten Hofmaler auf. Die Ölskizze, die dabei entstand, ist weniger pathetisch, die Miene des Generals weniger heldenhaft, aber auch auf diesem Porträt ist Napoleon ein schöner Mann mit starkem Kinn, starkem Blick und starkem Willen. Es diente eigentlich nur zur Vorbereitung eines Gemäldes, das Napoleon in den Anblick der Alpen versunken zeigen sollte, aber nie zustandekam.

HUBERT ROBERT
1733–1808

Die Ruinenbilder Panninis und Piranesis hatten schon früh ihre Spuren in den Architekturbildern Roberts hinterlassen. Daß er jedoch von Fragonard gelernt hatte, mit dem zusammen er Neapel und Rom bereiste und in Tivoli arbeitete, scheint in einem späten Werk wie diesem, das 1789 im Pariser Salon ausgestellt wurde, ebensowenig ersichtlich wie in früheren. Und doch wird indirekt etwas vom Geist Fragonards spürbar.

Die riesenhafte ruinöse Architektur mit geborstenen Gesimsen, der gegenüber die Menschen klein und ohne Bezug wirken, ist kein düsteres Mahnmal, kein Sinnbild der Vergänglichkeit, kein Monument bedrohlicher Schatten. Sie ist Lebensraum, der mit völliger Selbstverständlichkeit genutzt wird, in dem man Fische feilhält, brät, handelt, spielt, arbeitet. Oben auf die einstmals so majestätische Architektur hat man respektlos ein Geländer gesetzt, damit sie als Aussichtsturm für Schaulustige, Refugium für turtelnde Liebespaare, bequeme Abkürzung für eilige Passanten dienen kann. Die Zeugnisse der Vergangenheit, die Robert so detailgetreu porträtiert, sind Teil eines regen Lebens. In eben dieser Zweiheit von Moment und Dauer, von Ereignis und monumentaler Unbewegtheit, von Leben und Verfall, flüchtigem Zufall und Geschichtlichkeit erweist sich Robert als Schüler Fragonards.

Hubert Robert
Die Pforte der Oktavia in Rom
Öl auf Leinwand, 161 x 117 cm
Poughkeepsie (New York), The Frances Lehman Loeb Art Center at Cassar College

ELISABETH VIGÉE-LEBRUN
1755–1842

Madame de Staël, Tochter des französischen Finanzministers Necker, gelangte durch einen bewegten Lebenswandel und vor allem zwei literarische Werke zu Berühmtheit: »De l'Allemagne« (1810), ein Bild Deutschlands, seiner Sitten, Literatur und Philosophie, und durch den Roman »Corinne ou l'Italie« (1807). In diesem Opus, das auf eine Italienreise zurückgeht, die sie, von Napoleon aus Paris verbannt, in Begleitung von August Wilhelm Schlegel unternommen hatte, schildert sie in schwärmerischem Ton ihre Eindrücke durch den Mund der fiktiven italienischen Dichterin Corinne. Vigée-Lebrun stellt sie in der Rolle dieser Dichterin und zugleich im antikischen Gewand dar, mit einer Lyra auf dem Schoß, als weiblichen Orpheus. Hinter der Gestalt erstreckt sich eine Landschaft, die auf felsiger Höhe einen antiken Monopteros zeigt und sich in der Tiefe in sanfte grüne Hügel und ferne blaue Bergrücken verliert. Die Begriffe des Klassischen und des Romantischen, die Madame de Staël als eine der ersten im heutigen Wortsinn verwendete, haben ihr Korrelat in diesen beiden Landschaftscharakteren. Der idealisierenden Glätte, die vielen Porträts der Malerin anhaftet, steht hier die vitale Kraft des Gesichts entgegen: eine reife, selbstbewußt-energische Frau voll wacher Intelligenz, die mit der Rolle glühender Schwärmerei keineswegs identisch ist.

Elisabeth Vigée-Lebrun
Bildnis der Madame de Staël als Corinne, um 1807/08
Öl auf Leinwand, 140 x 118 cm. Genf, Musée d'Art et d'Histoire

Alessandro Magnasco
Seelandschaft mit netzziehenden Fischern und badenden Figuren, o. J.
Öl auf Leinwand, 115 x 92 cm. Venedig, Privatbesitz

Alessandro Magnasco
Der gelehrte Rabe, um 1703–1711
Öl auf Leinwand, 47 x 61 cm. Florenz, Galleria degli Uffizi

ALESSANDRO MAGNASCO
1667–1749

Auch wenn vielleicht der Impressionismus unser Interesse an einem Bild wie diesem wiedererweckt hat, so ist es doch in keiner Weise impressionistisch. Die »Macchia«, das Fleckige der Malweise, ist hier Ausdrucksmittel des Phantastischen und hat vielleicht am ehesten in den Werken Salvator Rosas ihre Vorbilder. Die schnell, fast skizzenhaft gemalte Gischt, die zerrissen-unkonturierten Bäume und Felsen an der bewegten Küste, die jähen Wolkenfetzen vermitteln eine fiebrig-unruhige Vorgewitterstimmung. Auch die halbnackten Fischer, die Kahn und Fang in Sicherheit zu bringen suchen, sind dieser angespannten Erwartung unterworfen. Wir sehen sie nicht als Individuen, nicht einmal als anonyme Einzelakteure, sondern als Teil dieses aufgewühlten Treibens und Getriebenseins.

Magnasco begrenzt nichts deutlich, grenzt nichts ab. Himmel, Erde, Wasser, Menschen und Vegetation greifen ineinander. Sie scheinen von innen her aufgelöst zu sein, haben keine dezidierten Umrisse mehr, verfließen, zerfallen. Indem Magnasco dem Auge des Betrachters keine Ruhe gönnt, gelingt es ihm, diese Unrast als etwas Elementares, Ungeheuerliches, Geheimnisvolles zu suggerieren. Es ist nicht eine Episode, deren Ende abzusehen ist, sondern eine haltlose Erregung. Die Komposition bildet keine Zentren, keine Schwerpunkte aus, sie verweilt nirgends und ist nirgends fixiert. Das Phantastische bedient sich hier nicht mehr einzelner Versatzstücke, die einer Umwandlung und Verfremdung unterzogen werden, sondern hat seine vollkommen eigene Form gefunden.

In der Ruine eines antiken Gebäudes ist in unwirklicher Nächtlichkeit ein wildes Gelichter zusammengekommen: vorn in Rückenansicht ein heruntergekommener Landsknecht, auf dem faulig-morschen Bretterboden der »Bühne« eine greise Mutter mit häßlichen gnomigen Kindern, hinter ihr eine Gestalt mit befremdlich feierlicher karminroter Toga, davor, auf einer halben Tonne sitzend, ein nur halbbekleideter Mann, der, einen Zettel in der Hand, dem Raben auf dem Weinfaß einen Text vordeklamiert. Um das Weinfaß scharen sich weitere zerlumpte Kinderzwerge.

Es handelt sich um eine Genreszene. Doch so, wie alle Requisiten umgestürzt, zerstört, verwest sind, ist auch die Szene das abstruse Verfallsbild der Idylle. Der Rabe auf dem Faß ist als hoheitsvoller Mittelpunkt auf einen Sockel gesetzt, sein Lehrer der Abglanz eines Philosophen, der in dem schwarzen Vogel seinen letzten Schüler findet. Die Feierlichkeit des Rotgewandeten ist nur noch lächerlich-schäbiges Lumpentheater, das genrehafte Mutterglück eine armselige Kinderansammlung. Es ist dies alles die Umkehrung des Traulichen und Beschaulichen, Lehrreichen und Moralischen. Aber zugleich ist die Situation von einer erregenden Vitalität und Spannung, die sie gerade aus dem Nichterfüllen unglaubwürdig gewordener Ideale bezieht.

ROSALBA CARRIERA
1675–1757

Mit dem Pastell wählte Rosalba Carriera eine Technik, die es ihr möglich machte, ohne prätentiöse Idealisierung dem Dargestellten zu schmeicheln – vielleicht der Grund für ihre erfolgreiche Karriere, die sie ohne eigentlich geniale Anlagen machte. Ihre besten Arbeiten entstanden deshalb gerade dann, wenn die sanfte Gefälligkeit, der liebliche Schmelz des Pastells mit der abgebildeten Person übereinstimmten.

In diesem Mädchenbildnis ist dies der Fall. Das perlmutterne Inkarnat ist in den klassischen Pastelltönen Bleu, Rosé und Hellgrau vollendet wiederzugeben, die Tiefenlosigkeit der Farbe gerade geeignet, das noch von Erfahrungen ungezeichnete, fast kindliche Gesicht zu erfassen. Das Pastell kennt die Schatten ebensowenig wie dieses Inbild sorgloser Jugend. Die Weichheit dieser lieblichen Physiognomie findet in den Mitteln der Darstellung ihre ideale Entsprechung. Die Leistung der Carriera besteht aber nun – über die günstigen Gegebenheiten hinaus – darin, daß sie den Gesichtsausdruck diesem Bildcharakter unterordnet, ohne dabei die individuelle Bildung der Physiognomie zu zerstören. Mit sanftem, fast mattem Blick sieht uns das Mädchen an, nur unmerklich lächelt ihr Mund. Alles Erregte, Jähe, Abrupte, was dem Pastell zuwiderläuft, ist vermieden. Die Qualität des Bildes liegt in seiner delikaten Einheitlichkeit.

Rosalba Carriera
Bildnis eines jungen Mädchens, nach 1708
Pastell, 36,3 x 30,3 cm
Paris, Musée National du Louvre

GIOVANNI BATTISTA PIAZZETTA
1683–1754

Eine eigene Bildsprache gefunden zu haben, die der Fülle und Not, der Komik und der Trauer, der Heiterkeit und der Düsternis italienischen Lebens gerecht wird: Das ist die Leistung eines Longhi, Magnasco oder Piazzetta, die zur Artifizialität des französischen Genres ein entschiedenes Gegengewicht bringt.

Der junge Bettler hier mit seinen vollen Wangen, dem kräftigen Hals und der noch kindlich-stämmigen Statur richtet keinen schmachtenden Appell an den Betrachter, heischt nicht um Mitleid. Seine aufrechte Haltung, sein unverwandter Blick aus dem Bild haben nichts Devotes, der Rosenkranz in seiner schmutzigen Hand ist kein Requisit heuchlerischer Frömmigkeit, sondern Gegenstand seines alltäglichen Daseins.

Piazzetta läßt die Bildmittel selbst zu Ausdrucksträgern werden. Der Bildgrund und der Mantel sind braun wie die nackte Erde: Armut wird als etwas Elementares deutlich, ist nicht pittoresker Verfall. Vital und kräftig ist das Rot der Weste. Lebendiges südliches Licht ist im Weiß des Ärmels eingefangen, Frische und Sonnengewöhntheit des Jungen in seinem brünetten Inkarnat. Die Identität von Darstellungsweise und Dargestelltem erzeugt keine Rührung – denn diese bedingt immer ein Herausbegehren aus der Zuständlichkeit –, sondern eine Wahrhaftigkeit, die den Betrachter betroffen macht.

Giovanni Battista Piazzetta
Junger Bettler, um 1740 (?)
Öl auf Leinwand, 66 x 52 cm
Chicago, The Art Institute of Chicago

CANALETTO
1697–1768

Canaletto
Innenhof des Castle of Warwick, 1751
Öl auf Leinwand, 75 x 122 cm
Warwick (Warwickshire), Sammlung Duke of Warwick

Canaletto
Regatta auf dem Canale Grande, nach 1735
Öl auf Leinwand, 117 x 186 cm
London, National Gallery

Daß Canaletto bereits zu Lebzeiten nicht nur Nachahmer wie Michele Marieschi fand, sondern auch im großen Umfang gefälscht wurde, ist ein schlagender Beweis für die Beliebtheit seiner Bilder. Zu den Käufern der ersten Stunde gehörten vor allem Engländer – Handelsvertreter, Diplomaten, Bildungsreisende auf der obligaten »Grand Tour«. Der Herzog von Bedford bestellte eine Serie von 24 Veduten, John Smith, englischer Konsul in Venedig, orderte 36 Ansichten. 1746 trat Canaletto also mit berechtigter Zuversicht seine erste Englandreise an, von der er erst nach vier arbeitsreichen Jahren zurückkehrte.

Der britische Adel begnügte sich nämlich keineswegs damit, seinen kühlen Wohnsitzen mit venezianischen Ansichten den Eindruck südlicher Wärme zu verschaffen, sondern gab heimatliche Vorwürfe in Auftrag. Das detailgenaue, sachlich-distanzierte Porträt, das man seinerzeit von seinem Hund oder Pferd anfertigen ließ, sollte nun auch die eigene Besitzung bildlich festhalten. Und für diese Aufgabe schien der venezianische Gast bestens geeignet. Allein vier Ansichten seines herzoglichen Schlosses, alle aus verschiedenen Blickwinkeln, bestellte der Herzog von Warwick. Noch heute befindet sich der größte Teil von Canalettos Werk in englischen Sammlungen.

In unserem Beispiel gibt Canaletto nicht allein ein sorgfältiges, auf größtmögliche Ähnlichkeit bedachtes Porträt des Anwesens, sondern demonstriert darüber hinaus auch die Beweglichkeit seiner malerischen Mittel: Nördlich-kühles Licht liegt über der symmetrisch ins Bild gesetzten Architektur, Farbe, Licht und Komposition sind vollendet ihrer steifen Strenge angeglichen.

Prozessionen, Feste, Zeremonien, Regatten – schon in den Bildern Gentile Bellinis aus dem 15. Jahrhundert begegnen wir den glanzvollen Inszenierungen der Serenissima. Und Canaletto setzt diese Tradition nicht nur fort, er belebt sie neu, sieht sie durch sein eigenes Temperament und im Gewand seiner Epoche. Ob er die Feierlichkeiten am Himmelfahrtstag, die symbolische Vermählung der Lagunenstadt mit dem Meer schildert oder die Ankunft des Dogen: Es ist nicht mehr die großartige Choreographie, die würdevolle Regelhaftigkeit, die Bellinis Bilder beherrschte.

In diesem Gemälde zeigt er die Vielzahl der einlaufenden Boote auf dem Canale Grande, die Gondoliere in ihrer Tracht, den farbenfrohen Schmuck, das Publikum am Ufer, die Fahnen und Schabracken an Fenstern und Balkonen. Und er zeigt gewissenhaft eine bestimmte Situation Venedigs, von der Ca' Foscari aus gesehen, Palastfassaden, einfache Wohnhäuser, Treppen, Dachbekrönungen, Kamine, Terrassen und dazwischen breit und azurblau den Kanal. Er ist fasziniert von dem Kontrast zwischen dem momentanen Schauspiel, seiner Licht- und Farbenpracht, seiner rauschhaften Gegenwärtigkeit, und der Stadt, die als geschichtsträchtige, ewige, altersweise Persönlichkeit Fest um Fest durch die Jahrhunderte an sich vorüberziehen läßt.

Seine erste Ausbildung erhielt Canaletto als Theatermaler in Venedig, bevor er 1719 nach Rom ging und die Bekanntschaft mit dem Ruinenmaler Pannini machte. In diesem frühen Bild spiegeln sich beide Erfahrungen wider. Im vorderen Bildraum sind zwischen marmornen Säulentrommeln, Kapitellen, Fragmenten, unbearbeiteten Gesteinsbrocken und Bruchstücken die Steinmetzen bei der Arbeit, rechts ist eine notdürftig gezimmerte Bretterbude als Arbeitshütte aufgestellt. Im Mittelgrund verläuft ein Kanal, dahinter erheben sich Kirche und Scuola della Carità, mit akribischer Genauigkeit als identifizierbare Bauwerke Venedigs ausgeführt, vor einem seidigen blauen Himmel. Fast scheint es, als seien hier zwei Bilder auf einer Bildfläche zusammengezwungen, ohne aufeinander Bezug zu nehmen: eine eher genrehafte Szenerie, die auf das vorausdeutet, was in den Arbeitsbildern späterer Zeit zum selbständigen Thema werden sollte, und eine venezianische Vedute.

Wenngleich sich Canaletto hier nicht illusionistischer Effekte bedient, profitiert er doch von seiner Theatererfahrung. Die Stadtansicht hält sich, klar aufgebaut, in der Distanz eines Hintergrundprospekts, die Verbindung beider Bildsphären erfolgt durch winzig kleine Personen, die wie anonyme Statisten wirken. Eine Mutter, Kinder, Steinmetzen die im Freien ihrer Arbeit nachgehen, Gondolieri und Passanten agieren hier wie dort und lassen so das Ganze als einen zusammenhängenden Handlungsraum erkennen.

Was in diesem Raum geschieht, ist nicht kontinuierlich. Es ist keine nacherzählbare Episode und hat keinen moralisierenden oder dokumentarischen Beispielcharakter. Das Geschehen dient dazu, den Raum zu erfassen, es dient seiner individuellen Kennzeichnung. Durch die auftretenden Personen werden zwei unterschiedliche Bereiche zusammengebunden, die Grenze zwischen ihnen wird »überspielt«. Aber durch diese Gestalten stiftet Canaletto darüber hinaus eine zeitliche Einheit: Die Zeitlichkeit jedes einzelnen Bauwerks, sein jeweiliges Alter, seine Vergangenheit, wird durch die gegenwärtige Aktion einem gemeinsamen Leben eingegliedert. Die Gefahr der Sterilität, der akademisch-nüchternen Ferne einer »veduta ideata« ist hier gebannt. Architektur, Monumentalität, Historizität einer Stadt sind hier nicht als ideale Größen gezeigt, sondern werden in diesem Bild erlebbar. Das flüchtige und unbedeutende Ereignis verhilft dem bebauten und gebauten Raum zu seiner Identität.

Canaletto
Campo San Vitale und Santa Maria della Carità in Venedig (Das Quartier der Steinmetzen), um 1726/27
Öl auf Leinwand, 123,8 x 162,9 cm
London, National Gallery

FRANCESCO GUARDI
1712–1793

Großfürst Paul Petrowitsch, der spätere Zar Paul I., und seine Gemahlin Maria Fjodorowna trafen im Januar 1782 in Venedig ein: willkommener Anlaß für die festfreudige Serenissima, eine Reihe glanzvoller Feierlichkeiten und Spektakel zu veranstalten. Den greisen Guardi beauftragte man, die Chronik dieser Tage zu malen: den Ball im Teatro di San Benedetto, den Festaufzug auf dem Markusplatz, Regatta, Stierkampf und Bankett. Willkommener Anlaß auch für den Künstler. Sowenig er sich in seinen einzigartigen Zeichnungen mit dem bebenden, bewegten, kühnen Strich der detailgenauen Wiedergabe von Palästen, Türmen, Obelisken oder Figuren verpflichtet fühlt, sowenig ist er auch Chronist im Sinne des gewissenhaften Datensammlers.

Das Galakonzert im Philharmonischen Saal der Alten Prokuratien mit Damenchor und Damenorchester auf der Tribüne, die schimmernden Seidenroben im warmen Kerzenlicht, die glitzernden Lüster, die blanken Spiegel, das Zinnoberrot des Bodens verschwimmen in einem Bild heiterer Verzauberung. Die Zeitenthobenheit des Festes, seine sorglose Daseinsfreude legitimieren Guardis Malerei. Wir können weder den Großfürsten noch seine Gattin ausmachen, denn er porträtiert keine einzige Physiognomie. Im Fest werden die Konturen aller Individualitäten, die Faktizität alles Zeitlichen aufgelöst. An die Stelle strengen Reglements, wie es die barocken Festordnungen kennzeichnete, ist das Unzeremonielle getreten; es gibt keine hierarchischen Platzzuweisungen mehr, sondern nur noch eine Choreographie des Zufalls. Hatte man früher die Feierlichkeit des Festes durch Kontraste und Unterschiede hergestellt, indem dem Reichen das weniger Reiche, dem Prächtigen das weniger Prächtige, dem Hochstehenden das weniger Hochstehende gegenübergesetzt wurde, gewinnt das Fest seine Ausstrahlung nun gerade aus der Unauflösbarkeit. Das Fest ist ein Gesamtkunstwerk.

In Guardis Bild verleiht das Licht keiner der Personen bevorzugten Glanz, sondern ist diffus. Auch gibt es keine koloristischen Akzente, die der Hervorhebung eines einzelnen dienen würden. In der Entgrenzung des Individuums und der sinnlichen Wahrnehmung erkennt man eine geeignete Technik, dem Wirklichkeitsbewußtsein zu entkommen. Das Bild Guardis vollzieht mit den Bildmitteln diese Illusion erweiterten Daseins nach, durch die man sich für ein paar Stunden unsterblich wähnt.

Francesco Guardi
Venezianisches Galakonzert, um 1782
Öl auf Leinwand, 67,7 x 90,5 cm
München, Bayerische Staatsgemäldesammlungen, Alte Pinakothek

FRANCESCO GUARDI
1712–1793

Francesco Guardi
Capriccio, um 1745
Öl auf Leinwand, 92 x 132 cm
Mailand, Sammlung Crespi

Schon bald nach seinem Tod geriet Guardi in Vergessenheit; vielleicht ist seine Wiederentdeckung wirklich zu einem Teil der Sehweise zu verdanken, die uns die Impressionisten gelehrt haben. Guardis Werk jedoch mit dem Begriff »impressionistisch« zu belegen ist nicht nur ein stilgeschichtlicher Anachronismus, sondern anschaulich unrichtig. Während der impressionistische Maler vor der Natur versucht, die Unwiederholbarkeit und Individualität eines optischen Erlebnisses darzustellen, und die Gegenstände dabei nur zur Reflexion der Licht- und Farbwahrnehmung dienen, verfährt Guardi genau umgekehrt.

Auch in diesem »Capriccio« – was wörtlich »Laune« bedeutet – stellt er die Gegenstandswelt seines Bildes aus einzelnen Versatzstücken zusammen, baut gewissermaßen seine Bildwelt aus Einzelbestandteilen zusammen, die er nach Gesichtspunkten ihres Assoziationsgehaltes auswählt: die Melancholie ruinöser Architektur, das Heitere geschäftiger Arbeiter, das Sakral-Vornehme eines überkuppelten Rundbaus, der seitliche Schatten für Heimlichkeiten, die steinerne Vase, die beschädigte Büste für das wehmütige Erinnern an die Pracht gewesener Gärten. Hier wird nicht Gesehenes in subjektiver Brechung gezeigt, sondern eine subjektive Laune, die sich die Objekte ihrer bildlichen Verwirklichung ausgesucht hat.

BERNARDO BELLOTTO
1721–1780

Bernardo Bellotto
Piazza della Signoria in Florenz, um 1740–1745
Öl auf Leinwand, 61 x 90 cm
Budapest, Magyar Szépmüvészeti Múzeum

Bellotto trug denselben Beinamen wie sein Onkel Canaletto, hatte bei ihm gelernt und arbeitete sein Leben lang in demselben Fach; trotzdem entwickelte er rasch sein künstlerisches Profil, das ihn unschwer von seinem Onkel unterscheidbar macht. In jungen Jahren besteht Bellottos Eigenart primär in der Anreicherung der Veduten durch intensive Stimmungswerte, sei es die leise Melancholie eines bewölkten Himmels, sei es die magische Beleuchtung der untergehenden Sonne oder die Stille eines aufziehenden Gewitters. Später, als er in Wien, München und Dresden wirkt, um schließlich in Warschau eine Wahlheimat zu finden, verliert sein Stil allmählich alles Malerisch-Fließende, wird immer deutlicher, schärfer konturiert, tendiert mehr und mehr zum Zeichnerischen, reduziert das Kolorit in seinen Buntwerten.

Im Bild der Piazza della Signoria porträtiert er detailgetreu den Stadtpalast, die Loggia dei Lanzi, Kirchen- und Häuserfassaden, Dächer und Türme. Doch er ergänzt die akribische Bestandsaufnahme durch beobachtetes Leben, Szenen des Alltags. Das Museale wird besetzt mit Banalem, das Dauernde mit Flüchtigem. Ein zufälliges Spätnachmittagslicht liegt auf dem Platz, der so in doppeltem Sinn einmalig wird: als urbanistisch-architektonischer Komplex und als erlebte Stadtgegenwart.

PIETRO LONGHI

1702–1785

Pietro Longhi
Das Rhinozeros, um 1751
Öl auf Leinwand,
62 x 50 cm
Venedig, Ca' Rezzonico

Im Jahre 1751 wurde in Venedig ein Rhinozeros zur Schau gestellt, das zuvor schon in Nürnberg, Stuttgart und Straßburg bewundert worden war. Longhi zeigt uns einige Besucher des Spektakulums auf einer Holzbühne und davor, ungestört sein Heu fressend, das Rhinozeros. Doch keiner der Gäste besieht das monströse Tier. Die elegante Dame im Spitzenumhang blickt den Bildbetrachter an, ihr düsterer Kavalier schaut, ebenso wie der Lakai zu ihrer Rechten, vor sich hin, der Mann mit Tonpfeife am Bildrand brütet gedankenverloren, die Frau im grünen Umschlagtuch blickt auf die andere Seite, und ihre Nachbarin sieht unbewegt durch eine schwarze Larve aus dem Bild. Nicht einmal das kleine Mädchen zeigt Anzeichen des Staunens. Alle sind wie erstarrt in vermeintlicher Lebendigkeit, unwirklich hinter Maske und Physiognomie.

Sie wirken wie Zitate eines venezianischen Lebens, das nicht mehr in ihnen ist, sondern nur noch von ihnen vorgeführt wird. Und vor dieser schweigenden Teilnahmslosigkeit steht das Rhinozeros, schwer, dumpf und einfältig, mit einer gewissen Naivität gemalt und durch ein Plakat an der Wand ausgewiesen als »Vero Ritratto di un Rinoceronte«. Ein »wahres Porträt« dieses Tieres, das in seiner Fremdartigkeit das einzig Wirkliche ist. Die vertraute venezianische Alltagswelt dahinter jedoch ist das eigentlich Fremde geworden, weil sie nur noch Hülle, Kostüm, Larve, Schatten der Wirklichkeit ist, in die sie nicht einmal mehr das Staunen zurückholen kann.

Die Beziehung der Kunst Longhis zur Theaterdichtung seines Zeitgenossen Carlo Goldoni wurde stets betont. Wie diese Verwandtschaft anschaulich wird, zeigt unser Beispiel. Die Commedia dell'arte, die italienische Stegreifkomödie, war mehr und mehr erstarrt in leeren Floskeln und hatte ihren ursprünglichen Charakter – die volkstümlich-alltagssprachliche Improvisation nach festen Typen – fast völlig eingebüßt. Goldoni belebt sie neu, indem er die kleinen und großen Schwächen seiner Mitmenschen auf die Bühne bringt. An diese Ausdrucksmöglichkeit knüpft Longhi im venezianischen Genre an.

Eine alltägliche Straßenszene wird zur Bühne. Der Zahnzieher auf dem Podest improvisiert seinen Rollentext zum Kundenfang. Zu seinen Füßen hockt ein Patient, mitleidsvoll von einer Passantin betrachtet, deren Begleiterin fasziniert den Worten des Wunderdoktors folgt. Eifrig beteiligen sich drei Gassenjungen an der Vorstellung, von deren Attraktion die Zwergin vorn profitiert. Düster, starr und zeremoniell sind in diese Szene zwei maskierte Paare gesetzt, Repräsentanten einer ganz anderen Sphäre. So wie die Komödie Goldonis ihren Witz, ihre Hintergründigkeit und Vitalität aus dem Kontrast vorgegebener Charakterschemata und deren beweglicher Belebung bezieht, so erhält auch Longhis Bild seinen Sinn durch das Gegensätzliche. Zeremoniell und Alltagssituation, Tradition und Gegenwart, Reichtum und Armut werden vereinbar in der Aura des Theaters.

Pietro Longhi
Der Zahnzieher, um 1746–1752
Öl auf Leinwand, 50 x 62 cm
Mailand, Pinacoteca di Brera

JOSHUA REYNOLDS
1732–1792

Jeder Engländer aus besseren Kreisen, der seine obligate Bildungsreise zu den Kunstzentren des Kontinents absolviert hatte, wußte Bescheid: Die Pose der Mrs. Siddons auf dem majestätischen Thron zitierte Michelangelos Propheten in der Sixtinischen Kapelle des Vatikans. Die Idee des »Portrait historié«, der Einkleidung eines Porträts in einen mythologischen oder historischen Vorwurf, war 1789, als dies Bild entstand, keineswegs mehr neu. Und in diesem Fall die Rolle einer tragischen Muse zu wählen, hinter der die verderbenbringenden Dämonen lauern, lag auf der Hand: Mrs. Siddons war eine umjubelte Heldin vor allem der tragischen Partien großer Shakespeare-Dramen.

Trotzdem ist dieses Gemälde, das sein Schöpfer elegant und selbstbewußt im Gewandsaum mit »Joshua Reynolds pinxit 1789« signierte, eine geniale Bilderfindung. Die Szene in den Wolken ist nicht ätherisch-licht, sondern in einem tonigen Rembrandt-Braun gehalten, das ihr gleichzeitig Schwere und Würde verleiht. Das Pathos der Prophetenpose wird erleichtert durch die lässige Eleganz der Dargestellten. Und die Unpersönlichkeit der mythologischen Rolle findet ihr Gegengewicht in der brillanten Charakterstudie dieser Schauspielerin, die nicht mit dem Gespielten identisch wird, sondern eine individuelle, sensible Frau des 18. Jahrhunderts bleibt. Die traditionellen Mittel, derer sich Reynolds souverän bedient, dienen nur einem: das Bildnis der Mrs. Siddons als einer unwiederholbaren Persönlichkeit zu steigern.

Joshua Reynolds
Mrs. Siddons als tragische Muse, 1784
Öl auf Leinwand, 236 x 146 cm
San Marino (Kalifornien), Huntington Library and Art Gallery

Seinen Schülern an der Royal Academy predigte Reynolds immer, wie wichtig es sei, die alten Meister in den Inhalten und in der Technik ihrer Werke zu studieren und durch Kopieren sich einen Stil anzueignen, über den man verfügen könne. Wenngleich Reynolds eine überaus eigenständige Malerpersönlichkeit war, beherrschte er das »à-la-mode«-Malen, konnte in das Kostüm eines anderen Stils schlüpfen.

Hier, im Bild des kleinen Samuel, ist es das Kostüm Rembrandts, das er wählt. In tonigen Braunschattierungen zeigt er Samuel, den letzten Richter und ersten Propheten Israels, als Kind. Schon die Wahl des Themas ist befremdlich, scheint doch die Rolle Samuels, Inbegriff steten Gehorsams, großer Weisheit und gerechter Strenge, überlastig für den zarten Knaben, dem Reynolds sie überträgt. Indem er sich nun der Licht- und Farbmöglichkeiten von Rembrandt bedient, zitiert er auch die tief menschliche Frömmigkeit in dessen Bildern. Und damit wird das Rembrandthafte zum Würdemotiv, das nicht nur erhebt und den Sinn vertieft, sondern auch vermittelt zwischen dem religiösen alttestamentarischen Anspruch und der Kindlichkeit des Knaben. Das Rembrandt-Braun ist aber auch Galerieton, adelt das Gemälde als Sammlerstück. In diesem Zusammenhang funktioniert die Kindlichkeit wiederum als vermittelnde Distanz: Das hohe sakrale Thema wird anpassungsfähiger, unpathetischer. Diesen »Samuel« kann man sich ins Wohnzimmer hängen.

Joshua Reynolds
Samuel als Kind, 1776
Öl auf Leinwand,
89 x 70 cm
Montpellier, Musée Fabre

THOMAS GAINSBOROUGH
1727–1788

Thomas Gainsborough
Robert Andrews und seine Frau Frances, um 1750
Öl auf Leinwand, 69,8 x 119,4 cm
London, National Gallery

Der Landadel Suffolks wurde für Gainsborough zum Hauptauftraggeber, als dieser 21jährig in die Nähe seines Geburtsortes Sudbury zurückkehrte. Landschaften waren in diesen Kreisen wenig gefragt und wurden nur zu Dekorationszwecken über den Kamin gehängt. Und dennoch zeigt sich Gainsborough in diesem ersten Auftrag der sogenannten Ipswich-Periode sowohl als Porträtist von Personen als auch von Landschaften; denn die Kornfelder, Hügel und Baumgruppen sind nicht ideale Fiktion, sondern Abbild einer ganz konkreten Besitzung. Die jungen Gutseigentümer sind in lässiger Pose davorgesetzt. Aber ihnen haftet etwas Künstliches, Staffagehaftes an, das Gainsborough erst in seinen reiferen Jahren überwindet. Die von seinem Malerkollegen Francis Hayman aufgebrachte Mode der vierziger Jahre, Figuren in voller Größe vor einem Landschaftshintergrund zu postieren, findet hier zwar eine ihrer zauberhaftesten Formulierungen, doch sie verrät noch deutlich das auch von Gainsborough praktizierte Vorgehen, mit Kork, Sand, Spiegelscherben, Moos, Spargelsprößlingen und Puppen modellhaft zu konstruieren. Zugleich jedoch kündigt sich hier etwas Neues an, denn diese reale Suffolker Gegend ist zuvor in Skizzen festgehalten worden – vor der Natur.

Der individuelle Porträtstil Gainsboroughs blieb ohne Nachfolge. Seine an niederländischen Vorbildern des 17. Jahrhunderts – vor allem an Ruisdael – geschulte Landschaftsmalerei hingegen prägte die der nachfolgenden Generationen, die in ihm einen bedeutenden Vorkämpfer der Freilichtmalerei erkannten. In einem Bild wie der »Tränke« werden auch seine intensiven Beobachtungen natürlicher Licht- und Beleuchtungsphänomene sichtbar, die Gainsborough vor der Natur in Skizzen festhielt, um sie im Atelier zu verarbeiten.

Thomas Gainsborough
Die Tränke, 1777
Öl auf Leinwand, 147,3 x 180,3 cm
London, National Gallery

Ein Vergleich dieses Doppelporträts mit dem frühen des Ehepaars Andrews drängt sich auf: Wiederum haben wir zwei Ganzfiguren in freier Natur vor uns. Aber schon in dem Zueinander von Mann und Frau wird der eklatante Unterschied zu dem Jugendwerk spürbar. Das unbeteiligte, kühle Nebeneinander ist einer Haltung natürlicher Innigkeit gewichen, an die Stelle der etwas steifen Unbewegtheit ist ein leichtes, elegantes Schreiten getreten. Leichtigkeit bestimmt die Atmosphäre mit ihrem zarten morgendlichen Licht, das sich nicht mehr auf die Oberflächen legt, sondern in allen Farben liegt, was sie schwerelos macht. Laub, Stoffe, Haare, die Federn auf Elizabeths Hut, das Fell des Hündchens – alles scheint aus derselben luftig-leichten Materie zu bestehen. Ganz anschaulich sind die beiden Personen nicht mehr vor eine Landschaftskulisse gesetzt, sondern sind, trotz erlesener Gewandung, ihr ähnlicher, verwandter.

Thomas Gainsborough
Der Morgenspaziergang, um 1785/86
Öl auf Leinwand, 263,3 x 179,1 cm
London, National Gallery

Thomas Gainsborough
Bildnis einer Dame in Blau, vor 1780
Öl auf Leinwand, 76 x 64 cm
St. Petersburg, Ermitage

Thomas Gainsborough
Plauderei im Park, um 1746/47
Öl auf Leinwand, 73 x 86 cm
Paris, Muée National du Louvre

THOMAS GAINSBOROUGH
1727–1788

Was hat der Englische Garten mit einem eleganten Damenbildnis zu tun? Was hat der nicht zurechtgestutzte und aufgeputzte, aber doch gestaltete Landschaftsgarten mit einem der berühmten Porträts von Gainsborough gemeinsam? Beide demonstrieren eine ganz entschiedene Abkehr von prätentiöser Künstlichkeit. Eine Hinwendung zu Formen, die der Natur entsprechen und ihr nicht aufgezwungen werden. Auch wenn das leicht gepuderte Haar der Dame in Blau mühsam zu einer Hochfrisur toupiert und gesteckt und mit einem Band im Blau des Seidenkleids drapiert wurde, ist die junge Unbekannte auf diesem Porträt von herzerfrischender Natürlichkeit. Fast ungeschminkt wirkt das schmale Gesicht mit seinen wie von der Landluft geröteten Wangen. So gar nicht geziert ist das ein wenig schüchterne Lächeln, ganz frei von Koketterie ist der sanfte Blick. Kein Mieder preßt die Brüste nach oben, kein tiefes Dekolleté lenkt ab von dem lieblichen Wesen. John Locke hatte, seit 1714 eine Gesamtausgabe seiner Werke erschienen war, die Vorstellung populär gemacht, daß Schönheit und Anmut untrennbar mit Natur und Natürlichkeit verbunden seien. Die nötige Eleganz in Kleidung und Haltung hatte Gainsborough vor allem im vornehmen Urlaubs- und Badeort der High Society studiert und erfaßt: 1759 und 1774 lebte der Maler in Bath.

Hier ist zur Reife gelangt, was Gainsborough schon in ganz jungen Jahren vermittelt hat. 1746, als die sogenannte »Plauderei im Park« entstand, war er erst 19 Jahre alt. Sprachforscher haben in exakt diesem Jahr zum erstenmal das Wort »sentimentality« in der englischen Literatur nachweisen können. Solche Vokabeln lagen in der Luft, lange bevor 1768 Laurence Sternes berühmter Roman »Sentimental Journey« erschien. Daß die Plauderei Gainsborough mit seiner jungen Frau Margaret Burr darstellt, gilt als erwiesen, denn er war gerade frisch verheiratet. Es steckt noch viel französischer Geist in diesem Bild, viele Reminiszenzen an den großen Watteau. Aber als das Wunderkind mit dreizehn in die Kunstschule aufgenommen wurde, hatte es auch gelernt, Ganzfiguren anmutig in freier Natur zu plazieren. Modell dafür waren selbstgebastelte Landschaftsattrappen, die mit kleinen Puppen ausstaffiert wurden. In solchen Schäferidyllen wurde die »simplicity«, die Einfachheit, beschworen und verklärt. Antiheroisch und antipathetisch sollten die Bildnisse sein in einer Landschaft im Stil der Niederländer Ruisdael und Wynants, deren Werke Gainsborough kopierte. Trotz einer gewissen Anfänger-Steifheit hat diese eheliche Plauderei etwas Bezauberndes und Liebevolles. Engagiert redet der junge Maler, ein Buch in der Hand, als wolle er seiner süßen Braut ein Stück Literatur verständlich machen. Wie bei seinem innigen Bildnis eines Ehepaars beim Mondspaziergang (Abb. S. 385) scheint auch hier die duftende, lichterfüllte Natur das Gespräch zu inspirieren und das Liebespaar somit Teil der Natur zu werden.

RICHARD WILSON
1714–1782

Richard Wilson
Blick von Llyn Nantlle auf den Snowdon, um 1766
Öl auf Leinwand, 100 x 127 cm
Nottingham, Castle Museum

Für die scheinbar so voraussetzungslose Kunst William Turners waren Bilder wie dieses von entscheidender Bedeutung. Wilson löst sich hier von der Tradition eines Poussin oder Vernet, verzichtet auf die Suggestion der Bildgegenstände. Nur aus Blau-, Grün- und Brauntönen baut er die Landschaft auf, die in feinen, durchsichtigen Schattierungen miteinander verbunden sind. Das Atmosphärische muß nicht mehr an einzelne Bildbestandteile gebunden sein, es benötigt keine Träger, sondern trägt sich selbst. Die Konturen der Bergrücken, der Bäume, der Ufer, der Spiegelung bilden ein eigenes System von Bewegung und Gegenbewegung aus, das nicht der stabilisierenden Kompositionsachsen bedarf.

Die Dichte und Verhaltenheit des Kolorits ist nahezu analog: Auch im Bereich der Bildfarbe wird auf das Gerüst einer Helldunkeltektonik verzichtet. Die zarten Valeurs ergänzen einander, ohne sich zu vermischen. Die Landschaft selbst kennt keine dramatischen Akzente, nichts Leidenschaftliches. Kühl, teilweise mit zeichnerischer Genauigkeit ist sie festgehalten als eine Erscheinung, die nicht aus Spannungen lebt, sondern aus der Selbstverständlichkeit ihrer Existenz. Landschaft ist nicht mehr Bühne, nicht Aktionsraum, sondern distanziertes Gegenüber. Erst im langsamen, vorsichtigen Eingehen auf ihre atmosphärische Vielschichtigkeit wird sie verstehbar.

GEORGE STUBBS
1724–1806

George Stubbs
»Molly Longlegs« mit Jockey, um 1761/62
Öl auf Leinwand, 102 x 127 cm
Liverpool, Walker Art Gallery

Pferdeporträts wie dieses haben im allgemeinen einen konkreten Auftragsanlaß, sei es, daß das edle Tier als Sieger in einem Turnier einen Tausend-Guinea-Preis eingebracht hat, sei es, daß es als Elternteil einer Generation berühmter Rennpferde in die Geschichte des englischen Sports eingegangen ist. Das Bildnis ist Denkmal eines denkwürdigen Individuums, und niemand hat – bis heute – ein tieferes und selbstverständlicheres Verhältnis zur Individualität des Tieres gepflegt als die Engländer.

Wo von Denkmälern die Rede ist, erwartet man im allgemeinen die pathetische Geste. Davon ist bei Stubbs auf den ersten Blick wenig zu spüren. Das prüfende, auf sachliche Befunde und sicheres Urteil geschulte Auge des Pferdekenners kommt hier weit mehr auf seine Kosten als der Liebhaber kraftvoller barocker Tierdramen. Alles, was Molly Longlegs an charakteristischen Vorzügen aufzuweisen hat, wird sorgfältig und unaufdringlich mit den profunden Kenntnissen des Anatomen – Stubbs hat selbst Vorlesungen über Anatomie gehalten – ins Bild gebracht. Keine perspektivische Verkürzung soll die objektive Schilderung stören; das Sattelzeug ist abgenommen und liegt am Boden, der schlanke, nervöse Kopf des Tieres, kaum zur Seite gewandt, sucht mit großem, feurigem Auge die Bewunderung des Liebhabers, und der wird sie ihm schwerlich versagen können.

George Romney
Die Familie Leigh, um 1767–1769
Öl auf Leinwand, 180 x 197,5 cm
Melbourne, National Gallery of Victoria

GEORGE ROMNEY
1734–1802

Daß der Wandel vom Rokoko zum Klassizismus kein abrupter Stilwandel sein muß, sondern ein kontinuierliches Sichverändern sein kann, wird in England, das den Einschnitt der Revolution nicht erlebte, besonders im Bereich des Porträts deutlich. Gerade Romneys Werk vereint Züge einer Reynolds-Nachfolge mit einer neuen schwelgerischen Sentimentalität – so in den zahlreichen Porträts der göttlichen Emma Hart, später Lady Hamilton – oder auch einer kühlen Eleganz, die dem lebhaften Ausdruck elegische Distanziertheit vorzieht.

Vor diesem Gruppenbildnis wird auch Romneys Vorliebe für den Franzosen Le Sueur deutlich: Die perfekt kalkulierte Komposition und die entschiedene Bestimmtheit der Körper belegen diese Bilderfahrung. Hier hat das Gesellschaftsstück den Charakter beobachteter Wirklichkeit verloren, zeigt nicht mehr die verborgene Vitalität hinter der für den Porträtisten eingenommenen Pose. Das Bild verzichtet auf monumentale Theatralik und ist doch von standbildhafter Reglosigkeit, die vor allem durch die völlige Kontaktlosigkeit der eng gruppierten Familienmitglieder entsteht. Keines blickt dem anderen in die Augen, melancholisch sinnend entgleiten die Blicke. Die Kommunikationslosigkeit der Personen untereinander, ihre sanfte Desinteressiertheit bewirken aber zugleich die elegante Gelassenheit, die von der Gruppe ausgeht.

William Blake
Beatrice spricht zu Dante von ihrem Wagen herab, um 1824–1826
Aquarell, 36,5 x 52 cm
London, Tate Gallery

WILLIAM BLAKE
1757–1827

Blake illustrierte Themen des Alten und Neuen Testaments, Miltons »Paradise Regained«, Youngs »Night Thoughts«, eigene Mythologien und Gedichte wie »Songs of Innocence« und Blairs »The Grave«. Von 1824 bis 1826 entstanden im Auftrag seines großen Mäzens John Linnell hundert Aquarelle zu Dantes »Göttlicher Komödie«, die als Illustrationsfolge in Kupfer gestochen werden sollten

Wie bei allen seinen Illustrationen nimmt Blake auch hier Stellung zum Text, kommentiert ihn individuell in seinen Bildern. So formuliert er in diesem Fall seine – aller Bewunderung des Dichters zum Trotz – vehemente Kritik an Dantes katholischer Orthodoxie, die ihm die wirkliche Klarsicht und Erlösung in Weisheit versperrt. Beatrice, Dantes ideale Geliebte, die dieser bereits in seinem Erstlingswerk »Das neue Leben« verklärte und die immer wiederkehrendes Motiv seiner Dichtung blieb, ist für Blake Inbegriff verlockender Verderbnis, der sich der Dichter unterwarf. Auch in diesem Blatt, wo sie (nach Fegefeuer XXX, 31–81) im prächtigen Troß majestätisch als Venus-Madonna erscheint, umgeben von Evangelistensymbolen in Menschengestalt, wird die Bedrohung deutlich in den zahllosen Augen, dem reißenden Wirbel – eine Bedrohung durch die todbringende Hure Babylon, die Blake hinter der Maske von Beatrices Schönheit und Idealität verborgen glaubt.

THOMAS LAWRENCE
1769–1830

Er ist vielleicht vier Jahre alt, aber er hat die routinierte Eleganz einer begehrten Schönheit, dekorativ zu posieren. Er hat weiche, kindliche Züge, lieblich und noch unbeschrieben, hat rundliche Glieder und einen unschuldig-direkten Blick. Und doch faßt er mit beinahe gezierter Delikatesse um den Knöchel seines Füßchens, um die Blumenstengel eines kleinen Buketts. Die eitle Schärpe um seine Taille ist kunstvoll geordnet, pathetisch, würdevoll erhebt sich hinter ihm eine leuchtend rote Draperie. Es scheint, als habe der Maler wenig Sinn für das, was dem Kind und dem Kindlichen angemessen sei. Aber dennoch gelingt es ihm, gerade in dieser Unangemessenheit das Wesen des Kindlichen zum Ausdruck zu bringen. Das Eitle, das Pathetische, das Affektierte werden »entschärft« durch die unschuldsvolle Klarheit und Reinheit des Gesichts. Zugleich werden ihre dekorativen Effekte genutzt, um, wie bei jedem Damenporträt von Lawrence, den Schmelz des Inkarnats, den Schimmer des aschblonden Haares, die Feinheit der Gesichtszüge zum Ausdruck zu bringen. Das Kind kann so als die zarte Schönheit erscheinen, die der empfindsame Geist in ihm erkennt, ohne seine Glaubwürdigkeit zu verlieren, ohne zur staffierten Puppe zu werden.

Lawrence führt in diesem Bild vor, wie ein individuelles Porträt des kleinen Master Ainslie zum dekorativen Ausstattungsstück werden kann, das den perfekten Auftritt des Schönen inszeniert.

Thomas Lawrence
Bildnis Master Ainslie, 1794
Öl auf Leinwand, 90 x 70 cm
Madrid, Museo Lázaro Galdiano

Daß er es versteht, Schönheit optimal zur Geltung zu bringen, stellt Lawrence hier unter Beweis. Der Kontrast des glänzend-dunklen Haares zu der Helligkeit der Haut, die durch das transparente Batistgewand noch verstärkt wird, das kräftige Rot der Lippen, mit dem nichts in direkte Konkurrenz tritt, sondern das nur durch die rote Draperie um die Hüften beantwortet und so betont wird: All das verrät die geübte Hand eines virtuosen Bildnismalers. Lawrence bietet jedoch mehr als eine technisch meisterhafte Verlängerung bereits etablierter Porträtkultur. Erinnert man sich an Bildnisse von Gainsborough vor dem Hintergrund einer Landschaft, wird das andere, Neue, in diesem Porträt deutlich. Nicht nur, daß keine ganze Figur gezeigt wird, nein, sie agiert auch nicht, sie verhält sich überhaupt nicht zu der Natur, gehört gar nicht mehr zu ihr.

Die Natur ist Kulisse eines Auftritts, der sorgsam kalkuliert ist. Obwohl die Lady gerade den Stimmschlüssel an ihre Harfe setzt, ist sie ein statisches Bildwerk. Die Verteilung farbiger Akzente, zum Beispiel des Rots, ist quasi die Ausponderierung ihrer unverrückbaren Haltung. Die Harfe und der Teil eines steinernen Podestes sind zwar auch als Träger einer elegischen Stimmung gemeint, fungieren aber primär als stabilisierende Elemente des Bildaufbaus. »Sentimentality« und Klassizismus werden hier gleichzeitig realisiert. Eine klare und strenge Bildarchitektur verbirgt sich hinter der Suggestion träumerischer Weichheit. Das Konzept des erfahrenen Porträtisten trägt das Gewand zufälliger Inspiration.

Thomas Lawrence
Bildnis Lady Elizabeth Conyngham, um 1821–1824
Öl auf Leinwand, 91 x 71 cm
Lissabon, Museu Calouste Gulbenkian

John Singleton Copley
Bildnis Rebecca Boylston, 1767
Öl auf Leinwand, 127 x 101,6 cm
Boston, Museum of Fine Arts

JOHN SINGLETON COPLEY
1738–1815

Die Auftraggeberin war schon vierzig und für damalige Begriffe eine alte Jungfer – obwohl sie zweifellos eine gute Partie war als Schwester des steinreichen Bostoner Kaufmanns Nicholas Boylston. Aber ein Routinier wie Copley bekam die Aufgabe elegant in den Griff. Ohne die selbstbewußte Dame durch eine malerische Verjüngungskur unglaubwürdig zu machen, vermittelt er ihre reizvolle, lebendige Persönlichkeit. Im seidenen Negligé, im höchst privaten Aufzug also, in dem sich in Frankreich nur Leute von Adel porträtieren ließen, zeigt sie sich dem Maler. Doch das Kleid steht auch der bürgerlichen Rebecca Boylston zu und demonstriert ihre Lässigkeit und Souveränität. Das dünne Gewand gibt Copley aber auch Gelegenheit, Rebeccas schlanke Figur zu zeigen, die festen, jugendlichen Brüste, die sich unter dem Seidensatin abzeichnen. Aber im klugen, ein klein wenig spöttischen Blick ihrer dunklen Augen deutet er an, daß es sich um eine Frau mit Erfahrung handelt. Sechs Jahre später heiratete Rebecca einen Großgrundbesitzer, der bei Copley ein zweites Porträt seiner schönen Frau bestellte.

Auch daß Copley sein Modell nicht im repräsentativen, steifen Ambiente eines Salons porträtiert, sondern in einem Park, unterstreicht die Natürlichkeit der Millionärin. Die Art, wie sie das Körbchen mit Rosenblüten in ihren Händen hält, hat nichts von künstlicher Pose, sondern wirkt, als habe sie die Blumen gerade im berühmten Garten der Boylston-Villa gepflückt. Die etwas verkrampfte Rokoko-Attitüde der frühen Gemälde Copleys ist jetzt einer ganz neuen, speziell amerikanischen Direktheit und Spontaneität gewichen.

Die Historienmalerei großen Stils kann wohl als die Gattung der Malerei gelten, die das Rokoko am meisten vernachlässigt hat. In Frankreich erlebte sie mit den Ereignissen der Revolution eine vehemente Wiedergeburt. Aber während nun ein David die Bedeutsamkeit der Ereignisse dadurch zum Ausdruck brachte, daß er sie mittels antikischer Überlagerung in Pose, Rhetorik und Stil erhöhte, verzichtet Copley auf diesen Sockel. Er versetzt den Betrachter mitten hinein in das aktuelle Geschehen, macht sogar die Unordnung, das Durcheinander zum Mittel der Aktualitätssteigerung.

Der tote Major, der mit aufgelöstem Haar im Arm seiner Soldaten liegt, wird nicht auf den ersten Blick als Bildzentrum sichtbar. Die Unübersichtlichkeit der Situation, die Divergenz unterschiedlicher Gruppen verstärken die Erregtheit dieser Szene. Dennoch verfügt das Bild über eine pathetische Monumentalität. Die klagenden Frauen am rechten Bildrand, die voller Entsetzen mit ihren Kindern dem Schauplatz entfliehen, fungieren als rhetorisches Medium, um die Aufmerksamkeit auf den richtigen Punkt zu leiten. Eine von ihnen erhebt in großer Geste die Arme, die andere wendet sich zu der Leiche des Majors – und wir folgen ihren Blicken. Die Bedeutung des Ereignisses wird uns dadurch vergegenwärtigt, daß wir es selbst »entdecken«.

John Singleton Copley
Der Tod Major Peirsons, um 1782–1784
Öl auf Leinwand, 247 x 366 cm
London, Tate Gallery

BENJAMIN WEST
1738 – 1820

Daß West ausgerechnet in London begeistert gefeiert wurde, ist kein Zufall. Es gelingt ihm, wie dieses Beispiel zeigt, die für England im 18. Jahrhundert so glorreiche Porträtmalerei mit dem neu erwachten Interesse an der Historienmalerei zu vereinen. Dabei kommt er dem englischen Publikumsgeschmack entgegen, weil er die historische Vorgabe nicht dazu verwendet, die Würde des Dargestellten ins Heroische zu steigern, und weil er die Einzelperson des Colonels nicht zum monumentalen Geschichtsträger hochstilisiert.

Johnson wird in lockerer Haltung gezeigt, über der Uniform trägt er einen indianischen Umhang, an den Füßen Mokassins. Hinter ihm steht im Halbdunkel ein Indianerhäuptling, der lächelnd auf den Sitzenden blickt und mit der Linken auf das friedliche Dasein seines Stammes verweist, das im Hintergrund sichtbar wird. Das frische, klare Gesicht des Colonels, die Attribute des Indianischen sowie der Häuptling selbst vermitteln den Eindruck einer gewaltlosen Freiheitsliebe, einer ehrlichen und gleichberechtigten Kooperation. Das Porträt wird zum Programmbild eines Freiheitsglaubens, der durch die Selbstverständlichkeit des Auftritts und die freundlich-gelassene Haltung des Dargestellten nicht mehr hehres, unerreichbares und lebloses Ideal ist, sondern lebendig wird in der Gestalt dessen, der ihn praktiziert.

Benjamin West
Colonel Guy Johnson, um 1775/76
Öl auf Leinwand, 203 x 138 cm
Washington, National Gallery of Art

GILBERT STUART
1755 – 1828

»Meine Regel für ein Porträt«, schrieb Gilbert Stuart, »geht so: ein Drittel Licht, ein Drittel Dunkel, ein Drittel Halbton.« Dieser amerikanische Pragmatismus machte eine enorme Produktion möglich. Der englische Einfluß ist unverkennbar. Als junges Talent war Stuart 1772 nach Edinburgh gekommen, bankrott fuhr er allerdings bereits ein Jahr später als Matrose nach Amerika zurück. Aber die Stars unter den Porträtisten lebten damals in Europa. Also reiste Stuart wieder nach London, eiferte seinen Vorbildern Reynolds und Gainsborough nach und wurde zu dem Maler der Herren, so daß Gainsborough sich mehr und mehr auf die weibliche Klientel verlegen mußte.

Auch in Amerika, wohin dieser exzentrische Charmeur 1792 vor seinen englischen Gläubigern fliehen mußte, machte er sich vor allem mit männlichen Porträts einen Namen. Benjamin West lobte ihn als »den besten Bildnismaler seiner Zeit«. 1794 malte er den spanischen Geschäftsträger Don José de Jaudens y Nebot. Der feine Farbauftrag, die van Dycksche Bravour, mit der der reichbestickte Rock, die opulente Weste, das duftige Jabot erfaßt sind, lassen erkennen, warum Stuart so beliebt war. Hier ist allerdings noch wenig von der avantgardistischen Kühnheit zu ahnen, mit der er bereits zwei Jahre später die legendäre Ölskizze von Präsident George Washington schuf.

Gilbert Stuart
Bildnis Don José de Jaudenes y Nebot, 1794
Öl auf Leinwand, 128 x 100 cm
New York, The Metropolitan Museum of Art

Johann Baptist Zimmermann
Die Nymphe als Symbolgestalt Nymphenburgs, 1757
Deckenfresko (Detail)
München, Schloß Nymphenburg, Steinerner Saal

JOHANN BAPTIST ZIMMERMANN
1680–1758

In seinem letzten Werk gelingt dem greisen Zimmermann ein Bild ungeheurer atmosphärischer Ausstrahlung und kompositioneller wie koloristischer Ausgewogenheit. Das Deckenbild insgesamt zeigt eine Allegorie blühenden Wohlstandes, der, im Einklang mit der Götterwelt, friedliches Glück ermöglicht. In der Hauptansicht erscheint in lieblichen arkadischen Gefilden die schöne Nymphe. Sie thront auf dem Treppenpodest einer Gartenarchitektur, die links einen Brunnen mit Rocailleverzierungen, rechts eine überwachsene Bogenpergola einschließt.

Nur ein zarter weißer Schleier verhüllt die Hüften der nackten Nymphengestalt; über der Brust trägt sie ein kleines blaues Tuch – Anspielung auf die bayerischen Farben Weiß und Blau. Eine schilfbekränzte Quellnymphe bringt ihr in einer Muschel Perlen und Korallen, die Früchte des Meeres, dar, eine andere weibliche Gestalt reicht ihr einen blütengefüllten Korb. So wie diese beiden Figuren die Elemente Wasser und Erde verkörpern, so wie der Brunnen auf das Wasser, die Laube auf die Erde verweisen, gehört auch die Nymphe beiden Bereichen an. Das Schloß Nymphenburg mit seinen Brunnen wird als eine gebaute Idylle dargestellt. Die gesamte Anlage wird interpretiert als ein großes Nymphäum, in dem die Grenzen zwischen den Elementen aufgelöst sind.

Cosmas Damian Asam
Der Kirchenpatron St. Georg in Anbetung Christi und Mariens, 1721. Deckenfresko (Detail)
Weltenburg, Klosterkirche St. Georg und Martin

COSMAS DAMIAN ASAM
1686–1739

Über dem ovalen Hauptraum der Klosterkirche setzt eine breite Hohlkehle zu einer Kuppel an; doch statt sie zu schließen, öffnet sich die Wölbung in einem zarten, von Engeln getragenen Diadem, das das Oval des Grundrisses wiederholt. Von unsichtbaren Fenstern erhellt, erstrahlt darüber die Glorie des benediktinischen Heiligenhimmels in einem säulengetragenen Rundtempel.

Schier unmöglich ist es dem Betrachter zu erkennen, daß der Bildträger dieses überkuppelten Schauplatzes nur eine Flachdecke, das Ganze also kein, wie oft behauptet, Kuppelfresko ist. Die Überführung des Ovals ins Rund gibt Asam Gelegenheit, Himmel in seiner konkretesten Form als Wolken zwischen den Säulen eindringen zu lassen; denn diese Wolken helfen, den Fußpunkt des (gemalten) Rundtempels auf der ovalen Deckenöffnung zu verschleiern. Ein dichteres Sinnbild für den Himmel als ein schwebender, wolkentragender und überkuppelter Säulenbau ist kaum denkbar. An der Hauptansichtsseite des Freskos blickt St. Georg zu Maria empor, die nach oben, zu Christus und Gottvater getragen wird, der eine Krone über ihr sternenumrungtes Haupt hält. Es ist der Triumph der Kirche, der hier vor dem lichtdurchwirkten Goldgrund der Kuppel gerade deshalb so berückend ist, weil Asam die Architektur zum Verbündeten seiner Illusionskunst macht.

PAUL TROGER
1698–1762

Der Kult des Märtyrers Sebastian – wahrscheinlich ein Opfer der Christenverfolgung unter Diokletian – ist schon in frühchristlicher Zeit nachzuweisen und erlebte eine ungebrochene Tradition bis ins 20. Jahrhundert. Die Szene, die Troger für sein Altarblatt wählt, bezieht sich auf die Legende, der zufolge der Heilige, Offizier der kaiserlichen Leibgarde, aufgrund seines Glaubens auf Befehl des Kaisers beschossen worden und durch die Pflege der Christin Irene, Witwe des Märtyrers Kastulus, wieder zu sich gekommen sei. Nach erneutem Bekenntnis zum Christentum sei er dann mit Keulenschlägen umgebracht worden.

Trogers Sebastian ist nicht der jugendliche Held barocker Darstellungen. Der noch nicht endgültig durchlittene Opfertod ist nicht von strahlender Heilsgewißheit. Es ist klägliches Dahinsiechen, schmerzvolles Leiden, das nicht einmal die historische Größe eines zentralen Ereignisses hat. Was sich hier abspielt, findet in einem schäbigen, dumpfen Abseits statt, unbeachtet von der Öffentlichkeit. Mit sachlicher Energie bindet ihn eine junge Frau los, fürsorglich zieht Irene einen Pfeil aus seinem Leib. Das Elend dieses Martyriums ist so nah wie der kranke Nachbar. Die Hilfe ist so pragmatisch und unheroisch, daß der Betrachter sie als selbstverständliche Handlung begreift und damit auch die Lebensnähe und Anwendbarkeit christlichen Glaubens.

Paul Troger
Der hl. Sebastian und die Frauen, um 1746
Öl auf Leinwand, 60 x 37 cm
Wien, Österreichische Galerie, Belvedere

MATTHÄUS GÜNTHER
1705–1788

Mit seinem Kuppelfresko in der Klosterkirche von Münsterschwarzach hatte Johann Evangelist Holzer das stilistische, kompositionelle und inhaltliche Vorbild für Günther geliefert. Es war Holzers wegweisende Leistung, in einer Zeit sich ankündigenden Stilwandels zu einer individuellen Ausdrucksform gefunden zu haben, die zwischen Rokoko und Klassizismus vermittelte. In Rott am Inn verzichtet Günther auf die Scheinarchitektur, wie sie noch Holzer verwendet hatte. Die reale Architektur wird nicht mehr im Bild fortgesetzt, noch öffnet sie sich zu einer Himmelsillusion. Das Deckenbild ist ein tafelbildähnliches, an die Decke projiziertes Gemälde, das die starke Untersicht vermeidet, ein sogenanntes »quadro riportato«. Bereits 1761 hatte Mengs diese klassizistische Version der Deckenmalerei beispielhaft in der römischen Villa Albani verwirklicht. Der Ausschnitt aus dem Gesamtbild, das im Zentrum die Hl. Trinität zeigt, stellt auf konzentrisch angeordneten Wolkenrängen den Ordensgründer Benedikt dar, um den Engel die Symbole seiner Vita – der Keuschheit, der Enthaltsamkeit, des überlebten Mordanschlags (ein Giftkelch verweist darauf) und der Ordensregel – halten. Neu und bezeichnend für Günther ist das von Grau bestimmte Kolorit, das die lichten Farben eines Asam und Zimmermann verdrängt und auf den Klassizismus vorausdeutet.

Matthäus Günther
Der Ordensstifter St. Benedikt in der Glorie, um 1761–1763
Deckenfresko (Detail)
Rott am Inn, Benediktinerklosterkirche

Franz Anton Maulbertsch
Anbetung des Gnadenbildes, 1757
Deckenfresko (Detail)
Heiligenkreuz-Guttenbrunn, Orgelchor

FRANZ ANTON MAULBERTSCH
1724–1796

Im Hauptfresko der Gnadenkirche werden in Anspielung auf den Namen des Ortes die Auffindung des Kreuzes durch Kaiserin Helena gezeigt und dessen wundertätige Wirkung. Letztere leitet über zum Thema des Freskos über dem Orgelchor, wo die Pilger von Heiligenkreuz-Guttenbrunn erscheinen, die von der Gnadenquelle Heilung erhoffen. Der Lahme auf seinen Krücken, die Mutter mit dem kranken Kind und viele andere Sieche und Gebrechliche haben sich um die Quelle versammelt. Rechts blickt, bescheiden und freundlich der Stifter selbst aus dem Bild – eines der frühesten Porträts von Maulbertsch. Die Gestalten sind in natürlicher Gruppierung in eine irdische Szene gesetzt, die eine Landschaft zeigt, die der in Tiepolos »Capricci« verwandt ist. Von einem Strahlenkranz umgeben schwebt in den Wolken das Gnadenbild der Muttergottes, zu dem einige Pilger betend aufsehen. Das lichte, heitere Kolorit mit seinen zarten Rosa- und Hellblautönen, den sanften Grünschattierungen der Bäume, der Helligkeit weißer Gewänder vermittelt die Zuversicht der Kranken. Hier gibt es keine Schatten, keine Bedrohung. Die Pilger verschmelzen zu einer volkstümlichen Gemeinschaft, deren Leiden in der Heilsgewißheit ihres Glaubens sublimiert erscheinen. Alltag und Wunder, Natur und poetisierte Phantasielandschaft sind hier zu einer überzeugenden Einheit geworden.

Anton Raphael Mengs
Allegorie der Geschichte, um 1772/73
Fresko, 420 x 260 cm
Rom, Vatikan, Biblioteca Vaticana, Sala dei Papiri

ANTON RAPHAEL MENGS
1728–1779

In harmonischer, aber spannungsloser Komposition zeigt Mengs als zentrale Gestalt dieser Allegorie Klio, die Muse der Geschichtsschreibung, die zu einer janusköpfigen Jünglingsgestalt aufblickt. Diese repräsentiert, versinnbildlicht in den Polen zeitlichen Ablaufs (Jugend und Alter), die Geschichte selbst. Von der Auffassung her noch durchaus spätbarock, hockt davor Chronos mit seiner Sense als Allegorie der Zeit, von links trägt ein knabenhafter Genius mit efeubekränztem Haar Papyri herbei, wodurch einerseits auf die Funktion des Raums, eine Bibliothek, andererseits aber auf die Dichtkunst angespielt wird, deren Kennzeichen der Efeu ist und die mit zu den Quellen der Geschichtsschreibung gehört. Über dieser Gruppe verkündet Fama mit ihrer Posaune deren Ruhm.

Während Klio, Chronos und Fama zum traditionellen mythologischen Figurenpersonal gehören, ist die Gestalt der Geschichte eine allegorische Neuformulierung, die ein bezeichnendes Licht auf den Klassizisten und Theoretiker Mengs wirft. Selbstbewußt schreitet sie an der Zeit vorüber, ohne eigentlich von ihr berührt oder im Fortgang beeinträchtigt zu werden, und verweist auf die antiken Ausstellungsstücke des Museums sowie auf das Museum selbst: Geschichte wird hier als ebenso unvergänglich dargestellt wie Geschichtsschreibung.

JANUARIS ZICK

1730–1797

Was zunächst wie eine Familienszene aussieht, entpuppt sich als eine eigentümliche Mischung aus Porträt, Genre und Mythologie. Der ältliche Hüttenwerksbesitzer in sonntäglichem Aufzug sitzt auf dem Rand eines steinernen Brunnens und unterweist einen kleinen Jungen mit fast erwachsenem Gesicht, der artig sein Haupt senkt und den Erklärungen lauscht. Der Mann hält in der Hand einen Brocken Urgestein, womit auch das Körbchen des Knaben angefüllt zu sein scheint. Ein zweiter kleiner Junge sitzt teilnahmslos am Boden. Hinter diesem tritt mit irritierender Selbstverständlichkeit Merkur auf.

Die Uneinheitlichkeit der Szene erklärt sich, wenn man von Merkur als dem Gott des Handels ausgeht. Er ist der Beschützer dessen, der sein Geschäft sinnvoll betreibt. Der Wohlstand des erfolgreichen Unternehmers ist augenscheinlich, im Hintergrund werden Werk und Grund sichtbar. Die Basis seines beruflichen Erfolges, über den Merkur schützend seine Hand hält, sind jedoch die klare, ernste Anweisung und deren Befolgen. Erziehung im weitesten Wortsinn ist hier als Grundlage des Erfolgs gezeigt – ein didaktisches und daher durchaus klassizistisches Bildprogramm. Die besondere Qualität des Gemäldes liegt in der zwanglosen Bewältigung eines disparaten Vorwurfs: Die Göttergestalt ist in die trockene Tatsächlichkeit integriert.

Januarius Zick
Der Hüttenherr Gottfried Peter de Requilé mit zwei Söhnen und dem Gott Merkur, 1771
Öl auf Leinwand, 96,7 x 83 cm
Bonn, Rheinisches Landesmuseum

JOHANN HEINRICH WILHELM TISCHBEIN

1751–1829

In einem Brief an Lavater vom 9. Dezember 1786 berichtet Tischbein über seine Arbeit an diesem Porträt: »... auf denen Ruinen, wo vor diesem so grose Thaten geschahen, scheind ein lebenter Mann erst recht gros, es ist, als erkente man ihn besser.« Und er malt Goethe in klassischer Ruhepose auf einem Obeliskenbruchstück, dahinter ein antikes Flachrelief, ein ionisches Kapitell und in der Weite der kargen Campagna Reste antiker Aquädukte und das Grabmal der Cecilia Metella. Versatzstückhaft sind diese Denkmäler eingebracht, dem Requisitenfundus eines gebildeten Menschen entnommen, der so sein Stilbewußtsein dokumentiert. Archäologisch-historische Sachlichkeit mischt sich mit einer Empfindsamkeit, die die Antikenzitate zu Stimmungsträgern umfunktioniert.

Vor dem Fragmentarischen wird die Ganzheit der Persönlichkeit spürbar, vor dem Ambiente des Vergänglichen die Vitalität, die nicht durch Aktion betont zu werden braucht, sondern allein durch ihre Präsenz und Geschlossenheit vermittelt wird. Die Wörtlichkeit, mit der ein Konzept ins Bild gesetzt wird, ist Schwäche und Stärke dieser Darstellung. Sie nimmt die Sinntiefe und hat etwas Kompilatorisches, bringt aber um so deutlicher den Zeitgeist zum Ausdruck, der einem neuen Geniekult huldigt.

Johann Heinrich Wilhelm Tischbein
Goethe in der Campagna, 1787
Öl auf Leinwand, 164 x 206 cm
Frankfurt am Main, Städelsches Kunstinstitut

Luis Eugenio Meléndez
Stilleben mit Melone und Birnen, um 1772
Öl auf Leinwand, 64 x 85 cm
Boston, Museum of Fine Arts

LUIS EUGENIO MELÉNDEZ
1716–1780

Die Gegenstände sind einfach, fast ärmlich in den Stilleben von Meléndez. Dennoch schmückten gegen Ende des 18. Jahrhunderts 45 seiner Gemälde das Königsschloß von Aranjuez. Schon in der ersten Hälfte des 17. Jahrhunderts hatte man in Spanien, angeregt von den Küchenstücken eines Aertsen oder Beuckelaer, zu einer ganz eigenen Ausformung des Stillebens gefunden, die sich von den großen Leistungen der Niederländer deutlich unterschied. Kennzeichnend dafür war von Anfang an neben der spezifischen Auswahl der Gegenstände – bäuerliches Geschirr, einfache Nahrungsmittel, Küchengerätschaften – die betont schlichte Anordnung. Was Meléndez innerhalb dieser Tradition herausragen läßt, ist nicht allein die ungeheure malerische Kultur, die Vielfalt an Oberflächencharakteren, sondern auch die Art der Darbietung. Die Dinge verweigern allegorische Deutbarkeit: Nicht nur eine Birne ist wurmstichig (um auf die Hinfälligkeit aller diesseitigen Existenz zu verweisen), sondern jede – sie scheinen von demselben kränkelnden Baum gepflückt zu sein. Indem Meléndez aber auf eine inhaltliche Vertiefung in dieser Richtung verzichtet, verstärkt er einen anderen Effekt. Vor dem dunklen, gegenstandslosen und eigentlich auch »raumlosen« Hintergrund werden die Dinge schonungslos dargeboten in ihrer banalen Alltäglichkeit.

Ramon Bayeu y Subías
Der blinde Sänger, um 1786
Öl auf Leinwand, 93 x 145 cm
Madrid, Museo del Prado

RAMON BAYEU Y SUBÍAS
1746–1793

Der Blinde sitzt auf einer Rasenbank in einem einstmals ansehnlichen, jetzt verwahrlosten leuchtend blauen Kostüm, einen gelbbraunen Mantel um die Schultern, die Drehleier auf dem Schoß. Etwas tiefer steht in zerlumptem grauen Gewand sein junger Begleiter, der die Kastagnetten schlägt; ein Hund, auf den Hinterbeinen tänzelnd, blickt zu ihm auf. Bayeu zeigt eine Bettlerszene, malt ein in Spanien traditionsreiches, ärmliches Genre. Aber dieses Bild zeigt Armut und Demut nur in den Gegenständen. Die Bildmittel sind dazu völlig konträr: Das strahlende Blau des Gewands korrespondiert mit dem leuchtenden Himmelsblau. Das Gesicht des Sängers – das Gesicht eines Märtyrers und das eines Dichters – wird feierlich von einem warmen Glanz erhellt, die Umrisse seiner Gestalt sind scharf und klar gegen den Hintergrund abgesetzt. Das kräftige Grün des Grases, das Königsblau des Gewands, das knapp, aber signalartig sichtbar werdende Rot der Weste verbinden sich zu einer erlesen-eleganten Harmonie. Und indem sich die Farbe des Himmels mit der des Bettlerkostüms verbündet, macht sie diesen zu einer großen, unvergeßlichen Erscheinung. Die farbliche Tektonik, die Klarheit des Bildaufbaus machen aus der Gestalt des blinden Sängers ein Denkmal. Die klassizistischen Stilmittel erweisen ihre Macht, indem sie den niederen Vorwurf monumentalisieren.

FRANCISCO JOSÉ DE GOYA
1746–1828

1797 reiste Goya in Gesellschaft der schönen und kapriziösen Herzogin von Alba durch Andalusien. Um 1797 entstanden die beiden »Maja«-Bilder. Dieser Umstand gab zusammen mit einer oberflächlichen Ähnlichkeit Anlaß zu Spekulationen. Doch auch ohne solche Projektionen behielten die Gemälde ihre Brisanz. Aber was machte sie zum Gegenstand zahlloser Diskussionen und Provokationen?

»Maja« bedeutet ein Mädchen aus dem Volk, das einen modisch-extravaganten Aufputz vorführt. Sie ist einfach und besonders, Teil des Volkes und Schauobjekt zugleich. Goyas Maja ist keine Venus, nicht sublimierte Sinnlichkeit in antikischer Gebärde, sondern die Sinnlichkeit selbst. Der Schaulust setzt sie ein Sich-zur-Schau-Stellen entgegen. Ihre Pose ist eindeutig, ihre Herausforderung akut. Und Goya zeigt sie bekleidet und nackt: Nacktheit ist nicht mythologisches Attribut, sondern Ausgezogensein. Durch den Verzicht auf traditionelle Muster entsteht provokante Lebensnähe.

Francisco José de Goya
Die bekleidete Maja, um 1797
Öl auf Leinwand, 95 x 190 cm
Madrid, Museo del Prado

Francisco José de Goya
Die nackte Maja, um 1797
Öl auf Leinwand, 97 x 190 cm
Madrid, Museo del Prado

Francisco José de Goya
Don Manuel Osorio Manrique de Zúñiga als Kind, um 1787
Öl auf Leinwand, 110x80 cm
New York, The Metropolitan Museum of Art

Francisco José de Goya
Gerupfte Pute, zwischen 1810 und 1823
Öl auf Leinwand, 44,8x62,4 cm
München, Bayerische Staatsgemäldesammlungen, Neue Pinakothek

FRANCISCO JOSÉ DE GOYA
1746–1828

Puppenhaft starr steht der jüngste Sohn des Grafen von Altamira im Bild. An einer Schnur hält er eine Elster, die im Schnabel einen Zettel mit Namen und Daten des Jungen trägt und von drei Katzen mit gierigen Augen fixiert wird. Auf der anderen Seite steht zu Füßen Manuels ein Bauer mit Vögeln. Das Bild zerfällt in zwei Teile. In die Welt der gierigen Triebe (die Katzen), der Neugier (die Elster) und der Gefangenschaft (die Vögel), über der sich unbeteiligt und souverän der Knabe erhebt, der eine Welt der Freiheit und Undurchdringlichkeit repräsentiert. Dies ist kein kindliches Kind. Alle kindlichen Eigenschaften an ihm sind in ihr Gegenteil verkehrt: Es ist unbewegt, unverspielt, es ist nicht offen, sondern verschlossen, nicht heiter, sondern in seiner Stimmung nicht zu beschreiben.

In seinem Radierungszyklus »Caprichos« zeigt Goya Dirnen, die ihre geistlichen Kunden rupfen bzw. als Gerupfte verjagen. Er zeigt sie dabei wirklich als abstoßendes gerupftes Geflügel mit aufgesetzten Männerköpfen, als Sinnbild der Ausbeutung und Entblößung, durch die ihre wahre Kläglichkeit ans Licht kommt. In diesem Stilleben stehen das Gerupfte und Nackte für die Brutalität der Wahrheit, die gewaltsam enthüllt worden ist. Ebensowenig wie dieses Bild den Betrachter in die tröstlichen Gefilde moralischer Erbauung entläßt, kann dieser der nackten Wahrheit entrinnen.

Eine Vorstudie zu diesem Gemälde zeigt anstelle der hellgekleideten Frauen Mönche und auf dem Banner die Aufschrift »mortus« – gestorben. Im Röntgenbild ist diese auch hier noch unter der grinsenden Maske sichtbar, die Goya nachträglich darübergemalt hat. Dabei wird klar, daß in beiden Fällen die gleiche inhaltliche Vorstellung zugrunde liegt, wobei die Vorstudie auf deren Herkunft verweist. Es ist das mittelalterliche Verkehrte-Welt-Spiel, in dem Riten und Gebräuche der Kirche – mit deren Erlaubnis – in einer völligen Anarchie pervertiert werden, der hernach um so deutlicher die Wiederherstellung der Ordnung folgt. Im Spanien der Inquisition werden die Mönche Goyas aus dem Programm gestrichen, die lakonische Eindeutigkeit des Wortes »mortus« wird durch eine Fratze ersetzt. Und deren Ausdruck ist nun wirklich ein Banner, das Motto des gespenstischen Treibens: die Abgründigkeit apokalyptischer Ausgelassenheit, die Verzerrung der Fröhlichkeit zur Bedrohung. Das Bild eines letzten, panisch-grotesken Festzugs im Angesicht des Todes ersteht vor uns. Militärs unter den Bettlern, Weibern und Kindern sind Sinnbilder aufgelöster Ordnung, die nicht wiederhergestellt werden kann und die von der hinter Masken verborgenen anonymen Volksmasse in einem verzweifelten Irrsinn zersetzt wird.

Francisco José de Goya
Das Begräbnis der Sardine (Karnevalsszene), um 1808–1814
Öl auf Holz, 82,5x62 cm
Madrid, Academia de San Fernando

Francisco José de Goya
Die Familie Karls IV., 1800
Öl auf Leinwand, 280 x 336 cm
Madrid, Museo del Prado

FRANCISCO JOSÉ DE GOYA
1746–1828

Goya war auf dem Höhepunkt seiner Karriere, als er im Frühjahr 1800 die königliche Familie porträtierte. Dabei ging er besonders gründlich vor, fertigte Skizzen und zehn Einzelstudien an und bestand auf langen Sitzungen, obwohl sich die Familie verärgert dagegen wehrte. Das vollendete Gemälde wurde jedoch angenommen und für gut befunden. Um so unverständlicher ist es, daß Studien wie ausgeführtes Bild heute meist als Karikaturen angesehen werden. Das aber heißt nicht nur, überheblich die – überliefert hohe – Intelligenz zum Beispiel María Luisas unterschätzen, sondern auch Goyas eigentliche Leistung für die Möglichkeiten des Porträts zu verkennen.

Indem Goya die historisch verbürgte Häßlichkeit der alten Infantin María Josefa und der Königin María Luisa oder die dumpfe Physiognomie des Königs wirklichkeitsgetreu abbildete, sie sogar durch den Kontrast der hübschen Kinder noch verstärkte, fand er eine neue Würdeform. Die alten Mittel der Idealisierung waren unglaubwürdig geworden. Goya entdeckt nun in der nichts beschönigenden Wahrheit eine neue Pathosform. Die latente Boshaftigkeit im Gesicht der Königin, die verlebten Züge des Königs, die verhärmte Altjüngferlichkeit der Infantin stören die Dargestellten selbst nicht. Das wird deutlich, wenn man den oft betonten kompositionellen Bezug zu »Las Meninas« von Velázquez nachvollzieht. Goya, der dieses Bild in Radierung und Aquatinta kopiert hatte, kannte dessen komplizierten und brechungsreichen Aufbau. Er zitiert dieses Vorbild sogar hier, wenn er sich, wie Velázquez, am linken Bildrand im Schatten verborgen vor der Staffelei darstellt.

Aber die bewußte Gegensätzlichkeit im übrigen ist aufschlußreich. Hier gibt es keine Spiegelbilder, kein Bild im Bild, keine Raumtiefe, keine ikonographischen Rätsel und labyrinthischen Bezüge. Eitel und schamlos drängen alle in die vorderste Reihe, ohne Interesse für den anderen. Ein Denkmal königlichen Selbstbewußtseins, für das moralische und ästhetische Werte keine Bedeutung haben.

ZWEITER TEIL

Von der Romantik zur Gegenwart

ZWEITER TEIL

Von der Romantik zur Gegenwart

von Barbara Eschenburg, Ingeborg Güssow,
Christa von Lengerke, Volkmar Essers

Seite 402:
Pablo Picasso
Der Kuß, 1925
Öl auf Leinwand, 130 x 97 cm
Paris, Musée Picasso

Tom Wesselmann
Great American Nude No. 98, 1967
Großer Amerikanischer Akt Nr. 98
Fünf Leinwände, in drei Ebenen
hintereinander aufgestellt
250 x 380 x 130 cm
Köln, Museum Ludwig
Foto: Rheinisches Bildarchiv, Köln

Barbara Eschenburg/Ingeborg Güssow

ROMANTIK UND REALISMUS

Europäische Malerei im 19. Jahrhundert

Im 19. Jahrhundert bestimmt das Bürgertum erstmals in ganz Europa Inhalt und Form der Kunst. Die großen Kompositionen der Franzosen Géricault, Delacroix oder Courbet verherrlichen nicht mehr die Kirche oder die weltliche Macht, sondern ihre Helden sind die Nation, das Volk, Arbeiter und Bauern oder schlicht der Künstler.
Der alte Streit zwischen Idealismus und Realismus wird schließlich zugunsten der künstlerischen Subjektivität entschieden. Gegenüber den strengen Regeln der staatlichen Akademien legen die Maler – ob sie sich nun, wie Ingres, noch als Klassizisten bezeichnen oder aber Romantiker und Realisten nennen – jetzt Wert darauf, allein ihrem Genie und der Natur verpflichtet zu sein. Dieser Anspruch konnte, nach dem endgültigen Durchbruch der Freilichtmalerei, am reinsten in der Landschaftsmalerei verwirklicht werden: bei Friedrich und Koch in Deutschland, bei Rousseau und Corot in Frankreich, bei Constable, Bonington oder Turner in England, bei Church oder Cole in den USA.
Die Entdeckung des natürlichen Lichts, die schließlich im Impressionismus gipfelte, veränderte die Farbigkeit der Bilder grundlegend und ist die entscheidende Neuerung der Malerei dieser Epoche.

Eugène Delacroix
Junge Waise auf dem Friedhof, 1823
Öl auf Leinwand, 66 x 54 cm
Paris, Musée National du Louvre

I. IDEALISTEN:
Akademiker in Frankreich

Seit sich der absolutistische Staat im 17. und 18. Jahrhundert durch die Gründung von Akademien der Kunst und des Geschmacks angenommen hatte, gab es den Widerstreit zwischen der offiziell anerkannten und durch die Akademien geförderten Kunst und den Gegenrichtungen, die auf den Kunstmarkt verwiesen waren, sich aber in dem durch die Akademien monopolisierten offiziellen Ausstellungswesen einen Platz erobern wollten. Die erste königliche Akademie für Malerei und Skulptur war 1648 unter Ludwig XIV. in Paris gegründet worden. Mit den Ausstellungen der »Salons«, die allerdings erst seit der zweiten Hälfte des 18. Jahrhunderts in regelmäßigen Abständen von zwei Jahren durchgeführt wurden, hatte die französische Akademie einen Einfluß auf die Kunstproduktion und deren Verkauf erlangt, der es für die Künstler unumgänglich machte, sich mit dieser Institution auseinanderzusetzen und, wenn möglich, einen guten Platz in den Salonausstellungen zu erringen.

Erstaunlicherweise hat die Französische Revolution von 1789 daran kaum etwas geändert. Zwar wurde die Akademie 1793 aufgelöst, doch ihre 1795 eröffnete Nachfolgerin, die Akademie der schönen Künste, nahm im französischen Kunstleben bis zur zweiten Hälfte des 19. Jahrhunderts einen ebenso bedeutenden Platz ein wie ihre Vorgängerin. Mit der Auflösung und Neugründung der Akademie beauftragte der Nationalkonvent den schon im 18. Jahrhundert zu Ehren gekommenen Maler Jacques-Louis David. Dieser war als Anhänger der Aufklärung ein glühender Mitstreiter der Französischen Revolution und wurde schließlich zum Verehrer ihres Erben, Napoleons I. (1769–1821). Als Lehrer an der Akademie hielt er an den Ideen der Aufklärung fest: Die Kunst galt ihm als prinzipiell lehrbar, nicht nur was die Technik der Darstellung betrifft. Im Gegensatz zur alten Akademie legte David jedoch besonderen Wert auf die persönliche Beziehung zwischen Lehrer und Schüler. Die Aufgabe der Kunst sah man weiterhin in der moralischen Erziehung der Bürger zu Staatsbürgern. Dafür waren die römisch-republikanischen Tugendideale immer noch das Anschauungsmaterial. Vor der Revolution hatte man damit den Herrschern einen Spiegel vorgehalten. Jetzt konnte man im Namen dieser Tugenden die Ideale der Französischen Revolution – den Einsatz für den neuen Staat – verherrlichen. Ein auf Zeichnung gegründeter strenger Klassizismus, den David schon unter dem alten Regime entwickelt hatte, galt als adäquates Mittel für diesen Zweck. Von Davids Schülern François Gérard (1770–1837) und Antoine-Jean Gros (1771–1835) wurde dieser Stil – bei letzterem »malerisch« modifiziert – weitergetragen. Besonders Gros wurde der Maler der Kriege Napoleons I. (Abb. S. 424), den auch David in monumentalen Bildern verherrlicht hatte (Abb. S. 366).

In der nachrevolutionären und nachnapoleonischen Zeit der Restauration führte Jean Auguste Dominique Ingres (1780–1867), ebenfalls ein treuer Schüler Davids, dessen Stil fort. Auch er malte zunächst römische Historienbilder, wurde dann aber der kultivierte Porträtist des Adels und der Bourgeoisie (Abb. S. 430), die ja besonders seit der Julimonarchie zu Geld und Macht gekommen war. Von den Bildern Davids, der vor allem die Hintergründe aufgehellt und die Farben teilweise ohne Milderung durch das Helldunkel nebeneinandergesetzt hatte, unterschied sich Ingres' Porträtmalerei durch sein Interesse am Stofflichen. Den ausgesuchtesten Farben der Kleidung, die sich großflächig ausbreiten, wird durch die Lasurtechnik Glanz verliehen. Diese Malerei wirkte auf die Porträtmalerei der gesamten Biedermeierzeit, die Epoche zwischen 1815 und 1848.

Neben dem bürgerlichen Porträt, eine der wichtigsten Gattungen der Malerei des 19. Jahrhunderts, malte Ingres vor allem Frauenakte. In seiner »Großen Badenden« von 1808, genannt »Die Badende von Valpinçon« (Abb. S. 429), ist noch die Kühnheit der Neuerung zu erkennen, die Davids Bilder aus der Revolutionszeit auszeichnet. Sie liegt hier in der klassischen Monumentalisierung eines an sich unbedeutenden Motivs ohne jedes mythologische oder orientalische Beiwerk, das Ingres später so schätzte. Erinnert man sich daran, daß bis zur Französischen Revolution in der Malerei des Rokokos der nackte Frauenkörper das Thema pikant-erotischer Bilder war, so wird die neue Moralität des Künstlers deutlich. Sinnlichkeit ist hier die Freude an der stillen Schönheit der Dinge im lichterfüllten Raum, dessen Vertikal-Horizontal-Ordnung sie aufnehmen. Das Bild gleicht einem Stilleben. Die Anwesenheit der Dinge allein ist wichtig. Der Mensch wird ihnen zugerechnet, indem die im Gesicht sich ausdrückende Individualität als Rückseite dem Blick entzogen ist, womit der Körper dem stummen Dasein der durch das Licht verklärten Stofflichkeit um ihn gleicht.

Akademiegegner in Deutschland: Die Klassizisten in Rom

Wie die Pariser Akademie von den französischen Königen abhängig war, so waren die im 18. Jahrhundert von den deutschen Territorialfürsten gegründeten Akademien deren Instrumente. Ähnlich wie in Frankreich mehrte sich in den deutschen Ländern in den neunziger Jahren des 18. Jahrhunderts der Widerstand der Künstler gegen die strengen akademischen Vorschriften, die als »totes Regelwerk« und als Einengung der künstlerischen Individualität empfunden wurden. Führte dort aber der Widerstand im Zuge der Französischen Revolution zur Abschaffung und Reorganisation der Akademie, so blieb er hier, wo die feudale Herrschaft weiter existierte, rein individueller Protest, dessen Konsequenzen von den Künstlern allein getragen wurden. Es war keine Seltenheit, daß am Ende des 18. Jahrhunderts deutsche Künstler mit Eklat die Akademien verließen, um ihren eigenen Weg zur Kunst zu gehen. Um einige der bedeutendsten zu nennen, sei auf den Tiroler Joseph Anton Koch (1768–1839) verwiesen, der von der Stuttgarter Karlsschule floh, unter der schon Friedrich von Schiller (1759–1805) gelitten hatte, auf Asmus Jacob Carstens (1754–1869), der wegen seiner oppositionellen Haltung von der Kopenhagener Akademie verwiesen wurde, und auf Johann Friedrich Overbeck (1789–1869) und Franz Pforr (1788–1812), die unter Protest der Wiener Akademie den Rücken kehrten. Alle hatten das Ziel, sich in Rom niederzulassen, damals das internationale Eldorado der Kunst.

Die französische Akademie hatte als erste den Brauch eingeführt, in gleichbleibenden Abständen Wettbewerbe unter den Schülern über ein Thema der antiken Geschichte oder Mythologie durchzuführen, die dem Gewinner einen Aufenthalt in Rom zum Studium der Kunst ermöglichten. Diesem Brauch folgten die englische Akademie ebenso wie die Kopenhagener und die verschiedenen deutschen Akademien und Kunstschulen. Der Preis gestattete für ein bis zwei Jahre ein sorgenfreies Leben und Studium in der ewigen Stadt. Die obengenannten deutschen Künstler allerdings kamen als Außenseiter und Aufsässige ohne Unterstützung der Akademien und mußten damit auf alle Annehmlichkeiten, die diese in Rom zu bieten hatten, verzichten. Carstens und Koch konnten hierher nur durch lange Fußmärsche gelangen und mußten sich dann mühsam mit Brotarbeiten über Wasser halten. Ihrem eigentlichen Ziel, der Erneuerung der deutschen Kunst durch Befreiung vom höfischen Zwang, konnten sie sich dabei nur unter großen Entbehrungen widmen. Auch waren sie nicht bereit, nach Ablauf der üblichen Studienzeit wieder in ihre Heimat zu dem von ihnen gehaßten Muff der feudalen Gesellschaft zurückzukehren, die sich in Deutschland weit über die Französische Revolution hinaus gehalten hatte. Alle legten moralische Rigorosität in bezug auf Kunst und Leben an den Tag, dazu einen unbeirrbaren Glauben an die eigene Schöpferkraft, die zu ihrer Entfaltung keiner akademischen Regeln bedürfe. Carstens und der junge Koch, der sich dem Älteren anschloß, der schon Jahre vorher in Rom war, waren beide Fürstenhasser. Carstens lehnte sogar eine ihm in Berlin angebotene Stelle als Akademieprofessor ab. Koch schloß sich auf seiner Reise nach Rom, die ihn über Straßburg und die Schweiz führte, in Straßburg dem dortigen Jakobinerklub an, also den Feinden der alten Ordnung, die in Deutschland noch herrschte, was als Hochverrat galt.

In Kochs Kompositionen aus den Schweizer Bergen, etwa dem »Schmadribachfall« (Abb. S. 450) oder dem »Berner Oberland« (Abb. S. 450), leben aufklärerische Vorstellungen weiter, nach denen die Schweiz ein Vorbild für ein Land freier Menschen war. Die erhabene Landschaft galt als adäquates Symbol für eine Würde, die man auch den Menschen dieses Landes nachsagte. Kochs in den neunziger Jahren des 18. Jahrhunderts entstandene Aquarelle von der Schweizer Reise, die diesen Kompositionen zugrunde liegen, sind von einer malerischen Freiheit, von der sich in seinen ausgeführten Bildern kaum noch eine Spur erhalten hat. Denn in diesen ging es um die Erfindung, die Konstruktion des landschaftlichen Raumes in der Nachfolge der klassischen Landschaftsmalerei des 18. Jahrhunderts. Dieses Vorbild wurde von Koch durch eine penible Detailtreue bereichert, die man eher in der Malerei der Renaissance und des Spätmittelalters als des Barocks findet. Malerische Freiheit hätte einem solchen Konzept ganz entgegengestanden. Koch, der bis 1839 lebte, hat die seit den dreißiger Jahren verstärkt einsetzende Entwicklung, mit der skizzenhafte Pinselschrift und malerische Freiheit auch in die ausgeführten Gemälde Eingang fanden, nicht mitgemacht. Der Feind der alten Akademien und kämpferische Vertreter der künstlerischen und individuellen Freiheit konnte deshalb von den konservativen Akademien in Deutschland als Vorbild gegen die entstehende Freilichtmalerei benutzt werden. Koch und seine Zeitgenossen hatten schließlich erreicht, daß ihre ursprünglich oppositionelle Kunst in Deutschland seit dem zweiten Jahrzehnt des 19. Jahrhunderts von den maßgeblichen Instanzen als die deutsche Kunst anerkannt wurde.

Die Künstler, die am Anfang des Jahrhunderts zu Erneuerern der deutschen Kunst wurden, hatten sich mit ihren Bildern in zweifacher Beziehung gegen die Lehrmeinungen der alten Akademien gestellt. Auf der einen Seite erkannten sie nur die eigene freie Erfindung an, während nach der akademischen Tradition der geschickte Umgang mit Gelerntem und Bekanntem als Erfindung galt. Auf der anderen Seite legten diese Künstler Wert auf eine ganz unakademische handwerkliche Gediegenheit, die sich auf die Tradition des Spätmittelalters und der Renaissance berief.

Mit der Betonung der freien Erfindung stand man trotzdem in einer Tradition, der die Akademien ihr Dasein verdankten. Indem die bildenden Künstler zu Beginn der Neuzeit die geistige Tätigkeit – eben die Erfindung – über die handwerksmäßige Ausführung stellten, erklärten sie sich als den Dichtern und Philosophen ebenbürtig, die schon im Mittelalter zu den freien Künstlern zählten; Malerei, Skulptur und Baukunst dagegen wurden zu jener Zeit nur als mechanische, rein handwerkliche Künste eingestuft. Schließlich wurden die Akademien, die auf das theoretische Fundament der Kunst das Hauptgewicht legten, zu Garanten dafür, daß auch die bildende Kunst als geistige Tätigkeit und damit als freie Kunst geachtet wurde. Die rebellischen Künstler des frühen 19. Jahrhunderts wollten an diesem Ausgangspunkt zwar festhalten, doch beriefen sie sich auf vorakademische bzw. außerakademische Traditionen der frühen Neuzeit, vor allem auf die italienische Kunst des 15. bis 17. Jahrhunderts.

Katholische Romantik: Die Nazarener in Rom

Schon Carstens und Koch hatten sich von den mythologischen und historischen Themen aus der Geschichte der römischen Republik ganz abgewandt. Ihre Motive entstammten der Gegenwart, der Bibel und der Dichtung von Hesiod (um 700 v. Chr.) über Dante bis zu Ossian (3. Jh. n. Chr.). Eines der beliebtesten Themen war die Darstellung des »Goldenen Zeitalters«. In dieser antiken Sage vom glücklichen Zusammenleben der Menschen am Beginn der Geschichte sahen die deutschen Aufklärer von Immanuel Kant (1724–1804) bis Schiller das Versprechen eines von feudalen Privilegien befreiten Zustandes von Freiheit und Gleichheit in der Zukunft, für die sie auch in der Gegenwart Hinweise fanden.

Die jüngeren Künstler in Rom dagegen, die Gruppe um Overbeck und Pforr, nahmen sich ausschließlich die christliche Kunst des Mittelalters und der Renaissance zu ihrem Vorbild. Das Christentum war ihnen Garant eines von höfischen Äußerlichkeiten befreiten Lebens, in dem das wahre, demutsvolle und tiefe deutsche Wesen zum Ausdruck kommen sollte. Sie ersehnten für die Zukunft keinen herrschaftsfreien Zustand wie die Klassizisten Carstens und Koch, sondern wünschten die Entstehung eines mächtigen nationalen deutschen Reichs, in dem, wie im mittelalterlichen »Römischen Reich deutscher Nation«, geistliche und weltliche Herrschaft einander ebenbürtig waren, wenn jener nicht der Vorrang eingeräumt wurde. Um in der dazugehörigen Demutshaltung mit gutem Beispiel voranzugehen, schlossen sich die ehemaligen Flüchtlinge der Wiener Akademie – Overbeck und Pforr –, denen Künstler aus Düsseldorf und München folgten (Wilhelm von Schadow, 1788–1862; Peter von Cornelius, 1783–1867; Julius Schnorr von Carolsfeld, 1794–1872), in freiwilliger klösterlicher Gemeinschaft zusammen. Die ehemaligen Protestanten unter ihnen konvertierten zum Katholizismus. Wegen ihrer auch äußerlich zur Schau getragenen Frömmelei wurden sie von den Italienern spöttisch »i nazareni« (nach Jesus von Nazareth) genannt.

Um der Ernsthaftigkeit ihres Strebens Nachdruck zu verleihen, begnügten sich die Nazarener nicht damit, nur äußerlich Themen des Mittelalters und der Renaissance aufzugreifen. Sie waren vielmehr bestrebt, auch die mittelalterlichen Maltechniken wiederzubeleben. So malten sie wieder auf kleinen Holztafeln anstatt auf den üblichen großen Leinwänden und benutzten eine differenzierte, sehr feine Lasurmalerei auf weißem Grund, mit deren Hilfe sie durch Übereinanderlegen verschiedener transparenter Farbschichten eine tiefe Leuchtkraft wie in der Malerei des späten Mittelalters erreichten. Trotzdem wäre es verfehlt zu glauben, daß diese Künstler sich dem mittelalterlichen Handwerker wieder gleichgestellt hätten, denn ihre Vorstellungen und die darauf gegründete Lebensweise waren allein ihr freier künstlerischer Entschluß, ihre »Erfindung«, und kein Zwang des zunftmäßig organisierten Handwerks. So war ihre handwerklich-religiöse Demutshaltung auch nicht ohne hohe Selbsteinschätzung und Sendungsbewußtsein, wie die beiden Hauptwerke der Freunde Overbeck und Pforr bestätigen.

In Pforrs Bild »Sulamith und Maria« (Euerbach, Sammlung Schäfer), zusammen mit Overbecks »Italia und Germania« (Abb. S. 454) 1811 begonnen, werden in den Formen der Renaissance und des Spätmittelalters die erträumten Bräute, die beiden Künstlern zugleich als Musen ihrer Kunst galten, mit der Madonna gleichgesetzt. Pforr, der in anderen Bildern mehr die Ritterzeit des Mittelalters verherrlichte, während Overbeck sich fast ausschließlich der Erneuerung des religiösen Bildes widmete, ist in der Gleichsetzung von künstlerischen, privaten und religiösen Vorstellungen diesmal am weitesten gegangen. Sulamith, Overbecks zukünftige Braut, ist links wie die Madonna mit dem Kind in der Landschaft vorgestellt, die Pforr zugedachte Maria wie die Madonna der Verkündigung in einer altdeutschen Kammer. Overbeck dagegen hat in der Endfassung seines Bildes von 1828 unmittelbare Anspielungen an Madonnenbilder der Zeit um 1500 vermieden. Seine beiden Frauen sind nun Verkörperungen der italienischen und der deutschen Kunst, denen sich die Nazarener verpflichtet fühlten.

Ein weiteres Anliegen der Freunde war die Erneuerung der italienischen Freskomalerei des Mittelalters und der Renaissance. Dieses Unternehmen war fast ein Neuanfang, da im Zeitalter der Aufklärung die Freskomalerei selbst in Süddeutschland, wo sie zur Ausschmückung der unzähligen Barockkirchen gedient hatte, aus der Mode gekommen und die Technik des Malens in den nassen Putz fast vergessen war. Die Gelegenheit, sich in dieser Malerei zu üben, gab ihnen der preußische Generalkonsul in Rom, Jakob Salomon Bartholdy (1779–1825), mit dem Auftrag, seine Mietswohnung in der Casa Zuccaro mit Bildern aus der Josefsgeschichte aus dem Alten Testament zu schmücken (Abb. S. 454). Die so entstandenen Fresken machten vor allem Cornelius bekannt. Ihm waren Gestalten gelungen, die dem monumentalen Format durch ihre gestische und physiognomische Ausdruckskraft entsprachen.

So viel nationaler Kunstbegeisterung konnte schließlich der Erfolg nicht versagt bleiben. Drei der ehemaligen Nazarener wurden Direktoren von Akademien, deren fürstliche Initiatoren die Kunstideale der in Rom lebenden Künstler für die Erneuerung einer monumentalen Staatskunst nutzen wollten: Cornelius wurde 1825 nach München berufen, Schadow 1826 nach Düsseldorf und Philipp Veit (1793–1877) 1829 an das Städel in Frankfurt am Main. Schnorr von Carolsfeld wurde in München ebenfalls mit großen Staatsaufträgen betraut. Ihr zeichnerischer Idealismus hielt sich in der deutschen Monumental- und Historienmalerei bis über die Jahrhundertmitte hinaus. Erst mit Karl Theodor Pilotys (1826–1886) von der belgischen Malerei beeinflußtem effektvollen Realismus konnte er nicht mehr konkurrieren. Er galt jetzt nicht mehr als typisch deutsch, sondern schlicht als altmodisch.

Protestantische Romantik: Runge und Friedrich

Neben der katholisch orientierten Romantik, die in Rom ihren Sammelpunkt hatte, gab es in Deutschland eine norddeutsche, protestantische Romantik, deren Hauptvertreter Philipp Otto Runge (1777–1810) und Caspar David Friedrich (1774–1840) waren. Ihre Ausbildung erhielten sie an der 1754 nach französischem Vorbild gegründeten Kopenhagener

Caspar David Friedrich
Die Lebensstufen, um 1835
Öl auf Leinwand, 72,5 x 94 cm
Leipzig, Museum der bildenden Künste

Akademie. Zur Zeit, als Friedrich (seit 1794) und Runge (seit 1799) dort studierten, herrschte noch das Ausbildungssystem des 18. Jahrhunderts, bei dem das Zeichnen nach Gipsen Vorrang vor dem Modellzeichnen und -malen hatte. Runge hat sich in seiner »Rembrandt-Traum« betitelten Akademiekritik vom Dezember 1799 bitter darüber beklagt. Seit den zwanziger Jahren änderten sich die Zustände in Kopenhagen allerdings entscheidend. Unter den Schülern des David-Schülers Christoffer Wilhelm Eckersberg (1783–1853), der sich in Rom weitergebildet hatte und 1818 Professor in Kopenhagen wurde, entwickelte sich ein helltoniger Realismus, der wiederum anregend für den Realismus der dreißiger Jahre in Deutschland wurde.

Dresden war die zweite wichtige Station für Friedrich und Runge. Hier wurden sie weniger durch die Akademie geprägt als durch die Studien in der dortigen Galerie. Während Friedrich schließlich in Dresden blieb, wo er 1816 Mitglied der Akademie mit festem Jahresgehalt wurde, aber weiterhin den Kontakt mit seiner Heimatstadt Greifswald hielt und mehrfach die Insel Rügen besuchte, ging Runge nach Hamburg, wo er aufgrund seiner familiären Verhältnisse finanzielle Unabhängigkeit genoß. Für beide ist charakteristisch, daß Rom nicht, wie bei den meisten Künstlern dieser Zeit, zu den Etappen ihrer Entwicklung gehörte.

Beide waren tief religiös und erstrebten eine Erneuerung der deutschen Kunst aus der protestantisch-pietistischen Gesinnung, die in den intellektuell geprägten mittleren Schichten des Bürgertums häufig anzutreffen war. Wenn die Kunst religiös sein bzw. Religiosität erzeugen sollte, so ist das etwas ganz anderes als die Darstellung biblischer Figuren und Legenden, die in den katholischen Kirchen bis ins 18. Jahrhundert üblich waren und die die Nazarener aus dem Geist des Mittelalters und der Renaissance neu erstehen lassen wollten. Statt der Darstellung eines festgelegten Inhalts wird die Erzeugung einer Haltung, eines Gefühls gefordert. Dafür brauchte man ein neues Medium der Veranschaulichung. »Alles drängt sich zur Landschaft« ist ein mit Recht viel zitierter Ausspruch Runges, der nicht nur die frühe Romantik, sondern das 19. Jahrhundert im allgemeinen charakterisiert. Man konnte hier auf Vorstellungen des späten 18. Jahrhunderts zurückgreifen, nach denen der Anblick einer erhabenen Landschaft in der Kunst das Gefühl des Betrachters unmittelbar auf die Größe Gottes lenken sollte.

Die Landschaft wurde bei Runge zum Bild eines innigen Verbundenseins des Menschen mit dem als göttlich verstandenen Kosmos (Abb. S. 453). Zur Verbildlichung dieser Einheit verwandelt Runge einerseits die Gegenstandsfarben in reine Spektral-, also Lichtfarben, andererseits verbildlicht er das natürliche Werden und Vergehen im Kreislauf von Licht und Dunkel durch Blütengenien. Damit erhält das Naturgeschehen durch die Farbe einen neuen immateriellen Gehalt, durch die Genien aber eine psychologische Komponente, die das anteilnehmende Sicheinfühlen des Betrachters in das Naturgeschehen ermöglicht. Religion ist hier Religiosität und hat keinen vom Subjekt unabhängigen Gehalt mehr. Vielmehr besteht sie in einer das kosmische Geschehen mitempfindenden Stimmungslage, für die die Kunst die psychologischen Brücken baut.

Friedrich malte – anders als Runge – nicht erdachte Bilder einer kosmischen Natur, von der die Landschaft auf der Erde nur ein Teil ist, sondern ließ sich von der realen Landschaft anregen und bevölkerte sie mit Menschen, die der gegenwärtigen bürgerlichen Realität entstammten. Er machte zu diesem Zweck ausgedehnte Wanderungen in kaum erschlossenen Gebieten wie im Riesengebirge, im Harz, im Elbsandsteingebirge oder auf Rügen. Da es noch keinen Tourismus und noch keine Wanderwege gab, waren solche Reisen mühsam. Den aufgrund dieser Reisen entstandenen Werken merkt man an, daß sie auf eigener Erfahrung beruhen. Friedrich wählte Standorte – am Hang, auf dem Gipfel, am Meeresufer –, die noch nie in der Landschaftsmalerei vorher so erfaßt worden waren. Er erzielte erstmals die Wirkung, daß der Betrachter sich unmittelbar mit dem Standort des Malers bzw. mit den betrachtenden Figuren in der Landschaft identifizieren konnte. Meist handelt es sich um einen Standort, von dessen unsicherem Halt die ersehnte Weite und das verklärende Licht der Ferne nur erahnt werden können. In der alten Landschaftsmalerei stand der Maler und mit ihm der Betrachter meist in gesicherter Entfernung vor dem Bild der Natur. Jetzt, bei Friedrich, ist er in ihr, meist an einem Scheidepunkt von Nähe und Ferne, von Dunkelheit und Licht.

Friedrichs Bilder vermitteln eine melancholische Weltsicht. Die Hoffnung, daß das göttliche Licht des Kosmos den Menschen in seiner irdischen Existenz erreichen wird, ist zwar als Hoffnung ausgesprochen, die Erfüllung aber fast immer in die Zukunft verschoben. Solche individuelle, naturverbundene Religiosität, für die das Licht Symbol des Göttlichen ist, wurde in Deutschland nicht nur von den Malern beschworen. Der Dichter Ludwig Theobul Kosegarten (1758–1818), der Prediger auf Rügen war, verwirklichte sie in seinen »Uferpredigten«, die er, wie der Name sagt, nicht in der Kirche, sondern in der freien Natur hielt. Friedrich und Runge gehörten zu seinen Anhängern. Es ist deshalb kein Zufall, daß zwei der bedeutendsten romantischen Landschaften, Runges unvollendete »Ruhe auf der Flucht« (Abb. S. 452) von 1805/06 und Friedrichs »Kreuz im Gebirge«, der Tetschener Altar (Dresden, Gemäldegalerie) von 1807/08, ursprünglich als Altarbilder gedacht waren (für die protestantische Kirche in Greifswald und die Privatkapelle von Schloß Tetschen).

Das Landschaftsbild der Romantik setzte ein eingehendes Studium der Details der Natur sowie ein durch die religiöse Weltsicht bestimmtes Interesse an den atmosphärischen, leicht flüchtigen Erscheinungen des Lichts und der Witterung voraus. Darin unterschied es sich trotz der glatten Lasurtechnik nicht von der aufkommenden skizzenhaften Freilichtmalerei, die in ihrer in der zweiten Jahrhunderthälfte offiziell

Philipp Otto Runge
Die Hülsenbeckschen Kinder, 1805/06
Öl auf Leinwand, 130,5 x 140,5 cm
Hamburg, Hamburger Kunsthalle

durchgesetzten Form »Stimmungslandschaft« hieß. Der Unterschied bestand darin, daß zu Beginn des Jahrhunderts der Subjektivismus des Künstlers noch zu einem objektiven Gehalt jenseits der greifbaren Realität führen sollte – zur Erkenntnis der vorausgesetzten Göttlichkeit des Kosmos, woraus diese Malerei ihre Strenge und ihren Ernst bezog. Die Spontaneität des Natureindrucks suchte man dagegen seit den dreißiger Jahren durch skizzenhafte, pastose Pinselschrift wiederzugeben. Doch kamen die Anregungen für eine solche Oberflächenbehandlung nicht aus der eigenen Heimat, sondern aus England und Frankreich und wurden den deutschen Künstlern vor allem in Rom übermittelt. Außerdem gaben aus dem Norden kommende Künstler wie der Norweger Christian Claussen Dahl (1788–1857) Anregungen für diesen Realismus.

II. KOLORISTEN UND REALISTEN:
Die französischen Romantiker

Bei David und seinen Nachfolgern war das fertige Bild immer in allen seinen Details ausgeführt. Bei seinen Gegnern, den Romantikern, wurde schließlich die skizzenhaft wirkende Oberfläche zum malerischen Prinzip auch im ausgeführten Bild erhoben. Anreger und bedeutendster Maler dieser Gruppe ist Eugène Delacroix (1798–1863). Am Gegensatz zwischen der glatten, linearen Malerei des David-Schülers Ingres und der rauhen, malerischen Oberfläche der Bilder Delacroix' entzündete sich der alte Akademiestreit des 17. und 18. Jahrhunderts neu, in dem es um die Frage ging, ob die Zeichnung bzw. die Linie oder die Farbe dem theoretisch geforderten Anspruch auf Wahrhaftigkeit der Malerei mehr entspräche. Das heißt nicht, daß die Idealisten des 19. Jahrhunderts, die die Vollkommenheit in der Zeichnung suchten, nicht auch delikate Koloristen sein konnten wie David und Ingres. Der Streit ging vielmehr ums Ideal. Während die strengen Vertreter der Zeichnung meinten, nur diese sei fähig, das Naturvorbild von allen Unreinheiten und Schlacken irdischer Unvollkommenheit zu befreien, stellten sich die Vertreter der Farbe auf die Seite des vergänglichen Lebens in all seinen flüchtigen Erscheinungen. Sie verteidigten den subjektiven Sinnengenuß, den die Moralisten der Zeichnung als ungeistiges Vergnügen ablehnten. Was aber wiederum nicht hieß, daß sich die Koloristen deshalb als Naturalisten verstehen mußten. Die Farbe war ihnen Mittel der Poetisierung der Welt. Ihr mit den Kampfparolen »Farbe« oder »Kolorismus« vorgetragenes Bekenntnis zur Subjektivität war den Klassizisten ein Dorn im Auge, suchten sie doch Vollkommenheit in der dauerhaften Existenz des Lebendigen, nicht in seinen ihnen als zufällig geltenden zeitlichen Erscheinungen.

Eugène Delacroix
Dante und Vergil in der Hölle (Die Dante-Barke), 1822
Öl auf Leinwand, 189 x 242 cm
Paris, Musée National du Louvre

Der erste öffentliche Widerspruch gegen diesen Idealismus wurde im Namen von Romantik und Realismus mit dem monumentalen »Floß der Medusa« (Paris, Louvre; vgl. Abb. S. 426) artikuliert, das im Salon von 1819 ausgestellt war. Der Maler war der junge, abenteuerlustige Théodore Géricault (1791–1824). Sein Bild schildert ein Zeitereignis. Es hat nichts mehr mit der kühlen Klassizität und abgemessenen Emotionalität der Bilder Davids und seiner Schüler zu tun. Leidenschaftliche Anteilnahme an der Situation der Schiffbrüchigen wird dadurch zum Ausdruck gebracht, daß der leicht erhobene Standort des Malers dem Geschehen unmittelbar nahe ist, so als läge er selbst auf einer schwankenden Planke, die gerade von einer Welle emporgehoben wird, während sich die Ecke des Floßes in ein Wellental senkt. Mit der Übereckstellung des den Bildraum bestimmenden Gegenstandes werden alle klassizistischen Regeln gebrochen, nach denen der Raum, und damit die Handlung, vorzugsweise bildparallel angeordnet zu sein hatte. Unter Verwendung von Leichenstudien hatte der Künstler das Geschehen außerdem zu einem drastischen Realismus gesteigert. Die Nähe von Hoffnung und Verzweiflung, von Tod und Leben, Stumpfheit und Leidenschaftlichkeit machen die Spannung des Bildes aus. Über die bestimmte Situation hinaus wird auf die ungesicherte Existenz des Menschen verwiesen, angesichts derer es keine Helden mehr gibt, sondern nur noch Leute, die um die Selbsterhaltung kämpfen. Die Stimmung wird durch die düstere Schwere der Farben unterstrichen, welche die Leuchtkraft der Farbe Davids und seiner Schüler ersetzt. Romantik bedeutet in diesem so realistischen Bild die durch die malerischen Mittel der Komposition und Farbigkeit ausgedrückte Anteilnahme und Betroffenheit über das Schicksal der dargestellten Menschen.

In Géricaults »Floß der Medusa« wurde die Geschichte alltäglicher Menschen in den Rang der großen Historienmalerei erhoben, die bis dahin der Darstellung tugendhafter Heldentaten für den Staat und wichtigen Staatsereignissen vorbehalten war. Solche Menschen, wie Géricault sie hier malte, tauchten vorher höchstens als verhältnismäßig kleine Staffage auf Seesturmbildern auf. Géricault verleiht ihrem Schicksal, das er der Berichterstattung der Tagespresse entnahm, mit allen Mitteln – schon durch das Format – die Monumentalität und Erhabenheit eines Staatsereignisses.

Für seine Kunst hat eine andere Seite der barocken Malerei Pate gestanden als für David. Während dieser sich auf den französischen und italienischen Klassizismus des 17. Jahrhunderts und dessen strengen Moralismus berief, hat Géricault seine Vorläufer in der romantischen Richtung der neapolitanisch-römischen Malerei des 17. Jahrhunderts und ihrer Nachfolger. Sowohl die Thematik – Ausgesetztheit des Menschen gegenüber den in der Natur verkörperten Schicksalsmächtigen – als auch die dunkeltonige Farbigkeit erinnern an diese Malerei. Doch bei ihm wird eine solche Szene mit einer neuen Drastik und Nachsichtigkeit vorgetragen, einem neuen Realismus in der Schilderung der Einzelheiten.

Delacroix stützte sich bei seinem ersten großen Werk, »Dante und Vergil in der Hölle« (Abb. links), einer Szene aus Dantes »Göttlicher Komödie«, die 1822 im Pariser Salon ausgestellt war, auf dieses Bild seines bewunderten Freundes. Hier geht es zwar nicht um Schiffbrüchige, doch um Menschen, die den Gewalten des Totenstroms Styx ausgeliefert sind und sich mit letzter Kraft in die Barke von Dante und Vergil (70–19 v. Chr.) retten möchten. Schon in diesem Werk zeigt sich, daß der Jüngere, der schließlich das Oberhaupt der romantischen Schule in Frankreich wurde, neue Akzente setzte. Die leidenschaftliche Erregung wurde bei Géricault durch ein düsteres und kaltes Helldunkel ausgedrückt, bei Delacroix dagegen durch extreme Farbkontraste: schreiendes Rot in Dantes Kappe gegenüber dem grünlichen Meer und den weißlich-fahlen Körpern im Fluß, dazu intensive Grün-, Rost- und Blautöne in den übrigen Gewändern.

Noch Delacroix' Hauptwerk, das im Salon von 1831 nach der Julirevolution ausgestellte Bild »Die Freiheit führt das Volk an« (Abb. S. 432), ist ohne Géricaults »Floß der Medusa« nicht denkbar. In den fahlen Toten im Vordergrund, die an der Barrikade gefallen sind, und den über sie hinwegstürmenden, von der Allegorie der Freiheit geführten republikanischen Kämpfern, in deren Gesichtern sich Gier, Leidenschaft und Entschlossenheit ausdrücken, wird der gleiche Gegensatz angesprochen wie in Géricaults Bild, doch unter anderen Vorzeichen. Denn nun sind die Toten die notwendigen Begleiter des Sieges, was jeden Fatalismus ausschließt. Dementsprechend gibt die blau-weiß-rote Fahne den Farbakkord, der das Bild neben dem Helldunkel beherrscht. Es handelt sich dabei keineswegs um eine geläufige Farbzusammenstellung, sondern zeigt Delacroix' neuartige Methode, jedem Thema den ihm gemäßen, unverwechselbaren Farbklang zu verleihen. Die subjektive Anteilnahme des Malers sollte so unmittelbar über die Farbe – nicht über die Reflexion des Inhalts – im Betrachter eine gleichgerichtete Stimmung auslösen. Dies führt zu einer bemerkenswerten Umdeutung des Helldunkels gegenüber den barocken Bildern. Im Bild »Die Freiheit führt das Volk an« ist das Helldunkel nicht mehr ein der gegenständlichen Welt vorgeordnetes kosmisches und moralisches Prinzip, sondern das Ergebnis der Zusammenstellung heller bis weißer und dunkler bis schwarzer und dunkelblauer Gegenstandsfarben, die durch das reine Rot ergänzt und so zum Farbklang der Trikolore werden.

Théodore Géricault
Die irrsinnige Neiderin, 1822/23
Öl auf Leinwand, 72 x 58 cm
Lyon, Musée des Beaux-Arts

Besonders die Hintergründe werden von Delacroix schon ab 1824, erstmals im »Massaker von Chios« (Abb. S. 432), von der Unfarbigkeit des Helldunkels befreit und zeigen nun ein jeweils spezifisches intensives Kolorit; in dem genannten Bild: Blau, Ocker und Grünlich, im Bild von 1830: Blau und Weiß. Seit den dreißiger Jahren zerlegte Delacroix – angeregt durch die bunten orientalischen Gewänder, die ihn auf seiner Marokkoreise von 1831/32 faszinierten – die Buntfarben an den Figuren in kleine Partikelchen von reiner Farbe, die dem Bild kostbaren Glanz verleihen, so etwa in seinem berühmten Gemälde »Die Frauen von Algier in ihrem Gemach« (Abb. S. 433) von 1834.

Delacroix' Hauptleistung für die Entwicklung der Malerei des 19. Jahrhunderts, die erst in den späten vierziger Jahren zum Tragen kommt, ist die Farbteilung nach dem Prinzip des Komplementärkontrasts. Seiner Erkenntnis nach steigern sich im Farbkreis nahe liegende Farben in nächster Umgebung,

John Constable
Das weiße Pferd, 1819
Öl auf Leinwand, 131,4 x 188,3 cm
New York, The Frick Collection

während sich gegenüberliegende (Rot-Grün, Gelb-Violett, Blau-Orange) in größerer Nähe gegenseitig abschwächen. Nach diesem Prinzip sind Gesamtaufbau und Farbigkeit der Einzelflächen in seinen Bildern seit der Jahrhundertmitte gestaltet. Während der Komposition als ganzer kontrastierende Farben zugrunde liegen, etwa Rot und Blau oder Rot und Grün, werden die Einzelflächen dadurch in ihrer Intensität gesteigert, daß sie aus vielen kleinen Strichen bestehen, in denen die verschiedensten Grüns oder Rots eine Fläche bilden. Die derart gesteigerte Farbigkeit dient der Poetisierung der Welt, ihrer Verklärung zu höherer Schönheit und Sinnlichkeit. Diesem Zweck entsprechende Themen entnahm Delacroix der Dichtung, ihrer Gestaltung von Kriegs- oder Liebesleidenschaft. William Shakespeare (1564–1616), Goethe, Torquato Tasso und Dante sind seine Vorbilder. Die Gegenwart war für ihn dann interessant, wenn sie sich als Stoff für die Poetisierung durch die Malerei eignete; so der griechische Befreiungskampf oder sonstige Kämpfe etwa bei der Löwenjagd und möglichst mit berittenen Orientalen –, alles Themen, in denen für ihn eine gesteigerte Sinnlichkeit zum Ausdruck kam.

Freilichtmalerei in England und Frankreich

Anreger für diese Farbteilung, die schließlich der Ausgangspunkt des Impressionismus wurde – hier allerdings nicht unter dem Vorzeichen des Komplementärkontrasts, sondern dem des Freilichts, des Sonnenlichts –, war der englische Landschaftsmaler John Constable (1776–1837). Seine drei Bilder, die 1824 im Pariser Salon ausgestellt waren, darunter der berühmte »Heuwagen« (Abb. S. 464), wirkten revolutionierend auf die französische Malerei und von hier aus auf die Maler des gesamten Kontinents. Über Constables Prinzip der Farbzerlegung berichtet Delacroix, der ihn vermutlich im Anschluß an die Pariser Ausstellung im Mai oder Juni 1825 in London aufsuchte, in seinem Tagebuch vom 25. September 1846. Darin heißt es: »Constable sagte, daß die Überlegenheit des Grüns seiner Wiesen daher käme, daß es aus einer Vielzahl verschiedener Grüns zusammen gesetzt sei. Die mangelnde Intensität des Grüns bei den normalen Landschaften gründete gerade darin, daß sie es gewöhnlich durch einen einzigen Ton darstellten. Was er hier über das Grün der Wiesen sagte, kann auf alle anderen Farben angewandt werden«, was Delacroix selbst durch seine Bilder bewies.

Constable zerlegt die Farbe in einzelne kleine Striche, in denen die verschiedensten Farb- und Helligkeitswerte nebeneinanderstehen. Schwärzliche und weiße Striche bezeichnen in diesen vibrierenden Flächen Helligkeit und Dunkelheit und zugleich Oberfläche und Tiefe. Die erzielte Wirkung ist die von dichter, lebendiger Fülle, wie sie vorher in der Landschaftsmalerei niemals dargestellt worden war. Die Naturräume in den Bildern Constables erscheinen vom Himmel bis zur Erde, von der Ferne bis zur Nähe, von Materialteilchen erfüllt, die vom Licht getroffen sind. Es herrscht eine glitzernde und zugleich saftige, feuchte Atmosphäre üppigen Wachstums. Constable gelingt es damit, die Wirkung der englischen Baum- und Wiesenlandschaft, die das 18. Jahrhundert hinterlassen hatte, durch rein malerische Ausdrucksmittel wiederzugeben. Seine Farb- und Helldunkelstriche sind nicht beobachtet, sondern die malerische Umsetzung eines Gesamteindrucks auf bisher unbekannte Weise.

Wie bei Delacroix handelt es sich um den individuellen Ausdruck eines Naturerlebnisses, für dessen Darstellung der Maler sich nicht mehr auf die bekannten Regeln bezieht, sondern ein eigenes farbiges System gefunden hat, das seinem subjektiven Eindruck entspricht. Im Helldunkel drückt sich jetzt nicht mehr der theologisch-philosophische Gegensatz von gefallener dunkler Materie und göttlichem Licht aus. Es ist vielmehr Teil eines reinen Farbkosmos von großer Dichte und Differenziertheit, in dem alles farbige Materie geworden ist, die gleichermaßen am Licht und am Dunkeln teilhat. Baumstämme und Wolken sind hier prinzipiell von gleicher Art, wobei der verschiedene Dichtegrad der Materie verschiedene Durchdringungs- und Überlagerungsmöglichkeiten der Farbstriche zuläßt.

Nicht nur wegen seiner Farbstruktur ist Constable wegweisend für die Malerei des 19. Jahrhunderts, sondern auch wegen der Naturausschnitte, die er wählte. Er verabscheute die Kultur- und Gartenlandschaft der Großgrundbesitzer Englands, auf die man dort so stolz war und die sich die Maler des 18. Jahrhunderts zum Thema genommen hatten, und malte von der Gartenkultur nicht erreichte, teilweise intime, teilweise wilde oder verwilderte Gegenden des englischen Bauernlandes.

Ihm folgend haben sich die französischen Landschaften der sogenannten »Schule von Barbizon« oder »Fontainebleau« der »intimen Landschaft«, wie sie sie nannten, verschrieben. Sie hatten sich in die steinige Wiesen-, Heide- und Baumlandschaft bei Fontainebleau in der Nähe von Paris zurückgezogen, um hier, abseits vom Lärm der Großstadt, aber auch abseits von der Gartenkultur des Parks von Fontainebleau eine ursprüngliche, bisher nicht beachtete Landschaft ohne alle heroischen Gegensätze, die sonst die Landschaftsmaler angelockt hatten, zu malen. Wie die Werke Constables zeigen auch die Bilder der Maler von Fontainebleau – vor allem die von Théodore Rousseau (1812–1867), Jules Dupré (1811–1889) und Narcisse Diaz de la Peña (1808–1876) – eine fleckige, dichte materielle Struktur, die der Materialität ihres Gegenstandes in adäquater Weise nachkommen will. Das lichte Flimmern der Bilder Constables, das der Materie zugleich ihre Schwere nahm, findet man hier allerdings nicht. Am weitesten ist der nicht unmittelbar zu den Barbizon-Malern zählende Gustave Courbet (1819–1877) in seinen Landschaften gegangen, die er vor allem in jungen Jahren malte. Er verstand es, die Sprödigkeit steiniger Natur in der Sprödigkeit der Farbmaterie direkt nachzubilden.

Freilichtmalerei in Rom

Der eine Weg der Entstehung der Freilichtmalerei führte über England und Frankreich, der zweite über Rom. Diese Stadt war von jeher der Treffpunkt der Maler aus allen Ländern gewesen. Als erste waren im 13. Jahrhundert die Franzosen gekommen. Im 18. Jahrhundert kamen die Engländer hinzu, bei denen es nach der »Glorious Revolution« von 1688 üblich wurde, die Ausbildung eines Kavaliers mit einer Romreise zu krönen. Die englischen Maler schlossen sich diesem Brauch an, da die Reiselust natürlich die Nachfrage nach interessanten Ansichten fremder Länder steigerte. Es folgten schließlich die Deutschen seit der Mitte des 18. Jahrhunderts, denn in Rom wirkten ja ihre Neuerer auf dem Gebiet der Kunst: der Kunstschriftsteller Winckelmann und der Maler Mengs, der die von Winckelmann beschworene Sehnsucht nach antiker Größe und Natürlichkeit in monumentalen Gemälden zu verwirklichen suchte und hierin als Deutscher ein Weggenosse des Franzosen David war. Alle drei hatten sich gegen das höfische Rokoko gewandt und Moralität und Ernsthaftigkeit der Kunst gefordert.

Vor allem die in Rom lebenden Franzosen kannten schon im 17. Jahrhundert die direkt vor der Natur gefertigte Ölstudie. So berichtet Sandrart in seiner »Teutschen Academie der edlen Bau-, Bild- und Malerey-Künste« von 1675–1679, daß der Franzose Claude Lorrain solche Freilichtstudien gemacht habe. Auch im späten 18. und frühen 19. Jahrhundert waren es vor allem die Franzosen, die sich dieser Technik bedienten, während die Deutschen vorwiegend Zeichnungen vor der Natur machten und die Engländer sich durch ihre Aquarellmalerei auszeichneten.

Der in den zwanziger Jahren des 19. Jahrhunderts in Rom lebende deutsche Romantiker Ludwig Richter (1803–1884) berichtet in seinen »Lebenserinnerungen« von 1885 über den Unterschied zwischen den deutschen und den französischen Malern in Rom, wenn sie die Natur wiedergaben: »Die französischen Maler mit ihren Riesenkasten brauchten zu ihren Studien ungeheure Quantitäten von Farbe, welche mit großen

Gustave Courbet
Der Felsen von Etretat nach dem Gewitter, 1870
Öl auf Leinwand, 133 x 162 cm
Paris, Musée d'Orsay

Camille Corot
Ansicht von Genua, von der Promenade Acqua Sola aus gesehen, 1834
Öl auf Leinwand, 29,5 x 39 cm
Chigaco, The Art Institute of Chicago

Borstpinseln halb fingerdick aufgesetzt wurde. Stets malten sie aus einer gewissen Entfernung, um nur einen Totaleffekt, oder wie wir sagten, einen Knalleffekt zu erreichen. Sie verbrauchten natürlich sehr viel Maltuch und Malpapier, denn es wurde fast nur gemalt, selten dagegen gezeichnet; wir dagegen hielten es mehr mit dem Zeichnen als mit dem Malen. Der Bleistift konnte nicht hart, nicht spitz genug sein, um die Umrisse bis ins kleinste Detail fest und bestimmt zu umziehen. Gebückt saß ein jeder vor seinem Malkasten, der nicht größer war als ein kleiner Papierbogen, und suchte mit fast minuziösem Fleiß auszuführen, was er vor sich sah. Wir verliebten uns in jeden Grashalm, in jeden zierlichen Zweig und wollten keinen ansprechenden Zug uns entgehen lassen. Luft- und Lichteffekte wurden eher gemieden als gesucht; kurz, ein jeder war bemüht, den Gegenstand möglichst objektiv, treu wie im Spiegel, wiederzugeben.«

Mit den deutschen Malern sind hier diejenigen gemeint, die der nazarenischen bzw. klassizistischen Tradition anhingen, der sich Richter wie die Mehrzahl der deutschen Künstler verbunden fühlte. Es gab jedoch in den zwanziger Jahren in Rom auch den Maler Karl Blechen (1798–1840) aus Berlin, der als Kolorist durchaus dem Franzosen Jean-Baptiste Camille Corot (1796–1875) und dem Engländer William Turner (1775–1851) an die Seite zu stellen ist, deren Romaufenthalte in die gleiche Zeit um 1828 fallen. Die beiden letzteren gehören zu den bedeutendsten Malern des frühen 19. Jahrhunderts. Corot wurde nach seiner Rückkehr aus Rom in Paris zu einem der Begründer der »Schule von Barbizon«. Schon in den während seines Romaufenthaltes entstandenen Studien entwickelte er einen helltonigen Kolorismus, wie er erst am Ende des 19. Jahrhunderts allgemein die Farbskala der Landschaftsmaler kennzeichnen sollte. Denn erst durch den Impressionismus wurde die helltonige Freilichtmalerei zum allgemeinen Prinzip erhoben. Corots frühe Skizzen bestehen jedoch – ganz anders als die impressionistischen Bilder – aus breiten, in sich fast monochromen, aber belebten Farbflächen, die sich häufig mit dunkleren Rändern gegen die nächste in sich homogene Farbfläche absetzen. Die ehemals das ganze Bild erfassende Helldunkelmodellierung ist hier zugunsten einer Malerei in Farbflächen ohne starke Unterschiede im Helligkeitsgrad aufgegeben.

Eine ähnliche Flächigkeit findet sich auch in den etwa gleichzeitigen italienischen Skizzen Blechens. Doch anders als Corot liebte er eine fahle Farbigkeit, in der warme Rottöne fehlen: Ocker und Violett, Weiß und Blau oder Weiß, Blau und Schwarz stehen nebeneinander. Man erkennt darin ein ähnliches Prinzip wie bei Delacroix: Jedes Bild hat den ihm eigenen, seiner spezifischen Stimmung entsprechenden Farbklang bzw. Farbkontrast, wobei Blechen extreme Gegensätze liebte und sich für ausgebrannte, vegetationsarme Gegenden interessierte, in denen die Felsen den Charakter von gebleichten Knochen haben können. Schon dies mußte ihm den Unmut der deutschen Kritiker einbringen, die daran gewöhnt waren, in Italien das irdische Paradies mit fröhlichen Landleuten und einer lieblichen, üppigen Natur vorgestellt zu sehen. Die Landschaft sollte möglichst in das idyllische Licht getaucht sein, das man aus den Bildern Lorrains kannte. Der extreme Subjektivismus in Standortwahl und Farbigkeit störte sie ebenso an den Bildern Blechens wie das Fehlen eines alle Teile verbindenden Gesamttons.

William Turner
Rom, vom Aventin aus gesehen, 1836
Öl auf Leinwand, 91,6 x 124,6 cm
Privatbesitz

Turner schließlich, der große englische Landschaftsmaler, der sich 1819 und 1828/29 in Italien, vor allem in Rom und Venedig, aufhielt, war in seiner Lichtmalerei zwar durch Lorrain angeregt, kam aber zu ganz anderen Ergebnissen als dieser Maler des 17. Jahrhunderts. Licht erscheint nicht, wie bei Claude Lorrain, als immaterieller Glanz, der durch die Lasurtechnik erzeugt wird, sondern ist unmittelbar an eine bestimmte Farbigkeit oder Helligkeit der einzelnen Pinselstriche gebunden. Wie andere Maler dieser Generation baute auch Turner jedes Bild auf einem nur ihm eigenen Farbkontrast auf; und möglicherweise war er darin der Anreger Blechens: zum Beispiel Schwarz-Braun-Gelblichweiß oder Gelb-Rot oder Schwarz-Ocker-Weiß-Blau. Dabei ist das bildliche Thema nur Anlaß für die Entwicklung dieser Farbkontraste. Indem er die Farbe weitgehend autonom setzt und von gegenständlichen Bedingungen löst, wird sie ihm zum Ausdrucksmittel für den Kampf elementarer Kräfte im Universum, die als Licht und Dunkel oder Witterungserscheinungen vorgeführt werden. Es gibt Kompositionen, die schon in ihrer wirbelnden Bewegung und durch ihren Titel unmittelbar auf kosmische Kräfte verweisen wie »Schatten und Dunkelheit – Der Abend der Sintflut« und »Licht und Farbe – Am Morgen nach der Sintflut«, beide um 1843 (London, Tate Gallery).

Auf naturwissenschaftlicher Farbanalyse fußend, wurde hier eine subjektive Sicht des Kosmos vorgeführt, wie sie erst wieder die Künstler des »Blauen Reiters« im frühen 20. Jahrhundert, vor allem Franz Marc (1880–1916) und Wassily Kandinsky (1866–1944), angestrebt haben. In beruhigter Form und ohne den Anspruch der Weltdeutung haben Turners autonome Farbräume auf den Impressionismus gewirkt. Man erkennt diesen Einfluß sehr deutlich in Claude Monets (1840–1926) Bild »Impression – Soleil levant« (Abb. S. 479) von 1872, das der impressionistischen Bewegung ihren Namen gab.

Wie man sieht, gibt es bei der in diesem Abschnitt angesprochenen Gruppe von Koloristen ebenfalls Idealisten und Realisten – meist verbanden sie aber beide Seiten miteinander. Man sprach übrigens im frühen 19. Jahrhundert meist nicht von Realismus, sondern von Naturalismus und meinte damit, der Künstler habe sich auf der einen Seite zu sehr der flüchtigen, nicht idealistisch veredelten Naturerscheinung hingegeben, auf der anderen die Farbe als das subjektivste künstlerische Mittel zuwenig durch die Linie gebändigt. In diesem Sinne sind Constable und die Maler der »Schule von Barbizon« Realisten bzw. Naturalisten. Blechen dagegen begnügte sich in seinen Landschaften nicht mit der Konstatierung und Feier des Tatsächlichen in subjektivistischer Umsetzung, sondern gab zugleich eine pessimistische Weltdeutung, die ihn als Antipoden der Romantiker erscheinen läßt. Bei diesen war das Licht immer Zeichen göttlicher Verklärung. Blechen konstatierte demgegenüber, daß dem Licht diese gnädige Seite fehle. Doch in dieser Umkehrung liegt immer noch der Verweis auf die romantische Weltdeutung.

Corot ist in seinen Skizzen aus der Frühzeit, die vor allem koloristische Kostbarkeiten sind, Realist. Doch in seinen großen Salonbildern, die etwa seit der Mitte des 19. Jahrhunderts entstanden, den bekannten flimmernd grausilbrigen Baumgruppen an Flußufern, führt er das Licht, angeregt wiederum durch Landschaften Claude Lorrains, erneut als Element ein, das einer liebenswürdig-idyllischen Welt einen paradiesischen Glanz verleiht (Abb. S. 434). Er ist in diesen Bildern – trotz der strichelnden Pinselschrift, die auf den Impressionismus verweist – Idealist, wenn nicht Romantiker. Und diese Form des Kolorismus war beim Publikum die bei weitem geschätzteste.

Turners Kolorismus mit seiner kosmischen Weltdeutung hat trotz seiner pastosen Farbstruktur nichts mit Realismus zu tun. Es sind in Farben umgesetzte Visionen des Weltzusammenhanges, die – allerdings ohne die liebevoll-einfühlsame religiöse Haltung – im Prinzip denen Runges ähneln, der ja auch wissenschaftliche Farbstudien machte. Doch während Runges Darstellungen allegorische Verbildlichungen neuplatonischer Lichtmetaphysik sind, basieren Turners Bilder auf den weiträumigen, rein sachlichen Veduten (Ansichten) des 18. Jahrhunderts, denen er durch seinen auf farbtheoretische Überlegungen und die Freilichtmalerei gegründeten Kolorismus einen neuen Sinn verleiht.

Eine sehr verwandte Form der imposanten Landschaftsmalerei wurde durch den Engländer John Crome (1768–1821) nach Amerika übertragen. Frederic Edwin Church (1826–1900), der große amerikanische Maler von Naturpanoramen, der seit den vierziger Jahren ausstellte, ist sein Schüler. In seinen Ansichten wird die Weiträumigkeit solcher Landschaftskompositionen zum Symbol für die Größe und Weiträumigkeit des amerikanischen Kontinents.

Realistische Historienmalerei und sozial engagierter Realismus in Frankreich

Realismus in der Landschaftsmalerei ist sowohl durch seine Motivik charakterisiert – unscheinbare Gegenden jenseits der Acker- oder Gartenkultur und abseits von den touristisch anziehenden Punkten der Erde – als auch durch die Darstellungsweise: Die Farbmaterie wird zum Symbol für die Materialität der Welt. Da diese Gattung der Malerei schon frühzeitig auf den freien Kunstmarkt verwiesen war, wurden hier die akademischen Regeln zuerst über Bord geworfen. Doch galt weiterhin als höchste Aufgabe der Kunst die Darstellung des Menschen.

Auf diesem Gebiet hatten bis 1848 in Frankreich Delacroix und Ingres die Maßstäbe gesetzt. Nachfolger Ingres' wie Thomas Couture (1815–1879) huldigten einem durch erotische Momente gefällig gemachten bühnenmäßigen Klassizismus. Théodore Chassériau (1819–1856), ein ehemaliger Ingres-Schüler, hatte sich seit den späten vierziger Jahren Delacroix angeschlossen und setzte dessen poetischen Kolorismus fort. Er teilte auch Delacroix' Vorliebe für Frauendarstellungen und exotische Themen. Diese hatten sich bei den sogenannten Orientalisten wie Alexandre Gabriel Decamps (1803–1860) zur eigenen Gattung verselbständigt. Neben dem Maler der modernen Kriege, Emile Jean Horace Vernet (1789–1863), waren seit den dreißiger Jahren Jean Louis Ernest Meissonier (1815–1891) und Paul Hippolyte Delaroche (1797–1856), Maler historischer Genreszenen, die eigentlichen Publikumslieblinge. Sie verbanden koloristische Versiertheit mit dem Interesse an detailgetreu vorgetragenen Momentaufnahmen aus der Geschichte. Diese Form des »historischen Genrebildes« hatte in Belgien ihren Ursprung, wo mit der Loslösung dieses Staates aus dem 1815 gegründeten Königreich der Vereinigten Niederlande im Jahre 1831 in Rückbesinnung auf die historische und künstlerische Vergangenheit durch die Maler Louis Gallait (1810–1887) und Edouard de Bièfve (1808–1882) eine patriotisch orientierte Historienmalerei großen Stils entstand. Die Themen dieser Ereignisbilder – die häufig im öffentlichen Auftrag gemalt oder vom Staat angekauft wurden – entstammten der Vergangenheit des Befreiungskampfes gegen die spanische Herrschaft im 16. Jahrhundert. Diese Bilder erregten in ganz Europa Aufmerksamkeit. Man sah hier eine der bürgerlichen Herrschaft entsprechende und durch ihren Realismus ansprechende Historienmalerei.

Als die belgischen Bilder 1845 erstmals in Deutschland gezeigt wurden, bedeutete dies das Ende der bis dahin herrschenden klassizistischen Historienmalerei. Führende Häupter der klassizistischen Schule in Deutschland wie Cornelius oder Moritz von Schwind (1804–1871) in Österreich und ihre Anhänger wehrten sich dadurch, daß sie den Klassizismus wegen seiner strengen Moralität, die man mit Tiefe gleichsetzte, zur typisch deutschen Kunst erklärten, während der Realismus der Genrehistorie, in der es ebenso um das Drum und Dran der historischen Ereignisse wie um die hehren Hauptfiguren ging, als verwerflich und »oberflächliches Franzosentum« gebrandmarkt wurde. Die historische Genremalerei, zu der die effektvolle Darstellung der Stofflichkeit mit farbigen Pointen gehörte, setzte sich in Deutschland erst mit Piloty durch, durch dessen Werke der Klassizismus auch hier endgültig überwunden wurde. Alle diese Darstellungen »geschichtlicher Unglücksfälle«, wie Schwind formulierte, forderten vom Betrachter mitleidende Anteilnahme. Die Welt ist hier eindeutig in Gute und Böse, Edle und Unedle eingeteilt, und das Schicksal schlägt erbarmungslos zu. Der moralische Anspruch des Klassizismus lebte auf dem Niveau des historischen Schauerromans weiter, der auch den Ungebildetsten mit den patriotischen Legenden bekanntmachte.

Diese Malerei fand zwar die Gunst des Publikums, erregte jedoch die Bedenken der Kritiker hinsichtlich der Würde der Kunst. So tauchte immer wieder die Frage auf, ob eine solche Oberflächlichkeit das notwendige Ergebnis einer für breite Schichten des Bürgertums bestimmten Kunst sei oder ob nicht gerade durch die Kunst ein den demokratischen Idealen des zur Macht gekommenen Bürgertums angemessenes Menschenbild propagiert werden müsse. Man fragte sich, ob es nicht eine Würde des Menschen gerade dort gäbe, wo historische Größe nicht existierte und menschliche Größe sich ohne jede Verzierung im Alltag zeigte.

Gegenstand der Maler, die sich seit 1848 solche Vorstellungen zu eigen machten, war der Bauer, der aus dem Blickwinkel des Stadtbürgers abseits von der Geschichte gelebt zu haben schien. Das bäuerliche Leben war schon vor 1848 der Inhalt der sogenannten Genre- oder Sittenmalerei des Biedermeiers gewesen. In dieser sehr beliebten Gattung war die Enge und Beschränktheit des ländlichen Lebens, dessen Bedingungen mit dem Beginn der Industrialisierung nicht leichter geworden waren, als gottgefälliges, genügsames und zufriedenes Leben dargestellt worden. Dabei wurden durchaus Unterschiede gemacht zwischen denen, die wegen ihres Fleißes und ihrer Frömmigkeit verdientermaßen das »Glück in der Beschränkung« (Jean Paul, 1763–1825) genießen durften, und denen, die nicht dazugehörten. Die Vorstellung Kochs, daß in der Gemeinschaft der Alpenbauern die zukünftige Gesellschaft Gleicher vorgebildet sei, ist nicht mehr der Inhalt solcher Darstellungen. Vielmehr geht es in ihnen um das als das Glück vorgestellte bescheidene Sicheinfügen in die gegebenen Verhältnisse, wie dies in der Theorie der »Idylle«, der solche Genrebilder zuzurechnen sind, auch ausgesprochen wurde.

Die wenigen sozial engagierten Bauernbilder des Wieners Ferdinand Georg Waldmüller (1793–1865) aus den fünfziger und sechziger Jahren zeigen allerdings Konsequenzen der Beschränkung, die das Glück fragwürdig erscheinen lassen. Jedoch ist in einem Bild wie dem »Notverkauf« (Abb. S. 455) der Familienzusammenhang – eine der Grundlagen des »Glücks in der Beschränkung« – nur fester geworden angesichts des Unglücks, wenn das letzte Kalb geholt wird. Diejenigen, die das Kalb mitnehmen, sind nur augenblicklich glücklichere Menschen desselben Standes, gegen die sich eine Anklage nicht richten kann. Die ganze Szene ist vor allem dazu da, die verschiedenen Reaktionen dieser Menschen angesichts des widrigen Schicksals vorzuführen. Das Unglück erscheint als besonders günstiger Vorwand für die Charakterdarstellung, um die es in der Genremalerei des 19. Jahrhunderts vor allem ging. Die Engländer des späten 18. und frühen 19. Jahrhunderts, vor allem David Wilkie (1785–1841), sind hier die Anreger gewesen. Im Falle Waldmüllers bewirkt das gottergebene Sich-ins-Schicksal-Fügen der Landleute Sympathie bei Maler und Betrachter. Im Grunde ist diese Malerei vom gleichen Prinzip geleitet wie die Genrehistorie eines Delaroche oder Piloty, nur daß es bei der reinen Genremalerei nicht um herausragende historische Persönlichkeiten, sondern um Leute aus dem Volk geht, die in der gleichen Weise wie die Großen ihr Schicksal haben und tragen.

Schon ein Blick auf Jean-François Millets (1814–1875) »Ährenleserinnen« (Abb. S. 442), die etwa gleichzeitig entstanden, genügt, um die völlig andere Absicht dieses Künstlers zu erkennen. Honoré Daumiers (1808–1879) »Wäscherin« (Abb. S. 440), Millets »Sämann« (Boston, Museum of Fine Arts), Courbets »Steinklopfer« (1945 zerstört; ehemals Dresden, Gemäldegalerie) und auch dessen »Kornsieberinnen« (Abb. S. 443) haben eines gemeinsam: Bei allen sind die Gesichter entweder abgewandt, oder die Physiognomie ist so stark reduziert, daß von individuellen Charakteren (wie etwa bei Wilkie oder Waldmüller) nicht mehr die Rede sein kann. Zudem sind diese Personen nicht in einem dramatischen Moment schicksalhafter Entscheidung vorgeführt, sondern während der immer gleichen Arbeit, die ihr Leben ganz und gar bestimmt. Und diese Bestimmung wird durch die Bilder ausgedrückt: Die Bewegungen und Haltungen sind durch nichts anderes als durch die Arbeit geprägt und allein ihr adäquat. Meist ist die Haltung dieser Menschen gebückt, manchmal erscheinen sie unter den Horizont gedrückt – zum Zeichen ihrer ewigen Knechtschaft, wie Courbet es für seine »Steinklopfer« formulierte. Wenn sie in freier Bewegung vor dem Himmel erscheinen, wie Millets »Sämann«, der 1850/51 im selben Salon wie Courbets »Steinklopfer« und sein »Begräbnis zu Ornans« (Abb. S. 444/445) ausgestellt war, so ist es wiederum nur die Beherrschung ihrer Arbeit, die diese Bewegung hervorbringt.

Jean Auguste Dominique Ingres
Bildnis Madame Inès Moitessier, 1856
Öl auf Leinwand, 120 x 92,1 cm
London, National Gallery

Die Natur ist in diesen Bildern spärlich und karg, reines Arbeitsmaterial. Sosehr es zwischen den Künstlern persönliche Varianten geben mag, eins bleibt gemeinsam: In allen diesen Bildern werden die Angehörigen der untersten Klasse in monumentaler Größe bei ihrer Arbeit denkmalhaft dargestellt, wie dies nach den Regeln der Kunst nur der herrschenden Klasse zukam. Daß die Bauern zudem noch die besondere Verachtung der Stadtbürger als unkultivierte barbarische Zeitgenossen erfuhren, machte das Sakrileg solcher Kunstwerke noch schlimmer.

Der Schriftsteller Jules Champfleury (1821–1889) schrieb in einem Artikel von 1855 über die Separatausstellung des Freundes Courbet: »Man will nicht zugeben, daß ein Steinklopfer ebensoviel wert ist wie ein Prinz. Der Adel entrüstet sich, daß so viel Meter Leinwand Leuten aus dem Volk zuteil wurden. Nur die Herrscher haben das Recht, in ganzer Figur dargestellt zu werden ...« Alles, was solchermaßen dem guten Geschmack und den guten Sitten widersprach, wurde mit dem Schimpfwort »Realismus« belegt, wie Champfleury mitteilt. Diesen Begriff machte Courbet jetzt zu einem Kampfruf und schrieb ihn über seine Ausstellung von 1855 zum Zeichen, daß er sich in der Wahl seiner Themen nicht beschränken ließe und daß die Malerei gerade die Würde der als häßlich verschrienen Gegenstände zum Ausdruck bringen könne und solle. Es war die erste Ausstellung eines »Unabhängigen« neben der Offiziellen Salonausstellung während der Pariser Weltausstellung von 1855. Es sollten noch viele folgen, sie begleiten den Weg der modernen Kunst.

Im Gegensatz zu Millet verstand sich Courbet als Revolutionär und Republikaner und stellte dies durch seine aktive Teilnahme an der Pariser Kommune von 1870 öffentlich klar. Millet dagegen lehnte die Ehre, zum Künstler der Kommune ernannt zu werden, ausdrücklich ab und erklärte mehrfach, daß seine Malerei mit Politik nichts zu tun habe, vielmehr allein menschlicher Anteilnahme entspringt. Gerade im demütigen Sichfügen sieht er die moralische Größe der Bauern, die Notwendigkeit ihres Daseins und damit dessen Würde im unmittelbaren Bezug zur Fruchtbarkeit der Erde. Er schreibt: »Ich versuche, die Dinge so zu zeigen, daß die Notwendigkeit ihres Zusammenhangs deutlich wird, anstatt daß sie wirken, als hätte der Zufall sie zusammengebracht. Ich will das Volk so malen, daß man ihm ansieht, daß es zu seinem Stand gehört und daß es auf den Gedanken nicht käme, jemals etwas anderes sein zu wollen.«

Die Bilder hatten also wenig zu tun mit einem Kampf gegen die Vertreibung der durch Schulden verarmten Bauern von ihrem Land. Immerhin war die Zugrunderichtung des Bauernstandes durch das Kapital seit den vierziger Jahren eine von vielen Intellektuellen beklagte Tatsache. Doch wird man Millets Bilder kaum in Zusammenhang bringen können mit Pierre-Joseph Proudhons (1809–1865) Angriff auf das Grundeigentum als Ursache der Armut. Auch Courbet hatte mit seinen »Steinklopfern« nichts Derartiges im Sinn gehabt und wurde erst von seinem Freund Proudhon nachträglich überzeugt, daß er ein nicht nur im künstlerischen Sinne revolutionäres Bild geschaffen habe. Denn Proudhon berichtet, daß die Bauern von Courbets Geburtstadt Ornans das Bild hatten erwerben und auf den Hauptaltar ihrer Kirche stellen wollen, was immerhin ein Akt der Respektlosigkeit gegenüber der herrschenden Ordnung gewesen wäre, der einer Kampfansage gleichgekommen wäre.

Die Würde der verarmten Kleinbauern wurde jedoch auch von ganz anderen Fürsprechern beschworen, etwa von dem Historiker Jules Michelet (1798–1874), der 1846 ein ausführliches Werk mit dem Titel »Das Volk« veröffentlichte. Hierin wird das Verderben Frankreichs prophezeit, wenn seine besten Mitglieder, die kleinen Bauern, dem Ruin überlassen würden; denn sie hätten ihren Heroismus nicht nur in ihrem ewigen Kampf mit der Erde unter Beweis gestellt, sondern auch als Soldaten der Napoleonischen Heere. Die Liebe der Bauern zur Erde Frankreichs und zu Frankreich als Vaterland wird als nationales Vorbild hingestellt, dem um der Größe Frankreichs willen Gerechtigkeit zu widerfahren habe gegen die bürgerlichen Krediteure, die den Bauernstand vernichteten.

Wie man sich auch dazu stellen mochte, die Bauernfrage war seit den vierziger Jahren zur nationalen Frage geworden. Im Zuge dessen wurde die Armut des Bauern oder Landarbeiters auch zum Thema der Kunst. Wenigstens die Kunst sollte einer Klasse Gerechtigkeit widerfahren lassen, die durch ihren notwendigen und aufopfernden Dienst eine besondere Würde gewonnen hätte. Das Ziel war jedoch Wahrhaftigkeit in der Kunst, nicht Unterstützung eines politischen Kampfes durch die Kunst, die allerdings von Courbet im Gegensatz zu Millet nicht abgelehnt wurde.

Daß der moderne Künstler, wie Courbet ihn verstand, alle Klassen ohne Ansehen der Person zum Thema der Kunst zu machen habe, zeigt sein berühmtes »Atelier« (Abb. S. 446), das er zusammen mit den »Steinklopfern« und dem »Begräbnis zu Ornans« in seiner Separatausstellung von 1855 zeigte. Der Künstler wird in diesem Bild als derjenige vorgestellt, der durch seine Arbeit die Gleichheit aller Menschen beschwört, indem sie als Individuen und als Gegenstände der Malerei gleichen Wert für ihn haben.

(Die Bildbeschreibungen auf den Seiten 423 unten, 425 unten, 436 oben, 437 unten, 438 unten, 439 unten, 466 unten, 468 unten, 471 unten und 474 oben verfaßte Annemarie Menke-Schwinghammer, die auf Seite 444f. der Herausgeber)

PIERRE-PAUL PRUD'HON
1758–1823

Napoleon gab den Auftrag zu diesem Porträt seiner Frau wenige Monate nach ihrer Krönung. Obwohl der Kaiser schon erwogen hatte, sie wegen ihrer Unfruchtbarkeit zu verstoßen, war es Joséphine gelungen, ihn noch vor dem Krönungstag zur kirchlichen Trauung zu bewegen. Sie mußte jedoch befürchten, daß Napoleon sie trotz Krönung und Trauung verstoßen würde, was 1809 auch geschah.

Prud'hon zeigt die Melancholie und Einsamkeit der mit dieser Situation konfrontierten Frau. Sie sitzt, den Kopf leicht aufgestützt, in anmutig-nachlässiger Haltung auf einem Felsvorsprung im Park von Malmaison, abgeschieden von der Gesellschaft, deren Gestus sie noch repräsentiert. Die Darstellung schließt sich an traditionelle bildsprachliche Mittel der englischen Malerei des 18. Jahrhunderts an, in der die Melancholie des künstlerisch-intellektuell veranlagten Menschen in ähnlicher Weise verdeutlicht wurde. Mit Einfühlung hat Prud'hon den inneren Zustand Joséphines beschrieben, der in der herbstlich-düsteren Stimmung der Natur eine Entsprechung findet, sowie den besonderen Zauber, der von dieser Frau ausging, die eine auf der Insel Martinique geborene Kreolin war. Das Rätselhafte ihres Blickes erinnert an sein großes Vorbild Leonardo da Vinci, auf den auch das Sfumato, der seidige, samtartige Glanz des Bildes und die weiche Malweise, zurückgeht.

Pierre-Paul Prud'hon
Kaiserin Joséphine
in Malmaison, 1805
Öl auf Leinwand,
244 x 179 cm
Paris, Musée National
du Louvre

FRANÇOIS GÉRARD
1770–1837

Juliette Bernard, seit 1793 mit dem sehr viel älteren Jacques Rose Récamier verheiratet, versammelte in ihrem Pariser Salon Künstler und Oppositionelle gegen Napoleon. Ihre Schönheit war berühmt. So gefiel es ihr sehr, daß Gérard in diesem Porträt vor allem ihren Liebreiz betonte. Bereits fünf Jahre zuvor hatte sie Gérards Lehrer Jacques-Louis David mit einem Bildnis beauftragt, das aber ihren Ansprüchen nicht genügte, so daß es unvollendet blieb (Abb. S. 365). In dieser Darstellung liegt sie in einem kahlen, klassizistisch kühlen Raum, ausgestreckt auf dem nach ihr benannten Möbel, der »Récamiere«. Gérard hingegen zeigt sie in einer jedenfalls teilweise natürlichen Umgebung, und er läßt die sanft geschwungenen Linien ihrer Pose und die Farben ihrer Haut durch die Formen und Farben in ihrer Umgebung nachklingen.

Durch ihre leicht gedrehte Haltung gelingt es dem Maler, den Oberkörper der jungen Frau im tief dekolletierten Empire-Kleid, das die Brust kaum noch verhüllt, genauso wirkungsvoll zu präsentieren wie ihre nackten Füße und die beiden Schenkel. Kleidung und Haltung erschienen damals als natürlich, als bewußter Gegensatz zu Zwang und Pose des überwundenen Rokoko. Insofern belegt der große Erfolg dieses Porträts auch eine neue politische Haltung und ein verändertes, zukunftsweisendes Menschenbild.

François Gérard
Madame Récamier, 1805
Öl auf Leinwand, 225 x 145 cm
Paris, Musée Carnavalet

Antoine-Jean Gros
Bonaparte auf der Brücke von Arcole, 17. November 1796, 1796
Öl auf Leinwand, 73 x 59 cm
Paris, Musée National du Louvre

Antoine-Jean Gros
Napoleon auf dem Schlachtfeld von Preußisch Eylau, 9. Februar 1807, 1808
Öl auf Leinwand, 533 x 800 cm
Paris, Musée National du Louvre

ANTOINE-JEAN GROS
1771–1835

Aus einem historischen Geschehen – der Erstürmung der von den Österreichern besetzten Brücke von Arcola – hat Gros allein das Porträt Napoleons ausgewählt; er zeigt ihn in dem Augenblick, in dem er an der Spitze seiner Truppen, mit wehenden Haaren und die Fahne schwingend, dem Sieg entgegenstürmt. Die zwingende, ungestüme Kraft, die von ihm ausgeht, hat der Maler durch das in wirbelnden Pinselstrichen skizzierte Umfeld gesteigert, das den tatsächlichen Schauplatz unklar und nur emotional erahnen läßt.

Die Darstellung Napoleons, der voll in seiner Dynamik als Feldherr gezeigt wird, auf der sein Ruhm gründet, und der gleichzeitig aus dem Zusammenhang des turbulenten Ereignisses isoliert ist, hat Gros zu einem allgemeingültigen psychologischen Porträt des »großen Menschen« erhoben, zu dem der Triumph des Sieges ebenso gehört wie die Einsamkeit des genialen Führers. Napoleons Gesichtszüge vermitteln absolute Entschlossenheit, von seinen Gesten geht geradezu magische Wirkung aus, wie hier auf die Soldaten, die er im Kampf anspornt. Mit dem Blick zurück stellt Gros gleichzeitig eine Verbindung zur Vergangenheit der »Grande Nation« her, aus der auch Napoleon seine Motivation bezog und auf die auch die im Bild nur angedeuteten Farben der Trikolore verweisen.

25 000 Tote und Verwundete waren das Ergebnis der mörderischen Schlacht bei Preußisch Eylau, in der Napoleon einen knappen Sieg über die russische Armee errang. Um seine Menschlichkeit zu demonstrieren, ließ der Kaiser einen Wettbewerb für ein Erinnerungsbild an die Schlacht ausschreiben, dessen Inhalt bis ins Detail – »Napoleon mit tröstendem Blick« – vorgeschrieben war.

Der Kaiser reitet am Tag nach dem Gemetzel über das Schlachtfeld. Der Zug ist ins Stocken geraten, weil eine Gruppe verwundeter Feinde die Aufmerksamkeit Napoleons auf sich zieht. Er wendet sich einem litauischen Offizier zu, der sich offenbar anschickt, aus Dankbarkeit für die vom Kaiser angeordnete Hilfe das Adleremblem an seinem Stiefel zu küssen. Napoleon bringt mit klagender Geste und zum Himmel gerichteten Blick seine Erschütterung zum Ausdruck. Während sich das Sanitätspersonal in Wirklichkeit nur den Franzosen widmete, kümmert sich hier der Kaiser allein um den Gegner. Gleichzeitig wird seine Barmherzigkeit noch dadurch glorifiziert, daß er sie gegenüber einem als barbarisch charakterisierten Feind ausübt. Gros ist es gelungen, den Verursacher und Sieger des Krieges als einen Menschen zu zeigen, der den Krieg als ein von ihm ungewolltes Übel beklagt. Napoleon hat ihn dafür persönlich mit dem Kreuz der Ehrenlegion ausgezeichnet.

Wie sehr Gros' Darstellungen der Schlacht Napoleon entsprach, verdeutlicht ein Brief, den er am Tag nach dem Sieg an Joséphine schrieb: »Gestern war eine große Schlacht. Der Sieg blieb mir, aber ich habe große Verluste gehabt; die des Feindes, die noch größer sind, trösten mich nicht.«

THÉODORE GÉRICAULT
1791–1824

Die Anregung zu diesem Bild, das Géricault auf dem Pariser Salon von 1812 schlagartig berühmt machte, erhielt der Maler auf einem Volksfest in Saint-Cloud, wo sich ein vom Lärm und Getriebe verängstigtes Pferd plötzlich aufbäumte. Noch am selben Abend fertigte er eine Unzahl von Skizzen zu diesem Motiv. In der folgenden Zeit lieh ihm ein Droschkenkutscher seinen Gaul als Vorbild, und ein Freund stellte sich als Modell für das Porträt des Offiziers zur Verfügung. Gleichzeitig studierte Géricault die Werke von Rubens, die »Konstantinschlacht« der Raffaelschule und ließ sich auch von Davids Reiterbildnis Bonapartes anregen.

Intensives Naturstudium sowie die Auseinandersetzung mit der künstlerischen Tradition führten zu der farbenprächtigen Darstellung eines feurigen Schlachtrosses, das sich, vom Kanonendonner wild erregt, hoch aufbäumt und seinen Reiter, der bereits seinen Krummsäbel gezückt hat, in den dunstigen Staub der entfernten Feldschlacht trägt. Géricault ließ das Pferd in Anlehnung an die barocke Tradition schräg in den Bildraum sprengen, wobei aufgrund des Schreckmomentes sowohl Reiter wie Pferd explosiv nach allen Richtungen drängen und im blitzenden Feuerwerk ihrer prächtigen Farben aufleuchten.

Théodore Géricault
Offizier der Gardejäger beim Angriff, 1812
Öl auf Leinwand, 292 x 194 cm
Paris, Musée National du Louvre

Die erdig-monochrome, in Beige- und Brauntönen gehaltene Szene zeigt eine Arbeitspause im schlammigen Hof einer Kalkbrennerei. Drei stämmige Apfelschimmel im Vordergrund links, noch beladen und im Geschirr, fressen ihren Hafer aus umgehängten Futterbeuteln, unmittelbar vor dem hellen hochrädrigen Arbeitskarren. Weiter rechts im Mittelgrund, vor einem massiven, querliegenden Teil der Fabrik, widmen sich zwei weitere Apfelschimmel schräg vor der hohen Toreinfahrt ebenfalls ihrer Futterration. Durch eine Öffnung auf der linken Seite des Fabrikgebäudes dringt dichter weißer Rauch, der in einer kompakten Wolke langsam nach oben steigt – einziges Zeichen von Arbeit und Aktivität in dieser menschenleeren Szene. Er bildet einen deutlichen optischen Kontrast zum düster verhangenen Himmel, der die Darstellung vor allem auf der linken Seite nach hinten abschließt.

In der anrührenden, ärmlich-trostlosen Ruhe besitzt das Gemälde kaum noch erzählerische Elemente, die eigentliche Genreszenen ausmachen. Géricaults unterschiedslose Aufzählung gleichwertiger Bildelemente, die alle im selben Licht erscheinen und von derselben Farbigkeit getragen sind, macht die Darstellung fast zum Landschaftsbild. Dabei resultiert die melancholisch-düstere Grundstimmung hier allerdings nicht aus einem romantischen Verständnis von Landschaft als Spiegel transzendenter Realität, sondern sie beruht wohl eher auf direkter persönlicher Betroffenheit des Künstlers. Géricault hatte unglücklicherweise einiges Kapital in diese eher marode Fabrik investiert und hielt bei einem Besuch dort seinen ersten Eindruck sofort in einer Skizze vor Ort fest.

Théodore Géricault
Die Kalkbrennerei, um 1821/22
Öl auf Leinwand, 50 x 60 cm
Paris, Musée National du Louvre

Théodore Géricault
Das Floß der Medusa (Skizze), um 1818/19
Öl auf Leinwand, 65 x 83 cm
Paris, Musée National du Louvre

Am 2. Juli 1816 war die Fregatte »Medusa« mit französischen Siedlern für die Kolonie Senegal vor der westafrikanischen Küste auf Grund gelaufen. Ein Floß mit 149 Passagieren trieb zwölf Tage lang auf hoher See, bis es schließlich gerettet wurde. Nur zehn Menschen haben die mörderischen Qualen dieser Schreckensfahrt überlebt. Schuld war hauptsächlich die Unfähigkeit des Kapitäns, der seine Ernennung nur der Begünstigung durch das Regime verdankte. Der Bericht zweier Überlebender löste Wogen der Empörung in der Öffentlichkeit aus. Daß Géricault gerade dieses Thema für den Salon von 1819 wählte und damit die Emotionen neu anschürte, mußte als Affront gegen die neue Bourbonenherrschaft angesehen werden, die denn auch den Bildtitel verbot.

Mehr als am politischen Inhalt war Géricault bei der Wahl dieses Themas allerdings an den Möglichkeiten interessiert, die es ihm für die Darstellung allgemein menschlicher Existenz unter extremen Bedingungen bot, wie auch seine wenig später entstandenen Bildnisse von Geisteskranken zeigen. In seiner leidenschaftlichen Anteilnahme an dem Geschehen auf der Medusa scheute er keinen Aufwand, das unvorstellbare Leid der Menschen der Wirklichkeit entsprechend drastisch vorzuführen. So nahm er selbst mit den Überlebenden Kontakt auf, ließ ein Floßmodell anfertigen und stellte zahlreiche Studien von Toten und Sterbenden in Krankenhäusern und Leichenschauhäusern her.

Der Bildbetrachter nimmt die Körper und Gesichter der Toten, Verzweifelten und Hoffenden in einem diffusen Zwielicht wahr, das die Szene in düstere, schwere Farben taucht und das alles vom leicht erhobenen Standort des Malers aus, der ihm das Geschehen beängstigend naherückt. Mit Recht wird immer wieder auf die Nähe zu Michelangelos Schilderung menschlicher Qualen im »Jüngsten Gericht« hingewiesen, mit dem sich Géricault während seines Romaufenthalts 1816/17 bewundernd auseinandersetzte.

In der hier abgebildeten Ölskizze läßt sich der Einfluß Michelangelos besonders deutlich wahrnehmen: in den kraftvoll, mittels Helldunkel modellierten Körpern, die in eindrucksvollen Stellungen und Drehungen teils in kühnen Verkürzungen wiedergegeben sind.

THÉODORE GÉRICAULT
1791–1824

Théodore Géricault
Das Derby in Epsom, 1821
Öl auf Leinwand, 92 x 123 cm
Paris, Musée National du Louvre

Welten liegen zwischen dem »Floß der Medusa« und dem für die Impressionisten so maßgeblichen »Derby von Epsom«, das Géricault nur etwa zwei Jahre später während seines Englandaufenthaltes malte. Statt der monumentalen Schwere, mit der er allgemeingültig menschliches Schicksal vorführte, zeigt er hier eine spannungsgeladene Momentaufnahme aus dem englischen Lieblingssport, dem Pferderennen, von dessen nervös-prickelnder Atmosphäre sich Géricault – selbst ein begeisterter Reiter – gern einfangen ließ.

Der Blick des Bildbetrachters scheint durch das Fernrohr eines Zuschauers von der Tribüne gelenkt, das scharf eingestellt ist auf die entfernten Pferde und Reiter und die Umgebung undeutlich und verschwommen als weite, davonhuschende Farbstreifen vernachlässigt. Durch diesen Kunstgriff wird die Geschwindigkeitsillusion der zu fliegendem Galopp angetriebenen Pferde in einer Weise gesteigert, wie es die in England besonders beliebten und bis heute weit verbreiteten graphischen Blätter mit Farbstichen, Lithographien oder Radierungen von Rennpferden, die Géricault sicherlich zu diesem Motiv angeregt haben, nicht vermochten. Die kräftigen, von der englischen Malerei beeinflußten Farben – vor allem das intensive Grün der Wiese –, die in der zwielichtigen Gewitterstimmung gespenstisch aufleuchten, vermitteln zudem die spezifische Atmosphäre eines bestimmten Augenblicks, wie ihn Géricault selbst bei einem Rennen wahrnahm, bei dem plötzlich ein heftiges Gewitter ausbrach.

Wenige Monate vor seinem Tod bemerkte der 32jährige Géricault: »Es war in mir eine kaum beschreibbare, aber unverkennbare Störung.« In dieser Zeit porträtierte er im Auftrag des bedeutenden Psychiaters Dr. Georget zehn Insassen des Pariser Irrenhauses Salpêtrière. Georget gilt als einer der Begründer der sozialen Psychiatrie. Er sah den Wahnsinn als eine spezifisch moderne Verwirrung an, die zum großen Teil vom sozialen Fortschritt in den aufgeklärten industrialisierten Ländern abhinge. Entsprechend wurden die Geisteskranken von ihm aus ihren Ketten befreit und wie Menschen behandelt, die auf Hilfe angewiesen sind.

So stellt auch Géricault diese Kranken nicht wie seit dem Mittelalter üblich als vom Teufel besessene und von Gott gegeißelte Kreaturen oder als groteske Narren dar. Es sind menschliche Einzelschicksale, deren Physiognomien er genauestens studiert und nüchtern-sachlich ohne jedes schmückende Beiwerk wiedergegeben hat. Ihre Nähe zum gesunden Menschen und dessen mögliche Zerrüttung im Wahnsinn wird angedeutet. Im Bildnis des Irren verweisen der leere und fliehende Blick, der keinen Kontakt mit dem Betrachter möglich macht, der gespannte, wachsame, aber starre Gesichtsausdruck, die zerzausten Haare, der ungepflegte Bart und der schmuddlige Kragen auf ein Abweichen von der Normalität, auf einen Menschen, der ganz in seiner eigenen Vorstellungswelt lebt.

Théodore Géricault
Der Kleptomane (Der Irre) um 1822/23
Öl auf Leinwand, 61 x 51 cm
Gent, Musée des Beaux-Arts

JEAN AUGUSTE DOMINIQUE INGRES
1780–1867

Jean Auguste Dominique Ingres
Jeanne d'Arc bei der Krönung Karls VII. in der Kathedrale von Reims 1854, 1854
Öl auf Leinwand, 240 x 178 cm
Paris, Musée National du Louvre

Unten:
Jean Auguste Dominique Ingres
Das türkische Bad, 1862
Öl auf Leinwand, Durchmesser 108 cm
Paris, Musée National du Louvre

Das Bild wurde 1852 vom Direktor der Akademie der schönen Künste in Orléans für das Gedenkfest zu Ehren der heiligen Johanna in Auftrag gegeben. Ingres hat die siegreiche Jungfrau, die Orléans 1429 von der englischen Belagerung befreit hatte, als triumphierende Heldin dargestellt, deren zum Himmel gerichteter Blick mitteilt, worauf sie ihren Ruhm gründet. Drei Pagen, der Mönch Paquerel und Ingres selbst, der seine Gesichtszüge einem königlichen Beamten geliehen hat, bezeugen der Jungfrau ihre Verehrung. Eine Stimmung größter Frömmigkeit entsteht. Mit einer Fülle prunkvoller Geräte und Stoffe in kostbarsten Materialien, die Ingres mit äußerster Präzision und in erlesenen, leuchtenden Farben wiedergegeben hat, läßt er zudem die Erinnerung an die Geburtsstunde der Nation wiederaufleben, in der Kirche und Staat in kraftvoller Einheit zusammenwirkten.

Ingres malte das Bild im Alter von 82 Jahren und nahm darin die Badenden und Odalisken seiner frühen Jahre wieder auf. Die Motive für seine idealen Frauengestalten, die allein ihrer Schönheit und ihrem Genuß leben, entnahm Ingres Beschreibungen aus dem Orient wie den Bädern des Harems von Mahomet oder den Briefen der Lady Montagu über das türkische Frauenbad. Bis in die Details lehnte er sich an diese Berichte an, die von der würdevollen Anmut der Frauen sprechen, von ihrem durch das häufige Baden blendenden, milchweißen Teint, ihren wunderbar geformten Körpern sowie ihren schönen Haaren. Auch der Eindruck paradiesischer Unschuld, den Ingres' Badende bei all ihrer Sinnlichkeit vermitteln, entspricht dem der Lady Montagu, die erstaunt bemerkt, daß es unter den Frauen trotz ihrer Nacktheit nie anstößige Gesten, nie laszive Gebärden gebe. Die abstrakte, idealisierte Schönheit der ins Zeitlose gehobenen Frauen, die sich jeder Greifbarkeit entziehen, beruht auf der äußersten Sparsamkeit der Mittel, mit denen Ingres sie gestaltet hat. Klar und prägnant sind die Körper in ihren Formen und Konturen herausgearbeitet, wobei besonderer Wert auf die Behandlung der Oberfläche gelegt ist, die durch das leichte Spiel von Licht und Schatten eine sanfte Modellierung erhält und die Haut weich und opalisierend aufscheinen läßt.

Während das »Türkische Bad« die zahlreichen Frauenakte im Spiel ihrer sich windenden und reckenden Körper im Rundbild zu einer ungewöhnlichen Einheit zusammenfaßt, so beruht der ästhetische Reiz des berühmten Rückenakts von 1808 auf der Monumentalisierung der Einzelfigur. Die Gestaltungsmittel sind dabei bereits die gleichen wie im Spätwerk. »Je einfacher Linien und Formen«, sagt Ingres, »um so mehr Schönheit und Kraft.«

Jean Auguste Dominique Ingres
Die Badende von Valpinçon, 1808
Öl auf Leinwand, 146 x 97,5 cm
Paris, Musée National du Louvre

Jean Auguste Dominique Ingres
Mademoiselle Rivière, 1806
Öl auf Leinwand, 100 x 70 cm
Paris, Musée National du Louvre

Unten:
Jean Auguste Dominique Ingres
Louis-François Bertin, 1832
Öl auf Leinwand, 116 x 95 cm
Paris, Musée National du Louvre

JEAN AUGUSTE DOMINIQUE INGRES
1780–1867

Aus seinen Jugendjahren, in denen Ingres Porträts noch zu seinem Broterwerb malte, stammt dieses Bildnis einer angesehenen Pariser Bürgerstochter. Noch im Alter sprach Ingres von der »hinreißenden Tochter«, die im Alter von 15 Jahren, wenige Monate, nachdem er sie gemalt hatte, verstarb.

Mit hoher Einfühlsamkeit hat sich Ingres dem Wesen dieses noch kindlichen Mädchens genähert, das doch bereits die Sicherheit der zur Frau heranreifenden höheren Tochter besitzt. So hat die Haltung noch etwas rührend Steifes, während das Mädchen es gleichzeitig versteht, mit selbstverständlicher graziler Geste die weiße Boa um den Körper zu schlingen und zu halten. Vor allem aber im Gesichtsausdruck hat Ingres es verstanden, das noch Unentschiedene des gerade noch nicht erwachsenen Mädchens einzufangen. Blickt es einerseits mit seinen großen, mandelförmigen braunen Augen etwas verträumt vor sich hin und deutet der Mund mit seinen glänzenden, aufspringenden Lippen ein leichtes Lächeln an, so ist der Blick andererseits mit wacher, ernster Aufmerksamkeit auf den Betrachter gerichtet.

Die äußerst zarten und doch kontrastreichen Farben, die weichen und doch strengen und präzisen Formen und Konturen sind die entsprechenden malerischen Mittel Ingres'. In vollkommenem Einklang mit dem Stimmungsgehalt des Modells steht auch der Hintergrund: die im Dunst erscheinende Flußlandschaft der Île-de-France vor hellblauem Himmel, der sich in der Wasseroberfläche widerspiegelt, bis zu dem dunklen Buschwerk mit kleinen Blümchen in der Ockerfarbe der Handschuhe und den frischen Grasbüscheln im Vordergrund.

Bertin, Verleger des »Journal des Débats«, war einer der einflußreichsten Männer und Wortführer der öffentlichen Meinung unter der konstitutionellen Monarchie Louis Philippes I., dessen Zeitung eine Macht im Staate darstellte. Seinen Kritikern galt er als Inbegriff des von der Julimonarchie hervorgebrachten Bürgertums, mit dem sich die Vorstellung von Sattheit und Selbstgerechtigkeit verband. Manet nannte ihn den Buddha der reichen, überdrüssigen, triumphierenden Bourgeoisie. Mit Ingres, der ihn als einen »der besten und intelligentesten Männer« schätzte, war er eng befreundet.

Das Porträt überrascht durch die Unmittelbarkeit und absolute Präsenz, mit der sich Bertin dem Bildbetrachter darstellt. Auf jede repräsentative Aufmachung und auf jedes schmückende Beiwerk ist verzichtet. Die wuchtige Silhouette der kolossalen Gestalt hat Ingres noch betont durch die leichte Untersicht und die gedrungene, ausladende Körperhaltung sowie die rund-gewölbte, die Figur einschließende Stuhllehne. Beeindruckend ist auch der schwere Kopf mit den wirren Haaren. Das Gesicht strahlt vollkommene Ruhe aus; der Ausdruck ist empfindsam und gleichzeitig energisch, der frontal auf den Betrachter gerichtete Blick von lebhaft sprechender Intensität.

Eugène Delacroix
Die Löwenjagd, 1861
Öl auf Leinwand, 76,5 x 98,5 cm
Chicago, The Art Institute of Chicago

EUGÈNE DELACROIX
1798–1863

Der gefährliche, lebensbedrohende Kampf zwischen Menschen und wilden Tieren übte auf Delacroix – wie auf sein Vorbild Rubens – zeitlebens eine große Anziehungskraft aus. Vor allem nach seinem Marokkoaufenthalt entstanden zahlreiche Studien und Bilder, die die unbändige Naturkraft, mit der sich Mensch und Tier begegnen, zum Inhalt haben. In der »Löwenjagd« wird sie vor allem durch mitreißende, ungestüm wirbelnde Bewegungsabläufe veranschaulicht. Das in einer Küstenlandschaft stattfindende Kampfgeschehen folgt einer von oben beleuchteten, kreisförmigen Bewegung, die sich auch in den Einzelszenen, den Körperdrehungen der Figuren und in Details von Gewandung und Wolkenbildung wiederholt. Gleichzeitig ist die Szene um den Schnittpunkt zweier Diagonalen gruppiert, an denen auch die Stellungen und Bewegungen der Figuren ausgerichtet sind.

Erst bei genauerer Betrachtung des Wirbels aus Tier- und Menschenleibern, in denen sich der dramatische Kampf darstellt, ergeben sich die Kräfteverhältnisse und die bevorstehende Entscheidung. Ein Araber ist getötet, zwei sind unterlegen, aber vier weitere sind im Begriff, mit ihren Lanzen und Säbeln zum Todesstoß auf die beiden fauchenden Bestien anzusetzen, während ein achter sich im Ansturm befindet. Dem gerade noch unentschiedenen Moment höchster Anspannung entsprechen die in einer Naturparallele ausgeführten unbestimmten Witterungsbedingungen, die das Geschehen in eine merkwürdig schillernde Beleuchtung versetzen.

Die Darstellung der Natur ist auf die Elementarkräfte Himmel, Wasser und Erde reduziert, die in der grünbläulichen Farbstimmung und in den gleichermaßen von der oberen und rechten Bildecke ausstrahlenden Formationen zu einer Einheit zusammenschmelzen. In keiner anderen Darstellung von Großwildjagden Delacroix' sind die zusammengefaßten Urkräfte der Natur in vergleichbarer Weise in das Kampfgeschehen einbezogen. Wild und urwüchsig erscheinen auch die dunkelhäutigen Araber, die in ihren geschmeidigen Bewegungen und in ihrer instinkthaft schnellen Reaktionsfähigkeit den Tieren nahe verwandt erscheinen.

Eugène Delacroix Das Massaker von Chios, 1824
Öl auf Leinwand, 417 x 354 cm
Paris, Musée National du Louvre

Eugène Delacroix
Die Freiheit führt das Volk an (28. Juli 1830), 1830
Öl auf Leinwand, 260 x 325 cm
Paris, Musée National du Louvre

EUGÈNE DELACROIX
1798–1863

Der griechische Befreiungskampf gegen die türkische Herrschaft bewegte die Gemüter aller »Neuhellenen«, das heißt der gebildeten Liberalen Europas. Delacroix nahm das grausame Gemetzel von Chios, bei dem 1824 20 000 Einwohner der griechischen Insel ermordet wurden, zum Anlaß, um auf sich aufmerksam zu machen. 1821 schrieb er einem Freund: »Ich will für den nächsten Salon ein Bild malen, zu dem der neue Krieg zwischen Griechen und Türken den Stoff liefern soll. Ich glaube so, unter den herrschenden Umständen die Aufmerksamkeit auf mich ziehen zu können.«

In einem beleuchtungsmäßig und farblich zusammengefaßten Stimmungsraum verteilt er in einer geometrischen Komposition kunstvoll in drei menschlichen Pyramiden die sterbenden Leiber der niedergemachten Griechen. Obwohl das Bild vom Ausstellungskomitee des Salons bereits angenommen war, konnte er sich damit nicht mehr zufriedengeben, nachdem er einige ebenfalls für den Salon bestimmte Bilder Constables gesehen hatte. Plötzlich erschien ihm sein Bild »traurig und ohne Licht«. Innerhalb von vier Tagen veränderte er es unter dem Eindruck von Constable, brachte schimmernde Lasuren an und gab ihm neue Effekte durch kleine, dicht nebeneinandergelegte, kräftige Pinselstriche.

Die Verletzung der Verfassung durch König Karl X., der die Wiederherstellung des unbeschränkten Königtums anstrebte, hatte zu dem blutigen Volksaufstand von 1830 geführt, der Delacroix zu diesem Gemälde mit modernem Thema, wie er sich ausdrückte, inspirierte.

In ein klassisch-strenges Kompositionsschema, dessen Grundform ein gleichseitiges Dreieck umschreibt, ist das äußerst dramatische Geschehen eingebunden. Über eine breite Schwelle aus Gefallenen und einer aus Pflastersteinen und Balken geschichteten Barrikade stürmt das aufgepeitschte Volk auf den Betrachter zu. Der aufgewirbelte Staub und der Pulverdampf, von denen es eingehüllt ist, lassen nach hinten nur schemenhaft Gewehrspitzen erkennen, so daß trotz der verhältnismäßig wenigen Figuren der Eindruck einer großen Menschenmenge entsteht. Angeführt wird sie von der allegorischen Figur der Freiheit, die – halb antike Göttin, halb Pariser Marktweib –, eine Jakobinermütze auf dem Kopf, mit einer Flinte bewaffnet ist und die Trikolore schwenkt. Von ihrem Enthusiasmus wird das Volk mitgerissen, das Heinrich Heine so charakterisierte: »Ein großer Gedanke hat diese gemeinen Leute, diese crapule, geadelt und geheiligt und die entschlafene Würde in ihrer Seele wieder aufgeweckt.«

Eine Ausnahme macht allein der Maler, der sich in der Gestalt eines Intellektuellen, des Studenten mit dem Hut, dargestellt hat und der der eigentliche Widerpart der Göttin ist. Im Kontrast zu dem wild um sich schießenden Knaben, der ihm gegenübergestellt ist, hält er zaudernd die Flinte. Sein Blick, der grübelnd und bedenklich in weite Fernen gerichtet ist, läßt ihn offensichtlich nach dem tieferen Sinn und Zweck des Ganzen fragen.

Ein Höhepunkt während Delacroix' mehrmonatigen Afrikaaufenthalts war für ihn die Möglichkeit, in Algier Zutritt zu einem Harem zu finden. Sein Begleiter, ein französischer Gesandter, berichtet, daß er von dem Anblick wie berauscht gewesen sei. »Ist das schön! Wie zu Zeiten Homers«, soll er ausgerufen haben. Hier, in dieser abgeschlossenen, fremdartigen Welt der Frauen, die mit der Welt, die sie umgibt, nichts gemein zu haben schien, glaubte er den Inbegriff alles Wahren und Schönen gefunden und die Antike wiederentdeckt zu haben. »Prunk, Gleichmut und Sinnenlust« (Baudelaire) gehen von diesen in sich ruhenden Frauengestalten aus, die sich in einem Schwebezustand zwischen Wirklichkeit und Traum zu befinden scheinen. In der Verbindung von orientalischer Pracht mit griechischen, an Phidias erinnernden Gesichtszügen sind sie Verkörperungen eines Ideals von Frauen, wie es sich in Delacroix' Phantasie darstellte: »Der Zauber, der uns sie lieben läßt, beruht auf tausend Dingen ... Aber was die Herzen verführt und zur Leidenschaft anstachelt, sind Schönheiten, die noch unbestimmter und unbegrenzter sind, wenig bekannte, nie erklärte, geheimnisvolle und unsagbare.«

Um seine Erinnerung verläßlich festzuhalten, skizzierte Delacroix seine Eindrücke während seines kurzen Aufenthalts im Harem mit dem Aquarellpinsel und vermerkte zusätzlich mit Bleistift jede kleinste Farbnuance. Erst zwei Jahre später entstand das Ölbild, das vielen späteren Künstlern – von Renoir bis Matisse – wichtige Impulse gab. Diese bestehen in der gesteigerten Farbigkeit des Bildes, die unter dem überwältigenden Eindruck seiner Orientreise eine wesentliche Entwicklung genommen hatte, vor allem hinsichtlich der Aufhellung des traditionellen brauntonigen Bilddunkels mittels der Buntfarbe. So läßt er im Spiel des den Raum durchflutenden Lichts die Gegenstände in ihren unterschiedlichen Materialien aufleuchten und gibt ihnen auch in ihren Schattenregionen und gestaffelt zu deren Übergängen eine zwar tiefere, aber doch bunte Farbigkeit. Aufgrund der Vielfalt größtenteils kostbarer und erlesener sowie farbenprächtiger Materialien in ihren häufig wechselnden Farbabstufungen und mit mannigfach erzeugten Reflexen wird eine Atmosphäre vibrierender, höchst lebendiger Unruhe erzeugt, die in einem teppichartig dichten Farbgewebe ihre Zusammenstimmung erfährt.

Eugène Delacroix
Die Frauen von Algier in ihrem Gemach, 1834
Öl auf Leinwand, 180 x 229 cm
Paris, Musée National du Louvre

JEAN-BAPTISTE CAMILLE COROT
1796–1875

Jean-Baptiste Camille Corot
Das Kolosseum in Rom, von den Farnese-Gärten aus gesehen, 1826
Öl auf Karton auf Leinwand, 30 x 49 cm
Paris, Musée National du Louvre

Corot malte das Bild während seines ersten Italienaufenthalts in Rom, wo er im Anschluß an die dortige klassische Tradition den Stil seiner Naturstudien in Öl entwickelte. Es gehört zu einer Reihe von drei Ansichten – der Blick geht jeweils von den farnesischen Gärten aus –, die sich zu einem Tageszeiten-Triptychon zusammenfügen; hier ist der Abend dargestellt. Das Gemälde zeigt die Stadt mit ihren historischen Monumenten in der idealen Ansicht. Es zeichnet sich durch Klarheit und dokumentarische Echtheit aus, ohne sich in Einzelheiten zu verlieren. Eine Distanz und ideale Überhöhung der Ansicht wird durch die bühnenbildartige Rahmenkulisse aus Baum- und Strauchwerk der Gärten erreicht. Der Kontrast zwischen den pflanzlichen Elementen des Vordergrunds, den tektonischen Formen der Mitte sowie der leeren Fläche des nahezu wolkenlosen, ungewöhnlich tiefen Horizonts in zart abgestuften Hell-Dunkel-Tönen macht einen besonderen Reiz des Bildes aus. Hinzu kommt die Beleuchtung, die der gesamten Szenerie im abendlichen Spiel von Licht und Schatten einen vibrierenden Glanz verleiht und die verlassenen Überreste aus der Vergangenheit in frischer Unmittelbarkeit erstehen läßt.

Während Corot überwiegend ein Maler der heiteren, sonnenbeschienenen Natur ist, entstehen seit den fünfziger Jahren an die zehn Bilder, in denen die Natur von heftigen Windböen bewegt wird. Meist handelt es sich dabei um Landschaften aus dem Norden Frankreichs, wie in diesem Bild, das eine urwüchsige Dünenlandschaft vor einem tiefen, hellen Horizont zeigt, an dem man die Bewegung der vorüberziehenden Wolken unmittelbar wahrzunehmen vermeint. Eine mächtige Baumgruppe von knorrigen Weiden macht mit ihren weit nach unten gebogenen feinen Ästen und fliegenden Blättern die Wucht des Windstoßes besonders deutlich. Die typisch dunstig-feuchte Luft der Meernähe wird anschaulich durch die leise flimmernden Farbabstufungen von hellen, schmutzigen graugrünlichen und bräunlichen Tönen sowie durch einen das ganze Bild überziehenden silbrigen Schleier. Es entsteht jene merkwürdige Mischung von realistischer Wiedergabe des Natureindrucks und romantischer Stimmungslyrik, wie sie für Corots Spätstil charakteristisch ist.

Monumental und plastisch-schwer ragt die Gestalt der jungen Italienerin auf vor einer atmosphärisch duftigen, landschaftlich-dörflichen Kulisse. Herbstlich-warmes Licht umrahmt ihr klassisches Gesicht wie ein riesiger Nimbus. Die kompakten Blau- und Schwarztöne des Kostüms heben die Figur auch farblich deutlich vom Hintergrund ab, der sich vor allem rechts in Licht- und Farbwerte aufzulösen scheint.

Jean-Baptiste Camille Corot
Der Windstoß, um 1865–1870
Öl auf Leinwand, 47,4 x 58,9 cm
Reims, Musée Saint Denis

Jean-Baptiste-Camille Corot
Agostina, 1866
Öl auf Leinwand, 130 x 95 cm
Washington, National Gallery of Art

C.COROT

Jean-Baptiste-Camille Corot
Frau in Blau, 1874
Öl auf Leinwand, 80 x 51 cm
Paris, Musée National du Louvre

Unten:
Jean-Baptiste Camille Corot
Das Atelier, 1866
(Junge Frau mit Mandoline)
Öl auf Leinwand, 64 x 48 cm
Paris, Musée National du Louvre

JEAN-BAPTISTE CAMILLE COROT
1796–1875

Durch die melancholische Geste – das in die Hand gestützte Kinn – sowie ihre Präsentation im Arbeitsbereich des Künstlers gehört auch diese Darstellung einer jungen Frau in den Motivkomplex der Figuren-, vor allem der Atelierbilder Corots. Diese entstehen im wesentlichen erst im Spätwerk des Künstlers und zeigen besonders Frauen in melancholisch-träumerischer Stimmung. Doch nicht nur die ungewohnte ganzfigurige Darstellung, auch das sehr elegante, modische Gewand unterscheidet die hier gezeigte Gestalt von den für diesen Themenbereich sonst üblichen namenlosen Modellen, die sehr viel schlichter gekleidet sind und in ihren italienisch, griechisch oder orientalisch anmutenden Kostümen nur Typen repräsentieren. Von daher erscheint es verständlich, daß einige Interpreten hier ein Porträt vermuten, und zwar das der jungen Madame G., mit welcher der Künstler seit etwa 1870 befreundet war.

Während Corot mit seinen Landschaften große Anerkennung erfuhr, kamen seine Figurenbilder, die er ebenfalls über Jahrzehnte hinweg gepflegt hatte, erst nach seinem Tod an die Öffentlichkeit. Offenbar gehörten sie für ihn zu seinem privaten Bereich, in dem er ungestört malerisch experimentieren konnte. So ist auch dieses Gemälde des Künstlers aus seinen letzten Lebensmonaten, wohl sein letztes Figurenbild überhaupt, in seiner raffinierten, dichten Verwendung weniger Töne künstlerisch sehr fortschrittlich. Großen Einfluß hatte es auf die sehr viel jüngeren Impressionisten, vor allem auf einige Porträts von Renoir, die noch im gleichen Jahr entstanden.

In den letzten 15 Jahren seines Lebens arbeitete Corot vorwiegend in seinem Pariser Atelier. Dort malte er eine Reihe von Atelierbildern mit verträumt sinnenden jungen Mädchen, denen Attribute aus der Musik, Malerei oder Literatur beigegeben sind. Das Mädchen hier hat offensichtlich gerade im Mandolinenspiel innegehalten und nun halb nachdenklich, halb meditierend den Kopf auf die rechte Hand gestützt. Vor ihm steht die Staffelei des Künstlers mit einem Landschaftsbild, weitere Bilder lehnen auf einem Regal im Hintergrund.

In den dunklen, braun-tonig gehaltenen Raum fällt von oben Licht auf das Mädchen und streift auch das Staffeleibild sowie einen bunt gesprenkelten, stoffbezogenen Stuhl. Im Blickpunkt steht das leuchtende Rot der Bluse des Mädchens, das sich im Haarband wiederfindet. Es verbindet sich in harmonischer, warmer Farbstimmung mit dem mattglänzenden sandfarbenen Rock, dem hellen Teint des Gesichts, dem Rotbraun der Mandoline, dem aufleuchtenden goldenen Bilderrahmen sowie den umgebenden dunklen Brauntönen. Die verträumte, melancholische Stimmung, die von dem Mädchen ausgeht, findet somit in den zusammenklingenden Farben seine malerische Unterstreichung. Sie ist für Corot das Wesentliche: »Was ich in der Malerei suche, ist ... das Gleichgewicht der Töne. Die Farbe kommt für mich erst nachher.«

THÉODORE CHASSÉRIAU
1819–1856

Henri Lacordaire, der seine Laufbahn als Rechtsanwalt aufgegeben hatte, um Priester zu werden, wurde wegen seiner aufrührerischen Gedanken 1839 von Papst Gregor XVI. nach Rom zitiert. Er unterwarf sich daraufhin dem päpstlichen Stuhl und wurde zu einem leidenschaftlichen Vertreter des Katholizismus, für dessen Erneuerung er in den Wirren der Revolution von 1848 einen bedeutenden Beitrag leistete.

Chassériaus Porträt von Lacordaire, der dem Dominikanerorden beigetreten war, entstand in Rom. Der Geistliche, in ein Mönchsgewand gekleidet, steht in einer Haltung der Meditation vor dem Kreuzgang von Santa Sabina. Allein das intelligente, scharfgeschnittene Gesicht mit den stechenden und den Betrachter fixierenden Augen verrät die leidenschaftliche, kämpferische Natur des Mannes. Diese hat Chassériau auch durch die Malweise zum Ausdruck gebracht. So läßt er einen Lichtstrahl auf die Figur fallen, der scharfe Hell-Dunkel-Kontraste und Konturen im Gesicht und Gewand bewirkt und sie zudem als reliefhafte Silhouette von der weich gemalten Architektur des Hintergrunds abtrennt. Dem entspricht die auf Brauntöne reduzierte Farbigkeit, die den Hintergrund in ein sanftes Rotbraun taucht, von dem sich Gesicht und Tracht gleichermaßen in kräftigen kontrastierenden Farbtönen von Dunkelbraun und Hellbeige abheben.

Théodore Chassériau
Pater Lacordaire, 1840
Öl auf Leinwand,
146 x 107 cm
Paris, Musée National du Louvre

In trauter Eintracht und zärtlich aneinandergeschmiegt zeigt Chassériau auf diesem Gemälde seine beiden Schwestern, die ihm häufiger als Modelle dienten. Auf diesem Doppelbildnis, für das vorbereitende Bleistiftskizzen existieren, stehen links seine ältere Schwester Adèle, rechts die zwölf Jahre jüngere Aline.

Dabei ist der Altersunterschied der beiden Frauen in der Darstellung fast kaum feststellbar. Beide weisen das gleiche feine, glänzend dunkle Haar und die zart schmelzende Haut auf, die im Gesicht, im Dekolleté sowie besonders schön in den neben- und übereinanderliegenden Händen und Unterarmen sichtbar wird. Einander angenähert sind die zwei Frauen ebenfalls durch gleiche Kleidung und ähnlichen Schmuck. Auch die Statik der Szene und die Betonung der Linie, die beide Figuren umgreift und sie deutlich gegen den Hintergrund absetzt, drücken den Gleichklang der beiden Frauen aus. Einzig die üppig blühende Rose am Gürtel zeichnet Adèle vor der weit jüngeren Schwester aus.

In einem spannungsvollen Gegensatz zu dieser Linearität, die dem Bild auch eine eigene dekorative Qualität verleiht, steht die fast plakative Verwendung der Farben. Nicht nur bei den zwar festlichen, aber keineswegs elegant-repräsentativen Kleidern, in denen sich Hellbraun- und Rosatöne mischen, sondern vor allem in den sehr langen, farbig gefaßten und teilweise auch noch bedruckten leuchtend roten Schals zeigt sich der Einfluß, den die moderne, farbintensive Malerei von Delacroix inzwischen auf den ehemaligen Ingres-Schüler Chassériau genommen hat.

Théodore Chassériau
Die beiden Schwestern des Künstlers, 1843
Öl auf Leinwand,
180 x 135 cm
Paris, Musée National du Louvre

PAUL HUET
1803–1869

Paul Huet
Brandung an der Landspitze von Granville, um 1853
Öl auf Leinwand, 68 x 103 cm
Paris, Musée National du Louvre

Anders als bei Daubigny, dem Maler der ruhig-beschaulichen Natur, sind Huets Landschaften vorwiegend von Naturkatastrophen heimgesucht, von Gewittern, Stürmen und Überschwemmungen. Das aufgewühlte Meer an der Landzunge bei Granville, wo sich der Künstler 1850 aufhielt, regte ihn zu zahlreichen Skizzen an, nach denen seine berühmten Wellenbilder entstanden.

Aus unmittelbarer Nähe – man meint, Huet habe seine Staffelei inmitten der heranflutenden Wellen aufgebaut – ist das auf die steile Felsenküste prallende Meer gesehen. Die weißen Schaumkronen der sich auf den Felsbrocken brechenden Wellen und die an der Steilküste hoch aufwirbelnde und sich versprühende Gischt bilden den Mittelpunkt dieses dramatischen Naturschauspiels. In breiten Pinselzügen sind die schmutziggrünen Wellen hingestrichen, unscharf und flüchtig die dunkelbraunen Felsformationen skizziert. Das Bedrohliche der sich gewaltig entladenden Naturkraft wird noch gesteigert durch den dunklen, gewitterschweren Himmel, der das Meer in einer merkwürdigen Beleuchtung hell aufblitzen läßt. Treffend bemerkte der berühmte Kritiker Charles-Augustin Sainte-Beuve über Huets Kunst: »Der Mensch spielt in dieser Art, den Ort zu betrachten und darzustellen, keine große Rolle mehr ... die Natur an erster Stelle, die Natur ganz allein.«

CHARLES-FRANÇOIS DAUBIGNY
1817–1878

Charles-François Daubigny
Der Teich von Gylieu, 1853
Öl auf Leinwand, 62,2 x 99,7 cm
Cincinnati, Cincinnati Art Museum

Eines der von Daubigny bevorzugten Themen ist der wechselnde Charakter von Landschaften mit Gewässern. Dabei ging es ihm darum, die momentane Stimmung festzuhalten, wie sie sich aufgrund einer spezifischen Witterungs- und Beleuchtungssituation in der Natur ergibt. Diesem Zweck sind die Formen der Gegenstände und ihre materielle Stofflichkeit untergeordnet. Die Farbe – flüchtig hingestrichen – ist das Mittel, die durch das Licht aufgelösten Formen zu schaffen. Die traditionelle Trennung von Skizze und ausgeführtem Bild wurde damit von Daubigny aufgehoben.

Seit Ende der vierziger Jahre arbeitete der Künstler auch im Rhone-Tal an seinen Landschaftsbildern. Der Teich von Gylieu in der Nähe von Optévoz fesselte ihn dabei über lange Zeit; noch 1869 entstand ein Ölgemälde davon. Die Darstellung von 1853 bereitete Daubigny durch Studien sorgfältig vor. So legte er in einer kleinformatigen Bleistiftskizze nicht nur die Komposition fest, sondern notierte sich bereits die Farben für die Ausführung. Die ausgewogene Komposition und die fein abgestuften, teilweise flirrenden Grünwerte vermitteln scheinbar mühelos die friedliche Atmosphäre dieses ungestörten Ortes an einem lichten Sommertag. In der realistischen, stimmungsvollen Wiedergabe der Landschaft ohne jedes Pathos wurde Daubigny zu einem Wegbereiter des Impressionismus.

THÉODORE ROUSSEAU
1812–1867

Rousseau malte die »Kastanienallee« im Park von Schloß Souliers in der Vendée, dem Besitz der Familie des Malers Charles le Roux, mit dem er befreundet war. Die Komposition erinnert an eine Theaterkulisse, in der die Illusion großer Raumtiefe erzeugt wird mittels der architektonisch empfundenen, symmetrisch gestaffelten Stämme zu beiden Seiten der Allee. Der an den oberen Ecken abgerundete Bildrand unterstreicht die bühnenhafte Wirkung. Diese wird auch durch den Standpunkt des Bildbetrachters vermittelt, der die Allee merkwürdigerweise aus der Distanz wahrnimmt, obwohl er mitten in ihr steht.

Eine düstere, schwere Atmosphäre geht von dem Bild aus, dessen größter Teil von dem dichten, undurchdringlichen Blättergewölbe der breit schattenden Bäume eingenommen wird, über denen es keinen Himmel gibt. Allein im unteren Viertel des Bildes dringt etwas Luft und Licht durch die kurzen, dicken Baumstämme und ihr knorriges Geäst, und auch am Horizont liegt nur ein matter Schein entlang der Linie, an der Himmel und Erde sich treffen.

Der Wald und die Bäume sind das bevorzugte Thema Rousseaus. Die Stimmung, die er darin zum Ausdruck bringt, ergibt sich immer aufgrund der unmittelbaren, unsentimentalen Naturbeobachtung. Nie wird die Natur zum Stimmungsträger menschlicher Gefühle.

Théodore Rousseau
Die Kastanienallee, 1837
Öl auf Leinwand, 79 x 144 cm
Paris, Musée National du Louvre

Mit der »Eichengruppe bei Apremont« führte Rousseau ein künstlerisches Bemühen zur Vollendung, das bislang vor allem die englische Malerei beschäftigt hatte, für die gleichzeitige französische Kunst aber relativ neu war. Mit sachlicher Präzision schildert er das gleißende Mittagslicht im Hochsommer und seine Auswirkungen auf die Landschaft. Wie viele seiner Malerkollegen aus der sogenannten »Schule von Barbizon« wählt auch Rousseau als Studienobjekt die heimische Umgebung, die er unter verschiedenen Lichtverhältnissen und atmosphärischen Bedingungen vor Ort aufnimmt, aber im Atelier vollendet.

Zentral in die Mitte gerückt erscheint eine Gruppe mächtiger Eichen, in deren Umgebung Kühe grasen; auch ein Bauer ist sichtbar. Die dunkle Masse der Bäume wirft einen kurzen, kompakten Schatten, der nur an wenigen Stellen von hellen Flecken durchbrochen wird. Vor allem rechts und links löst sich der dunkelgrüne geschlossene Umriß bei den niedrigeren, etwas abseits stehenden Eichen in zartes, kleinteiliges, helles Blattwerk auf, das in der Sonne flirrt. Hinter der breiten sattgrünen Wiese, die von einigen kahlen, hellgelben Flächen durchzogen ist, erstreckt sich ein schmales Band einer von Buschwerk bestimmten, gelbtonigen Vegetation, das ein sandiger Weg durchschneidet.

In der friedlichen Ruhe der Szene wie in der Komposition, die die Horizontlinie tief legt und damit dem Himmel weiten Raum zumißt, spiegeln sich Rousseaus Vorbilder, vor allem aus der niederländischen Landschaftsmalerei des 17. Jahrhunderts, wie Hobbema oder Ruisdael.

Théodore Rousseau
Eichengruppe bei Apremont, 1852
Öl auf Leinwand, 63,5 x 99,5 cm
Paris, Musée National du Louvre

HONORÉ DAUMIER

1808–1879

Honoré Daumier
Die Emigranten (Die Auswanderer), 1857
Öl auf Holz, 16,2 x 28,7 cm
Paris, Musée du Petit Palais

Durch eine tote Dünenlandschaft unter einem niedrigen braunen Wolkendecke zieht ein Troß schemenhafter, gebeugter Gestalten – ein Anblick absoluter Trostlosigkeit und Ausgeliefertheit. Die Anonymität von Landschaft und Leuten, die Unkenntnis von Grund und Ziel dieses Marsches, der sich endlos gleichförmig über die Bildgrenzen auszudehnen scheint, nehmen dem Betrachter die Möglichkeit einer unmittelbaren Anteilnahme an dem Schicksal dieser Menschen. Allein Gefühle von Angst und Beklemmung stellen sich ein. Losgelöst von allen »Regeln« der Kunst hat Daumier sämtliche ihm zur Verfügung stehenden Mittel als Maler auf diese eine Aussage reduziert. So werden die Menschen zu düsteren, erdfarbenen Klumpen wie die Landschaft um sie herum und sind nur durch stellenweise hineinskizzierte dicke, schwarze Umrißlinien sowie Kontraste von Hell und Dunkel als solche erkennbar.

Äußerer Anlaß für dieses beeindruckende Bild und für eine Serie von Ölbildern, Lithographien und ein Relief mit den Titeln »Die Emigranten«, »Flüchtlinge«, »Die Eingesperrten« war wohl das grauenhafte Zuschlagen der Regierung Louis Philippes bei dem Arbeiteraufstand im Juni 1848, bei dem Tausende umgebracht und inhaftiert wurden; an die viertausend Menschen wurden in die Hochebene von Algerien deportiert.

Von der schemenhaft im Abendlicht erstrahlenden Kulisse einer Häuserfront hebt sich die monumentale dunkle Silhouette der Wäscherin ab, die nach getaner Arbeit, mit ihrem Kind an der Hand, die Treppe vom Seineufer hinaufsteigt. Nicht ausgemergelt und abgearbeitet erscheint diese Arbeiterin und Mutter. Sie ist von schwerem, wohlgeformtem Körperbau, eine kraftvolle Frau in naturhafter Stärke: Das ist der romantische Sozialismus, der im Zeitalter der neuen sozialen Ideen die Arbeitsfrau als Heroine auffaßt, als »Monument gefestigter Anständigkeit«. Es ist eine Vorstellung, wie sie auch bei Millet zu finden ist, der meinte, das Volk bloß »erlösen« zu müssen, um die neuen Helden zu besitzen, und der – ähnlich wie Daumier – alltägliche Situationen ins Monumentale steigerte.

Das Bild der Wäscherin ist das bekannteste von sieben anderen mit diesem Thema, die Daumier malte. Immer spricht die Symphatie und Anteilnahme des Künstlers aus ihnen. Idealgestalten wie die Wäscherin sind bei Daumier die herkömmlichen Frauen, die ihre Rolle als Mutter und Arbeiterin pflichtgetreu und mit Würde erfüllen. Sobald sie sich jedoch gegen ihre in der damaligen Zeit extrem diffamierende und elende Situation auflehnten – engagierte Frauen kämpften gegen ihren gesellschaftlichen Status als Unmündige –, karikierte er sie und stellte sie in seinen Lithographien als lächerliche und häßliche Xanthippen dar.

Obwohl Daumier seinen Ruhm vor allem den graphischen Arbeiten verdankt, gehört er auch als Maler zu den bedeutendsten Vertretern seines Jahrhunderts.

Honoré Daumier
Die Wäscherin, um 1860
Öl auf Holz, 49 x 34 cm
Paris, Musée National du Louvre

Daumier hat das tragisch-komische Epos des spanischen Dichters Miguel de Cervantes, sein Lieblingsbuch, in etwa 25 Ölgemälden, Aquarellen und einer Reihe von Kohlezeichnungen interpretiert. Don Quichotte, der ausgezogen ist, »um den Unbilden zu steuern, die Ungerechtigkeiten zurechtzubiegen, der Ungebühr abzuhelfen, Mißbräuche wiedergutzumachen und in allem den Pflichten zu genügen«, ist der Idealist, der sich mit der Welt und ihren Gegebenheiten nicht abzufinden weiß und deshalb auszieht, um sie im Sinne seiner Ritterideale zu erobern.

Immer wieder wird Daumiers Don Quichotte als die Schöpfung eines Künstlers gedeutet, der selbst ein großer Außenseiter war und in der Gestalt des fahrenden Ritters sein Selbstbildnis erfand. In dem Münchner Bild hat Daumier die Einsamkeit des Ritters von der traurigen Gestalt in einer verwüsteten, menschenleeren Landschaft dargestellt, die die hagere Gestalt auf ihrem Klepper, der wie eine Karikatur erscheint, durchreitet.

Die Physiognomien von Mann und Pferd sind skeletthaft grotesk, bis zur anatomischen Deformation stilisiert. Das Licht modelliert die Gestalten nicht, sondern leuchtet spukhaft irgendwo an ihnen auf, so daß ihnen jede greifbare Körperlichkeit genommen wird und sie als bloße Erscheinungen, ja fast wie eine Vision vor dem Betrachter erstehen. Die merkwürdige, unrealistisch intensive Farbgebung des Hintergrundes, der einer Mondlandschaft gleicht, verstärkt diesen Eindruck noch. So hat Daumier Don Quichotte und seinen Klepper in ihrer Symbiose, die sie miteinander eingehen, zu einer tragikomischen Inkarnation der Weltabgewandheit werden lassen.

Honoré Daumier
Don Quichotte, um 1868
Öl auf Leinwand, 52,2 x 32,8 cm
München, Bayerische Staatsgemäldesammlungen, Neue Pinakothek

»Es gibt Momente, wo das Volk ganz fanatisch wird, die Galerie einem Käfig wilder Bestien gleicht, die sich herunterstürzen möchten, um ihr Opfer, den Intriganten, den Verräter, den Bösewicht, den ungetreuen Liebhaber, zu zerreißen ... Man stellt sich dann vor, wie diese Menge rasen kann, wenn sie einmal im Ernst losgeht«, schreibt Banville in seinen Erinnerungen über das Pariser Theaterpublikum.

Daumier, selbst begeisterter Theatergänger, hat in seinem Bild dieses Publikum festgehalten, das ihn mehr interessierte als die Stücke selbst. Vorn auf der guckkastenartigen Bühne weist der pathetisch triumphierende Mörder – offensichtlich war's ein guter Mord – eine in ihrer Verzweiflung total aufgelöste Frau auf das flach am Boden hingestreckte Opfer hin. Die Menge erstarrt in blankem Entsetzen, unfähig, Schein und Wirklichkeit noch unterscheiden zu können. Die einseitige, effektvolle Beleuchtung des Rampenlichts, das die Szene auf der Bühne hell erstrahlen läßt und den Zuschauerraum im Kontrast dazu in eine unfarbige brauntonige Dunkelheit taucht, aus der sich allein die Silhouette der kompakten Menge schemenhaft abhebt sowie einige in ihrer Anspannung ohnehin schon verzerrten Gesichter noch gepenstisch aufleuchten, hat Daumier voll ausgenutzt, um die Atmosphäre höchster Spannung auf dem Höhepunkt des Dramas für den Bildbetrachter nachvollziehbar zu machen. Daumier war der erste bedeutende Maler, der – noch vor Toulouse-Lautrec und Degas – die Bühne dargestellt hat.

Honoré Daumier Das Drama, um 1860
Öl auf Leinwand, 97,5 x 90,4 cm. München, Neue Pinakothek

Jean-François Millet
Die Ährenleserinnen, 1857
Öl auf Leinwand, 83,5 x 111 cm
Paris, Musée National du Louvre

JEAN-FRANÇOIS MILLET
1814–1875

Balzac beschrieb, was es mit dem »Ährenlesen« auf sich hatte: »Ährenlesen war nur mit einer vom Bürgermeister der Gemeinde ausgestellten Bedürftigkeitsbescheinigung erlaubt, und vor allem konnte nur den Armen der eigenen Gemeinde das Recht des Ährenlesens gewährt werden.« Dieses Wissen ist notwendig, um zu verstehen, welche Wirkung das Bild zu seiner Zeit hatte, in der ein Kritiker von den »Ährenleserinnen« argwöhnte, daß in ihnen »der Stachel der Volkserhebungen und der Schafotte von 1793« zu finden sei. Allein Millets Themen, die er vorwiegend aus dem bäuerlichen Leben entnahm, wirkten revolutionär und damit als gefährlich.

Für sich selbst genommen vermittelt das Bild der Ährenleserinnen, der Ärmsten der Armen, den Eindruck absoluter Harmonie. Mensch und Natur befinden sich im Einklang, werden zur Ausdrucksform einer höheren natürlichen Ordnung. Stimmungsvoll läßt die Abendsonne Mensch und Landschaft gleichermaßen in sanften Farbtönen aufleuchten. Die schweren Gestalten der Frauen, die als monumentale Silhouetten die Bildmitte einnehmen, haben in ihrer Schönheit immer wieder zu Vergleichen mit Michelangelos Sibyllen herausgefordert. Ihre gleichförmige gebückte Haltung sowie ihre Bewegungen nehmen die Form eines harmonischen Arbeitsrhythmus ein und vermitteln nichts von der Anstrengung ihrer mühevollen Tätigkeit.

Jean-François Millet
Beim Angelusläuten (Das Abendgebet), um 1858/59
Öl auf Leinwand, 55,5 x 66 cm
Paris, Musée National du Louvre

Bauer und Bäuerin haben im Angesicht der untergehenden Abendsonne in ihrer Arbeit innegehalten, um zu beten. Eine kurze Spanne der Ruhe ist ihnen damit gegönnt. Hinter ihnen liegt offensichtlich ein mühevoller Arbeitstag auf dem riesigen Kartoffelacker, und die umherstehenden Geräte weisen darauf hin, daß sie die nicht enden wollende Arbeit im Anschluß an das Gebet wieder aufnehmen wollen. Sie scheinen eingebunden in eine gottgewollte natürliche Ordnung, in der sie ihre Arbeit verrichten »wie Priester eine heilige Handlung« (ein zeitgenössischer Kritiker).

»Man kann sich unmöglich vorstellen, daß diese Menschen jemals auf die Idee kommen könnten, etwas anderes zu sein, als sie sind«, äußerte sich Millet einmal, »aber wir können die Unterdrückung sehen, auch wenn sie es nicht können. Vielleicht wird sie uns gezeigt und erwartet, daß wir darauf reagieren.« Dieser sozialpolitische Zweck, den Millet mit seinen Bildern verfolgt, kommt in ihnen nicht zur Anschauung. Offensichtlich hat er aber mit Erfolg auf die Kenntnisse seiner Betrachter reflektiert, die ihn als republikanischen Umstürzler verdächtigten. Vielen seiner damaligen Kritiker erschienen seine Bilder dagegen eher als sentimentale Rührstücke. Cézanne bezeichnete Millet schlichtweg als »Tränendrüse«, und das, obwohl Millet, wie er selbst einmal schrieb, mit einem gewissen Schauder all das vermieden habe, was nach Sentimentalität aussehen könnte. Van Gogh dagegen sah in Millet seinen geistigen Vater, während Dalí das »Angelus«-Thema mehrfach variierte und ihm ein eigenes Buch widmete.

GUSTAVE COURBET
1819–1877

Gustave Courbet
Die Kornsieberinnen, 1853
Öl auf Leinwand, 131 x 167 cm
Nantes, Musée des Beaux-Arts

Courbet selbst bezeichnete das Bild als fremdartig. Tatsächlich gleicht es keinem seiner anderen Bilder. Sind einerseits die Frauen bei der Verrichtung ihrer alltäglichen Arbeit dargestellt und von allen dafür notwendigen Gegenständen umgeben, so wirkt die Szene doch gleichzeitig ausgesprochen künstlich. Man betrachte nur die Haltung und die Gestik der Frauen. Die an die Säcke gelehnte scheint ihre Arbeit wie im Traum zu verrichten, ihre Finger sind künstlich gespreizt. Die andere, kniende, wirkt in ihrer übertriebenen Pose und Gebärde wie erstarrt. Hinzu kommt, daß alle drei Figuren völlig isoliert voneinander agieren, jede in sich selbst versunken.

Man kann davon ausgehen, daß Courbet sich in diesem Bild von der seit etwa 1855 aufkommenden Japanmode inspirieren ließ, vor allem von japanischen Holzschnitten, wie sie zu dieser Zeit aus Japan eingeführt wurden. Solche Elemente sind zum Beispiel: der helle, in monotonen grau-ockerfarbigen Tönen gemalte und durch Fluchtlinien erzeugte Raum mit seinen leeren Rückwänden, die sich davon nahezu scherenschnitthaft abgrenzenden Figuren mit ihren kräftig-roten und blaugrünlichen Gewändern sowie die vielen vereinzelten runden und ovalen Formen vor allem in den Gefäßen, wie sie bei japanischen Laternen und Vasen vorkommen, und nicht zuletzt die Haltung der Sieberin, die häufig von Schauspielern im traditionellen japanischen Kabuki-Theater eingenommen wird. Erst bei Gauguin findet sich später eine vergleichbare künstlerische Gestaltung wieder.

Heute ist nicht mehr zu verstehen, warum Courbets »Mädchen an der Seine« – ausgestellt im Pariser Salon von 1857 – einen so großen Skandal ausgelöst haben. Zwei hübsche junge Mädchen haben sich an einem schönen Sommertag bei einem Ausflug erschöpft in den Schatten von Bäumen gelegt und genießen Ruhe und Nichtstun. Beide sind prächtig nach der Mode der Zeit gekleidet. Für die zeitgenössische Kritik galten die Mädchen als schamlos und vulgär, als »biches«, der Name für ausgehaltene Frauen, die die Pornographie des Zweiten Kaiserreichs veranschaulichen. Pierre Joseph Proudhon sah in ihnen eine einzige moralische Anklage. Die Braunhaarige gehe erotischen Träumereien nach, die Blonde stelle für ihn kalt berechnende Überlegungen über Aktien, Rentenpapiere und Geschäfte an. Der Schock, den das Bild ausgelöst hat, kann nur erklärt werden mit dem völlig neuen Realismus, den Courbet in die Malerei eingeführt hat, sowohl hinsichtlich der Darstellungsweise – kräftige, gegenstandsgebundene Farben, die nicht durch die spezifische Helligkeit der Tageszeit oder von Licht und Schatten wesentlich verändert werden – als auch des Inhalts. Courbet hat weder mythologische Akte, wie die Salonmalerei, noch orientalische Schönheiten, wie Delacroix, gezeigt, sondern die ganz gewöhnliche Situation eines sommerlichen Ausflugs. Er hat die Mädchen auch nicht dem Betrachter entrückt, sondern sie ihm geradezu vor die Füße gelegt.

Gustave Courbet
Mädchen an der Seine, 1857
Öl auf Leinwand, 173,5 x 206,5 cm
Paris, Musée du Petit Palais

GUSTAVE COURBET
1819–1877

Ornans, Provinzstädtchen bei Besançon, war Courbets Geburtsort und Heimat. Hier entstand das »Begräbnis«, im kleinen Atelier auf dem Speicher des Großvaters, kaum breiter als die fertige Leinwand. Vor der kargen Felslandschaft des Roche du Mont haben sich die Trauernden am offenen Grab versammelt: die Bewohner von Ornans, Bauern und Winzer, Kaufleute und Bürger, Diener der Kirche und Honoratioren. Courbet kannte sie alle, und alle wollten aufs Bild. 46 Personen haben schließlich Platz gefunden – in Lebensgröße und so, wie der Maler sie sah, nicht schöner und nicht häßlicher.

Vier Männer mit breiten Hüten tragen den Sarg, die Köpfe zur Seite geneigt, um dem Verwesungsgeruch des Leichnams zu entgehen. Daneben im weißen Chorhemd der Küster mit dem Kreuz und zwei Ministranten. Bonnet, der Pfarrer in schwarzer Robe, liest das Totengebet; rechts die beiden Kirchendiener in zinnoberroten Chorhemden, Schuster Clement mit der langen Nase und Winzer Muselier. Zu ihren Füßen kniet der hemdsärmlige Totengräber, darüber, neben dem Mann im Zylinder, Courbets Vater Régis.

Auf der rechten Seite, den Hut in der Hand, Proudhon, Stellvertreter des Friedensrichters. Neben ihm der beleibte Bürgermeister. Dicht vor dem Grab erweisen zwei Veteranen der Revolution von 1793 in der Tracht der Jakobiner dem Toten die letzte Ehre. Vor ihnen ein Totenschädel, Symbol der Vergänglichkeit – Sinnbild auch der gescheiterten

Revolution von 1793 und der enttäuschten Hoffnung von 1848?

Getrennt von den Männern, wie in der Kirche, beschließen die trauernden Frauen den Kreis. Unter ihnen die Schwestern des Malers: die weinende Juliette, Zoé, ihr Gesicht verbergend, und die nachdenkliche Zélie. Rechts außen, ein Kind an der Hand, Courbets Mutter.

Doch wem gilt die Trauer? 1848 war Courbets Großvater gestorben, Jean-Antoine Oudot, überzeugter Republikaner und Mitstreiter der Revolution von 1793. Er mag der Verstorbene sein. Doch während die Jakobinerfreunde an seinem Grab stehen, erscheint er selbst noch einmal im Bild, am linken Rand, als Zeuge seiner eigenen Beerdigung!

Die Komposition ist ebenso schlicht wie gekonnt. Die Horizontale des Hintergrunds wiederholt sich in der Parallelen der friesartig gruppierten Personen. Ebenso schlicht ist die Farbgebung. Schwarz und Weiß dominieren, unterbrochen von kräftigen Rottönen. Das Gemälde war ein Skandal. Die banale Episode eines Dorfbegräbnisses, eine Genreszene also, im Format des Historienbildes. Das Triviale als Staatsereignis! Courbet habe einen »Kult des Häßlichen« betrieben und eine »unwürdige, gottlose Karikatur« gezeichnet. Vor allem »die Vollmondgesichter« der Küster, »beschmiert mit Zinnober, und ihre trunkene Haltung« erregten die Kritiker. Doch Courbet hat nur berichtet, was er gesehen hat.

Gustave Courbet
Das Begräbnis zu Ornans, um 1849/50
Öl auf Leinwand, 315 x 668 cm
Paris, Musée d'Orsay

Gustave Courbet
Das Atelier des Malers, 1855
Öl auf Leinwand, 359 x 598 cm
Paris, Musée d'Orsay

GUSTAVE COURBET
1819–1877

Courbet hat die Komposition dieses merkwürdigen, in seinen Ausmaßen riesigen Bildes selbst beschrieben: »Ich bin in der Mitte und male, rechts sind all die Teilhabenden, das heißt die Freunde, die Mitarbeiter und die Liebhaber der Welt der Kunst. Links dagegen ist die andere Welt, das tägliche Leben, das Volk, das Elend, der Reichtum, die Armut, die Ausbeuter und die Ausgebeuteten, die Menschen, die vom Tode leben.« Es war seine Absicht, »die ganze menschliche Gesellschaft durch mein Bild ziehen zu lassen«.

Courbet stellte das Gemälde in einer privaten, »Der Realismus« genannten Protestausstellung gegen den Salon von 1855 aus. Im Katalog nannte er es eine »reale Allegorie«. Realist sein hieß für Courbet, »ein ehrlicher Freund der vollen Wahrheit zu sein«. Als solcher teilt er die menschliche Gesellschaft in zwei Gruppen, eine gegenüber der »Welt der Kunst« gleichgültige und eine an ihr anteilnehmende. Er selbst zeigt sich als der Künstler, der im Landschaftsbild die noch ursprüngliche Natur malt. Als ideale Betrachter treten das weibliche Aktmodell und das Kind neben ihn; sie stellen die nicht von der Reflexion bestimmte, sinnliche und unverfälschte Auffassung des Wahren dar. Die Frau wurde von der zeitgenössischen Kritik auch sogleich als »Muse der Wahrheit« verstanden. Beide stehen im Gegensatz zu dem, was Courbet als modernes Leben vorführt. Jude, Geistlicher, alter Republikaner, Jäger, Schnitter, Schaubudenherkules, Harlekin, Altwarenhändler, Arbeiterfrau, Arbeiter, Totengräber, Irin, Kleiderhändler, die Courbet selbst als Personnage der linken Seite benennt, sind reale Allegorien, insofern als sie bestimmte Lebenssphären repräsentieren. Realität erhalten sie dadurch, daß der Maler sie auf der Bühne seines Ateliers auftreten läßt, das heißt, die Welt wird erst interessant in der Bedeutung, die der Künstler ihr mit seiner Malerei verleiht. Die von ihm als geistige Teilhaber an seiner »realistischen« Kunst Akzeptierten (rechts) schließen Courbets Welt ab. Man erkennt seine engsten Freunde, Promayet, Bruyas, den sozialistischen Philosophen Pierre-Joseph Proudhon (in der Mitte der stehenden Fünfergruppe), Cuénot und Buchon; den Vorkämpfer des literarischen Realismus, den Romancier Jules Champfleury (sitzend), und den Dichter der »Blumen des Bösen«, Charles Baudelaire (lesend). In der Fensteröffnung im Hintergrund steht ein junges Liebespaar, während das elegante Paar im Vordergrund Kunstliebhaber repräsentiert.

In den Mittelpunkt dieser erst von ihm geschaffenen »Realität« setzt sich Courbet im herrschaftlich demonstrativen Gestus des Schöpfers – er ist die einzige aktive Person im Bild. Der Maler stellt sich hier vor allem als Protagonist und Verkörperung des Künstlers überhaupt dar.

Gegenüber dem bisherigen Atelierbild, das es seit der Renaissance als Gattung gab, geht es Courbet nicht um die Darstellung seiner äußeren Umgebung und seines gesellschaftlichen Rangs, sondern um die Begründung seiner Besonderheit aus seiner Schöpferkraft. Das Atelier Courbets ist die Bühne, auf der die Welt, die er aus seiner Vorstellung herbeiruft, erst in ihrer Wahrheit erscheint.

CASPAR DAVID FRIEDRICH
1774–1840

Das Bild wurde auf der Berliner Akademieausstellung von 1810 zusammen mit dem berühmten »Mönch am Meer« vom preußischen König erworben. Ob es vom Künstler als Gegenstück zu diesem maßgleichen Werk geplant war, ist ungewiß. Doch ist es im Werk Friedrichs keine Seltenheit, daß zwei oder vier Bilder aufeinander bezogen sind und Jahres- oder Tageszeiten darstellen, die symbolisch auf verschiedene Zeitepochen oder auf die Stufen des menschlichen Lebensalters – wie in diesem Falle denkbar – hinweisen.

Auch in dem Bild selbst wird mit den Eichen und der gotischen Ruine vermutlich auf zwei historische Epochen angespielt: auf die vorchristliche Zeit der Naturreligion und die christliche Zeit, welche nicht mehr den Wald, sondern die Kirche – in höchster Form die gotische Kathedrale des Mittelalters – zum Ort der Gottesverehrung machte. Seltsamerweise führt der Leichenzug der Mönche am offenen Grab vorbei auf das Portal der Kirchenruine zu bzw. durch dieses hindurch. Friedrich hat das Porträt der realen Ruine der Kirche von Eldena in Pommern durch das Kruzifix im Portal und das Maßwerkfenster darüber ergänzt, um die religiöse Deutung klarer zu machen. Offenbar führt der Weg der Mönche in eine lichtere Welt, die über den Tod und die Geschichte hinausweist. So wurde dieses Bild von Friedrichs Zeitgenossen Theodor Körner in dem Gedicht »Friedrichs Totenlandschaft« gesehen: »Der Quell der Gnade ist im Tod geflossen, / Und jene sind der Seligkeit Genossen, / Die durch das Grab zum ew'gen Lichte ziehen.« Der Himmel hat sich über der Dunkelheit, die auf der abgestorbenen Winterlandschaft lastet, aufgeklärt, und man sieht den schwachen Umriß des Mondes.

Caspar David Friedrich
Abtei im Eichwald
(Mönchsbegräbnis im Eichenhain), 1809
Öl auf Leinwand, 110,4 x 171 cm
Berlin, Nationalgalerie, Staatliche Museen zu Berlin – Preußischer Kulturbesitz

Der Wanderer ruht an der für Friedrichs Landschaften typischen Stelle: an einer Hangschräge des Vordergrunds, hinter der sich ein Abgrund öffnet, aus dessen unbekannter Tiefe die weiteren Berge, die jetzt noch im Dunkeln liegen, auftauchen. Friedrich liebt diesen schroffen Übergang zwischen Vorder- und Hintergrund, Zonen, die von ihm gewöhnlich als zwei grundsätzlich verschiedene Existenzweisen gedeutet werden. Während in diesem Bild der Vordergrund durch das scheidende Tageslicht gegenständlich greifbar erscheint – noch betont durch die markante Farbigkeit der Kleidung des Wanderers –, kündigt sich im Hintergrund eine Wandlung von undurchdringlichem Dunkel zu geheimnisvoller nächtlicher Beleuchtung an.

Auch von anderen Romantikern, etwa dem Dichter Novalis, wird die Nacht als die Sphäre der Seele und des Geistes gedeutet, die von einer höheren Existenz zeugt als der Tag, die Periode des realen täglichen Lebens, in der die Ansprüche der materiellen Welt zählen. Zwischen Tag und Nacht steht in Friedrichs Bild der vom scheidenden Tageslicht erzeugte Regenbogen, der selbst einer geheimnisvolleren Sphäre angehört. Er wurde damals allgemein als Symbol des Friedens zwischen Gott und den Menschen gedeutet.

Caspar David Friedrich
Gebirgslandschaft mit Regenbogen, um 1809/10
Öl auf Leinwand, 70 x 102 cm
Essen, Museum Folkwang

Caspar David Friedrich
Der Wanderer über dem Nebelmeer, um 1817/18
Öl auf Leinwand, 98,4 x 74,8 cm
Hamburg, Hamburger Kunsthalle

CASPAR DAVID FRIEDRICH
1774–1840

Dargestellt ist möglicherweise ein in den Befreiungskriegen (1813–1815) gefallener Offizier. In Friedrichs Werk gibt es viele Bilder, die direkt oder indirekt Bezug auf die Befreiungskriege nehmen. Von der in diesen Kriegen erreichten zeitweisen Einigung der deutschen Staaten erhoffte das Bürgertum nicht nur die Vertreibung Napoleons vom Territorium des ehemaligen Reichs, sondern auch die Abschaffung des Feudalismus im eigenen Land. Man hat daher versucht, den immer wiederkehrenden Dualismus in Friedrichs Bildern zwischen dem Vordergrund, der nur einen beschränkten Standort für die Figuren bietet, und der sich öffnenden Weite der Landschaft, die vom Standpunkt des Betrachters aus zukünftigen Charakter hat, politisch als Erwartung eines besseren und freien Deutschlands zu interpretieren. Als Zeichen für eine solche Gesinnung galt der um 1818 verbotene »altdeutsche Rock«, den auch der Wanderer auf diesem Bild trägt. Unmittelbar wird sichtbar, daß der Wanderer den äußersten Gipfel der materiellen Welt erreicht hat und jetzt, erhoben über deren Beschränkung, eine neue Freiheit genießt, die, nur dem Geist erreichbar, jenseits der materiellen Bedingungen liegt.

»Der einsame Baum« gehört zu den Werken, in denen der Symbolismus gegenüber der Unmittelbarkeit der Anschauung zurücktritt. Dennoch ist auch hier die wetterzerzauste Eiche ein Wesen, mit dem der Betrachter sich identifizieren, das er mit einem durch sein Leben gezeichneten Menschen vergleichen soll.

Im »Kreidefelsen« hat Friedrich seine Weltanschauung besonders deutlich ausgesprochen. Zugleich zeigt das Bild, mit welcher Neugier der Künstler bisher in der Malerei unbekannte Landschaften und Blickpunkte entdeckte.

Der Abgrund, an dem die Figuren stehen, erscheint als Grenze zwischen zwei Existenzweisen. An dem durch die unzugänglichen Kreidefelsen veranschaulichten Übergang von der körperlichen Welt, dem Ort der Wanderer, zu der nur dem Blick und den Gedanken zugänglichen Ferne, scheiden sich die Geister. Es ist sehr deutlich, mit welcher Figur Friedrich sich identifizierte: keineswegs mit dem Bürgerpaar, das ängstlich ein Detail am Abgrund besichtigt oder einen verlorenen Gegenstand sucht und sich bei dieser Tätigkeit recht lächerlich anstellt, sondern mit dem rechts am Baum lehnenden Mann im »altdeutschen Rock«, der versonnen in die Ferne blickt.

Die Großartigkeit der unendlichen Weite des Meeres galt schon im 18. Jahrhundert als Symbol der Unendlichkeit. Von Friedrich wird die lichte Ferne auch durch die Schiffe als Raum der Sehnsucht gekennzeichnet, als die Sphäre, in der die Begrenztheit der irdischen Existenz, an der sich die anderen Figuren im Vordergrund festhalten, überwunden ist.

Caspar David Friedrich
Der einsame Baum, 1822
(Dorflandschaft bei Morgenbeleuchtung)
Öl auf Leinwand, 55 x 71 cm
Berlin, Nationalgalerie, Staatliche Museen zu Berlin – Preußischer Kulturbesitz

Caspar David Friedrich
Kreidefelsen auf Rügen, 1818
Öl auf Leinwand, 90 x 70 cm
Winterthur, Stiftung Oskar Reinhart

JOSEPH ANTON KOCH
1768–1839

Das Bild ist in den großen Formen der klassischen Landschaft des 17. Jahrhunderts komponiert. In Anlehnung an diese Malerei sind die Bildgründe parallel hintereinander gestaffelt, die seitlichen Ränder durch Haus und Baum sowie der Hintergrund durch die Bergkulisse zu einer Art Innenraum der Landschaft geschlossen. Koch überträgt das von Poussin an der italienischen Landschaft ausgebildete Kompositionsschema auf die Alpenwelt und verwandelt die mythologischen und biblischen Figuren, die gewöhnlich solche Landschaften bevölkerten, in Gestalten des gegenwärtigen bäuerlichen Lebens.

Es ist Feierabend, und die Menschen, die am Tag als Jäger, Viehhüter und Gärtner tätig waren, kehren in die schützende Nähe des Dorfes zurück. Man erkennt, daß das Leben dieser Leute zwar beschwerlich ist, doch daß die Natur ihnen allen ein Auskommen gewährt. Offenbar sind diese Menschen glücklich und zufrieden. Koch erinnert hier an die Vorstellungen der Aufklärer des 18. Jahrhunderts. Sie hatten als Kritik der herrschenden feudalen Zustände ein herrschaftsfreies naturgemäßes Dasein der Menschen beschworen, dessen gegenwärtige Verwirklichung sie unter den freien Bauern der Schweizer Alpen erkannten. Der Schweizer Dichter Albrecht von Haller pries in seinem berühmten Gedicht »Die Alpen« von 1729 als einer der ersten das genügsame, aber freie Leben der Alpenbauern und machte es zum Gegenbild des durch Neid, Eigennutz und Bosheit geprägten Lebens der Leute in den großen Städten und an den Höfen.

Joseph Anton Koch
Das Berner Oberland, 1817
Öl auf Leinwand, 101 x 134 cm
Innsbruck, Tiroler Landesmuseum Ferdinandeum

Joseph Anton Koch
Der Schmadribachfall, um 1821/22
Öl auf Leinwand, 131,8 x 110 cm
München, Bayerische Staatsgemäldesammlungen, Neue Pinakothek

Mit dieser Ansicht aus dem Berner Oberland, die auf Eindrücke seiner Schweizer Reise aus den neunziger Jahren des 18. Jahrhunderts zurückgeht, gibt Koch zugleich ein Bild des Naturzusammenhanges als ganzem. Die Berge sind ohne Standortverzerrungen aufgenommen, also von nach oben wandernden Blickpunkten, so daß der Betrachter aufgefordert ist, das Bild zu »lesen«. Der Blick folgt der durch den Wasserfall bezeichneten Mittelachse durch die verschiedenen Zonen der Vegetation und Vegetationslosigkeit. Von oben nach unten erinnern sie an den Ablauf der Natur- oder Schöpfungsgeschichte, deren Weg ebenfalls von den anorganischen Formen über die verschiedenen Ausprägungen der Vegetation zu den Tieren und Menschen führt, wobei alles durch das lebenerhaltende und lebenzerstörende Element des Wassers gespeist ist.

Im Wasser ist zudem ein individuelles Moment hinzugefügt: Es durchläuft all seine Aggregatzustände, vom Dunst der Wolken über Eis und Schnee, bis es schließlich, zunächst durch dünne Rinnsale gespeist, zum schäumenden Wasserfall wird, der im Wege Stehendes mitreißt. Zu Kochs Zeit wurde der Weg des Wassers häufig als Symbol des menschlichen Lebenslaufs gedeutet.

Das Motiv der Schmadribachfälle hat Koch bereits in einem Aquarell von 1794 (Basel, Kunstmuseum) und in einer früheren, um 1811 entstandenen Fassung (Leipzig, Museum der bildenden Künste) vorbereitet.

GEORG FRIEDRICH KERSTING
1785–1847

Die Aufklärer hatten darauf gebaut, die Gesellschaft durch Wissen zu verändern. Dementsprechend waren die seit dem Ende des 18. Jahrhunderts auch in Deutschland überall entstehenden Lesegesellschaften als Hort potentieller Freigeister unter strenge Aufsicht der Zensur gestellt. Bildung wurde, wenn nicht als Waffe, so doch als der geistige Besitz des Bürgertums dem äußerlichen Luxus der alten feudalen Gesellschaft entgegengehalten.

Kersting, der zum Romantikerkreis um Friedrich gehörte, liebte die Darstellung von arbeitenden und besonders von lesenden Personen in einem Zimmer. Seine Lesenden sind immer Leute mittlerer bis gehobener Position, was man an den umgebenden Räumlichkeiten erkennt. Doch nirgends ist in diesen Bildern – wie später im Biedermeier – das Hauptgewicht auf den nützlichen oder unnützen Komfort des Wohnens gerichtet. Vielmehr ist die materielle Welt ganz wie in Friedrichs Landschaften nur Ausgangspunkt für die Darstellung einer geistigen Welt, die der Leser in sich entstehen läßt und die hier durch das immaterielle Spiel des Lichts an der Wand symbolisiert wird. Daß diese Welt geistiger Konzentration in einem Widerspruch zur realen steht, zeigen noch die sperrigen Bücherregale, die in den herrschaftlichen Abmessungen des Raumes einen eigenen, nicht durch äußere Schönheit bestimmten Bezirk ausgrenzen.

Georg Friedrich Kersting
Lesender bei Lampenlicht, 1814. Öl auf Leinwand, 47,5 x 37 cm. Winterthur, Stiftung Oskar Reinhart

GOTTLIEB SCHICK
1776–1812

Wilhelmine von Cotta war seit 1794 die Frau des berühmten Tübinger Verlegers Johann Friedrich von Cotta, der sich durch seine Klassikerausgaben einen Namen gemacht hat. Der Künstler malte die junge Frau im Alter von 31 Jahren. Das Bild zeigt deutlich Schicks Schulung im Pariser Atelier von David, nimmt es doch den Typus von dessen Porträt der Madame Récamier auf. Doch verzichtet Schick auf die Eleganz des französischen Bildes. Sein Modell macht vielmehr trotz der modischen Empirekleidung den Eindruck frischer Unbekümmertheit. Das breite Gesicht, der muntere Ausdruck der Augen, die kessen Locken und die rundlichen Arme tragen dazu bei. Außerdem ersetzte Schick Davids antikisierendes Möbel durch eine kubische Steinbank, die sich in keiner Weise den Linien des Körpers anpaßt. Hier merkt man, daß Schick bei einem Bildhauer gelernt hat: Ihm geht es um die Entgegensetzung plastischer Formen. Der Individualität der Einzelform wird mehr Gewicht beigelegt als ihrer Harmonisierung in einer großen Gesamtbewegung.

Porträts in Ganzfigur vor einer Landschaft sind im 18. Jahrhundert in England entstanden und wurden von den Franzosen übernommen. Schicks Bild erinnert an Goethes »Wahlverwandtschaften«, in dem die entstehende Gartenlandschaft engstens mit dem Schicksal Ottilies, der Hauptfigur, verbunden ist.

Gottlieb Schick Frau Wilhelmine von Cotta, 1802
Öl auf Leinwand, 133 x 140,5 cm
Stuttgart, Staatsgalerie Stuttgart

Philipp Otto Runge
Ruhe auf der Flucht nach Ägypten, um 1805/06
Öl auf Leinwand, 98 x 132 cm
Hamburg, Hamburger Kunsthalle

PHILIPP OTTO RUNGE
1777–1810

Die Ruhe der Heiligen Familie auf der Flucht nach Ägypten ist eine in der christlichen Kunst immer wieder gemalte Szene. Von Runge wurde sie als »Morgen des Morgenlandes« gedeutet und um die Nillandschaft und den Blütenbaum mit den Genien bereichert. Wie im »Morgen« geht es um die verschiedenen Stufen, in denen das göttliche Licht die Erde erreicht. Josef ist noch mehr vom Schein des Feuers erleuchtet, das er gerade verlöscht, als vom Morgenlicht der Landschaft hinter ihm. Der Glanz dagegen, der auf Marias Gesicht liegt, scheint sowohl von der Morgensonne wie von dem Kind zu stammen, das, selbst im Gegenlicht ruhend, doch wie der Ausgangspunkt des Leuchtens in dem Bild wirkt.

Runge hat seine Eltern in ihrem 69. Lebensjahr zusammen mit den Enkelkindern für diese gemalt. Alter und Jugend sind als die extremsten Formen des Lebenskreislaufs einander gegenübergestellt: Die Kinder, vom Licht der Landschaft bestrahlt und den Blumen zugeordnet, befinden sich noch in der Umhegung des Gartens, die Alten haben sich wieder in den Schatten des Hauses zurückgezogen. Ihre strengen Gesichter drücken »den Geist einer anspruchslosen Frömmigkeit [aus], die sich schlicht an heiliger Schrift und Landeskatechismus mit fleißiger Übung hielt« (Runges Bruder Daniel über die Eltern).

Ursprünglich sollte der »Morgen« Teil eines Tageszeitenzyklus werden, der in seinen vier Stadien jedoch nur in Zeichnungen und Radierungen existiert. Die »Zeiten«, die Runge seit 1802 beschäftigten, sind die bildhafte Gestalt seiner neuplatonisch-christlichen Welt- und Kunstanschauung. Nach Runge liegt in den Farben, den Erscheinungsweisen des Lichts, »das ganze Symbol der Dreyeinigkeit zu Grunde: ... das Licht können wir nicht begreifen und die Finsternis sollen wir nicht begreifen, da ist dem Menschen die Offenbarung gegeben und die Farben sind in die Welt gekommen, das ist: blau und roth und gelb«.

Im »Morgen« wird das unfaßbare weiße Licht – in der Engelskuppel, dem Morgenstern und der Lilie – über das Rot der Rosen und des feurigen Haares von Aurora/Venus/Maria sowie den gelben Schein zur Erde vermittelt, wo das Kind Eros/Christus als seine Inkarnation liegt. Was im Mittelbild als Absteigen des Lichts sich darstellt, erscheint am Rand als Aufstieg vom Dunkel der Sonnenfinsternis über das gelbe Licht der Sonne und das Rot der Amaryllis zum Blau und Weiß der Himmelskuppel. Die aus dem Licht geborenen, zunächst verfinsterten Farben werden zum Licht zurückgeführt. Landschaft bedeutet hier keineswegs die Ansicht einer Gegend, sondern ist die Darstellung des Weges der Seele als Weg der Verwandlung von lichtloser Materie in materieloses Licht.

Philipp Otto Runge
Die Eltern des Künstlers, 1806
Öl auf Leinwand, 196 x 131 cm
Hamburg, Hamburger Kunsthalle

Philipp Otto Runge
Der Morgen (erste Fassung), 1808
Öl auf Leinwand, 109 x 85,5 cm
Hamburg, Hamburger Kunsthalle

Peter von Cornelius
Josef gibt sich seinen Brüdern zu erkennen, um 1816/17
(aus der Casa Zuccaro, Rom). Fresko, 236 x 290 cm
Berlin, Nationalgalerie, Staatliche Museen zu Berlin – Preußischer Kulturbesitz

PETER VON CORNELIUS
1783–1867

Als der preußische Generalkonsul in Rom seine Wohnung mit Bildern aus der Josefsgeschichte ausmalen ließ, hatten die »Nazarener« erstmals Gelegenheit, ihre Vorstellung von einer Erneuerung der Freskomalerei der Renaissance zu verwirklichen.

Cornelius' Arbeit wirkt monumental durch die Steigerung des Maßstabs der Figuren im Verhältnis zu ihrer Umgebung. Dazu trägt die schmale »Bühne« mit ihrer klassischen Architektur ebenso bei wie die Auszeichnung jeder Figur durch eine nur ihr eigene Kombination leuchtender Farbflächen. Durch die Anordnung in zwei dichtgedrängten Gruppen wird die Bewegung der Hauptfiguren unterstrichen, ohne daß die anderen als untergeordnet erscheinen. In der rechten Gruppe ist das Zurückweichen beim Erkennen des Bruders ausgedrückt, der als hoher ägyptischer Würdenträger das Leben der Brüder in der Hand hat, die ihn in seiner Jugend verkauften, die linke wird ganz durch das Einanderzuneigen von Josef und Benjamin, dem Lieblingsbruder, bestimmt. Das Hauptmittel, mit dem Cornelius die innere Bewegung der Figuren zum Ausdruck bringt, wie es das Ziel der Nazarener war, ist die Konzentration auf die Augenpartie und die verschiedenen Arten des Blicks. Hier erkennt man, wie intensiv der Künstler Raffaels und Michelangelos Fresken, aber auch Dürers »Vier Apostel« studiert hat.

Johann Friedrich Overbeck
Italia und Germania (Sulamith und Maria), 1828
Öl auf Leinwand 94,4 x 104,7 cm. München, Neue Pinakothek

JOHANN FRIEDRICH OVERBECK
1789–1869

Das Bild ist 1811 als Freundschaftsbild für Franz Pforr und als Gegenstück zu dessen Bild »Sulamith und Maria« entstanden. Nach dem Tod des Freundes im Jahre 1812 blieb es unvollendet. Als Overbeck die Idee um 1828 wieder aufgriff, trat die private Seite, der Wunsch nach gleichgesinnten Lebensgefährtinnen, zurück. Denn wie in Pforrs kleinem Bild waren die zukünftigen Idealbräute der Freunde als Sulamith, die Braut des Hohen Liedes, und Maria dargestellt. Als nunmehr anerkannter Künstler gab Overbeck dem Bild einen neuen Inhalt und einen neuen Namen. Es hieß nun »Italia und Germania«, ein Titel, der darauf verweist, daß jetzt die Kunstideale der Freunde im Vordergrund stehen. Links sitzt Sulamith, die Idealbraut Overbecks, als lorbeerbekränzte dunkelhaarige Italienerin. Rechts ist Pforrs Idealbraut Maria als deutsches Gretchen mit blonden Zöpfen, das einen Myrthenkranz im Haar trägt, dargestellt. Der Hintergrund ist auf die Figuren bezogen und deshalb zweigeteilt: Hinter Sulamith/Italia sieht man eine italienische, hinter Maria/Germania eine deutsche Landschaft. In den kräftigen Figuren, die an Raffaels Frauengestalten erinnern, werden die beiden Vorbilder der deutschen romantischen Kunst versinnbildlicht: die italienische und die deutsche Malerei des Spätmittelalters und der Renaissance, deren Erneuerung das Ziel Overbecks war.

FERDINAND GEORG WALDMÜLLER

1793–1865

Der »Notverkauf« gehört zu den späten Werken des Künstlers, in denen er zuweilen die elenden Seiten des modernen Landlebens zeigt, das er gewöhnlich durch Bilder von festtäglicher Fröhlichkeit verklärt. Für ihn ist die Verarmung der kleinen Bauern jedoch nicht Grund zur Anklage gegen die Verursacher, die kaum in denen gesehen werden können, die das Kalb schließlich billig erwerben. Der Notverkauf des letzten Kalbs einer armen Häuslerfamilie wird als Schicksalsschlag aufgefaßt, an dem sich die Reaktionen der Verlierer und Gewinner vorführen lassen. Waldmüller folgt hier ganz dem Prinzip der Genremalerei als einer Gattung, in der es um die Schilderung der Volkscharaktere ging. Daß dieser Volkscharakter sich zumeist als duldendes Sich-ins-Schicksal-Fügen offenbart, gehört ebenfalls zu dieser Gattung, die vorzugsweise »das Glück in der Beschränkung« (Jean Paul) thematisierte. Das malerische Thema ist die Wirkung des Sonnenlichts. Selbst die Mimik der Personen ist nicht nur durch das Ereignis, sondern ebenso durch die Helligkeit bestimmt, welche die in dunklen Behausungen lebenden Bauern beim Hinaustreten blinzeln läßt. Das Licht zeichnet bei Waldmüller alle Dinge in gegenständlicher Überschärfe. Etwas später diente es den Impressionisten zur Auflösung gegenständlicher Konturen und zur Verschmelzung der Dinge mit der Umgebung.

Ferdinand Georg Waldmüller
Der Notverkauf (Das letzte Kalb), 1857
Öl auf Holz, 44 x 56,3 cm
Stuttgart, Staatsgalerie Stuttgart

CARL ROTTMANN

1797–1850

Das Gemälde ist eine Variante zu dem gleichnamigen Bild des sogenannten »Griechenlandzyklus« mit 23 Ansichten aus diesem Land in der Niedersächsischen Landesgalerie in Hannover. Anläßlich des von den europäischen Großmächten unterstützten Befreiungskampfes der Griechen gegen die Türken hatte auch die Landschaftsmalerei neuen Stoff erhalten. In Bayern war das Thema besonders aktuell, da 1832 ein bayerischer Prinz als Otto I. König von Griechenland wurde. Während italienische Ansichten gewöhnlich idyllische Landschaften waren, zeigt Rottmann in seinen Griechenlandbildern ein durch Kriege verarmtes, unfruchtbares und menschenfeindliches Land. Dennoch macht es den Eindruck erhabener Großartigkeit, da hier die erdgeschichtlichen Formationen wie in einer Mondlandschaft ohne die Verkleidung der Vegetation bloßliegen. Die Zeit der Blüte Griechenlands in der Antike, die in dem Bild nur noch in kaum von den Felsen unterscheidbaren Resten erkennbar ist, gibt der Landschaft eine wehmütige Stimmung. Wie der Mönch, der grübelnd in die Tiefe blickt und offenbar angesichts einer zerstörerischen Natur über die Vergänglichkeit menschlicher Kultur nachdenkt, soll auch der Betrachter die elementaren Kräfte der Natur und die in den erdgeschichtlichen Linien vergegenständlichte Zeit für den eigentlichen Antrieb der Geschichte halten.

Carl Rottmann Sikyon mit Korinth, um 1836–1838
Öl auf Leinwand, 85,2 x 102 cm. München, Bayerische Staatsgemäldesammlungen, Neue Pinakothek

KARL BLECHEN
1798–1840

Karl Blechen
Mönche am Golf von Neapel, um 1829
Öl auf Holz, 37,5 x 29 cm
Köln, Wallraf-Richartz-Museum

Motivisch ist das Bild mit Friedrichs »Kreidefelsen auf Rügen« vergleichbar. Auch hier herrschte die abrupte Scheidung zwischen Vorder- und Hintergrund, steile weißliche Felsen standen der blauen Fläche des Meeres gegenüber. Doch inhaltlich hat sich alles ins Gegenteil verkehrt. Die Mönche in ihren schwarzen Kutten wenden sich von der Ferne ab und sind dem Schatten der Höhle zugeordnet. Die Ferne hat nichts Verlockendes, sondern wirkt eher undurchdringlich und neutral. Der Mangel an Vegetation verstärkt den Eindruck des Leblosen, der vor allem durch die Erscheinung der Felsen, die an gebleichte Knochen erinnern, hervorgerufen wird. Den Maler interessiert die Wirkung von indirektem Reflexlicht bei großer Helligkeit auf Gegenständen, die, wie die Felsen, seiner gestaltenden Phantasie keine Schranken setzen.

War die Meeresferne bei Friedrich die verlockende Unendlichkeit einer künftigen geistigen Freiheit, so ist sie in Blechens Bild eher der Ausgangspunkt für ein Leben, das sich immer mehr in lebens- und lichtabgewandte Bereiche zurückzieht. Die Zukunft liegt hier im Vordergrund. Sie erscheint als geisterhaftes Verlöschen, als Sieg des lebensfeindlichen Prinzips, dem sich die Mönche unterworfen haben. Blechen entwarf mit diesem Gemälde ein Italienbild, das allen konventionellen idyllischen Vorstellungen widersprach.

Karl Blechen
Im Park der Villa d'Este, um 1830
Öl auf Leinwand, 126 x 93 cm
Berlin, Nationalgalerie, Staatliche Museen zu Berlin – Preußischer Kulturbesitz

Die Villa d'Este entstand mit ihrem Park um die Mitte des 16. Jahrhunderts im Auftrag des Kardinals Ippolito d'Este. Jeder, der einen italienischen Park der Renaissance betritt, wird von dem extremen Kontrast von Licht und Dunkel überrascht, den die riesigen Zypressenalleen erzeugen. Blechen hat dieses Phänomen zum Ausgangspunkt seines Bildes gemacht. Durch die Stämme der jahrhundertealten Bäume, die als dunkle, mächtige Seitenkulissen über den Rand des überlängt hochformatigen Bildes hinausragen, fällt ein vielfarbig feuriges Licht, in dem sich geisterhafte Figuren der Vergangenheit bewegen. Doch sieht Blechen die Vergangenheit keineswegs mit dem nüchternen Blick des Historikers. Vielmehr entstammen diese Gestalten des späten 16. Jahrhunderts der Phantasie des von den Lichtgegensätzen benommenen Künstlers. Er läßt die Geschichte vor seinem inneren Auge auftauchen, und sie verbindet sich in seinem Geist mit den realen Gegebenheiten.

Da es sich um eine romantische Vorstellungswelt handelt und nicht um die rekonstruierte Realität, sind die Farben in der Figurenzone traumhaft gesteigert, wobei violette Töne als besonders ungewöhnlich auffallen. Allein das Subjekt bestimmt hier die Erscheinung der Welt und verleiht ihr ihren zuweilen erschreckenden Zauber. Das Bild hat nichts mit einem objektiv registrierenden Historismus zu tun, sondern bezieht seinen Reiz allein aus der durch Visionen der Vergangenheit fieberhaft gesteigerten Empfindung des Künstlers, die in der Farbigkeit ihren unmittelbarsten Ausdruck findet.

LUDWIG RICHTER
1803–1884

Richter war 1823 bis 1826 in Rom gewesen und hatte dort italienische Landschaften in der Art Joseph Anton Kochs gemalt. Auch anschließend in Dresden blieb er zunächst bei dieser Thematik. Erst in den dreißiger Jahren wandte er sich, angeregt durch Wanderungen in Sachsen und Böhmen, der heimatlichen Landschaft zu. Er malte zwar weiterhin die gleichen idyllischen Motive wie in Rom – Mönche und Hirtenfamilien, kurz das einfache Volk in harmonischem Beisammensein in der Natur –, nur fand er die Vorbilder jetzt in Deutschland statt in Italien. Klassizisten wie Koch hatten das Leben des Volkes als ursprüngliche Form der Gesellschaft dargestellt, für die die Natur der einzige außermenschliche Bezugspunkt war. Für die Romantiker wie Richter kam das Wesen der Natur in seiner reinsten Form erst durch den Hinweis auf den christlichen Gott als ihrem Schöpfer zum Ausdruck. So liebten sie es, Kirchen darzustellen, in deren Schatten die Menschen ein harmonisches, weil durch die kirchlichen Regeln geprägtes und deshalb gottgefälliges Leben führen. Der abrupte Gegensatz von Nähe und Ferne wurde von dem Dresdner Frühromantiker Friedrich als Gegensatz zwischen materieller und geistiger Existenz aufgefaßt. Richter hebt diese Trennung durch die Kirche, die an der Scheidelinie steht, auf, wodurch die Natur sich nun als allumfassende Einheit darstellt.

Ludwig Richter
Die Kirche bei Graupen in Böhmen, 1836
Öl auf Holz, 56,7 x 70,2 cm
Hannover, Niedersächsische Landesgalerie

MORITZ VON SCHWIND
1804–1871

Elfen sind Naturwesen der nordischen Sage. Ihre Nachfahren tauchten etwa in den Dichtungen Shakespeares auf und fanden durch die Übersetzungen der Aufklärer und der Romantiker sowie deren Märchensammlungen Eingang in die zeitgenössische deutsche Literatur. Hier standen sie nun als ureigene nordische Naturwesen den klassischen Nymphen gegenüber. Für Schriftsteller und Künstler, die sich wie Schwind die Aufgabe gestellt hatten, der deutschen Kunst neben der französischen einen zumindest ebenbürtigen Platz zu erobern, waren diese Fabelwesen ein beliebtes Sujet. Als deutsch wurde von den Künstlern um Schwind die klassische Linearität verteidigt. Man sprach ihr größere Tiefe zu als dem malerischen Realismus der Franzosen.

In Schwinds tanzender Elfengesellschaft wird eine anheimelnde familiäre Gemeinschaft zwischen Frauen und Kindern vorgestellt. Damit entsprach das Bild durchaus der Verherrlichung der Familie als Hort der Innerlichkeit und als Keimzelle des Staates, welche die restaurative Staatstheorie ebenso wie die biedermeierliche Kunst und deren Theorie kennzeichnen. Da es sich also um »menschliche« Verhältnisse handelt, unterscheidet sich das Leben dieser »Naturwesen« auch nicht von dem Idealbild des »besseren Teils« der deutschen Bürger, das Schwind in seinen Gesellschaftsbildern vorstellt.

Moritz von Schwind
Elfentanz im Erlenhain, um 1844
Öl auf Holz, 62,8 x 84 cm
Frankfurt am Main, Städelsches Kunstinstitut

Adolph von Menzel
Die Berlin-Potsdamer Eisenbahn, 1847
Öl auf Leinwand, 43 x 52 cm
Berlin, Nationalgalerie, Staatliche Museen zu Berlin – Preußischer Kulturbesitz

Adolph von Menzel
Pariser Wochentag, 1869
Öl auf Leinwand, 50 x 71 cm
Düsseldorf, Kunstmuseum Düsseldorf

ADOLPH VON MENZEL
1815–1905

Das Thema dieses Bildes ist die Geschwindigkeit, eine Dimension, die mit der Eisenbahn seit den dreißiger Jahren in das Leben getreten war. Bewegung ist hier als eine zweifache vorgestellt. Zum einen erscheint die Landschaft in den Konturen verwischt, als würde man sie aus einem Abteil des Zuges an sich vorbeifliehen sehen, zum andern wird die Bewegung des Zuges von außen betrachtet, wobei sich die Konturen der Lokomotive mit der Umgebung vermengen. Menzel hat ein Thema gewählt, das wenig später zu einem Hauptthema der Impressionisten wurde. Diese jedoch bevorzugten – als Eisenbahnen keine Neuheit mehr waren – für die Darstellung von Geschwindigkeit die Bewegung von Pferden auf der Rennbahn. Die sonnigen Rennplätze mit dem aufgewirbelten Staub gaben ihnen Anlaß zu lichten atmosphärischen Darstellungen. Menzel dagegen bevorzugte noch eine an der alten Malerei orientierte schwere Brauntonigkeit, die – hier durch Schwarz gesteigert – den Schmutz einer industrialisierten Vorstadtlandschaft, in der selbst die Atmosphäre schwer und düster ist, adäquat wiedergibt.

1867 malte Menzel erstmals Volksszenen aus dem Pariser Alltagsleben. Sie wurden durch zahlreiche Bleistiftzeichnungen an Ort und Stelle vorbereitet und später im Atelier in Berlin ausgeführt. Anders als bei den nur wenig später entstandenen Straßenszenen der französischen Impressionisten überwiegen bei Menzel im Vordergrund noch die traditionellen Brauntöne, die die Bunttöne zusammenbinden, während dem Hintergrund die hellen Pastelltöne zugeordnet sind.

Die Schwester des Malers, die Menzel sehr nahestand, steht an der Schwelle des Zimmers, in dem sie ihre Kindheit verbracht hat, und blickt träumerisch nach draußen in eine neue Welt, die sich dem jungen Mädchen im einzelnen noch nicht enthüllt hat. Dagegen steht die Vergangenheit in dem Zimmer mit der arbeitenden Mutter klar vor Augen. Schwelle ist hier durchaus im übertragenen Sinn als Grenze zwischen zwei Etappen des Lebens zu verstehen, wobei Hinter- und Vordergrund als Vergangenheit und Zukunft aufeinander bezogen sind. Trotz aller Skizzenhaftigkeit, die die flüchtige, augenblickliche Lichtsituation einfängt, ist durch die Komposition auf einen dauerhaften Zustand menschlichen Zusammenlebens verwiesen. So erscheinen in den drei Gestalten – dem jungen Mädchen, der alten Frau und dem von der Decke herabhängenden Putto – drei Stufen des Lebens, deren Abfolge als Kreislauf dargestellt wird. Denn der Lebenslauf des jungen Mädchens wird sich so schließen wie der der Mutter. Mit dieser Darstellung des Lebens als eines vorgezeichneten naturhaften Zusammenhanges wird das Bild zu einem exemplarischen Werk des Biedermeiers.

Adolph von Menzel
Die Schwester des Künstlers, 1847
Öl auf Leinwand, 46,1 x 31,6 cm
München, Neue Pinakothek

Ferdinand von Rayski
Bildnis eines jungen Mädchens, um 1840
Öl auf Leinwand, 68,5 x 57 cm
Altenburg, Lindenau-Museum

FERDINAND VON RAYSKI
1806–1890

Da die Künstler seit dem späten 18. Jahrhundert in allem die unverfälschte Natur suchten, mußte ihnen die Darstellung von Kindern besonders liegen. Sie werden in ihren Bildern erstmals nicht als kleine Erwachsene, sondern als eigenständige Wesen vorgestellt, deren Ursprünglichkeit noch nicht zerstört wurde.

Die vorsichtige Art, in der das Mädchen den Korb hält, zeigt, wie es sich zögernd die Welt zu eigen macht. Bewußt enthält der Korb keinen wohlarrangierten Gartenstrauß, sondern zierliche Stengel von Wiesenblumen, die noch keine Kultivierung erfahren haben. Darin gleichen sie dem Kind. Es betrachtet und behandelt die Welt noch mit einer Ernsthaftigkeit, die dem kleinsten Ding Gewicht verleiht und die den erzogenen Erwachsenen fehlt. Auch der Hund unterstreicht noch einmal das Thema, denn er darf seinem natürlichen Temperament Ausdruck verleihen.

Anders als in den Porträts des 18. Jahrhunderts ist die Natur hier auch in der Landschaft nicht in ihren allgemeinen Bestimmungen, sondern als genau lokalisierbarer Ort, als das reale Zuhause des Kindes aufgefaßt. Das Ideal der Natürlichkeit wird durch liebevolle Beobachtung in der Wirklichkeit wiedergefunden, nicht diese auf jenes hin zugeschnitten. Umgekehrt wird alle äußerliche Stofflichkeit, die sonst in Biedermeierporträts herrscht, vermieden.

Carl Spitzweg Der arme Poet, 1839
Öl auf Leinwand, 36,3 x 44,7 cm. Berlin, Nationalgalerie

CARL SPITZWEG
1808–1885

»Der arme Poet« gehört zu den frühesten Werken Spitzwegs und ist zugleich das Bild, das ihn berühmt machte. Die Darstellung eines Dichters oder Philosophen, der in äußerster Armut in einer Dachkammer haust, hat ihren Ursprung im 18. Jahrhundert in Frankreich. Doch nicht um Anprangerung von Mietwucher oder dergleichen geht es Spitzweg, sondern um einen Angriff auf die idealistische Kunst im Namen des in den dreißiger Jahren auch in Deutschland sich durchsetzenden Realismus. Sein Dichter, der sich offenbar der höheren Muse verschrieben hat, skandiert gerade einen Hexameter, dessen Versmaß über dem Bett an der Wand steht. Der Hexameter war das Versmaß der epischen, das hieß damals noch der höchsten Form der Kunst. Entsprechend gestelzt sind auch die zum Verheizen bereitliegenden Werke nicht deutsch betitelt, sondern lateinisch: »Gradus ad Parnassum« (»Der Weg zum Parnaß«). Lächerlich wird die hohe Kunst durch die Konfrontation mit der schmalen materiellen Grundlage, auf der sie entsteht und die sie offenbar nicht zu verbessern in der Lage ist. Zugleich sind die ausgesuchte Farbigkeit und der liebevolle Detailrealismus ein Hinweis für die Malerkollegen von der idealistischen Richtung: Ihr könnt zwar wie dieser Dichter hohe, aber grundsätzlich unbrauchbare Gedanken zeichnerisch verbildlichen, aber malen könnt ihr nicht.

CHRISTOFFER WILHELM ECKERSBERG
1783–1853

Bildfüllende antike Monumente waren das Thema der Kupferstiche des barocken italienischen Architekten Giovanni Battista Piranesi. Bei Eckersberg hat das gleiche Thema seinen düsteren Hinweis auf die Vergänglichkeit menschlicher Größe verloren. Wie das helle Tageslicht, das alle Dinge in kristallinischer Schärfe zeigt, das barocke Helldunkel abgelöst hat, so ist auch der Blick auf die Geschichte ein nüchternerer, mehr sachlich registrierender geworden. Doch wurde der Anspruch nicht aufgegeben, daß eine Ansicht des antiken Roms eine Aussage über seine Geschichte enthalten müsse.

Durch die gleichmäßig plane Ausbreitung der drei Bögen des Kolosseums, die eigentlich zur gerundeten Innenwand der antiken Arena gehören, erhalten die drei ohne einen vermittelnden Übergang in den Bögen erscheinenden Ausschnitte des Hintergrunds gleiches Gewicht: links das Kapitol, das Zentrum antiker Herrschaft, in der Mitte der Torre delle Milizie, ein Geschlechterturm aus dem 13. Jahrhundert, die feudale Herrschaft der mittelalterlichen Barone andeutend, und rechts die frühchristliche, in der Renaissance erneuerte Kirche San Pietro in Vincoli, die hier für die Herrschaft der christlichen Kirche im neuen Rom steht. Die frontale Darbietung der Kolosseumsbögen erinnert an die Kompositionsweise eines anderen David-Schülers, an Ingres. Der auf Grün- und Rottönen basierende Farbklang sollte später von den Kopenhagener Realisten in den dreißiger Jahren wieder aufgegriffen werden.

Christoffer Wilhelm Eckersberg
Blick durch drei nordwestliche Arkaden des Kolosseums in Rom. Ein Gewitter liegt über der Stadt, 1815
Öl auf Leinwand, 32 x 49,5 cm
Kopenhagen, Statens Museum for Kunst

Die Rückenansicht des Mädchens mit einem faltenreichen Tuch um die Hüften erinnert in seiner großen plastischen Form und der ruhigen kontrapostischen Haltung an eine klassische Statue. Nur angedeutet sind die Geste des Haaraufsteckens und die dazugehörigen Utensilien. Demgegenüber erscheint das Gesicht des Mädchens im Spiegel wie ein Bild. Es ist durch das Spiegelglas, den gesenkten Blick und das verdeckte Kinn in eine entrücktere Sphäre gehoben als der »greifbare« Akt im Vordergrund. Die beiden Ansichten stehen sich wie Verkörperungen von Plastik und Malerei gegenüber, als zwei Formen von Abbildlichkeit, die ganz verschiedene Seiten an einem Gegenstand beleuchten können.

Der alte Streit zwischen Malerei und Plastik über den Vorrang, der seit der Renaissance die Gemüter der Künstler erhitzte, ist hier auf stille poetische Weise noch einmal angesprochen, vielleicht in Gedanken an den Bildhauerfreund Bertel Thorvaldsen, der Eckersberg in Rom sehr beeindruckte. Gleichzeitig hat das Bild durch die Unaufdringlichkeit und Ruhe der Handlung und durch das Licht, dessen Quelle nicht sichtbar ist, etwas von der stilllebenhaften Intensität der niederländischen Interieurs des 17. Jahrhunderts.

Eckersberg, der als Lehrer an der Kopenhagener Akademie die romantische Malerei entscheidend beeinflußte, gilt zu Recht als »Vater der dänischen Malkunst«.

Christoffer Wilhelm Eckersberg
Rückenakt (Die Morgentoilette), um 1837
Öl auf Leinwand, 32 x 25 cm
Kopenhagen, Den Hirschsprungske Samling

Johann Christian Claussen Dahl
Blick aus einem Fenster auf Schloß Pillnitz, um 1824
Öl auf Leinwand, 70 x 45,5 cm
Essen, Museum Folkwang

JOHANN CHRISTIAN CLAUSSEN DAHL

1788–1857

Das in den zwanziger Jahren in Dresden entstandene Bild ist ein Dokument der Freundschaft des seit 1818 in Dresden lebenden und lehrenden Norwegers mit Caspar David Friedrich und seinem Freundeskreis. Es stellt den Blick durch ein Fenster auf das zu Beginn des 18. Jahrhunderts von Pöppelmann errichtete Wasserpalais des »Indianischen Lustschlosses« Pillnitz an der Elbe dar. Solche Fensterausblicke gehörten zu den Lieblingsmotiven der deutschen Romantiker. Es gibt vergleichbare Bilder von Friedrich und Carus und in den sechziger Jahren noch von Menzel. Der Gegensatz zwischen lichter Weite der Landschaft und dunkler Enge des Zimmers wurde von den Romantikern als Symbol für die menschliche Existenz zwischen zeitlicher Gegenwart und Ewigkeit gesehen. Dahls und Menzels Bilder verschließen sich einer solchen Deutung. Beide waren von Anfang an Realisten. So interessiert Dahl das Licht allein als natürliches Phänomen, nicht als Ausdruck göttlicher Kräfte. Trotz der intensiven Färbung des Himmels hat die Landschaft eine gewisse Nüchternheit, gerade weil die Farbe sich als Farbmaterie darbietet, nicht als deren Sublimierung. Die Verwandlung der Landschaft ins Irreale in der Spiegelung des Fensters hat nur physikalische und nicht metaphysische Gründe. Es wird hier eine andere koloristische Ebene angesprochen und der Phantasie ein neuer Reiz dargeboten.

Christen Schjellerup Købke
Seeufer bei Dosseringen, 1838
Öl auf Leinwand, 53 x 71,5 cm
Kopenhagen, Statens Museum for Kunst

CHRISTEN SCHJELLERUP KØBKE

1810–1848

Købke gehört zu der jungen Generation von dänischen Naturalisten, die bewußt eine eigenständige dänische Malerei anstrebten. Während sein Lehrer Eckersberg dem internationalen Klassizismus der David-Schule verpflichtet war und entscheidende Anregungen in Rom erfuhr, wandten sich die jungen Maler ganz der heimatlichen Landschaft zu. Ihre unauffälligen Winkel empfanden sie in malerischer Hinsicht als den sonnigen italienischen oder dramatischen nordischen Landschaften, beides Themen, die sich auf die Tradition stützen konnten, ebenbürtig. Die Ruhe der Natur in der Nähe der Dörfer und Städte, die Klarheit ihrer Farben und ihres Lichts sowie das unspektakuläre Leben der Bewohner dieses Landes sind die Themen Købkes. Daß es sich um eine Gegend in Dänemark handelt, macht die Fahne deutlich, in deren Rot und Weiß die anderen Farben dieses Bildes noch einmal gesteigert erscheinen. Ganz anders als etwa bei Friedrich wirkt hier die Rückenansicht der auf den See blickenden Frauen. Sie verkörpern keineswegs das Bewußtsein des Betrachters, sondern erscheinen selbst wie stille Gegenstände in dieser stillen Landschaft, in der das Leben seinen immer gleichen Gang geht. Dabei herrscht eine liebevolle, dem unscheinbaren Detail gewidmete Feinmalerei vor, die etwas von der klaren Geordnetheit dieses Daseins wiederzugeben sucht.

JOHN CONSTABLE
1776–1837

Constable verbrachte im Spätherbst 1816 die Flitterwochen mit seiner Frau Maria in Osmington, einem Dorf in der Nähe der Bucht von Weymouth. Es können nur die Flitterwochen gewesen sein, die ihn veranlaßten, eine solch nackte und wilde Landschaft zu malen, meinte einer seiner Kritiker, denn eine so verlassene Gegend erforschte der Maler sonst nicht.

Die einsame Bucht mit den umherliegenden Felsbrocken und steilen Klippen malte er in rötlich-braunen, schmutzigen Farben sowie mit flüchtigen, die Pinselführung nachvollziehbar machenden Strichen und Flecken. In sie hinein schiebt sich das schwerfällige, weder ruhige noch stürmische Meer. Eine ausgesprochen gewöhnliche Landschaft, die weder besonders schön noch besonders häßlich, weder erhaben noch romantisch wirkt. Ihren Reiz erhält sie durch die merkwürdige Witterung mit dem weiten, wolkenverhangenen Himmel, der die ganze Landschaft in ein nicht näher zu bestimmendes Zwielicht taucht.

Die spezifische Atmosphäre ist für den Betrachter aus eigenem Naturerlebnis nachvollziehbar und von Constable völlig unsentimental wiedergegeben. Er hielt sie zunächst in einer an der Bucht gemalten Skizze fest, bevor er sie in zwei größeren Fassungen ausarbeitete. Gerade die unprätentiöse Sehweise ist es, die beim Betrachter Anklang findet und verstehen läßt, was Constable meint, wenn er sagt, daß Fühlen und Malen für ihn eins seien.

John Constable
Weymouth Bay, um 1816
Öl auf Leinwand, 53 x 75 cm
London, National Gallery

Constable malte das Bild im Auftrag seines Freundes, des Bischofs von Salisbury, der auch die Ansicht auf die Kathedrale vom Garten des bischöflichen Palasts bestimmte. Der Bischof ließ sich darin als Spaziergänger darstellen, der seine Frau auf die Kathedrale hinweist. »Meine Kathedrale sieht sehr gut aus«, schrieb Constable, meinte aber auch, daß es das schwierigste Landschaftsbild war, das er je auf seiner Staffelei hatte. Malte er sonst zumeist wie zufällig wirkende Ausschnitte aus der englischen Landschaft, so mußte er sich bei der Darstellung der Kathedrale an eine genau bestimmte Vorgabe halten.

Der Blick auf die Kathedrale durch die bogenförmig sie rahmenden Bäume wirkt denn auch ausgesprochen kunstvoll arrangiert. Es entsteht der Eindruck einer harmonischen Einheit von Natur und menschlichem Wirken. Der Mensch hat die Natur nach seinen Bedürfnissen gestaltet, sowohl zur landwirtschaftlichen Nutzung – die weidenden Kühe deuten darauf hin – als auch zu seiner Erbauung, als Park. Zu welchen geistigen Leistungen der Mensch darüber hinaus fähig ist, zeigt das zentrale Motiv der im Sonnenlicht aufscheinenden Kirche. Störend in diesem harmonischen Zusammenklang schienen für den Bischof allein die düsteren Wolkenformationen am Himmel zu sein. »Wenn Constable nur die schwarzen Wolken weggelassen hätte! Wolken sind schwarz, wenn es anfängt zu regnen. Bei schönem Wetter ist der Himmel blau«, schrieb er und schickte dem Maler das Bild zur Überarbeitung zurück.

John Constable
Die Kathedrale von Salisbury, vom Erzbischöflichen Palais aus gesehen, 1828
Öl auf Leinwand, 34 x 44 cm . Berlin, Nationalgalerie, Staatliche Museen zu Berlin – Preußischer Kulturbesitz

JOHN CONSTABLE
1776–1837

John Constable
Der Heuwagen, 1821
Öl auf Leinwand, 130,5 x 185,5 cm
London, National Gallery

Anders als die zumeist idyllischen Darstellungen des Landlebens im 18. Jahrhundert, in denen sich Hirtinnen und Schäfer tummeln, gibt Constable in seinen Landschaften objektive, schlichte Beschreibungen des bäuerlichen Lebens im Wechsel der jeweiligen Tages- und Jahreszeiten. »Der Heuwagen« schildert eine Szene aus dem Stourtal, in dem Constable aufgewachsen ist. Ein Pferd mit Heuwagen watet durch den Fluß, ohne ihn zu trüben, ein Hund beobachtet den ziehenden Wagen; rechts scheint eine in den Büschen versteckte Figur ein Boot festzumachen, während links ein altes Bauernhaus beinahe vollständig von Bäumen und Buschwerk verdeckt ist. Constable hat hier lauter vertraute Einzelheiten des Landlebens zusammengefaßt, die in ihrer Gesamtheit die Vorstellung eines natürlichen Universums hervorrufen, in dem Mensch, Tier und Landschaft noch in ursprünglicher Harmonie miteinander verbunden sind. Die bei Constable immer auf direktes Naturstudium zurückgehenden Witterungsverhältnisse zeigen einen typisch englischen, wolkenverhangenen Himmel, der sich schnell vom Regenschauer zum Sonnenschein hin verändert. In der malerischen Technik machte sich Constable frei von hergebrachten Kompositions- und Farbprinzipien. Seine leuchtkräftige, mit summarischen Pinselstrichen oft skizzenhafte Malweise, die die englische Landschaft ganz neu und unmittelbar erleben ließ, erklärt das ungeheure Aufsehen, das seine Bilder und speziell der »Heuwagen« im Pariser Salon von 1824 erregten.

John Constable
Die Mühle von Dedham, 1820
Öl auf Leinwand, 53,7 x 76,2 cm
London, Victoria and Albert Museum

Constable malte mit Vorliebe in Gegenden, die ihm von Kindheit an vertraut waren. Das Bild zeigt eine von drei zwischen 1818 und 1820 entstandenen stimmungsvollen Ansichten der Mühle von Dedham, die im Besitz seines Vaters, des Müllers Golden Constable, war und in der er selbst bereits als Knabe gearbeitet hatte.

Das Haus des Bauern Willy Lott in Flatford ist eines der immer wiederkehrenden Motive in Constables Werk, das auch in dem berühmten Bild »Der Heuwagen« erscheint. Die romantische Ansicht zeigt das etwas zurückliegende, harmonisch in die urwüchsige Landschaft des Stourtals eingebundene Haus. Eine trübe Herbststimmung, die die Farben düster und brauntonig verschwimmen läßt, erhält nur durch die verdeckten Strahlen einer späten Sonne einige goldene Glanzlichter. Constable war mit dem Bild selbst nicht zufrieden und malte noch etliche Monate, nachdem er es von der Ausstellung in der Royal Academy zurückerhalten hatte, daran. Auch wenn er meinte, daß der vor allem kritisierte »Graupelregen« und »Schnee«, der sein Bild überzöge, verschwunden sei, blieb die Oberfläche doch rauh und grobkörnig und erreichte nicht die leuchtende Farbgebung seiner Meisterwerke. Erstaunlicherweise erhielt Constable gerade für dieses Gemälde 300 Pfund, die größte Summe, die er je für eines seiner Werke erhalten hatte. Schon lange vor seiner Fertigstellung wurde es von Robert Vernon gekauft.

John Constable
Valley Farm, 1835
Öl auf Leinwand, 147,3 x 125 cm
London, Tate Gallery

Richard Parkes Bonington
Strandszene in der Normandie, o. J.
Öl auf Leinwand, 33 x 44 cm
London, Tate Gallery

Richard Parkes Bonington
Die St.-Markussäule in Venedig, um 1826–1828
Öl auf Leinwand, 45,7 x 37,5 cm
London, Tate Gallery

RICHARD PARKES BONINGTON
1802–1828

Bonington arbeitete 1824 an den Lithographien für den Normandieband »Malerische und romantische Reisen durch das alte Frankreich«. In diesem Zusammenhang entstand auch eine Reihe von Ölbildern mit normannischen Küstenszenen, die ihrer Natürlichkeit und Frische wegen sehr geschätzt wurden.

Die Herkunft Boningtons aus der Tradition der englischen Aquarellmalerei (Entdeckung der Atmosphäre, Bedeutung des Lichts für die farbige Erscheinung) sowie Anregungen aus der flämischen und venezianischen Malerei machen sich auch in dieser hübschen Genreszene geltend, die ihren Reiz den zarten, nuancenreichen Übergängen von warmen und kühlen Farben und Tongruppierungen verdankt, wie sie sich durch den Gegensatz von braunverschatteter Nahzone und heller, dunstiger Ferne im Licht einer hochstehenden Sonne ergeben. Vorn im Bild die malerische Gruppe hockender Frauen mit Kind und Fischkörben; dahinter das bei Ebbe weit zurückgezogene Meer mit Schiffen, ein ferner Küstenstreifen und über allem ein weit gespannter Himmel.

Die farbenfrohen Trachten der Frauen mit hohen Hauben deuten daraufhin, daß es sich um Frauen der Fischer aus Pollet handelt, einem Vorort von Dieppe, dessen Einwohner dadurch auffielen, daß sie noch die gleichen Kostüme wie im 16. Jahrhundert trugen.

Ihren optischen Reiz erhält diese Darstellung durch die leuchtenden Farben, die eher an ein Aquarell als an ein Ölgemälde denken lassen. Dominant erscheint der strahlend blaue Himmel, der wie bei Bonington üblich mehr als die Hälfte des Bildes umfaßt und dem vor allem Weißtöne sowie – in den beiden Säulen – ein honigwarmes Braun entgegengesetzt sind. Auch bei diesem Gemälde arbeitet der Künstler mit dem Stilmittel der drastischen Untersicht, wodurch sich vor allem der schwarz-dunkle Markuslöwe auf der steil emporragenden linken Säule plakativ gegen den hellen italienischen Himmel absetzt.

Die Szene, direktes Resultat einer einmonatigen Venedigreise Boningtons im Jahre 1826, zeigt die Topographie – in der Tradition der Veduten – mit korrekten architektonischen Details. Trotzdem ist sie nicht bloßes »Abbild«, sondern bewußt komponiert, ablesbar nicht nur an der gewählten Untersicht, sondern etwa auch am Verzicht auf jede Symmetrie beim Bildaufbau. Wegen seiner Orientierung an der konkreten Örtlichkeit und nicht an der immer noch vorbildlichen idealen Landschaftsmalerei des 17. Jahrhunderts wurde Bonington von der französischen Kunstkritik heftig befehdet. Mit diesen Venediganischten hatte er jedoch sehr großen Erfolg beim Publikum, so daß er zahllose Varianten in Öl wie in Aquarell ausführte. Dabei lag gerade in der Verbindung der – von der Kunstkritik bemängelten – realistischen, topographisch exakten Ortsbeschreibung mit den malerischen Elementen der fortschrittliche Zug seiner Kunst. Hierdurch weisen seine Darstellungen auf die »reine« Freilichtmalerei voraus, die sich erst zwanzig Jahre später vollends durchsetzen sollte.

DAVID WILKIE
1785–1841

Wilkie war der beliebteste englische Genremaler seiner Zeit. Das berühmte Bild der »Testamentseröffnung« entstand im Auftrag des bayerischen Königs Maximilian Joseph, dessen Schlafzimmer es schmückte. Das Thema war Wilkie von dem englischen Schauspieler und Komiker Charles Bannister vorgeschlagen worden, zudem wurde der Maler sicherlich auch von ähnlichen Szenen aus Theaterstücken angeregt wie etwa dem »Testament meines Onkels« von Armand Charlemagne oder dem Stück »Guy Mannering« seines Freundes Walter Scott.

Die bühnenmäßige Beleuchtung und Ausgestaltung des Bildraums, die Wilkie vorher mit Modellfigürchen konzipiert hat, erzeugen die Wirkung einer Theaterszene, die den spannenden Höhepunkt der Handlung festhält. Im Arbeitszimmer des Verstorbenen, der im Porträt an der Wand gegenwärtig ist, eröffnet der Notar dem Panoptikum der versammelten Erben den letzten Willen des Verstorbenen. Betroffen über den Todesfall scheinen allein ein Kind und der Hund unter dem leeren Sessel. Über die junge Witwe, die in gezierter Pose dem Bildbetrachter zugewandt ist, beugt sich bereits ein Galan. Alle anderen Personen lauschen gespannt und gierig bis hin zur offenen Empörung den Worten des Notars. Im Mienenspiel hat Wilkie ihren Charakter recht eindeutig dargestellt.

David Wilkie
Die Testamentseröffnung, 1820
Öl auf Holz, 76 x 115 cm
München, Bayerische Staatsgemäldesammlungen, Neue Pinakothek

WILLIAM DYCE
1806–1864

Das Bild zeigt eine Szene aus dem Urlaub des Künstlers mit seiner Familie in Kent. Vorn sieht man seine Frau, ihre beiden Muscheln suchenden Schwestern und einen seiner Söhne. Der Titel weist darauf hin, daß der Maler großen Wert darauf legte, das Bild als Erinnerungsbild zu sehen. Als solches vermittelt es ambivalente Gefühle, die er damit offensichtlich verband. Einerseits gibt er, wohl aufgefrischt durch Skizzen, die er an dem betreffenden Tag anfertigte, eine nahezu photographisch exakte Wiedergabe eines jeden Details, sowohl von den ihm vertrauten Personen, die er liebevoll jede für sich und mit sich beschäftigt in einem zufälligen Augenblick festhält. Mit der gleichen Genauigkeit erfaßt er die Bucht mit ihren Kreidefelsen und dem bei Ebbe zurückgewichenen Meer sowie die spezifische Atmosphäre an einem kühlen Oktobertag im Licht des Spätnachmittags. Andererseits erscheint trotz dieser wirklichkeitsgetreuen Wiedergabe und trotz der Nähe der Vordergrundsfiguren die ganze Szene merkwürdig entrückt und traumhaft. Dyce hat den Realismus als Mittel genommen, gerade in einem bestimmten zeitlichen Moment, Gefühle der Zeitlosigkeit zu vermitteln. Ein Hinweis darauf ist möglicherweise das Erscheinen des Donati-Kometen am Himmel, ein astronomisches Ereignis an diesem 5. Oktober, das sich nur etwa alle 2100 Jahre wiederholt.

William Dyce
Pegwell Bay in Kent. Eine Erinnerung an den 5. Oktober 1858, um 1859/60
Öl auf Leinwand, 63 x 89 cm
London, Tate Gallery

William Turner
Schneesturm. Hannibal und sein Heer überschreiten die Alpen, um 1810–1812
Öl auf Leinwand, 144,7 x 236 cm
London, Tate Gallery

William Turner
Frieden – Bestattung auf See, 1842
Öl auf Leinwand, 87 x 86,5 cm
London, Tate Gallery

WILLIAM TURNER
1775–1851

Ein ungeheurer Schneesturm peitscht über die Alpen. Der dunkel verhangene Himmel entläßt Schneemassen. Von einer trüb-orangefarbenen Sonnenscheibe, die aus dem schwarzgrauen Himmel matt aufleuchtet, werden sie magisch erhellt. Ganz an den unteren Bildrand gedrängt sind Szenen von Raub, Mord und Plünderung zwischen den Felsbrocken des Gebirges erkennbar. Im mittleren Hintergrund erscheint schemenhaft angedeutet das Heer des karthagischen Feldherrn Hannibal. Er selbst sitzt auf einem Elefanten und blickt auf die weit entfernten sonnenbeschienenen Ebenen Italiens hinunter. Turner sah das Bild als eine Warnung an England. Er will mit einem Beispiel aus der Geschichte darauf hinweisen, daß England ein Schicksal zuteil werden könnte, das im Fall Roms verhindert worden ist.

In Turners Bild ist jedoch nicht das historische Ereignis in seiner metaphorischen Bedeutung der Hauptinhalt – dieses taucht nur aphoristisch am Bildrand auf –, die eigentliche Bildaussage wird durch die tobenden, Chaos symbolisierenden Naturkräfte vermittelt, denen gleichzeitig etwas Rätselhaftes innewohnt, das die aufgrund des durchscheinenden Sonnenlichts ins Magische veränderte Farbigkeit des Geschehens bewirkt. Das Bild ist das erste Beispiel für Turners Erneuerung in der Komposition, die nicht, wie bisher üblich, auf Horizontale, Vertikale und Diagonale beruht, sondern auf unregelmäßig durchschnittenen Bögen und Kegeln, die dem Betrachter keinen Anhaltspunkt geben, sondern ihn in das tobende Geschehen einbeziehen.

Mit seinem Gemälde »Frieden – Bestattung zur See« ehrt Turner seinen schottischen Malerkollegen David Wilkie, der auf der Rückkehr von einer Studienreise nach Palästina am 1. Juni 1841 an Bord eines Dampfers starb. Da die Behörden im nahegelegenen Gibraltar aus Angst vor der im Nahen Osten grassierenden Pest ihren Hafen gesperrt hatten, mußte Wilkie noch am selben Abend auf See bestattet werden.

Die Szene wird beherrscht von einer trüben, fahlen Helligkeit, die Wasser und Himmel in dasselbe kalte Licht taucht. Die einzig leuchtend warme Stelle des Bildes zeigt das Begräbnis, bei welchem der Leichnam Wilkies bei Fackelschein zu Wasser gelassen wird. Dominant ist das Schwarz des dunklen Schiffsrumpfes, dessen kompakte Masse durch den Lichtkegel wie in zwei Teile zerrissen erscheint. Besonders prägnant heben sich die beiden schwarzen Segel am Bug vor dem milchigweißem Himmel ab. In ihrer scharfen Kontur kontrastieren sie zudem mit der Auflösung der Dinggrenzen, etwa bei der Spiegelung des schwarzen Schiffes im Wasser, die sich bedrohlich nah bis zum Betrachter hin erstreckt und so Vergänglichkeit und Tod als allgemeingültiges, unvermeidbares Phänomen klarlegt.

Turner stellte das Bild 1842 zusammen mit dem Pendant »Krieg. Das Exil und die Napfschnecke« (London, Tate Gallery) aus, einer allegorischen Napoleon-Darstellung, was weitere, zeitgeschichtlich-politische Dimensionen des Bildpaares nahelegt.

William Turner
Die letzte Fahrt der Fighting Téméraire, 1838
Öl auf Leinwand, 90,8 x 121,9 cm
London, National Gallery

In die Zeitspanne von Turners Leben fiel der Aufstieg Englands zur führenden Seemacht Europas. Er hat die großen Seeschlachten als Zeitgenosse erlebt und etliche Bilder aus diesem Themenkreis gemalt. Besonders mit seinen frühen Bildern, in denen er noch mit realistischer Genauigkeit malte, hatte er große Erfolge beim Publikum. Im vorliegenden Bild verbindet sich die gegenständliche Darstellung – die noch mit einer gewissen Detailtreue bei der Wiedergabe des Schiffes vorhanden ist – mit der dominierenden Gestaltung von Licht und Atmosphäre am tief heruntergezogenen Himmel und deren Spiegelung auf der Wasseroberfläche.

Aus der Tatsache, daß das Kriegsschiff Nelsons, die »Téméraire«, im Sommer 1838 vom Flottenstützpunkt Sheerness an der Themsemündung in die Werft eines Abwrackers geschleppt wird, macht Turner, selbst Zeuge des Vorgangs, ein Melodrama. »Gegen einen schmelzenden Sonnenuntergang gesehen, der sie fast überstrahlt, wird die Téméraire, einst der Ruhm britischer Tapferkeit in den Napoleonischen Kriegen, auf ihrem Weg zum Schiffsfriedhof zu einem Gespenst. Die Bitterkeit dieses symbolischen Begräbnisses wird noch unterstrichen durch den kleinen rußigen Schleppdampfer im Vordergrund, der die realistische Folie des irdischen Hier und Jetzt für das visionäre Schauspiel liefert, in dem die menschlichen Großtaten der Vergangenheit hinter einem fernen Horizont verschwinden« (Robert Rosenblum).

Die pathetische Darstellung des Schiffswracks in der Abendstimmung wird zu einer geheimnisvollen Metapher, die Betrachtungen über den Gang der Geschichte und des menschlichen Lebens überhaupt erzeugen soll. Aufstieg und Untergang weltlicher Macht werden somit eingebunden in den umfassenden Lauf der Naturgeschichte. Zu ähnlichen Gedanken will auch der romantische Dichter John Ruskin in seiner melancholischen Betrachtung über das Ende der »Téméraire« anregen, wenn er schreibt: »Nie wieder wird der Sonnenuntergang goldene Kleider über sie legen, noch das Licht der Sterne auf den Wellen erzittern, die von ihr ausgehen, wenn sie über das Meer gleitet … Und sogar das Kind des Seemanns wird weder antworten noch wissen, daß der Nacht-Tau tief in den vom Krieg verursachten Spalten des Holzes der alten Téméraire liegt.«

Das Bild, das Turner als seinen »Liebling« bezeichnete, ist auch als Reflexion des Malers über sein eigenes Alter und den Tod verstanden worden.

William Turner
Regen, Dampf, Geschwindigkeit –
Die große Eisenbahn nach Westen, 1844
Öl auf Leinwand, 91 x 122 cm
London, National Gallery

William Turner
Schneesturm – ein Dampfer vor einer Hafeneinfahrt gibt Signale in der Untiefe und bewegt sich nach Lot. Der Autor war in diesem Sturm in der Nacht, als die Ariel aus Harwich auslief, 1842
Öl auf Leinwand, 91,5 x 122 cm. London, Tate Gallery

WILLIAM TURNER
1775–1851

Turner war ein Bewunderer der modernen Technik. Sein Bild zeigt eine Lokomotive des Typs »Leuchtkäfer«, die modernste ihrer Art, und die Brücke, über die sie fährt, ist die technisch fortschrittlichste Konstruktion des Ingenieurs Brunel. Das Eisenbahnbild soll den Beweis erbringen, welche Schönheit in der Verbindung von Natur und Technik liegen kann. Damit stellt sich Turner gegen die Mehrzahl seiner Malerkollegen, die den industriellen Fortschritt in der Regel als abstoßend und nicht als bildwürdig empfanden.

Wenngleich das Gemälde auf eigene Anschauung zurückgeht, so handelt es sich dennoch nicht um eine realistische Wiedergabe des Gesehenen, sondern, wie für Turner typisch, um dessen mythische Überhöhung: »die anschauliche Verschmelzung von Naturkraft und technisch gelenkter Energie« (Werner Hofmann). Es ist überliefert, daß Turner in seinen Bildern häufig davon ausging, Farbstimmungen zu gestalten, indem er die Farben mit kurzen, breiten Pinseln aus einer schmutzigen Palette auf die Bildfläche strich und kratzte und erst aus dem Farbgrund schemenhaft die gegenständlichen Chiffren herauslöste. Wie in einer Traumvision verschwimmen so der aus dem Wasser aufsteigende Dunst, der den Himmel verschleiernde Regenschauer sowie der Dampf der Lokomotive zu einer atmosphärischen, farblichen Stimmungseinheit.

Turner hatte sich von Matrosen vier Stunden lang an einen Mast an Bord der »Ariel Harwich« binden lassen, um das Unwetter auf See genau zu beobachten. In seinem danach entstandenen Gemälde taumeln die Schiffe zwischen der aufgepeitschten See und den tobenden, vom Himmel herabschüttenden Schneemassen. Himmel und Meer verbinden sich zu einer aufschäumenden Einheit aus schwarzbraun-grau-grünlichen bis weißen um die Schiffe kreisenden Wirbeln, und nur ein kleiner hellblauer Himmelsausschnitt gibt Hoffnung auf ein Ende dieses Naturereignisses. Der Betrachter wird wie in einen Sog in das Geschehen hineingezogen, in dem sein Auge keinen Fixpunkt finden kann. Noch ausschließlicher als im Hannibal-Bild wird hier die atmosphärische Veranschaulichung der Elementargewalten zum eigentlichen Inhalt des Bildes.

Turners Mittel für die Darstellung der Naturkräfte ist vor allem die Farbe, die er als Eigenwert handhabt, indem er sie von jeder genaueren Gegenständlichkeit löst. Die magisch verfremdete Farbigkeit ist es auch, die das tatsächliche Bildthema zu einer geheimnisvollen Metapher für dahinterliegende Betrachtungen macht, zum Beispiel über die Entstehung der Welt. So vermittelt der Schneesturm auf dem Meer Vorstellungen vom ersten Chaos der Welt, in dem das Wasser vom Land und das Licht von der Dunkelheit getrennt wurden. In seinem freien Umgang mit der Farbe beeinflußte Turner den Impressionismus, aber auch die abstrakte Malerei. »Ein Gewebe von Licht und Farbe zu schaffen, das unabhängig von festen Gegenständen« bleibt, war das Ziel von Turners letzten Schaffensjahren.

GEORGE CALEB BINGHAM
1811–1879

Schon zu der Zeit, als Bingham das Bild malte erschien es als nostalgische Erinnerung an eine vergangene Welt. Längst wurde der Pelzhandel von großen Handelsgesellschaften des Mittleren Westens betrieben, die ihre Waren auf großen Dampfern und Lastkähnen verschifften. In Binghams Gemälde bringen noch Vater und Sohn ihre selbst erjagten Pelze auf einem primitiven Einbaum stromabwärts zur nächsten Handelsniederlassung. Der Vater, der rudert, ist ein liebenswürdiger, grauhaariger älterer Mann französischer Herkunft; sein Sohn, ein Mischlingskind von einer indianischen Mutter, lehnt sich leicht verträumt über die Ladung und sein Gewehr, mit dem er eine Ente erlegt hat. Der Blick der beiden Reisenden ist aufrecht auf den Betrachter gerichtet und zieht ihn in ihr friedliches Dasein.

Einen bezaubernden Rahmen bildet die Flußlandschaft mit ihrem verstreuten Buschwerk, das schemenhaft am Horizont verschwindet. Äste tauchen aus dem Wasser, dessen Oberfläche – durch keinen Windhauch bewegt – einem Spiegel gleicht, in dem das Boot noch einmal in blassen Farben wiederkehrt. Und alles ist durch die hereinbrechende Dämmerung in einen zarten, rosa-silbrigen Nebel getaucht, vor dem sich nur die prächtig leuchtenden Farben vor allem der halb wilden, halb zivilisierten Kleidung der Bootsinsassen sowie der schwarzen Katze abheben.

George Caleb Bingham
Pelzhändler auf dem Missouri, um 1845
Öl auf Leinwand, 73,5 x 93 cm
New York, The Metropolitan Museum of Art

WILLIAM SIDNEY MOUNT
1807–1868

Mount macht uns zu Augenzeugen einer dörflichen Begebenheit: Zwei Männer verhandeln über den Verkauf des braunen Pferdes links, das gesattelt und ruhig dem Geschehen beiwohnt. Dabei schnitzen beide, einem örtlichen Brauch entsprechend, so lange an den Stecken in ihren Händen, bis sie sich über den Preis für das Tier einig geworden sind.

Das Erzählerisch-Anekdotische der Szene rückt Mount in den Mittelpunkt seiner Darstellung. Viel Sorgfalt widmet er demzufolge auch der Schilderung des bäuerlichen Ambiente, das er – wie das Thema – seiner näheren Umgebung entnimmt und mit akribischer Detailtreue wiedergibt. Im Hintergrund ist seine eigene Farm in Stony Brook, einem kleinen Ort auf Long Island, zu erkennen. Wie auf einer Bühne leuchtet das Licht sommerlicher Hitze das Geschehen präzise aus.

Mount war der bedeutendste Vertreter der ländlichen Genremalerei seiner Zeit in Amerika. Mit spürbarem Selbstbewußtsein wies er den Vorschlag eines Mäzens von sich, die eigenen malerischen Fähigkeiten durch eine Fortsetzung seiner Studien in Europa zu vertiefen. Trotzdem besitzen seine Gemälde zahlreiche Berührungspunkte mit der europäischen Malerei, vor allem mit der des deutschen Biedermeiers, die etwa zur gleichen Zeit entstand und die er vielleicht anhand von Gemäldereproduktionen studiert hat.

William Sidney Mount
Der Pferdehandel, 1835
Öl auf Leinwand, 61 x 76 cm
New York, The New York Historical Society

FREDERIC EDWIN CHURCH
1826–1900

Dem großartigen, von aller Welt bewunderten Naturereignis der Niagarafälle hat der Amerikaner Church in diesem Bild ein künstlerisches Denkmal gesetzt, das den vorherrschenden Eindruck von unendlicher Naturkraft und Weite der Landschaft vermittelt: zum einen durch das ungewöhnliche Format des Bildes (es ist etwas mehr als doppelt so breit wie hoch), zum anderen durch die kühne Komposition, die in dem hufeisenförmigen Verlauf der Wasserfälle die tobende Gewalt der herabstürzenden Wassermassen frontal dem Betrachter entgegenstellt und gleichzeitig ihre riesige Ausdehnung in dem schmalen, das ganze Bild durchquerenden horizontalen Streifen Land im Hintergrund deutlich macht.

Der Realismus der Darstellung steigert noch den Eindruck von Unmittelbarkeit, mit der sich die geballte Naturkraft dem Betrachter präsentiert. Zahlreiche Studien vor der Natur sowie seine Beschäftigung mit den Naturwissenschaften (Optik, Vermessungslehre, Geometrie) haben Church dazu befähigt.

Im Gegensatz zum kraftvollen Motiv steht die Palette des Malers, der erstaunlich zarte Töne verwendet, vor allem das Violett des Himmels, das im Regenbogen und im Dunst des aufstiebenden Wassers verschwimmt und selbst in den düsteren Wellen des Vordergrunds reflektiert wird. Ein Hauch des Geheimnisvollen wird damit vermittelt, der das Motiv ins Symbolhafte hebt. Der unge-

stürme und sowohl im positiven wie auch im negativen Sinn unwiderstehliche Geist einer neuen, riesenhaften Nation wird einem Betrachter vor Augen gestellt, dem nicht einmal die Sicherheit einer festen Position gewährt wird, von der aus er diese gigantische Kraft wahrnehmen könnte. Das 1857 erstmals in New York ausgestellte Gemälde wurde nicht nur zu einem großen Erfolg für Church in Amerika. Bedeutsam wurde es vor allem auch für das Ansehen der jungen amerikanischen Kunst in Europa, wo es großes Aufsehen erregte. In London, wohin das Bild noch 1857 geschickt wurde – es sollte dort ausgestellt und in Stichen reproduziert werden –, bemerkte die »Times«: »Wir weisen mit besonderer Freude auf die Ankunft eines bedeutsamen Bildes von einem amerikanischen Landschaftsmaler mit einem amerikanischen Thema in diesem Land hin ... Das besondere Verdienst des Bildes ist seine nüchterne Wahrhaftigkeit.« Anerkennung wurde ihm auch in Frankreich zuteil, wo das Bild zehn Jahre später auf der Pariser Weltausstellung von 1867 eine Medaille erhielt.

Frederic Edwin Church
Niagarafälle, 1857
Öl auf Leinwand, 108 x 229,9 cm
Washington, The Corcoran Gallery of Art

Thomas Cole
Die Zeitalter des Lebens: Die Jugend, 1842
Öl auf Leinwand, 134,3 x 194,9 cm
Washington, National Gallery of Art

THOMAS COLE
1801–1848

Seine Darstellung der Jugend verbindet Cole mit dem lichten, mittäglichen Blau des Sommers. In dem von Engeln begleiteten und geleiteten Kahn hält der junge Mann selbst das Ruder und steuert mit emphatisch erhobenem rechten Arm weiter auf seinem Lebensweg, der in allgemeinverständlicher Metapher mit dem Lauf eines Flusses gleichgesetzt wird. In der Ferne zeigt ein sprichwörtliches »Luftschloß«, welche optimistischen Vorstellungen von der Zukunft der junge Mensch noch hegt. Aber auch die üppig-fruchtbare, friedliche Landschaft mit ihrem milden Licht macht den positiven Charakter deutlich, den Cole diesem Lebensabschnitt zuweist. Die drei anderen Szenen dieses Zyklus, die Kindheit, Mannes- und Greisenalter zeigen, werden vom Künstler dagegen keineswegs ungebrochen positiv interpretiert. In ihnen werden die Menschen zwar ebenfalls von Schutzengeln geleitet, ihr Lebensweg führt aber auch durch verschattete, von hohen Bergen eingefaßte, teilweise düster-stürmische Naturformationen.

Die ganze Folge, von Cole zweimal ausgeführt und ursprünglich von einem tief gläubigen Bankier für sein Privatpalais in Auftrag gegeben, verbindet verschiedene – auch bildlich tradierte – Metaphern wie Lebensalter-, Tages- und Jahreszeitenzyklen mit literarisch geprägten Vorstellungen und ist ohne die europäische Romantik nicht denkbar. Nicht zufällig wurde die »Jugend« das beliebteste Einzelmotiv der Serie, das in zahlreichen Reproduktionen weiteste Verbreitung fand. Ihn ihm spiegelt sich besonders treffend das nach der Wirtschaftskrise der vierziger Jahre des 19. Jahrhunderts in Amerika vorherrschende Lebensgefühl wider.

Thomas Cole Der Pokal des Riesen, 1833
Öl auf Leinwand, 49,3 x 41 cm
New York, The Metropolitan Museum of Art

Aus dem sich bis in weiteste Fernen erstrekkenden Panorama einer Weltlandschaft aus Bergen, Ebenen und Meeren, in der auch menschliches Leben stattfindet, angedeutet durch eine miniaturhaft am Meer liegende Stadt und winzige Schiffchen, erhebt sich ein aus Stein gemeißelter gigantischer Pokal. Er ist offensichtlich ein Überbleibsel aus der längst vergangenen Zeit der Titanen, die nach dem griechischen Mythos vor der Zeit der Menschen und Götter auf der Erde weilten. Jetzt ist der Kelch zweckentfremdet, seine Ränder sind bewaldet, zum Teil mit antiken Ansiedlungen besetzt, und auf seiner Oberfläche schwimmen Segelschiffchen. Allein der Maler und der Bildbetrachter aus ihrer alles überschauenden Perspektive können wissen, in welchen Zusammenhängen sich da menschliches Leben abspielt.

Coles nachweisliches Interesse am Schöpfungsmythos führte dazu, daß er einige seiner Landschaftsbilder mit religiösen und allegorischen Inhalten verrätselte. »Der Pokal des Riesen« soll verbildlichen, daß die Zivilisationen kein Bewußtsein von den Kräften ihrer Entwicklung und Erneuerung haben noch von der gewaltigen Größe anderer Welten, die außerhalb ihrer entstehen. Das für seine Zeit ausgesprochen originelle Bild haben erst die Surrealisten zu würdigen gewußt.

Christa von Lengerke

VOM IMPRESSIONISMUS ZUM JUGENDSTIL

Die Malerei von 1860–1910

Die Malerei in der zweiten Hälfte des 19. Jahrhunderts ist geprägt von einer Vielfalt stilistischer Tendenzen und einer Fülle individualistischer Persönlichkeiten. Begriffe wie Salonmalerei, Impressionismus, Pointillismus, Historismus, Präraffaeliten, Jugendstil oder Belle Époque stehen für die Vielfalt künstlerischer Strömungen.

In Frankreich befreien sich die Impressionisten, von der revolutionären Malerei Manets inspiriert, von verstaubten Vorschriften und bestimmen selbst Thema und Gestaltung ihrer Malerei: Monet und Renoir, Pissarro und Sisley malen, was und wie sie wollen. Andere eifern ihnen nach: Liebermann und Corinth in Deutschland, Cassatt und Chase in den USA.

Die Präraffaeliten in England wie Millais und Rosetti fordern eine seelische Vertiefung der Kunst und ebnen den Weg für den dekorativ-ornamentalen Jugendstil, wie ihn Klimt am reinsten verkörpert, während die Symbolisten wie Moreau Visionen aus Traum und Phantasie schaffen.

Dynamische Linienführung und expressive Farbgebung bestimmen die Malerei van Goghs. Gauguins Südseeimpressionen entdecken das Ursprüngliche des Lebens neu, während Cézanne Form und Farbe zur Autonomie verhilft und damit zum »Vater der Moderne« wird.

Mit Impressionismus und Jugendstil werden zwei Stilbegriffe als Grenzmarken für eine Malerei gesetzt, die innerhalb eines Zeitraums von etwa fünf Jahrzehnten entstand, von der Mitte des 19. Jahrhunderts bis in die ersten Jahre unseres Jahrhunderts. Es ist einerseits die sogenannte Salonmalerei, eine Malerei im Gewand traditioneller Mittel, die als rechtschaffenes, oft brillant ausgeführtes Werk Zeugnis für ein Lebensgefühl ablegt, das keine Ordnung in Frage stellt. Dem steht die neue Malerei gegenüber, die mit freien Gestaltungsmitteln und schockierender Wirkung am alten Gefüge rüttelt und den Aufbruch in eine neue Ära weist.

Für das 20. Jahrhundert hat es sich eingebürgert, von einem Stilpluralismus zu sprechen, und diese Erscheinung kann bereits im 19. Jahrhundert beobachtet werden. In einer zeitlichen Abfolge oder in einem gleichzeitigen Nebeneinander entfalten sich die verschiedensten Stilrichtungen, deren Herleitung diffizil ist, teils lebensstark und als Basis für nachfolgende Entwicklungen, teils als müde Ausläufer erschöpfter Bewegungen. Einige Schlagworte mögen verdeutlichen, wie vielschichtig die Situation der Malerei in dem hier angesprochenen Zeitraum ist: Salonmalerei – Impressionismus – Gründerjahre – Historismus – Präraffaeliten – Postimpressionismus – Japonismus – Symbolismus – Fin de Siècle – Jugendstil – Belle Epoque.

Paris als führende Kunstmetropole

Um die Mitte des 19. Jahrhunderts blickte die Welt nach Europa. Europa galt als vorbildlich und führend, und sowohl kolonialisierte als auch befreundete und sogar besiegte außereuropäische Länder erkannten rückhaltlos europäische Lebensformen und Kultur an, während Europa, wie dies seit der Entdeckung ferner Lande üblich war, die Schätze aus der Fremde als Wertobjekte, als exotische Raritäten und Modeartikel vereinnahmte. Seit Ludwig XIV. war Frankreich für die europäischen Höfe, den Adel und das Großbürgertum das Ideal für elegante Lebensführung und blieb es trotz Herrscherwechsels, Revolution, neuen Kaiserreichs und schließlich auch als Republik. Und nun, in der zweiten Hälfte des 19. Jahrhunderts, war Paris der schillernde Brennpunkt des Kunstgeschehens, und dies nicht von ungefähr.

Eine Verkettung günstiger Umstände hatte die Vorrangstellung von Frankreich und schließlich Paris in Sachen Kunst bewirkt und hielt sie noch lange – bis in unser Jahrhundert hinein – am Leben. Ganz unmerklich hatte Rom seine frühere Vormacht als Ausbildungsstätte und erstrebenswerter Aufenthaltsort für Künstler, als Hauptstadt der Künste, an Paris abgetreten. Man machte noch Studienreisen nach Rom und Italien, suchte die Museen auf und die Denkmäler der Antike, aber die bedeutenden Ereignisse im Kunstleben fanden in Paris statt. Da war das mächtige »Institut de France«, das, ganz gleich, ob unter monarchischer oder parlamentarischer Obhut, das kulturelle Leben dirigierte und regelte. Ihm unterstand die »École des Beaux-Arts« in Paris mit der »Académie« in Rom, die einzige offizielle Ausbildungsstätte für Maler und Bildhauer, die über die Schulung dort zu Würden, Amt, Anerkennung und Wohlstand zu kommen hofften. Preise, Auszeichnungen, öffentliche Ankäufe und Aufträge, die Wahl in die »Académie des Beaux-Arts«, aus der wiederum die Professoren für die Kunstschulen in Paris und Rom sowie die Jury für die Ausstellungen der »Salons« hervorgingen, waren begehrte Ziele, die nur über diesen Weg führten.

Die Salons waren ein vielbesuchtes, vielbeachtetes und vieldiskutiertes Ausstellungs- und Verkaufsforum, für die Künstler besonders wichtig in einer Zeit, da Kunsthandel und Galeriewesen gerade erst begannen, sich zu entfalten. Sie waren öffentlich und außerordentlich beliebt, seit sie unter Ludwig XIV. im Hof des Palais Royal und dann im Louvre abgehalten worden waren, ein Ereignis, an dem ganz Paris teilnahm. Das hatte eine nicht abreißende Flut von Kunstkritik zur Folge, Kritik von Laien und Berufenen. Bis ins 17. Jahrhundert zurück reicht die Tradition der Kunsttheorien als Basis für die zu entwickelnde Kunst, zuerst aufgestellt von Akademiemitgliedern wie Le Brun und aktiven Malern, dann auch von Kennern und Sammlern, die sich als »Amateure« bezeichneten und sich trotzdem zuständig fühlten. Die Vertreter der einzelnen Richtungen trugen ihre Thesen und Ansichten kämpferisch und kontrovers zueinander vor bis hin zum heftigen Streit: Rubenisten gegen Poussinisten im 17. Jahrhundert, und in der Mitte des 19. Jahrhunderts zogen die Anhänger von Eugène Delacroix mit dem Schlagwort »Farbe« ins Feld gegen die von Ingres und den anderen Akademisten vertretene Dominanz von Linie und Zeichnung. Besonders die Kämpfe gegenseitiger Parteien trugen zu etwas bei, das erst in unserer Zeit seinen Namen und eine Institutionalisierung bekam: Publicity.

Genauso populär und beliebt waren die Salonberichte, die als Zeitungsartikel, als eigens dafür gedruckte Broschüren, in Briefform, dramatisiert, als Satire oder als Essay veröffentlicht wurden. Häufig waren es erlauchte Geister – Diderot, Charles Baudelaire (1821–1867), Emile Zola (1840–1902), Théophile Thoré-Bürger (1807–1869), Joris-Karl Huysmans (1848–1907) –, die die Salonkritiken schrieben, sich für einen Maler und seine Werke einsetzten oder mit Verrissen Zündstoff zu hitzigen Diskussionen lieferten. In einer Zeit, die noch nicht mit Informationen überflutet war wie die heutige, wurden sie, wie die Zeitungen und Zeitschriften, mit großem Interesse aufgenommen, und ihr Inhalt bot Gesprächsstoff für die Salons der feinen Gesellschaft.

Die Situation in anderen europäischen Ländern war ähnlich. In fast allen Hauptstädten gab es subventionierte

Pierre-Auguste Renoir
Die Schaukel, 1876
Öl auf Leinwand, 92 x 73 cm
Paris, Musée d'Orsay

Akademien, die Förderungen und Preise vergaben und Ausstellungen organisierten; es fehlte auch nicht an Theoretikern und Kritikern, nicht an kaufkräftigen Gesellschaftsschichten, und trotzdem orientierte man sich fast ausschließlich an Paris. Auch andernorts gab es fähige Künstler, oft sogar herausragende Einzelpersönlichkeiten, aber deren Talente blühten abseits, meist nur unter der bescheidenen Obhut regionaler Aufmerksamkeit, mit dem Makel behaftet, nicht in Frankreich, nicht in Paris groß geworden zu sein. Selbstverständlich existierten auch in anderen Ländern – in England und Skandinavien, in Belgien, Holland, Deutschland, den Alpenländern, in Osteuropa, Rußland und den USA – alte und neue Strömungen, gefärbt durch regionale und lokale Richtungen oder durch die starke Hand eines einzelnen Künstlers. Doch dauerte es oft länger, bis diese aus dem Schatten der dominierenden französischen Malerei heraustraten und eine ihrer Bedeutung entsprechende Beachtung und Würdigung erfuhren.

Die Situation der offiziellen Kunst und die Gegenbewegungen

Ein großes Ereignis war die Pariser Weltausstellung von 1855, bei der eine eigene Abteilung der Präsentation internationaler Kunst gewidmet war. 28 Nationen stellten aus, unter anderem waren zum erstenmal die Arbeiten der englischen Präraffaeliten auf dem Kontinent zu sehen, aber die Abteilung für die französische Malerei war nicht nur räumlich am meisten ausgedehnt, ihr wurde auch die größte Aufmerksamkeit und Achtung zuteil. Die Auswahl der zur Ausstellung geladenen französischen Künstler gibt einen treffenden Einblick in die Situation der Pariser Kunstszene.

Ingres war strahlender Mittelpunkt, mit Lob überhäuft und mit über vierzig Werken vertreten, und alle Preise und Ehrungen gingen an Künstler, die in seinem Sinne und damit nach den Doktrinen der Akademie malten. Delacroix mußte, wie so oft, auf akademische und staatliche Meriten verzichten, obwohl Baudelaire ihm eine strahlende Eloge gewidmet hatte, und die Maler der Schule von Barbizon, eher abschätzig als Realisten und Naturalisten eingestuft, durften nur wenige, schlecht plazierte Bilder zeigen.

Zufrieden konnten eigentlich nur die Maler sein, die angepaßt genug waren, die künstlerische Beamtenlaufbahn einzuschlagen und Salonkunst zu produzieren. Dafür wurde eine heute unsinnig anmutende Hierarchie von Motiven als Wertmaßstab angesetzt. Historische, religiöse und allegorisch-idealisierende Themen wurden mit höchstem Lob bedacht, gefolgt von Repräsentationsporträts. Landschaften, Genrebilder und Stilleben galten schon weniger. Wichtig war zusätzlich eine gewisse technische Versiertheit bei der Ausführung, feierliche Posen, würdevolle Reminiszenzen und eine akademiegerechte, klassizistisch gefärbte Darstellung. Die nach diesen äußeren Kriterien entstandenen Bilder hatten oft nicht mehr als modische Gefälligkeit und leere rhetorische Brillanz aufzuweisen und wurden von einem Publikum gefeiert und gekauft, das sich in ihnen spiegeln konnte. Die Forderungen nach akademischer Vollkommenheit und die akademischen Lehrbetriebe waren blutleer und verstaubt, seit Jahrzehnten nicht erneuert, und wurden von Beamten vertreten. Freiheit in Entfaltung und Förderung war undenkbar.

Als zaghafter Protest und Individuationsversuch gegen die Regeln der Akademien hatten sich bereits in der ersten Hälfte des 19. Jahrhunderts Interessengemeinschaften von Künstlern gebildet, so in Wien 1809 die St.-Lukas-Bruderschaft, und in Frankreich waren es die Maler, die sich in Barbizon auf dem Land niederließen, um dort teils im Freien, teils im Atelier zu malen. Corot, Courbet, Millet, Rousseau, Charles-François Daubigny (1817–1878), Constant Troyon (1810–1865) und Diaz de la Peña hatten sich zusammengefunden, um neue Wege in der Malerei zu gehen und sich gegenseitig beizustehen, da ihnen eine offizielle Unterstützung versagt blieb. In England wurde 1848 die Bruderschaft der Präraffaeliten gegründet, die sich die Malerei des italienischen 15. Jahrhunderts, die Zeit vor Raffael, zum Vorbild nahm und eine Erneuerung der Kunst anstrebte. Das langsam erwachte Selbstbewußtsein der nichtakademischen oder von Akademisten abgelehnten Maler erzwang in Paris 1863 erstmals einen eigenen »Salon des Refusés« (Salon der Zurückgewiesenen), der ihnen allerdings nicht den erhofften Erfolg brachte, sondern nur Skandale und unverständige Entrüstung hervorrief.

Die aus wirtschaftlicher Not und aus Protest organisierten acht Gruppenausstellungen der Impressionisten in Paris in den Jahren von 1874 bis 1886 waren zwar anfangs erfolglos, trugen aber doch zum Bekannterwerden der Künstler bei. Ihnen folgten Zusammenschlüsse ihrer Nachfolger, der Neoimpressionisten, der Symbolisten. In ganz Europa taten sich Künstlergruppen zusammen, die gegen das Jahrhundertende ihren stolzen Höhepunkt in den überall aus dem Boden schießenden Sezessionen mit einem festen antiakademischen Programm und regelmäßigen Ausstellungsaktivitäten fanden. Nicht nur die avantgardistischen Maler suchten nach neuen Inhalten und Formen für ihre Kunst, ähnliche Tendenzen gab es auch in der Literatur, in der Musik, und so kann es nicht verwundern, daß auch übergreifende Zusammenschlüsse stattfanden.

Eine wichtige Rolle im kulturellen Leben spielten Cafés und Restaurants, in denen oft mehr debattiert als konsumiert wurde. Zu jener Zeit verkehrten in der Brasserie des Martyrs am Montmartre und im Andler-Keller die Realisten um Corot und Courbet und die Kritiker und Literaten Jules Castagnary (1830–1888), Champfleury und Baudelaire. Henri Fantin-Latour (1836–1904) und Gustave Flaubert (1821–1880) bevorzugten das Café Taranne. Im Café Fleurus, das mit Wandmalereien von Corot ausgestattet war, trafen sich die Schüler aus dem Atelier von Charles Gleyre (1806–1874). Edouard Manet (1832–1883) war bis 1866 Gast im Café Bade, dann entdeckte er das Café Guerbois auf dem

Claude Monet
Impression, Sonnenaufgang, 1873
Öl auf Leinwand, 48 x 63 cm
Paris, Musée Marmottan

Boulevard de Batignolles, das bald zu einem vielfrequentierten Treffpunkt für die Impressionisten und ihre Freunde wurde. Sie kamen später auch ins Café Nouvelles Athénes, wo sich Edgar Degas (1834–1917), Pierre-Auguste Renoir (1841–1919), Monet und Alfred Sisley (1839–1899) fanden, die Kritiker und Schriftsteller Armand Silvestre (1837–1901), Ernest Renan (1823–1892), Auguste Villiers de L'Isle-Adam (1838–1889), Paul Cézanne (1839–1906), der Musiker Cabaner (1832–1881) und George Moore (1852–1933), der erst Maler werden wollte und dann bei der Schriftstellerei landete. Das Café Volpini war später Treffpunkt und sogar Ausstellungslokal der Nabis und Postimpressionisten.

Der Impressionismus und die Impressionisten

An der École des Beaux-Arts galt das Atelier von Gleyre, der zwar selbst ganz im Zeitgeschmack malte, seinen Schülern aber keinerlei Zwänge auferlegte und sie sich frei entfalten ließ, als das freizügigste. Entsprechend groß war sein Zulauf, vor allem von den jungen Künstlern, die nach neuen Möglichkeiten der Malerei suchten. Im Atelier Suisse am Quai des Orfèvres trafen sich Maler, um dort gegen ein geringes Entgelt ohne die Bevormundung durch einen Lehrer zu arbeiten. An diesen Orten fanden sich zu Beginn der sechziger Jahre die jungen Maler Monet, Frédéric Bazille (1841–1870), Sisley, Renoir und Camille Pissarro (1830–1903). Sie waren es auch, die in reinster Form den Impressionismus entwickelten, dessen Höhepunkte in den siebziger und achtziger Jahren lagen und der für einige Jahrzehnte die neue Malerei repräsentierte, zu einer breiten internationalen Strömung wurde und Basis war für die Kunst nachfolgender Perioden. Zunächst einmal schlossen sie sich freundschaftlich zusammen mit dem Vorsatz, ihre Ausbildung selbst in die Hand zu nehmen, da sie nicht in der Sackgasse des Akademismus landen wollten.

Monet war aus Le Havre gekommen und von dem hilfsbereiten, etwas älteren Eugène Boudin (1824–1898) in die Freilichtmalerei eingeweiht worden und in das Beobachten verschiedener Lichtsituationen vom selben Standpunkt aus zu jeweils anderen Bedingungen. Er gab seine Erkenntnisse an die Freunde weiter und gewann sie für das von der traditionellen Auffassung her verpönte Experiment des Malens unter freiem Himmel. In Paris studierten sie im Louvre die Meister vergangener Epochen und übten sich fleißig im Atelier, fertigten zahllose Studien und Skizzen an, bevor sie ihre Kompositionen in Öl anlegten. Immer wieder setzten sie sich mit Werken der Maler ihrer Vorgängergeneration auseinander, die auch schon gegen die Richtung der Akademie standen. Sie verehrten Delacroix, der schon 1863 verstarb, und suchten die Freundschaft und den Rat der Maler von Barbizon; Corot und Courbet standen in ihrer Gunst am höchsten.

Durch die gemeinsamen Interessen an einer neuen Malerei zusammengeführt und durch Achtung und Zuneigung verbunden, gehörten bald immer mehr Maler, Literaten, Musiker und andere Künstler, Kritiker und auch einige wenige Sammler, Galeristen und Förderer zu dem zwanglos-lockeren Kreis. Die beiden etwas älteren Freilichtmaler Boudin und Johan

Barthold Jongkind (1819–1891) waren immer bereit zu gemeinsamem Arbeiten, zu Aufenthalten auf dem Land und zu Gesprächen. Mit ihren lichtdurchfluteten Landschaften schlugen sie Brücken von der Schule von Barbizon zur rein impressionistischen Malerei.

Monet war es, der mit seinen Ideen und Arbeiten die Entwicklung zum Impressionismus am entschiedensten vorantrieb. Die Faszination der flüchtigen Reize kurzer Augenblicke, das Beobachten und Wiedergeben sich unter dem Einfluß von Naturlicht verändernder Farben und Oberflächenerscheinungen wurde mehr und mehr Grundkonzept seiner Gestaltungen. Er entschloß sich, aus seinen Bildern das Erzählende, Erhabene, Historische auszulassen, und wählte von Anfang an schlichte Motive: Landschaften, Stilleben, friedliche Szenen aus dem Familienleben und Freundeskreis, Stadt- und Landleben, Bildnisse der Gefährtin und Freunde. Allen seinen Modellen und Motiven rückte er nur so weit nahe oder entrückte ihnen so weit, daß er ihnen ihre Intimität beließ. Seine neue Sehweise – die äußere Erscheinung als Harmonie von Farbe und Licht konnte nur mit neuen Darstellungsweisen ihren Ausdruck finden. Die klassizistische Malerei war ausgereizt, und so schloß er an andere Vorbilder an, verbannte nach und nach Linien und starre Farbflächen aus dem Bild und begann sie aufzulockern bis hin zu schuppenartigen Tupfern und Strichen.

Pissarro und Sisley folgten Monet am nächsten, sowohl was ihre Motive als auch die Gestaltung anging, ebenso Bazille, der 1870 im Krieg fiel und so den Freunden entrissen wurde. Auch Renoir, mit dem sie häufig zusammen die gleichen Motive gestalteten, arbeitete ganz unter den mehr und mehr sich ausformulierenden Prinzipien des Impressionismus.

Immer wieder brachten die jungen Maler ihre Bilder zur Jury der Salons und bangten um Aufnahme, weil die Ausstellungen dort fast die einzige Möglichkeit boten, ihre Arbeiten der Öffentlichkeit vorzustellen und auch zu verkaufen. Der Erfolg war ganz unterschiedlich. Je mehr sie sich von den ohnehin nicht sehr getreu begangenen Wegen der Tradition entfernten und ihren eigenen Stil fanden, desto aussichtsloser wurde es, und permanente Ablehnungen trieben sie schließlich zur Eigeniniative.

Zu ihnen gesellten sich aber auch Maler wie Manet, die nicht ganz aus dem Lager der Klassiker zu verdrängen waren. Er war im Atelier von Couture an der École des Beaux-Arts ausgebildet und hatte im Salon erste Erfolge gehabt. Manets Werk weist gleichermaßen stark in die Moderne wie das der reinen Impressionisten, baut aber ganz auf der Verarbeitung klassischer Vorbilder auf. Er war ein großer Freund Monets und übernahm auch gewisse impressionistische Momente in seine Arbeiten, aber er wollte sich nie ganz von den Salons und der dahinterstehenden Gesellschaft lossagen, obwohl er wegen der freizügigen Gestaltung seines »Frühstücks im Freien« (Abb. S. 491) und seiner »Olympia« (beide Paris, Musée d'Orsay) abgewiesen wurde und Skandale entfachte.

Auch Degas gehörte zu ihrem Kreis, und in seinem Frühwerk ist noch die klassische Schulung abzulesen. Seine Entwicklung zu einer Malweise, bei der durchgestaltete Farbpartien bei der Darstellung scheinbar banaler Motive dominieren, rückt ihn in die Nähe der Impressionisten.

Der schwierige Einzelgänger Cézanne traf, wann immer er in Paris weilte, mit den Impressionisten zusammen und stellte auch zeitweilig mit ihnen aus. Er übernahm von ihnen das Malen im Freien, verarbeitete impressionistische Einflüsse, aber sein Ringen um eine reine, neue Kunst führte ihn schließlich auf analytische Wege der Bildkonstruktion.

Fantin-Latour gehörte zum Umfeld um Jean-Baptisté Armand Guillaumin (1841–1927) und Amand Gautier (1825–1895), Mary Cassatt (1845–1926) und Berthe Morisot (1841–1895). James Abbott McNeill Whistler (1834–1903) suchte bei jedem seiner Parisaufenthalte seine Impressionistenfreunde auf, deren Einfluß und Inspiration sein Werk nicht verleugnen kann.

Lange bevor es dafür eine exakte Bezeichnung gab, war die Seh- und Darstellungsweise entwickelt worden, die von der Kritik zunächst abwertend »Impressionisme« genannt wurde und die sich dann ohne negativen Beigeschmack als charakteristisch eingebürgert hat. Die Künstler selbst sprachen oft von »Impression«, wenn sie artikulieren wollten, worauf es ihnen hauptsächlich ankam: Verzicht auf eine exakt umrissene Wiedergabe in photographischer Genauigkeit zugunsten von Atmosphäre im Bild; Verunklärungen der Ferne und des nah an den Betrachter gerückten Bildgegenstandes mittels malerischer Techniken; Auflösung homogener Farbflächen und Linien; Farbe und Pinselfaktur in ihrer Materialität als Gestaltungsmittel.

Monet, Sisley, Pissarro und Renoir hatten in ihrer Begeisterung für die Freilichtmalerei ihre Experimente mit Licht, Farben und Schatten am weitesten vorangetrieben. Sie hatten instinktiv die psychologischen Effekte und die Eigenwirksamkeit der Farben erkannt. Monet hatte als erster das düstere Schwarz aus seiner Palette verbannt und es durch das lebendigere, vibrierende Blau ersetzt. Aus heutiger Sicht wird oft behauptet, daß die Maler gar nicht so revolutionär waren. Mit den Augen ihrer Zeitgenossen gesehen waren sie es jedoch, denn die Stürme der Entrüstung, der Ablehnung und des Spottes, die ihre Arbeiten hervorriefen, kamen aus betroffenen Herzen. Der Schock war so groß, daß man sie und ihre Anhänger für wahnsinnig hielt. Wie ihre Vorläufer, die Maler von Barbizon, nannte man sie Realisten und Naturalisten. Dies traf jedoch nur auf einen Bereich ihrer Malerei zu: Sie suchten ihre Motive in ihrer realen Umgebung und in der Natur, und sie stülpten ihnen keine erhabene Bedeutung auf. Die sanfte Anarchie der Maler erregte aus vielerlei Gründen Protest. Schon mit ihrer Lebensweise bezeugten sie, daß sie nicht den Typus des in der Gesellschaft integrierten Künstlers verkörperten; es ging ihnen in erster Linie um die wahre Kunst und um die Freuden ihres Familienlebens und Freundeskreises. Sie wandten den Idealen der feinen Gesellschaft den Rücken und verletzten Tabus in deren Scheinmoral. Waren die Maler von Barbizon noch nüchterne Berichterstatter gewesen, so verherrlichten die Impressionisten all das, was in den Salons keinen Eingang fand: die unverfälschte Natur, das einfache Leben, Menschen ohne Putz und Allüren, Nacktheit, das Pariser Leben, auch das Nachtleben.

Obwohl die Französische Revolution die Standesunterschiede hatte abschaffen wollen, waren sie längst wieder gültig und gesellschaftliches Dogma. Doch die Maler überschritten die Grenzen der Klassenunterschiede. Das mußte all jene provozieren, die an dieser gottgewollten Ordnung klebten; die höhere Gesellschaft, die akademische Kunst brauchte sie, um sich darin zu spiegeln, und die Bourgeoisie ebenso, deren Wunschvorstellungen darin gipfelten, in die höhere Gesellschaft aufzusteigen, und die infolgedessen deren Kunstgeschmack teilte.

Die Maler jedoch ignorierten die erhabenen Bildthemen, die in den Salons Staat machten, und muteten statt dessen dem Betrachter zu, Einblicke in das Leben des Künstlers zu nehmen, mit ihm den Schnee in der Normandie zu erleben, Madame Monet unter Fliederbüschen sitzend zu überraschen, das Barmädchen aus der Moulin de la Galette anzusehen, einem Amüsierlokal, das von den Herren der feinen Gesellschaft nur heimlich aufgesucht wurde, eine Fahrt mit einem Vergnügungsdampfer mit kleinen Leuten an Bord zu machen oder hemdsärmelige Ruderer in ihren Booten zu beobachten. Man sollte als Kunst ansehen, was man hochmütig verachtete. Das ging einfach zu weit.

Aber auch Künstler wie Manet, die, selbst wohlhabend und teilweise am mondänen Leben teilnehmend, wurden von der Ablehnung nicht verschont, wenn sie sich malerische Freiheiten herausnahmen. Man könnte sich manchmal die Frage stellen, ob sie das in aller Unschuld taten oder mit einem leisen Hintergedanken. Manets »Nana« (Hamburg, Kunsthalle), eine Kokotte, die in Dessous vor einem schwarzgekleideten Kavalier Toilette macht, erregte Unmut. Obwohl es eine Szene war, die für das Paris der damaligen Zeit ganz alltäglich war, empfand man die öffentliche Präsentation vor Damen und vor Herren, die Nanas Liebhaber hätten sein können, als anstößig. Man mokierte sich aber auch über sein Bild »Das gute Bier« (Philadelphia, Museum of Art), das den beleibten Radierer Emile Bellot († 1886) im Café Guerbois zeigt, der zufrieden seine Pfeife raucht, ein Glas Bockbier in der Hand.

Ein weiteres Sakrileg sah man in ihrer Malweise. Es war nicht das erste Mal seit dem Mittelalter, in dem man den Farben symbolische Bedeutung zuschrieb, daß Maler die Kraft und Macht der Farben entdeckt und als Stilmittel eingesetzt hatten. Unter dem Motto »Ars superante materiam« (die Kunst triumphiert über die Materie) war die Farbe lange unterjocht worden und stand im Dienst einer exakten Ausfüllung der Linien und Flächen des Motivs. Wann immer Maler

Edgar Degas
Der Star oder Tänzerin auf der Bühne, 1876/77
Pastell auf Monotypie, 58 x 42 cm
Paris, Musée d'Orsay

die Farbe verselbständigt oder Pinselspuren und pastose Farbmassen aus den Grenzen der Umrißzeichnung befreit hatten – Tizian, Rubens, Hals und Rembrandt, jetzt im 19. Jahrhundert Delacroix –, hatte man ihnen das zum Vorwurf gemacht. Es war ein künstlerischer Freiheitsakt und widersprach den Theorien. Die Impressionisten und viele ihrer Zeitgenossen zerstörten das klassische Bildgefüge einer langatmig konstruierten Komposition und ersetzten es durch ein dynamisches Neben- und Gegeneinander kühner, wie zufälliger Farbpartien, die sich aus der Entfernung des Betrachters zum Bild addierten.

Monets berühmtes Gemälde »Impression – soleil levant« (»Impression, aufgehende Sonne«; Abb. S. 479), das der impressionistischen Malerei ihren Namen gab, zeigt in Nebeln verunklärt Wasser, Himmel, Schemen von Schiffen und Barken, eine rot aufgehende Sonne und deren Widerschein auf dem Wasser. Es hat Atmosphäre und den Hauch von Unvollendetem, leicht Hingetupftem, das der Phantasie noch Spielraum läßt. Es ist noch nicht alles gesagt. Beim

Camille Pissarro
Landschaft bei Chaponval, 1880
Öl auf Leinwand, 54,5 x 65 cm
Paris, Musée d'Orsay

Betrachten empfindet man den Reiz, den das Licht der Materie verleiht.

Impressionistische Bilder sprechen keine hohen Ideale an und drücken sie auch nicht aus. Sie verherrlichen ein Lebensgefühl, das eigentlich ganz dem Bereich des Privaten, Intimen angehört. Sie erzählen nicht, schaffen keine Denkimpulse, sie laden vielmehr ein, kurzfristig aus dem Ablauf der Zeit auszusteigen und sich an der Schönheit eines flüchtigen Augenblicks zu erfreuen. Sie appellieren nicht an den Verstand, sondern sprechen die Sinne an, zarte Schwingungen der Seele.

Das Phänomen »Impressionismus« ist heute nicht mehr allein an die Malerei des 19. Jahrhunderts geknüpft. Man spricht bereits von der impressionistischen Malerei der Antike und von impressionistischen Phasen bei Tizian, vom Impressionismus der niederländischen Landschaftsmalerei im fortgeschrittenen 17. Jahrhundert. Claude Debussys (1862–1918) Musik wird als impressionistisch bezeichnet und Marcel Prousts (1871–1922) Romane, für die Skulptur nimmt man den Begriff nur zögernd – bei Auguste Rodin (1840–1917) und Medardo Rosso (1858–1928) – in Anspruch und für Architektur überhaupt nicht.

Die Geschichte des Impressionismus ist zugleich auch eine Geschichte großer Künstlerfreundschaften, und dies gilt für die meisten unakademischen Kunstrichtungen des 19. Jahrhunderts. Der Rückhalt durch den Freundeskreis, die oft notwendige finanzielle Hilfe, gab den Malern, die mit dem Rücken zur Tradition und Gesellschaft standen, so viel Kraft und inneren Frieden, daß sie unbeirrt ihre malerischen Ziele verfolgten. Schon bevor die Maler, durch die ständige Ablehnung bei den Salons zermürbt, sich 1874 zur »Société des Artistes Independants« (Salon der Unabhängigen) zusammenschlossen, hatten sie auch außerhalb ihrer eigenen Reihen einige wenige Anhänger und Förderer, auch Käufer ihrer Bilder gefunden.

Galeristen, Gönner, Kritiker

Die meisten der damals in Paris ansässigen Galeristen waren konservativ, und die wenigen, die sich für die neue Malerei einsetzten, mußten das anfangs schwer büßen. Louis Martinet (1810–1894), ein mutiger Galerist, der auf dem Boulevard des Italiens ansässig war, hatte viele Künstler, die im »Salon des Refusés« ausgestellt hatten, in seiner Galerie gezeigt. Trotzdem war sein Programm noch relativ zurückhaltend, er engagierte sich eher für die Maler von Barbizon und für Manet als für die Extremisten Monet, Renoir, Sisley und Pissarro.

Der Bilderhändler Paul Durand-Ruel (1831–1922), dessen Konkurrent Georges Petit (1835–1900) war, vertrat trotz eines Konkurses hartnäckig die Impressionisten und leistete damit große Hilfe für ihre Anerkennung. Auch Ambroise Vollard (1865–1939) und »Père« Martin (um 1810 – um 1880) glaubten an ihr Talent und unterstützten sie durch Ankäufe und kleine Ausstellungen.

Der rumänische Arzt Georges de Bellio (1828–1894) begann Impressionisten zu sammeln, und der französische Arzt Paul-Ferdinand Gachet (1828–1909) war für zwei Malergenerationen nicht nur medizinischer Betreuer und Berater, oft auch als Ankäufer von Bildern Retter in höchster Not. Ein Zollbeamter, Victor Choquet (1821–1891), legte alle seine Ersparnisse für seine Bildersammlung an. Er besaß viele Werke von Delacroix, Cézanne, Monet, Renoir, Manet, Pissarro und Sisley. Der Sänger und Komponist Jean-Baptiste Faure (1830–1914) war Kunde bei Durand-Ruel und erwarb auch von den Künstlern selbst Bilder. Eugene Murer (1846–1906), ein Restaurantbesitzer und Konditor, zeigte seine Anhängerschaft durch Naturalien, er gab lange Zeit die berühmten Mittwochabendessen, die unter den Malern sehr geschätzt waren.

Ernest Hoschedé (1838–1890), Besitzer des Warenhauses »Au Gagne-Petit« an der Avenue de l'Opéra, begeisterte sich enthusiastisch für die Impressionisten, sammelte ihre Bilder und organisierte zwei Versteigerungen. Als er selbst bankrott machte, konnte Monet sich revanchieren und ihn mit seiner großen Familie aufnehmen. Nach dem Tod von Monets Frau und Hoschedé wurde dessen Witwe Alice (1844–1911) Monets zweite Frau.

Auch Politiker wie Georges Benjamin Clemenceau (1841–1929), der später Ministerpräsident werden sollte, und Antonin Proust (1832–1905) waren nicht nur passive Bewunderer der Impressionisten, sie kauften auch Bilder an und widmeten ihnen Schriften. Von Kritikern und Schriftstellern wie Baudelaire, Zola, Thoré-Bürger oder Champfleury, die sich in zahlreichen Artikeln für die neue Malerei einsetzten, war schon die Rede. 1878 veröffentlichte der Kunstkritiker Théodore Duret (1838–1927) seine grundlegende Studie »Les Peintres impressionistes« und verhalf ihnen damit zur Anerkennung, die nun auch von anderen Kritikern wie Philippe Burty (1830–1890), Castagnary, Ernest Chesneau (1833–1890) und Edmond Duranty (1833–1880) geteilt wurde.

Der Japonismus

Nach der Öffnung Japans für den Handel mit den Vereinigten Staaten und Europa kamen japanische Kunst und japanisches Kunstgewerbe in großen Mengen als Importgut vor allem nach Paris. Auf der Pariser Weltausstellung von 1867 zeigte eine vielbeachtete Abteilung Gegenstände aus Japan. Im europäischen Kunsthandel, vorwiegend in Holland, England und Frankreich, wurde japanische Kunst angeboten, und große, exklusive Kaufhäuser führten die begehrten Artikel.

Die Begeisterung für erlesen schöne Fächer, Kimonos, Porzellane, Emails, Lack- und Metallarbeiten, Stellschirme und Farbholzschnitte zog eine regelrechte Japanmode nach sich. Man sammelte japanische Kunst und lebte damit, und der sogenannte »Japonismus« beeinflußte nachhaltig Künstler und war besonders wirksam in der Zeit vom Impressionismus zum Jugendstil.

Zum einen Teil war diese Japanmode vordergründig wie die vorangegangenen Chinamoden des 17. und 18. Jahrhunderts mit ihren Chinoiserien. Damals hatte man die exotisch schönen und kostbaren Dinge aus dem fernen China eingeführt und sie europäisiert, indem man sie umgestaltete oder kopierte. Porzellan- und Lackkabinette enthielten Sammlungen, Vasen bekamen feuervergoldete Fassungen, Wandschirme wurden auseinandergenommen und als Bildtafeln in Rokokowanddekorationen eingefügt, chinesische Malerei als Chinoiserie nachgeahmt. China hatte sich auf diese Mode eingestellt und produzierte eigene Exportware für Europa. Diese einfache Art der Vereinnahmung geschah auch mit den japanischen Arbeiten. Wenn auf einem Gemälde ein japanischer Gegenstand abgebildet wurde, so war dies zunächst nur der Beweis dafür, wie populär und verbreitet das japanische Kunsthandwerk in Europa war, ein Phänomen, das nicht weiter erwähnenswert wäre als andere modische Erscheinungen und Tendenzen.

Doch es waren vor allem die Künstler, die sich von der japanischen Kunst inspirieren ließen und sie, mit ihren eigenen Mitteln modifiziert, in ihr Werk integrierten. Am meisten waren sie von den Farbholzschnitten beeindruckt, aber auch von den Malereien auf Wandschirmen, Textilien, Fächern, Lackarbeiten und Porzellan. Die kühnen verkürzten Perspektiven, die einfach abgeschnittenen Randfiguren, die hohen Bildformate, die stille Intimität der Genreszenen, die zarte Schönheit von Landschaften und Pflanzen, die Stilisierung bis beinahe zum Ornament hin und die partielle Abstraktion regten die Künstler an.

Whistlers hohe, schmale Bildformate haben hier ihren Ursprung, die später auch bei Edouard Vuillard (1868–1940) und Pierre Bonnard (1867–1947) auftauchen und die Plakat-

Paul Signac
Flußufer, Petit-Andely, 1886
Öl auf Leinwand, 65 x 81 cm
Paris, Privatbesitz

kunst seit den achtziger Jahren bestimmen. Die scherenschnittartigen Vereinfachungen von flächenhaften Figurenschemen bei Paul Gauguin (1848–1903), den Synthetisten und Nabis und bei Henri de Toulouse-Lautrec (1864–1901) sind japanische Ableitungen ebenso wie die Figurenteile, die vom Rand abgetrennt sind, bei Manet. Monets große Bilderserien – die Kathedrale von Rouen, der Gare Saint-Lazare, Pappeln, Heuhaufen –, die im Wandel der sich verändernden Lichtverhältnisse immer die gleichen Objekte zeigen, sind von Serienbildern Katsuschika Hokusais (1760–1849) und Andõ Hiroshiges (1797–1858) inspiriert. Vincent van Gogh (1853–1890) liebte japanische Farbholzschnitte so intensiv, daß er sie zuerst in Öl übertrug und sich dabei vom Rhythmus ihrer Linien und großflächigen Farben inspirieren ließ. Symbolismus und Jugendstil schließlich sind nicht denkbar ohne japanische Vorbilder.

Das Anerkennen japanischer Kunst aus ihrem Wesen heraus zeugt von einem veränderten Bewußtsein des 19. Jahrhunderts gegenüber dem vergangener Zeiten; es ist nur denkbar aus dem Verständnis des Historismus heraus, das die eigene Kunst früherer Epochen aufgewertet und den Boden für die Würdigung primitiver und naiver Kunst bereitet hat.

Pierre-Auguste Renoir
Zwei Mädchen, um 1881
Öl auf Leinwand, 80 x 65 cm
Moskau, Puschkin Museum

Impressionismus in Deutschland

Vom »deutschen Impressionismus« spricht man meist nur zögernd und einschränkend. Man kann in diesem Zusammenhang auch nicht von einer einheitlichen, breiten Strömung wie in Frankreich ausgehen, man erkennt eher im Werk einzelner Künstler, wie zum Beispiel bei Wilhelm Leibl 1844–1900), Max Liebermann (1847–1935), Max Slevogt (1868–1932), Lovis Corinth (1858–1925), Wilhelm Trübner (1851–1917) oder Fritz von Uhde (1848–1911), impressionistische Züge.

In der zweiten Jahrhunderthälfte wurde die offizielle Malerei in Deutschland von Gesellschaftsmalern bestritten. Repräsentationsporträts, Historienbilder, bei denen Großformat und Pathos Qualität zu ersetzen suchten, süßliche Allegorien und stark idealisierende Themen mit bedenklich gefühlvollem Tenor herrschten vor und wurden von einem Publikum mit gründerzeitlichem Geschmack gefeiert und gekauft. Viele Maler sahen in dieser Richtung eine Sackgasse, setzten sich ab gegen Tradition und Akademismus und strebten nach einer grundlegenden Erneuerung der Kunst. Der Realismus der Freilichtmaler von Barbizon und der französische Impressionismus wurden als anregende Impulse aufgenommen.

Leibl, der sich nach Anfangserfolgen mit vielbeachteten Porträts von seiner Wahlheimat München abwandte und in die Einsamkeit bayerischer Dörfer zurückzog, stand mit seinem Werk gegen die gängige Kunstauffassung. Beeindruckt von Courbet und den Impressionisten suchte er sich weder mit seinen Themen noch mit deren Gestaltung anzupassen. Seine Porträts und die seit 1873 entstandenen Bauernbilder zeigen ihn als Meister exakter Beobachtung (Abb. S. 532). Mit behutsamer Feinheit und stillebenhafter Ruhe formt er seine Motive und Modelle aus mit koloristischer Neugier aus der Distanz eines nicht wertenden Betrachters. Er entwickelte einen subtilen Realismus, dem stets durch die verhaltene Brillanz der Farbqualitäten die beißende Schärfe genommen wurde. Gelegentlich – besonders in seinem Spätwerk – tauchen Annäherungen an impressionistische Inspirationen in Leiblschen Umsetzungen auf. Zu seinem Freundeskreis, der auch ein gemeinsamer Arbeitskreis war, gehörten unter anderem die Maler Johann Sperl (1840–1914), Carl Schuch (1846–1903) und Trübner. Wie die französischen Impressionisten malten sie gemeinsam im Freien, bevorzugten wie jene Bildthemen aus ihrer persönlichen Umgebung und setzten sich mit der äußeren Erscheinung der Dinge und mit ihrem Verhältnis zum Licht auseinander. Die Stilleben Schuchs und die Landschaftsbilder Trübners sind am treffendsten mit »impressionistisch« zu charakterisieren.

Über einen fast derben Realismus gelangte Liebermann zur Freilichtmalerei und zu einer impressionistischen Arbeitsweise. Die klaren Linien seiner Frühzeit lösen sich auf, und er modelliert mit Licht. Liebermann übte starken Einfluß auf Uhde aus. Uhdes Malerei, die lange Zeit realistisch geprägt ist, entwickelt sich, nachdem er gegen 1900 die religiösen

Edouard Manet
Eine Bar in den Folies-Bergère,
um 1881/82
Öl auf Leinwand, 96 x 130 cm
London, Courtauld Institute Galleries

Themen aufgibt, sowohl thematisch als auch technisch zum Malerisch-Impressionistischen hin.

Immer wieder wird auch Slevogt mit dem deutschen Impressionismus in Zusammenhang gebracht, und viele seiner Bilder, besonders seine Landschaften, sind diesem verpflichtet. Aber daneben finden sich Wesenszüge in seiner Kunst, die altmeisterlich, naturalistisch sind und von seiner weitgespannten künstlerischen Phantasie und Begabung zeugen, die sich nicht ohne weiteres in ein stilistisches Schema fügen.

Neben Liebermann und Slevogt ist in diesem Zusammenhang noch Corinth zu erwähnen. Während in seinem Frühwerk noch eine dunkeltonige Malweise dominiert, hellt sich seine Palette – vor allem unter dem Einfluß von Manet und dem Freilichtmaler Jongkind – zu lichten, »impressionistischen« Tönen auf. Sein Spätwerk jedoch, die rhythmischen Walchenseelandschaften in ihrer ausdrucksstarken Farbigkeit und die Porträts und Selbstbildnisse, steht jedoch eher dem Expressionismus nahe.

England – Von den Präraffaeliten zum Modern Style

In England wurde bereits 1848 die Bruderschaft der Präraffaeliten gegründet, deren Ziele, eine Erneuerung der Kunst durchzusetzen, bis zum Symbolismus und Jugendstil hin wirksam waren. Gründungsmitglieder waren unter anderem die Maler Dante Gabriel Rossetti (1828–1882), der auch Dichter war, William Holman Hunt (1827–1910) und John Everett Millais (1829–1896), der Schriftsteller William Michael Rossetti (1829–1919) und der Bildhauer Thomas Woolner (1825–1892). Zum engeren Umkreis gehörten auch die Maler Ford Madox Brown (1821–1893) und Edward Coley Burne-Jones (1833–1898), William Morris (1834–1896) und John Ruskin (1819–1900), der als Kunstkritiker und Schriftsteller den literarischen und ideologischen Hintergrund lieferte.

Ihre Bestrebungen waren in erster Linie antiakademisch und gegen die offizielle viktorianische Kunst gerichtet. Von Anfang an betrafen ihre Erneuerungsideen nicht nur die Malerei. Sie galten auch der Dichtung, und nach und nach wurde das Kunsthandwerk mit einbezogen, die Innendekoration, und auch das Wiederaufleben der Buchkunst gegen Ende des Jahrhunderts geht auf ihre Initiative zurück. Die Ziele der Gruppe wurden nie schriftlich formuliert, drückten sich aber in den Werken der einzelnen Künstler aus.

Mit neuen Darstellungsmitteln, orientiert an den alten Meistern, sollten Bilder entstehen, die echte Gefühle erzeugten. Sie wählten literarische und religiöse Stoffe, trieben Naturstudien und malten auch im Freien. Bei der Behandlung von Märchen und Sagen nahmen sie sich erstmals der Gestaltung englischer Stoffe an, zum Beispiel aus der Artus-Sage oder nach Motiven aus Theaterstücken Shakespeares. Religiöse Szenen wurden teils in der Gegenwart angesiedelt – ein moderner Schritt –, teils in märchenhafter oder historischer Umgebung. Die Vorliebe der Präraffaeliten für die Gestaltung des Mittelalters und freier Landschaften mit minuziösen Detailschilderungen rückt sie wieder in die Nähe der Romantiker. Der Zugang zu den sentimental-romantischen Paaren, die einen kleinen Teil ihrer Bildthemen ausmachen, fällt heute schwer. Brown und Millais behandelten auch sozialkritische Themen. Bei der Gestaltung allegorischer und mythologischer Stoffe spielen pathetisch gestaltete erhabene Frauen von schwerblütiger Schönheit eine große Rolle. Aus vielen ihrer Bilder lassen sich die Anleihen bei alten Vorbildern ablesen.

In den siebziger Jahren und später schlossen sich die Präraffaeliten mit ihrer Malerei dem Symbolismus an, wie schon einige Titel, etwa »Das Herz der Rose« (London, Tate Gallery) von Burne-Jones oder »Der Tagtraum« (Karlsruhe, Badisches Landesmuseum) von Rossetti, zeigen. Mit ihren Bestrebungen um die Erneuerung des Kunsthandwerks und der Gesamtdekoration führten sie schließlich ihre Bewegung zum »Modern Style«, die englische Bezeichnung für Jugendstil. An der 1861 gegründeten Firma Morris, Marshall, Faulkner and Co. waren noch Philip Speakman Webb (1831 – 1915), Rossetti und Burne-Jones beteiligt. Sie entwarfen große Friese und Tafelbildzyklen als Wandschmuck, aber auch Stoffmuster, Tapeten, Tapisserien und Glasbilder. Morris war besonders erfindungsreich beim Gestalten immer weiterer neuer Varianten vegetabiler und floraler Formen, die ornamenthaft verschlungen schon zum Modern Style hinweisen. Später wurden auch Möbel, Kacheln, Bilderrahmen und Bucheinbände ins Programm aufgenommen. Die hinter der Firma stehende Idee der Einheit der Künste und der Entsprechung von dekorativer Form und Funktion wird später bei kontinentalen Jugendstilbewegungen wieder auftreten. In Schottland wurde sie von Charles Rennie Mackintosh (1868 – 1942) und seiner Gruppe aufgegriffen und in England von der »Arts and Crafts Movement«.

Paul Cézanne
Der Knabe mit der roten Weste, um 1888–1890
Öl auf Leinwand, 80 x 64,5 cm
Zürich, Stiftung Sammlung E. G. Bührle

Die Zusammenarbeit von Burne-Jones und Morris bei der Kelmscott Press brachte eine Serie kostbar ausgestatteter Buchausgaben hervor, die bibliophile Kunstwerke waren. Walter Crane (1845 – 1915), ein Freund von Morris, der auch als Gestalter von Gebrauchsgegenständen tätig war, zeichnete politische Karikaturen für Zeitungen, gestaltete Plakate und graphische Blätter. Aubrey Vincent Beardsley (1872 – 1898) schuf schließlich, auf den Präraffaeliten aufbauend und inspiriert von japanischen Holzschnitten, zahlreiche Illustrationen, die mit ihren dekadenten Inhalten das Fin de Siècle verkörpern und von ihrer Formensprache her zum Jugendstil gehören.

Symbolismus – Fin de Siècle

Als Gegenbewegung zu realistisch-naturalistischen Tendenzen in der Kunst, aber auch als antipodische Richtung gegen den Impressionismus, der den schönen Schein der Oberfläche verherrlichte, wandte sich der Symbolismus den Seiten des Seins zu, die mit sachlichem Verstand und nüchterner Anschauung nicht berührt werden konnten: Regungen der Seele, des Gefühls, Assoziationen der Phantasie, artikuliert mittels der Fähigkeit des Menschen, diese immateriellen Schwingungen zu symbolisieren, ihnen eine Gestalt zu verleihen.

In der bildenden Kunst traten immer wieder Einzelkünstler auf, die die emotionsleere Sprache der Allegorie zu der des Symbols verdichtet hatten, wenn sie Gefühle ansprechen und ausdrücken wollten. Nun, gegen Ende des 19. Jahrhunderts, formulierte sich deutlich eine Kunst, die aus diesen Wurzeln gespeist wurde und die sich, ohne immer an das Vorbild Frankreich anzuknüpfen, überall in Europa bis hin nach Rußland ausbreitete. Der Symbolismus in der Malerei ist nicht denkbar ohne die Verbindung zur Literatur und ohne das Lebensgefühl des Fin de Siècle.

Das enthusiastisch als Jahrhundert der Entdeckungen, der Wissenschaften und des Fortschritts gefeierte 19. Jahrhundert neigte sich seinem Ende zu, und das unterschwellige Wissen darum, daß diese hochtrabenden Ansprüche nicht eingelöst wurden und nicht die erhoffen paradiesischen Zustände herbeigeführt hatten, verdichtete sich zu einem melancholischen Jahrhundertendegefühl. Es löste einerseits ein egozentrisches Sichabkapseln und eine Überbetonung der eigenen Persönlichkeit aus, verbunden mit träumerischen Fragen nach den verborgenen Triebkräften des Lebens und schaudernd-wolllüstigen Ängsten, andererseits eine Flucht in apokalyptischen

Genuß, in ästhetische Eigenwelten oder in mystische Religiosität.

Nur wenige Künstler sind als reine Symbolisten einzustufen. Meist vereinigen sich in einem Werk neben symbolistischen Merkmalen noch andere stilistische, wie etwa des Historismus, des Jugendstils, später des Expressionismus, oft auch eines starken künstlerischen Eigenstils, wie zum Beispiel bei van Gogh. Sigmund Freud (1856–1939), der die Existenz des Unbewußten im seelisch-geistigen Bereich voraussetzte und die symbolische Verschlüsselung von Gemüts- und Gefühlsvorgängen im Traum erforschte, arbeitete zur gleichen Zeit wie die Symbolistenbewegungen.

Eine symbiotische Koexistenz zwischen Literatur und Malerei kennzeichnet den Symbolismus. Viele Künstler malten und schrieben gleichzeitig. Oft war das symbolistische Ideal oder der erzählende Stoff schon in Worten gestaltet, bevor er ins Bild übernommen wurde, und umgekehrt inspirierten malerische Arbeiten die Dichter. Ganz bestimmte Themenkreise, oft gegensätzlicher Natur, wurden von der symbolistischen Malerei bevorzugt und mit Mitteln, die beim Betrachter Emotionen hervorrufen mußten, zum Ausdruck gebracht. Romantische Motive aus Märchen und Sagen, pathosgeladene Momente aus Mythen, fieberhafte Visionen, lyrische Beziehungen zwischen Mann und Frau, die Bedrängnis durch die Sexualität und die raffinierten Genüsse der Erotik, die Frau als dämonisch-verführerisches, letztlich Unheil bringendes Wesen, als gute oder schlechte Mutter, als elfenzarte Unschuld oder arglos-reizvolle Nymphe. Krankheit, Tod, Grauen, Einsamkeit als Bedrohung des Menschen stehen der Heilserwartung durch Religion und Tugend gegenüber.

Die malerischen Mittel, gefühlsmäßige Betroffenheit und bedeutungsgeladene Stimmung hervorzurufen, sind beschränkter als die der Literatur, und sie wurden ganz individuell gehandhabt. Neben altbekannten allegorischen Symbolen wie Totenschädeln wurden phantastische Gestalten und Mischwesen erfunden, die psychologische Wirkung der Farben eingesetzt, ein übersteigerter Ausdruck in Mimik und Haltung, unterstützt durch die Aufhebung realitätsbezogener Proportionen und die Auflösung der Einheit von Zeit und Raum.

In England hatten die Präraffaeliten, anknüpfend an die Tradition von Füssli und Blake, wieder symbolistische Elemente in ihre Malerei aufgenommen, verwoben mit historistischen Ideen und literarisch untermauert. In Frankreich trafen sich Maler und Literaten um den Dichter Stéphane Mallarmé (1842–1898), deren Gedanken in Gustave Kahns (1859–1936) Zeitschrift »Le Symboliste« ihren Niederschlag fanden. Pierre Puvis de Chavannes (1824–1898) siedelte seine symbolisierten Ideale (die Hoffnung, die Taube) in kühlen, distanzierenden Landschaften und Umgebungen an. Gustave Moreau liebte (1826–1898) überladene Phantasielandschaften, Prunkarchitekturen, Fabelwesen und todbringend schöne Frauen in barocker, edelsteingeschmückter Ausstattung. Odilon Redon (1840–1916), dessen graphisches Werk als »grundfremd, wie Rätsel, krankhafte Visionen, Halluzinationen« empfunden wurde, entwickelte in seinen späteren Bildern einen zarten, zurückhaltenden Symbolismus.

Henri de Toulouse-Lautrec
Jane Avril beim Tanz, 1892
Öl auf Karton, 85,5 x 45 cm
Paris, Musée d'Orsay

In Belgien ist Fernand Khnopff (1858–1921) der heute noch bekannteste Vertreter des Symbolismus. Seine bevorzugten Themen, von symbolistischer Poesie inspiriert, sind die

Vincent van Gogh
Blühender Garten, 1888
Öl auf Leinwand, 92 x 73 cm
Privatbesitz, Leihgabe im Metropolitan Museum of Art, New York

Stille, die Einsamkeit, die verlassene Stadt, das Geheimnis und seine rätselhaft-schöne Frauen-Sphinx. Jan Toorop (1858 – 1928) und Jan Thorn-Prikker (1868 – 1932) vertreten den Symbolismus und Jugendstil in den Niederlanden, während der Norweger Edvard Munch (1863 – 1944) in seinen von Ängsten bedrohten Visionen dem Symbolismus nahesteht, in seinen ausgezogenen, schwingenden Linien Formen des Jugendstils aufnimmt, in seiner dramatischen, psychischen Ausdruckskraft jedoch den Expressionismus vorwegnimmt. Die Deutschrömer Hans von Marées (1837 – 1887) und Anselm Feuerbach (1829 – 1880), zu denen auch der Schweizer Arnold Böcklin (1827 – 1901) gehört, greifen auf die klassische Kunst Italiens und besonders der Antike zurück und vereinen in ihrem Werk den aufkommenden Neuklassizismus mit symbolistischen Zügen.

Gauguin, die Schule von Pont-Aven und die Nabis

Gauguin gehörte zu der Generation von Malern, die dem Impressionismus bereits skeptisch gegenüberstanden. Obwohl er lange Zeit impressionistische Landschaften gemalt hatte, die durch Zartheit und Transparenz der Farben faszinieren, begann er, etwa 40jährig, nach anderen Ausdrucksmöglichkeiten und Aussagen für seine Malerei zu suchen. Nun empfand er den Impressionismus als inhaltslos und leer und suchte nach einer Antithese als Basis für seine Arbeit. So fand er zu seiner eindringlich-starken Bildersprache, die direkt in die Moderne weist und die trotzdem nie einige Elemente des Impressionismus aufgab. Er malte zeitlebens gern im Freien, und wenn er sich um größere Farbflächen bemühte, so spaltete er diese Flächen in sich auf in ein Geflecht aus Nuancen und Flecken von verschiedener Intensität.

Nach der Rückkehr von einer Reise nach Martinique malte er 1888 wieder in Pont-Aven, einem Dorf in der Bretagne. Zusammen mit dem jüngeren Maler Emile Bernard (1868 – 1941), der ihn sehr bewunderte, entwickelte er den Synthetismus und Cloisonnismus. Dabei handelt es sich um eine Malweise, die von der Technik der Glasfenster und Cloisonnéarbeiten (Stege und Flächen) abgeleitet ist und sich an der Flächenbehandlung japanischer Farbholzschnitte orientiert. In Gauguins Gemälde »Die Vision nach der Predigt« (Edinburgh, National Gallery of Scotland) tauchen erstmals symbolistische Elemente auf: Von nun an ist es häufig eine religiöse Symbolik, die seinen Bildern einen übergeordneten Sinn verleiht. Später, nach seiner Rückkehr auf die Pazifikinseln, verlegt er biblische Szenen in das Milieu von Eingeborenen, ein früher Schritt der Anerkennung ihrer Gleichberechtigung.

Zusammen mit Bernard, dessen synthetistische Gemälde voll symbolistischer Gehalte sind, versammelte er andere Maler um sich, um in diesem Kreis, der später als Schule von Pont-Aven bekannt wurde, nach diesen ihren Erkenntnissen zu malen. Er selbst, von Anhängern der Bewegung als Führer der Symbolisten bezeichnet, hielt durchaus nicht immer die Forderung nach einem Symbolbezug in seinen Bildern durch. Er arbeitete an einer starken Vereinfachung der Linienführung und Formen und schuf Bilder von großer Intensität, deren größter Zauber in der Wirkung ihrer Farben liegt.

Von Gauguin und der Gruppe in Pont-Aven beeinflußt, gab Paul Sérusier (1864 – 1927) 1889 einer von ihm mitbegründeten Malervereinigung den hebräischen Namen »Nabis«, die Propheten. Auch sie wollten dem Impressionismus eine religiös-mystisch bestimmte Malerei entgegensetzen, die von intensiver Farbigkeit und flächig-dekorativer Form bestimmt war. In den Prinzipien von Bernard und Gauguin sahen sie ihre künstlerische Heilsbotschaft. Zu dieser Gruppe gehörten Bonnard und Vuillard sowie Maurice Denis (1870 – 1943) und später Félix Vallotton (1865 – 1925), schließlich kamen noch Aristide Maillol (1861 – 1944) hinzu, der damals noch Maler war, und Henry van de Velde (1863 – 1957), der als Jugendstilkünstler seinen größten Ruhm erlangte. In der »Revue Blanche« hatten sie ihr Sprachrohr. Der Symbolismus der Gruppe war nie sehr vordergründig dominierend gewesen und wurde mehr und mehr ins Dekorative gewandt, es war der Aufbruch zum »Art Nouveau«, dem französischen Jugendstil. Einem Zug der Zeit folgend, beschäftigten sie sich bald auch mit Buchillustrationen und

Plakaten, mit Theaterdekorationen und Interieurs. Denis nahm wieder stark auf religiöse Symbolik Bezug und gründete 1919 die »Ateliers d'art sacre« (Werkstätten für religiöse Kunst). Bonnard und Vuillard traten aus der Gruppe aus.

Postimpressionismus und Pointillismus

Nach den Höhepunkten des Impressionismus, der die reine, freie Malerei als Ziel und Inhalt hatte, schlichen sich allmählich wieder Forderungen nach inhaltlicher und formaler Befestigung der Kunst ein. Die Impressionisten hatten mit Farben experimentiert, mit der Wirkung von Licht auf Farben. Dabei handelte es sich um intuitiv und aus reiner Beobachtung gewonnene Erkenntnisse, die keineswegs als Regel oder Formel Anwendung fanden.

Die Farbtheorien von Charles Blanc (1813–1882) und Eugène Chevreul (1786–1889), die auf chemischen Forschungen beruhten, erfreuten sich großer Beachtung und wurden auch von den Künstlern aufgegriffen. Pissarro hatte mit dem Erstellen einer Theorie als Fundament für seine Malerei begonnen, dieser Versuch blieb jedoch in den Anfängen stecken. Denn bevor es zu einer schriftlichen Fixierung kam, gab er dieses Vorhaben wieder auf, da er sich in seiner spontanen Kreativität beeinträchtigt fühlte. Georges Seurat (1859–1891) und Paul Signac (1863–1935), die Hauptvertreter des Pointillismus, auch Divisionismus genannt, versuchten, das Verfahren der impressionistischen Malweise zu verwissenschaftlichen und zu systematisieren. Mittels ausgeklügelt nebeneinandergesetzter Punkte in reinen Farben, die sich im Auge des Betrachters addieren, sollte eine vorauskalkulierte Farbwirkung erzielt werden. Dabei wurde das Motiv zum Aufhänger für technische Spielereien. Die rein divisionistischen Bilder blieben jedoch in ihrer Wirkung weit hinter denen der Impressionisten zurück, denn es fehlten ihnen der Zauber des Momentanen.

Vuillard und Bonnard, eine Generation jünger als die ersten Impressionisten, schlossen mit ihrem Werk an den Impressionismus an und führten ihn weit bis in unser Jahrhundert hinein zu einem würdigen Ende. Die beiden Künstler waren zeitlebens miteinander befreundet und teilten sich zeitweise ein Atelier. In ihrem Werk sind folgerichtig auch starke Annäherungen aneinander festzustellen. Nach einem kurzen Gastspiel bei den Nabis, das stilistisch ohne Niederschlag blieb, griffen sie die Ideen des Impressionismus auf und blieben ihnen treu. Niederschläge japanischer Kunst sind vor allem in ihrer Druckgraphik nicht zu leugnen. Ihre Interieurs, Stilleben und Städtebilder sind getragen von einer subtilen, aber rauschhaften Begeisterung für die Wunder von Farbe und Licht, von ihrer Schönheit und Harmonie, sind Destillate der stillen Lebensfreude.

Van Gogh, Toulouse-Lautrec, Cézanne

Neben Gauguin sind es vor allem drei Künstler, deren Werk auf den Errungenschaften des Impressionismus aufbaut und

Paul Gauguin
Wann heiratest Du? (»Nafea faa ipoipo?«), 1892
Öl auf Leinwand, 101,5 x 77,5 cm
Basel, Öffentliche Kunstsammlung, Kunstmuseum Basel, Rudolf Staechlin'sche Familienstiftung

die eine vermittelnde Position zur Malerei der klassischen Moderne einnehmen: van Gogh, Toulouse-Lautrec und Cézanne.

Van Gogh, der von sich selbst sagte, daß er alles mit wahrer Leidenschaft male, sah in seiner Aufgabe als Künstler eine Sendung zum Wohle der Menschheit. Seine Bilder sollten Bedeutungsträger sein. Die schroffen Vereinfachungen seiner Formen und der Absolutheitscharakter seiner Farben hatten starke Auswirkungen auf nachfolgende Malergenerationen. Die expressive Dynamik seiner Pinselführung, die Verzerrungen seiner Perspektiven bis hin zur Negation in der Fläche sind Schritte zur Malerei unseres Jahrhunderts. Die Symbolik seiner Farben und Motive erwuchs aus seiner individuellen Stimmungslage und Situation und ist trotzdem für den Betrachter von einer allgemeingültigen Aussage, die über die Vermittlung ästhetischer Werte hinausgeht zur psychologischen Sicht.

Toulouse-Lautrec erhob das Skizzenhafte, Unvollendete, Fragmentarische zum Stilprinzip zu einer Zeit, da der Bildhauer Rodin den Torso als selbständiges Motiv gefunden hatte, und auf vielen seiner Bilder erreicht er partienweise Annäherungen an die Auflösung von Form und Raum ins Abstrakte. Er negierte Klassenunterschiede und Werthierarchien, suchte seine Motive im aristokratischen Milieu seiner Herkunft und im Nachtleben, das das Leben seiner Wahl war. Er sah das Schöne, das Häßliche und das Vulgäre, und er interpretierte es in einer Art, die tiefer ging als Milieu- und Charakterstudien, und weckte durch seine Art der Darstellung Verständnis, das weitab liegt von ästhetischer Überhöhung, Mitleid oder Sozialkritik. Mit subtilem psychologischen Einfühlungsvermögen stilisierte er Typisches, schuf mit den künstlerischen Mitteln der Reduktion und stark aussagekräftigen Farben entwaffnend moderne Charakteristiken von Personen und Szenen.

Cézanne wird als der eigentliche »Vater der Moderne« bezeichnet. Vom Beginn seiner Auseinandersetzungen mit der Malerei an, suchte er für seine eigenen Ziele mehr zu erreichen als seine Zeitgenossen, die Realisten und Impressionisten. Aus einer strikten Ablehnung des Klassizismus heraus verstand er sich als Klassiker. Er wollte mit seiner Kunst eine allgemeine, überzeitliche Wahrheit zum Ausdruck bringen, die er auf seinen Untersuchungen über die Grundsätze des Malerischen aufbaute. Erzählende, idealistische und symbolistische Momente hielt er für schädlich. Er arbeitete stets nach der Natur, suchte das Wesentliche zu erfassen, ohne etwas getreu abzubilden. Bei seinen Analysen der Beziehung von Farbe, Form, Licht und Raum gelangte er allmählich zu einer Einheit von Zeichnung und Farbe und zu Darstellungsformen, die den Kubismus und die Abstraktion vorbereiteten. Er modellierte und modulierte mit Farben und deren Valeurs. Nach und nach verschwand die klassische Bildperspektive aus seinen Kompositionen, und er baute Gegenstände, Volumen und Raum aus malerisch interpretierten Grundmustern geometrischer Formen.

Jugendstil – Art Nouveau – Modern Style – Sezessionsstil

Diese Stilbezeichnungen, die Deutschland, Frankreich, England und Österreich zugeordnet sind, werden im Zusammenhang mit Malerei noch nicht so lange gebraucht, wie sie existieren. Ursprünglich gehörten sie zum Bereich des Kunsthandwerks. In den letzten beiden Jahrzehnten des 19. Jahrhunderts erreichten die angewandten Künste, das Kunsthandwerk und die Innendekoration künstlerische Höhepunkte und waren Hauptträger des bildnerischen Schaffens. Eine Art Protojugendstil bildete sich zuerst bei den Präraffaeliten in England heraus, der dann seinen Niederschlag in den Gemälden und in den flächigen Plakaten und Illustrationen von Crane fand. Beardsley war als Zeichner und Illustrator tätig. Seine Arbeiten können als wichtige Dokumente eines verfeinerten Jugendstils betrachtet werden. Spielerisch bis zu Verunklärung und Täuschung durchdringen sich Gegenstand und Ornament.

Großartige Vertreter findet die kontinentale Plakatkunst in Bonnard, Toulouse-Lautrec und Alfons Maria Mucha (1860 – 1939). Hauptkennzeichen des Jugendstils ist die unsymmetrische Wellenlinie, die Belebung des Ornaments mittels dieser Form; dabei sind abstrahierende Tendenzen möglich, florale Ausformungen und geometrische Varianten. Häufig sind Niederschläge der Assimilation japanischer Elemente zu sehen. In der Malerei der Jahrhundertwende, die unter diesem stilistischen Aspekt betrachtet werden kann, durchdringen sich meist Inhalte symbolistischer Natur mit weich-fließend-ornamentalen Formen des Jugendstils.

In der Schweiz sind es Ferdinand Hodler (1853–1918) und Giovanni Segantini (1858–1899), in Belgien van de Velde, in Holland Toorop und Thorn-Prikker, deren Gemälde symbolistischen Gehalt und die Formensprache des Art Nouveau verschmelzen, in Deutschland Max Klinger (1857 – 1920) und Franz von Stuck (1863–1928).

In Paris, Berlin, München und Wien entstanden in den letzten beiden Jahrzehnten des 19. Jahrhunderts die Sezessionen, deren Organisation und Grundsätze antiakademisch waren und die alle Künstler zusammenschlossen, die auf der traditionell angepaßten Seite keinen Platz hatten. Ohne festes Programm waren sie für die Verwirklichung neuer, unkonventioneller und freier künstlerischer Ideen. Nach der Jahrhundertwende waren es Künstler aus den Reihen der Sezessionsmitglieder, die dem Expressionismus und ihm verwandten Stilrichtungen den Weg bereiteten.

In Wien war der Name der Sezession mit dem Jugendstil verbunden. Unter Sezessionskunst verstand man alles, was Wiener Art-Nouveau-Ausformung hatte. Gustav Klimt (1862–1918) führte die Wiener Jugendstilmalerei zu einem schillernden Höhepunkt. Seine Gestalten, meist Frauen, leben auf einem abstrakten Grund, sind mystisch-ornamental verschlungen. Seine Farben haben eine Spannweite von zartesten Nuancen bis zu orientalischer Pracht, strahlen auf Goldgründen. Egon Schiele (1890–1918) überwindet die ästhetische Dominanz in seinen Bildern und findet zu einer nervös-expressiven Durchleuchtung seiner Motive. Damit löst er sich vom Jugendstil und nimmt eine vermittelnde Position zum Expressionismus ein.

(Die Bildbeschreibungen auf den Seiten 496 unten, 497 unten, 507f., 518 unten, 519 unten, 539 unten und 541 oben verfaßte der Herausgeber)

EDOUARD MANET
1832–1883

Manets »Frühstück im Freien« entfachte 1863 einen Riesenskandal. Im offiziellen Pariser Salon zusammen mit nahezu 3000 anderen eingereichten Bildern abgewiesen und dann auf Betreiben Napoleons III. im »Salon des Réfusées« ausgestellt, war es das anstößigste und umstrittenste Bild dieser ohnehin nicht positiv aufgenommenen Schau der abgewiesenen Werke, unter denen sich noch andere Arbeiten befanden, die heute Prunkstücke großer Museen sind. Man bescheinigte Manet Talent, weil er Zeichnung und Perspektive beherrschte, aber die Wahl seines Motivs – zwei bekleidete Männer mit einem weiblichen Akt im Grünen – konnte man nicht verstehen und warf ihm einen verdorbenen Geschmack vor. Daß er das Motiv weiblicher Nacktheit, das durch den unmittelbar auf den Betrachter gerichteten Blick des Modells noch provozierender wirkt, nicht scheinheilig durch einen allegorischen Bildtitel entschärft hatte, empörte das Publikum.

Die Idee zu diesem Bild kam Manet während eines Sonntagsausfluges nach Argenteuil am Seineufer. Als er beschloß, die friedliche Künstleridylle im Bild festzuhalten, wußte er bereits, daß man ihn wegen dieses Sujets »verreißen« würde. Es reizte ihn jedoch anscheinend so stark, daß er gewissenhaft an seine Gestaltung ging. Nachdem er lange die spanischen Meister als Inspirationsquelle studiert hatte, ließ er sich nun von den Italienern anregen und wollte mit dem »Frühstück« einen modernen Giorgione schaffen, ein Bild wie dessen »Konzert im Freien«. Wegen des Motivs aus der unmittelbaren persönlichen Umgebung des Künstlers spricht man von Manetschem Vorimpressionismus, die Ausführung des Bildes jedoch ist bewußt in klassischer Manier gehalten.

Emile Zola, der ein Jugendfreund Cézannes war, hatte immer lebhaftes Interesse an Malerei gezeigt. Seine Begeisterung galt den von der offiziellen Kunstkritik abgelehnten Malern, und 1866 schrieb er über den wieder einmal vom Salon ausgeschlossenen Manet, daß er ihn für einen Meister von morgen halte und daß sein Weg geradewegs in den Louvre führe. Um sich für den Artikel zu bedanken, schlug Manet dem Kritiker vor, ihn zu porträtieren.

Zola war damals 27 Jahre alt. Im Februar 1868 saß er dem Maler Modell, nach Aufzeichnungen Zolas im Atelier Manets. Zola wurde von seinem Porträtisten in einer Umgebung dargestellt, die sein Wesen, sein Leben und seinen Beruf charakterisiert. Am Schreibtisch sitzend, auf dem wieder ein Manetsches Stillleben aus Büchern, Tintenfaß und anderen Utensilien – darunter die Broschüre, die Zola zu Manets Verteidigung geschrieben hatte – die Szene verlebendigt, hält Zola ein Buch in der Hand. Es ist vermutlich »L'Histoire des Peintres« von Charles Blanc. Links hinter dem Dichter ist ein Stück eines japanischen Stellschirmes zu sehen, über ihm in einem Rahmen eine Skizze von Manets »Olympia«, die er auch verteidigt hatte, und ein japanischer Farbholzschnitt.

Edouard Manet Das Frühstück im Freien, 1863
Öl auf Leinwand, 208 x 264,5 cm
Paris, Musée d'Orsay

Edouard Manet Bildnis Emile Zola, 1868
Öl auf Leinwand, 146,3 x 114 cm
Paris, Musée d'Orsay

Edouard Manet
Das Frühstück im Atelier, 1868
Öl auf Leinwand, 118 x 154 cm
München, Bayerische Staatsgemäldesammlungen, Neue Pinakothek

EDOUARD MANET
1832–1883

Die Frühstücksszene, an der jahrelang die verschiedensten Interpretationen versucht wurden, entstand, wie eine Röntgenaufnahme des Bildes ergab, tatsächlich ursprünglich als Wiedergabe eines Ateliers. Im ersten Zustand zeigte die heute graue Rückwand ein typisches Atelierfenster mit Metallsprossen. Die Personen, die scheinbar ohne Bezug zueinander im Raum sind, sind klar identifiziert. Bei dem jungen Mann im Vordergrund handelt es sich um Léon Koëlla-Leenhoff, von dem man annimmt, daß er Manets Sohn war. Für den zigarrerauchenden Mann am Tisch saß eine Zeitlang Monet Modell, in der Endfassung aber ist es Auguste Rosselin, ein Studienfreund Manets aus den Ateliers von Gleyre und Couture. Die Frau mit der silbernen Kanne ist ein Hausmädchen und nicht, wie lange Zeit fälschlich behauptet, Madame Manet.

In diesem Bild finden sich wieder viele stillebenhafte Züge, Reminiszenzen an niederländische Kompositionen des 17. Jahrhunderts: das Arrangement auf der gewürfelten Tischdecke und links die Waffen als typische Atelierrequisiten. Die schwarze Katze, die öfter in Manets Bildern auftaucht, gibt dem Bild eine aktuelle Intimität.

In Argenteuil lebte Monet, Manet verbrachte ganz in der Nähe seine Sommer in Genevilliers, Caillebotte wohnte in Petite Genevilliers, und oft gesellte sich auch Renoir zu den Freunden. Hier begann Manet, auch unter dem Einfluß Monets, mit der Freilichtmalerei. »Argenteuil« könnte eines der Bilder sein, die auf diese Art und Weise entstanden sind. Es ist zumindest eines der Bilder Manets, die ganz impressionistisch sind in ihrer Auffassung von Licht, Farbe und Atmosphäre. Rudolph Leenhoff saß ihm Modell, die weibliche Figur ist unbekannt.

Die Anregung zu dem Bild »Der Balkon« bekam Manet 1868 während eines Aufenthaltes in Boulogne-sur-Mer. Das Arrangement ist eine Umsetzung von Goyas »Manolas auf dem Balkon«. Drei Freunde der Familie saßen ihm, manchmal etwas ermüdet, für das Bild Modell, das ganz aus dem reizvollen Einsatz weniger Farben lebt. Aus dem Dunkel des Hintergrunds, in dem der Schemen eines Servierers mit einem Wasserkrug zu ahnen ist, tauchen die Figuren der drei jungen Leute auf. Stehend mit Zigarre der Landschaftsmaler Antoine Guillemet, dessen violette Krawatte auf dem Weiß des Hemdes leuchtet, neben ihm die Geigerin Fanny Clauss in weißem Gewand mit smaragdgrünem Seidenschirm und weißem, grüngerändertem Kopfputz. Vorn, auf das Gitter des Balkons gestützt, verträumt die Malerin Berthe Morisot, in einem weißen Voilegewand auf einem schwarzen Hocker sitzend. Neben ihr ein weißer Fayenceübertopf mit violetten Rhododendren.

Edouard Manet
Argenteuil (Paar im Ruderanzug), 1874
Öl auf Leinwand, 149 x 115 cm
Tournai, Musée des Beaux-Arts

Edouard Manet
Der Balkon, um 1868/69
(Vier Personen auf einem Balkon)
Öl auf Leinwand, 170 x 124,5 cm
Paris, Musée d'Orsay

Edgar Degas
Rennen der Herrenreiter. Vor dem Start, 1862
Öl auf Leinwand, 49 x 62 cm
Paris, Musée d'Orsay

Edgar Degas
Ballettsaal in der Oper, Rue Le Peletier, 1872
Öl auf Leinwand, 32 x 46 cm
Paris, Musée d'Orsay

EDGAR DEGAS
1834–1917

Die Atmosphäre der Turfplätze faszinierte Degas, ein Aspekt des »Pariser Lebens«, Treffpunkt der eleganten Welt, der Halbwelt und einfacher Leute, die ein wenig Vergnügen suchen. Aus vielen Studien vor Ort entstanden die Rennbahnbilder, die in Degas' Werk einen bedeutenden Platz einnehmen.

Der Maler hat hier den Standort eines Beobachters am Startplatz gewählt, unmittelbar vor dem Rennen. Die Herrenreiter, keine berufsmäßigen Jockeys, bilden eine dominierende Vordergrundgruppe. Der Eindruck spontaner Unmittelbarkeit wird durch die Situation einer Momentaufnahme hervorgerufen: Die Reiter sind in gelassener Haltung gezeigt, verstärkt durch den scheinbar willkürlichen Ausschnitt am vorderen und rechten Bildrand. Die grellfarbigen Trikots und die gestriegelten Pferde treten fast plastisch aus dem Bild heraus, während der Hintergrund matt und diffus und extrem verkleinert gestaltet ist: die Reihe der Zuschauer, eine grüne, sanft gewellte Ebene, ein keineswegs düsteres Industriegebiet mit Schloten und Schlackenhalden, ein dunstiger Himmel.

Aus der Welt des Theaters waren es die jungen Ballettmädchen in den graziösen Tüllröckchen, Seidenschuhen und Schleifen, die Degas bei ihren Proben und Auftritten beobachtete. Dieses Motiv gestaltete er in zahllosen Variationen, in Öl, Pastell und als Skulptur. Hier gibt er Einblick in den Probensaal der Pariser Oper. Der Ballettmeister hat eine Übung mit einer Tänzerin unterbrochen. Er steht, auf seinen Takt- und Korrekturstock gestützt, und gibt dem in anmutiger Pose ihm zugewandt stehenden Mädchen mit einer Geste, die Verhaltenheit und Zurücknehmen bedeutet, Direktiven für die Passage, die er gerade mit ihr probt. Ein Violinspieler, der Melodie und Tempi vorgibt, sitzt abwartend vor seinem Notenpult. Die übrigen Mädchen des Corps de ballet beobachten aufmerksam die Szene oder üben an der Stange.

Degas war selbst häufig Gast in Cafés. In seinen früheren Jahren bevorzugte er das Café Guerbois, später das Café La Nouvelle Athènes an der Place Pigalle. Hier wurde er zu dem Bildnis Desboutins und der Schauspielerin Ellen Andrée inspiriert, das den Titel »Absinth« erhielt. Mit dem Bild der beiden nebeneinandersitzenden, aber gänzlich voneinander isolierten Menschen ist ihm ein psychologisches Porträt gelungen, das die unterschiedliche seelische Verfassung der von ihm ohne Pathos Dargestellten haargenau wiedergibt. Desboutin, in bohemehafter Aufmachung, blickt, skeptisch an seiner Pfeife ziehend, in das dem Betrachter nicht mehr vermittelte Café. Die Frau, resigniert und in sich versunken, vor sich das Glas mit dem betäubenden Getränk, brütet einsam vor sich hin.

Edgar Degas Der Absinth, 1876
Öl auf Leinwand, 92 x 68 cm
Paris, Musée d'Orsay

Degas

Camille Pissarro
Die roten Dächer (Dorfwinkel im Winter), 1877
Öl auf Leinwand, 54,5 x 65,6 cm
Paris, Musée d'Orsay

Camille Pissarro
Der alte Markt in Rouen und die Rue de l'Epicerie, 1898
Öl auf Leinwand, 81 x 65 cm.
New York, The Metropolitan Museum of Art

CAMILLE PISSARRO
1830–1903

Diese kleinformatige Arbeit kam durch das Vermächtnis Caillebottes, Freund und Förderer der Impressionisten, in den Louvre. Das Bild ist eines der frühen von Pissarro impressionistisch empfundenen und wiedergegebenen Motive. Es zeigt einige Häuser eines bescheidenen kleinen Ortes, über denen sich ein Hügel erhebt, rundum sind Felder, Obstbäume und Büsche, darüber ein Streifen blauen Himmels.

Nur die Kahlheit der Bäume gibt einen Hinweis auf die Jahreszeit, es ist ein Wintertag ohne Schnee. Die Bildlandschaft liegt im Sonnenschein, die roten Dächer der Häuser finden ihre Farbentsprechung im Rot der Erde, der entfernten Bäume und Büsche. Die einzelnen Bildpartien sind mit kleinen, schnellen Pinselstrichen zusammengefügt, deutlich sind die Materie der Farbe und die Faktur des Pinsels zu erkennen. Das Gewirr der Äste, Bodenwellen, Dächer und Schornsteine wird zusammengehalten durch das Spiel des Lichts auf den Farben, das sich reizvoll verselbständigt. Dadurch wird nur der momentane Eindruck eines ganz bestimmten kurzen Augenblicks wiedergegeben, der genaue Ort des Dorfes spielt nur eine untergeordnete Rolle. Wie Cézanne, mit dem ihn eine langjährige Freundschaft verband, von der beide profitierten, liebte Pissarro einfache unverbildete ländliche Motive.

Monet hatte 1894 die Kathedrale von Rouen in einer berühmten Serie von zwanzig Ansichten gemalt, in denen er die Tageszeiten und das sich dort brechende Licht festhalten wollte. Eine ähnliche Serie hatte Sisley für die gotische Kirche seines Wohnortes Moret versucht. Pissarro hingegen studierte den Effekt der Tageszeiten vor allem auf den belebten Pariser Boulevards. In Paris war die Moderne, deren Chronist er werden wollte, am leichtesten darzustellen. Daneben jedoch unternahm er Reisen in die Normandie, nach Dieppe und Rouen, um von Hotelfenstern aus das Leben in den Straßen festzuhalten. Auch hier malte er in Serien, er wollte die Harmonie einer Stadtansicht ganz in ihre Farben auflösen und neue Zusammenklänge herstellen.

In diesem Gemälde aus Rouen mündet der quirlig belebte alte Markt gleich einem Trichter in die in das Altstadtgewirr führende Gewürzgasse. Durch die wohlüberlegte Komposition wird der Blick weit in den Bildraum hineingeführt. Zahlreiche Brechungen, kleinteilig gehaltene Details, fordern das Auge des Betrachters auf, seinen Blick immer wieder neu über die Fassaden schweifen zu lassen. Die vielgestaltigen Türme der Kathedrale scheinen über den pittoresken Häuserdächern zu schweben. Bei aller mittelalterlicher Romantik macht Pissarro aber auch mit wenigen Anspielungen deutlich, daß die Moderne in die Stadt eingezogen ist: An einer Häuserwand hängen Werbeplakate. Der Schriftsteller Octave Mirabeau lobte das Bild in hohen Tönen: »Hier wird das Leben beschworen, der Traum steigt empor, schwebt, und das, was so einfach und unseren Blicken so vertraut ist, wird in ein Idealbild verwandelt.«

ALFRED SISLEY
1839–1899

Dieses Bild entstand in einer Zeit, in der der engste Kern der Impressionistengruppe – Monet, Sisley, Pissarro und Renoir – besonders häufig zusammen im Freien malte und in der bereits die hauptsächlichen Grundlagen ihrer Malerei durch ständiges Beobachten, Experimentieren und Diskutieren festgelegt worden waren. Oft nahmen sich die Maler das gleiche Motiv vor, und sie malten bevorzugt im Freien Erscheinungen der Natur, Besonderheiten von Jahreszeiten, die ihre optische Neugier hervorgerufen hatten. In dieser Zeit sind die Arbeiten von Monet, Pissarro und Sisley stilistisch eng verwandt, da sie nach den gleichen Prinzipien entstanden sind. Häufig gestaltete Themen in dieser Zeit waren Stadtansichten und Landschaften.

»Die Überschwemmung« war für Sisley als Naturphänomen reizvoll; er schildert in seinem Bild nicht die tragischen Begleiterscheinungen und Unannehmlichkeiten der Betroffenen, wie es Émile Zola, Zeitgenosse und Freund der Impressionisten in seiner Novelle »L'innondation« realistisch und dramatisch beschrieb. Er sieht in den Reflexionen des Lichts, das aus dem hellen, wieder aufblauenden Himmel auf die überfluteten Ufer und Straßen von Marly fällt, sich golden hell und schimmernd bricht und den Himmel widerspiegelt, seinen Impuls, das Ereignis auf diese Art und Weise festzuhalten.

Alfred Sisley
Die Barke während der Überschwemmung von Port Marly, 1876
Öl auf Leinwand, 50,5 x 61 cm
Paris, Musée d'Orsay

Zwischen den beiden Bildern liegen zwanzig Jahre. Man sieht, daß sich an Sisleys Vorliebe für einfache und ländliche Motive nichts geändert hat. Wenig verwandelt, vielleicht nur etwas feiner, erscheint die Pinselführung, mit der er die Ansicht des kleinen Städtchens in der Nähe von Paris festgehalten hat. Der Maler bevorzugte zeitlebens Wohnsitze auf dem Land, wo er ein einfaches und bescheidenes Leben führte. Das oft poetisch gerühmte Licht der Île-de-France, das Licht der wechselnden Tages- und Jahreszeiten, das Erlebnis von Naturerscheinungen wie Himmel, Wolken, Wasser oder Schnee – dies wollte er festhalten. Die Landschaften selbst, die Dörfer, Brücken, Straßen und Flüsse, waren für ihn mehr der äußere Anlaß, die Staffelei aufzuschlagen. Doch durch seine nur eingeschränkte Themenwahl – Sisley hat kaum Interieurs, Porträts oder Stilleben gemalt – schuf er ein getreues Abbild des ländlich-schönen Frankreich. Hier gibt es keine Fabriken, keinen Großstadtlärm, aber auch keine mühselig ihr Tagwerk verrichtende Bauern. Alles ist aufgehoben in der Darstellung der friedlichen Landschaft.

Mit einer geschickten Anlage der Komposition wird der Betrachter auf der Brücke in das Bild hineingeleitet. Die wenigen Menschen und der Pferdekarren sind nur Staffage. Man wird direkt auf das Zentrum des Bildes geführt, wo die weißen Wandflächen der Mühle den Tiefenzug der Brücke zum Halt bringen. Sisley kam es darauf an, durch eine ausgewogene Verteilung der Häusergruppen, des Flusses und der Bäume den Eindruck von Ruhe zu vermitteln. Über der Stadt spannt sich denn auch ein milder Himmel.

Alfred Sisley
Die Brücke von Moret, 1893
Öl auf Leinwand, 73,5 x 92,5 cm
Paris, Musée d'Orsay

Claude Monet
Rote Segelboote in Argenteuil, 1875
Öl auf Leinwand, 60 x 81 cm
Cambridge (Massachusetts), Fogg Art Museum, Harvard University

Claude Monet
Le Pont de l'Europe, Gare Saint-Lazare, 1877
Öl auf Leinwand, 64 x 81 cm
Paris, Musée Marmottan

CLAUDE MONET
1840–1926

»Die roten Segelboote in Argenteuil« zeigen, daß Monet sich nun gänzlich zur freien impressionistischen Malerei durchgearbeitet hat. Er untersucht das Leuchten, Strahlen und Schimmern des Lichts zusammen mit Materie. Ihn interessiert nicht die Struktur der Materie oder ihre Eigenschaften, sondern die Oberfläche und ihre Wirkung und Veränderung im Licht. Monets Licht ist sanft und mild. Er untersucht den Schimmer der Dinge und dessen feine Nuancen. Wasser, Himmel, Rauch, Wolken, Boote, Häuser und Bäume sind hier zu einer Sommeridylle verschmolzen, die Ruhe und belebende Frische verströmt. Dem Festhalten flüchtiger Erscheinungsformen, für das er selbst das Wort »Impression« wählte, hat Monet sein Werk gewidmet.

Immer wieder war Monet fasziniert davon, ein und denselben Gegenstand, dieselbe Örtlichkeit unter jeweils anderen Lichtbedingungen aus zu beobachten und in diesen verschiedenen Zuständlichkeiten darzustellen. Heuhaufen, eine Pappelallee, seine geliebten Seerosen, die Fassade der Kathedrale von Rouen und der Gare Saint-Lazare in Paris sind einige dieser Serienmotive. Den Anstoß zu Bildserien kann Monet aus der japanischen Kunst bezogen haben, die er sammelte und aus der auch er stark umgesetzte Anregungen übernahm. Der an und für sich lästige Lokomotivqualm wird durch Monets Hand hier zum reizvollen Lichtträger. Er verbindet sich mit dem hellen Licht des Himmels und legt sich wie ein schimmernder Seidenschleier über die banale Bahnhofsanlage und die Fassaden der Häuser. Bei der Impressionistenausstellung 1877 zeigte Monet sieben Variationen dieses Themas.

Monets »Frauen im Garten« entstanden zu einer Zeit, als er bereits ganz entschieden die akademische Richtung hinter sich gelassen hatte und auf dem Weg zur impressionistischen Malerei war. Licht als zentraler Punkt seines Werkes spielt bereits in diesem Bild eine übergeordnete Rolle. Die Gruppe sommerlich gekleideter Frauen, die sich in einem Blumengarten ergehen, wird vom Maler wie von einem zufälligen Beobachter geschildert, ihrer Muße hingegeben. Licht, Schatten und Halbschatten geben zauberhafte Reflexe auf ihrem Haar, ihrer Haut, auf ihren reichen, hellen Gewändern und auf den Blüten und Blättern, dem Weg. Keine der Frauen ist porträtähnlich erfaßt, dafür hat Monet die Stimmung eines unbeschwerten Sommertages eingefangen. Die großformatige Komposition wurde von Monet nicht ohne Schwierigkeiten im Atelier gemalt, wobei ihm unter anderem seine Frau Modell stand. Die noch relativ dunkle Palette gehört seinem Frühstil an, ist noch geprägt und inspiriert von klassischen Vorbildern und den Meistern der Schule von Barbizon.

Claude Monet Frauen im Garten, 1867
Öl auf Leinwand, 255 x 205 cm
Paris, Musée d'Orsay

Claude Monet

Claude Monet
Wassergarten mit japanischer Brücke, 1900
Öl auf Leinwand, 89 x 92 cm
Boston, Museum of Fine Arts

Claude Monet
Seerosen (Reflets verts), um 1916–1921
Saal I, Detail aus der Ostwand
Öl auf Leinwand, 197 x 850 cm
Paris, Musée de l'Orangerie des Tuileries

CLAUDE MONET
1840–1926

Seit 1883 lebte Monet mit seiner großen Familie in Giverny. Dort war ihm die Gestaltung seines märchenhaften Gartens, von dem Marcel Proust sagte, er sei ihm so viel wert wie einem König seine Favoritin, ein tägliches Anliegen. In diesem Garten, zu dessen Bepflanzung er sich aus aller Welt Gewächse schicken ließ, waren die Seerosenteiche seine liebsten Aufenthalte, und mit den Seerosen, liebevoll von ihm »Ninéphars« genannt, verband ihn eine tiefe Zuneigung und Liebe.

Von seinem Standpunkt fernöstlich anmutender gelassener Ruhe, die die Basis für die Aufnahmebereitschaft und Sensibilität für feinste Nuancen und still und fast unmerklich sich vollziehende Veränderungen ist, wählte er seine Motive. In der Natur sah er nicht Kampf, Tod und Verwesung, sondern stille, schimmernde Schönheit, ausgedrückt durch Landschaft, Blumen, Bäume, Wasser, Himmel, Wolken, Schnee.

Monet liebte das Pflanzenhafte, Langsame, Ruhige, die Phänomene des Jahreszeitenablaufs und des Wetters, und er hatte die Ruhe, das Sichöffnen und -schließen von Blüten zu beobachten, das Kommen und Vergehen von Rauhreif, Schnee, Regen und Eis und die Reflexe ihrer Erscheinungen. Ein meditatives Beobachten seiner Gegenstände und ein meditatives Versenken, das sich auf die Farbigkeit konzentriert, die mit dem Licht verschmilzt, ist seine Grundhaltung. Diese Position schließt mit ein, daß alle Bilder Monets Harmonie verströmen, die meisten heitere Ruhe und Gelassenheit.

Immer wieder hat er die japanische Brücke in seinem Garten gemalt, darunter seine geliebten Seerosen, die Ufer von Schilf, exotischen Büschen und Bäumen bewachsen, von oben beschattet von den Perlenschnüren üppiger Weidenbaumzweige. Helles Sommerlicht taucht die Szene in tanzende Reflexe.

»Nymphéas«, schimmernde Seerosen auf schimmerndem Wasser, sind das zentrale Thema seines reifen Alterswerks. Monets Verhältnis zu seinen Seerosen war in seinen letzten Lebensjahren ein fast religiöses. 1916 ließ er sich ein besonders großes und helles Atelier errichten und begann mit der Arbeit an 19 monumentalen Leinwänden mit Seerosen, an denen er jahrelang arbeitete und die er 1922 durch die Vermittlung seines Freundes Clemenceau dem französischen Staat schenkte. Seit 1927 haben sie im Musée de l'Orangerie eine ständige Bleibe gefunden, wo sie von den Besuchern begeistert und ergriffen aufgenommen werden. Sie füllen rundum die Wände zweier großer Säle und vermitteln den Eindruck, der Besucher befinde sich auf einer Insel inmitten von Seerosenteichen.

Monets Seerosenbilder aus dem monumentalen »Nympheas«-Zyklus gipfeln in der weitgehenden Lösung von der naturalistischen Form, sie sind eine Hymne an Farbe und Licht. Trotzdem stellten sie für Monet keinen Schritt zur totalen Abstraktion dar, denn sie meinen nichts Abstraktes, sondern etwas Spirituelles, das keiner festumrissenen, eng begrenzten Form bedarf.

HENRI FANTIN-LATOUR
1836–1904

Fantin-Latour, dessen erlesene Stilleben beachtete Glanzpunkte in vielen Museen und Sammlungen sind, wird immer zusammen mit seinen Zeitgenossen und Freunden, den Impressionisten, präsentiert. Im Musée d'Orsay, dem klassischen Museum des Impressionismus in Paris, ist er mit einigen Gruppenporträts, die die damaligen französischen avantgardistischen Intellektuellen zeigen, und mit Stilleben vertreten. Dennoch war er nie ein wirklicher Impressionist. Er hielt sich lange und oft im Louvre auf, um dort die alten Meister zu studieren und zu kopieren, und sein Werk verleugnet diese Schulung nicht, ohne jedoch auf eigenständige Charakteristika zu verzichten.

Aus Fantin-Latours Stilleben spricht die klassische Erhabenheit und Würde seiner großen französischen, italienischen und spanischen Vorbilder. Der Aufbau der »Nature morte dite aux fiançailles« könnte von Zurbarán inspiriert sein. Wenige Gegenstände sind vor einem einfarbig hellen Grund auf einer Tischplatte angeordnet. Eine weiße Porzellanschale mit reifen Erdbeeren, davor liegen hellrote Kirschen und eine einzelne Erdbeere, daneben steht eine blau-weiße Chinavase mit einem Strauß kostbarer Blumen, rechts davon liegt eine weiße Kamelie mit lackgrünen Blättern, ein Glas mit Rotwein dahinter. Das Bild strahlt eine kühle Vornehmheit und sublime ästhetische Eleganz aus.

Henri Fantin-Latour
Stilleben (»Zur Verlobung«), 1869
Öl auf Leinwand, 32 x 29,5 cm
Grenoble, Musée de Peinture et de Sculpture

BERTHE MORISOT
1841–1895

Wie Mary Cassatt gehörte Berthe Morisot zu den wenigen aktiv malenden Frauen im Kreis der Impressionisten. Sie erhielt eine lange und umfassende Ausbildung, und ihre Arbeiten zeigen in subtiler Umbildung den Einfluß von Corot, Jongkind, später von Manet und Renoir. Sie stellte häufig mit den Impressionisten aus, hatte in der Gruppe jedoch nicht die Bedeutung wie Monet, Renoir oder Pissarro, da sie nicht daran beteiligt war, die Bewegung entscheidend voranzutreiben. Gleichwohl waren ihre Arbeiten sehr geschätzt und verraten trotz der Assimilation impressionistischer Prinzipien einen eigenen, unverwechselbaren Stil. Manet diente sie mehrmals als Modell, darunter für das Bild »Der Balkon«. 1874 heiratete sie dessen Bruder Eugène.

In dem intimen Interieurbild, das eine junge Frau im Deshabillé zeigt, die vor einem Tisch mit Kippspiegel sitzt und mit einer Quaste Puder auf ihr Gesicht aufträgt, sind alle typischen Eigenarten von Morisots Malerei vereinigt. Man hat nicht nur ihrer äußeren Erscheinung und ihrer Wesensart weibliche Sanftheit und Grazie zugebilligt, sie spricht auch aus ihren Werken. Delikate, kontrastierende Tonelemente formen die junge Frau in einer Ecke ihres Boudoirs, das Licht spielt sanft modellierend. Morisots Stärke war es, ihre Modelle beseelt darzustellen, ohne banal oder sentimental zu werden.

Berthe Morisot
Junge Frau, sich pudernd, 1877
Öl auf Leinwand, 46 x 38 cm
Paris, Musée d'Orsay

PIERRE-AUGUSTE RENOIR
1841–1919

Pierre-Auguste Renoir
Das Ehepaar Sisley, 1868
Öl auf Leinwand, 105 x 70 cm
Köln, Wallraf-Richartz-Museum

In der Kontinuität von Renoirs Werk lassen sich neben seinem starken persönlichen Stil die Auseinandersetzungen und Experimente mit den verschiedensten Gestaltungsmöglichkeiten erkennen. Er begann als Porzellanmaler, und das heitere Strahlen und der leuchtende Schmelz der Porzellanfarben ist in nahezu alle seine Bilder eingegangen.

»Das Ehepaar Sisley« ist eine Arbeit aus seinen malerischen Jugendjahren, aus der Zeit, in der er sich zusammen mit seinen Freunden zu impressionistischen Darstellungsweisen durchrang. Noch traditionsverhaftet ist die großfigurige Komposition, in der die Verbundenheit des Ehepaares durch eine rührend-unbeholfen wirkende Zuwendungsgeste zum Ausdruck gebracht wird, durch die Detailtreue und die starke Porträtähnlichkeit der beiden Gestalten, durch die festumrissenen Konturen der Figuren. Der Hintergrund jedoch, ein lichtdurchfluteter Garten oder Park, ist bereits in impressionistischer Manier gemalt. Die Motivwahl – Szenen und Gestalten aus der eigenen unmittelbaren Umgebung – zeigt ihn auch zu dieser Zeit schon auf dem Weg zum reinen Impressionismus.

Renoir selbst war gern am Montmartre mit all seinen Vergnügungslokalen und häufig Gast in der Moulin de la Galette, in der im Sommer im großen Garten getrunken, getafelt und getanzt wurde. Es war ein einfacher, volkstümlicher Platz, den zumindest die Damen der großen Gesellschaft nie besuchten.

Renoir hat die unbekümmert und unbeschwert den Sonnentag genießenden, vorwiegend jungen Gäste der Moulin de la Galette beim Tanzen, Trinken, Zuschauen, Sichunterhalten, Nachsinnen, beim gemächlichen Verweilen genau beobachtet. Im Vordergrund, am Tisch sitzend, ist wieder ein Freund des Malers und ein großer Verteidiger der Impressionisten, der Schriftsteller und Kritiker Georges Rivière, mit ins Bild gebracht.

Pierre-Auguste Renoir
Le Moulin de la Galette, 1876
Öl auf Leinwand, 131 x 175 cm
Paris, Musée d'Orsay

Ins Pariser Leben führt »Der erste Ausgang«, ein fast willkürlicher Einblick in eine Loge der Oper, in der sich zwei hübsche junge Frauen befinden, die auf eine vollbesetzte tieferliegende Loge hinabblicken.

Die Hauptfigur hat ihr Gesicht seitlich vom Maler abgewandt, sie ist um der reizvolle Kontraste ihrer jugendlich-frischen, hellen Haut, ihres rötlichen Haars, des dunklen Kleides und des hellen Blaus und Violetts ihres Hutes und des Spitzenzierats eingefangen in einem Moment, in dem sie in das lebendige Getümmel in den anderen Logen hinabsieht. Große Flächen und Konturen sind aufgelöst in flirrende Licht- und Farberscheinungen. Wunderbar ist die Atmosphäre der Intimität in der Vordergrundsloge und des wogenden Lebens der Oper geschildert, die nicht nur zu Zwecken des Kunstgenusses aufgesucht wurde.

Pierre-Auguste Renoir
Der erste Ausgang, um 1876/77
Öl auf Leinwand, 65 x 49,5 cm
London, Tate Gallery

PIERRE-AUGUSTE RENOIR
1841–1919

Pierre-Auguste Renoir
Auf der Terrasse, 1881
Öl auf Leinwand,
100 x 80 cm
Chicago, The Art
Institute of Chicago

Renoirs Kunst blieb, obwohl sie stilistisch verschiedene Phasen durchlief, immer der modernen Richtung treu, eine Kunst, die auf visueller Erfahrung gründete und bei der er selbst bei der Auswahl der Motive und bei ihrer Gestaltung eine an seinen eigenen ästhetischen Richtlinien orientierte Auslese traf. Er wollte nie etwas für ihn Häßliches im Bild festhalten, nie eine dramatische aktuelle Aktion. Er fand seine Bildinspirationen in seiner unmittelbaren Umgebung, in der Natur und in der Landschaft. Die Landschaft interessierte ihn nur, wenn sie vom Leben des Frühlings und Sommers, gerade noch von den Farben des Herbstes belebt war. Im Gegensatz zu seinen Impressionistenfreunden malte er nie Schnee, Rauhreif und Eis, weil er sie als häßlich empfand. So verströmen alle seine Bilder die Atmosphäre von Muße, Ruhe, gelassener Heiterkeit und reizvoller Schönheit. Diese Stimmungswerte finden ihren Ausdruck durch die Kombination von Farbakkorden, Nuancen oder Dissonanzen.

In Renoirs Werk dominieren die Darstellungen von Menschen. Seine Modelle findet er in dem Milieu der Malerateliers, der Freunde, der Umgebung des Montmartre, wo er lange heimisch war, und in der noblen Gesellschaft, in der er seine Studien treibt und die ihn zu ästhetischen Kompositionen inspiriert.
»Auf der Terrasse« vor einem schmiedeeisernen Geländer ist eine junge Frau in einem dunkelblauen Kleid zu sehen, vor ihr ihre kleine Tochter im weißen Kleid. Die Frau trägt einen roten Hut mit einem Mohnblumenbukett und ein Blütengesteck am Busen, der große dunkle Strohhut des Mädchens ist über und über mit Blüten garniert. Die Frau hat ruhig ihre hellen Hände in den Schoß gelegt, blickt freundlich posierend und genießt wohl die Stille eines lauen Tages auf dem Lande. Die intensiven Farben der friedlichen Vordergrundgruppe werden wiederholt in dem Korb mit bunter Wolle und dem grünen Blumenkübel. Der Durchblick und Ausblick geht auf ein verwunschen verwuchertes Grundstück, auf dem Büsche und Bäume in heller Blüte stehen, und auf ein Flußufer mit dem hellen Band glitzernden Wassers. Himmel, Häuser, Wasser, Bäume sind in zarten Farben gestaltet, die der Szene eine gleißende Aura verleihen.

Pierre-Auguste Renoir
Badende mit offenem,
blonden Haar, 1895
Öl auf Leinwand,
92,7 x 74,3 cm
Wien, Kunsthistorisches Museum

»Badende« liefern einen galant verbrämten Vorwand zu Variationen des Themas weiblicher Akt. Renoir hat dieses Motiv in vielen Abwandlungen immer wieder gestaltet. Die blonde Badende sitzt mit übereinandergeschlagenen Beinen auf einem hellen Tuch und entfaltet vor dem Maler und dem Betrachter die Reize ihres üppigen jungen Körpers, der blühenden Frische ihrer hellen Haut und der gesunden Röte ihrer Lippen und Wangen, den Zauber der Fluten ihres gelösten hüftlangen Haares, das in rötlich-blonden Strähnen schimmert. Eine unbefangene Huldigung an die Schönheit, mit der Renoir einmal mehr eines der wichtigsten Prinzipien seiner Arbeit verwirklichte: nur zu malen, was ihm heiter, schön und ansprechend erschien.

FRÉDÉRIC BAZILLE
1841–1870

An einem heißen Sommertag vergnügen sich einige junge Männer. Sie baden und erfrischen sich im blauen Wasser eines Tümpels und ruhen sich im Schatten aus. Sie haben sich ihrer Kleider entledigt oder sind gerade dabei, tragen Badekostüme. Auf einer Wiese balgen sich spielerisch zwei junge Männer. Eine satte grüne Wiese, mit einigen schattenspendenden Bäumen, im Hintergrund eine sanft hügelige Landschaft und die Andeutungen einer Ortschaft, überspannt von einem strahlend blauen Himmel, an dem weiße Sommerwolken dahinziehen, gibt den Schauplatz für die heiter-friedliche Szene ab.

Bazille hat das Bildgeschehen in seiner eigenen Umgebung, in seiner Zeit angesiedelt; vermutlich hat er der Szene selbst beigewohnt und sie im Bild festgehalten. Die Beobachtung von Licht und Schatten kündigt bereits impressionistische Darstellungsweisen an, während die Gestalten der jungen Männer, ihre verschiedenen Aktionen und Posen ein genaues Bewegungsstudium verraten und die Absicht, dies in die Komposition mit einzubeziehen, eine Reminiszenz an den Realismus bedeutet. Auch die koloristische Behandlung ist frühimpressionistisch. Mit der Gestaltung dieses Themas – ein für den damaligen Geschmack vergleichsweise triviales Motiv – hat sich Bazille gänzlich von den Idealen der Salonmalerei abgewandt.

Frédéric Bazille
Badende (Sommerfreuden), 1869
Öl auf Leinwand, 158 x 159 cm
Cambridge (Massachusetts), Fogg Art Museum, Harvard University

GUSTAVE CAILLEBOTTE
1848–1894

Obwohl die Impressionisten seine Freunde waren und er mit ihrer Gruppe zusammen ausstellte, übernahm er nicht gänzlich ihre Prinzipien und ihre Malweise, sondern behielt seinen eigenen, unverwechselbaren Stil bei. In dem großformatigen Bild mit der Pariser Straßenszene ist Caillebottes Anliegen gut nachzuvollziehen.

Ein ganz beliebiger Moment ist hier eingefangen, ein alltägliches Motiv gezeigt, es gibt keine Pose, keine künstliche Erhabenheit. Soweit gestaltet er ganz im Geist des Impressionismus. Er führt den Betrachter in eine typische, von Baron Haussmann angelegte Straßen- und Platzformation, die großzügig gestaltet ist und zur Entstehungszeit des Bildes als äußerst modern empfunden wurde. Damals gehörten die gepflasterten Straßen noch den Kutschen und Fußgängern. Das Bild hat jedoch eine strenge Aufteilung in horizontale und vertikale Zonen, eine gut durchkonstruierte Perspektive. Der Vordergrund ist mit bestechender Klarheit und Glätte gestaltet, mit minuziöser Liebe zum Detail. Die Personen, die unter ihren Schirmen flanieren, sind porträtartig erfaßt und alle Gegenstände der vorderen Partie akribisch genau gemalt mit scharfen Umrissen. Zum Mittel- und Hintergrund hin bedient der Maler sich mehr impressionistischer Darstellungsmittel, indem er leichte Verunklärungen einbringt.

Gustave Caillebotte
Straße in Paris, ein Regentag, 1877
Öl auf Leinwand, 209 x 300 cm
Chicago, The Art Institute of Chicago

Georges Seurat
Poseuse de Face, 1887
(Studie für »Les Poseuses«)
Öl auf Holz, 26 x 17 cm
Paris, Musée d'Orsay

Georges Seurat
Badeplatz in Asnières, um 1883/84
Öl auf Leinwand, 201 x 301,5 cm
London, National Gallery

GEORGES SEURAT
1859–1891

Seurat legte seiner Malerei ganz bewußt Theoretisches zugrunde, da er glaubte, der Impressionismus habe sich in sich selbst erschöpft und bedürfe einer gründlichen Erneuerung. Er studierte die Schriften von Malern und Kunstphilosophen, aber auch von Chemikern und Physikern: Charles Blanc, Eugène Delacroix, Eugène Chevreul, Ogden Rood, David Sutter. Für seine eigenen theoretischen Abhandlungen benutzte er ganze Passagen aus den Büchern seiner Vorbilder.

Seurat war der Hauptvertreter des Postimpressionismus, auch Neoimpressionismus genannt, da er in seinen Arbeiten an die Bilder der Impressionisten anknüpft. Er scharte eine Gruppe von Malern um sich, die seine Theorien übernahm und in der von ihm entwickelten Manier arbeitete.

Die Hauptbasis für seine Bildkonzeption waren chemische und physikalische Ergebnisse von Farbuntersuchungen, und er versuchte, ohne daran zu denken, daß es sich dabei um ganz verschiedene Medien handelt, diese auf die Malerei zu übertragen. Seurats malerisches Ideal war die totale Aufsplitterung der Farbfläche und der Linien in Punkte, die in kontrastierenden Farben, teils in Komplementärfarben, dicht nebeneinandergesetzt wurden. Die Stilrichtung, der auch sein Freund Signac folgte, wurde »Divisionismus« genannt, die punktartige Pinseltechnik »Pointillismus«.

Bei gebührendem Abstand vom Bild sollten sich die vielen Punkte im Auge des Betrachters addieren. Diese theoretische Berechnung ging nie ganz auf, denn immer bleibt bei Seurats Bildern der Haupteindruck fluktuierender, tanzender Farbpunkte. Aus den Theorien Humbert de Supervilles integrierte er seinen eigenen Richtlinien die der positiven und negativen Wirkung von ganz bestimmten Farbtönen, von horizontalen und vertikalen Dominanzen, von aufsteigenden und fallenden Linien. Diese Art der Malweise, bei der ganz eindeutig die Technik der Farbbehandlung dominiert, läßt nur ganz bestimmte Ergebnisse zu. Sie schließt den Zufall aus, den Moment des spontanen Malereinfalls und des Experiments, auch den des Unvollendeten.

Auch koloristisch sind die Möglichkeiten eingeengt. Es gibt keine zarten Übergänge und keine scharfen Kontraste, kein drastisches Hervorheben oder Zurücknehmen oder gar Leerlassen bestimmter Partien, keine exakten, detailgerechten Schilderungen.

So vermittelt der »Badeplatz in Asnières« nicht die heitere Stimmung eines heißen Sommertages, an dem es die Leute an das Flußufer zieht. Durch die divisionistische Methode sind die Personen ihrer Individualität weitgehend entkleidet, ähnlich wie bei dem frontalen weiblichen Akt.

Stimmungen und Reize, die den Zauber impressionistischer Bilder ausmachen, sind nicht kalkulierbar, sie kommen aus den Wurzeln des Kreativen, und die wichtige Bedeutung dieses Moments schloß Seurat in seinen Überlegungen gänzlich aus. Manchmal überlistete er sich selbst und malte unorthodox ohne seine Regeln.

Georges Seurat
Ein Sonntagnachmittag auf der Insel Grande Jatte, 1884–1886
Öl auf Leinwand, 206,4 x 305,4 cm
Chicago, The Art Institute of Chicago

Über zwei Jahre lang arbeitete Seurat an diesem Bild. Als er es auf der achten und letzten Impressionisten-Ausstellung im Mai 1886 erstmals der Öffentlichkeit vorstellte, galt er sofort als der wichtigste Maler einer neuen Künstlergeneration. Der manifestartige Charakter des Gemäldes und sein großes Format ließen es zum heißdiskutierten Mittelpunkt der Ausstellung werden.

Die sorgfältige Vorbereitung durch 62 Ölskizzen, die er dann im Atelier zu einer genau kalkulierten Komposition zusammenstellte, korrespondiert mit dem überaus präzisen und kleinteiligen Auftrag der Farbtupfen. Je nach dem Darstellungsgegenstand wurde der Farbauftrag variiert: Im Gras etwa sind die Farbflecke kreuzweise übereinandergelegt worden, im Wasser gibt es horizontale Schichtungen. Die Farben sind weitgehend auf die Grundtöne reduziert. Nuancierungen entstehen durch die unterschiedlichen Abstände der Farbtupfen: Lila etwa wird durch ein enges Aneinanderrücken von Rot und Blau erzeugt. Auch die Linien im Bild sind durch Abgrenzung von Farbflächen oder von Kontrasten gestaltet worden. Alle Formen sind zu einfachen, stereometrischen Körpern reduziert worden und sondern sich deutlich von ihrer jeweiligen Umgebung ab. Diese Schematisierung der Formen läßt Seurat zu einem Vorläufer der kubistischen Malerei werden.

Seurat hatte mit der Darstellung eines sommerlichen Tages in einem Park voller Menschen ein Thema gewählt, das auch bei den Impressionisten der ersten Generation beliebt gewesen war. Er zeigte das gutbürgerliche Pariser Publikum beim Ausflug auf eine Insel in der Seine zwischen Neuilly und Courbevoie, westlich des Bois de Boulogne, wo es neben Restaurants, Cafés und Tanzsälen auch ein wenig Grün gab, wo man sich ein Boot mieten konnte oder angelte. Auch scheint es, als stelle er wie etwa Renoir einen kurzen, mitten aus dem Leben gegriffenen Moment dar. Doch die sorgfältige Plazierung der etwa vierzig Personen, die ihrer Individualität entkleidet sind und merkwürdig starr ihren Platz im Bildgefüge einnehmen, verweist auf den konstruierten Thesencharakter des Gemäldes. Die Welt des Alltäglichen wurde eingefügt in einen nahezu klassischen Rahmen von Vertikalen und Horizontalen, die dem Bild seinen festen Halt geben. Die pointillistische Maltechnik hat Seurat bis auf den Rahmen ausgedehnt, wodurch sich auch das Gemälde selbst von seiner Umgebung deutlich abhebt.

Nach der Ausstellung der »Grande Jatte« lebte Seurat nur noch fünf Jahre. Seine Erkrankung an Diphterie zwang ihn, die Freilichtmalerei aufzugeben. Er zog sich in sein Atelier zurück und malte nur noch Interieurszenen, etwa die »Poseuses«, mit denen er die Arbeit eines Malers mit seinen Modellen auch im Bild vorführte. Andere Gemälde hatten die großstädtischen Revuen oder den Zirkus zum Thema.

PAUL SIGNAC
1863–1935

Paul Signac
Die Putzmacherinnen,
Rue du Caire, um 1885/86
Öl auf Leinwand,
111,8 x 89 cm
Zürich, Stiftung Sammlung
E. G. Bührle

Paul Signac
Der Hafen von Saint-Tropez, 1907
Öl auf Leinwand, 131 x 161,5 cm
Essen, Museum Folkwang

Signacs Malerei ist in ihren Anfängen stark von Monet und Sisley geprägt; durch die Freundschaft mit diesen beiden Malern durchlebte er eine erste impressionistische Phase. Begütert und unbelastet von Existenzsorgen, malte er trotzdem unermüdlich und setzte sich für die zeitgenössische avantgardistische Kunst ein. Durch seine Freundschaft mit Caillebotte wurde er selbst ein begeisterter Anhänger des Segelsports. Im Juni 1884 begegnete er Seurat, und unter dem Einfluß dieser neuen Künstlerfreundschaft wandte er sich mehr der strukturellen Durchgliederung seiner Bilder zu. Etwa seit 1885 identifizierte er sich so eindeutig mit den von Seurat propagierten Ideen, daß er nun selbst streng divisionistisch malte und rein pointillistische Bilder entstanden.

»Die Putzmacherinnen« belegen die Brauchbarkeit der divisionistischen Theorien für die Darstellung von Interieurs. Signac bemühte sich um die Überwindung gleich mehrerer kompositorischer Probleme. Die Putzmacherin, die sich mühselig nach der herabgefallenen Schere bückt, wird in einer auffälligen Verkürzung ihrer Gliedmaßen präsentiert. Dadurch soll dem Bild Raumtiefe verliehen werden. Dagegen steht der flächige Eindruck, den das Stilleben mit der Hutschachtel, den Filz- und Stoffrollen in der rechten unteren Ecke erweckt. Der gleichmäßige Auftrag der kurzen Pinselstriche bei Tischdecke und Tapete wird bei den runden Formen unterbrochen, bei dem Rücken der sich bückenden Frau und bei der Hutschachtel etwa. Dies erleichtert die Darstellung körperlicher Volumina. Die Szenerie selbst ist aus zahlreichen Gemälden des Impressionismus vertraut. Im Unterschied zu einer Büglerin von Degas aber tritt das atmosphärische Moment gegenüber dem beherrschten Umgang mit Farben und Formen zurück. Allerdings war Signacs Palette immer etwas großzügiger und frischer als die sich zunehmend verdüsternde und strenger werdende Farbwelt Seurats.

Wichtig für die Festigung der pointillistischen Theorien wurde Signacs Buch »Von Eugène Delacroix zum Neoimpressionismus« aus dem Jahr 1889, in dem er neben einer Geschichte der eigenen Bewegung auch die wissenschaftliche Fundierung seiner Theorien anbot. Signac teilte mit seinen Freunden Felix Fénéon und Maximilian Luce libertäre, ja anarchistische Überzeugungen, die ihn immer in Opposition zum bürgerlichen Anpassertum stellten. Nach Seurats Tod beschloß Signac, dessen Schule weiterleben zu lassen und sein künstlerisches Andenken lebendig zu erhalten. 1892 entdeckte er den malerischen Hafen von Saint-Tropez, den er hier wie auch auf zahlreichen anderen Bildern in der für ihn charakteristischen pointillistischen Pinseltechnik darstellt. Von dieser Zeit an begann er seine Bilder nicht mehr unmittelbar vor dem Motiv zu komponieren, er machte sich nur Notizen und befreite sich gleichzeitig langsam von den selbstauferlegten Doktrinen der strengen Theoriegebundenheit. Sein Stil wurde lockerer und freier, seine Kompositionen malerischer.

PIERRE PUVIS DE CHAVANNES
1824–1898

Außer seinen großen Wandbildzyklen und den erst nach seinem Tode veröffentlichten beißenden Karikaturen schuf Puvis de Chavannes auch eine große Anzahl von Tafelbildern mit religiöser und allegorischer Thematik. Zusammen mit Moreau und Redon gehört er der künstlerischen Bewegung des Symbolismus an, deren Bestreben es war, die Realität von Imagination, Phantasie und Magie zum Ausdruck zu bringen. Das Motiv des »Armen Fischers« hat er mehrmals bearbeitet, die bekannteste Version wird im Musée d'Orsay aufbewahrt.

Am Ufer eines gewundenen, offenbar stillen Stromes liegt ein einfacher Nachen, gräulich-erdfarben wie die steinigen Landzungen, die die lehmigen Wasser begrenzen. Nur einige Büschel kleinblühender Stauden wachsen auf diesem Land. Eine Frau – wohl die des Fischers – kniet daneben und pflückt Blumen, daneben schläft ein kleines Kind. Der fast unbewegte Fluß, in dem sich der Schatten des Nachens spiegelt, erstreckt sich, von dunkel und flach sich darum erhebenden Landteilen eingefaßt, bis zum Horizont, und über dessen Grenze spannt sich ein Himmel in den gleichen tristen Lehmtönen des Stromes. Im Vorderteil des Nachens ist an einem schrägen Mast ein Netz befestigt, das in den Fluß getaucht ist. Dahinter steht in demütiger Haltung, die Hände im Gebetsgestus gefaltet, der bärtige Fischer mit geschlossenen Augen.

Pierre Puvis de Chavannes
Der arme Fischer, 1881
Öl auf Leinwand, 155 x 192,5 cm
Paris, Musée d'Orsay

GUSTAVE MOREAU
1826–1898

André Breton schrieb über die magisch-anziehenden oder Verderben bringenden Frauengestalten Moreaus: »Der Typus dieser Frauen hat mir wahrscheinlich alle anderen verdeckt: es war völlige Verzauberung. Die hier wie nirgendwo anders neu angefachten Mythen haben ihre Wirkung getan. Jene Frau, die fast ohne äußere Veränderung nacheinander Salome, Helena, Dalila, Chimäre oder Semele ist, prägt sich in ihrer unterschiedslosen Verkörperung ein.« Moreau wandte sich mit seinen Themen und mit seiner Malerei bewußt ab von den Bereichen der Realität, verlieh Träumen von morbider Erotik, mystisch-aufreizendem Tod und pathetischem Schmerz Gestalt.

»Die Erscheinung« ist in einer Architektur angesiedelt, die Kirche, Tempel oder Palast gleichermaßen sein kann. Der Hintergrund bleibt schemenhaft, reliefhaft eingeritzt in sonoren Braun-Rot-Tönen mit sparsamen Lichtreflexen, saugt die schemenhaften Gestalten der in erstarrten Posen verharrenden Randfiguren auf. Plastisch präsent allein wirkt die Erscheinung: das abgeschlagene blutige Haupt Johannes' des Täufers mit offenen, starr auf Salome gerichteten Augen, umgeben von blitzenden Bündeln strahlenden Lichts, und Salome. Deren Nacktheit ist mit Schleiern, Gold und Juwelen aufreizend kostbar verbrämt. Arm und Blick sind gebieterisch auf ihr Opfer gerichtet, dem sie den Tod brachte.

Gustave Moreau
Die Erscheinung, um 1875
Öl auf Leinwand, 142 x 102 cm
Paris, Musée Gustave Moreau

Paul Cézanne
Die Kartenspieler, um 1885–1890
Öl auf Leinwand, 47,5 x 57 cm
Paris, Musée d'Orsay

PAUL CÉZANNE
1839–1906

Cézanne mußte sich die Freiheit, Maler zu werden, mit harten Kämpfen von seinem Vater ertrotzen, der Bankier war. Die Position des verkannten Outsiders war jedoch auch fast sein ganzes Leben lang sein Künstlerschicksal. Sein schwieriger, kompromißloser Charakter und seine Selbstzweifel, die von den hohen Anforderungen, die er an sich selbst und an die Qualität seiner Kunst stellte, ständig genährt wurden, trieben ihn oft in menschliche Isolation und ließen Werke entstehen, die ihn aus heutiger Sicht zum »Vater der modernen Kunst« machten.

Einige große Themenkreise beschäftigten ihn, oft auf Jahre hinaus und immer wieder aufs neue. Häufig überarbeitete er die Bilder über lange Zeiträume hinweg. In jeder wiederbegonnenen Version sah er einen Versuch, seiner Malerei neue, weiterführende Aspekte abzugewinnen. »Die Kartenspieler« sind ein Thema, das er in den neunziger Jahren fünfmal gestaltete.

In einer langwährenden Künstlerfreundschaft mit Pissarro hatte er sich mit der Freilichtmalerei auseinandergesetzt und mit dem Impressionismus. Pissarro hatte sich wieder einmal als einfühlsamer Mentor erwiesen und Cézanne, dessen künstlerische Stärke er voll erkannt hatte, nicht zu biegen, sondern nur zu fördern versucht. Und Cézanne hatte von der Zusammenarbeit profitiert. Eine neue, hellere Koloristik und kraftvolle Pinselführung, die Liebe zur Malerei im Freien und zur Landschaft blieben ihm.

Zwei einfache Bauern, kantig und schwerfällig, sitzen sich gegenüber, versunken in ihr Kartenspiel. Eine Weinflasche, in der sich das Licht spiegelt, bildet die Mittelachse. Durch diese Statik erhält die Komposition eine fast geometrische Strenge und Ordnung, wirkt zeitlos. Obwohl vom Thema her impressionistisch, ist das Bild von einer Dichte, Stärke und Schwere, die über die impressionistische Ästhetik hinausgeht.

Cézanne hatte das an alte Seh- und Erfahrensgewohnheiten gebundene zentralperspektivische Raumgerüst aufgegeben und einen nichtillusionistischen Bildraum geschaffen, bei dem mittels Farbe und deren Modulation eine neue Flächendimension gewonnen wurde.

Er arbeitete gern an Stilleben, ließen sich doch deren Gegenstände beliebig arrangieren in Positionen, die eingehende Studien zur Entwicklung seiner Ausdrucksmittel erlaubten. Aus ganz prosaischen Gründen bevorzugte er als Gegenstände für seine Stilleben Äpfel und Orangen, weil sie sich sehr lange hielten und er stets sehr lange Zeit auf ein Gemälde verwandte.

Beim »Stilleben mit Äpfeln und Orangen« werden konkrete Gegenstände – auf stark drapierten Decken stehen Schalen mit den favorisierten Früchten und ein Krug – in einem nahezu raumlosen Übereinander und Nebeneinander angeordnet. Ihre lebhaften Farben in Kontrasten und Abstufungen geben dem Bild trügerische Anklänge an eine naturalistisch gemeinte Abbildung. Fast ironisch wird dieser Eindruck jedoch aufgehoben durch die weitgehende Abstrahierung des Raumes durch bewußt verschobene Flächen und Farbzonen, die nicht konkret gemeint sind und doch das Bild verdichten zu einer nur ihm zugehörigen Wirklichkeit.

Die malerischen Bestrebungen Cézannes waren stets geleitet von selbstauferlegten Aufgabenstellungen, die seinen Motiven übergeordnet waren. Er schuf eine Reihe von Porträts, auch Selbstbildnisse und Figurenkompositionen nach Modellen. Für jedes dieser Bilder bedurfte es einer großen Anzahl von Sitzungen. Die physiognomische Ähnlichkeit der Dargestellten spielte dabei jedoch nur eine untergeordnete Rolle.

In seinen eigenen, stets hyperkritischen Selbstreflexionen stellte der Maler fest, daß er es im Porträt nicht so weit gebracht habe wie in anderen Gattungen. Dies mag angesichts der Ergebnisse aus heutiger Sicht als Selbstunterschätzung gelten. Tatsächlich ist die Identität der Personen, die er aus der Nähe betrachtet gemalt hat, nicht das Hauptanliegen. Cézannes Personendarstellungen sind keine Charakterstudien. Er erprobt an ihnen, wie an allen seinen Gegenständen, die selbsterarbeiteten Gesetze seiner Malerei.

Die »Frau mit Kaffeekanne« ist ein Beispiel für Cézannes Bildrealität und für seine in den vorangegangenen Jahren gewonnene neue Raumauffassung. Er bewunderte Courbet als Realisten und fühlte sich selbst als Realist. Allerdings wollte er das Wesen seiner Modelle und Motive – er empfand jedes seiner Motive als von metamorphotischem, sich ständig änderndem Leben erfüllt – nicht mittels getreuer Ablichtung wie bei einer Photographie zum Ausdruck bringen, sondern suchte die Wahrheit mit seinen Mitteln gestalterisch zu konstruieren. Mit der in sich ruhenden Haltung der Frau und ihrer einfach stilisierten Physiognomie charakterisiert Cézanne einen Menschenschlag – ähnlich dem seiner »Kartenspieler« –, für den die Zeit eine statische Größe ist. So wirkt die Frau in ihrer Bewegungslosigkeit wie das Stilleben mit Tasse und Kaffeekanne auf dem Tisch neben ihr.

Paul Cézanne
Stilleben mit Äpfeln und Orangen, um 1895–1900
Öl auf Leinwand, 74 x 93 cm
Paris, Musée d'Orsay

Paul Cézanne
Frau mit Kaffeekanne, um 1890–1895
Öl auf Leinwand, 130,5 x 96,5 cm
Paris, Musée d'Orsay

PAUL CÉZANNE
1839–1906

Paul Cézanne
Die großen Badenden, um 1895–1904
Öl auf Leinwand, 127,2 x 196,1 cm
London, National Gallery

Das Thema »Badende« als Verschmelzung figürlicher Kompositionen mit Landschaft beschäftigte Cézanne vom Beginn seines Schaffens an und behielt stets seine Faszination für ihn. Viele Versionen, zum Teil in großen Formaten, entstanden über einen langen Zeitraum hinweg. Nachdem er die »Ruhenden Badenden« von 1875/76 gesehen hatte, nannte ein Kritiker den Maler einen Radikalen. Das war abschätzig gemeint, enthielt jedoch eine wahre Erkenntnis. Denn mit jeder neuen Version seiner Badenden machte Cézanne einen neuen Vorstoß, radikal nicht nur mit den traditionellen Möglichkeiten der Darstellung zu brechen, sondern er kehrte damit auch gleichzeitig den gerade zu dieser Zeit herrschenden ultramodernen Richtungen den Rücken, suchte sie zu überwinden und Bilder von zeitloser Gültigkeit zu schaffen. Damit legte er visionär die Richtlinien für die Malerei der nachfolgenden Generationen fest. Bewußt konstruierte er seine Bilder so, daß sie nicht durch gefällige Reize das Auge eines oberflächlichen Betrachters anziehen konnten, verbannte radikal die Elemente des Dekorativen, des Anekdotischen, um nicht vom Wesentlichen abzulenken.

Die nackten Frauenkörper der »Großen Badenden« sind nicht wegen ihrer weiblichen Reize ins Bild gebracht, dafür sorgen am Rande gewisse fast bissige Details. Die Gruppe ist in Körper und Posen reduziert auf Elemente, die zu lebendig sind, um stilisiert zu wirken. Sie stellen bereits einen Schritt auf dem Weg zur Abstraktion dar. Genauso verfährt er mit dem Raum, bei dessen Gestaltung Tiefe keine Rolle mehr spielt. Abstrahierende und schon abstrakte Formationen übernehmen die Funktion von konkreten Landschaftsausschnitten und verleihen dadurch dem Bild eine großartige Spannung und Dichte.

Paul Cézanne
Mont Sainte-Victoire, vom Steinbruch Bibémus aus gesehen, um 1898–1906
Öl auf Leinwand, 65 x 81 cm
Baltimore, The Baltimore Museum of Art

Der Mont Sainte-Victoire ist ein zentrales Thema im Werk Cézannes. Er hat ihn immer wieder von den verschiedensten Standpunkten aus malerisch analysiert. Der Berg, der die Landschaft der Provence krönend überragt, wurde vor allem in den fortgeschrittenen Jahren des Künstlers immer wieder zum Motiv, an dem er seine gewonnenen malerischen Eigengesetzlichkeiten erprobte.

Cézanne unterzog jeden Pinselstrich der unerbittlichen Kontrolle seines prüfenden Verstandes, suchte nach einer Einheit von Farbe, Komposition, Fläche und Tektonik. Und er suchte seine Erfahrungen und Experimente theoretisch zu untermauern. Obwohl er nur nach der Anschauung, nach Modellen, dabei viel im Freien malte, suchte er weder ein statisches Abbild des gesehenen und als Motiv gewählten Gegenstands noch ein flüchtiges.

»Alles, was wir sehen, nicht wahr, verstreut sich, entschwindet. Die Natur ist immer dieselbe, aber von ihrer sichtbaren Erscheinung bleibt nichts bestehen. Unsere Kunst muß ihr das Erhabene der Dauer geben, mit den Elementen und der Erscheinung all ihrer Veränderungen. Die Kunst muß ihr in unserer Vorstellung Ewigkeit verleihen. Was ist hinter der Natur? Nichts vielleicht. Vielleicht alles.«

ODILON REDON
1840–1916

Redon war zu seiner Zeit »eine vollständig isolierte Figur, wie ein Fremdling steht er in seiner Epoche, von ferne verbunden höchstens mit Dichtern wie Poe und Baudelaire«. Er war zur gleichen Zeit geboren wie die Impressionisten der ersten Generation, stand ihnen jedoch künstlerisch nicht nah. Für seine Kunst hatte er keine impressionistische Fragestellung. So gab es bei ihm keine Dominanz von Farbe oder Linie, sondern eine Synthese, beide existierten gleichzeitig in seinen Bildkompositionen.

Nach dem Ausleben seiner langen symbolistischen Phase begann er – nach dem Übergang ins neue Jahrhundert und nach einer glückhaft empfundenen Venedigreise – mit Blumenstücken, Aquarellen und Pastellen. Die Dämonen seiner symbolistischen Visionen sind nun einer heiteren Ruhe gewichen, die vor allem von den zahlreichen Variationen seiner Blumenstilleben ausstrahlt.

In dieser flächig angelegten Komposition ist der Raum nur noch durch die Seherfahrung zu verstehen. Die dekorative Anordnung der Vasen und ihres Inhalts, Blumensträuße mit zum Teil gar nicht real bestimmbaren Blumen neben gut zu erkennenden Arten, dominiert die Komposition. Aus einem schimmernd angelegten Umfeld in verschiedenen Rottönen tauchen ortlos die drei Blumenvasen mit ihrem Inhalt auf, die den Reiz ihrer Vielfarbigkeit entfalten.

Odilon Redon
Blumenstilleben, um 1910
Öl auf Leinwand, 73 x 54 cm
Wuppertal, Von der Heydt-Museum

HENRI ROUSSEAU
1844–1910

Ohne künstlerische Vorbildung, ohne an Traditionen oder Vorbilder anzuknüpfen, aber getrieben von dem Wunsch, ausschließlich die Bilder seiner Vorstellung zu malen, stellt Rousseau den Typus eines Künstlers dar, der nur aus der Kraft seiner vitalen Phantasie und seiner Individualität schöpft. Souverän übergeht er klassische Kompositionsschemata. Technisches Unvermögen ersetzt er durch entwaffnende Improvisation und schafft so Bilder von elementarer Kraft, die aus der unberührten Originalität seiner Ideen gespeist werden. Die Faszination Rousseaus beruht auf der Unverblümtheit, mit der er seine oft schwerfällig-beharrlichen Formen gestaltet, auf der Unbekümmertheit seiner eigenen Symbolsprache und der unverbrauchten Frische und Leuchtkraft seiner Farben.

Dem Bild »Der Krieg« ging eine Lithographie voraus, die bereits die wesentlichen Elemente der Komposition enthielt, die in dem Ölbild eine kolossale Aussagekraft und Verdichtung bekam. Das galoppierende schwarze Pferd nimmt fast die ganze Breite des Bildes ein, läßt die Gefallenen unter sich. Schwarze Totenvögel fleddern die Toten und Sterbenden und nähren sich von ihrem Blut, darunter verbrannte schwarze Erde. Das Pferd trägt den Krieg mit Fackel und Schwert, ein Symbol für den unaufhaltbaren Wahnsinn des Krieges.

Henri Rousseau
Der Krieg, 1894
Öl auf Leinwand, 114 x 195 cm
Paris, Musée d'Orsay

Paul Gauguin
Frauen von Tahiti (Am Strand), 1891
Öl auf Leinwand, 69 x 91,5 cm
Paris, Musée d'Orsay

Paul Gauguin
Bretonische Bäuerinnen, 1894
Öl auf Leinwand, 66 x 92 cm
Paris, Musée d'Orsay

PAUL GAUGUIN
1848–1903

Im Juni 1891 kam Gauguin auf Tahiti an und zog sich nach kurzem Aufenthalt in Papeete in einen einsamen Inselteil zurück, der noch nicht von der Zivilisation und dem Kolonialismus erreicht war. Er lebte dort unter den Eingeborenen, »weit fort von jenen Gefängnissen, den europäischen Häusern«, in einer Maorihütte, die »den Menschen nie verbannt und trennt vom Leben, vom Raum, von der Unendlichkeit«. Täglich malte er und schnitzte an Skulpturen und Reliefs, und seine Motive kamen nun aus dem Leben, der Vorstellungswelt der Insulaner, denen er sich mehr verbunden fühlte als seiner eigenen Herkunft.

In den kräftigen Maorifrauen entdeckte Gauguin eine Schönheit, die aus anderen Quellen gespeist wurde als die der europäischen Frauen. Er bewunderte ihre unverbildete Natürlichkeit, ihre Stärke, ihren Stolz, ihre Würde und ihre Selbstverständlichkeit, hart zu arbeiten oder sich träge dem geliebten Nichtstun hinzugeben. Er fand die Lebensformen der Insulaner, ihre Religion, ihre Moral und ihr Eingebundensein in die Gesetze einer reichen Natur anziehender und reiner als das Leben in Paris, tauchte ganz ein in diese Welt.

Als Gauguin 1894 aus der Südsee zurückgekehrt war, reiste er wieder in die Bretagne, um dort zu malen. Eine Ausstellung seiner auf Tahiti entstandenen Bilder in der Galerie Durand-Ruel war ein totaler Mißerfolg, die Geldsorgen sollten den Maler nie verlassen. Trotzdem arbeitete er unverdrossen weiter, seine neuen Bilder – wie die »Bretonischen Bäuerinnen« in ihrer zeitlosen Tracht mit den gestärkten weißen Hauben – sind das Resultat seiner tahitischen Erfahrung. Das Bild hat noch gewisse Elemente des Cloisonnismus – umgrenzende Linien wie Stege, die Flächen dazwischen flach ausgefüllt –, aber es wird dominiert durch den zarten Zauber der Gauguinschen Farben. Die Frauen sind in ihrer Haltung, ihren Gesten und in ihren Gesichtszügen vereinfacht, stilisiert. Die rechte Bildhälfte ist abgeschlossen durch große graue Steine, die den hellen Weg begrenzen, und durch ein Gehölz, das in verfremdeten, zarten Farben gestaltet ist, die linke Bildhälfte zeigt einen Ausblick auf grüne Felder und ein dörfliches Anwesen.

Der Titel des Bildes ist eine symbolistische Umsetzung einer Situation aus Realität und Phantasie. Zwei Eingeborenenfrauen, nur mit einem Lendenschurz bekleidet, aber das Haar mit Blüten geschmückt, sitzen – die eine im Lotossitz – nebeneinander, umgeben von grauen Nebeln, exotischen Blumen und üppig blühenden Bäumen. Hinter ihnen, wie ein Zauberer oder verzaubert, in einem lila Gewand hockend, mit brandrotem Haar, ein Mann, der in der Physiognomie dem Maler Meyer de Haan ähnelt.

Paul Gauguin
Contes barbares (Exotische Sagen), 1902
Öl auf Leinwand, 131,5 x 90,5 cm
Essen, Museum Folkwang

CONTES BARBARES

Henri de Toulouse-Lautrec
Im »Moulin Rouge«: Zwei tanzende Frauen, 1892
Öl auf Karton, 95 x 80 cm
Prag, Národní Galerie

HENRI DE TOULOUSE-LAUTREC
1864–1901

Die Welt der abendlichen und nächtlichen Vergnügungen war nicht nur der Lebensraum des Künstlers in seiner Pariser Zeit, hier fand er auch Anregungen und Motive für seine Arbeit. Er sah diese Welt nicht mit den Augen seiner eigenen Gesellschaft, sondern aus dem Blickwinkel eines Menschen, für den längst alle Schranken der Klassenunterschiede gefallen sind. Er berichtet ohne die Überheblichkeit des sozial Höherstehenden, aber auch ohne Mitleid, ohne verklärende Beschönigung. Mit subtiler Einfühlungsgabe setzt er seine Beobachtungen um und schafft realistische Stimmungsbilder und Charakterstudien, die einen lebendigen Einblick geben in die Atmosphäre, aus der heraus sie entstanden sind. Dabei ist die Farbe mit ihren Stimmungswerten für Toulouse-Lautrec ein starkes Ausdrucksmittel.

Das Gemälde mit den beiden tanzenden Frauen zeigt einen Ausschnitt aus dem allnächtlich wogenden Leben im »Moulin Rouge«, dem berühmten Montmartre-Lokal, in dem sich der Maler bevorzugt aufhielt und für das er eine Serie hinreißender Plakate entwarf. Im Vordergrund die tanzenden Frauen, dahinter an Tischen vor einer Schranke, die einen größeren, belebten Raum abtrennt, an Tischen sitzende Gäste. Die tanzenden Frauen sind einfach gekleidet, sie tragen schmucklose dunkle Kleider und Käppchen, die rechte hat männlich-herbe Züge und stand dem Maler öfter Modell für seine Bilder aus dem »Moulin Rouge«. Die Frauen sind ineinander und in den Tanz versunken. Sie gehören zum Milieu des Lokals, in dem bürgerliche Moral nicht gilt, in dem Feines und Proletarisches sich mischen, Schlichtes und Lasterhaftes nebeneinander und miteinander existieren.

Toulouse-Lautrec hatte ein feines Auge dafür und die Fähigkeit, das Leben so, wie es gelebt wurde, darzustellen. Für ihn sind alle gleich, der mondäne Kavalier mit Zylinder, der Intellektuelle, der Arbeiter, die elegante Kokotte und das Dienstmädchen. Rechts im Bild hat er den Maler Charles Conder abgebildet, links François Ganzi. Die Frau mit dem roten Jäckchen ist Jane Avril, die Sängerin und Tänzerin, die durch Toulouse-Lautrecs Gemälde und Plakate weltberühmt wurde.

Der Schauspieler Henry Samary gehörte zum Ensemble der Comédie Française. Hier ist er ganzfigurig auf der Bühne dargestellt in der Rolle des Raoul Vaubert in einer beliebten Komödie, in modischer Kleidung mit französischem Rock, Spitzenkrawatte und -krause und schwarzen Lackschuhen, den Zylinder in der Hand, ganz Pariser Dandy.

Die Clownesse Cha-U-Kao, ein lautmalerischer Name, der soviel wie »Krach und Chaos« bedeuten soll, den ihre Auftritte im Zirkus und Varieté hervorriefen, hat der Künstler häufig porträtiert. Hier ist sie in ihrer ganzen Fülle mit lustiger weißer Perücke auf dem Sofa ihrer Garderobe zu sehen. Der Kontrast der dominierenden Farben, leuchtendes Gelb, verhaltenes Lila, Rot und Türkis, verleiht der Szene eine spontane Lebendigkeit.

Henri de Toulouse-Lautrec
Der Schauspieler Henry Samary, 1889
Öl auf Karton, 74,9 x 51,9 cm
Paris, Musée d'Orsay

Henri de Toulouse-Lautrec
Die Clownesse Cha-U-Kac in der Garderobe, 1895
Öl auf Karton, 64 x 49 cm
Paris, Musée d'Orsay

Henri de Toulouse-Lautrec
Die Toilette, 1896
Öl auf Karton,
67 x 54 cm
Paris, Musée d'Orsay

HENRI DE TOULOUSE-LAUTREC
1864–1901

Das Gemälde »Die Toilette« gehört zum größeren Themenkreis der weiblichen Akte. Gezeigt ist eine jüngere weibliche Person in einem Raumausschnitt, die mit dem Rücken zum Betrachter am Boden sitzt. Ohne die Gesetze klassischer Perspektive zu beachten, ist hier in Draufsicht, im Nebeneinander und Übereinander der Umraum charakterisiert, der nötig ist, um die Atmosphäre genügend zu schildern. Die junge Frau mit den im Nacken verknoteten rötlichen Haaren sitzt in einer zwanglosen Ruhehaltung auf einem Teppich, um die Hüften ein helles Wäschestück geschlungen, am rechten Bein noch ein dunkler Strumpf. Auf zwei Korbsesseln vor ihr liegen zerknitterte helle Wäscheteile, daneben steht ein bläulicher Badezuber. Der Maler sieht seinem Modell in einem Moment über die Schulter, in dem es ohne jegliche Pose verschnauft.

Ganz gleich, ob Toulouse-Lautrec in Öl malte, in Kreide, oder in der von ihm zur künstlerischen Meisterschaft perfektionierten Technik der Lithographie arbeitete, er bevorzugte immer die matte Oberfläche, deren Reiz er durch die kühle Leuchtkraft seiner Farben hervorhob, die Addition gewagter Töne nebeneinander und die Kraft seiner Pinselführung. Wie viele seine Bilder hat auch dieses einen Hauch von Unvollendet-Skizzenhaftem.

Henri de Toulouse-Lautrec
Im Salon in der Rue des Moulins, um 1894
Öl auf Leinwand, 111,5 x 132,5 cm. Albi, Musée Toulouse-Lautrec

Der Blick in den Salon des Bordells in der Rue des Moulins ist weiter ausgearbeitet. Bei den durchscheinenden, dünnen Kleidern der ungeniert ihren Körper anbietenden Frauen nutzte Toulouse-Lautrec jedoch die Möglichkeiten des Nichtvollendeten, um deren welkes Fleisch zu enthüllen. Die verbrauchten Gesichter der Frauen sind schonungslos offen, aber auch mit anteilnehmender Sympathie erfaßt. Das pompös-verstaubte Plüschinterieur strahlt nur noch den Charme des Abgenutzten aus. Der Betrachter wird durch das breite Sofapolster auf Distanz gehalten; es ruht aber auf ihm der taxierende, beinahe mitleidige Blick der älteren Frau mit den hochgesteckten Haaren, der »Geschäftsführerin« des Hauses.

Lautrec hatte sich manchmal wochenlang in diesem Bordell einquartiert und dort das Leben der Prostituierten skizziert und gemalt. Durch seine körperliche Behinderung sah er sich aus der adeligen und bürgerlichen Welt verstoßen; Krankheiten und Lebensekel ließen ihn bei den Verachteten und Ausgenutzten Zuflucht suchen. Mit seinen Gemälden aus der »Szene« dokumentierte er die verborgene Nebenwelt der bürgerlichen Zivilisation, die sich nur an abgesonderten Orten dem Laster hingeben wollte und mit ihrem Geschäftsgebaren auch die körperliche Liebe herabwürdigte. Seine Bilder stehen im Kontrast zu den Gemälden akademischer und symbolistischer Maler jener Zeit, zu den Illustrationen der Romane eines Huysmans, die ihre verstohlen voyeuristische Haltung kaum verbergen können. Toulouse-Lautrec stellt den verlogenen Allegorien der Zeit seinen geradezu klinischen Blick auf seine Leidensgenossinnen entgegen.

EDOUARD VUILLARD
1868–1940

Man hat Vuillard einen »Intimisten« genannt. Dies betrifft weniger die Art seiner Darstellung, denn er rückt seinen Modellen keineswegs so nah auf die Haut, daß er die Sphäre ihrer Intimität verletzt. Doch die Wahl seiner Motive und Modelle war stets ganz eng mit seinem eigenen Leben verbunden, und damit knüpft er an den schon von den Impressionisten eingeschlagenen Weg der Themenwahl an.

Leben und Werk Vuillards lagen immer nah beieinander, immer wieder sind es die gleichen Sujets und Modelle, die er gestaltet, die seiner Umgebung, des engen Freundeskreises, Eindrücke von wenigen Reisen. Obwohl er, wie Bonnard, zur Künstlergruppe der »Nabis« gehörte, läßt sich sein Werk nicht mit den Stilmerkmalen dieser Gruppe charakterisieren, und man kann ihm auch keinen Bezug zum Symbolismus nachweisen. Er war eine unabhängige, ganz in sich geschlossene Künstlerpersönlichkeit.

Das Ganzporträt des Freundes und Künstlers Toulouse-Lautrec zeigt den Maler, angetan mit einer fröhlich gelben weiten Hose und einem roten Hemd mit rotweißem Halstuch, ein Hütchen auf dem Kopf, wie er, an einem kleinen Tisch hantierend, zu seinem Porträtisten herüberblickt. Vuillard, stets ein liebevoller Schilderer seiner Umwelt, hat es verstanden, den Freund liebenswert kauzig zu zeigen und damit sein Gebrechen zu negieren.

Edouard Vuillard
Bildnis Toulouse-Lautrec, 1898
Öl auf Karton, 39 x 30 cm
Albi, Musée Toulouse-Lautrec

MAURICE DENIS
1870–1943

Maurice Denis gilt als der Theoretiker einer Gruppe junger Maler, die sich »Nabis« nannten. Sein berühmtester Ausspruch gehört zu den Gründungssätzen der Moderne: »Man muß sich in Erinnerung rufen, daß ein Gemälde, bevor es ein Schlachtroß, eine nackte Frau oder irgendeine Anekdote ist, wesentlich eine plane, von Farben in einer bestimmten Anordnung bedeckte Oberfläche ist.« Die Radikalität dieser Aussage ist in diesem Frühwerk noch nicht vollständig realisiert. Gewiß, die Farben sind ebenso wie die Linien sorgfältig nach ornamentalen Gesichtspunkten zusammengestellt und die Malmittel verweisen bereits auf den dekorativen Schwung des Jugendstils. Dadurch wirkt das Gemälde wie ein flächiger, rhythmisch strukturierter Bildteppich. Doch es fehlt noch die Ablösung der Farben und Formen von den Gegenständen.

Das Thema des Bildes ist von Puvis' de Chavannes antikisierenden »Heiligen Hain« beeinflußt. Denis jedoch übertrug das Motiv der Göttinnen der Künste ganz in seine Zeit: Die Musen sind Menschen geworden. Unter den streng stilisierten Bäumen spitzt ein junges Mädchen seinen Zeichenstift, dies ist die Göttin der Malerei; ein anderes blickt von seinem Buch auf, dies ist die Göttin der Dichtkunst. Die Vergegenwärtigung alter Mythen und die strenge Stilisierung lassen das Gemälde ambivalent und rätselhaft erscheinen.

Maurice Denis
Die Musen oder
Im Park, 1893
Öl auf Leinwand,
171,5 x 137,5 cm
Paris, Musée
d' Orsay

Pierre Bonnard
Im Zirkus, um 1900
Öl auf Leinwand, 54 x 65 cm
Paris, Privatbesitz

Pierre Bonnard
Weiblicher Akt in der Badewanne, um 1938
Öl auf Leinwand, 122 x 151 cm
New York, The Museum of Modern Art

PIERRE BONNARD
1867–1947

Aus allen Bildern Bonnards spricht eine Lebensbejahung, eine Freude an den Erscheinungen des Lebens. Seine tiefe Verehrung für Monet und Renoir läßt ihn selbst den Weg weiterbeschreiten, den die eine Generation älteren Impressionisten vorbereitet haben. Wie viele seiner Zeitgenossen nimmt auch er die starken Impulse, die von der japanischen Kunst ausgingen, die damals in großen Mengen nach Paris kam, auf und setzt sich mit den Arbeiten seiner Altersgenossen, mit Gauguin, Cézanne auseinander.

Da er fast sechzig Jahre eines lange währenden Lebens malte, ist ein reiches Œuvre von ihm erhalten, das in seinem Verlauf auch verschiedene stilistische Tendenzen widerspiegelt – postimpressionistische, Art-Nouveau-Einflüsse und ostasiatische Elemente. Trotzdem bleibt sein eigener Stil immer stark dominant. Dabei steht die Wiedergabe sinnlicher Wahrnehmungen im Vordergrund. Er erzählt nicht, psychologisiert nicht, moralisiert nicht. Er gibt lediglich das wieder, was er aus der Fülle seiner Umwelt auswählt, gefärbt durch die Linse seiner ganz persönlichen Sehweise. Ein friedliches, heiteres Lebensgefühl bestimmt seine Motive, findet seinen Ausdruck in köstlichen gemalten Mosaiken und Teppichen zarter, delikater Farben und Formen.

»Der Zirkus« war in einer Zeit, da die Gesellschaft noch nicht mit Unterhaltungen mannigfaltigster Art überflutet war, ein Ereignis, das man gern wahrnahm und an das man sich gern erinnerte; so gingen Zirkusmotive in die Malerei ein. Bonnard, Toulouse-Lautrec, Picasso und andere Künstler gestalteten Themen aus dem berühmten Zirkus »Médrano« und dem »Cirque d'Hiver«. Hier ist ein Ausschnitt aus dem Rund der Manege zu sehen, dahinter die anonyme, graue Masse der Zuschauer, eine Artistin in einem rosa Trikot mit kurzem Röckchen, die auf einem Schimmel reitet, dessen Fellfarbe grünlich verfremdet ist. Ein rotbefrackter Reiter mit schwarzen Hosen und schwarzem Zylinder galoppiert auf einem weißen Pferd im Vordergrund, daneben hantiert eine Halbfigur in schwarzer Silhouette und rotem Kopfputz. Ganz bewußt sind genaue Formen und Details in großzügigen Pinselstrichen geführt, so daß die einzelnen Farbpartien besonders lebhaft wirken.

In dem viel später entstandenen weiblichen Akt, der aber ebensogut auch aus seiner Frühzeit stammen könnte, läßt Bonnard eine ganze Skala von schimmernden, lichtdurchfluteten Farbzonen nebeneinander blühen. Eine junge Frau liegt nackt in einer mit Wasser gefüllten Badewanne, die auf einem blauen und blaugoldenen Mosaikboden steht. Die Lichtreflexe auf dem Wasser und ihrer Haut wetteifern mit denen der Wand, des Fensters. Licht, Gold, Blau, Orange, Lila, Rosa, wenige Tupfer starkes Rot stehen und schimmern nebeneinander, eine freudige Symphonie, nur geschaffen für das Auge, um sich daran zu entzücken. Die Reize des jungen Frauenkörpers verschmelzen gänzlich mit denen von Farben und Licht, die dominieren.

VINCENT VAN GOGH
1853–1890

1888 zog es van Gogh in den Süden Frankreichs, und er erlebte die Landschaft, die Natur, das Licht und die Menschen der Provence in einer glücklichen Stimmung, die ihn zu fast fieberhafter Aktivität anspornte. Er sah in allem eine lebendige Schönheit, die ihn stark berührte und die ihm in seiner niederländischen Heimat, in Paris, in der Île-de-France und in Nordfrankreich, wo er bisher gemalt hatte, nicht begegnet war.

Die Zugbrücke von Langlois bei Arles war ein beliebtes Motiv für van Gogh, das er in mehreren Versionen gestaltete (Otterloo, Rijksmuseum Kröller-Müller; Köln, Wallraf-Richartz-Museum; Paris, Privatbesitz). Hier wählt er seinen eigenen Standort recht nahe an der Brücke, unten an der linken Uferböschung in einem gras- und schilfbewachsenen Streifen. Schräg liegt ein mit Wasser vollgelaufener Nachen angelehnt an einen ins Wasser gebauten Steg, auf dem eine Gruppe von Frauen damit beschäftigt ist, Wäsche zu waschen.

Das Bild ist ganz vom hellen, kristallklaren Licht des Südens erfüllt. Die sonnenflirrende Bläue des Himmels spiegelt sich wider im Wasser des Flußlaufs, dessen sanfter Wellenschlag durch die Tätigkeit der Wäscherinnen gestört wird. Die solide gemauerten Teile der Brücke geben dem Bild ein horizontales Gerüst. Die aufstrebende Zugkonstruktion hebt sich leicht und hell gegen den Himmel ab wie die lodernd roten Stämme und Zweige einiger kahler Pappeln. Ein zweirädriger Planwagen ist gerade in der Mitte der Brücke angekommen. Am Ufer wachsen Schilf und Binsen, links ist ein Streifen der roten, fruchtbaren provenzalischen Erde zu sehen. Verheißende Hoffnung und Kraft eines Frühlingstages strahlen aus dem Bild.

Van Goghs Begeisterung für das Licht und die Farben des mediterranen Südens zog ihn ständig nach draußen, und es entstanden viele im Freien gemalte Arbeiten. So war auch die Ebene von Crau mit dem Mont Majour im Hintergrund ein Motiv, das er mehrmals gestaltete. Es war für ihn ein erhebendes Gefühl, eine Landschaft zu malen, die auch der von ihm verehrte Cézanne kannte. Leider erwiderte Cézanne die ihm entgegengebrachte Wertschätzung nicht und stand den Werken van Goghs gleichgültig gegenüber.

In dem Bild führt Vincent in einem sanften, meisterhaft beherrschten Spiel mit der Perspektive den Blick über die erntereifen Felder zu den fernen Bergen und dem vibrierend blauen Sommerhimmel. In flimmernden Reflexen tanzt das Licht auf dem wogenden Korn, den Zäunen und Hecken, den Wagen und Gehöften.

Japanische Farbholzschnitte hatten van Gogh stark fasziniert und fanden ihren Niederschlag in seinem Werk. Er glaubte, daß sich die Kontraste der japanischen Drucke mittels der Ölfarbe noch an Intensität steigern ließen. Ein zarter Hauch ostasiatischer Reize kommt aus beiden Bildern. Van Gogh selbst nannte seine geliebte Landschaft »mein provenzalisches Japan«.

Vincent van Gogh
Zugbrücke bei Arles, 1888
Öl auf Leinwand, 54 x 65 cm
Amsterdam, Rijksmuseum Vincent van Gogh, Vincent van Gogh Stiftung

Vincent van Gogh
Ansicht der Ebene von Crau bei Arles mit dem Mont Majour im Hintergrund, 1888
Öl auf Leinwand, 72,5 x 92 cm
Amsterdam, Rijksmuseum Vincent van Gogh, Vincent van Gogh Stiftung

Vincent van Gogh
Van Goghs Schlafzimmer in Arles, 1889
Öl auf Leinwand, 73 x 92 cm
Chicago, The Art Institute of Chicago

Vincent van Gogh
Bildnis Dr. Gachet, 1890
Öl auf Leinwand, 68 x 57 cm
Paris, Musée d'Orsay

VINCENT VAN GOGH

1853–1890

Van Goghs Schlafzimmer in dem von ihm gemieteten »gelben Haus« in Arles gibt einen genauen Bericht über die einfache Unterkunft, mit der er sich dort begnügte. Nur die notwendigsten Gegenstände waren vorhanden: ein Bett, dahinter ein Kleiderhaken, zwei Stühle, ein kleiner Holztisch, an den Wänden Bilder. Für ihn war es jedoch ein verheißungsvoller Ort, seine erste eigene Behausung. Trotz der geschlossenen Fensterläden ist der Raum von einem hellen Licht erfüllt, das alle Dinge in der klaren Kraft ihrer Farben erscheinen läßt. In stark zusammendrängender Perspektive, mit den typischen leichten Verzerrungen, gibt das Bild Vincents Gedanken dazu wieder: »... allein die Farbe muß hier alles fertigbringen und durch ihre Vereinfachung den Dingen einen großartigen Stil verleihen.«

Der Pariser Arzt, Homöopath und Psychiater Dr. Paul Gachet stand dem Maler besonders nahe. In Paris betrieb er eine kleine Praxis, die ihn nicht sehr glücklich machte, in seiner Freizeit malte und radierte er, nicht ohne Talent. Gachet war Förderer und Freund vieler Künstler, darunter Pissarro und Cézanne, dessen Bilder er als einer der ersten kaufte; sein Sohn vermachte die bedeutende Sammlung 1952 dem französischen Staat. Der Arzt hatte sich bereiterklärt, den aus der Anstalt von Saint-Rémy entlassenen van Gogh in Auvers-sur-Oise zu betreuen. Vincent wohnte in der Dachkammer über einem Café und weilte häufig im Haus des Doktors.

Gleich nach seiner Ankunft hatte Vincent den Wunsch geäußert, den Arzt zu porträtieren. Nachdenklich, fast sorgenvoll, mit leiser Skepsis hebt sich das helle Gesicht mit den gütigen Augen, umrahmt von blondem Haar, auf dem eine weiße Mütze sitzt, aus dem Blau seiner Jacke und des Hintergrunds. Der Maler sah zwischen dem Arzt und sich selbst eine Art Seelenverwandtschaft, er fand ihn »mindestens ebenso nervös wie mich selbst«.

Lange Zeit hatte van Gogh die Blumen im Garten des Doktors gemalt, dann zog es ihn in den kleinen Ort und in dessen nähere Umgebung. Breit und behäbig wie eine Glucke sitzt die spätgotische Dorfkirche auf einem leicht erhobenen Hügel, überspannt von einem tiefblauen Sommerhimmel. Sie ist umgeben von grünem Gras, sonnenbeschienenen Wegen, das Blau des Himmels spiegelt sich in den breiten Maßwerkfenstern. Am Rande sind Häuser und Bäume des Dorfes zu sehen. Eine Bäuerin strebt dem Ort zu. Obwohl dies eines seiner letzten Bilder ist, spricht daraus nicht die Verzweiflung, die van Gogh schließlich in den Tod trieb. Eine friedvolle Ruhe liegt über dem ganzen Bild. Die Kraft der Farben, die entschieden gesetzten Pinselstriche wirken wie eine Verankerung im rettenden Prinzip Hoffnung.

Vincent van Gogh
Die Kirche von Auvers, 1890
Öl auf Leinwand, 94 x 74 cm
Paris, Musée d'Orsay

Johan Barthold Jongkind
Die Maas bei Maassluis, 1866
Öl auf Leinwand, 33 x 47 cm
Le Havre, Musée des Beaux-Arts

JOHAN BARTHOLD JONGKIND
1819–1891

Der gebürtige Holländer, der aus der Tradition heimatlicher großer Vorbilder kam und sich vorwiegend der Landschaftsmalerei widmete, war weniger für die holländische als für die französische Malerei eine wichtige Schlüsselfigur. Seit 1846 lebte er in Frankreich, und hier erhielt er die Impulse, die seine Malerei von der Bindung an technische und koloristische Anleihen bei den Meistern des 17. Jahrhunderts befreite. Zuerst tauchten in seinen Aquarellen lichte Töne und eine bewußte Auflösung von Zeichnung und Kontur auf; dann auch in seinen Ölbildern. Viel zuwenig wird er als Vorläufer der Impressionisten gewürdigt, denen er mit seiner Freilichtmalerei voranging.

Vom Motiv und von der Einteilung der horizontalen Bildflächen her – tiefer Horizont, breite, belebte Wasserflächen und ein schmaler Uferstreifen – folgt das Bild »Die Maas bei Maassluis« durchaus niederländischen Landschaften. Formal verwendet es jedoch bereits die neuen Gestaltungselemente, die Jongkind später so eindringlich an den jungen Monet und dessen Freunde weitergab: eine Auffassung des Motivs über die Lichtqualitäten, Wiedergabe eines kurzen, flüchtigen Moments, heftige Pinselstriche ohne feste Begrenzung, das Festhalten von Reflexen auf Oberflächen. Seine stets kleinformatigen Bilder waren die ersten impressionistisch aufgefaßten Landschaften.

Fernand Khnopff
»Ich schließe mich selbst ein«
(»I lock my door upon myself«), 1891
Öl auf Leinwand, 72 x 140 cm
München, Bayerische Staatsgemäldesammlungen, Neue Pinakothek

FERNAND KHNOPFF
1858–1921

Gegen Ende des 19. Jahrhunderts hat Belgien, mit Brüssel als Zentrum, ein gewichtiges Wort mitzureden, wenn es um die künstlerische Avantgarde geht. Besonders die symbolistische Kunst wurde seit dieser Zeit immer wieder durch starke Persönlichkeiten vertreten. Khnopff zählt zu den großen Meistern des belgischen Symbolismus, gehörte den Künstlergemeinschaften »L'Essor«, »Les XX« und »Libre Esthétique« an und war weit über die Grenzen seines Landes bekannt. Häufig waren Motive aus der symbolistischen Literatur, zum Beispiel von Maurice Maeterlinck oder Emile Verhaeren, die Themen seiner Bilder. »I lock my door upon myself« ist die siebte Zeile eines Gedichts von Christina Georgina, der Schwester des englischen Malers Rossetti.

Das schmale Bild ist in zarten, durchscheinenden Farben gestaltet, bei denen ein perliges, keineswegs düsteres Grau vorherrscht. Versonnen lehnt eine rothaarige Frau mit grauen Augen vor einem bühnenartigen Hintergrund: ein »Bild im Bild«, ein Durchblick in einen Klosterhof rechts, in der Mitte ein Türdurchblick, der wiederum grau verschlossen ist. Eine leicht melancholische Stimmung, die an Khnopffs geheimnisvolle nächtliche Städtebilder erinnert, liegt über dem Gemälde. Symbolistische Zeichen sind die verblühten Feuerlilien, Mohn, der Hypnoskopf mit blauen Federflügeln.

JAN TOOROP
1858–1928

Diese auf wenige Farbtöne – Weiß, Schwarz und Abstufungen von Rostbraun – beschränkte Arbeit vereinigt in sich typische Ausformungen von Symbolismus und Jugendstil. Das Mädchen, die Frau als Braut, ist ein beliebtes Thema des ausgehenden 19. und beginnenden 20. Jahrhunderts. Die Szene ist gestaltet in der Symmetrie einer Ballettinszenierung, angefüllt mit symbolischen Requisiten, den Hauptfiguren, einem Hintergrundchor und rechts und links im Vordergrund zwei Gruppen bis zur Hüfte nackter Frauen, deren üppige Haarbahnen – Symbole weiblicher Reize – sich zu Ornamenten verschlingen.

Im Mittelpunkt der Initiationsszene posieren drei ganz unterschiedliche Bräute in weißen Gewändern in schimmernd hellem Licht. Links steht züchtig und verhüllt die ängstliche Unschuld, in der Mitte die bekränzte, bereite Braut, die sich unter ihren Schleiern nackt darbietet, rechts die rätselhafte, dämonische Braut mit ägyptischem Kopfputz und raffiniert durch das aufwendige Gewand schimmerndem Busen. Weiße Blüten, läutende Glocken, aus denen Haarströme quellen, Opferschalen und Krüge, rauchartig emporsteigende Locken, gekreuzigte Hände, sich verhüllende Nonnen sind symbolistische Motive, mit denen das Bild überfrachtet ist. Die Ausführung ist fließend-flächig, ornamentaler Jugendstil.

Jan Toorop
Die drei Bräute, um 1892/93
Bleistift, schwarze und farbige Kreide auf Papier, 78 x 98 cm
Otterloo, Rijksmuseum Kröller-Müller

JAN THORN-PRIKKER
1868–1932

In Thorn-Prikkers Gemälde »Madonna im Tulpenfeld« ist in verschiedenen Elementen die Entwicklung der Malerei vom Impressionismus zum Jugendstil nachzuvollziehen. Der Hintergrund ist fast konventionell: ein Himmel mit Wolken, darunter ein Dorf, etwas weiter vorn rechts ein ländliches Anwesen und endlose Tulpenfelder, deren farbige Reihen perspektivisch sich vergrößernd zum Vordergrund führen, in impressionistischer Tüpfeltechnik ausgeführt. Diese Zone hat Raumtiefe und räumliche Dimension, eine gewisse Art von Atmosphäre.

Das hochformatige Bild wird geteilt von einem flächigen Kreuzbalkenende, an dem nur Christi Füße wie die einer stilisierten geschnitzten Holzfigur zu sehen sind. Marias Kopf und Körper sind völlig entmaterialisiert, als flächig bewegtes Ornament mit dem Balken verwachsen. Das schwingende, reiche Gewand, das in prächtige Ornamentzonen aufgeteilt ist, wirkt zum Thema fast anachronistisch. Maria ist zum Jugendstilmuster geworden.

An den französischen Cloisonnismus angelehnt ist die Aufteilung der Flächen in einzelne Linienstege, die dann dekorativ ausgefüllt sind. Die zeichnerische Anlage weist voraus auf Thorn-Prikkers spätere Glasmalereien und Mosaikarbeiten. Die Farben haben Symbolcharakter. Die »Madonna im Tulpenfeld« ist eine Heilige für die Holländer.

Jan Thorn Prikker
Madonna im Tulpenfeld (Vor dem Kreuz), 1893
Öl auf Leinwand, 146 x 86 cm
Otterloo, Rijksmuseum Kröller-Müller

William Holman Hunt
Der abgelenkte Hirte, 1851
Öl auf Leinwand, 76,4 x 109,5 cm
Manchester, City of Manchester Art Gallery

WILLIAM HOLMAN HUNT
1827–1910

Neben der glorifizierenden Darstellung mittelalterlicher Themen nahm die Landschaftsmalerei einen breiten Raum im Schaffen der Präraffaeliten ein. Die Natur wird aus dem romantischen Blickwinkel heraus gesehen und gibt Gelegenheit, akribisch genau in altmeisterlicher Feinmalerei jedes Detail liebevoll darzustellen, exakt Gräser, Blumen, Blätter, Licht und Schatten wiederzugeben. Doch Naturtreue bedeutete für Hunt keinen Selbstzweck. Vielmehr wollte er der Kunst ein festes moralisches Fundament geben, sie zu einer »Dienerin der Gerechtigkeit und Wahrheit« machen. Von den Präraffaeliten hat er als einziger versucht, Natur und darin angesiedelte kleine Geschehnisse in bunter Farbigkeit, als eine emotional zu erfassende Erscheinung zu zeigen – getreu nach den von John Ruskin aufgestellten Grundsätzen.

Entwaffnend sind die Reinheit und Naivität, mit der das Motiv des Schäfers, der sich über die Schultern des jungen hübschen Mädchens beugt, um nach dem auf ihrem Schoße sitzenden Lämmchen zu haschen, behandelt wird. Ein warmer Sommertag, das Korn steht reif und hoch, die Schafherde weidet und ruht, führt das Paar nah zueinander. Fast mikroskopisch genau sind die Blümchen, Gräser, der morastige Bach ausgearbeitet, die Figuren und Gewänder von Schäfer und Mädchen. Die Farben leuchten wie Email.

Edward Coley Burne-Jones
König Cophetua und das Bettlermädchen, 1884
Öl auf Leinwand, 290 x 136 cm
London, Tate Gallery

EDWARD COLEY BURNE-JONES
1833–1898

Zum breiten Spektrum präraffaelitischer Bildthemen gehörten religiöse Stoffe, allegorische, historische und solche aus der Märchen- und Sagenwelt. Meist geben die Bilder eine exakt in der Literatur vorgegebene Stelle wieder. So stammt das Thema dieses Bildes aus einer alten elisabethanischen Ballade, die auch auf Shakespeare großen Eindruck machte. Sie preist das Wunder, daß sich König Cophetua in ein armes Bettlermädchen verliebt und sie zu seiner Königin erhebt.

Auch Burne-Jones' Bilder entstanden, wie die seiner präraffaelitischen Freunde, erst nach ausführlichen Studien und Vorzeichnungen. Bereits seit 1880 arbeitete er an dem Bild, das vier Jahre bis zu seiner Vollendung brauchte. 1883 hatte er ein großes Aquarell des gleichen Themas für einen Mr. Graham angefertigt. Als das Ölbild 1884 fertig war, wurde es als Meisterwerk gefeiert. Ein Jahr später wurde dem Maler dafür die Mitgliedschaft der Akademie angeboten, und 1889 erhielt er für das Bild in Paris die Medaille erster Klasse und den Orden der Ehrenlegion.

In einem Rahmen historischen Zierats sitzt in voller Rüstung, die Krone in den Händen, zu Füßen des nach dem Balladentext grau gekleideten Bettlermädchens, der König und blickt zu seiner Erwählten auf, die schüchtern die eine Hälfte des Thronsitzes einnimmt, darüber stillebenhaft zwei Pagen.

JOHN EVERETT MILLAIS
1829–1896

Ophelia, eine tragisch-romantische Frauenfigur, war häufig Bildgegenstand für die Maler des 19. Jahrhunderts. Als faszinierend-gefährlich mit dem Wasser verbundene Gestalt gehört sie zu der Motivreihe Undine und Nymphe, die die symbolistische Malerei gern aufnahm. In pathetisch entrückter Haltung, bestreut mit Blumen, treibt sie, nur von ihren Gewändern gehalten, noch auf der Oberfläche des Baches. Millais hat genau die Stelle aus Shakespeares »Hamlet« gestaltet, die Ophelias Ende beschreibt.

Der schmale Bach ist von Schilf, Büschen und Bäumen schluchtartig umwölbt, Ophelias langes Gewand hat die gleiche Erdfarbe wie der Boden der Uferböschung und der geheimnisvoll dunkle Morast des Ufers. Auch das Wasser, auf dem sie treibt, gleicht einem stillen Moorwasser und bindet sie dadurch ein in eine dämonische Melancholie. Die Halluzinationen ihres euphorischen Wahnsinns lassen das Wissen um die Gefahr des Untergehens und Ertrinkens nicht zu. Nach Shakespeare singt sie Hymnen, während ihre Gewänder sich vollsaugen und sie nach unten ziehen.

Millais hat mit diesem Bild ein Gehäuse geschaffen, in dem er in extremer Nahsicht den Betrachter an Ophelias Grenzsituation heranführt. Trotz der akribisch genauen Schilderung der Details gelingt es ihm, das Tragische des Geschehens glaubhaft zu machen.

John Everett Millais
Ophelia, 1851
Öl auf Leinwand, 76 x 112 cm
London, Tate Gallery

DANTE GABRIEL ROSSETTI
1828–1882

Aus Briefen Rossettis geht hervor, daß dieses Bild bereits 1863 in seiner Vorstellung existierte und auch in Angriff genommen war. Ursprünglich hätte es eine »Beatrice« für Ellen Heaton als Auftraggeberin werden sollen. Durch äußere Umstände erfuhr es dann eine motivische Umgestaltung und eine gänzlich neue Sinngebung.

Rossetti arbeitete immer mit Modellen, und seine Arbeitsmethode war streng an die Wiedergabe dessen gebunden, was er sah. So schreibt er bereits 1863 an Ellen Heaton, daß er schon das ganze Gesicht gemalt habe und glaube, daß das Bild eine seiner besten Arbeiten werde; aber das Modell Mary Ford gebe einfach keine perfekte Beatrice ab, er wage aber auch nicht, der Figur Züge eines anderen Modells überzumalen. Jetzt sei ihm die Idee gekommen, die blühend schöne junge Frau als Braut darzustellen nach einer Anregung aus Salomons Gesängen. Der Vers, der Rossettis Phantasie entzündete, spricht davon, daß sie in der Pracht gestickter Gewänder in Begleitung von Jungfrauen vor den König gebracht werden soll.

Der Maler fertigte noch mehrere Skizzen von anderen Modellen an und verschmolz dann die Gruppe junger Frauen zu einem statischen Halbfigurenbild, in der die geschmückte junge Frau den Mittelpunkt bildet, eingerahmt von ihren Begleiterinnen, die Blumen tragen.

Dante Gabriel Rossetti Die Braut, 1865
Öl auf Leinwand, 80 x 76 cm
London, Tate Gallery

Arnold Böcklin
Im Spiel der Wellen, 1883
Öl auf Leinwand, 180,3 x 237,5 cm
München, Bayerische Staatsgemäldesammlungen, Neue Pinakothek

ARNOLD BÖCKLIN
1827–1901

Mit diesem Gemälde führt uns Böcklin in die Fabelwelt der Meeresbewohner, der Nymphen, Nereiden, Nixen und Tritonen. Es gehört zu einer größeren Werkgruppe, deren Themen immer Wesen waren, die die menschliche Phantasie in der Umgebung von Natur und Elementen ansiedelte und denen er vitale Gestalt verlieh. Diese Mischwesen haben keine menschliche Idealgestalt, sie sind üppig, derb, oft übermütig und tolpatschig.

»Im Spiel der Wellen« tummelt sich eine Gruppe dieser Fabelwesen in der Brandung. Kränze aus Wasserblumen und Pflanzen, Tang und Korallen schmücken ihr Haar, ihre Leiber schimmern hell, gebräunt und kupferrot, das Meer blaugrün mit weißem Schaum, die Wellen verschwimmen mit dem grau-rosa Horizont. Böcklin hat sie alle in Bewegungen und Gesten eingefangen, die drastisch expressiv sind bis zum Grotesken. Dieser Eindruck wird durch die deftige, fast übertrieben starke Mimik noch verstärkt. Es sind die Ausdrucksqualitäten und Charakteristika, die der Maler dieser Welt zuordnet. Seine Kritiker trieben sie dazu, ihm selbst künstlerische Qualitäten abzusprechen. Doch die kräftigen Farben, ihre Leuchtkraft und Kontrastwirkung sind berechnet und bewußt als Ausdrucksmittel eingesetzt. Die Brücke von dieser Arbeit zu Böcklins mystisch-symbolistischen Themen führt über das Verständnis dieser Absicht.

Félix Vallotton
Die Sandbänke der Loire, 1923
Öl auf Leinwand, 73 x 100 cm
Zürich, Kunsthaus Zürich

FÉLIX VALLOTTON
1865–1925

Diese Landschaft Vallottons entstand in seinen letzten Lebensjahren. In seinem Werk hat er die verschiedensten stilistischen Einflüsse durchgespielt, pointillistische, naturalistische, von Hodler inspirierte, spätimpressionistische, und er hat von der Anregung durch japanische Farbholzschnitte profitiert. Nach der Jahrhundertwende zeigen seine Arbeiten Tendenzen, die zur Moderne weisen, neorealistische, expressionistische, und schließlich betrachten ihn die Surrealisten als einen ihrer Vorläufer. In allen seinen Arbeiten strebte Vallotton zur Vereinfachung hin, sah nüchtern und kritisch seine Gegenstände unter unsentimentalem Licht, reinigte die Formen von allen Schnörkeln und Verzierungen und reduzierte sie auf das Wesentliche.

»Die Sandbänke der Loire« gehören zu einer Gruppe von Bildern, die man schon als Vorboten der »Pittura metafisica« bezeichnet. Auf den ersten Blick scheinen die sanften Erhebungen und Schwingungen des Sandes, der Flußarme, der Uferbegrenzung und der Baumgruppen, die in hellem Licht stehen, von einem blauen Himmel überspannt, der kleine einsame Angler am Ufer eine friedliche Situation ohne tiefere Bedeutung darzustellen. Die Reduktion der Farben auf Blau, Grün, das Gelb des Sandes und die tiefen Schattierungen erwecken den Eindruck einer Stimmung, die nachdenklich macht.

FERDINAND HODLER

1853–1918

»Es ist die Mission des Künstlers, dem Unvergänglichen der Natur Gestalt zu geben, ihre innere Schönheit zu enthüllen. Der Künstler kündet von der Natur, indem er die Dinge sichtbar macht; er heiligt die Formen des menschlichen Körpers ...« Diese von Hodler selbst formulierten Maximen seiner Kunst wurden durchaus nicht von jedem Betrachter seiner Werke aus diesen herausgelesen. Die Resonanz auf seine Arbeiten war zu Lebzeiten äußerst zwiespältig, oft negativ. Gerade als er in seinem eigenen Lande einige Anerkennung gefunden hatte, als man begann, seine Bilder zu verstehen und zu schätzen, kündigte sich etwa seit 1890 ein Stilwandel bei ihm an, der Aufbruch in die Schaffensperiode, deren Produkte oft als die erst wirklich typischen Arbeiten Hodlers bezeichnet werden.

Während der immerhin fast 17 Jahre dauernden Frühphase waren Bilder entstanden, die sowohl vom Thema als auch von der Tonalität her an die alten Meister anschlossen. Mit Beginn der neuen Periode hellte sich seine Palette merklich auf, und er erreichte eine farbliche Intensität, die für ihn charakteristisch ist, führte das Element des Ausdrucks und der Bewegung ins Bild ein.

Für das Bild »Herbstabend« erhielt Hodler im Concours Calame des Jahres 1893 den zweiten Preis. Es ist eine Komposition, die im Atelier entstanden ist und an frühere Landschaftsbilder anknüpft. Das Bild ist jedoch mehr als die Wiedergabe einer großformatigen Landschaft. Der von nur noch schwach belaubten Kastanienbäumen gesäumte Weg, bedeckt von den rostbraunen herabgefallenen Blättern, führt ins Nichts. Die obere Bildhälfte wird von einem Himmel eingenommen, an dem sich die Farbsensationen eines Sonnenunterganges kurz vor dem Dunkelwerden abspielen. In leuchtend gelbes Licht getaucht ist der Himmel, die Wolkenbänke sind strahlend lila, über dem Ende des Weges zeigt sich ein roter Streifen, die letzten Strahlen der verglühenden Sonne.

Aus diesem Bild spricht bereits stark das neue Anliegen Hodlers, seinen Bildern eine tiefere Aussage zu geben als die der einfachen Wiedergabe von Natur. Dabei bedient er sich der starken Aussagekraft der Farben, die Stimmungsträger sind, und der allgemeinverständlichen Symbolsprache des Themas »Herbstabend«.

Eines seiner neuen Anliegen war auch das der Gestaltung neuer Themen mit neuen Mitteln. Der Erfolg seines symbolistischen Gemäldes »Die Nacht« (Bern, Kunstmuseum) in vielen Städten Europas bestätigte ihn in dieser neuen Richtung seines Monumentalstils. Mit »Aufgehen im All« schuf er eine Einfigurenkomposition, bei der das Raumempfinden zugunsten der Fläche zurücktritt. Eine nackte Frauengestalt (für die Augustine Dupin Modell stand, die Mutter von Hodlers Sohn Hector), auf einem grauen Tuch stehend, hebt, mit Gebetsgestus und -haltung, ihren Blick in die lichte Zone, die über dem grünen Hügel schwebt, vor dem sie steht. Diese Lichtpartie kann als Universum oder All empfunden werden.

Ferdinand Hodler
Herbstabend, 1892
Öl auf Leinwand, 100 x 130 cm
Neuchâtel, Musée des Beaux-Arts

Ferdinand Hodler
Aufgehen im All, 1892
Öl auf Leinwand, 159 x 97 cm
Basel, Öffentliche Kunstsammlung, Kunstmuseum Basel

Giovanni Fattori
Römische Karren, 1873
Öl auf Leinwand, 21 x 32 cm
Florenz, Galleria d'Arte Moderna, Palazzo Pitti

GIOVANNI FATTORI
1825–1908

Fattori, der produktivste und auch stärkste Maler der Gruppe der »Macchiaioli«, liebte es, auf kleinformatigen Holztafeln zu malen. Die »Römischen Karren« sind eines der ersten Bilder, die er in der Macchiatechnik malte, das heißt, er setzte rasch und ohne große Verbindung Farbflecken nebeneinander. Eine Malweise, die – dem Impressionismus verwandt – auch mit traditionellen klassischen Bildmitteln brach. Auch das Bildthema mit seiner anspruchslosen Einfachheit hat akademische Doktrinen hinter sich gelassen. Neben Landschaften und ländlichen Szenen sind Schlachtenbilder seine bevorzugten Sujets.

Die beladenen zweirädrigen Karren, vor die Pferde gespannt sind, stehen im grellen Sonnenlicht auf einem zerfurchten ausgetrockneten Platz vor einer hohen verputzten Mauer. Auf dem Boden lagert ein Mann, vorn ruht sich ein Pferd auf Streu aus, und dahinter steht wartend ein gesatteltes Pferd. Das Motiv läßt sich nicht als romantisch deuten, dazu ist die Stimmung zuwenig verklärt, die Darstellung zu nüchtern und realistisch.

Das Licht hat hier mehr als koloristische Funktion, es wird zum Stimmungsträger. Die hochstehende Mittagssonne, die das Blau des Himmels ebenso in helles Flirren aufgelöst hat wie die Bäume hinter der Mauer, taucht alles in eine lähmende Helligkeit und Starre, die auch den Farben ihre Kraft nimmt.

Giovanni Segantini Die Heuernte, 1899
Öl auf Leinwand, 135 x 149 cm. St. Moritz, Museum Segantini

GIOVANNI SEGANTINI
1858–1899

Das Bild »Die Heuernte« wurde in Segantinis letztem Lebensjahr vollendet, zehn Jahre zuvor hatte er mit dem Malen begonnen. Es gehört zu einem Teil seines Werkes, das ihm die nicht ganz zutreffende Bezeichnung »der italienische Millet« einbrachte.

Außer seinen großen symbolistischen Themen und Zyklen beschäftigten ihn das Leben der Bergbauern, das stille Mysterium der Bergwelt, die majestätische Erhabenheit der Natur. Wie fast alle seine zeitgenössischen Malerkollegen machte Segantini Studien in der Natur und malte im Freien. In der abgeschiedenen Ruhe von Berglandschaften studierte er die sich im Lauf des Tages wandelnden Lichtverhältnisse, die dem Ablauf der Jahreszeiten unterworfenen Veränderungen. Er entwickelte eine Art Divisionismus, eine dem Impressionismus verwandte Art der Zerlegung der Bildfläche in einzelne nebeneinander aufgesetzte Pinselstriche.

»Die Heuernte« zeigt Bauern, die in einer von Bergen umsäumten Hochebene ihr Heu einbringen, im Vordergrund eine junge Frau mit weißer Schürze und weißer Haube, die gebückt ein Bündel zusammenrecht. Ein strahlend blauer Himmel mit stilisierten grauen und rosa Wolken steht über der friedlichen Szene. Menschen und Tiere sind eingesponnen in die Landschaft, verklärt vom Strahlen des Lichts und einer sanften Poesie.

ANSELM FEUERBACH
1829–1880

Feuerbachs Ideale waren die klassischer Hoheit und Schönheit, die auf dem Hintergrund der Antike und der Renaissance gewachsen waren. Dieser Anspruch, gepaart mit einer romantischen Verklärung dieser Welt, durchzieht alle seine Werke. Als Sohn eines Archäologen war er nicht nur mit den literarischen Versionen der Stoffe vertraut, er hatte früh sein Auge an den Denkmälern der Kunst der Antike und der Renaissance geschult.

Das Gemälde, das zuerst zutreffender »Ariost am Hofe von Ferrara« benannt war, erregte als erstes nach Aussagen des Künstlers die Aufmerksamkeit des Grafen von Schack, der es ankaufte und ihm daraufhin weitere Aufträge erteilte. Schack zog der literarische Bezug des Bildes an, und seine Kritiker warfen ihm vor, er habe Feuerbach in seinem wahren Genie nicht erkannt und ihn immer wieder zur Gestaltung literarischer Stoffe getrieben.

Ariost, einer der großen Dichter der Renaissance, ist wie Dante mit dem Lorbeer des höchsten Ruhmes bekränzt. Ercole d'Este, der theaterbesessene Fürst von Ferrara, war einer der ersten, der Ariosts Stücke aufführen ließ. Im Kreise erlauchter Geister und schöner Frauen promeniert Ariost in einem prächtigen Garten vor einer Architektur, die die majestätischen Formen der Antike wiederaufgenommen hat. Feuerbach hat mit diesem Bild an ein früheres Dante-Motiv angeknüpft.

Anselm Feuerbach
Der Garten des Ariost, 1863
Öl auf Leinwand, 102 x 153 cm
München, Bayerische Staatsgemäldesammlungen, Schack-Galerie

FRANZ VON LENBACH
1836–1904

Lenbach ist seinen Zeitgenossen und uns hauptsächlich als brillanter Porträtist hochgestellter Persönlichkeiten bekannt. In altmeisterlicher Manier, braun und golden eingetönt, malte er Bismarck, den Prinzregenten Luitpold, Kaiser Wilhelm I., Papst Leo XIII., Richard Wagner und viele andere Berühmtheiten und Akteure auf der Bühne von Politik und Gesellschaft. Alle diese Porträts sind sachlich und schildern die Dargestellten in der Würde ihres Amtes und ihrer Position. Aber wenn jüngere Damen mit weniger bekannten Namen seine Modelle sind oder wenn er seine Frau und seine Kinder abbildet, läßt sich ein starker Zug süßlicher Sentimentalität nicht übersehen.

Daneben widmete sich Lenbach fast zyklusartig immer wieder Ansichten von Bauern und Hirtenknaben, die – stehend, sitzend oder liegend – das optische Interesse des Malers weckten. Er zeigte sie in ihrer Einfachheit, in ihrer ländlichen Umwelt. Der »Knabe in der Sonne« sitzt auf einem grasbewachsenen Sandhügel, brav, einfältig blickend, blond und gerötet, ein wenig schmutzig, in einfacher Kleidung vor dem Blau eines Sommerhimmels. Sicherlich sprach Lenbach mit dieser harmlosen Idylle die Seelen seiner Betrachter an und brachte die Saiten gründerzeitlicher Rührung zum Klingen. Und mit der altmeisterlichen Ausführung der Pflänzchen am Rande zeigte er sein virtuoses Können.

Franz von Lenbach
Knabe in der Sonne,
um 1860
Öl auf Leinwand,
33,5 x 26 cm
Darmstadt, Hessisches Landesmuseum

Wilhelm Leibl
Drei Frauen in der Kirche, 1881
Öl auf Holz, 113 x 77 cm
Hamburg, Hamburger Kunsthalle

WILHELM LEIBL
1844–1900

Die »Drei Frauen in der Kirche« zeigen Leibl auf einem Höhepunkt seines Schaffens. Ihm, der ein langsamer Arbeiter war und mit Akribie auch die kleinsten Zonen seiner Bilder durchdachte und komponierte, war mit diesem Bild ein vollendetes Werk seiner realistischen Phase gelungen, vollendet in altmeisterlicher Feinmalerei ausgeführt. Es zeigt zwei alte Frauen und eine junge in dörflicher Kleidung und Tracht, die nebeneinander in einer Kirchenbank sitzen, ins Gebet versunken. Die barocken Wangen der Kirchenbänke sind ebenso photographisch exakt wiedergegeben wie die Figuren der Frauen.

Leibl hat hier zu einer großartigen Beherrschung der Farben gefunden, deren Leuchtkraft er sprechen läßt. Vor dem hellen Teil des Hintergrunds hebt sich die Bäuerin in dunkler Kleidung mit dunklem Kopftuch ab, still den Blick auf ein dem Beschauer nicht sichtbares Altarbild gewandt. Neben ihr, in der Mitte des Bildes, liest gebückt eine alte Bäuerin mit großen, derben Händen in einem Gebetbuch. Ihr gestreiftes Kleid leitet kompositorisch zu der jungen Frau in Tracht über, deren helles Schultertuch, die helle Schürze, die frische Gesichtsfarbe und die Goldschnüre ihres Hutes den Vordergrund plastisch hervorheben. Mit der leidenschaftslosen, aber genauen Schilderung zieht der Maler den Betrachter mit in das stille Geschehen ein.

Wilhelm Trübner
Das Wirtshaus auf der Fraueninsel
(Landschaft mit Fahnenstange), 1891
Öl auf Leinwand, 48 x 65 cm
Winterthur, Stiftung Oskar Reinhart

WILHELM TRÜBNER
1851–1917

Wie seine Künstlerfreunde aus dem Kreis um Leibl zeigt Trübner eine antiakademische Haltung, sucht nach Neuem, Lebendigem, obwohl er sich an den Vorbildern der alten niederländischen, deutschen, spanischen und italienischen Meister geschult hatte. Seine Begabung liegt in seinem sicheren Sinn für die farbige Erscheinungswelt, für die Wahrheit der Form, für die Einfachheit und die Vereinfachung seiner Gestaltungen. Gegen die weitgehende zeitgenössische Ignoranz seiner Werke griff er kriegerisch zur Feder und veröffentlichte 1892 und 1898 anonym die beiden Streitschriften »Das Kunstverständnis von heute« und »Die Verwirrung der Kunstbegriffe«. Seit 1890 widmete er sich verstärkt der Freilichtmalerei und nutzte die Sommermonate zu Reisen.

»Das Wirtshaus auf der Fraueninsel« im Chiemsee ist Niederschlag einer solchen Reise, und man kann deutlich sehen, daß er seine frühen Richtlinien »Strenge der Zeichnung und höchste koloristische Behandlung« nun im impressionistischen Sinn auf das Prinzip koloristischer Malerei reduziert hat. Seine bislang in kurzen, viereckigen Flächen geführten Pinselstriche werden freier, breiter, länger. Klar und hell heben sich der Himmel und die Fläche des blauen Sees ab gegen die dörfliche Uferlandschaft. Neben Landschaften gehören Porträts, Stilleben und Interieurs zu den bevorzugten Genres in Trübners Werk.

MAX KLINGER
1857–1920

Klinger schuf stets aus der Ruhe des zurückgezogen lebenden Künstlers, der jedoch offen war für alle Einflüsse von Zeitströmungen. So tauchen in seinem vielschichtigen und umfangreichen Werk Elemente auf, die alle Stilrichtungen zeitgenössischer Kunst widerspiegeln. Neben realistischen Bildern entstanden solche mit phantastischem Inhalt, Historienbilder und mythologische, in Paris setzte er sich mit dem Impressionismus auseinander, und schließlich galt er als einer der Hauptmeister des deutschen Jugendstils.

Die »Landschaft an der Unstrut« nimmt in Klingers Werk eine verhältnismäßig rare Position ein. Während er sonst szenische Darstellungen mit allegorischem, phantastischem, religiösem oder historischem Inhalt bevorzugt, greift er hier ein reines Landschaftsmotiv auf. Die hügelige Landschaft, in der Mitte horizontal durchzogen von dem schmalen Flüßchen, ist völlig unbelebt, die Stille der Natur ist durch keine erzählende Begebenheit, durch keine Staffagefigur gestört. Den Vordergrund beherrschen hochgewachsene Schilfpflanzen, über ein treppenartiges Gefälle bahnt sich das Wasser seinen Weg, am anderen Ufer steigt jäh eine Böschung an, auf deren Kamm drei Bäume stehen, dahinter Gebüsch in loderndem Orange, ein blaues Gebirgsmassiv und ein fast violetter Himmel. Eine typische Jugenstillandschaft.

Max Klinger
Landschaft an der Unstrut, 1912
Öl auf Leinwand, 192 x 126 cm
Altenburg, Lindenau-Museum

FRANZ VON STUCK
1863–1928

»Das Diner« hält eine authentische Begebenheit fest, nämlich das große abendliche Galadiner, das an Stucks 50. Geburtstag am 23. Februar 1913 im Ateliersaal der Münchner Stuckvilla stattfand. Dem Maler kommt es hier nicht auf ein Porträtieren der Teilnehmer an, sondern auf das Einfangen der erhabenen Feststimmung, auf die Wirkung des majestätischen Raumes, der von ihm selbst entworfen, gestaltet und dekoriert worden war.

An einer langen Tafel, die parallel zum Bildvordergrund angelegt ist, von üppigen Kandelabern sprühend erleuchtet, sitzen Damen und Herren in festlicher Kleidung. Gerade so viel ist von ihnen zu erkennen. Sie sind dunkle Schemen im Schatten oder helle im Licht. Der würdige Rahmen der Abendgesellschaft, der große hohe Atelierraum des Malerfürsten, ist in klassizistisch-römischer Manier gestaltet, von der Antike inspiriert. An den Wänden hängen zwischen Pilastern kostbare Gobelins, eine reich ornamentierte Kassettendecke überspannt den Raum.

Die geladene Gesellschaft feiert Stuck, er läßt sich feiern und feiert sich selbst, indem er das Ereignis im Bild festhält und damit auch die Verschmelzung von Lebensgefühl und Kunst darstellt. Phantasie, Prunk und Pracht sind dabei Leitgedanken. Zu dieser Zeit ist der Kubismus bereits in der zweiten Phase, 1914 bricht der Krieg aus.

Franz von Stuck
Das Diner, 1913
Öl auf Leinwand, 57,5 x 68,5 cm
München, Bayerische Staatsgemäldesammlungen, Neue Pinakothek

Max Liebermann
Die Papageienallee im Zoo von Amsterdam, 1902
Öl auf Leinwand, 88,1 x 72,5 cm
Bremen, Kunsthalle Bremen

MAX LIEBERMANN
1847–1935

Das Bild entstand zu einer Zeit, als Liebermann bereits zu seinem persönlichen Stil gefunden hatte. Nach Anfangsarbeiten, bei denen die realistischen Vorbilder des Ungarn Mihály Munkácsy, dann der Maler von Barbizon nicht zu verleugnen waren, setzte er sich mit den alten holländischen Meistern auseinander, dann mit den französischen Impressionisten und mit den zeitgenössischen deutschen Malern. Schließlich entschied er sich für den Weg gegen die Tradition und wurde der wichtigste Vertreter des deutschen Impressionismus.

In der »Papageienallee« ist die Atmosphäre eines warmen Sommertages eingefangen. Ein heller breiter Sandweg ist gesäumt von hohen, dicht belaubten Bäumen, zwischen deren Reihen sich prächtige Papageien im Staat ihrer Federn auf ihren Schaukeln wiegen, Attraktion für Damen und Kinder in leichten Sommerroben und Strohhüten. Auf den Bänken am Wegesrand ruhen sich Spaziergänger aus.

Der Betrachter ist ganz Außenstehender, denn das Bildgeschehen ist nicht auf die Ansicht nach außen komponiert, alle Personen sind ganz ihrer Muße, dem Dahinschlendern oder dem Betrachten und Füttern der exotischen Vögel hingegeben. Die Lichtreflexe auf dem Weg und Rasen zeigen die Sonnenstrahlen, die durch das dichte Gitter des Laubes dringen. Alles an diesem Bild wird mit Licht modelliert.

Fritz von Uhde
Im Garten (Die Töchter des Malers), 1906
Öl auf Leinwand, 70 x 100 cm
Mannheim, Städtische Kunsthalle Mannheim

FRITZ VON UHDE
1848–1911

Uhde schuf den Typus des modernen religiösen Bildes, darin verkörpert sich sein Bestreben, seinem Werk einen tieferen Sinn zu geben. Daneben widmete er sich Themen, die aus den Beobachtungen seiner Umwelt gespeist wurden. Immer steht der Mensch im Mittelpunkt seiner Arbeit. Obwohl in seinem Werk traditionelle Motive reichlich vorhanden sind – Historienbilder, allegorisch-mythologische Themen, erzählende Genreszenen – und viele seiner frühen Bilder die Schulung an klassischen Vorbildern zeigen, fand er letztlich seinen eigenen, unakademischen Stil. Sowohl von den Bildthemen als auch von der Maltechnik her schloß er an den französischen Naturalismus und Impressionismus an, der bei ihm seine persönliche Ausformung fand. Sein inniges Familienleben, die Gestalten seiner Frau und seiner drei Töchter, war für Uhde ein immer wieder aufgenommenes Thema.

In einem baumbestandenen Garten, durch dessen Laubwerk Sonnenflecken brechen, die einzelne Partien des Bodens aufschimmern lassen, stehen die drei schon erwachsenen Töchter und sind ganz offensichtlich in einer Unterhaltung begriffen. An einem Zaun lehnt ein Sonnenschirm, ein Stuhl lädt zum Ausruhen, und der weißbraun gefleckte Hund steht treu daneben. Eine heiter-friedliche Sommeridylle und ein Beispiel für seine Hinwendung zum Malerischen.

LOVIS CORINTH
1858–1925

Das »Selbstbildnis mit dem Strohhut« von 1923, zwei Jahre vor seinem Tod entstanden, vereinigt zwei Hauptmotive Corinths in sich: das Selbstporträt und die Walchenseelandschaft. Neben Rembrandt und Beckmann war Corinth einer der Künstler, die häufig die eigene Physiognomie kritischen und nachdenklichen Studien unterzogen und zum Bildgegenstand machten. Von Corinth ist bekannt, daß er sich vorgenommen hatte, sich zu jedem seiner Geburtstage selbst zu porträtieren. Nach einem Schlaganfall 1911, der einen starken Einschnitt in seinem Leben bedeutete, mußte er sich von seinen vielen Berliner Aktivitäten – Präsident der Sezession und Leiter einer Frauenmalschule – zurückziehen und verbrachte von nun an die meiste Zeit im Süden und ab 1919 in seinem Haus am Walchensee.

Der Hauptteil des Bildes wird von dem Brustbild des Künstlers eingenommen, der sich mit Strohhut in der Mitte des kleinen, querformatigen Bildes zeigt, weit über dem See stehend, der am anderen Ufer von Bergen begrenzt wird. Es ist kein psychologisierendes, detailsuchendes Abbild, das der Künstler von sich gibt. Die Augen sind wie abwesend in die Ferne gerichtet, die Haut ist tiefgebräunt, über dem ernst geschlossenen Mund ist ein Schnurrbart angedeutet, der Maler wirkt introvertiert und nachdenklich. Stilistisch steht das Bild dem Impressionismus nahe.

Lovis Corinth
Selbstbildnis mit dem Strohhut, 1923
Öl auf Karton, 70 x 85 cm
Bern, Kunstmuseum Bern

MAX SLEVOGT
1868–1932

Slevogt wird immer wieder als Meister des deutschen Impressionismus bezeichnet, und in vielen Aspekten trifft diese Charakteristik auch zu, wenn man sie nicht zu eng an die französischen Impressionisten anschließt. Denn er entwickelte durchaus eigenständige, moderne Ausdrucksformen. Neben einem reichen graphischen Werk widmete er sich intensiv der Malerei. Porträts, Figurenkompositionen und Stilleben sind lange Zeit seine bevorzugten Sujets. Zur Landschaftsmalerei fand er erst verhältnismäßig spät, nachdem er begonnen hatte, alle seine Motive unter den Bedingungen des Außenlichts zu malen.

Als Slevogt 1905 im Auftrag des Kunsthistorikers Alfred Lichtwark nach Hamburg reiste, um dort das Porträt des Senators William Henry O'Swald zu beginnen, nahm er die Gelegenheit wahr, auch einige Ansichten der Alsterstadt zu malen. Keine davon ist eine reine Vedute. Trotzdem zeigt das Bild mit dem Alsterblick einen Ausschnitt aus einer real vorhandenen Situation, die genau bestimmbar ist. Es kommt Slevogt jedoch hauptsächlich auf die Klärung der räumlichen Situation an. Er zeigt einen übersichtlich abgegrenzten Bereich mit einem festen rückwärtigen Abschluß durch das gegenüberliegende Ufer und gibt eine anschauliche Schilderung der Stimmung um die »Heure bleue«, der Stunde zwischen Tag und Dämmerung.

Max Slevogt
Blick auf die Alster bei Hamburg, 1905
Öl auf Leinwand, 59 x 76 cm
Berlin, Nationalgalerie, Staatliche Museen zu Berlin – Preußischer Kulturbesitz

Gustav Klimt
Blumengarten, um 1905/06
Öl auf Leinwand, 110 x 110 cm
Prag, Národní Galerie

Gustav Klimt
Die Jungfrau, um 1913
Öl auf Leinwand, 190 x 200 cm
Prag, Národní Galerie

GUSTAV KLIMT
1862–1918

Klimt setzt seine Bilder häufig in einer Art »Mille-fiori«-Technik zusammen, legt Farben, Muster, gegenständliche Partien, Ornamente nebeneinander und verschmilzt sie zu einer Fläche, bei der die Grenzen zwischen scheinbar aus Selbstzweck aufgebauten Farbmusterzonen und realer Körperlichkeit oft fließend sind. Er verwendet stets Farben von prächtiger, orientalischer Leuchtkraft oder von kostbarem, geheimnisvollem Schimmer, verstärkt die Intensität oft durch Goldgründe oder Goldornamente. Für seine Landschaften wählt der Maler eine andere Koloristik, von einer zart impressionistischen Auffassung und Wiedergabe.

Der »Blumengarten« ist ein kleiner Landschaftsausschnitt, ganz aus der Nahsicht. Klimt verzichtet auf die Andeutung einer Räumlichkeit, zeigt einfach eine bunte Fülle von Sommerblumen und Blümchen, einen dichten Blütenteppich, durch den kein Erdreich schimmert, über dem kein Himmel sich wölbt, den kein Weg durchkreuzt, den kein Baum und Strauch säumt.

Durch die Raumlosigkeit und Flächigkeit des Bildes ist alles in eine Dimension der Ortlosigkeit gerückt. Die Blüten wirken wie ein Muster, das sich im Rapport beliebig oft wiederholen könnte, ein zufälliger Einblick in die Fülle eines Blütenmeeres. In einem fast pointillistischen Verfahren sind in kleinen, bewegten Pinselstrichen die Farben nebeneinandergesetzt, Blau und Grün von kleinen Blättern und Blüten verschmelzen miteinander, heiter hingetupft sind die Flecken der leuchtend bunten Blumen. Das Bild lebt von den Kontrasten der lebendigen Farben, vom Reiz der oszillierend gestreuten Punkte, die Rhythmik und Dynamik erzeugen.

Bei dem fast quadratischen großen Bild, das Klimt »Die Jungfrau« betitelt hat, treibt in einer diffus dunkel angelegten Farbfläche, in einem »Urmeer«, wie eine schwimmende Insel ein Geflecht aus Körpern, Ornamenten, Blumen und Bändern. Junge Mädchengesichter, Arme, nackte Leiber ruhen eingebettet, somnambul-symbolisch verschlungen in den sie tragenden Blüten, Gebinden, Ornamentgeweben. Einige der Mädchen sind noch in tiefem Schlaf befangen, andere haben leicht, noch abwesend blickend, die Augen geöffnet, eines blickt sinnend aus dem Bild heraus. Sie befinden sich in verschiedenen Stadien des noch Unbewußten, vor der Erweckung zur Frau. Eine laszive Ruhe liegt über dem Ganzen, die Farben sind von magischer Strahlkraft, die Anlage von orientalischer Pracht.

Der Maler treibt ein verwirrendes Spiel mit den Reizen und Sensationen von Materialien, Farben und Ornamenten, dem Gegensatz von konkreter Gegenständlichkeit und Abstraktion und der Fülle des Dargebotenen. Körperlichkeit und Dekor sind miteinander verschmolzen.

Das Thema »Frau« ist ein zentrales Anliegen von Klimt, und er zeigt die Frau stets in ihrer Körperhaftigkeit und in ihrem Wesen als anziehend, rätselhaft, geheimnisvoll schön und erhaben.

EGON SCHIELE
1890–1918

Wie van Gogh war Schiele nur ein knappes Jahrzehnt Schaffenszeit vergönnt, und in dieser kurzen Zeit gelang es ihm, Werke von solcher Eindringlichkeit und Qualität hervorzubringen, daß er heute als einer der bedeutendsten österreichischen Maler gilt.

Seine Kunst ist undenkbar ohne die seines Vorbildes, Freundes und Sezessionsgenossen Klimt, und trotzdem sind bereits Schieles Anschlüsse an Klimts wegbereitendes Werk von seinem eigenen Stil geprägt.

»Bei Schiele wie bei jedem Frühsterbenden kann man gar nicht umhin, die Spuren dessen zu sehen, was Trakl die Novemberzerstörung nennt, der hoffnungslos Gesunde das Morbide und ein fescher Kadett das Dekadente.« Mit diesen Worten hat der Wiener Akademieprofessor Albert Paris Gütersloh, Maler, Schriftsteller und Zeitgenosse Schieles, dessen Werk ironisch charakterisiert. Doch er greift damit nur einen Aspekt von Schieles Œuvre auf, das auch die tragenden, aufbauenden Kräfte des Lebens zeigt, die in seinen glutvollen Farben ihren symbolischen Ausdruck finden.

Schieles großes Interesse galt der menschlichen Gestalt, dem Körper und dem Antlitz. Mit skeptischer Neugier und anatomisch-koloristischer Aufmerksamkeit hat er immer wieder sich selbst und seine Modelle analysiert. Ein anderer Teil seiner Arbeit sind Landschaften. Mit fast nervösen Gesten setzt er die Farben, die teilweise eine ungeheure Leuchtkraft besitzen, trotzdem oft durchscheinend bleiben. Er verstreckt seine Gegenstände, spaltet sie auf in vielteilige Partien. Hellen, leergelassenen Stellen stehen mit sonoren, dunklen Farben durchsetzte gegenüber, Passagen von wechselnder Farbintensität und Dichte.

Das »Weibliche Modell in feuerrotem Gewand« zeigt, welch wichtige Rolle die Bewegung bei ihm spielt, Bewegung ausgedrückt durch Zerrung, die ihn in die Nähe der Expressionisten rückt, Bewegung als starkes farbliches Eigenleben, Verschmelzung zu einem unruhigen, fast bizarren Farbkonglomerat. Das Feuerrot des Gewandes taucht auf einzelnen Hautpartien wieder auf, auf den Wangen, Armen und Beinen, das Braun des undefinierbaren Textilteils, in das das Modell zu schlüpfen versucht, wieder im Haar und auf der Haut. Raum ist nicht angedeutet; trotz der Massigkeit der Frau bleibt ihr Volumen der Fläche verhaftet. Das steile Format, die flächige Behandlung, das bewußte Abschneiden des Kopfes am oberen Rand, die ausdrucksgeladene Bewegung lassen auf den Einfluß japanischer Farbholzschnitte schließen. Die zahlreichen Akte Schieles, die ähnlich aufgebaut sind wie diese Komposition und häufig eine starke erotische Ausstrahlung haben, werden wie dieses Bild überlagert von ganz anderen Sensationen: Form und Farbe in Spannung zueinander.

Schiele weilte häufig in Krumau, einer malerischen Kleinstadt in Südböhmen, und hat diesen Ort in vielen Bilder verewigt. Hier sind die einzelnen Partien – Häuser, Gärten, Fluß, Himmel, Feld – in viele sich bewegende Farbflecken aufgelöst.

Egon Schiele
Weibliches Modell in feuerrotem Gewand, 1914
Bleistift und Deckfarben auf Papier, 46,5 x 29,7 cm
Wien, Graphische Sammlung Albertina

Egon Schiele
Häuser und Fluß, Ansicht von Krumau, 1916
Öl auf Leinwand, 110 x 140,5 cm
Linz, Neue Galerie, Wolfgang-Gurlitt-Museum

James Abbot McNeill Whistler
Rosa und Silber: Die Prinzessin des Porzellanlandes, 1864
Öl auf Leinwand, 216 x 109,2 cm
Washington, Freer Gallery of Art

JAMES ABBOT McNEILL WHISTLER

1834–1903

Whistler liebte es, seine Bilder nach zarten Farbharmonien zu benennen, die den »Ton« angaben. Die subtile Faszination feiner Nuancen, die durch den Schimmer des Lichts Stofflichkeit verzaubert, bestimmt sein Werk. Eine tiefe Liebe zur ostasiatischen Kunst prägte seine Lebensführung ebenso wie sein künstlerisches Schaffen. Sie beruht offenbar auf einer seelischen Gleichgestimmtheit, die ihn bereit macht für die Impulse aus einer Welt, in der überfeinerte Ästhetik eine übergeordnete Rolle spielt. Er sammelte ostasiatische Porzellane, Textilien, Malereien und Kunstgegenstände jeglicher Art und lebte mit ihnen.

Eine tiefe Identifikation mit fernöstlichen Gestaltungsprinzipien, Motiven und ästhetischen Vorstellungen geht in die Gestaltung aller seiner Arbeiten ein, und er liebt es, auf seinen Bildern auch Gegenstände aus seiner Sammlung darzustellen. Er legte sich, wie dies auch japanische und chinesische Künstler taten, ein stempelartiges Signum mit stilisierten Zeichen zu. Whistlers Auseinandersetzung mit dieser Kunst führt keineswegs zu einer simplen Imitation, sondern zu eigenständigen Interpretationen, die jedoch den Hauch ihrer Inspirationsquellen nicht verleugnen.

»Die Prinzessin des Porzellanlandes«, eine europäische Frau von poetischer Schönheit, trägt einen kostbaren Silberbrokatkimono mit einem rosa Seidenübergewand und posiert vor einem Stellschirm auf einem chinesischen Teppich. Bemalte Fächer, eine hohe Vase, ein Teil einer rosa Seidentischdecke, ein Stück Fußboden und der Hintergrund spielen die Farbvariationen Rosa und Silber durch. Es sind äußerst zarte Valeurs, die ohne Kontraste nebeneinandergesetzt sind, die von den Reizen ihrer feinen Abstufungen leben.

James Abbot McNeill Whistler
Caprice in Purple and Gold, No. 2: The Golden Screen, 1864
Öl auf Holz, 51 x 68,5 cm
Washington, Freer Gallery of Art

Bei dem Bild »Caprice in Purple and Gold, No. 2: The Golden Screen« sind es stärkere Farbtöne und Kontraste, die die Komposition bestimmen. Die obere Bildhälfte ist horizontal von der Wiedergabe eines japanischen Faltschirms mit einem warmen Goldgrund bestimmt, auf dem in der typischen, steil schräg in die Tiefe führenden Perspektive Gebäude und Landschaftsteile zu sehen sind.

Davor sitzt eine zarthäutige europäische Dame mit Hochfrisur auf einem rotgrundigen Teppich, in einen dunklen bestickten Seidenkimono gewandet, der einen scharlachroten Schalkragen hat, um die Taille einen scharlachfarbenen, bestickten Obi (ein breiter, langer Gürtel), und locker über die Schultern geworfen hat die in den Anblick von japanischen Farbholzschnitten vertiefte Frau nochmals einen Überwurf aus mit Gold und Rot bestickter cremefarbener Seide. Neben ihr stehen ein Lackschränkchen und eine Porzellanvase mit rosaroten Blumen. Hier wird der reizvolle Kontrast zwischen Hell und Dunkel, zwischen dem Schimmer verschiedener sich aneinander annähernder Töne durchgespielt. Whistler sah einen tiefen Zusammenhang seiner Arbeit mit der Musik. Deshalb gab er seinen Bildern häufig Titel wie »Caprice« oder »Harmonie«.

MARY CASSATT
1845–1926

Durch die Freundschaft mit Degas, der sehr kritisch war, wenn es darum ging, seine Freunde auch als Künstler zu akzeptieren, wurde Mary Cassatt mit den Impressionisten bekannt. Die Einladung, an ihren Ausstellungen teilzunehmen, befreite sie von dem Druck, den die Vorstellung ihrer Arbeiten bei der Jury der Salons bei ihr ausgelöst hatte; sie konnte nun vollständig unabhängig malen, was sie wollte und wie sie wollte. Doch der unmittelbare Einfluß der Impressionisten auf ihr Schaffen hielt sich in Grenzen. Sie hellte nun ihre Palette auf und arbeitete mit breiteren und kühneren Pinselstrichen als zuvor, aber ihre Formen blieben geschlossen, wurden nicht aufgelöst in Farben und Licht.

»Die Bootspartie« ist eine für Mary Cassatt typische Komposition und schließt eines ihrer Lieblingsmotive ein: Mutter mit Kind. Die Wahl des Bildausschnitts, die Silhouette des schwarzgekleideten Ruderers, der dem Beschauer den Rücken zukehrt und ganz den Vordergrund beherrscht, die tiefblaue Fläche des Wassers und der Zipfel des grauen Segels verraten das Studium der japanischen Meister des Farbholzschnitts. Die Frau, die ihr Kind auf dem Arm hält, ist durch Haltung und Blick auf den Mann bezogen, der Zuschauer ist ausgeschlossen. Typisch ist die kühle, vornehm zurückhaltende Schilderung der Szene. Starke Farbkontraste geben dem Bild Spannung.

Mary Cassatt
Die Bootspartie, um 1893/94
Öl auf Leinwand, 90 x 117 cm
Washington, National Gallery of Art

Mary Cassatt fand ihre Modelle zumeist im engeren Bekanntenkreis; auch diese beiden kleinen Mädchen, die ganz in ihr Spiel vertieft am Strand sitzen, waren die Kinder einer Bekannten. Die Malerin konzentrierte sich vor allem auf die Kleinen, die sie in einen engen, nahezu photographisch zu nennenden Bildausschnitt setzte. Die angeschnittenen Beine des Mädchens mit dem Hut sind dafür ein Beleg. Mit großer Sorgfalt fing Cassatt die liebenswerten Gesichtszüge des Mädchens mit der Schaufel ein; bei den Kitteln der beiden Kinder kam es ihr mehr auf die malerisch brillante Wiedergabe der Stoffstrukturen an. Die Umgebung hingegen wird nur flüchtig angedeutet: Sand und Meer, Klippen und die Segelboote sind ganz auf Farbimpressionen reduziert. So wird der Betrachter durch die Komposition wie durch die unterschiedliche Pinselführung auf das Bildzentrum hingeführt.

Die zeitgenössische Kritik lobte an dem Bild, daß es Cassatt gelungen sei, die Szene naturalistisch und wahrheitsgetreu einzufangen: »Ihre Wangen, ihre molligen Arme, die drallen Beine, sie alle haben einen wunderbaren, sonnengebräunten Teint, gleichen der festen und dichten Textur von Nektarinen.« Der Malerin ging es in diesem Bild keineswegs nur um die malerischen Effekte. Sie nähert sich den Kindern auf deren Ebene, ihr Blick fällt nicht von oben auf sie herab. Damit begreift sie ihr Spiel als Weg der ernsthaften Welterfahrung. Daß die Kinder von Cassatt als selbständige Persönlichkeiten begriffen werden können, ist Zeichen für das sich mit den Theorien Darwins wandelnde Menschenbild im ausgehenden 19. Jahrhundert.

Mary Cassatt
Kinder am Strand, 1884
Öl auf Leinwand, 97,6 x 74,2 cm
Washington, National Gallery of Art

WINSLOW HOMER
1836–1910

Winslow Homer
Es frischt auf, 1876
Öl auf Leinwand, 61 x 96,5 cm
Washington, National Gallery of Art

Bevor Homer auf einer Europareise Gelegenheit hatte, die Bilder französischer Maler zu sehen, hatte er sich selbst eine nahezu impressionistische Lichtführung erarbeitet. Er malte im Freien, achtete sorgfältig auf die Tageszeiten und Wetterverhältnisse und gab sie getreulich wieder. Doch dabei ging er nie so weit, die gesamte Bildfläche aufzulösen, sondern benutzte für gewisse Partien eine realistisch genaue Wiedergabe. Seine Farben blieben stets gebändigt, fast unterkühlt, gedämpft. Ihre Stimmungswerte gehen an die Grenze einer gewissen Spannung. Homer liebte es, sich an der See aufzuhalten und den Kampf des Menschen mit den Tücken von Dünung, Wind und Wetter darzustellen.

»Es frischt auf« ist ein Werk seiner reifen Phase. Es zeigt einen bärtigen Mann mit drei Jungen beim vergnüglichen Segeln just in dem Moment, da der Wind sich verstärkt und zu erwarten ist, daß der Sport nun etwas anstrengender wird. Die Wellen beginnen sich im Wind zu kräuseln, und aufgerissene Wolken ziehen am Himmel, rechts am Horizont die dunklen Schemen eines großen Segelschiffs.

Die gewaltige Gegenwart des Meeres blieb Homers Bildthema bis an sein Lebensende. Henry James schrieb über ihn: »Er ist immer barbarisch einfach, und für unser Auge ist er schrecklich häßlich, aber nichtsdestoweniger ist etwas an ihm, das man liebt.«

JOHN SINGER SARGENT
1856–1925

John Singer Sargent Die Töchter Boit, 1882
Öl auf Leinwand, 222,5 x 222,5 cm
Boston, Museum of Fine Arts

In der zweiten Hälfte des 19. Jahrhunderts begannen sich amerikanische Künstler wieder, wie schon ein Jahrhundert zuvor, an Europa zu orientieren, nicht nur um dort zu lernen, sondern auch um sich stilistisch an die dort entwickelten Stilrichtungen anzulehnen. Der kosmopolitische Sargent hatte seine Ausbildung ohnehin in Europa genossen, war dort aufgewachsen in einer Gesellschaft von Amerikanern, die das kulturell-gesellschaftliche Leben auf dem alten Kontinent dem in ihrer Heimat vorzogen. Sargents Lehrer war lange Zeit Carolus-Duran gewesen, ein Freund Manets, der mit diesem seine Verehrung für Velázquez teilte. Carolus-Duran war zu seiner Zeit ein gefeierter und vielbeschäftigter Porträtist. Sargent lernte von ihm, seine Modelle und Motive genau zu studieren und auf Ausgewogenheit der Tonwerte zu achten. Seine bevorzugten und am besten gestalteten Stoffe waren Porträts.

Obwohl man Sargent natürlich Einflüsse nachweisen kann, von Whistler, mit dem er befreundet war, von Velázquez und anderen spanischen Meistern, drückte er sich doch souverän mit seiner eigenen künstlerischen Handschrift aus. »Die Töchter Boit« sind vom Kolorismus her altmeisterlich, von der Pinselführung impressionistisch und zeigen die vier Mädchen reizvoll ungezwungen in ihrer großbürgerlichen Umgebung.

WILLIAM MERRIT CHASE
1849–1916

Auf seinem Landsitz bei Shinnecock hatte Chase für zwölf aufeinander folgende Sommer eine Schule für Freilichtmalerei eingerichtet. Zuvor hatte er in den eher dunklen und erdigen Tönen seiner Lehrer an der Münchner Akademie gemalt. Nun, mit einem steigenden Interesse für die ungezwungene, lockere Darstellung der Landschaft, wandte er sich in den neunziger Jahren den stilistischen Mitteln des französischen Impressionismus zu und vermittelte sie einer ganzen Generation von amerikanischen Malern. Die aufgehellte Palette und die gelöste Pinselführung des neuen Stils kamen seinen Vorstellungen von einer eher atmosphärischen Schilderung der Landschaft entgegen.

Die weiten Strände und Dünen von Long Island eigneten sich hervorragend als Motiv für die Darstellung eines heiteren und unbeschwerten Sommertages. Gleich weißen Farbtupfern wurden die beiden Frauen und Kinder als Staffagefiguren in das Dünengras hineinkomponiert. Die Stimmung der Landschaft überträgt sich auf die Menschen. Doch anders als die Franzosen setzte sich Chase wenig mit den Auswirkungen des modernen, industrialisierten Lebens auf die Menschen auseinander. Seine Landschaften sind eher Bilder der Flucht vor dem hektischen Leben der Großstadt auf das noch unverfälschte freie Land.

William Merrit Chase
Mußestunden, 1894
Öl auf Leinwand, 64,8 x 90,2 cm
Fort Worth, Amon Carter Museum

MAURICE PRENDERGAST
1859–1924

Prendergast, im selben Jahr geboren wie Seurat, ging mit seiner Malerei einen wichtigen Schritt weiter als seine französischen Vorbilder, die Impressionisten. Auch er setzte seine Bildflächen aus grob angelegten Pinselstrichen mit reinen Farben zusammen; die Reduktion seiner Formen bedeutet aber schon eine Hinwendung zu der Richtung, die die Kunst im 20. Jahrhundert einschlug. Er ignorierte die damals sehr modischen Farbtheorien und ließ sich beim Komponieren seiner Bilder von seiner malerischen Intuition leiten, setzte dabei Farbfleck gegen Farbfleck, um das Glitzern und Schillern des Lichts in der Bewegung einzufangen. Prendergasts Malerei zeigte nie politisches oder sozialkritisches Engagement, er wählte seine Motive in einer friedvollen Umgebung und brachte sie wie ein bewegtes Farbprisma auf die Leinwand.

Bereits um die Jahrhundertwende war der Weg von der Piazza San Marco zum Riva degli Schiavoni von Spaziergängern belebt, deren Hüte, Sonnenschirme und Roben in ihrer Buntheit einen erfrischenden Kontrast zu den Flächen des Wassers und des Himmels, zum Gewirr der Häuserzeilen bildeten. Stilistisch repräsentiert Prendergast das Ende des amerikanischen Impressionismus und den Beginn einer wirklich modernen Malerei in den Vereinigten Staaten.

Maurice Prendergast
Ponte della Paglia in Venedig, 1899
Öl auf Leinwand, 71 x 58,5 cm
Washington, Philipps Collection

Ilja Jefimowitsch Repin
Die Saporoscher Kosaken schreiben dem türkischen Sultan Mohammed IV. einen Brief (Skizze), um 1878
Öl auf Leinwand, 67 x 87 cm
Moskau, Tretjakow-Galerie

ILJA JEFIMOWITSCH REPIN
1844–1930

Repin war ganz und gar Künstler seiner Zeit und seines Landes, und in seiner Kunst vereinte er ganz selbstverständlich die Anregungen, die ihm aus scheinbar widersprüchlichen Quellen zuflossen. Die mit dem Hof und der großen Gesellschaft verbundene Malerei war ohne die ständige Hinwendung zu Mitteleuropa und natürlich Paris nicht denkbar, aber daneben hatte es immer eine vitale und ausdrucksvolle russische Volks- und Kirchenkunst gegeben, die in ihrer Qualität durchaus bestehen konnte. Die aufgeschlossene, intellektuelle Gesellschaft seiner Zeit war voller Unruhe, viele Strömungen lagen in der Luft, die eine Neuorientierung der Lebens- und Gesellschaftsformen ankündigten.

Für die russische Kunst bedeutete das ein aufkommendes Selbstbewußtsein gegenüber den eigenen Leistungen, eine Emanzipation von den europäischen Leitbildern weg und ein Anerkennen nationaler Eigenheiten und Bedürfnisse. Das schlug sich nieder in russischen Ausformungen von Realismus, Impressionismus und Symbolismus.

Repins Gemälde der »Saporoscher Kosaken«, von dem es neben dieser Ölskizze auch zwei monumentale Fassungen in Charkow und St. Petersburg gibt, hat einen realen historischen Hintergrund. 1675 hatten die Kosaken den türkischen Sultan vernichtend geschlagen, was diesen jedoch nicht davon abhielt, ein hybrides Kapitulationsansuchen an die Sieger zu richten. Repin schildert in bunten, kräftigen Farben, aber realistischer Manier das Milieu der Kosaken und das überschäumende Vergnügen der rauhen Männer beim Verfassen ihres Antwortbriefes an den Sultan. Der Wortlaut des Schreibens ist noch erhalten und besteht aus einer Kaskade blumiger, orientalisch-bildhafter Verhöhnungen.

Ilja Jefimowitsch Repin
Die Ruhepause
(Bildnis Vera Alekseevna Repina), 1882
Öl auf Leinwand, 140 x 91,5 cm
Moskau, Tretjakow-Galerie

Repin war auch ein gesuchter und fähiger Porträtist. In der »Ruhepause« vereint er seine subtile Porträtkunst mit der Fähigkeit, die Stimmung eines Moments einzufangen. Er schuf eine sonore Symphonie mit den Leittönen Dunkelrot und Braun, die den Vergleich mit der Koloristik eines Tizian nicht zu scheuen braucht. Virtuos behandelt er alle Schattierungen dieser Farben und ihre Überschleifungen zu dem reizvollen Kontrast heller Haut- und Stoffarben. Sein Motiv ist in realistischer Feinmalerei ausgeführt, die alle Details von Materialien, ihrer Oberflächenbeschaffenheit und ihrer Wirkung im Licht voll zur Geltung bringen, während das Raumumfeld in einer impressionistisch-diffusen Weise charakterisiert ist, wiederum ein reizvoller Kontrast. In einem üppigen bordeauxroten Plüschsessel ruht eine junge Frau mit geschlossenen Augen, in anmutiger Haltung, mit aufgestütztem Kopf und geschlossenen Augen, in einer hübschen Pose hat sie die Hände ausgestreckt und die Beine übereinandergeschlagen. Repin schildert die junge Frau in einem Moment, in dem er als stiller Zuschauer ihrer Ruhepause kein distanzloser Eindringling ist, denn sie präsentiert sich ihm in vollendeter Haltung, die keine Indiskretion zuläßt.

Volkmar Essers

KLASSISCHE MODERNE

Die Malerei in der ersten Hälfte des 20. Jahrhunderts

Die Malerei der Klassischen Moderne entwickelt sich im Spannungsfeld zwischen Gegenstands- und Bildform, zwischen Wirklichkeitsnähe und Abstraktion. Farbe, Form, Raum, Licht, Zeit und Bewegung, aber auch die gesellschaftliche Wirklichkeit werden auf neue Weise erlebt. Nie zuvor wurde die künstlerische Freiheit so radikal verwirklicht.

In Frankreich schafft Matisse aus seiner Begeisterung für die Farbe unvergleichliche Harmonien, dagegen brechen Braque und Picasso mit den herkömmlichen Formvorstellungen. Die Verbindung von Form und Farbe bei Delaunay beeinflußt die Maler im Kreis des »Blauen Reiters«.

Während die neuen Bewegungen wie »Fauves«, Expressionismus, Kubismus und Futurismus noch nicht auf Gegenständlichkeit verzichten, vollzieht Kandinsky als erster den radikalen Schritt zur Abstraktion; für Klee dagegen sind abstrakte Formen eher Anregungen seiner Phantasie und künstlerisches Mittel.

Das Bild als persönlicher Ausdruck behält seine Bedeutung bei Chagall, Modigliani, Kirchner oder Beckmann. Im Surrealismus von Dalí, Magritte, Max Ernst und Miró wird das Unbewußte zum Thema. In Rußland und Holland versuchen Malewitsch und Mondrian in streng geometrischen Abstraktionen das Persönliche auszuschließen und eine neue Welt zu entwerfen.

Mit der Erwartung, daß sich die künstlerische Freiheit in Grenzen zu halten habe – zumindest soweit, daß die Gegenstände wiedererkennbar bleiben –, läßt sich die Malerei des 20. Jahrhunderts, auch die der bereits Klassischen Moderne, nicht verstehen. Nicht nur die Maler abstrakter Bilder, sondern auch die Künstler, die an den Zeichen der sichtbaren Wirklichkeit festhalten, haben zu ihrer Zeit extreme Positionen bezogen, die die traditionelle Bildauffassung entscheidend und nachhaltig verändert haben.

Als El Lissitzky (1890–1941) und Hans Arp (1887–1966) 1925 ihr Buch »Die Kunstismen« herausgaben, belegten sie bereits fünfzehn verschiedene Bewegungen durch Bildbeispiele, obwohl sie sich auf den Zeitraum von 1914 bis 1924 beschränkten. »Kubismus, Futurismus, Expressionismus, Abstrakte Kunst, Metaphysiker, Suprematismus, Simultanismus, Dadaismus, Purismus, Neoplastizismus, Merz, Proun, Verismus, Konstruktivismus, Abstrakter Film«. Die Vielfalt, die sie ausbreiten, wirkt um so verwirrender, als die Orientierung in der Entwicklung der Malerei des 20. Jahrhunderts noch dadurch erschwert wird, daß die unterschiedlichen Möglichkeiten in der Bildauffassung zum Teil im zeitlichen Nacheinander, zum Teil aber auch antithetisch zur selben Zeit erprobt werden. Es gibt jedoch Entsprechungen und Grundströmungen, durch die sich einzelne Bewegungen zusammenschließen oder voneinander ableiten lassen.

Die vielfältigen Veränderungen, die sich in der Malerei der Klassischen Moderne vollzogen haben, lassen sich in formaler und inhaltlicher Hinsicht auf wenige grundlegende Wandlungen der Bildauffassung einengen: die Befreiung der Farbe und der Form von der Gegenstandswiedergabe bis hin zur Abstraktion; auf der einen Seite die Betonung der Emotion, des gesteigerten persönlichen Ausdrucks, und auf der anderen Seite die Entpersönlichung des Bildes zugunsten der Konstruktion und einer neuen kollektiven Ordnung und im Gegensatz dazu die Erforschung des Unbewußten in traumhaften und phantastischen Bildern.

Die Befreiung der Farbe

Die Verwendung reiner, ungebrochener Farben, die sich über die natürliche Farbigkeit der Gegenstände hinwegsetzt, ist das hervorstechende Merkmal einer Künstlergruppe, zu der – neben Henri Matisse (1869–1954) – Maurice de Vlaminck (1876–1958), André Derain (1880–1954), Albert Marquet (1875–1947), Georges Rouault (1871–1958), Raoul Dufy (1877–1953) und Georges Braque (1882–1963) gehören. Als sie 1905 gemeinsam im Pariser Herbstsalon ausstellen, werden sie wegen der Heftigkeit ihrer Farben aufgrund einer Bemerkung des Kritikers Louis Vauxcelles (* 1870) als Wilde – französisch: Fauves – beschimpft. Mit ihrer unnatürlichen Farbenflut verselbständigen sie eines der Hauptmittel der Malerei: die Farbe.

Der explosiven Farbigkeit der Fauves sind die Bemühungen anderer Maler vorausgegangen, die Farbe neu einzusetzen; sei es, daß sie zum bestimmenden Träger des Bildaufbaus wird wie bei Seurat oder dem Ausdruck der Gefühle dient wie bei van Gogh, dessen Gedächtnisausstellung 1901 in Paris zum wichtigsten Ereignis in der Vorgeschichte des Fauvismus wird. Zu dem Einfluß van Goghs kommt noch die Begeisterung für den Divisionismus, das heißt für die Farbzerlegung, ausgelöst durch die Ausstellung Signacs 1904.

Die Fauvisten sind sich einig in der Ablehnung der Nuancen der impressionistischen Palette und in der Suche nach der neuen Ausdruckskraft der Farbe. Sie kümmern sich nicht um die realistische Wiedergabe der Natur. Es entstehen Visionen mit grünen Himmeln, zitronengelben Bäumen, blauen Chausseen, smaragdgrünen Gesichtern durch die Verwendung der Töne, wie sie aus der Tube kommen, die Derain mit »Dynamitpatronen« verglichen hat. Räumlichkeit entsteht ohne Perspektive und Schatten nur durch das Übereinanderlegen oder Wechselspiel der Farbflecken. Der Bildgegenstand hat kein Eigenleben, sondern ist nur Funktion der Farbe, und nur durch die Verteilung der Farbe in unterschiedlicher Menge auf der Fläche entstehen Zusammenhang und Gleichgewicht des Bildes. Mehr zur Legitimierung als zur Herleitung ihres eigenen Wollens berufen sich die Fauves auf eine kaum nachvollziehbare Mischung von Bezugspunkten: die Primitiven, die Gotik, Rubens und El Greco, die volkstümliche Kunst, aber auch auf die Negerplastik.

Die Sprengkraft des Fauvismus war nach fünf Jahren ausgereizt. Dann wandten sich die Fauvisten der ersten Stunde wieder einer traditionelleren Auffassung zu oder aber wie Braque neuem Terraingewinn. Nur Matisse hat aus seiner Begeisterung für Farbe kontinuierlich sein Lebenswerk entwickelt. Er verwendet zwar heftige und dissonante Töne, vermittelt aber auch durch Abstufungen und erreicht wie bei seinem frühen Meisterwerk »Luxus I« (Paris, Musée d'Art Moderne) von 1907 durch die Beschränkung auf wenige Farben und die ausgewogene Verteilung der Flächen seine unvergleichliche Harmonie. Seine klar empfundenen Arabesken und Linien dienen dazu, die Farbflächen zu halten und zu begrenzen.

Der Farbigkeit der Fauves nahestehend, wenn nicht gar durch sie beeinflußt, schließen sich Ernst Ludwig Kirchner (1880–1938), Karl Schmidt-Rottluff (1884–1976), Erich Heckel (1883–1970) und Fritz Bleyl (1880–1966) 1905 in Dresden zur Künstlergemeinschaft »Die Brücke« zusammen. Die Gruppe wurde im Jahre 1906, als sie zum erstenmal gemeinsam ausstellte, durch Max Pechstein (1881–1955) und Emil Nolde (1867–1956), der ihr nur zwei Jahre angehörte, erweitert. Der Name »Die Brücke« soll ihre Absicht symbolisieren, alle revolutionären Tendenzen im damaligen Deutsch-

Pablo Picasso
Bildnis Dora Maar, 1937
Öl auf Leinwand, 92 x 65 cm
Paris, Musée Picasso

land zusammenzufassen. Ihre Aufbruchstimmung kommt in ihrem Programm, das Kirchner 1906 formuliert, zum Ausdruck: »Mit dem Glauben an Entwicklung, an eine neue Generation der Schaffenden wie der Genießenden rufen wir alle Jugend zusammen, und als Jugend, die die Zukunft trägt, wollen wir uns Arm und Lebensfreiheit verschaffen gegenüber den wohlangesessenen älteren Kräften. Jeder gehört zu uns, der unmittelbar und unverfälscht das wiedergibt, was ihn zum Schaffen drängt.« Darin wird deutlich, daß sich für die Maler der »Brücke« das Problem der Farbe nicht als Selbstzweck stellt, sondern sich von Anfang an mit existentielleren Problemen vermischt.

Wie bei den Fauves ist van Gogh, dessen Bilder 1905 und 1908 in Dresden gezeigt werden, als Anreger wichtig, ebenso Gauguin und Seurat. Aber es wird auch Munch ausgestellt. Munchs ekstatische Visionen, bei denen die Farbe seinem Gemütszustand entspricht, verfehlen nicht ihre Wirkung. Die emotionale, psychologische Aufladung, die Matisse stets ablehnt, unterscheidet »Die Brücke« vom reinen Farbklang der Fauves. Die Unterschiedlichkeit wird auch nicht durch die direkte Bekanntschaft aufgehoben, als Pechstein 1907 die Fauves in Paris kennenlernt, die Fauves 1908 in Dresden ausstellen, und Kirchner 1909 die Matisse-Ausstellung in Berlin besucht. Das Interesse für Volkskunst und der Besuch der Völkerkundemuseen gehört allmählich zur Pflicht eines fortschrittlich gesinnten Künstlers.

Alexej von Jawlensky
Der rote Schal, 1909
Öl auf Leinwand, 54 x 49 cm
Privatbesitz

Die Maler der »Brücke« steigern die Farbigkeit bis zur Dissonanz. Kirchner und Heckel schließen die ornamenthaft flächigen Farbfelder mit kräftigen, kantigen Konturen ab, während Schmidt-Rottluff sie offen nebeneinander setzt. Die Beschäftigung mit der spröden Technik des Holzschnitts, der den unbekümmerteren Fauves fernsteht, wirkt zurück auf ihre Malerei und führt zur Versteifung und Kantigkeit des Konturs. Ihre Motive erwachsen aus dem unmittelbaren Lebensvollzug in ihrer Umgebung: Atelier, Ferienlandschaft, Malerfreunde, Akt und Stilleben. Die Zeitspanne, in der die Maler der »Brücke« ihre Bilder in ungebrochenen Farben aufstrahlen lassen, ist kurz wie bei den Fauves. Mit der Übersiedlung der Gruppe nach Berlin im Jahre 1911 bricht die gespannte Farbigkeit in eine gedämpfte Tonigkeit und gelangt der Bildinhalt wieder zu größerer Bedeutung.

Die Erneuerung der Form

Kaum später als die Befreiung der Farbe von der Gegenstandswiedergabe vollzieht sich die Erneuerung des Bildes als Formgefüge, indem die Form weitgehend von der Gegenstandswiedergabe gelöst wird. In Auseinandersetzung mit der altiberischen Plastik und der Negerkunst entsteht 1906 Pablo Picassos (1881–1973) erster Entwurf zu den »Demoiselles d'Avignon« (New York, The Museum of Modern Art). Der Einfluß der »Primitiven« verbindet sich mit der Wirkung, die von der Cézanne-Ausstellung 1907 in Paris ausgeht. Von Cézanne wird der Ausspruch überliefert: »Alles in der Natur modelliert sich wie Kugel, Kegel und Zylinder.« Als Braque die Anregungen bei seinen Landschaftsbildern aus L'Estaque konsequent umsetzt, spricht der Kritiker Vauxcelles ablehnend von einer Malerei in »kleinen Kuben«. So wird durch denselben Autor, der bereits den Fauves durch ein Schimpfwort zu ihrem Namen verholfen hat, das Wort »Kubismus« in Umlauf gebracht. Picasso und Braque entwickeln in dem kurzen Zeitraum von 1908 bis 1914 die maßgebenden Möglichkeiten dieses die Sehweise revolutionierenden Stils.

In der ersten Phase des Kubismus der Jahre 1908/09 werden die wenigen Bildthemen von Landschaft, Stilleben und Figur (meist Halbfigur mit Musikinstrument) aus geometrischen Grundformen aufgebaut. Es entstehen kantige Gebilde, die in der Geschlossenheit der körperhaften Vorstellung die plastische Qualität der Gegenstände betonen. Die auf Ocker, Braun und Grün begrenzte Farbskala hat keinen Eigenwert, sondern dient der Verdeutlichung der Form. Die zentralperspektivische Einheit der Sicht wird aufgegeben, indem divergierende Ansichten ineinander projiziert werden. An die Stelle des einheitlichen Bildraums tritt ein eigenständiges Gefüge ineinander verschränkter, körperhafter Formen.

Für die zweite Phase der Jahre 1910 bis 1912 hat sich die Bezeichnung »analytischer« Kubismus durchgesetzt. Die Volumen werden immer stärker in Flächen und Linien aufgegliedert und zerspalten. Durch die Aufhebung klarer Begrenzungen und die Durchdringung der Flächen in

Henri Matisse
Der Tanz, 1910
Öl auf Leinwand, 260 x 391 cm
St. Petersburg, Ermitage

fließenden Übergängen entsteht ein Wechselspiel von Positiv- und Negativform. Körper und Raum durchdringen sich untrennbar. In einer weiteren Steigerung wird die Unabhängigkeit von der Gegenstandswiedergabe so weit entwickelt, daß die Bildthemen kaum noch erkennbar sind und die Zergliederung sich der Abstraktion nähert. Die Farbe changiert in kleinen Fleckchen zwischen Ocker und Grau, während die kurzen Linien sich zum rhythmischen Formgefüge ordnen.

Am Beginn der dritten Phase, des »synthetischen« Kubismus der Jahre 1912 bis 1914, steht eine technische Neuerung. Verschiedenste Alltagsmaterialien wie Zeitungsfragmente, Zigarettenpackungen, Streichholzschachteln oder Tapetenstücke werden in die Bilder eingeklebt. Das Verfahren der Collage (Klebebild) hat weit über den Kubismus hinaus auf die Kunst des 20. Jahrhunderts gewirkt. Picasso und Braque haben die alltägliche Wirklichkeit wieder verstärkt ins Bild geholt, aber auch den Blick auf die Materialität des Bildes als Objekt gelenkt. Die schichtende Kombination sorgfältig konturierter Papierstücke wirkt sich auf den Stil ihrer Arbeiten insgesamt aus. Durch großflächige Strukturen werden die Bilder geschlossener, während die verkürzende Wiedergabe der Gegenstände in zeichenhaft klaren Konturen an Eindeutigkeit gewinnt. Alles wirkt zusammengepreßt in eine flache Schicht. Die wieder kräftigere Farbigkeit trennt die Flächen und steigert die Spannungen der Form. Aber sie gewinnt auch wieder eigenständige Bedeutung und reicht bei Picasso bis zur Buntheit.

Obwohl sich Picasso und Braque während der Zeit, da sie systematisch den Kubismus entwickeln, vom Ausstellungsbetrieb fernhalten, stehen ihre Neuerungen von Anfang an im Interesse der jungen Künstler in Paris. Bereits 1910 schließen sich Robert Delaunay (1885–1941), Albert Gleizes (1881–1953), Jean Metzinger (1883–1956) und Henri Le Fauconnier (1881–1946) im Zeichen des Kubismus zusammen. Ein Jahr später kommt Juan Gris (1887–1927) dazu. Die kubistischen Maler – ohne Picasso und Braque – stellen 1911 zum erstenmal als geschlossene Gruppe aus. Gleizes und Metzinger unternehmen den ersten Versuch einer umfassenden Charakterisierung und Begründung der neuen Malerei in ihrem Buch »Du Cubisme« (Über den Kubismus), das 1912

Georges Braque
Obstschale und Glas, 1912
Kohle und aufgeklebtes Papier, 62 x 44,5 cm
Privatbesitz

erscheint. Aus dem Kreis der Schriftsteller, die sich für die neue Richtung einsetzen, folgt 1913 Guillaume Apollinaires (1880–1918) Buch »Les peintres cubistes« (Die Maler des Kubismus).

Während Picasso und Braque den Kubismus an den traditionellen Bildthemen von Landschaft, Stilleben und Figur erproben, wendet sich Fernand Léger (1881–1955) der Bildwelt des technischen Zeitalters zu. Er sagt zu seiner Themenwahl: »Jeder Künstler besitzt eine Waffe, mit der er die Überlieferung attackieren kann. Da es mir um die Sprengkraft und Intensität ging, machte ich mir die Maschine zunutze, so wie sich andere manchmal des Aktes oder des Stillebens bedienen. Ich für mich versuche, aus mechanischen Elementen ein schönes Objekt zu machen.« Für seine aktuelle Thematik entwickelt Léger eine besondere Form des Kubismus, dessen Leitmotiv der Tubus, also die Röhrenform ist. 1913 beginnt Léger eine Reihe von Bildern, denen er den Titel »Formkontraste« gibt. Sie zeigen verschiedene Konstellationen zylindrischer Formen, die durch ihre blaue Farbe die Vorstellung von Metall, Maschine und Technik wecken, ohne einen Funktionszusammenhang zu bilden. Léger ist zwar fasziniert von der Maschinenwelt, aber er bildet sie nicht ab, sondern verwendet lediglich einzelne Formen für sein Bildgefüge.

Die von den Kubisten über mehrere Jahre zugunsten der Form vernachlässigte Farbe wird zum zentralen Anliegen von Delaunay. Mit der Auflösung der Formen in Farben setzt er sich 1912 in der Serie seiner »Fensterbilder« auseinander. Wegen ihres eher lyrischen Ausdrucks hat Apollinaire für diesen »Kubismus von Licht und Farbe« den Begriff »Orphismus« geprägt. Delaunay proklamiert die Eigengesetzlichkeit des Bildes: »Keine Natur – eher erste abstrakte Malerei in Farben. Die Farbe, die Farben mit ihren eigenen Gesetzen, ihren Kontrasten, ihren langsamen Vibrationen, ihren Intervallen – alle diese Beziehungen bilden die Basis der Malerei, die nicht mehr imitativ, sondern durch eben diese ihre eigene Technik selbst schöpferisch ist.« Delaunay hat mit seinen Bildern und auch mit seinen theoretischen Äußerungen eine starke Wirkung auf die deutschen Maler seiner Zeit ausgeübt, besonders auf Marc, August Macke (1887–1914) und Paul Klee (1879–1940). Delaunays Aufsatz »Über das Licht« erscheint 1913 in Klees Übersetzung in der Zeitschrift »Der Sturm« in Berlin.

Bewegung und Zeit

Der Kubismus hat mit der Zerlegung des Gegenstandes und der Bildform der Simultaneität die Voraussetzung für die Darstellung der Bewegung geschaffen. Bewegung entzieht sich der unmittelbaren – realistischen – Wiedergabe im Bild. Im Film wird sie im zeitlichen Nacheinander erfaßt, im Bild durch die gleichzeitige – simultane – Wiedergabe verschiedener, einander zeitlich folgender Bewegungsstadien.

Bewegung und Zeit, Dynamik und Energie im Bild sichtbar zu machen, ist das Ziel einer Gruppe italienischer Künstler, die sich selbst den Namen »Futuristen« gegeben hat, um ihre Ausrichtung auf die Zukunft auszudrücken. Mit seinem am 20. Februar 1909 auf der ersten Seite der renommierten Pariser Tageszeitung »Le Figaro« veröffentlichten »Manifest für den Futurismus« steht der italienische Dichter Filippo Tommaso Marinetti (1876–1944) am Anfang einer Bewegung, die ungefähr 180, alle Bereiche des Lebens und der Kunst umfassende Manifeste hervorgebracht hat. Der Erscheinungsort Paris sicherte dem Manifest internationale Beachtung. Marinetti verkündet provokativ: »Wir erklären, daß sich die Herrlichkeit der Welt um eine neue Schönheit bereichert hat: die Schönheit der Geschwindigkeit. Ein Rennwagen, dessen Karosserie große Rohre schmücken, die Schlangen mit explosivem Atem gleichen ... ein aufheulendes Auto, das auf Kartätschen zu laufen scheint, ist schöner als die Nike von Samothrake.«

Ausgehend von Marinetti verfassen und unterzeichnen Umberto Boccioni (1882–1916), Carlo Carrà (1881–1966), Luigi Russolo (1885–1947), Giacomo Balla (1871–1958)

Pablo Picasso
Guernica, 1937
Öl auf Leinwand, 349,3 x 776,6 cm
Madrid, Centro de Arte Reina Sofía

und Gino Severini (1883–1966) am 11. Februar 1910 ihr »Technisches Manifest der futuristischen Malerei«. Sie begeistern sich für die moderne Technik, für den Rausch der Geschwindigkeit und für eine neue Schönheit, die nicht aus Harmonie, sondern aus Aggressivität und Kampf entsteht. Für Vergangenheit und Tradition haben sie nichts übrig, weil sie die eigenen Kräfte lähmen. Sie sehen im Krieg die Möglichkeit, Vergangenheit zu vernichten und aus dem vollkommenen Chaos neu zu beginnen. Die Bewährungsprobe des Ersten Weltkriegs haben sie teils physisch, teils künstlerisch nicht überstanden.

Für die futuristischen Maler ist neben der spätimpressionistischen Farbzerlegung vor allem der Einfluß des Kubismus seit 1911 die entscheidende Voraussetzung, ihre neuen, bekenntnishaften Inhalte formal umzusetzen. Auf dieser Basis gelingt es Boccioni 1911 in seinem Bild »Der Lärm der Straße dringt in das Haus« (Abb. S. 576), die dynamische, simultane Durchdringung zum Eindruck der Drehbewegung, eines Strudels zu steigern. Boccioni sieht sogar den Faktor Zeit im Bild verwirklicht. Zumindest haben die futuristischen Maler den Blick auf die simultane Wahrnehmung gelenkt und die Frage von Bewegung, Zeit und Raum im Bild neu gestellt.

Die Entstehung der abstrakten Kunst

Alle neuen Bewegungen seit 1900 wie Fauvismus, »Die Brücke«, Kubismus und Futurismus haben zwar die Abbildfunktion des Bildes radikal in Frage gestellt und sich auf die Eigengesetzlichkeit des Bildes besonnen, aber sie haben alle an den Zeichen der sichtbaren Wirklichkeit festgehalten. Der vollständige Verzicht auf den Gegenstand, der die traditionelle Kunstauffassung am stärksten verändert hat, erfolgt in einem Kreis fortschrittlich gesinnter Maler, die sich 1909 in München zur »Neuen Künstlervereinigung« zusammenschließen. Zu ihnen gehören Adolf Erbslöh (1881–1947), Alexander Kanoldt (1881–1939), Marianne von Werefkin (1860–1938) und Gabriele Münter (1877–1962). Marc, Karl Hofer (1878–1955) und die Brüder David (1882–1967) und Wladimir Burljuk (1886–1917) kommen bald hinzu. Die Wortführer der Vereinigung sind Kandinsky und Alexej Jawlensky (1864–1941). Sie stehen den fauvistischen Farberfahrungen und folkloristischen Überlieferungen nahe.

In seiner Autobiographie »Rückblicke« berichtet Kandinsky über ein folgenreiches Erlebnis, das er 1909 in seinem Münchner Atelier hat: »Es war die Stunde der einziehenden Dämmerung. Ich kam mit meinem Malkasten nach einer Studie heim, noch verträumt und in die erledigte Arbeit vertieft, als ich plötzlich ein unbeschreiblich schönes, von einem inneren Glühen durchtränktes Bild sah. Ich stutzte erst, dann ging ich schnell auf dieses rätselhafte Bild zu, auf dem ich nichts als Formen und Farben sah und das inhaltlich unverständlich war. Ich fand sofort den Schlüssel zu dem Rätsel: es war ein von mir gemaltes Bild, das an die Wand angelehnt auf der Seite stand. Ich versuchte den nächsten Tag bei Tageslicht den gestrigen Eindruck von diesem Bild zu bekommen. Es gelang mir aber nur halb: auch auf der Seite erkannte ich fortwährend die Gegenstände und die feine Lazur der Dämmerung fehlte. Ich wußte jetzt genau, daß der Gegenstand meinen Bildern schadete.«

Wassily Kandinsky
Ohne Titel, 1910 (1913)
Bleistift, Aquarell und Tusche auf Papier, 49,6 x 64,8 cm
Paris, Musée National d'Art Moderne, Centre Georges Pompidou

Kandinsky malt 1913 sein erstes abstraktes Aquarell, das er nachträglich auf 1910 vordatiert. In dem Zeitraum von 1910 bis 1914 malt er gleichzeitig gegenständliche Bilder, Bilder zwischen Gegenständlichkeit und Abstraktion und abstrakte Bilder. Obwohl nach 1900 verschiedene Maler unabhängig voneinander auf den Gegenstand verzichtet haben wie Francis Picabia (1879–1953), Frantisek Kupka (1871–1957), Delaunay, Marc, Arp, Michail Larionow (1881–1964), Kasimir Malewitsch (1878–1935) und Piet Mondrian (1872–1944), wird Kandinsky als der Begründer der abstrakten Kunst anerkannt. Denn er hat mit seinen Bildern konsequent den Weg der abstrakten Malerei beschritten und seine Entdeckung systematisch theoretisch untermauert.

Kandinskys Wendung zur Abstraktion führt 1911 zur Spaltung der »Neuen Künstlervereinigung«. Zusammen mit Marc gründet er im selben Jahr den »Blauen Reiter« als Kreis gleichstrebender Künstler und als Ausstellungs- und Redaktionskomitee. An der ersten Ausstellung des »Blauen Reiters« sind neben Kandinsky und Marc Heinrich Campendonk (1889–1957), Macke, Münter und als Gast aus Paris Delaunay vertreten. Erst bei der zweiten Ausstellung 1912 ist auch Klee dabei. 1912 ist auch das Jahr, in dem Kandinsky und Marc den Almanach »Der Blaue Reiter« herausgeben, der sowohl Malerei als auch Musik und Volkskunst umfaßt, und es erscheint in dem Jahr Kandinskys programmatisches Buch »Über das Geistige in der Kunst«, die erste theoretische Rechtfertigung der abstrakten Kunst. Die schwer nachvollziehbaren Grundideen seines Buches sind für die abstrakte Kunst bis heute, wenn auch nicht selbstverständlich, bestimmend geblieben.

Kandinsky lehnt den Materialismus ab und betont die Geistigkeit. Er trennt die Bereiche Natur und Kunst, indem er die Kunst als losgelöst vom praktischen Leben begreift. Für ihn spiegelt die Kunst nicht die Natur, sondern entspringt einem inneren Gefühlszwang, der sich unbeeinflußt von den äußeren Formen der Natur mitteilt. Oberster Maßstab der Kunst ist für ihn »die innere Notwendigkeit«. Sie bedeutet, daß Kunst etwas sonst nicht Wahrnehmbares wahrnehmbar macht, nämlich das übergeordnete Weltgesetz einer »Harmonia Mundi«. Zwei Maler werden als Wegbereiter der abstrakten Kunst hervorgehoben: »Matisse – Farbe. Picasso – Form. Zwei Weisungen auf ein großes Ziel.«

Die Musik, die ohne Worte, ohne eigentlichen Inhalt auskommt, ist ein zentrales Bezugsfeld. Darüber hinaus werden verschiedene Empfindungen verknüpft und synästhetische Beziehungen im gleichzeitigen Wahrnehmen von Farben und Tönen aufgestellt. Kandinsky drückt das so aus: »Die Farbe ist die Taste. Das Auge ist der Hammer. Die Seele ist das Klavier mit vielen Saiten. Der Künstler ist die Hand, die durch diese oder jene Taste zweckmäßig die menschliche Seele in Vibration bringt.« Kandinskys geistige Fundierung der Kunst kommt aus dem Symbolismus um 1900 und fügt sich ein in die Bestrebungen des Expressionismus vor dem Ersten Weltkrieg. Seine Hinwendung zum Kosmischen entspricht einer Zeitstimmung. Nur in der Diktion ist Kandinsky von Klee zu unterscheiden: »Die Entstehung des Werkes ist kosmischen Charakters. Der Urheber des Werkes ist der Geist. Das ist die kosmische Tragik, in der das Menschliche nur ein Klang ist, nur eine einzige mitsprechende Stimme, und in der das Zentrum in eine Sphäre verschoben ist, die sich dem Göttlichen nähert.«

Die Farbe hat für Kandinsky sowohl musikalische als auch symbolische und kosmische Bedeutung. Gelb klingt für ihn wie eine Trompete, ist aggressiv und die typisch irdische Farbe. Blau klingt je nach dem Grad der Helligkeit wie Flöte, Cello, Kontrabaß, Orgel, besitzt Ruhe und ist die typisch himmlische Farbe. Rot klingt je nach dem Grad der Helligkeit wie Tuba oder Geige, ist Leidenschaft und zielbewußte Kraft. Weiß bedeutet ein Nichts vor dem Anfang, vor der Geburt, Symbol einer Welt hoch über uns. Dagegen ist Schwarz ein Schweigen ohne Zukunft, ohne Hoffnung. Auch Marc, der von den Malern des »Blauen Reiters« Kandinsky auf dem Weg der Abstraktion am weitesten gefolgt ist, unterlegt den Farben eine symbolische Bedeutung. Blau verkörpert für ihn das männliche, Gelb das weibliche Prinzip, während Rot für ihn ganz allgemein die Materie bedeutet.

Die Musik, die zur Legitimation des Verzichts auf den Gegenstand immer wieder herangezogen wird, ist in der Ausstellung und im Almanach »Der Blaue Reiter« durch den Komponisten Arnold Schönberg (1874–1951) vertreten. Während Kandinsky zu abstrakten Bildern gelangt, vollzieht Schönberg zur selben Zeit den entscheidenden Schritt zu einer tonal ungebundenen Musik, zur Atonalität. Aus demselben Zwang zur theoretischen Rechtfertigung läßt Schönberg 1911 seine »Harmonielehre« erscheinen. Schönbergs denkwürdige Publikation zeigt auffällige Entsprechungen zu Kandinskys Schrift »Über das Geistige in der Kunst«. Beiden geht es um den verborgenen, inneren Klang der Welt; beide postulieren und dokumentieren das geistige Prinzip der Kunst.

Nachdem Marc im Januar 1911 ein Schönberg-Konzert in München gehört hat, schreibt er an Macke: »Kannst Du Dir eine Musik denken, in der die Tonalität (also das Einhalten einer Tonart) völlig aufgehoben ist? Ich mußte stets an Kandinskys große Kompositionen denken und auch an Kandinskys ›springende Flecken‹ bei Anhören dieser Musik, die jeden angeschlagenen Ton für sich stehen läßt (eine Art weißer Leinwand zwischen den Farbflecken!). Arnold Schönberg scheint wie die Münchner Künstlervereinigung von der unaufhaltsamen Auflösung der europäischen Kunst- und Harmoniegesetze überzeugt.« Marc begreift die Auflösung positiv als Raumgewinn, als Offenbarung einer neuen schöpferischen Anfänglichkeit, während die Kritik darin nur eine Chaotisierung entdecken kann. Bei Ausbruch des Ersten Weltkrieges, in dem Marc und Macke fallen, verläßt Kandinsky München und kehrt nach Rußland zurück.

Die bedrängende Wirklichkeit

Ein wichtiger Grund für die Maler der »Brücke«, Kirchner, Heckel, Pechstein und Schmidt-Rottluff, im Herbst 1911 nach Berlin überzusiedeln, ist der Wunsch, in der Hauptstadt ein breiteres und anspruchsvolleres Publikum zu erreichen. In Berlin gibt Herwarth Walden (1878–1941) seit 1910 eine Zeitschrift für »Kultur und Kunst« unter dem Namen »Der Sturm« heraus, die zum wichtigsten Organ wird, das deutsche Publikum mit der zeitgenössischen französischen und deutschen Kunst bekannt zu machen. Walden tritt gleichzeitig als geschickter Organisator von Ausstellungen hervor, die er in der Galerie »Der Sturm« zeigt oder als Wanderausstellung herumschickt. 1912 zeigt er den »Blauen Reiter«.

Im »Sturm« veröffentlicht 1911 der Kunsthistoriker Wilhelm Worringer (1881–1965) einen Artikel, in dem zum erstenmal die Bezeichnung »Expressionismus« auf die bildende Kunst angewandt wird. Worringer bezieht den Begriff

Marc Chagall
Doppelbildnis mit Weinglas (Bella und Marc), 1917
Öl auf Leinwand, 235 x 137 cm
Paris, Musée National d'Art Moderne, Centre Georges Pompidou

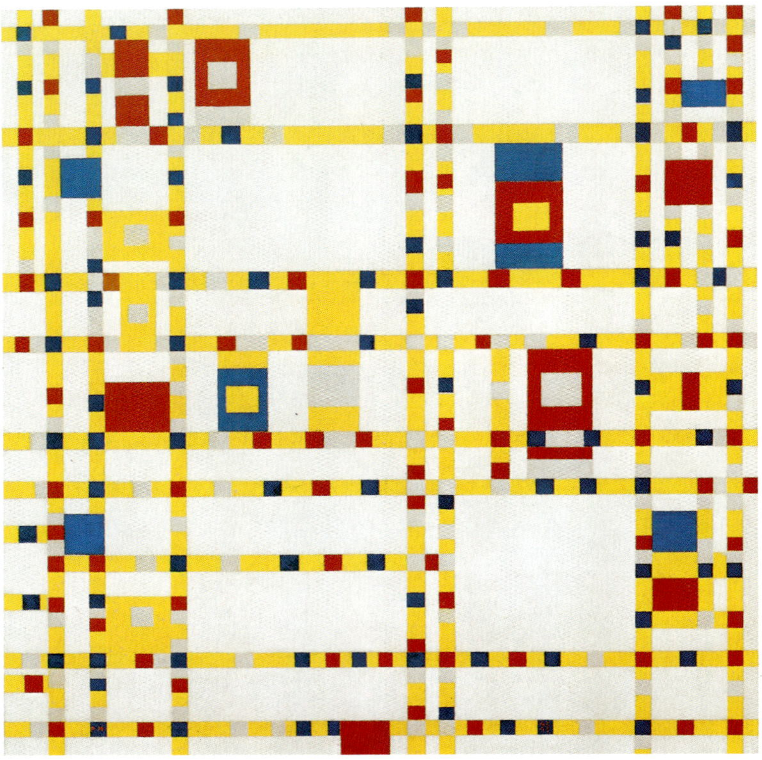

Piet Mondrian
Broadway Boogie-Woogie, 1942/43
Öl auf Leinwand, 127 x 127 cm
New York, The Museum of Modern Art

auf Cézanne, van Gogh und Matisse, auf die er heute nicht mehr angewendet wird. Es zeigt aber, daß zu der Zeit bei diesen Künstlern eine Steigerung des Ausdrucks gesehen und als verwandt empfunden wird. Bei der Ausstellung »Der Blaue Reiter« im »Sturm« wird der Begriff mit der modernen deutschen Kunstrichtung in Verbindung gebracht, das heißt mit Künstlern, die mit ihrer veränderten Formensprache zugleich auch seelische und soziale Erfahrungen vermitteln wollen. Der Expressionismus ist weder formal noch inhaltlich als einheitlicher Stil zu fassen. Das Spektrum reicht von Marcs Versuch, sich »pantheistisch einzufühlen in das Zittern und Rinnen des Blutes in der Natur«, bis hin zu Max Beckmanns (1884–1950) Faszination durch das »große Menschenorchester« in der Stadt.

Durch die verwirrende Vielfalt der Eindrücke, die verschiedenartigen Wahrnehmungen, die Reizüberflutung, durch Tempo und Hektik reizt die Großstadt die Expressionisten und liefert ihnen in bildender Kunst, Literatur und Film ein komplexes Thema. Im Doppelgesicht der Großstadt spiegeln sich Lebenskampf und Lebensgenuß, Vermassung und Vereinsamung, Überfluß und Not, Rausch und Gefährdung. Wichtiger als die Kulisse sind für die Expressionisten die Menschen. Als typische Repräsentanten des Großstadtlebens werden häufig Personen abseits des normalen bürgerlichen Lebens herausgestellt.

Am heftigsten aus dem Kreis der »Brücke«, die sich 1913 auflöst, reagiert Kirchner. Seine Berliner Straßendarstellungen der Jahre 1913/14 sind Bilder großstädtischer Entfremdung. Seine Hauptdarsteller sind Prostituierte und ihre Freier. Sie begegnen sich in der Form des Werbens und des Sich-Verkaufens. Durch scharfe, schneidende Linien und starke Kontraste von Licht und Schatten erscheinen die Figuren zugleich bedrohend und aggressiv. Ihre Gesichter sind zur Anonymität von Masken erstarrt. Einsamkeit, Verlorensein und Lieblosigkeit werden beschrieben. Neben diesen Bildern der Entfremdung stehen bei Kirchner Bilder eines selbstbestimmten Lebens in der Natur, die in den Sommermonaten auf der Ostseeinsel Fehmarn oder am Moritzburger See bei Dresden entstehen.

Ebenso emphatisch wie ambivalent heißt es in Ludwig Meidners (1884–1966) »Anleitung zum Malen von Großstadtbildern«, die 1914 erscheint: »Wir müssen endlich anfangen, unsere Heimat zu malen, die Großstadt, die wir unendlich lieben. Auf unzähligen, freskengroßen Leinwänden sollten unsere biebernden Hände all das Herrliche und Seltsame, das Monströse und Dramatische der Avenüen, Bahnhöfe, Fabriken und Türme hinkritzeln.« Meidners Straßen- und Stadtbilder von 1913 sind in ihrer futuristischen Dynamik und stürzenden Perspektive bedrängend. Das angstvolle Gefühl des Ausgeliefertseins an das Vernichtungspotential der Zivilisation bringt bei Meidner Visionen des Untergangs hervor. Ein Jahr vor Ausbruch des Ersten Weltkrieges hat die kommende Zerstörung die Städte auf seinen Bildern bereits erreicht.

Das Erlebnis des Ersten Weltkrieges hat bei den deutschen Künstlern – Beckmann, Otto Dix (1891–1969), George Grosz (1893–1959), Kirchner und vielen anderen – eine tiefe moralische Verunsicherung ausgelöst. Kirchner malt sich 1915 als Trinker und als Soldat mit abgeschossener Hand, obwohl er während seiner kurzen Militärzeit die Front nicht einmal gesehen hat. Trotzdem hält er nur mühsam seine Angst unter Kontrolle. In einem Brief schreibt Kirchner 1916: »Schwerer als alles andere lastet der Druck des Krieges und die überhandnehmende Oberflächlichkeit. Ich habe immer den Eindruck eines blutigen Karnevals. Man fühlt, daß die Entscheidung in der Luft liegt, und alles geht drunter und drüber. Aufgedunsen schwankt man, um zu arbeiten, wo doch jede Arbeit vergeblich und der Ansturm des Mittelmäßigen alles umreißt. Wie die Kokotten, die ich malte, ist man jetzt selbst. Hingewischt, beim nächsten Male weg. Trotzdem versuche ich immer noch Ordnung in meine Gedanken zu bringen und aus dem Verworrenen ein Bild der Zeit zu schaffen, was ja meine Aufgabe ist.«

Grosz, der 1915 vom Militär als untauglich entlassen wird, nennt als Antrieb für seine künstlerische Produktion: »Ich zeichnete und malte aus Widerspruch und versuchte durch meine Arbeiten die Welt in ihrer ganzen Häßlichkeit, Krankheit und Verlogenheit darzustellen.« Das Erlebnis der Straße verbindet sich für Grosz mit Schreckensbildern von Gewalt und animalischem Kampf: Er geißelt das Spießertum, indem er dessen perverse und sogar kriminelle Seiten aufdeckt.

Eine versöhnlichere Haltung nimmt Beckmann in seiner »Schöpferischen Konfession« ein, die 1920 in Berlin erscheint: »Der Krieg geht ja nun seinem traurigen Ende zu. Er hat nichts von meiner Idee über das Leben geändert, er hat sie nur bestätigt. Wir gehen wohl einer schweren Zeit entgegen. Aber gerade jetzt habe ich fast noch mehr als vor dem Krieg das Bedürfnis, unter den Menschen zu bleiben. In der Stadt. Gerade hier ist jetzt unser Platz. Wir müssen teilnehmen an dem ganzen Elend, das kommen wird. Unser Herz und unsere Nerven müssen wir preisgeben dem schaurigen Schmerzensgeschrei der armen getäuschten Menschen. Gerade jetzt müssen wir uns den Menschen so nah wie möglich stellen. Das ist das einzige, was unsere eigentlich recht überflüssige Existenz einigermaßen motivieren kann. Daß wir den Menschen ein Bild ihres Schicksals geben, und das kann man nur, wenn man sie liebt.« Auf seinen Bildern zeigt Beckmann die Menschen in qualvoller Enge, deformiert von ihrer Brutalität und ihren Leidenschaften.

Der Betroffenheit und dem Leiden unter den zeitbedingten Umständen stellen andere Künstler lärmend ihre ironische Kritik an den überkommenen Werten, an der Monotonie und Leere der funktionalen Zusammenhänge entgegen. Von Zürich aus, wo sich die Mitglieder des »Cabaret Voltaire« 1916 den zufälligen Namen »Dada« geben, wird die Anti-Kunst-Bewegung in die künstlerischen Metropolen New York, Paris, Berlin, aber auch nach Hannover und Köln getragen. Max Ernst (1891–1979), der von 1918 bis 1922 zur Kölner Dada-Gruppe gehört, schreibt: »Ein ebenso fürchterlicher wie törichter Krieg hatte uns um fünf Jahre unseres Lebens betrogen. Wir waren dabei gewesen, wie all das, was man uns als recht, schön und wahr gepriesen hatte, in einen Abgrund von Lächerlichkeit und Schande stürzte. Meine Werke zu jener Zeit sollten nicht gefallen, sondern aufheulen machen.«

Entwürfe einer neuen Welt

Noch während des Ersten Weltkrieges schließen sich in Rußland und den Niederlanden Künstler in dem Wunsch zusammen, eine neue Welt zu entwerfen und: die Trennung zwischen Kunst und Technik aufzuheben. Alle Bereiche des modernen Lebens sollen im Sinne einer neuen Gestaltung erfaßt werden: bildende Kunst, Architektur und Städtebau, Typographie und Reklame, Photographie und Film. Geometrische Formen werden in der bildenden Kunst immer mehr bestimmend.

In Rußland stellt Malewitsch im Jahre 1915 sein »Schwarzes Quadrat auf weißem Grund« (St. Petersburg, Russisches Museum) aus. In einem Begleittext nennt er seinen neuen Stil: »Die Mitternacht der Kunst schlägt. Die schönen Künste werden in Acht und Bann getan. Der Abgott-Künstler ist ein Vorurteil der Vergangenheit. Der Suprematismus preßt die ganze Malerei in ein schwarzes Quadrat auf einer weißen Leinwand zusammen. Ich habe nichts erfunden. Nur die Nacht habe ich in mir empfunden, und in ihr habe ich das Neue erblickt, das ich Suprematismus nannte. Durch die schwarze Fläche, die ein Quadrat bildete, hat es sich ausgedrückt.« Nach der Oktoberrevolution 1917 wird der Suprematismus die bestimmende Stilrichtung in Moskau. Während sich Malewitsch in seiner künstlerischen Praxis neben seinen Bildern Architekturentwürfen zuwendet, richtet sich seine suprematistische Lehre auf das ziel- und grenzenlose Universum. Die Welt, in der wir leben, bezeichnet er als eine Illusion, die der Gewohnheit entspringt, aus dem All Einzeldinge abzutrennen, indem wir ihnen Namen geben und sie Zwecken zuschreiben. Bildnerisch versucht er, das wahre All mittels farbiger Flächenformen darzustellen. Auch das ist aber nur Behelf. Letzten Endes soll man in den »weißen, freien Abgrund: die Unendlichkeit hinaussegeln«. Im Westen werden diese Ideen spätestens 1927 durch Malewitschs Ausstellung in Berlin und sein Buch »Die gegenstandslose Welt« bekannt, das 1927 als Bauhaus-Buch erscheint.

Neben Malewitsch arbeitet Lissitzky an der Verwirklichung neuer Ideen. Er malt in den Jahren 1919 bis 1924 Bilder, die er »Proun«-Projekte nennt. Proun, das sind die

Kasimir Malewitsch
Suprematistische Malerei, 1916
Öl auf Leinwand, 88 x 70,5 cm
Amsterdam, Stedelijk Museum

Anfangsbuchstaben von russisch: Gründung neuer Formen in der Kunst. Lissitzky erklärt zu seinen Prounen: »Die Bildleinwand ist mir zu eng geworden, und ich schuf den Proun als Umsteigestation aus der Malerei in die Architektur. Ich habe die Leinwand und Holztafelfläche als Grundstück behandelt, wo meinen Bauideen die wenigsten Hemmnisse gestellt sind. Ich habe die Schwarz-Weiße Skala (mit Aufleuchten von Rot) als Materie und Stoff bearbeitet. Auf diesem Wege wird eine Realität geschaffen werden, die allen eindeutig ist.« Ähnlich wie Malewitsch verspürt Lissitzky einen Drang nach Bewegung im Raum, wenn er ausführt: »Neue Erfindungen, die uns ermöglichen, auf neue Art und mit neuen Schnelligkeiten sich im Raum zu bewegen, werden eine neue Realität schaffen. Die statische Architektur der Ägyptischen Pyramiden ist überwunden: – unsere Architektur rollt, schwimmt, fliegt. Es kommt uns das Schweben, Schwingen entgegen. Die Form dieser Realität will ich miterfinden und gestalten.« Im Sinne seiner Vorstellungen wendet sich Lissitzky nach 1924 von der autonomen künstlerischen Tätigkeit ab und arbeitet als Erfinder, Konstrukteur, Photograph und Typograph. Nach 1921 setzt sich gegenüber Suprematismus und Proun der umfassendere Name »Konstruktivismus« durch. Er nimmt seinen Ausgang von den Reliefkonstruktionen Wladimir Tatlins, der sich auf Form- und Materialeigenschaften und auf das Verhältnis zwischen Material und Raum konzentriert. Sein 1919/20 entstandener Entwurf für das Denkmal der III. Internationale ist zum Inbegriff der revolutionären Kunst in Rußland geworden. Die allmählich einsetzende Reaktion gegen die Konstruktivisten führt dahin, daß ihre Arbeiten 1931 als »degeneriert« bezeichnet werden. Der sozialistische Realismus gewinnt die Oberhand.

In den Niederlanden sammelt sich 1917 eine Gruppe von Malern, Bildhauern und Architekten um die Zeitschrift »De Stijl«, die von Theo van Doesburg (1883–1931) bis 1928 herausgegeben wird. Ihr Ziel ist die Darstellung einer universalen Harmonie und die Überwindung des Individualismus. Wie bei den russischen Künstlern sind Geometrismus und Konstruktivismus ihre bildnerischen Mittel zum Entwurf einer besseren Welt.

Mondrian hat die Vorstellungen der Gruppe am überzeugendsten in Bilder umgesetzt und die Bezeichnung »Neoplastizismus« eingeführt. Seine Bilder zeigen die vollkommene Abstraktion, das heißt die gänzliche Ausschaltung der sinnlichen Wahrnehmung der sichtbaren Wirklichkeit. Die bildnerischen Mittel sind auf ihre Grundelemente beschränkt: die gerade Linie, den rechten Winkel – die Horizontale und die Vertikale also – und auf die Grundfarben Rot, Gelb, Blau und die beiden Nichtfarben Schwarz und Weiß. Es ist eine Malerei der äußersten Disziplin und Reduktion. Mondrian geht es aber nicht primär um die Gestaltung elementarer Formen, sondern elementarer Verhältnisse. Das ausgewogene Inbeziehungsetzen verschiedener Größenverhältnisse ist Ausdruck seines Weltbildes, das auf der Antagonie von Mikro- und Makrokosmos beruht, oder, wie Mondrian selbst sagt:

Joan Miró
Die Dichterin, 1940
Gouache und Terpentinfarben auf Papier, 38,1 x 45,7 cm
New York, Sammlung Colin

Edward Hopper Nighthawks (Nachtschwärmer), 1942
Öl auf Leinwand, 76,2 x 152,4 cm. Chicago, The Art Institute of Chicago

»Der Neoplastiker gewinnt durch die horizontal-vertikale Aufteilung des Rechteckes die Ruhe, das Gleichgewicht der Dualität: des Universums und des Individuums.«

In Deutschland beginnt der Entwurf einer neuen Welt erst nach dem Ende des Ersten Weltkrieges. In der Nachfolge der von van de Velde geleiteten Kunstgewerbeschule wird 1919 in Weimar das Staatliche Bauhaus gegründet. Es ist in seiner Zielsetzung weniger utopisch als der Suprematismus Malewitschs oder der Neoplastizismus Mondrians. Als Ausbildungsstätte stellt es sich auf eine handfestere Basis. Bei den Schülern soll die Fähigkeit entwickelt werden, künstlerische Erfahrungen auf die Gestaltung von Architektur und Gebrauchsgegenständen anzuwenden. In dem von dem Architekten Walter Gropius (1883–1969) 1919 herausgegebenen Programm heißt es: »Architekten, Bildhauer, Maler, wir alle müssen zum Handwerk zurück! Denn es gibt keine ›Kunst von Beruf‹. Es gibt keinen Wesensunterschied zwischen dem Künstler und dem Handwerker. Der Künstler ist eine Steigerung des Handwerkers. Gnade des Himmels läßt in seltenen Lichtmomenten, die jenseits seines Wollens stehen, unbewußt Kunst aus dem Werk seiner Hand erblühen, die Grundlage des Werkmäßigen aber ist unerläßlich für jeden Künstler. Dort ist der Urquell des schöpferischen Gestaltens.«

Lyonel Feininger, der das Bauhaus-Programm von Gropius mit dem Holzschnitt einer Kathedrale im Stil seines kristallinen Kubismus illustriert, ist seit der Gründung des Bauhauses als Maler dort. Ihm folgen Klee, Oskar Schlemmer (1888–1943), László Moholy-Nagy (1895–1946) und Kandinsky, der aus Rußland zurückkehrt. Die Lehrtätigkeit am Bauhaus veranlaßt die Maler, sich ihre Anschauungen bewußter zu machen, um das Wissen von den Wirkungen der Farbe, der Form und des Materials an die Schüler weitergeben zu können. Klee verfaßt »Wege des Naturstudiums« (1923) und »Pädagogisches Skizzenbuch« (1925 als Bauhaus-Buch Nr. 2 erschienen). Im Kunstverein Jena hält Klee seinen berühmten Vortrag »Über die moderne Kunst«. Aus Kandinskys Lehrtätigkeit geht das Buch »Punkt und Linie zu Fläche« hervor (1926 als Bauhaus-Buch Nr. 9 erschienen). Er stellt eine Grammatik der Elementarformen auf und untersucht die planimetrischen Figuren auf ihre Grundeigenschaften und ihren Ausdruckswert, indem er Objektives mit Subjektivem verbindet. Komposition definiert er »als eine exakt-gesetzmäßige Organisierung der in Form von Spannungen in den Elementen eingeschlossenen lebendigen Kräfte«.

Übrigens macht die avantgardistische Musik der Zeit eine vergleichbare Wandlung durch. Schönberg systematisierte die freie Atonalität zur Zwölftonreihe. Der strenge atonale Satz der Reihentechnik bedeutet Verhärtung. Er entspringt dem Bedürfnis, »eine möglichst große Beziehung der Teile untereinander herbeizuführen«, und er bedeutet auch ein Zurückdrängen des Individuellen.

Die rationale Atmosphäre des Bauhauses begünstigt, daß sich die Maler geometrischer Elemente bedienen. Kandinsky hat zwischen 1914 und 1921 während seines Aufenthalts in

Salvador Dalí
Die Versuchung des hl. Antonius, 1946
Öl auf Leinwand, 89,7 x 119,5 cm
Brussel, Musée Royaux des Beaux-Arts de Belgique

Rußland – möglicherweise beeinflußt durch Suprematismus und Konstruktivismus – neben unregelmäßigen, organischen Formen erstmals geometrische Formen verwendet.

Am Bauhaus gibt er die ungebundene Struktur seiner frühen abstrakten Bilder völlig auf. Geometrische Formen überlagern sich und scheinen sich wie im unendlichen Raum zu bewegen. Während Kandinsky die Assoziation mit dem Gegenständlichen meidet, wird sie von Klee geradezu gesucht. Klee sucht im Gegensatz zu Kandinsky die Verbindung der Gesetze von Natur und Kunst. Aber beide halten an den Grundvorstellungen aus der Zeit des »Blauen Reiters« fest, indem sie auch in geometrischen Formen ein Gefüge wirkender Kräfte sehen und ihrer Kunst die kosmische Dimension bewahren. Dagegen sind für Moholy-Nagy seine konstruktivistischen Bilder mit dem Gedanken an eine Neuordnung der konkreten Wirklichkeit verbunden.

Das Bauhaus ist nicht frei von Spannungen zwischen freier und angewandter Kunst. Schlemmer, der in der Vielfalt seiner Tätigkeiten als Maler, Bildhauer, Bühnengestalter, Ballettschöpfer und Kunsterzieher zwischen den Bereichen vermittelt, sieht dennoch keine Verschmelzung, sondern hält an einer Trennung fest. Er notiert am 18. März 1924 in sein Tagebuch: »Ich sehe die Wege in die Zukunft so: die Wege teilen sich. Die architektonischen, konstruktiven Tendenzen der letzten Kunstbestrebungen führen zur unmittelbaren Anwendung, was eine Erlösung für soundso vieles Problematische der letzten Zeit bedeutet. Anwendung: Gestaltung der uns umgebenden Gebrauchsgegenstände oder, wünschenswerter: Hausbau und alles, was darinnen ist. Andererseits wird die Lüge vom Tod der Kunst Lügen gestraft, die jene Verfechter der Anwendung (übrigens die wahren, nämlich nichtmalenden Konstruktivisten) proklamierten; ich meine das Bild, die Malerei, das Metaphysische wird gerettet und demonstriert mit eben denselben Konstruktionstendenzen, die jene im Realen, diese im Ideellen zur Gestaltung anwenden.«

Die Verschlechterung des politischen Klimas zwingt das Bauhaus, 1924/25 von Weimar nach Dessau und 1932 nach Berlin überzusiedeln. Der Versuch des Architekten Ludwig Mies van der Rohe (1886–1969), des letzten Bauhaus-Leiters, die Ausbildungsstätte weiterzuführen, muß 1933 aufgegeben werden. Der Nationalsozialismus setzt die abstrakte Kunst dem Bolschewismus gleich und erklärt die ganze Moderne für »entartet«. In der Wanderausstellung »Entartete Kunst« wird sie an den Pranger gestellt.

Jenseits der Wirklichkeit

Über die bloß physische Wirklichkeit will Giorgio de Chirico (1888–1978) mit einer Kunst hinausgelangen, die er als »pittura metafisica« bezeichnet. Beeindruckt durch das Erlebnis der Stadt Turin schreibt er: »Auf den Stadtplätzen legen Schatten ihre geometrischen Rätsel aus. Über den Mauern stehen unsinnige Türme, erhöht von kleinen bunten Fahnen«; und weiter heißt es: »Es ist die frostige Dämmerstunde eines klaren Tages gegen Ende des Frühlings. Die Tiefe des Himmelsdomes, noch meergrün, macht jeden schwindlig, der fest in sie schaut.«

Für de Chirico gilt es als erwiesen, »daß der Wahnsinn ein immanentes Element jeder profunden Äußerung der Kunst ist«. Wahnsinn bedeutet für ihn Verlust des Gedächtnisses: »Die Logik unseres normalen Tuns und Lebens ist nämlich ein kontinuierliches Band der Erinnerung an die Beziehungen zwischen der Umwelt und uns.« Bei de Chiricos »metaphysischen« Bildern der Jahre 1909 bis 1919 ist diese Erinnerung ausgelöscht. Die Beziehung der Dinge zueinander und zu uns ist aufgehoben. De Chirico nennt das Leben »einen geheimnisvollen großen Traum«. Er kann schon auf ein beachtliches Œuvre metaphysischer Bilder zurückblicken, als sich ihm 1917 in Ferrara Carrà, der sich 1915/16 von den Futuristen getrennt hat, Alberto Savinio (1891–1952) und Filippo de Pisis (1896–1956) anschließen und die Gruppe der »arte metafisica« gründen. Giorgio Morandi (1890–1964) kommt ein Jahr später hinzu. Die »pittura metafisica« wird zur unmittelbaren Voraussetzung surrealistischer Kunst, die de Chirico als ihr großes Vorbild anerkennt.

Einerseits als Reaktion auf die Rationalisierung und Perfektionierung, andererseits als Entsprechung der auch von den Wissenschaften neu aufgedeckten Wirklichkeiten des Unbewußten entsteht in der Mitte der zwanziger Jahre der Surrealismus. André Breton (1896–1966), der Wortführer der Surrealisten, formuliert 1924 provokativ in Anlehnung an das christliche Glaubensbekenntnis: »Ich glaube an die künftige Auflösung dieser scheinbar so gegensätzlichen Zustände von Traum und Wirklichkeit in einer Art absoluter Wirklichkeit, wenn man so sagen kann: Überwirklichkeit (sur-réalité).« Jeder der surrealistischen Maler hat seine eigene Sprache, seine individuelle Mythologie, seine persönlichen Bildinhalte entwickelt. Das Gemeinsame liegt in der geistigen Haltung, nicht aber in der künstlerischen Form. Der Dichter und Wortführer der Avantgarde, Apollinaire, hat 1917 erstmals das Wort »surrealistisch« verwendet. Aber das Wort als Bezeichnung einer Bewegung beginnt sich erst allmählich zu füllen, als die Schriftsteller Breton, Louis Aragon (1897–1982) und Philippe Soupault (1897–1990) 1919 in Paris die Zeitschrift »Littérature« gründen, die sich zunächst unter dem Einfluß Tristan Tzaras (1896–1963) dem Dadaismus öffnet, bevor sie zum Surrealismus hinleitet. Durch Ernst und Man Ray (1890–1976), die 1922 nach Paris kommen, weitet sich der Literatenkreis zur bildenden Kunst vor dem eigentlichen Gründungsjahr des Surrealismus. Breton veröffentlicht 1924 das erste »Manifest des Surrealismus«. Gleichzeitig wird die Zeitschrift »La Révolution Surréaliste« gegründet und das »Bureau de Recherches Surréalistes« in Paris eröffnet.

Der Surrealismus hat die Bereiche des Unbewußten im Bild sichtbar gemacht. Seine künstlerische Revolution gilt – im Gegensatz zu Fauvismus und Kubismus – nicht primär den Problemen von Farbe und Form, sondern will neue künstlerische Möglichkeiten und Verfahren als Ausdruck der neuen Inhalte finden. Ihre Anregungen schöpfen die Surrealisten, indem sie die Ebenen von wissenschaftlicher Auseinandersetzung mit dem Unbewußten und der des leidenden oder genießenden Verstricktseins vermischen, aus vielfältigen Quellen der Gegenwart, aber auch der Vergangenheit: aus der Psychoanalyse und der Traumdeutung Freuds ebenso wie aus der Märchen- und Mythenforschung, aus Spiritismus und Alchemie ebenso wie aus dem Gedankengut der deutschen Romantik und aus phantastischen Elementen der Kunst seit den Anfängen bis ins 20. Jahrhundert, aber auch aus der Bildnerei der Naiven, Geisteskranken, Kinder und schließlich der Naturvölker. In der Dichtung ernennen sie den Marquis de Sade (1740–1814), Edgar Allan Poe (1809–1849), den Grafen Lautréamont (1846–1870), Arthur Rimbaud (1854–1891) und Alfred Jarry (1873–1907) zu ihren Ahnen.

Die Surrealisten haben auf der Suche nach angemessenen Mitteln, ihre Inhalte auszudrücken, einige Verfahren entwickelt, die den Zufall als Quelle der künstlerischen Inspiration einbeziehen: das Durchreibeverfahren der Frottagen, das Abklatschverfahren der »Decalcomanie«, das Kratzverfahren der »Grattage«, das Räucherverfahren der »Fumage« und durch das Streuen von Sand auf die geleimte Leinwand das »Sandbild«. Durch den Wechsel von automatischer Handschrift, Zufall und absichtsvoller Bearbeitung entsteht eine neue Vielschichtigkeit und Phantastik.

An der ersten Ausstellung der Surrealisten in der Galerie Pierre in Paris sind Arp, de Chirico, Ernst, André Masson

Yves Tanguy
Die fünf Fremden, 1941
Öl auf Leinwand, 98 x 81,3 cm
Hartford (Conn.), The Wadsworth Atheneum,
The Ella Gallup Sumner and Mary Catlin Sumner Collection

(1896–1987), Joan Miró (1893–1983), Picasso, Man Ray, Pierre Roy (1880–1950) und auch Klee beteiligt. Yves Tanguy (1900–1955), René Magritte 1898–1967), Salvador Dalí (1904–1989) und Alberto Giacometti (1901–1966) schließen sich an und verbreitern das Spektrum, das von den Spuren unbewußten Malens nach dem Grundsatz der »automatischen Handschrift« über zeichen- und symbolhafte Darstellungen bis hin zur abbildhaften Wiedergabe von Träumen oder der verrätselten Wirklichkeit reicht. Die heftigen Auseinandersetzungen über literarische, künstlerische und vor allem politische Fragen führen zur Veränderung der Zeitschrift, die sich nun »Le Surrealisme au Service de la Révolution« nennt, und veranlaßt Breton 1930 zur Veröffentlichung des zweiten »Manifests des Surrealismus«. Während des Zweiten Weltkrieges emigrieren zahlreiche Surrealisten nach New York und beeinflussen die amerikanische Kunst.

Abstrakte oder konkrete Kunst?

Um 1930 wird Paris wieder einmal Zentrum der internationalen künstlerischen Avantgarde. Anhänger der abstrakten Kunst schließen sich zu »Cercle et Carré« und »Art Concret« zusammen. Aus diesen beiden Gruppen geht wiederum »Abstraction – Création« hervor als Zeitschrift und Ausstellungskomitee zur Förderung der nichtfigurativen Kunst. In ihrem Programm werden Abstraktion und konkrete Kunst als mögliche Alternativen dargestellt: »Abstraktion, da einige Künstler zur nichtgegenständlichen Kunst gekommen sind durch eine fortschreitende Abstrahierung der Naturformen, Création, da andere Künstler direkt zur Nichtgegenständlichkeit gelangt sind durch eine rein geometrische Konzeption oder durch den ausschließlichen Gebrauch von Elementen, die man gemeinhin abstrakt nennt, wie Kreis, Flächen, Balken, Linien etc.« Für das, was hier als »Création« beschrieben wird, setzt sich nach 1930 die Bezeichnung »konkrete Kunst« durch. Diese Bezeichnung wird auch von Kandinsky übernommen, der 1933 nach Paris emigrierte. Es wird darunter eine Kunst verstanden, die ohne Beziehung zur visuellen Wirklichkeit von rein geometrischen Formen und Verhältnissen ausgeht und in der Malweise präzise, immateriell und unpersönlich ist.

Neben der geometrisch kühlen Richtung der abstrakten Kunst wird aber auch der mehr lyrisch zeichenhafte Aspekt weiterentwickelt. Bei Kandinsky verbindet sich die Geometrie seiner Bauhaus-Bilder – vielleicht nicht unabhängig von der neu geschlossenen Bekanntschaft mit Miró und Arp – mit organischen, zeichenhaften und sogar musikalischen Formen und Formbewegungen. Der zeichenhafte Aspekt der Form ist von den Surrealisten gepflegt worden. Miró und Masson nähern sich in den dreißiger Jahren der Abstraktion. Arp steht mit seinen organisch sich wandelnden Formen den Surrealisten nahe. Der Zeichenwert wird zu einem Hauptthema der Kunst nach 1945, die mehr von Kandinsky, Klee, den Surrealisten und in Deutschland von Willi Baumeister (1889–1955) ausgeht als von den Geometrikern. Der Einfluß greift bereits zu Beginn der vierziger Jahre auf die USA über, wo Kandinskys frühe »Improvisationen« in Verbindung mit dem Surrealismus bei Malern wie Arshile Gorky (1905–1948), Willem de Kooning (* 1904) und Jackson Pollock (1912–1956) zum »Abstrakten Expressionismus« führen.

Nie zuvor ist in der Kunst die Erscheinung der Dinge, ihre Farbe, ihre Form, ihr Raumgehalt so verändert worden, und nie zuvor ist das Spektrum der damit verbundenen Vorstellungen so breit angelegt gewesen. Die avantgardistischen Strömungen haben dem Gewohnten jeweils neue Erfahrungen hinzugefügt, aber auch jeweils den Blick auf ihren speziellen Aspekt verengt und die Ganzheit der Erfahrungen zerstückelt. Viele bedeutende Maler haben zwar Anregungen der avantgardistischen Bewegungen aufgegriffen, aber ihr Lebenswerk in Einklang mit sich selbst und der Tradition entwickelt, der sie entstammen. Maler wie Amedeo Modigliani (1884–1920), Marc Chagall (1887–1985), Chaim Soutine (1893–1943), Georges Rouault (1871–1958) müssen hier genannt werden. Andere Maler schließen sich einer revolutionären Bewegung für kurze Zeit an und kehren zur Tradition zurück wie Derain, Carrà, de Chirico und viele andere. Severini, der sich vom Futurismus löst und als einer der ersten eine Verschmelzung der avantgardistischen Darstellungsweise mit der Tradition versucht, veröffentlicht 1921 sein Buch »Vom Kubismus zum Klassizismus«. Picasso zeichnet 1915 Bildnisse im Stile des Klassizisten Ingres und wendet 1917 diese Darstellungsweise in Zeichnungen und Gemälden auch auf andere Themen an. Bei Picasso laufen fortan verschiedene Darstellungsweisen parallel. Für Léger beginnt nach seiner kubistischen und mechanischen Epoche, in der er die Fläche zugunsten der Dynamik stark zergliedert, 1920 die »monumentale Epoche«. Die menschliche Gestalt wird wieder zusammengefügt.

Die Geschichte der Malerei der Klassischen Moderne ist komplexer als eine Reihe von Umbruchsituationen. Sie können nur ein Raster, aber keine Wertung bedeuten. Kandinsky schreibt 1912 »Über die Formfrage«: »Die vom Geiste aus der Vorratskammer der Malerei herausgerissenen Verkörperungen lassen sich leicht zwischen zwei Pole ordnen: 1. die große Abstraktion, 2. die große Realistik. Diese zwei Pole öffnen zwei Wege, die schließlich zu einem Ziel führen.« Beiden, der abbildenden wie der nichtabbildenden Kunst, liegt eine gestaltende, nicht bloß eine nachbildende Kraft zugrunde.

(Die Bildbeschreibungen auf den Seiten 562 unten, 610 oben, 612 und 614 verfaßte der Herausgeber)

JAMES ENSOR
1860–1949

James Ensor
Masken im Streit um einen Gehängten, 1891
Öl auf Leinwand, 59 x 74 cm
Antwerpen, Koninklijk Museum voor Schone Kunsten

Die Mehrdeutigkeit des Bildes, die Verwischung der Grenze zwischen Maskerade und Phantasie haben dazu geführt, daß es unterschiedlich benannt worden ist: »Skelette im Streit um einen Gehenkten« oder »Masken im Streit um einen Gehängten.«

Von den drei weiblichen Figuren, die anfänglich miteinander gekämpft haben, liegt eine am Boden, kämpft jedoch weiter, indem sie versucht, die beiden anderen an den Röcken herunterzuziehen. Die linke Figur in ihrem reich bestickten Umhang über dem langen Kleid ist eine Dame. Ihre Gegnerin mit dem Federhut, der pseudomilitärischen Jacke und den Lackstiefeln ist ein leichtes Mädchen. Die Besiegte mit Baumwolljacke und gestreiftem Rock ist eine Hausangestellte. Die drei Figuren könnten Ehefrau, Mätresse und Hausangestellte des Toten gewesen sein. Viele Fäden verbinden den Gehenkten mit der Stange, die die Ehefrau als Waffe benutzt. Der Mann war zu Lebzeiten die Marionette seiner Ehefrau. Die Aufschrift CIVET (die Bezeichnung für ein Ragout aus Hasen und anderen Wildsorten) deutet darauf hin, daß er aufgegessen werden soll. Von beiden Seiten dringen gierige Masken als Verkörperung roher Leidenschaften ins Zimmer. Das Bild ist Ausdruck von Ensors Frauenhaß, seiner Abscheu vor der Ehe und seiner Ansicht, daß die Menschheit eine Horde von Rohlingen ist.

Das Bedürfnis, der alltäglichen Existenz zu entfliehen und sich ins Spiel zu flüchten, hat Ensor dazu gebracht, sich den Masken zuzuwenden und sie zu einem zentralen Ausdrucksmittel zu machen. Wenn Ensor sich 1899 selbst darstellt mit seinen schalkhaften Augen, die den Betrachter traurig und forschend ansehen, dann hat er nicht nur einen spleenigen Hut aufgesetzt, sondern ist umgeben, ja bestürmt von einer ganzen Meute von Masken. Hinter seinem Rücken sind die Masken in Gesellschaft von Totenköpfen. Sie stieren drohend und feindlich. Vor ihm sind sie freundlicher, haben bizarre Gesichter mit langen Nasen.

Das Selbstbildnis wird bei Ensor zum Rollenspiel. Ensor spielt Rubens, dessen Selbstporträt (Wien, Kunsthistorisches Museum) er sich völlig angleicht. Nur beim Hut schlägt die Parodie durch. Bereits 1883 hatte Ensor Rubens' Selbstbildnis als Vorbild für seine Selbstdarstellung mit dem blumengeschmückten Hut (Ostende, Museum voor Schone Kunsten) genommen. Die Ebenen von Rollenspiel, Selbsteinschätzung und Parodie lassen sich nicht eindeutig trennen. Ensor sagt zu der Bedeutung, die das Maskenspiel für ihn hatte: »Ich habe mich heiteren Sinnes in jene Einsamkeit verbannt, in der – ganz Gewalt, Licht und Pracht die Maske thront. Die Maske bedeutet mir: Frische des Tons, überspitzter Ausdruck, prächtiger Dekor, große unvermutete Geste, ungehemmte Bewegung, erlesene Turbulenz.«

Die intensive, ausdrucksstarke Farbigkeit von Ensors Bildern hat die Expressionisten, die bizarren, häufig makabren, phantastischen Erfindungen haben die Surrealisten beeinflußt.

James Ensor
Selbstbildnis mit Masken, 1899
Öl auf Leinwand, 120 x 80 cm
Antwerpen, Sammlung Jussiant

Edvard Munch
Pubertät, 1895
Öl auf Leinwand,
151,4 x 109,9 cm
Oslo, Nasjonalgalleriet

Unten:
Edvard Munch
Mädchen auf der Brücke, 1901
Öl auf Leinwand,
135,9 x 125,4 cm
Oslo, Nasjonalgalleriet

EDVARD MUNCH
1863–1944

Mit den Schrecken der Selbstwerdung und -findung setzt sich Munch in dem Bild »Pubertät« auseinander. Er wagt sich vor in das Grenzgebiet zwischen Physischem und Psychischem. Auf der Bettkante sitzt in verkrampfter Haltung ein nacktes heranwachsendes Mädchen und starrt angespannt mit weit geöffneten Augen aus dem Bild. Sein heller Körper kreuzt das weiße Bettlaken. Die zu langen Arme hält das Mädchen über dem Schoß gekreuzt, als wolle es den Anlaß seiner Angst verbergen. Die zutiefst aufwühlende neue Erfahrung hat es in einen Zustand größter Erregung versetzt. In der schmucklosen Umgebung wirkt der Schatten, den es wirft, nicht wie ein selbstverständlicher Begleiter, sondern hat etwas mysteriös Drohendes in der Form eines dunklen Ausflusses. Das Mädchen ist hilflos mit seiner Sexualität konfrontiert.

Munchs anziehende und abstoßende Wirkung liegt in der differenzierten, aber auch expressiven Darstellung solcher Themen, um die Sigmund Freuds Denken kreiste. Daß es Munch nicht um Bloßstellung ging, sondern um Verständnis und Mitgefühl, zeigt sich bei aller inneren Erregtheit in der strengen, fast feierlichen Form, als habe er das Thema »Christus in der Rast« darstellen wollen.

Von verhaltener Poesie sind die »Mädchen auf der Brücke«, die Munch während eines Sommeraufenthalts in Aasgaardstrand malte. Munch hat die Situation nicht erfunden, sondern nur eine bestimmte Stelle am Oslofjord ausgesucht: die lange Brücke, die sich in einer ansteigenden Straße fortsetzt, den sandigen Uferstreifen mit den grünen Flecken, das alte Haus mit den schattenden Bäumen, umrahmt von einem weißen Holzzaun. Aber er hat sie zu großen, schwermütigen Formen zusammengezogen, die sich in dunkleren Tönen im Wasser spiegeln. Nur das gelbe Gestirn, das mit seinem silbrigen Licht nicht eindeutig Sonne oder Mond ist, fehlt im Spiegelbild.

Drei Mädchen stehen am Geländer der Brücke. In ihrer summarischen Form in Weiß, Rot und Grün wirken sie mehr als farbiger Dreiklang denn als Personen. Sie haben sich so weit vom Betrachter abgewandt, daß sie als Individualitäten nicht zu erschließen sind. Neben ihrer kompositorischen Aufgabe im Bild stellen sie eine Aufforderung an den Betrachter dar, so wie sie die landschaftliche Situation in ihrer besonderen Stimmung zu betrachten. Es ist die Stimmung des Malers, die sich in den zähflüssigen Formen von fast melancholischer Schwere spiegelt.

Die Deutung findet in Munchs Worten ihre Bestätigung: »In einer starken Gemütsstimmung wird eine Landschaft eine ganz bestimmte Wirkung auf den Menschen ausüben – durch Darstellung dieser Landschaft wird man zu einem Bild seiner eigenen Stimmung kommen –, es ist diese Stimmung, die die Hauptsache ist – die Natur ist bloß das Mittel.« Munch hat, wie bei vielen seiner Themen, die ihm wichtig waren, mehrere Fassungen des Ölbildes gemalt und die Szene auch in verschiedenen Drucktechniken dargestellt.

GEORGES ROUAULT
1871–1958

Rouault war zeitlebens um eine Sinnfindung im Christlichen bemüht. Das Thema des »Heiligen Antlitzes« hat er wiederholt behandelt. Der Überlieferung nach reichte Veronika Christus auf dem Weg nach Golgatha das Schweißtuch, auf dem sich sein Antlitz deutlich abdrückte. Auf diese Überlieferung greift das Bild von Rouault zurück.

Das Antlitz Christi tritt uns in feierlicher Frontalität auf dem weißen Tuch entgegen. Um die Kostbarkeit der ehrwürdigen Reliquie zu betonen, hat Rouault rings um das Tuch eine Rahmung aus Rosen und erhabenen Ornamenten gesetzt. Das Gesicht ist durch starke schwarze Konturen in seinem Ausdruck gesteigert, die Proportion schmerzlich gelängt. Durch die mannigfaltigen Übermalungen einzelner Partien ist die Oberflächenstruktur krustenartig geworden. Das Bild bekommt dadurch einen altehrwürdigen Charakter, etwas Überzeitliches. Der Maler hat seine bildnerischen Mittel mit seiner Überzeugung von der dauernden Gültigkeit des Bildthemas in Deckung gebracht.

Rouault hat seine Bildthemen als Ausdruck seiner Überzeugungen immer wieder umkreist und behandelt. Auch »Der alte König« ist keine spontane Bildschöpfung, sondern geht auf Entwürfe aus dem Jahre 1916 zurück. Wie bei dem »Heiligen Antlitz« wird die Erinnerung an eine weit zurückliegende Vergangenheit geweckt. Das Alte Testament mit dem »Buch der Könige« und der Geschichte des Königs David wird wach. Aber dieser König trägt nicht die Kleidung einer bestimmten Epoche, auch wenn man an gotische Glasmalerei zu denken versucht ist.

Rouaults Eigenart, die Umrisse zu betonen, so daß jede Farbfläche von einem breiten Strich eingefaßt wird wie eine farbige Glasscheibe von der Bleifassung, führte man gern auf seine Glasmalerlehre zurück. Das konturhafte Geflecht schwarzer Linien und die Gestalttypisierung schaffen Klarheit in verschiedener Hinsicht: die Abgrenzung der verschiedenen Bildzonen untereinander und damit eine erhöhte ikonographische und kompositorische Eindeutigkeit, weiterhin ein ausschließlich flächiges Arbeiten ohne Tiefenperspektive, von dem der Betrachter in besonderer Weise frontal erfaßt wird, und schließlich die Beschränkung auf das Allerwesentlichste des Ausdrucks.

Bis zum Ende seines Lebens behält Rouault die Strichgerüsttechnik bei. Aber sie bedarf der Ergänzung durch die Farbe. Sie bestimmt den atmosphärischen Gesamtcharakter und ist in einer Technik aufgetragen, die an einigen Stellen narbig wirkt: im Rot des Gewands, im Gelb von Krone und Kette, im Weiß des Blumenstraußes. Die Farben entfalten, indem sie in mehreren Schichten übereinander aufgetragen sind, eine große Strahlkraft oder Phosphoreszenz. Alle diese künstlerischen Mittel dienen dazu, den Ausdruck von Strenge, Ernst und Feierlichkeit zu steigern. Rouault hat gesagt: »Ich suche nicht Schönheit, sondern Ausdruck.«

Georges Rouault
Das heilige Antlitz (Das heilige Grabtuch von Turin), 1933
Öl auf Leinwand, 91 x 65 cm
Paris, Musée National d'Art Moderne, Centre Georges Pompidou

Georges Rouault
Der alte König, 1937
Öl auf Karton, 77 x 54 cm
Pittsburgh, The Carnegie Museum of Art

Albert Marquet
Der Strand von Fécamp, 1906
Öl auf Leinwand, 51 x 61 cm
Paris, Musée National d'Art Moderne, Centre Georges Pompidou

ALBERT MARQUET
1875–1947

Marquet lernte bereits 1890 Matisse in der »École des Arts Décoratifs« in Paris kennen und blieb zeitlebens freundschaftlich mit ihm verbunden. 1905 hingen seine Bilder neben denen von Matisse, Derain und Vlaminck in der Ausstellung, die ihnen den Namen »Fauves« eintrug. Gerade bei Marquet muß an diesen Zusammenhang erinnert werden.

Das auch bei den übrigen Fauves so beliebte Motiv des Mittelmeerstrandes erscheint bei Marquet verhangen, ohne strahlenden Sonnenschein. Er entfacht kein Feuerwerk brillanter Farbigkeit, kein Brio kurzer Pinselstriche. Sein Bild ist großflächig und ruhig angelegt, nicht kühn die Konvention sprengend; es ist von einer eher gedämpften Harmonie. Der sich diagonal ins Bild ziehende Strand findet im Hintergrund seinen Abschluß durch einen Hügel, der flach abfällt und sich wie eine waagerechte Mauer ins Meer schiebt. Strandläufer und Segelboote sind summarisch durch dunkle Pinselstriche wiedergegeben. Die einzigen Farbträger sitzen in Gestalt von zwei Matrosen vorn auf der Ufermauer. Ihre blauen Kragen leuchten hell auf wie die rote Fahne vor dem grünen Hügel hinter ihnen. Die Staffelung der Farben im linken Bildstreifen schafft einen Kontrast zu den ruhigen Farbflächen von Strand, Meer und Himmel, die sich zu geschlossenen Formen zusammenschließen. Die Nähe zu Matisse wird spürbar.

Maurice Utrillo
Impasse Cottin, 1911
Öl auf Karton, 62 x 46 cm
Paris, Musée National d'Art Moderne, Centre Georges Pompidou

MAURICE UTRILLO
1883–1955

In Utrillos Werk werden unterschiedliche Phasen unterschieden, die sich deutlich voneinander abheben. »Impasse Cottin« stammt aus seiner »weißen Periode« der Jahre 1910 bis 1914, als er versuchte, mit seinen Farben durch die Beimischung von Zinkweiß, Gips, Zement und Klebstoff den fahlen Farbton der Fassaden der Pariser Häuser sinnlich nachzuvollziehen. Dadurch erhalten seine Bilder eine eigene Materialästhetik. Grate und Schlieren lassen ein flaches Relief entstehen, das den Eindruck der ein wenig verwahrlosten Straße, der abgeblätterten Häuserwände auch plastisch andeutet. Die Bilder dieser Zeit werden damit Zeichen einer Suche nach greifbarer Realität, Symbole für den Versuch, der Leinwand eine Spur vom wirklichen Leben einzuhauchen.

Die Sackgasse am Montmartre, dessen stille Straßen und pittoresken Gebäude abseits der großen Boulevards Utrillo in zahllosen Bildern festhielt, endet in einer steilen Treppe, auf die die Perspektivlinien hinlaufen. Nahezu menschenleer ist die Gasse. Nur im Hintergrund, vor einem Hauseingang, steht eine Silhouette. Und auf den steilen Stufen steigen vereinzelte Figuren den Berg hinan und sorgen für eine Belebung und Rhythmisierung der den Blick aufwärts lenkenden Treppenanlage. Doch bevor das Auge den Himmel erreicht, trifft es auf einen Ausbruch blühenden Lebens, auf das flirrende Laubwerk einer Baumgruppe.

ANDRÉ DERAIN
1880–1954

In Gesellschaft von Matisse malte Derain im Sommer 1903 in Collioure am Mittelmeer. Aus Collioure schrieb er seinem Freund Vlaminck: »Ich habe mich von der Farbe als Farbe verführen lassen.«

Der Hafen von Collioure ist in starker Aufsicht wiedergegeben. Einige Menschen bewegen sich am Ufer der Bucht, wo drei Boote vor Anker liegen. Andere Boote treiben mit bunten Segeln aus der Umgrenzung der Molen dem offenen Meer entgegen. Alles ist aus leuchtenden Farbflecken zusammengesetzt, die nur bei den Booten oder den Molen zu Strichen verlängert sind oder bei den Figuren beschreibende Form annehmen. Die einzelnen Farben sind aber nicht wie bei dem Pointillisten Paul Signac in ihre Grundtöne zerlegt und in winzigen Einheiten nebeneinander gesetzt, sondern in größeren Flecken, um die Farbe ungebrochen aufleuchten zu lassen. Rückblickend sagte Derain einmal: »Die Farben wurden zu Dynamitpatronen. Sie mußten sich im Licht entladen.« Den Divisionismus verwendet Derain nicht im Sinne der Farbzerlegung, sondern als Mittel zur Flächengliederung. Nur aus den Jahren 1905/06 gibt es Bilder von Derain, die in dieser Weise gemalt sind. Danach werden die Pinselstriche wieder länger oder zu Farbflächen, die häufig mit kontrastierenden Farbstrichen umrahmt sind.

André Derain
Boote in Collioure, 1905
Öl auf Leinwand, 60 x 73 cm
Düsseldorf, Kunstsammlung
Nordrhein-Westfalen

RAOUL DUFY
1877–1953

Wie Braque ist auch Dufy, nach dunkeltonigen Anfängen, im Salon von 1905 von der fauvistischen Farbe erfüllt worden. Aber erst zu der Zeit, als er das »Segelboot bei Sainte-Adresse« malte, fand er seinen unverwechselbaren persönlichen Stil, der wesentlich von der Zeichnung und der Aquarelltechnik geprägt ist. Eine abkürzende Beschreibung des gegenständlichen Repertoires wird auf farblich davon weitgehend unabhängig kolorierte Gründe projiziert, die in der Regel auf Variationen eines Farbtones basieren.

In der Ansicht der Bucht von Sainte-Adresse kommt in der dekorativen Form der Detailzeichnung mit den wie Schriftzeichen eingetragenen Konturen eine absichtliche Naivität zum Tragen, die den übergeordneten Rhythmus der Farbe integriert. Wellenkämme, Häuser, Dächer und das Boot wirken wie eingeschrieben und beziehen rhythmische Wiederholungen bewußt ein. Von der Mole mit Gitter und Fahnenmast im Vordergrund vermittelt eine diagonale Farbkaskade zum Ufer mit seiner breit gelagerten Horizontalen, während über das Weiß des Bootes und der Häuser eine zweite Diagonale kreuzt.

Dufys Auffassung vermittelt den Eindruck einer spielerischen Leichtigkeit, die wohl nicht zuletzt dem Impressionismus und der Volkskunst zu verdanken ist, mit denen er sich in seiner Frühzeit intensiv auseinandersetzte.

Raoul Dufy
Segelboot bei Sainte-Adresse, 1912
Öl auf Leinwand, 86,4 x 114,3 cm
New York, The Museum of Modern Art

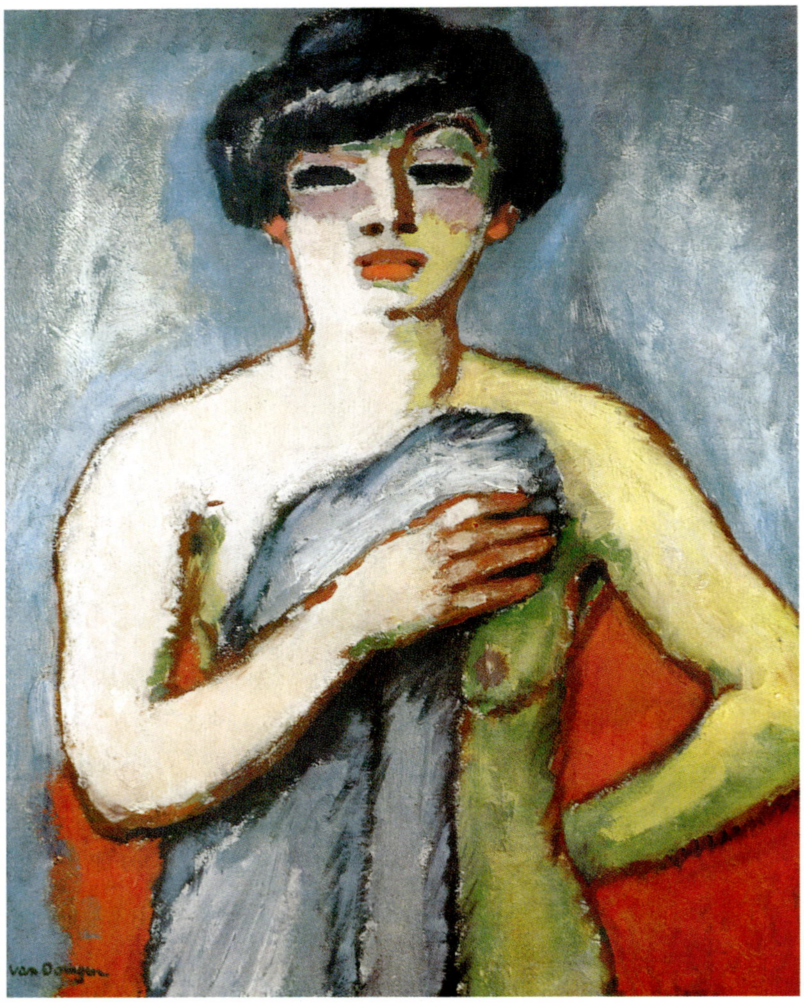

Kees van Dongen
Bildnis Fernande, 1905
Öl auf Leinwand,
100 x 81 cm
Privatbesitz

KEES VAN DONGEN
1877–1968

Durch Picasso, der im »Bateau-Lavoir«, dem berühmten Atelierhaus in Paris hauste, erfuhr der Niederländer Kees van Dongen im Jahr 1905, daß dort eine Wohnung frei geworden sei. Im Dezember zog er mit Frau und Tochter ein und blieb bis zum Februar 1907. Gelegentlich stand ihm dort Fernande Olivier Modell, Picassos damalige Freundin. Während Picasso im Jahr 1905 der Monochromie seiner »Rosa Periode« verhaftet war, hatte sich van Dongen der kontrastreichen und grellen Farbigkeit der Fauvisten um Matisse zugewandt. Die Heftigkeit der Fauvisten milderte van Dongen in seinen eigenen Bildern zu malerisch modulierten Flächen, wählte aber auch kräftige Farbklänge und Farbharmonien, die sich gegenseitig beeinflussen und steigern.

Im »Bildnis Fernande« verklammert van Dongen Vorder- und Hintergrund durch ein kühles Blau. Fernande hält sich vor den nackten Leib ein blaues Tuch, das auf einen Teil des unbedeckten Körpers einen grünen Schatten wirft. Ein flammendes Rot in der unteren Hintergrundzone betont den grünen Akzent. Die Figur wird von kräftigen Konturlinien eingefaßt, die die Intensität der Farben steigern, ohne dabei plastisch zu wirken. Die Flächigkeit der Komposition bleibt gewahrt. Das großflächig angelegte Bild mit seiner Reduktion auf wenige Farben rückt die Frau trotz ihrer Frontalität auf kühle Distanz.

MAURICE DE VLAMINCK
1876–1958

Maurice de Vlaminck
Die Brücke von Chatou (Les Bateaux-Lavoirs), 1906
Öl auf Leinwand, 50 x 73 cm. Paris, Musée National d'Art Moderne, Centre Georges Pompidou

Vlaminck war der ungestümste Maler unter den Fauves. Sein Haß auf alle Konventionen betraf nicht nur die Kunst, sondern auch das Leben: »Meine Leidenschaft drängte mich zu allen gewagten Kühnheiten gegen das Herkömmliche in der Malerei. Ich wollte eine Revolution in den Sitten ... Ich steckte mir kein anderes Ziel als dies: mit Hilfe neuer Mittel die tiefen Beziehungen auszudrücken, die mich mit der alten Erde verbanden ... Ich litt darunter, nicht noch stärker hämmern zu können, beim Maximum der Intensität angekommen zu sein, beschränkt, wie ich blieb durch das Blau und Rot vom Farbenhändler.«

Das Jahr 1906 gilt als der Höhepunkt der vitalen, instinktiven Malerei Vlamincks, der sich nicht scheute, statt der Pinsel die Finger zu benutzen, um die Farbe auf der Leinwand zu verstreichen. Trotz allem läßt er den kompositorischen Ausgleich nie außer acht. An der vorderen Uferböschung, wo die »Bateaux-Lavoirs« (Waschboote) vor Anker liegen, wird der farbliche Grundakkord in unvermischt hingestrichenem Rot, Blau und Gelb am heftigsten angeschlagen. Am anderen Ufer findet er in abgemilderter Form seine Resonanz. Die kompositorische Stabilität erhält das Bild darüber hinaus durch die bildparallel verlaufende Brücke mit ihrer Horizontalen, die von den Vertikalen der Schiffsmasten berührt oder überschnitten wird.

HENRI MATISSE
1869–1954

»Der Tanz« ist ein Teil einer zweiteiligen Dekoration, die der russische Sammler Schtschukin bei Matisse bestellte, da ihm der Entwurf, um den es sich hier handelt, wegen seiner »Noblesse« gefallen hatte. Das Gegenstück ist »Die Musik«. Die beiden Fassungen – die endgültige hängt nun in der Ermitage in St. Petersburg – unterscheiden sich in der Intensität der Farben (vgl. Abb. S. 547).

Menschenhände schließen sich zusammen, um einen wirbelnden Kreis zu bilden, der in der räumlichen Perspektive oval wird. Die Zusammendrängung peitscht den Tanz über dem Hügel auf. Zwischen der Gestalt ganz links und ihrer rechten Nachbarin ist ein großer Abstand. Um die Leere auszufüllen und die geschlossene Reihe wiederherzustellen, stürzt sich diese nach vorn auf die Hand zu, die ihr die andere reicht, indem sie sich nach hinten dreht und so stark wie möglich die Bewegung bremst, von der sie in den Hintergrund gezogen wird, ohne daß jedoch der Zusammenschluß ganz zustande käme. Die Anstrengung des Tanzes verändert die Figuren bis zur Verzerrung, die aber der Vollkommenheit des Ausdrucks dient. Im »Tanz« hat die »Religion des Glücks« Gestalt angenommen. Die Lebensfreude teilt sich durch eine unbewußt ansteckende Wirkung mit. Der »dekorative« Stil verbindet sich mit dem heiligen Gehalt. Matisse sagte: »Was mich am meisten interessiert, ist weder das Stilleben noch die Landschaft, sondern die menschliche Figur. In ihr kommt mein gleichsam religiöses Lebensgefühl am besten zum Ausdruck.«

Der »Charakter hoher Würde«, den die Figuren haben, erklärt sich aus formalen Gründen. Ihre Monumentalität, ihre majestätische Größe folgen aus der immer weitergehenden Vereinfachung der malerischen Mittel: wenige, in großen homogenen Flächen aufgetragene Farben, eine Zeichnung, die zur reinen Linie tendiert und die Formen umreißt.

»Die Klavierstunde« ist ein elegisches, ernstes Bild in transparenten und geometrischen Formen. Dessen übergeordnete Form ist das Dreieck, die Form des Metronoms, das Zeichen der Musik, die als Emblem der Kunst von Matisse gelten kann. Das Dreieck ist auch das Kennzeichnende am Gesicht des Knaben Pierre, des Sohns, am Klavier. Die mehrfache Bedeutung des Dreiecks ist vielsagend: Pierre war entgegen seiner Neigung von seinem Vater für die Musik bestimmt worden. Das ernste Kind ist ganz und gar dem väterlichen Willen unterworfen, der in der unerbittlichen Gliederung des Bildes zum Ausdruck kommt. Es ist darüber hinaus eingekeilt von Selbstzitaten des Malers: links unten von der »Dekorativen Figur« (1908) und hinter ihm »Die Frau auf dem Hocker« (1914).

In der strengen, statischen Konstruktion geometrischer Formen drücken sich Ruhe und Klarheit aus, die durch das kühle Grau des Hintergrunds verstärkt werden. Wie bei einem Mosaik sind die Farbflächen in den Komplementärkontrasten von Grün zu Rot und Blau zu Orange in den Grund eingelassen.

Henri Matisse
Der Tanz, 1909
Öl auf Leinwand, 259,7 x 390 cm
New York, The Museum of Modern Art

Henri Matisse Die Klavierstunde, 1916
Öl auf Leinwand, 245 x 212 cm
New York, The Museum of Modern Art

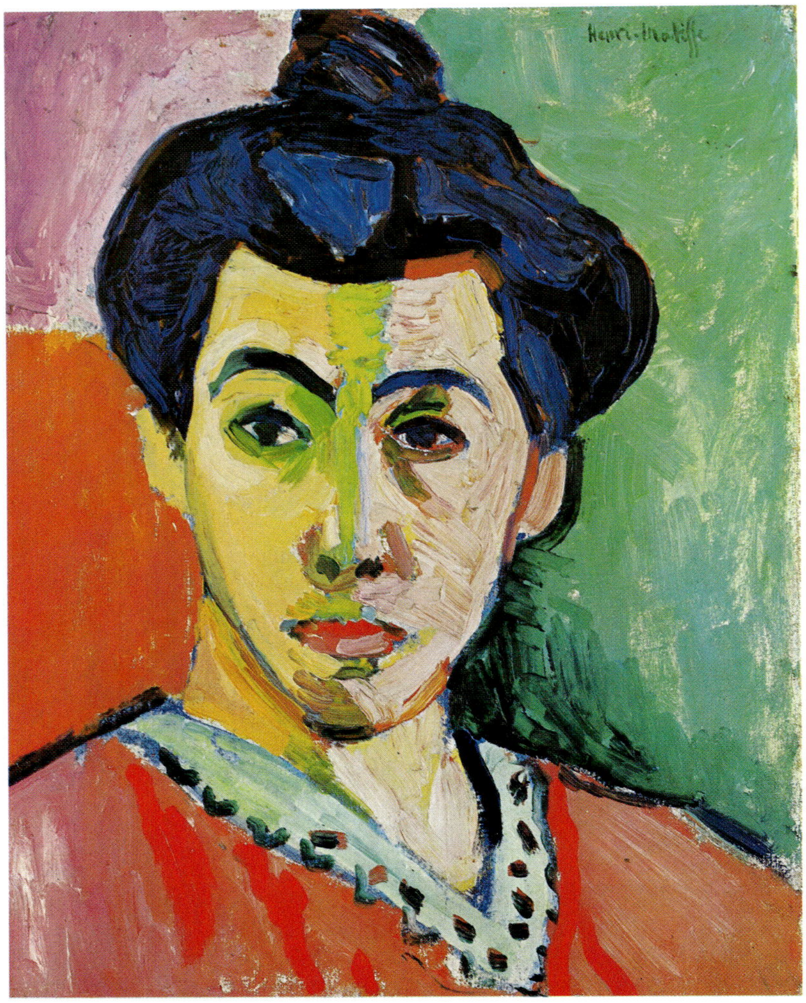

Henri Matisse
Bildnis mit grünem Streifen (Madame Matisse), 1905
Öl auf Leinwand, 40,5 x 32,8 cm
Kopenhagen, Statens Museum for Kunst

HENRI MATISSE

1869–1954

Im Sommer 1905 entsteht ein Bild, das trotz aller Wildheit der Farbe ganz ruhig wirkt: das Porträt von Madame Matisse. Matisse hat die Formen seines Modells auf das Wesentliche vereinfacht. Das Porträt hat in seiner hoheitsvollen frontalen Haltung die Ausstrahlung einer Ikone. Der auf den ersten Blick unnatürlich wirkende grüne Streifen ist nicht willkürlich hineingesetzt. Er bezeichnet auf dem Gesicht die Grenze zwischen Licht- und Schattenzone. Gleichzeitig hebt er den schönen, regelmäßigen Gesichtsbau hervor. Aber er steht auch symptomatisch für den Aufbau des Bildes in Farbfeldern, die sich gegenseitig in ihrer Wirkung steigern, aber nicht stören, weil dies durch Trennungen verhindert wird.

Die ausschließliche Konzentration auf die Farbe weicht in den zwanziger Jahren einer Verbindung von größerer Wirklichkeitsnähe, räumlicher Tiefe und Detailreichtum, wie die »Odaliske« zeigt. Matisse sagt über die scheinbare Konventionalität seiner Odalisken, die den Gedanken an Delacroix nahelegen: »Die orientalische Dekoration der Interieurs, ... die üppigen Kostüme, die Sinnlichkeit der schweren, schlummernden Körper ... all diese Pracht der Siesta, wobei Arabeske und Farbe aufs höchste gesteigert sind, darf uns nicht täuschen: Das bloß Anekdotenhafte habe ich immer abgelehnt. Unter dieser Stimmung schmachtender Entspanntheit und der Sonnendumpfheit, in die Menschen und Dinge getaucht sind, schwelt eine große Spannung, die rein malerisch ist und auf dem Spiel und den Beziehungen zwischen den Elementen beruht.«

Kann sich die »Odaliske« in ihrer Plastizität und Schräglage im Raum noch mühelos gegen die dekorativen Elemente ihrer Umgebung behaupten, so wird die »Dekorative Figur« von der schrillen Buntheit der zahlreichen Details fast erdrückt. Die schwülstige französische Barocktapete ist bis zum äußersten übersteigert. Die geschmacklose Vielfalt der Stile der Ausstattungsstücke in der Zimmerecke ist zu einer fortlaufenden Wand aufdringlicher Motive zusammengefügt. Gegen die Gefahr des Erdrücktwerdens behauptet sich die sitzende Frau. Ihre Körperteile stoßen wie Zylinder aneinander, als handle es sich um eine »Lebensmaschine«. Durch die Stellung der Figur werden Vertikale der Rückwand und Horizontale des Bodens wieder deutlicher unterscheidbar. Die Beine markieren in ihrer Stellung die beiden Ausdehnungsrichtungen des Bodens. Ein Schlagschatten grenzt die Figur im oberen Bereich gegen den Grund ab. Im Kontrast zwischen rechtwinkliger Figur und Arabeskenhintergrund unternimmt Matisse den Versuch, die Tiefendimension innerhalb eines dekorativen Raumes zu bewahren.

Henri Matisse
Odaliske mit roten Hosen, 1921
Öl auf Leinwand, 65 x 90 cm. Paris, Musée National d'Art Moderne, Centre Georges Pompidou

Henri Matisse
Dekorative Figur vor ornamentalem Hintergrund, um 1925/26
Öl auf Leinwand, 130 x 98 cm
Paris, Musée National d'Art Moderne, Centre Geoges Pompidou

JUAN GRIS
1887–1927

Juan Gris
Die Teetassen, 1914
Papier collé, Öl und Kohle auf Leinwand, 65 x 92 cm
Düsseldorf, Kunstsammlung Nordrhein-Westfalen

Picasso und Braque haben 1912 ein neues künstlerisches Verfahren angewandt, indem sie Papierteile in ihre Bilder klebten. Man nennt das Verfahren Collage. Es ist eine für die Kunst des 20. Jahrhunderts folgenreiche Neuerung, die mit der Alleinherrschaft der Ölmalerei bricht und von vielen künstlerischen Bewegungen übernommen worden ist. Für sein 1912 entstandenes Gemälde »Das Waschbecken«, auf dem er einen Spiegel darstellt, benutzte er sogar eine Spiegelscherbe.

Die Tischfläche, auf der die Teetassen neben Gläsern, einer Flasche und einer Pfeife stehen, ist nicht mit der Hand gemalt, sondern durch eine ins Bild geklebte Tapete wiedergegeben, die Holz imitiert. Weitere Tapetenreste, Papierstücke und eine Zeitung erweitern das Flächengefüge und verstärken die Strukturkontraste. Die ins Bild geklebten Papierstücke wirken nicht wie Fremdkörper, sondern sind in die Architektur des Bildes integriert.

Die Räumlichkeit ist in ihrem Vor und Zurück nicht eindeutig festgelegt, sondern wie ein Vexierspiel ambivalent. Die in Flächenformen umgesetzten Gegenstände wirken mal als Positiv-, mal als Negativform, greifbar und ungreifbar. Die Verwendung von Schwarz und Weiß neben dem Holzton als einziger Farbe macht das Vexierspiel zum extremen Balanceakt einer trotz aller Gegensätzlichkeit geschlossenen Bildwirkung.

Juan Gris Das Frühstück, 1915
Öl und Kohle auf Leinwand, 92 x 73 cm
Paris, Musée National d'Art Moderne, Centre Georges Pompidou

Ebenso wie »Die Teetassen« gehört auch »Das Frühstück« in die Phase des synthetischen Kubismus. Wenn auch alle Teile des Bildes gemalt sind, so wirkt es doch wie eine gemalte Collage, bei der unterschiedlich konturierte Flächen übereinandergelegt sind; vor allem die Art, wie er Holzmaserungen imitiert, erinnert an die Collagetechnik.

Die einzelnen Flächen in unterschiedlicher Farbigkeit und Struktur bilden die Architektur des Bildes. Es entsteht ein nahezu abstraktes Flächengefüge mit geringer Räumlichkeit. Erst durch die Zeichnung wird Gegenständliches erkennbar: Zeitung, Flasche, Glas, Kaffeekanne und -schale. Aber gerade die Zeichnung hebt auch deutlich die Tatsache ins Bewußtsein, daß das Bild eine Fläche ist, auf die die Gegenstände projiziert werden. Im Zentrum des Bildes bei der Kaffeekanne, deren Darstellung auf drei verschiedenfarbige Flächen verteilt ist, werden unterschiedliche Grade der Vergegenwärtigung im Bild demonstriert: als Negativform im hellen Kontur auf schwarzem Grund, als plastisch greifbares Objekt im mittleren Feld und als Kontur auf dem rechten grünen Feld. Die Realitätsgrade werden zum Bildproblem.

Der erste Händler und einer der wichtigsten Chronisten der Kubisten, Daniel Henry Kahnweiler, lobte an Gris besonders seine Bildstruktur: »Wenn man als eines der wichtigsten Ziele des Kubismus die Wiedergewinnung der Einheit des Kunstwerks ansieht, den Willen, nicht Skizzen, sondern in sich vollendete Organismen zu schaffen, so hat keiner der Kubisten folgerichtiger und erfolgreicher diesem Ziel zugestrebt als Juan Gris.«

PABLO PICASSO

1881–1973

Das Bild bezeichnet einen revolutionären Durchbruch in der Geschichte der modernen Kunst. Während die mittleren Figuren noch das Stadium zeigen, in dem das Bild angelegt wurde, verkörpern die Akte, die die Komposition einrahmen, schon die entscheidende, für den Kubismus grundlegende Neuorientierung von Picassos Kunst. Das Motiv fünf weiblicher Akte um ein Stilleben gruppiert, bleibt klassischer Konvention verbunden, der Aufbau geht auf Cézannes »Badende« zurück. Die großen Figuren sind eckig angelegt, wobei die mittleren in den Köpfen den Einfluß der altiberischen Plastik erkennen lassen, während sich in den Eckfiguren mit den großen, festumschriebenen Flächen eine neue Auffassung ankündigt. Die Gesichter zeigen eine magische Gewaltsamkeit, zu der die Negerskulptur Picasso verhalf. Figuren und Hintergrund sind in einen Reliefzusammenhang gebracht, der auf Entfaltung der Raumtiefe verzichtet und den engen Bezug zur Bildfläche wahrt.

Pablo Picasso
Les Demoiselles d'Avignon, 1907
Öl auf Leinwand, 244 x 234 cm
New York, The Museum of Modern Art

Pablo Picasso
»Ma Jolie«, 1914
Öl auf Leinwand, 45 x 40 cm
Sammlung Berggruen

Pablo Picasso
Drei Frauen an der Quelle, 1921
Öl auf Leinwand, 204 x 174 cm
New York, The Museum of Modern Art

PABLO PICASSO
1881–1973

Das Stilleben »Ma Jolie« gehört zur Werkgruppe von 1914, die man wegen der heiteren Stimmung und der Eleganz der Formulierung als »Rokoko-Kubismus« bezeichnet hat. Die Gegenstände sind erkennbar, die Formensprache entspannter, die Haltung spielerischer als zuvor. Auf einem kleinen Tisch, der in geradliniger Umrißzeichnung auf dem Bildgrund wiedergegeben ist, sind die Stillebengegenstände versammelt. Sie wirken in ihrer flächigen Staffelung eher zusammengeklebt als gemalt. Die Tupfenpartien bezeichnen die Bereiche, wo sich Licht und Schatten durchdringen. Die Worte »Ma Jolie« auf dem Notenblatt, das an der Rückwand lehnt, stammen aus einem zur damaligen Zeit populären Lied. Sie waren aber auch der Kosename, den Picasso 1912 seiner neuen Freundin Marcelle Humbert gegeben hat.

Das Bild »Drei Frauen an der Quelle« kann als Musterbeispiel für Picassos Neoklassizismus gelten. Das neue Interesse am plastischen Volumen der menschlichen Figur, das während der Jahre der kubistischen Formanalyse zurückgedrängt worden war, mag 1917 durch die Reise nach Italien und durch die Begegnung mit der antiken Kunst erwacht sein. Eine stehende, eine sitzende und eine auf dem Felsen lagernde Frau sind an der Quelle versammelt, um die das Spiel ihrer Hände kreist. Ihre Körperlichkeit ist bis zur Aufdringlichkeit des Kolossalen gesteigert. Die Art, wie die Gewandfalten behandelt sind, erinnert entfernt an römische Skulpturen und pompejanische Fresken und vielleicht noch mehr an die Kanneluren antiker Säulenschäfte. Die gedämpfte freskenhafte Farbe verstärkt die skulpturhafte Wirkung des Volumens, das mehr der Räumlichkeit des Reliefs verhaftet bleibt und nicht zur Vollplastik vorstößt. Das Bild ist Ausdruck von Nähe und Ferne zur Antike zugleich.

Das auslösende Moment für »Mädchen vor einem Spiegel« war wahrscheinlich Picassos Liebe zur üppig-sinnlichen Marie-Thérèse Walter. Von allen Bildern vom Beginn der dreißiger Jahre ist es das am prächtigsten und sorgfältigsten ausgeführte, indem es leuchtende Farbigkeit, dekorative Muster und expressiv beschreibende mit kühl analysierenden Zügen verschmilzt. Frauen mit Spiegeln verkörpern traditionsgemäß in der Kunst die »Vanitas«, was sowohl Eitelkeit wie Vergänglichkeit bedeuten kann. Bei Picasso liegt der Gedanke an die Überlegenheit des Malers näher, ein dauerhafteres Bild als der Spiegel zu schaffen. Das Mädchen hält den Spiegel nicht wie ein Attribut, sondern umschlingt ihn wie ihr zweites Ich. Sie ist zugleich bekleidet und nackt und darüber hinaus wie von Röntgenstrahlen durchleuchtet. Die Kreisform der Gebärmutter ist das formale Leitmotiv dieses überaus erotischen Gemäldes.

Pablo Picasso
Mädchen vor einem Spiegel, 1932
Öl auf Leinwand, 162 x 130 cm
New York, The Museum of Modern Art

Georges Braque
Der Portugiese, 1911
Öl auf Leinwand, 117 x 81,5 cm
Basel, Öffentliche Kunstsammlung,
Kunstmuseum Basel

Georges Braque
Das Duo, 1937
Öl auf Leinwand, 131 x 162,5 cm
Paris, Musée National d'Art Moderne,
Centre Georges Pompidou

GEORGES BRAQUE
1882–1963

Ende 1910 beginnt die Phase des Kubismus, in der die Zerlegung des Gegenstandes am weitesten entwickelt ist. Die zentrale Gestalt des Bildes, »der Portugiese«, ist soweit in einzelne formale Elemente zerlegt, daß sie nur mit Mühe zu erkennen sind: Auge, Nase, Schultern, Ober- und Unterarme. Der Portugiese hält eine Gitarre. Die Fläche ist durch die in viele Facetten zerlegten Gegenstandsformen gleichmäßig rhythmisiert. Die konvexen Kuben und konkaven Raumfragmente sind zugunsten einer geschlossenen Bildwirkung abgeflacht. Die Farbe ist reduziert auf zwei Töne: Grau und Braun.

Die auf dem »Portugiesen« zum erstenmal angewandte Schablonenschrift ist nicht inhaltlich-assoziativ, sondern formal-rhythmisch eingesetzt. Braque hat dazu gesagt: »Auf der steten Suche nach einer Wirklichkeit führte ich im Jahre 1911 Buchstaben in meine Bilder ein. Das waren Formen, an denen nichts zu verändern war; Buchstaben stehen, da sie platt sind, außerhalb des Raumes, und durch ihr Vorhandensein auf dem Bild konnte man die Objekte innerhalb des Raumes von denjenigen außerhalb des Raumes unterscheiden.«

Nach den Stilleben der zwanziger und dreißiger Jahre mit ihrer Überfülle von Objekten arbeitete Braque zwischen 1936 und 1939 an einer Gruppe von Hauptwerken, in denen klassische Figurenkompositionen wiederkehren und zu denen auch »Das Duo« gehört. Seitliche Einfassungen wie Vorhänge umrahmen theaterhaft die Szene. Ein ornamentales Tapetenmuster bildet den Hintergrund, wobei eine helle und eine dunkle Hälfte sich gegenüberstehen. Ebenso ist die Figur der Sängerin, die eine Partitur des von Braque bewunderten Debussy in der Hand hält, in eine schwarze und rosa Farbzone geteilt. Das Klavier in der Mitte ist in kubistischer Weise auf eine knappe Form gebracht. Es ist durch die braune Farbe mit der Pianistin zu einer Einheit verbunden. Die Wechselwirkung von Hell und Dunkel bestimmt den geheimnisvollen Dialog der beiden Musikerinnen.

Auf einer späteren Stufe des Kubismus stellt Braque die Gegenstände als unterschiedlich konturierte Flächen dar, die mit ihrer differenzierten und tonig aufeinander bezogenen Farbigkeit ein harmonisches Gefüge ergeben, wie das »Stilleben mit Fruchtschale, Flasche und Mandoline« von 1930 belegt. Das Stilleben baut sich architekturgleich auf, meidet aber trotz der Räumlichkeit jeden perspektivischen Illusionismus. Die einzelnen Zonen sind wie bei der Collage in Flächen übereinander geschichtet, und wie bei den früheren Collagen wird die Marmorierung der Tischplatte als Wiedergabe stofflicher Oberflächenreize mit ins Spiel gebracht.

Georges Braque
Stilleben mit Fruchtschale, Flasche
und Mandoline, 1930
Öl auf Leinwand, 116 x 90 cm
Düsseldorf, Kunstsammlung Nordrhein-Westfalen

LE JOU

Fernand Léger
Die Treppe, 1914
Öl auf Leinwand,
130 x 100 cm
New York, The Museum of Modern Art

FERNAND LÉGER
1881–1955

In den Jahren 1913/14 malte Léger mehrere Bilder, auf denen das Treppenmotiv zu einem wichtigen Bestandteil wird. Alles ist auf den Kontrast der zylinderförmigen Glieder und der kantigen Treppenstufen angelegt, dazu auf den Kontrast zwischen den drei Grundfarben Rot, Blau und Gelb, schwarz konturiert auf hellgrauem Fond. Das plastische Volumen ist zur stärksten Wirkung gebracht, aber ohne vergessen zu lassen, daß es die Bildfläche ist, die die Projektionsebene bildet. Auf diese Weise verkörpert sich für Léger ganz rein »die simultane Zusammenordnung der drei bildgestaltenden Grundelemente Linie, Form und Farbe«.

Aber anders als bei seinen »Formkontrasten« erwecken die zylindrischen Formen nicht nur die Vorstellung von der Léger faszinierenden Maschinenwelt, sondern die von menschlichen Gestalten. Es sind Wesen, die nur aus einem Harnisch zu bestehen scheinen und sich allenfalls wie mechanisierte Roboter bewegen. Das Gesicht, wo sich aller menschliche Ausdruck sammelt, wird zur schwarz-weiß unterteilten Lanzettform. Alles Empfindsame ist unsentimental ausgeschlossen. Der Bruch mit der Tradition war Léger durchaus bewußt, indem er feststellte: »Seit die abstrakte Kunst uns gänzlich von hemmenden Traditionen befreit hat, ist es uns möglich, die menschliche Gestalt nicht mehr als Gefühls-, sondern einzig als bildnerischen Wert zu verwenden.«

Nach 1920 beginnt nach Légers eigenen Worten seine »monumentale Epoche«, zu der er sagt: »Ich habe die Empfindung für die Fläche vergrößert, indem ich meine Personen und meine Objekte in der gleichen formalen Art wie in der Epoche der Maschinen, aber ohne denselben Dynamismus gesetzt habe. Ich hatte den menschlichen Körper zertrümmert, also bin ich daran gegangen, ihn wieder zusammenzusetzen, das Gesicht wiederzufinden.«

Wenn Léger nach 1920 die menschliche Figur wieder zu einer Einheit zusammenfügt, zeigt er trotz allem weniger das Individuelle als vielmehr das Kollektive. Ihm geht es nicht um Gefühlswerte. Er psychologisiert nicht. Auf dem Bild »Das große Frühstück« ist die Anordnung der drei Frauenakte durch Horizontale und Vertikale bestimmt. Die beiden liegenden Frauen werden von der sitzenden Frau gekreuzt. Ihre Körper setzen sich weitgehend aus geometrischen Grundformen zusammen. Die Modellierung der Farbe an den Rändern läßt sie zur Körperhaftigkeit anschwellen. Die Gesichter verziehen sich zu keiner Regung.

Die Distanziertheit der Darstellung trennt die Personen nicht von ihrer Umgebung. Der Innenraum ist mit den Personen zu einer geometrisch gemusterten Fläche verschmolzen. Die Farbigkeit des Bildes ist ebenso klar und hart wie seine Formen. Das Grau, das in den Körpern massiert eingesetzt ist, durchsetzt wie ein Trennwert den bunten Geometrismus des ganzen Zimmers. Leger sagt zum Einsatz dieser bildnerischen Mittel: »Gebogenen Linien stelle ich gerade gegenüber, planen Flächen plastische Formen und den reinen Lokalfarben fein nuanciertes Grau.«

Fernand Léger
Das große Frühstück (Drei Frauen), 1921
Öl auf Leinwand, 182 x 251 cm
New York, The Museum of Modern Art

ROBERT DELAUNAY
1885–1941

Im Zentrum der prismatischen Dach- und kubischen Häuserformen steht der Eiffelturm. Von ihm ausgehend breiten sich die transparent wirkenden Farbflächen facettenartig aus. Sie beschränken sich nicht allein auf das Bildfeld, sondern setzen sich auf dem Rahmen fort. Die Farbe wird zum alleinigen Träger der Bildkonstruktion. Sie wird in Flächen eingesetzt als Licht, als Form und als Bewegung im Raum, indem einzelne Farben aufgrund ihrer unterschiedlichen Strahlungsintensität stärker vor- oder zurücktreten. Der Schriftsteller Apollinaire wandte auf diese Bilder Delaunays die Bezeichnung »Orphismus« an, um ihren lyrischen Charakter zu kennzeichnen. Das Gemälde hat ihn zu einem seiner schönsten Gedichte inspiriert, »Les Fenêtres« (Die Fenster).

Delaunay schrieb 1933 rückblickend über das Gestaltungsprinzip seiner Fensterbilder: »Keine Natur – eher erste abstrakte Malerei in Farben. Die Farbe, die Farben mit ihren eigenen Gesetzen, ihren Kontrasten, ihren langsamen Vibrationen, ihren Intervallen – alle diese Beziehungen bilden die Basis der Malerei, die nicht mehr imitativ, sondern durch eben diese ihre eigene Technik selbst schöpferisch ist.«

Während Delaunay von den Kubisten, deren Farbigkeit er als »spinnwebig« bezeichnet hatte, als impressionistisch abgelehnt wurde, fanden seine Fensterbilder gleich nach ihrer Entstehung bei den deutschen Künstlern Marc, Macke und Klee begeisterte Aufnahme.

In der Reihe der »Sonnen und Monde« hat Delaunay versucht, die Unterschiedlichkeit des Lichtes von Sonne und Mond zu erfassen. Nicht Abbilder der Himmelskörper selbst im beschreibenden Sinn sind es, die im Bild erscheinen. Es geht ihm darum, das spezifische Licht durch Farbformen wiederzugeben.

Rechts im Bild weitet sich die Sphäre der Sonne. Im Zentrum steht die Kreisform mit dem Achsenkreuz. Um sie herum entwickelt sich der Ausdruck durch Steigerung der Kontraste, gegenseitige Versetzung der Formen und wachsende Durchdringung der Systeme zu immer größerer Dramatik. Das Lichtgebilde gewinnt Bewegung, wird aktiv handelndes Element von höchster Strahlkraft. Auf der anderen Seite ist die schwebende Lichtsphäre des Mondes aus einem einfachen Formmotiv entwickelt: Zwei dunkle Ovale auf schräger Achse halten zwischen sich eine ovale Lichtform, eingehüllt in zirkuläre Farbzonen aus irisierendem Blau, Grün, Rosa und Violett.

Das Licht konkretisiert sich durch Farben, die vom Betrachter gleichzeitig wahrgenommen werden. Je intensiver das Licht, um so mehr müssen sich die Farben aktivieren. Dabei ist jede Farbe für sich ein amorphes Wesen; nur durch die Nebeneinandersetzung mit einer kontrastierenden oder verwandten Farbe gewinnt sie Ausdruck, Intensität und Bewegung, und es müssen bestimmte Maße gewahrt werden, die die Form bestimmen. So wird die Form aus der Farbe geboren und mit ihr eins. In der Darstellung beider Lichtwelten ging es Delaunay um die »reine« Malerei.

Robert Delaunay Fenster zur Stadt, 1912
Öl auf Leinwand, bemalter Holzrahmen aus Fichtenholz, 46 x 40 cm
Hamburg, Hamburger Kunsthalle

Robert Delaunay
Sonne und Mond zugleich, um 1912/13
Öl auf Leinwand, Durchmesser 134,5 cm
New York, The Museum of Modern Art

Umberto Boccioni
Gemütszustände II: Die Abschiede, 1911
Öl auf Leinwand, 71,2 x 94,2 cm
New York, The Museum of Modern Art

Umberto Boccioni
Der Lärm der Straße dringt in das Haus, 1911
Öl auf Leinwand, 100 x 106,5 cm
Hannover, Sprengel Museum Hannover

UMBERTO BOCCIONI
1882–1916

Im Mai 1911 arbeitete Boccioni an der ersten Bilderserie mit dem Obertitel »Gemütszustände I«. Neben dem gemeinsamen Obertitel erhielten die drei Gemälde noch einen eigenen Namen: »Die Abschiede«, »Die Abreisenden«, »Die Zurückbleibenden«. Mit der streifigen Auflösung der Bildmittel in der ersten Fassung veranschaulicht Boccioni Trennungen. Bahnhofsabschiede sind seine Metapher für den Schmerz, mit der die Aufhebung der Gemeinschaft empfunden wird. Ende des Jahres 1911, nach einer Reise nach Paris, wo besonders Picasso einen nachhaltigen Eindruck auf ihn gemacht hatte, begann Boccioni eine Neufassung, die »Gemütszustände II«.

Beim Bild »Die Abschiede« wird der Einfluß des Kubismus in der Zersplitterung der Formen und der konstruktiven Struktur deutlich. Die von den Kubisten als flaches, unräumliches Element und zugleich als Realitätsverweis in ihre Bilder integrierten Zahlen hat Boccioni im Zentrum aufgereiht. Ihre Herkunft fiel dem mit den Künstlern seiner Zeit vertrauten Guillaume Apollinaire sofort auf: »Boccionis bestes Bild ist am unmittelbarsten von Picassos letzten Werken inspiriert. Im fehlen nicht einmal jene Nummern in Druckertype, die Picasso neuesten Produkten eine so einfache und grandiose Realität hinzufügen.« Die Zahlenreihe bei Boccioni ist die Nummer der Lokomotive, die die grüne Menschenmenge aus sich umarmenden Paaren nach rechts und links auseinanderschiebt. Eine rote, diagonal verlaufende und Schnelligkeit anzeigende Schlangenlinie begleitet die Maschine. Das Rot setzt sich akzentuierend und dramatisierend fort in den Rauchwolken, der Abendsonne, den Haltesignalen und Schlußlichtern. Die Erregung des Augenblicks soll eingefangen werden.

»Preisen wir das Stimmengewirr, die mathematische Verteilung der Arbeit in den Laboratorien, die Pfiffe der Eisenbahnzüge, die Konfusion auf den Bahnhöfen und die Unruhe! Und die Schnelligkeit! Und die Präzision! Preisen wir das Pfeifen der Sirenen als Ersatz für das langweilige und bronzene Gebrummel der Kirchenglocken, das Motorengeräusch und das Ohrfeigengeknatter der Treibriemen!« schrieb Boccioni 1912.

Ein Platz, umgeben von Häusern, ist zu einer einzigen Baustelle geworden. Eine Frau sieht vom Balkon ihres Zimmers hinunter zu dem Treiben, das sie wie ein Strudel umgibt. Jegliche Statik ist aufgehoben. Alles scheint auf das Zentrum einzustürzen, und das Zentrum ist die Frau, die sich hinauslehnt. Ihr Kopf, in dem sich sämtliche Eindrücke sammeln, befindet sich exakt im Fadenkreuz der Diagonalen des Bildes. So wie der Platz und die Häuser durch die Verschiebungen und Zerstückelungen zu vibrieren scheinen, ebenso vibriert auch die Farbe, um den Eindruck zu steigern. Die Farbe ist in allen Variationen von Flächig über Fleckig bis Streifig aufgetragen, aber sie ist immer strahlend und vor allem stets in Tönen nebeneinandergesetzt, daß sie sich reiben, als sollten sie quietschen.

GIACOMO BALLA
1871–1958

Unter den Futuristen hat sich vor allem Balla durch seine Auflösung des Bildmotivs in Bewegungsfelder den abstrakten Kompositionen Kandinskys genähert. Aber in der Überlagerung und Durchdringung der Formen drückt sich das dem Futurismus eigene Stilmerkmal des »plastischen Dynamismus« und der Gleichzeitigkeit aus. Das Bestreben der Maler bestand darin, verschiedene Bewegungsphasen und Seiten eines plastischen Körpers gleichzeitig darzustellen. Dem sich entspannt ausbreitenden Rhythmus der durch das Licht gebrochenen Farbfacetten der »Fensterbilder« von Robert Delaunay steht Balla mit seiner forcierten Dynamik fern.

Balla erweiterte die Erkenntnisse der Bewegung auf kosmische Dimensionen. Sein Bild »Merkurdurchgang vor der Sonne« geht auf eine Sonnenfinsternis zurück, die er am 7. November 1914 mit dem Fernrohr und dunklem Glasfilter beobachtete. Es ist eine diesseitige Begeisterung für kosmische Weiten und Bewegungen, erfüllt von dem Bewußtsein, daß nicht nur das visuelle Medium der Malerei, sondern auch die Lebensenergie kosmischen Ursprungs ist. In dem »Technischen Manifest« der Futuristen von 1910 heißt es: »Wir Futuristen steigen auf die erhabensten und leuchtendsten Gipfel und proklamieren uns ›Herren des Lichts‹, da wir aus den springenden Quellen der Sonne trinken!«

Giacomo Balla
Merkurdurchgang vor der Sonne, 1914
Öl auf Leinwand, 120 x 100 cm
Mailand, Privatbesitz

GINO SEVERINI
1883–1966

Severini beginnt 1913 sein Manifest »Die plastischen Analogien« mit den Worten: »Wir wollen im Kunstwerk das Universum erfassen. Die Gegenstände existieren nicht mehr.« Für Severini besteht nur die Wirklichkeit des Bewußtseins mit ihren Mechanismen der Erinnerung und der Analogie: »Die Empfindung, die in uns eine Wirklichkeit hervorruft, von der wir wissen, daß sie eine quadratische Form und eine blaue Farbe hat, kann auch in ihren komplementären Formen und Farben plastisch ausgedrückt werden, das heißt in runden Formen und gelben Farben.«

Die Strahlungen und Brechungen des Lichts bestimmen den Rhythmus des Bildes. Keinerlei Gegenständlichkeit wird angedeutet. Nur sphärische Dreiecke und Kreisformen zergliedern die Fläche. Die Farbe ist nicht flächig, sondern in kleinen Punkten aufgetragen, um den Auflösungsprozeß zu veranschaulichen. Von der größten Helligkeit des Gelbs im Zentrum verdunkelt sie sich bis hin zu Schwarz an den Rändern auf allen Seiten. Die Strahlkraft schwingt aus. Hat der Divisionismus die Voraussetzung für die Auflösung der Gegenstände in Licht und Farbe geliefert, so geht die Facettierung von der Gegenstandszerlegung des Kubismus aus, der auch in der Räumlichkeit bestimmend bleibt. Die Dichte der Farbigkeit ist so angelegt, daß sie an- und abschwillt und ein Vor und Zurück entsteht.

Gino Severini
Sphärische Expansion des zentrifugalen Lichts, 1914
Öl auf Leinwand, 61 x 50 cm
Mailand, Privatbesitz

Amedeo Modigliani
Braut und Bräutigam (Das Brautpaar), um 1915/16
Öl auf Leinwand, 55,2 x 46,4 cm
New York, The Museum of Modern Art

Amedeo Modigliani
Liegender weiblicher Akt auf weißem Kissen, 1917
Öl auf Leinwand, 60 x 92 cm
Stuttgart, Staatsgalerie Stuttgart

AMEDEO MODIGLIANI
1884–1920

Modigliani beschränkte sich meistens auf Einzelporträts. Dieses Gemälde gehört zu den seltenen Ausnahmen. Der Dichter Jean Cocteau wies darauf hin, daß die Darstellung wohl von irgendeinem Paar Neureicher inspiriert wurde, das der Maler auf den Boulevards beobachtet hatte.

Beide sind elegant herausgeputzt. Der Mann trägt einen Frack und eine steife weiße Hemdbrust mit Fliege. Die Krempe des Zylinders ragt gerade noch unter dem oberen Bildrand hervor. Die Ohrringe der Frau übersteigen das Format vornehmer Zurückhaltung. Sie sind zu auffallend, um seriös zu wirken. Der Altersunterschied des Paares deutet darauf hin daß der Titel des Bildes ironisch gemeint ist. Die Konstellation von älterem Lebemann und jüngerer Geliebter in ebendieser Aufmachung ist in der Bildwelt der Zeit kein seltenes Thema.

Kompositorisch ungewöhnlich ist die Verteilung der Figuren im Bild. Die Frau ragt nur bis zu den Schultern über den unteren Bildrand, während der Mann als Brustbild gegeben ist, so daß sein Kopf bis unter den oberen Bildrand reicht. Es entsteht ein deutlicher Wechsel zwischen großflächigen und detaillierteren Bereichen. Die Gesichter zeigen in ihrer Facettierung und in den geometrischen Vereinfachungen den Einfluß des Kubismus, aber auch etwas von der Strenge afrikanischer Masken. Mit großen Druckbuchstaben, die auch die Kubisten als unräumliches Bildelement verwendeten, hat Modigliani seinen Namen wie ein Firmenzeichen in die Darstellung einbezogen.

Die erste und einzige Einzelausstellung Modiglianis fand 1917 in der Galerie von Berthe Weill in Paris statt. Dort waren fast ausschließlich seine Akte ausgestellt. Die Polizei der Stadt, in der schon viel erotischere Bilder zur Schau gestellt worden waren, bezeichnete die Akte als öffentliches Ärgernis und schloß die Ausstellung.

Der liegende Frauenakt ist sicherlich nicht unerotisch, aber keineswegs aufreizend; er ist zu sehr bewußtes und unwirkliches Kunstprodukt. Während andere Künstler Aktdarstellungen mit Möbeln, Draperien und Blumen umgaben, manchmal auch durch die Gegenüberstellung mit einer bekleideten männlichen Figur eine dramatische Note anschlugen, vermeidet Modigliani jegliche anbiedernde Aufmachung. Mit der Selbstverständlichkeit einer Venus liegt die Frau mit entrücktem Blick auf dem roten Diwan. Während der Oberkörper in Dreiviertelansicht wiedergegeben ist, ist der Unterleib nahezu frontal in die Bildebene geklappt Der Schoß gewinnt im Vergleich zu dem übrigen Körper die Ausmaße des Schoßes einer Fruchtbarkeitsgöttin. Die Binnenformen sind nur sparsam durch Licht und Schatten modelliert. Das Hauptaugenmerk liegt auf dem Umriß des Körpers mit seinem flächigen, hellen Rot. Die Strenge des Konturs sichert das Flächenhafte des Körpers, während das Volumen in der Binnenzeichnung zurücktritt. Die wenigen starken Farbkontraste sind ohne räumliche Wirkung.

ALEXEJ VON JAWLENSKY
1864–1941

Der Einfluß der Fauves und vor allem von Matisse wies Jawlensky seit etwa 1907 den Weg, seine Bildvorstellung aus der Farbe zu entwickeln. Als zündende Idee griff er die Äußerung von Matisse auf: »Mir ist es nicht möglich, die Natur sklavisch zu kopieren; ich bin gezwungen, sie zu interpretieren und dem Geist des Bildes zu unterwerfen. Aus all meinen Rapporten gefundener Töne muß sich ein lebendiger Farbakkord ergeben, eine Harmonie analog der einer musikalischen Komposition.«

Jawlenskys »Dame mit Fächer« ist als reine Flächenordnung gemalt, so wie es die Franzosen gefordert hatten. Aber im Unterschied zu gleichzeitigen Bildern von Matisse ist das Kolorit stärker in sich moduliert und scheinen die schwarzen Konturen und die Farbbänder zu vibrieren. Flächen verschiedener Blautöne von Bluse und Hut der Dame sind gegen die Rottöne von Hintergrund und Blumen am Hut gesetzt. Die Gliederung des Bildes faßt alle Details zusammen und ordnet sie ornamental zur Fläche. Jawlensky hat sich etwas von der Tonart seiner russischen Herkunft bewahrt: die Übersteigerung und den östlich-folkloristischen Klang. Die Leichtigkeit von Matisse fehlt und ist auch nicht gewollt. Die Farbe wird nicht zum Selbstzweck, sondern verbindet sich mit einer gefühlvollen Stimmung, die durch den leicht melancholischen Ausdruck der Dame bestimmt wird.

Alexej von Jawlensky
Dame mit Fächer, 1909
Öl auf Karton, 92 x 68 cm
Wiesbaden, Museum Wiesbaden

WASSILY KANDINSKY
1866–1944

Kandinsky hat in seiner 1912 erschienenen Schrift »Über das Geistige in der Kunst« die drei Bildtypen in seinem Werk – Impressionen, Improvisationen, Kompositionen – nach ihren verschiedenen Ursprungsquellen unterschieden. Seine »Improvisationen« erklärt er als »hauptsächlich unbewußte, größtenteils plötzlich entstandene Ausdrücke der Vorgänge inneren Charakters, also Eindrücke von der ›inneren Natur‹«. Der Wunsch, zum Inneren der Natur vorzustoßen, ließ Kandinsky in den Übergangswerken von der gegenständlichen zur abstrakten Kunst der Jahre 1909–1912 gelegentlich Themen religiösen Inhalts wählen. Sie zeigen, wie er in den Heilswahrheiten der Kirche verwurzelt war und wie er sie in Bilder umsetzte.

Aus dem Jahre 1910 stammen die »Improvisation 8« und die Studie dazu, die sich wie die meisten Vorarbeiten durch größere Deutlichkeit vom Bild unterscheidet. Links steht ein Erzengel und hält das blanke Schwert, das in der Mitte des Bildes aufragt. Auf der rechten Seite erwarten hockende oder stehende Gestalten den Richterspruch. Darüber schwebt wie in einer gelben Talmulde eine russische Stadt mit Kirchen und Kuppeln, der Kreml oder das Himmlische Jerusalem. Es kann aber genausogut die oberbayerische Kleinstadt Murnau sein, in der Kandinsky zu dieser Zeit lebte und malte.

Wassily Kandinsky Studie zur »Improvisation 8«, 1910
Öl auf Karton auf Leinwand, 98 x 70 cm
Winterthur, Kunstmuseum

Wassily Kandinsky
Improvisation »Klamm«, 1914
Öl auf Leinwand, 110 x 110 cm
München, Städtische Galerie im Lenbachhaus

WASSILY KANDINSKY
1866–1944

Um 1910 beginnt Kandinsky, die schwarzen Konturen von ihrer gegenstandsbezeichnenden und zugleich flächenbegrenzenden Funktion zu lösen und in kühnen Kurven, Winkeln und Zickzacklinien zur unmittelbaren Niederschrift innerer Bewegungsabläufe zu verwenden, ohne eine äußere Wirklichkeit nachzuzeichnen. Gegenständliches spielt in dem Wirbel von Farben und Formen der Improvisation »Klamm« nur eine untergeordnete Rolle. Wie ein Bootssteg schiebt sich ein Weg von unten diagonal ansteigend ins Bild. Darauf steht ein Paar in bayerischer Tracht. Neben ihnen rauscht eine Farbkaskade wie ein Wasserfall in die Tiefe. Die übrigen Formen lassen sich nicht mit dieser Eindeutigkeit gegenständlich deuten. Sie gehören eher dem Bereich des Visionären an. Die Gebirgslandschaft mit dem Abendhimmel und der roten Sonne bildet nur den Ausgangspunkt. In der offenen Bildstruktur scheint kein Oben und Unten zu existieren. Mal sind die Linien gespannt, mal unter der Einwirkung von Energien gekrümmt. Die Farbgebung wechselt zwischen klarer Begrenzung und Ineinanderfließen. Die Formen treiben frei im Raum.

In den Jahren 1914 bis 1921 – der Zeit des Ersten Weltkrieges und der Russischen Revolution – hielt sich Kandinsky in Rußland auf. Möglicherweise beeinflußt durch Suprematismus und Konstruktivismus treten in den Bildern neben unregelmäßigen, organischen Formen erstmals geometrische Formen auf. Während der Jahre 1921 bis 1932 – der Zeit seiner Lehrtätigkeit am Bauhaus in Weimar und Dessau – verwendet Kandinsky fast ausschließlich geometrische Formen, kühle Farben, dynamische Linien und wählt den Kreis häufig als zentrales Motiv. 1933 siedelte er nach Paris über. Vom Zwang des Lehrens befreit, hat seine Kunst eine Wendung genommen, die eine Synthese bildet von naturhaften Formen und geometrischen Formen der Bauhauszeit. Von den Ereignissen in Deutschland unberührt, hat er in Paris ein heiter beschwingtes Alterswerk geschaffen.

Skurrile Wesen bevölkern das Bild »Himmelblau«, das seinen Titel von der Hintergrundfarbe ableitet. Die Farbe verschwimmt an den Rändern, entzieht sich der festen Begrenzung zu einem Stück Unendlichkeit. Von diesem luziden Bildgrund heben sich klar begrenzte Formen in leuchtender Farbigkeit ab. Geometrische Grundformen schwellen zur Unregelmäßigkeit an und ab, werden zu organischen Formen, die phantastischen Tierwesen ähneln. Sie erinnern an die Geißeltierchen, die Kandinsky 1926 zur Illustration seines Bauhausbuches »Punkt und Linie zu Fläche« abbildete. Kalte und süße Farben stehen in einem ausgewogenen Verhältnis zueinander. Der vorherrschende Grundton versprengt die Gebilde zum Schweben im Raum. Kandinsky liefert keine Anhaltspunkte für eine Deutung. Er entzieht sich mit dem Hinweis auf eine »bisher unbekannte Welt«, die er erschlossen habe.

Wassily Kandinsky
Himmelblau, 1940
Öl auf Leinwand,
100 x 73 cm
Paris, Musée National d'Art Moderne, Centre Georges Pompidou

Bei dem Bild »Der Pfeil« werden ebenso auf spielerisch anmutende Weise spannungsreich aufeinander bezogene Figurationen vorgeführt. Im Wechselspiel von Ruhe und Bewegung können geometrische sich in organische Formen verwandeln. Der Pfeil im Mittelpunkt eines nachtblauen Aktionsfeldes betont zeichenhaft die Angriffsrichtung zweier amorpher Formen auf ein geometrisches Gebilde, das sich unter dem Ansturm zur Kurve verbiegt. Rechts und links halten labile Anhäufungen geometrischer Formen mühsam die Balance. Wie bei Kandinskys frühen Bildern ist die Vorstellung des Kosmos mit den in ihm wirkenden Kräften noch spürbar.

Die Formensprache von Kandinskys Bildern hat sich zwar im Lauf der Zeit geändert, aber die Basis seiner Vorstellungswelt ist konstant geblieben. Für ihn ist die Kunst eine geistige Welt neben der natürlichen. Aber beide unterliegen den Gesetzen der kosmischen Welt, den Gesetzen einer Gesamtharmonie. Kandinsky erklärte 1938: »So stellt die abstrakte Kunst neben die ›reale Welt‹ eine neue, die äußerlich nichts mit der ›Realität‹ zu tun hat. Innerlich unterliegt sie den allgemeinen Gesetzen der ›kosmischen Welt‹. So wird neben die ›Naturwelt‹ eine neue ›Kunstwelt‹ gestellt – eine ebenso reale Welt, eine konkrete. Deshalb ziehe ich persönlich vor, die sogenannte ›abstrakte‹ Kunst Konkrete Kunst zu nennen.«

Wassily Kandinsky Der Pfeil (La Flèche), 1943
Öl auf Karton, 42 x 58 cm. Basel, Öffentliche Kunstsammlung, Kunstmuseum Basel

Emil Nolde
Christus und die Kinder, 1910
Öl auf Leinwand, 86,8 x 106,4 cm
New York, The Museum of Modern Art

Emil Nolde
Nordermühle, 1932
Öl auf Leinwand, 73 x 88 cm
München, Bayerische Staatsgemäldesammlungen, Staatsgalerie moderner Kunst

EMIL NOLDE
1867–1956

Im Sommer 1910 malte Nolde mehrere religiöse Bilder in Ruttebüll in Nordschleswig. In diesen Bildern gab er den religiösen Gefühlen seiner Jugend Ausdruck: »Die biblischen Bilder sind intensive Jugenderinnerungen, denen ich als Erwachsener Form gab.«

Das Wort Christi, »Lasset die Kindlein zu mir kommen. Denn ihrer ist das Himmelreich«, nimmt Nolde zum Anlaß für ein Bild, das in seiner Zweiteilung von dunklerem und hellerem Teil die Fortsetzung der biblischen Geschichte vor Augen führt: »So ihr nicht werdet wie die Kindlein, so werdet ihr nicht in das Himmelreich eingehen.«

In der dunkleren Hälfte des Bildes stehen die staunenden und diskutierenden Apostel, die sich für die Auserwählten halten. Ihre Gewänder sind in dunklem Blau und Violett gehalten. Von ihnen weg beugt sich Christus in seinem blaugrünen Gewand zu den Kindern, die in ihren Äußerungen ohne Falsch sind. Sie sind von unbekümmerter Unschuld. Wie Licht und Feuer flammen in ihrem Bereich Gelb und Rot auf. Alles erstrahlt in Heiterkeit. Das Gelb von Körper- und Gesichtsfarbe greift über zu den Gesichtern der Apostel und verklammert das antithetisch aufgebaute Bild. Der Ausdrucksgehalt der Farben Rot-Gelb und Blau-Violett ist sinnfällig eingesetzt. Seine expressive Auffassung des Bildes hat Nolde ganz aus der Farbe entwickelt.

So wie bei »Christus und die Kinder« den reifen Maler seine Jugenderinnerungen beschäftigen, so ist es auch bei der »Nordermühle«. Windmühlen, die sich mächtig in dem flachen Land behaupten, haben ihn früher tief beeindruckt. Nolde erinnert sich an »die große, hoch über alles hinausragende reetbedeckte Kornmühle. Als halberwachsener Junge, wenn wir im Frühling oder Herbst mit unserem Vieh vorbeitrieben, schaute ich zu den mächtigen Flügeln hinauf, die sausend die Luft durchschnitten, und das bewegliche Wesen des Knaben sauste mit erregter Großartigkeit. Es war mir, als ob die mächtige Mühle, von sich überzeugt und stolz, den Menschen zurief: ›Sehet meine Schönheit!‹ und in den sie umkreisenden Sielzügen ihre Flügel sich spiegelten.«

Auf seinem Bild wirkt die Mühle mächtig und unnahbar, umgeben von etwas Geheimnisvollem. Kein Windhauch bewegt die gewaltigen Flügel. Sie wirken wie mit dem festen Baukörper verwachsen. In Schwarz und Weiß hebt sich die Mühle von den dunklen, satten Farbströmen der Landschaft ab. Dunkles Gewölk türmt sich über dem flachen Horizont. In kräftigem Gelbrot bricht der Widerschein der untergehenden Sonne hervor, leuchtet am Himmel auf und verglimmt im Spiegelbild des Wassers. Wie vor dem ersten Schöpfungstag, da die Elemente noch nicht voneinander geschieden waren, greift eins ins andere über, während nur die Mühle Festigkeit besitzt. Nolde hat das Thema immer wieder augegriffen. Die Landschaft wird – wie schon bei Munch – zum Ausdrucksträger der Gefühle und der Farbempfindungen des Malers.

ERICH HECKEL
1883–1970

Vier Jahre lang, von 1907 bis 1910, wird das Fischerdorf Dangast am Jadebusen neben Dresden zum zweiten, sommerlichen Zentrum von Heckels Arbeit. Hier entstehen die ersten Werke, die ihn als eigenständigen Künstler ausweisen.

Die »Windmühle in Dangast« zeigt deutlich seinen Beitrag zur Expansion der Farbe. Die wenigen, aber um so intensiveren Farben der norddeutschen Geestlandschaft, das Grün der Weiden und Bäume, das Gelb des Sandes, das Rot des Weges und der Häuser, das strahlende Blau des Himmels sind zur größten Leuchtkraft gesteigert. Die Eindeutigkeit des Farbklangs in der Konzentration auf die beiden Gegensatzpaare von Grün zu Rot und Orangegelb zu Blau unterstützt die Wirkung. Die Spontaneität des Malaktes ist an den flüssigen Pinselzügen ablesbar. Die Spuren der Bewegung machen aus dem Bild ein Kraftfeld. Wie eine Spirale schrauben sich schwarze Linien über den Zaun, die Wiese, die Mühle hoch und knicken an den Flügeln ab. Die Spiralbewegung ist aber nicht als räumliches, sondern als strukturierendes und kompositionelles Element eingesetzt. Die selbstgeriebene Pulverfarbe ist im Gegensatz zur massiven Farbmalerei der Fauves, aber auch zu Heckels früheren Arbeiten aquarellhaft verdünnt und läßt Teile des Malgrundes frei. Sie entfaltet ihre ganze Kraft als vitale Energie.

Erich Heckel Windmühle in Dangast, 1909
Öl auf Leinwand, 70,7 x 80,5 cm
Duisburg, Wilhelm-Lehmbruck-Museum

KARL SCHMIDT-ROTTLUFF
1884–1976

Ebenso wie Heckel, mit dem Schmidt-Rottluff den Sommer 1910 in Dangast verbrachte, hat er in seinem »Deichdurchbruch« die pastose Malweise der Vorjahre, aus dem Neoimpressionismus und dem Einfluß van Goghs kommend, zugunsten dünn aufgetragener breiter Farbbahnen aufgegeben. Heckels »Windmühle« und Schmidt-Rottluffs »Deichdurchbruch« sind Zeugnisse der Gemeinsamkeit aus der ersten Zeit der »Brücke«.

Das Bild lebt ganz aus der Farbe. Das beherrschende ungebrochene Rot der Erde findet im Vordergrund Basis und Halt in dem wie ein Schüsselrand gebogenen, schwarzen Zaun. In den ansteigenden Wegen des Deiches zieht sich das Rot über das Dach des Hauses auf der Höhe bis in das abendliche Wolkenband. Es erhält seinen vollen Klang aus dem Kontrast zu dem tiefen Blau des Himmels, das vom oberen Bildrand in die Rotzone mit dem Ausblick durch den Deich und den Figuren auf dem Weg ausfließend eindringt. Dazwischen stehen, die Farbspannung verstärkend, wenige Gelb- und Grüntöne der kargen Geestlandschaft, die im Gegenständlichen mit breiten Pinselzügen in Schwarz nur skizzenhaft umschrieben ist. Der Gestaltungsprozeß ist in Einklang mit dem Gefühl. Schmidt-Rottluff hatte »nur die unerklärliche Sehnsucht, das zu fassen, was ich sehe und fühle, und dafür den reinsten Ausdruck zu finden«.

Karl Schmidt-Rottluff Deichdurchbruch, 1910
Öl auf Leinwand, 76 x 84 cm. Berlin, Brücke-Museum

Ernst Ludwig Kirchner
Negertanz, um 1911
Öl auf Leinwand,
151,5 x 120 cm
Düsseldorf, Kunstsammlung Nordrhein-Westfalen

Ernst Ludwig Kirchner
Der Rote Turm in Halle,
1915. Öl auf Leinwand,
120 x 91 cm. Essen,
Museum Folkwang

ERNST LUDWIG KIRCHNER
1880–1938

Im Oktober 1911 siedelte Kirchner zusammen mit Heckel, Pechstein und Schmidt-Rottluff von Dresden nach Berlin über. Wie kein anderer der »Brücke«-Maler griff Kirchner in einem Gefühl zwischen Faszination und Beklemmung die Großstadt als Bildthema auf. Er malte Straßenszenen oder Darbietungen in Variétés wie den »Negertanz«. Ihn interessierte am Varieté die Bewegung, der Schwung, die hektische Stimmung, der erotische Kitzel, die Spannung zwischen den sich präsentierenden Girls und den unbeteiligten Musikern. Im Vordergrund befindet sich der Orchestergraben mit Dirigent und Musikern. Auf der Bühne tanzen zwei Negermädchen mit fliegenden Röcken. Ihre Haltung bildet eine X-Form. Die eckigen Bewegungen entsprechen der Handhaltung des Dirigenten. Die sehr bewegte Darstellung ist in der konsequent durchgeführten Komposition klar und übersichtlich angelegt. Aus der gebrochenen Farbigkeit leuchtet nur das kräftige Rot hervor, und Kirchner hat zu der Zeit zum erstenmal Weiß in seine Farbskala aufgenommen. Die Exotik kränkelt an Zivilisationsblässe.

Der Ausbruch des Ersten Weltkrieges und die Einberufung zum Militär verstärken die Krise, in der sich Kirchner befand. Der labile Künstler verlor sein seelisches Gleichgewicht. Die Konflikte der Zeit und seines Lebens waren durch die Kunst allein nicht zu lösen. Trotzdem kam es 1915 noch einmal zu einer kurzen, fieberhaft-hektischen Schaffensperiode, in der auch die Stadtlandschaft »Der Rote Turm in Halle« entstand.

Das Bild zeigt den sogenannten »Roten Turm«, den freistehenden spätgotischen Glockenturm mit seinem neugotischen Backsteinunterbau, eines der Wahrzeichen der Stadt Halle. Er steht auf dem Platz, an dessen Seite sich links im Hintergrund die Marktkirche erhebt, die Feininger zu einem Bildthema wählte. Der Platz ist in so starker Aufsicht wiedergegeben, daß er wie ein Flächenplan in die Bildebene geklappt ist. Er wird ringsum von hohen Gebäuden umschlossen. Aus dieser Einfassung steigt der Turm wie aus einem Trichter auf. Kirchner hat für den Turm, um seine Mächtigkeit als Monument zu betonen, einen größeren Maßstab als für seine Umgebung gewählt. Der quadratische Grundriß, durch die forcierte Perspektive zum Rhombus gestreckt, weist mit einer Spitze zur Unterkante des Bildes. In dieser Stellung verbindet der Turm Stabilität mit Aggressivität. Die Spitze des Sockelgeschosses stemmt sich der heranfahrenden Straßenbahn wie ein Wellenbrecher entgegen. Die roten Fahrbahnen unterstreichen die Rhombenform von Platz und Turmgrundriß. Das aggressive Rot von Untergeschoß, Fahrbahnen und Straßenbahn durchschneidet die Kälte des Blaus, das die Umgebung bestimmt. Violette Kumuluswolken türmen sich koloristisch vermittelnd hinter dem Turm auf. Aber die kalte Farbigkeit dominiert und drückt Kirchners Gefühl von Verlorenheit und Vereinsamung aus. Kein Passant belebt den Platz.

Mit der »Straße« erreichte Kirchner einen ersten Höhepunkt seiner frühen Entwicklung. In den Straßenbildern, die er in Dresden und Berlin zwischen 1907 und 1915 malte, sammelt sich bei ihm wie bei keinem anderen der »Brücke«-Maler sein Erleben der Großstadt. Kirchner selbst hat sein erstes Dresdner Straßenbild immer für einen Markstein auf seinem künstlerischen Weg gehalten. Er nannte es in seinem Tagebuch »das erste große Bild«.

Das Gemälde zeigt eine belebte Straße mit Passanten. Den Hintergrund bildet eine geschlossene Menschenwand, die durch die haltende Straßenbahn in der Mitte unterbrochen wird. Auf der rechten Seite kommen Frauen mit aufwendigen Hüten und ein Mann frontal auf den Betrachter zu, während sich die Passanten auf der linken Seite als Rückenfiguren wegbewegen. Zwischen den beiden Bewegungsrichtungen auf den gegenüberliegenden Straßenseiten steht mitten auf der Fahrbahn ein kleines Mädchen. Der riesige Hut des Mädchens steht wie ein Nimbus oder auch wie eine Zielscheibe vor der rosa Straße.

Der Rhythmus geschwungener Linien innerhalb der Komposition, der von den Hüten der Frauen mit ihren verschiedenen weiten Bögen in Bewegung gesetzt wird, sammelt sich wie ein Wirbel in der Mitte des Bildes. Die anschwellende Bewegung geschwungener Linien, die spiralförmig von diesem Wirbel ausgehen und die Konturen der Figuren in allen Teilen der Komposition beleben, schafft jene ruhelose Dynamik, die für die Vitalität dieses Bildes so wesentlich ist.

Ernst Ludwig Kirchner
Die Straße, 1907
Öl auf Leinwand 150 x 200,4 cm
New York, The Museum of Modern Art

OTTO MUELLER
1874–1930

Im Mittelpunkt von Muellers Schaffen steht der naturhafte Mensch in einem verlorenen Paradies. Seine Vorstellung von Ursprünglichkeit sah er am ehesten in den Zigeunern verkörpert; deshalb sind sie seine bevorzugten Modelle. Häufig treten sie als Liebespaar in der Natur auf. Auch wenn die Situation keineswegs unverfänglich ist wie bei diesem »Liebespaar«, wird die Erotik dennoch stark zurückgenommen.

Das Thema ist in schlichter Zuständlichkeit gefaßt. Ein jugendliches Paar lehnt sich behutsam aneinander. Die Gestalten sind überlängt und wirken in ihrer schmalen Eckigkeit fast »gotisch«. Ihre kantigen Bewegungen dämpfen die Anreize, die aus dem Miteinander des bekleideten Jünglings mit seiner Geliebten in offener Bluse entstehen. Es dominiert die nicht genauer bestimmbare Passivität der Verliebtheit, die sich gegenüber der Außenwelt verschließt.

In der Komposition herrschen Senkrechte vor, die durch den Lattenzaun und die Baumstämme verstärkt werden. Um so wirkungsvoller hebt sich dagegen das Spiel der Diagonalen ab, die durch die Haltung der Arme und die herausgestemmte Hüfte des Mädchens entstehen. Die stumpfe Leimfarbe ist auf wenige Töne von Grün zu Gelb und Braun beschränkt. Das kühle Blau schafft einen Kontrast und die nötige Spannung.

Otto Mueller
Liebespaar, 1919
Leimfarbe auf Rupfen,
106 x 80 cm
Ravensburg, Privatbesitz

Max Pechstein
Freilicht (Moritzburg), 1910
Öl auf Leinwand, 70 x 80 cm
Duisburg, Wilhelm-Lehmbruck-Museum

MAX PECHSTEIN
1881–1955

In den Sommermonaten der Jahre 1909 bis 1911 malten Heckel, Kirchner und Pechstein gemeinsam an den Seen um Moritzburg bei Dresden. Pechstein schreibt in seinen »Erinnerungen«: »Wir lebten in absoluter Harmonie, arbeiteten und badeten. Fehlte als Gegenpol ein männliches Modell, so sprang einer von uns dreien in die Bresche.« Das Aktmalen in der freien Natur wurde als Gegensatz zur Akademie und ihrem erstarrten Posieren empfunden. Leben und Kunst sollten sich wieder verbinden. Die ungezwungene Natürlichkeit des Körperlichen war das erstrebte Ideal nach dem Vorbild Gauguins, der auf die Südseeinseln entfloh, um den gesellschaftlichen Zwängen zu entkommen. Auf Pechsteins Bild mit dem programmatischen Titel »Freilicht« sind Akt und Landschaft zu einem Motiv verbunden. Der Mensch ist als Teil der Natur gesehen, ist ihr eingeordnet. Die Modelle sind in ungezwungenen Haltungen und flüchtigen Bewegungen erfaßt. Das Gelb ihrer Körper und des Badetuchs wird von der Landschaft aufgenommen. Nur das Rot der Konturen grenzt sie ab und festigt die Form. Die Figuren stehen vor flächig aufgetragenem, sattem Grün, das durch wenige Abstufungen und Umrißlinien sich zu Rasen und Bäumen trennt. Das Blau des Himmels erhöht die Farbspannung des Bildes. Pechstein hat wie Heckel die Farbe aquarellhaft verdünnt, um ihr die Schwere zu nehmen.

Oskar Kokoschka
Venedig, Boote an der Dogana, 1924
Öl auf Leinwand, 75 x 95 cm
München, Bayerische Staatsgemäldesammlungen, Staatsgalerie moderner Kunst

OSKAR KOKOSCHKA
1886–1980

Anfang 1924 gab Kokoschka seine Professur an der Akademie in Dresden auf und reiste durch Europa bis in die südlichen und östlichen Mittelmeerländer. Seine Ansicht von Venedig ist keine Vedutenmalerei im Sinne Canalettos. Kokoschka geht es nicht um eine topographisch genaue Wiedergabe der Stadt.

Während im Hintergrund vor dem hochgezogenen Horizont die grünen Kirchenkuppeln über einem Streifen von niedrigen Häusern mit roten Dächern aufragen und die Stadtsilhouette Venedig zuordnen, nimmt die Hafeneinfahrt mit ihrem alltäglichen Treiben den größten Raum ein. Das vielfarbig schimmernde Wasser der Lagune, auf der größere und kleinere Boote und ein Dampfer mit blaugrauem Rumpf und blaßrosa Deckaufbauten schwimmen, weitet sich fast zum Meer. Auf der linken Seite vor der alten Zollstätte mit der goldenen Erdkugel auf dem Dach ist das Wasser durch die Lichtreflexe weißlich aufgehellt und zieht wie eine Schlucht in die Tiefe. Über der waagerechten Gebäudezeile, die den Bildaufbau stabilisiert, nimmt der blaue Himmel das obere Drittel ein. Die transparente Farbigkeit betont, daß Wasser und Himmel keine festen Elemente sind. Durch die expressive Struktur der Pinselführung scheinen sie wie Kraftfelder angelegt. Die Ansicht von Venedig ist als Stadtlandschaft, wenn nicht gar als Weltausschnitt zu betrachten.

FRANZ MARC
1880–1916

Marc benutzte die ausdrucksstarke reine Farbe zunächst zur symbolhaften Darstellung der Tiere. In dem Bild »Tirol« ging es ihm um größere kosmische Bezüge.

In dem imaginären Raum aus farbigen Strahlungen sind einzelne Elemente erkennbare Wirklichkeit. Ein kahler Tannenbaum schneidet sich im Vordergrund ins Bild hinein. Unter dem Baum stehen auf einem blauen Hügel zwei weiße Bauernhäuser. In der oberen rechten Ecke des Bildes thront auf einem steil aufragenden violetten Felsen eine weiße Kapelle mit einem schwarzen Dach. Das Hauptthema des Bildes aber ist das Erlebnis des Durchbruchs der Sonne durch den Nebel. Das Licht der Sonne bricht sich an den Spitzen der Berge und reißt glühende Bahnen, rote und gelbe, in die blauen Dämmerungen.

Diese 1913 vollendete Komposition stellte Marc 1914 noch einmal auf die Staffelei. Er malte, sehr abstrakt, doch wohl erkennbar, in die Mitte des Lichtereignisses die Muttergottes. Ihr dreiecksförmiger Umriß erinnert an schlichte bäuerliche Votivbilder. Sie steht auf einer grünen Mondsichel oberhalb des Baumes. Das Kind ist in der unteren Ecke des gelben Feldes nur angedeutet. Im Almanach »Der Blaue Reiter« nannte Marc 1912 als Ziel, »durch die Arbeit ihrer Zeit Symbole zu schaffen, die auf die Altäre der kommenden geistigen Religion gehören.«

Franz Marc Tirol, um 1913/14
Öl auf Leinwand, 135,7 x 144,5 cm
München, Bayerische Staatsgemäldesammlungen, Staatsgalerie moderner Kunst

AUGUST MACKE
1887–1914

Im November 1913 war Macke nach Hilterfingen am Thuner See übergesiedelt. Das Motiv des Seeufers legt nahe, daß er dort eines seiner im Format größten Bilder, »Mädchen unter Bäumen«, konzipierte, bevor er im April mit seinen Malerfreunden Louis Moilliet und Klee die legendäre Tunisreise antrat. Die künstlerische Voraussetzung, das entscheidende Tunesienerlebnis umzusetzen, hatte Delaunay mit seinem Orphismus geliefert, der Zerlegung der Formen in Farbe und Licht. Der Einfluß Delaunays und das Erlebnis der Tunisreise wirken in diesem Bild nach, das Macke nach seiner Rückkehr im Atelier beendete.

Die unter den Bäumen des Seeufers spielenden Mädchen bilden mit ihrer Umgebung eine Einheit aus Farbe, Licht und Raum. Das Gegenständliche ordnet sich dem flüchtigen Spiel von Licht und Schatten und dem Wechsel des Farbklangs unter. Kühles Blau ist zu warmem Gelb-Rot-Braun in Spannung gesetzt. Aber die Farbwahl ist so eingesetzt, daß sie die Figuren mit der Landschaft verbindet. Das Blau des Sees setzt sich über die Kleidung der Mädchen bis in den Vordergrund fort und findet ein Gegengewicht in einem Rotbraun, das Baum und Kleid nur wenig trennt. Durch den ständigen Wechsel von Hell zu Dunkel, von Kalt zu Warm entsteht der Eindruck von Bewegung, der noch durch das Ausschnitthafte der Komposition verstärkt wird.

August Macke
Mädchen unter Bäumen, 1914
Öl auf Leinwand, 119,5 x 159 cm
München, Bayerische Staatsgemäldesammlungen, Staatsgalerie moderner Kunst

Max Beckmann
Die Nacht, 1918/19
Öl auf Leinwand, 133 x 154 cm
Düsseldorf, Kunstsammlung Nordrhein-Westfalen

MAX BECKMANN
1884–1950

1920 bekannte Beckmann: »Eigentlich ist es ja sinnlos, die Menschen, diesen Haufen von Egoismus (zu dem man selbst gehört), zu lieben. Ich tue es aber trotzdem. Ich liebe sie mit aller ihrer Kleinlichkeit und Banalität.« In Beckmanns Bildern wird seine pessimistische Weltsicht zur bedrängenden Szene, besonders in der »Nacht«.

Der Schauplatz ist eine enge Dachkammer, die mit sieben Personen und den Requisiten zum Bersten voll ist. Eine Familie wird von einer Bande in ihrer Behausung überfallen. Ein halbbekleideter Mann auf einem Tisch wird von zwei Männern mit Kopfbinden stranguliert und gefoltert. Im Hintergrund sieht eine Frau zu, während ein Hund heulend unter dem Tisch sitzt. Eine weitgehend entkleidete Frau sinkt mit gespreizten Beinen zu Boden. Ihre Hände sind am Fensterrahmen gefesselt. Ein Mann, dessen Gesicht vom Schirm einer Schlägermütze verschattet ist, schleppt eine weinende Frau heran. Er reißt den Vorhang herunter. Die Körper der Figuren wirken mit ihren kantigen Bewegungen deformiert. Ihre Gesichter sind von Schmerz oder Brutalität verzerrt. Opfer wie Täter haben ihre Menschlichkeit eingebüßt. Die Szene wirkt wie von bleichem Mondlicht beschienen. Nur wenige Farben leuchten aus dem Gefüge der blassen Töne und schwarzen Linien auf, als habe Beckmann einen Holzschnitt koloriert.

Menschengedränge herrscht wie bei der »Nacht« auch beim »Tanz in Baden-Baden«. In einer mondänen Tanzbar schieben sich die modischen Paare dicht aneinander vorbei. Die Gestalten füllen jeden verfügbaren Fleck bis in die Ecken der Leinwand aus. Der Fußboden und die Rückwand des Lokals sind kaum sichtbar. Der enge Körperkontakt und die eckigen Bewegungen lassen darauf schließen, daß die Paare sich zu den Rhythmen eines Tangos bewegen. Von dem Tanz geht keinerlei lösende, lebensfrohe Wirkung aus. Schmal und kühl ragen die Figuren auf, in steifer Bewegung einen Arm abgespreizt und die Hand nach unten gerichtet. Während der blonde Herr dumpf lauernd seine dunkelhaarige Dame ansieht, wendet sie ihr Gesicht in berechnender Blasiertheit ab. Bei dem anderen Paar der gleichen Haltung blicken beide in dieselbe Richtung aneinander vorbei. Jeder umlauert den anderen.

Beckmann hat seine Eindrücke aus dem Kurort Baden-Baden zu einem Gesellschaftsbild verdichtet, aber ohne die bloßstellende Direktheit und entlarvende Aggressivität von Dix oder Grosz. Der Maler schätzte durchaus die teure Eleganz tiefdekolletierter, mit Pailletten besetzter Kleider und die Maskerade schwarzer Smokings. Trotzdem macht ihn die Pracht des Gesellschaftsspiels nicht blind für die menschlichen Schwächen, die mit viel Aufwand kaschiert werden. Die kühl schillernde Farbigkeit des Bildes ist nur Begleitmusik. Die großen Gesichter mit ihrem Ausdruck von gestellter Verschlossenheit bis zu hellem Entsetzen sprechen zu deutlich aus, daß das Spiel in Wahrheit ein Kampf ist.

Max Beckmann
Tanz in Baden-Baden, 1923
Öl auf Leinwand, 100,5 x 65,5 cm
München, Bayerische Staatsgemäldesammlungen, Staatsgalerie moderner Kunst, Stiftung Günther Franke

GEORGE GROSZ
1893–1959

Grosz malte das Bild während des Ersten Weltkrieges, als sein Gefühl für die bürgerliche Gesellschaft am stärksten von Abscheu und Ekel bestimmt war. In einem Brief vom 15. Dezember 1917 schreibt er: »Ich male zur Zeit an einem großen Höllenbild – Schnapsgasse grotesker Tode und Verrückter, da spielt sich viel ab – der Leibhaftige reitet auf einem queren Sarg nach links ab durchs Bild, rechts übergibt sich ein Jüngling, speit er all die schönen Jugendillusionen in die Leinwand – Oskar Panizza hab ich dies Bild gewidmet. Ein Gewimmel besessener Menschtiere – darin, daß diese Epoche destruktiv nach unten segelt, bin ich in der Anschauung unverrückbar – unser beschmiertes Paradies ...«

Panizza, dem das Bild gewidmet ist, war Schriftsteller und Irrenarzt. Wegen seiner satirischen Äußerungen stand er zweimal vor Gericht, man warf ihm Religionsvergehen und Majestätsbeleidigung vor. Ab 1904 saß er bei München in einer Irrenanstalt. Grosz selbst war 1917 für drei Monate in eine Nervenheilanstalt überführt worden.

Wie in einer apokalyptischen Vision wälzt sich der Leichenzug durch die Schlucht einer Großstadtstraße. Der Mensch mit tierischen Zügen steht in der Tradition von Hieronymus Bosch, während die Dynamisierung des Bildes durch Phasenstückelung und stürzende Perspektive auf den Futurismus zurückgreift.

George Grosz
Leichenbegängnis – Widmung an Oskar Panizza, 1917/18
Öl auf Leinwand, 140 x 110 cm
Stuttgart, Staatsgalerie Stuttgart

OTTO DIX
1891–1969

Welchen Stellenwert das »Bildnis der Eltern« im Werk von Dix hat, erkannte bereits 1925 die zeitgenössische Kritik: »Im Leben eines jeden Künstlers gibt es den großen Wurf. Soweit wir den Maler kennen, vollbrachte er ihn im Juli 1921. Er malte seine Eltern. Schürze und Bluse, verarbeitete Hände und zerfallene Züge sind unbarmherzig gegeben, kein bißchen Zärtlichkeit. Aber Wissen von Grund auf. In den klaren Augen des alten Arbeiters lebt ein kalter Haß: ›Wenn's drauf ankommt, tue ich mit‹.«

Otto und Louise Dix sind mit größter Sachlichkeit und Akribie nicht nur als vertraute Personen dargestellt, sondern ebenso prononciert als Vertreter der Arbeiterklasse. Die Eltern sehen sich nicht an und am Betrachter vorbei. Sie sitzen in einer dumpf wirkenden, fast bedrohlichen Untätigkeit, die unverhältnismäßig großen Hände auf der Sofalehne, auf dem Oberschenkel, auf den Knien. Der Winkel, in dem Vater und Mutter dicht hintereinander sitzen, verkeilt sie im engen Raum als Abbild der beengten Verhältnisse ihrer Lebenssituation. Das seitlich einfallende Licht schafft Plastizität, betont aber auch die Härte der Modellierung. Dix hat über das Porträtieren gesagt: »Jede künstlerische Äußerung ist in weitestem Maße auch Selbstdarstellung.« Seine emotionale Betroffenheit hat er zur enthüllenden Anklage umgemünzt.

Otto Dix Bildnis der Eltern, 1921. Öl auf Leinwand, 101 x 115 cm
Basel, Öffentliche Kunstsammlung, Kunstmuseum Basel

Marc Chagall
Ich und das Dorf, 1911
Öl auf Leinwand,
192 x 151,5 cm
New York, The Museum of Modern Art

Marc Chagall
Der Geburtstag, 1915
Öl auf Leinwand, 80,7 x 99,7 cm
New York, The Museum of Modern Art

MARC CHAGALL
1887–1985

Von St. Petersburg zog Chagall 1910 nach Paris, wo er unter anderem Léger, Delaunay und Modigliani kennenlernte. Er greift die formalen Möglichkeiten des Kubismus und Orphismus auf, um den Spiegel seiner Erinnerungen in seinem Bild »Ich und das Dorf« mehrschichtig zu gestalten. Die strenge Form von Kreis und Diagonalkreuz bildet das Ordnungsgefüge für den Traum von seinem russischen Heimatdorf Witebsk, wobei einzelne Facetten wie transparente Scheiben wiedergegeben sind. Das stilisierte Profil des Malers, der ein Flittersträußchen in der Hand hält, schiebt sich ins Bild und hält Zwiesprache mit einer Kuh, deren Maul bis zum Schnittpunkt der Diagonalen vorgeschoben ist. Im Kopf der Kuh ist eine Melkszene dargestellt. Für Chagall ist die Kuh Inbegriff der dörflichen Geborgenheit; sie wird für ihn zu einem fast menschlichen Gegenüber. Zwischen den beiden Köpfen geht ein Bauer mit Sense zum Feld, während ihm eine Frau den Weg weist. Daß sie auf dem Kopf steht, ist einerseits in der traumhaften Szenerie ganz unwichtig, andererseits betont es die Gegenbewegung im Raum. Synagoge und Häuser stehen am Horizont. Der Kosmos der Erinnerung kreist wie um eine Drehscheibe.

1914 kehrte Chagall nach Rußland zurück, wo er seine geliebte Bella wiedertraf. Der gefühlsmäßige Enthusiasmus, der Bella und Chagall erfüllte, fand seinen Ausdruck im Flugmotiv der Liebenden – fast ein Leitmotiv bei Chagall –, wie es zum erstenmal im »Geburtstag« dargestellt ist. Mit einem Blumenstrauß in der Hand besuchte Bella den Maler in seinem Zimmer beim Gendarmen, wo der Blick aus dem Fenster auf die Ilytschkirche hinausgeht. Sie eilt schwerelos dem Freund entgegen, und er umschwebt sie mit gelenkigem Körper, alle innere Bewegung im Äußeren erfüllend. In der sparsamen Farbigkeit sind das Rot des Bodens, über den Bella gleitet, und das Grün der Jacke des schwebenden Malers als Komplementärkontraste aufeinander bezogen.

Ganz märchenhaft erscheint die Braut vor dem blauen Grund. Sie hat eine Hand an den Kopf gehoben, als überprüfe sie, ob sie wache oder träume. Obwohl Chagall und seine Frau sich zur Zeit der Entstehung des Bildes in Paris befanden, steht neben Bella eine kleine russische Blockhütte als Hinweis auf die dörfliche Geborgenheit ihrer Herkunft, und wie zum Zeichen der Freude und des Glücks wächst ein riesiger Blumenstrauß über die Hütte hinaus. Aber nichts nimmt wirklich feste Gestalt an, nicht der hingetupfte Blumenstrauß, nicht die nur hell konturierte Hütte. Selbst die Braut wird teilweise vom dunklen Blau verschluckt. Alles ist in dem Bild zusammengefügt, als habe es keinen festen Platz auf der Erde, sondern nur in der Vorstellung des Malers.

Marc Chagall
Die Braut mit dem Blumenstrauß, um 1924/25
Öl auf Leinwand, 69 x 55 cm
Mannheim, Städtische Kunsthalle Mannheim

Lázló Moholy-Nagy
Komposition Z VIII, 1924
Leimfarbe auf Leinwand, 114 x 132 cm
Berlin, Nationalgalerie, Staatliche Museen zu Berlin – Preußischer Kulturbesitz

LÁZLÓ MOHOLY-NAGY
1895–1946

Beweglichkeit, Schwung und Dynamik sind die Energien, die trotz straffer Organisation die konstruktivistische Malerei von Moholy-Nagy auszeichnen. Sein Bild »Komposition Z VIII« ist eine Anordnung von Kreissegmenten und streifenförmigen Elementen vor einer ungrundierten Leinwand. Zwischen den in der Diagonale plazierten schwarzen und lichtblauen Kreissegmenten sind zwei eng aufeinander bezogene Konstellationen angeordnet: eine zentralere, die das Bild beherrscht, und eine untergeordnete, die wie eine in die Entfernung projizierte exakte Verkleinerung der ersten erscheint. Die große Figuration ist durch einen gelben Streifen zwischen den Kreissegmenten verspannt. Eine schwarze und graue Parallelform sind senkrecht gerichtet, als sollten sie auf Grund stoßen. Zusätzlichen Halt bieten zwei rote Farbbahnen, die das schwarze Kreissegment schneiden, auf das die meisten Formen bezogen sind. Die Schnittflächen ergeben eine Farbmischung der Überlagerungen. Untergeordnete Figurationen werden als hellere Farbabstufungen angegeben. Einige Formabschnitte folgen jedoch nicht konsequent diesem System und sind aus gestalterischen Gesichtspunkten nachbehandelt.

Die Leichtigkeit der Farben sowie die Einbindung der Formationen in den Bildraum suggerieren eine labile Konstellation.

František Kupka
Die Sprache der Vertikalen, 1911
Öl auf Leinwand, 78 x 63 cm
Lugano, Sammlung Thyssen-Bornemisza

FRANTIŠEK KUPKA
1871–1957

Der aus Böhmen stammende Kupka stellte 1912 in Paris abstrakte Bilder aus. Doch schon drei Jahre zuvor hatte er sich der Abstraktion weit genähert. Florale und ornamentale Formen des Jugendstils und Symbolismus hatten ihm den Weg gewiesen, sich vom Gegenständlichen zu entfernen. Kupka wurde wie Kandinsky, der gleichzeitig zur Abstraktion gelangte, von der Musik inspiriert. »Die Sprache der Vertikalen« könnte durch das Erlebnis des Künstlers im Innenraum einer gotischen Kathedrale angeregt worden sein. Die dünnen vertikalen Streifen könnten nahe zusammen stehende Säulen eines Kirchenschiffes sein, durch die das purpurne Licht der bemalten Fenster flutet. Sie können aber auch von einer Orgel mit ihren zahlreichen Pfeifen inspiriert worden sein. Die optische Beziehung zum ursprünglichen Gegenstand, durch die das Bild ausgelöst wurde, läßt sich nicht mehr herstellen.

Die Beobachtung der wirklichen Welt ist für Kupka nur der Ausgangspunkt für eine nach strengen Regeln eingeteilte abstrakte Komposition. Obschon eine offensichtliche Verschiebung im Raum zwischen Streifen an der Oberfläche und anderen besteht, die in die Tiefe zurückzuweichen scheinen, ist der vorherrschende Eindruck, daß die Bildfläche durch die Streifen gleichmäßig eingeteilt ist. Das Muster, das durch den Farbwechsel entsteht, fügt sich der Grundordnung ein.

KASIMIR MALEWITSCH
1878–1935

Obwohl Malewitsch als »Kubo-Futurist« internationale Aufmerksamkeit erregte, lenkte er von 1915 an seine Kunst in jene Bahn, die sich in der Loslösung von gegenständlichen Ausgangspunkten mit dem »Schwarzen Quadrat auf weißem Grund« (St. Petersburg, Russisches Museum) angekündigt hatte. Nach eigenen Angaben geht die Idee des Quadratbildes auf eine von ihm 1913 entworfene Bühnendekoration für die in St. Petersburg uraufgeführte Oper »Sieg über die Sonne« von A. Krutschenych zurück. Nach Berichten Lissitzkys zeigte der Bühnenvorhang ein schwarzes Quadrat. Es ist der denkbar radikalste Gegensatz zu den Sonnenlicht-Apotheosen von Delaunay.

Während das Motiv des schwarzen Quadrats im Kontext von Bühnendekorationen noch leidlich mit herkömmlichen Kunstvorstellungen vereinbar war, mußte es als alleiniger Inhalt eines Tafelbildes für das Kunstpublikum zu einer Herausforderung werden, besonders da es in seiner ersten Ausstellung 1915 in St. Petersburg nach dem Vorbild russischer Ikonen an erhöhtem Ort in einem Winkel des Ausstellungsraumes übereck hängend gezeigt wurde. Die beabsichtigte religiöse Überhöhung wurde von Malewitsch 1920 in einem Brief bestätigt: »In ihm, dem Quadrat, sehe ich das, was die Menschen erstmals im Angesicht Gottes sahen.«

Die »Suprematistische Komposition« zeigt auf weißem Grund ein schwarzes und ein rotes Quadrat, das nahezu auf die Spitze gestellt ist. Durch die Variation der Farbe, die Proportionsunterschiede und die Stellung der Quadrate zueinander und auf der Bildfläche entsteht eine leichte Dynamik, deren Aktionsursache unsichtbar bleibt. Das Bild vermittelt den Eindruck von Bewegung und zugleich Dauer, als solle eine ewig wirksame Kraft anschaulich gemacht werden.

»Der Schleifer« gilt als das wichtigste Bild der russischen Auseinandersetzung mit dem Futurismus. Malewitsch hat die sich immer wiederholenden Bewegungen des Schleifers dargestellt, indem er die einzelnen Bewegungsphasen hintereinander staffelt: beim Fuß, der das Schwungrad für den Schleifstein antreibt, und den Armen und Händen, die die Messer zum Schleifen ansetzen. Es sind Bewegungen, die nach dem Prinzip des Flimmerns um ein Zentrum schwingen und somit die Stabilität des Bildes nicht ins Wanken bringen. Aber Malewitsch stellt nicht nur die Bewegung des Schleifers dar, sondern auch, wie die Umgebung aus dessen Sicht flimmert: auf der linken Seite der Tisch mit den Messern und auf der rechten die Treppe. Daß sich das Vibrieren von Figur und Umgebung auf den Betrachter des Bildes überträgt, war schon die Absicht der Futuristen. Die Futuristen hatten 1912 geschrieben: »Auch alle unbelebten Gegenstände offenbaren in ihren Linien Trägheit oder Wildheit, Traurigkeit oder Heiterkeit. Jeder Gegenstand gibt durch seine Linien zu erkennen, wie er sich zerlegen würde, wenn er den Tendenzen seiner inneren Kräfte folgen würde.«

Kasimir Malewitsch
Suprematistische Komposition,
um 1914–1916
Öl auf Leinwand, 71 x 44,4 cm
New York, The Museum of Modern Art

Unten:
Kasimir Malewitsch
Der Schleifer, 1912
Öl auf Leinwand, 79,5 x 79,5 cm
New Haven, Yale University Art Gallery

MARCEL DUCHAMP
1887–1968

Marcel Duchamp
Akt, eine Treppe hinabsteigend Nr. 2, 1912
Öl auf Leinwand, 146 x 89 cm
Philadelphia, Philadelphia Museum of Art,
Sammlung Louise und Walter Arensberg

Das Jahr 1911 war für das schmale malerische Werk Duchamps bedeutend. Elemente der kubistischen und futuristischen Malerei, die Bewegungsabläufe suggeriert, kündigen die Entwicklung zu seinem berühmtesten Gemälde »Akt, eine Treppe herabsteigend« von 1912 an. Unmittelbar zuvor malte er im Dezember 1911 das Bild »Trauriger Jüngling in einem Zug«. Rumpf, Beine und Kopf einer männlichen Figur sind trotz der kubistischen Formzerlegung zu erkennen. Die wie parallelisierte Lamellen sich wiederholenden Formen treten vom Zenrtum aus immer mehr zurück, so daß eine räumliche Wirkung entsteht. Durch die Wiederholung der Formen hat Duchamp eine Bewegung sichtbar gemacht, die sich, wie die Futuristen, die Phasenphotographie zum Vorbild nahm. Duchamp zeigt jedoch nicht die eigene Bewegung des Mannes, sondern die Einwirkung des Rüttelns des Eisenbahnwaggons.

Beim »Akt« wird die Eigenbewegung der Figur dargestellt, und die einzelnen Bewegungsphasen sind deutlich getrennt. Mit Hilfe des kubistischen Formenvokabulars hat Duchamp den Akt, der kaum noch als nackte Frau erkennbar ist, radikal mechanisiert. Die monochrome Farbgebung läßt die Mechanik kraß hervortreten und trägt zu einer weiteren Verfremdung bei. Die Zeitgenossen verspotteten das Bild als »Explosion in einer Ziegelfabrik«.

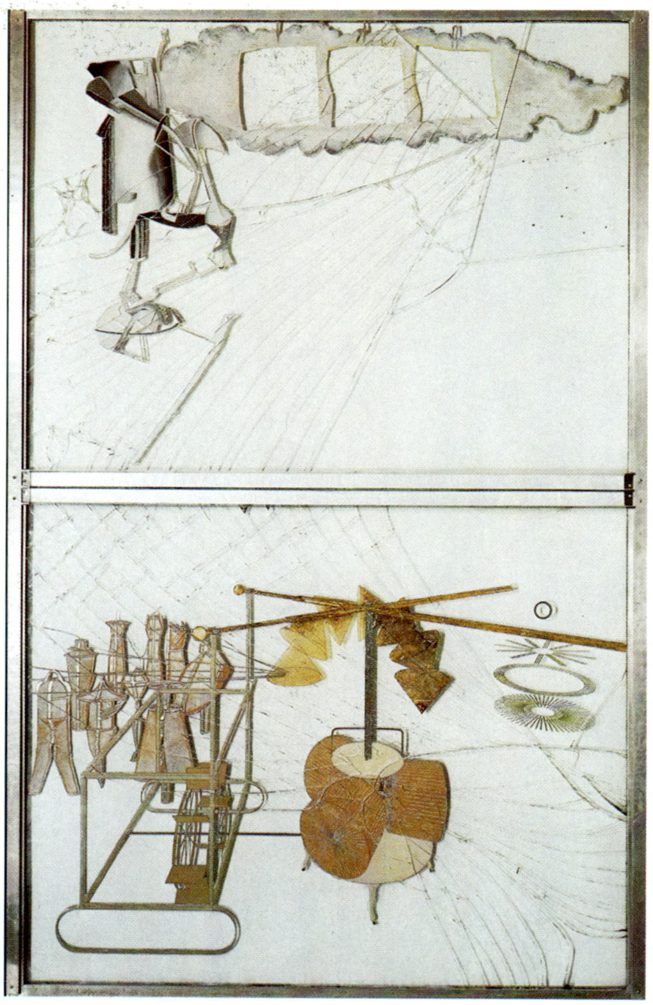

Marcel Duchamp
Die Braut selbst, von ihren Junggesellen entkleidet, sogar, oder Das Große Glas, um 1915–1923
Ölfarbe, Lack, Bleifolie, Bleidraht und Staub auf zwei Glasplatten (zerbrochen), jede wiederum zwischen zwei Glasplatten montiert mit Aluminiumblech, Holz und Stahlrahmen, 278 x 176 cm
Philadelphia, Philadelphia Museum of Art

In einem späteren Werk, das wegen seines Bildträgers auch als »Großes Glas« bezeichnet wird, gibt es keinerlei Anklänge mehr an die menschliche Gestalt. Die Mechanik dominiert vollständig. Perspektivisch exakt sind eine Folge von Kegeln, ein Wasserrad, eine Art Metallschlitten, kolbenähnliche Körper aus Bleidraht, eine Walzenmühle und geometrische Figuren aus Sehprobetafeln des Optikers auf Glas projiziert. Das Bild blieb rätselhaft, bis Duchamp ein Jahrzehnt später den dazu gehörigen Textteil publizierte.

Das Bild besteht aus zwei annähernd gleich großen Glastafeln. Die obere ist die Domäne der »Braut«, die untere die der »Junggesellen-Maschine«. Beide sind durch die drei »Isolierplatten« getrennt, die auch »Kleid der Braut« oder Horizont genannt werden. Im Zentrum des »Junggesellen-Apparats« steht eine »Schokoladenmühle«, die Duchamp als Symbol der Onanie definiert: »Der Junggeselle reibt seine Schokolade selber.« Die Junggesellen sind als »Neun männische Gußformen« dargestellt, kolbenartige, mit Bleidraht eingefaßte Körper. Die »Braut« entwirft Duchamp aus der Analogie mit einem Explosionsmotor. Ihre Entblößung erfolgt nicht im Kontakt mit den Junggesellen der männlichen Sphäre, sondern durch die in ihr selbst befindlichen Junggesellen, durch die Kolben des Motors. Das Bild ist ein pseudowissenschaftliches Diagramm der Psychologie einer Hochzeitsnacht. Duchamp ging es um ein anti-malerisches, anti-traditionelles Prinzip. Er wollte seinen Bildern etwas von der Präzision, der Rationalität und emotionalen Indifferenz technischer Artikel geben.

MAN RAY
1890–1976

Die Absicht Man Rays bestand darin, die Bewegung der von einer Tänzerin im Raum geworfenen Schatten darzustellen. Die Tänzerin hat sich in der Bewegung aufgelöst. Linien markieren die Bewegung und Farbflächen die Schatten. Man Ray beschreibt die Entstehung des Bildes: »Das Motiv war eine Seiltänzerin, die ich in einer Varietévorstellung gesehen hatte. Zuerst skizzierte ich verschiedene Haltungen von Akrobatenfiguren, jede auf einem anderen Blatt Buntpapier, in der Absicht, Bewegung nicht nur durch die Zeichnung, sondern auch durch den Übergang von einer Farbe zur anderen anzudeuten. Ich schnitt diese Formen aus und ordnete sie in verschiedenen Abfolgen ... Nachdem ich die Komposition mehrmals geändert hatte, wurde ich immer unzufriedener ... Da fielen mir die Buntpapierreste ins Auge, die zu Boden gefallen waren ... Ich warf die ursprünglichen Formen der Tänzerin weg und machte mich über die Leinwand her, wobei ich große Flächen in ungebrochenen Farben anlegte, deren Form den Stücken entsprach, die bei den ursprünglichen Entwürfen der Tänzerin abgefallen waren. Um farbliche Harmonie bemühte ich mich gar nicht; da stand Rot gegen Blau, Purpur gegen Gelb, Grün gegen Orange, mit der allergrößten Kontrastwirkung. Die Farbe wurde großzügig aufgetragen – ich brauchte meinen ganzen Farbenvorrat auf.«

Man Ray Die Seiltänzerin begleitet sich selbst mit ihren Schatten, 1916
Öl auf Leinwand, 132,1 x 186,4 cm
New York, The Museum of Modern Art

Francis Picabia Catch as catch can, 1913
Öl auf Leinwand, 101 x 82 cm
Philadelphia, Philadelphia Museum of Art

FRANCIS PICABIA
1879–1953

Picabia kam 1910 zum Orphismus, dessen treibende Kraft Delaunay war. Der Orphismus versuchte, das Problem einer Simultaneität von Raum und Bewegung bildnerisch zu lösen. Sein Ausgangspunkt waren die allein von der Farbe getragenen Proportionen, durch deren Gefüge dann erst wieder bisweilen Gegenständliches hindurchscheint. Der Futurismus, dessen Bilder 1912 erstmals in Paris zu sehen waren, bestärkte die eigenen Intentionen.

Den »Formkontrasten« Légers nicht unähnlich, mit dem Picabia im »Salon de la Section d'Or« 1912 in Paris gemeinsam ausstellte, bekommen die Formen einen maschinell anmutenden Charakter. Das Moment der Bewegung im Raum, veranschaulicht durch die Verstärkung und gegenseitige Überlagerung und bisweilen Durchdringung der Formen, ist gegenüber dem Orphismus verhärtet. Die einzelne Form gewinnt an Eigenständigkeit. Die glatten Oberflächen der scharf konturierten Formen wecken die Assoziation mit Maschinenelementen. Die konstruktiven Teile sind unter konsequentem Verzicht auf die überkommenen Regeln und Gesetze der Bildanlage frei arrangiert. Es geht Picabia nicht um den Entwurf funktionierender Maschinen, sondern um deren absolut freie Variationen. Marc hat 1914 eines seiner Bilder »Kämpfende Formen« genannt. Bei Picabia ist der Titel »Catch as catch can«.

El Lissitzky
Proun 19 D, um 1922 (?)
Gesso, Öl und Collage auf Sperrholz, 97,5 x 97,2 cm
New York, The Museum of Modern Art

EL LISSITZKY
1890–1941

Der helle Grund des Bildes wird nicht als zweidimensionale Fläche verstanden, sondern als dreidimensionaler Raum mit verschiedenen Projektionsachsen. Darum gibt es auch keine unveränderliche Orientierung von oben und unten bzw. rechts und links. Zumindest ist das Lissitzkys Intention. Bei »Proun 19 D« schafft er durch das schwarze Dreieck, das sich über den unteren Bildrand schiebt, das optische Bezugsfeld für die beiden Konstruktionszusammenhänge mit unterschiedlicher Bewegungsrichtung.

Der Einfluß seines russischen Landsmanns Malewitsch ist neben dem weißen Grund und den Farben Grau, Gelb und Schwarz vor allem an dem die Bildfläche diagonal durchquerenden Flächensystem mit der exzentrisch angeordneten Kreisfläche zu erkennen. Zum Proun im Sinne Lissitzkys wird das Bild erst dadurch, daß das diagonale Flächensystem überlagert erscheint von einem waagrecht orientierten Körper und einem im rechten Winkel dazu abknickenden Raumsystem.

Was Lissitzky in seinen Bildern vorbereitete, war die vollkommen neue Gestaltung der Umwelt, indem er schwärmte: »das von uns in der malerei hervorgebrachte neue fakturelement ergießen wir über die gesamte von uns zu errichtende welt und machen die rauheit des betons, die glätte des metalls und das spiegeln des glases zur haut des neuen lebens.«

Theo van Doesburg
Simultane Kontra-Komposition, um 1929/30
Öl auf Leinwand, 50,1 x 49,8 cm. New York, The Museum of Modern Art

THEO VAN DOESBURG
1883–1931

In seinem Artikel »Malerei – von Komposition zu Kontra-Komposition« in der Zeitschrift »de stijl« schrieb van Doesburg 1923: »Einerseits steht der Begriff ›Kontra-Komposition‹ dem klassischen – auch dem ›abstrakten‹ – Kompositions- und Gestaltungsbegriff gegenüber. Andererseits steht er den fundamentalen, überall dominierenden Strukturelementen der Natur und der Architektur gegenüber.« Von allen Gesetzmäßigkeiten, die der Komposition im traditionellen Sinn einen Halt geboten hatten, wollte van Doesburg sich lösen: »Elementare (antistatische) Kontra-Komposition: Sie fügt zu der orthogonalen, peripheren Komposition eine neue schräge Dimension. Sie löst hierdurch die Spannung horizontal-vertikal in realer Weise auf. Einführung von Neigungsflächen, Dissonanzflächen in Opposition zur Schwerkraft und architektonisch statischer Struktur ... Einführung der Farbe als selbständige Energie.«

Van Doesburg ist bei dieser Kontra-Komposition zwar vom rechten Winkel abgewichen, indem er das gelbe, blaue und rote Farbfeld gekippt und unterschiedlich angeschnitten hat. Aber er hat doch im Sinne einer Komposition eine ausgleichende Gewichtung durch Stand und Größe und die Wiederholung bestimmter Neigungswinkel vorgenommen. Das Schwarz des Rechtecks wiederholt sich in den Balken, die die Farbfelder verklammern.

PIET MONDRIAN
1872–1944

Als Mondrian 1911 von Amsterdam nach Paris zog, nahm er Kontakt zum Kreis der Kubisten auf. Er greift deren Vorliebe für eine ovale Rahmung des Bildfeldes auf und vor allem deren Gestaltungsprinzipien. Bei seiner »Ovalen Komposition« knüpft er an die Phase des analytischen Kubismus an, in der der größte Abstraktionsgrad erreicht ist. Auch bei Mondrian ist der gegenständliche Ausgangspunkt, Bäume, nahezu zur Unkenntlichkeit aufgelöst. Die Farbe changiert zwischen Grau- und Ockertönen, die ebenso wie bei den Kubisten in kleinen Pinselstrichen aufgetragen sind, und weiterhin entspricht sich die Verwendung der kurzen schwarzen Linien, die den Rhythmus des Bildes bestimmen. Die Grundrichtungen von Horizontale, Vertikale, Diagonale und Rund bilden im Unterschied zu den Kubisten ein dichteres Netz. Das Bild wird stärker verspannt, bekommt mehr Festigkeit.

Für Mondrian bedeutete der Kubismus nur ein vorläufiges Ergebnis auf der Suche nach absoluteren Lösungen: »Schrittweise wurde mir gewahr, daß der Kubismus die logische Folgerung aus seinen eigenen Entdeckungen nicht annahm. Er entwickelte die Abstraktion nicht zu ihrem letzten Ziel, dem Ausdruck der reinen Realität. Ich fühlte, daß sie nur erreicht werden kann durch reine Gestaltung, und diese darf wesentlich nicht bedingt sein durch subjektives Fühlen und Vorstellen. Ich bemühte mich lange Zeit, diejenigen Besonderheiten von Form und Naturfarbe zu entdecken, welche subjektive Gefühlszustände erwecken und die reine Realität trüben. Man muß also die natürlichen Formen auf reine unveränderliche Verhältnisse zurückführen.«

Mondrian erhob den Gegensatz von senkrechtem und waagerechtem Prinzip zur Grundlage seines »Neo-Plastizismus«. Sein Ziel war, die Vorstellung von einer universalen Harmonie und die Überwindung des Individualismus zu verwirklichen. Die Möglichkeit dazu sah er nur in der vollkommenen Abstraktion, das heißt in der gänzlichen Ausschaltung der sinnlichen Wahrnehmung der sichtbaren Wirklichkeit. Daraus folgte für ihn die Beschränkung der bildnerischen Mittel auf ihre Grundelemente: die gerade Linie und den rechten Winkel, die drei primären Farben Rot, Gelb und Blau und die beiden Nichtfarben Schwarz und Weiß. Die radikale Umsetzung dieser Prinzipien in eine großflächige Aufteilung der Bilder und ihre koloristische Beschränkung setzte 1921 ein.

Der Grad der Vereinfachung ist bei den Bildern am weitesten fortgeschritten, die nicht auf den drei Primärfarben, sondern auf dem dominierenden Klang einer Grundfarbe basieren. Das größere rote Feld wird zugleich gestützt und gedämpft durch das kleinere blaue Feld. Der überwiegende Teil der Felder, die durch die unterschiedlich breiten, schwarzen Linien entstehen, wird von der Nichtfarbe Weiß eingenommen, entsprechend Mondrians Ansicht: »Das Gleichgewicht schreibt im allgemeinen eine große Ausdehnung an Nichtfarbe oder an leerem Raum vor und eine kleinere Ausdehnung an Farbe oder Materie.«

Oben:
Piet Mondrian
Ovale Komposition (Baumstudie), 1913
Öl auf Leinwand, 94 x 78 cm
Amsterdam, Stedelijk Museum

Piet Mondrian
Komposition, 1925
Öl auf Leinwand, 40,3 x 32,1 cm
New York, The Museum of Modern Art

Paul Klee
Villa R, 1919
Öl auf Karton, 26,5 x 22 cm
Basel, Öffentliche Kunstsammlung,
Kunstmuseum Basel, Inv. Nr. 1744

PAUL KLEE
1879–1940

Den Vordergrund des Bildes »Villa R« (Abb. links) nimmt ein hügeliger Rasen mit graphisch angedeuteten Bäumchen ein. Dahinter ragt wie ein Monument ein großes grünes R auf. Ein roter Weg zieht sich diagonal durch die Landschaft vorbei an einem architektonischen Gebilde, das wie aus Bauklötzen gebaut die Form eines Hauses gewinnt. Es wirkt eher wie eine Kulisse denn als ein greifbares oder bewohnbares Haus. So flächig, unwirklich steht es da, und auch die Berge im Hintergrund wirken eher ornamental, nicht wie räumliche Gebilde. Sie werden gerahmt von einem grünen Halbmond links und einer gelben Sonne rechts. Die helleren Eckfelder als obere Begrenzung schließen das Bild zusammen. Klee hat dem Bild in dem Gegensatz von dunklen und leuchtenden Farben die magische Tiefe eines Glasfensters verliehen.

Als Klee 1923 für die Studierenden des Bauhauses »Wege des Naturstudiums« beschreibt, sagt er über das Ziel des Studierenden: »Sein Wachstum in der Naturanschauung und Betrachtung befähigt ihn, je mehr er zur Weltanschauung empordringt, zur freien Gestaltung abstrakter Gebilde, die über das Gewollt-Schematische hinaus eine neue Natürlichkeit, die Natürlichkeit des Werkes erlangen.«

Bei »Senecio« geht Klee von der Kreisform aus, unterteilt sie in geometrische Farbfelder, zeichnet eine flach liegende Acht ein, setzt in die mandelförmigen Flächen rote runde Scheiben ein. Die gegenständliche Assoziation wird deutlicher, wird weiterentwickelt. Die Formen werden zu Augen, die senkrechte Linie zur Nase, die Quadrate zum Mund, der Kreis zum Kopf. Der Kinderkopf blickt altklug. Aus geometrischen Elementen formt Klee das Greislein »Senecio«.

Die blaue Schüssel mit dem Fisch und dem Gewürzkraut Dill schwebt inmitten des Bildes vor dunklem Grund, umgeben von verschiedenen Figuren und Dingen, die zeichenhaft verknappt sind: über dem Tisch der Mond als Scheibe und Sichel; links, hervorgehoben durch Pfeil und Ausrufungszeichen, der Kopf eines Menschen als potentiellem Verzehrer, der an einem Stengel aus einer Röhre herauswächst; rechts ein Kreuz unter einem Dreipaß, der sich wie eine Blume auf das Innere einer zweiten Röhre zu bewegt; am unteren Bildrand eine weitere Blume und eine durchschnittene Zitrone.

Der Fisch, Symbol des Christentums, bildet das Zentrum, um das sich der Kreislauf von Tod und Wiedergeburt bewegt. Er erscheint in zweierlei Gestalt: als lebendiges Wesen über seiner schattenhaften Form. Die beiden Rohre verkörpern Verwandlungskanäle, der rechte ist durch das Kreuz als der des Todes gekennzeichnet, der linke durch Zweig, Kopf und Fahne als der der Auferstehung und Wiedergeburt. Die Doppelgestalt des Mondes unterstreicht den Gedanken des Kreislaufs. Das Gemälde war eines der ersten, das Klee in Dessau malte, nachdem das Bauhaus 1925 von Weimar dorthin verlegt worden war.

Paul Klee Senecio, 1922
Öl auf Gaze auf Karton, 40,5 x 38 cm
Basel, Öffentliche Kunstsammlung, Kunstmuseum Basel

Paul Klee Um den Fisch, 1926
Tempera und Öl auf Nesseltuch, 46,7 x 63,8 cm
New York, The Museum of Modern Art, Abby Aldrich Rockefeller Fund, Inv. Nr. 271.39

Oskar Schlemmer
Bauhaustreppe, 1932
Öl auf Leinwand, 162,3 x 114,3 cm
New York, The Museum of Modern Art

OSKAR SCHLEMMER
1888–1943

Schlemmer hat sich bei aller Vielfalt seiner künstlerischen Tätigkeit fast ausschließlich auf ein Thema beschränkt: Mensch und Raum. 1923 notierte er in sein Tagebuch: »Das Neue in Geburtswehen – umstritten – unerkannt. Dennoch bleibt ein großes Thema, uralt, ewig neu, Gegenstand und Bildner aller Zeiten: der Mensch, die menschliche Figur. Von ihm ist gesagt, daß er das Maß aller Dinge sei.«

Nach neunjähriger Tätigkeit am Bauhaus, wo der Konflikt zwischen freier und angewandter Kunst nicht beizulegen war, wechselte Schlemmer 1929 an die Akademie nach Breslau. Dort malte er aus der Erinnerung die Treppe des von Walter Gropius entworfenen Dessauer Bauhauses, das nach seiner Vorstellung sicherlich eine ideale Architektur verkörperte. Die Treppe ermöglicht, zahlreiche Figuren – männliche und weibliche – im Raum zu staffeln. Sie sind in Rücken-, Vorder- und Profilansicht einander zugeordnet. Körper, Köpfe und Gesichter setzen sich aus typisierenden Grundformen zusammen, die alles Individuelle vermeiden. Es ergeben sich klar ausgeprägte senkrechte, horizontale und diagonale Richtungen im Bild. Die Quadrierung der Fenster bildet den Hintergrund. Fläche und Volumen, Architektur und Figur werden miteinander verzahnt. Schlemmer hat die von ihm auch sonst bevorzugten Farben verwendet: Grau-, Blau- und Rotbrauntöne.

Lyonel Feininger
Marktkirche in Halle, 1930
Öl auf Leinwand, 100,7 x 85 cm
München, Bayerische Staatsgemäldesammlungen, Staatsgalerie moderner Kunst

LYONEL FEININGER
1871–1956

Einen entscheidenden Einfluß auf Feiningers stilistische Entwicklung hatten die Kubisten. Er lernte in Paris Delaunay kennen, dessen Interesse an Lichtbrechungen und Farbproblemen er teilte. Aber die Beschäftigung mit Formproblemen, losgelöst von der sinnlichen Umwelterfahrung, war nicht seine Sache. 1913 begann er mit architektonischen Kompositionen, deren Thema überwiegend die Dörfer und Städte Thüringens sind. Über seine Vorliebe für dieses Thema sagte Feininger: »Die Kirche, die Mühle, das Haus – und der Friedhof – haben mich von Kindheit an mit tiefen, andächtigen Gefühlen erfüllt.«

Die »Marktkirche in Halle« entstand 1930, als er sich auf Einladung des dortigen Museumsdirektors ein Turmatelier hatte einrichten können. Die Westseite der Kirche mit ihrer Doppelturmanlage ist frontal ins Zentrum des Bildes gerückt, das Langhaus in perspektivischer Verkürzung angedeutet. Einige Häuser umgeben die Kirche. Auf dem Vorplatz stehen winzig kleine Menschen, um die Monumentalität des Gebäudes zu unterstreichen. Kirche und Himmel sind in gleicher Weise prismatisch zerlegt. Die Formen werden transparent und vom Licht durchstrahlt. Feininger hat zwar vom Kubismus die Gegenstandszerlegung übernommen, ihr aber seine eigene Gesetzmäßigkeit unterlegt, der er den Namen »Prismaismus« gab.

GRANT WOOD
1892–1942

Als Grant Wood 1930 sein Bild »Amerikanische Gotik« im Art Institute von Chicago ausstellte, wurde ihm vorgeworfen, er habe auf karikierende Weise die amerikanische Landbevölkerung dargestellt. Aber auch umgekehrt wurde ihm unterstellt, daß er die zivilisationsfeindliche Gesinnung des Mittleren Westens gegen die fortschrittliche Denkweise des Großstädters verkläre. Wood ging es nicht um einseitige Parteinahme, sondern er wählte die Themen, die er am besten darzustellen vermochte, weil er sie am besten kannte.

Ein Farmerpaar, das Wood als Vater und Tochter verstanden wissen wollte, stehen vor einem Holzhaus mit einem spitzbogigen Dachfenster, das dieser Art Architektur die Bezeichnung »Zimmermannsgotik« eintrug. Woods Schwester Nan und sein Zahnarzt Dr. McKeeby standen mit starren Blick und in starrer Haltung in altmodischer Kleidung für das Paar Modell. Die Heugabel, Metapher für das ländliche Amerika, variiert mit ihren Zinken das Maßwerk des gotischen Fensters. Wie die Heugabel des Mannes sind die Blumentöpfe hinter der Frau, das Haus, der Stall und der Kirchturm Hinweise auf Besitz, Beruf und Gesinnung der Dargestellten. Der puritanischen Nüchternheit des Paares entspricht der trockene Realismus der Darstellung, die ihre europäische Parallele in der »Neuen Sachlichkeit« hat.

Grant Wood
Amerikanische Gotik, 1930
Öl auf Preßspanplatte, 75,9 x 63,2 cm
Chicago, The Art Institute of Chicago

EDWARD HOPPER
1882–1967

Ein zentrales Thema bei Hopper, dem Fragen der Beleuchtung stets wichtig waren, sind die Tageszeiten und besonders die Nacht. Die besondere Stimmung von Nacht vermittelt Hopper durch das einfache Motiv der Häuserecke mit den drei erleuchteten Fenstern. In der Konfrontation von dunkler Außenwelt und erleuchtetem Zimmer versetzt er den Bildbetrachter in die Situation des Voyeurs. Um die optische Teilnahme an dem, was in dem Zimmer vorgeht, zu ermöglichen, wählt er einen höhergelegenen Standpunkt. Das Gesims des Gebäudes und der Boden des Zimmers sind in Aufsicht wiedergegeben. Durch das Mittelfenster ist die Rückenfigur einer Frau im Unterrock zu erkennen. Die Intimität der Situation läßt den Blick des Betrachters als zudringlich erscheinen.

Das Fenster erscheint bei Hopper im Unterschied zu anderen Malern als ein Motiv, das intensiv das Gefühl von Trennung, Nichtteilhabe und Entfremdung verdeutlicht. Zum einen sind der Künstler und der Bildbetrachter von der Szene, die sie beobachten, ausgeschlossen, zum anderen aber sind auch die Beobachteten vom Außen getrennt. Um den Gegensatz zwischen der besinnlichen Stimmung des abgeschiedenen Innenraums und der häufig belebteren Außenwelt spannungsreich aufzubauen, benutzt Hopper wie hier das Motiv wehender Vorhänge.

Edward Hopper
Fenster bei Nacht, 1928
Öl auf Leinwand, 73,7 x 86,4 cm
New York, The Museum of Modern Art

Giorgio de Chirico
Die schweigende Statue (Ariadne), 1913
Öl auf Leinwand, 99,5 x 125,5 cm
Düsseldorf, Kunstsammlung Nordrhein-Westfalen

GIORGIO DE CHIRICO
1884–1978

De Chirico malte 1913 sechs wichtige Bilder, auf denen die Statue der Ariadne als Motiv wiederkehrt. Das hellenistische Bildwerk war ihm in römischen Kopien im Vatikan und in Florenz zugänglich. Die Statue zeigt den unruhigen, von bösen Träumen gestörten Schlaf der Minostochter auf Naxos. Während des Schlafes wurde Ariadne von ihrem Gemahl Theseus verlassen.

De Chirico hat die Statue diagonal ins Bild gesetzt und ist wie bei keinem der anderen Bilder so dicht herangerückt, daß das Motiv ausschnitthaft erscheint. Das Gesicht, geprägt von Schlaf und Traum, wird zum Hauptmotiv. In seinem Aufsatz »Die Begierde der Statue« erklärt de Chirico: »Sie liebt ihre seltsame Seele. Sie erobert. Die Sonne verhält sich hoch in der Mitte des Himmels. Und in immerwährender Glückseligkeit taucht die Statue ihre Seele in die Betrachtung ihres Schattens.«

Die Statue steht auf einem Platz vor einem Gebäude mit schwarz verschatteten Arkaden und vor einem Turm mit flatternden Fahnen. De Chirico erklärt: »Die römische Arkade ist Schicksal. Ihre Stimme spricht in Rätseln, die von eigentümlicher römischer Poesie erfüllt sind.« Im Hintergrund erscheint das Meer als schwarze Fläche. Das Volumen der Gegenstände ist so in die Fläche projiziert, daß es unkörperhaft, unfaßbar wirkt.

Mit Beginn der zwanziger Jahre erwachte bei de Chirico das Interesse für die Technik der alten Renaissancemaler. Der russische Maler Nicola Lochoff weihte ihn in die Geheimnisse der »Tempera grassa vernicata« (dicke Lacktempera) ein. »Der verlorene Sohn« ist in der wiederbelebten Technik gemalt, hat aber das Doppelsinnige der »pittura metafisica« bewahrt.

Von dem anrührenden Pathos der Begegnung zwischen Vater und Sohn, das diese Szene sonst in der abendländischen Malerei aufweist, findet sich bei de Chirico nichts. Bei ihm wird das Wiederfinden und Zusammentreffen der beiden Vertreter verschiedener Altersstufen zum Annäherungsversuch von versteinerter Tradition und hilfloser Moderne. Der Vater steht als steinerne Denkmalsfigur vor dem Sohn, dem er die Hand auf die Schulter legt. Aber auch der Sohn ist kein belebtes Wesen, selbst wenn er die Geste des Vaters wiederholt und seine Hand auf dessen Schulter legt. Der Sohn steht zwar groß und mächtig da, aber er ist als Gliederpuppe dargestellt, ohne Gesichtszüge und mit unvollständigen Gliedmaßen, die der Stütze durch ein kompliziert konstruiertes Gerüst bedürfen. Für de Chirico ist die Gliederpuppe eine Metapher für den modernen Antihelden in einem Universum, in dem der Heroismus in der antiken Form – eines Achilles, Hektor oder Roger – nicht mehr möglich ist. Der Platz, auf dem Denkmalsfigur und Gliederpuppe sich begegnen, ist geprägt von der Festigkeit und Würde der Renaissancearchitektur. Im Hintergrund öffnet er sich auf eine kultivierte Hügellandschaft. Die Sehnsucht nach Geborgenheit in der Tradition erfüllt sich nicht.

Giorgio de Chirico
Der verlorene Sohn, 1922
Tempera auf Leinwand, 87 x 58 cm
Mailand, Civico Museo d'Arte Contemporanea

CARLO CARRÀ
1881–1966

Nach dem Vorbild Giottos begann Carrà zu Beginn der zwanziger Jahre viele Seestücke und Schiffsszenen zu malen. Carrà, der sich von den Prinzipien der »pittura metafisica« abwandte, veröffentlichte 1924 ein Buch über Giotto, in dem er hervorhob: »In der magischen Stille der Formen Giottos ruht unsere Betrachtung; die Ekstase wächst und löst sich allmählich im geklärten Gefühl.«

Stille strahlt auch Carràs »Sommer« aus. Es ist eine alltägliche Strandszene. Die linke Frau im Profil trocknet ihr Haar, indem sie ihr Gesicht verdeckt, während die rechte Frau als Rückenfigur mit dem umgeschlungenen Badetuch ihre Knie trocknet. Zwischen ihnen sitzt ein Hund, während rechts ein Badehäuschen das Bild zur Seite abschließt. Dahinter erstreckt sich die Meeresbucht mit einem Boot und der Andeutung von Hügeln.

Der Reiz des Bildes liegt nicht im Sujet, eher in der fast monumentalen Einfachheit der Gestaltung. Die großen Figuren in ihrer Kraft, Schlichtheit und schmucklosen Strenge verkünden nach den Formexperimenten der ersten Jahrzehnte unseres Jahrhunderts eine neue Klassizität. Die Zeit scheint still zu stehen. Beide Figuren wenden sich vom Betrachter ab. Nicht einmal der Hund reagiert. Mit diesem Kunstgriff verriegelt Carrà das Bild und erregt zugleich die Neugierde, die nur durch die Form befriedigt wird.

Carlo Carrà
Sommer, 1930
Öl auf Leinwand, 166 x 121,5 cm
Mailand, Civico Museo d'Arte Contemporanea

GIORGIO MORANDI
1890–1964

Nur für eine kurze Zeit läßt sich das Werk Morandis mit einer der Bewegungen der Klassischen Moderne in eine enge Verbindung bringen: die »metaphysischen« Stilleben der Jahre 1918/19. Bereits ein Jahr später geht er wieder seine eigenen Wege – unabhängig von den Strömungen seiner Zeit.

Mit der Vorliebe für Stilleben entwickelt Morandi sein künstlerisches Problem, das in seinen eigenen Worten sehr einfach klingt: »Das einzige Interesse, das die sichtbare Welt in mir erregt, betrifft den Raum, das Licht, die Farbe und die Formen.« Dem traditionellen zentralperspektivischen Bildraum setzt Morandi enge Schranken. Der Tiefensog der zur flachen Kurve verkürzten Tischfläche wird gebremst durch die bildparallele Wand dicht dahinter. Auf dem Tischchen sind die Bestandteile des Stillebens arrangiert: Flasche, Vasen, eine runde Frucht, eine Kassette und darauf eine Obstschale mit Früchten. Das Licht modelliert die Gegenstände nur soweit, daß die Vorstellung von einem greifbaren Volumen geweckt wird, aber die Geschlossenheit der Form gewahrt bleibt. Es entsteht ein Balanceakt, Flächenelemente mit Volumen und Raum in Einklang zu bringen. Die Farbe, die in der Beschränkung auf Ocker, Braun und Weiß zum weichen Hell-Dunkel-Wert wird, unterstützt die Durchdringung in der Ambivalenz von Positiv- und Negativform.

Giorgio Morandi Stilleben, 1920
Öl auf Leinwand, 60,5 x 66,5 cm
Mailand, Privatbesitz

Diego Rivera
Die Geschichte Mexikos:
Die Zivilisation der Huaxteken,
1930–1932. Fresko (Detail)
Mexico City, Palazzo Nazionale

DIEGO RIVERA
1886–1957

Rivera, der sich in Europa, vor allem in Paris, mit der zeitgenössischen Kunst auseinandergesetzt hatte, kehrte 1921 nach Mexiko zurück und trat der Kommunistischen Partei bei. Zurückgreifend auf die Volkskunst seines Landes begann er, Wandbilder zu malen, die zur Instruktion eines noch mangelhaft geschulten Volkes deren eigene Geschichte darstellen. Für den Nationalpalast der Hauptstadt schuf er eine erzählende Bilderfolge, deren Thema die Kultur der Zeit vor Hernando Cortez ist. Mit der Gründlichkeit eines Geschichtsforschers sammelt er alle erreichbaren Quellen und übertrug sie in realistische Bilder von eindringlicher Klarheit und monumentaler Wirkung.

»Die Zivilisation der Huaxteken« zeigt die Getreide- und Maisveredelung sowie die Verarbeitung des Getreides zu Tortillas. Vorn kniet eine Frau am Boden und walzt die Körner auf einem Stein zu Mehl. Hinter ihr sitzen vier Frauen am Boden. Eine junge Frau glättet Tortillas mit der Hand, während die alte Frau neben ihr den Teig rührt. Eine Mutter löst Maiskörner aus den Kolben, und ihre Nachbarin knetet Tamales. Rechts neben den fünf Frauen setzt ein Mann eine Maispflanze. Beschützt wird die Szene von Gottheiten, von denen auf diesem Ausschnitt nur die Fußzone zu sehen ist. Im Hintergrund dehnen sich die Getreidefelder. Riveras lehrhafter Absicht entspricht die schautafelartige Übersichtlichkeit.

Frida Kahlo
Selbstbildnis mit Affe, 1938
Öl auf Hartfaserplatte,
40,6 x 30,5 cm
Buffalo (New York),
Albright-Knox Art
Gallery, Vermächtnis
A. Conger Goodyear

FRIDA KAHLO
1907–1954

Mit stolzem, beinahe herrischem Blick schaut die Malerin in diesem Selbstporträt auf den Betrachter. Ihre tiefbraunen Augen fixieren ihn, und die rosafarbenen Lippen fesseln seine Aufmerksamkeit. Frida Kahlo stilisiert sich selbst als selbstbewußte Künstlerin und Frau. Die einfache, naiv scheinende Bildsprache, bei der Elemente der mexikanischen Votivmalerei mit der klassischen Porträtdarstellung vermischt werden, hebt den Symbolgehalt der Beigaben hervor. Die aus Knochen hergestellte Kette kann als eine den Hals umschließende Todesmetapher gelesen werden. Die wuchernden Blätter im Hintergrund verweisen auf den Urwald als Ursprung der Natur und allen Lebens.

Der kleine Affe gehörte zu den zahlreichen Tieren, die in dem von Diego Rivera und Kahlo bewohnten »Blauen Haus« lebten. Vertrauensvoll legt er den Arm um die Malerin, hinter seinen großen Augen möchte man eine verletzliche Seele entdecken. In der abendländischen wie auch in der mexikanischen Ikonographie gilt der Affe als Symbol der Lüsternheit, mexikanische Mythen machen ihn aber auch zum Schutzgott des Tanzes. Kahlo verweist hier auf ihre komplizierte Liebesbeziehung zu ihrem Ehemann Rivera, der wenige Jahre zuvor eine Affäre mit ihrer Schwester Christina hatte. 1938 fuhr sie, Ausdruck ihrer neuen Selbständigkeit, alleine zur Eröffnung einer Einzelausstellung nach New York.

CHAIM SOUTINE
1893–1943

Chaim Soutine
Page im Maxim, um 1925
Öl auf Leinwand, 81,9 x 74,9 cm
USA, Privatbesitz

In den Jahren 1927 bis 1929 malte Soutine zahlreiche Bilder von Chorknaben, Restaurant- und Hotelangestellten. Der »Page im Maxim« ist als Dreiviertelfigur frontal wiedergegeben. Er trägt eine fleischigrote Uniform mit goldenen Knöpfen. Die Arme sind angewinkelt, die Hände in die Hüften gestemmt, als wolle er die Schmalheit seiner nervigen Gestalt demonstrieren. Die Labilität seines Standes wird unterstrichen durch das kleine Käppchen, das der Boy auf dem Kopf balanciert. Aber das Käppchen verspannt auch das Gesicht zwischen die Uniform. Der ironisch-pfiffige Ausdruck des Gesichts verbindet sich mit Zügen des Gequälten. Den Hintergrund bildet das unsichere Vor und Zurück der schweren Faltenbildungen einer blauen Samtportiere.

Uniformen reizten Soutine zweifellos durch ihre einheitliche Tonalität und durch Strukturen, die weniger variierten als die der zivilen Bekleidung. Und die Uniform bewirkt, daß Individualität versteckt, daß entpersönlicht, daß Einzigartigkeit mit Anonymität überdeckt wird. Sie wird durch den dicken Farbauftrag zu einem lebendigen Stoff, zu einer künstlichen Haut. Soutine erkundete in seinem Werk eine Farbe nach der anderen: das Weiß der Köche, das Rot, Dunkelgrün und Blau der Pagen und Kammerdiener, das Weiß und Purpur der Chorknaben. Er suchte ständig nach der richtigen Form für sein Motiv.

ANDRÉ MASSON
1896–1987

André Masson
Meditation über ein Eichenblatt, 1942
Tempera, Pastell und Sand auf Leinwand,
101,6 x 83,8 cm
New York, The Museum of Modern Art

Masson, der 1941 während des Zweiten Weltkrieges von Frankreich nach Amerika floh, schrieb über das Land, in dem er Aufnahme gefunden hatte: »Hier stelle ich mir immer noch einen unberührten Wald über mir vor. Dies hatte auch einen psychologischen Einfluß auf meine Malerei in Amerika. Die Städte prägten mich in keiner Weise. Charakteristisch für meine amerikanischen Arbeiten ist vielmehr die Naturverbundenheit, die vermittelt wird.« Die Übereinstimmung mit der Natur fand ihren Ausdruck in Bildern wie »Meditation über ein Eichenblatt«.

Die Konzentration auf ein Eichenblatt hat bei Masson Assoziationen ausgelöst. Es wimmelt von biologischen Symbolen des Keimens und Wachsens von einzelnen Zellen oder Larven bis zu totemartigen Konfigurationen, die zugleich floraler, faunischer und menschlicher Natur sind. Das Bindeglied der Assoziationen ist das Eichenblatt, das als Silhouette wie ein blauer Schatten oben links zu sehen ist. Innerhalb dieser Silhouette wird sein Umriß in kleinerer Form wie eine Zellteilung wiederholt. Es entsteht eine labyrinthische Konstellation, die an den Kreislauf der Natur, aber auch an die aus den Windungen des Gemüts aufsteigenden Traumata und Phantasien denken läßt. Die Gesamtheit der Formen bildet einen Totem, gekrönt von einem Katzenkopf, der das Reich der Tierwelt symbolisiert.

JOAN MIRÓ
1893–1983

Joan Miró
Karneval der Harlekine, um 1924/25
Öl auf Leinwand, 66 x 95 cm
Buffalo (New York), Albright-Knox Art Gallery

Der »Karneval der Harlekine« zeigt Mirós Durchbruch zur Darstellung des Imaginären und Wunderbaren in einer Atmosphäre der Leichtigkeit und Heiterkeit. Viele Figuren, Gegenstände und Zeichen erscheinen, überschneiden sich und nehmen an dem Zauberspiel teil, einer Mischung aus Karneval, Theater und Märchen. Einem schnurrbärtigen Harlekin und einem mechanischen Gitarristen mit Spielzeugschlüssel zum Aufziehen fallen die Hauptrollen zu. Um sie herum spielen Katzen mit einem Wollknäuel, legen Paradiesvögel Eier, aus denen seltsame Schmetterlinge schlüpfen. Fliegende Fische treffen sich mit Kometen. Ein Insekt kriecht aus einem Würfel. An einer Leiter hängt ein enormes menschliches Ohr, und zwischen ihren Holmen lauert ein Auge. Augen öffnen sich auf Kuben, Zylindern und Kegeln zwischen dem märchenhaften und lebendigen Spielzeug auf dem Boden. Ein Fenster gibt den Blick frei auf ein schwarzes Dreieck, eine rote Flamme und ein Gestirn vor blauem Himmel. Die leuchtenden Farben ordnen sich der präzisen Zeichnung der Formen unter. Durch Wiederholung und Verteilung der Farben werden Bezüge und der Bildrhythmus hergestellt.

Zwischen Malerei und Poesie gibt es bei Miró keinen Unterschied. Immer wieder malte er Bilder, in die Worte oder poetische Sätze eingeschrieben sind. Die frei assoziierende Inschrift »hirondelle amour«, die die beiden Worte Schwalbe und Liebe syntaktisch unverbunden einfügt, entspricht der Weigerung der Surrealisten, die Dinge auf bestimmte Eigenschaften festzulegen. Doch die Zeichen erreichen immerhin soviel an Eindeutigkeit, daß in der spielerischen Leichtigkeit Sexuelles erkennbar wird.

Seit 1926 hat Miró im Anschluß an die gegenständliche Wirklichkeit ein sehr persönliches Alphabet von bildhaften Zeichen entwickelt, das er im Laufe der Jahre immer freier anwendet. Dabei öffnet sich seine Bildwelt auch immer mehr dem Heiteren, ja Humorvollen. Material und Körnung der Leinwand spielen bei einer Reihe von Bildern vom Ende der vierziger Jahre eine große Rolle. Die Grundierung ist unregelmäßig aufgetragen und betont die Textur der groben Leinwand. Dagegen wirken die Formen darauf um so flächiger. Es entsteht ein reizvolles Wechselspiel zwischen Grund, deckenden Farbflächen und schwarzen Linien. Zwei Gestalten sind ineinander verflochten. Die Form der roten Sonne entspricht in der Diagonalen dem großen Kopf der rechten Figur dicht am Boden. Der Körper der Figur ragt senkrecht in die Luft. Erst wenn man das Bild umdreht, steht die Figur auf den Füßen. Der Gegensatz von oben und unten ist wie bei einer Spielkarte aufgehoben.

Joan Miró L'Hirondelle d'Amour, 1934
Öl auf Leinwand, 199,3 x 247,6 cm
New York, The Museum of Modern Art,
Gift of Nelson A. Rockefeller

Joan Miró
Personen und Hund vor der Sonne, 1949
Tempera auf Leinwand, 81 x 54,5 cm
Basel, Öffentliche Kunstsammlung,
Kunstmuseum Basel, Stiftung Emanuel Hoffmann

MAX ERNST

1891–1979

Das Grundkonzept des Bildes geht von de Chirico aus. Hinter dem quadratischen Bühnenboden steht eine knappe Landschaftsandeutung, über deren tiefliegenden Horizont sich ein hoher Himmel wölbt. Auf dem Boden steht ein zweibeiniges, kesselförmiges Monstrum mit einem aus de Chiricos Geometergestängen übernommenen Aufsatz. Im Vordergrund erhebt eine weibliche Gestalt ohne Kopf den Arm, während im Himmel Fische schwimmen. Die Gegenstände sind unwirklich. Aber die genaue Malerei gibt ihnen den Anschein von Wirklichkeit. Den Namen »Celebes« hat Max Ernst nicht erfunden. Celebes ist eine der Großen Sundainseln im Malaiischen Archipel. Die Insel erhält dadurch, daß von einem fast quadratischen Mittelstück beträchtliche Halbinseln auslaufen, eine eigentümliche, vierarmige Gestalt. Die Form des Elefanten geht auf eine Abbildung eines afrikanischen Kornspeichers zurück. Vorgefundenes ist bei diesem Bild wie bei einer Collage kombiniert, zu der Max Ernst erläutert: »Die Collagetechnik ist die systematische Ausbeutung des zufälligen oder künstlich provozierten Zusammentreffens von zwei oder mehr wesensfremden Realitäten auf einer augenscheinlich dazu ungeeigneten Ebene und der Funke Poesie, welcher bei der Annäherung dieser Realitäten entspringt.« Das Collagieren diente bei den Surrealisten dem Finden neuer Inhalte, nicht bloß neuer Formen wie bei den Kubisten.

Oben:
Max Ernst
Der Elefant
Celebes, 1921
Öl auf Leinwand,
125 x 106 cm
London, Tate Gallery

Max Ernst
Nach uns die
Mutterschaft, 1927
Öl auf Leinwand,
146,5 x 114,5 cm
Düsseldorf,
Kunstsammlung
Nordrhein-Westfalen

Vögel spielen im Werk von Max Ernst eine große Rolle. Das Vogelrepertoire ist in seiner Bedeutung ambivalent. Es ist bösartig und zärtlich, scheu und dämonisch, Sinnbild der Befreiung wie der Bedrohung.

Auf dem Bild »Nach uns die Mutterschaft« sind Mischwesen aus Vogel und Mensch in einer hierarchischen Dreieckskomposition zur Gruppe versammelt. Ambivalent wie diese Mischwesen ist der Charakter des Bildes. Die zentrale Gestalt hält zum Ausdruck matriarchaler Geborgenheit ein kleineres Vogelwesen umschlungen, während das aufstrebende und entschwebende Vogelwesen darüber die Überwindung der Geborgenheit und damit die Befreiung verkörpert. Die zentrale Gruppe ist in ihrer Konstellation eine ironische Anspielung auf Raffaels Madonnenbilder.

Wie auch bei vielen anderen Bildmotiven führt Max Ernst den Ursprung seiner Vorstellung von der Vermengung von Vogel und Mensch auf ein Jugenderlebnis zurück: »Ein Freund namens Hornebom, ein kluger, buntgescheckter, treuer Vogel stirbt in der Nacht: ein Kind, das sechste in der Reihe, kommt in selbiger Nacht zum Leben. Wirrwarr im Hirn des sonst sehr gesunden Jünglings. Eine Art von Ausdeutungswahn, als ob die eben geborene Unschuld, Schwester Loni, sich in ihrer Lebensgier des lieben Vogels Lebenssäfte angeeignet hätte. Die Krise ist bald überstanden. Doch dauert in des Jünglings Phantasie eine freiwillige-irrationelle Vorstellungs-Vermengung von Menschen mit Vögeln und anderen Lebewesen; und dies spiegelt sich wieder in den Emblemen seiner Kunst.«

Max Ernst gewann 1945 den Malwettbewerb einer amerikanischen Filmgesellschaft über das Thema »Die Versuchung des heiligen Antonius« für Albert Lewins Film »Das Privatleben des Bel-Ami«. Unter den elf Künstlern, die sich an dem Wettbewerb beteiligten, war auch Dalí. Max Ernst gab zu seinem Bild die Erklärung ab: »Über das träge Gewässer seiner dunklen, kranken Seele nach Hilfe und Licht schreiend erhält der heilige Antonius das Echo seiner Furcht als Antwort: das Gelächter der Ungeheuer, die seinen Vorstellungen entsprungen sind.«

Antonius in roter Kutte leidet entsetzliche Qualen in seinen Wahnvorstellungen, die durch die phantastischen Wesen um ihn herum verkörpert werden. Es sind Mischwesen mit Teilen von Säugetier, Vogel, Reptil und auch des Menschen. Obwohl in seiner Vorstellungswelt und künstlerischen Technik eng mit dem Surrealismus verbunden, steht das Bild nicht weniger in der Tradition der deutschen mittelalterlichen Malerei, besonders der Darstellung desselben Themas bei Grünewald.

In großen Partien des Bildes hat Max Ernst die Technik der Decalomanie angewandt, bei der auf ein Blatt Papier oder eine Glasplatte Farbe aufgetragen wird. Auf diesem Grund wird eine zweite Fläche aufgelegt und abgehoben. Dabei entstehen charakteristische Strukturen auf der bemalten Fläche. Nun kann der Maler die durch den Abklatsch entstandenen Formen ausdeuten und findet in den Strukturen die Ungeheuer. Antonius selbst ist in herkömmlicher Maltechnik entworfen worden.

Max Ernst
Die Versuchung des hl. Antonius, 1945
Öl auf Leinwand, 108 x 128 cm
Duisburg, Wilhelm-Lehmbruck-Museum

KURT SCHWITTERS
1887–1948

Schwitters begann 1919, ein Jahr nach dem Ersten Weltkrieg, Bilder aus Abfällen zu fertigen, und nannte sie »Merzbilder«. Sie entsprechen seiner Stimmung bei Kriegsende: »Ich fühlte mich frei und mußte meinen Jubel hinausschreien in die Welt ... Man kann auch mit Müllabfällen schreien, und das tat ich, indem ich sie zusammenleimte und nagelte.«

Die Merzbilder verwischen die Gattungsgrenze zwischen Malerei und Relief. Hier sind unterschiedliche Materialien auf den Kartongrund montiert: Papierfetzen, Konservendosendeckel, Pappscheibe, Latten, Maschendraht, Kordel, Fahrscheine und Zeitungsausschnitte. Die Gegenstände sind aber nicht in ihrem vorgefundenen Zustand belassen, sondern zum größten Teil übermalt. Von dem erdigbraunen Grundton heben sich hellere Farben in facettenartigen Brechungen ab: Ocker, Rot, Blau und Grün. Von den Zeitungsausschnitten sind keine Sätze, sondern nur Satzanfänge und Wortfragmente übriggeblieben: Offener Brief, (R)eichsk(anzler), Die Korrupt(ion), Mathias (Erzberger). Mit Mathias Erzberger, der 1918 den Waffenstillstand in Compiègne unterzeichnete und 1919/20 Finanzminister war, ist die Zeitsituation allenfalls als Anspielung im Bild enthalten. Die Fundstücke sind in ihrer formalen Qualität eingesetzt, während in den Scheibenformen die spätexpressionistische Vorstellung des Kosmischen nachwirkt.

Kurt Schwitters
Merzbild 25 A. Das Sternenbild, 1920
Montage, Collage und Mischtechnik auf Karton, 104,5 x 79 cm
Düsseldorf, Kunstsammlung Nordrhein-Westfalen

Paul Delvaux
Die Begrüßung (Das Treffen), 1938
Öl auf Leinwand, 90,5 x 120,7 cm. Privatbesitz

PAUL DELVAUX
1897–1994

Die eingefrorene Stille und die bühnenartige Szenerie der »Begrüßung« entlehnte Delvaux den metaphysischen Stadtbildern de Chiricos, die ihn wie die Gemälde Magrittes seit 1936 stark beeinflußten. Aus diesem Motivschatz entwickelte Delvaux einen eigenständigen Bildkosmos, der vor allem von der Unmöglichkeit der Kommunikation zwischen den Geschlechtern handelt. Wie Magritte benutzte Delvaux eine sorgfältige, detailreiche Maltechnik, um unwahrscheinliche, traumartige Begegnungen darzustellen. Von Magritte übernahm Delvaux auch das Motiv des korrekt gekleideten Mannes mit Bowlerhut, der selbstbildnishafte Zügen aufweist. Er begrüßt sein Modell und Menschenideal: einen akademischen, mit einem prächtigen Tuch nur unzureichend verhüllten weiblichen Akt. In den Fenstern der bühnenartig in die Tiefe des Raumes reichenden Fassaden der Renaissancehäuser stehen weitere klassisch gewandete Frauen. Von der Erscheinung einer Straßenbahn verstört, flieht im Hintergrund eine andere Frau in einen Wald. Hier wird die surrealistische Vorliebe für die Verwirrung von Erwartungen durch die Kombinatorik des Unwahrscheinlichen erreicht. Begegnungen von Zivilisation und Natur, von modernem Menschen und antiker Venus sind möglich in einem angehaltenen Moment, in dem die Realität unterbrochen und gestört wird.

Yves Tanguy
Der Palast der Fensterfelsen, 1942
Öl auf Leinwand, 163 x 132 cm. Paris, Musée National d'Art Moderne, Centre Georges Pompidou

YVES TANGUY
1900–1955

Um 1926 hat Tanguy sein Thema gefunden, das er bis zu seinem Tod immer wieder variiert: die surrealistische Landschaft. Beim »Palast der Fensterfelsen« trennt keine Horizontlinie die Bereiche von Himmel und Erde. Sie gehen im gemeinsamen, blassen graublauen Ton ineinander über. Im Vordergrund ragen nicht näher bestimmbare Objekte auf – teils wie aus Stein, teils wie aus farbigen Plastikteilen. Einige gesteinsartige Elemente haben die regelmäßige Form von Architekturteilen. Öffnungen sind wie Nasen angesetzt. Die einzelnen Teile sind durch Verbindungslinien und Konnotationspunkte zueinander in Beziehung gesetzt, als sollte verhindert werden, daß sie sich im unendlichen Raum verflüchtigen.

André Breton, der wie Tanguy während des Zweiten Weltkrieges in die USA emigriert war, schrieb im Entstehungsjahr dieses Bildes über Tanguy: »Bis zu Tanguy blieb das Ding, obschon es einigen äußeren Angriffen ausgesetzt wurde, letztlich unverwechselbar und der Gefangene seiner Identität. Mit ihm betreten wir zum ersten Mal die Welt der vollkommenen Undeterminiertheit: ›Auf jeden Fall keinerlei tatsächliche Erscheinungen‹, hatte Rimbaud versprochen. Das Elixier des Lebens will sich hier abklären von all dem, was ihm die Wirrsale unserer individuellen, nur vorübergehenden Existenz beimengt.«

RENÉ MAGRITTE

1898–1967

Die Verknüpfung von Erotik und Sadismus findet ihre äußerste Zuspitzung im Thema des Lustmordes, der in den zwanziger Jahren in der deutschen Kunst eine wichtige Rolle spielt. In der französischen und belgischen Kunst der Zeit steht Magrittes Bild thematisch vereinzelt da.

Das Zimmer ist zur Guckkastenbühne geöffnet. Eine rot bezogene Chaiselongue, auf der der bleiche Leib einer nackten Frau liegt, steht quer im Raum. Der Hals ist durchschnitten. Vom Mund herab zieht sich ein Blutfleck. Vorn im Zimmer steht ein Mann neben einem Tischchen mit einem Grammophon. Der betont ordentlich gekleidete Mann lauscht der Musik. Auf seinem Gesicht zeigt sich keine emotionale Regung. Es ist, als habe ein Arzt in dem hellen, kargen Zimmer seinen Besuch gemacht und als verweile er noch einen Augenblick bei der Musik, um sich von seiner anstrengenden Tätigkeit zu erholen. Aber das Zimmer ist umstellt. Drei Männer vor einer kahlen Gebirgslandschaft schauen über das Balkongitter ins Zimmer. Im Vordergrund steht links neben der Zimmeröffnung ein Mann mit einer Keule, während auf der anderen Seite ein Mann ein Netz bereithält. Die Herren wirken in ihrer seriösen Aufmachung wie Biedermänner. Alle verharren reglos, alles Ereignishafte ist zur Zuständlichkeit gefroren.

Magritte hat das Schreckliche der Situation mit biederer Harmlosigkeit gepaart. Das Bild zeigt den Zwiespalt zwischen gesellschaftlicher Anpassung und Überschreiten gesellschaftlicher Normen. Die Surrealisten sahen provokativ in dem Verbrecher nur den positiven Aspekt, daß er sich über gesellschaftliche Einengungen hinwegsetzt.

Im August 1927 zog Magritte von Brüssel nach Perreux-sur-Marne, einem Vorort von Paris, und nahm an den Aktivitäten der Pariser Surrealisten teil. Aus dem neuen Freundeskreis hat er Anregungen aufgegriffen, dort entstanden seine ersten Bilder mit Worten.

Zur Erklärung dieser Bilder wird immer wieder auf den Philosophen Ludwig Wittgenstein und dessen Kritik an der unzulänglichen Sprache hingewiesen. Der unmittelbare Kontakt mit Breton in Paris wird dabei unterschätzt. Breton kritisierte 1927, daß die Dichter unverbesserliche Wortfetischisten seien, daß die Worte die Stelle von Dingen, gar von lebenden Wesen einnähmen und daß für die Dichter aus der Sprache zur Wirklichkeit gehen nur eine Tautologie bedeute. Ein Bild oder Wort kann für Magritte nie mit der Wirklichkeit identisch sein. Die Bezeichnung allein besagt nichts. Die Benennungsproblematik verdeutlicht Magritte beim »Palast der Vorhänge III« durch das Nebeneinander von Bild und Begriff. Zwei unregelmäßige, gerahmte Bildtafeln lehnen an der Täfelung eines Innenraums. Der eine Rahmen umschließt die malerische Darstellung des Himmels, während in dem anderen das Wort »ciel« (Himmel) eingeschrieben ist. Sprache und Bild meinen dasselbe und sind für Magritte in gleicher Weise abgelöst von der Wirklichkeit.

René Magritte
Der bedrohte Mörder 1926
Öl auf Leinwand, 150,4 x 195,2 cm
New York, The Museum of Modern Art

René Magritte
Der Palast der Vorhänge III, um 1928/29
Öl auf Leinwand, 81 x 116,5 cm
New York, The Museum of Modern Art

Victor Brauner
Der Spiegel des Unerschaffenen
(Miroir de l'incréé), 1945
Öl auf Leinwand, 77 x 56,5 cm
Privatbesitz

VICTOR BRAUNER
1903–1966

Victor Brauner malte seit den frühen vierziger Jahren in Wachs auf Leinwand. In seinem Zufluchtsort in den Alpen bediente er sich dieser Technik zunächst aus Ermangelung anderer Materialien. Das mit einer Kelle dünn aufgetragene und mit Farben vermischte warme Wachs bedeckt eine Zeichnung auf der Leinwand, deren Konturen durch Ritzungen und erneuten Farbauftrag nachgezogen werden können. Brauner war gezwungen, seine rätselhaft-emblematischen Bildfindungen in großer Strenge zu vereinfachen. Der Wachsauftrag besaß für ihn alchemistische Qualitäten, sorgte für die Verwandlung einer banalen Leinwand in ein esoterisches Bildobjekt.

Ein chimärenhaftes weibliches Wesen mit einem Doppelkopf hat hinter einem kleinen Tisch Platz genommen. Einer der Köpfe schaut den Betrachter mit großen, visionär geöffneten Augen an. Der andere, in die Armbeuge gelegte Kopf hat sich mit verschlossenen Augen in sein Ebenbild versenkt, das ein auf dem Tisch liegender Spiegel reflektiert. Damit scheint Brauner auf die bei den Surrealisten oft abgehaltenen Séancen anzuspielen, bei denen in Trance versetzte Medien durch ihre Prophezeiungen und Rätselsprüche die Teilnehmer in Entzücken versetzten. Über dem Wesen schwebt ein männlicher Torso, der von zwei Kerzen erhitzt wird. Dies mag eine Anspielung auf den Produktionsprozeß des Bildes sein.

Wifredo Lam Umbral (Senil), 1950/51
Öl auf Leinwand, 188 x 173 cm
Paris, Musée National d'Art Moderne,
Centre Georges Pompidou

WIFREDO LAM
1902–1982

Wifredo Lams Bildmotive und sein individueller surrealistischer Stil wurzeln in der exotischen Bildwelt seines Heimatlandes, in der karibische, europäische und afrikanische Kultur miteinander verschmolzen wurden. Seine mytischen Figuren sind inspiriert von den Voodoo-Geistern Kubas wie auch durch rein afrikanische Dschungelmotive. Seit den vierziger Jahren hatte sich Lams Formensprache, die zuvor noch durch die Nachahmung der Verschlingungen und Wucherungen des Urwalds geprägt war, verfestigt und geklärt. Leitmotive wie der vertikale Rhombus werden entwickelt und erhalten durch obsessive Wiederholung einen Fetischcharakter.

»Umbral« entstammt dieser Phase der Klärung und emblematischen Verdichtung. Drei gehörnte Rhomben, geheimnisvoll belebte Totemfiguren, scheinen schwebend und tanzend vor nachtdunklem Hintergrund einen obskuren Ritus zu vollziehen. Der Aufbau ihrer Körper ist durch die geometrische Figur zum Zeichen reduziert worden. Das Objekt dieser Opferhandlung liegt vor ihnen. Ein weiteres Wesen mit Mondgesicht und strähnigem Haar beobachtet die Szene aus dem Hintergrund. Jenseits solch gegenständlicher Deutung fällt die strenge Gliederung des Bildes durch die hart gegeneinander gesetzten Formen ins Auge, die durch die beiden kleinen gelben Assitenzrhomben akzentuiert wird.

SALVADOR DALÍ

1904–1989

Etwa um 1930 entwickelt Dalí seine Theorie der »paranoisch-kritischen« Methode. Die Paranoia äußert sich in chronischen Wahnvorstellungen, Halluzinationen, Größenwahn, Verfolgungswahn.

In einer kargen Landschaft mit hoch gezogenem Horizont liegt ein amorphes Gebilde und links ein Podest mit Baumstumpf, auf denen jeweils eine deformierte Uhr liegt, die sich den Formen der Unterlage angepaßt hat. Das amorphe Gebilde auf dem Boden der Landschaft trägt menschliche Züge, die mit den Gesichtszügen des Malers übereinstimmen. Aber es fehlt der Mund. Die Surrealisten setzten den Mund in Anlehnung an die psychoanalytische Literatur häufig als Symbol für das weibliche Geschlechtsteil ein. Das Fehlen des Mundes ist als Impotenzfurcht gegenüber dem Partner zu verstehen. Die weichen Uhren haben die Form schlaffer Zungen. Zungenartige Gebilde werden in Dalís Bildern häufig durch Krücken gestützt, worin sich seine Impotenzfurcht ausdrückt. Die umgedrehte Uhr mit dem verdeckten Zifferblatt ist als Symbol seiner Entdeckungsangst zu verstehen.

Dalí selbst leitet die Entstehung des Bildes »Die Beständigkeit der Erinnerung« aus einer Alltagssituation ab, ohne nach dem Grund seiner Assoziation zu fragen: »Wir hatten unser Diner mit einem ausgezeichneten Camembert beschlossen, und als ich allein war, blieb ich einen Augenblick mit aufgestützten Ellenbogen am Tisch sitzen und dachte über die Probleme nach, die das ›Super-Weiche‹ dieses laufenden Käses stellte ... Das Bild, an dem ich gerade malte, stellte eine Landschaft aus der Umgebung von Port Lligat dar, deren Felsen von dem transparenten Licht des sinkenden Tages erhellt schienen. Diese Landschaft sollte als Hintergrund für eine Idee dienen, aber für welche Idee? Ich brauchte ein überraschendes Bild und fand es nicht. Ich schaltete das Licht aus und wollte hinausgehen, als ich die Lösung buchstäblich ›sah‹: zwei weiche Uhren, von denen die eine kläglich auf dem Ast des Olivenbaums hängen würde.«

In einer ähnlichen Landschaft mit tiefem Horizont und fernen blauen Bergen, wo das abendliche Licht lange Schatten wirft, steht ruhig die »Brennende Giraffe«. Aber noch seltsamer wirkt die weibliche Gestalt im Vordergrund. Zungenartige Gebilde, die von Krücken gestützt werden, ragen aus der Rückseite ihres Leibes, während vorn zahlreiche aufgezogene Schubladen hervorstehen. Dalí, der sich intensiv mit der Psychoanalyse beschäftigte, mag Sigmund Freuds Aufsatz »Über das Motiv der Kästchenwahl« gekannt haben, als er 1936 Bilder und Plastiken fertigte, bei denen der menschliche Körper mit zahlreichen Schubladen versehen ist. Angesichts dieser Arbeiten sprach Dalí von dem »narzißtischen Wohlgefallen«, das man bei der »Betrachtung einer jeder unserer Schubladen« empfindet. Die brennende Giraffe ist elementarer Gegenstand der Sehnsucht des vom Muff der Moral-Schubladen entvitalisierten Weibes und des von Impotenzfurcht geplagten Malers.

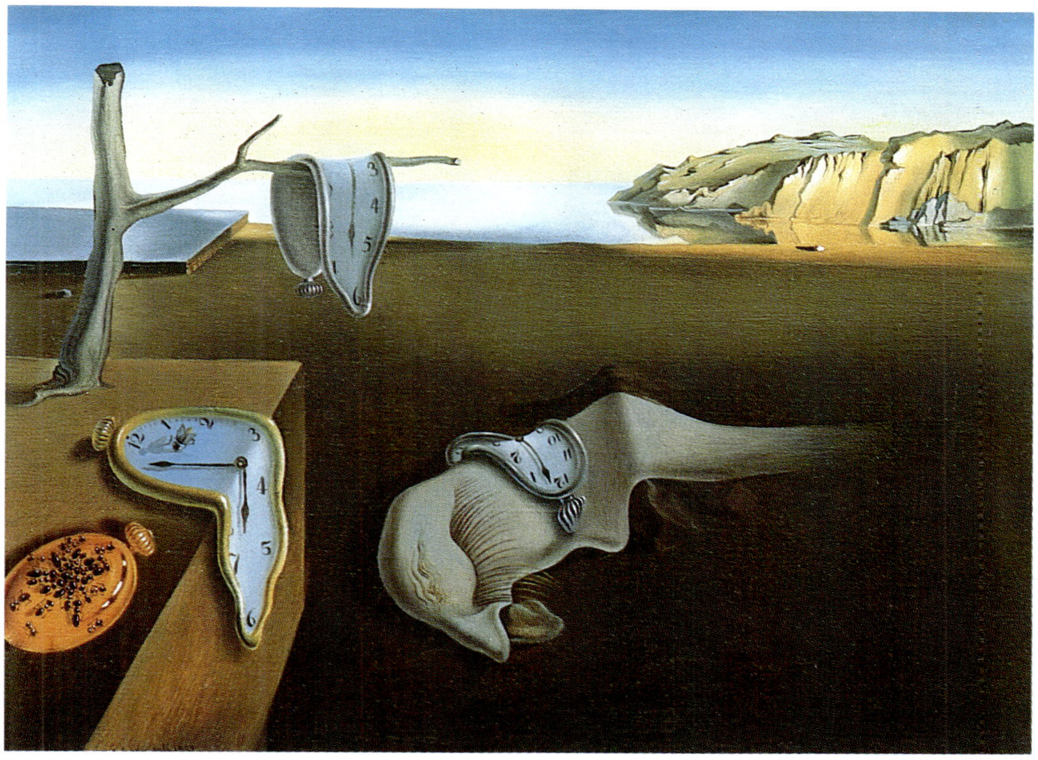

Salvador Dalí
Die Beständigkeit der Erinnerung, 1931
(Die zerrinnende Zeit; Die weichen Uhren)
Öl auf Leinwand, 24 x 33 cm
New York, The Museum of Modern Art

Salvador Dalí
Brennende Giraffe,
um 1936/37
Öl auf Holz, 35 x 27 cm
Basel, Öffentliche Kunstsammlung,
Kunstmuseum Basel

Ben Nicholson
Stilleben, 1947
Öl und Bleistift auf Leinwand,
61 x 50,8 cm
Privatbesitz

BEN NICHOLSON
1894–1982

Für Nicholson waren die späten vierziger Jahre eine Zeit der Rückbesinnung und Sammlung. Er versuchte, die zuvor in einer Phase der Experimente ermittelten Bildformen durch große Serien weiter zu festigen und in einem sicheren Kanon zu sammeln. Hatte er sich noch bis in die Kriegsjahre an Hand von abstrakten Reliefs mit Fragen der organischen Verbindung von Bild und Leinwand beschäftigt, so fand er nun wieder zu traditionelleren Motiven.

In seinem Stilleben greift Nicholson auf die Bildsprache des synthetischen Kubismus zurück. Die klassischen Motive wie Krug und Glas wurden zu flachen Formen, zu ineinander geschobenen Gruppen reduziert. Sie können nun, obwohl sie immer noch als Objekte erkennbar sind, als Spielmaterial für die Herausbildung einer ausgewogenen, planen Komposition eingesetzt werden. Im Kontrast werden weiche und harte Farbtöne, die den Bildobjekten assoziativ zugeordnet wurden, einander gegenüber gestellt.

Nicholson sagte zu seinen Bildern dieser Zeit: »In der Malerei nimmt man für ein ›Stilleben‹ die einfachsten Alltagsformen von Flasche – Becher – Krug – Tablett als Grundlage für den Ausdruck einer Idee. Die Formen sind nicht vollständig frei; sie sind jedoch insoweit frei als sie von jedem gewünschten Blickpunkt aus gesehen werden können und gleichzeitig sind hier die Farben frei wählbar.«

Graham Sutherland
Wiesenweg, 1939
Öl auf Leinwand,
60 x 50 cm
London,
Tate Gallery

GRAHAM SUTHERLAND
1903–1980

Sutherland empfand die Landschaft der Pembrokeshire im westlichen Wales wie eine Offenbarung. Von den Surrealisten hatte er gelernt, Unbeobachtetes zum Leben zu erwecken, beliebige Naturformen in einem visionären Augenblick zu beseelen. Daraus entsteht die Magie seiner Gemälde. Ausgangspunkt für »Wiesenweg«, das als exemplarisches Werk für diesen Prozeß der Verlebendigung gelten kann, war die exakte Beobachtung der Natur. In mehreren Zeichnungen suchte er den dramatischen und mysteriösen Aspekt der Landschaft herauszuarbeiten.

In einem Brief aus dem Jahre 1942 beschrieb Sutherland den Prozeß der Bildfindung: »Hier habe ich angefangen, noch zu lernen. Ich konnte mich nicht einfach hinsetzen und vor der Natur malen. Es gab auch nichts ›Fertiges‹, was ich einfach hätte abmalen können … Ich stellte fest, daß ich meine Empfindungen nur durch die freie Umsetzung dessen, was ich sah, wiedergeben konnte.«

Gegenüber den Zeichnungen wurden die Bildformen vereinfacht und akzentuiert. Sutherlands Interesse gilt vor allem der gekurvten, nach rechts schwingenden Linie des Dorfwegs. Brillantes Weiß und Gelb erwecken den Eindruck kräftig reflektierenden Sonnenlichts, das von zum Zeichen reduziertem Geäst und von Farbfeldern umspielt wird, die landschaftlichen Motiven kaum zuzuordnen sind.

Christa von Lengerke

MALEREI DER GEGENWART

Tendenzen der Malerei von 1945 bis heute

Die zeitgenössische Malerei zeigt nach- und nebeneinander neue Techniken, neue Materialien, neue Bildformen. Die Extreme spannen sich zwischen Abstraktion und Realismus, zwischen puristischer Stilisierung und Monumentalisierung des Trivialen, zwischen ironischer Entlarvung der Subkultur und nüchterner bis visionärer Darstellung politischer oder ganz individueller Traumata.

In den USA führen Pollock und de Kooning die freie Abstraktion zum Höhepunkt. Ihr abstrakter Expressionismus findet im europäischen Informel oder Tachismus eine mehr lyrische Entsprechung. Von der Farbqualität wird die Bildaussage bei Reinhardt, Newman oder Noland bestimmt. Die Welt des Objekts und metaphysische Qualitäten von Material vereinigen sich bei Dubuffet oder Tàpies zu symbolistischen Assemblagen.

Vasarely ist mit seinen dekorativen, rhythmischen Rasterbildern der Begründer der Op Art. Warhol und Lichtenstein erheben, in der Nachfolge von Jasper Johns und Rauschenberg, die Klischees der Konsumwelt zur Pop Art und unterziehen sie einer ironischen Betrachtung. In den Porträts Bacons oder den Werken von Baselitz, Kiefer und Richter scheint das totgesagte klassische Bild eine Fortsetzung zu finden.

Jackson Pollock Painting, 1948
Öl auf Papier, 57,3 x 78,1 cm
Privatbesitz

zustellen. Die Mäzenin und Sammlerin konnte so erste Kontakte zu Künstlern wie Pollock, Franz Kline (1910–1962), de Kooning, Robert Motherwell (1915–1991), Clyfford Still (1904–1980), Barnett Newman (1905–1970), Mark Rothko (1903–1970) und Ad Reinhardt (1913–1967) knüpfen. In der selbständigen Verarbeitung von Elementen des Dadaismus und des Surrealismus fanden diese Maler einen individuellen Weg zur Abstraktion.

Gorky ist der eigentliche Wegbereiter des Abstrakten Expressionismus. Lehnte er sich zunächst an seine Vorbilder Cézanne und Picasso sehr stark an, so fand er durch den Einfluß Mattas zu einer neuen, eigenständigen Bildsprache. Gorkys Spätwerk enthält im Keim bereits alle Charakteristika der späteren Bewegung. Er nahm sich das Leben gerade in der Zeit, als deren Ideen sich allgemein zu entfalten begannen.

Pollock griff als erster Gorkys Bildformulierungen auf. In seiner Neigung zur volkstümlichen Kunst ließ sich Pollock von der indianischen Kultur mit ihren symbolhaltigen Formen, leuchtenden Farben und ineinandergreifenden Mustern inspirieren, was ihn unmittelbar zur abstrakten Malerei hinführte. Schon seine anfangs noch teilgegenständlichen Motive hatten fast Rapportcharakter, überdeckten die Leinwände in gleichmäßiger Dichte. Die Verquickung dieser malerischen Formen mit psychischen Vorgängen zeigt eine Gleichgestimmtheit mit Prinzipien des Surrealismus. Aus dessen psychischem Automatismus entwickelte Pollock schließlich einen seine ganze Person ergreifenden Automatismus. In einer rasch ablaufenden Aktion, während der seine Sinne und sein Körper ganz auf den energiegeladenen Akt des Malens gerichtet waren, bearbeitete er die am Boden liegende Leinwand. Konventionelle Utensilien wie Pinsel, Staffelei oder Palette waren hinderlich, sie hätten den spontanen Vorgang gehemmt.

Aus Dosen und Tuben ließ er die Farbe tropfen, vermischte sie mit allerlei Materialien wie Sand oder zerstoßenen Scherben und verteilte die zerlaufenden Farbsträhnen mit Stöcken und Lappen. Wegen dieses »Drip Painting« nannte man ihn bald »Jack the Dripper«. Bei aller Heftigkeit des gestischen Einsatzes beweisen seine Arbeiten, daß eine starke innere

Kontrolle die Entstehung dieser expressiven Bildmuster begleitete. Damit schuf Pollock eine neue Ästhetik, eine Ästhetik der Aktion.

Diese seit 1946 gänzlich abstrakten Bilder bedeuteten eine radikale Abkehr von der klassischen Malerei. Sie erforderten vom Betrachter neue Sehgewohnheiten, um diese Ikonographie von Energie als physische Realität anzuerkennen. Harold Rosenberg (1906–1978), der dieser Malerei den Namen »Action Painting« gab, schreibt: »Von einem gewissen Moment an begann die Leinwand einem amerikanischen Maler nach dem anderen als Arena zu erscheinen, in der agiert wird, viel eher als ein Raum, in dem etwas reproduziert wird ... Was sich auf der Leinwand abspielte, war nicht ein Bild, sondern ein Ereignis.« Diese Tendenz bestimmte das Kunstschaffen bis weit in die fünfziger Jahre hinein.

Motherwell, der mit Pollock in Guggenheims Galerie zusammengearbeitet und ausgestellt hatte, entwickelte seinem Naturell gemäß in seinen Bildern ruhigere Ausdrucksformen. Sie sind Ergebnis sorgfältiger Überlegungen und haben oft aus Motherwells Vorliebe für Geschichte und Literatur heraus eine gewichtige ideelle Bedeutung, wie seine Serie »Elegie an die spanische Republik« belegt. Auf seinen großformatigen Gemälden überwiegt die lyrische Stimmung oft gegenüber dem ohnehin verhaltenen expressiven Duktus. Motherwells Aktivitäten erschöpften sich freilich keineswegs im Malen, er war einflußreich auch als Autor, Verleger und Dozent.

Mark Rothko
Rot, Grün, Blau, 1955
Öl auf Leinwand, 207 x 197,5 cm
Milwaukee, Milwaukee Art Museum

In den fünfziger Jahren war de Kooning der exponierteste Vertreter des Abstrakten Expressionismus. Für de Kooning, der aus Europa kam, war der Anschluß an die abendländische Tradition selbstverständlich, allerdings in einer vitalisierenden Weiterführung des Erbes. Vor diesem Hintergrund entwickelte er eine einmalige Zusammenführung von abstrakter und figurativer Malerei. Bereits 1928 lernte er in New York Gorky kennen.

Ähnlich wie bei Pollock verselbständigt sich in seinen Bildern der Malprozeß, vehementer Duktus und leuchtende Farben werden zu Dokumenten ungestümer Aggressivität. Mit diesem exaltierten Formenschatz korrespondiert die Vulgarität der Motive. Seine Serien von Männer- und Frauengestalten liefern geradezu brutale Zerrbilder der menschlichen Existenz.

Relativ spät fand Kline Anschluß an den Abstrakten Expressionismus. Zunächst malt er kleinformatige kubistische Impressionen des Großstadtlebens sowie realistische Porträts und Landschaften. Unter de Koonings Einfluß entstanden dann seit Anfang der fünfziger Jahre die typischen Schwarzweißgemälde: breite, balkenartige Pinselstriche auf großformatigen weißen Leinwänden. Diese Arbeiten weisen starke Ähnlichkeiten mit ostasiatischer Kalligraphie auf. Wichtiger für Klines Bildsprache ist jedoch der große Unterschied zu ihr: Seine Bilder sind nicht als schwarze Farbspuren auf weißem Malgrund zu verstehen, sondern als gleichberechtigtes Ineinander von beidem. Die handwerkliche Vorarbeit der Grundierung und der schöpferisch verstandene Farbauftrag tragen so wesentlich zur Schaffung der Bildspannung bei. Erst in den späten fünfziger Jahren nimmt Kline auch Farbe in sein Werk auf.

Nicht immer sind die Bestrebungen verschiedener Künstler, die gleichzeitig während einer Dekade arbeiten, überzeugend unter dem Dach eines Stilbegriffs zu vereinen. So trifft die Formel »Abstrakter Expressionismus«, die an das Kunstschaffen der New Yorker Szene für die Zeit nach dem Zweiten Weltkrieg bis zum Ende der fünfziger Jahre geknüpft ist, eigentlich nur für die Arbeiten von Pollock, Motherwell, de Kooning und Kline zu.

Abstrakter Symbolismus

Für einige Künstler bedeutete der Weg in die Abstraktion die Entwicklung einer symbolisch verschlüsselten Bildsprache. Einzelne abstrakte, also nicht gegenstandsbezogene Formen, können dabei gleichwohl Verweischarakter für Erscheinungen der Wirklichkeit annehmen.

Mark Tobeys (1890–1976) Kunst unterliegt in großem Maße philosophischen Reflexionen. Sein Versuch, bestimmbare Formen und Strukturen aus seiner Kunst auszuschließen, ist durch die Beschäftigung mit dem Kubismus und den Übertritt zur Bahai-Religion, die die geistige Einheit der Menschheit betont, beeinflußt. Ab 1935 entwickelt Tobey mit seinen »White Writings« seinen ausgereiften Stil: ein

Geflecht dünner weißer Linien vor dunklerem Hintergrund. Diese abstrakten Kompositionen versteht er als Symbole für »die Einheit von Form und Bewegung im Universum«.

Die Maler Rothko, Still, Newman und Reinhardt arbeiteten meist in monumentalen Bildformaten an monolithisch-abstrakten Bildblöcken. Das Überschreiten der gewohnten Ausmaße eines klassischen Tafelbildes wirkt für den Betrachter als Aufhebung der Bildgrenze. Ziel ist die Erfahrung von Raum an sich.

Um 1950 hat Rothko seine Formen auf große rechteckige, ineinander verschwimmende Farbfelder reduziert, die aus der Monochromie des Grundes aufscheinen. Die einfache Vorführung der Farben erweist sich dabei als raffiniert-kunstvolle. Die Buntwerte sind jeweils in sonoren Zusammenklängen neutralisiert, ihre Wirkung rein in der schimmernden Malsubstanz materialisiert. Statt Mehrfarbigkeit wirkt der mögliche Reichtum monochromer Abstufungen, von da heraus setzen bedachtsam gewählte Farben feierliche Akzente. Rothko assoziiert in seinen Bildern Archetypen, Sinnbilder möglicher Antworten auf Grundfragen menschlicher Existenz und Lebensform, mystische Formeln, die nicht zu benennen sind, sondern im magischen Zwielicht ihrer Erscheinung ruhen.

Auch Still spricht in seinen Gemälden metaphysische Themen an. 1947 findet er mit dem Interesse an Darstellungen von allgemeinen Ideen zu seinem Stil: Charakteristisch für seine riesigen Leinwände ist ein großer, fast die gesamte Bildfläche bedeckender monochromer Farbgrund, der an den Rändern von flammenden Formen umschlossen wird.

Newman konzentrierte sich bei seinen Arbeiten auf die Farbe, sie wollte er »erschaffen«. In seinen riesigen, ausschließlich horizontal bzw. vertikal angelegten Leinwänden macht sich eine Tendenz zu größeren, vereinfachteren Formen bemerkbar. Die rudimentäre Komposition entfaltet sich auf einer ruhigen, den persönlichen Pinselduktus weitestgehend negierenden Oberfläche. Newmans auffallende formale Reduktionen bildeten eine Grundlage für die puristische Formensprache der Minimal Art. Die philosophischen Implikationen seines Werks wurden freilich von den Nachfolgern nicht adaptiert.

Als Kritiker, Kunsthistoriker und Maler versuchte Reinhardt eine rein abstrakte Kunst zu schaffen. Seit 1950 teilte er die Leinwand in scharf umrissene Rechtecke, die er mit leicht variierten Schattierungen einer Farbe kolorierte. Während die Farbigkeit seiner frühen Bilder noch hell und lebhaft war, ging er in seinen späteren Werken zu dunkleren Tönen über, die in seinen charakteristischen »Black Paintings« gipfelten, den wohl subtilsten Bildern der Farbfeldmalerei. Kunst war für Reinhardt »ein klar definiertes Objekt, unabhängig und getrennt von allen anderen Objekten und Umständen, dessen Bedeutung nicht erklärbar oder übersetzbar ist«. Künstlerischer Fortschritt war für ihn die zunehmende Negation ihrer formalen Mittel.

Jasper Johns
Fehlstart, 1959
Öl auf Leinwand, 171,5 x 134,7 cm
New York, Privatbesitz

Tachismus und Informel in Europa

In Europa formte sich beinahe gleichzeitig mit dem amerikanischen Abstrakten Expressionismus eine Malerei aus, die diesem wesensverwandt war: das Informel. Diese neue expressive Malerei entwickelte sich zuerst unter dem Einfluß der École de Paris, seit den fünfziger Jahren aber gab es überall in Europa Künstler, die nach neuen Mitteln und Konkretisierungen suchten. Sie alle beschritten dabei einen ähnlichen Weg.

»Informel« als Begriff wurde von Antoni Tàpies (* 1923) geprägt, er spricht 1950 erstmals von der »Bedeutung des Formlosen« für die neue Malerei. Informel als Stil läßt sich nur in Grundzügen charakterisieren. Der Entstehung informeller Bilder liegt der surrealistische Gedanke des psychischen Automatismus zugrunde. Das Informel ist frei von Reminiszenzen ans Gegenständliche, seine Formensprache entsteht aus der Spontaneität von Bewegungen. Die Farbe wird vorrangig, als koloristisches und formbares Element ebenso wie in ihrer Materialität. Neue Techniken wie das Arbeiten mit unkonventionellen Hilfsmitteln und das Vermischen der Farben mit bis dahin in der Malerei nicht verwendeten Materialien wie Sand führen zu neuen Bildeindrücken, verlangen so vom Betrachter, sich in neue Sehzonen vorzutasten. Arbeiten aus der spontanen Inspiration des Unbewußten heraus, die Schnelligkeit beim Malakt und die Einbeziehung des Prinzips Zufall bestimmen den Entstehungsprozeß informeller Bilder.

In Frankreich sind es Jean Fautrier (1898–1964), die aus Deutschland emigrierten Wols (1913–1951) und Hans Hartung (1904–1989) sowie Georges Mathieu (* 1921), die die neue, von alten Kompositionsregeln befreite Malerei vertreten. Synonym für »Informel« wird gerade in Frankreich der Begriff »Tachismus«, abgeleitet von »la tache« (Fleck), gebraucht. Insbesondere für die Arbeiten von Wols wird auch die Bezeichnung »lyrische Abstraktion« verwendet.

Die Bildwelten von Pierre Soulages (* 1919) lassen mit Kline verwandte Strukturen erkennen. Sein Œuvre und das von Mathieu werden oft unter dem Terminus »kalligraphische Abstraktion« subsumiert. Zwei nach der russischen Revolution nach Frankreich emigrierte Maler schließlich, Serge Poliakoff (1906–1969) und Nicolas de Staël (1914–1955), komplettieren das weitgespannte Spektrum des französischen Informel.

In Deutschland sind es Ernst Wilhelm Nay (1902–1968), Emil Schumacher (* 1912), Baumeister und Bernhard Schultze (* 1915), die ganz ihrem individuellen Maltemperament entsprechend neue Zielsetzungen erarbeiteten.

Jean Dubuffet – Die Gruppe »Cobra«

Jean Dubuffet (1901–1985) war der Wegbereiter für einen erweiterten, Formulierungen von Kindern und Geisteskranken integrierenden Kunstbegriff. Die Ausdrucksmöglichkeiten der primitiven Kunst waren bereits in der ersten Jahrhunderthälfte von den Künstlern des Expressionismus erkannt und genutzt worden. Davon inspiriert begann er zunächst mit dem Sammeln dieser von ihm so genannten »Art brut«. Sie wurde Ausgangspunkt und Orientierungshilfe für seine eigenen Bilderfindungen. Damit wollte er sich von jeglicher Anpassung an konventionelle Gestaltungsprinzipien und ästhetische Leitbilder befreien. Dies barg die Möglichkeit, stilistische, inhaltliche und thematische Wertmaßstäbe einer von ihm verachteten westlichen Kultur für überflüssig zu erklären. Für dieses antitraditionelle Kunstverständnis fand er gerade in den Bildwelten Geisteskranker eine Entsprechung. Bildgründe aus Gips, Sand, Leim, Kitt und anderen Materialien, die gespachtelt, geknetet, geritzt und bekritzelt werden, reizten die Phantasie des Künstlers zu poetischen Paraphrasen. Dubuffets Vorliebe für Werkzyklen gipfelte in seinen »Hourloupes«, puzzleartig aneinandergesetzten amorphen Formen, die den Bildgrund überwuchern.

Eine ähnliche Zielsetzung verfolgten die Mitglieder der Gruppe Cobra. Die programmatische Ablehnung des ästhetischen Diktats der École de Paris war begleitet und legitimiert von der demonstrativen Verurteilung einer Zivilisation, die zwei Weltkriege zu verantworten hatte. Die Künstler von Cobra kamen aus Dänemark, Belgien und den Niederlanden, aus den Anfangsbuchstaben der Hauptstädte dieser Länder ergab sich der Gruppenname. Hauptvertreter der Künstlervereinigung, die nur drei Jahre, von 1948 bis 1951, Bestand hatte, waren Pierre Alechinsky (* 1927), Karel Appel (* 1921), Constant (* 1920) und Asger Jorn (1914–1973). Wie Dubuffet sahen auch sie in der Bildnerei von Kindern und Geisteskranken mehr Originalität und Vitalität als in den klassischen Vorbildern der Kunstgeschichte, entsprechend forderten sie die Aufhebung jeglicher ästhetischer Normen in der totalen Befreiung des Denkens. Ausdruck des Gruppengedankens waren gemeinsame Ausstellungen, Publikationen und die Herausgabe einer nach der Gruppe benannten Zeitschrift.

Geometrische Abstraktion, Op Art

Als nüchterne, von keiner persönlichen Handschrift und keiner Werkspur geprägte Kunst entwickelte sich die geometrische Abstraktion aus der Tradition des Bauhauses. Aufbauend auf den Ideen der Konstruktivisten und der De-Stijl-Gruppe traten sie die Nachfolge der Bewegung »Abstraction-Création« an, der in den dreißiger Jahren die wichtigsten Vertreter der modernen abstrakten Kunst angehörten.

Van Doesburg, einer der Wortführer der geometrischen Abstraktion, bezeichnete sie als »konkrete Kunst«, da sie nach seiner Vorstellung nicht an einen Abstraktionsvorgang gebunden ist, sondern sich ganz konkreter geometrischer Elemente bedient. Dieses Gedankengut wurde von Max Bill (1908–1994) aufgenommen: Er setzte die geometrische Abstraktion an die Stelle anaturalistischer Kunst, grenzte sie so vom Kubismus und von den intuitiven und naturalistischen Strömungen ab. Wie bei Bill ist auch das Œuvre von Albers begleitet von kunsttheoretischen Reflexionen und einer akademischen Lehrtätigkeit. »Wenn ich male, sehe und denke ich zunächst – Farbe.« An der Form des Quadrates exemplifizierte Albers die Wechselwirkungen der Farbe in einer Vielzahl von Variationen.

Die Op Art nahm viele Probleme, die bei Albers bereits anklangen, wieder auf. So wurden etwa nach dem Prinzip der Reihung geometrische Grundformen in einer Fläche so angeordnet, daß sich durch Farbvarianten oder Hell-Dunkel-Abstufungen optische Irritationseffekte beim Betrachter einstellen. Victor Vasarely (* 1908) ist der einfalls- und variantenreichste Gestalter von Op-Art-Objekten. Er sieht sich als Schöpfer einer harmonischen Ordnung, die es so in der realen Welt nicht gibt. Vasarely will die »Eintönigkeit des modernen Lebens in eine Schönheitsbestimmung mit mannigfaltigen Formen« verwandeln. Op Art will den Betrachter irritieren, ihn einbeziehen in ein visuelles Verwirrspiel, das Konstruktionskonzept ist.

Post-Painterly Abstraction: Colorfield und Hard Edge

Wie die Op Art hat auch die sogenannte Post-Painterly Abstraction ihren Ursprung in der Systematik der gestalt-

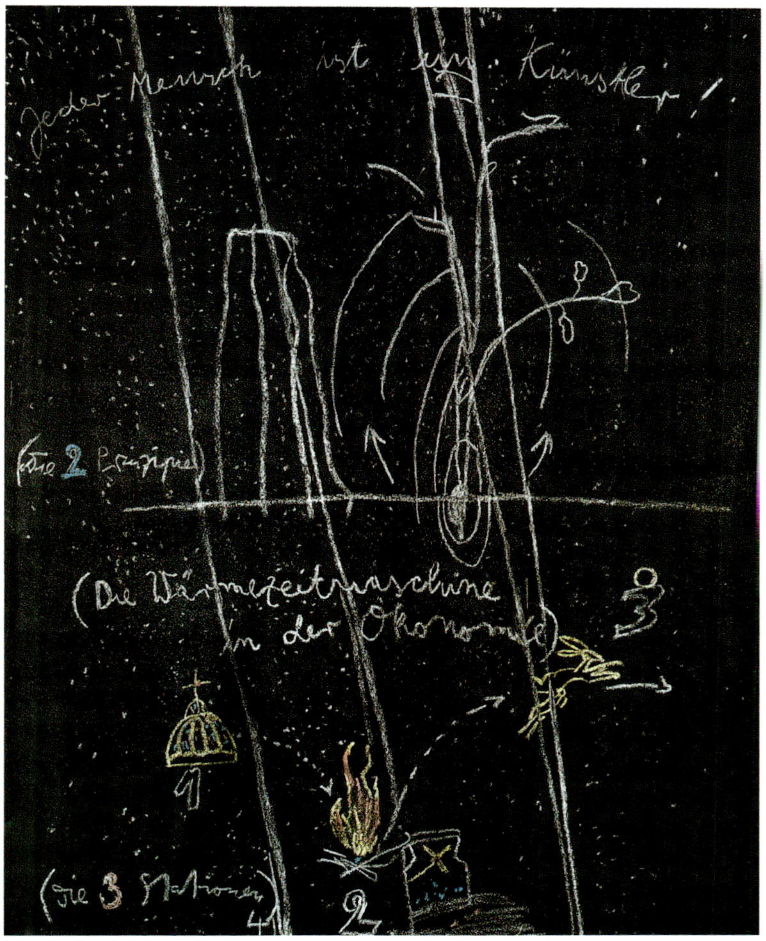

Joseph Beuys
Is it about a bycicle? IV, 1982
Farbkreide auf Holz, 150 x 122 cm
Privatbesitz

psychologischen Farbstudien des Bauhauses. Von Albers in Amerika verbreitet, boten sie den Grundstock für eine den Abstrakten Expressionismus ablösende Malerei der sechziger Jahre. Im Anschluß an die ruhigen, farbintensiven Bilder eines Rothko oder Newman bemühte sie sich um einen absoluten Einsatz der Farbe unter Vermeidung von Raumillusion in der Betonung alles Flächigen in großen, teils riesigen Formaten. Malerei um ihrer selbst willen entsteht so, befreit von allen thematischen Zwängen. Nicht mehr Trägerin einer Botschaft oder einer Weltanschauung, steht sie nicht im Dienst von Literatur, Religion oder Philosophie, erzählt sie nicht mehr und ahmt nicht nach. Ohne eingeweiht zu sein, kann jeder die Sprache dieser Malerei verstehen, denn keinerlei Verschlüsselung oder persönliche Erfahrung des Künstlers wird von ihr transportiert. Ihre Spielarten heißen Colorfield und Hard Edge, zwei Begriffe, deren Grenzen sich verwischen.

Mit neuen Farbstoffen, mit Verdünnungsmitteln und unorthodoxen Methoden des Auftrags erprobten Kenneth Noland (* 1924) und Morris Louis (1912–1962) die Dimension der Farbe. Farbe in ihrer totalen Eigenwertigkeit, opaktransparent, pastos-lasierend, ist dabei nur Trägerin von koloristischen Qualitäten, von optischen Sensationen. Die Farbfelder setzen sich zusammen aus elementaren geometrischen Formen. Man kann diese Bilder als eine puristische Emanzipation sehen, in der eine bewußt einfach gewählte Form sich mit dem Chromatischen verbindet.

Frank Stella (* 1936) führte die Reduktion der Farbfelder weiter in seinen »Shaped Canvas«. Die elementare Grundform wurde dabei nicht mehr auf die vorgegebene – rechteckige – Leinwand aufgetragen, das Farbfeld bestimmte nun vielmehr das Bildformat. Ergebnis sind Bilder mit dreieckigem, V-förmigem, polygonalem Umriß. Die Farbe wird als von der äußeren Form begrenztes Objekt behandelt. So wird sie Teil der dritten Dimension, entwickelt sich seitlich und parallel zur Wand in den Raum hinein.

Auch Ellsworth Kelly (* 1923) betrachtet die Bildfläche als neutralen Behälter von Farbe. Als erster verwendete er bereits eingefärbte Leinwände, die als standardisierte Bildformen nur noch aneinandergenäht wurden. Damit entwickelt die Farbe eine eigene, »konkrete« Realität, ist dem ursprünglichen Bildträger inhärent und somit als Material nicht mehr wahrnehmbar.

Combine Painting, Materialbilder

Die Dadaisten bereits hatten die poetischen Reize und malerischen Qualitäten von Objets trouvés entdeckt. Ebenso tauchen in kubistischen Collagen Fragmente von alltäglichen Gegenständen auf, eine Faszination des Bruchstückhaften ist bemerkbar, die auch auf die Montagebilder des Surrealismus Einfluß ausübt.

Diese Integration von Alltagsgegenständen greifen Künstler im Anschluß an den Abstrakten Expressionismus wieder auf. Stand sie in der klassischen Moderne für eine Erweiterung der Bildsprache, für eine Betonung der poetischen und chromatischen Qualitäten der Dinge, die darin die Homogenität des Kunstwerks sichern konnten, so wird seit den späten fünfziger Jahren der Versuch offensichtlich, durch sie – im Ineinander von Kunst- und Alltagswirklichkeit – gerade die Wirksamkeit einer Kunstsprache in Frage zu stellen. Als Reaktion auf den introvertierten, den Intellektuellen vorbehaltenen Abstrakten Expressionismus ist diese Hinwendung zu alltäglichen Sujets zu sehen. Sie sorgt für Wiedererkennbarkeit, für Vertrautheit. Der Bildgrund wird nun Träger für reliefartige Arrangements, die verschiedene Materialien, Techniken und Gegenstände in sich vereinen. Ihre Fixierung an einen Grund schafft erst die Identität Bild.

Noch aus dem Geist des Informel und der lyrischen Abstraktion schuf Tàpies seine frühen Materialbilder. Farbe, mit Sand und Bindemitteln vermischt, wird zum Relief. Zeichenartige Ritzen und Spalten lassen an alte Mauern denken. Abbildendes – die Leinwand, die durch Verbindung mit Sand zum Relief wird – und Abgebildetes, die Mauer, fallen dabei fast in eins.

Auch Joseph Beuys (1921–1986) integrierte des öfteren Fundstücke und Materialteile in seine Zeichnungen und malerisch-plastischen Arbeiten. Für ihn waren jedes Material und jedes Objekt Träger symbolischer Bedeutungen, weil mit ihm eine allgemeine Tradition oder eine persönliche Erfahrung verbunden ist. Beuys versuchte in seinem Leben und in seinem Werk eine Wiederherstellung der verlorengegangenen Einheit von Natur und Geist und setzte dem Rationalismus ein Denken entgegen, das archetypische, mythische und magisch-religiöse Zusammenhänge einbezog. So kann etwa Fett, entsprechend seiner Funktion in der Natur, auch im Œuvre von Beuys als Energiespeicher fungieren.

Alberto Burri (1915–1995) komponierte aus verbrannter und zerstörter Sackleinwand und Farbpartien seine Materialbilder. Schließlich übernahmen viele Maler, als ihnen die Malerei allein nicht mehr aussagekräftig genug erschien, die freie Verwendung diverser Materialien und Techniken. Appel und Jorn trugen die Farben wie dicken Rohputz auf und hoben so den rein malerischen Eindruck ihrer Bilder auf.

In den USA war es Robert Rauschenberg (* 1925), der nach frühen Versuchen mit der Action Painting seine Combine Paintings erfand. Er begann einzelne Teile collagierend in seine expressive Malerei einzufügen. Es waren Fundstücke, die dem Zivilisationsmüll entstammten; keinerlei poetisches Flair haftete ihnen an, eher die Erbärmlichkeit einer kurzlebigen Existenz als billiger Massenartikel. Diese »Junk Art« (Kehrichtkunst) blühte in den sechziger Jahren auf, sie fand immer mehr Vertreter, unter anderem die Bildhauer John Angus Chamberlain (* 1927), Robert Mallary (* 1917) und Richard Peter Stankiewicz (* 1922). Der Höhepunkt war in den »Watts-Towers« erreicht, einigen aus Abfall errichteten und mit Abfall dekorierten Türmen, als Mahnmal erstellt in den Slums von Los Angeles.

Sieht man Junk Art mit dem an heutigen Sozial- und Umweltproblemen geschärften Blick, ist man versucht, in ihr eine beredte Anklage wahrzunehmen. Die Arbeiten entstanden freilich kaum in der Absicht, eine sozialkritische Aussage zu treffen, zu ihrer Entstehungszeit war die von ihr implizierte Problematik noch nicht im Bewußtsein der Öffentlichkeit verbreitet. Kreatives Gestalten ist dennoch kein Schaffensakt mehr, der wirklichkeitsfremde ästhetische Objekte hervorbringt. Der ungenierte Griff in den Fundus schäbiger Symbole der Massenkultur kann verstanden werden als Durchbrechen gesellschaftlicher Schranken.

Jasper Johns (* 1930) monumentalisierte Alltagsklischees wie die amerikanische Flagge, Schießscheiben oder Landkarten. Bei der Darstellung dieser bewußt einfachen Dinge brachte er erstmals den Bildgegenstand mit der bemalten Fläche zur Deckung und stellt damit die Frage nach der Identität von Ding und Abbild: »Is it a flag or is it a painting?«, so lautete die Kritikerfrage gleich nach der Entstehung seiner ersten Flaggen. Die Einfachheit der Motive und die Verwandtschaft der großformatigen Bilder mit Werbetafeln und Reklamewänden nehmen Charakteristika der Pop Art vorweg.

In seinen Anfängen war Jim Dine (* 1935) stark von Johns beeinflußt, für beide war der Abstrakte Expressionismus Ausgangspunkt. Das Repertoire seiner Motive ist wie das von Johns nicht sehr breit gefächert: Haushaltsgegenstände, Möbel, Werkzeuge, Bekleidungsstücke. Oft betont er die in seine Bilder integrierten realen Objekte mit gemalten Schatten, wiederholt sie gemalt auf der Leinwand oder bekräftigt ihre Existenz im Bild durch eine Beischrift.

Pop Art

»Pop Art« ist ein Begriff, den der Kritiker Lawrence Alloway (1926–1990) geprägt hat. Die Wörter »popular« und »pop« (Knall) standen dabei Pate. In den sechziger Jahren erreichte gerade die amerikanische Variante der Pop Art eine Popularität wie nie zuvor eine Kunstrichtung. Die Pop Art bezieht Anregungen und Motive aus der Welt der Massengesellschaft, der industriellen Serienproduktion, den konsumorientierten und geschmacksprägenden Einflüssen von Werbung und Medien. Daraus resultierende Phänomene wie Sensationslust, Starkult, Verlust von Individualität und Verherrlichung des Banalen und Trivialen, kurz die eminente Bedeutung und Wirksamkeit von Klischees, ermöglichten erst Entstehen und Erfolg der Pop Art.

Die Motive der amerikanischen Pop Art wurden meist aus anderen Medien übernommen: Ausschnitte aus Illustrierten, Standphotos aus Filmen, Bilder aus der Reklame. Durch spezielle drucktechnische Verfahren wurde die Vorlage auf ihren Untergrund gebracht, eingefärbt und somit verfremdet. Themen des Tagesgeschehens von der Politik bis zum Klatsch wurden aufgegriffen. Die ohnehin in der Komplexität ihrer Aussage reduzierten Vorlagen wurden durch die Vergrößerung ihres Formats, die Plakativität ihrer Farben und die Wiederholung des Motivs zum einprägsam trivialen Klischee. Obwohl die Popkünstler sich alle aus einem allgemein zugänglichen Fundus bedienten, sind ihre Produkte voneinander zu unterscheiden. Ihr »Stil« konstituiert sich aus ihrem persönlichen Auswahlprinzip von Bildmustern, technischen Verfahren und bestimmten Farben.

Andy Warhol (1928–1987), ihr bekanntester Vertreter, erreichte durch seine Reklamefeldzügen gleichenden spektakulären Auftritte in der Öffentlichkeit eine wahrhafte Identität von Persönlichkeit und Werk. Er selbst war Superstar, und durch seine Aufbereitung werden Personen, Ereignisse und Produkte selbst zu Superstars: Elvis Presley, Marilyn Monroe, Albert Einstein und Mao Tse-tung haben die gleiche Unterhaltungsqualität wie die Stars der kurzlebigen Tagesaktualitäten: Unfälle, Katastrophen, Hinrichtungen. Stars des amerikanischen Lebens sind auch Dollarnoten, die Colaflasche, die Suppendose, der Waschmittelkarton. Warhols Bekenntnis lautete: »Jedermann ist Plastik, aber ich liebe Plastik, ich möchte Plastik sein.«

Roy Lichtenstein (* 1923) zitierte in seinen großen Leinwänden die triviale Phantasiewelt der Comic strips. Die Rasterung der gedruckten Vorlage taucht im Bild als gemaltes Punktmuster wieder auf. Einzelne Bilder werden dem

Roy Lichtenstein Razzmatazz, 1978
Öl und Magna auf Leinwand, 243,9 x 304,8 cm
Boston, Sammlung Graham Grund

Erzählfluß entnommen, das herausgelöste Bild entlarvt die Trivialität der gesamten Story, gleichzeitig werden durch diese Isolierung speziell die formalen Eigenschaften des zugrundeliegenden Mediums betont.

Tom Wesselmann (* 1931) ist vor allem bekannt durch seine künstlich-stilisierten Darstellungen des nackten weiblichen Körpers. Gerade der Konsumartikel Sex hat in seiner Vermarktung eigene Klischees entwickelt. Mit der Reduktion des Körpers auf flache, vereinfachte Formen, bei denen Mund, Brüste, Lenden und Schenkel hervorgehoben werden, variiert Wesselmann in seinen »Great American Nudes« uniform komprimierte Reizmerkmale. James Rosenquist (* 1933) war Maler für Reklametafeln. Für seine monumentalen Bilder mußte er weder Thema noch Technik wechseln.

Triviale Bildformen – Comics, Reklame, Reportagen – in Magazinen oder im Fernsehen haben mehr Breitenwirkung als Kunst. In der Pop Art kehren sie, geadelt durch die Auswählenden, als Kunst wieder. Herausgelöst aus ihrem gewöhnlichen Umfeld, monumentalisiert, in die Ausstellung, die Galerie, ins Museum, in die Privatsammlung oder in die noble Wohnung gebracht, dienen sie der Affirmation des Konsums.

Zeitlich vor der amerikanischen entwickelte sich seit Mitte der fünfziger Jahre die englische Pop Art, die auch in anderen europäischen Ländern ihr Echo hatte. Die englischen Künstler gestalteten ähnliche Themen wie die Amerikaner, nur bedienten sie sich neben drucktechnischen Verfahren auch der Collage und anderer Methoden der Integration von Alltagsgegenständen. Darin entwickelten sie ähnliche Prinzipien wie die zeitgleichen Rauschenberg und Johns in ihren Combine Paintings. Insgesamt entwickelte die europäische Pop Art einen stärker sozialkritisch orientierten Ansatz.

Richard Hamilton (* 1922) karikierte in seinen Collagen die fragwürdigen Segnungen der Konsumwelt und modischer Lebensformen. Peter Blakes (* 1932) gemalte Collagen enthalten bissige Einschlüsse von allbekannten Emblemen, Klischees und Markenzeichen aus der Welt der Medien. Die

Francis Bacon
Selbstbildnis, 1973
Öl auf Leinwand, 35,5 x 31,8 cm
Privatbesitz

Reduktion der Frau zum dienstbaren Sex- und Lustobjekt treibt Allen Jones (* 1937) in seinen Bildern und Objekten bis hin zum Affront. Künstler wie David Hockney (* 1937) und Ronald B. Kitaj (* 1932) schließlich greifen Elemente der Pop Art auf, ohne sich eindeutig auf diese Richtung festlegen zu lassen.

Konzeptkunst

Die Entmaterialisierung der Kunst wird in der Concept Art vollends verwirklicht. Vorbereitend waren Kunstformen der sechziger und beginnenden siebziger Jahre wie Farbfeldmalerei und Minimal Art. Sie lehnten eine emotionale Anteilnahme des Künstlers scheinbar ab und vermieden es, einen Bezug zur außerkünstlerischen Wirklichkeit herzustellen. Die Concept Art wollte nunmehr als Dokumentation und Fixierung von Denkprozessen objektiv Auskunft geben. Die traditionelle Kunstform in ihrer materiellen Existenz wird aufgegeben und rein als Gedanke, als Konzept in Form von Texten, Photos, Diagrammen vorgestellt.

Zwei Künstler waren es, die die Entwicklung hin zur Concept Art in den fünfziger Jahren vorwegnahmen: Lucio Fontana (1899 – 1968), der in seinen »Concetti Spaziali« (Raumkonzepten) versuchte, die Leere als positives Prinzip zu interpretieren und darzustellen, und Yves Klein (1928 – 1962), der mit seinem typischen Blau nicht ein Fragment der Wirklichkeit wiedergeben, sondern durch das Mittel der Farbe Herr über die gesamte Realität werden wollte.

Photorealismus

Grundlage aller Bilder dieses Hyperrealismus sind Photographien. Es sind scheinbar keine Kunstphotos, sie wirken schnappschußartig, Polaroid- oder Paßphotos mit trivialen Motiven, gerade so, als wären sie aus einem willkürlichen Moment heraus entstanden. Als Dia auf die Leinwand projiziert, liefern sie die Vorlage für eine Malerei mit Spritzpistole oder Pinsel. Nicht nur an der Wahl der Sujets, sondern auch an der Art, wie Farb- und Formpartien intensiviert, verunklart und verfremdet werden, welche Valeurs ihnen der Maler beigibt, ist eine persönliche Handschrift zu erkennen. Realität wird hier illusionistisch wiedergegeben. Ein scheinbarer Mangel an Professionalität – die Photovorlagen wirken fehlbelichtet, ungenau, einfach amateurhaft – wird kompensiert durch die Präzision, mit der diese Vorlagen in höchst artifizielle Malerei umgesetzt werden.

Richard Estes (* 1936) bevorzugt das Leben in der Großstadt als Motiv für seine Bilder, ihre neonbelichtete Sterilität und nüchterne Atmosphäre des Anonymen. Mehr um Wahrnehmungsprobleme geht es Chuck Close (* 1940): Er trägt

Georg Baselitz
Motivschimmel Zerbrochene Brücke, 1986
Öl auf Leinwand, 173 x 139 cm
Privatbesitz

die drei Primärfarben als gesonderte Schichten auf, das zerlegte Farbschema des Bildes wird erst durch den Betrachter wieder zusammengesetzt. Europas wichtigster Photorealist ist der Schweizer Franz Gertsch (* 1930), der monumentale Leinwände mit Porträts seiner Freunde füllt.

Figurative Malerei in Europa

In einer Aktion in Düsseldorf 1963 wurde mit ironischem Hintergedanken der Ausdruck »kapitalistischer Realismus« geprägt, dem Sigmar Polke (* 1942) und Gerhard Richter (* 1932) zugeordnet werden können. Polke ist der sarkastische der beiden: Frei von jeder Gruppenzugehörigkeit entwickelte er eine ironische Bildsprache, die im Spiel mit Widersprüchen und Klischeevorstellungen humorvolle Bilderrätsel darstellt. Richter versucht in großen Bildserien, Zeitschriftenreproduktionen, Normfarbtafeln und Amateurphotos in die Malerei zu übertragen. Sein Interesse gilt der Malerei als Malerei. Eine Verwebung von Dingmagie und Besetzung technischer Geräte wie Telephon und Schreibmaschine mit menschlichen Eigenschaften rückt die Maschinenbilder Konrad Klaphecks (* 1935), der wie Richter an der Düsseldorfer Akademie lehrt, in die Nähe eines »magischen Realismus«.

Was offiziell erlaubt und gefördert wurde, war in den Ostblockstaaten bis zum Zusammenbruch des Systems mit dem Schlagwort »sozialistischer Realismus« versehen worden. In Fortführung der expressionistischen und neusachlichen Tradition erlaubte diese Kunst zwar die Auseinandersetzung mit Problemen des klassischen Mediums Malerei, war aber in der Wahl ihrer Themen dem Diktat einer staatlichen Kulturbürokratie unterworfen: Die Prämisse hieß Allgemeinverständlichkeit. Werner Tübke (* 1929) kleidete seine Themen in den Farbenreichtum und die Formenwelt der italienischen Renaissance. Werner Heisig (* 1925) entwarf düstere Visionen menschlicher Triebkräfte, vergleichbar denen Goyas oder Beckmanns.

Sich jeder begrifflichen Einordnung entziehend, verfolgte Giacometti in seinen Plastiken und Bildern eine vom Existenzialismus geprägte Vorstellung von Figur und Raum. In seiner Weltanschauung Giacometti verwandt, beschäftigte sich auch Francis Bacon (1909–1992) besonders in seinem Frühwerk mit den Gedanken eines Jean-Paul Sartre (1905–1980) oder Albert Camus (1913–1960). Bacons späteres Œuvre nimmt dann, in der Flächigkeit der Darstellung und der ornamentalisierenden Farbgebung, Charakteristika der Pop Art auf. Scheinbar unbeeinflußt von den Moden hingegen konzentrierte sich der britische Einzelgänger Lucian Freud (* 1922) über Jahrzehnte hinweg auf die Darstellung des menschlichen Körpers.

Die Malerei der achtziger Jahre

Als Reaktion auf vergangene Kunstrichtungen, bei denen nach und nach die Malerei, der schöpferische Einfall und die individuelle Botschaft verlorengegangen waren, trat in einer nachfolgenden Künstlergeneration, vor allem in Deutschland und Italien, eine Reihe von Persönlichkeiten hervor, um neue, betont subjektive Ausdrucksformen wiederzubeleben.

Gerhard Richter
Ema – Akt auf einer Treppe, 1966
Öl auf Leinwand, 200 x 130 cm
Köln, Museum Ludwig

In Deutschland arbeitete Georg Baselitz (* 1938) schon seit langem mit den Mitteln expressiver Malerei. Bekannt wurde er vor allem mit Bildern, deren Sujets auf dem Kopf stehen. In der dämonischen Expressivität, vor allem an der visionären Verzerrung der menschlichen Gestalt, zeigt sein Stil Einflüsse des deutschen Expressionismus und des späten Corinth.

Befreit von Ideologien ihr Betroffensein zu äußern, individuell-intuitive Erfahrungen auszudrücken, explosiv oder meditativ ihre Eindrücke, Erlebnisse und Alpträume in Formen zu kleiden ist das Ziel aller Vertreter der neuen Malerei, in Deutschland etwa von A. R. Penck (* 1939), Anselm Kiefer (* 1945) oder Markus Lüpertz (* 1941), oder in der Gruppe der Italiener (Sandro Chia, * 1946; Francesco Clemente,

* 1952; Enzo Cucchi, * 1950; Mimmo Paladino, * 1948). Es ist eine bewußte Rückkehr zur Malerei, allerdings ohne das strenge Regelgerüst akademischer Diktate.

Bereits in der individuellen Wahl der unkonventionellen Motive äußert sich ihr Streben nach Freiheit, ein Wille, der sich über stilistische, ikonographische und ästhetische Zwänge hinwegsetzt. Die neue Malerei greift freilich auf den Expressionismus, Futurismus oder Surrealismus zurück; so ist auch sie kein völliger Bruch mit der Tradition der Kunst.

In den achtziger Jahren setzten sich außerdem, zunächst in New York, dann auch in Europa, erstmals Außenseiter, Unterprivilegierte, Angehörige ethnischer Minderheiten und in weit größerem Maße als je zuvor Frauen in der Kunstszene durch. Es war nun nicht mehr unabdingbare Voraussetzung, an einer Akademie studiert zu haben, um erfolgreich die führenden Galerien und die Museen der Metropolen beschicken zu können. Die erste Welle dieser neuen Künstler kam aus der nordamerikanischen Grafitti-Szene. Die Helden dieser Subkultur, etwa Keith Haring (1958–1990) und Jean-Michel Basquiat (1960–1988), verstanden es, ihre durch eine Sprache der Zeichen geprägte Kunst sowohl in der New Yorker Metro als auch in den feinen Kunstzirkeln vorzuführen. Die Galeristen erhofften sich eine Belebung der immer mehr als verbraucht und ausgelaugt angesehenen Malerei. Hier knüpften später andere Maler ethnischer Minoritäten an, die unter dem Zeichen einer nivellierenden Kultur der »politischen Korrektheit« oft vehement für die Rechte ihrer Volksgruppen eintraten und dies mit Bildern, für die sie sich von den Traditionen der europäischen Malerei abwandten und auf Stilmittel und Bildformen der eigenen Kulturen zurückgriffen.

Malerei und Postmoderne

Charakteristisch ist für die Malerei der Zeit um 1990 ein geradezu verwirrender Stilpluralismus. Nachdem mit Beuys und Warhol 1986/87 zwei der letzten großen Helden der Kunst kurz hintereinander gestorben sind, scheint die Geschichte der Kunst des 20. Jahrhunderts als Projekt sich einander ablösender und immer wieder neu befruchtender Avantgarde-Bewegungen abgeschlossen zu sein. Folgerichtig nannte man die Malerei der neunziger Jahre »post-avantgardistisch«. Diese Bezeichnung lehnt sich an den zunächst für die Architektur geprägten (und wenig sinnvollen) Begriff der Postmoderne an, der ebenfalls das Ende einer Epoche konstatiert und für das kommende Neue noch keine passende Umschreibung gefunden hat.

Gewiß, es gab in den letzten Jahren immer noch klassische Künstlerkarrieren wie die der New Yorker Stars Julian Schnabel (* 1951) und David Salle (* 1952), die mit einem wie auf dem Reißbrett entworfenen Aufstieg an die etwa von Warhol erfundenen Muster anknüpften. Beide Künstler hatten Erfolg mit oft riesigen Gemälden, für die sie den Fundus der Malereigeschichte und der Konsumwelt ausplünderten.

Doch existieren mittlerweile kein Stil und keine Kunstrichtung mehr, die der Zeit unmißverständlich ihr Siegel aufdrücken könnten. Die Malerei der neunziger Jahre ist geprägt durch eine distanzierte Haltung und ein klares Bewußtsein über das Erreichte. Da gibt es Maler wie den Niederländer Rob Scholte (* 1958), die an die Vorbilder der Pop Art anknüpfen. Andere hingegen, wie die Deutschen Martin Kippenberger (* 1953) und die Brüder Albert (* 1954) und Markus Oehlen (* 1956), kultivieren eine dadaistische Attitüde. Dann leben neo-konstruktivistische Tendenzen wieder auf, vertreten durch die Schweizer John Armleder (* 1958) und Helmut Federle (* 1944) sowie den Deutschen Günther Förg (* 1952). In den USA hingegen erfährt die Minimal Art durch das Werk von Brice Marden (* 1938) und Agnes Martin (* 1912) eine Wiedergeburt. Gleiches gilt für die Konzeptkunst; mit Ahnherren wie Duchamp und Malewitsch im Hintergrund geht es Künstlern wie Sherrie Levine (* 1947), Philip Taaffe (* 1955) oder Jeff Koons (* 1955) um die zitathafte Wiederverwertung bereits anerkannter Avantgardepositionen, die damit auf ihre vielleicht noch vorliegende Wirksamkeit befragt werden. Vieles davon wirkt schlicht kalkuliert und mag vordergründig erscheinen; doch wird durch die Arbeit dieser Künstler zumindest eines deutlich: Einen durch eine vorbildliche ethische Grundhaltung legitimierten Kanon der Malerei gibt es nicht mehr.

(Den Text der letzten Seite der Einleitung sowie die Bildbeschreibungen auf den Seiten 630, 643 unten, 645 unten, 648, 651 unten, 653 oben, 659, 663 unten, 673, 674 oben, 675 unten, 677, 678 oben, 679 und 680 verfaßte der Herausgeber)

ARSHILE GORKY

1904–1948

Arshile Gorky
Die Leber ist der Kamm des Hahnes, 1944
Öl auf Leinwand, 183 x 249 cm
Buffalo (New York), Albright-Knox Art Gallery

Dieses Bild ist eines der wichtigsten Werke Gorkys. Es entstand zu einer Zeit, nachdem es ihm gelungen war, sich vom Einfluß seiner frühen Vorbilder Paul Cézanne, Pablo Picasso und Joan Miró freizumachen, und als er die Anregungen des Surrealismus, die von nun an sein Werk entscheidend prägten, bereits konstruktiv verarbeitet hatte. Seit Beginn der vierziger Jahre wandte sich Gorky vom Gegenständlichen ab und entwickelte fließende, organische Formen und eine subtile Farbensprache mit leuchtenden Farbgründen, kalligraphischen Linien und symbolhaften Zeichen.

Das Bild ist auffallend bunt, fast alle Möglichkeiten der Farbpalette kommen darin zum Ausdruck. Der Titel verrät seine Herkunft von surrealistischen Wortprägungen. In surrealistischer Manier sind auch die Farbfelder und »hybriden« Formen nebeneinandergesetzt, sie ergeben eine teils malerische, teils zeichnerische Wirkung. Das Bild ist bewegt-lebendig, fast aggressiv, auch wenn es auf figurativ-realistische Anspielungen verzichtet. Die Spontaneität der Farbgebung, der unmittelbar gestische Auftrag weisen schon Elemente der »Action Painting« und des Abstrakten Expressionismus auf. In dem Bild wechseln farblich warme und kalte Zonen ab, es erhält einen Rhythmus durch die Wiederholung einzelner Formen und Farbfelder. Man kann es so als die Zusammenfassung all seiner Ideen sehen.

ROBERTO MATTA

* 1912

Roberto Matta
Der Wahnwitz des Eros, 1944
(Le Vertige d'Éros)
Öl auf Leinwand, 195,6 x 251,5 cm
New York, The Museum of Modern Art

Matta, der Ende der dreißiger Jahre zu den Surrealisten stieß, nahm als Grundlage für seine Malerei den von André Breton propagierten und von André Masson praktizierten psychischen Automatismus. »Le Vertige d'Eros« (Der Wahnwitz des Eros) ist eines seiner vielen großformatigen Bilder, deren Titel sowohl eine verklausulierte Anleitung zu ihrer Deutung als auch zu dem Anliegen des Malers geben. Bei aller Bedeutung des Automatismus fühlt sich Matta in seinem Werk zu Aussagen verpflichtet. So vereint er in ihnen Botschaften, die über die Psyche aus dem Unbewußten hervorbrechen, mit reflektierten Wahrnehmungen, Überlegungen und Erkenntnissen. Er formuliert damit Fragestellungen.

Mit seinen Bildern reagiert er auf politische Verhältnisse (er nahm als Freiwilliger am spanischen Bürgerkrieg teil) und versucht gleichzeitig, seelische Zustände auszudrücken. Dabei interessieren ihn mehr kollektiv-überzeitliche als persönlich-momentane Probleme. Der Tenor seiner Einsichten ist skeptisch bis pessimistisch. Er sieht den Menschen als Wesen, das in der Welt Bedrohungen, Verblendungen, Überrumpelungen ausgesetzt ist. Seine Bildsprache besteht aus symbolartigen Zeichen, teils von archaischer Magie, teils von moderner Abstraktheit, wobei Reminiszenzen ans Gegenständliche bleiben. Seine Bilder wirken dabei stark dynamisch und expressiv.

Hans Hofmann
Blau in Blau, 1954
Öl auf Leinwand,
127 x 101,5 cm
Privatbesitz

HANS HOFMANN
1880–1966

Hans Hofmann ist einer der großen Vermittler der europäischen abstrakten Kunst nach Amerika gewesen. Während seine Tätigkeit in New York als Lehrer von Generationen abstrakter Maler bereits früh anerkannt wurde, galten seine Gemälde lange Zeit als wenig bemerkenswert. Dabei zeichnen sie sich innerhalb des Abstraken Expressionismus durch eine spezifische persönliche Note aus. Oft wurde Hofmann durch psychisch besonders bewegende Ereignisse angeregt, mit dynamischen, auch an Kalligraphie erinnernden Farbströmen zu reagieren. Energiegeladene, abgehackte Pinselstriche formen bei »Blau in Blau« Farbflächen, die zumeist aus Rechteckformen entwickelt wurden. Diese Formen prallen aufeinander, vermischen sich und lösen einander auf. Dies ist eine reine Malerei, die jedoch durch ihre Wucht und physische Präsenz mit Bedeutung aufgeladen wird. Es geht nicht um ästhetische Augenfreuden, sondern um den Ausdruck von tiefen inneren Empfindungen.

Hofmann selbst schrieb über seinen Weg zur Malerei: »Ich habe mein ganzes Leben der Suche nach dem Realen in der Malerei gewidmet. Ich habe nie an die akademische Ausbildung geglaubt – ich selber hatte keine. Mein Instinkt allein sagte mir, daß ich alles in mir selbst finden muß, wenn es für die ganze Spannweite meiner Entwicklung Bedeutung erlangen soll.«

Clyfford Still Ohne Titel, 1954
Öl auf Leinwand, 297,2 x 256,3 cm
Privatbesitz

CLYFFORD STILL
1904–1980

Still verbannte von seinen Bildern alle Referenzen an die sichtbare Welt, bemühte sich, die Farben von den ihnen zugeordneten Bedeutungen zu befreien und seine Malweise von allen Merkmalen individueller Handschrift fernzuhalten. Er ist einer der vehementesten Verfechter der Autonomie der Kunst gewesen: »Wir haben uns jetzt dem kompromißlosen Handeln verschrieben. Wir sind nicht mehr bereit, überlebte Mythen zu illustrieren oder uns mit zeitgenössischen Themen ein Alibi zu verschaffen. Der Künstler muß die totale Verantwortung für das, was er schafft, übernehmen. Dabei wird seine Größe von der Tiefgründigkeit seiner Innenschau und der Kühnheit abhängen, die er bei der Umsetzung seiner Vision beweist.« Nach wenigen Jahren gab er es auf, den Bildern bedeutungsvolle Titel zu geben. Die unregelmäßigen, wie ausgerissen wirkenden Farbflächen weisen zumeist einen vertikalen Zug auf. Die Farben sind wie in einem Kampf miteinander verschlungen, sie steigern sich dabei gegenseitig in ihrer Wirkung und Intensität. Bis in die frühen vierziger Jahre bevorzugte Still bedrohliche, aber auch meditative Schwarztöne, die die Leinwände gleichsam überfluteten. Das nebenstehende Bild entstammt einer Phase, als er sich zunehmend mit koloristischen Konfrontationen auseinandersetzte, bei denen die schwarze Farbe aber immer noch die Hauptrolle spielte.

WILLEM DE KOONING

1904–1997

»Woman, I« entstand in der Phase, in der de Kooning auf der Höhe seiner künstlerischen Vitalität stand. Abstrakte Kompositionen der gleichen Zeit zeigen die rein malerischen Intentionen des Künstlers: Kunst als mit Energie und Körperbewegung verbundene Aktion. Gearbeitet wird im Zustand einer äußeren Leere und inneren Konzentration, die nur auf den Akt der Kreativität gerichtet sind. Das Ergebnis ist nicht vorprogrammiert, sondern völlig offen und konstituiert sich mit dem Ende des Malakts.

In die heftige, spannungsgeladene Flächenkomposition des Bildes in seinen aggressiven Farben ist hinterhältig das Bild einer Frau integriert. Die Gestalt ist monströs häßlich, ein Zerrbild von Frau. Sie ist nicht Venus, Idol- und Idealfigur, Fruchtbarkeitsgöttin – Interpretationsversuche, die nicht sehr überzeugend an ihr erprobt wurden. Sie ist die heruntergekommene, die entartete Frau. Von der Gesellschaft ihres eigentlichen Wesens, ihrer besseren Eigenschaften und Fähigkeiten beraubt, bleibt sie reduziert auf übersteigerte körperliche Reizpartien – große Augen, blitzende Zähne, ein übergroßer Busen, Schenkel.

Über zehn Jahre lang beschäftigte ihn das Thema »Frau«, und bei jeder Interpretation, die er in Angriff nahm, entstand eine neue Version einer Karikatur, eine Travestie dessen, was durch Medien und Klischees als Idee von Weiblichkeit hochstilisiert wurde. De Koonings Bilder zeigen schreiend, was fehlt: Seele und Menschlichkeit. Dabei bedient er sich einer schockierenden Antiästhetik, um die alarmierenden Hintergründe dieser Erscheinung zu entlarven – eines Stilmittels, das Jahrzehnte später von den »Neuen Wilden« wieder aufgegriffen wird.

Willem de Kooning
Woman, I, 1950–1952
Öl auf Leinwand,
192,7 x 147,3 cm
New York, The Museum of Modern Art

An dieser späteren Arbeit de Koonings kann man seine stilistische Entwicklung vom Abstrakten Expressionismus der fünfziger Jahre bis zum Alterswerk der achtziger Jahre verfolgen. Nun sind die figurativen Elemente gänzlich aus seinen Bildern verschwunden, auch baut er seine abstrakten Kompositionen anders auf als früher. Sie sind noch immer stark rhythmisch durchgegliedert, aber weniger bewegt als zu Beginn. Die Farben sind fast alle mit Weiß vermischt, zum Teil erst durch den Auftrag auf die Leinwand. Die große Fläche ist durch viele facettenartige Farbfelder und Zonen tektonisch gegliedert.

Kunst dieser Art kann man nur über den Künstler interpretieren. Mit überlieferten ästhetischen Maßstäben kann man wenig anfangen, sie sind auf diese Malerei nicht anwendbar. Die Art und Weise, wie der Maler seine emotionale und intellektuelle Energie beim Malen einbringt, als ob er sich in einer existentiellen Situation befände, gibt der Leinwand ihre Aussage. Malerei als körperlicher Aktionsprozeß ist immer von der Verfassung des Künstlers im Moment des Malens abhängig. Er arbeitet in einer Haltung der offenen Möglichkeiten, nichts ist vorprogrammiert, nur das Ergebnis aus dem spontanen Malakt wird bewertet.

Willem de Kooning Ohne Titel, III, 1980
Öl auf Leinwand, 178 x 203 cm
New York, Sammlung Xavier Fourcade Inc.

JACKSON POLLOCK
1912 – 1956

Pollock ist der Pionier der amerikanischen Nachkriegsavantgarde. Heute wird ihm das Verdienst zuerkannt, die abstrakte Malerei grundlegend erneuert zu haben. »Blaue Pole«, ein Bild aus dem Jahre 1953, entstand in seiner Malschrift, die er selbst als »Drip Painting« (Tropfmalerei) bezeichnete. Seine frühen, noch gegenständlichen Bilder kennzeichnete eine fast ungeschlachte, vitale Formensprache. Dann nahm er Elemente des Surrealismus auf, die Werke der frühen vierziger Jahre schließlich prägte eine ungestüm-heftige Pinselschrift.

Den entscheidenden Bruch mit den Ideen seiner frühen Jahre gab es 1947. Pollock wollte nun keine vorher sorgfältig erdachten und konstruierten Kompositionen mehr schaffen. Der Pinsel als Handwerkszeug erschien ihm wie das Arbeiten an der Staffelei zu einengend. Nun reinigte er seine Kunst von allen vorgeprägten und je zuvor existierenden Formen und Motiven. Er legte seine Leinwände auf den Fußboden. So konnte er von allen vier Seiten daran arbeiten, eine Methode, die er bei indianischen Sandmalern im amerikanischen Westen gesehen hatte. Bei dieser Art des Vorgehens fühlte er sich buchstäblich »im Bild«. Als Substrat seiner surrealistischen Versuche behielt er den psychischen Automatismus bei, die Spontaneität beim Malakt, die ihn zur Kreation seiner Drip-Painting-Methode führte. Er rührte nun keinen Pinsel mehr an, sondern tropfte und spritzte statt dessen die Farbe auf die Leinwand. Dabei folgte er einer inneren Bereitschaft und Spannung, die ausschließlich auf die Aktion mit seinen Materialien gerichtet war. Er selbst beschrieb diesen Zustand so: »Wenn ich in meinem Bild bin, weiß ich nicht, was ich tue … das Bild hat sein eigenes Leben. Ich versuche, es durchkommen zu lassen.« An einem Bild wie diesem kann man

aber auch sehen, wie kontrolliert Pollock die Richtung, die Dicke und Kontinuität der Tropfen und rhythmischen Linien verfolgte.

»Blaue Pole« ist wohlorganisiert und ausgewogen in Farben und Formen. Der Kritiker Harold Rosenberg fand 1951 für Pollocks Malerei die Bezeichnung »Action Painting«. Die Bilder entstanden aus flüssig tropfender Farbe, schweren Pasten, vermischt mit Sand, Glassplittern und anderen Zusätzen. Zum Auftrag und Verteilen benutzte Pollock Stöcke, Tücher, Messer. Wenn Aktion und Material im Einklang waren, entstanden die rhythmisch abstrakten Bildmuster. Stark ausdrucksgeladen, spiegeln sie die Dynamik ihres Entstehungsprozesses wider. »Blaue Pole« entstand gut vier Jahre nach den ersten »Drip Paintings«. Es steht auf einer tieferen Reflexionsebene als die ersten Bilder der neuen Technik, bei denen die Experimentierfreude und der Automatismus der Malweise stärker hervortreten. Pollock war sich 1953 seiner Malmittel sicher geworden, er konnte den Farbauftrag genauer kontrollieren, ohne dabei an Impulsivität zu verlieren. Die Farben spielen nicht mehr auf irgendwelche Natureindrücke an. Das tiefe Blau, strahlendes Orange, Gelb, Schwarz, Weiß und Silber, dies sind alles künstliche Farben – der Maler benutzte einen schnell trocknenden, brillanten Autolack und Aluminium. Sie wurden zu einem grellen Farbakkord gemischt, dem der kräftige und selbstbewußte Farbauftrag entspricht. Die Farben sind durch und durch amerikanisch und Zeichen für den radikalen Bruch mit den europäischen Maltraditionen. Durch das große Bildformat schließlich zwingt Pollock dem Betrachter seine neuen Bildwelten geradezu auf. Die überwältigenden Dimensionen lassen kein Entkommen zu.

Jackson Pollock
Blaue Pole, 1953
Öl, Autolack und Aluminiumfarben auf Leinwand, 210,8 x 488,9 cm
New York, Privatbesitz

Franz Kline
New York, 1953
Öl auf Leinwand, 201 x 128,5 cm
Buffalo (New York), Albright-Knox Art Gallery

FRANZ KLINE
1910–1962

Klines »New York«, eine Leinwand in monumentalen Ausmaßen und kühnen abstrakten Formen bei kräftigen breiten Pinselstrichen, ist ein Höhepunkt der Action Painting und des Abstrakten Expressionismus. Obwohl das Bild spontan hingeworfen wirkt, ist es sorgfältig vorbereitet, denn Kline fertigte stets gut durchdachte und durchorganisierte Entwurfsskizzen an. Lediglich die endgültige Ausführung geschah dann mit konzentrierter Schnelligkeit und Heftigkeit in einer motorischen Aktion, bei der die Körperbewegungen als »Kraftzeichen« in die Farbfelder eingehen sollten. Er benutzte grobe Anstreicherbürsten als Pinsel und bevorzugte neben Ölfarben auch Industrielacke wegen ihrer Effekte und ihrer Fähigkeit, schnell zu trocknen.

Obwohl das Bild den konkreten Titel »New York« trägt, verwahrte sich der Maler dagegen, beim Anblick seiner tektonischen Schwarzweißkonstruktionen Assoziationen zu in der Realität vorhandenen Brücken oder Gerüsten zuzulassen. Ebenso war er gegen einen Vergleich mit der Kalligraphie. Er sah nur das Malerische in seinen Bildern und wollte sie als Endergebnis eines durchlebten Malaktes verstanden sehen, als Auseinandersetzung des Malers mit dem vitalen »act of painting«. Die Farben Schwarz und Weiß sollten dabei gleichberechtigt nebeneinanderstehen und einander durchdringen.

Robert Motherwell
Elegie auf die spanische Republik 34, 1953/54
Öl auf Leinwand, 203 x 254 cm
Buffalo (New York), Albright-Knox Art Gallery

ROBERT MOTHERWELL
1915–1991

Obwohl Robert Motherwell zu den Malern der Action Painting gehört und eine Schlüsselfigur des Abstrakten Expressionismus in New York war, zeigen sich die Elemente dieser spontanen, gestischen Malerei bei seinen Arbeiten relativ verhalten. Seine Bilder bleiben immer intellektuell. Im Jahr 1948, als er zusammen mit Rothko, Newman und anderen Künstlern die kurzlebige Kooperative »The Subjects of the Artist« gegründet hatte, fand er zu dem Thema, das er in drei Jahrzehnten in mehr als hundert Versionen bearbeiten sollte: die Elegie auf die spanische Republik. Der Bürgerkrieg in Spanien hatte in den späten dreißiger Jahren eine moralische Krise ausgelöst wie später der Vietnamkrieg.

Motherwell wollte mit seinen »Elegien auf die spanische Republik« keine verschlüsselte Berichterstattung abgeben, keine bestimmte örtliche Situation bezeichnen, auch nicht auf ein spezielles Ereignis anspielen. Sie seien nicht politisch gemeint, sagte er selbst zu diesen Bildern. Aber er wollte, persönlich betroffen, mit ihnen daran erinnern, daß hier ein schrecklicher Tod stattgefunden habe, den man nie vergessen darf. »Sie sind so beredt, wie ich sie machen konnte. Aber sie sind auch generell Metaphern für den Kontrast zwischen Leben und Tod und ihre Beziehungen zueinander.« Während in den »Elegien« Schwarz und Weiß dominieren, wird seine Palette später bunter.

GEORGES MATHIEU

* 1921

Bereits nach dem Krieg gehörte Mathieu zu den bekanntesten Vertretern der École de Paris. Nach einer kurzen realistischen Anfangsphase befaßte er sich – angeregt durch das Studium der Texte Joseph Conrads – mit Fragen nach dem Wesen der Kunst und kam zu dem Entschluß, abstrakt zu arbeiten. Bereits seine ersten nichtrealistischen Bilder enthalten die Elemente, die von da an seine Malerei kennzeichnen sollten. »Die Enthauptung Oliviers III.« ist auch zu dieser Werkgruppe zu zählen.

Eine eindeutige Beziehung zwischen Titel und Gemälde ist kaum herzustellen. Mathieus Vorliebe für geschichtsträchtige Titel erklärt sich aber aus seiner Philosophie und dem Geschichtsstudium; besonders intensiv befaßte er sich dabei mit den Kapetingern. Auf dem ruhigen schwarzen Grund erscheinen in wohlausgewogener Anordnung rechts und links zwei weiße geometrische Formen, ein Viereck und ein Viereck mit Kreisausschnitt. In der Mitte Mathieus »Markenzeichen«, ein impulsiv mit pastoser Farbe hingeworfenes Emblem in Braunbeige. Es wird verständlich, daß Mathieu das Malen des Bildes als Aktion verstand und es liebte, in einer Art Aufführung vor dem Publikum ein Gemälde zu zelebrieren. Für seine Arbeiten hat man vergeblich die Kategorisierungen »lyrische Abstraktion«, »Tachismus«, »Informel« und »kalligraphische Abstraktion« zu verwenden versucht.

Georges Mathieu
Die Enthauptung Oliviers III., 1958
Öl auf Leinwand, 60 x 92 cm
Paris, Privatbesitz

SERGE POLIAKOFF

1906–1969

Obwohl Poliakoff schon im Alter von zwölf Jahren seine russische Heimat verließ und die ihn entscheidend künstlerisch prägende Zeit in Paris verbrachte, können seine Arbeiten subtile russische Elemente nicht verleugnen. Die Ikonenmalerei seiner Heimat, der Schmuck der orthodoxen Kirchen haben Poliakoffs Schaffen beeinflußt. Seine Bilder sind freilich abstrakt, sie können nicht als religiös bezeichnet werden; ihnen eignet aber eine zur Meditation anregende Stimmung. Die mystischen Farbakkorde, der sanfte Lichtschimmer, der in diesen Farben zu liegen scheint, die Spannung, die von seinen stets formal ähnlichen Kompositionen ausgeht, sind ohne Eindrücke der russischer Kunst nicht denkbar. Die meist vieleckigen Formen greifen ineinander, selten überschneiden sie sich, um damit eine räumliche Illusion zu schaffen.

Die Vielfalt von Poliakoffs Werk beruht auf seiner virtuosen Handhabung der Farbe. Sie wird innerhalb eines Feldes in Tonwert und Leuchtkraft variiert, zwischen den Feldern wechselt darüber hinaus die Farbe ihren Materialcharakter, ist sanfter oder erscheint körnig. Poliakoff stellte nicht, wie seine Zeitgenossen Kasimir Malewitsch, Wassily Kandinsky oder Robert Delaunay, die Malerei in die Dienste von politischer Agitation oder Funktionalität. Er blieb der Maler dekorativer, auf wenige Farben konzentrierter Staffeleibilder.

Serge Poliakoff
Komposition, 1959
Öl auf Leinwand,
130 x 96,5 cm
Wien, Museum
moderner Kunst,
Sammlung Ludwig

Maria-Elena Vieira da Silva
Die Bibliothek, 1949
Öl auf Leinwand, 114,5 x 147,5 cm
Paris, Musée d'Art Moderne, Centre Georges Pompidou

MARIA-ELENA VIEIRA DA SILVA

* 1908

Das Gemälde »Die Bibliothek« von 1949 ist groß angelegt und doch kleinteilig gestaltet. Auf den ersten Blick erscheint es abstrakt, viele kleine Flächen fügen sich zur Bildfläche. Vieira da Silvas Bilder fordern auf zu Streifzügen mit den Augen, zum Verweilen und Entdecken, zu phantastischen Assoziationen. Ihr Spiel mit verschiedenen Musterzonen, die in einem großzügig-kühnen Liniennetz verankert sind, erweist sich als virtuose Verschachtelung von Frontal-, Schräg-, Unter- und Aufsicht. Das Bild ist eine träumerisch-visionäre Raumillusion, unabhängig von realen Dimensionen.

Eine Atmosphäre von Zeitlosigkeit liegt über der in vielen Ebenen aufgebauten Architektur. Ebenso enthält das Bild die Möglichkeit, auch ohne die Hilfsbrücke des Titels die Architektur, die eigentlich weder nach oben noch nach unten eine wirkliche Begrenzung hat, mit der Realität zu verbinden. Denn in den mosaikartigen Facettenfeldern kann man endlose Bücherwände erkennen, Treppen, Flure, Decken, Böden und Galerien. Die weitgespannten Bögen und Schrägen, die irrealen Raumschichtungen allerdings führen eine realistische Situation wieder ad absurdum, sind sie doch nicht Abbild einer bestimmten Bibliothek; eher lenken sie die Phantasie in Sphären, die man mittels der Schätze einer Bibliothek erreichen kann.

Nicolas de Staël
Figur am Meeresstrand, 1952
Öl auf Leinwand, 161,5 x 129,5 cm
Düsseldorf, Kunstsammlung Nordrhein-Westfalen

NICOLAS DE STAËL

1914–1955

Hans Arp, Sonia und Robert Delaunay, Alberto Magnelli waren die ersten Künstlerfreunde, die de Staëls Talent erkannten und ihn ermutigten zu malen. Nachdem es bereits seit vier Jahrzehnten die Abstraktion in der Kunst gab und sie in ihren Möglichkeiten bereits ausgeschöpft schien, kam es in den vierziger Jahren zu einer Wiederbelebung in den USA und in Europa. De Staël schloß sich zuerst der europäischen abstrakten Bewegung an und schuf tachistisch-informelle Arbeiten. Heute wirken sie modisch, sie sind wenig experimentell und ohne persönliche Charakteristika. Erst die Bilder, die seine ureigene Handschrift tragen, überzeugen.

Die »Figur am Meeresstrand« ist eines der großen klassischen Gemälde de Staëls. Obwohl eigentlich ungegenständlich und somit ohne Bezug zur außerbildlichen Welt, wird die Nähe zur Wirklichkeit durch den Titel hergestellt. Die verschieden großen Farbfelder, die den tektonischen Aufbau des Bildes bestimmen, haben einen unmittelbaren Bezug zum Betrachter. Die Farbe ist in ihrer Materialität erkennbar, die Arbeitsspuren von Palettenmesser und Spachtel lassen die Augenblicke des Entstehens ahnen. Das Neben- und Ineinander der subtil in vielen durchschimmernden Schichten angelegten Zonen fasziniert durch die Reize der sublimen Farbwahl, die in ihrer Lichthaltigkeit an die Impressionisten erinnert.

WILLI BAUMEISTER
1889–1955

Parallel zu lebenseinschneidenden äußeren Umständen – dem Verlust einer Professur in Frankfurt am Main und der Bedrohung durch die Nazis – wandte sich Baumeister von einer Kunst ab, die noch realitätsbezogen und realitätsreflektierend war. Nach einer Phase in den späten dreißiger und zu Beginn der vierziger Jahre, in der er durch Verwendung prähistorischer Muster versuchte, kollektiv empfundene, unbewußte Inhalte zu interpretieren, wandte er sich mehr und mehr der Abstraktion zu.

»Montaru«, »Aru«, »Monturi« und »Han-i« sind Serien abstrakter Kompositionen, mit denen er sich jahrelang beschäftigte. Für Baumeister waren abstrakte Formen keineswegs frei von Inhalten. Er sah in ihnen vielmehr Träger metaphysischer Kräfte und empfand die Abstraktion als eine zeitgemäße Ausdrucksform, die geistige Parallelen zur Wissenschaft aufzeigt. »Die Bilder zeigen Formen, Farben, mit ihren Kontrasten und Verzahnungen, Linien und Rhythmen, um über diese zu einer Ordnung, einer sogenannten Harmonie zu kommen. Durch Ordnung kann der Mensch in der verwirrenden Vielheit der Welt einen Standpunkt gewinnen ... Der neuzeitliche Maler bildet nicht nach der Natur, sondern wie die Natur.« Der Künstler studiert also nicht mehr die Schöpfung, er ist selbst Schöpfer einer Welt im Bild.

Willi Baumeister
Montaru-G VI, 1954
Öl auf Hartfaserplatte,
185 x 130 cm
Düsseldorf, Kunstsammlung Nordrhein-Westfalen

ERNST WILHELM NAY
1902–1968

Ernst Wilhelm Nay war einer der wichtigsten und exponiertesten Vertreter der abstrakten Malerei im Nachkriegsdeutschland. In einem mehr als drei Jahrzehnte dauernden Prozeß hatte er seine früher gegenständlichen Themen – Stilleben, Landschaften und mythologische Stoffe – mehr und mehr von der Bindung an die reale Welt und die Welt der Vorstellung hinweggeführt. Während seiner letzten, noch dem Gegenständlichen verbundenen Schaffensperiode war ein starker Hang zu expressiver Darstellung unverkennbar gewesen. Als er sich Mitte der fünfziger Jahre von allen gegenständlichen Motiven gelöst hatte und nur noch rein abstrakt arbeitete, hatte die Malerei für ihn einen neuen Inhalt bekommen. Seine eigene Zielsetzung verrät am besten den Tenor seiner Absichten: »Malen, das heißt aus der Farbe das Bild formen.«

Nays Abstraktionen enthalten keine verschlüsselte Botschaft. Sie sind Malerei um ihrer selbst willen. Vorrangig als formale Aussage ist die koloristische und materielle Qualität der Farbe. Der Titel »Gelbe Chromatik« verrät, daß es bei den impulsiv hingesetzten Farbfeldern, Flecken und Kreissegmenten um Harmonie geht. Sowohl Farben als auch Formen stehen zueinander in einem dynamischen Spannungsverhältnis, in Kontrasten und Harmonien. Eine expressive Bewegtheit schafft Raumempfinden.

Ernst Wilhelm Nay
Gelbe Chromatik, 1960
Öl auf Leinwand, 125 x 200 cm
Essen, Museum Folkwang

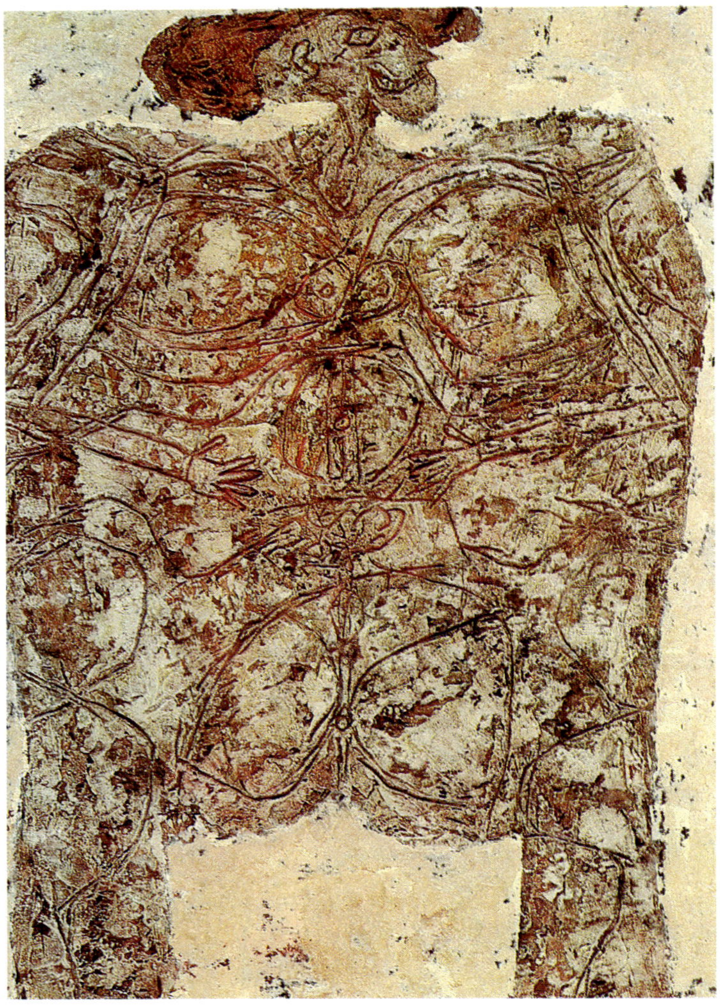

Jean Dubuffet
Le Métafisyx, 1950
Öl auf Leinwand, 116 x 89,5 cm
Paris, Musée National d'Art Moderne, Centre Georges Pompidou

Jean Dubuffet
Business Prospers (Das Geschäft blüht), 1961
Öl auf Leinwand, 165 x 221 cm
New York, The Museum of Modern Art

JEAN DUBUFFET

1901 – 1985

Dubuffet sah in der akademischen Maltradition und in den allgemein anerkannten und verbindlichen ästhetischen Normen für sich selbst und seine eigenen Kunstäußerungen kein Vorbild und keine Anschlußmöglichkeit. Für ihn kam die wahre Kunst, die sich in Kreativität, Spontaneität, Vitalität, Frische und Ursprünglichkeit äußert, aus anderen Bereichen. Er sah in den Zeichnungen und Kritzeleien von Kindern, in bildnerischen Versuchen von Geisteskranken, Einzelgängern, Gefangenen oder in der Kunst der Naturvölker eine unverbildete Einstellung, zu der er selbst zu finden suchte. In den Ausdrucksformen von Menschen, die dem Milieu der akademisch ausgebildeten Maler fernstehen, erkannte er eine magische und spontane Kraft, die er als »Art brut« bezeichnete. Seine Bilder, Zeichnungen und Skulpturen ragen mit ihrer bizarren Poesie aus den Strömen der verschiedensten Kunstrichtungen heraus, denen er sich nie ein- und unterordnen wollte. Sie sind eine Antwort auf die gefällig-schöne, auf die akademische und intellektuelle Kunst, deren Formensprache und Farbgesetze Dubuffet bewußt übergeht.

»Der Métafisyx« ist eine wilde, rohe Gestalt, in heftiger Geste in den Bildgrund geritzt, nicht sorgfältig gemalt, von archaisch-brutaler Aussagekraft, voll erschreckender, einfach-symbolhafter Zeichen. Dubuffet selbst bejahte das Häßliche, das Chaotische, weil es zur Welt gehört. In seiner Welt sollte nichts sein, das geordnet und angepaßt war, nichts, das sich einer anderen Regel als der der totalen Freiheit unterwarf: »Suche Welten des Geistes auf, die nichts mit Kultur zu tun haben ... es sollte immer schlecht gemacht sein wie ein plumper Tanz.«

»Business Prospers« oder »Das Geschäft blüht« ist ein breit angelegtes Gemälde. Einzelne, in sich wieder vielteilige Formen scheinen durch eine zähe Masse wie in Millefioritechnik (Technik der Bearbeitung in polychromer, blumenartiger Musterung) miteinander verschmolzen. Bei näherem Hinsehen entdeckt man, daß es sich gleichwohl um ein geordnetes, ineinandergleitendes Geflecht von Einzelformen handelt: Häuserblocks, Straßen, Plätze, Autos fahren dazwischen, ein Bus und viele Menschen sind zu sehen. Die einzelnen Gebäude sind so stark zu Farbfeldern schematisiert, daß sie durch eine Schrift in ihrer Zweckbestimmung als »Bank«, »Metzgerei« usw. gekennzeichnet werden. Die Fahrzeuge wirken wie plattgewalzt, im Inneren sind aber Insassen sichtbar. Die Menschen sind ohne jede Rücksicht auf Proportion und Perspektive zu Strichmännchen vereinfacht.

Dubuffets Malweise, die er »Art brut« (rohe Kunst) nennt, setzt sich über traditionelle und avantgardistische Darstellungsmittel hinweg, ist überhaupt gegen jede gängige Ästhetik. Sie leugnet alle Errungenschaften jahrhundertelang erprobter Bildtechniken. So entstand ein Bild, das eher einem lebendigen Organismus gleicht mit seinem Wuchern der Formen und seiner Vielschichtigkeit.

WOLS
1913–1951

»Das trunkene Schiff« ist eine Dichtung Arthur Rimbauds, die er als Parabel seiner Lebensirrfahrt betrachtete. Wols übernahm den Titel als poetisches Bild für sein kurzes, schmerzvolles, oft zielloses Leben. So ist der Bildtitel also mehr als Metapher gedacht und nicht im wörtlichen Sinne zu verstehen. Etwa seit 1941/42 näherten sich die Bilder von Wols, die zuvor noch im Gegenständlichen verhaftet waren, allmählich dem vordergründig Abstrakten. Die »écriture automatique« (automatische Schreibweise) wurde zu seiner bildnerischen Sprache. Die nun abstrakten Formen und fein und delikat gewählten Farben halten noch schwebend die Verbindung zu realen Vorstellungen. Wols sah sich nicht als professioneller Künstler und haßte den offiziellen Kunsthandel, den Kulturbetrieb, die Selbstdarstellung aller, die damit zu tun hatten.

Mit Sicherheit sind in seinen Arbeiten Einflüsse von Paul Klee, Max Ernst, Joan Miró, aber auch von George Grosz und Otto Dix zu sehen; aber Wols hat alle diese Inspirationen nur genutzt, um ein gänzlich individuelles Werk zu schaffen. Er gehört mit seinen Arbeiten zu einer künstlerischen Bewegung, die in den fünfziger Jahren das malerische Schaffen von Künstlern vieler Länder prägte. Je nach Land gibt es verschiedene Bezeichnungen dafür: Informel, Abstrakter Expressionismus, Tachismus, Abstraction lyrique.

Wols
Le Bateau ivre, 1945
(Das trunkene Schiff)
Öl auf Leinwand,
92 x 73 cm. Zürich,
Kunsthaus Zürich

JEAN FAUTRIER
1898–1964

Weit über zwanzig Jahre arbeitete Fautrier, ohne daß sein Werk einer breiteren Öffentlichkeit bekannt wurde. Er begann als Akt- und Tiermaler und entwickelte seit 1932 seine neue Technik. Erst nach dem Zweiten Weltkrieg gelangte er zu Ansehen als Schöpfer einer »art autre«, einer anderen Kunst, mit der er sich vor allem von den amerikanischen Malern absetzte. Der Terminus »andere Kunst« könnte auch seine eigene Entwicklung bezeichnen, denn seine früheren Arbeiten scheinen eine Vorbereitung, ein Weg zu den nichtfigurativen Nachkriegsarbeiten. Diese Bilder nannte er »Otages« (Geiseln). Sie stellen keine reine Malerei mehr dar, sondern ein Zusammenspiel vieler technischer Bearbeitungen und Überarbeitungen, die eine Zwischenstufe zur Material- und Objektkunst sind.

Die Leinwand ist meist mit einem Untergrund präpariert, Papier etwa ist darübergeleimt. Auf den noch feuchten Untergrund wird eine erste Zeichnung mit dem Pinsel skizziert, darauf werden Pastellpuder und Farbsubstanzen verteilt. Anschließend legt Fautrier über die Kontur der ersten Zeichnung eine dicke Farbschicht. Mit farbigen Pudern, Pinseln und Spachteln wird in mehreren Schichten, an den verschiedenen Stellen mehr oder weniger oft und intensiv, der Vorgang wiederholt, dann werden Ritzungen und Furchen gezogen.

Jean Fautrier
Akt, 1946
Öl auf Leinwand, 114 x 146 cm
Privatbesitz

Antoni Tàpies
Relief in Ziegelrot, 1963. Mischtechnik mit Sand auf Leinwand, 260 x 195 cm
Düsseldorf, Kunstsammlung Nordrhein-Westfalen

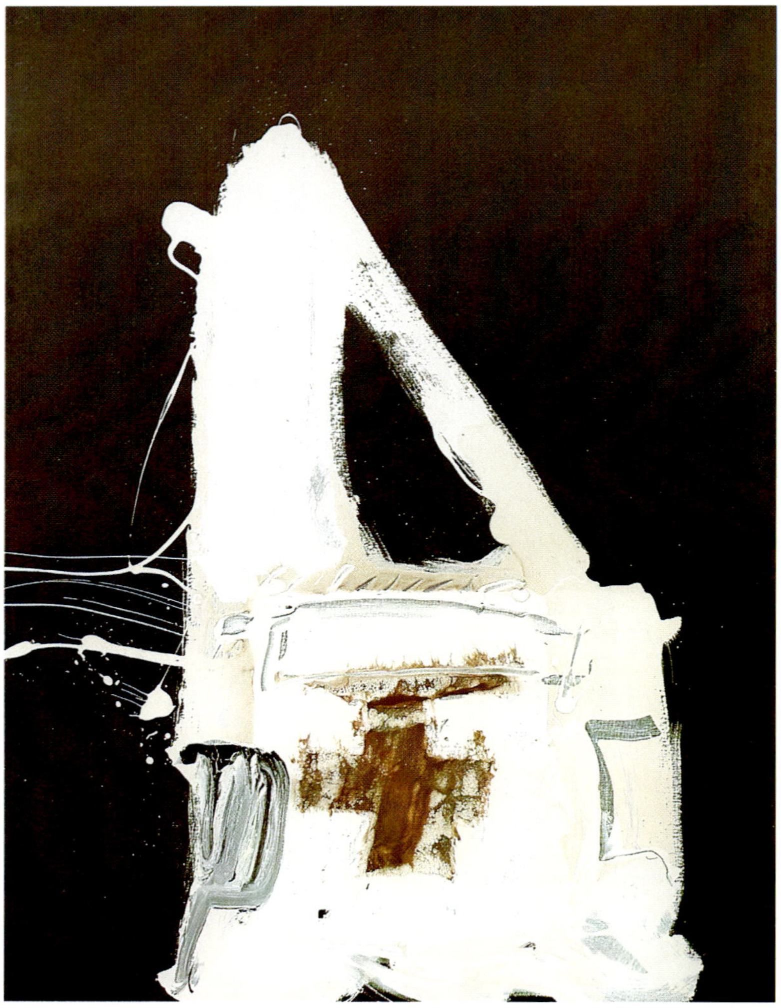

Antoni Tàpies
Sessel, 1982/83
Öl auf Leinwand, 146 x 114 cm
Privatbesitz

ANTONI TÀPIES

* 1923

Tàpies gilt als der bedeutendste Meister des Informel und Tachismus in Europa. Bei diesem Materialbild kommen nicht nur die Mittel der Malerei zum Einsatz. Dem dick aufgetragenen Bindemittel ist Sand beigemischt. Das Bild erhält Reliefcharakter, indem die noch weiche Oberfläche mit Zeichen und Ritzen versehen ist. Die Farbpalette ist dabei auf Braun-Rot-Töne, Schwarz und Weiß sowie Grau reduziert. Malerisches und plastisch Geformtes durchdringen sich in diesem abstrakten Bild, in dem doch nicht alles abstrakt gemeint ist. Sowohl die Farben als auch die eingeritzten und aufgemalten Zeichen haben eine Bedeutung. Tàpies möchte allerdings die Vorstellung des Betrachters nicht bevormunden. Er möchte noch nicht einmal, daß das Werk einer intellektuellen Analyse unterzogen wird. »Wichtiger ist, daß der Betrachter dem Anstoß folgt, der, für ihn mehr oder weniger deutlich, seinen Geist in Schwingung versetzt. Die Kunst wirkt auf unsere allgemeine Sensibilität, nicht ausschließlich auf unseren Verstand.«

Er selbst sieht sich als Mensch, der sich eine allumfassende Verbindung mit der Natur und einen gewissen Mystizismus bewahrt hat. Für ihn soll Kunst in die Tiefe gehen und den Entwurf einer neuen positiven Erkenntnis enthalten, die auch Philosophie und Ethik umfaßt und allem einen neuen Sinn verleiht. Neben den Gesetzen der reinen Bildgestaltung setzt er im Künstler ein inneres dynamisches Moment voraus, eine emotionale Kraft, die ihn befähigt, eine eigene Entwicklung zu vollziehen, deren Ziel das Finden neuer Formeln ist, die das Werk effizient machen.

Tàpies' Bilder entstehen aus Intuition, nach langem Meditieren. Sie sind in ihrer Endform vielfach der Kontrolle seiner Empfindungen und seines Verstandes entzogen. Nach einer surrealistischen Anfangsphase, die aus der Verehrung der beiden großen spanischen Maler Miró und Dalí schöpfte, wandte Tàpies sich der abstrakten Malerei zu. Viele Jahre lang entstanden so die strengen Tafeln seiner »Mauerbilder«. Streng ist auch die Komposition »Sessel«. Auf schwarzem Grund nimmt man das weiße Schemen wahr, das sich bei längerem Hinsehen als Hülle eines Stuhls oder Sessels konkretisieren kann. Die Anlage ist aber so flächig, so stark abstrahiert, daß von einer gegenständlichen Bedeutung genausogut abgesehen werden kann.

Schwarz, Weiß, Grau und Erdbraun, manchmal mit Weiß vermischt, sind die wenigen Farben, die das Bild bestimmen. Das Kreuzzeichen, von Tàpies häufig verwendet, Einkerbungen in die pastose Farbmasse, Farbspritzer und geschabte Stellen geben dem Bild eine starke Dynamik. Tàpies glaubt, daß alle sich wie er der Tradition verhaftet fühlen, seine Bilder »lesen«, also deuten können: »Ich bin dagegen, daß wir, um dem Volk das Verständnis zu erleichtern, unsere Sprache auf sein Niveau herunterschrauben; vielmehr muß das Volk zu uns aufsteigen. Der Kampf, ihm die notwendigen Mittel für diesen Aufstieg zu beschaffen, geht freilich alle an.«

ALBERTO BURRI

1915–1995

Der prosaische Titel »Sack Nr. 5«, den Burri seinem Bild gab, drückt bereits aus, daß es bei dieser Materialmontage nicht auf Inhalte ankommt, die ihre Wurzeln in einer Erzählung haben, daß Burri nichts abbilden wollte. Vielmehr wandte er sich von den traditionellen Mitteln der Malerei ab. Der Sack ist nicht Ersatz für die Leinwand als Bildträger, sondern er ist, zusammen mit den malerischen Elementen der Farbe, Bestandteil der Arbeit mit eigener Aussage. Objekte und Materialien werden nicht mehr als Motiv genommen und illusionistisch gemalt. Im Sinne eines neuen Realismus verweisen sie auf sich selbst.

Der Akt des Malens wird hier in eine Aktion überführt, deren Ergebnis kein wirklichkeitsfernes Gemälde mehr ist. Er nimmt dabei die Idee früher kubistischer Collagen und surrealistischer Montagen wieder auf. Die im Bildformat auf einer Ebene verbundenen Materialien mit Verletzungen, Vernähungen, Knoten und Einschlüssen von Farbpartien haben ihre eigene poetische Bildsprache und überlassen es dem Betrachter, Assoziationen zu entwickeln. Da Burri häufig verbrannte, zerschundene Materialien verwendete, wurden die Gefühle in eine besondere Richtung gelenkt. Oft wurden seine Arbeiten als eine Herausforderung empfunden. Seit den fünfziger Jahren verwandten auch andere Künstler ähnliche Materialien, so etwa Tàpies oder Beuys.

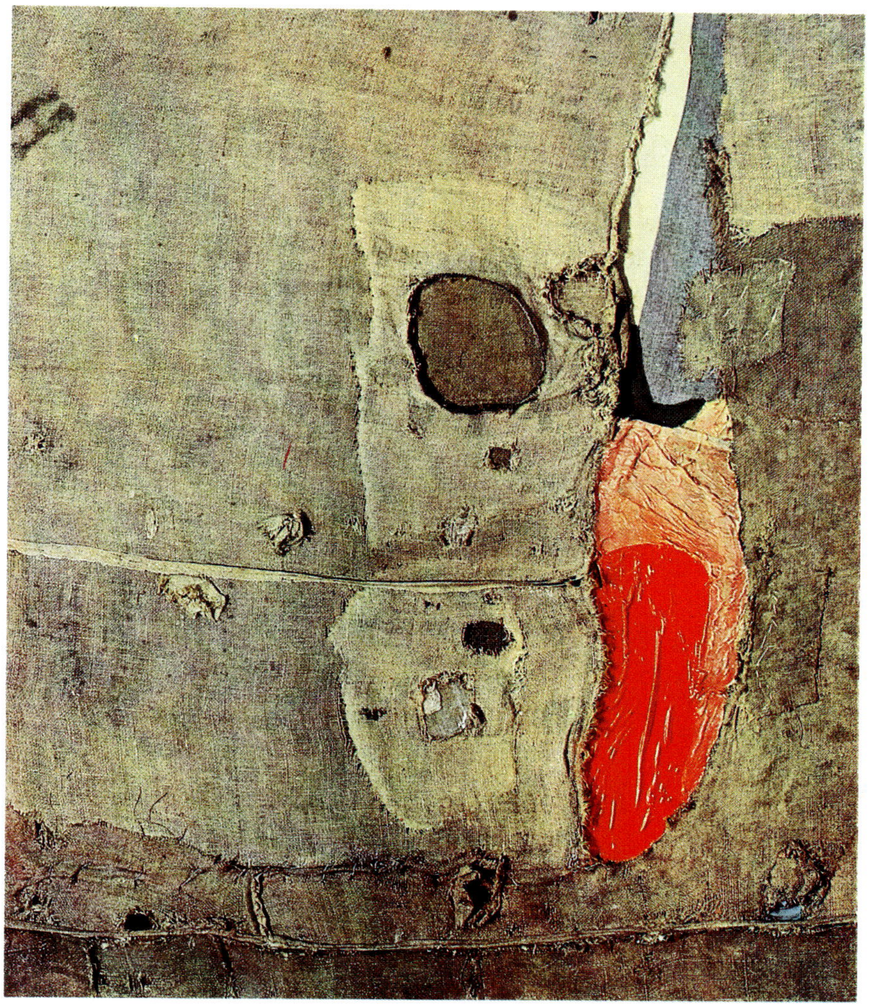

Oben:
Alberto Burri
Sack Nr. 5, 1953
Mischtechnik und Collage, 150 x 130 cm
Privatbesitz

EMIL SCHUMACHER

* 1912

Mit diesem Bild erreichte Schumacher eine neue Qualität seiner Malerei. Zwar erinnert die Komposition aus großen geometrischen Körpern noch vage an die kubistischen Landschaften, die er unmittelbar nach dem Zweiten Weltkrieg malte, doch wird hier die Farbe auch bereits als Materie eingesetzt. Es geht nicht mehr darum, mit Farbe etwas darzustellen, sei es gegenständlich oder abstrakt. Nun ist die Farbe nicht mehr Mittel, sondern ist selbst zum Gegenstand der Gestaltung geworden. Das konstruktive Gerüst der Formen wird in den folgenden Jahren vollständig verschwinden.

Die beiden tiefblauen, leuchtenden Bildzonen kontrastieren effektvoll mit den Flächen aus erdigen Braun- und Beigetönen. An manchen Stellen kratzte Schumacher mit Messer und Pinselstil in die dick aufgetragene Farbe, in anderen Partien liegen schwarze Farbspuren wie Schnüre über der Leinwand, ballen sich – in der Bildmitte etwa – zu reliefartigen Strukturen zusammen. Mit seiner Fähigkeit, den Farben tastbare Werte zuzuordnen, überschritt Schumacher die Grenzen des Informel. Die Betonung der Materie, die ihn bald dazu brachte, auch Fremdkörper wie Blei, Asphalt, Stroh oder Papier in seine Gemälde zu integrieren, wirkte vorbildhaft für eine neue Generation von Malern, die schließlich, wie Anselm Kiefer, diese Materie wieder mit mythischer Bedeutung aufzuladen suchten.

Emil Schumacher
Räumliche Trennung, 1955
Öl auf Leinwand, 90,6 x 74,3 cm. Privatbesitz

Asger Jorn
Ohne Grenzen, um 1959/60
Öl auf Leinwand, 46 x 55 cm
Privatbesitz

ASGER JORN
1914–1973

Jorn gehörte als aktives Mitglied der Gruppe »Cobra« an. In seiner Malerei orientierte er sich an deren gemeinsamen Zielen. Auch noch nach der Auflösung der Künstlervereinigung im Jahre 1951 hielt er sich an die Grundzüge, die früher ausformuliert worden waren, als Basis seiner Arbeit. Für seine Malerei bedeutete das die Abkehr von surrealistischen Einflüssen und Gedanken, auch die Abkehr vom lyrischen und ästhetischen Informel, jedoch keine radikale Abkehr von der Abstraktion. »Ohne Grenzen« ist ein Gemälde in kräftigen, kontrastreichen Farben mit drei formlosen, aber stark durchgestalteten unruhigen Zonen, die in Farbfeldern liegen. Die Pinselführung wirkt kraftvoll-spontan, die Ölfarbe tritt in ihrer Materialität hervor, ebenso wie in der Intensität der einzelnen Farbpartien. Diese Farben sind einfach, aber spannungsvoll und kontrastreich, ein wenig aggressiv auch wie die Sprache der malerischen Gestik, die an dem Gemälde abzulesen ist.

Assoziationen an Gegenständliches sind nach den Ideen von »Cobra« legitim. Die ursprüngliche, unverbildete Kunst von Kindern gilt als Inspirationsquelle, ebenso die Bildnerei von Geisteskranken und von Naturvölkern und die Wahrheit und Magie alter Mythen, die Kräfte der Natur. Kunst und Künstler sollen in diesem Sinn sozial wirksam sein.

Karel Appel
Liegender Akt, 1966
Öl auf Leinwand, 190 x 230 cm
Privatbesitz

KAREL APPEL
* 1921

In der Geschichte der Malerei erscheint über Jahrhunderte hinweg immer wieder das Thema »liegender weiblicher Akt«. Immer ist die unbekleidete Liegende verführerisch, sie ist die Venus, Odaliske oder ein anonymes Modell, dessen Namen der Maler nicht preisgibt, auch wenn man, wie bei Francisco de Goyas »Nackter Maja« (Abb. S. 397), eine dem Künstler vertraute Dame zu erkennen glaubt. Nur selten ließen sich mutig-frivole Frauen in solch intimer Pose porträtieren.

Appels »Liegender Akt« knüpft an diese Tradition an. Angesiedelt in der Sphäre zwischen Figuration und Abstraktion, lösen sich freilich die nur vage angedeuteten Körperformen in Farbflächen auf. Die körperlichen Merkmale sind reduziert, und doch sind die weiblichen Attribute gerade noch zu erkennen. Sie vermitteln aber keinen ästhetischen oder gar erotischen Reiz, wecken keine Erinnerung an eine bestimmte Figur. Raum und Körper sind in der Fläche verschmolzen. Scheinbar regellos nebeneinandergesetzte, gepinselte und gespachtelte Farbmassen überlagern einander. Die starken, bunten Farben, in ihrer Materialität als Paste hervortretend, geben der Malerei eine Eigenheit, dem das eigentliche Bildthema untergeordnet ist. Zusammen mit Benjamin Constant, Corneille und Jorn gehörte Appel der Gruppe »Cobra« an. Der nur sieben Jahre ältere Jorn war Appels Lehrer.

ALBERTO GIACOMETTI
1901 – 1966

Giacometti hat ein gleichermaßen qualitätvolles plastisches wie malerisches Werk hinterlassen. Das Sitzporträt des Schriftstellers Jean Genet siedelt er in einem nicht greifbaren Raum mit Lichteinfall und Schatten an, der durch einen gemalten Rahmen eingegrenzt ist. Gesicht und Gestalt sind nicht in porträthafter Naturanlehnung wiedergegeben. So sagt Genet von sich selbst, daß er eher ein rundes Gesicht habe, Giacometti dagegen hat es gelängt. Die Figur ist von Gewändern um- und verhüllt. Die Farbigkeit ist, wie bei allen Bildern Giacomettis, sehr zurückgenommen und beschränkt sich auf wenige Töne zwischen Weiß, Graphitgrau und etwas Braun.

In seinen Skulpturen und Bildern versucht der Künstler zu begreifen, »wie die Welt wirklich gemacht sei, und sei es auch nur anhand eines kleinen Teils von ihr, zum Beispiel einer menschlichen Gestalt.« Die Nöte, Visionen und Erlebnisse des Dichters Genet und auch die seiner Figuren will Giacometti bannen. So setzt er das Bildnis Genets in eine eigene undurchschaubare Räumlichkeit, zeichnet sie so als Ort seiner Ängste und Traumata aus. Giacomettis Hauptsorge war zeitlebens, der ihm grenzenlos und erschreckend erscheinenden Welt des Raumes Herr zu werden, des Elendsgefühls angesichts des schweigend Existierenden um ihn herum und der Beklemmung vor der Fremdheit der Menschen.

Alberto Giacometti
Bildnis Jean Genet, 1955
Öl auf Leinwand, 73 x 60 cm
Paris, Musée National d'Art Moderne, Centre Georges Pompidou

LUCIAN FREUD
* 1922

Lucian Freud malt das, was er kennt: seine Familie, seine Geliebten und seine Freunde, Stilleben und die näherere Umgebung seines Wohnhauses. Oft arbeitet er mehrere Jahre an einem Bild, manche seiner Freunde sitzen ihm für ganze Serien Modell. Bei »The Big Man« handelt es sich um ein für Freud typisches, im Atelier entstandenes Gemälde, für das er seinen Freund aus ungewöhnlicher Perspektive ins Bild nahm. Der vor einem Spiegel plazierte Mann wird aus der Obersicht gezeigt, dadurch bleibt man auf Distanz und kann ihn objektiv studieren. Die Massigkeit des Körpers, der schwer in den zerschlissenen Sessel gedrückt ist, läßt sich durch diese Perspektivwahl darstellen. Freud kommt es darauf an, die unterschiedlichen Texturen und Oberflächen durch seine Maltechnik sichtbar zu machen. Besondere Aufmerksamkeit widmet er dem Inkarnat, den Händen und dem Kopf des Mannes.

Die kompromißlose Direktheit erinnert an Bilder der Neuen Sachlichkeit, und in maßgeblichen Aussagen knüpft er an die Programmatik dieses Malstils an: »Die Aufgabe des Künstlers ist es, das menschliche Dasein unbequem zu machen. Außerdem werden wir von einem großen Werk widerstrebend wie durch Chemie angezogen, gleich einem Hund, der eine Spur findet. Der Hund ist nicht frei, er kann nicht anders handeln, er folgt der Spur, und der Instinkt erledigt den Rest.«

Lucian Freud The Big Man, um 1976/77
Öl auf Leinwand, 91,5 x 91,5 cm
Privatbesitz

Francis Bacon
Drei Studien des männlichen Rückens, 1970
Triptychon. Öl auf Leinwand, je 198 x 147,5 cm
Zürich, Kunsthaus Zürich

FRANCIS BACON

1909–1992

Ein Triptychon war ursprünglich ein dreiteiliges Altarbild mit formal und inhaltlich hervorgehobenem Mittelteil. Von Bacon wurde es erstmals für das Werk »Drei Studien am Fuß einer Kreuzigung« (1944) als Bildform gewählt. Seither nahm er oft das Thema »Kreuzigung« auf und benutzte dreiteilige Leinwände auch für profane Darstellungen. Im Triptychon sah er die Möglichkeit einer Vervielfachung des Motivs. Unter verändertem Blickwinkel wird es in mehreren Bildern dargestellt, die aber simultan zu betrachten sind. Für seine Personendarstellungen und Porträts hatte Bacon wie für größere Serien oft nur ein Modell. Seine Bildgegenstände hielten seine Vorstellungskraft gelegentlich über Jahre gefangen. Die fertigen Bildversionen nannte er daher häufig »Studien«, um ihnen den Absolutheitscharakter des Vollendeten, Abgeschlossenen zu nehmen.

Die drei Tafeln dieses Triptychons zeigen die Rückenansicht eines unbekleideten Mannes, der, in einem Sessel sitzend, vor sich einen Vergrößerungsspiegel hält. Auf den beiden Außentafeln ist der Mann im Begriff, sich zu rasieren, sein Gesicht ist im Spiegel zu erkennen. Derselbe Mann ist im Mittelteil beim Zeitunglesen zu sehen, der Spiegel ist dunkel, ohne Reflexion. Der Mann ist fleischig, muskulös, von roher Körperlichkeit. Sein Gesicht ist wie der massige Körper kurvig verzerrt, wie durch Muskelstränge deformiert. Er sitzt in einem Rahmengestell, das Bacon oft als »Kunstgriff« verwendete. Es ist keineswegs real zu verstehen, es soll, wie die großen farbigen Flächen, die einen Fußboden und eine Wand andeuten, die Figur hervorheben und verdichten. Es ist eine Art Käfig, in dem die Figur nur einen sehr begrenzten Handlungsraum zur Verfügung hat. Der Betrachter steht außerhalb des Raumes, kann aber ungehindert den Mann bei seinen Beschäftigungen beobachten. Private Räume und Handlungen werden durch ihre Sichtbarkeit zu öffentlichen.

Bacon war ein figurativer Maler, in vielem Giacometti verwandt, aber er war expressiver und radikaler als jener. Er war kein Berichterstatter einer »heilen Welt«. Von allen Möglichkeiten menschlicher Existenz und menschlicher Befindlichkeit wählte er sich die verzweifelten Extreme zum Gegenstand. Mit seinen Bildern schuf Bacon »mythische Übersetzungen unserer inneren Strukturen«. Er machte unbewußte Wahrnehmung sichtbar. Seine Bildsprache lebte gleichermaßen stark von der elementaren Gewalt seiner Formen und der Kraft seiner Farben. Die Farbmaterie wurde bei ihm körperliche Substanz, mit der er die Brutalität der täglichen Wirklichkeit im Bild neu schaffen wollte. Seine Auseinandersetzung mit der Malerei war ein ständiges dem Chaos Ins-Auge-Blicken, ein stetes Wissen um Vergänglichkeit und Tod, ein Sichabfinden mit der Sinnlosigkeit menschlichen Daseins.

Ad Reinhardt
Red Abstract, 1952
Öl auf Leinwand, 152,4 x 101,3 cm
New Haven (Conn.), Yale University Art Gallery

AD REINHARDT
1913–1967

Reinhardt, der sich auch als konsequenter Kunstkritiker und Kunsthistoriker profiliert hatte, suchte in seinen Gemälden nach der Darstellung des Absoluten. In Anlehnung an die Tradition der Konstruktivisten und vor allem Piet Mondrians reduzierte er seine malerischen Mittel, die Formen und Farben zunehmend, um alles Irrationale und Zufällige aus seinen Bildern zu entfernen: »Die erste Regel und zugleich das absolute Maß der schönen Künste und der Malerei, welche die höchste und freieste Kunst ist, ist ihre Reinheit. Je mehr Verwendungen, Bezüge und ›Hinzufügungen‹ ein Gemälde hat, desto schlechter ist es.« Reinhardt verfocht die Wiederbelebung der Kunst als Kunst, lehnte die expressiven Gesten seiner amerikanischen Kollegen ebenso ab wie die surrealistischen Automatismen. Am Ende der Entwicklung stehen monochrome, schwarze Bildtafeln, die er seit 1960 in immer gleichem Format bis zu seinem Tod malte.

»Red Abstract« führt den Entstehungsprozeß der monochromen Bilder vor Augen. Reinhardt legte farblich kaum variierte Rechtecke übereinander, aus deren Zusammenstellung sich eine Kreuzform herauslesen läßt. Die Kreuzform galt ihm als der letzte, gerade noch darstellbare Schritt vor dem Umschlag seiner Gemälde in eine reine und spirituelle, letztlich nur noch gedanklich zu erfassende Erscheinung.

Josef Albers
Studie für »Huldigung an das Quadrat«: Sternenblau, 1958
Öl auf Masonit, 121,8 x 121,8 cm. Privatbesitz

JOSEF ALBERS
1888–1976

Seit 1950 arbeitete Josef Albers an einer Serie, die er »Homage to the Square« (Huldigung an das Quadrat) nannte. Er legte früh zwei Formate seines Bildträgers fest (60 x 60 cm und 120 x 120 cm) und bestimmte ebenfalls die Anordnung der auf einer vertikalen Symmetrieachse ineinander geschachtelten Quadrate. Aufgrund dieser strengen Vorgaben entstand in über 25 Jahren konzentrierter Arbeit eine umfangreiche Abfolge von Ölbildern auf Hartfaserplatte, von Offsetdrucken und Serigraphien. Albers variierte nur die Anzahl der Quadrate und die Farbtöne. Für viele dieser Quadratbilder wurden die Farbklänge erst nach zahlreichen Studien festgelegt. Es gibt Bilder mit kontrastierenden Farbakkorden wie auch Variationen über einzelne Farben, bei denen die Übergänge nur minimal sind. Albers selbst beschrieb in einer Art Gedicht sein Vorgehen: »Wenn ich male und konstruiere / versuche ich visuelle Artikulation / ... / Mir genügt in meiner Arbeit / mit mir selbst zu kompetieren / mit einfacher Palette mit einfacher Farbe / vielfache Instrumentierung zu versuchen / Und wage weiter Varianten.« In freier Assoziation ordnete Albers den Bildern poetische Titel zu, die der Phantasie des Betrachters genügend Raum für eigene Gedankenspiele lassen. Andererseits bietet die einfache Bildstruktur die Anregung zum Nachvollzug der Entstehung.

MARK ROTHKO

1903–1970

Nach einer realistischen Phase in den dreißiger Jahren begann Rothko mit der von den Surrealisten propagierten automatischen Malerei zu experimentieren. Für seine eigene Entwicklung profitierte er dabei allerdings kaum, sie ging in eine gänzlich entgegengesetzte Richtung: Rothko beschäftigte sich mit der griechischen und römischen Mythologie und mit den Lehren von Freud und Jung, insbesondere mit ihrer Symboltheorie. Für ihn selbst waren Symbole tragisch, zeitlos als Ausdruck primitiver Ängste und Triebkräfte, ganz gleich in welchem Land und in welcher Situation. Unter diesen Leitgedanken begann Rothko Formen und Farben zu behandeln wie einen Ausflug in ein unbekanntes Abenteuer: »Ideen und Entwürfe, die zu Anfang in meiner Vorstellung bestanden, erwiesen sich lediglich als Tor zu einer ganzen Welt, denen sie entstammten.«

In den vierziger Jahren malte er seine Bilder oft mit Wasserfarbe oder als Gouache und erzielte so einen durchscheinenden Farbeffekt. Bald entschied er sich für die Abstraktion, da er glaubte, daß Reminiszenzen an die Welt der Gegenständlichkeit und die Natur ihn in seiner Auseinandersetzung mit Ideen störten. Eine Sachbezogenheit der Assoziationen, mit der jede Gegenstandsdarstellung belegt wird, wollte er vermeiden, um zu ganz wertfreien Aussagen zu kommen. So vereinfachte er seine Arbeitsmethoden und Motive immer weiter und reduzierte sein Formenrepertoire drastisch auf das Rechteck.

Ende der vierziger Jahre hatte er die für ihn typische Bildform mit der Addition von zwei oder drei Rechtecken entwickelt, die er von nun an in immer wieder neuen Variationen durchprobierte. Rothko war eine der wichtigsten Persönlichkeiten des New Yorker Abstrakten Expressionismus, aber er gehörte nicht zu den Action Painters. Denn seine abstrakten Kompositionen entstanden nicht in einem Prozeß wilden Ausagierens, eher in einer kontemplativen Haltung. Seine Bilder erwachsen einer inneren Ruhe, spiegeln meditative Prozesse wider. Das Thema in Rothkos großen Bildern, auch das von »Nummer 10«, ist das Unendliche, das Universum. Die angestrebte Transzendenz verwirklicht er über die konstante Ausgewogenheit seiner wenigen Formen im Bild und über die Aussagekraft seiner Farben. Dünn aufgetragen, an den Rändern nicht abgegrenzt, mit der Struktur der Leinwand verbunden, von matter, fast stumpfer Oberfläche, geben die Farbpartien eine Illusion von Atmosphäre und den Eindruck einer lichten Aura. Die Dynamik des Bildes liegt in der Spannung zwischen den schwebenden Farbflächen.

Wie bei Albers und Poliakoff vollzieht sich die Auseinandersetzung mit der Malerei über das Element Farbe: Die einmal gefundene Form ist nur geringen Variationen unterworfen, während die Farbe stets neu erprobt und zu immer neuen Stimmungs- und Gefühlswerten geführt wird. Seine Bilder haben einen Gefühlswert, der geistiger, kontemplativer Natur ist und im Gegensatz zur Dynamik von Pollock, Kline oder de Kooning steht.

Mark Rothko
Nummer 10 (Number 10), 1950
Öl auf Leinwand, 228,6 x 114,6 cm
New York, The Museum of Modern Art

Morris Louis
Das dritte Element, 1965
Acryl auf Leinwand, 217,8 x 129,5 cm
New York, The Museum of Modern Art

MORRIS LOUIS

1912 – 1962

Zusammen mit Noland hat Morris Louis die »Washington Color School« gegründet. Sie wollten sich gänzlich in den Malvorgang vertiefen, dabei die Interaktion zwischen Maler, Farbe und Leinwand durchforschen, die Eigenschaften der Farbe und die daraus für die Malerei resultierenden Möglichkeiten erfassen. »Das dritte Element« ist eines der typischen Ergebnisse dieser Versuche in einer neuen, von Louis gefundenen Bildstruktur. Technisch beruht die von ihm entwickelte Methode auf anderen Grundlagen als die der klassischen Malerei, hat einiges gemeinsam mit dem Vorgehen der Abstrakten Expressionisten und dem der Action Painting.

Eine nicht vorbehandelte, also ungrundierte Leinwand wurde mit Farbe übergossen, das Verlaufen der Farben in Streifen wurde dabei gelenkt. Verdünnte Farben, die an bestimmten Stellen durchscheinend wurden, ergaben den bei seinen früheren Bildern typischen Schleiereffekt. Außerdem ließ er oft mehrere Farbschichten einander durchdringen. Alle seine Farben verbanden sich mit der Leinwand. So erzielen die zarten Farbabstufungen auf der Bildfläche ein Gefühl von Tiefe und Wärme. Seine Experimente mit den damals neuen wasserlöslichen Latexfarben verliehen den Arbeiten auch den Eindruck einer sublimen Leichtigkeit und Spontaneität. Bei seinen letzten Bildern ist die Symmetrie aufgegeben.

Barnett Newman
Vir Heroicus Sublimus, 1950/51
Öl auf Leinwand, 242,2 x 513,6 cm
New York, The Museum of Modern Art

BARNETT NEWMAN

1905 – 1970

Newman war, zusammen mit Rothko, einer der Hauptvertreter der Farbfeldmalerei. Diese Richtung entstand in den fünfziger Jahren als eine Reaktion auf den Abstrakten Expressionismus. Newman malte sehr großformatige Bilder. Ausgehend von der rechteckigen Leinwandfläche, richtete er die Gemälde mittels einer ausschließlich horizontalen oder vertikalen Bildeinteilung. Wie Motherwell der Intellektuelle unter den Abstrakten Expressionisten war, so war Newman der Gelehrte unter den Farbfeldmalern. Er stand in der jüdischen Tradition der Bibel, der rabbinischen Lehre des Talmud, und war den mystischen Lehren der Kabbala verbunden. Während der vierziger Jahre hatte er Bilder mit magischen Zeichen gemalt, zu denen ihn die Symbole primitiver Kulturen inspiriert hatten.

Seit 1948 blieb er jedoch der Beschränkung seiner Ausdrucksmittel auf Linie und Fläche treu. Die Linie bedeutete für ihn den ersten schöpferischen Akt, die Geste, mit der Gott in die große Leere gegriffen und Licht und Finsternis voneinander geschieden hatte. Für Newman war der künstlerische Akt eine Wiederholung des Schöpfungsvorgangs. Mit der Beschränkung auf die wenigen ordnenden Linien in der großen Farbfläche wollte er das Chaos der möglichen Formen bannen. Für ihn war diese Bildanlage die geordnete Wahrheit, die Haltung zu den Mysterien Leben und Tod.

KENNETH NOLAND
* 1924

Kenneth Noland gehörte der »Washington Color School« an. Zusammen mit Morris Louis hat er das Verdienst, Washington als Kunstzentrum bekannt gemacht zu haben. Wie Louis und Helen Frankenthaler färbt Noland die Leinwand ein. Er benutzt die Farbe, um eine Illusion wechselnder räumlicher Eindrücke zu schaffen. Einige wenige Grundformen greift er immer wieder auf und gestaltet sie stets farblich neu. Es waren in der Vergangenheit hauptsächlich Zielscheiben und V-förmige Motive, später sind es horizontale Streifen. Die quadratische Leinwand von »Ember« ist unbehandelt, so daß das Motiv mit seinen Farben in einem diffusen Raum zu schweben scheint. Die einfache Form der konzentrischen Farbringe ist einziger Bildgegenstand, keine philosophische Metapher steckt dahinter, die eine subjektive Interpretation erlaubt. Dementsprechend stellt auch der Titel keine Beziehung zur außerbildlichen Welt her.

Noland vertritt mit seiner Kunst eine neuere Art von Abstraktion, die sich von der mitagierenden Künstlerpersönlichkeit, von der Interaktion Körper-Geist-Malakt löst und sich so mehr verobjektiviert. Die Beschränkung auf wenige Emblemformen und das Ausschalten der Spuren des Vorgangs der Bildwerdung zielen auf eine kühle Distanziertheit hin. Es zeigt sich die Entwicklung eines neuen Geistes von Sachlichkeit.

Kenneth Noland
Ember, 1960
Acryl auf Leinwand, 179 x 178 cm
Privatbesitz

ELSWORTH KELLY
* 1923

Die Intensivierung der Wahrnehmung mit Hilfe reduziertester Mittel ist das Ziel Ellsworth Kellys, seit er 1954, nach einer Schulung durch die strengen Kompositionen der europäischen Konstruktivisten, in die USA zurückkehrte. Kelly benutzt reine Farben, versucht alle Spuren handwerklichen Arbeitens auf den Bildoberflächen zu vermeiden, um perfekte Bildobjekte zu schaffen. Wählte Kelly zunächst noch traditionelle Rechteckrahmen, so verwendete er, in Anknüpfung an die von Frank Stella entwickelten unregelmäßigen Leinwandformen, eine große Bandbreite unterschiedlichster Bildträger. Dabei werden die Formen der Leinwände zunehmend nach der Intensität der Farben bestimmt, und das Gemälde erhält die Kennzeichen eines Objekts.

Bei »Red Blue« bewirkt die Kombination zweier Dreiecke ein labiles Gleichgewicht. Das neue Bildgefüge ist ein offenes Parallelogramm, das durch die Addition der beiden Farbdreiecke entstanden ist. Die unterschiedlichen Qualitäten der beiden Farben, ihre »Temperaturen«, werden mit der Anordnung der Dreiecke verknüpft. Das ruhige Blau steht auf der breiten Basis gleich einer Pyramide; das aggressive Rot hingegen ist als ein auf die Spitze gestelltes Dreieck zu sehen. Dort, wo die beiden Farben ohne Übergang und Vermittlung aufeinanderprallen, entsteht ein Flimmern, das den Augen keine Ruhe gönnt.

Ellsworth Kelly
Red Blue, 1968
Öl auf Leinwand, 228 x 244 cm
Düsseldorf, Kunstsammlung Nordrhein-Westfalen

Jasper Johns
Flagge, 1954/55
Wachsmalerei, Öl und Collage auf Sperrholz, 107,3 x 153,8 cm
New York, The Museum of Modern Art

JASPER JOHNS

* 1930

Die amerikanische Flagge ist eines der häufigsten Motive bei Johns. Im Gebrauch verschiedener Techniken und Materialien am Objekt will er einen gewissen Bezug zur Realität beibehalten, den Betrachter aber gleichzeitig ergreifen, ihn vielleicht beunruhigen, ihn am Bild festhalten und zum Nachdenken anregen. So gibt er kein photographisches Abbild, führt dem Betrachter nicht etwa eine wirkliche Flagge aus Stoff vor Augen. Er arbeitet ganz mit den malerischen Mitteln des Abstrakten Expressionismus, mit in freier Geste aufgetragenen Farben, also deutlich erkennbaren Werkspuren. Seine Sujets sind jedoch so banal wie die der Pop-Künstler: Neben der Landesflagge hat er immer wieder Zahlen, Zielscheiben und Landkarten gemalt.

»Ich suche etwas, das mir typisch zu sein scheint, etwas, das aufgrund seiner ästhetischen Eigenschaften unauffällig ist«, sagt er über seine Motive. »Daß ich das Muster der amerikanischen Flagge benutzt habe, war eine gute Sache für mich, weil ich sie nicht selbst entwerfen mußte.« Johns glaubt, daß der Anblick von vertrauten Gegenständen den Betrachter dazu verleiten kann, auch ihre poetischen Qualitäten zu ergründen. Von der amerikanischen Flagge existieren zahlreiche Versionen, ausgeführt in diversen Formaten und Techniken. Das permanente Aufgreifen dieses einfachen Bildmusters wird von Johns keineswegs als monoton empfunden. Eher steckt dahinter ein Aspekt von dadaistischer Ironie. Die von Johns geübte Anwendung von Wachsfarben ist heute sehr selten geworden.

Durch seine Bilder aus den frühen fünfziger Jahren wurde er schlagartig bekannt; sie wurden zu einer wichtigen Inspirationsquelle für die Pop-Künstler. Ein Motiv aus einem präfigurierten Formenrepertoire, eine Art Symbol oder Emblem, Ruhe statt Chaos, das faszinierte. Seine ersten Alphabetbilder entstanden 1956, 1959 malte er Zahlen in Farbe, und 1958 schuf er seine erste bemalte Skulptur in Bronze, 1960 wandte er sich der seriellen Produktion von Lithographien zu. Johns selbst findet alles, was er gemacht hat, »vorgeformt, entpersönlicht, konventionell«. Es bleibt auch immer unpersönlich, ganz gleich, was man hineininterpretiert. Dies steht ganz bewußt im Gegensatz zu den Entstehungsprozessen und Endprodukten der Werke des Abstrakten Expressionismus, in die Emotionen und körperliche Bewegungen der Künstler mit eingehen. Vielen neueren Bildern von Johns fehlt es zwar nicht an Realismus, aber an Tiefe, der tradierte Glaube an die Notwendigkeit der Bedeutsamkeit des Motivs wird entschieden negiert. Diese Bilder sind eine wichtige Vorstufe zur Minimal Art.

Seit Mitte der siebziger Jahren erarbeitete Johns aber auch eine Werkgruppe, die als rein abstrakt zu bezeichnen ist. Das Gemälde wurde ganz aus einem Muster gestaltet, das von Johns »Schrägschraffuren« genannt wurde und später bei der Hintergrundgestaltung von wieder gegenständlichen Bildern auftauchte. Zwar gibt es für das Motiv eine reale Quelle – einer Anekdote zufolge sah Johns die Schraffuren bei einer Autofahrt auf einem entgegenkommenden Fahrzeug –, doch trat dieser Verweis bei der seriellen Gestaltung der Bilder zurück. Johns bezieht sich auf die »Drip Paintings« von Pollock. Er versuchte, auf einer ähnlich proportionierten Leinwand das »Überall« der Kompositionen der Action-Malerei mit einem weniger improvisierten, kontrollierten Muster zu wiederholen.

Die Dreiteilung des Bildes zitiert die traditionelle Altarbildform der europäischen Malerei. Die Trennlinien zwischen den Bildteilen werden von Johns subtil hervorgehoben. Am Übergang vom linken zum zentralen Bildteil wechselt die Richtung der Schraffuren unter Beibehaltung der Farben. Beim Übergang zum rechten Bildteil hingegen wird die Richtung der Linien fortgesetzt, es wechseln die Farben. Führt man in Gedanken die beiden äußeren Ränder des linken und des rechten Bildsegments zusammen, so setzen sich hier die Schraffuren bruchlos fort. Ebenso überlegt wie die Komposition ist die Wahl der Farben. Johns malte auf den schwarzen Untergrund in den drei Grundfarben, die durch ihre Komplementärfarben begleitet werden.

Jasper Johns
Ohne Titel, 1980
Acryl auf Plastikfolie auf Leinwand, 77,5 x 138,2 cm. Privatbesiz

FRANK STELLA
* 1936

Während andere Künstler ihre früher üppigen Gemälde zunehmend von optischen Zutaten aller Art reinigen, ging Stella den umgekehrten Weg. Er erfand die »shaped canvas« (geformte Leinwand). Dabei wurde der Umriß der Leinwand der Komposition des Gemäldes angepaßt und nicht, wie dies traditionell üblich war, das Bild in die vorgegebene und begrenzte Leinwand komponiert. Mit seinen »shaped canvas« in V-, X- und Kreisform hat er die althergebrachte Vorstellung von Komposition und ihrem Verhältnis zur Form der Leinwand grundlegend verändert. Bis zu Beginn der siebziger Jahre war nicht nur das Repertoire seiner Formen bewußt auf einige wenige, immer wiederkehrende beschränkt, auch seine Farbskala war puristisch.

Bei dem Bild »Guadalupe Island« ist längst der Schritt von der Kargheit zur Fülle getan. Das Gebilde ist aus einer Menge von Materialteilen zusammengesetzt, die alle in gleicher Weise wie der Untergrund bemalt sind. Es sind informelle Striche und Muster, gänzlich abstrakt, vergleichbar mit Gemälden des Abstrakten Expressionismus. Die Farben sind schreiend bunt, der Duktus aber ist sanft, es gibt keine Ballung in einem Kraftzentrum. Einige der Teile sind ausgeschnitten und übereinander und auf den Untergrund geklebt. Stella sagt dazu: »Sie können die ganze Idee sehen ohne Konfusion.«

Frank Stella
Guadalupe Island, Caracara, 1979
Verschiedene Materialien, Mischtechnik und Aluminium, 238 x 307,5 cm
London, Tate Gallery

Yves Klein
Monochromes Blau ohne Titel (IKB 3), 1960
Schwämme, Pigment und Kunstharz auf Holz auf Leinwand,
199 x 153 x 2,5 cm
Paris, Musée National d'Art Moderne, Centre Georges Pompidou

YVES KLEIN
1928–1962

Im Jahr 1946 teilte Yves Klein mit seinen Freunden Arman und Claude Pascal die Welt symbolisch auf: Am Strand von Nizza liegend und in den Himmel blickend, wählte er für sich den Himmel und seine Farbe Blau. Seitdem hat Blau für sein Œuvre eine besondere Bedeutung. Die Monochromie stand im Mittelpunkt seiner späteren malerischen Experimente, und Blau blieb dabei, obwohl er später unter anderem auch mit Gold arbeitete, seine bevorzugte Farbe. Um größtmögliche Intensität für seine blauen Leinwände zu erzielen, trug er in seinen frühen Bildern das reine, trockene Pigment auf die mit Petroleum angefeuchtete Leinwand auf. Unter den vielen möglichen Blautönen suchte und fand er schließlich ein leuchtendes Ultramarinblau, das er als sein eigenes Markenzeichen IKB (Internationales Klein-Blau) führte und benutzte.

In Mailand verkündete Klein im Jahr 1957 den Beginn der »blauen Epoche«. Seither entstanden weitere monochrome Leinwände, natürlich in IKB, zum Teil auch mit ins Bild integrierten eingefärbten Gegenständen, wie den Schwämmen, die er als Relikte der realen Welt verstand. Die blauen Leinwände sollten den Betrachter sensibilisieren, ihm das Gefühl für den unendlichen Raum, für Weite vermitteln und Initialreize für das Erleben der eigenen Wirklichkeit auslösen. Klein ist ein wichtiger Wegbereiter der »Concept Art«.

Lucio Fontana
Raumkonzept, 1959
Öl auf Leinwand, Schnitte, 100 x 125 cm
Privatbesitz

LUCIO FONTANA
1899–1968

An Fontanas Bildern, die er »Concetto spaziale« (Raumkonzept) nannte, läßt sich demonstrieren, welche Grenzen die Malerei nach 1945 überschritten hat. Der klassische Begriff »Bild« muß nun eine Erweiterung erfahren, denn hier ist die Leinwand nur noch in sehr eingeschränktem Sinne Träger einer malerischen Botschaft. Auch von »Malerei« in ihrer ursprünglichen Bedeutung kann kaum mehr gesprochen werden. Die Leinwand, jahrhundertelang materieller Boden für die gemalte Vortäuschung von Wirklichkeit, seit Beginn der Abstraktion Haftgrund für Zeichen mit und ohne Bedeutung, für Farbe, die durch ihre koloristischen Qualitäten oder durch ihre Materialität an sich stehen soll, hat hier eine andere Funktion bekommen.

Eine solche Leinwand wird hier mit leuchtend gelber Farbe so einheitlich eingefärbt, daß keinerlei Pinselspuren, keine Relikte von Malerei zu erkennen sind, wohl aber ihre grobe Struktur. Einige kühne, lange Schnitte mit einem scharfen Messer zerstören die Fläche; die von einer langen Tradition stets als hermetisch behandelte und betrachtete Bildebene wird mit Öffnungen versehen. Die Kanten der jähen Einschnitte wölben sich nach innen und vermitteln so einen Raumeindruck – nicht als fensterähnlicher Durchblick in eine Welt, sondern als karge, abstrakt gemeinte Räumlichkeit.

VICTOR DE VASARELY
1908–1997

Vasarely will mit seiner Kunst positiv auf die Gesellschaft einwirken. Dabei möchte er weder schwer verständliche Inhalte noch gänzlich zweckfreie Dekorationen schaffen. Nach und nach nahm er alles Anekdotisch-Erzählende aus seinen Arbeiten und ersetzte es durch formale Strukturen, die rein über die Wirkung auf das Auge den Betrachter ansprechen sollen. Er entwickelte eine Art Setzkastensystem mit einem Repertoire an geometrischen Formen und Farben. Mit diesen »Ausgangsprototypen« experimentiert er, bis die »Partitur«, das Grundmuster für ein Modell, erarbeitet ist. Es kann dann als Bild ausgeführt werden, als Tafel, als Siebdruck mit hoher Auflage oder als Multiple. Mit der massenhaften Verbreitung seiner Arbeiten will er tiefgreifend auf Lebensgestaltung und Urbanistik einwirken, denn er möchte seine optischen Kreationen gerade auch in die Gestaltung von Bauwerken und Stadtanlagen einbezogen sehen, deren trostlose Massenkonfektion er angreift.

»Leute, die über keine tieferen Kenntnisse verfügen, erfassen genauso den Rhythmus des Klangs wie den von Form-Farbe. Es ist überaus wichtig, die zeitgenössische Produktion unter die Leute zu bringen, damit sie Auge und Sensibilität ausbilden«, sagt er selbst zu seiner »Op Art«. »Arcturus II« ist mit seinen architektonischen, quadratischen Rastern ein typisches Beispiel dafür.

Victor Vasarely Arcturus II, 1966
Öl auf Leinwand, 160 x 159,7 cm
Washington, Hirshhorn Museum and Sculpture Garden, Smithsonian Institution

FRIEDENSREICH HUNDERTWASSER
* 1928

Die immer wieder neu gestaltete und variierte Spirale ist eines der Hauptmotive des Malers Hundertwasser, der mit bürgerlichem Namen Friedrich Stowasser heißt. Einem Labyrinth ähnlich ist sie hier auf einem nahezu quadratischen Grund angelegt, mit einem blauen Kern im Zentrum, Querstegen und Einschließungen außen auf der linken Seite. Hundertwassers Kunst baut auf dem Wiener Jugendstil auf, sie ist undenkbar ohne Wegbereiter wie Egon Schiele oder Gustav Klimt. Er geht zwar einen Schritt weiter in die Abstraktion, bedient sich aber der gleichen leuchtend-lebendigen Farben. Spirale und Labyrinth liegen in ihrem Symbolgehalt nicht weit voneinander entfernt. Bei Hundertwasser ist die allgemein tradierte Symbolik noch mit konkreten persönlichen Anliegen verbunden.

»Der große Weg« ist ein in sich geschlossenes Bild, die Linien der Spirale können ins Innere führen, zu einem Mittelpunkt, aber auch von innen nach außen, ein Weg nicht ins Endlose, sondern zu einem äußeren Ruhepunkt. So ergibt sich eine doppelte Möglichkeit von Aus- oder Einkreisung. In der Spirale steckt gleichzeitig das Motiv einer immerwährenden Dynamik, eine Handlung, die bewegt ist, nie statisch. Vergleiche mit Pflanzlichem sind ebenso möglich, mit Jahresringen an Bäumen oder mit Schale und Kern.

Friedensreich Hundertwasser Der Große Weg, 1955
Vinavil auf zwei zusammengenähten Leinwandstreifen, weiß grundiert, 162 x 160 cm. Wien, Österreichische Galerie

Richard Lindner
Die Versammlung (The Meeting), 1953
Öl auf Leinwand, 152,4 x 182,9 cm
New York, The Museum of Modern Art

RICHARD LINDNER

1901–1978

Lindners Gemälde »Die Versammlung« zählt zu seinen wichtigsten Werken. Alle für seine Kunst typischen Elemente finden sich darin. Sein Schaffen war stets eng mit seinem persönlichen Erleben, seinen Erinnerungen und seiner momentanen Situation verbunden. Lindners Themen blieben während seines ganzen Lebens immer die gleichen, aber nach seiner Emigration nahmen sie mehr und mehr amerikanische Gestalt an mit Reminiszenzen an Europa. Lindners Figuren und Szenerien sind stets in einem sehr flachen Raum angesiedelt, ihr Volumen wird in Flächen ausgedrückt. Dabei benutzt er kräftige, oft grelle Farben.

Die Figurinen des Bildes sind streng pyramidal neben- und übereinander aufgebaut in Vorder-, Rücken- und Seitenansicht. Inhaltlich stehen sie in keinerlei Beziehung zueinander – der bayerische Märchenkönig Ludwig II., die Dame im korrekten grauen Mantel, die frivol ihr Bein zeigende rothaarige Frau, das altmodische Paar in Matrosenanzug und Belle-Époque-Kostüm, die Dame im roten Abendkleid, der sportliche Herr, die große Tigerkatze und die Frau im geschnürten Lederkorsett mit Strapsen, ein Kabinett bunter Automatenpuppen, voll doppeldeutiger Anspielungen, eine Versammlung von Vergangenheit und Gegenwart, Traum und Wirklichkeit. Diese innere Qualität hebt Lindners Gemälde von der Pop Art ab. Hier steckt ein kühler Skeptizismus in burleskem Gewand. Es herrscht eine Übereinstimmung von Stil und Gegenstand.

Lindners flächige Bildzonen sind mit bunten, manchmal grellen Farben ausgefüllt, die einzelnen Teile voneinander durch scharfe Kanten getrennt, mit Passagen von verschwommener Perspektive. Er modelliert mit den plakativen Formen von Bekleidungen, Hüllen, Körpern, Gehäusen. Oft haben seine Personen erotische Qualitäten, ausgedrückt durch Requisiten wie Korsetts, Strapse, hochhackige Schuhe und Stiefel. Seine Personen sind Typen, Fremde, Zuschauer.

ROBERT RAUSCHENBERG
* 1925

Nach Anfängen mit Bildern in der Manier des Abstrakten Expressionismus fand Rauschenberg zu Beginn der fünfziger Jahre zu einer eigenen und neuen Bildkonzeption. »Charlene« ist ein typisches Objekt der »Junk Art« (Kehrichtkunst), die er während zweier Jahrzehnte produzierte. Dabei steht die reine Malerei nicht mehr im Vordergrund. Vielmehr sind auf der Bildfläche Objekte und Objektfragmente eingegliedert, teilweise so belassen, wie sie gefunden wurden, teilweise noch farblich überarbeitet. Rein malerische Passagen in der heftigen, spontanen Art der Action Painting füllen die Zwischenräume. Die Technik dieser Arbeiten ist den Collagen der Kubisten und Surrealisten ähnlich, der poetische, ästhetische Reiz aber, die akute kleine Überraschung, die in Braques, Picassos und Schwitters' Collagen und Objektbildern liegt, bekommt bei der Junk Art einen anderen Akzent. Denn es sind ausschließlich Gegenstände, die aus dem Müll der Konsumgesellschaft gezogen wurden, und sie verströmen statt Poesie einen krassen, banalen Realismus, der durch die derben Pinselstriche darüber oder dazwischen noch verstärkt wird. Das Weggeworfene und Erbärmliche erfährt durch die Integration in ein Kunstwerk seine Nobilitierung. Gleichzeitig wirft dieser Akt kritische Fragen nach den ästhetischen Normen unserer heutigen Massen- und Konsumgesellschaft auf.

Wie Jasper Johns, mit dem er befreundet ist, übernahm Rauschenberg die großzügige Leinwanddimension und die Pinseltechnik von den Abstrakten Expressionisten. Durch die Verarbeitung banaler Alltagssujets lenkten sie die Kunst in eine neue Richtung. Beide Künstler gelten als Mittler für die Pop Art.

Robert Rauschenberg
Charlene, 1954
Collage, 225 x 320 cm
Amsterdam, Stedelijk Museum

Der Titel »Trophy I« kann sowohl ironisch als auch lapidar mitteilend aufgefaßt werden. Die Trophäe setzt sich aus Abfall unserer Konsumgesellschaft zusammen. Die Fundstücke einer Massenproduktion, eigentlich am Ende ihres kurzen Lebenszyklus angekommen und zum Müll gewandert, werden von Rauschenberg aufgesammelt. Mit Malerei kombiniert und daher auch Combine Painting genannt, verwandeln sie sich zum künstlerischen Schauobjekt. »Trophy I« kann der Hausaltar, der Sammlerschrank eines naiven und unreflektierten Konsumenten sein, dem es nicht vergönnt war, in edleren Sphären zu leben; für ihn besitzen die Fundstücke Erinnerungswert. Gleichzeitig kann das Bild aber auch die Fragwürdigkeit zeitgenössischer Lebensformen und die Fragwürdigkeit des Mediums zeitgenössische Kunst aufzeigen.

Rauschenbergs Malerkollege Allan Kaprow sagt dazu: »Der Künstler soll ganz bewußt auf Kunstfertigkeit und Haltbarkeit verzichten und sich eindeutig verderblicher Medien wie Zeitungspapier, Schnur, Klebestreifen, eingepflanztem Gras oder echten Lebensmitteln bedienen, damit von vornherein kein Zweifel darüber bleibe, daß das Werk sehr bald zu Müll oder Staub werden wird.« Die Ideen der Junk Art wurden von vielen anderen Künstlern aufgegriffen.

Robert Rauschenberg
Trophy I, 1959
Combine Painting, 168 x 104 cm
Zürich, Kunsthaus Zürich

Andy Warhol
200 Campbell-Suppendosen, 1962
Öl auf Leinwand, 183 x 254 cm
Privatbesitz

ANDY WARHOL
1928–1987

Als Warhol begann, Jacqueline Kennedy und Marilyn Monroe im Siebdruckverfahren auf die Leinwand zu holen und davon gleich ganze Serien herzustellen, hielten Bilder Einzug in Behausungen, in denen man sich über Malerei bestimmt noch keine Gedanken gemacht hatte. Warhols Bilder haben mit Malerei im klassischen Sinn auch nichts zu tun. Ganz bewußt entpersönlichte er das Kunstwerk, allen seinen Porträtserien sieht man ihre Herkunft von einem kommerziellen Vorbild und den technisierten Entstehungsprozeß an.

Hier setzte Warhol das Konterfei des Superstars Marilyn vor einen blauen Hintergrund. Grundlage war ein Photo, das vergrößert im Siebdruckverfahren auf die Leinwand gebracht wurde. Oft überließ Warhol das Drucken und Kolorieren der Bilder einem Assistenten, er negierte so die Identität des Dargestellten und die Individualität des Künstlers, der das Kunstwerk entwarf und ausführte. Längst bevor Warhol sie als Motiv aufgriff, war Marilyn ein Idol. Die von Warhol gewählte Art der Präsentation als isoliertes, vergrößertes Einzelbild verstärkt diesen Idolcharakter. In mehreren Arbeitsgängen wurde das Photo mit einem jeweils in einer Farbe eingetönten Sieb übereinander reproduziert. Marilyns Reize wurden dabei nicht geschmälert: die blondierten Locken, die sinnlich geschminkten Lippen, die vom Maskenbildner gestylten Augen mit dem verschleierten Blick und den hochgewölbten Augenbrauen.

Bei anderen Motiven, wie zum Beispiel den Suppendosen, wird dasselbe Bild seriell wiederholt, mit Variationen nur in der Beschriftung, im Etikett. Hier ist Werbung Pop Art geworden, darin ist das Bild gleichzeitig ein Verweis auf die Mechanisierung und Entmenschlichung der modernen Gesellschaft mit ihrer Entfremdung und Langeweile.

Bei der Vorstellung, auch nur den Inhalt einer einzigen Campbelldose zu verspeisen, mag manchem Gourmet flau im Magen werden. Hier sind stolz und selbstbewußt gleich 200 Dosen neben- und übereinandergestapelt. Sie sind die Stars der Supermärkte. In der Ikonographie der Pop Art nehmen sie die gleiche Position ein wie auf früheren Stilleben chinesische Gefäße, venezianische Gläser, Austern, Zitronen. Die 200 Suppendosen arrangieren sich zu einem zeitgemäßen Stilleben.

Für Heimwerker, Bastler und Hobbymaler gibt es Do-it-yourself-Vorlagen. Eine davon hat sich Warhol selbst zu seiner Bildvorlage gemacht. Das »Mach es selbst« klingt ein wenig hochtrabend, liefert die Vorlage doch Muster, Material und Arbeitsanleitung, so daß der brave Schaffende nur noch das Richtige an die vorbezeichnete Stelle bringen muß. Diese Methode schließt weitgehend Mißerfolge aus. Das fertige Gebilde existiert dann in zahllosen Auflagen und schmückt zahllose Heime. Diese vorfabrizierte Kunst reizte Warhol zu seinem ironischen Kommentar, denn sie zeigt eines der Grundprinzipien seines eigenen Produktionsprozesses auf. Warhol wollte mit nahezu industriell hergestellten Bildserien den klassischen Originalitätsbegriff in Frage stellen.

Andy Warhol
Vorlage für Sonntagsmaler – Landschaft, 1962
(Do it yourself – Landscape)
Acryl auf Leinwand, 178 x 137 cm
Köln, Museum Ludwig

Warhol nannte das große Loft, in dem er seine Bilder aus der Konsum- und Glamourwelt herstellte, denn auch konsequent »Factory« (Fabrik). Um mit der legendären Produktivität eines Picasso zu konkurrieren, beschäftigte er mehrere Assistenten, die ihn bei der Fabrikation der Siebdrucke unterstützten. So konnten beispielsweise innerhalb eines halben Jahres, von August bis Ende 1962, rund 2000 Bilder hergestellt werden.

In der »Factory« entstanden zudem Underground-Filme, die Warhol mit den vielen Freunden und Fans, die mit ihm zusammen dort lebten, aufnahm. Die Themen dieser Filme waren zunächst sehr banal, sie zeigten Menschen bei der Verrichtung der alltäglichsten Vorgänge: beim Schlafen oder beim Rauchen einer Zigarre. Der Film »Empire« dauert acht Stunden und zeigt von einem unveränderten Kamerastandpunkt aus das Empire State Building im Wandel der Tageszeiten. Getreu der Devise, daß jeder Mensch berühmt sein könne, bezeichnete Warhol seine Schauspieler als »Superstars« und karikierte damit die Mythenproduktion Hollywoods. Als die Filme sich den üblichen erzählerischen Strukturen annäherten, wurden sie auch kommerziell erfolgreich. Warhol richtete sein Leben konsequent nach den Prinzipien eines Popstars aus und stilisierte sich selbst zum Universalgenie.

Andy Warhol
Marilyn, 1964
Siebdruck, Tusche und Acryl auf Leinwand, 101,5 x 101,5 cm. Privatbesitz

Jim Dine
Kardinal, 1976
Mischtechnik auf Leinwand,
274,3 x 182,8 cm
New York, Pace Gallery

JIM DINE
* 1935

Das Motiv des Mantels hat Dine in verschiedensten Fassungen behandelt, in Techniken und Materialien vom Siebdruck bis hin zum Combine Painting, einem Gemälde mit Materialmontierungen. Immer ist eine Art Bademantel in Pose gesetzt, wie die Person, die ihn tragen müßte. »Der Kardinal« ist leuchtend rot, ein Mantel mit Schalkragen und Gürtel, in sehr plastischer, körperhafter Weise gemalt auf einem dunklen, aber hell schimmernden Untergrund. Durch die aufgestemmten Ärmel, die an den Träger des Mantels denken lassen, der die Hände bequem in die Taschen gesteckt hat, bekommt das Bild eine aktuelle Lebendigkeit, die überraschend aufgehoben wird durch die Leere im Halsausschnitt. Der Eindruck von Gegenwärtigkeit wird durch die malerische Behandlung verstärkt: Viele, teils einander überlagernde Schichten bringen Licht und fluktuierende Bewegtheit in das Bild. In den verschiedensten Techniken, die er an seinen Motiven erprobte, sah Dine auch Chancen zur Selbsterforschung. Immer wiederkehrende Motive in seiner Kunst wie Werkzeuge, Herzen, Paletten und die Mäntel haben für ihn eine persönliche Bedeutung. Für Dine verkörpern diese kopflosen Hausmäntel eben die Person, die in ihnen stecken soll. Manchmal ist es ein Selbstporträt, in diesem Fall aber ein Kardinal, symbolisch ausgedrückt durch die Farbe Rot.

Robert Indiana
Der amerikanische Traum, I, 1961
Öl auf Leinwand,
183 x 152,7 cm
New York, The Museum of Modern Art

ROBERT INDIANA
* 1928

»Der amerikanische Traum«, das ist der Traum von märchenhaftem Wohlleben. Jeder hat seine Chance. Aber nur für wenige hat sich der amerikanische Traum erfüllt. Indiana nimmt, wie viele Künstler der Pop Art, seine Motive aus der unmittelbaren täglichen Umwelt von Konsumbürgern, die nicht durch die Erfüllung des amerikanischen Traums in die Splendid isolation einer Welt voller Luxusunikate versetzt worden sind. Seine flächenhaften Zeichen und Embleme entstammen der Alltagsikonographie einer Trivialsphäre. Diese vier neben- und übereinandergesetzten Scheiben sind von der Welt der Spielautomaten, von Schieß- und Wurfscheiben inspiriert.

Indiana wählt große Formate, um seinen Farbtafeln voller Zeichen, Zahlen und Parolen die Wirksamkeit von Plakaten zu verleihen. Bei dieser lettristischen Art von Malerei greift er bewußt schon vorgeprägte Zeichen auf, seine eigene kreative Zutat ist lediglich das Arrangement, die Kombination, die Wahl der Farbe. Im Gegensatz zu früheren dadaistischen Spielereien mit Typographien besitzt Indianas »Amerikanischer Traum« Bedeutung, tieferen Sinn, fast schon Doppeldeutigkeit. Die Parolen »Nimm alles« und »Tilt«, die vielen Sterne und die Verheißung vom »American Dream« können als wörtliche Auffassung genommen werden, realisierbar allerdings nur in einem Spiel.

TOM WESSELMANN

* 1931

Das Thema »Badezimmer« gibt einen überzeugenden Rahmen für die Unterbringung einer weiblichen Aktfigur. Gemalte Tafeln und reale Gegenstände sind in ihm zu einer Riesenassemblage zusammengefügt. Dabei entsteht jedoch kein begehbares, vielansichtiges Environment, sondern ein Bildobjekt, das von vorn gesehen werden will.

In »Badewanne 3« steht eine nackte hellhäutige Frau in einer Badewanne. Sie trocknet sich gerade mit einem verdrehten rot-weiß gestreiften Handtuch den Rücken ab. Als Frau ist sie durch die betonten Lippen charakterisiert, durch blondiertes Haar, rote Fingernägel, Bauchnabel, Brustwarzen und Schamhaar. Ihre schlanke Figur ist flach und plakativ gemalt. Das Bild der Frau ist degradiert zu einem gesichtslosen Klischee. Gemalt ist auch die blaue Badewanne, in der sie steht, die tiefblau gekachelte Wand der Nische, ebenso die dottergelbe Wand, die mit einem blauen Streifen eingefaßt ist.

Diese gemalte Tafel erhält plötzlich aktuelle Realität durch einige Gegenstände, die das Bild zu einer Assemblage vervollständigen. In der perspektivisch gemalten Nische ist eine Stange über der Badewanne angebracht, an der ein roter Vorhang hängt. Vor der Badewanne ist ein blauer Synthetikvorleger ausgebreitet, daneben steht ein blaugestrichener Wäschekorb. Eine veritable weiße Tür schließt das Objekt nach rechts ab, mit Knopf und einem Halter, an dem ein Badetuch hängt. Mit dem Vorhang knüpft Wesselmann an ein altes Motiv europäischer Malerei an. Die Intimität des Aktbildes wird aber von der zweckmäßigen Umgebung völlig aufgehoben und durch das Abtrocknen trivialisiert.

Tom Wesselmann
Badewanne Nr. 3 (Bathtub 3), 1963
Öl auf Leinwand, Plastik und verschiedene Objekte (Badezimmertür, Handtuch und Wäschekasten), 213 x 270 x 45 cm. Köln, Museum Ludwig

Roy Lichtenstein
M-Maybe (A Girl's Picture), 1965
(M-Möglicherweise; Bild eines Mädchens)
Magna auf Leinwand, 152 x 152 cm
Köln, Museum Ludwig

ROY LICHTENSTEIN

1923–1997

Lichtenstein gehört zu den zentralen Figuren der amerikanischen Pop Art. Das Motiv für dieses Bild entnahm er einem Comic-Heft. Aus der Bilderfolge isoliert er eine Darstellung und überträgt sie in enormer Vergrößerung auf die Leinwand. Er macht dabei von der gewählten Vorlage eine Umrißzeichnung, projiziert sie durch ein Episkop auf die Leinwand und fixiert sie mit dem Pinsel. Mit Schablonen rastert er dann einzelne Stellen oder das ganze Bild in sogenannten »Benday«-Punkten. Zuletzt trägt er die Farbe auf und rahmt zum Schluß die Umrisse schwarz. Er benutzt dabei nur Primärfarben. Weil sie leicht in Terpentin löslich sind, nimmt er Magna-Acrylfarben. Sie hinterlassen, wenn sie weggewischt werden, keine Spuren auf dem Untergrund und erlauben so leicht Korrekturen. Wie andere Pop-Künstler verwendet er Motive, die jedem vertraut sind, darüber hinaus zitiert er aber auch alte Kunst oder japanische Holzschnitte. Lichtenstein setzt in diesem Punkt auf ein eingeweihtes Publikum, das seine Zitate und die Ironie in seinen Arbeiten als solche versteht. Damit ist die Schwelle erreicht, an der die Pop Art intellektuell wird.

JAMES ROSENQUIST

* 1933

Marilyn Monroe ist der Prototyp des berühmten, »vielgeliebten« Filmstars. War sie während des Vietnamkriegs das Pin-up-Girl, dessen Konterfei in den meisten Spinden der Soldaten hing, wurde ihr Bild, seit die Pop Art aufkam, auch für Museen salonfähig. Rosenquist hat mit ihr eine Simultancollage geschaffen; den lächelnden Mund der Diva und ihr Auge überblendet und verfremdet er durch Schriftzeichen aus der Reklame. Die einzelnen Bildteile liegen quer, stehen längs und sind dabei übereinandergeschoben.

Bevor Rosenquist sich der Kunst widmete, war er Maler für große Reklametafeln. Als er an einem dieser riesigen Werbebilder arbeitete, fiel ihm plötzlich auf, wie sehr ein Teil eines gigantischen Bildes, ganz in die Nähe gerückt, seine Wirkung verändert. Tief beeindruckt auch von der andauernd auf den Konsumbürger einwirkenden Werbung, wollte er sich nun die Anziehungskraft dieser Reklamewände und ihre Bildsprache für seine Kunst zunutze machen. So wurde die Vorliebe für überdimensionale Formate und für plakatives Malen sein Markenzeichen. Dabei benutzt er alle ihm zugänglichen Reproduktionsverfahren und alle möglichen technischen Hilfsmittel. Andere Malerei hält er für altmodisch, weil sie nicht zugkräftig genug ist. Hinter diesen oberflächlich erscheinenden Aspekten liegt ein Ansatz, eine Aufforderung zur Kritik.

James Rosenquist
Marilyn Monroe, I, 1962
Öl und Sprühemaille auf Leinwand, 236,2 x 183,5 cm
New York, The Museum of Modern Art, Sammlung Sidney und Harriet Janis

RONALD B. KITAJ

* 1932

Kitaj gilt als einer der Vermittler zwischen der amerikanischen und der englischen Pop Art, seit er 1958 als Stipendiat nach London kam und dort blieb. Er fand Anschluß an die sich am Institute for Contemporary Art sammelnden Künstler und machte sie mit den Entwicklungen in Amerika vertraut. Da er selbst jedoch seine Themen vor allem der Philosophie und Kulturgeschichte, weniger den trivialen Mythen des Alltags entnahm, distanzierte er sich seit den frühen sechziger Jahren zunehmend von der Pop Art.

Seine gesellschaftskritische Haltung stellt Kitaj auch in »Wert, Preis und Profit« heraus. Die drei Säulenheiligen des Kapitalismus wurden von ihm wie in einer Collage in die goldgelbe Fläche des Bildes übertragen, getreu der Devise, daß ein Gemälde nur die Projektionsfläche für das Geschehen in der Welt sein kann. Die drei Figuren sind aus Fragmenten zusammengesetzt, die den unterschiedlichsten Kontexten entstammen; man erkennt Übernahmen von Photographien und aus Zeichnungen, monochrom gestaltete Farbflächen und Ornamente, die einer Tapete entlehnt sein könnten. Vor allem der schwachsinnige Gesichtsausdruck der drei Personen läßt vermuten, daß für Kitaj keiner der drei im Titel angesprochenen Begriffe in hohem Kurs steht. Für ihn sind dies nur Formeln, die keine tatsächlichen Inhalte vermitteln können.

Ronald B. Kitaj Wert, Preis und Profit, 1963
Öl auf Leinwand, 153 x 153 cm
Privatbesitz

Peter Blake
Bo Diddley, 1963/64
Acryl, Scotch-Band
auf Hartfaserplatte,
122,4 x 78,3 cm
Köln, Museum Ludwig

PETER BLAKE

* 1932

Zusammen mit Hamilton verwendete Blake als einer der ersten Gestaltungsmittel, die dann die englische Pop Art bestimmten. Der an die Gebrauchsgraphik sich anlehnende Stil und die Wahl von Alltagsmythen zum Bildmotiv sind Kennzeichen der Pop Art. Blake bewahrte bei aller Neuerung aber auch malerische Elemente.

In den fünfziger und sechziger Jahren war die große Zeit der Rock-and-Roll-Bands und -Stars. »Bo Diddley« war ein Hit des farbigen Sängers Elias McDaniel, der nach dem Publikumserfolg seiner ersten Schallplatte deren Titel als Künstlernamen führte.

Das Bild ist in der Manier eines Plakates angelegt, mit einer leuchtend roten Umrandung und schreiend gelber Schrift. Die Umrißlinien der Gitarre und die blauen Umrandungen der Beine leuchten wie dünne Neonröhren, das Instrument und die Beine sind flächig, wie ausgesägt. Das schimmernde Havannabraun des Hintergrundes ist subtil-malerisch. Die Körperhaltung des Sängers wirkt lebendig. Das Gesicht spiegelt die rückhaltlose Hingabe an die Musik wider, es ist fast eine physiognomische Studie zu nennen. »Bo Diddley« ist eben mehr als ein Plakat, es ist das individuelle Porträt des Sängers bei seiner Arbeit. In anderen Bildern zeigt Blake eine kritisch-distanzierte, ins Ironische spielende Haltung seinem Stoff gegenüber.

Unten:
Allen Jones
Man Woman, 1963
Öl auf Leinwand, 214,6 x 188,5 cm
London, Tate Gallery

ALLEN JONES

* 1937

Die Themen von Jones drehen sich fast ausschließlich um Erotisches. Innerhalb dieses Genres bleibt er auch immer auf einer sehr direkten, drastischen Ebene, obwohl er seine Motive variiert und in verschiedenen Techniken arbeitet. Jones gehört zu den bedeutendsten Vertretern der englischen Pop Art der sechziger Jahre. Daraus erklären sich ganz bestimmte Grundzüge bei der Auswahl, der Gestaltung und der Aussage seiner Motive. Erotik wird hier eben nicht als beseelt-raffinierte Kultivierung des individuellen Lebens verstanden, sondern zum Sex degradiert, zu einem Konsumartikel unter vielen. Wie alles, was konsumierbar ist, hat auch der Sex in der vereinfachenden, aber sehr effektvollen Bildsprache von Werbung und Massenmedien eigene Symbole und Klischees angenommen.

Bei »Man Woman« greift Jones dieses Klischee auf. Ein langes Frauenbein in Strumpf und hochhackigem Schuh, die Andeutung eines hochgerutschten Kleides, eine Krawatte und Teile eines Herrenanzugs, kopflos und in ihrer Flächenhaftigkeit körperlos wirkend, vergegenwärtigen eine eindeutige Situation. Das Ganze erscheint gewöhnlich und vulgär, jedoch nicht ohne Humor. Obwohl Jones sich plakativer Vereinfachungen bedient, verhindert die malerische Ausführung des Bildes das Gefühl von Peinlichkeit angesichts einer solch intimen Präsenz.

RICHARD HAMILTON

* 1922

Von Beginn seiner künstlerischen Arbeit in den fünfziger Jahren an machte sich Hamilton technische Errungenschaften auf bildnerischem Gebiet zunutze. Photographien sind so Grundlage oder wichtiger Bestandteil vieler seiner Bilder. Hamilton zählt zu den bedeutendsten Künstlern der englischen Pop Art. Die besondere Bildsprache der Medien, der Reklame, wollte er angreifen, das banale und triviale Milieu einer Massengesellschaft, um damit zeitadäquate künstlerische Aussagen zu machen, die nicht nur eine ohnehin interessierte Gruppe von Spezialisten erreichen.

An einem Allerweltsstrand, gesehen von einer entfernten Warte aus, tummeln sich, klein wie Ameisen, die Badenden. Das Bild entstand aus der Verfremdung einer Postkarte, die – mit Farbe übersprüht – in komplizierten Reproduktionsverfahren auf die Leinwand übertragen wurde. Die Dokumentation wird dabei allerdings sehr in Frage gestellt. Die knalligbunt applizierten Badeaccessoires, eine Bademütze und der geblümte Stoff, die vor der tristen Farbgebung der Badeszene um so schreiender wirken, erinnern an das Geschäft mit dem Vergnügen, vor dessen marktbeherrschender Größe der Mensch des Massentourismus in den Hintergrund gedrängt wird. Gerade alltägliche Bilder und Gegenstände geben so in ihrer Neukombination dem scheinbar Normalen einen absurden Akzent.

Richard Hamilton
Badende I, 1966/67
Photo auf Leinwand, Bademütze und Stoff, 84 x 117 cm. Köln, Museum Ludwig

DAVID HOCKNEY

* 1937

Der Engländer Hockney ist fasziniert von Kalifornien, und immer wieder gestaltet er Motive aus diesem amerikanischen Küstenstaat. Wo Kalifornien besiedelt ist, sind Landschaft und Natur nur noch eine Kulisse von untergeordneter Bedeutung, durch rigorose Eingriffe zerstört. Allein dominierend sind die Straßenanlagen, Baukomplexe und Freizeitgelände, die rastloser menschlicher Gestaltungsdrang der Gegend aufzwang. Sinnbild kalifornischen Lebensstils und Wohnkomforts ist das Haus mit Swimmingpool.

Ein flacher Bungalow mit Glasscheiben, in denen sich schemenhaft gegenüberliegende Mauern und Palmen spiegeln, ein langer Terrassenstreifen, vor dem das große Schwimmbecken liegt, haben als Hintergrund einen wolkenlosen blauen Himmel. Von einem Sprungbrett rechts vorn ist jemand in den Pool gesprungen; man sieht nur das aufgeschäumte, aufspritzende Wasser. Der Klappstuhl vor dem Haus ist leer: Splendid isolation. Eine Stimmung von traumatischer Ruhe und Unwirklichkeit wird durch das Aufspritzen nur kurz unterbrochen. Die Atmosphäre kühler Künstlichkeit wird verstärkt durch eine statisch-flächenhafte, Horizontale und Vertikale betonende Komposition und durch die hell-kalkigen, zurückhaltenden Farben. Der schmale Grasstreifen und die Palmen sind als Chiffren für Natur übriggeblieben.

David Hockney Ein größerer Spritzer, 1967
Acryl auf Leinwand, 243,8 x 243,8 cm
London, Tate Gallery

Richard Estes
Der Süßwarenladen, 1969
Öl auf Leinwand, 121,3 x 174 cm
New York, Whitney Museum of American Art

RICHARD ESTES

* 1936

Estes greift immer wieder spontane Situationen in modernen Städten auf, die in der völligen Abwesenheit von Menschen fast eine Aura kalter Isolation bekommen. Die gläserne Straßenfront eines Coffeeshop mit Durchblick durch die Eingangstür ins Innere und dem riesigen Schaufenster ist das triviale Sujet dieses Bildes. Nüsse und Süßigkeiten, in mehreren Stufen übereinander präsentiert, sind im Schaufenster ausgestellt, als »Bild im Bild« hinter Glas in Metallrahmen, von Neonröhren erleuchtet. Ein verwirrendes Spiel von Spiegelungen aus dem Rauminneren und von der gegenüberliegenden Straßenseite bringt ironisches Leben in das unbelebte Riesenstilleben.

Das Bild führt die gespenstische Präsenz einer hochzivilisierten Subkultur vor, die dem Fetisch Konsum huldigt, betrachtet aus sicherer Distanz durch ein Okular mit eingefärbten Linsen. Diese Art von Malerei spielt dabei mit den Wahrnehmungen und Empfindungen des Betrachters. Sie überhöht die Motive, lädt sie mit Reizmomenten auf, mit Licht- und Schatteneffekten, Reflexen, Spiegelungen, Verunklärungen, prismatischen Aufspaltungen und Farbintensitäten, wie sie in der Realität nie in solchen Ballungen vorkommen. Überall im Bild ergeben sich optische Spannungen und Überschneidungen von Realitätsebenen, die den Blick des Betrachters zum Verweilen und seinen Intellekt zum Aufklären auffordern.

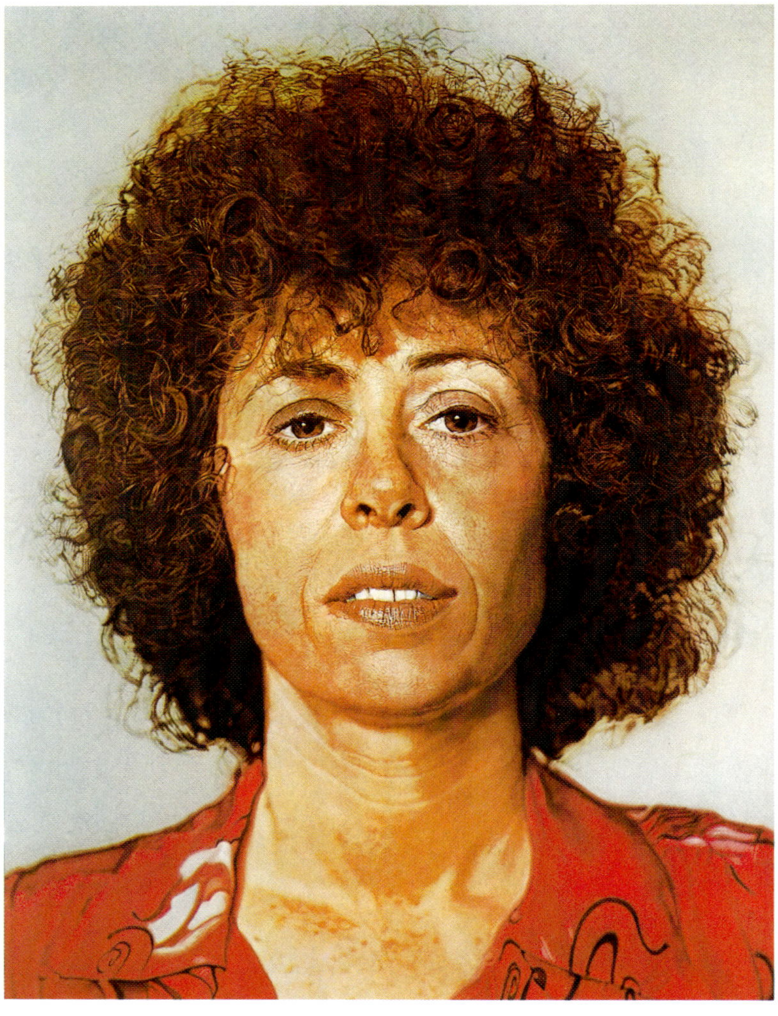

Chuck Close
Linda, 1975/76
Acryl auf Leinwand, 274,3 x 213,4 cm
Akron (Ohio), Akron Art Museum

CHUCK CLOSE

* 1940

Zum erstenmal erregte Chuck Close 1967 die Aufmerksamkeit der Kritiker mit seinen großen realistischen Schwarzweißbildern: frontal gesehene Köpfe, eine Art überdimensionaler Paßphotos als Malerei auf Leinwand. Seinem Sujet blieb er treu, malte aber schon bald in Farbe. »Linda« blickt starr auf den Betrachter wie in die Linse eines Photoautomaten, der seelenlos wiedergibt, was sein Blitz gleißend überbelichtet oder in Schatten taucht: die Gesichtszüge, Locken, Härchen, Falten, Sommersprossen, Kragen und die Schulterpartien des Kleides. Das Bild ist zwar farbig, darin jedoch nicht wirklich realistisch. Sein photographischer Realismus besteht in der Wiedergabe eines Rot-Braun-Stiches, wie er häufig bei automatischen Entwicklungsbädern entsteht.

Closes Bilder entstehen nach einem Gittersystem, mit dessen Hilfe er auf einem Photo Hell- und Dunkelzonen einteilt und diese dann mittels dieses Rasters auf die Leinwand übersetzt. Seine Farben trägt er mit der Hand auf, legt aber wie bei einem technischen Druckverfahren blaue, gelbe und rote Schichten über seine Gründe. Closes Bilder stehen sowohl der Pop Art als auch dem Photorealismus nahe. Sein Anliegen ist es – nach eigener Aussage –, in gar keinem Stil zu malen. Der technisierte Malvorgang und die Photovorlage bringen ihn so auch in Berührung mit der Minimal Art.

FRANZ GERTSCH
* 1930

Der Kunst von Gertsch gibt man gern das Etikett Hyper- oder Photorealismus; für Europa ist er darin einer der exponiertesten und konsequentesten Vetreter. »Medici« zeigt im Monumentalformat eine lässig gekleidete Gruppe heiter-ausgelassener junger Männer und Frauen hinter einer rot-weiß gestrichenen Holzbarriere. Der Titel, der an die ehemaligen Herrscher der Toskana denken läßt, nimmt zunächst nur auf das Wort Bezug, das auf einem weißen Streifen des gemalten Balkens zu lesen ist.

Gertsch arbeitet mit Diavorlagen, trotzdem sind seine Bilder nicht einfach auf einer Leinwand verewigte Reproduktionen von Photos. Bereits beim Photographieren trifft er die beabsichtigte Auswahl des Motivs, des Bildausschnitts, der Beleuchtung. Wenn er seine ins Riesenhafte vergrößerten Projektionen malerisch auf die Leinwand überträgt, bleibt er zwar vom Bildmuster her der Vorlage treu, nimmt dabei aber auch einige gravierende Änderungen vor. Der Betrachter bemerkt sie vielleicht erst bei längerem Hinsehen, das Bild bekommt durch sie jedenfalls das Signum eines Originals und eine fast schockierende Nähe: Durch Betonung oder Verunklärung der Farbigkeit und die Pinselführung kann die Intensität des Bildes variieren, durch seine extreme Nahsicht kann es scheinbar in den Realraum vordringen.

Franz Gertsch
Medici, 1971
Dispersionsfarbe auf Leinwand, 400 x 600 cm
Aachen, Ludwig Forum

ARNULF RAINER
* 1929

Bereits 1951 wandte Rainer sich vom »phantastisch-realistischen« Stil seiner Anfangsjahre ab. Mehr interessierten ihn die malerischen Prozesse bei der Gestaltung von Bildern und die dabei möglichen Formzerstörungen. Seit 1952 beschäftigt er sich mit sogenannten »Zentralisationen« und »Zentralgestaltungen«; bei diesen Kompositionen ist die Linie der Ausgangspunkt. Diese Bilder sind eine expressive Addition von willkürlich gesetzten Strichen. Ein Jahr später begann er, sich selbst zu photographieren und diese Photos von sich zu übermalen. Übermalungen bilden überhaupt einen Schwerpunkt in Rainers Werken.

Seit 1969 beschäftigt Rainer sich intensiv mit Körper- und Gebärdensprache. In dieser Zeit entstehen seine ersten Grimassenphotos, die durch Übermalung akzentuiert werden. »Zünglein ohne Waage« stammt aus einer Serie von solchen farblich stark überarbeiteten Grimassenphotos, ein doppelsinniger Titel rückt sie dabei in den Bereich des Surrealen. Vom Photo ist nur noch das weichgezeichnete, schemenhafte Gesicht zu sehen. Alle anderen Partien sind in aggressiver Geste mit Farben übermalt, die in langen Strähnen nach unten tropfen. Teilweise läßt Rainer sich dazu durch halluzinatorische Rauscherlebnisse inspirieren, er schöpft aber auch Anregungen aus der Auseinandersetzung mit der Kunst von Geisteskranken.

Arnulf Rainer
Zünglein ohne Waage, 1975
Öl auf Photo auf Holz, 44,5 x 60,5 cm
Privatbesitz

Balthus Der Maler und sein Modell, 1980/81
Öl auf Leinwand, 227 x 235 cm
Paris, Musée d'Art Moderne, Centre Georges Pompidou

BALTHUS

* 1908

Dieses Gemälde von Balthus, dessen bürgerlicher Name Balthus Klossowski de Rola lautet, ist ein Spätwerk voll Reife und Abgeklärtheit. Der Künstler hatte bereits in seinem zweiten Lebensjahrzehnt seine Bildgegenstände malerisch in einer Intensität durchdrungen, die er nur noch weiter anwenden und perfektionieren konnte. In einigen seiner Landschaften und Porträts scheint diese rein künstlerische Meisterschaft vordergründig, die subtile Behandlung von Farbe und Licht, die teilweise Vereinfachung der Formen, die durch die farbliche Strukturierung überhöht wird. Den meisten seiner Bilder aber, vor allem jenen mit seinem Hauptmotiv, dem jungen, zur Frau reifenden Mädchen, aber auch seinen Straßenszenen, Stilleben und einigen Porträts, haftet darüber hinaus eine erotische Spannung an. In Bildern Caravaggios etwa fand Balthus erwachende Begierde und latente Gewalt als Metamorphosen des Eros.

Diese Stimmung ist nun sublimiert zu einer Atmosphäre, deren Spannungsebene sich ins Rätselhafte, Allegorische verlagert hat. Das Modell lockt nicht mehr mit frühreif-gefährlichen Reizen, weckt keine Verderben bringenden Triebe. Das Mädchen hat das Gesicht einer Renaissancemadonna und ist in die Betrachtung eines Blattes vertieft. Der Maler hält, mit dem Rücken zu ihm, versunkene, moderate Einkehr.

Fernando Botero Die Familie des Präsidenten, 1967
Öl auf Leinwand, 203,2 x 195,5 cm
New York, The Museum of Modern Art

FERNANDO BOTERO

* 1932

In freier Anlehnung an Francisco de Goyas Gemälde »Die Familie Karls IV.« von 1800 (Abb. S. 400), das alle Mitglieder der damals in Spanien regierenden Bourbonen auf einem großen, breit angelegten Gemälde zeigt, schuf Botero seine Präsidentenfamilie. Goyas Bild ist weit mehr als ein Gruppenporträt. Es ist ein geradezu schockierendes Sittenbild, kritisch und ironisch bis zum Sarkasmus wegen seines technisch brillanten Realismus. Vergleichbar dem unbestechlichen Auge einer Kamera, die nichts beschönigend hinzutut oder wegläßt, konterfeit Goya mit feinem Pinsel alle Personen so, wie sie wirklich sind.

Boteros Präsidentenfamilie dagegen ist nicht porträthaft gemeint. Es kann sich dabei um die Präsidentenfamilie irgendeines Landes handeln. Aber Kritik, Ironie und Sarkasmus für diese mächtigen Repräsentanten, die anstelle früherer Monarchen mit ähnlichen Ansprüchen auftreten, sind unverkennbar. Botero bedient sich dazu jedoch seiner eigenen Mittel. Sein Stilmittel der Verfremdung durch Aufblasen aller Figuren und Gegenstände gibt den Personen eine puppenhafte Starre, dazu eine übertriebene Präsenz. Der Bischof und der salutierende Diktator oder General werden genau wie die anderen Personen auf dem Bild als Schmarotzer entlarvt. Sie haben ihre Aufgaben und dienen ihnen ganz im Dienst der eigenen Sache.

WERNER TÜBKE
* 1929

Eines der Ideale, die Tübke mit seiner Kunst zum Ausdruck bringen will, ist die Würde des Menschen. Diesem Postulat hat der Renaissancephilosoph Pico della Mirandola eine heute noch beachtete Schrift gewidmet. Tübke ist nicht nur den geistigen Anliegen dieser großen Epoche verbunden, auch seine Malerei orientiert sich an den Meistern der Vergangenheit: an Mantegna, Tizian, Veronese, Caravaggio, van Eyck, Breughel, Bosch, Dürer, Cranach und Grünewald. So malt er den Viehzuchtbrigadier Bodlenkow, einen Mann, der sich Verdienste um die sozialistische Planwirtschaft erworben hat und damit abbildungswürdig, ja museumsreif geworden ist, ganz, wie ein alter Meister ihn gemalt hätte.

Der Volksheld sitzt mit der Haltung eines Condottiere im Sattel, das kraftvolle Pferd könnte von Verrocchio gebildet sein, die Meute der Hunde könnte einem Prunkzug burgundischer Herzöge entstammen, die akribisch gemalte Hintergrundlandschaft, bis in die blaue Ferne mit erzählenden Details ausgeschmückt, erinnert an eine Weltlandschaft des 16. Jahrhunderts. Tübke sagt von sich selbst, er empfinde keine historische Distanz, er wolle »realistische Perioden in der Kunstgeschichte produktiv und lebendig werden« lassen. Wichtig für seine Kunst sei daher, handelnde Menschen mit schwerem Schicksal exemplarisch vorzustellen.

Werner Tübke
Bildnis des Viehzuchtbrigadiers Bodlenkow, 1962
Mischtechnik auf Leinwand auf Holz, 145,5 x 97 cm
Leipzig, Museum der bildenden Künste

BERNHARD HEISIG
* 1925

Die Vorbilder Heisigs sind Beckmann, Dix, Corinth, Kokoschka und Picasso, die in einem Teil ihres Werkes Betroffenheit über die Schrecknisse der Welt darstellen und anklagen. Heisigs Gestalten sind deformiert, gezeichnet, verletzt wie alle seine Bildgegenstände. Seine Bildsprache ist provozierend, schreiend, geradezu ins Auge springend. Auch aus seinen Bildern mit unpolitischem Inhalt – Porträts, Akte, Landschaften – spricht das Wissen um eine zersplitterte Welt. Heisigs Malweise, wie seine Farben und die Sprache seiner Symbole, ist dementsprechend expressiv. Er malt immer wieder die gleichen Themen, verleiht ihnen aber neue Gestalt unter dem durch dazugewonnene Erkenntnisse veränderten Blickwinkel. Oft holt er auch Bilder wieder hervor, die er bereits als vollendet verabschiedete hat, und überarbeitet sie nochmals.

Das Motiv von Goethes Gedicht »Der Zauberlehrling« war als Parabel schon in der Antike bekannt und wurde durch Lukian überliefert. Heisigs Zauberlehrling kann aber nicht wie derjenige im Gedicht mit einem guten Ausgang seiner übermütigen Streiche rechnen. Hier wird nur die tragische Stelle des Gedichts veranschaulicht: »Die Geister, die ich rief ...« Es sind die bösen Geister des Krieges, des Terrors, des Faschismus und der Gewalt. Auch der mächtigste Meister kann da nichts ungeschehen machen.

Bernhard Heisig
Der Zauberlehrling (zweite Fassung), 1978–1981
Öl auf Leinwand, 150 x 200 cm
Privatbesitz

Renato Guttuso
Wandzeitung – Mai 1968, 1968
Öl auf Karton auf Leinwand, 280 x 480 cm
Aachen, Ludwig Forum

RENATO GUTTUSO

* 1912

Schon lange, bevor er zu malen begann (1931), war Guttuso überzeugter Sozialist. In seiner Malerei griff er immer wieder mutig Themen auf, die Faschismus, Krieg und Machenschaften der Kirche anprangerten. Von einem futuristischen Maler, Pippo Rizzo, ausgebildet, bediente er sich mehrerer stilistischer Mittel, um seine Ideen auszudrücken. Mit seinen frühen Arbeiten stand er Futurismus und Kubismus nahe, wechselte aber dann zu einer eher expressiv zu nennenden Bildsprache.

Für die »Wandzeitung 1968« wählte er als Ausgangsmaterial eine Ansammlung von realistischen Motiven, die er auf plakative Symbole reduzierte und in einer dynamisch bewegten Komposition ordnete. Die Zeichen unerbittlicher Mächte sind gläserne Hochhäuser, abgewrackte Autos, Möbel und Maschinenteile, die quer im Bild liegen. Es ist der Schrott und Müll der westlichen Zivilisation. Darunter ist eine Rotte bewaffneter Polizisten zu sehen, als geschlossene Front gehen sie mit ihren Schilden gegen Demonstranten vor. Unter ihnen die Karikatur eines Statussymbols, eines weißen Sportautos, daneben wiederum ein Zug rote Fahnen schwingender Menschen. In der oberen Bildhälfte sind die Greuel von Vietnam und die Gewalt von Weißen gegen Schwarze geschildert. Es sind die Ereignisse von 1968, gegen die Guttuso mit diesem Bild engagiert Anklage erhebt.

Mimmo Paladino
Ronda Notturna (Nachtwache), 1982
Öl auf Leinwand, 300 x 400 cm
München, Städtische Galerie im Lenbachhaus

MIMMO PALADINO

* 1948

In Paladinos Werk ist eine große Spannweite von Ausdrucksmöglichkeiten zu finden, er vereint scheinbar widersprüchliche Elemente. Seine Bilder sind zugleich abstrakt und figurativ, sind reine Gemälde, aber auch Assemblagen mit Reliefcharakter und dreidimensionalen Ausmaßen, die bereits als Skulpturen bezeichnet werden müßten.

Die »Nachtwache«, ein monumentales Gemälde, spielt im Titel eher zufällig auf das berühmte Gemälde Rembrandts im Amsterdamer Rijksmuseum an (Abb. S. 313). Paladinos »Ronda notturna« ist thematisch nicht so einfach zu lesen wie das über dreihundert Jahre ältere Bild des Niederländers, seine Ikonographie unterliegt keiner Konvention. Er erfindet seine Zeichen, Figurinen und sein Bildgeschehen nach eigenem, subjektivem Gebot. Paladino arbeitet bei diesem Gemälde mit verschiedenen Rauminterpretationen. Das stilisierte Paar in dem hellen, zeltartigen Gehäuse wacht, um die Gefahren und Geister der Nacht nicht Gewalt über sie gewinnen zu lassen. Die weitaus größte Fläche des Bildes ist von volumenlosen, ortlos übereinander- und nebeneinandergesetzten, wie schwerelos schwebenden Körpern, Misch- und Fabelwesen, Mustern und Symbolen belebt. Es sind stilisierte Anspielungen auf die reale Dingwelt. Hier lassen sich Parallelen zur ottonischen und zur romanischen Kunst ziehen.

ENZO CUCCHI

* 1950

Der Held steht gesichtslos da. Der blutrote Kopf mit den roten, wulstigen Lippen ist ihm zwischen die Beine geraten. Er hat die Hände zum schwarz-feuerroten Himmel erhoben in einer Gebärde von Ohnmacht, Verzweiflung, Anklage, die auch die Gebetshaltung der Antike war. Wie Moses, der die Fluten des Roten Meeres geteilt hat, befindet er sich zwischen zwei bedrohlich nahen, hohen Wänden, die eine feurig gelb und rot, die andere düster schwarz. Er scheint freilich keine Gewalt über diese Mächte zu haben, ist der ihnen innewohnenden Bedrohung ausgeliefert.

Cucchi greift, wie Paladino und Clemente, wieder auf das traditionelle Medium der Malerei zurück. Die Farbe wird in einer expressiven, gestischen Malerei als Material und als koloristisches Element von starker Symbolkraft verwendet. Farbschichtungen von enormer Kraft, Formvergröberungen und emotional aufgeladene Vereinfachungen geben dem Bild eine ausdrucksgeladene Sprache.

Cucchis Bilder sind eine Reaktion auf die Kunstformen der sechziger und beginnenden siebziger Jahre, auf deren Errungenschaften eine jüngere Malergeneration aufbauen konnte, allerdings in eigenen Ausdrucksformen, die malerisch-expressiv und subjektiv sind. Seine Motive behandeln die persönliche Verarbeitung von Bedrohungen, Ängsten und Aggressionen gegen die Ohnmacht des einzelnen.

Enzo Cucchi
Held ohne Kopf, 1981/82
Öl auf Leinwand, 203 x 255 cm
Privatbesitz

FRANCESCO CLEMENTE

* 1952

Zusammen mit Mimmo Paladino, Enzo Cucchi und Sandro Chia ist Clemente ein Hauptvertreter der neuen italienischen Malerei. Neu wieder einmal, weil sie bereits bekannte Richtungen, wie politisch engagierte Malerei oder die Arte povera, ablöst und mehr die Persönlichkeit des Malers zum Ausdruck kommen läßt. Die Bilder sollen eindringlich aus sich selbst und für sich selbst sprechen.

Der überdimensionale Kopf in Clementes Bild birgt Geheimnisvolles. In den Öffnungen von Auge, Nase, Ohr und dem weit aufgerissenen Mund finden sich kalkbleiche Köpfe mit feuerroten Lippen. Köpfe im Kopf: Die Deutung dieser Symbolik bleibt dem Betrachter überlassen. Der körperliche Malakt wird im Bild nicht negiert; deutlich sind die heftigen, derben Pinselstriche zu sehen, die der Komposition dramatische Lebendigkeit verleihen. Der Durchblick durch ein Zugfenster auf einen grünen Landschaftsstreifen mit blauem Himmel, auf das sonnengelbe Innere mit einer Säule, erinnert an surreale Gedankenassoziationen.

Diese Malerei sucht keinen Zusammenhang mit der Wirklichkeit, sie spiegelt vielmehr die inneren Wirklichkeiten des Malers wider, Seelenzustände, Visionen, Vorstellungen. Formal knüpft sie an die expressive Malerei an. Ganz bewußt wird auf geordnete Pinselführung und zeichnerische Elemente verzichtet.

Francesco Clemente Ohne Titel, 1983
Öl auf Leinwand, 200 x 236 cm
Privatbesitz

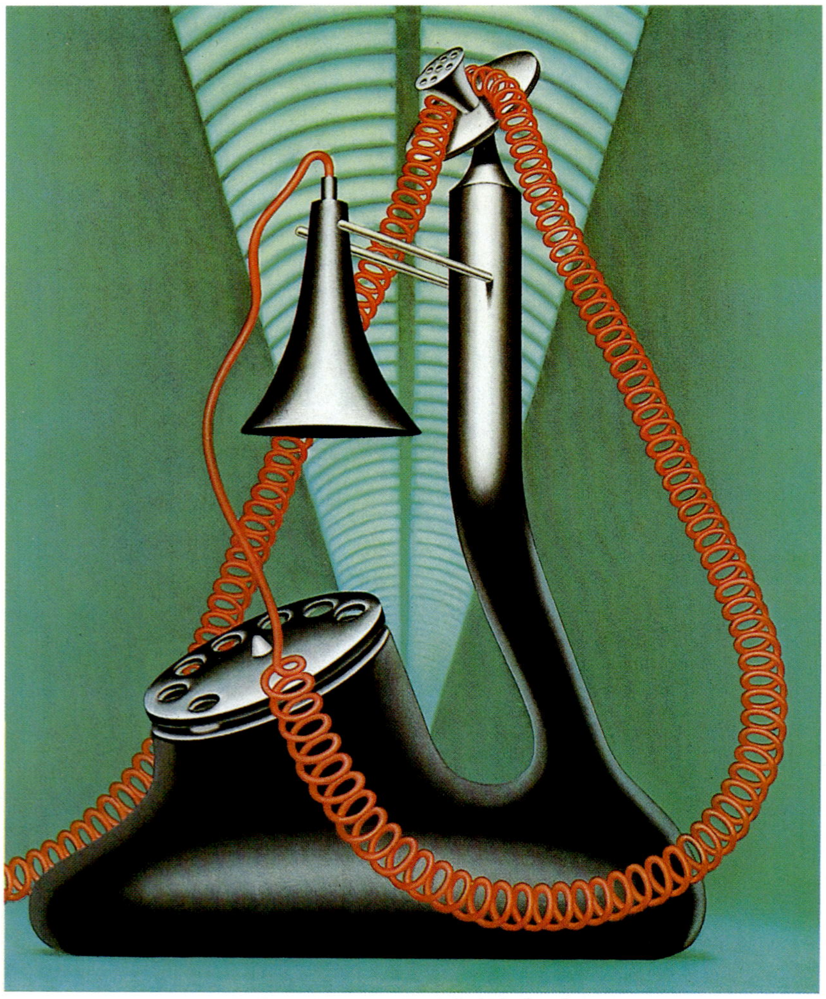

Konrad Klapheck
Die Gebete der Mutter, 1984
Öl auf Leinwand, 120 x 100 cm
Privatbesitz

KONRAD KLAPHECK

* 1935

Bereits in seiner Studienzeit an der Düsseldorfer Kunstakademie fand Klapheck zu der für ihn charakteristischen Thematik und Darstellungsweise, der er bis heute treu geblieben ist. Zu ihrer Entstehungszeit verstand er seine Malerei als eine Antithese zum damals allgemein vorherrschenden Informel. Immer wieder sind es Maschinen, technische Gebrauchsgegenstände, die er malt, schematisiert und glatt, zu Monumenten stilisiert. Ein relativ schmales Repertoire von Gegenständen, die in der realen Dingwelt alltäglich und banal sind, gewinnt in Klaphecks Bildwelt eine eigene, fast symbolhafte Aussage. Herausgelöst aus ihrer Zweckgebundenheit und aus dem Kreislauf des Benutztwerdens, brillant, aber nüchtern porträtiert, meist fast die ganze Bildfläche füllend und nahe an den Betrachter gerückt, bekommen sie für ihn eine herausfordernde, fast schon bedrohliche Präsenz.

Klapheck sieht in dieser Dingwelt Menschliches verkörpert: Typen, Männliches, Weibliches, typische Situationen und Verhaltensweisen. Seine Titel sorgen dabei für klare Assoziationen, ihr subtil ironischer Bezug bringt ihn auch in die Nähe Marcel Duchamps oder der Surrealisten. Der liebevoll-poetische Blick, mit dem Klapheck sich den Produkten aus den niederen Sphären des technisierten Alltags widmet, verbindet ihn mit dem Magischen Realismus der zwanziger Jahre.

Sigmar Polke
Remingtons Museums-Traum ist des Besuchers Schaum, 1979
Ölfarbe und Spritztechnik, teils mit Schablone, auf rosa Synthetikfell, 212 x 135,5 cm
Bonn, Städtisches Kunstmuseum

SIGMAR POLKE

* 1942

Bereits der witzige Titel, das Spiel mit Reimen und Slogans, gibt Hinweise darauf, wie Polke diese Arbeit versteht und wie sie überhaupt interpretiert werden kann. Dabei sind die Umrisse zweier Männerköpfe, einer Reklame für Rasierschaum entnommen, als Schablonen auf ein rosa Synthetikfell aufgetragen. Gelbe, rote, grüne und weiße Farbflecken, Spritzer und Tupfen sind, heftig und respektlos, in dieses merkwürdige Ensemble integriert.

Polke gründete 1963 zusammen mit Gerhard Richter und Konrad Fischer die Gruppe »Kapitalistischer Realismus«, die mit der Ausstellung »Leben mit Pop« in einem Möbelhaus in Düsseldorf die Wirksamkeit der Mechanismen hinterfragen wollte, mit denen die Konsumgesellschaft den einzelnen manipuliert. Diese Themenstellung behielt Polke auch später bei. Alle seine Bilder und Assemblagen behandeln die Auswüchse der Pseudoannehmlichkeiten einer Massenproduktion. Ironisch und bissig konfrontiert er den Betrachter mit den schlimmsten Erzeugnissen eines zum Kitsch verkommenen Massendesigns: Synthetikfelle, bedruckte Plastikfolien und schauerlich gemusterte Stoffe werden zu seinem Malgrund. Der Kontrast zwischen diesen trivialen Materialien und den von ihm darauf aufgetragenen Motiven, Gesten oder Parolen soll die Schockwirkung erzeugen, um die es Polke letztendlich geht.

GERHARD RICHTER

* 1932

Gerhard Richter malte zu Beginn der sechziger Jahre, etwa gleichzeitig mit den Künstlern der amerikanischen Pop Art, Abbildungen aus Illustrierten ab. Grau in grau, leicht verwischt wurden die Vorlagen auf die Gemälde übertragen. Ihm kam es darauf an, die in den Massenmedien verbreiteten Bildwelten für die Kunst zu gewinnen. Anders als die Amerikaner aber interessierten ihn weniger Phänomene wie Starkult oder Sensationslust als der einebnende Gebrauch, den die Medien von Bildern aller Art machen. Die von den Medien vorgespiegelte Neutralität, die Gleichgültigkeit wollte er in seine Ölbilder übertragen. Er übernahm oft auch die Bildunterschriften aus den Illustrierten, um den Ursprungskontext kenntlich zu machen.

In der Folge suchte Richter diese Übertragungsprinzipien auch auf Gemälde anzuwenden, die nach anderen Bildvorlagen gemalt waren. So entstanden ebenfalls Bilder nach privaten Familienphotos oder nach den Musterkarten der Farbindustrie. Das grob gemalte Gebirgsbild stellt die Frage nach dem Charakter der Bilder und ihrem Bezug zur Realität direkt an das Medium Ölmalerei. Das Abbild der Natur wird in Malerei verwandelt, denn bei näherer Betrachtung des großformatigen Gemäldes lösen sich die Fels- und Schneeflächen auf in schwarze, weiße oder graue Farbflächen, die man ebenso als abstrakte Malerei begreifen kann.

Richter bevorzugt das Arbeiten in Serien, die er immer wieder neu aufgreift und oft durch die Wiederholung der Motive zusammenschließt. Neben einer Serie mit monochrom grauen Bildern ist vor allem eine inzwischen sehr umfangreiche Folge mit zumeist großformatigen Gemälden zu erwähnen, bei denen Richter an die gestisch-expressive Malerei der Nachkriegszeit anschließt. In grellen Acrylfarben sind diese neo-abstrakten Bilder gehalten. Die in den fünfziger Jahren noch als Ausdruck der Persönlichkeit des Künstlers verstandene abstrakte Bildsprache wird von Richter nun für kühl kalkulierte Effekte eingesetzt, wie er selbst ausführt: »Das Ganze sieht dann sehr spontan aus. Dazwischen liegen aber meistens schon lange Zeiträume, die eine Stimmung zerstören. Es ist eher eine sehr geplante Spontaneität.« Richter nutzt dabei alle Möglichkeiten des Farbauftrags – vom feinen Pinselstrich über Farbspritzer und mit einem Tuch verwischte Farben bis zu mit einem Rakel bearbeiteten Farbflächen –, um kulinarische, in der Reproduktion kaum wiederzugebende Glanzpunkte zu erzeugen.

Es hat verhältnismäßig lange gedauert, bis Gerhard Richter auch international Anerkennung fand. Vor allem in den USA stieß sein Werk auf Unverständnis. Der fortwährende Wechsel der Motive und der Arbeitstechniken erzeugte ein Klima der Unsicherheit, das seit den großen Retrospektiven der letzten Jahre abgelöst wurde. Nun erst wird der allen Serien gemeinsame Zugriff auf Fragen nach Bild und Abbild, nach Realitätsebenen und Darstellungsmöglichkeiten erkennbar.

Gerhard Richter
Gebirge (Himalaja), 1968
Öl auf Leinwand, 199,5 x 159,5 cm
Privatbesitz

Gerhard Richter
Ohne Titel, 1984
Öl auf Leinwand, 200,7 x 160,3 cm
Privatbesitz

Markus Lüpertz Babylon-dithyrambisch VI, 1975
Leimfarbe auf Leinwand, 162 x 130 cm
Galerie Michael Werner, Köln und New York

MARKUS LÜPERTZ

* 1941

Markus Lüpertz zählt zusammen mit Georg Baselitz und Jörg Immendorf zu den neuen »Malerfürsten« in Deutschland, die mit Bedacht die Haltungen ihrer Vorbilder aus dem 19. Jahrhundert, Makart und Lenbach etwa, kopieren. Dazu gehören, neben einem nahezu imperialen, durchchoreographierten Auftreten in der Öffentlichkeit, auch großformatige Gemälde, auf denen mit bedeutungsvoller Geste gewaltige Dinge vorgewiesen werden.

»Babylon-dithyrambisch VI« gehört zu einer Serie von gleichnamigen Bildern, mit denen Lüpertz seine Phase der dithyrambischen Gemälde der Jahre 1963 bis 1976 abschloß. Er bezeichnete damit eine Malerei, die mit Bezug auf Nietzsche von einem Opfergesang zu Ehren des Gottes Dionysos handelt. Alle Bilder dieser Zeit zeigen voluminöse, plastische Gegenstände mit einfachen Strukturen. Lüpertz verband diese Bildsymbole gedanklich mit dem archaischen Lobgesang. Turmartige, aus Buchstaben geformte Gebilde wachsen monumental in einen blauen Himmel hinein. Verknüpft wird das Motiv des mit abstrakten Malspuren, dekorativen Ornamenten und Streifen verzierten Wolkenkratzers mit dem Buchstabenzeichen, das quasi das Dach des Turmes bildet. Dies sind Motive, die unterschiedlichen Sprachebenen angehören. Lüpertz versucht mit malerischen Mitteln, Schrift und Gegenstand miteinander zu verbinden.

A.R.Penck Mike Hammers Geburt, 1974
Acryl auf Leinwand, 285 x 285 cm. Basel, Öffentliche Kunstsammlung, Museum für Gegenwartskunst

A.R.PENCK

* 1939

Mike Hammer ist eines der Pseudonyme, die Penck sich zulegte. Das gleichnamige Bild veranschaulicht demnach die Geburt der Figur eines Malers, der einen Künstlernamen benutzt. Penck war immer auf der Suche nach dem Antistil, der dem zuwiderlief, was Mode war, was gerade gefragt war, was gefiel oder als intellektuell galt. Um realistisch zu malen, wollte er den Illusionismus als Stil der Malerei brechen. Penck ist ein kritischer Grübler, immer in Opposition gegen das gerade herrschende System. Er versucht in seiner Malerei stets, die optimale, reine Realisation seiner Idee zu erreichen und zu verwirklichen.

Er versteht den Malgrund seiner Bilder nicht als ebene Fläche, sondern als ein zentriertes Kraftlinienfeld. Die einfachen Zeichen, aus denen er seine Bilder aufbaut, werden oft um eine Mittelachse herum nach einer Wertigkeit der einzelnen Elemente im Bild angeordnet. Die einzelnen Chiffren werden von ihm so gewählt, daß sie als Gegensatzpaare im Bild auftreten, also auch einer inhaltlichen Axialität gehorchen, die das Querformat des Bildes bedingt. Die Zeichen sind so weit reduziert und kondensiert, daß sie eine allgemeine Vorstellung von Gegenständen und Figur geben, die Penck »Standart« nennt. »Standart« beinhaltet die Möglichkeit der Wiederholung. So tauchen Zeichen aus diesem Bild auch in anderen Arbeiten auf.

GEORG BASELITZ
* 1938

Das »Familienbild« steht kopf. Wenn man es betrachtet, wie es konzipiert ist, reißt das jäh aus alten Sehgewohnheiten. Der zweite Schock stellt sich ein, wenn die Diskrepanz zwischen dem Titel, den mit ihm verbundenen traditionellen Vorstellungen, und dem nackt dasitzenden Paar, das die Familie bildet, aufscheint. Seit etwa 1969 malt Baselitz Landschaften und Personenbilder, die auf dem Kopf stehen. Damit will er ganz bewußt traditionelle Sehgewohnheiten verändern, will es sich und dem Betrachter seiner Bilder nicht leichtmachen; und zugleich schafft er sich damit ein unverwechselbares Markenzeichen, mit dem er sich auf dem internationalen Kunstmarkt etabliert hat: Baselitz = Gemälde auf dem Kopf. Seine Themen nimmt er nicht aus dem Bereich platter Unterhaltung, er vereinfacht seine Gegenstände auch nicht oder bereitet sie ästhetisch auf, um einen problemlosen Genuß zu garantieren.

Baselitz arbeitet mit rein malerischen Mitteln. Seine Vorbilder sind die Maler des Manierismus und der »Schule von Fontainebleau«. So fand er über seine Auseinandersetzung mit dem Tachismus der fünfziger Jahre zu einer subjektiven, gegenständlichen Malerei. Er bedient sich der gestisch-bewegten Ausdrucksform, einer oft brutalen Vergröberung und Verzerrung, um seine Themen und Motive so zu gestalten, daß sie irritieren.

Ausgangspunkt von »Ciao America I« war ein Holzschnitt, den Baselitz zum vierzigjährigen Jubiläum der Berliner Galerie Springer machte. Für jedes Jahr schnitzte er, wie er selbst berichtete, einen weiteren Vogel in die Platte: »Vögel sind es vierzig oder mehr, aber weil sie verkehrt herum sind und nur aus Linien, Flecken und Splittern von heller Farbe, die durch die schwarze Oberfläche blitzen, bestehen, kann man schlecht ausmachen, daß es Vögel sind und wieviele.« Bei der Übertragung auf die Leinwand behielt er den schwarzen Hintergrund bei, reduzierte aber die Anzahl der Vögel, die in ein Gitter- und Farbgeflecht eingebunden wurden, erheblich. Die Wahl des Motivs ist relativ willkürlich, Baselitz orientiert sich an den traditionellen Themen der europäischen Malerei, verneint aber radikal ein Interesse an seinen Bildmotiven: »Das Problem ist nicht der Gegenstand auf dem Bild, sondern das Problem ist das Bild als Gegenstand. Und diese Frage, womit da hantiert wird, ob Stuhl oder Würfel oder Portrait, die stellt sich einfach nicht.« In den letzten Jahren konnten daher auch Bilder entstehen, die sich in ihren Formen an der abstrakten Malerei der fünfziger Jahre orientieren. Baselitz signalisierte damit nicht nur, daß diese Bilder bereits zum anerkannten Bestand der Geschichte der Malerei gehören, er versuchte auch, seine Malerei über Malerei in neue Bereiche vorstoßen zu lassen. Waren die gegenständlichen Motive seiner Gemälde bis dahin als Kontrollinstanz gegenüber dem Abgleiten in willkürlichen Subjektivismus gedacht, so wußte er sich nun durch Pinselführung und Farbgebung vor rein dekorativen Effekten zu schützen.

Georg Baselitz
Familienbild, 1975
Öl auf Leinwand,
250 x 200 cm
Kassel, Staatliche Kunstsammlungen,
Neue Galerie

Georg Baselitz Ciao America I, 1988
Öl auf Leinwand, 250 x 200 cm
Washington, Hirshhorn Museum and Sculpture Garden

Anselm Kiefer
Bilderstreit, 1979
Öl auf Leinwand, 220 x 300 cm
Eindhoven, Stedelijk van Abbemuseum

ANSELM KIEFER

* 1945

»Bilderstreit« ist ein Thema von großer kulturhistorischer Tragweite. Darf man sich ein Bild der Gottheit machen und den Gott im Bild anbeten? Diese Frage dient Kiefer nur als Folie seiner eigenen Vorstellungen vom Bilderstreit. Ihm geht es vor allem um die verheerenden Folgen dieser theologisch-philosophischen Dispute, die leider nicht nur rhetorisch ausgetragen wurden. Es geht ihm um den Wahnsinn des Krieges, für ihn ein zentrales Thema und somit immer aktuell. Er entwirft sein Gemälde nicht als großangelegte Erzählung, sucht nicht die Position der Bilderstürmer oder der Bilderanbeter darzulegen. Sein »Bilderstreit« ist ein »Bild der verbrannten Erde«; ein Bild der Verwüstung, der brutalen Vernichtung, die immer Folgen des Krieges sind, ganz gleich, ob es ein heiliger Krieg war oder ob er aus niedrigen Motiven geführt wurde. In die zerschundene, verbrannte Erde sind in der Friedensfarbe Weiß die Schemen moderner Panzer gepinselt sowie die Namen derjenigen, die im byzantinischen Bilderstreit im 8. und 9. Jahrhundert eine Rolle spielten: Theophilos, Photius, Johannes von Damaskus, Theodos Studites, Leo III., Artavasdos, Theoktistos, Theodora, Staurakios, Theodoros Melissenos. Hinzugefügt sind die Namen Doris und Charles Saatchi, Sammler ultramoderner Kunst in London. Die Mitte nimmt der Umriß einer Palette ein, die das Kraftfeld »Kunst« verkörpert.

Kiefers Bilder sind eine Mischung aus Landschafts- und Historienbildern. Landschaft, Erde ist für Kiefer zunächst unberührte Naturlandschaft, die durch den Menschen zur gestalteten Kulturlandschaft wird und damit historische Implikation enthält. Hier ist es die durch die Greuel des Krieges verwüstete Erde.

Kiefer will nicht die äußere Erscheinung abbilden, auch nicht in seinen Bildern von Innenräumen. Immer ist das, was er zeigt, als Metapher oder Verdichtung gemeint, die einen Impuls auslösen soll. Auch die Farben haben bei Kiefer eine symbolische Bedeutung, lösen Stimmungen und Empfindungen aus. Seine Bilder kreisen stets um die bereits gelebte, schon erlittene Vergangenheit. Sie hat ihre Spuren hinterlassen, meist sind es Spuren des Todes, der Gewaltsamkeit und Vernichtung. Seine Bilder stellen keine direkte Anklage dar. Sie setzten jedoch Denkprozesse in Gang, deren Endergebnis nur die Einsicht sein kann.

MARTIN KIPPENBERGER
1953–1997

Kippenberger zählt zu den Vertretern einer Künstlergeneration, die in den frühen achtziger Jahren im Zuge der Malerei der »Neuen Wilden« ihre ersten Erfolge feierte. Sein Kunstbegriff unterscheidet sich jedoch grundsätzlich von dem seiner Kollegen, denn sein Gesamtwerk ist nicht auf ein einzelnes Medium beschränkt. Malerei, Zeichnung, Skulptur und Photographie kommentieren sich gegenseitig, wobei der Künstler zentrale Themen seines Werkes in verschiedenen Techniken immer wieder aufgreift. Malerei ist in diesem Zusammenhang nur eine von mehreren Ausdrucksformen, deren Möglichkeiten der Künstler konzeptuell hinterfragt. Hierbei vermeidet Kippenberger einen persönlichen Malstil; die Kunstgeschichte versteht er als einen Formfundus, der allgemein verfügbar und kompatibel ist.

»Heute denken – morgen fertig« von 1983 steht leitmotivisch für Kippenbergers Gesamtwerk. Ein in diesem Sinne moderner Künstler beschäftigt sich weniger mit Detailfragen als mit zentralen Aussagen, die ins Bild umgesetzt werden. Auch eine Gliederpuppe, wie sie Malern zu Anatomiestudien dient, hat sich diesem Pragmatismus zu beugen, der Malerei als ein Mittel zum Zweck begreift. Kippenberger, der sich zum »Nicht-Maler« erklärte, sagt über sich selbst: »Ich bin eher ein Vertreter. Verkaufe und vermittle Ideen. Ich bin doch viel mehr für die Leute als einer, der Bilder malt.«

Martin Kippenberger
Heute denken – morgen fertig, 1983
Öl auf Leinwand, 160 x 133 cm. Privatbesitz

ALBERT OEHLEN
* 1954

Albert Oehlen gehört zu einer Generation von Künstlern, die Ende der siebziger Jahre als eine Art Gegenreaktion auf die Konzeptkunst die Malerei neu entdeckten. Mit Werner Büttner (* 1954) gründete er 1978 die »Liga zur Bekämpfung des widersprüchlichen Verhaltens«. Seine frühen Bilder sind thematisch provokant, sein Malstil schnell, aber durchaus virtuos. Alles schien ihm malbar, vom Gartenzaun (»Zaun«, 1982) bis hin zu »Vier Reisetaschen« (1991). 1984 entstehen erste »Spiegelbilder«, in denen der Künstler Glasspiegel auf die Leinwand appliziert und diese in die Oberflächenstruktur seiner Bilder einarbeitet. Mit der Spiegelung des Umraumes im Bild ironisiert Oehlen die Maxime des Abstrakten Expressionismus, den Betrachter ins Bild eintreten zu lasssen. Im Laufe der Jahre wendet sich Oehlen immer mehr von der Realität ab und entwickelt die für ihn typischen abstrakten Bilder. »Ohne Titel« ist repräsentativ für diese Entwicklung. Das Bild besteht aus drei Leinwänden, die der Künstler zusammengefügt hat. Als Malgrund hat er bedruckte Stoffe gewählt, die als Hintergrund sichtbar bleiben. Mit grellen Farben malt er gegen die Prägnanz der Stoffmuster an. Der Illusionsraum Bild wird systematisch dekonstruiert, indem die Stoffmuster ihre Präsenz an manchen Stellen behaupten, an anderen völlig von Form und Farbe überdeckt werden.

Albert Oehlen Ohne Titel, 1983
Öl auf Leinwand, 240 x 240 cm
Privatbesitz

Robert Ryman Summit, 1978
Öl auf Leinen mit Metallhalterungen, 191,7 x 183 cm
Privatbesitz

ROBERT RYMAN

* 1930

In immer neuen Anläufen untersucht Robert Ryman die Elemente, die für die Entstehung eines Gemäldes unabdingbar und wesentlich sind. Sein Werk wird der Minimal Art zugerechnet, und als minimalistisch sind seine Gemälde in der Tat zu bezeichnen. Ryman reduzierte sein Untersuchungsfeld nach und nach auf quadratische, mit weißer Farbe bemalte Bilder. Da er die Gemälde als autonome Objekte betrachtet, setzte er sich außerdem intensiv mit ihrer Befestigung an der Wand auseinander. Er entwarf optimierte Halterungen, die selbst zum Bestandteil des Werkes werden und die Bilder auf Distanz von der Wand halten. Damit wird die Eigengesetzlichkeit seiner Bilder betont. In nur äußerst geringfügig variierten Serien wird die Bedeutung eines jeden Bildbestandteils herausgestellt.

Von zentralem Stellenwert ist der Farbauftrag auf die Bildträger. Ryman richtet sich bei den Farbstrichen ganz nach der Breite des verwendeten Pinsels und seiner Farbaufnahmekapazität. Er vermeidet es gemeinhin, die Leinwand vollständig mit Farbe abzudecken. Immer wieder schimmert sie als Kontrast zur Farbe hindurch. Den nahezu meditativen Akt des Malens kann auch der Betrachter vor den Originalen nacherleben, da keinerlei Beigaben oder Bildinhalte mehr von ihm ablenken können.

Cy Twombly
Pan (vierter Teil), 1980
Mischtechnik auf Papier in sieben Teilen, 132,5 x 150 cm. Privatbesitz

CY TWOMBLY

* 1929

Für Twomblys künstlerische Entwicklung war seine Studienzeit am Black Mountain College von großer Bedeutung. Seine Lehrer dort waren unter anderem Motherwell und Kline, Rauschenberg war sein Mitstudent. Alle seine späteren Arbeiten, auch die Serie »Pan«, die aus sieben gleich großen Bildern besteht, spiegelt die Elemente wider, die er damals in seine Kunst aufzunehmen beschloß. Wie seine dem Abstrakten Expressionismus zugehörigen Lehrer wählte er keine gegenständlichen Motive. Auf die monochrome Untergrundfläche kratzte oder malte er in schnellen, vehementen Pinsel- oder Farbstiftstrichen seine »Kritzeleien«. Trotz dieser völlig abstrakten Bildsprache stellt Twombly durch die Titel Bezüge zur Realität her, allerdings eher zu einer Realität, die als geistige zu verstehen ist, wie Pan sie verkörpert, der griechische Gott der Wildnis.

Twomblys Bilder entstehen stets nach einem vorher durchdachten Konzept und unterliegen den strengen Regeln einer eigenen inneren Gesetzmäßigkeit. In seinen Arbeiten hat die Linie eine bedeutende Funktion. Er sieht in diesem Ausdruckselement wie Paul Klee ein überzeugendes Mittel, um Bewegung und damit Zeit darzustellen. Sein Hauptziel war es immer, Zeit und Bewegung in einem imaginären Raum auszudrücken. Farbe wendet er stets nur sehr behutsam an.

JEAN-MICHEL BASQUIAT
1960–1988

Als Graffiti-Künstler war Basquiat in New York bereits eine lokale Berühmtheit, bevor er anfing, seine Kürzel und Bildzeichen auch auf die Leinwand zu übertragen. Seine Kryptogramme, die sogenannten »Tags«, hatte er unter dem Künstlernamen Samo in der Stadt, vor allem in der Subway verbreitet. Basquiat kam aus gefährdeten sozialen Verhältnissen. Er gehörte zu einer Generation von Künstlern aus den schwarzen und spanisch sprechenden Minderheiten, die erst zu Beginn der achtziger Jahre die gesellschaftlichen Barrieren überwand und sich in der Kunstszene etablierte. Seine sozialkritische, künstlerische Protesthaltung gab Basquiat jedoch, im Unterschied zu manchen anderen Graffiti-Stars, dabei nicht auf.

»ISBN« enthält ein reiches Repertoire an Farbspuren, figürlichen Bruchstücken, Schriftfragmenten und Collage-Elementen. Der schwarze Totenkopf mit der Rasta-Frisur ist unübersehbar ein zeichenhaftes Selbstporträt. Die anderen Bildfragmente lehnen sich an die Sprache der Comics an, die kleinen Bildergeschichten im Gemälde erzählen von den populären Mythen der amerikanischen Kultur. Doch auch die Kunstgeschichte des 20. Jahrhunderts wird von Basquiat mit einbezogen. Geradezu verblüffend ist die Nähe seiner Gemälde zu den Schriftbildern eines Cy Twombly oder zur Art brut eines Jean Dubuffet.

Jean Michel Basquiat
ISBN, 1985
Acryl und Collage auf Leinwand, 218,5 x 172,7 cm
Privatbesitz

KEITH HARING
1958–1990

Von allen Graffiti-Künstlern versuchte Haring am konsequentesten, die niedere, populäre Kultur der Straßen mit der hohen Kunst der Galerien und Museen zu verbinden. Seine fast schon traditionell zu nennende Ausbildung an mehreren Kunstschulen sorgte für ein solides handwerkliches Fundament, das in seinen Bildern mit stilistischen Merkmalen kombiniert wurde, die er beim schnellen Zeichnen auf Häuserwände und U-Bahnwagen verwenden mußte. Haring bevorzugte große, zeichenhafte Bildelemente, die einfache Lesbarkeit und schnelle Wiedererkennbarkeit der Motive garantierte. Die Motive entnahm er wie die Künstler der Pop Art der sechziger Jahre oft den trivialen Mythen der amerikanischen Großstadtkultur. Anders als diese jedoch beließ er es nicht beim reinen Zitat. Comicfiguren wie Mickey Mouse wurden von Haring modifiziert und in ein sehr persönliches Symbolsystem übernommen, mit dem politische und soziale Probleme in den USA kritisch hinterfragt wurden. Haring kommentierte Phänomene wie die Verehrung von Idolen, Massenprotest und Massenphänomene. Sein dekoratives Talent beschränkte sich nie allein auf konventionelle Leinwandbilder, seine Symbole zierten bald alle möglichen Gebrauchsgegenstände. Haring war selbst ein Star geworden, der, glorifiziert durch seinen frühen Tod, für einige Jahre beinahe kulthaft verehrt wurde.

Keith Haring
Ohne Titel (M. Mouse), 1985
Acryl auf Leinwand, 296 x 364 cm
Privatbesitz

Julian Schnabel
L'Heroïne, 1987
Gesso auf Zeltplane, 259 x 457 cm
Privatbesitz

JULIAN SCHNABEL

* 1951

Schnabels Gemälde haben oft den Hang zum Relief. Die ungewöhnlichsten Materialien und Fundstücke, von zerbrochenen Tellern und Stroh bis zum Hirschgeweih, werden auf Maluntergründe appliziert, die ebenfalls oft jenseits des Kanons liegen. Schnabel malt und collagiert auf Samt, Tierhäute, Orientteppiche oder Sackleinen. Die Bilder erreichen oft riesige Ausmaße, die Farben sind grell, die Effekte oft ebenso kalkuliert wie grobschlächtig. Seine Bildthemen entnimmt er ebenso der amerikanischen Populärkultur wie der europäischen Mythenwelt, die dann mit Elementen der expressiv-abstrakten Kunst unvermittelt zueinandergeführt werden.

»L'Heroïne« gehört der vierzehnteiligen Serie der »Erkenntnis-Bilder« an, die eine neue Werkphase einleiteten. Sie wurden nach einem Roman des amerikanischen Schriftstellers William Gaddis benannt und 1987/88 in einem ruinösen Karmeliterkloster in Sevilla erstmals ausgestellt. Schnabel zitiert mit der Kreuzform die Kreuzwegstationen, er »buchstabiert« wie in einem monumentalen Graffiti die Namen von Heiligen, Mystikern und Mönchen. Malgrund waren zufällig gefundene Planen von Militärlastwagen, deren grobe Strukturen, Flecken, Risse und Nähte er in anderen Bildern der Serie auch mit zeichenhaften Großformen gleich den Kriegsfahnen der frühen Neuzeit bemalte.

Philipp Taaffe Conflagration, 1991
Mischtechnik auf Leinwand, 290 x 293 cm
Privatbesitz

PHILIP TAAFFE

* 1955

Taaffe lebt in New York und zeitweise am Golf von Neapel. Gerade dieses Zusammentreffen so verschiedener kultureller Einflüsse hat seine neueren Arbeiten maßgeblich beeinflußt. Sind seine amerikanischen Bilder als direkte Auseinandersetzung mit dem Abstrakten Expressionismus zu verstehen, so kommt es in den in Italien entstandenen Arbeiten zu einer Symbiose von abendländischer Malerei und arabischer Ornamentik. Inspirationsquelle dafür ist die spezifische Atmosphäre Neapels, das im Laufe der Geschichte Nährboden für verschiedene Kulturen gewesen ist. In Taaffes Bildern finden sich immer wieder Anleihen bei unterschiedlichen Epochen, indem er zum Beispiel Renaissancewappen, Kachelmuster des 19. Jahrhunderts oder aber sarazenische Arabesken zu ornamentalen Friesen collagiert. Diese historischen Fragmente bestimmen auch heute noch das Stadtbild Neapels.

Meist als Monotopien sind diese Ornamente auf eine in verschiedenen Schattierungen grundierte Leinwand gedruckt. Auswaschungen des Hintergrunds und räumliche Logik dieser Muster bilden einen produktiven Gegensatz, der die Spannung der Arbeiten Taaffes ausmacht. In »Conflagration« findet die Indifferenz der patinierten Leinwand durch die vertikalen Girlanden eine quasi architektonische Ordnung, die das Vexierspiel von Vorder- und Hintergrund zur Ruhe kommen läßt.

ANHANG

ALBANI Francesco
1578 Bologna – 1660 Bologna
Obwohl schon bald nach seinem Tod in Vergessenheit geraten, brachte es Albani zu Lebzeiten zu beachtlichem Ruhm und Wohlstand. Zusammen mit Reni und Domenichino hatte er um 1600 bei Annibale Carracci in Rom gelernt. Er war an der Ausstattung der Aldobrandi-Lünetten beteiligt, gestaltete die Apsis von Santa Maria della Pace in Rom aus und arbeitete 1621/22 am Hof von Mantua. 1625 kehrte er endgültig nach Bologna zurück. Den Ruf, ein »Anakreon der Malerei« zu sein, erwarb er sich durch seine Landschaften mit Staffagefiguren. Meist sind es mythologische Szenen von sanfter Ausgewogenheit, die er in eine arkadische Landschaft stellt. Seine Wiederentdeckung im 20. Jahrhundert gründet sich auf eben diese an Poussin und Claude Lorrain gemahnende Art der Naturdarstellung.
Abbildung:
233 Heilige Familie und Engel, um 1630–1635

ALBERS Josef
1888 Bottrop – 1976 New Haven (Connecticut)
Nach einer Ausbildung an der Berliner Akademie 1913–1915, an der Kunstgewerbeschule in Essen bei Thorn-Prikker 1916–1920 und an der Münchner Akademie bei Franz von Stuck 1919/20 studierte Albers noch zwei weitere Jahre am Weimarer Bauhaus. 1922 legte er die Gesellenprüfung ab, unterrichtete in den Vorkursen, leitete die Werkstatt für Glasmalerei und später die Möbelwerkstatt. 1925 wurde er zum Bauhausmeister ernannt und heiratete die Künstlerin Anneliese Fleischmann. 1933 wurde er vom neu begründeten Black Mountain College (North Carolina) in die USA eingeladen und unterrichtete dort bis 1949, einer ganzen amerikanischen Künstlergeneration die Ideen des Bauhauses vermittelnd. Seine Schüler waren unter anderen Motherwell, de Kooning und Rauschenberg. 1950–1960 lehrte er am Department of Design der Yale University School of Art in New Haven. Er arbeitete als Gastdozent an zahlreichen Universitäten und Instituten in Amerika sowie an der Ulmer Hochschule für Gestaltung. Als einflußreicher Kunsttheoretiker und Lehrer schrieb er das Buch »Interaction of Colour« (1963), eine Schule des Sehens. Albers, der sich bereits 1920 der abstrakten Kunst zugewandt hatte, ist vor allem für seine strengen, Probleme von Tiefe und Farbe in zweidimensionaler Kunst analysierenden Quadrat-Bilder bekannt geworden, die ab 1950 von ihm »Hommage to the Square« genannt wurden. Er kann als ein Vorläufer von Op Art und Minimal Art gelten.
Abbildung:
648 Studie für »Huldigung an das Quadrat«: Sternenblau, 1958

ALLORI Cristofano
1577 Florenz – 1621 Florenz
Seine erste Ausbildung erhielt er bei seinem Vater Alessandro, durch den er auch in Berührung mit dessen Onkel Bronzino kam. Seinen eigenen Weg fand Allori durch seinen Lehrer Gregorio Pagani, zunächst als Maler religiöser Thematiken. Schon bald bewährte er sich auch als Porträtist und Maler mythologischer Szenen. Die Sorgfalt in Vorbereitung und Ausführung seiner Gemälde ließ sein Werk nur zu einem schmalen Umfang anwachsen, war jedoch Grund für eine durchgängig hohe Qualität. In »Judith mit dem Haupt des Holofernes« (Abb. S. 233), vermutlich ein Bildnis seiner Geliebten und deren Mutter, bestechen die hervorragende Darstellung stofflicher Qualitäten ebenso wie das tiefglühende Kolorit und die sinnliche Natürlichkeit. Allori gilt als einer der wesentlichen Überwinder spätmanieristischer Erstarrtheit und Kühle in der Florentiner Malerei.
Abbildung:
233 Judith mit dem Haupt des Holofernes, 1613

ALTDORFER Albrecht
um 1480 Regensburg (?) – 1538 Regensburg
Altdorfer gehört zu den größten malerischen Begabungen der gesamten deutschen Kunst. Obwohl auch als Zeichner und Kupferstecher tätig, liegt seine Bedeutung vornehmlich im Bereich farbiger Gestaltung. In dieser Beziehung ist er nur Grünewald vergleichbar, während die übrigen Zeitgenossen vornehmlich am Primat der Linie, der zeichnerischen Qualitäten festhielten. Altdorfer erreichte durch farbige Modulation ganz neue, vor allem an die Emotion gerichtete Ausdrucksmöglichkeiten. Seinen Schöpfungen eignet ein Hang zum »Romantischen«, der besonders der Landschaftsdarstellung zugute kam. So stammt von ihm auch das erste reine Landschaftsgemälde der europäischen Kunst (»Donaulandschaft bei Regensburg«, München, Alte Pinakothek; um 1530). Aber auch in zahlreichen anderen Gemälden verschmelzen Figur und Landschaft auf eine Weise, die das Szenische zurücktreten läßt (»Hl. Georg im Laubwald«, München, Alte Pinakothek; 1510). Altdorfer, der 1510 die Alpenländer bereiste, entwickelte sich zum Hauptmeister der sogenannten »Donauschule«.

Ein Aufenthalt in Italien ist nicht nachgewiesen, aber doch wahrscheinlich, etwa durch die virtuosen Raumkonstruktionen in den Tafeln des Passionsaltares von St. Florian (nach 1510). Im Spätwerk nähert sich Altdorfer in der Kompliziertheit der Bewegungsmotive, der Kühnheit in der Erschließung der Bildtiefe und der Abwendung vom klassischen Farbkanon dem Manierismus.

Die Ausbildung des Malers und der Beginn seines Werks sind uns nicht bekannt. 1505 ist Altdorfer in Regensburg nachweisbar und erwirbt dort 1513 Haus- und Grundbesitz. Für sein Ansehen zeugt die Wahl in den Äußeren Rat 1519 und in den Inneren Rat 1526. Zugleich wird Altdorfer zum Stadtbaumeister ernannt. Über sein architektonisches Werk sind wir nicht unterrichtet, doch hat er unter Umständen am Konzept der Wallfahrtskirche »Zur Schönen Madonna« (der heutigen Neupfarrkirche) in Regensburg mitgewirkt.
Abbildungen:
192 Christus am Ölberg, um 1515
192 Susanna im Bade und Steinigung des Alten, 1526
193 Alexanderschlacht, 1529

ALTICHIERO DA ZEVIO
um 1320–1330 Zevio (bei Verona) – um 1385–1390
In Verona ist nur noch ein einziges von ihm selbst geschaffenes Werk vorhanden. Erhalten sind jedoch zwei große Freskenzyklen in Padua, beide für die Adelsfamilie der Lupi in den Jahren 1379–1384 ausgeführt. Sonst wissen wir über diesen herausragenden Künstler, der größeren Ruhm verdiente, fast nichts. 1379–1384 ist er in Verona und Padua nachweisbar. Altichiero arbeitete bevorzugt für die oberitalienischen Gewaltherren seiner Zeit. Sein Ruhm beginnt mit Arbeiten für die Scaliger in Verona, die sich seit über einem halben Jahrhundert als große Förderer der Künste erwiesen hatten, die Dante aufnahmen und Giotto engagierten. Altichiero unterscheidet sich von seinem Vorbild Giotto, indem er Gruppen stärker differenziert, sogar individualisiert, andererseits aber die Einzelperson, auch den Heiligen, weniger heroisch und monumental auffaßt. Mit einem kühlen, distanzierten Blick betrachtet er das Fühlen und Handeln der Menschen. Die heiligen Geschichten werden neu erzählt, weniger durch eine veränderte Sicht der Hauptpersonen als durch eine genaue Beobachtung der vielfältigen Reaktionen der Begleitpersonen, die differenziert und fast unparteiisch gegeben werden. Es ist eine neue Art gesellschaftlichen Wirklichkeitssinns; deshalb wirkt auch die Einfügung von Porträts nirgends störend.
Abbildung:
47 Die Enthauptung des hl. Georg, um 1382

ANGELICO Fra
(Beato Angelico, Guido di Piero da Mugello, Fra Giovanni da Fiesole)
um 1395–1400 Vicchio di Mugello (bei Florenz) – 1455 Rom
Der wohl aus gutsituierten Verhältnissen stammende Mann hat bei unbedeutenden Malern und Miniaturisten sein Handwerk gelernt und trat als fertiger Künstler zwischen 1418 und 1421 in das Dominikanerkloster in Fiesole ein. Fiesole gehörte zu den Dominikanerklöstern der strengen Observanz. Dieser reformierte Zweig gab damals in der Toskana dem Orden intellektuellen Aufschwung und vermehrtes Ansehen. Angelico hat als Mönch mehrfach Klosterämter innegehabt, war zum Beispiel zwischen 1450 und 1452 Prior in Fiesole. Während der Seligsprechungsprozesse zu Beginn des 16. Jahrhunderts wurde mehrfach behauptet, Angelico habe 1446 Erbischof von Florenz werden sollen, doch habe auf seinen eigenen Vorschlag hin der (später heiliggesprochene) Mitbruder Antoninus dieses Amt erhalten. Dies verdeutlicht zumindest, daß wir uns den Maler nicht als einen wirklichkeitsfernen, ganz in seine innere Welt versunkenen naiven Mönch vorzustellen haben. 1436 übergab Cosimo de' Medici das Kloster von San Marco in Florenz an die reformierten Dominikaner und machte es zum Hauskloster der Medici; auf seine Kosten wurden Kirche und Kloster von Grund auf renoviert. Der Architekt Michelozzo errichtete einige Teile neu, so die berühmte Bibliothek. Die Ausmalung schuf Angelico unter Beteiligung von Gehilfen in den Jahren 1436–1445 und dann wieder nach 1449. Doch nahm der Maler Aufträge nicht nur für Kirchen und Klöster seines eigenen Ordens an, sondern war auch für mehrere Jahre im Dienst der Päpste in Rom (erhalten geblieben ist die Nikolauskapelle im Vatikan) oder auch in Orvieto – dort ist er 1447 mit vier Gehilfen nachweisbar, darunter Gozzoli.

Angelico ist Generationsgenosse von Masaccio. Sein künstlerischer Ausgangspunkt scheint aber die ältere Kunst des 14. Jahrhunderts gewesen zu sein, u.a. Orcagna, von den nur etwas älteren Malern aber Lorenzo Monaco und Gentile da Fabriano. Mit zunehmendem Alter wird ein stärkeres Eingehen auf die Neuerungen von Masaccio und der anderen jungen Florentiner sichtbar, jedoch eher in der Lichtführung und der architektonischen Strenge des Bildaufbaus. Die Umwelt- und Figurengestaltung weicht jedoch von dem tief verinnerlichten Ideal nicht ab. Dieses religiöse Ideal der »Süße«, wie es in den vielen Traktaten der Zeit benannt wird, war seit dem 12. Jahrhundert beherrschendes Erlebnisziel der Klosterfrömmigkeit.
Abbildungen:
23 Der hl. Lorenz nimmt die Kirchenschätze in Empfang, um 1447–1450
57 Annalena-Tafel, um 1445
58 Beweinung Christi, 1436
58 Grablegung Christi, 1438–1443
59 Verkündigung, um 1450
59 Krönung Mariä, um 1430–1435

ANTONELLO DA MESSINA
um 1430 Messina – 1479 Messina
Antonello da Messina wurde um 1430 in Messina geboren und hat dort bei einheimischen Künstlern gelernt. Die entscheidende Entfaltung seiner schöpferischen Begabung erfolgte während seiner Wanderjahre, die ihn bis nach Oberitalien führten. Um 1450 dürfte Antonello in Neapel gearbeitet haben. Hier konnte der junge Maler Hauptwerke der niederländischen Malerei studieren, da König Alfons I. eine bedeutende Sammlung u.a. von Gemälden Jan van Eycks und Rogiers van der Weyden besaß. Zudem soll der an niederländischen Vorbildern geschulte Maler Colantonio den Sizilianer in Neapel unterrichtet haben. Antonello entdeckt in diesem Umkreis seine Begabung für die Darstellung des liebevoll ausgeführten Details, dessen stofflicher Realitätsgrad durch die starke Beimischung von Öl als Bindemittel und den auf diese Weise ermöglichten Farbauftrag in mehreren übereinanderliegenden, durchscheinenden Farbschichten erreicht wird. Die Aneignung von

künstlerischen Mitteln der Niederländer ist so prägend, daß Vasari um die Mitte des 16. Jahrhunderts eine Reise Antonellos nach Flandern und eine Lehrzeit bei Jan van Eyck (die schon aus zeitlichen Gründen gar nicht möglich war) annehmen zu müssen glaubte.

Auf seinem weiteren Weg nach Norden ist Antonello in Urbino Piero della Francesca begegnet, an dessen Werken er die Kunst perspektivischer Konstruktion, aber auch klarer geometrischer Flächenaufteilung studiert. Mit dieser in der italienischen Malerei des 15. Jahrhunderts einzigartigen Verbindung von Begabungen erreicht Antonello 1475 Venedig, wo er bis 1476 nachweisbar ist. Für die venezianischen Maler muß sein Auftreten wie eine Offenbarung gewirkt haben. Er ist der Katalysator, mit dessen Hilfe sich die venezianische Malerei zu ihrer ureigensten Begabung hinwendet – der Farbe und der farbigen Modulation anstelle des bisher vorherrschenden zeichnerischen Umrisses. In dieser Funktion und ebenso als wichtigster Vermittler zwischen Norden und Süden ist Antonello eine der bedeutendsten Persönlichkeiten der Frührenaissancemalerei.

Abbildungen:
116 Der hl. Hieronymus im Gehäuse, um 1456
116 Maria der Verkündigung, um 1475
117 Der hl. Sebastian, um 1476
117 Maria mit Kind und Heiligen (Pala di San Cassiano), 1475/76

ANTWERPENER POLYPTYCHON → Meister

APPEL Karel
* 1921 Amsterdam
Appel studierte von 1940–1943 an der Amsterdamer Rijksakademie Malerei. 1948 war er Mitbegründer der »Experimentellen Gruppe«, die sich später »Cobra« nannte. Außer Appel gehörten dieser Avantgardevereinigung u.a. Pierre Alechinsky, Jorn, Benjamin Constant und Corneille an; gemeinsam gaben sie eine Zeitschrift heraus und veranstalteten Ausstellungen. Appels Bilder sind von spontanem Ausdruck, gemalt in starken, gestischen Zügen, mit kräftigen, dick aufgetragenen Farben. 1948 erhielt er einen Auftrag zu einem großen Holzrelief im Amsterdamer Rathaus, das bei seiner Enthüllung einen Skandal hervorrief. 1950 ließ sich Appel in Paris nieder, ein Jahr darauf wurde die Gruppe »Cobra« aufgelöst. Neben seinen Ölbildern entstanden Keramikarbeiten, Kirchenfenster, Reliefs und Skulpturen aus Holz und Polyester sowie Wandbilder für das Stedelijk Museum in Amsterdam (1955) und für die UNESCO in Paris (1959) sowie die 100 Meter lange »Energiewand« in Rotterdam. Appel lebt seit 1977 in Monaco und New York.

Abbildung:
644 Liegender Akt, 1966

ARCIMBOLDO Giuseppe (auch: Arcimboldi)
um 1527 Mailand–1593 Mailand
Der einem Mailänder Adelsgeschlecht entstammende Vater Biagio Arcimboldo arbeitete als Maler am Mailänder Dom. Von 1549–1558 war Arcimboldo in den Mailänder Domwerkstätten als Mitarbeiter seines Vaters mit den Entwürfen von Glasfenstern beschäftigt. 1562 wurde er als Porträtist und Kopist an den Hof Ferdinands I. in Prag berufen. 1563 malte Arcimboldo seinen ersten »Jahreszeiten«-Zyklus. Die Einmaligkeit in der künstlerischen Auffassung dieser Bilder begründete seinen auch damals schon großen Ruhm als Meister der bizarren Kunst, aus Pflanzen, Tieren oder Gegenständen des täglichen Bedarfs Porträts, Stilleben, Landschaften und Allegorien zu komponieren. 1566 malte er die vier »Elemente«. Aus dem gleichen Jahr ist eine Reise nach Italien überliefert. 1569 erhielt Ferdinands Nachfolger, Kaiser Maximilian, zum Neujahr die »Jahreszeiten« und »Elemente«. Arcimboldo arbeitete am Hof als Architekt, Bühnenbildner, Ingenieur, Wasserbautechniker, Fachmann für Kunst und hatte sich um die Organisation der Feste und Turniere zu kümmern. In den frühen siebziger Jahren fertigte er mehrere Repliken seiner »Jahreszeiten«-Bilder an. 1587 verließ Arcimboldo nach wiederholten und dringenden Bitten den Hof Rudolfs II., des Nachfolgers Maximilians, und ging wieder nach Mailand zurück. Zum Dank erhielt er vom Kaiser 1550 Gulden. 1591 sandte er noch ein Bild Rudolfs II. als »Vertumnus« nach Prag. Ihm wurde vom Kaiser im folgenden Jahr die nicht erbliche Würde eines Pfalzgrafen verliehen. Vor allem die Surrealisten sahen ihn als einen ihrer Vorläufer an.

Abbildung:
157 Der Frühling, 1563

ASAM Cosmas Damian
1686 Benediktbeuren–1739 München
Seine erste Ausbildung erhielt Cosmas Damian zusammen mit seinem jüngeren Bruder und späteren Mitarbeiter Egid Quirin bei seinem Vater Hans Georg Asam, der als Begründer der barocken Deckenmalerei in Bayern gilt. Die Brüder reisen 1712–1714 nach Rom, wo Cosmas Damian bei Pierleone Ghezzi in die Lehre geht und einen Akademiepreis erringt. Seine besondere Aufmerksamkeit schenkt er der hochbarocken Wand- und Deckenmalerei, vor allem Cortonas und Pozzos, der 1702 seine Regeln der »Quadratura«, das heißt der illusionistisch-perspektivischen Deckenmalerei mit Scheinarchitektur, in einem Lehrbuch niedergelegt hatte. Die Arbeiten, die er nach seiner Rückkehr in Süddeutschland, Böhmen, Schlesien und Tirol ausführt, verraten seine römische Schulung. Allmählich aber löst er sich von der italienischen Quadraturmalerei und ihrem völlig auf den Betrachter ausgerichteten Illusionismus (Weingarten, Aldersbach). In dem Hauptfresko von Osterhofen schließlich verlangt jede Seite nach ihrem eigenen Blickpunkt. In den kirchlichen und weltlichen Aufgaben, bei denen, wie zum Beispiel in Weltenburg an der Donau 1716–1721, der jüngere Bruder als Bildhauer und Stukkateur mitarbeitet, entstehen spätbarocke Gesamtkunstwerke, die von grundlegender Bedeutung für das süddeutsche Rokoko werden sollten.

Abbildung:
392 Der Kirchenpatron St. Georg in Anbetung Christi und Mariens, 1721

ASSELIJN Jan (auch: Asselyn; »Crabbetje«)
1610 Diemen oder Dieppe–1652 Amsterdam
Seine erste Ausbildung erhielt Asselijn durch den Haarlemer Esasias van de Velde, dessen Einfluß in seinen frühen Werken, etwa in den Reiterbildern, noch spürbar ist. Danach ging er über Frankreich nach Italien, wo er lange in Rom arbeitete. Wegen seiner verkrüppelten linken Hand gab man ihm in der dortigen holländischen Malervereinigung »Bent« den Beinamen »Crabbejte«, die kleine Krabbe. In Rom wird Asselijn von Jan Both, Pieter van Laer und vor allem von Claude Lorrain angeregt, dessen lichte Manier er in das holländische Landschaftsbild überträgt. Um 1645 kehrt er nach Holland zurück und läßt sich 1647 in Amsterdam nieder. Nach seiner Rückkehr spezialisiert er sich auf zwei Gattungen, das Tierporträt, wofür »Der bedrohte Schwan« (Amsterdam, Rijksmuseum) das berühmteste Beispiel ist, und die Landschaft. Seine Landschaften mit Motiven der Römischen Campagna, Ruinen und pastoralem Genre mit charakteristischen Hell-Dunkel-Kontrasten und gut beobachteten Lichtreflexen verkörpern auf anschauliche Weise den Typus der italienisierenden Richtung der holländischen Malerei.

Abbildung:
318 Ruinen einer römischen Brücke und eines Aquädukts, o.J.

AVERCAMP Hendrik (Hendrick van Avercamp)
1585 Amsterdam–1635 Kampen
Obwohl zwei Generationen nach Pieter Breughel d.Ä. geboren, erweist sich Avercamp in seinem Werk als gelehriger Schüler des berühmten Flamen. Seine Lehrjahre absolviert er bei Pieter Isaacsz. in Amsterdam und anschließend im Atelier von Gillis van Coninxloo. Nach 1610 geht er nach Kampen, wo sich sein Vater als Apotheker niedergelassen hatte. Weil er vermutlich taubstumm zur Welt kam, wurde er von seinen Zeitgenossen »De Stomme van Campen« genannt. Neben Landschaften mit Meer und Viehherden ist Avercamp vor allem für seine atmosphärischen Winterbilder bekannt, in denen er mit bestechender Perspektive und starker Farbigkeit in vielfigurigen Szenerien die vielfältigen Vergnügungen von Bauern und Bürgern auf den gefrorenen Seen und Kanälen seiner Heimat schildert. Obwohl nicht ohne leise Komik, scheinen seine Bilder gegenüber den umfassenden und vielschichtigen Ansichten seines Vorbilds Breughel eher dem reinen Genre anzugehören.

Abbildung:
301 Winterfreuden in Yselmuiden, um 1613

BACICCIO
(Giovanni Battista Gaulli; auch: Baciccia)
1639 Genua–1709 Rom
Erfolg und Aufträge verdankte Baciccio zwei Bereichen: dem Porträt und dem Deckengemälde. In seinem Porträtstil zeigt sich der Einfluß der in Genua entstandenen Bildnisse van Dycks. Die Bildnisse »Papst Klemens IX.« (Rom, Galleria dell' Accademia Nazionale di San Luca) und »Kardinal Leopoldo de' Medici« (Florenz, Uffizien) sind jedoch darüber hinaus von einer Baciccio eigenen Lebendigkeit der Auffassung und Lichtbehandlung geprägt. In der Deckenmalerei ist der Dekorationsstil Cortonas, den er in Rom kennenlernte, für ihn Vorbild, den er mit oft extremen perspektivischen Verkürzungen weiterentwickelte. Hier sind seine Hauptwerke die Ausstattung der Kuppel von San Agnese und die von Langhausgewölbe und Apsis in Il Gesù. Seinen Erfolg verdankt Baciccio aber auch der Protektion des Bildhauers und Architekten Bernini, der den jungen Mann nach seiner Flucht vor der Pest in Rom unter seine Obhut nahm. 1662 wurde er Mitglied der Malerakademie von San Luca, 1674 ihr Vorstand. Im Bereich der Freskenmalerei reichte seine Nachwirkung noch bis ins 18. Jahrhundert.

Abbildung:
234 Der hl. Ignatius in der Glorie, um 1685

BACON Francis
1909 Dublin–1992 Madrid
Im Alter von gerade 16 Jahren ging Bacon allein nach London. Zwei Jahre später entstanden, während seiner Tätigkeit als Dekorateur in Berlin und Paris, erste Zeichnungen und Aquarelle unter dem Einfluß der Bilder Picassos. Seine frühen, noch dem französischen Surrealismus nahestehenden Ölbilder zerstörte er 1944, als er seine eigene Ausdrucksform gefunden hatte. Fast immer waren es verzerrte menschliche Körper und Gesichter, die Bacon mit diffus-bedrükkenden Raumdarstellungen verband. Die oft mehrteiligen Gemälde sind Abbilder einer inneren Wirklichkeit, einer erahnten und erfühlten Zerrüttung. Bereits 1955 hatte Bacon im Londoner Institute for Contemporary Arts seine erste Retrospektive. Zusammen mit seinem Landsmann Sutherland ist er einer der wichtigsten Vertreter einer visionären Malerei der Nachkriegszeit.

Abbildungen:
626 Selbstbildnis, 1973
646 Drei Studien des männlichen Rückens, 1970

BALDUNG Hans (genannt: Grien)
um 1484/85 Schwäbisch Gmünd–1545 Straßburg
Seine erste Lehrzeit absolviert Baldung wahrscheinlich schon als 15jähriger in Straßburg, wo er wegen seiner Jugend den Beinamen »Grien« (der »Grüne«) erhielt. 1503 trat er in die Nürnberger Werkstatt Dürers ein, dessen bedeutendster Schüler er wurde. Als Maler und Graphiker gleichermaßen einer der herausragenden deutschen Künstler des frühen 16. Jahrhunderts, stehen seine Werke zwischen den beiden Polen einer unverhüllten Sinnlichkeit und eines kühl abwägenden Intellekts, deren Verschmel-

zung häufig ein »kaltes Feuer« ergibt. Neben kirchlichen Auftragswerken bevorzugte Baldung profane Themen, unter denen der weibliche Körper, in den Hexendarstellungen zu dämonischer Wirkung gesteigert, eine Hauptrolle spielt. Auch als Porträtist genoß Baldung hohes Ansehen und galt seit etwa 1530 als einer der besten Künstler am Oberrhein. Baldungs Entwicklung führt von spätestgotischen Formen über die Rezeption der italienischen Renaissance, deren Harmonie er freilich niemals anstrebte, in den Manierismus. In der malerischen Gestaltung wandte er sich von der klassischen Norm klarer, harmonierender Farbtöne zugunsten das Naturvorbild verfremdender, oft auf Dissonanzen zielender Klänge ab und darf in dieser Beziehung in Parallele zu den Meistern des Florentiner Frühmanierismus (Pontormo, Rosso Fiorentino) gesehen werden.
Abbildung:
189 Geburt Christi, 1520

BALLA Giacomo
1871 Turin–1958 Rom
Außer in Vorbereitungskursen an der Accademia Albertina di Belle Arti in Turin eignete sich Balla im wesentlichen als Autodidakt malerische Fähigkeiten an. 1895 siedelte er nach Rom über und arbeitete als Illustrator, Karrikaturist und Porträtist. Anläßlich der Weltausstellung verbrachte er 1900 sieben Monate in Paris, wo ihn besonders die Neoimpressionisten beeindruckten. Nach seiner Rückkehr schlossen sich ihm Boccioni, Severini und Sironi an, denen er die neuen Pariser Malmethoden beibrachte. 1910 unterzeichnete er gemeinsam mit seinen Freunden Marinettis »Manifest der futuristischen Malerei«, nahm allerdings bis 1913 nicht an den Aktivitäten der Gruppe teil. Balla suchte dann aber, oft in Zusammenarbeit mit seinen futuristischen Freunden, in Experimenten nach neuen Formen nicht nur der Malerei und Bildhauerei, sondern auch im Bühnenbild, in der angewandten Kunst und im Film. Ballas Bilder zeichnen sich aus durch außergewöhnliche, mehr photographisch als malerische Bildausschnitte und die Auflösung der Gegenstände in Bewegungslinien, die Dynamik und Geschwindigkeit visualisieren sollen. 1935 wurde Balla zum Mitglied der Accademia di San Luca in Rom ernannt.
Abbildung:
577 Merkurdurchgang vor der Sonne, 1914

BALTHUS (Balthazar Klossowski de Rola)
* 1908 Paris
Balthus entstammt einer alten polnischen Familie, die Mitte des 19. Jahrhunderts nach Paris kam. Rainer Maria Rilke entdeckte und förderte schon in frühen Jahren Balthus' Talent, der seine Jugend in Paris, Berlin und in der Schweiz verbrachte. Rilke gab 1921 unter dem Titel »Mitsou« eine Mappe mit vierzig Tafeln des Knaben heraus und schrieb dazu ein Vorwort. Nach Ableistung des Militärdienstes befreundete sich Balthus 1933 mit einigen Surrealisten wie Giacometti und Artaud. Künstlerisch nimmt Balthus jedoch eine Sonderstellung ein. Die umfangreichen kunstgeschichtlichen Kenntnisse Balthus' erklären die von Giotto bis Caravaggio reichenden Bildzitate in seinen Gemälden. Balthus malt Stilleben, Porträts und Landschaften. Die größte Faszination jedoch geht von seinen Bildern junger, noch nicht ganz erwachsener Mädchen aus, die er in eine geradezu dämonische Atmosphäre einbindet. Seit den dreißiger Jahren widmet sich Balthus einem zweiten Themenbereich, den Pariser Straßenszenen. André Malraux ernannte ihn 1961 zum Direktor der Villa Medici, der französischen Akademie in Rom. 1977 übersiedelte er in die Schweiz. Das Werk von Balthus wurde auf großen Ausstellungen 1956 im New Yorker Museum of Modern Art, 1968 in der Londoner Tate Gallery und 1983 im Pariser Centre Pompidou vorgestellt. Seit 1981 ist er Ehrenmitglied der Royal Academy in London.
Abbildung:
668 Der Maler und sein Modell, 1980/81

BARNABA DA MODENA
nachweisbar 1361–1383 in Genua
Die Emilia, in der Modena liegt, ist eine Region, die sowohl der Toskana wie der Lombardei und Venezien benachbart ist. Doch hat auch der römische Kirchenstaat, der zeitweise das benachbarte Bologna in seiner Hand hatte, Einfluß ausgeübt. Auffallend ist, daß in der Mitte des 14. Jahrhunderts, zu einer Zeit des Niedergangs der toskanischen Malerei, bevor die lombardische und venezianische Kunst zur Hochblüte gelangte, die Maler der Emilia auch weit außerhalb ihrer Heimat Erfolg gehabt haben (Tommaso da Modena). Barnaba da Modena ist durch eine Anzahl signierter Werke und mehrere Quellennotizen recht deutlich faßbar. Doch wissen wir nichts über seine künstlerische Herkunft. Sicher ist die sienesische Kunst ein wichtiges Vorbild gewesen. Doch dürfte er ebenfalls die byzantinisierende Malerei Venedigs gekannt haben. Gearbeitet hat er die meiste Zeit in Genua; von dort wurden seine Tafeln bis nach Spanien exportiert. Aufträge sind außerdem für Piemont und Pisa überliefert.
Abbildung:
47 Maria mit dem Kind, 1370

BARTOLOMMEO Fra
(Bartolommeo di Pagola del Fattorino, genannt: Baccio della Porta)
1472 Soffignano (bei Florenz)–1517 Florenz
Der zwölfjährige Bartolommeo, nach dem Vaterhaus an der Porta di San Pier Gattolino »della Porta« genannt, tritt in die Werkstatt Cosimo Rossellis ein und wird hier ganz im Geiste des späten 15. Jahrhunderts erzogen. 1490 gründet er mit Mariotto Albertinelli eine eigene Werkstatt. Offenbar gleichermaßen von Sozialengagement und glühender Religiosität erfüllt, wird er Anhänger Savonarolas und tritt in den späten neunziger Jahren in den Dominikanerorden ein. Sein malerisches Schaffen, zunächst unterbrochen, wendet sich in den ersten Jahren des 16. Jahrhunderts von der Tradition ab. Er verarbeitet flämische Einflüsse, setzt sich in der Darstellung von Landschaft und modellierender Zeichnung mit Perugino auseinander, wird während eines Venedigaufenthalts 1508 nachhaltig von Giovanni Bellini beeindruckt und greift nach der Rückkehr die neuen Farbtheorien Leonardos auf. Aus der Verschmelzung dieser Einflüsse entstehen seit 1512 Werke von einer für das Florenz der Hochrenaissance ungewöhnlichen Monumentalität. Bartolommeo hat nicht nur Raffael nachhaltig beeindruckt, sondern als Lehrer auch Rosso Fiorentino, Pontormo und den Sienesen Domenico Beccafumi entscheidend geprägt.
Abbildung:
166 Verkündigung, um 1500

BASCHENIS Evaristo
1617 Bergamo (?)–1677 Bergamo
Mit seinem Namen verbinden sich heute nicht die Schlachtenbilder seiner Jugendzeit, sondern seine Stilleben mit Musikinstrumenten. Die Modelle entstammen den legendären Cremoneser Werkstätten eines Amati, Girolamo oder Nicola. Unter Ausnutzung niederländischer Bilderfahrungen, vor allem der Trompe-l'œil-Effekte, komponiert Baschenis seine Lauten und Geigen als ausdrucksstarke Raumgebilde. Er zeigt die bauchigen Klangkörper im Kontrast zu klaren, glatten Oberflächen und nimmt die warmen Farbtöne ihres Holzes zum Anlaß eines tonigen Gesamtkolorits. Über sein Leben wissen wir nur, daß er einer Malerfamilie entstammt, sich zunächst dem Priesteramt zuwendete, bald aber ganz dem Malerberuf widmete.
Abbildung:
238 Stilleben mit Musikinstrumenten, um 1650

BASELITZ Georg (Hans-Georg Kern)
* 1938 Deutschbaselitz (Sachsen)
Baselitz studierte ab 1956 in Berlin (Ost) an der Hochschule für bildende und angewandte Kunst bei Walter Womacka, wo er sich mit Peter Graf und Ralf Winkler (A. R. Penck) anfreundete. Ein Jahr später wechselte er an die Hochschule der Künste in Berlin (West), wo er bis 1962 die Malklasse von Hann Trier besuchte. Den Künstlernamen Baselitz nahm er 1961 an. Angeregt von den surrealistischen Manifesten Bretons verfaßte er zu seinen Aktionen »Die Nacht des Pandämoniums« (1962) und »Warum das Bild ›Die großen Freunde‹ ein gutes Bild ist« (1966) ebenfalls Manifeste. Seine ersten, streng gegenständlichen Bilder sind gegen den Tachismus und die abstrakte Kunst gerichtet. Seit 1969 malt er auf dem Kopf stehende Porträts und Landschaftsbilder. Erste Holzschnitte entstehen 1966, roh behauene Holzskulpturen seit 1979. 1965 war er Stipendiat an der Villa Romana in Florenz. Seitdem reist er, meist jährlich, nach Italien, wo er 1987 ein Atelier in Imperia bezieht. 1978 erhält er eine Professur an der Akademie der bildenden Künste in Karlsruhe. 1983–1988 und dann wieder ab 1992 lehrt er an der Hochschule der Künste in Berlin. 1995 wird ihm eine große Retrospektive im New Yorker Guggenheim Museum eingerichtet. Baselitz lebt in Derneburg bei Hildesheim.
Abbildungen:
626 Motivschimmel Zerbrochene Brücke, 1986
675 Familienbild, 1975
675 Ciao America I, 1988

BASQUIAT Jean Michel
1960 New York–1988 New York
Basquiat wurde als Sohn eines haitianischen Buchhalters und einer puertoricanischen Mutter in New York geboren. Nach schwieriger Kindheit begann er mit 17 Jahren zusammen mit Al Diaz unter dem Decknamen Samo Graffitis in U-Bahnen und an Häuserfassaden zu zeichnen. Er übernahm Gelegenheitsjobs, spielte in einer Musikgruppe Gitarre und am Synthesizer. Bald wurde der Kunstmarkt auf Basquiat aufmerksam; durch die Teilnahme an der »documenta« in Kassel 1982 und an der Whitney Biennale in New York 1983 stieg er zum Medienstar auf. Er freundete sich mit Warhol an, sie porträtierten sich gegenseitig und konzipierten eine Reihe von Gemeinschaftsarbeiten. Basquiat übertrug die Graffitikunst in die Kunstwelt, ohne seine Wurzeln in den Gettos von Brooklyn zu verleugnen. Assemblagen fertigte er aus Abfall, Maluntergrund konnte ebenso ein Fetzen Papier wie auch eine Kühlschranktür sein. Basquiat starb an einer Überdosis Rauschgift.
Abbildung:
679 ISBN, 1985

BASSANO Jacopo (Giacomo da Ponte)
um 1517/18 Bassano–1592 Bassano
Aus einer Malerfamilie stammend, lernte Bassano zunächst bei seinem Vater Francesco, ab 1530 für fünf Jahre in der Werkstatt des Venezianers Bonifazio de' Pitatis. 1549 wurde er zum Ratsherren und Konsul seiner Heimatstadt ernannt, deren Namen er annahm, und verbrachte hier sein ganzes Leben ohne nennenswerte Ereignisse. In Bassano betrieb er eine große Werkstatt, in der später vier seiner sieben Kinder arbeiteten. Hier entstand ein umfangreiches Werk von etwa 180 Gemälden, die er nicht ohne die Unterstützung von Gehilfen hätte anfertigen können. Die Arbeiten Bassanos zeigen sich beeinflußt von Tizian und Lorenzo Lotto und der venezianischen Malerei der Spätrenaissance (Tintoretto und Veronese). Diese Anregungen wurden von ihm produktiv weitergeführt. Die Stärke seiner Bilder liegt in der Konzentration auf die Gegenstände und der einfachen und wirksamen Bilderzählung. Bassano entwickelte eine eigenständige, wirklichkeitsgetreue Landschaftsmalerei; Genrebilder überwiegen gegenüber religiösen Sujets.
Abbildung:
179 Kalvarienberg, um 1540

BAUGIN Lubin
um 1610–1612 Pithiviers (Loiret)–1663 Paris
Von Baugin sind mehrere religiöse Gemälde erhalten,

darunter »Maria mit dem Kind und hl. Johannes« (London, Nancy, Rennes), »Geburt Mariä« (Aix-en-Provence, Musée Granet). Aufgrund seines großfigurigen, weichen Stils und seiner klaren, ausgedehnten Farbflächen trug er zu Recht den Beinamen »Le petit Guide«, der kleine Guido Reni, weil seine Arbeiten stark vom Werk des Italieners geprägt sind. Dagegen zeigen seine Stilleben, die mit »A. Baugin« signiert sind, eine ganz anders geartete, unter dem späten Einfluß der »Schule von Fontainebleau« stehende spätmanieristisch zu nennende Handschrift. Der Maler der religiösen Bilder, von dem die Kathedrale Notre-Dame in Paris vor 1789 elf Gemälde besaß, war in Rom gewesen, hatte dort bei Vouet gelernt, wurde 1645 in die Pariser Académie de Saint Luc aufgenommen, 1651 zum »Peintre du Roi« ernannt, wegen Gründung einer Privatschule aus der Akademie ausgeschlossen und nach ihrer Schließung wieder aufgenommen. Diese Daten stimmen mit denen des Stilleben-Meisters so gut überein, daß seine lang umstrittene Identität heute als gesichert gelten darf.

Abbildung:

244 Stilleben mit Schachbrett (Die fünf Sinne), o.J.

BAUMEISTER Willi

1889 Stuttgart – 1955 Stuttgart

Mit einer Lehre als Dekorationsmaler begann Baumeister seine künstlerische Laufbahn. Ab 1908 besuchte er die Stuttgarter Akademie und war seit 1909 zusammen mit Schlemmer in der Kompositionsklasse Adolf Hölzels. Bei mehreren Aufenthalten in Frankreich beeindruckte ihn die französische Kunst, und er schloß mit Léger und anderen Freundschaft. 1919 gehörte er zu den Mitbegründern der Stuttgarter Künstlergruppe »Üecht«. Anfänglich stand Baumeister unter dem Einfluß der Kubisten, schuf noch figurativ orientierte Arbeiten, die dann von den »Mauerbildern« abgelöst wurden. Nachdem er 1927 Mitglied des »Rings Neuer Werbegestalter« geworden war, erhielt er ein Jahr später eine Stelle als Lehrer für Typographie an der Städelschen Kunstschule in Frankfurt am Main. 1933 bekam er als »entarteter« Künstler Berufsverbot und wurde entlassen, malte jedoch insgeheim in Stuttgart weiter. Seine Arbeiten entfernten sich mehr und mehr vom Gegenständlichen. 1939–1944 arbeitete er neben Schlemmer am Maltechnikum der Lackfarbenfabrik Kurt Herberts in Wuppertal. Baumeisters kunsttheoretische Schrift »Das Unbekannte in der Kunst« entstand 1943–1947. 1946–1955 hatte er eine Professur für Malerei an der Stuttgarter Akademie inne und wurde weithin als Altmeister der abstrakten Kunst in Deutschland anerkannt.

Abbildung:

639 Montaru-G VI, 1954

BAYEU Y SUBIAS Ramón

1746 Saragossa – 1793 Aranjuez

Wie sein Bruder Manuel steht auch Ramón im Schatten seines Bruders Francisco, der nicht zuletzt als Schwager Goyas seinen festen Platz in der Kunstgeschichte behauptet. Als Schüler Franciscos begleitete er diesen 1763 nach Madrid. Dort arbeitete er in einem künstlerischen Klima, das von den beiden Polen Spätbarock und Klassizismus bestimmt wurde, wie sie in der Person des alten Tiepolo einerseits und des einflußreichen, immer mehr zum Geschmacksdiktator werdenden Mengs andererseits verkörpert wurden. Ramón nimmt dabei nicht so eindeutig Partei wie sein Bruder. In der gemeinsam ausgeführten Freskenausstattung der Kathedrale von Saragossa zum Beispiel ist der klassizistische Einfluß unverkennbar dominant. In seinen Porträts, vor allem aber in seinen Radierungen, die er teils nach eigenen Vorwürfen, teils nach denen seines Bruders und älterer Meister ausführt, wirken Technik und pittoreske Grazie Tiepolos nach.

Abbildung:

396 Der blinde Sänger, um 1786

BAZILLE Frédéric

1841 Montpellier – 1870 Beaune-la-Rolande (bei Orléans)

Bazille, der aus einem wohlhabenden, kunstsinnigen Elternhaus stammte, begann 1859 in seinem Heimatort mit dem Studium der Medizin. Durch Kunstbetrachtungen wurde sein Interesse an der Malerei geweckt. Als er 1862 nach Paris ging, um dort sein Studium fortzusetzen, begann er auch zu malen und ließ sich im Atelier von Gleyre ausbilden, wo er Monet, Renoir und Sisley kennenlernte. Ostern 1863 malte er mit Monet im Wald von Fontainebleau. Im Juni 1864 ist er mit Monet in Honfleur, wo er Boudin und Jongkind trifft. Er gibt sein Medizinstudium auf. 1865 nimmt er Monet in sein Atelier in der Rue de Furstenberg auf, 1866 stellt er im Salon aus. Anschließend teilt er ein Atelier mit Renoir in der Rue de la Visconti, den er, wie Monet, auch durch Ankäufe finanziell unterstützt. Da Bazille bereits mit 29 Jahren im Krieg fiel, ist von ihm nur ein relativ schmales Werk erhalten, darunter Porträts der Mitglieder seiner Familie und seiner Freunde in den verschiedenen Ateliers. Seine stillen, klaren Landschaften und harmonischen Familienszenen in gedämpften Farben ließen ihn zu einem der bedeutendsten Vertreter des Vorimpressionismus werden.

Abbildung:

505 Badende (Sommerfreuden), 1869

BEAUNEVEU André

1335 Valenciennes – vor 1413 Bourges

Beauneveu, der urkundlich von 1360–1403 nachweisbar ist, stammt aus Valenciennes, das erst unter König Ludwig XIV. französisch wurde. Wie Bondol König Karl V. als Hofmaler diente, so der ebenfalls flämische Beauneveu als Hofbildhauer. 1371 wurde er von Karl V. geadelt. Danach finden wir ihn als Bildhauer des flandrischen Grafen Louis de Mâle, der außerdem Broederlam in seinen Diensten hatte. Der wichtigste Mäzen Beauneveus wurde jedoch der Duc de Berry. Er machte ihn zu einer Art Oberintendanten für seine künstlerischen Projekte, so auch für den Schloßbau von Méhun-sur-Yèvre. Der Herzog und sein Hofkünstler entwarfen und planten gemeinsam neue Projekte. In dieser Funktion wurde Beauneveu auch als Miniaturen- und Glasmaler tätig. Die Zeitgenossen sahen in Beauneveu einen herausragenden Künstler. 1393 schickte deshalb der Herzog von Burgund seinen Hofbildhauer Sluter und seinen Maler Jean de Beaumetz nach Méhun, um die dort in Gang befindlichen Arbeiten zu studieren. An den gesicherten Werken Beauneveus können wir sehen, daß der Künstler von den festgelegten Formeln der französischen Kunst der ersten Hälfte des 14. Jahrhunderts zwar ausgeht, sie aber virtuos und mit vorher nicht gekannter Feinheit handhabt. Zu Recht werden am meisten von seinen frühen Werken die Porträts gerühmt, so das der Grabstatue von Karl V. in St. Denis. An seinen späteren Werken erkennt man, daß er sich mit den italienischen Neuerungen auseinandergesetzt hat und immer stärker zu reich schwingenden Formen übergeht.

Abbildung:

65 Der Duc de Berry zwischen seinen Patronen Andreas und Johannes dem Täufer vor der Madonna, um 1390

BECKMANN Max

1884 Leipzig – 1950 New York

Nach Jugendjahren in Braunschweig und Pommern studierte Beckmann seit 1900 an der Weimarer Kunstakademie, bevor er 1904 nach Berlin zog. Mit der »Szene aus dem Untergang von Messina« (St. Louis, Saint Louis Art Museum) formulierte er 1909 das Thema, das ihn sein Leben lang beschäftigen sollte: die Katastrophe, die den einzelnen wie die gesamte Menschheit bedroht. Bei Kriegsausbruch 1914 übernahm er freiwillig Sanitätsdienste, wurde aber bereits im folgenden Jahr nach einem Nervenzusammenbruch entlassen. Er zog nach Frankfurt am Main, wo er bis 1933 wohnte. Unter dem Eindruck des großen Völkermordens trat an die Stelle der biblischen, historischen und allegorischen Themen der Mensch in seiner physischen und psychischen Not wie auf dem Bild »Die Nacht« (Abb. S. 588) von 1918/19. Die Formen wurden vereinfacht und verknappt, so daß harte Konturen und unvermittelte Übergänge den Bildeindruck bestimmen. In den folgenden Jahren begannen sich Strenge und Härte seines Stils zu lockern. Der Kontur verlor an Eckigkeit, die Farbe gewann an Leuchtkraft, während die Monumentalität erhalten blieb. Theater und Zirkus, Jahrmarkt und Tanzbar, Varieté und Kabarett wurden als Gleichnisse der menschlichen Existenz gestaltet. 1925 übernahm Beckmann eine Professur an der Städelschen Kunstschule in Frankfurt. 1933 mußte er sie aufgeben. Berlin wurde sein neuer Wohnsitz. In dem Triptychon mit dem beziehungsreichen Titel »Abfahrt« (New York, Museum of Modern Art) von 1932/33 sah er seine Emigration voraus. Mit diesem Triptychon begann eine Reihe von neun ähnlichen, gewaltigen Kompositionen, die sich alle mit dem Thema der Vergeblichkeit menschlichen Tuns und dem Ausgeliefertsein an eine höhere Macht befassen. Als 1937 die Ausstellung »Entartete Kunst« eröffnet wurde, verließ er Deutschland für immer. Die Kriegsjahre überstand er in Amsterdam, bevor er 1947 nach New York aufbrach.

Abbildungen:

588 Die Nacht, 1918/19

588 Tanz in Baden-Baden, 1923

BELLECHOSE Henri

um 1380 Breda (Brabant) – um 1442 Dijon

1415 wurde Bellechose als Nachfolger von Malouel Hofmaler und Kammerdiener der Herzöge von Burgund in Dijon. Er arbeitete für die herzöglichen Residenzen Talant und Saulx und die Kartause Champmol bei Dijon, für die er neben dem Altarbild zum Leben des heiligen Dionysius auch ein Gemälde aus dem Leben der Maria anfertigte. Für den Hof stellte er Festdekorationen her und war auch für die Bemalung von Wappen und Standarten zuständig. Nachdem er zunächst von den burgundischen Herzögen recht gut bezahlt worden war, mußte er in den zwanziger Jahren, als der Hof aus Dijon verlagert worden war, auch private Aufträge für sein Atelier annehmen. Bellechose gilt als Hauptvertreter der französisch-flämischen Variante der Internationalen Gotik.

Abbildung:

66 Letzte Kommunion und Martyrium des hl. Dionysius, um 1416

BELLINI Gentile

1429 Venedig – 1507 Venedig

Gentile, der etwas ältere Bruder Giovanni Bellinis, verbrachte seine entscheidende Lehrzeit in der Werkstatt des Vaters Jacopo. Die Schärfe der Beobachtungsgabe, mit der dieser speziell in seinen Skizzen Perspektive, Landschaften oder antike Fragmente festhielt, hat die künstlerische Persönlichkeit Gentiles nachhaltig geprägt. Sie prädestinierte ihn zum bedeutendsten Porträtisten, den die venezianische Malerei im 15. Jahrhundert hervorgebracht hat. Nach 1450 bis zu seinem Tode ist Gentile der offizielle Bildnismaler der Republik. Er wird 1479/80 nach Konstantinopel geschickt, als Sultan Mehmed II. die Signoria von Venedig um die Entsendung des besten Porträtisten bittet. Damals entsteht das berühmte Bildnis des orientalischen Fürsten, das sich heute in London (National Gallery) befindet. Die zweite herausragende Leistung Gentiles innerhalb der venezianischen Frührenaissancemalerei liegt im Bereich des großformatigen Historienbildes. Seine Tafeln mit Szenen aus der Legende des wahren Kreuzes haben gegen 1500 in der Lagunenstadt nicht ihresgleichen. In der sachlichen Treue, mit der hier etwa der Markusplatz oder die mittelalterliche Rialtobrücke abgebildet wird, hat Canaletto in Gentile seinen Ahnherrn. Allerdings bleibt er in der Dominanz der beschreibenden Zeichnung vor der lediglich gegen-

standsbezeichnenden Farbe noch ganz dem 15. Jahrhundert verhaftet, während sein jüngerer Bruder um diese Zeit mit farbiger Modulation ganz neue Bereiche der Malerei eröffnet. Gentiles bedeutendster Schüler und Nachfolger ist Carpaccio.
Abbildung:
118 Prozession auf der Piazza San Marco, 1496

BELLINI Giovanni (auch: Giambellino)
um 1430 Venedig – 1516 Venedig
Bellini war zunächst Schüler seines Vaters Jacopo. Dessen geradezu ikonenhaft strenge, noch ganz der Tradition des 14. Jahrhunderts verpflichtete Malweise wie dessen ganz der Wirklichkeitserfassung zugewandten Zeichnungen beeinflußten sein Jugendwerk. Als Giovannis Schwester Nicosia 1453 Mantegna heiratete, entstanden enge Beziehungen zwischen Venedig und Padua. Giovanni wird auf diesem Wege mit den Möglichkeiten von Körper- und Raumdarstellung der Frührenaissance vertraut. Sein Stil gewinnt unter Mantegnas Einfluß vorübergehend eine gewisse kalligraphische Schärfe (»Verklärung Christi«, Venedig, Museo Correr, um 1460; »Ölberg«, London, National Gallery, um 1470).

Der Aufenthalt Antonellos da Messina in Venedig 1475/76 scheint dann die ureigensten Kräfte Giovannis freigesetzt zu haben. Ohne die rationale Konstruktion von Körper und Raum sowie deren wechselseitige Durchdringung aufzugeben, gewinnt seine Farbgebung Leuchtkraft und Tiefe; farbige Modulation tritt zunehmend an die Stelle der abgrenzenden Umrisse, Licht erfüllt den Bildraum. Die Landschaft erhält, etwa in seinen zahlreichen Darstellungen der Maria mit Kind und der Pietà, einen Stellenwert und eine Qualität, die Bellini zum bedeutendsten italienischen Landschaftsmaler der Frührenaissance macht. Die Fähigkeit, seinen Figuren bei aller Bewußtheit der Bewegung und des körperlichen Aufbaus den Ausdruck stiller Versenkung zu erhalten, bleibt sein Geheimnis, das ihn über alle Zeitgenossen erhebt. Die großen Werke seiner Spätzeit, vor allem die Darstellungen der Sacra Conversazione, überschreiten in der Verbindung von Freiheit und strenger Gesetzmäßigkeit bereits die Schwelle von der Früh- zur Hochrenaissance. Als Lehrer Giorgiones und Tizians hat Giovanni, den Dürer während seines zweiten Venedigaufenthaltes 1505–1507 noch als größten Maler seiner Zeit bezeichnete, unabsehbare Bedeutung für die venezianische Malerei des 16. Jahrhunderts.
Abbildungen:
84 Der hl. Franziskus in der Wüste, um 1480
120 Sacra Conversazione (Pala di San Giobbe), um 1487/88
120 Verklärung Christi (Transfiguration), um 1460
121 Bildnis des Dogen Leonardo Loredan, um 1501–1505
121 Christliche Allegorie, um 1490

BELLOTTO Bernardo
(genannt: Canaletto; auch: Belotto)
1721 Venedig – 1780 Warschau
Bellotto begann mit 15 Jahren seine künstlerische Ausbildung in der Werkstatt seines Onkels Antonio Canal und übernahm nicht nur dessen Spezialisierung auf die Vedutenmalerei, sondern auch weitgehend den Stil des Älteren, schließlich sogar dessen Namen Canaletto. Wie sein Onkel begab auch er sich nach Rom und vielleicht in die Toskana. Er war an verschiedenen Orten in Italien, in der Lombardei und in Turin, tätig, bevor er 1746 nach England reiste. Ein Jahr später erfreute er sich in Dresden der Wertschätzung Augusts des Starken. In Wien arbeitete er für Maria Theresia und den österreichischen Hochadel, über München kehrte er 1762 nach Dresden zurück, wo er nach Verlust seiner Stellung als Hofmaler an der 1764 gegründeten Akademie als Lehrer für Perspektivmalerei unterrichtete. Seßhaft wurde Bellotto erst am Warschauer Hof, wo er 1768 Hofmaler unter Stanislaus II. wurde. Die enge Zusammenarbeit von Onkel und Neffe erschwert bei einer Reihe von Bellottos Frühwerken die Trennung vom Spätwerk seines Lehrers. Ein kühleres Kolorit und eine noch größere Genauigkeit seines topographischen Realismus unterscheiden sein selbständiges Œuvre von jenem Canals. Seine Hauptwerke wie die 14 Dresdner Veduten oder die Ansicht von Warschau weisen ihn als seinem Onkel ebenbürtig aus. Die topographischen Aufnahmen der europäischen Residenzstädte sind wegen ihrer Genauigkeit und Treue auch eine wichtige historische Quelle.
Abbildung:
373 Piazza della Signoria in Florenz, um 1740–1745

BERLINER GEBURT CHRISTI → Meister

BERLINGHIERI Bonaventura
um 1205–1210 – nach 1274
Der Sohn des aus Mailand stammenden Malers Berlinghiero Berlinghieri, von dem noch Werke erhalten sind, ist 1228–1274 in Lucca nachweisbar. Sein Bruder Barone wird ebenfalls als Maler in den Quellen geführt, ein anderer Bruder, Marco, als Miniator. Einzig gesichertes Bild des Bonaventura ist die Franziskus-Tafel in Pescia aufgrund der Inschrift: »Anno Domini MCCXXXV Bonaventura Berlinghieri de Luc...« Durch die Familie Berlinghieri gewinnt die Malerschule von Lucca Wirkung weit über das Stadtgebiet hinaus. Die byzantinischen Elemente der Kunst des Vaters finden sich beim Sohn verstärkt, aber eigentümlich flach und steif.
Abbildung:
28 Der heilige Franziskus und Szenen aus seinem Leben, 1235

BERRUGUETE Pedro
um 1450–1455 Parades de Nava – 1504 Ávila (?)
Berruguete gehört zu den durch Verbindung verschiedenster Traditionen vielseitigsten und bedeutendsten spanischen Malern des 15. Jahrhunderts. Aufgewachsen im kulturellen Klima des Hofes der »katholischen Könige« Kastiliens, die in Granada sowohl niederländische Bilder sammelten als auch Maler aus dem Norden beschäftigten, wird er durch einen längeren Aufenthalt in Italien einer der wichtigsten Mittler zwischen der spanischen Kunst und der italienischen Frührenaissance. 1477 arbeitet er gemeinsam mit Justus von Gent am Hof von Urbino. Hier entstehen u.a. die Tafeln mit Porträts berühmter Persönlichkeiten, bei denen Berruguete eine erstaunliche Einfühlung in die von der italienischen Frührenaissance gestellten neuen Aufgaben in der Darstellung von Körper und Raum zeigt. Offenbar wurde er in Italien hochgeschätzt und empfing nicht nur Anregungen, sondern gab auch Impulse, etwa an die Kunst am Hofe Ferraras. 1483 kehrte Berruguete nach Toledo zurück. Die Wandmalereien in Sakristei und Kreuzgang der dortigen Kathedrale blieben leider nicht erhalten. Dagegen zeigen noch heute die Hauptwerke seiner Spätzeit, die für das Kloster Santo Tomás und die Kathedrale in Ávila geschaffenen großen Altarwerke, eine Symbiose aus spanischer mittelalterlicher Tradition, niederländischer Detailtreue und italienischer Systematik der Komposition. Pedro war der Vater des bedeutenden Bildhauers Alonso Berruguete.
Abbildung:
138 Inquisitionsgericht unter Vorsitz des hl. Dominikus, um 1500

BEUYS Joseph
1921 Kleve – 1986 Düsseldorf
Beuys wuchs in Kleve nahe der holländischen Grenze auf. 1941–1945 Kriegsdienst als Sturzkampfflieger wo er über der Krim abstürzt. Tataren fanden ihn und hüllten ihn in Fett und Filz. Diese beiden Grundstoffe wurden zu zentralen Bedeutungsträgern in seinem späteren Werk. 1947–1951 studierte er an der Kunstakademie in Düsseldorf, wo er 1949 Meisterschüler Ewald Matarés wurde. Von 1961–1972 lehrte er selbst an diesem Ort. Beuys suchte durch die Verbindung mehrerer künstlerischer Medien und die Verschmelzung seiner Biographie mit seinem Werk eine Einheit von Kunst und Leben zurückzugewinnen. Zu diesem Zweck bezog er anthroposophische Lehren, Mythologie und Religion in sein Werk ein. 1962 kam er durch den Koreaner Nam June Paik und George Maciunas mit der »Fluxus«-Bewegung in Kontakt und trat seit 1963 mit eigenen Aktionen an die Öffentlichkeit. Gleichzeitig entstanden Zeichnungen und Plastiken, gestaltete er Objekte und Environments. Die Symbole in seinem Schaffen sind einem magisch-religiösen, mythischen und archetypischen Kontext entnommen oder aus persönlichen Erlebnissen abgeleitet. So entstammen Filz als Isolierstoff gegen Kälte und Fett als Energie- und Wärmespender dem individuellen Erlebnisbereich und einer in unserer Kultur verlorengegangenen Beziehung zur Natur. Kreativität soll für Beuys auf alle Lebensbereiche übertragen werden; dementsprechend versuchte er auch, politischen Einfluß zu gewinnen.
Abbildung:
623 Is it about a bicycle? IV, 1982

BEYEREN Abraham van (auch: Beijeren)
um 1620/21 Den Haag – 1690 Alkmaar oder Overschie (Rotterdam)
Zu Lebzeiten fand Beyeren nur wenig Anerkennung, doch gehört er heute zu den bedeutendsten Stillebenmalern seiner Heimat. Gelernt hat er vermutlich bei seinem Schwager, dem Fischmaler Pieter de Putter, was wohl der Grund dafür ist, daß er zunächst sehr realistische Stilleben mit ausgelegten Seefischen malt. 1640 tritt er in die Malergilde in Den Haag ein, wo er 1656 Mitbegründer der »Confrerie Pictura« wird. 1657 geht er nach Delft, 1663 ist er wieder in Den Haag, 1672 wohnt er in Amsterdam und 1674 in Alkmaar. Immer in dürftigen finanziellen Verhältnissen lebend, mag die Flucht vor seinen Gläubigern ein Grund für den häufigen Wohnungswechsel und sein unstetes Leben gewesen sein. Beyerens eigentliches Metier waren geschmackvoll arrangierte Prunkstilleben, Frühstückstische mit prächtigen Stoffen, Blumen, Gläsern, Früchten und Tieren, die den Einfluß de Heems erkennen lassen. Daneben gibt es auch duftige Blumenstücke im Stil von Jan Breughel, Marinebilder und die erwähnten Fischstilleben.
Abbildung:
323 Großes Stilleben mit Hummer, 1653

BINGHAM George Caleb
1811 Augusta County (Virginia) – 1879 Kansas City
Bingham wuchs in Franklin am Missouri auf der Tabakfarm seines Vaters auf. Nach einer Tischlerlehre zog er zunächst als wandernder Porträtmaler durchs Land. Anschließend studierte er für kurze Zeit Theologie und Jura, bevor er sich 1837/38 für einige Monate an der Pennsylvania Academy of Arts in Philadelphia einschrieb. 1844 kehrte Bingham nach Missouri zurück und malte Bilder vom Alltagsleben der Farmer, Trapper, Händler und Flößer sowie politische Genrebilder, die ihn als Schilderer der nationalen Sitten und Gebräuche der Weststaaten bekannt werden ließen. Vor allem durch den Massenvertrieb von Kupferstichen nach eigenen Vorlagen wurde er weithin populär. Auf einer Europareise 1856–1859 hielt Bingham sich vorwiegend in Paris und Düsseldorf auf, wo er Kontakte zu dem deutsch-amerikanischen Maler Emanuel Leutze und der Düsseldorfer Schule unterhielt. Nach seiner Rückkehr nach Amerika nahm er politische Ämter an, die seine künstlerische Tätigkeit stark einschränkten. Seinen eigenen Worten zufolge wollte Bingham die »sozialen und politischen Charakteristika« schildern. Seine poetischen, zartfarbigen Darstellungen der Wasserstraße des Missouri bedeuten jedoch vor allem eine romantische Reminiszenz an die frühen Zeiten der Erschließung des Kontinents, wie sie Mark Twain in seinen Büchern verherrlichte.
Abbildung:
471 Pelzhändler auf dem Missouri, um 1845

BLAKE Peter
* 1932 Dartford (Kent)
Blake erhielt 1946–1951 eine Ausbildung zum technischen Zeichner an der Gravesend School of Art und studierte von 1953–1956 am Royal College of Art in London. 1956/57 machte er zum Studium der Volkskunst ausgedehnte Reisen durch Europa und lehrte seit 1964 an der St. Martin School of Art. Nach einer anfangs realistischen Periode wurde er zusammen mit Hamilton und Richard Smith zu einer der Schlüsselfiguren der englischen Pop Art. Im Gegensatz zu anderen Künstlern der Pop Art verwendet er aber nicht nur triviale Bildklischees als Vorlagen, sondern nähert sich nostalgisch der Ästhetik der dreißiger Jahre. Seine seit 1959 entstandenen gemalten Collagen sind von entwaffnendem Witz und heiterer Buntheit. 1967 entwarf er das Cover für die Schallplatte »Sergeant Pepper« der Beatles. In den Jahren 1969–1979 lebte er in der Nähe von Bath in einer »Brotherhood of Ruralists«, seitdem wieder in London.
Abbildung:
664 Bo Diddley, 1963/64

BLAKE William
1757 London–1827 London
Schon als Kind hatte Blake, Sohn eines Strumpfwirkers, visionäre Erlebnisse, wie sie für die eigentümliche Verbindung von Bildkunst und Dichtung in dieser »prophetischen« Künstlerpersönlichkeit charakteristisch sind. Mit zehn Jahren erhielt er Zeichenunterricht bei Henry Pars, später erlernte er die Techniken des Kupfertiefdrucks bei James Basire, für den er mittelalterliche Bildwerke zeichnete. Seine selbständigen Arbeiten lassen schon früh seine Vorbilder erkennen, von denen Michelangelo und dessen ins Titanische gesteigerte Menschengestalten am wichtigsten werden sollten. Blakes Studium an der Royal Academy, das er 1778 begann, verwickelte ihn in einen Streit mit Reynolds über den Vorrang von Farbe oder Zeichnung, in dem Blake den klassizistischen Standpunkt vertrat, der in seinem gesamten Schaffen als Verzicht auf koloristische sinnliche Wirkungen zum Ausdruck kommt. Blakes Illustrationen zur Bibel, zu Dante oder zu eigenen Dichtungen lassen die herkömmliche Beziehung von Bild und Text hinter sich und schaffen eine symbolistische Einheit von Wort und Bild, die erst Jahrzehnte nach seinem Tod rezipiert wurde.
Abbildung:
388 Beatrice spricht zu Dante von ihrem Wagen herab, um 1824–1826

BLECHEN Karl Eduard Ferdinand
1798 Cottbus–1840 Berlin
Blechen wurde als Sohn eines Steuerbeamten in Cottbus geboren und arbeitete zunächst als Bankbeamter in Berlin. 1822 begann er mit dem Studium an der Berliner Akademie. Zur wichtigsten Anregung in dieser Zeit wurden Begegnungen mit seinen Malerkollegen Friedrich und Dahl in Dresden. Mit diesen Namen sind zugleich die beiden Pole seiner Malerei bezeichnet: Romantik und Realismus. Entscheidend für seine Entwicklung wurde eine Italienreise in den Jahren 1828/29. Die unzähligen Ölstudien, die er hier ausführte, zeigen ihn als einen Freilichtmaler, der dem gleichzeitig in Italien tätigen Engländer Turner und dem ebenfalls dort lebenden Franzosen Corot, durch die er vermutlich angeregt wurde, wahlverwandt erscheint. Blechen ist mit diesen Studien der bedeutendste Vertreter des frühen Realismus in Deutschland. In den anschließenden Jahren trat das Romantische in seinen Bildern wieder mehr in den Vordergrund. Die Stimmung ist oft düster, die Figuren stehen am Rande einer Katastrophe oder werden gerade von ihr erfaßt. Obgleich er 1831 Professor an der Berliner Akademie wurde, fehlte ihm doch die erwünschte offizielle Anerkennung. Der extreme Subjektivismus seiner Bilder fiel zu sehr aus dem üblichen Spektrum der damaligen deutschen Malerei heraus. Ab 1835 mehrten sich depressive Zustände, 1839 fiel Blechen in geistige Umnachtung.
Abbildungen:
456 Mönche am Golf von Neapel, um 1829
456 Im Park der Villa d'Este, um 1830

BLOEMAERT Abraham
1564 Dordrecht oder Gorinchem–1651 Utrecht
Bloemaert lernte zunächst in der Werkstatt seines Vaters Cornelis, eines Bildhauers und späteren Amsterdamer Stadtbaumeisters. Mit 16 geht er nach Paris, wo er bei Jean Bassot und Hieronymus Francken arbeitet, während ihn am meisten aber Frans Floris beeinflußt, ein bedeutender Vertreter des niederländischen Manierismus. 1583 kehrt er zurück, folgt seinem Vater zunächst nach Amsterdam, verbringt aber den Großteil seines Lebens in Utrecht, wo er 1611 Inspektor der Malergilde wird und sich in der Kirche des Klarissenklosters sein Atelier einrichten durfte. Zu seinen Schülern gehörten Cuyp, Terbrugghen, Honthorst, Weenix und Both. Bloemaert malte Historienbilder, dramatische und vielfigurige mythologische Szenerien und bukolische Landschaften mit »malerischen« Hütten. Er war selbst nie in Italien, wurde aber durch seine Schüler mit der caravaggesken Hell-Dunkel-Malerei bekannt, die gerade in Utrecht eine große Rolle spielte und von hier aus ganz Holland beeinflussen sollte. Seine Lebensdaten zeigen, wie Bloemaert einerseits noch dem manieristischen 16. Jahrhundert zugehört und andererseits schon die Rembrandt-Zeit vertritt.
Abbildung:
287 Landschaft mit ruhenden Bauern, 1650

BOCCIONI Umberto
1882 Reggio di Calabria–1916 bei Verona
Boccioni studierte 1898–1902 in Rom Malerei. Dort lernte er Severini und Balla kennen, der ihn mit den neoimpressionistischen Tendenzen der französischen Malerei vertraut machte. In Paris setzte er sich mit dem Divisionismus und besonders mit dem Werk Seurats auseinander, doch auf die Dauer befriedigten ihn der besinnliche Charakter und die atmosphärische Ruhe nicht. Nach seiner Rückkehr nach Italien ließ er sich 1907 in Mailand nieder, der Stadt Italiens, in der der technische Fortschritt am weitesten gediehen war. 1910 unterzeichnete Boccioni zusammen mit Carrà, Luigi Russolo, Balla und Severini das »Manifest der futuristischen Maler«. Mit Severini reiste er 1911 erneut nach Paris und lernte Apollinaire, Picasso, Braque und Dufy kennen. Über den Kubismus gelangte er zu Bildern, in denen das futuristische Ideal von Geschwindigkeit und Bewegung Gestalt annahm. 1914 erschien sein Buch »Pittura, scultura futurista, dinamismo plastico«, die maßgebliche Publikation über Theorie und Praxis des Futurismus.
Abbildungen:
576 Gemütszustände II: Die Abschiede, 1911
576 Der Lärm der Straße dringt in das Haus, 1911

BÖCKLIN Arnold
1827 Basel–1901 San Domenico (bei Fiesole)
Böcklin ging 1845 von Basel nach Düsseldorf, um an der dortigen Akademie für drei Jahre bei J. W. Schirmer zu studieren, der heroische Landschaften im Stile Claude Lorrains malte. Über Genf, Brüssel und Paris kam er 1850 nach Rom. Er begeisterte sich für die italienische Landschaft und Kultur und für die Antike. Prägend für seine Malerei war die Freundschaft mit Reinhold Begas, Feuerbach, H. Franz-Dreber und Hans von Marées, den damaligen »Deutschrömern«. Nach sieben Jahren kam er über Basel nach Deutschland und hatte in München erste wichtige Erfolge. Adolf Friedrich Graf von Schack wurde sein Mäzen, und König Ludwig I. von Bayern kaufte 1859 sein Bild »Pan im Schilf« für die Neue Pinakothek an. Zu dieser Zeit begann seine Freundschaft mit Lenbach, ein Jahr später ging er als Professor nach Weimar. Böcklin liebte und gestaltete symbolistische Themen, pathetisch ausgeführt, mythologische Szenen, in Phantasie- und Traumlandschaften angesiedelt, allegorische Stoffe, gegen Ende seines Lebens düstervisionäre, fast apokalyptische Bilder. Die Ausführung seiner Motive voll bewegten Ausdrucks, manchmal ans Humoristische grenzend, ließ ihn immer wieder ins Schußfeld der Kritik geraten, während er von seinen Anhängern glühend bewundert wurde. Er experimentierte mit Farben, erprobte alte und neue Techniken, verschiedene Materialien und Maluntergründe. Seine Farbskala ist reichhaltig, und die Intensität seiner Valeurs vertieft die Stimmung seiner Themen. Sein Drang nach Unabhängigkeit ließ ihn die Professur in Weimar bald wieder aufgeben. Er zog nach Basel, und ab 1871 weilte er wieder in München, danach in Florenz. 1887 ging er für sieben Jahre nach Zürich, um sich dann endgültig in San Domenico bei Fiesole niederzulassen, wo er 1901 verstarb.
Abbildung:
528 Im Spiel der Wellen, 1883

BONDOL Jean (auch: Bandol, Bandolf)
* in Brügge, nachweisbar 1368–1381 in Paris
Bondol wird als Hofmaler König Karls V. des Weisen von Frankreich erstmals 1368 genannt. Er bezog ein hohes Gehalt und schließlich eine lebenslange Pension, was hohe Wertschätzung bezeugt. Die Inschrift auf der Widmungsseite der Bibel des Jean de Vaudetar, seinem einzigen erhaltenen, selbständig ausgeführten Werk, lautet in Übersetzung: »Im Jahre des Herrn 1371 wurde dieses Werk gemalt auf Veranlassung und zur Ehre des erlauchten Fürsten Karl, des Königs von Frankreich, im 35. Jahr seines Alters und dem 8. seiner Regierung, und Johannes von Brügge, Maler des vorgenannten Königs, schuf dieses Gemälde mit eigener Hand.« Dieses Bild Bondols steht heute völlig vereinzelt für die Frühzeit der altniederländischen Tafelmalerei, von der alle bedeutsamen Zeugnisse verloren sind. Zugleich wird an der Wertschätzung seiner Person und Kunst deutlich, daß die preziöse Tradition höfischer Luxuskünste nicht alle Wünsche der Auftraggeber abdeckte. In diese Lücke stießen die niederländischen realistischen Künstler, Bildhauer wie Tafelmaler. Bondol arbeitete auch für andere Mitglieder des Hofes; so schuf er für Karls Bruder Ludwig I. von Anjou 1376–1379 die Kartons für den berühmten Teppichzyklus der Apokalypse von Angers, und zwar unter Verwendung einer englischen Apokalypsehandschrift des 13. Jahrhunderts aus königlichem Besitz.
Abbildung:
60 Titelblatt der Historienbibel des Jean de Vaudetar, 1371

BONINGTON Richard Parkes
1802 Arnold (bei Nottingham)–1828 London
Bonington stammte aus einer Nottinghamer Familie, die 1817 England verließ und nach Calais zog. Dort erhielt der damals 15jährige eine erste Unterweisung in der Aquarelltechnik von Louis Francia. 1818 ging er nach Paris, wo er Delacroix begegnete und im Louvre Aquarellkopien von holländischen und flämischen Landschaftsbildern machte. 1821/22 studierte er bei Gros an der École des Beaux-Arts. 1824 gewann er eine Goldmedaille auf dem Pariser Salon. Von Paris aus unternahm er Studienreisen durch Frankreich, vor allem in die Normandie, in der eine Reihe seiner stimmungsvollen Küsten- und Hafenlandschaften entstand, aber auch nach England und Schottland, zeitweise in Begleitung seines Freundes Delacroix, in dessen Atelier er später auch arbeitete. Auf einer Italienreise 1826 besuchte er Venedig, wo ihn vor allem Veronese und Canaletto stark beeindruckten. Bonington gehört mit Constable zu den englischen Künstlern, deren Landschaftsmalerei aufgrund ihrer frischen und spontanen Kompositionen in Frankreich große Anerkennung fanden. Als einer der ersten malte er in Frankreich nach der Natur und verwendete dazu Wasserfarben. Seine Naturauffassung und Malweise regten die Maler von Barbizon und – teilweise vermittelt durch E. Isabey,

Boudin, Jongkind – Monet und andere zum Impressionismus an.
Abbildungen:
466 Strandszene in der Normandie, o. J.
466 Die St.-Markussäule in Venedig, um 1826–1828

BONNARD Pierre
1867 Fontenay-aux-Roses (bei Paris) – 1947 Le Cannet (bei Cannes)
Bonnard studierte 1886–1889 in Paris Jura. Doch nach dem Examen entzog er sich einer möglichen Verwaltungslaufbahn, indem er sich schon zuvor 1888/89 an der Académie des Beaux-Arts und der Académie Julian als Maler ausbilden ließ, wo er Freundschaft mit Denis, Vuillard und Sérusier schloß, der ihn mit Gauguins Kunstauffassung bekannt machte. 1889 verkaufte er einen stilistisch neuartigen Plakatentwurf (»France-Champagne«). Nach kurzem Militärdienst teilte er 1890 ein Atelier mit Denis und Vuillard und war Mitbegründer der symbolistischen Künstlergruppe »Nabis«, die symbolistische und antinaturalistische Ideen vertrat. 1891–1905 stellte er bei den »Unabhängigen« aus. Sein erstes Plakat wurde veröffentlicht, und er lernte Toulouse-Lautrec kennen. Seit 1893 erschienen seine Lithographien in »La Revue Blanche«, seit 1895 brachte Vollard seine teilweise von Redon beeinflußten Lithographien und Buchillustrationen heraus. 1903 stellte er erstmals im neuen »Herbstsalon« aus. 1906 unterrichtet er an der Académie Ranson. 1905 Spanienreise mit Vuillard, in den folgenden Jahren nach Belgien, Holland, England, Italien, Algerien, Tunesien. 1909 besuchte er erstmals Südfrankreich, wo er 1925 in Le Cannet ein Haus kaufte und seitdem lebte. Am bekanntesten und beliebtesten sind Bonnards Gemälde, die in spätimpressionistischer Manier, in delikaten Farben von porzellanartigem Reiz, Interieurs, Porträts, Frauenakte, aber auch Landschaften und städtische Szenen zeigen. Viele seiner Bilder wirken intim, sind jedoch mit feinfühliger Distanz gestaltet. Bonnard gehörte zwar den »Nabis« an, aber sein Werk entzieht sich einer Zuordnung zu einer spezifischen Schule oder Gruppe. Wie viele seiner Zeitgenossen war er fasziniert von der japanischen Kunst, und diese Begeisterung schlug sich in seinen Arbeiten nieder.
Abbildungen:
520 Im Zirkus, um 1900
520 Weiblicher Akt in der Badewanne, um 1938

BORCH → Terborch

BOSCH Hieronymus (Iheronymus van Aken)
um 1450 s'Hertogenbosch – 1516 s'Hertogenbosch
Bosch, Zeitgenosse Leonardos da Vinci, gehört zu den großen europäischen Malern seiner Zeit. Die Bemühungen um die Entschlüsselung seiner heute nicht mehr allgemein zugänglichen Symbolsprache, so wichtig sie für das Verständnis der allgemeinen Geistesgeschichte ist, lassen den künstlerischen Rang seiner Werke oft unangemessen zurücktreten. Boschs Schulung und Frühwerk liegen weithin im dunkeln. Die minuziöse Ausführung, die auch seine großformatigen Triptychen kennzeichnet (»Garten der Lüste«, Abb. S. 135; »Heuwagen«-Triptychon, mehrere Fassungen, u. a. Madrid, Prado; »Weltgericht«, Wien, Gemäldegalerie der Akademie der Bildenden Künste), hat auf eine Ausbildung als Miniaturmaler schließen lassen. Allerdings fehlen für diese These sichere Belege. Die Spukwelt des Malers, die häufig den Sittenverfall und die Torheit der Welt geißelt, dürfte durch die religiöse Unruhe der Zeit im Vorfeld der Reformation beeinflußt worden sein. Im Laufe seiner Entwicklung verfeinerte Bosch zunehmend seine malerischen Mittel, indem die Modulation aus der Farbe heraus gleichberechtigt neben die eindeutig abgrenzende Linie trat. Nicht zuletzt hierin erweist er sich als Generationsgenosse Leonardos. Ob er dessen Werke gekannt hat, ist eine offene Frage. Neben Geertgen tot Sint Jans ist Bosch der große Landschaftsmaler in den Niederlanden während des späten 15. und frühen 16. Jahrhunderts. Von ihm gingen entscheidende Anstöße für die Entwicklung der »Weltlandschaft« – etwa bei Patinir –, aber auch der autonomen Landschaft etwa in den Jahreszeitenbildern Pieter Breughels aus. Bosch, schon zu Lebzeiten hoch geachtet, wurde mit seinen »Sittenbildern« bezeichnenderweise gerade dort besonders geschätzt, wo die Inquisition im 16. Jahrhundert zu ihren schlimmsten Ausschreitungen vorstoßen sollte: in Spanien.
Abbildungen:
135 Der Garten der Lüste, um 1510
136 Das Narrenschiff, nach 1490
137 Der büßende Hieronymus, um 1500

BOTERO Fernando
* 1932 Medellín (Kolumbien)
Botero wuchs in Medellín auf, einem Industriezentrum Kolumbiens, und ging dann nach Bogotá, wo er seine ersten Ausstellungen hatte. Erst danach nahm er an der Academía San Fernando in Madrid seine Malstudien auf; in Florenz studierte er Kunstgeschichte. Üppige Formen sind das Kennzeichen der Kunst Boteros. Bei ihm verbinden sich scheinbar naive Erzählfreude, raffinierte, altmeisterliche Malweise und Ehrfurcht vor den alten Meistern zu einer neuen Sinnlichkeit und grotesken Komik. In den frühen neunziger Jahren erregte er großes Aufsehen mit monumentalen Bronzefiguren seiner überbeleibten Menschen, die zum Beispiel auf den Pariser Champs-Elysées aufgestellt wurden. Botero lebt seit 1960 in New York.
Abbildung:
668 Die Familie des Präsidenten, 1967

BOTTICELLI Sandro
(Alessandro di Mariano Filipepi)
1445 Florenz – 1510 Florenz
Nach einer Goldschmiedelehre, die prägend für sein ganzes Werk blieb, wurde der junge Künstler Schüler Filippo Lippis, dessen Madonnen- und Engeltypen er übernahm, aber ausdrucksvoller bildete. Nicht dokumentarisch gesichert, doch aus stilistischen Gründen wahrscheinlich ist die zeitweise Mitarbeit in der Werkstatt Verrocchios, wo er seine Urbegabung für die sensibel geführte Linie vervollkommnet haben dürfte. Das Frühwerk knüpft an den plastischen Realismus der Vorgängergeneration an: Die »Anbetung der Könige« (Florenz, Uffizien, um 1475) ist durch Klarheit der Komposition, dreidimensionale Modellierung der Figuren, kräftige leuchtende Farben und individuelle Gestaltung der Gesichter (Medici-Porträts) gekennzeichnet. In der Folgezeit tritt das Interesse für Raum und Körper zugunsten der reich bewegten Linie bei Bevorzugung schlank proportionierter Figuren und der Wiedergabe von Schmuck und edelsteinbesetzten Gewändern zurück (»Geburt der Venus«, »Primavera«, Abb. S. 107). Daß Botticelli bei entsprechenden Aufgaben auch monumentale Wirkungen zu erreichen wußte, beweisen seine drei Fresken an der unteren Wandzone der Sixtinischen Kapelle (seit 1481). In kurzer Zeit bemächtigt sich seine künstlerische Intelligenz des zuvor ungewohnten Formats: Im »Reinigungsopfer der Aussätzigen« wird das Zentrum in Fläche und Raum wie selbstverständlich hervorgehoben, die vielfigurigen Gruppen sind aus einer Ganzheitsvorstellung des Bildfeldes heraus miteinander verbunden, Vorder-, Mittel- und Hintergrund leiten kontinuierlich ineinander über.

Im Spätwerk gewinnt die Linie zunehmend an Empfindsamkeit (92 Silberstiftzeichnungen zu Dantes »Göttlicher Komödie«) oder an erregter Ausdruckskraft (»Verkündigung«, Florenz, Uffizien, 1490–1495). Der religiöse Eifer, der in den letzten Gemälden anschaulich wird, mag durch die Bußpredigten Savonarolas mitbedingt sein, ist aber in der Entwicklung Botticellis spätestens seit seiner Reifezeit vorbereitet. Mit seinem Tod im Jahre 1510 findet die Malerei des 15. Jahrhunderts in Italien ihren Abschluß.
Abbildungen:
90 Minerva und Kentaur, um 1482
104 Mars und Venus, um 1480
106 Madonna del Magnificat, um 1481/82
106 Beweinung Christi, nach 1490
107 La Primavera (Der Frühling), um 1477/78
107 Die Geburt der Venus, um 1485

BOUCHER François
1703 Paris – 1770 Paris
Sein Vater, ein Entwurfszeichner für Stickmuster und Ornamente, gab den 17jährigen zu François Lemoine in die Lehre. Angeblich blieb er dort nur drei Monate, um dann bei dem Kupferstecher Jean François Cars zu arbeiten. Schon 1723 bekam er den Grand Prix de Rome, doch ging er erst vier Jahre später nach Italien. Nach seiner Rückkehr 1731 wurde er als Historienmaler in die Akademie aufgenommen und 1734 deren Mitglied. Eine glänzende Laufbahn führte ihn von der Professur, dem Rektorat und dem Direktionsposten der Akademie zur Leitung der Königlichen Gobelinmanufaktur (1755) und schließlich zur Ernennung als »Premier Peintre du Roi« (1765). Die wesentlichen Quellen, aus denen der junge Boucher seinen Stil entwickelt, sind Bloemart, Rubens und Watteau. Pastorale und Idylle durchziehen in jugendlichen, bisweilen kindlichen Diminutiven sein Werk. Eine raffinierte Künstlichkeit kennzeichnet seine Naturdarstellungen, unter denen es auch die reine Landschaft als Bildaufgabe gibt. Die Erotik seiner Schäferinnen und Schäfer ist die Delikatesse der Unschuld. Auch die Mythologie mit Venus im Mittelpunkt des Interesses wird nur im Sinne des Amourösen und Sinnlichen behandelt, alle heroischen Seiten sind so gut wie vergessen; an die Stelle des Olymps ist das aus der Schlüssellochperspektive gesehene Boudoir getreten. Auch als Porträtist ist Boucher der Maler, in dessen Werk sich das Rokoko am ungetrübtesten verwirklicht. Boucher hat in seinen letzten Schaffensjahren noch die erbitterte Kritik der neuen Moral und des neuen Pathos zu spüren bekommen, wie sie Diderot verfocht.
Abbildungen:
336 Die Toilette der Venus, 1751
354 Die Erziehung Amors, 1742
354 Die Rückkehr Dianas von der Jagd, 1745
355 Das Frühstück, 1739
356 Ruhendes Mädchen (Bildnis der Louise O'Murphy), 1752

BOURDON Sébastien
1616 Montpellier – 1671 Paris
Bourdons Leben war unstet. Mit sieben Jahren ging er in Paris in die Lehre, mit 14 malte er bereits die Decke in einem Schloß bei Bordeaux aus. Kurz darauf ging er, da ohne Aufträge, zum Militär, wurde wieder entlassen und zog 1634 nach Rom, wo er für einen Kunsthändler bravourös im Stil Claude Lorrains Sacchis, Poussins, Castigliones und L. Carraccis malte. Die brillante Technik und die geniale Fähigkeit, Stile anderer nachzuempfinden, standen einer persönlichen Entwicklung Bourdons im Wege. 1637 kehrte er, da er sich als Hugenotte in Rom religiös verfolgt fühlte, nach Paris zurück und stellte dort erneut für einen Kunsthändler »italienische« Jagd- und Schlachtengemälde her. Unter Zeitgenossen genoß Bourdon hohes Ansehen. 1648 gehörte er zu den Begründern der Académie Royale, wo er einen Lehrstuhl innehatte und 1655 zum Rektor ernannt wurde. 1652 war er für kurze Zeit als Hofmaler Königin Christines nach Schweden gereist und schuf dort deren Reiterbildnis (Madrid, Prado). In Paris stattete er die später zerstörte Galerie des Hôtel de Bretonvilliers aus, was, erhaltenen Zeichnungen zufolge, wohl seine beste und individuellste Leistung war.
Abbildung:
251 Die Auffindung des Mosesknaben, um 1650

BOUTS Dieric (auch: Dierick, Dirk)
um 1410–1420 Haarlem – 1475 Löwen
Bouts darf neben Memling als bedeutendster Nach-

folger van der Weydens gelten. Über Lehrzeit und Frühwerk wissen wir wenig. Wenn Bouts nicht unmittelbar Schüler Rogiers gewesen sein sollte, so hat er doch von seinem Werk die nachhaltigsten Einflüsse erfahren und setzt dessen Tendenzen bis zum Grad einer gewissen Radikalität fort: Vertikalisierung in Architektur und Figur, Zurücktreten des Körperlichen hinter dem kostbaren, kleinteilig gestalteten Gewand, Reduzierung des Individuellen zugunsten von Typisierung. Ob wir hierin erste Kennzeichen einer spezifisch nordniederländischen Kunst mit tendenziell protestantischen Zügen sehen dürfen oder ob Bouts ein spezifischer Vertreter der allgemeineuropäischen »Regotisierungswelle« nach der Mitte des Jahrhunderts ist, läßt sich schwer entscheiden. Jedenfalls steigern sich die genannten Charakteristika vom Abendmahlsaltar in Löwen (1464–1467) zu den Gerechtigkeitsbildern in Brüssel (seit 1468). 1475 wird Bouts erstmals in Löwen urkundlich erwähnt, wo er zehn Jahre zuvor die angesehene Bürgerin Katharina van der Brugghen geheiratet hatte. Seitdem arbeitet er in Löwen als hochangesehener Maler. Die letzte urkundliche Erwähnung stammt vom 17. April 1475. Schwierigkeiten bereitet noch immer die Abgrenzung seines Werks, u.a. gegen das seines Sohnes Dieric Bouts d.J. So läßt sich auch das Maß seiner künstlerischen Spannweite nicht genau bestimmen. Sollte der als »Perle von Brabant« bekannt gewordene Flügelalter in München sein Werk sein, wäre er einer der größten Landschaftsmaler seiner Generation.

Abbildungen:
130 Feuerprobe der Gräfin vor Kaiser Otto III., um 1470–1475
130 Abendmahl, 1464–1467

BRAQUE Georges
1882 Argenteuil-sur-Seine – 1963 Paris
In Le Havre ging Braque zu einem Dekorationsmaler in die Lehre, bevor er seit 1900 in Paris studierte. Dort besuchte er die Académie Humbert und 1903 für kurze Zeit die École des Beaux-Arts. Die Ausstellung der Fauves 1905 beeindruckte ihn so stark, daß er sich dieser Bewegung anschloß. Im Unterschied zu den übrigen Fauves bevorzugte er gebrochene Farben: Violett und Rosa. Die Cézanne-Gedächtnisausstellung 1907 und die Bekanntschaft mit Picasso, in dessen Atelier er die »Demoiselles d'Avignon« (Abb. S. 569) sah, änderten seine Richtung. Das Ergebnis waren einander durchdringende Flächen und bogige Ebenen, ein Bausystem von Volumen, die der Kritiker Louis Vauxcelles 1908 als Kuben bezeichnete. Gleichzeitig schränkte Braque die Farbe zugunsten der Form auf wenige Töne ein. Es folgte 1909–1912 die Periode des analytischen Kubismus, in der die Gegenstände zugunsten einer flächigen Struktur fast bis zur Unkenntlichkeit facettiert wurden. Der Auflösung folgte nach 1912 die großflächige, wieder zusammenfassende Darstellung des synthetischen Kubismus mit seiner kompositorischen Einheit. Bis zum Beginn des Ersten Weltkrieges, als Braque eingezogen wurde, arbeitete er eng mit Picasso zusammen. Als Braque nach einer Verwundung 1917 wieder zu malen begann, entwickelte er unabhängig von den Kunstströmungen seinen Individualstil, der auf seiner fauvistischen und kubistischen Erfahrung aufbaute. Die Form verband sich wieder mit der Farbe. Braque malte monumentale Figuraldarstellungen sowie die Reihen der Kamin- und Tischbilder. Auch die Landschaft fand wieder Beachtung. Nach dem Zweiten Weltkrieg entstanden die Atelier- und die Vogelbilder, in denen sich Gegenstände und Raum durchdringen und Strenge sich mit Poesie verbindet. Die Atelierbilder gelten als die Krönung von Braques Lebenswerk.

Abbildungen:
548 Obstschale und Glas, 1912
572 Der Portugiese, 1911
572 Das Duo, 1937
573 Stilleben mit Fruchtschale, Flasche und Mandoline, 1930

BRAUNER Victor
1903 Piatra Neamt (Rumänien) – 1966 Paris
Nach einem Studium an der Akademie der Schönen Künste in Bukarest in den Jahren 1921–1924 und einem ersten Aufenthalt in Paris 1925 übersiedelte Brauner 1930 in die französische Hauptstadt. Er lernte Brancusi, Giacometti und Tanguy kennen und schloß sich 1933 den Surrealisten an, deren Ideen er zwischen 1935 und 1937 in Bukarest zu verbreiten suchte. Im August 1938 verlor er ein Auge bei dem Versuch, einen Streit zu schlichten, nachdem er sich bereits sieben Jahre zuvor als Einäugiger porträtiert hatte. Brauner flüchtete 1940 zunächst in die Pyrenäen, dann in die Alpen, wo er mangels anderer Utensilien das Malen mit Wachs für sich entdeckte. In den Jahren der Einsamkeit entwickelte er eine umfassende private Mythologie, die er mit seinen Bildern und auch durch Gedichte darzustellen suchte. 1945 kehrte er nach Paris zurück und brach 1948 mit den Surrealisten. Nach mehreren schweren Krankheiten zog er sich 1953 für drei Jahre an die Côte d'Azur zurück, wo er mit den Keramikern in Vallauris zu arbeiten begann. In den fünfziger Jahren entstanden, angeregt durch die Existenzphilosophie Heideggers, zahlreiche Bilder, die sich prophetisch mit dem Tod auseinandersetzten.

Abbildung:
612 Der Spiegel des Unerschaffenen (Miroir de l'incréé), 1945

BREUGHEL Jan d.Ä.
(auch: Bruegel, Brueghel, Breugel)
1568 Brüssel – 1625 Antwerpen
Wegen seiner Vorliebe für bestimmte Sujets und leuchtende Emailfarben erhielt Jan, der zweite Sohn Pieter Breughels d.Ä., den Beinamen »Samt«- oder »Blumen«-Breughel. Für seine Malerei, die sich durch eine verfeinerte Technik und miniaturhafte Delikatesse von der seines Vaters unterscheidet, wurden seine Großmutter, eine Miniaturmalerin, und seine Lehrer wie Pieter Goetkint oder Gillis van Coninxloo jedoch wichtiger. Von 1589–1596 reist Breughel nach Italien, arbeitet 1593/94 in Rom und steht 1596 in Diensten des Kardinals Federigo Borromeo in Mailand, der sein Gönner wurde. 1597 kehrt er nach Amsterdam zurück und wird Mitglied der Lukasgilde. 1610 ernennt ihn der Erzherzog von Österreich, Statthalter der Niederlande, zum Hofmaler. Breughel war reich und geehrt, besaß mehrere Häuser in Antwerpen und eine erlesene Kunstsammlung. Mit Rubens war er befreundet und malte mehrere Bilder mit ihm gemeinsam. Von Breughel stammt der prachtvolle Blumenkranz der Rubensschen »Madonna im Blumenkranz« (München, Alte Pinakothek), während Rubens die Figuren von Adam und Eva in Breughels »Paradies« (Den Haag, Mauritshuis) malte. Neben historischen Szenen, paradiesischen Tierbildern und Genreszenen ist er vor allem als Maler von Landschaften mit oft miniaturhaft fein ausgeführten Menschen- und Tierstaffagen im Vordergrund und Blumenstücken berühmt. Bezeichnend ist seine Mitarbeit als Spezialist für solche »Zutaten« in Bildern von Frans Francken, Hans Rottenhammer oder Momper.

Abbildungen:
279 Der Einzug in die Arche, 1615
288 Großer Fischmarkt, 1603
288 Landschaft mit Windmühlen, o.J.
289 Die Heilige Familie, o.J.

BREUGHEL Pieter d.Ä.
(auch: Bruegel, Brueghel, Breugel)
um 1525–1530 Breda (?) – 1569 Brüssel
Der auf seine Darstellungen aus dem bäuerlichen Leben, die Sprichwortbilder und Genreszenen zurückgehende Beiname als »Bauernbreughel« engt den Blick auf den bedeutendsten niederländischen Maler des 16. Jahrhunderts unzulässig ein. Breughel durchdrang in seinen szenischen Darstellungen aus dem Leben der Bauern und der sozial Unterprivilegierten die äußere Erscheinung in Richtung auf allgemein-menschliche Sinngehalte wie die Torheit der Welt (»Blindensturz«, Neapel, Museo Nazionale di Capodimonte, 1568), die Vergänglichkeit materieller Werte (»Schlaraffenland«, Abb. S. 205) oder das Verhängnis übersteigerten Machtbedürfnisses (die verschiedenen Fassungen des »Turmbaus zu Babel«, Abb. S. 205). In mancher Beziehung knüpft Breughel hier an das Werk von Bosch an. Zweifellos gehört Breughel – etwa in der kleinteiligen Zerlegung der Kompositionen (»Sprichwortbilder«, Abb. S. 204) oder in der Suggestion von Bewegungsabläufen (»Blindensturz«) – der gesamteuropäischen Phase des Manierismus an. Andererseits aber wird er in seinem späteren Werk durch eine neue Ganzheitsvorstellung der Bildstruktur bei Steigerung des Figurenmaßstabes zu einem der wichtigsten Wegbereiter des Barocks nördlich der Alpen. Ohne daß sich im einzelnen Einflüsse nachweisen ließen, dürfte Breughels Aufenthalt in Italien während der fünfziger Jahre, der ihn bis in den Süden der Halbinsel führte, diesen Wandel mitbestimmt haben. Einzigartig in der gesamten europäischen Malerei des 16. Jahrhunderts ist Breughels Bedeutung als Landschaftsmaler. In den »Monatsbildern«, die um 1565 entstanden, entfaltet sich eine elementare Kraft der Farbe, die weit ins 17. Jahrhundert vorausweist (Abb. S. 206).

Abbildungen:
204 Sprichwörter, 1559
205 Der Turmbau zu Babel, 1563
205 Das Schlaraffenland, 1566
206 Kornernte 1565
206 Jäger im Schnee, 1565

BROEDERLAM Melchior
nachweisbar 1381–1409 in Ypern (Westflandern)
Personen seines Namens sind schon vorher in Ypern nachweisbar. Doch erfahren wir nichts über seinen Werdegang und die Dinge, die ihn künstlerisch berührt haben. Bei ihm haben, wie in so vielen Fällen, der Bildersturm und die vielen Kriege im flämisch-französischen Grenzgebiet alles zerstört. Ohne den in der Kartause von Dijon erhaltenen Altar wäre er für uns nicht existent, außer aus den schriftlichen Quellen. Aus ihnen aber erfahren wir, daß er in hohem Ansehen bei Herzog Philipp dem Kühnen von Burgund stand, daß er dessen Hofmaler und Kammerdiener (ein Hofamt) war. Er gestaltete vor allem das Schloß Hesdin mit aus, das eines der reichsten und bestausgestatteten Schlösser der damaligen Zeit gewesen ist. Als Hofmaler schuf er Porträts, machte aber auch Entwürfe für Kostüme. Wir erfahren, daß er den Altar nach Dijon begleitet hat, aber auch, daß er in Paris war. In seinen beiden erhaltenen Bildern in Dijon, die einen Schnitzaltar von Jacques de Baerze rahmen, zeigt er sich als ein Maler, der in der Gestaltung von Lichtwirkungen und der Abstufung von Tonfolgen so reich und fein ist, daß man vor seinen Bildern spürt, wie notwendig die Verfeinerung der alten Technik zur Ölmalerei geworden ist.

Abbildung:
61 Darstellung im Tempel und Flucht nach Ägypten, 1394–1399

BRONZINO Agnolo
(Agnolo Tori, Agnoli di Cosimo)
1503 Monticelli (bei Florenz) – 1572 Florenz
Nach einer Lehrzeit bei Raffaelino del Garbo wurde der junge Maler 1522 Mitarbeiter Pontormos an dessen Fresken in der Certosa di Galuzzo bei Florenz und erhielt hier die für seine Zukunft entscheidenden künstlerischen Impulse. Allerdings wandte sich Bronzino zunehmend von den spirituellen Tendenzen Pontormos zugunsten eines hochkultivierten, distanzierten Ästhetizismus ab. 1539 war Bronzino an den Dekorationen für die Hochzeit Cosimos I. de' Medici mit Eleonora von Toledo beteiligt und gewann dabei in so hohem Grade die Wertschätzung der Medici, daß er deren Hofmaler und bevorzugter Porträtist wurde. Seine meist in kühlen Farben gemalten Bildnisse, in denen die Figuren häufig silhouettenartig vor den Grund gestellt werden, gehören zu den kulti-

viertesten Leistungen dieser Gattung im gesamten 16. Jahrhundert. Während eines Aufenthalts in Rom 1546–1548 studiert Bronzino besonders die Werke Raffaels und Michelangelos, dessen Figurenerfindungen etwa in dem Fresko mit dem »Martyrium des hl. Laurentius« (Florenz, San Lorenzo, 1565–1569) nachklingen. Im Spätwerk entwickelt sich Bronzino unter dem Einfluß der damals modernsten theoretischen Schriften zum Erfinder verschlüsselter allegorischer Darstellungen, in denen sich kühle Sinnlichkeit und kunstvoll-künstlerische Komposition die Waage halten. Die Farboberfläche erhält nicht selten eine emailartige Glätte.

Abbildungen:

159 Eleonora von Toledo und ihr Sohn Giovanni, um 1545

180 Allegorie der Liebe (Venus und Cupido), vor 1545

BROUWER Adriaen

um 1605/06 Oudenaarde (Flandern)–1638 Antwerpen

Von Geburt ist Brouwer Flame, der Ausbildung nach Holländer. Nach dem Tode des Vaters geht er mit 16 Jahren vermutlich nach Antwerpen, 1625 ist er in Amsterdam, im Jahr darauf in Haarlem. Aus dieser Zeit sind Kontakte zu Frans Hals anzunehmen. 1631 ist er wieder in Antwerpen, wird Mitglied der Lukasgilde und besitzt eine kleine Werkstatt. Brouwer war ständig verschuldet und verbrachte einige Monate im Gefängnis, aus dem er vermutlich dank Rubens' Vermittlung, der 17 Gemälde von ihm besaß, wieder freikam. Nach seinem frühen Tod durch die Pest stritten sich sieben Gläubiger um seinen Nachlaß. Mit Brouwers Werk verbindet sich die Vorstellung von kartenspielenden, rauchenden, saufenden und raufenden Bauern – neben »Operationen« beim Dorfarzt sein bevorzugtes Sujet. Während das Frühwerk noch von kräftiger Farbe ist, zeigen die reiferen Arbeiten unter dem Einfluß von Hals ein toniges, dunkelbraunes Kolorit von hohem malerischen Reiz und genauer psychologischer Beobachtung. Brouwer gilt als der beste Bauernmaler nach Breughel, die Alte Pinakothek in München besitzt mit 16 Bildern die größte Sammlung seiner Werke.

Abbildungen:

311 Dorfbaderstube, o.J.

311 Rauchende und trinkende Bauern, um 1635

BRUEGEL, BRUEGHEL → Breughel

BRUGGHEN → Terbrugghen

BURGKMAIR Hans d. Ä.

1473 Augsburg–1531 Augsburg

Nach ersten Unterweisungen bei seinem Vater ging Burgkmair zu Schongauer in Colmar in die Lehre, dessen Stil sein Jugendwerk nachhaltig beeinflußte. Für die Zeit nach 1490 dürfen wir Wanderjahre in Oberitalien vermuten, wo er sich wohl vor allem in Venedig aufgehalten haben wird. 1498 läßt sich Burgkmair endgültig in Augsburg nieder und übernimmt die Werkstatt des Vaters. Für sein rasch wachsendes Ansehen zeugen repräsentative Aufträge (u. a. die »Basilikabilder« für das Katharinenstift, heute Augsburg, Altdeutsche Galerie, 1501–1504). Herrscht hier in der Tradition des späten 15. Jahrhunderts noch das sorgfältig ausgeführte Detail über den Gesamtaufbau der Komposition, so findet Burgkmair später unter dem Eindruck der Auseinandersetzung mit Italien zur monumentalen Form der Hochrenaissance und zu leuchtend-warmer Farbigkeit (»Johannesaltar«, Abb. S. 89, 1519). Als Zeichner für den Holzschnitt beteiligte sich Burgkmair 1512–1518 vor allem an einigen großen Aufträgen Kaiser Maximilians (Weißkunig, Theuerdank, Triumphzug Kaiser Maximilians). Bei der Öffnung der Augsburger Kunst zur Renaissance kommt Burgkmair eine Schlüsselstellung zu.

Abbildung:

89 Johannes der Evangelist auf Patmos, 1518

BURNE-JONES Edward Coley

1833 Birmingham–1898 London

Über den Umweg eines Theologiestudiums fand Burne-Jones durch die Freundschaft mit William Morris zur Kunst und bildete mit ihm und Rossetti den Kern der Bruderschaft der »Präraffaeliten«. Ein reiches, vielfältiges Werk ist von ihm erhalten: Gemälde, Zeichnungen, Entwürfe, Illustrationen. Darüber hinaus setzte er sich, wie die anderen Mitglieder der Gruppe, ernsthaft mit dem Kunsthandwerk auseinander und war damit vorbereitend für die Art-Nouveau-Bewegung. Entwürfe für Innendekorationen, Möbel, Glasfenster, Kacheln, Tapeten, Wandteppiche und Wandmalereien stammen von seiner Hand. Burne-Jones war auch Mitglied der Firma Morris, Marshal, Faulkner and Co. Seine Verehrung der italienischen Renaissancemalerei ist deutlich an seinen Gemälden zu erkennen. Er stellte mythologisch-allegorische Stoffe dar und solche aus der Sagenwelt und Geschichte. Bei der Gestaltung spielen heroisierte Frauengestalten, manchmal mit dem Ruch des Bösen, eine wichtige Rolle. John Ruskin zählte zu seinen Freunden und Bewunderern. 1890 wurde Burne-Jones in die Royal Academy gewählt, eine Ehrung, die er nach drei Jahren wieder zurückgab.

Abbildung:

526 König Cophetua und das Bettlermädchen, 1884

BURRI Alberto

1915 Città di Castello (Umbrien)–1995 Nizza

Burri studierte von 1934–1939 in Perugia Medizin. Anschließend diente er als Arzt der italienischen Armee vier Jahre in Nordafrika. In dieser Zeit begann er sich mit Malerei zu beschäftigen. Nach seiner Rückkehr aus amerikanischer Kriegsgefangenschaft 1945 gab er die Medizin auf und widmete sich ganz der Malerei. 1949 entstanden seine ersten abstrakten Gemälde. Zusammen mit Giuseppe Capogrossi, Ettore Colla und anderen gründete er 1951 in Rom die »Gruppo Origine«. Dann übersiedelte Burri in die Vereinigten Staaten, wo er seinen Lebensunterhalt durch Kunstunterricht verdiente. Seit 1960 arbeitete er wieder in Rom. Seine Arbeiten sind abstrakte, dem Informel nahestehende Materialbilder, teils Collagen, teils Materialmontagen. Farbe und die jeweilige Zuständlichkeit seiner Materialien haben in seinem Werk einen starken Aussagecharakter. In einer weiteren Werkgruppe seit den frühen sechziger Jahren experimentierte er mit verbranntem Kunststoff.

Abbildung:

643 Sack Nr. 5, 1953

CAILLEBOTTE Gustave

1848 Paris–1894 Gennevilliers (bei Paris)

Der Sohn einer bürgerlichen Familie erbte 1873 das große Vermögen seines Vaters und war zeitlebens finanziell unabhängig. 1870 schloß er sein Jurastudium ab und wurde 1873 an der École des Beaux-Arts in Paris aufgenommen. Seitdem hatte er erste Kontakte zu den Impressionisten und lernte Monet kennen. Motive seiner unmittelbaren Umgebung – Familie, Straßenszenen und Arbeitsleben – und Szenen von seinen Sommeraufenthalten in Yerres, vor allem Bootspartien, waren seine häufigsten Themen. 1876 stellte er erstmals auf der II. Impressionistenausstellung aus, die folgenden finanzierte und organisierte er mit. Caillebotte war großzügiger Mäzen seiner Malerkollegen Monet, Renoir, Sisley und Pissarro, indem er Ausstellungen unterstützte und selbst zahlreiche Bilder kaufte. 1883 vermachte er seine bedeutende Sammlung impressionistischer Bilder testamentarisch dem französischen Staat unter der Bedingung, daß die 67 Bilder zusammen im Louvre aufgenommen werden. Nach seinem Tod 1894 durch Schlaganfall verweigerte das Institut de France auf skandalöse Weise die Annahme der Schenkung, besonders wegen der Werke Cézannes. Erst seit 1928 ist die Sammlung Bestandteil des Louvre, heute im Musée d'Orsay untergebracht.

Abbildung:

505 Straße in Paris, ein Regentag, 1877

CAMPIN Robert

um 1380 Tournai (?)–1444 Tournai

Die neuere Forschung ist sich weitgehend darin einig, den lange Zeit unter dem Notnamen »Meister von Flémalle« (benannt nach einem Triptychon, das aus der Abtei Flémalle bei Lüttich stammen soll und das sich heute im Städelschen Kunstinstitut in Frankfurt am Main befindet) bekannten Maler mit Robert Campin zu identifizieren. Das Problem ist nicht restlos gelöst, da Campin zwar urkundlich ausreichend bezeugt ist, aber kein signiertes Werk hinterlassen hat. Man hat auch versucht, ihn mit dem jungen van der Weyden gleichzusetzen; doch sind bei allen stilistischen Zusammenhängen die Unterschiede so groß, daß eher ein Lehrer-Schüler-Verhältnis anzunehmen ist. Campin wurde um 1380 in Tournai geboren, wo er 1406/07 Meister wurde und wohl 1427–1432 Lehrer van der Weydens war. Zusammen mit den Brüdern van Eyck darf er als der Begründer der niederländischen Malerei der Frührenaissance gelten. Offenbar aus dem Kreis der burgundischen Kunst um die Brüder von Limburg herausgewachsen, deren Einfluß in den Frühwerken noch nachklingt (»Vermählung und Verkündigung Mariae«, Madrid, Prado, um 1410), wendet sich Campin sehr bald der Wiedergabe der dreidimensional modellierten Figur und der Erschließung der Bildtiefe zu (»Anbetung der Hirten«, Dijon, um 1420). Beide Gestaltungsaufgaben gipfeln in den Werken der Spätzeit, in denen sich der Maler geradezu mit Besessenheit um perspektivische Raumkonstruktionen bemüht (der nach seinem vormaligen Aufbewahrungsort so genannte Mérode-Altar, New York, Metropolitan Museum, um 1430; Werl-Altar, Abb. S. 126).

Abbildungen:

86 Verkündigung, o.J.

126 Die hl. Barbara am Kamin, 1438

126 Bildnis eines Mannes, um 1435

CANALETTO

(Giovanni Antonio Canal)

1697 Venedig–1768 Venedig

Canaletto erlernte als Sohn eines Bühnen- und Perspektivmalers das Handwerk der Theatermalerei, was für sein späteres Werk von entscheidender Bedeutung werden sollte. 1719 knüpfte er in Rom Kontakte zu dortigen Vedutenmalern. Die Bekanntschaft mit Pannini, Vanvitelli und Carlevarijs schlägt sich in seinen frühen Arbeiten in der kräftigen, kontrastreichen Licht- und Schattenbehandlung nieder. Neben der Vedute hat Canaletto in seiner Frühzeit auch Architekturphantasien und Ruinencapricci gemalt. Seine Bilder waren vor allem bei englischen Sammlern begehrt, und er stand in Kontakt mit Handelsagenten, die seine Hauptabnehmer wurden. Reisen nach England folgten der Nachfrage von dort, wo er Ansichten von London und die Landsitze seiner Auftraggeber malte. Diese Veduten sind bereits in dem neuen aufgehellten und kristallklaren Kolorit gearbeitet, das Canalettos Palette seit den dreißiger Jahren bestimmt – Eigenschaften, die er bis zu einem gewissen Grade auch in seine Graphik zu übernehmen verstand. Die Vermeidung kräftiger Hell-Dunkel-Kontraste im mittleren und späten Werk hat zu der irrigen Auffassung geführt, Canaletto habe sich zu einem Maler antibarocker Richtung gewandelt. In Wahrheit gehört seine Lichtmalerei in den barocken Kontext, auch wenn seine Entdeckungen in der farbigen Wiedergabe des Fernbildes der Freilichtmalerei des 19. Jahrhunderts den Weg bereitet haben.

Abbildungen:

338 Die Lagune von San Marco und die Abfahrt des Bucintoro am Himmelfahrtstag, um 1735–1741

370 Innenhof des Castle of Warwick, 1751

370 Regatta auf dem Canale Grande, nach 1735

371 Campo San Vitale und Santa Maria della Carità in Venedig (Das Quartier der Steinmetzen), um 1726/27

CANALETTO → Bellotto

CANO Alonso
1601 Granada–1667 Granada
Cano, eines der vielseitigsten spanischen Talente des 17. Jahrhunderts, lernte das Architekturzeichnen bei seinem Vater, dem Schreiner und Altarbauer Miguel Cano, das Bildhauerwerk bei Juan Martinez Montanés in Sevilla und die Malerei von 1616–1621 bei Francisco Pacheco, dem Lehrer von Velázquez. Sein bekanntestes architektonisches Werk ist die Fassade der Kathedrale von Granada mit ihrem theatralisch-barocken Triumphbogenmotiv. Durch die Vermittlung von Velázquez hatte ihn der König zu seinem Hofmaler und zum Zeichenlehrer des Infanten Balthasar Carlos gemacht. 1643 entstanden Idealbildnisse gotischer Könige für den Alcázar, in denen sich Cano als ein individueller Maler erweist, dem der Vorwurf des Eklektizismus oft zu Unrecht gemacht wird: Große, fast plakative Farbflächen erinnern an Reni, die innere Haltung jedoch ist in ihrer realistischen Beobachtung genuin spanisch und verbindet sich auf eigenwillige Weise mit einem phantasiereichen Historismus. Das Leben Canos war von dramatischer Bewegtheit. 1637 mußte er von Sevilla nach Madrid fliehen, nachdem er einen Duellgegner verletzt hatte. 1644 lastete man ihm die Ermordung seiner Frau an, verurteilte ihn zu Folter und Kerker, so daß er auf seine Güter nach Valencia flüchtete. 1650 wurde er durch Protektion des Königs Pfründner der Kathedrale von Granada, wurde nach Streitigkeiten mit den Klerikern entlassen, prozessierte, empfing in Madrid die Priesterweihe und wurde 1660 als Subdiakon in Granada wieder aufgenommen, wo er in bitterer Armut starb.
Abbildung:
265 Das Brunnenwunder des hl. Isidor, um 1646–1648

CAPELLE Jan van de (auch: Cappelle)
um 1624/25 Amsterdam–1679 Amsterdam
Der vermögende Sohn eines Tuchhändlers gehört zu den bedeutendsten holländischen Marinemalern, obwohl er keine Ausbildung erhielt und die Malerei – durch das Studium der Zeichnungen Simon de Vliegers angeregt – aus Liebhaberei betrieb. Er konnte es sich leisten, sich von Frans Hals und Rembrandt porträtieren zu lassen, und hinterließ bei seinem Tod nicht nur ein großes Barvermögen, sondern auch eine bedeutende Gemäldesammlung mit 197 Bildern, darunter solche von Rembrandt, Hals, van Goyen, Brouwer und van de Velde. Capelles Seestücke, meist in der Stimmung des frühen Morgens oder Abends gemalt, zeigen Schiffe auf ruhiger See oder in breiten Flußmündungen mit den Reflexen des Sonnenlichts auf Wasser, Wolkenhimmel und Schiffssilhouetten. Weniger bedeutend sind seine Winterlandschaften, kleine dörfliche Idyllen im Stil des Aert van der Neer, von denen etwa vierzig erhalten sind.
Abbildung:
326 Segelboote im Hafen, 1650

CARAVAGGIO
(Michelangelo Merisi, Amerighi da Caravaggio)
1537 Caravaggio (bei Mailand)–1610 Porto Ercole
Michelangelo Merisi wurde als Sohn eines herzoglichen Baumeisters in Caravaggio geboren. Seine erste Ausbildung erhielt er bei einem wenig bedeutenden Tizian-Schüler. 1592 ging er nach Rom, wo er sich mit Dutzendarbeiten durchschlägt. Der Kontakt mit Cesare d'Arpino, dem meistgefragten Maler und Kunstunternehmer im Rom der Jahrhundertwende, bringt ihm zwar Anerkennung, aber noch keine wirtschaftliche Selbständigkeit. Über den Kunsthandel lernt Caravaggio seinen ersten Mäzen kennen, den Kardinal del Monte, der ihm nicht nur Gelegenheit, selbständig zu arbeiten, sondern auch den ersten öffentlichen Auftrag für die Contarelli-Kapelle in San Luigi dei Francesi verschafft. Hier findet Caravaggio zum erstenmal zu der charakteristischen Behandlung des Lichtes, das von außen schlagartig und gebündelt in das Dunkel der Bildwelt eindringt und dort eine überscharf modellierte und zugleich verfremdete Wirklichkeit entstehen läßt.

Seitdem reißen die offiziellen Aufträge nicht mehr ab. Caravaggio, der ein stadtbekannter Raufbold und streitsüchtig war, kann sich nur durch höchste Protektion auf freiem Fuß halten. Als er 1606 in einen Mord verwickelt wird, muß er fliehen. Auf den Besitzungen des Fürsten Marzio Colonna findet er ersten Unterschlupf; hier malt er die Wiener »Rosenkranzmadonna«. Sein weiterer Weg führt nach Neapel, wo ausschließlich religiöse Bilder entstehen. Auf Malta gelingt es ihm, Aufnahme bei den Johanniter-Rittern zu finden, deren Großmeister Alof de Wignacourt er mehrmals porträtiert. 1608 wird ihm der Titel eines »Cavaliere d'Obbedienza« verliehen. Die künstlerisch fruchtbare Malteser Periode wird durch Einkerkerung und erneute Flucht abgebrochen. Über Syrakus und Messina, wo einige Hauptwerke der Spätzeit entstehen, geht Caravaggio nach Palermo und schließlich wieder nach Neapel. Die Nachricht von seiner Begnadigung durch den Papst erreicht ihn, er schifft sich nach Porto Ercole ein, wo er, vielleicht irrtümlich, inhaftiert wird. Er kommt frei, doch das Schiff mit seiner Habe ist bereits abgesegelt. Ein heftiges Fieber wirft ihn nieder. Er stirbt, ohne Rom wieder betreten zu haben.

Die Hauptetappen dieser Biographie eines Unsteten und zum Schluß Gehetzten spiegeln sich, wenn auch auf unerwartete Weise, in seiner Malerei wider. Die helle, klare Farbgebung der römischen Frühzeit weicht kurz vor 1600 mit den ersten offiziellen Aufträgen fast übergangslos seinem berühmten Helldunkel, dessen Dynamik sich mit der Dramatik der Bilderzählung verbindet. Seit dem Aufenthalt in Malta mildert sich zunehmend die Heftigkeit dieser Kongruenz. Im Zuge einer offensichtlich forcierten Schnellmalerei verlieren die Farbschichten ihre homogene Dichte, der unbemalte, dunkel grundierte Bildgrund wird in ein weniger dichtes und kontrastreiches Gewebe von Helldunkelstrukturen miteinbezogen, die nun endgültig nicht mehr als bloße Darstellungen von Beleuchtung, als Licht und Schatten verstanden werden können, sondern Bestandteile einer zunehmenden geistigen Verinnerlichung sind.
Abbildungen:
214 Der junge Bacchus, um 1591–1593
228 Der Früchtekorb, um 1596
229 Die Wahrsagerin, um 1594/95
229 Christus und die Jünger in Emmaus, um 1596–1602
230 Bacchus, um 1598
231 Kreuzigung Petri, 1601
231 Grablegung Christi, um 1602–1604

CARPACCIO Vittore
um 1455 (1465?) Venedig (?)–1526 Venedig
Carpaccio ist der bedeutendste Schüler Gentile Bellinis. In dessen Werkstatt hat er die genaue Beobachtung des Details, die »Inszenierung« vielfiguriger Historienbilder, die Komposition großer Bildformate erlernt. Die künstlerischen Temperamente beider Maler aber weichen stark voneinander ab. Während Bellini als der große »Chronist« Venedigs im späten 15. Jahrhundert gelten darf, ist Carpaccio der geborene »Novellist«, der bedenkenlos getreu Abgebildetes und von der Legende Überliefertes mit frei Erfundenem mischt. Bei höherem künstlerischen Rang darf er eine Art Benozzo Gozzoli der venezianischen Malerei genannt werden. Sind etwa Gentile Bellinis Tafeln mit der »Legende des wahren Kreuzes« nur in ihrem großen Format denkbar, so ließen sich Carpaccios Zyklen auch als erstrangige Buchillustrationen vorstellen. Diesen Eindruck unterstützt nicht zuletzt die heitere, zuweilen fast an Pastelltöne grenzende Farbigkeit, die sich entschieden gegen die eher gegenstandsbezeichnende Palette des Lehrers absetzt. Carpaccio schuf seine Hauptwerke für Venedig. Einen ersten Höhepunkt bildet die Folge von neun großformatigen Tafeln mit Darstellungen aus der Legende der hl. Ursula (Abb. S. 122), 1502–1507 folgt ein Zyklus mit Szenen aus dem Leben der Heiligen Georg und Hieronymus für die Scuola di San Giorgio degli Schiavoni. Zahlreiche Tafelbilder, meist religiösen Inhalts, sind über viele europäische Sammlungen verstreut. In seiner »additiven« Erzählweise noch ganz der Frührenaissance verpflichtet, übernimmt Carpaccio in der wie von Licht erfüllten Atmosphäre seiner Landschaften und Innenräume sowie in der Vervollkommnung perspektivischer Konstruktion doch bereits die »modernsten« Neuerungen des späten Giovanni Bellini.
Abbildung:
122 Szene aus dem Leben der hl. Ursula, um 1491

CARRÀ Carlo
1881 Quargnento (Piemont)–1966 Mailand
Nach Kursen an der Mailänder Brera-Schule und Tätigkeit als freier Maler schloß sich Carrà 1909 dem Kreis der Futuristen an, deren Manifest er mit unterzeichnete. In Paris lernte er 1911 Modigliani, Picasso und Apollinaire kennen. Seine Arbeiten aus dieser Zeit verraten den Einfluß des Kubismus, sind aber dynamischer und thematisch nicht auf Atelierrequisiten beschränkt. Carràs Zugehörigkeit zu den Futuristen endete bereits 1915. Während seiner Militärzeit wurde er 1917 in Ferrara mit de Chirico und dessen Vorstellungen einer »metaphysischen« Malerei bekannt. Die Leidenschaftlichkeit der futuristischen Zeit weicht nun der Ruhe, einer tonigen Farbigkeit und einer konstruktiv gegliederten Gegenständlichkeit. Danach beginnen für Carrà die Beziehungen zur Tradition wieder wirksam zu werden. Er beschäftigte sich mit Masaccio, Uccello und Giotto. Mit der Wiedergeburt eines italienischen Realismus von schwermütiger Feierlichkeit gelang Carrà zum drittenmal ein wichtiger Beitrag.
Abbildung:
603 Sommer, 1930

CARRACCI Agostino
1557 Bologna–1602 Parma
CARRACCI Annibale
1560 Bologna–1609 Rom
CARRACCI Lodovico
1555 Bologna–1619 Bologna
In dem Terzett der Carracci war Agostino, Annibales älterer Bruder, der wohl malerisch am wenigsten bedeutende, zugleich aber als gelehrter Theoretiker wichtig, dessen Beteiligung an der Ausstattung des Palazzo Farnese vor allem die Konzeption von Programm und Ikonographie betraf; als Lehrer vertrat er den oft angegriffenen »akademischen Carraccismus«. Annibale entwickelte sich von einem manieristisch-bewegten Stil seiner Frühwerke (»Metzgerladen«, Oxford, Christ Church Library Collections) durch das Studium Correggios in Parma (1584/85) und der Werke Tizians und Veroneses zu einer sinnlichen Klassizität, die von einer inneren Unruhe und einer lebensnahen Natürlichkeit belebt wurde. So zeigt er sich bereits in den Fresken des Palazzo Farnese wie etwa im »Triumph von Bacchus und Ariadne« (Abb. S. 227). Die »Accademia del Naturale« später »degli Incamminati« genannte Schule, die er zusammen mit seinem Vetter Lodovico und seinem Bruder Agostino in Bologna gründete, hatte er schon 1595 verlassen. Aber nicht nur als Freskant, sondern auch als Schöpfer barocker Altarblätter erlangte Annibale in den 49 Jahren seines Lebens Bedeutung.

Lodovico war das Haupt der Schule, die er vor allem durch seine konsequente Abkehr vom Manierismus prägte; er bildete auch seine beiden jüngeren Vettern in seiner Bologneser Werkstatt aus. 1584 malte er mit ihnen in seiner Heimatstadt den Palazzo Fava mit Wandfriesen mythologischer Themen aus, die von seiten der Manieristen polemisch angegriffen und so zum Anlaß der Akademiegründung wurden,

wo die Carracci ihre Position künstlerisch und theoretisch vertraten. Vor allem in seinen sakralen Werken begegnet uns Lodovico als Maler neuer, natürlicher und inniger Gläubigkeit.
Abbildungen:
225 Der Bohnenesser, um 1580–1590
225 »Domine, quo vadis?« (Christus erscheint Petrus auf der Via Appia), um 1601/02
226 Steinigung des hl. Stephanus, um 1603/04
226 Beweinung Christi, 1606
227 Triumph von Bacchus und Ariadne, um 1595–1605

CARRIERA Rosalba Giovanna
1675 Venedig–1757 Venedig
Als Schülerin Giuseppe Diamantinis und Antonio Balestras machte sich Rosalba Carriera zunächst einen Namen als Miniaturporträtistin. August der Starke, König von Polen, ließ sich wiederholt von ihr porträtieren. Von ihrem Schwager Giovanni Antonio Pellegrini wurde sie offenbar zur Pastellmalerei angeregt. Mit ihrer konsequenten Anwendung dieser Technik auf das Porträt und der bis dahin unbekannten Perfektion in der Ausschöpfung der malerischen Möglichkeiten, die in dieser Zwischenform von Zeichnung und Malerei verborgen lagen, wurde die Carriera, wenngleich nicht zur Erfinderin des Pastells, so doch zur Schöpferin einer neuen, die Physiognomie des Zeitalters entscheidend charakterisierenden Bildform. Mit dreißig wurde sie Mitglied der Accademia di San Luca in Rom. Ihre Reise nach Paris 1720, wo sie Ludwig XV. als Dauphin malte (Dresden, Gemäldegalerie) und mit Watteau Bilder tauschte, wurde von großer Bedeutung für die französische Pastellmalerei.
Abbildung:
369 Bildnis eines jungen Mädchens, nach 1708

CASSATT Mary Stevenson
1845 Allegheny City (Pennsylvania)–1926 Le Mesnil-Théribus (Oise)
Die Tochter eines Bankiers zog 1851 mit der Familie nach Paris. 1853–1855 lebte sie in Heidelberg und Darmstadt. 1861–1865 studierte sie an der Pennsylvania Academy of Fine Arts in Philadelphia, danach im Atelier von Charles Chaplin in Paris. 1868 stellte sie erstmals im Salon aus. Während eines Studienaufenthalts 1871 an der Akademie Raimondi in Parma kopierte sie Correggio und Parmigianino, bewunderte Velázquez und Rembrandt. 1873 reiste sie nach Madrid, Sevilla, Belgien und in die Niederlande und kopierte vor allem Velázquez und Rubens, bevor sie sich endgültig in Paris niederließ. Dort traf sie 1877 Degas, der ihr riet, sich den Impressionisten anzuschließen. Degas und Renoir haben großen Einfluß auf ihre Malweise. Ihre bevorzugten Themen sind Porträts von Frauen und Kindern. Cassatt nahm an der IV. bis VI. und VIII. Impressionistenausstellung teil. 1891 hatte sie ihre erste Einzelausstellung bei Durand-Ruel. 1898 reist sie in die USA, 1901 nach Italien und Spanien, 1908 letztmals in die USA. 1910 wurde sie Mitglied der National Academy of Design in New York. 1914 erhielt sie die Goldmedaille der Pennsylvania Academy of Art. Cassatt erblindete zunehmend und mußte aufhören zu malen. Aufgrund ihres Einflusses weckte sie in Amerika Verständnis für die französischen Impressionisten; die Sammlung Havemeyer, die sich heute im New Yorker Metropolitan Museum befindet, geht auf ihre Initiative zurück.
Abbildungen:
539 Die Bootspartie, 1893/94
539 Kinder am Strand, 1884

CASTAGNO Andrea del
um 1421–1423 Castagno bei Florenz (?)–1457 Florenz
Das Werk Castagnos muß in engem Zusammenhang mit dem des älteren Uccello gesehen werden. Beide gehen in ihren Hauptwerken einerseits von Masaccio, andererseits von den großen Bildhauern der Frührenaissance aus. Ist für Uccello die Vervollkommnung der Möglichkeiten perspektivischer Darstellung Hauptanliegen, so für Castagno die Steigerung der körperlich-räumlichen Figurenerscheinung, wobei sich beide Bereiche naturgemäß vielfältig durchdringen. Über Castagnos Lehrzeit wissen wir nichts. Als er 1442 die Propheten im Gewölbe der Cappella di San Tarasio an Santa Zaccaria in Venedig malt – erster bedeutender Einstrom der Florentiner Frührenaissance in die venezianische Kunst –, ist sein Stil bereits voll entwickelt. Die engsten künstlerischen Beziehungen bestehen zu Donatello. Vermutlich zwischen 1445 und 1450 erhält Castagno umfangreiche Freskenaufträge für das Kloster Santa Apollonia in Florenz. Das Abendmahl im dortigen Refektorium ist eine wichtige Etappe auf dem Wege zu Leonardos Darstellung in Mailand. Die »Natürlichkeit« des Freskos beruht auf der virtuosen perspektivischen Konstruktion des Raumes, der mit dem Realraum zu verschmelzen bzw. diesen zu erweitern scheint, sowie auf den lebhaften Wendungen und Gebärden der lebensgroßen voluminösen Figuren. Vermutlich kurz nach 1450 entstand jener Freskenzyklus, in dem die Aufgabenstellung der gemalten Statue unmittelbar vorgegeben war: der Zyklus der »Uomini famosi« für die Villa Pandolfini in Legnaia bei Florenz (Abb. S. 98). Die Verarbeitung statuarischer Probleme wie auch die Orientierung an der Skulptur ziehen sich einem roten Faden gleich durch Castagnos Werk.
Abbildung:
98 Farinata degli Uberti. Aus dem Zyklus der »Uomini famosi«, um 1450

CÉZANNE Paul
1839 Aix-en-Provence–1906 Aix-en-Provence
In der Zeit der ersten Generation der Impressionisten geboren, auch zeitweilig ihrem Kreis angehörend, ging Cézanne immer seinen eigenen künstlerischen Weg. Er wurde mit seiner Kunst richtungweisend für viele Maler nachfolgender Generationen und ist als Wegbereiter der modernen Malerei anzusehen. Stark introvertiert, nie mit sich selbst zufrieden und kompromißlos arbeitete er, teils in Aix, teils in Paris, Auvers-sur-Oise, Pontoise, L'Estaque, später nur noch in seinem Heimatort. Eine langjährige, in der Schulzeit gegründete Freundschaft mit Zola zerbrach daran, daß Cézanne sich in einer Romanfigur Zolas, der eines erfolglosen Malers, wiederzuerkennen glaubte. Er litt unter der Ablehnung seiner Zeitgenossen, fühlte sich von nur wenigen verstanden und arbeitete unermüdlich, voller Zweifel darüber, ob er sein Ziel, die künstlerische Umsetzung seiner Wahrnehmungen und nicht nur deren Wiedergabe, auch erreichen würde. Finanziell war er immer von seinem Vater und dessen Erbe abhängig. Wenigstens in fortgeschrittenem Alter konnte er noch die Anerkennung seiner Kunst erleben.

Vom Vater für die Nachfolge in dem familieneigenen Bankhaus bestimmt, hatte er, nach einem abgebrochenen Jurastudium 1859/60, nur mühsam die Ausbildung als Maler durchgesetzt. Er besuchte 1862–1865 die Académie Suisse, studierte die alten Meister und wurde an der École des Beaux-Arts abgewiesen. Bis gegen 1870 malte er mit vollen, dicht aufgetragenen Farben erzählende Themen in einem später als »barock« bezeichneten Stil, versuchte sich auch an Stilleben, Porträts und im Atelier nach Skizzen gemalten Landschaften. Obwohl ihn Arbeiten anderer Maler tief beeindruckten, setzte er diese oft in karikierender Weise um, zum Beispiel Manets »Olympia« (Paris, Musée d'Orsay). Durch Pissarro kam er mit den Impressionisten zusammen, mit denen er 1874 und 1877 ohne Erfolg ausstellte. Pissarro überzeugte ihn auch von der Freilichtmalerei und wurde sein Mentor. Trotz dieser Beziehungen übernahm er nicht ungeläutert impressionistische Darstellungsweisen. Cézanne suchte sie zu überwinden und etwas »Solides und Dauerhaftes« zu leisten. Seine frühere ungestüme Malweise gab er auf, hellte seine Palette auf, versuchte durch Tonwerte zu modellieren, Formen und ihre Position im Raum auf ihre wesentlichen Merkmale zu reduzieren, der Wiedergabe einer Erscheinung einen tieferen Sinn durch Überlegung und Konstruktion zu geben.
Abbildungen:
486 Der Knabe mit der roten Weste, um 1888–1890
510 Die Kartenspieler, um 1885–1890
511 Stilleben mit Äpfeln und Orangen, um 1895–1900
511 Frau mit Kaffeekanne, um 1890–1895
512 Die großen Badenden, um 1895–1904
512 Mont Sainte-Victoire, vom Steinbruch Bibémus aus gesehen, um 1898–1906

CHAGALL Marc
1887 Liosno (bei Witebsk)–1985 Saint-Paul-de-Vence (bei Nizza)
Seine jüdische Herkunft und die dörfliche Atmosphäre haben Chagall nachhaltig geprägt. Er begann 1907 in St. Petersburg, Malerei zu studieren. 1910 reiste er nach Paris, wo er unter den Einfluß van Goghs und der Fauves geriet, Modigliani und vor allem die Kubisten kennenlernte, mit deren Formproblemen er sich auseinandersetzte. Durch Apollinaire ergab sich der Kontakt zu Herwarth Walden, in dessen Galerie »Der Sturm« er 1914 in Berlin seine erste Einzelausstellung hatte. Über Berlin kehrte er nach Rußland zurück, wo ihn der Ausbruch des Ersten Weltkrieges festhielt. In dieser Zeit erarbeitete sich Chagall die bruchlose Verbindung eigener Vorstellungen mit den Möglichkeiten der westlichen Avantgarde. Seine Themen kreisen um seinen Heimatort Witebsk. Als Chagall 1922 nach Frankreich übersiedelte, kamen neue Bildmotive hinzu: die Milde der mittelmeerischen Küste, der Eiffelturm, Notre-Dame und Pont-Neuf. Mit Vollards Auftrag, Nikolai Gogols »Tote Seelen« zu illustrieren, begann 1923 Chagalls umfangreiche und großartige Tätigkeit als Illustrator. Um 1925 entdeckte er die Zirkuswelt für sich. Sie beflügelte seine Phantasie und ließ das ursprünglich dunkle Glühen seiner Bilder in eine leuchtende Farbigkeit hinübergleiten. Früher vereinzelt, nun verstärkt erhoben sich Mensch und Kreatur märchenhaft in die Lüfte. Als die Kriegsdrohungen und politischen Spannungen zunahmen, änderte sich vorübergehend seine Thematik wie bei der symbolischen Komposition »Die weiße Kreuzigung« (Chicago, Art Institute) von 1938. Die Kriegsjahre und die ersten Jahre danach verbrachte Chagall in New York. Nach einer großen Ausstellung im Museum of Modern Art 1946 kehrte er 1947 nach Frankreich zurück, wo er seit 1950 seinen ständigen Wohnsitz in Vence hatte.
Abbildungen:
551 Doppelbildnis mit Weinglas (Bella und Marc), 1917
590 Ich und das Dorf, 1911
590 Der Geburtstag, 1915
591 Die Braut mit dem Blumenstrauß, um 1924/25

CHAMPAIGNE Philippe de
(auch: Philippe de Champagne)
1602 Brüssel–1674 Paris
Zuerst im Atelier Jean Bouillons, dann in der Werkstatt des Miniaturmalers Michel de Bourdeaux eignete sich Champaigne in seiner Heimat die hervorragenden technischen Kenntnisse an, die vor allem in der Oberflächenbehandlung von Stoffen für sein gesamtes späteres Werk signifikant sein sollten. 1620 trat er in die Werkstatt des Rubens-Freundes und Landschaftsmalerei Fouquières ein und damit in indirekten Kontakt zu Rubens. Dann aber ging er nach Paris, lernte Poussin kennen und arbeitete bei Georges Lallemand. 1628 mußte er den Vorsatz einer Italienreise aufgeben, da er als Nachfolger Duchesnes, dessen Tochter er heiratete, Hofmaler der katholischen Königinmutter Maria de' Medici wurde. Er arbeitete für das Palais du Luxembourg und stattete Kirchen mit Wandbildern aus. Bald eröffnete ihm die Gunst Ludwigs XIII. und Richelieus den Weg

zum anspruchsvollen Porträt, für das er in einer klassizistisch-verhaltenen Vornehmheit und Knappheit neue Formulierungen fand, die für die nachfolgende Generation von eminenter Bedeutung waren. 1638 verlor Champaigne seine Frau, 1642 seinen Sohn, was die Frömmigkeit des Malers vertiefte und ihn immer engeren Anschluß zu dem jansenistischen Kloster Port-Royal de Champs suchen ließ, wohin er 1648 seine beiden Töchter zur Erziehung gab. Die großartigen Bildnisse der Mater Angélique Arnauld und der Pariser Ratsherren entstanden (alle in Paris, Louvre), und 1662 wurde die Heilung seiner letzten Tochter Cathérine zum Anlaß des berühmten »Ex-Voto«-Gemäldes (Abb. S. 250).

Abbildung:

250 Oberin Cathérine-Agnès Arnauld und Schwester Cathérine de Sainte-Suzanne, Tochter des Malers (Exvoto von 1662), 1662

CHARDIN Jean-Baptiste Siméon

1699 Paris – 1779 Paris

Sein Vater, Kunstschreiner und Rechtsberater seiner Zunft, schickte seinen Sohn zunächst zu einem unbedeutenden Lehrer, von dem er 1720 zu Nicolas Coypel wechselte, der ihn bis 1728 als Maler ausbildete. Seit 1724 war er auch in der Akademie von St.-Luc eingeschrieben. Zusätzliche Erfahrungen erwarb er sich bei der Restaurierung der Fresken von Rosso und Primaticcio in Fontainebleau, mit der van Loo betraut worden war. 1728 gewann er erstmals Aufmerksamkeit und Anerkennung durch die königliche Akademie, als er in der »Exposition de la Jeunesse« ausstellte, u. a. das berühmte Stilleben »Der Rochen« (Paris, Louvre). Kurz darauf wurde er unter Fürsprache von Largillière als »Tier- und Früchtemaler« in die Akademie aufgenommen. Danach erweiterte Chardin, der seit 1737 im Salon ausstellte, seinen Themenkreis der Stilleben durch Genrebilder, doch diese beiden Gattungen standen in der akademischen Hierarchie an unterster Stelle. 1740 stellte er dem König die Gemälde »Die fleißige Mutter« (Paris, Louvre) und »Das Tischgebet« (Abb. S. 358) vor und wurde durch dessen Gunst 1743 zum beratenden Mitglied der Akademie ernannt. In den fünfziger und sechziger Jahren erlebte er den Höhepunkt öffentlicher Anerkennung, seine Stilleben wurden hoch geschätzt, doch Chardin versuchte sich nun, mit wenig Erfolg, auch als Porträtist.

Chardin hat in der Akademie ehrenvolle Ämter bekleidet, die er jedoch 1774 wegen eines Augenleidens niederlegte. Wenig später fiel sein Freund, der einflußreiche Stecher Cochin, der Chardin zahlreiche Aufträge verschafft hatte, in Ungnade. Kurz darauf war das Zeitalter Chardins zu Ende, der neue Klassizismus hatte weder für seine Malweise noch für seine Thematik mehr etwas übrig. Erst das 19. Jahrhundert hat Chardin wiederentdeckt. Daran haben neben den Brüdern Goncourt vor allem die Maler des Impressionismus Anteil, die mit ihrem neuen Sinn für die Wirkungen des Lichts in Chardin den letzten überragenden Meister des Ancien Régime sahen.

Abbildungen:

344 Stilleben mit Erdbeerkorb, um 1760/61
357 Das Kind mit dem Kreisel, 1738
357 Ballspielendes Mädchen, um 1740
358 Stilleben mit Tabakspfeife, um 1755
358 Das Tischgebet, 1739
359 Die Rübenputzerin, um 1740

CHARONTON → Quarton

CHASE William Merrit

1849 Williamsburg (Indiana) – 1916 New York

Nach einer ersten Ausbildung 1867–1869 bei einem lokalen Porträtmaler und in New York an der National Academy of Design in den Jahren 1869–1871 ging Chase 1872 an die Münchner Akademie, wo er bis 1876 Schüler Karl von Pilotys war. Zusammen mit seinen amerikanischen Freunden Frank Duveneck und John H. Twachtman reiste er 1877 für neun Monate nach Venedig, wo ihn das Werk Tintorettos besonders beeindruckte. Nach seiner Rückkehr nach New York 1878 übernahm er an der neubegründeten Art Students League die Malklasse. Sein Atelier wird zum Treffpunkt junger amerikanischer Künstler, er wird zum einflußreichsten Lehrer. Zahlreiche Teilnahmen an den großen amerikanischen Jahresausstellungen ließen ihn bekannt werden. Nach einer Parisreise 1881 wandte er sich von der braunen, tonigen Malerei des Münchner Stils ab, malte im Freilicht, und seine Farben wurden unter dem Einfluß des Impressionismus heller, die Kompositionsweise flüssiger. Weitere Europareisen folgten. 1885 befreundete er sich mit Whistler. 1891 gründete Chase auf seinem Sommersitz auf Long Island die »Shinnecock Summer Art School«, in der er vor allem Landschaftsmalerei lehrte. 1896 ließ er in New York die »Chase Art School« folgen, die zwei Jahre später in »New York Art School« umbenannt wurde. 1903 wurde er Mitglied der Gruppe »The Ten American Painters« und 1908 in die amerikanische »Academy of Arts and Letters« aufgenommen. Chase kann wie Whistler und Sargent als einer der großen Vermittler der modernen europäischen Malerei in den USA gelten.

Abbildung:

541 Mußestunden, 1894

CHASSÉRIAU Théodore

1819 Sainte-Barbe-de-Samana (San Domingo) – 1856 Paris

Bereits als zwölfjähriger trat Chassériau in das Atelier Ingres ein, unter dessen Einfluß er sein Leben lang stand. Die Klarheit und Strenge seiner Kompositionen sowie die Betonung der Umrißlinien weisen auf den Klassizismus Ingres', dem er vor allem in seinen Porträts nahekam. Dem dominierenden Vorbild gegenüber wurde er im Laufe seines Lebens jedoch selbständiger und nahm Einflüsse der romantischen Malerei auf. Er verband den Klassizismus Ingres' mit einem lebhafteren und kontrastreicheren Kolorit, das ihm durch Delacroix vermittelt wurde, unter dessen Einfluß er seit 1838 stand. Chasseriau kann wohl als der einzige Maler bezeichnet werden, der zwischen den beiden scheinbar entgegengesetzten Richtungen ein Gleichgewicht fand. Vor allem in seinen weiblichen Aktdarstellungen gelangte er zu einem persönlichen Stil. Sein Gemälde »Esther vor der Begegnung mit Ahasver« (Paris, Louvre, 1841) ist von verhaltener Sinnlichkeit und verfeinerter Farbgebung, und »Die beiden Schwestern« (Abb. S. 437) wurden von Degas als das beste Bild des Jahrhunderts angesehen. Nach einer Algerienreise 1846 bestimmten orientalische Szenen sein Werk. In den letzten Lebensjahren widmete er sich vorwiegend der Wandmalerei, deren Hauptwerk die Fresken mit Darstellungen von Krieg und Frieden für den Rechnungshof des Palais d'Orsay sind.

Abbildungen:

437 Pater Lacordaire, 1840
437 Die beiden Schwestern des Künstlers, 1843

CHIRICO Giorgio de

1888 Volos (Thessalien) – 1978 Rom

Der Sohn eines sizilianischen Eisenbahningenieurs besuchte die Zeichenklasse am Polytechnischen Institut in Athen. Seine eigentliche künstlerische Ausbildung erhielt er 1906–1908 an der Akademie in München, wo ihn Max Klingers phantastische Bilddichtungen und die mythologischen Inszenierungen Böcklins faszinierten. Seit 1909 hielt sich de Chirico in Italien auf, wo er begann, Bilder zu malen, in denen Gegenstände und Szenen in ungewöhnliche Verbindungen gebracht wurden. 1911–1915 lebte er in Paris, doch der Kubismus hinterließ kaum tiefere Spuren in seinem Werk. Die Gegenstände blieben unversehrt. Das Hauptwerk seiner Pariser Zeit ist die Serie der »Plätze Italiens«, in denen sich die Erinnerung an die Plätze von Turin und Florenz mit antiker Architektur verbindet. Die Plätze sind erfüllt von Melancholie und rätselhafter Stille. Vor strengen Arkadenreihen und toten Fensterhöhlen erstarren die Figuren zu marmorner Glätte oder erscheint der Mensch nur als Schatten. Es ist die Vision von Fremdheit und Verlassenheit. Während seiner Militärzeit im Ersten Weltkrieg lernte er 1917 in Ferrara Carrà kennen. Sie begannen gemeinsam, ähnliche Bildmotive zu malen. Zu den Städtebildern traten marionettenhafte Schaufensterpuppen, aber auch Stilleben und Interieurs.

Abbildungen:

602 Die schweigende Statue (Ariadne), 1913
602 Der verlorene Sohn, 1922

CHRISTUS Petrus (auch: Cristus)

zwischen 1415 und 1420 Baerle (Brabant) – 1472 oder 1473 Brügge

Der lange Zeit in Vergessenheit geratene Christus gilt heute als einer der bedeutendsten Nachfolger Jan van Eycks. Er war wahrscheinlich Schüler van Eycks, übernahm nach dessen Tod die Werkstatt und vollendete van Eycks unfertig hinterlassene Arbeiten. Heute wird Christus' Bedeutung vor allem in der Weiterentwicklung der perspektivischen Raumwiedergabe gesehen. Er war der erste Maler des Nordens, der auf rein empirischem Weg das Gesetz der einheitlichen Linearperspektive erkannte und anwandte. Seine bedeutenden Porträts zeichnen sich durch die Konzentration auf wenige charakteristische Details aus. Christus hat als erster der niederländischen Meister die Personen nicht mehr vor neutralem Hintergrund abgebildet, sondern vor einem angedeuteten Innenraum. 1444 erwarb er in Brügge das Meister- und Bürgerrecht. Seit dieser Zeit nimmt der Einfluß van Eycks ab; Einflüsse van der Weydens und Campins werden wichtig. Die stille Poesie und die Stimmung seiner Bildhintergründe, zumeist Landschaften, waren von enormer Bedeutung für die spätere niederländische Malerei. Besonders groß war sein Einfluß auf Bouts, Ouwater und Geertgen. In dem späteren Werk, von dem nur sechs datierte und signierte Gemälde erhalten sind, läßt sich keine weitere Entwicklung mehr erkennen.

Abbildung:

134 Bildnis einer jungen Dame, um 1470

CHURCH Frederic Edwin

1826 Hartford (Connecticut) – 1900 New York

Nach einer Lehre bei zwei lokalen Künstlern in Hartford erhielt Church 1844–1848 Malunterricht bei Cole in Catskill und wurde bald als dessen bedeutendster Nachfolger in der amerikanischen Schule für Landschaftsmalerei angesehen. Seine weiträumigen und großformatigen Landschaften unterscheiden sich von denen Coles durch die objektivere und detailgetreuere Wiedergabe der Natur, die sein eingehendes naturwissenschaftliches Studium erkennen lassen. 1853 und 1857 unternahm Church Reisen in die noch unerforschten Gebiete Südamerikas. Eine Europareise führte ihn 1868 über Griechenland bis in den Vorderen Orient, 1869 bereiste er Labrador. In den Bildern, die er aus diesen Ländern mitbrachte, zeigt sich sein ausgesprochenes Interesse für Botanik, Geologie und meteorologische Phänomene. Es verbindet sich jedoch zumeist mit einer poetischen, romantisch gefärbten Sichtweise, die die Natur im zartfarbigen Licht der Abend- oder Morgendämmerung verklärt erscheinen läßt. Church gehörte wie Fitz Hugh Lane zu der Generation von Künstlern nach Cole, die es nicht mehr für nötig befanden, nach Paris oder London zu reisen, um sich dort Anregungen zu holen. Sie wollten die urwüchsige Natur malen, wie Gott sie geschaffen hat, bevor er den Menschen schuf. Vor allem repräsentierte für ihn das »Paradies« Amerika mit seinem »jungfräulichen Charme« die Urkräfte der Natur. Die von ihm dargestellten Naturkräfte Amerikas sind zugleich Ausdruck seines Glaubens an die Stärke der Neuen Welt, an das »heilige Schicksal Amerikas«, wie er sich ausdrückte.

Abbildung:

472 Niagarafälle, 1857

CIMABUE
(Cenni di Pepo, genannt: Cimabue)
um 1240 Florenz (?) – nach 1302
Der unter Zeitgenossen berühmteste Maler seiner Generation (nachweisbar 1272–1302) hat auch als einer der ersten der großen toskanischen Maler Aufträge weit außerhalb seiner Heimatstadt ausgeführt, so etwa für kirchliche Auftraggeber in Rom, große Wandmalereizyklen in der Unter- und Oberkirche von San Francesco in Assisi, Glasfenster für den Dom von Siena, Mosaiken für den Dom von Pisa. Offensichtlich hatte er eine große, gut organisierte Werkstatt, eine der ersten dieses für die toskanische Kunst des 14. Jahrhunderts so bezeichnenden Typus. Aus ihr ist wahrscheinlich Giotto hervorgegangen. Etwas von ihrer künstlerischen Vorgehensweise ist auch in den Tafelgemälden (Madonnentafeln, gemalte Kruzifixe) zu finden: großzügige, gut sichtbare Form; Beschränkung der Farbe auf wenige, meist etwas schematisch verteilte Töne und flächige Ausbreitung; genaue Umrißzeichnung, aber summarische Ausführung der Details. Als Tafelmaler erwuchs ihm in dem etwas jüngeren Sienesen Duccio bald Konkurrenz. Wahrscheinlich ist schon das Bild aus Santa Trinità ein Versuch, auf diese Herausforderung einzugehen. Die Orientierung an der neuen raffinierten Malerei des Sienesen ist jedoch in der aus San Francesco in Pisa stammenden Tafel des Louvre noch stärker (Abb. S. 16).
Abbildungen:
16 Maestà (Thronende Maria mit dem Kind, umgeben von sechs Engeln), um 1270 (?)
28 Thronende Madonna mit Kind, acht Engeln und vier Propheten (Maestà), nach 1285

CLAESZ. Pieter
um 1597/98 Burgsteinfurt (Westfalen) – 1661 Haarlem
In Westfalen geboren, ist Claesz. seit 1617 in Haarlem ansässig, das durch ihn und den häufig mit ihm verwechselten Willem Claesz. Heda zu einem Zentrum der holländischen Stillebenmalerei wurde. Während er in seiner Frühzeit meist verschiedene prächtige Gegenstände in einer Anhäufung und Anreihung abbildet, entwickelt er später den Typ des sogenannten »monochromen Banketje«, eine Art von Frühstücksstilleben, bei dem auf weißem Tischtuch die Dinge wie »zufällig« angeordnet sind: gefüllte Gläser, eine Schale mit Brot, ein Teller mit Obst, eine angeschnittene Torte. Bezeichnend für ihn ist eine tonige Farbgebung in Braun, Ocker, Weiß und Grau mit nur wenigen kräftigen Akzenten. Die Materialien des Glases, von Zinn und Kupfer und ihre Reflexe im Licht machen den Reiz seiner Stilleben aus. Claesz. ist der Vater des Landschaftsmalers Nicolaes Berchem.
Abbildung:
306 Stilleben mit Musikinstrumenten, 1623

CLAUDE LORRAIN → Lorrain

CLEMENTE Francesco
* 1952 Neapel
Clemente besuchte in seiner Geburtsstadt das humanistische Gymnasium, wo seine Vorliebe für Latein, Griechisch, Philosophie und italienische Literatur geweckt wurde. In Rom lernte er 1968 Twombly kennen, dessen Werk ihn stark beeindruckte. 1970 begann er in Rom Architektur zu studieren, ein Jahr darauf stellte er dort seine ersten Collagen aus. Eine längere Reise führte ihn 1973 erstmals nach Indien und Afghanistan. Später kehrte er häufig, teilweise für lange Zeit, dorthin zurück und übernahm Elemente der fremden Kultur in seine Werke. 1980 kam Clemente zum erstenmal nach New York, wo er sich zwei Jahre später ein Atelier einrichtete. Er lebt und arbeitet außer in New York in Rom und Madras. Clementes Bilder verbinden abstrakte Formen mit figurativen Elementen.
Abbildung:
671 Ohne Titel, 1983

CLOSE Chuck (Charles Close)
* 1940 Monroe (Washington, D. C.)
Close studierte seit 1958 an mehreren amerikanischen Universitäten, darunter an der Yale University School of Art und seit 1964/65 an der Akademie der bildenden Künste in Wien. Danach unterrichtete er selbst an der University of Massachusetts in Amherst und in New York, wo er seit 1967 lebt. Close ist einer der wichtigsten Vertreter des amerikanischen Hyperrealismus und Photorealismus; er malt fast ausschließlich Porträts. Die Grundlage seiner Arbeiten sind seit 1965 von ihm selbst angefertigte Photos im Stil von Paßbildern. Der Kopf des Modells nimmt dabei das gesamte Bildformat ein; durch diese extreme Nahsichtigkeit werden in einigen Bildern selbst Hautporen und Barthaare in überscharfer Deutlichkeit wiedergegeben. Während sein Frühwerk in Schwarzweiß gehalten ist, experimentiert er seit 1970 mit Farbe, wobei er, kommerzielle Drucktechniken imitierend, Schichten von Primärfarben übereinander legt. Seit 1979 sind großformatige Polaroidphotos seine Vorlagen. In den achtziger und neunziger Jahren versucht er, ein eigenständiges Raster über die Bilder zu legen, gelegentlich auch mit Hilfe von Pappmaché-Collagen.
Abbildung:
666 Linda, 1975/76

CLOUET François (auch: François Janet)
um 1505–1510 Tours (?) – 1572 Paris
Der bedeutendere Sohn Jean Clouets war Schüler seines Vaters. Von beiden sind wenige biographische Nachrichten überliefert. Jedenfalls gelangte er früh am französischen Königshof zu Ansehen und wurde nach dem Tode des Vaters um 1540 von Franz I. mit einem festen Jahresgehalt angestellt, von dessen Nachfolger Heinrich II. als »Maler und Kammerdiener« übernommen. Zeitgenössische Quellen bezeugen seinen Ruhm. Allerdings blieben nur zwei Bilder ersten Ranges erhalten: das »Bildnis des Apothekers Pierre Quthe« (Paris, Louvre, 1562) und die »Dame im Bade« (Abb. S. 207). Beide Werke belegen eine Auseinandersetzung Clouets mit der italienischen Renaissance, vor allem mit den lombardischen Nachfolgern Leonardos. Auch mit der »Schule von Fontainebleau« mag der Maler in Verbindung gestanden haben.
Abbildung:
207 Dame im Bade (Diane de Poitiers?), um 1570

CLOUET Jean (auch: Jean Janet)
um 1475 Brüssel – um 1540/41 Paris
Herkunft, Schulung, Leben und Werke des älteren Clouet liegen weithin im dunkel. Er dürfte in Flandern geboren sein, dort – vielleicht im Umkreis des Quentin Massys – gelernt haben und dann nach Frankreich übergesiedelt sein, wo er zum Hofmaler König Franz' I. aufstieg. In der Gruppe der ihm zugeschriebenen Werke sind niederländische Einflüsse, besonders hinsichtlich der Ausführung des Details, unverkennbar. Während sich bis heute kein einziges signiertes oder durch Quellen gesichertes Werk nachweisen läßt, besitzen wir eine größere Zahl von Zeichnungen, die – über den Zeitraum von etwa 1515–1540 hinweg entstanden – eine Vorstellung von seinem künstlerischen Temperament und seiner stilistischen Entwicklung vermitteln. Sie bilden auch die Grundlage für die Zuschreibung von Gemälden. Von den dokumentarisch genannten Werken ist keines erhalten geblieben. Jedenfalls war Jean Clouet ein gesuchter Porträtist, dessen Arbeiten durch Eleganz bestechen, die Persönlichkeit des Dargestellten aber hinter einer kühlen Distanziertheit zurücktreten lassen.
Abbildung:
207 Bildnis Franz' I., König von Frankreich, um 1535

COELLO Claudio
1642 Madrid – 1693 Madrid
Sein Vater, ein Bronzegießer aus Portugal, gab ihn zu dem Maler Francesco Rizi in die Lehre, damit er Nachfolger in der väterlichen Werkstatt werden könne. Rizi erkannte jedoch Coellos Talent zum Maler. Für seine weitere Ausbildung ist neben einer Italienreise das Studium der Werke Tizians, Rubens' und Jan van Eycks entscheidend, die in den spanischen Königsschlössern hingen. Den Zugang dazu verschaffte ihm der Hofmaler Juan Carreño de Miranda, zu dessen Nachfolger Coello 1685 ernannt wurde. 1691 machte ihn das Domkapitel von Toledo zum »Titularmaler der Kathedrale«, wo er bereits 1671 zusammen mit José Jiminez Donoso das Vestuarium ausgemalt hatte. Die Ausstattung sakraler Räume war der Hauptaufgabenbereich Coellos. Mehrere Wandgemälde in Madrider Kirchen, für die Kartause von Paular und für die Kirche des Augustinerklosters La Manteria in Saragossa entstanden in den Jahren bis 1683. Als bedeutendstes Werk gilt sein Altarblatt für die Sakristei des Escorial, »König Karl II. betet mit seinem Gefolge die Eucharistie an«. Als Giordano 1692 nach Madrid kam, wurde Coello in den Hintergrund gedrängt.
Abbildung:
268 König Karl II., um 1675–1680

COLE Thomas
1801 Bolton-le-Moor (Lancashire, England) – 1848 Catskill (New York)
Cole stammte aus einer englisch-amerikanischen Familie, die 1818 aus England, wo Thomas bereits eine erste Ausbildung als Musterzeichner und Holzstecher erhalten hatte, wieder nach Amerika zurückwanderte. Seit 1823 studierte er an der Kunstakademie von Philadelphia und ließ sich später in Catskill am Hudson nieder, wo er zum Mitbegründer und zu einem der bedeutendsten Vertreter der Hudson-River-Schule wurde, die in Amerika die romantische Landschaftsmalerei begründete. Seine direkten und spontanen Landschaftsbilder, die er in der noch ursprünglichen, unkultivierten Natur der Catskillberge malte, fanden bald die Anerkennung von Künstlern und New Yorker Käuferkreisen. 1829 und 1841/42 unternahm er Europareisen, die ihn nach England, der Schweiz und Italien führten, wo er vor allem Landschaften von Poussin, Claude Lorrain, Salvator Rosa und Jacob van Ruisdael studierte. Von philosophischen und literarischen Einflüssen geprägt, führte er nach seiner Rückkehr einen neuen Bildtypus in Amerika ein: die symbolisch-moralische Landschaft. Zu den Hauptwerken dieser Zeit gehören die thematischen Bilderfolgen »Der Weg des Reiches« (New York, Historical Society, 1832) und »Die Lebensreise« (Utica, Munson-William-Proctor Institute, 1839/40) mit phantastischen symbolhaften Szenerien und lehrhaften allegorischen Bezügen. Die künstlerische Qualität der früheren atmosphärischen Landschaftsmalerei erreichte er in diesen teilweise kitschig bunten, mit theatralischen Lichteffekten versetzten Bildern jedoch zumeist nicht.
Abbildungen:
474 Die Zeitalter des Lebens: Die Jugend, 1842
474 Der Pokal des Riesen, 1833

CONSTABLE John
1776 East Bergholt (Suffolk) – 1837 London
Constable war der Sohn eines wohlhabenden Müllers aus Suffolk, der Landschaft, die Thema seiner charakteristischsten Bilder geworden ist. Er nahm in Suffolk Malunterricht, war aber mehr oder weniger Autodidakt. 1795 ging er als Topographiezeichner nach London, erst 1799 wurde er zu den Kursen der Royal Academy in London zugelassen. In seinen Studienjahren kopierte er Werke der älteren Landschaftsmaler, vor allem von Jacob van Ruisdael. 1819 reiste er nach Venedig und Rom. Einen besonderen Einfluß übten auf ihn die Gemälde Claude Lorrains und die Aquarelle Thomas Girtins aus. Wichtiger aber als alle künstlerischen Vorbilder war für ihn die lebendige Anschauung der Natur. Er lehnte es ab, »die Wahrheit aus zweiter Hand zu beziehen«. Wie bei noch keinem Maler vor ihm bildete die exakt ausge-

führte Naturstudie die Grundlage seiner Arbeit. Während er in seinen frühen Jahren auch Porträts und einige religiöse Bilder malte, widmete er sich seit 1820 fast ausschließlich der Landschaftsmalerei. Seine Motive entnahm er den Gegenden Englands, die ihm besonders vertraut waren, wie Suffolk, Essex oder Brighton.

Vor allem das Licht in seiner die Stimmung einer Landschaft prägenden Wirkung hat Constable in seinen Bildern eingefangen. Nach den Jahren 1820/21, in denen eine Reihe von Wolkenstudien entstand, wurden »Wind und Wetter« und die damit einhergehenden Lichtverhältnisse noch bestimmender für seine Landschaften. Seine Ölskizzen hatten häufig die Größe der nach ihnen gemalten Bilder, zum Teil waren sie sogar größer. Das läßt darauf schließen, daß für Constable die Studie bereits das eigentliche Bild war und alles enthielt, worauf es ihm ankam. Bei aller Anerkennung, die der Maler allmählich fand, wiesen die Kritiker denn auch immer wieder bedauernd darauf hin, daß »seine Werke aus Mangel an Vollendung eher Skizzen als Bilder« seien. Ein durchschlagender Erfolg wurde 1824 die Ausstellung seiner Bilder in Paris, mit denen er einen nachhaltigen Einfluß auf die französische Malerei ausübte und auf dem Salon eine Goldmedaille erhielt. 1829 wurde er Mitglied der Royal Academy.

Abbildungen:

416 Das weiße Pferd, 1819
463 Weymouth Bay, um 1816
463 Die Kathedrale von Salisbury, vom Erzbischöflichen Palais aus gesehen, 1828
464 Der Heuwagen, 1821
464 Die Mühle von Dedham, 1820
465 Valley Farm, 1835

COPLEY John Singleton

1738 in oder bei Boston – 1815 London

Nach dem Tod seines Vaters, eines Tabakhändlers irischer Abstammung, erhielt Copley ersten Unterricht bei seinem Stiefvater, dem Schabkünstler Peter Pelham. Als Maler war er weitgehend Autodidakt, der sich an Kopien nach alten Meistern und Druckgraphik bildete und begierig jede authentische Quelle der europäischen zeitgenössischen Malerei nutzte. Mit 22 Jahren galt er als gefragter Porträtist und erhielt Aufträge aus New York, Philadelphia und Kanada. Seit 1765 beteiligte er sich an den Ausstellungen in London und fand das Interesse seiner englischen Kollegen. 1774 reiste Copley endlich nach England, um der Einladung Wests zu folgen, seine Technik zu vervollkommnen. Nach einer kurzen, aber äußerst intensiven Studienreise auf den Kontinent malte er in London einige aufsehenerregende Historienbilder wie »Brook Watson, von einem Haifisch angegriffen« (Boston, Museum of Fine Arts, 1778), deren aktueller Zeitbezug revolutionär wirkte. Seine assoziierte (1775) und seit 1783 volle Mitgliedschaft in der Royal Academy ist auch Zeichen einer inneren Angleichung seines Stils an europäische Konventionen, denen Copley in seinen letzten Schaffensjahren zunehmend erlag.

Abbildungen:

390 Bildnis Rebecca Boylston, 1767
390 Der Tod Major Peirsons, um 1782–1784

CORINTH Lovis

1858 Tapiau (Ostpreußen) – 1925 Zandvoort

Corinth studierte 1876–1880 an der Königsberger Akademie und 1880–1884 bei Defregger in München. Nach einer Reise nach Antwerpen, wo er Rubens bewunderte, studierte er nochmals von 1884–1886 an der Pariser Académie Julian bei Bouguereau und Robert-Fleury. Vor allem die Werke Courbets beeindruckten ihn hier stark. 1887–1891 lebte er in Berlin, 1891 zog er nach München, wo er mit Landschaften, Bildern mit religiöser Thematik und mit Porträts erste Erfolge hatte. In Berlin, wohin er 1901 ging, wurde er Sezessionsmitglied und nach Liebermanns Ausscheiden deren Präsident. Zusammen mit seinem Freund Walter Leistikow eröffnete er dort eine Malschule für Frauen. Durch den Kontakt zu Slevogt und Liebermann entwickelt er seine impressionistische Malweise. 1911 wurde er Vorsitzender der Berliner Sezession, und im selben Jahr erlitt er einen Schlaganfall. Seit 1918 lebte er zumeist in seinem Landhaus in Urfeld am Walchensee. In Corinths Werk finden sich die Niederschläge der Einflüsse, die ihn nach und nach prägten. Von den Impressionisten und deren Vorläufern übernahm er die Technik der aufgelösten Farbflächen und eine realistische Gestaltung. Bei erzählenden Themen geht dieser Realismus oft bis an die Grenze zum Grotesken. Heftige Pinselstriche, kräftige Farben, eine kompakte Darstellung mit teils düsterem Tenor rücken sein Spätwerk in die Nähe der Expressionisten.

Abbildung:

535 Selbstbildnis mit dem Strohhut, 1923

CORNEILLE DE LYON (Corneille de La Haye)

um 1500–1510 Den Haag – nach 1574 Lyon (?)

Persönlichkeit und Werk des Meisters, erst gegen Ende des 19. Jahrhunderts von der Kunstgeschichte wiederentdeckt, haben bis heute sehr unscharfe Konturen behalten. Man schreibt ihm eine Reihe untereinander stilistisch eng verwandter, meist miniaturhaft kleiner Porträts zu, in denen sich der Kopf jeweils von einem neutralen, in der Regel hellen einfarbigen Hintergrund abhebt.

Corneille wird erstmals 1534 in Lyon erwähnt und 1541 zum »Maler des Dauphin«, des späten Königs Heinrich II., ernannt. In einer Urkunde aus dem Jahre 1547 wird Den Haag als sein Geburtsort genannt. 1564 soll sich Katharina de' Medici nach Lyon begeben haben, um einen Maler Corneille und seine Werke zu sehen. Die letzte Erwähnung vom 30. März 1574 bestätigt seine Privilegien als Maler und Kammerherr des Königs.

Abbildung:

208 Bildnis Gabrielle de Rochechouart, um 1574

CORNELIUS Peter von

1783 Düsseldorf – 1867 Berlin

Cornelius gehört zu den Begründern der idealistischen Freskomalerei des 19. Jahrhunderts in Deutschland. Er hatte sich 1811 den Nazarenern in Rom angeschlossen, nachdem er schon vorher, angeregt durch die Brüder Boisserée und den Kanonikus Wallraf, die »altdeutsche« Kunst zu seinem Leitbild erhoben hatte. Durch die beiden Fresken aus der Josefsgeschichte des Alten Testaments, die er 1816 im Auftrag des preußischen Generalkonsuls Bartholdy in dessen römischer Mietwohnung im Palazzo Zuccari ausführte, wurde er so berühmt, daß er 1819 gleichzeitig einen Ruf an die Düsseldorfer und an die Münchner Akademie erhielt, die er beide annahm, wobei er die Aufgaben abwechselnd wahrnahm. Schließlich trug München den Sieg davon. Er wurde hier 1824 Akademiedirektor und hatte zudem, anders als in Düsseldorf, die Möglichkeit, große Wandmalereien durchzuführen. Nach Differenzen mit seinem Auftraggeber, dem bayerischen König Ludwig I., über seine Fresken in der Münchner Ludwigskirche ging Cornelius 1840 nach Berlin, wo er Entwürfe für den geplanten Camposanto machte. Als diese 1859 in Berlin und Düsseldorf ausgestellt wurden, feierte der Idealismus einen späten Triumph.

Abbildung:

454 Josef gibt sich seinen Brüdern zu erkennen, um 1816/17

COROT Jean-Baptiste Camille

1796 Paris – 1875 Paris

Nach einer fünfjährigen Tuchhändlerlehre studierte Corot 1822–1825 zunächst Malerei bei Michallon, dann bei dessen Lehrer, dem klassizistischen Landschaftsmaler Victor Bertin. Unter anderem kopierte er dabei Bilder von Joseph Vernet und holländischen Meistern des 17. Jahrhunderts. Überzeugt davon, daß ein Mensch erst dann Künstler werden darf, »wenn er in sich eine starke Leidenschaft für die Natur erkannt hat«, malte und zeichnete er aber vorwiegend in der freien Natur. Außer im Wald von Fontainebleau arbeitete er in Dieppe, Le Havre, Rouen und Ville d'Avray, wo sein Vater ein Haus besaß. Während eines ersten Romaufenthalts 1825–1828, der entscheidend für seine künstlerische Entwicklung wurde, entstand eine Reihe von Ölstudien vor der Natur, Ansichten historischer römischer Monumente sowie Landschaften aus der Umgebung von Rom. Sie zeichnen sich durch die ungewöhnliche Frische aus, mit der die jeweilige Beleuchtung und Atmosphäre der Landschaft zu unterschiedlichen Tageszeiten eingefangen ist. Besonders reizvoll sind die feinen nuancenreichen Abstufungen der Farbtöne. Die ausgeführten Gemälde wie die »Ansicht von Narni« (Ottawa, National Gallery of Canada, 1826), die er für den Pariser Salon von 1827 malte, sind dagegen eher schulmäßige, nach neuklassizistischen Regeln aufgebaute Kompositionen.

Nach seiner Rückkehr aus Italien malte Corot in den verschiedensten Gegenden Frankreichs. Weitere Reisen unternahm er nach Italien (1834 und 1843), Holland (1854) und England (1862). Wesentlich für Corots Malerei wurde der Kontakt mit den Malern der Schule von Barbizon wie Rousseau, Millet, Troyon und Dupré, die er gegen Ende der vierziger Jahre um sich versammelte. Um diese Zeit änderte er seine Malweise. Es entstanden die charakteristischen romantisch-lyrischen Landschaften (»Paysages intimes«), bei denen die Naturbeobachtung sich meist ganz der Darstellung einer bestimmten Stimmung unterordnet, die er in verschwimmenden, vorwiegend matt-silbrigen Farben wiedergab. Corot war deshalb auch ein wichtiger Anreger für die Impressionisten, die ihn an ihrer ersten Ausstellung beteiligen wollten.

Abbildungen:

418 Ansicht von Genua, von der Promenade Acqua Sola aus gesehen, 1834
434 Das Kolosseum in Rom, von den Farnese-Gärten aus gesehen, 1826
434 Der Windstoß, um 1865–1870
435 Agostina, 1866
436 Frau in Blau, 1874
436 Das Atelier (Junge Frau mit Mandoline), 1866

CORREGGIO (Antonio Allegri)

um 1489 Correggio (bei Modena) – 1534 Correggio

Nach Lehrjahren vermutlich in Bologna und Ferrara entwickelte Correggio seinen persönlichen Stil in der Auseinandersetzung mit Leonardo und den venezianischen Malern des frühen 16. Jahrhunderts. Seine Bedeutung für die Geschichte der Farbe in der europäischen Malerei und für die »illusionistische« Wanddurchbrechung des Barocks kann kaum überschätzt werden. Von Anregungen Mantegnas (Camera degli Sposi in Mantua, Palazzo Ducale) und Leonardos (Sala delle Asse, Mailand, Castello Sforcesco) ausgehend, öffnet Correggio im Speisesaal des Convento di San Paolo in Parma die Decke mit malerischen Mitteln laubenförmig (1518/19) und hebt dann in den Kuppelfresken von San Giovanni Evangelista (in der Glorie aufschwebender Christus, 1521–1523) und im Dom zu Parma (»Himmelfahrt Mariae«, 1526–1530) die obere Raumgrenze vollends auf.

In seinen Altarbildern und mythologischen Szenen löst sich Correggio zunehmend vom zeichnerischen Umriß zugunsten der Gestaltung aus der Farbe heraus, die häufig eine faszinierende Leuchtkraft gewinnt. Die aus der Antithese von Statik und Dynamik entwickelte Bildstruktur der Hochrenaissance verwandelt er in Richtung auf Asymmetrie und Bewegung, die sich auf die kühn verkürzten Figuren in häufig komplizierten Stellungen überträgt (»Madonna mit dem hl. Sebastian«, Dresden, Gemäldegalerie, um 1525; »Madonna mit dem hl. Hieronymus«, Parma, Galleria Nazionale, um 1527). Weit in die Zukunft voraus weist Correggios Behandlung von Licht und Schatten (»Geburt Christi« Dresden, Gemäldegalerie, um 1530; »Jupiter und Io«, Abb. S. 175).

Abbildungen:
174 Leda mit dem Schwan, um 1531/32
174 Jupiter und Antiope, um 1524/25
175 Jupiter und Io, um 1531/32
175 Die Entführung des Ganymed, um 1531/32

CORTONA Pietro da (Pietro Berrettini)
1596 Cortona – 1669 Rom
Als Architekt, Maler von Staffeleibildern und von Raumdekorationen gelangte der vielseitig begabte Künstler schon bei Lebzeiten zu Ruhm. In seiner Heimatstadt erhielt er ersten Unterricht bei dem Florentiner Andrea Commodi, mit dem er 1613 nach Rom zog, um dort bei Baccio Ciarpi seine Ausbildung zu vervollständigen. Frühwerke wie der »Triumph des Bacchus« (Rom, Pinacoteca Capitolina, um 1625) stehen noch unter dem deutlichen Einfluß der Carracci. Seit 1623 wurde Cortona von den Sacchetti protegiert, deren Villen in Ostia und Castelfusano er mit Fresken ausstattete. Seine bedeutendsten Auftraggeber waren jedoch die Barberini. Für sie entstanden nicht nur die Fresken für die Kirche Santa Bibiana (1624–1626) und verschiedene Altarblätter, sondern vor allem die umfangreichste Freskenausstattung im Rom dieser Zeit, die Decke im Salon des Palazzo Barberini (Rom, 1633–1639); hier erweist sich Cortona bereits als großer Neuerer illusionistischer Raumdekoration. 1640–1647 arbeitete Cortona in Florenz, wo er unter Ferdinand II. das erste Obergeschoß zur Straßenseite im Palazzo Pitti ausmalte. Gemälde wie die »Opferung der Polyxena« oder der »Raub der Sabinerinnen« (beide Rom, Pinacoteca Capitolina) beweisen Cortonas hohe Qualitäten auch als Tafelbildmaler.
Abbildung:
236 Die Heilige Familie bei der Rast auf der Flucht nach Ägypten, um 1643

COSSA Francesco del
1436 Ferrara – um 1477/78 Bologna
Zusammen mit Cosmè Tura und Ercole de' Roberti bildet Cossa das große Dreigestirn der ferraresischen Malerschule. Obwohl weniger phantastisch im Temperament als Tura, ist eine klare Trennung zwischen beiden zuweilen problematisch. So schwankt die Zuschreibung der »Allegorie des Herbstes« zwischen Tura und Cossa, aber die kräftige statuarische Erscheinung, die an Piero della Francesca geschulte Reinheit der Umrisse, die Leuchtkraft der Farben und die ebenfalls an Piero geschulte Lichtfülle der Landschaft deuten doch eher auf Cossa (Berlin, Gemäldegalerie). Neben Piero dürften die Paduaner Werke Donatellos wesentlich zur Stilbildung des jungen Malers beigetragen haben. Die Frühwerke verraten den Einfluß nicht nur in dem Bemühen, die Figuren trotz der stoffreichen Gewänder kräftig zu modellieren, sondern auch in den perspektivischen Mitteln der Raumkonstruktion. In den sechziger Jahren arbeitet Cossa neben Tura an dem bedeutendsten Zyklus, den die Frührenaissance in Ferrara hervorgebracht hat: an der Ausmalung der Sala dei Mesi im Palazzo Schifanoia. Insgesamt nur noch fragmentarisch erhalten, ist uns der Anteil Cossas mit den Monaten März, April (Abb. S. 113) und Mai ungewöhnlich gut überliefert. Trotz der Meisterschaft seiner Fresken hatte Cossa offenbar nicht den erhofften Erfolg. Unzureichend bezahlt und offenbar neben Tura wenig geachtet, siedelte er nach Bologna über, wo er um 1477/78 verstarb.
Abbildung:
113 Allegorie des Monats April, 1470

COTÁN Juan Sánchez
(auch: Juan Sánchez Cotán)
1561 Orgaz (bei Toledo) – 1627 Granada
Das Leben Cotáns verlief ohne große Ereignisse. Seine erste Ausbildung erhielt er bei dem manieristischen Maler Blas del Prado aus Toledo. 1604 trat er im Kloster El Paular bei Segovia dem Kartäuserorden bei, wechselte acht Jahre danach in das Kloster nach Granada über, das er mit Wandgemälden ausstattete. Dort beschloß er im Alter von 66 Jahren sein Leben. Zwar wirkte sein Realismus sich im späteren 17. Jahrhundert in verschiedener Hinsicht aus, aber zu Lebzeiten scheint er in seinem ungemein persönlichen Stil singulär gewesen zu sein. Vor allem in den »Bodegones«, den Küchenbildern, und seinen Stillleben entwickelt Cotán eine unverwechselbare Sprache, die von kompromißloser Klarheit und monumentaler Unverbindlichkeit geprägt ist. Das Asketische, das bei den Szenen mönchischen Lebens und Heiligenbildern in der spanischen Malerei des Barocks so oft hervorgehoben wird, findet im Werk Cotáns Eingang in die Welt der unbelebten Dinge.
Abbildung:
259 Stilleben, um 1602 (?)

COURBET Gustave
(Jean-Désiré Gustave Courbet)
1819 Ornans (bei Besançon) – 1877 La Tour-de-Peilz (bei Vevey)
Nach dem Besuch des Gymnasiums von Besançon begann Courbet 1840 in Paris ein Jurastudium. In der Malerei bildete er sich mehr oder weniger autodidaktisch aus. Seine Lehrmeister waren die alten Meister (Velázquez, Hals, Rembrandt, die Venezianer), die er im Louvre und auf seiner Hollandreise 1846 kopierte. 1844 stellte er erstmals auf dem Pariser Salon aus, 1848 lernte er Corot, Daumier und Baudelaire kennen. Seine ersten Werke mit Themen nach Goethe (Faust), Victor Hugo oder George Sand sind von einem Romantizismus geprägt, von dem er sich schon bald lossagte. Zu seinen frühen Meisterwerken gehören Landschaften, die er im Wald von Fontainebleau malte, Porträts von Familienangehörigen (»Juliette Courbet«, Paris, Musée du Petit Palais, 1844) sowie Selbstbildnisse. Mit dem Gemälde »Courbet mit schwarzem Hund« (Paris, Musée du Petit Palais, 1842) wurde er 1843 erstmals in den Salon aufgenommen.

In den Jahren 1849/50 entstanden in seiner Heimatstadt Ornans die ersten »realistischen« Bilder: »Bauern aus Flagey kehren vom Markt zurück«, »Die Steinklopfer« (1945 zerstört; ehemals Dresden, Gemäldegalerie) und »Das Begräbnis zu Ornans« (Abb. S. 444), die als revolutionär empfunden wurden. Revolutionär waren sie sowohl in bezug auf die Themenwahl aus dem alltäglichen Leben einfacher Bauern und Arbeiter (alle traditionellen Themen lehnte Courbet ab) als auch hinsichtlich der absolut nüchternen, unsentimentalen Darstellungsweise. Courbet erstrebte eine realistische Kunst mit sozialer Funktion. »Ich halte daran fest, daß Malerei ausgesprochen konkrete Kunst ist und nur in der Darstellung realer und vorhandener Dinge bestehen kann ...« Bezeichnend für Courbets Stil ist eine kraftvolle, oft gespachtelte, aber handwerklich solide Malweise, meist in dunklen Tönen gehalten. Maupassant hat den Maler 1869 in Etretat beobachten können und seine Arbeitsweise sehr treffend beschrieben: »In einem großen leeren Raum drückte ein gigantischer, schmutziger und schmieriger Mann mit einem Küchenmesser Kleckse weißer Farbe auf eine große leere Leinwand. Von Zeit zu Zeit trat er ans Fenster, preßte sein Gesicht gegen die Scheiben und sah in den Sturm hinaus. Das Meer kam so nah, als wolle es gegen das Haus schlagen, das in Schaum und Lärm getaucht war ... Das Werk wurde ›Die Woge‹ und machte Unruhe in der Welt.«

Als Courbet 1855 von der Jury der Weltausstellung abgewiesen wurde, errichtete er aus Protest einen eigenen »Pavillon du Réalisme« neben dem Weltausstellungsgebäude als Gegendemonstration und Manifest seiner Vorstellungen von Kunst, die er in vierzig Bildern veranschaulichte. Zu ihnen zählte »Das Atelier des Malers« (Abb. S. 446), in dem er u.a. auch seinen Freund, den sozialistischen Philosophen Proudhon, darstellte, der großen Einfluß auf Courbets politische Überzeugung hatte. Großen Erfolg hatte Courbet mit seiner Malerei in Deutschland, wo er sich 1858/59 (Frankfurt am Main) und 1869 (München) aufhielt. Sein Übertritt auf die Seite der Pariser Kommunarden 1871, von denen er den Auftrag erhielt, die Museen vor Kriegsschäden zu bewahren, brachte ihm nach der Niederlage der Kommune eine sechsmonatige Gefängnisstrafe ein und führte 1873 zu seiner Flucht in die Schweiz. Courbet, der die angehenden Impressionisten beeinflußte und beriet, ist ein weltweit wirksam gewordener Hauptvertreter eines auf sinnlicher Wahrnehmung beruhenden, demokratisch funktionierenden Realismus, der auch mittels der Formstruktur innere Widersprüche der Realität aufdeckt.
Abbildungen:
417 Der Felsen von Etretat nach dem Gewitter, 1870
443 Die Kornsieberinnen, 1853
443 Mädchen an der Seine, 1857
444 Das Begräbnis zu Ornans, um 1849/50
446 Das Atelier des Malers, 1855

COUSIN Jean d. Ä.
um 1490–1500 Soucy (bei Sens) – um 1560 Paris
Cousin genoß zu Lebzeiten hohes Ansehen. Seit 1538 Meister in der Pariser Malerzunft, wurde er mit den verschiedenartigsten repräsentativen Aufträgen bedacht – Tafelbildern, Festdekorationen, Kartons für Teppiche, Entwürfen für Meßgewänder. Ohne die Notwendigkeit, sich an den Hof zu binden, konnte er ein Leben als wohlhabender Bürger führen. Seine Perspektivlehre »Livre de perspective« war lange Zeit hindurch eine Art Lehrbuch für französische Malerwerkstätten. Die Abgrenzung seines Werks ist vorläufig noch unscharf. Sein bekanntestes Tafelbild, »Eva prima Pandora« (Paris, Louvre, um 1550), läßt auf Beziehungen zur »Schule von Fontainebleau« schließen. Sowohl die plastische Gestaltung der Figur als auch die farbige Modulation der Umrisse belegen jedenfalls die Auseinandersetzung mit der italienischen Malerei der Hochrenaissance.
Abbildung:
208 Der hl. Mammès und Herzog Alexander, 1541

CRANACH Lucas d. Ä.
1472 Kronach – 1553 Weimar
Lucas Sunder oder Müller, der sich nach seiner oberfränkischen Heimatstadt Kronach umbenannte, hat vermutlich die ersten Lehrjahre in der Werkstatt des Vaters verbracht. Die weitere Schulung und der Weg seiner Wanderjahre sind unbekannt. Seit etwa 1500–1504 ist Cranach in Wien als Zeichner für Holzschnitte und Maler nachweisbar. Damals lag offenbar ein intensives Studium der Graphik Dürers hinter ihm. In den malerischen Werken dieser Jahre dagegen zeigen sich eine zum »Romantischen« neigende Phantasie und eine durch die farbige Gestaltung gesteigerte Emotionalität, die den ureigensten Kern seiner genialen Begabung bildet (»Kreuzigung«, Wien, Kunsthistorisches Museum, um 1500; »Kreuzigung«, München, Alte Pinakothek, 1503; »Ruhe auf der Flucht«, Abb. S. 196). In den Werken dieser Periode, die für uns heute den »eigentlichen« Cranach bedeuten, verbinden sich Landschaft und szenische Darstellung zu einer stimmungsmäßigen Einheit, die den jungen Altdorfer tief beeindruckt haben muß. Cranach darf als einer der Begründer der »Donauschule« gelten.

1504 siedelt er nach Thüringen über, erhält den Ruf zum Hofmaler Friedrichs des Weisen und läßt sich 1505 endgültig in Wittenberg nieder. Damit endet seine erste Schaffensphase, deren Zeugnisse zu den bedeutendsten Werken der Dürerzeit gehören. In der Folge und ohne Zweifel durch das höfische Klima mitbedingt ändert sich Cranachs Stil grundlegend. Eine Reise in die Niederlande 1508 bringt nicht nur eine Auseinandersetzung mit der dortigen Malerei, sondern offensichtlich mittelbar auch mit Formengut der italienischen Renaissance. Cranachs Liebe zum sorgfältig ausgeführten Detail wächst ebenso wie die intellektuelle Durchdringung des Bildbaus (»Torgauer Altar«, Frankfurt am Main, Städelsches Kunstinstitut, 1509). Allerdings verliert sich in gleichem Maße die hinreißende Spontaneität der Frühwerke. Sie klingt nur gelegentlich noch einmal nach wie in dem Bildnis »Kardinal Albrechts von Brandenburg vor dem Gekreuzigten« (Abb. S. 196). In Wittenberg erwirbt sich Cranach rasch hohes Ansehen. Als Freund Luthers wird er der große Porträtist der Reformationszeit, ohne sich allerdings hinsichtlich der Auftraggeber konfessionell zu binden. Cranachs Stil entwickelte sich im zweiten Viertel des 16. Jahrhunderts bei Beteiligung einer wachsenden Werkstatt zunehmend in Richtung auf das Preziöse und Manierierte. Das wird besonders deutlich in den Frauenakten auf Tafeln mit dem Sündenfall, mit Venus und Lucretia. Auch hier mag das höfische Ambiente mit seiner Vorliebe für erotische Darstellungen bestimmend gewirkt haben.

Abbildungen:

196 Ruhe auf der Flucht, 1504
196 Kardinal Albrecht von Brandenburg vor dem Gekreuzigten, um 1520–1530
197 Herkules bei Omphale, 1537

CRANACH Lucas d. J.
1515 Wittenberg – 1586 Weimar
Der jüngere Cranach ist Schüler seines Vaters, spielt in dessen Werkstatt seit der Mitte der dreißiger Jahre eine zunehmend bedeutende Rolle und übernimmt sie nach dem Tode des Vaters. Im bürgerlichen Leben ähnlich erfolgreich wie der ältere Cranach, kann er sich künstlerisch mit ihm nicht messen. Er geht von dessen Spätstil in dem Maße aus, daß sich gelegentlich Zuschreibungsdifferenzen ergeben haben (»Der Jungbrunnen«, Abb. S. 197; »Bildnis Lucas Cranachs d. Ä.«, Florenz, Uffizien, 1550). Doch fehlen dem Sohn die Breite der Empfindung und die Ursprünglichkeit der Phantasie, die des Vaters Hauptwerke auszeichnen. Seine besten Leistungen vollbrachte er in der Gattung des Porträts und in volkstümlichen Fassungen allegorischer oder mythologischer Darstellungen.

Abbildung:

197 Der Jungbrunnen, 1546

CRESPI Giuseppe Maria (genannt: Lo Spagnuolo)
1665 Bologna – 1747 Bologna
Wenngleich Crespi ein Bologneser Maler war und seine Heimatstadt nur einmal verließ, hat er nichts gemein mit dem, was zwei Generationen vor ihm die akademische Malerei Bolognas gekennzeichnet hatte. Bei Crespi gibt es keine schwere Körperlichkeit mehr, sondern bewegte, kräftige Gestalten von einer neuen Natürlichkeit. Luigi Crespi, sein Sohn, ein mediokrer Maler und Biograph seines Vaters, berichtet, dieser habe die Lichtverhältnisse in der Natur studiert. In der Gemäldeserie »Die sieben Sakramente« (Dresden, Gemäldegalerie) erweist sich Crespi nicht nur als detailgenauer Beobachter von Gestik, Handlungsablauf und Mimik, sondern auch als völlig unschematischer Maler hinsichtlich des Helldunkels. Die Irregularität und Unberechenbarkeit des Lichtes ist es auch, die seine Genreszenen belebt (»Bauernfamilie«, Budapest, Nationalmuseum; »Der Jahrmarkt von Poggio a Caiano«, Florenz, Uffizien). In Darstellungen wie »Der Floh« (Abb. S. 239) oder »Küchenmagd« (Florenz, Uffizien) liegt die Überzeugungskraft im totalen Verzicht auf allegorische Überhöhung, in der humorvollen Leichtigkeit des Erzählstils.

Abbildung:

239 Der Floh, um 1707–1709

CRIVELLI Carlo
um 1430–1435 Venedig – vor 5. 8. 1500 Ascoli Piceno (?)
Obwohl eine herausragende Begabung innerhalb der venezianischen Malerei der Frührenaissance, hat Crivelli doch nie zur Synthese seiner künstlerischen Fähigkeiten gefunden. Die wegweisenden Eindrücke hat er im Umkreis der Werkstatt Francesco Squarciones in Padua und durch das Studium der Frühwerke Mantegnas erfahren. Aber auch die ferraresische Malerschule, besonders Cosmè Tura, sind für sein späteres Werk von Bedeutung gewesen – nicht nur in der Ausbildung seines »Goldschmiedestils«, sondern auch in der Verbindung mehrerer Szenen in gänzlich irrealen räumlichen Bezügen (»Madonna della Passione«, Verona, Museo di Castelvecchio). Über Crivellis Frühwerk wissen wir wenig. Bis 1457 lebte er in Venedig und wanderte dann nach einer über ihn verhängten Freiheitsstrafe aus. Zunächst in Zara (heute Zadar, Dalmatien) tätig, war er seit den späten sechziger Jahren in Ascoli Piceno in den Marken ansässig und schuf hier seine Hauptwerke. Exemplarisch tritt sein Stil in dem großen Polyptychon im Dom zu Ascoli Piceno (1473) hervor: Scharfkantig modellierte Figuren tragen knitternde Gewänder von spröder Stofflichkeit, die teilweise wie aus Metall geschnitten scheinen und sich auf diese Weise mit der Pracht des gemalten Schmucks und des geschnitzten Rahmens verbinden.

Abbildung:

112 Verkündigung an Maria mit dem hl. Emidius, 1486

CUCCHI Enzo
* 1949 Morro d'Alba (bei Ancona)
Cucchi lebt und arbeitet in Ancona und Rom. Nach einer Ausbildung bei einem Restaurator arbeitete er 1966–1968 als Landvermesser, danach widmete er sich ganz der Kunst. Zusammen mit Chia, Clemente und Paladino gehört er zu den Künstlern der »Arte cifra«. Diese Strömung will nicht Konzentration, sondern Offenheit, nicht Klarheit der Aussage, sondern, wie ihr Name sagt, »Chiffre«. Cucchi tritt in seinen Zeichnungen und Bildern eine bisweilen dämonisch, bisweilen komisch anmutende Reise in rätselhafte Gebiete an. Sein Rückzug in die Sphäre eines nur sich selbst genügenden künstlerischen Subjekts ist freilich nicht so absolut, wie er erscheinen mag.

Abbildung:

671 Held ohne Kopf, 1981/82

CUYP Aelbert (auch: Cuijp)
1620 Dordrecht – 1691 Dordrecht
An Vielseitigkeit ist Cuyp, zu dessen Repertoire Porträts, Landschaften, Tiere und Stilleben gehören, am ehesten Rembrandt vergleichbar, wenngleich er seine Bedeutung der Landschaftsmalerei verdankt. Bei seinem Vater Jacob Gerritsz. Cuyp, einem Schüler Bloemaerts, ging er in die Lehre, doch entscheidend für ihn wurde die Begegnung mit dem Werk van Goyens und dessen harmonischer goldgelber Farbgebung. Sein beliebtestes Motiv ist die Dordrechter Umgebung mit ihren Kanälen, mit ruhigen Flußniederungen und Ebenen, in denen das Vieh weidet und über der ein leuchtender Himmel steht, der alles in ein zauberhaft warmes Licht taucht. Wegen seiner feinen und nuancierten Behandlung des Lichts hat man ihn auch den »holländischen Claude Lorrain« genannt. In seinem späteren Werk, nach 1660, übernimmt er noch stärker Einflüsse der italienisierenden und klassischen Pastorallandschaft, wie sie Jan Both malte. Die Buntfarben nehmen zu, Berge und Felsen, antike Ruinen und idyllische Hirtenszenen kommen ins Bild.

Abbildung:

323 Hahn und Hennen, o. J.

DAHL Johann Christian Claussen
1788 Bergen – 1857 Dresden
Nachdem Dahl zunächst als Dekorationsmaler in seiner norwegischen Heimatstadt Bergen tätig gewesen war, ließ er sich 1811–1818 an der Kopenhagener Akademie als Landschaftsmaler ausbilden. Hier wurde er von Jens Juel und Eckersberg angeregt, entscheidend geprägt wurde seine Landschaftsauffassung jedoch durch die niederländischen Meister des 17. Jahrhunderts. Einer von ihnen, Allaert Everdingen, hatte Norwegen bereist und mit den hier entstandenen Ansichten den Typus der »nordischen Landschaft« geprägt, der von den Malern des 19. Jahrhunderts im Zuge der norwegischen Nationalbewegung wieder aufgegriffen wurde. Neben der »italienischen Landschaft« setzte sich im frühen 19. Jahrhundert die »nordische Landschaft« auch auf dem Kontinent durch. Angeregt durch seine erste große Norwegenreise 1826 hatte Dahl diesem Typus, der durch Wasserfälle, bewegte Wolken und zerzauste Bäume geprägt war, neue Bereiche hinzugefügt: Er entdeckte die kahlen Flächen des Hochgebirges und studierte die sich darüber entfaltenden Wolkenformationen. Dahl ist nicht nur für die norwegische Landschaftsmalerei ein Neuerer, sondern auch für die deutsche. Im Jahre 1818 war er nach Dresden gezogen, wo er sich dem Kreis um Friedrich und Carus anschloß. 1824 wurde er ebenso wie Friedrich Professor an der Dresdener Akademie. Bilder mit Motiven aus Dresden und seiner Umgebung, in denen der Himmel häufig den größten Raum einnimmt, sind zahlreich in seinem Werk. Einen dritten Themenkreis erschloß sich Dahl durch eine Italienreise, die er in den Jahren 1820/21 unternahm.

Abbildung:

462 Blick aus einem Fenster auf Schloß Pillnitz, um 1824

DALÍ Salvador
(Salvador Felipe Jacinto Dalí y Domenech)
1904 Figueras (Katalonien) – 1989 Figueras
Schon auf der Kunstakademie erwies sich Dalí als Unruhestifter. Nach drei Jahren war sein Aufenthalt 1924 an der Akademie in Madrid nicht länger erwünscht. 1925 beschäftigte er sich erstmals mit der Psychoanalyse Sigmund Freuds. Aber erst im Zentrum des Surrealismus, in Paris, wohin er 1929 endgültig übersiedelte, rückten die Abbildungen seiner Träume und Visionen ins Zentrum seiner Malerei. Den »Angelus« von Jean-François Millet (Abb. S. 442) interpretiert er als Symbol der sexuellen Verdrängung oder die Geschichte des Wilhelm Tell als Legende der inzestuösen Verstümmelung (»Das Rätsel Wilhelm Tells«, Stockholm, Moderna Museet). Seinen Weg, nicht die sichtbaren Gegenstände, sondern die damit assoziierten zu malen, beschrieb er als »paranoisch-kritische Methode«. Nach einem gemeinsamen Aufenthalt mit Magritte, Luis Buñuel, Paul Éluard und dessen Frau Gala in Cadaqués blieb Gala, die Muse der Surrealisten, bei Dalí. Bis 1937, als Breton den offiziellen Ausschluß Dalís aus der surrealistischen Bewegung verkündete, nahm Dalí an allen ihren Aktivitäten teil. Auf Reisen durch Italien 1937 – 1939 studierte er die Architektur Andrea Palladios und die Malerei der Renaissance und des Barocks. 1940 ging er in die USA, wo er seine Rückkehr zur klassischen Kunst kundtat. 1949 kehrte er nach Port Lligat in Spanien zurück und konvertierte zum Katholizismus. 1951 erscheint sein »Mystisches Manifest«. 1971 wird in Cleveland ein Dalí-Museum eröffnet, das 1982 nach St. Petersburg in Floridada verlegt wird. 1979 veranstaltet das Centre Georges Pompidou in Paris die größte Dalí-Retrospektive, die anschließend auch in London gezeigt wird.

Abbildungen:

556 Die Versuchung des hl. Antonius, 1946
613 Die Beständigkeit der Erinnerung (Die zerrinnende Zeit; Die weichen Uhren), 1931
613 Brennende Giraffe, um 1936/37

DAUBIGNY Charles-François
1817 Paris – 1878 Auvers-sur-Oise
Daubigny war der Sohn eines Landschaftsmalers, der ihm auch den ersten Unterricht erteilte. Nach einer Italienreise war er 1836 in Paris als Restaurator am Louvre und als Illustrationszeichner tätig, 1840 studierte er kurz bei Delaroche. Mit einem im Stil der heroischen Landschaft gemalten Bild hatte er im Salon von 1840 einen ersten Erfolg. Bedeutender als seine Malerei sind in den vierziger Jahren jedoch seine Graphiken. Wichtig wurde für ihn die Freundschaft mit Corot seit 1852, der ihn dazu anregte, unmittelbar vor der Natur zu malen. Seine Motive entnahm Daubigny, der jüngste der Barbizon-Maler, vornehmlich der Seine-, Oise- und Marnelandschaft. Die kräftige Farbigkeit, die leichte, flüssige Pinsel-

schrift sowie die heitere, lichterfüllte Stimmung seiner Bilder ließen ihn zum unmittelbaren Vorläufer der Impressionisten werden. Um den wechselnden Charakter der Flußlandschaften besser einfangen zu können, ließ sich Daubigny 1857 ein Atelierboot bauen. Damit fuhr er ganze Sommer über die Seine und die Oise und konnte so auch größere Bilder unmittelbar vor seinem Motiv malen; Monet ist ihm später hierin gefolgt. Von Auvers-sur-Oise aus, wohin er 1860 zog, machte er mehrere Reisen: 1866 und 1870/71 nach England, 1868 nach Spanien, 1870 nach Holland und in den folgenden Jahren an die Kanalküste. 1872 beriet er Cézanne. 1874 wollten ihn die Impressionsisten zu ihrer ersten Ausstellung einladen. Fanden seine in den fünfziger Jahren gemalten Bilder große Bewunderung von Käufern und Ehrungen von offizieller Seite – dreimal erhielt er die erste Medaille im Salon –, so stieß er mit seinen späteren Werken, die unter dem Einfluß von Courbet großflächiger und von flüchtigerem Pinselstrich waren, auf eine teils heftige Kritik, die ihm vorwarf, seine Bilder seien »unfertig« und skizzenhaft.

Abbildung:

438 Der Teich von Gylieu, 1853

DAUMIER Honoré

1808 Marseille–1879 Valmondois (bei Paris)

Daumier war zunächst als Lehrling und Laufbursche bei einem Justizbeamten tätig, arbeitete danach in einer Buchhandlung und begann 1822 eine Ausbildung im Atelier des David-Schülers Alexandre Lenoir. Nebenher studierte er antike Skulpturen im Louvre und kopierte Tizian und Rubens. Gegen 1828 erlernte er das neue Verfahren der Lithographie. Als begeisterter Republikaner fing er an, politische Karikaturen zu zeichnen, von denen eine dem Künstler eine sechsmonatige Gefängnisstrafe einbrachte. Von 1832–1835 war er als politischer Karikaturist Mitarbeiter der Zeitung »La Caricature«, in der er seine »Masken«, Karikaturen von Politikern und scharfe politische Satiren, veröffentlichte. Nachdem das Gesetz gegen die Pressefreiheit der politischen Karikatur 1835 ein Ende setzte, arbeitete er für das gesellschaftskritische Blatt »Charivari«. Seine satirischen Folgen über die Welt der Pariser Kleinbürger erregten Aufsehen. Schonungslos entlarvte er auch das Großbürgertum und kämpfte mit beißender Satire gegen den Zwang der Gesetze, gegen Monarchie und Parlament, gegen Kirche und Obrigkeit sowie gegen Akademie und Klassizismus. Nur der vierte Stand war seiner Anteilnahme wert.

1845 begann Daumier, Gemälde – vorwiegend nach literarischen Stoffen von Cervantes und Molière und aus dem Milieu des einfachen Volkes – zu malen. Mit Bildern wie »Die Wäscherin« (Abb. S. 440) und »Waggon dritter Klasse« (New York, Metropolitan Museum of Art, um 1862) wurde er zu einem Hauptvertreter des sozialen Realismus in der Malerei. Die Prägnanz, mit der er seine Figuren als monumentale Silhouetten in breiten, pastosen Pinselstrichen auf die Leinwand setzte, erreichte außer ihm kein Maler des 19. Jahrhunderts. Balzac verglich ihn darin zu Recht mit Michelangelo. Daumier strebte eine Karriere als Maler und Bildhauer an, doch war er immer wieder gezwungen, zu seinem Broterwerb Lithographien im Dienste des Journalismus zu fertigen. 1865 zog er sich nach Valmondois bei Auvers-sur-Oise zurück, wo er 1879 arm und fast erblindet in einem Haus starb, das Corot ihm geschenkt hatte.

Abbildungen:

440 Die Emigranten (Die Auswanderer), 1857
440 Die Wäscherin, um 1860
441 Don Quichotte, um 1868
441 Das Drama, um 1860

DAVID Gerard

um 1460 Oudewater (bei Gouda)–1523 Brügge

David ist der einzige niederländische Maler, der ohne unmittelbare Kenntnis Italiens zu einer der italienischen Hochrenaissance vergleichbaren Ganzheitsvorstellung des Bildaufbaus gelangt. Seine Grundlage ist dabei in einem Rückgriff über zwei Generationen hinweg die Kunst der Brüder van Eyck, deren der abbildenden Wirklichkeit verpflichtetes Konzept er mit der differenzierten Raum- und Figurendarstellung der großen Niederländer des fortgeschrittenen 15. Jahrhunderts verschmilzt. Bei wem David in die Lehre ging, ist unbekannt. Einflüsse von van der Weyden und van der Goes sind im Frühwerk unverkennbar. 1484 wird David in das Brügger Gildenregister eingetragen. Seine vorwiegend für kirchliche Auftraggeber geschaffenen Werke erreichen dort die höchste Vollendung, wo das Thema eine gewisse Zuständlichkeit erlaubt (»Triptychon mit der Taufe Christi«, Abb. S. 199). Szenische Zuspitzung lag seinem Temperament ferner (»Hochzeit zu Kana«, Paris, Louvre, um 1503). Von großer Bedeutung für die zukünftige Entwicklung ist Davids Fähigkeit zu Verbindung von Figur und Landschaft. In Brügge fand er eine bedeutende Nachfolge, besonders im Bereich der Buchmalerei.

Abbildungen:

199 Die mystische Vermählung der hl. Katharina, um 1505–1510
199 Taufe Christi, um 1505

DAVID Jacques-Louis

1748 Paris–1825 Brüssel

Davids Anfänge wurzeln noch ganz in der Malerei des Rokoko. Seine Erziehung war nach dem frühen Tod seines Vaters, eines Kurzwarenhändlers, in die Hände seiner beiden Onkel, eines Architekten und eines Maurermeisters gelegt worden, die sein künstlerisches Talent verständnisvoll förderten. Boucher wurde sein Freund und Berater, er empfahl ihm, zu Vien in die Lehre zu gehen, der ihn 1766 sorgfältig ausbildete. Eine Reihe von Versuchen, den ersten Preis der Akademie zu erringen, schlug fehl und brachte David an den Rand der Verzweiflung. Endlich erhielt er den Preis im Jahre 1774, was ihm den Weg nach Rom öffnete, wohin sein Lehrer Vien soeben als Direktor der französischen Akademie berufen worden war. David zeichnete mit außerordentlicher Hingabe nach der Antike. Rom wurde zum Schlüsselerlebnis, das seine Wandlung vom Rokokomaler zum Klassizisten bewirkte.

Nach seiner Rückkehr aus Rom wurde er 1781 zur Akademie zugelassen, zwei Jahre später festes Mitglied. Neben Porträts malte David ausschließlich Historienbilder mit antiken Themen. Seine Gesinnung drückt wohl am vollkommensten der »Schwur der Horatier« (Abb. S. 365) aus, zu dessen Vollendung David eigens mit seiner Familie nach Rom reiste, wo das Gemälde, nicht anders als im Pariser Salon von 1785, einen triumphalen Erfolg hatte. David engagierte sich politisch auf der äußersten Linken der Revolution, er stimmte für den Tod des Königs. 1794 führte er den Vorsitz im Konvent und hob die Akademie auf. Seinem Eintreten für Künstler und Kunstwerke sowie für den Schutz mittelalterlicher Denkmäler verdankt die französische Kunstgeschichte viel. Nachdem auch ihm zeitweilige Inhaftierung nicht erspart worden war, schließt er sich Napoleon an und wird 1804 zum ersten Maler des Kaisers ernannt. Nach dem Sturz Napoleons wird Brüssel zum Schaffensort seiner letzten Jahre. Heute sind es weniger die großen Historienbilder als die Porträts, die Davids Ruhm wachhalten. Als Lehrer der meisten bedeutenden französischen Maler des 19. Jahrhunderts ist er der eigentliche künstlerische Begründer der neuen Epoche.

Abbildungen:

364 Der Tod des Marat, 1793
365 Die Schwur der Horatier, 1784
365 Madame Récamier, 1800
366 Napoleon in seinem Arbeitszimmer, 1812
366 Bonaparte, die Alpen überschreitend, 1799

DEGAS Edgar (Hilaire Germain Edgar de Gas)

1834 Paris–1917 Paris

Aus einem weltoffenen, wohlhabenden Haus stammend, begann Degas seine Ausbildung mit einem Jurastudium, doch entdeckte er schon bald seine Liebe für die Malerei, für Ingres und die Meister der italienischen Renaissance. 1853–1859 studierte er an der Pariser École des Beaux-Arts, arbeitete im Atelier von Louis Lamothe und machte viele Studienreisen. Sein Frühwerk ist unter der Nachfolge klassischer Malerei zu sehen, sowohl thematisch als auch in der Ausführung. Aber er war auch offen für andere Einflüsse. Er liebte die japanische Kunst, durch seine Freundschaft mit Moreau und Puvis de Chavannes wurde er mit symbolistischen Tendenzen vertraut. Er schloß sich der Gruppe der Impressionisten an, obwohl er diese Bezeichnung haßte und nie rein im impressionistischen Sinne malte, und stellte zwischen 1876 und 1881 sowie 1886 mit ihnen aus. In seine Arbeiten ging seine ganz persönliche Art psychologisierender Beobachtung ein, ein tiefes Interesse am modernen Leben und an dessen Wiedergabe, seine Themen kreisten immer um Menschen, um das Großstadtleben; die reine Natur inspirierte ihn nicht.

Degas schuf eine große Anzahl von Porträts und liebte es, ganz bestimmte Motivkreise immer wieder unter neuen Aspekten zu gestalten. So zum Beispiel seit 1862 Szenen beim Pferderennen, später Wäscherinnen und Büglerinnen, die Welt des Theaters, wobei den Tänzerinnen seine besondere Liebe galt, Straßen- und Lokalszenen, weibliche Akte. Ab 1880 benutzte er immer häufiger Pastellkreiden und gewann dieser Technik neue Aspekte und Varianten ab. Detailschilderungen und erzählende Momente wurden aufgegeben zugunsten einer großzügigeren Flächengestaltung, die Reize der Einzelfarben in allen ihren Schattierungen und Transparenzen traten stärker hervor, und Modi des Skizzenhaften, Unvollendeten wurden ganz gezielt eingesetzt. Degas hinterließ auch ein reiches graphisches Werk, Zeichnungen, Radierungen und Monotypien. Seit 1909 nahm sein Augenleiden immer mehr zu, so daß er nur noch Wachsmodelle von Tänzerinnen, Pferden und Frauenakten schuf, die erst nach seinem Tod in Bronze gegossen wurden.

Abbildungen:

481 Der Star oder Tänzerin auf der Bühne, 1876/77
494 Rennen der Herrenreiter. Vor dem Start, 1862
494 Ballettsaal in der Oper, Rue Le Peletier, 1872
495 Der Absinth, 1876

DELACROIX Eugène

(Ferdinand Victor Eugène Delacroix)

1798 Saint-Maurice-Charenton (bei Paris)–1863 Paris

Nach einem vorangegangenen Musikstudium begann Delacroix seine Ausbildung zum Maler zunächst im Pariser Atelier von P. Guérin und trat 1816 in die École des Beaux-Arts ein, wo er dem sieben Jahre älteren Géricault begegnete, den er sehr bewunderte. Stark beeindruckt zeigte sich Delacroix darüber hinaus von den Zeichnungen Goyas und der Malerei Veroneses und Rubens'. Bereits sein erstes großes Werk, »Dante und Vergil in der Hölle« (Abb. S. 414), 1822 im Salon ausgestellt, erregte Aufsehen. Anerkennung fand auch das zwei Jahre später entstandene »Massaker von Chios« (Abb. S. 432), das er unter dem Eindruck der von Constable zum Salon eingeschickten Bilder wenige Tage vor dessen Eröffnung übermalte, indem er ihm u.a. Glanzlichter aufsetzte. Die Entdeckung Constables und die Freundschaft mit Bonington führten Delacroix 1825 nach London. In Anlehnung an Constables Technik der Farbgebung wurde Delacroixs Kolorit frischer und lebendiger.

Nach Paris zurückgekehrt, wurde Delacroix zum Haupt der romantischen Malerei in Frankreich und damit Ziel der Kritik von seiten der Klassizisten, allen voran Ingres. Anregungen zu seinen Bildthemen fand Delacroix in der Dichtung Dantes, Shakespeares, Goethes und bei den Werken der Romantiker, den Romanen Walter Scotts sowie den Gedichten Lord Byrons. Von größter Bedeutung für Delacroix wurde eine Orientreise, die er 1832 als Teilnehmer einer Gesandtschaft an den Sultan von Marokko unter-

nahm und auf der er auch Algier, Oran, Tanger und Südspanien besuchte. Seine Begeisterung für diese fremdländische Welt mit ihrem hellen Licht kannte keine Grenzen. Sie inspirierte ihn zu Hunderten von Zeichnungen und Aquarellen, nach denen später in Paris einige seiner schönsten und farbenprächtigsten Bilder entstanden, darunter die berühmten Haremsszenen (Abb. S. 433) und die Reihe der Löwenjagden (Abb. S. 431). Seit 1834 führte er auch große Wandbildaufträge aus, darunter für den Salon du Roi im Palais Bourbon (1833–1837), für die Bibliothek des Palais du Luxembourg (1845–1847) und für die Kirche St.-Sulpice (1861). 1857 wurde er nach sieben vergeblichen Kandidaturen Mitglied der Akademie. Wegen der in seinen letzten Lebensjahren zunehmenden Kritik zog sich Delacroix immer mehr zurück und starb 1863 in Einsamkeit. Leidenschaftlichkeit, Subjektivität und Sensualismus seiner Stoffwahl, Bildauffassung und Farbgebung machen ihn zu einem Romantiker von sehr eigenständiger Art und einem der stärksten Maler des Jahrhunderts. Seine Auffassung vom Eigenwert der farbigen Gesamtwirkung eines Gemäldes ermutigte die Impressionisten.
Abbildungen:
408 Junge Waise auf dem Friedhof, 1823
414 Dante und Vergil in der Hölle (Die Dante-Barke), 1822
431 Die Löwenjagd, 1861
432 Das Massaker von Chios, 1824
432 Die Freiheit führt das Volk an (28. Juli 1830), 1830
433 Die Frauen von Algier in ihrem Gemach, 1834

DELAUNAY Robert
1885 Paris – 1941 Montpellier
Nach einer Lehre bei einem Dekorationsmaler schloß sich Delaunay 1904 während eines Aufenthaltes in der Bretagne den Vorstellungen der Gruppe von Pont-Aven an. In der Folgezeit beschäftigte er sich intensiv mit der neoimpressionistischen Farbenlehre und mit philosophischen Schriften. Die 1910 entstandene erste Eiffelturmserie bezeichnete die Hinwendung zum Kubismus. Seine Eigenständigkeit und Bedeutung erlangte er 1912/13 mit seinen »Fenstern« (Abb. S. 575) und »Kreisformen« (Abb. S. 575). Apollinaire prägte für Delaunays Farbkubismus den Begriff »Orphismus«, um die Idee von der Farbe als Klang und musikalische Schwingung zu bezeichnen. Die Bilder basieren auf dem Prinzip, daß sich alle Farbklänge aus dem der Farbe innewohnenden kreisenden Rhythmus entwickeln. Diese Vorstellung bestimmte bis 1921 Delaunays Schaffen, das sich der abstrakten Kunst annäherte. 1937 entwarf er die Dekorationen für den Pavillon der Luftfahrt und der Eisenbahn auf der Pariser Weltausstellung.
Abbildungen:
575 Fenster zur Stadt, 1912
575 Sonne und Mond zugleich, um 1912/13

DELVAUX Paul
1897 Antheit (bei Lüttich) – 1994 Furnes
Delvaux studierte 1917–1924 Architektur, dann Malerei an der Académie des Beaux-Arts in Brüssel. Zunächst malte er Bilder, die unter dem Einfluß der belgischen Expressionisten und seiner Bewunderung für Ensor standen. 1932 besuchte er auf einem Brüsseler Jahrmarkt das Wachsfigurenkabinett Musée Spitzner, dessen Exponate ihn stark beeindruckten und in der Folge mehrfach Thema seiner Bilder wurden. Seit seiner Begegnung mit Bildern de Chiricos, Magrittes und Max Ernsts im Jahr 1934 in der Ausstellung »Minotaure« entstanden Bilder im Stil des veristischen Surrealismus. Delvaux nahm an mehreren Internationalen Surrealismus-Ausstellungen teil. Nach zwei Italienreisen 1938 und 1939 hellte sich seine Palette auf; es wurden, beeinflußt durch die italienische Renaissancemalerei, zunehmend klassische Landschaften in seine Bilder aufgenommen. In den späten vierziger und in den fünfziger Jahren entstanden mehrere Bühnendekorationen sowie Wandmalereien. 1950 wurde er zum Professor für Monumentalmalerei an der École Nationale d'Art et d'Architecture berufen, wo er bis 1962 lehrte. 1965/66 war er Präsident der Académie des Beaux-Arts. Im hohen Alter wurde Delvaux, der nach Magritte wichtigste Vertreter des belgischen Surrealismus, durch zahlreiche Retrospektiven und Auszeichnungen geehrt.
Abbildung:
610 Die Begrüßung (Das Treffen), 1938

DENIS Maurice
1870 Grandville (Manche) – 1943 Saint-Germain-en-Laye
Denis studierte ab 1888 an der Pariser Académie Julian, wo er die Bekanntschaft von Bernard, Bonnord und Sérusier machte. Mit Vuillard war er bereits seit der Schulzeit befreundet. Sérusier vermittelte Denis die Ideen der Maler aus Pont-Aven, vor allem Gauguin gewinnt auf ihn Einfluß. Mit den Freunden von der Académie Julian begründete Denis 1890 die Gruppe der »Nabis«; mit Bonnard und Vuillard teilte er sich ein Atelier. 1892/93 entwarf er Bühnenbilder für das »Théâtre de l'Œuvre«. Aus dem Jahr 1901 stammt sein Gruppenporträt der »Nabis«, die »Hommage à Cézanne«. 1903 reiste er nach Deutschland. 1906 besuchte er mit Bernard und Roussel Cézanne in Aix. Neben impressionistischen Porträtstudien und Gartenszenen malte er vorwiegend jugendstilartig-flächige, symbolistische Bilder zunehmend religiösen Inhalts. Auf Italienreisen hatte er sich von den Malern der Frührenaissance, besonders Piero della Francesca und Fra Angelico, für seine religiöse Kunst inspirieren lassen, die in großen Dekorationszyklen für Kirchen gipfelte. Denis arbeitete ebenfalls als Buchillustrator und Lithograph; seine theoretischen Schriften setzten sich mit den Ideen des Symbolismus auseinander. Seit 1908 war er Lehrer an der Académie Ranson. 1919 begründete er zusammen mit Rouault die Werkstätten für religiöse Kunst. Er gilt als einer der großen Erneuerer der französischen religiösen Kunst.
Abbildung:
519 Die Musen oder Im Park, 1893

DERAIN André
1880 Chatou (bei Paris) – 1954 Garches
Derain beschäftigte sich autodidaktisch mit der Malerei, bevor er 1898–1900 die Académie Carrière in Paris besuchte. Zu entscheidenden Weggefährten sollten für ihn Matisse und Vlaminck werden, deren Bekanntschaft er 1901 schloß. Der Militärdienst 1901–1904 unterbrach sein Studium der Malerei, das er danach noch kurz an der Académie Julian fortsetzte. Gemeinsam mit Matisse, mit dem er im Sommer 1905 in Collioure am Mittelmeer malte, stellte er im Pariser Herbstsalon aus, der ihnen das Schimpfwort Fauves (Wilde) eintrug. Kurz darauf geriet er unter den Einfluß des Kubismus, nachdem er 1908 mehrere Monate mit Picasso in Avignon verbracht hatte. Die Beschäftigung mit der Antike führte ihn 1921 zur Tradition zurück.
Abbildung:
563 Boote in Collioure, 1905

DINE Jim (James Dine)
* 1935 Cincinnati
Dine studierte von 1953–1957 an der University of Cincinnati, der Boston Museum School und schließlich an der Ohio University. Seit 1958 lebte er in New York. In dieser Zeit begann er als Antwort auf den Abstrakten Expressionismus mit der Installation von Environments und veranstaltete Happenings. 1967 übersiedelte er, da er sich der englischen Pop Art künstlerisch verwandt fühlte, nach London. Auch in seiner Malerei blieb er oft der dritten Dimension verbunden, arbeitete mit Collagen, Assemblagen und verband durch einander übergreifende Leinwände mehrere Realitätsebenen in einem Bild. In seinen Arbeiten zeigt er meist Gegenstände des Alltags in ungewöhnlicher Umgebung. Dadurch gewinnen die dargestellten Objekte eine eigenständige Bedeutung wie etwa ein Bademantel, den Dine als Selbstbildnis bezeichnet. Später wurden Herzen und klassische Skulpturen wie die Venus von Milo wichtige Motive. In den achtziger Jahren gestaltete er große Wandbilder für Plätze in Boston und San Francisco. Dine ist seit 1980 Mitglied der American Academy of Arts and Letters.
Abbildung:
660 Kardinal, 1976

DIX Otto
1891 Untermhaus (bei Gera) – 1969 Hemmenhofen (Bodensee)
Dix wurde als Sohn eines Eisenbahnarbeiters geboren. Nach einer Lehre bei einem Dekorationsmaler studierte er an der Kunstgewerbeschule in Dresden. Nach dem Ersten Weltkrieg setzte er 1919 sein Studium an der Akademie fort. Dix wandte sich 1920 einem zeitkritischen, engagierten und schonungslosen Verismus zu. Ab 1922 arbeitete er in Düsseldorf, wo 1924 sein Radierwerk »Der Krieg« entstand. In dieser Zeit malte er auch zahlreiche Bildnisse in nahezu altmeisterlicher Technik, die physiognomische und körperliche Eigenheiten übertrieben zur Schau stellen. In Berlin setzte er 1925–1927 seine Porträttätigkeit fort und bezog auch das Kinderbildnis ein. Nach der Berufung an die Dresdner Akademie 1927 entstanden die Triptychen »Die Großstadt« (Stuttgart, Galerie der Stadt) und »Der Krieg« (Dresden, Gemäldegalerie Neue Meister), Visionen erlebter und herannahender Schrecken. Nach seiner Entlassung in Dresden 1933 zog er sich nach Hemmenhofen am Bodensee zurück, wo er sich weiterhin apokalyptischen Themen widmete.
Abbildung:
589 Bildnis der Eltern I, 1921

DOESBURG Theo van
(Christian Emil Marie Küpper)
1883 Utrecht – 1931 Davos
Als van Doesburg 1908 seine erste Ausstellung in Den Haag hatte, waren seine Bilder impressionistisch. Erst 1916 wurde die Komposition seiner Malerei geometrisch. Zusammen mit den Architekten Oud und Wils arbeitete er an Architekturprojekten. 1917 ging er zum Neoplastizismus über und gründete mit Mondrian die Gruppe »De Stijl«. Er war Herausgeber und Autor der gleichnamigen Zeitschrift. Vorübergehend sympathisierte er mit der »Dada«-Bewegung, führte sie 1922 in Holland ein und gründete die Zeitschrift »Mecano«. 1923 zog er nach Paris. In der Reihe der Bauhaus-Bücher publizierte er 1924 die »Grundbegriffe der neuen gestaltenden Kunst«. Gleichzeitig entstanden die ersten Kontra-Kompositionen, die eine neue Entwicklung in seinem Werk ankündigten, die er mit dem Begriff »Elementarismus« verband. Zum wichtigsten Formelement wurde die dynamische Diagonale.
Abbildung:
596 Simultane Kontra-Komposition, um 1929/30

DOMENICHINO (Domenico Zampieri)
1581 Bologna – 1641 Neapel
Neben Reni ist Domenichino der bedeutendste Maler in der Carracci-Nachfolge. Zuerst in seiner Heimatstadt bei Lodovico Carracci ausgebildet, dann als Mitarbeiter Annibales seit 1602 in Rom tätig, zeigt er neben Einflüssen dieser beiden bereits in frühen Werken wie dem »Mädchen mit dem Einhorn« (Abb. S. 234) einen klassizistisch-klaren eigenen Stil, der in dem Fresko des Oratoriums von San Gregori Magno (Rom) in der Darstellung des Andreas-Martyriums oder auch den Fresken mit der Nilus-Legende für die Abtei von Grotta Ferrato (1609/10) zu charakteristischer monumentaler Ausdrucksform findet. Nach Annibale Carraccis Tod (1609) wurde Domenichino das Haupt der Bologneser Landschaftsmalerei. In Landschaftsdarstellungen von typisch bolognesischem grünlich-grauen Kolorit findet er in den Jahren 1610–1615 bereits Kompositionsprinzipien, wie sie die Bilder eines Claude Lorrain bestimmen sollten. Im Bereich der Raumausstattung, zum Beispiel von Chor

und Kuppelpendentifs in Sant' Andrea della Valle in Rom, formuliert er die alternativen Möglichkeiten zu Cortona. In der Tafelmalerei erweist er sich als Meister komplizierten und dennoch klar gegliederten Bildaufbaus und dramatisch-bewegter Aktion. Domenichino, der – durch Anfeindungen in Neapel enttäuscht – starb, ohne seine Arbeit im Dom vollendet zu haben, hinterließ außerdem ein umfangreiches zeichnerisches Opus, das ihn als akribischen Vorbereiter seiner Bildkompositionen zeigt.
Abbildungen:
218 Himmelfahrt der hl. Magdalena, um 1617–1621
234 Das Mädchen mit dem Einhorn, um 1602

DOMENICO VENEZIANO
(Domenico di Bartolomea da Venezia)
um 1410 Venedig oder Florenz–1461 Florenz
Künstlerischer Rang und Bedeutung Domenico Venezianos stehen im umgekehrt proportionalen Verhältnis zur Zahl seiner erhaltenen Werke. Obwohl venezianischer Herkunft, wie sein Name sagt, wissen wir nicht, ob er in Venedig oder als Sohn seines aus Venedig zugewanderten Vaters bereits in Florenz geboren wurde. Jedenfalls dürfen wir annehmen, daß seine Herkunft jene künstlerischen Anlagen bestimmte, die ihm eine einzigartige Stellung für die Entwicklung der Farbe unter den Florentiner Meistern des frühen 15. Jahrhunderts verschaffte. Auch unsere Kenntnis der Biographie ist sehr lückenhaft. In den dreißiger Jahren arbeitete der junge Künstler in Perugia. 1438 bittet er Piero de' Medici in einem Brief um Aufträge in Florenz und schreibt, er wolle es den größten unter den lebenden Malern – Fra Angelico und Filippo Lippi – gleichtun. Die Auswahl der Namen ist bezeichnend. Domenico ist nicht primär an Problemen der Raum- und Figurenwiedergabe interessiert, sondern an Farbproblemen. Die Bewerbung Domenicos hatte offenbar Erfolg. Um 1440 entsteht in San Egidio (heute Santa Maria Nuova) ein Freskenzyklus, an dem Domenicos größter Schüler, Piero della Francesca, mitarbeitete. Von diesem Hauptwerk blieben keinerlei Spuren erhalten. Der Verlust bedeutet möglicherweise die größte Lücke für unsere Kenntnis von Möglichkeiten und Entwicklung der Florentiner Frührenaissancemalerei. Eine Vorstellung von Domenicos Rang vermittelt uns die signierte »Sacra Conversazione« (Abb. S. 98). Der Maler hat zwar hinsichtlich der Raum- und Figurenwiedergabe Masaccio, Uccello und Castagno studiert, aber sein Interesse gilt vornehmlich neuen Möglichkeiten farbiger Gestaltung. Die verstärkte Beimischung von Öl als Bindemittel erhöht die Leuchtkraft der Farben, führt aber vor allem erstmals in der Malerei der Neuzeit zur Wiedergabe »atmosphärischen« Lichtes.
Abbildungen:
91 Bildnis einer jungen Frau, um 1465
98 Maria mit Kind und Heiligen (Sacra Conversazione), um 1442–1448

DONGEN Kees van
(Cornelis Theodorus Maria van Dongen)
1877 Delfshaven (bei Rotterdam)–1968 Paris
Zunächst wurde van Dongen von seiner Familie auf eine Kunstgewerbeschule geschickt, um zum technischen Zeichner ausgebildet zu werden. Er fühlte sich jedoch zum Maler berufen, brach im Alter von zwanzig Jahren die Beziehungen zu seiner Familie ab und ließ sich auf dem Montmartre in Paris nieder. Zunächst mußte er Gelegenheitsarbeiten etwa als Lastträger in den Markthallen annehmen, seit er sich jedoch 1906 den Fauves angeschlossen hatte und etwas später Gastmitglied der Dresdner »Brücke«-Gemeinschaft geworden war, konnte er auch von seiner Malerei leben. Um 1907 wohnte er im Bateau-Lavoir in der Rue Ravignan, wo er Picasso kennenlernte. Vollends abgesichert war er seit 1908, als er mit der Galerie Bernheim-Jeune einen Vertrag abschließen konnte. Van Dongen besaß große Gaben als Kolorist, seine Gemälde zeichnen sich durch intensive, sinnenfreudige Farbwirkungen und gefühlvolle Kontraste aus. Nach dem Ende des Ersten Weltkrieges wurde er zu einem gesuchten Porträtisten der mondänen Gesellschaft, wohl weil er seine Modelle nicht schönte.
Abbildung:
564 Bildnis Fernande, 1905

DOU Gerard (auch: Gerrit Dou)
1613 Leiden–1675 Leiden
Dou war zu Lebzeiten und auch im 19. Jahrhundert einer der angesehensten holländischen Genremaler. Er lernte zunächst bei seinem Vater, einem Glasmaler, und ging dann in die Lehre bei einem Kupferstecher namens Bartholomeus Dolendo, wo er kleine Kupfertafeln bemalte. Nach einer weiteren Ausbildung bei einem Glasmaler und in der Werkstatt seines Vaters lernte er von 1628–1631 drei Jahre lang bei Rembrandt, der damals gerade 22 Jahre alt war. Als Rembrandt nach Amsterdam zog, blieb er in Leiden, machte sich 1632 selbständig und gehörte 1648 zu den Gründungsmitgliedern der dortigen Lukasgilde. Dou ist einer der begabtesten und selbständigsten Schüler Rembrandts. Von diesem übernahm er die Hell-Dunkel-Effekte, die Gestaltung von Innenräumen, zum Teil mit Kerzen- und Lampenbeleuchtung (»Die Abendschule«, Amsterdam, Rijksmuseum), und die Darstellung kleinbürgerlichen Lebens. Er gilt als der bedeutendste Vertreter der sogenannten Feinmalerei, die in minuziöser Technik mit Hilfe feinster Pinsel und der Lupe selbst kleinste Details realistisch nachzeichnet. Kleinformatige Genreszenen mit alten Frauen und Männern bei der Arbeit, Krämerläden, Arztbesuche (»Die wassersüchtige Frau«, Abb. S. 320), biblische Szenen, Porträts (»Junge Mutter«, Den Haag, Mauritshuis) und Stilleben sind seine bevorzugten Motive. Dou blieb zeitlebens in Leiden und schlug auch einen Ruf König Karls II. an den englischen Hof aus. Zu seinen bekanntesten Schülern zählen Frans van Mieris d. Ä. und Gabriel Metsu.
Abbildung:
320 Die wassersüchtige Frau (Ärztliche Visite), um 1663 (?)

DUBUFFET Jean
1901 Le Havre–1985 Paris
Nach dem Abitur und einem zweijährigen Malereistudium an der Akademie in Le Havre ging Dubuffet 1918 nach Paris, um an der Académie Julian weiter zu studieren. Ein Jahr später lernte er Suzanne Valadon, Max Jacob, Léger und Dufy kennen. 1924 ging er als technischer Zeichner nach Buenos Aires, ein Jahr später trat er in das väterliche Weingeschäft ein. 1942 nahm er nach langjähriger Unterbrechung die Malerei wieder auf und hatte zwei Jahre später seine erste Einzelaustellung in Paris. 1945 begann er »Art brut« (rohe Kunst) zu sammeln, Bilder von Kindern und Geisteskranken, die ihn in ihrer elementaren Kraft faszinierten und die er wegen ihrer Originalität und Unabhängigkeit vom herkömmlichen Kunstempfinden bewunderte. 1947 gründete er die Gesellschaft der »Art brut« mit einer Galerie zur Verbreitung und Anerkennung dieser Kunst. Im Juli 1962 beginnt er unter dem Titel »L'Hourloupe« zwei- und dreidimensionale Arbeiten. In den sechziger Jahren kamen auch musikalische Experimente hinzu. 1976 schenkt er seine »Art-brut«-Sammlung der Stadt Lausanne. Danach arbeitet er an Bildern, Tafeln und Plastiken, die formal einen Rückgriff auf die einfachen Formen seiner frühen Jahre darstellen.
Abbildungen:
640 Le Métafisyx, 1950
640 Business Prospers (Das Geschäft blüht), 1961

DUCCIO DI BUONINSEGNA
um 1255 Siena (?) – um 1318 Siena
Urkundlich wird Duccio 1278 erstenmals mit kleineren Aufträgen wie dem Bemalen von Buchdeckeln genannt. Sein erstes großes, auch urkundlich gesichertes Hauptwerk ist die Madonna in den Uffizien von Florenz, die er für die Kapelle der Bruderschaft der Laudesi in der Dominikanerkirche Santa Maria Novella in Florenz malte (Abb. S. 17), wohl in Konkurrenz zu Cimabue. Somit setzt seine künstlerische Wirksamkeit vor Giotto ein und sogar in der mit seiner Heimatstadt Siena verfeindeten Stadt Florenz. Neben einigen kleineren Bildern, hauptsächlich für den Bedarf privater Frömmigkeit, ist sein Hauptwerk, das große Altarbild für den Hochaltar des Doms von Siena, die sogenannte Maestà, erhalten. Auf der Vorderseite sind die thronende Madonna, zu ihren Seiten aufgereiht Engel und Heilige, zu ihren Füßen kniend die Stadtpatrone Sienas dargestellt. Die Predella zeigt Szenen aus der Jugend Christi, der Aufsatz solche aus dem Lebensende Mariä; die Rückseite enthält einen umfassenden Zyklus zur Passion und Auferstehung Christi. Das im 18. Jahrhundert demontierte Bild ist nicht mehr ganz vollständig; einige der kleineren Tafeln sind in verschiedene Museen der Welt verstreut, andere verloren.

Der Maler Duccio ist vor allem geprägt von einer tiefen und intensiven Berührung mit der byzantinischen Kunst, die er jedoch in einer für byzantinische Künstler nicht üblichen Eigenständigkeit umgeformt hat. Bemerkenswert ist seine Offenheit für die zeitgenössische Kunst. Vor allem sind die Bildhauer der Sieneser Domkanzel, Niccolò und Giovanni Pisano, zu nennen, deren Nähe zu antiker und gotischer Skulptur und deren Leidenschaftlichkeit des Ausdrucks Anlaß zur Überdenkung und Umgestaltung vieler byzantinischer Formeln waren (besonders deutlich in der großen Kreuzigung von der Rückseite der Maestà). Daneben ist eine Verarbeitung der französischen Kunst und der des älteren Florentiner Zeitgenossen Cimabue erkennbar – wahrscheinlich sogar ein Eingehen auf die Neuerungen Giottos. Duccios Wirkung war in seiner Zeit sehr groß; er hat eine produktive Werkstatt hinterlassen mit mehreren Malern, die seinen Stil weiterführten. Bemerkenswert ist seine befruchtende und nicht – wie im Fall Giottos und der Florentiner Maler – lähmende Wirkung auf die jüngeren Maler Sienas wie Simone Martini und die Brüder Lorenzetti. Diese verdunkelten jedoch durch ihre eigenen großen Leistungen den Ruhm des Lehrers.
Abbildungen:
15 Versuchung Christi auf dem Berge, um 1308–1311
17 Madonna Rucellai (Maestà), um 1285
21 Einzug in Jerusalem, 1308–1311
33 Die Madonna der Franziskaner, um 1300
33 Anbetung der Könige, 1308–1311
34 Erste Verleugnung Petri und Christus vor dem Hohenpriester Annas, 1308–1311

DUCHAMP Marcel
1887 Blainville-Crevon (bei Rouen)–1968 Neuilly-sur-Seine
Als Sohn eines normannischen Notars, dessen drei weitere Kinder – Jacques Villon, Raymond Duchamp-Villon und Suzanne Crotti – sich ebenfalls der Kunst widmeten, studierte Duchamp an der Académie Julian in Paris und wurde zunächst von Cézanne, dann von den Fauves, den Kubisten und Futuristen beeinflußt. Sein Bild »Akt, eine Treppe herabsteigend« (Abb. S. 594), das 1913 in New York zum erstenmal gezeigt wurde, machte ihn in den USA mit einem Schlag berühmt, während er in Frankreich nur eine Randerscheinung des Kubismus war. Duchamp führte den Begriff des »Ready made« (fertiger Kunstgegenstand) ein. Er vertrat die Ansicht, daß schon die Wahl eines Gegenstandes die Schöpfung eines Kunstwerkes ist wie zuerst 1913 bei seinem »Fahrradrad auf einem Küchenhocker«. 1915 ging Duchamp in die USA, kehrte aber über Buenos Aires nach Paris zurück und nahm Kontakt zu den Dadaisten um Tristan Tzara auf. Nach kurzer Zeit brach er wieder nach New York auf, wo er 1921 mit Man Ray »New York Dada« herausgab. Mit seinem Hauptwerk »Die Braut, von ihren Junggesellen entkleidet, sogar«, auch das »Große Glas« (Abb. S. 594) genannt, an

dem er 1915–1923 arbeitete, wandte er sich endgültig von der traditionellen Malerei ab. Er experimentierte mit vielen verschiedenen Techniken.
Abbildungen:
594 Akt, eine Treppe hinabsteigend, Nr. 2, 1912
594 Die Braut selbst, von ihren Junggesellen entkleidet, sogar (Das Große Glas), um 1915–1923

DUFY Raoul
1877 Le Havre–1953 Forcalquier (Basses-Alpes)
Dufy arbeitete bereits mit 14 Jahren bei einer Kaffeeimportfirma und besuchte Abendkurse an der Kunstschule. 1900 erhielt er ein Stipendium an der École des Beaux-Arts von Paris. Seit 1904 stand er in Verbindung mit der Gruppe der Fauves und wurde stark durch Matisse beeinflußt. Der gemeinsame Aufenthalt mit Braque in L'Estaque brachte ihn vorübergehend dem Kubismus nahe, und seine Palette wurde karg, fast monochrom. Seit 1912 begann sich seine Farbigkeit wieder aufzuhellen, und sein Stil wurde freier. Unter dem Eindruck zahlreicher Reisen entstanden Landschaften von intensiver Lichtwirkung und leuchtender Farbgebung. 1920 ließ er sich in Vence nieder. Rennplätze, Meeresbuchten und Konzertszenen wurden seine bevorzugten Themen. Für die Weltausstellung 1937 in Paris entstand sein Hauptwerk, das riesengroße Wandbild »Elektrizität«. In die ineinanderlaufenden Farbfelder sind die Figuren und Gegenstände mit bewußter Naivität eingeschrieben.
Abbildung:
563 Segelboote bei Sainte-Adresse, 1912

DUGHET Gaspard (genannt: Gaspard Poussin)
1615 Rom–1675 Rom
Sein Schwager Nicolas Poussin war sein Lehrer, doch Dughet war schon bald wirtschaftlich und künstlerisch selbständig und widmete sich fast ausschließlich dem Landschaftsgemälde, zum Teil in sehr umfangreichen Freskenfolgen (Palazzo Dora, Palazzo Colonna oder San Martino ai Monti, alle Rom). Obwohl er Italien nie verlassen hat, verarbeitet er in seinem Werk eine Vielzahl unterschiedlichster – auch außeritalienischer – Einflüsse. Bril, Elsheimer, Domenichino, Rosa und Claude Lorrain sind für Dughets Stilentwicklung ebenso bedeutsam wie Poussin. Besonders in England und Deutschland fand sein Werk im 18. und 19. Jahrhundert zahlreiche Liebhaber. Goethe sagte über die Natur seiner Bilder, in ihr »scheine ein Menschengeschlecht zu hausen von wenigen Bedürfnissen und großen Gesinnungen«.
Abbildung:
250 Landschaft mit dem hl. Augustinus und dem Mysterium der Dreifaltigkeit, um 1651–1653

DUPLESSIS Joseph-Siffred
(auch: Silfrède Duplessis)
1725 Carpentras–1802 Versailles
Sein Vater war Chirurg und gab seinen Beruf auf, um sich ganz der Malerei zu widmen. Von ihm erhielt Duplessis seinen ersten Unterricht. In Rom schloß er Bekanntschaft mit Vernet und Subleyras, dessen Schüler er wurde. 1749 kehrte er in seine Geburtsstadt zurück und malte Landschaften für das dortige Hospital. 1752 ging er nach Paris und stellte sich an der Akademie mit dem Porträt des Abbé Arnaud vor (Carpentras, Musée Duplessis). 1774 wurde er Akademiemitglied und Hofmaler Ludwigs XV. Wohl am bekanntesten ist sein grandioses Bildnis des Komponisten »Christoph Willibald Gluck am Spinett« (Abb. S. 362). Im Alter fast blind und taub geworden, verließ er 1792 seine Wohnung im Louvre und lebte in der Kartause von Villeneuve-lès-Avignon, wo er schon als Kind vier Jahre verbracht hatte. 1796 ließ er sich wieder in Paris nieder, um das Amt eines Konservators des Museums in Versailles auszuüben.
Abbildung:
362 Christoph Willibald Gluck am Spinett, 1775

DÜRER Albrecht
1471 Nürnberg–1528 Nürnberg
Dürer ist vielfach und zu Recht als Inbegriff der deutschen Künstlerpersönlichkeit verstanden worden. In allen Bereichen der Graphik wie in der Malerei eine Begabung allerersten Ranges, hat er in einer außerordentlich dynamischen Entwicklung die Grundlagen der deutschen Hochrenaissance geschaffen. Er ist zum wichtigsten Vermittler zwischen italienischer und deutscher Kunst geworden, wobei wir durchaus von einer Wechselwirkung sprechen dürfen. Die italienische Kunst hat in Dürer nicht nur neue Möglichkeiten der Bildauffassung und der malerischen Gestaltung freigesetzt, sondern Dürers Graphik wirkte auf die italienische Malerei des 16. Jahrhunderts vielfach anregend. Schließlich begann Dürer in den Schriften seiner Spätzeit mit der theoretischen Aufarbeitung der neuen, an der Abbildung der Wirklichkeit orientierten gestalterischen Probleme, deren intellektuelle Durchdringung in Italien schon drei Generationen zuvor eingesetzt hatte.

Der Sohn eines aus Ungarn eingewanderten Goldschmieds mag zunächst das Handwerk des Vaters erlernt haben, ehe er 1486 in die Werkstatt des damals führenden Nürnberger Malers Michael Wolgemut eintrat. Seit 1490 folgen Wanderjahre in den Südwesten die ihn u.a. nach Basel und Colmar führten, wo er den von ihm bewunderten und für sein Frühwerk wegweisenden Schongauer nicht mehr lebend antraf. Für 1494 ist ein erster Aufenthalt in Venedig überliefert. Ein Jahr später gründet Dürer in Nürnberg eine eigene Werkstatt und tritt hier in Beziehung zu den Humanistenkreisen, besonders zu Willibald Pirckheimer, mit dem ihn eine lebenslange Freundschaft verbinden sollte. Im Frühwerk nehmen umfangreiche graphische Zyklen den Hauptrang ein. In den 15 Holzschnitten der »Apokalypse« steigert Dürer die Linie zu einer zuvor unbekannten Ausdruckskraft. Es folgen die Holzschnittfolgen »Die große Passion« (1498–1500) und das »Marienleben« (1501–1511).

Der zweite Italienaufenthalt 1505–1507, in dessen Zentrum wiederum Venedig steht, bringt Dürers Entwicklung zur Reife. Er wird, speziell in der Auseinandersetzung mit Giovanni Bellini, einer der großen europäischen Maler der Hochrenaissance. Erstes Zeugnis seiner neuen Bildauffassung ist das für die Deutsche Kaufmannschaft in Venedig gemalte »Rosenkranzfest« (Prag, Národní Galerie). Abgesehen von einer Reise in die Niederlande 1520/21 ist Dürer nach seiner Rückkehr aus Italien in Nürnberg tätig gewesen, von den Zeitgenossen hoch geachtet und während seines letzten Lebensjahrzehnts ein überzeugter Anhänger der Reformation. In Nürnberg entstehen seine malerischen Hauptwerke (»Allerheiligenbild«, Abb. S. 188; »Die Vier Apostel«, Abb. S. 187); zahlreiche Porträts, darunter »Hieronymus Holzschuher« (Abb. S. 149). Außerdem fallen in die Jahre 1513/14 die sogenannten Meisterstiche (»Ritter, Tod und Teufel«, »Melancolia«, »Hieronymus im Gehäuse«). Von großer Bedeutung für die Entwicklung der autonomen Landschaftsmalerei sind Dürers Aquarelle, in denen er topographisch lokalisierbare Ansichten festhielt. Der Umfang des erhaltenen Werks ist erstaunlich. Wir kennen von Dürer etwa 70 Gemälde, 350 Holzschnitte, 100 Kupferstiche, 900 Zeichnungen und die Aquarelle. Dürers Wirkung auf die folgenden Generationen ist kaum zu überschätzen. Während des 19. Jahrhunderts, im Zuge der Wiederentdeckung des deutschen »Mittelalters«, fand eine wahre Dürer-Renaissance statt, die das Bild des Künstlers freilich vielfach verfälscht hat.
Abbildungen:
149 Bildnis Hieronymus Holzschuher, 1526
186 Selbstbildnis, 1498
187 Bildnis einer jungen Venezianerin, 1505
187 Die »Vier Apostel«, 1526
188 Geburt Christi, um 1502–1504
188 Allerheiligenbild, 1511

DYCE William
1806 Aberdeen–1864 Streatham (Surrey)
Dyce studierte an der schottischen Akademie in Edinburgh und an den Schulen der Royal Academy in London, deren Mitglied er 1848 wurde. 1825 und 1827–1830 hielt er sich in Italien auf, hauptsächlich in Rom, wo er die Werke Raffaels und früherer Meister studierte und in engem Kontakt mit den deutschen Nazarenern Overbeck, Cornelius und Schnorr von Carolsfeld stand, die ihn in seiner Malerei stark beeinflußt haben. Von 1830–1837 lebte er als Porträtmaler in Edinburgh. Seine Beschäftigung mit Problemen der Kunsterziehung sowie mit industrieller Formgestaltung brachten ihm den Auftrag der neugegründeten Government School of Design in London, die staatlichen Kunstschulen in Frankreich, Preußen und Bayern zu besuchen und über die dortigen Methoden der Kunsterziehung Bericht zu erstatten. 1840 wurde er zum Direktor der School of Design in London ernannt. Durch seine Verbindung mit den Nazarenern wurde Dyce in England als Experte für Freskomalerei angesehen und erhielt etliche Aufträge für Wandmalereien, 1844 für die Ausmalung des House of Lords, später für Lambeth Palace, Buckingham Palace und andere Gebäude. Außerdem malte er Vorlagen für Glasfenster, vor allem mit religiösen Themen. Dyce, der selbst sehr religiös war, gehörte zu den Hauptvertretern der (anglokatholischen) High-Church-Bewegung. Nach seiner Auffassung sollte das Ziel der zeitgenössischen Gesellschaft die Verbindung von weltlicher und göttlicher Führerschaft sein. Er entsprach darin den deutschen Nazarenern, deren häufig trockene und harte Malweise er in seinen frühen Bildern annahm, während sein späteres Werk eher von den jüngeren Präraffaeliten wie Millais und Hunt beeinflußt ist.
Abbildung:
467 Pegwell Bay bei Kent. Eine Erinnerung an den 5. Oktober 1858, um 1859/60

DYCK Anthonis van
1599 Antwerpen–1641 London
Van Dyck, neben Rubens der bedeutendste flämische Maler, wurde als siebtes Kind eines reichen Seidenhändlers in Antwerpen geboren. Nach dem frühen Tod der Mutter kommt der als frühreif geltende Knabe schon mit elf Jahren bei dem Romanisten Hendrik van Balen in die Lehre. 1615 besitzt er schon ein eigenes Atelier und beschäftigt einen Lehrling, und 1618 wird er als Freimeister in die Lukasgilde aufgenommen. 1617–1620 ist er für drei Jahre Schüler und Mitarbeiter in Rubens' Werkstatt, der ihn als seinen besten Schüler bezeichnet. Er ist mit Rubens befreundet, wohnt bei ihm und führt nach dessen Entwürfen selbständig zahlreiche Bilder aus. Sein großes Talent, sein enormer Fleiß und wohl auch die Freundschaft zu Rubens verhelfen ihm bald zu eigenen Aufträgen. Neben religiösen und mythologischen Themen entstehen schon jetzt einige wichtige lebensnahe Porträts, die sein eigentliches Metier werden. Der eitle und auf Ruhm bedachte Maler, der es nur schwer ertragen konnte, in Antwerpen im Schatten von Rubens zu stehen, folgt 1620 einer Einladung des Grafen von Arundel nach London, wo er jedoch nur wenige Monate bleibt. Von 1621–1627 ist er in Italien, wo vor allem die Begegnung mit Werken von Giorgione und Tizian für ihn entscheidend wird. Auf einem Schimmel, einem Geschenk von Rubens, reitet er in Genua ein und hält sich auch in Rom, Venedig, Turin und Palermo auf. Tizians Einfluß zeigt sich deutlich in den Madonnenbildern und Heiligen Familien, und Bilder wie »Der Zinsgroschen« oder »Die vier Lebensalter« wirken fast wie ein Werk des großen Venezianers.

1627 kehrt er nach Antwerpen zurück, wo man ihm einen triumphalen Empfang bereitet. Er erhält vor allem viele Aufträge für Kirchen und wird 1630 von der Erzherzogin Isabella zum Hofmaler ernannt. Im März 1632 holt ihn König Karl I. endgültig nach England, wo er mit kurzen Unterbrechungen bis zu seinem Tode bleibt. Van Dyck wird zum gefeierten

Porträtisten des englischen Hofes und des Adels und schafft einen unvergleichlichen Typus des repräsentativen Adelsporträts. In weniger als zehn Jahren entstehen über 350 Bildnisse, darunter allein 37 vom König und 35 von der Königin. Van Dycks verschwenderische Lebensführung – er beschäftigte allein fünf Diener – drängte ihn zu immer neuen Aufträgen, die einen großen Atelierbetrieb voraussetzten. Oft machte er nur die Porträtskizze und malte Gesicht und Hände, während die Gesellen den Rest mit Routine erledigten. Von einer inneren Unruhe getrieben, ermattet von dreißigjähriger rastloser Arbeit und vielleicht schon die Anzeichen seiner Krankheit spürend, hetzte er in den letzten beiden Lebensjahren von England nach Antwerpen und Paris und wieder nach England. Doch seine großen Pläne – Wandmalereien im Bankettsaal von Whitehall für den englischen König, die Ausschmückung des Jagdschlosses von Philipp IV. in Madrid und ein Gemäldezyklus im Louvre für den französischen König – scheiterten, wohl auch an den unmäßigen Honorarforderungen des Malers. Wenngleich van Dyck nicht die vitale Kraft des genialen Rubens besaß, so hat er mit seinen repräsentativen Standesporträts, die sich durch Würde und Vornehmheit, Eleganz und Distanz, eine genaue psychologische Beobachtung und ein feines Kolorit auszeichnen, einen Bildtyp geschaffen, der den folgenden Generationen zum Vorbild wurde und vor allem auf die englische Malerei des 18. Jahrhunderts mit Gainsborough, Reynolds und Lawrence ausstrahlte.
Abbildungen:
282 Bildnis eines Mitglieds der Balbi-Familie, um 1625
307 Susanna im Bade, um 1621/22
307 Der hl. Martin teilt seinen Mantel, um 1628
308 Bildnis Marie Louise de Tassis, um 1626–1632
308 Der Graf von Arundel und sein Sohn Thomas, 1636
309 Reiterbildnis Karls I. von England, um 1635–1640

ECKERSBERG Christoffer Wilhelm
1783 Sundeved–1835 Kopenhagen
Die künstlerische Stellung von Eckersberg in der dänischen Malerei entspricht etwa derjenigen von Ingres in der französischen. Der Schüler des Klassizisten Abraham Abildgaard an der Kopenhagener Akademie fand seinen Stil endgültig in den Jahren 1811–1813 im Pariser Atelier Davids. Er vertrat einen durch Naturtreue in der Oberflächenbehandlung gemilderten Klassizismus. Eine Romreise von 1813–1816 erweiterte seine Thematik um eine helltonige, auf strenge Perspektive gegründete Vedutenmalerei. Anschließend ließ er sich in Kopenhagen nieder, wurde 1818 Professor an der Akademie und einer der gesuchtesten dänischen Porträtisten. Daneben malte er Seestücke. Zwar hielt Eckersberg selbst am Idealismus fest, was in seinem Bemühen um Objektivierung der Erscheinungen durch Festigkeit der Linie, Eindeutigkeit der Farbe und perspektivische Konstruktion zum Ausdruck kommt, war jedoch als Lehrer neuen Ideen gegenüber aufgeschlossen. Aus seiner Klasse stammte eine große Anzahl der dänischen Realisten der zweiten Generation des 19. Jahrhunderts, welche gerade das Flüchtige, Zufällige, die ungewohnte Perspektive und subjektiv vorgetragene Farbigkeit und Lichtführung bevorzugten.
Abbildungen:
461 Blick durch drei nordwestliche Arkaden des Kolosseums in Rom. Ein Gewitter liegt über der Stadt, 1815
461 Rückenakt (Die Morgentoilette), um 1837

ELSHEIMER Adam
1578 Frankfurt am Main–1610 Rom
Sieht man in der Bewältigung von Masse ein zentrales Problem der Barockmalerei, so scheint es zunächst erstaunlich, daß einer ihrer prominentesten Begründer nur in kleinen und kleinsten Formaten arbeitete. Das Werk Elsheimers, das in seinen 32 Lebensjahren entstand, beschäftigt sich dennoch zu einem Großteil mit eben dieser Frage. In seinem frühesten bekannten Werk, der »Predigt Johannes' des Täufers« (München, Alte Pinakothek, um 1598), bedient er sich dabei neben Vorbildern der Donauschule, die ihm sein Frankfurter Lehrer Philipp Uffenbach vermittelt hatte, auch neuer Eindrücke: 1598 war Elsheimer über München nach Venedig gekommen, wo vor allem Bassano und Tintoretto sein Interesse fanden. »Der Brand von Troja« (München, Alte Pinakothek), vermutlich auch noch in Venedig entstanden, zeigt bereits neue Möglichkeiten. Auf der kleinen Kupferplatte (der fast ausschließliche Malgrund Elsheimers) ist durch eine dramatische Lichtregie und eine kühne Verbindung von Vordergrundszene und Hintergrund ein nächtliches Schauspiel von ungeheurer Bannkraft entwickelt.

1600 zog Elsheimer nach Rom, wo neben Bril und Rubens Caravaggio und Annibale Carracci für den geselligen und beliebten Deutschen besondere Wichtigkeit erlangten. Der Figurenstil Caravaggios und der Landschaftsstil Carraccis ließen Elsheimer in Bildern wie »Myrrha« (Frankfurt am Main, Städelsches Kunstinstitut) oder »Flucht nach Ägypten« (Abb. S. 255) zu dem finden, was seinen frühen Ruhm begründete: ein neues Verhältnis von Figur und Raum, das nicht monumental, sondern von einer völligen Selbstverständlichkeit und Präsenz ist. Das Ende seines sonst unzureichend erhellten Lebenswegs ist tragisch. Der Holländer Goudt, Mäzen, Nachahmer, Kopist und posthumer Fälscher Elsheimers, der ihn finanziell unterstützt und sein Werk durch Stiche verbreitet hatte, brachte ihn ins Schuldgefängnis, vermutlich wegen zu geringer Bildlieferung. Kurz nach seiner Entlassung starb der Maler.
Abbildungen:
255 Die Verherrlichung des Kreuzes, um 1605
255 Die Flucht nach Ägypten, 1609

ENSOR James
1860 Ostende–1949 Ostende
Seinen ersten Zeichenunterricht erhielt Ensor bereits als Kind in Ostende, bevor er 1877–1880 die Akademien in Ostende und Brüssel besuchte. Seine dunkel-dramatischen Interieurs, Landschaften und Porträts wenden sich mit ihrer Abkehr von den traditionellen Sehweisen gegen die Kunst der Akademien. Die Landschaften sind sowohl dem Realismus als auch dem Impressionismus verpflichtet. Seit 1885 beschickte er fast regelmäßig die Ausstellungen der Gruppe »Les XX«, deren Gründungsmitglied er 1883 war und wo er seine von den Salons zurückgewiesenen Bilder ausstellte. Eine Reise nach England brachte für ihn 1886 die Entdeckung der lichten Malerei Turners, dessen Werk ihn in der Weise beeinflußte, daß sich seine Maltechnik dem Impressionismus annäherte. In seinem Hauptwerk, »Der Einzug Christi in Brüssel im Jahre 1888« (Antwerpen, Koninklijk Museum voor Schone Kunsten), vermischen sich religiöse Vorstellungen mit dem Leben seiner Gegenwart. Die Analogie zum Einzug Christi in Jerusalem erscheint als unheimlich-gespenstische Identifikation der Leiden des Künstlers an der Welt. Nach 1900 ließ Ensors Schaffenskraft nach. Die Themen von Ensors sublimen, in ausgesuchten, strahlenden Farben gemalten Bildern, aber auch seiner bizarren Radierungen stammen aus Angstträumen und weltscheuen Vorstellungen: Gespenster, Masken, Totengerippe, die sich wütend um einen Hering balgen, und Verhöhnung von Ärzten und Richtern.
Abbildungen:
559 Masken im Streit um einen Gehängten, 1891
559 Selbstbildnis mit Masken, 1899

ERNST Max
1891 Brühl (bei Köln)–1979 Paris
Ernst studierte 1909–1914 Philosophie an der Universität in Bonn und malte nur nebenbei. Nach dem Kriegsdienst kehrte er 1918 nach Köln zurück, wo er mit Arp eine »Dada«-Gruppe gründete. 1921 stellte er auf Einladung Bretons seine Collagen in Paris aus und übersiedelte 1922 nach dort, wo er bald zu den Gründern der Surrealistengruppe um Breton gehörte. Seine anfängliche Vorliebe für Hohl- und Röhrenformen basierte neben dem Einfluß de Chiricos auf dem surrealistischen Interesse an dem Spannungsverhältnis von Außen und Innen, von Bewußtem und Unbewußtem. In den späten zwanziger Jahren waren seine Bildthemen Wälder, Horden, Windsbräute, Vogelmonumente und Muschelblumen. In diesen Bildern wird die Malerei durch neue künstlerische Techniken bereichert: Frottage, Grattage und Decalcomanie. Sie beziehen den die Phantasie anregenden Zufall in den Schaffensprozeß ein. Zahlreiche Collageromane entstanden aus Resten von Stahlstichen, die er alten illustrierten Zeitungen entnahm. 1938 verließ Ernst die Surrealistengruppe, 1939 wurde er in Frankreich interniert, 1941 konnte er in die USA emigrieren. Trotz der Anerkennung, die ihm in den USA zuteil wurde, kehrte er 1953 nach Paris zurück und blieb in Frankreich ansässig.
Abbildungen:
608 Der Elefant Celebes, 1921
608 Nach uns die Mutterschaft, 1927
609 Die Versuchung des hl. Antonius, 1945

ESTES Richard
* 1932 Kewanee (Illinois)
Estes studierte von 1952–1956 am Art Institute of Chicago und zog 1959 nach New York, wo er seitdem lebt und arbeitet. Zunächst verdiente er seinen Lebensunterhalt als Illustrator und Layouter, um sich nach 1966 ganz der Malerei zu widmen. Bereits ein Jahr später hatte er seine erste Einzelausstellung in einer New Yorker Galerie. Seine Arbeiten gehören dem amerikanischen Hyper- und Photorealismus an. Wie die Maler der Pop Art entnimmt er die Sujets seiner alltäglichen Umgebung. Photos und Ansichtskarten dienen ihm dabei als Rohmaterial. Um Glanz und Glamour seiner Bilder zu steigern, benutzt er gelegentlich fluoreszierende Farben. Die Straßen, Häuserfronten, Schaufenster und Drugstores in seinen Bildern sind unbelebt. Obwohl Estes von realen Situationen ausgeht, sind seine Bilder mehr als kommentarlose minuziöse Reportagen eines von ihm gewählten Realitätsausschnittes. Er verleiht seinen Bildern eine Atmosphäre gläserner Stille, eine Aura von Verlassenheit und Einsamkeit, taucht sie in ein fast magisches Licht. Sie sind hypermoderne Mystifikationen, Fiktion einer Stimmung, hervorgerufen von der Magie einer an sich alltäglichen Dingwelt, durch Neonglanz und Reflexe überhöht.
Abbildung:
666 Der Süßwarenladen, 1969

EYCK Jan van
um 1390 Maaseyck (bei Maastrich)–1441 Brügge
Jan van Eyck darf für die Malerei nördlich der Alpen die Bedeutung beanspruchen, die Masaccio für die italienische Kunst zukommt. Die Darstellung der menschlichen Figur als raumgreifender Körper, das Porträt im modernen Verständnis des Wortes, die Wiedergabe genau beobachteter Landschaften und perspektivische Konstruktion von Innenräumen verschmelzen zu einer Suggestion von Realität, die wir in Abgrenzung gegen das gesamte Mittelalter nur als »Renaissance« bezeichnen können. Zudem ist van Eyck Hauptvertreter einer neuen Etappe in der Geschichte der Farbe. Er hat zwar nicht, wie Vasari annahm, die Ölmalerei erfunden, aber durch eine vermehrte Verwendung des durchsichtigen Bindemittels Öl gelang es ihm, eine Reihe von durchscheinenden Farbschichten, sogenannte Lasuren, übereinanderzulegen, mit deren Hilfe er eine zuvor unbekannte Leuchtkraft und Tiefe der Farben erreichte. Sie kam besonders der Wiedergabe von Schmuck und kostbaren Stoffen entgegen, die bei van Eyck einen unerhörten Grad von Wirklichkeitstreue zeigen. Bedeutung und Ruhm zu Lebzeiten fallen bei Jan van Eyck zusammen: Bis 1422 stand

er im Dienst Herzog Johanns von Bayern, in dessen Residenz in Den Haag er nicht mehr erhaltene Malereien ausführte. Anschließend genoß er hohes Ansehen am Hof Philipps des Guten von Burgund, wie wiederholte Reisen mit diplomatischen Aufträgen beweisen. Seit etwa 1430 lebte Jan van Eyck als Hof- und Stadtmaler in Brügge. Sein Anteil am Hauptwerk der gesamten niederländischen Malerei in der ersten Hälfte des 15. Jahrhunderts, dem 1432 vollendeten Genter Altar (Abb. S. 125), bleibt umstritten, solange wir kein gesichertes Werk seines Bruders Hubert besitzen, der in der Inschrift als der erste Meister am Altar genannt wird. Da Hubert schon 1426 starb, hat Jan van Eyck noch sechs Jahre lang allein an dem Altar gearbeitet.
Abbildungen:
87 Bildnis des Karinals Nicola Albergati, um 1432
123 Giovanni Arnolfini und seine Frau Giovanna Cenami (Arnolfini-Hochzeit), 1434
123 Madonna des Kanzlers Rolin, 1434–1436
124 Madonna in der Kirche, um 1437–1439
124 Maria mit dem Kinde in einer Kirche thronend, 1437
125 Genter Altar, Mittelteil, 1432

FABRITIUS Carel
1622 Midden-Beemster–1654 Delft
Sein Name ist die latinisierte Form von Zimmermann, ein Beruf, den der Sohn eines Schulmeisters zunächst ausübte. Zwischen 1641 und 1643 arbeitete er in Amsterdam im Atelier Rembrandts, dessen eigenwilligster und bedeutendster Schüler er werden sollte. 1650 übersiedelte er nach Delft, wo er zwei Jahre später in die Lukasgilde eintrat. Sein kurzes Leben endete tragisch. Bei der Explosion des städtischen Pulvermagazins in Delft, bei der fast ein Viertel der Stadt verwüstet wurde, kam er ums Leben, und mit ihm ging auch ein Großteil seines Werkes verloren. Was er jedoch hinterließ – ein knappes Dutzend Bilder –, hebt sich in mehrfacher Weise von dem ab, was sonst in der Rembrandt-Schule zu finden ist. Fabritius machte die Spezialisierung auf einzelne Sujets nicht mit und bewegte sich in der weiten Spanne zwischen Porträt, Genrebild und Stilleben. Vor allem in der Darstellung von Raum und Perspektive, wobei er teilweise auch Trompe-l'œil-Effekte anwandte, ging er neue Wege, und in der Behandlung des Lichts weicht er von Rembrandt ab, indem er seine Figuren meist dunkel vor einen hellen Hintergrund stellt und nicht hell beleuchtet vor einen dunklen. In den wenigen Jahren, die er in Delft malte, prägte er die dortige Malerei, beeinflußte de Hooch und Vermeer, der sein Schüler war und seinen Weg der Lichtführung konsequent fortsetzte.
Abbildung:
324 Der Distelfink, 1654

FANTIN-LATOUR Henri
(Henri Ignace Jean Théodore Fantin-Latour)
1836 Grenoble–1904 Buré (Orne)
Der Sohn eines italienischen Malers und Zeichenlehrers und einer Russin zog 1841 nach Paris. Er lernte zuerst bei seinem Vater, besuchte 1850–1854 die Zeichenschule von Lecocq de Boisbaudran, studiert kurz an der École des Beaux-Arts und arbeitete zeitweilig im Atelier Courbets. Er kopierte Zeichnungen von Flaxman und im Louvre Gemälde Tizians und Veroneses, bewunderte Delacroix, Corot und Courbet und freundete sich mit Manet und Whistler an. 1859 wurde er vom Salon zurückgewiesen. Zwischen 1859 und 1864 reiste er dreimal nach England, wo er auch arbeitete und einige Bilder verkaufte. 1861 stellte er erstmals im Salon aus, danach regelmäßig und auch im berühmten »Salon des Refusés« von 1863. Fantin-Latour malte zahlreiche Landschaften, Genreszenen und vor allem Stilleben mit Blumenmotiven, die seinen Ruhm in Frankreich begründeten, sowie Künstlerporträts. 1870 entstand das berühmte Bild »Ein Atelier in Batignolles« (Paris, Musée d'Orsay), auf dem er seine Kollegen porträtierte. Trotz enger Kontakte zu den Impressionisten verweigerte er deren Prinzipien und nahm nie an ihren Ausstellungen teil.
Abbildung:
501 Stilleben (»Zur Verlobung«), 1869

FATTORI Giovanni
1825 Livorno–1908 Florenz
Fattori sattori studierte zunächst bei Antonio Baldini in Livorno und von 1846–1848 an der Accademia di Belle Arti in Florenz bei Giuseppe Bezzuoli. 1850 setze er das Studium in Florenz fort. Er verkehrte im Caffè Michelangiolo, wo über Politik und später auch über eine neue Kunst diskutiert wurde. Erste Freilichtstudien. 1861 gewann er den Wettbewerb »Concorso Ricasoli« mit dem Gemälde »Das italienische Feld nach der Schlacht von Magenta«. 1861–1867 war er überwiegend in Livorno. Die Landbevölkerung bot ihm die Vorlage für seine realistischen Bilder. Den Sommer 1867 verbrachte er in Castiglioncello bei Diego Martelli, dem Förderer und Theoretiker der Macchiaioli. 1869 war er Lehrer am Florentiner Istituto di Belle Arti. 1872 reiste er nach Rom und 1875 nach Paris, wo ihn vor allem Corot begeistert. 1891 verfaßte er eine heftige Polemik gegen die Pointillisten. 1900 wird er Mitglied der Accademia Albertina in Turin. Fattori gilt als einer der Hauptvertreter der Macchiaioli, behielt aber zeitlebens seine ablehnende Haltug gegenüber dem Impressionismus bei.
Abbildung:
530 Römische Karren, 1873

FAUTRIER Jean
1898 Paris–1964 Châtenay-Malabry (bei Paris)
Seit 1908 lebte Fautrier in London und studierte später dort an der Royal Academy und der Slade School of Art. 1917 kehrte er nach Frankreich zurück. Zu Beginn war er mit seiner Malerei wenig erfolgreich, obwohl er in André Malraux und Jean Paulhan bedeutende Fürsprecher hatte. Deshalb arbeitete er 1934–1939 in den französischen Alpen als Hotelier und Skilehrer und gab die Malerei zeitweise auf. Erst nach dem Krieg, als er seine seit 1941 entstandene Bilderserie der »Otages« vorstellte, sah man in ihm einen wichtigen Neuerer. 1960 erhielt er den Grand Prix der Biennale von Venedig.
Abbildung:
641 Akt, 1946

FEININGER Lyonel
1871 New York–1956 New York
Als Sohn eines Musikerehepaares deutscher Herkunft verließ Feininger mit 16 Jahren New York, um in Hamburg seine Musikstudien fortzusetzen, änderte aber seine Absicht und beschloß, Maler zu werden. Er besuchte 1887–1891 die Kunstgewerbeschule in Hamburg, danach die Kunstakademie in Berlin und 1892 für ein halbes Jahr die Académie Colarossi in Paris. Im folgenden Jahr kehrte er nach Berlin zurück und verdiente seinen Lebensunterhalt mit Karikaturen für Zeitschriften. 1906 zog er erneut für zwei Jahre nach Paris, wo er die deutsche Malergruppe um Matisse kennenlernte und auch mit den kubistischen Kreisen in Berührung kam, von denen ihn besonders Delaunay anzog. Von 1908–1919 lebte Feininger wieder in Berlin. »Der Blaue Reiter« lud ihn ein, sich an dem ersten »Deutschen Herbstsalon« 1913 in Berlin zu beteiligen. Seine ersten architektonischen Kompositionen entstanden 1912. In den folgenden Jahren malte er seine Thüringer Dorf- und Stadtbilder in dem von ihm entwickelten Stil des »Prismaismus«, einer Art kristallinem Kubismus. Walter Gropius berief ihn 1919 an das neugegründete Bauhaus in Weimar, an dem er bis 1933 Malerei und Graphik unterrichtete.
Abbildung:
600 Marktkirche in Halle, 1930

FETTI Domenico (auch: Feti)
um 1589 Rom–1623 Venedig
In seiner Frühzeit in Rom hatte Fetti den Landschaftsstil Elsheimers kennengelernt, der sich deutlich in einem Bild wie der »Flucht nach Ägypten« (Wien, Kunsthistorisches Museum) niederschlug. Von dort stammen auch die Einflüsse Saracenis und der Caravaggisten auf sein Bildlicht, das aber diffuser, lockerer ist und bereits auf Guardi vorausweist. 1614 wurde Fetti Hofmaler Herzog Ferdinands II. von Gonzaga in Mantua, in dessen Sammlung ihn vor allem die reiche Farbgebung Rubensscher Werke begeisterte. Thematisch ist für Fetti primär das kleinformatige Parabelbild kennzeichnend, das in dieser Form vorher nicht existiert hatte. Das »Gleichnis von den Arbeitern im Weinberg« (Dresden, Gemäldegalerie) oder »Das Gleichnis von der köstlichen Perle« (Kansas City, Nelson Gallery and Atkins Museum) zeigen in genrehafter Auffassung und großzügigem, bewegtem Pinselstrich die künstlerische Eigenart des Malers besonders deutlich. In Mantua betätigte sich Fetti auch als Freskant, indem er für den Dom und den Palazzo Ducale monumentale Bildausstattungen schuf. Obwohl er mit nur 34 Jahren, soeben nach Rom zurückgekehrt, starb, machte ihn sein Werk zu einem der Begründer der oberitalienischen Malerei des 17. Jahrhunderts.
Abbildung:
235 Die Melancholie, um 1620

FEUERBACH Anselm
1829 Speyer–1880 Venedig
Feuerbach zählt wie eine ganze Reihe in Rom ansässiger Künstler zu den »Deutschrömern«. Er entstammt einer Gelehrtenfamilie und hat an den Akademien von Düsseldorf (bei Wilhelm von Schadow), München, Antwerpen und Paris eine umfangreiche Ausbildung erfahren. 1855 richtete er sich kurzfristig ein Atelier in Karlsruhe ein, um von dort aus eine Italienreise anzutreten. Ab 1857 ist Rom sein ständiger Wohnsitz, seine Freunde dort waren Böcklin und Reinhold Begas. Beeindruckt von del Sarto und Raffael, selbst klassisch gebildet, gestaltete er vorwiegend erhabene allegorisch-mythologische und religiöse Themen. 1872 erhielt er eine Berufung an die Akademie in Wien, war dort jedoch nicht glücklich. 1880 starb er auf einer Reise nach Venedig.
Abbildung:
531 Der Garten des Ariost, 1863

FLEGEL Georg
um 1566 Olmütz (Mähren)–1638 Frankfurt am Main
Von Flegels Anfängen ist nichts bekannt, vermutlich erhielt er jedoch seine Ausbildung in den Niederlanden. Spätestens seit 1594 war er in Frankfurt am Main tätig, zuerst als Mitarbeiter Martin van Valckenborchs, dessen Gemälde er u.a. mit Früchten und Blumen ausstattete. In der Entwicklung Flegels zu einem der ersten reinen Stillebenmaler in Deutschland ist seine Tätigkeit als Miniaturmaler von besonderer Wichtigkeit; um 1607 zeichnete er zum Beispiel die Randleisten für das Gebetbuch Herzog Maximilians I. von Bayern. Flegels frühe Stilleben sind stark von dieser kleinteiligen Vorgehensweise und von additiver Komposition geprägt (»Früchtestilleben«, Kassel, Staatliche Kunstsammlungen, 1589; »Großes Schaueessen«, Abb. S. 256). Später fand Flegel in seinen Mahlzeitbildern (seit 1611) mehr und mehr zu einheitlichen, durchdachten Bildkompositionen. In einer seiner letzten Arbeiten, dem »Stilleben mit Kerze« (Köln, Wallraf-Richartz-Museum, 1636), gelang ihm ein Werk von ungeheurer Stimmung und kunstvoller Einfachheit.
Abbildung:
256 Großes Schauessen, o. J.

FONTAINEBLEAU → Schule von Fontainebleau

FONTANA Lucio
1899 Rosario di Santa Fé (Argentinien)–1968 Comabbio (bei Varese)
1914/15 studierte Fontana in Mailand am Istituto Tecnico Carlo Cattaneo, dann 1920–1922 an der dortigen Accademia di Brera. 1922 kehrte er nach Buenos Aires zurück und übte sich im Atelier seines

Vaters vier Jahre in der Bildhauerei. Diese Studien vertiefte er dann bis 1930 wieder in Mailand an der Brera. Bis 1934 stand der menschliche Körper im Mittelpunkt seines künstlerischen Schaffens, dann gründete er eine Vereinigung der italienischen abstrakten Künstler und wurde ein Jahr später in Paris Mitglied der Gruppe »Abstraction-Création«. Dennoch enstanden bis 1947 auch gegenständliche Arbeiten. 1936 erschien in Mailand sein Manifest über die italienische abstrakte Kunst. 1940–1947 lebte er wieder in Buenos Aires, wo 1946 das »Manifest Blanco« erschien, an dem er mitgearbeitet hatte. Die ersten »Concetti Spaziali« entstanden erst 1949. Mit diesen Raumgestaltungen und seinen monochromen, geschlitzten oder durchlöcherten Leinwänden wurde Fontana bekannt.
Abbildung:
654 Raumkonzept, 1959

FOUQUET Jean
um 1415–1420 Tours (?) – um 1480 Tours
Über Leben und Werk des berühmtesten französischen Malers seiner Zeit wissen wir aus der unmittelbaren historischen Überlieferung fast nichts. Das einzige gesicherte Werk sind die Miniaturen in den »Antiquités judaïques« (Paris, Bibliothèque National). Sein internationaler Ruf wird durch Quellenschriften des 15. und 16. Jahrhunderts belegt, die uns auch eine Rekonstruktion seines Wirkens erlauben. Künstlerisch dürfte Fouquet im Umkreis der flämisch-burgundischen Buchmalerei, möglicherweise bei den Brüdern von Limburg, geschult worden sein. Die Ausstattung kostbarer Handschriften nahm offenbar sein ganzes Leben hindurch einen hervorragenden Platz ein. In den vierziger Jahren reiste Fouquet nach Italien und schuf in Rom ein (verlorenes) Porträt Papst Eugens IV., mit dessen Todesjahr 1447 wir einen Anhaltspunkt für diesen Aufenthalt besitzen. Der ehrenvolle Auftrag setzt einen gewissen Ruf voraus, aus dem sich wiederum wenigstens annähernd auf das Geburtsdatum schließen läßt. Die Begegnung mit der italienischen Malerei – besonders mit der zu plastischer Figurenmodellierung tendierenden Kunst Uccellos und Castagnos – prägte neben der südniederländischen Schulung seinen Stil. Seit 1475 Hofmaler des französischen Königs, verschmolz er die so unterschiedlichen Einflüsse zu einem in der Malerei des 15. Jahrhunderts einzigartigen höfischen Klassizismus, den eine gewisse Distanziertheit und ein abstrahierend strenger Bildbau kennzeichnen.
Abbildungen:
140 Maria mit Kind, um 1450
140 Bildnis des Guillaume Juvenal des Ursins, um 1460

FRAGONARD Jean-Honoré
1732 Grasse (Provence)–1806 Paris
Fragonard wurde als Sohn eines Handschuhmachers und Gerbers geboren. Er kam schon als Kind nach Paris und wurde zunächst Gehilfe eines Notars, dem das künstlerische Talent des Jungen nicht verborgen blieb. Von der ersten Lehre bei Chardin, in die er 1747 kam, wechselte er schon ein Jahr später zu Boucher über, der zuvor seine Aufnahme wegen mangelnder Vorkenntnisse abgelehnt hatte. Boucher meldete ihn für den Rom-Wettbewerb des Jahres 1752 an, den er gewann. Nachdem Fragonard drei Jahre an der »École des élèves privilégés« unter van Loo gearbeitet und sich viel mit niederländischer Malerei beschäftigt hatte wurde er in die Académie de France in Rom aufgenommen. Er bereiste Italien und bewarb sich, nach Paris zurückgekehrt, auch dort erfolgreich um die Aufnahme in die Akademie. Bald aber verzichtete er wieder auf die Mitgliedschaft, die seinen künstlerischen Interessen – er war als Historienmaler in die Akademie eingetreten – und seinen gesellschaftlichen Neigungen offenbar nicht entgegenkam. Die Themen dieser Jahre zwischen 1765 und 1770 sind vor allem erotisch-galante. Daneben entstanden auch Landschaften und Porträts. »Die Schaukel« (Abb. S. 360) von 1767 gehört dieser Periode zu. Mit prominenten Auftraggebern wie Madame Dubarry hatte Fragonard wenig Glück.

Auch in seiner letzten Schaffensphase bleibt Fragonard der grandiose Kolorist, der er zeitlebens gewesen war. In Bildern wie »Der Liebesschwur« (Orléans, Musée de Peinture et de Sculpture) oder »Das Rosenopfer« (Buenos Aires, Museo Nacional de Arte Decorativo) wird das Pathos einer klassizistisch monumentalisierten Leidenschaftlichkeit deutlich. Die Wirren der Französischen Revolution überstand Fragonard durch die Protektion Davids, aber die neue Generation, zumal die kaiserliche Ära, hatte keine Verwendung mehr für seine letztlich immer noch dem Rokoko verhaftete Ästhetik. Nachdem er 1806 seine Wohnung im Louvre verlassen mußte, starb er im selben Jahr fast völlig vergessen.
Abbildungen:
343 Der gekrönte Liebhaber, um 1771–1773
360 Das Blindekuh-Spiel, um 1760
360 Die Schaukel, 1767
361 Das geraubte Hemd, um 1767–1772
361 Die Musikstunde, um 1770–1772

FRANCIS Sam
1923 San Mateo (Kalifornien)–1994 Santa Monica
Von 1941–1943 studierte Francis in Berkeley Botanik und Medizin, dann, nach dem Militärdienst bei der Luftwaffe, von 1948–1950 Malerei und Kunstgeschichte. Während eines Übungsfluges hatte er sich bei einem Flugzeugabsturz eine Rückenmarksverletzung zugezogen und deshalb 1944 während seiner Krankenhaus- und Sanatoriumsaufenthalte zu malen begonnen. Nach seiner Genesung bereiste Francis Frankreich, Italien, Mexiko, Indien, Japan und Thailand. Seine Arbeiten sind dem Abstrakten Expressionismus verwandt. Bis 1949 malte Francis vor allem unregelmäßige, zellenartige Farbflecken mit verdünnten Öl- oder Acrylfarben. Ab 1950, während eines siebenjährigen Aufenthaltes in Paris, näherten sich die charakteristischen Fleckenmuster monochromen Leinwänden. Schon bald aber führte Francis wieder leuchtende Farben in seine Malerei ein. Seit 1959 lebte er in Santa Monica, Kalifornien. Vor allem mit riesigen Wandbildern erregte Francis Aufsehen.
Abbildung:
635 Basel mural II, 1956–1958

FRANCKE → Meister

FRANCKEN Frans d. J.
1581 Antwerpen–1642 Antwerpen
Das erfolgreichste und produktivste Mitglied einer Antwerpener Künstlerfamilie war Schüler seines Vaters Frans d. Ä., wurde 1605 Meister und 1614 Dekan der Lukasgilde in Antwerpen. Er malte Kirchenbilder (»Altar der vier Gekrönten«, Antwerpen, Koninklijk Museum voor Schone Kunsten), biblische und historische Szenen sowie Genrebilder. Seine eigentliche Domäne aber waren sogenannte »Kunstkammern«, Darstellungen von Gemäldegalerien. Seine peinlich genauen Aufnahmen von Sammlungsräumen mit ihrem Inventar an Gemälden oder Antiken sind eine kulturhistorische Quelle ersten Ranges. Wir gewinnen aus diesen Bildern nicht nur eine Anschauung von höfischen Kunstsammlungen, sondern auch von solchen aus bürgerlichen Kreisen.
Abbildung:
300 Gastmahl im Hause des Bürgermeisters Rockox, um 1630–1635

FRANKFURTER PARADIESGÄRTLEIN → Meister

FREUD Lucian
* 1922 Berlin
Als Enkel Sigmund Freuds und Sohn des Architekten Ernst Freud verbrachte Lucian Freud seine frühe Kindheit in Deutschland. 1932 wanderte die Familie nach England aus. Nach einem Intermezzo bei der Handelsmarine begann er 1942 ein Kunststudium an der Dedham School of Arts and Crafts und dann am Goldsmith's College in London. Trotz des Krieges und nur seltenen Gelegenheiten, die Entwicklung der modernsten Kunst zu verfolgen, hatte Freud bereits um 1947 seinen Malstil gefunden. Seit seinen Anfängen fand er seine Sujets in seiner unmittelbaren Umgebung. Mit psychologischer Exaktheit und einem geradezu analytischen Auge sezierte er auf der Leinwand ihm vertraute Objekte, Bekannte und Freunde. Dadurch entsteht eine ungewöhnliche Nähe zwischen dem Maler und Modell, die Freud auch auf seine Bildern zu übertragen vermag. Die meisten seiner immer wieder gemalten Porträtmodelle bleiben anonym, eine Ausnahme bildet das Bildnis Bacons aus dem Jahr 1952, das die enge Freundschaft zwischen beiden Malern dokumentiert. Gegen Ende der fünfziger Jahre wurde sein präziser, realistischer Malstil etwas lockerer, wurden die Kompositionen weniger streng, ohne daß Freud dadurch in seiner Sorgfalt und Genauigkeit nachgelassen hätte.
Abbildung:
645 The Big Man, um 1976/77

FRIEDRICH Caspar David
1774 Greifswald–1840 Dresden
Der Sohn eines Seifensieders und Lichtgießers studierte von 1794–1798 bei Jens Juel an der Kopenhagener Akademie. Seit 1798 wohnte er unterbrochen durch Reisen nach Greifswald, Rügen, Neubrandenburg und in den Harz sowie ins Riesengebirge und nach Nordböhmen, bis zu seinem Tode in Dresden. 1816 wurde er Mitglied der Dresdener Akademie, 1824 außerplanmäßiger Professor. Friedrich ist der Begründer der deutschen romantischen Landschaftsmalerei. Er verbindet in seinen Bildern eine bisher unbekannte Realitätsnähe, die auf Eindrücke seiner Reisen und Wanderungen zurückgeht, mit einer durch christlich-neuplatonische Vorstellungen angeregten Lichtmetaphysik. Der Ursprung seiner Landschaftskunst liegt in der Vedutenmalerei des 18. Jahrhunderts. Hier gab es schon die Betrachterebene im Vordergrund, der im Hintergrund die interessante Landschaftsaussicht gegenüberstand. Und hier gab es das Interesse an einsamen, großartigen, in der Sprache der Zeit »erhabenen« Naturgegenständen wie Gebirgen und Meeren, die den Aufklärern als Auslöser für religiöse Empfindungen und Einsichten galten.

Doch Friedrichs Gemälde haben nichts mehr von dem touristischen Interesse der Landschaften des 18. Jahrhunderts. In seinen Naturansichten verkörpert sich die nach außen gekehrte Seelenverfassung der betrachtenden Figuren im Vordergrund. Es sind »Stimmungslandschaften«, wie man im 19. Jahrhundert zu sagen pflegte. Sie sind immer durch zwei Komponenten bestimmt: die objektiven Gegebenheiten der Natur und die Gestimmtheit des Betrachters, der im Bild in der betrachtenden Rückenfigur verdoppelt erscheinen kann. Unendliche Weite der Ferne und Begrenztheit des Standorts der Menschen im Vordergrund verweisen in Friedrichs Bildern auf die zwei Seiten der menschlichen Existenz – Körper und Geist, Irdisches und Göttliches –, die seit jener vom christlichen und vom neuplatonischen Denken zum Problem erklärt wurden. Friedrich ist ein philosophischer Maler. Seine Freunde waren nicht nur Maler wie Runge, Dahl, Kersting und Gerhard von Kügelgen, sondern auch Dichter wie Ludwig Tieck und Wissenschaftler und Philosophen. Er war engagierter Patriot, was die auf die Befreiungskriege bezügliche Symbolik in vielen seiner Bilder zeigt.
Abbildungen:
412 Die Lebensstufen, um 1835
447 Abtei im Eichwald (Mönchsbegräbnis im Eichenhain), 1809
447 Gebirgslandschaft mit Regenbogen, um 1809/10
448 Der Wanderer über dem Nebelmeer, um 1817/18
448 Der einsame Baum (Dorflandschaft bei Morgenbeleuchtung), 1822
449 Kreidefelsen auf Rügen, 1818

FROMENT Nicolas
um 1430 Uzès (Gard) – um 1485 Avignon
Zusammen mit dem Meister der Verkündigung von Aix und Enguerrand Quarton zeigt Froment die Vielfalt der künstlerischen Möglichkeiten in der provenzalischen Malerei des 15. Jahrhunderts. Bedingt offenbar durch die geographische Lage, stand diese Landschaft den verschiedensten Einflüssen offen. Da Froment 1461 für das Minoritenkloster in Mugello bei Florenz ein Lazarus-Triptychon schuf (heute in Florenz, Uffizien), sein erstes gesichertes Werk, kann ein Geburtsdatum spätestens um 1430 erschlossen werden. Obwohl vermutlich in Italien entstanden, zeigt der Altar keinerlei Einflüsse der italienischen Malerei, sondern weist auf eine Schulung in den Niederlanden, etwa im Umkreis von Bouts. Aus Urkunden erfahren wir seinen Geburtsort Uzès. Der Besitz mehrerer Häuser in Uzès um 1470 weist auf einen durch bedeutende Aufträge erworbenen Wohlstand. Seit 1475/76 stand er in Verbindung zum Hofe König Renés, für den er sein erhaltenes Hauptwerk, das Moses-Triptychon in Aix-en-Provence (Abb. S. 141), ausführte. Anschließend malte er in Avignon das Haus des Königs aus und erscheint bis 1479 häufiger in dessen Rechnungsbüchern. Leider sind diese Werke ebensowenig überliefert wie Entwürfe zu Stickereien und Festdekorationen. Froment, dessen Werk großenteils aus nicht gesicherten Zuschreibungen besteht, blieb zeitlebens seiner niederländischen Schulung verpflichtet. Allerdings zeigen die wenigen gesicherten Werke eine dynamische Entwicklung zu freierer Behandlung von Raum und Landschaft und zu realistischerer Ausarbeitung des Details.
Abbildung:
141 Moses vor dem brennenden Dornbusch, 1476

FÜSSLI Johann Heinrich (auch: Füßli, Fuessli, Fueslin, Füßlin; in England: Henry Fuseli, Fuseli)
1741 Zürich – 1825 Putney Hill (bei London)
Füssli wurde als zweiter Sohn des Züricher Porträtisten und Schriftstellers Johann Caspar Füssli geboren. Dem frühen Kontakt mit den Lehren Johann Jakob Bodmers verdankte er seine Vertrautheit mit den Gestalten der Weltliteratur, die eine der Hauptquellen seiner künstlerischen Inspiration werden und bleiben sollte. 1761 zum reformierten Geistlichen zwinglianischer Richtung ordiniert, verließ er Zürich zwei Jahre später aus politischen Gründen und ging über Berlin nach London, das seine neue Heimat wurde. Seinen Lebensunterhalt bestritt Füssli anfangs durch literarische Arbeiten. Füssli befaßte sich künstlerisch mit Illustrationen der Werke seiner bevorzugten Autoren, vor allem Shakespeares. Es war Reynolds, der ihm riet, sich ganz auf die bildende Kunst zu verlegen. Er bereiste Italien, lernte Florenz, Venedig und Neapel kennen und lebte acht Jahre lang in Rom. Diese Reise, auf der Michelangelos Monumentalstil tiefe Spuren in seinem künstlerischen Empfinden hinterließ, prägte ihn nachhaltig. Nach einer kurzen Unterbrechung seiner Rückkehr aus Italien in Zürich entfaltete er in London eine umfangreiche malerische Tätigkeit. Aufsehen erregte die Ausstellung seiner wohl populärsten Komposition »Der Nachtmahr« (Detroit, Institute of Arts, und Frankfurt am Main, Goethe-Museum) in der Royal Academy, in die Füssli 1790 als Mitglied gewählt wurde. Füsslis stilgeschichtliche Bedeutung liegt in seinem frühen romantischen Klassizismus, der ihn zu einer eigentümlichen Monumentalisierung des Traum- und Geisterhaften finden ließ. Seine oft mißverstandene Bedeutung als Kolorist liegt in einer neuartigen zeichnerischen Behandlung der Bildfarbe.
Abbildung:
379 Titania und der eselsköpfige Zettel, um 1780–1790

GAINSBOROUGH Thomas
1727 Sudbury (Suffolk) – 1788 London
Gainsborough kam als fünfter Sohn eines wohlhabenden Tuchfabrikanten zur Welt. Seine früh zutage tretende Zeichenbegabung durfte er im Alter von 13 Jahren in London ausbilden. Er lernte bei dem französischen Stecher Gravelot, einem Schüler Bouchers. Neben den Einflüssen des französischen Rokoko, die er auch durch das Studium bei Hayman an der St. Martin's Academy vermittelt bekam, ist vor allem die holländische Landschaftsmalerei des 17. Jahrhunderts, die er schon früh kopierte und restaurierte, von großer Bedeutung für Gainsboroughs eigene Landschaftsmalerei geworden, wie er sie neben dem französischen Schäferidyll zwischen 1747 und 1759 in Sudbury und Ipswich pflegte. Die 1746 heimlich vollzogene Eheschließung mit Margaret Burr, einer natürlichen Tochter des Herzogs von Beaufort, sicherte ihm wirtschaftliche Unabhängigkeit.

Während die reine Landschaft sich in England keiner sehr hohen Wertschätzung erfreute, gelang es Gainsborough in der Verbindung von ganzfigurigem Bildnis und Landschaft, die meist den Landbesitz der porträtierten Adeligen darstellte, eine neue Arkadien-Version von nüchterner englischer Auffassung zu begründen. 1759 übersiedelte Gainsborough in den vornehmen Kurort Bath, wo er, als begehrter Porträtist mit Aufträgen überhäuft, seinen Stil durch das Studium der Bildnisse van Dycks, die er in den Landhäusern der Umgebung von Bath sehen konnte, weiterbildete. 1774 verlegte er seinen Wohnsitz nach London, wo es galt, sich gegen Reynolds und seinen Schülerkreis zu behaupten. Ein wachsendes Interesse an Beleuchtungseffekten, wie sie durch die Experimente des Theatermalers Loutherbourgh populär wurden, macht sich bemerkbar. Es gelingt Gainsborough, zum bevorzugten Porträtisten der königlichen Familie zu werden. 1782 malte er in Windsor eine Serie von ovalen Bildnissen des Königspaares und seiner 13 Kinder.

Nach Streitereien mit der Royal Academy, der er als Gründungsmitglied seit 1768 angehörte, machte er sich vom offiziellen Ausstellungsbetrieb frei und veranstaltete in den achtziger Jahren Sommerausstellungen in seinem Privathaus. Die letzten Schaffensjahre sind gekennzeichnet durch einen empfindsamen poetischen Stil, der sich durch einen ätherischen Kolorismus auszeichnet. Aus dieser Zeit stammen auch die berühmten »Fancy pictures«, jene Serie, in der Gainsborough, über sein Vorbild Murillo hinausgehend, das Thema des kindlichen und ländlichen Genres auf empfindsame Weise in einem altmeisterlichen brauntonigen Tenebroso variiert. Gainsboroughs Landschaftsmalerei ist wegweisend geworden. Anders als sein überaus persönlicher Porträtstil und die kurzlebige Mode der »Fancy-pictures«-Nachahmung, hat sie für die Landschaftskunst des 19. Jahrhunderts eminente Bedeutung gehabt.
Abbildungen:
347 Miss Anne Ford (Mrs. Philip Thicknesse), 1760
384 Robert Andrews und seine Frau Frances, um 1750
384 Die Tränke, 1777
385 Der Morgenspaziergang (Das Ehepaar Hallett), um 1785/86
386 Bildnis einer Dame in Blau, vor 1780
386 Plauderei im Park, um 1746/47

GAUGUIN Paul
1848 Paris – 1903 Atuona Hiva-Oa (Marquesas-Inseln)
Der Sohn eines emigrierten republikanischen Journalisten wuchs 1849–1855 in Lima (Peru) auf, war dann wieder in Orléans und Paris. 1865–1871 fuhr er zur See, arbeitete 1871–1883 als Börsenmakler in Paris und malte gleichzeitig. 1873 heiratete er die Dänin Mette Gad, mit der fünf Kinder hatte. 1874 begegnete er Pissarro und anderen Impressionisten, studierte an der Académie Colarossi und stellte 1876 erstmals im Salon aus. 1879 malte er mit Pissarro in Pontoise und nahm an der IV. Impressionistenausstellung teil, 1880–1886 an der V.–VIII. 1881 malte er mit Pissarro und Cézanne. 1882 Übersiedlung nach Rouen, dann nach Kopenhagen; wirtschaftliche Notlage. 1885 Rückkehr nach Paris, die Familie blieb in Dänemark. 1886 malt er erstmals in Pont-Aven, wo er Bernard begegnet. In Paris lernt er die Brüder van Gogh kennen und reist 1887 mit dem Maler Laval nach Panama und Martinique. 1888 ist er mit Bernard und anderen in Pont-Aven und geht in seinen Darstellungen bretonischen Brauchtums zu einem »synthetischen Symbolismus« über. Ausstellung bei Theo van Gogh. Konfliktreicher Aufenthalt bei Vincent van Gogh in Arles, der zum Bruch führt. 1889 Ausstellungsbeteiligung bei der Gruppe »Les XX« in Brüssel und im Café Volpini anläßlich der Pariser Weltausstellung. Malte in Pont-Aven und Le Pouldu; Einfluß auf Sérusier, Denis, Bonnard.

1891 wanderte Gauguin nach einer Versteigerung seiner Bilder und einem Zerwürfnis mit Bernard nach Tahiti aus, um alternativ zur europäischen Großstadtzivilisation zu leben. Dort ekrankt er an Syphilis. 1893–1895 hält er sich in Paris, Kopenhagen und der Bretagne auf, hat aber keinen Erfolg mit seinen großflächigen, farbstarken, lebenssymbolischen Bildern aus der Südsee, die Inkunabeln des »Exotismus« und »Primitivismus«. Ist 1895–1901 er wieder in Tahiti und arbeitet auch plastisch. Sein körperlicher Verfall, auch durch Alkohol beeinflußt, nimmt zu. 1897 veröffentlicht er seine autobiographische Erzählung »Noa Noa«, die noch heute gelesen wird. 1898 unternimmt er einen Selbstmordversuch; seine Lage wird immer elender. Der Kunsthändler Vollard nimmt ihn 1900 unter Vertrag. 1901 übersiedelt Gauguin auf die Marquesas-Insel Dominique, streitet 1902 gegen die Politik der Kolonialverwaltung und wird 1903 deswegen verurteilt. Er stirbt entkräftet und völlig verarmt im Alter von 54 Jahren.
Abbildungen:
489 Wann heiratest Du? (»Nafea faa ipoipo?«), 1892
514 Frauen von Tahiti (Am Strand), 1891
514 Bretonische Bäuerinnen, 1894
515 Contes barbares (Exotische Sagen), 1902

GEERTGEN TOT SINT JANS
(Gerrit van Haarlem)
um 1460–1465 Leiden (?) – vor 1495 Haarlem
Geertgens große Bedeutung für die niederländische Malerei des späten 15. Jahrhunderts steht im umgekehrt proportionalen Verhältnis zur geringen Zahl der für ihn gesicherten Werke. Vermutlich in Leiden geboren, dürfte er in den südlichen Niederlanden gelernt haben, vielleicht als Schüler Aelbert van Ouwaters. Wichtiger für sein Werk war sicher die Auseinandersetzung mit van der Weyden und van der Goes. Geertgens Rang gründet sich gleichermaßen auf den ausdrucksvollen Ernst seiner Figurendarstellung und auf die Meisterschaft seiner Landschaftsmalerei. In Frühwerken wie dem »Dreikönigs«-Triptychon (Prag, Národní Galerie) greift Geertgen auf van der Weyden zurück, interpretiert das Vorbild allerdings im Sinne seiner Generation in das Höfisch-Verfeinerte, Vielteilig-Additive um. Der vermutlich nach 1484 für die Haarlemer Johanniterkirche gemalte »Kreuzigungsaltar«, von dem nur der rechte Flügel mit der Beweinung erhalten blieb (Wien, Kunsthistorisches Museum), zeigt eine freiere Figurenanordnung, eine Monumentalisierung der Gestalten bei gesteigertem Ausdruck und jene Erschließung der Landschaft, die ihren Höhepunkt in der kleinen Tafel mit »Johannes dem Täufer« (Abb. S. 134) erreicht. Mit diesen Tendenzen erweist sich Geertgen, der, allerdings ohne Annahme der Ordensregeln, im Johanniterkloster in Haarlem lebte und daher seinen Namen erhielt, in gewisser Weise gegenläufig zur allgemeinen Entwicklung seiner Generation. Wie schwer sich Geertgen in verallgemeinernde Kategorien einordnen läßt, beweist auch seine »Geburt Christi« (London, National Gallery) mit den erstaunlichen Licht-Dunkel-Wirkungen.
Abbildung:
134 Der hl. Johannes der Täufer, um 1485–1490

GENTILE DA FABRIANO
(Gentile di Niccolò di Giovanni Massi)
um 1370 Fabriano – 1427 Rom
Gentile stammt aus Fabriano, einem Ort in den Marken, war Sohn eines Tuchhändlers. Sicher wird er frühzeitig gute Kenntnisse der Kunst Sienas gewonnen haben. Doch spricht alles dafür, daß er seine eigentliche Schulung in den großen Kunstzentren Mailand und Verona erhalten hat. Die ersten sicheren Nachrichten über ihn haben wir aus Venedig, wo er sich mindestens zwischen 1408 und 1414 aufgehalten hat. Er erwarb sich, wohl vor allem mit seinen Gemälden im Dogenpalast, großen Ruhm. Ein venezianischer Schüler war Jacopo Bellini, der selbst ein berühmter Maler wurde, dessen Ruhm gleichwohl von dem seiner Söhne Giovanni und Gentile verdunkelt wurde. Nichts von Gentiles venezianischen Werken ist erhalten, ebensowenig von denen, die er für die Malatesta in Breseia, für den Papst in der Lateransbasilika in Rom oder für Auftraggeber in Siena malte. 1427 starb er mitten in den Arbeiten an der Freskierung der Lateransbasilika. Sein Mitarbeiter und Schüler Pisanello führte die Arbeiten und die Werkstatt weiter und übernahm das künstlerische Erbe des Malers.

Gentile darf als der Vollender dessen angesprochen werden, was die Sieneser Maler der ersten Hälfte des 14. Jahrhunderts erstrebt haben. In der Handhabung der Vergoldung, der Fülle der verschiedensten Farbeffekte und Oberflächenstrukturen hat er eine taktisch wie optisch äußerst reizvolle Kunst geschaffen. Sie war ausgezeichnet geeignet für Bilder, in denen die damaligen Fürsten und Herren ihrer Liebe zu Pracht und Luxus Ausdruck verschaffen konnten. Diese Dienstbarkeit des Malers hat gewiß seinen außerordentlichen Erfolg mit ausgemacht. Er galt den Zeitgenossen als der Meister der Meister und ist es für seine Generation vielleicht auch gewesen. Kunsthistorisch wird man seine Bedeutung heute jedoch in anderen Dingen sehen. So ist seine Behandlung des Lichtes von ungewöhnlicher Modernität; der Goldgrund wird als Lichtquelle gesehen, deren Strahlen sich auch auf die Umwelt fortsetzen oder Schatten werfen. Auch gehört er zu den ersten, die das damals noch neue Medium der freien Zeichnung zu fortgesetzten Studien und Skizzen nutzen.
Abbildungen:
53 Pilger am Grab des hl. Nikolaus, 1425
53 Die Goldspende des hl. Nikolaus, 1425
54 Anbetung der Könige, 1423

GENTILESCHI Orazio (Orazio Gentileschi Lomi)
1563 Pisa – um 1639/40 London
In seiner Lehrzeit bei Aurelio Lomi, seinem Bruder oder Halbbruder, und Bacci Lomi, einem Onkel, wurde er mit der florentinisch-manieristischen Maltradition Bronzinos und Pontormos vertraut. In Rom, wo er sich seit 1580 aufhielt, begegnete er der Kunst Caravaggios. Beide Einflüsse verarbeitete Gentileschi schon in der »Taufe Christi« für Santa Maria della Pace in Rom oder in der »Stigmatisation des hl. Franziskus« für San Silvestro in Capite (Rom) zu einem persönlichen Stil. Nach einem jeweils zweijährigen Aufenthalt in Genua und Paris, wo er im Dienste Maria de' Medicis stand, folgte er um 1626 einem Ruf des Herzogs von Buckingham an den englischen Hof, wo er monumentale Raumausstattungen auf Leinwand anfertigte. Spätwerke wie »Die Lautenspielerin« (Abb. S. 228) bestechen durch ihre ausgewogene Farbigkeit und Komposition ebenso wie durch die brillante malerische Technik. Orazios Tochter Artemisia, stilistisch ihrem Vater nahestehend, gelangte ebenfalls zu Ruhm bei den Zeitgenossen.
Abbildung:
228 Die Lautenspielerin, um 1626

GÉRARD François Pascal Simon
1770 Rom – 1837 Paris
Die Familie Gérards verbrachte die Zeit bis 1780 in Rom – der Vater diente als Haushofmeister an verschiedenen Höfen – und zog dann nach Paris, wo Gérard 1776 in das Atelier Jacques Louis Davids eintrat, wo er bald zum Lieblingsschüler avancierte. 1790, nach dem Tod seines Vaters, reiste er nach Rom, um sich dort um die Familienangelegenheiten zu kümmern. Er heiratete eine jüngere Schwester seiner Mutter. Bald mußte Gérard jedoch wieder nach Paris zurückkehren, da man ihn sonst in die Emigrantenliste eingetragen hätte. Durch die Revolution seiner Erwerbsmöglichkeiten als Porträtmaler beraubt, verdiente er seinen Lebensunterhalt als Illustrator der Werke Racines und Vergils. Zunächst hatte Gérard als Historienmaler Erfolg, er gewann einen Wettbewerb zur Erinnerung an die Sitzung des Nationalkonvents vom 10. August 1792. Bald jedoch konzentrierte er sich wieder auf Porträts, die sich aufgrund sorgfältiger Vorbereitung und ihrer klassizistischen Distanziertheit großer Beliebtheit erfreuten. Der Erfolg hielt auch während der Restaurationszeit an. 1817 wurde er zum Hofmaler Ludwigs XVIII. ernannt und 1819 geadelt.
Abbildung:
423 Madame Récamier, 1805

GÉRICAULT Théodore
(Jean Louis André Thédore Géricault)
1791 Rouen – 1824 Paris
Nur zwölf Jahre währte die Schaffensperiode Géricaults, in der sein reiches Werk entstand. Géricault war ein großer Pferdeliebhaber und leidenschaftlicher Reiter. Im Laufe seines Lebens entstanden zahlreiche Skizzen und Bilder zu diesem Themenkreis, die in ihrer Lebendigkeit und in ihrem Realismus unübertroffen sind. Ein Reiterbild, der »Offizier der Gardejäger beim Angriff« (Abb. S. 425), das erste von Géricault im Salon von 1812 ausgestellte Bild, machte ihn bekannt. Die leidenschaftliche, ungestüme Darstellungsweise bedeutete die Abkehr vom Klassizismus und kündigte die Romantik an. Ebenfalls mit einem Pferdebild, dem »Derby in Epsom« (Abb. S. 427), nur wenige Jahre vor seinem Tod entstanden, wurde er wegweisend für den Impressionismus. 1808 trat Géricault in das Atelier des Pferde- und Schlachtenmalers Carle Vernet ein und wechselte 1810 zu Guérin, von dessen Klassizismus er sich jedoch bald löste. Bedeutsam für seinen Malstil wurde die intensive Auseinandersetzung mit der Antike und den Meistern des 16. und 17. Jahrhunderts. Im Louvre fertigte er unzählige Kopien, darunter von Rubens, Caravaggio, Velázquez, Rembrandt, van Dyck und Raffael. Während seines Italienaufenthalts 1816/17 begeisterte ihn vor allem Michelangelo. In England, wo er sich 1820–1822 aufhielt, wurden Constable, aber auch Wilkie und Hogarth wichtig für ihn. Einflüsse der meisten dieser Maler lassen sich in seinem Werk nachweisen.

Der nahezu unübertroffene Realismus seiner Porträts und Tierdarstellungen gründet sich jedoch auf intensive Naturstudien – in der Landschaft, auf Rennplätzen, in Pferdeställen, auf Volksfesten. Sein unbedingter Wille zur Erfassung der menschlichen Psyche unter extremen Bedingungen ließ ihn nicht davor zurückscheuen, auch in Krankenhäusern, Nervenheilanstalten und Leichenschauhäusern zu arbeiten. Man vermeint in den Bildern einen Anklang an Géricaults eigene bewegte Lebensgeschichte zu finden, an seine zeitweilige politische Begeisterung, die ihn dazu veranlaßte, vorübergehend als Musketier bei der königlichen Armee zu dienen, sowie an seine leidenschaftliche, aber ausweglose Liebe zu der Frau eines Freundes über lange Jahre. Nach qualvollem Siechtum infolge eines Sturzes vom Pferd verstarb Géricault im Alter von nur 33 Jahren.
Abbildungen:
415 Die irrsinnige Neiderin, 1822/23
425 Offizier der Gardejäger beim Angriff, 1812
425 Die Kalkbrennerei, um 1821/22
426 Das Floß der Medusa (Skizze), um 1818/19
427 Das Derby in Epsom, 1821
427 Der Kleptomane (Der Irre), um 1822/23

GERTSCH Franz
* 1930 Möringen (bei Bern)
Gertsch studierte 1947–1950 an der Malschule von Max von Mühlenen in Bern. Er ist einer der exponiertesten Vertreter des Photorealismus in Europa. Auf seinen seit 1969 entstandenen monumentalen Leinwänden erscheinen die Motive in extremer Vergrößerung. Er benutzte Diapositive, die er selbst aufnahm, als Vorlagen. Indem er das auf die Leinwand projizierte Bild malerisch intensivierte und akzentuierte, erreichte Gertsch nicht nur eine hyperrealistische Wirkung, er versucht auch, seine Bildgegenstände zu entmaterialisieren. Vor allem in den siebziger Jahren malte er Familien- und Gruppenszenen. Nachdem er 1986 ein letztes Ölbild, das Porträt »Johanna II«, beendet hatte, entstanden zahlreiche großformatige, ebenfalls hyperrealistische Holzschnitte.
Abbildung:
667 Medici, 1971

GHIRLANDAIO Domenico
(Domenico di Tommaso Bigordi)
1449 Florenz – 1494 Florenz
Ghirlandaio bildet in der Florentiner Malerei der zweiten Jahrhunderthälfte den Gegenpol zu Botticelli. Der höfisch verfeinerten Kunst des um wenige Jahre Älteren stellt er das Abbild des zu Würde und Wohlstand gelangten Bürgertums entgegen, über die Liebe zum Detail dominiert die meisterhafte Regie von Massenszenen. In der Wiedergabe üppig ausgestatteter »zeitgenössischer« Architekturen und weiter Landschaftsausblicke steht Ghirlandaio stärker in der Tradition der ersten Jahrhunderthälfte. Unter allen Malern seiner Generation in Florenz ist Ghirlandaio prädestiniert für das Großformat und daher der geborene Freskenmaler. 1481 befindet sich der junge Maler bereits im Kreis auserwählter Künstler, die die untere Wandzone der Sixtinischen Kapelle ausmalen. 1483–1485 folgt mit der Ausmalung der Familienkapelle der Sassetti an Santa Trinità in Florenz das zweite Hauptwerk. Die Darstellungen aus dem Leben des hl. Franziskus werden in das Florenz des 15. Jahrhunderts verlegt, einzelne Stadtveduten besitzen heute für uns geradezu den Wert von Bildquellen. Ghirlandaio erzählt mit lebhafter, aber leicht faßlicher Phantasie. Einzelheiten, besonders in der Figurenbildung, weisen auf niederländischen Einfluß, besonders auch im Altarbild der Sassetti-Kapelle. In dem um 1480 geschaffenen Abendmahlsfresko für das Refektorium von Ognissanti (Abb. S. 108), das Ghirlandaio wenige Jahre später für San Marco wiederholt, leistet er einen wichtigen Beitrag zur Verschmelzung von realer Architektur und Bildraum. Sein Schaffen gipfelt in der Ausmalung des Hauptchores von Santa Maria Novella (1485–1490).
Abbildungen:
108 Abendmahl, 1480
108 Großvater und Enkel, 1488

GIACOMETTI Alberto
1901 Stampa (Graubünden) – 1966 Chur
Giacometti studierte an der École des Arts et Métiers in Genf Bildhauerei. 1920/21 machte er eine Italienreise und blieb dabei für längere Zeit in Rom. Seit 1922 war er in Paris, wo er an der Académie de la Grande Chaumière Schüler des Bildhauers Émile Bourdelle war. Seit 1929 war er mit Aragon, Dalí und Breton befreundet und trat 1932 der Gruppe der Surrealisten bei. Durch Sartre und Simone de Beauvoir wurde er mit der existentialistischen Weltanschauung vertraut. Sein bildhauerisches und malerisches Werk hat fast ausschließlich die menschliche Figur zum Thema. Die Jahre von 1942–1945 verbrachte Giacometti in Genf. Dann kehrte er wieder nach Paris zurück und begann, sich intensiv der Malerei zu widmen. In langen, immer wieder neuen Versuchen entstanden vor allem Porträtbilder von seiner Frau Annette und von engen Freunden. Es ging ihm darum, die Prinzipien seiner späten Skulpturen auf die Malerei zu übertragen und das Bild des menschlichen Kopfes schlechthin zu entwickeln.

Abbildung:
645 Bildnis Jean Genet, 1955

GIORDANO Luca
1634 Neapel – 1705 Neapel
Giordano, der bei seinem Vater Antonio und bei Ribera lernte, gilt als der erste barocke »Virtuose« im Sinne des 18. Jahrhunderts. Die Zahl seiner Ölbilder wird auf über 5000 geschätzt, was ihm den Beinamen »Fa presto« (Mach schnell) einbrachte. Außerdem war er in der Lage, jeden beliebigen Stil zu kopieren. Während er in jungen Jahren die neapolitanischen Wirkungen Riberas verarbeitet, ist sein Werk in der folgenden Entwicklungsphase von Rubens, van Dyck, Cortona und vor allem von den großen Venezianern wie Tizian und Veronese geprägt, die er Anfang der fünfziger Jahre auf einer Reise in den Norden kennengelernt hatte. 1654 erhält er, wieder in seiner Heimatstadt, den Auftrag für zwei Gemälde für den Chor von San Pietro ad Aram. Es entstehen die »Rosenkranzmadonna« (Neapel, Galleria Nazionale), die »Ekstase des hl. Alexius« (Arco, Chiesa del Purgatorio) und »Tarquinius und Lukretia« (Neapel, Galleria Nazionale). Auf einer zweiten Reise nach Venedig 1667 malt er dort die »Himmelfahrt Mariä« für Santa Maria della Salute, die in ihrer großzügigen Auffassung an Cortona erinnert. Danach gelangte Giordano mit den beiden großen Benediktus-Zyklen für Monte Cassino (1943 zerstört) und San Gregorio Armeno (Neapel) zu Ruhm. 1679–1682 gestaltete er mit Unterbrechungen die Decke der Galerie des Palazzo Medici-Riccardi in Florenz aus. 1692 berief ihn Karl II. an den spanischen Hof, wo in zehn Jahren so bedeutende Arbeiten wie die Fresken der Kirche San Lorenzo in El Escorial und die Bibelszenen für Schloß Buen Retiro (Madrid) entstanden. Über Genua, Florenz und Rom kehrte er 1702 nach Neapel zurück. Unter den Werken seiner letzten Lebensjahre ist vor allem das Kuppelfresko im Tesoro der Certosa di San Martino hervorzuheben.
Abbildung:
238 Der Erzengel Michael stürzt die abtrünnigen Engel in den Abgrund, 1666

GIORGIONE
(Giorgio Barbarelli, Giorgio da Castelfranco)
um 1477/78 Castelfranco Veneto – 1510 Venedig
In der Entwicklung der venezianischen Malerei bildet das Werk Giorgiones das Bindeglied zwischen Giovanni Bellini und Tizian. Wie für Tizian ist auch für Giorgione Bellini der große Lehrmeister und entscheidende Anreger. In der »Madonna di Castelfranco« (Abb. S. 164) wird einerseits Bellinis und Antonello da Messinas Einfluß in der kristallinischen Klarheit der Komposition und dem Reichtum der farbigen Übergänge deutlich, andererseits zeichnet sich der Weg zu höherer Dynamik der Flächengliederung und zunehmendem Verzicht auf die Zeichnung ab. In den folgenden Werken gewinnt die Landschaft eine Bedeutung, die weit über die Möglichkeiten Bellinis hinausführt. Allerdings wird nicht die »reine« Landschaft zur Aufgabe, wie etwa gleichzeitig nördlich der Alpen bei Dürer, Altdorfer oder Wolf Huber. Ausgangspunkt bleibt die Darstellung des Menschen, dessen Stimmungen und Träume sich in den Landschaften widerspiegeln. Aber nicht nur auf diese Weise werden Figuren und Landschaften ineinander verwoben, sondern auch durch die auf atmosphärische Wirkungen abzielende Farbbehandlung (»Das Gewitter«, Abb. S. 165; »Ländliches Konzert«, Abb. S. 164, vielleicht von Tizian vollendet; »Venus«, Dresden, Gemäldegalerie, um 1505–1510). Die inhaltliche Entschlüsselung seiner Werke stößt bis zum heutigen Tage auf Schwierigkeiten. Hinsichtlich der Befreiung der Farbe von der Linie hat Giorgione den jüngeren Tizian nachhaltig beeinflußt. Noch Vasari stellte mit Bewunderung fest, daß Giorgione ohne Vorzeichnung mit dem Pinsel auf die Leinwand gegangen sei.

Giorgiones Werk ist uns nur fragmentarisch erhalten geblieben, seine Abgrenzung gegen den »Giorgionismus« oft schwierig. Wie vielseitig seine Begabung war, lassen die nur in Fragmenten und Nachzeichnungen erhaltenen Fresken für den Fondaco dei Tedesci (die Niederlassung der deutschen Kaufleute in Venedig, 1508) ermessen. Hier hatte er einen wichtigen Beitrag für die Darstellung der frei im Raum bewegten, gleichsam simultan von verschiedenen Seiten sichtbaren Figur geleistet, der von den großen venezianischen Meistern des 16. Jahrhunderts weiterverfolgt wurde.
Abbildungen:
164 Thronende Madonna mit den Heiligen Franziskus und Liberale (Madonna di Castelfranco), um 1504/05
164 Ländliches Konzert, um 1510/11
165 Das Gewitter (La Tempestà), um 1510

GIOTTO DI BONDONE
1266 (?) Colle di Vespignano (bei Florenz) – 1337 Florenz
Der Legende nach – Giotto ist einer der ersten Künstler, um die sich Legenden bildeten – wurde er von Cimabue entdeckt, wie er als Hirtenjunge Tiere abzeichnete. In der Tat war Giotto Schüler Cimabues. Innerhalb von dessen Werkstatt arbeitete er weitgehend selbständig, wie man an einigen Fresken der Oberkirche in Assisi sieht, die ihm mit großer Gewißheit zugeschrieben werden. Beeindruckt von der alten Kunst, wie sie in Rom zu sehen war, sowie von der Skulptur Frankreichs (vor allem in Reims und Ostfrankreich) und der toskanischen Bildhauer, vor allem Giovanni Pisanos und Arnolfo di Cambios, entwickelte er seine neuartige persönliche Auffassung. Erklärbar ist sie aus den Voraussetzungen allerdings nicht. Umstritten ist seine Autorschaft an dem berühmten Zyklus mit dem Leben des hl. Franz in der Oberkirche von Assisi. Geht man davon aus, daß größere Teile von mitarbeitenden Meistern und verschiedenen Gehilfen ausgeführt sind und daß es sich um ein recht frühes Werk handelt, in dem Giotto seine Eigenart noch nicht mit letzter Klarheit ausgeprägt hat, wird man ihm die Hauptwerke des Zyklus kaum absprechen können. Das Meisterwerk unter den wenigen erhaltenen Werken ist die 1303–1305 erfolgte Ausmalung der Kapelle, die der Finanzmann Enrico Scrovegni für seine Familie in der Arena von Padua errichten ließ. Aus den Quellen erfahren wir, daß er der berühmteste Maler seiner Generation in Italien war. Viele hohe Herren und Fürsten versuchten, ihn in ihre Dienste zu nehmen, der Papst und seine Kardinäle für Arbeiten in Rom (in Kopien erhalten) und Bologna, König Robert von Anjou für große Zyklen in Neapel, die Scaliger in Verona, die Visconti in Mailand. Die Tätigkeit in weiteren Städten Italiens ist sehr wahrscheinlich. Alle diese Werke, darunter große profane Zyklen, sind verloren. Sein Spätwerk wird durch schlecht erhaltene Fresken in Seitenkapellen von Santa Croce in Florenz in Umrissen erkennbar.

Giotto war ein herausragender Organisator, dem es gelang, mit seiner gut geschulten und vielköpfigen Werkstatt selbst die riesigsten Aufträge zu bewältigen, offensichtlich ein Temperament in der Art von Rubens. Daß er auch ein guter Geschäftsmann war, wenn auch im Sinne damaliger Wucherpraktiken, ist für einen bürgerlichen Maler (bis in die Zeit von Dürer und Tizian) fast selbstverständlich. Gegen Ende seines Lebens wurde er Baumeister der Stadt Florenz – an sich ist dies nur ein Amtstitel, doch scheint sich Giotto als Architekt betätigt zu haben. Die Wirkung dieses Bahnbrechers der Kunst der Neuzeit war so groß, daß er seine Florentiner Zunftgenossen zwar zu fähigen Malern, letztlich aber zu Epigonen machte. Das Verhältnis zu seiner Kunst war in Siena und Oberitalien fruchtbarer, in Florenz erst im Jahrhundert darauf in der Generation Masaccios.
Abbildungen:
8 Die Vertreibung der Teufel aus Arezzo, um 1296–1297
13 Kreuzigung, 1303–1305
14 Der Hochzeitszug der hl. Maria, 1303–1305
29 Madonna in der Glorie mit Heiligen und Engeln (Ognisanti-Madonna), um 1305–1310
30 Joachim unter den Hirten, um 1303–1305
31 Begegnung von Anna und Joachim an der Goldenen Pforte, 1303–1305
32 Beweinung Christi, 1303–1305
32 Der hl. Franziskus verschenkt seinen Mantel, zwischen 1296 und 1299

GIOVANNI DA MILANO
(Giovanni di Jacopo di Guido da Caversago)
* in Caversaccio (bei Mailand), tätig zwischen 1346 und 1369 meist in Florenz
Giovanni dürfte in der Lombardei gelernt haben, die eine eigene Malerschule von Rang hatte. Durch die Visconti war außerdem Giotto (noch in seinem letzten Lebensjahr) nach Mailand gerufen worden. Giovannis Kunst stand also von Beginn an in Kontakt mit den Florentiner Neuerungen. Seit 1346 ist er selbst in Florenz nachweisbar, hat jedoch noch weiterhin Aufträge für die Lombardei ausgeführt. Erst 1366 ist er Florentiner Bürger geworden. Sein Hauptwerk sind die Fresken der Capella Rinuccini im Altarraum der Sakristei von Santa Croce in Florenz. Giovanni erweist sich als einer der wenigen Maler, die in Florenz über Giotto hinauskamen. In der Feinheit der Farbtönung und dem ebenmäßigen Auftrag ist er der Sieneser Tafelmalerei verpflichtet, ohne je ihr Imitator zu werden. Oberitalienisches Erbe ist das genaue Studium der Natur, vor allem von Tieren. Seine Gestalten gibt er in einer feierlich-ruhigen, in den Gesichtern streng idealisierten Auffassung. Die Ambivalenz zwischen Schönheitsstreben und Naturstudium, die so typisch ist für den Internationalen Stil, wird bereits bei Giovanni deutlich.
Abbildung:
64 Beweinung Christi, 1365

GIRARD D'ORLÉANS
nachweisbar 1344–1361 in Paris
Möglicherweise aus der Familie des Malers Evrard d'Orléans stammend, arbeitete Girard ab 1344 als Möbelmaler für den französischen Hof. 1352 wurde er zum Hofmaler und Kammerdiener Johann II. ernannt, auf dessen Veranlassung er die Ölbilder von Jean Coste im Schloß Vaudreuil in der Normandie ergänzte. Bezeugt und überliefert sind von Girard nur wenige weitere Bilder; neben dem einem Quadrattriptychon entstammenden Porträt Johann II., das während dessen Gefangenschaft in England entstand, wird von einer vielbewunderten Madonna für das kleine Kartäuserkloster in Paris berichtet, zu deren Füßen er beerdigt wurde.
Abbildung:
67 Bildnis Johann II., »der Gute«, König von Frankreich, um 1349

GOES Hugo van der
um 1440–1445 Gent – 1482 bei Brüssel
Neben dem etwas jüngeren Bosch ist van der Goes der bedeutendste niederländische Maler in der zweiten Hälfte des 15. Jahrhunderts. Über sein Leben wissen wir wenig, und auch die künstlerische Herkunft ist unbekannt. Eine Urkunde von 1480 nennt van der Goes als aus Gent gebürtig, und da er 1467 in Gent den Meistertitel erwirbt, dürfte er um 1440–1445 geboren sein. Schon 1477 gab er seine Werkstatt auf und trat als Konverse in das Rote Kloster bei Brüssel ein, wo er 1482, offenbar nach schwerer Gemütskrankheit, starb. Van der Goes hat mit dem sogenannten Portinari-Altar (Abb. S. 133) sein einziges beglaubigtes Werk hinterlassen, um das jedoch mit einiger Sicherheit weitere Arbeiten gruppiert werden können (Monforte-Altar, Abb. S. 132; Diptychon mit Sündenfall, Beweinung Christi und hl. Genoveva, Wien, Kunsthistorisches Museum, Abb. S. 132). Dem Maler stehen in Raumwiedergabe,

Erfassung des organisch aufgebauten menschlichen Körpers und Meisterschaft der »Materialtreue« kostbarer Details alle Möglichkeiten der vorangehenden Generation großer Niederländer, besonders van der Weydens, zur Verfügung. Er handhabt aber dieses Instrumentarium in einem ganz anderen Sinne, indem er es der äußersten Steigerung des Ausdrucks in Gebärden und Physiognomien dienstbar macht, wobei das »Häßliche« nicht ausgeschlossen wird. Auf die Florentiner Kunst hat van der Goes mit dem Portinari-Altar einen revolutionierenden Einfluß gehabt, der sich etwa bei Ghirlandaio und Filippino Lippi zeigt, grundlegende Bedeutung aber bei Leonardo da Vinci gewinnt.

Abbildungen:

132 Der Sündenfall, vor 1470
132 Anbetung der Könige (Monforte-Altar), um 1470
133 Anbetung der Hirten (Portinari-Altar), 1476–1478

GOGH Vincent van
1853 Groot-Zundert (Nordbrabant)–1890 Auvers-sur-Oise (bei Paris)

Der holländische Maler, der einer Pastorenfamilie entstammte, hatte nur eine sehr kurze Schaffensperiode von etwa zehn Jahren. Lebenslang blieb er auf eine symbiotische Weise mit seinem jüngeren Bruder Theo verbunden, dem er während seiner ganzen Zeit als Maler die Sorge um seinen Lebensunterhalt überlassen mußte, denn er verkaufte nur ein einziges Bild. Van Gogh arbeitete zuerst im Kunsthandel in Den Haag, London und Paris und wurde dann Hauslehrer und später Methodistenprediger bei den Bergarbeitern des Borinage, denen er Hilfe und Erlösung bringen wollte. Als er dort entlassen wurde, wandte er sich ganz der Malerei zu. Anfänglich malte er düstere Szenen aus dem Milieu armer Leute, die ein starkes Engagement für ihr Leben erkennen lassen, in dunklen Farben, grob und kantig angelegt (»Die Kartoffelesser«, verschiedene Fassungen). Obwohl er sich mit allen Kräften um Freundschaften bemühte, scheiterten sie alle mehr oder weniger tragisch an seinem schwermütigen Naturell und an seinen explosiven Gefühlsausbrüchen. Er litt zeitlebens unter Einsamkeit und fand Trost nur in der Malerei. Häufig kehrte er in das elterliche Haus in Nuenen zurück, wo zwischen 1883 und 1885 seine wichtigsten holländischen Bilder entstanden. Bis 1886 war er in Antwerpen und versuchte dort, an der Akademie zu studieren. Aber er malte lieber im Freien und entdeckte die Reize japanischer Farbholzschnitte. Er versuchte, einige Motive davon in Öl zu übertragen, und ließ sich von diesen Blättern nachhaltig beeinflussen.

Zu diesem Zeitpunkt hellte sich seine Palette merklich auf, und in seinen beiden Pariser Jahren von 1886–1888 begann für ihn malerisch eine wichtige Periode: Er begegnete den Impressionisten und Gauguin, den Symbolisten und Pointillisten. 1888 ging er auf der Suche nach dem Licht des Südens nach Arles, wo ihn Gauguin besuchte. Zwischen 1889 und 1890 malte er in der Heilanstalt von St.-Rémy, begab sich dann zu Dr. Paul Gachet, dem Freund vieler Maler, der in Auvers-sur-Oise lebte. Leider konnte ihn der Arzt nicht heilen, und in einem Anfall von heftiger Depression erschoß sich van Gogh. Zwischen 1888 und seinem Tod entstanden in nur dreißig Monaten in einem fieberhaften Schaffensrausch jene 463 Gemälde, die van Goghs Weltruhm begründeten und wegweisend für die Kunst des 20. Jahrhunderts wurden, besonders für die Maler des Fauvismus und Expressionismus.

Abbildungen:

488 Blühender Garten, 1888
521 Zugbrücke bei Arles, 1888
521 Ansicht der Ebene von Crau bei Arles mit dem Mont Majour im Hintergrund, 1888
522 Van Goghs Schlafzimmer in Arles, 1889
522 Bildnis Dr. Gachet, 1890
523 Die Kirche von Auvers, 1890

GORKY Arshile (Vosdanik Adoian)
1905 Khorkom Vari (Armenien)–1948 Sherman (Connecticut)

Gorky war für die Bewegung des Abstrakten Expressionismus in den USA eine der Schlüsselfiguren. Er kam in Armenien zur Welt, in einer Gegend, die Zentrum der armenischen Kultur und berühmt war für Wandmalerei, Buchmalerei, Architektur und Bildhauerei. 1908 wanderte sein Vater in die USA aus, die Familie folgte ihm auf der Flucht vor den türkischen Häschern 1920. Seine ersten Malversuche sind autodidaktisch und lange Zeit an Cézanne orientiert. 1922–1924 studierte er an der Bostoner New School of Design. Ausstellungen surrealistischer Kunst in New York machten ihn in den dreißiger Jahren mit Arbeiten von Picasso, Miró und Masson vertraut. Unter ihrem Eindruck entstanden in amerikanischem Regierungsauftrag einige Wandgemälde. Gorky entwickelte eine mehr und mehr abstrahierende, dann gänzlich abstrakte Formensprache. Seine Bilder und Zeichnungen sind in Farbfelder und »hybride Formen« unterteilt. Um 1947 wandte er sich vom Surrealismus ab und sprach sich, obwohl er gerade die Maler dieser Richtung beeinflußt hatte, auch gegen den Abstrakten Expressionismus aus. Als nach einem schweren Autounfall seine rechte Malhand gelähmt war, nahm sich Gorky das Leben.

Abbildung:

629 Die Leber ist der Kamm des Hahnes, 1944

GOSSAERT Jan (genannt: Mabuse)
um 1478/88 Maubeuge (Hennegau) – um 1533–1536 Breda (?)

Bei wem Gossaert in die Lehre ging, ist unbekannt und auf stilkritischem Wege bisher nicht schlüssig ermittelt. 1503–1507 ist er in Antwerpen als Meister ansässig. Entscheidend für seine Entwicklung wird 1508/09 eine Reise nach Rom in Begleitung Philipps von Burgund, für den er sowohl antike Bauwerke als auch Skulpturen zu zeichnen hatte. Gleichwohl hielt er nach der Rückkehr zunächst an der Tradition der altniederländischen Malerei fest und kopierte beispielsweise Werke Jan van Eycks. Seit etwa 1515 allerdings treten besonders in den gemalten Architekturen, aber auch in dem Streben nach dreidimensionaler Darstellung der Figuren die italienischen Erfahrungen immer stärker in den Vordergrund. Sein Gemälde »Neptun und Amphitrite« (Berlin, Gemäldegalerie, 1516) spiegelt in der herkulischen Gestaltung der Aktfiguren unmittelbar die Eindrücke, die Gossaert von Michelangelos Sixtinischer Decke empfangen hatte. Um 1515 von Philipp von Burgund zur Ausgestaltung des Schlosses Soubourg bei Middelburg berufen, konnte sich Gossaert ohne Bindung an Zunftbestimmungen höfischen Aufträgen widmen. Mythologische Darstellungen und Porträts stehen im Vordergrund. Dabei bevorzugt Gossaert großformatige, »statuarische« Gestalten, die zwar von einem über Italien vermittelten antiken Körperideal ausgehen, andererseits aber einen gewissen bürgerlichen Zug nicht abzustreifen vermochten. Für die Vermittlung der Renaissance italienischer Prägung in den Norden hat Gossaert eine wichtige Rolle gespielt.

Abbildung:

201 Danae, 1527

GOYA Francisco José de
(Francisco José de Goya y Lucientes)
1746 Fuendetodos (bei Saragossa)–1828 Bordeaux

Goya ging bei José Luzan, einem Schüler Giordanos und Solimenas, in Saragossa in die Lehre. Dann zog er nach Madrid und trat in das Atelier Francisco Bayeus ein, seines späteren Schwagers, der unter Mengs am Hofe Karls III. arbeitete. Von diesem wurde Goya nach einer Italienreise 1770/71 in die königliche Teppichmanufaktur berufen. 1780 wurde er Mitglied der Real Academia de San Fernando, zu deren zweitem und erstem Direktor man ihn wählte. Nachdem er seit 1781 königliche Aufträge ausgeführt hatte, erfolgte 1786 die Ernennung zum Hofmaler, 1789 zum Maler der königlichen Kammer und 1799 zum ersten Maler des Hofes.

Während Goya im Verlauf dieser Karriere durchaus als Vertreter einer spanischen Spielart des Rokoko, in dem sich französische und italienische Elemente verbinden, angesprochen werden darf, ändert sich ab 1792 sein Stil grundlegend. In diesem Jahr erkrankte Goya schwer und wurde in der Folge völlig taub. In einer Serie von Gemälden, die ohne Auftrag entstanden, werden bedrohliche und gespenstische Untertöne unter der Maske alltäglicher Volksszenen wach (»Das Begräbnis der Sardine«, Abb. S. 399, »Die Prozession der Geißelbrüder«, »Das Irrenhaus«, »Die Inquisitionssitzung«, alle Madrid, Academia de San Fernando). Gleichzeitig entwirft er jene achtzig Radierungen der »Caprichos« (1799 veröffentlicht), in denen er, wie er schrieb, die »menschlichen Laster und Irrtümer zu geißeln« trachtete. Höhepunkt dieser das Nachtseitige und Abgründige menschlicher Existenz behandelnden Themen sind die »schwarzen Malereien« in der Quinta del Sordo (Madrid, Prado). Unter dem Druck der Restauration verließ Goya Spanien und emigrierte nach Bordeaux. Das zutiefst Fragwürdige der menschlichen Natur, wie es auch in Goyas Porträts zum Ausdruck kommt, hat erst das 20. Jahrhundert in seinem ganzen Ausmaß erkannt.

Abbildungen:

341 Bildnis Doña Isabel de Porcel, 1805
397 Die bekleidete Maya, um 1797
397 Die nackte Maya, um 1797
398 Don Manuel Osorio Manrique de Zúñiga als Kind, um 1787
398 Gerupfte Pute, zwischen 1810 und 1823
399 Das Begräbnis der Sardine (Karnevalsszene), um 1808–1814
400 Die Familie Karls IV., 1800

GOYEN Jan van
1596 Leiden–1656 Den Haag

Van Goyen wurde zehn Jahre vor Rembrandt in Leiden geboren. Sein Vater schickte ihn schon als Knabe in den Zeichenunterricht und anschließend zu mehreren unbedeutenden Malern in Leiden in die Lehre, wo Jan anscheinend wenig profitierte. Nach einer einjährigen Kunstreise durch Frankreich nahm er 1616 erneut die Ausbildung auf, diesmal bei dem guten Landschaftsmaler Esaias van de Velde in Haarlem. Danach kehrt er nach Leiden zurück, tritt 1618 in die Lukasgilde ein und zieht 1631 nach Den Haag. Mit Häuser- und Grundstücksspekulationen verdient und verliert er sein Geld und wird Opfer eines großen Schwindels mit Tulpenzwiebeln. Aus finanzieller Not ist er zu großer Produktion gezwungen, was wiederum die Preise seiner Bilder drückt, obwohl fast alle eine gleichmäßig hohe malerische Qualität auszeichnet. Van Goyen hat sich auf Landschaften spezialisiert und gilt als einer der bedeutendsten Landschaftsmaler seiner Zeit, obwohl erst die Impressionisten seine wahre Begabung erkannten. Sein Sujet sind ruhige, friedvolle Dünen-, See- und Flußlandschaften, daneben auch reine Marinen und Winterbilder, die unverwechselbar sind. Die frühe Zeit ist vom Einfluß van de Veldes geprägt, von starker Farbigkeit, figurenreich, mit korallenartigen Bäumen und schweren Wolken. Seit etwa 1630 tritt das Figürliche zurück, und anstelle kräftiger Lokalfarben tritt ein grüngraues oder gelbbraunes Kolorit. Nach 1640 wird die Palette noch monochromer, man spricht von einer »tonigen Periode« mit warmem Braun. Flußlandschaften mit wenig Beiwerk, mit tiefen Horizonten und hohem Wolkenhimmel dominieren. Van Goyens wichtigster Schüler ist sein Schwiegersohn Jan Steen.

Abbildungen:

305 Dünenlandschaft, um 1630–1635
305 Bauerngehöfte am Fluß, 1636

GOZZOLI Benozzo (Benozzo di Lese di Sandro)
1420 Florenz–1497 Pistoia

Wie zahlreiche andere Maler der Frührenaissance wurde Gozzoli zunächst als Goldschmied ausgebildet und erwarb sich so die Fähigkeit, 1444–1447 in Ghibertis Werkstatt an dessen Paradiestür mitarbeiten zu können. Der 27jährige wechselt dann zu Fra Angelico über und arbeitet mit diesem in Orvieto und Rom. Die Eindrücke, die er von beiden Künstlern empfing, prägen sein gesamtes Werk. Von Ghiberti lernte er die Präzision in der Wiedergabe feinster Details und die lebhafte Erzählweise, Fra Angelico vermittelte ihm die heitere Farbigkeit, die Gozzoli auf die Technik der Wandmalerei zu übertragen wußte. Es bleibt ein erstaunliches Phänomen, daß gerade Gozzoli – unter allen Florentiner Meistern der Frührenaissance der größte »Detailfanatiker« – vorwiegend im Bereich der Monumentalmalerei tätig gewesen ist. Sein erster großer selbständiger Auftrag war die Ausmalung des Chores von San Francesco in Montefalco mit Szenen aus dem Leben des hl. Franziskus (1450–1452). Dieser Zyklus dürfte wesentlich dazu beigetragen haben, daß ihm 1458 die Ausmalung der Hauskapelle im Palast der Medici übertragen wurde (Abb. S. 80, 102). Angespornt durch den repräsentativen Auftrag und die zur Verfügung stehenden materiellen Mittel (reiche Verwendung von Gold), steigert sich Gozzoli hier zum faszinierendsten »Novellisten« des Florentiner 15. Jahrhunderts. Diesen Rang bestätigt er in späteren umfangreichen Zyklen. Die sienesische und die umbrische Malerei der folgenden Generation erhielten durch Gozzoli eine Fülle von Anregungen.

Abbildungen:

80 Reiterzug der Heiligen Drei Könige (Detail), 1459–1461
102 Reiterzug der Heiligen Drei Könige (Detail), 1459–1461

GRASSI Giovannino de'
nachweisbar ab 1389, † 1398
Giovannino war Hofkünstler der Visconti in Mailand. Zuerst erwähnt wird er im Zusammenhang von Arbeiten für den Mailänder Dombau der Visconti. Die Breite seiner Aktivität ist erstaunlich. Er schuf mehrere Skulpturen (ein Medium, das ihm nach Ausweis der erhaltenen Arbeiten nicht gelegen hat), bemalte Kirchenfahnen, fertigte Altartafeln, lieferte Entwürfe für Maßwerkfenster, wahrscheinlich auch ein Holzmodell des Doms, beriet beim Bau der Kartause von Pavia. Von allen diesen Werken ist fast nichts erhalten. Wie bei Michelino da Besozzo müssen wir uns ein Bild von diesem Künstler anhand seiner Buchmalereien machen. Hier ist es vor allem ein signiertes Skizzenbuch der Bibliothek in Bergamo, das durch seine erstaunlichen Tierstudien, aber auch andere Szenen von größtem künstlerischen Wert ist. Eine Schwierigkeit ist, daß einige der Zeichnungen direkt nach der Natur gezeichnet zu sein scheinen, andere eher aus Gemälden kopiert; außerdem sind verschiedene Hände beteiligt. Es ist also ein Werkstattkonvolut. Man weiß, daß sein Bruder Porrino, sein Sohn Salomone und andere an seinen Arbeiten beteiligt waren. Die künstlerische Herkunft Giovanninos ist undeutlich – zu viel ältere lombardische Kunst ist verloren –, doch hinterließ er eine breite Schule. Sein wohl bedeutendster Schüler und Nachfolger war Michelino da Besozzo.

Abbildung:

49 Die Zwiebeln. Aus dem Gesundheitsbuch »Tacuinum Sanitatis«, um 1380–1390

GRECO El (Domenikos Theotokópoulos, genannt: »El Greco«, der Grieche)
um 1541 Phodele (Kreta)–1614 Toledo
Als eine der eigenartigsten Erscheinungen in der europäischen Malerei des 16. Jahrhunderts verschmilzt El Greco den strengen byzantinischen Stil seiner Heimat mit den grundlegenden Einflüssen der venezianischen Studienjahre und der mittelalterlichen Tradition seiner Wahlheimat Spanien. Die ersten Lehrjahre verbrachte El Greco als Ikonenmaler in klösterlicher Umgebung. Der offenbar noch junge Maler wandert nach Venedig aus, wo Tizian sein großer Lehrmeister wird. Als Mitarbeiter in dessen Werkstatt entwickelt er die Leuchtkraft der Farbe, die eine grundlegende Komponente während seines ganzen Schaffens bleiben wird. Aber auch Tintoretto und speziell die manieristischen Elemente in dessen Malerei wirken stilbildend: die Freude an kühnen perspektivischen Verkürzungen, der komplizierte Bewegungsduktus von Figuren und Figurengruppierungen, die Überlängung der Proportionen, die heftige Kontrastierung von Licht und Schatten.

1570 reist Greco über Parma nach Rom, wo er sein großes, allerdings negatives Michelangelo-Erlebnis hat. Er kritisiert heftig das »Jüngste Gericht« und bietet sich an, an seiner Stelle eine bessere Komposition auszuführen. Diese Ablehnung ist ein ungewöhnlich drastisches Beispiel für den Wandel der Geschichte. Der einzige Maler ersten Ranges, der aus dem Ursprungsgebiet der antiken Kunst kommt, steht verständnislos vor der am antiken Schönheitsideal geschulten Körperauffassung der Hochrenaissance. Die Begegnung mit spanischen Humanisten in Rom und Nachrichten über die im Zusammenhang mit dem Neubau des Klosters El Escorial zu erwartenden Aufträge mögen 1577 die Übersiedlung nach Spanien veranlaßt haben. Zunächst im Dienste Philipps II. stehend (»Traum Philipps II.«, El Escorial, 1580), läßt er sich 1580 in Toledo nieder, wo er eine Fülle kirchlicher Aufträge erhält und zugleich zu einem vielbeschäftigten Porträtisten wird. Die historische Überlieferung berichtet von zahlreichen Auseinandersetzungen mit Auftraggebern wegen unangemessener Interpretation religiöser Themen, abnormer Farbgebung, Überlängung der Figuren, aber auch altertümlicher Gestaltung.

Im Laufe seiner Entwicklung löst sich Greco zunehmend von der Realität abbildender Gestaltung. Das gilt gleichermaßen für Verformung der menschlichen Figur, Aufhebung logischer Raumzusammenhänge und Verzicht auf gegenstandsbezeichnende Farbigkeit. Ein zunehmender asketischer Fanatismus mag auf das byzantinische Erbteil zurückgehen. Lange Zeit nahezu vergessen, gewann El Greco im frühen 20. Jahrhundert aufgrund seiner Neigung zur Abstraktion und Darstellung traumhaft-nächtlicher Szenen seinen Ruhm als einer der bedeutendsten Maler des europäischen Manierismus.

Abbildungen:

210 Entkleidung Christi (El Espolio), um 1590–1600
210 Christus am Ölberg, um 1595
211 Das Begräbnis des Grafen Orgaz, um 1586
212 Die Heilige Familie mit der hl. Anna und dem jungen hl. Johannes dem Täufer, um 1594–1604
212 Toledo im Gewitter, um 1604–1614

GREUZE Jean-Baptiste
1725 Tournus (Saône-et-Loire)–1805 Paris
Greuze kam als sechstes von neun Kindern zur Welt. Sein Vater war Dachdeckermeister und wollte Jean-Baptiste zum Architekten ausbilden lassen. Der Sohn setzte sich jedoch mit seiner Begabung im Zeichnen durch und wurde schließlich 1749 in die Lehre bei dem Maler Charles Grandon nach Lyon gegeben. 1750 siedelte Greuze nach Paris über und studierte seit 1755 an der Akademie bei Natoire. Eine Italienreise, von der er schon zwei Jahre später zurückkehrte, blieb ohne tiefere Wirkung aus seine künstlerische Entwicklung. Mit seiner Genremalerei traf Greuze einen Publikumsgeschmack, den es nach einer neuen moralischen Bildaussage in der Malerei verlangte und der so seiner Ermüdung am Verzicht des Rokoko auf eine Bildlehre Ausdruck gab. Themen wie »Der betrogene Blinde«, »Der von seinen Kindern bediente Paralytiker«, »Die vielgeliebte Mutter«, »Der undankbare Sohn« und »Der bestrafte Sohn« entzückten auch den einflußreichen Kritiker Diderot, der diese Malerei als »Peinture morale« interpretierte und entscheidend zu Greuzes wachsendem Ruhm beitrug. Als literarische Parallele läßt sich etwa Jean-Jacques Rousseau anführen. Obwohl Greuze sich mit einem Historienbild um die Aufnahme in die Akademie bewarb, wurde er nur als Genremaler aufgenommen, was ihn überaus verbitterte. Während seine Genremalerei immer mehr heroische Züge der Historienmalerei aufnahm und der heutigen Kritik noch Probleme bereitet, erfreut sich seine Porträtkunst ungebrochener Wertschätzung.

Abbildungen:

363 Die Klagen der Uhr, um 1775
363 Die Dorfbraut, 1761

GRIS Juan (José Victoriano Gonzáles)
1887 Madrid–1927 Boulogne-sur-Seine
Seinen Geburtsnamen Gonzáles vertauschte er gegen den Künstlernamen Gris, als er 1902–1904 an der Kunst- und Gewerbeschule in Madrid studierte und nebenher als Illustrator für satirische Zeitschriften arbeitete. 1906 reiste er nach Paris und mietete sich im Bateau-Lavoir ein, jenem Atelierhaus, in dem auch Picasso zu dieser Zeit wohnte. Der Kunsthändler Kahnweiler ermunterte ihn, dem Beispiel der Kubisten Picasso und Braque zu folgen. Gris' erste Ölbilder entstanden 1911. Seine kubistischen Bilder zeigen von Anfang an reichere Tonstufungen, ebenso seine Collagen. Gris wollte die Phasen, die der Kubismus durchlaufen hatte, in einer Synthese vereinen. Er verwendete starke Farben und lebhafte Formen wie Schachbrettmuster und Dreiecke. Es folgte eine dreijährige Periode architektonisch angelegter Bilder. Es sind Werke von großer Ruhe, in denen der Aufbau über Form und Farbe herrscht. Erst 1919, als der Kunsthändler Léonce Rosenberg die erste Einzelausstellung von Gris veranstaltete, trat er in das Bewußtsein der Öffentlichkeit, so daß er nun von seiner Malerei leben konnte.

Abbildungen:

568 Die Teetassen, 1914
568 Das Frühstück, 1915

GROS Antoine-Jean
1771 Paris–1835 Bas-Meudon (bei Paris)
Bereits im Alter von 14 Jahren wurde Gros Schüler von David, nachdem er einen ersten Unterricht von seinem Vater, einem Miniaturmaler, erhalten hatte. 1793 floh er nach Italien, weil er in Paris royalistischer Umtriebe verdächtig geworden war. Er lebte vor allem in Florenz und Genua, wo er sich als Miniatur- und Bildnismaler durchschlug. Ein Zusammentreffen mit Napoleon 1796 in Mailand begründete seine Karriere. Er erhielt den ersten Auftrag zu einem Porträt, »Bonaparte auf der Brücke von Arcole« (Abb. S. 424), das sich in seiner Dynamik bereits von der kühlen Strenge der Bildnisse Davids unterscheidet. Mit großem Erfolg malte er nach seiner Rückkehr nach Frankreich 1799 kolossale Schlachtenbilder, die die Kriegstaten Napoleons verherrlichten. Zu seinen Hauptwerken gehören »Bonaparte bei den Pestkranken von Jaffa« (Paris, Louvre, 1804) und »Napoleon auf dem Schlachtfeld von Preußisch Eylau« (Abb. S. 424). Unter dem Einfluß von Rubens wurden seine Kompositionen lebendiger und von intensiverem Kolorit als die seines klassizistischen Meisters. Die Romantiker, besonders Delacroix, zeigten sich beeindruckt von der Frische und ausstrahlenden Kraft seiner Bilder. Wie zur Zeit Napoleons war er auch während der Restauration der offizielle Porträtmaler der Gesellschaft. 1824 wurde er geadelt. Als David 1816 ins Exil nach Brüssel ging, vertraute er Gros die Führung seines Ateliers an und ermahnte ihn, als Haupt der klassizistischen Schule den Romantikern entgegenzuwirken. Die leblosen Kompositionen mit mythologischen Themen, die in der Folgezeit entstanden, wurden sowohl von den Romantikern abgelehnt als auch von seinen eigenen Schülern, die sich dem großen Klassizisten Ingres zuwandten. Im Alter von 65 Jahren beging der aufgrund von Mißerfolgen schwermütig gewordene Gros Selbstmord.

Abbildungen:

424 Bonaparte auf der Brücke von Arcole, 17. November 1796, 1796

424 Napoleon auf den Schlachtfeld von Preußisch Eylau, 9. Februar 1807, 1808

GROSZ George
1893 Berlin – 1959 Berlin
Grosz, der wegen Tätlichkeiten von der Schule ausgeschlossen wurde, studierte ab 1909 an der Dresdner Kunstakademie, ab 1911 an der Berliner Kunstgewerbeschule. Er orientierte sich an den satirischen Zeichnern des »Simplicissimus«. 1913 hielt er sich sechs Monate in Paris auf und begann mit der Ölmalerei. Nach zweijährigem Kriegsdienst kehrte Grosz 1916 wegen einer Verwundung nach Berlin zurück. Seine Gemälde aus dieser Zeit sind futuristisch strukturierte Visionen, beherrscht von karikaturhaft verzerrten Figuren, die in ein orientierungsloses Gewirr von Großstadtrequisiten verstrickt sind. 1917 wurde Grosz nochmals einberufen und bald darauf in eine Nervenheilanstalt eingewiesen. Nach seiner Entlassung fand er 1918 Anschluß an die politisch aktive Berliner Dadaistengruppe um Johannes Baader, Raoul Hausmann, Richard Huelsenbeck und John Heartfield. Um 1920 bildete er einen entschieden naturalistischen Stil von sezierender Schärfe und sarkastisch-beißender Aussage heraus. Wegen seiner graphischen Folgen stand er mehrfach vor Gericht. Ein Aufenthalt in New York brachte ihn 1932 zu dem Entschluß, sich dort niederzulassen, bevor die Verfolgung seiner Kunst durch das Naziregime einsetzte.
Abbildung:
589 Leichenbegängnis – Widmung an Oskar Panizza, 1917/18

GRÜNEWALD Matthias
(Mathis Gothart Nithart)
um 1470 – 1480 Würzburg (?) – 1528 Halle
Joachim von Sandrart hat in seiner »Teutschen Akademie« (1675) den Namen irrtümlich mit Grünewald angegeben. Tatsächlich hieß der Maler Mathis Neithart oder Nithart und nannte sich später Gothart. Grünewald ist neben Dürer der bedeutendste Vertreter der Malerei nördlich der Alpen an der Wende vom 15. zum 16. Jahrhundert und zugleich dessen großer Antipode. Verwendet Dürer vornehmlich die Linie als künstlerisches Gestaltungsmittel, so Grünewald die Farbe, die er zu unerhörter Ausdruckskraft steigert. Während sich Dürer im Laufe seiner Entwicklung den neuen Errungenschaften der Renaissance zuwendet, bleibt Grünewald in seinen Werken vornehmlich dem Mittelalter verhaftet. Tradition und »Fortschritt« überkreuzen sich im Schaffen beider Meister auf eigentümliche Weise. Dabei dürfen wir Grünewald aufgrund seiner Lebensgeschichte und seiner vielseitigen Tätigkeit durchaus als Renaissancemenschen bezeichnen. Er wird 1509 Hofmaler des Erzbischofs Uriel von Gemmingen in Aschaffenburg und hat in diesem Amt den Umbau des dortigen Schlosses zu leiten. 1516 wird er mit festem Gehalt in den Hofdienst des Kardinals Albrecht von Brandenburg aufgenommen. Neben seiner Tätigkeit als Maler und Architekt fungiert er auch als »Wasserkunstmacher«. 1520 muß er wegen seiner lutherischen Gesinnung aus dem Hofdienst ausscheiden.

Zu seinen Hauptwerken gehören neben dem »Isenheimer Altar« (Abb. S. 190), der »Verspottung Christi« Abb. S. 190) und der »Erasmus-Mauritius«-Tafel (Abb. S. 191) zwei Kreuzigungsdarstellungen (Basel, Kunstmuseum, 1505; Washington, National Gallery, um 1520); vier in Grisaille ausgeführte Heiligenfiguren für die Flügel des Heller-Altars von Dürer (Donaueschingen, Fürstliche Gemäldegalerie, und Frankfurt am Main, Städelsches Kunstinstitut, 1510 – 1512); die »Stuppacher Madonna« (Stuppach, Pfarrkirche), die ebenso wie die »Gründung von Santa Maria Maggiore« (Freiburg, Augustinermuseum) zum Maria-Schnee-Altar in Aschaffenburg gehörte (1517 – 1519); sowie »Kreuzigung« und »Kreuztragung« vom Tauberbischofsheimer Altar (Karlsruhe, Kunsthalle, um 1525).
Abbildungen:
190 Verspottung Christi, um 1503
190 Kreuzigung (Isenheimer Altar), zwischen 1512 und 1516
191 Die Heiligen Erasmus und Mauritius, um 1520 – 1524

GUARDI Francesco
1712 Venedig – 1793 Venedig
In der Werkstatt seines älteren Bruders, mit dem er auch später zusammengearbeitet zu haben scheint, erhielt Guardi seine erste Ausbildung. Als Vedutenmaler geht er von Michele Marieschi und Canaletto aus, während sein Figurenstil gewisse Beziehungen zu Magnasco und zu Tiepolo, dem Schwager der Brüder, aufweist. Ähnlich wie Canaletto und Bellotto folgt Guardi mit seiner Vedutenproduktion der großen Nachfrage aus dem Ausland, vor allem des englischen Kunsthandels. Jedoch tendierte er zunehmend von der exakten topographischen Aufnahme weg zur poetischen Phantasie, in der Teile fremder Vorlagen zu einem Capriccio venezianischer Stimmungswerte verdichtet werden. Seine sensible, nervöse Pinselführung bringt in unvergleichlicher Weise das Flimmern der Luft und die Lichtreflexe des Wassers zur Geltung und versetzt alle Bildgegenstände in leise zitterndes Vibrieren. Daneben widmete sich Guardi auch der Figurenmalerei, wobei er erst um die Jahrhundertmitte mit eigenständigen Auftragsarbeiten hervortritt. Um 1770 entstand die zwölfteilige Serie der »Feste dogali«, in der die venezianischen Staatszeremonien geschildert werden. Francesco, dessen Arbeiten gelegentlich schwer von denen seines Bruders zu trennen sind, war überdies ein Graphiker, dessen mit hinreißender Spontaneität gezeichnete Blätter zum Besten des 18. Jahrhunderts gehören.
Abbildungen:
372 Venezianisches Galakonzert, um 1782
373 Capriccio, um 1745

GUERCINO (Giovanni Francesco Barbieri)
1591 Cento (bei Bologna) – 1666 Bologna
Der Maler, wegen seines schielenden rechten Auges »Il Guercino« (Der Schieler) genannt, ist neben Reni der Hauptmeister der Bologneser Schule. Bei Paolo Zagnoni in Bologna ging er in die Lehre und empfing entscheidende Anregungen aus dem Werk Lodovico Carraccis. Zwischen 1615 und 1617 entstanden Innendekorationen in Cento, sakrale Gemälde (»Die vier Evangelisten«, Dresden, Gemäldegalerie) und Landschaften (»Landschaft im Mondschein«, Stockholm, Nationalmuseum). Im Auftrag Kardinals Alessandro Ludovisi, des späteren Papstes Gregor XV., stattete er das Oratorium von San Rocco in Bologna mit Fresken aus. 1618 wurde eine Venedigreise, wo er Palma il Vecchio traf, zum Anlaß für eine Weiterentwicklung (»Et in Arcadia ego«, Rom, Galleria Nazionale d'Arte Antica; »Martyrium des hl. Paulus«, Modena, Galleria Estense). In den folgenden Jahren werden seine Bilder zunehmend bewegter und spannungsreicher, was Guercino vor allem durch ein kontrastreiches Helldunkel erreichte. 1621 berief ihn Papst Gregor XV. nach Rom, für den er bis zu dessen Tod arbeitete. Hier entstand das berühmte Deckengemälde der »Aurora« in der Villa Ludovisi. Die römischen Erfahrungen verarbeitete er in seinem Heimatort, vor allem in Anlehung an Domenichino und Reni (»Maria und der hl. Bruno«, Ferrara, Pinacoteca Nazionale; »Ekstase des hl. Franziskus«, Dresden, Gemäldegalerie). Die Haltung ist jetzt pathetischer, an die Stelle seiner Frische ist ein idealisierender Klassizismus getreten, Licht und Farben werden kühler. 1642 trat Guercino in Bologna die Erbschaft des verstorbenen Reni als Haupt der Bologneser Schule an, wo er an den lebendigen Stil seiner Frühzeit anzuknüpfen versuchte, ohne ihn wieder zu erreichen.
Abbildung:
236 Die Rückkehr des verlorenen Sohnes, 1619

GUILLAUME DE MACHAUT → Meister

GÜNTHER Matthäus
1705 Tritschengreith (Oberbayern) – 1788 Haid (bei Wessobrunn)
Nachdem er die Grundlagen in Murnau erworben hatte, bildete er sich weiter als Schüler und Mitarbeiter Cosmas Damian Asams. Mit Johann Evangelist Holzer, der jünger ist als Günther, hatte er keinen direkten Kontakt, erwarb jedoch aus dessen Nachlaß verschiedene Zeichnungen und kann als dessen legitimer künstlerischer Erbe angesehen werden. 1731 erhielt er in Augsburg die Meistergerechtigkeit und arbeitete in der Folgezeit als selbständiger Freskant. In 55 Jahren malte er mehr als sechzig Räume aus, worunter als Hauptwerke zu nennen sind die Benediktinerkirchen Amorbach und Rott am Inn, die Augustinerchorherrenkirchen Indersdorf und Rottenbuch, Pfarrkirchen in Sterzing, Mittenwald und Oberammergau und der Große Saal des Schlosses Sünching. Günther arbeitete in Bayern, Schwaben, Franken und Tirol und kann wohl als einer der bedeutendsten Repräsentanten süddeutscher Freskanten gelten.
Abbildung:
393 Der Ordensstifter St. Benedikt in der Glorie, um 1761 – 1763

GUTTUSO Renato
1912 Bagheria (bei Palermo) – 1987 Rom
Nach einem einjährigen Jurastudium in Rom begann Guttuso 1931 als Autodidakt zu malen. Seine politische Haltung war eindeutig antifaschistisch. 1940 trat er in die Kommunistische Partei ein und schloß sich drei Jahre später einer Partisanengruppe an. 1947 war er Mitbegründer der »Fronte Nuovo delle Arti« in Rom. Guttuso ist die führende Persönlichkeit des italienischen sozialen Realismus. Die sozialkritischen Themen stellt er mittels seines dramatisch-expressiven Stils dar. Die Wurzeln von Guttusos Kunst liegen in der Volkskunst seiner sizilianischen Heimat, er selbst sieht sich aber auch Dürer, Courbet und Picasso verbunden. Von 1948 – 1960 nahm er regelmäßig an der Biennale in Venedig teil. 1952 und 1972 erhielt er den sowjetischen Leninpreis. 1968 nahm er an der Hamburger Kunsthochschule eine Professur wahr. Seit 1975 trat seine politische Tätigkeit mehr und mehr in den Vordergrund, sie gipfelte in seiner Wahl zum Senator der italienischen Republik.
Abbildung:
670 Wandzeitung – Mai 1968, 1968

HALS Dirck
1591 Haarlem – 1656 Haarlem
Dirck war der jüngere Bruder von Frans Hals, der auch sein Lehrer gewesen sein dürfte. Doch mehr als dieser haben ihn Esaias van de Velde und Willem Buytewech beeinflußt. Außer wenigen kleinformatigen Porträts hat er sich ausschließlich dem Genre des Konversationsstücks gewidmet, dem lustigen Treiben der wohlhabenden Gesellschaft im Haus oder Garten. Der Ernst des Lebens kümmert ihn wenig, allein der heiteren Seite des Daseins, Unterhaltung und Flirt, Musik und Tanz, Essen und Trinken gilt seine Aufmerksamkeit. Während die Raumausstattung kaum Gewicht hat, legt er besonderen Wert auf modische Kleidung und ein farbiges, buntes Kolorit. Durch den Ausdruck der Gesichter, die kostbaren Kostüme, die Haltung und lockere Gruppierung der Dargestellten gelingt ihm eine lebendige Schilderung der fröhlichen Stimmung.
Abbildung:
298 Fröhliche Gesellschaft, o. J.

HALS Frans
um 1581 – 1585 Antwerpen (?) – 1666 Haarlem
Der Sohn eines Tuchmachers aus Mecheln war Flame von Geburt und kam in Antwerpen oder Mecheln zur Welt. Bald darauf zogen die Eltern nach Haarlem, wo 1591 sein jüngerer Bruder Dirck geboren wurde. Abgesehen von ein oder zwei kürzeren Aufenthalten in Antwerpen und Amsterdam hat Hals

Haarlem nicht verlassen. Um 1600–1603 lernt er in der Werkstatt des Carlel van Mander, der allerdings eher durch seine Kunstgeschichtsschreibung bekannt ist. 1610 wird er in die Lukasgilde aufgenommen, 1644 ist er deren Vorsteher. In Haarlem gelangte Hals zu hohem künstlerischen Ansehen, was allein daraus hervorgeht, daß er insgesamt achtmal den Auftrag für ein großes Schützen- oder Regentenbild erhielt. Weniger günstig waren seine wirtschaftlichen Verhältnisse, da seine Porträts auf den Zeitgeschmack eher »unelegant« wirkten und er nie zu den Modemalern gehörte. Außerdem hatte er in zweiter Ehe mindestens zehn Kinder, die versorgt sein wollten. So mußte er 1652 seine Möbel und Gemälde an seinen Bäcker verpfänden, und kurz vor seinem Tod erhielt er eine Unterstützung der städtischen Armenverwaltung in Form von Geld und Torf. Ob seine Armut auch eine Folge eines unsoliden Lebenswandels war, wie oft behauptet wird, läßt sich nicht nachweisen.

Hals ist der bedeutendste holländische Bildnismaler. In seinem Werk von etwa 300 Gemälden nehmen Porträts und Gruppenbildnisse den überwiegenden Teil ein. Wenn er nach 1626 und einer intensiven Auseinandersetzung mit den Utrechter Caravaggisten auch das Genre darstellte, so handelt es sich dabei auch um Porträts, die allerdings erzählend oder mit symbolischem Beiwerk ausstaffiert sind. Die Geschichte des holländischen Gruppenporträts wurde in ihrem wichtigsten Kapitel von Hals geschrieben. Bereits mit seinem ersten Auftrag, dem »Festmahl der Offiziere der St.-Georgs-Schützengilde in Haarlem« (Abb. S. 295) revolutioniert er 1616 den Typ, der sich bislang auf eine Aufreihung von Einzelporträts beschränkte. Allerdings löste er das Gruppenporträt nie völlig als theatralischen Aufzug auf, wie es etwa Rembrandt mit der »Nachtwache« tat. Seine Kompositionen sind zwar jetzt immer szenische Gruppierungen, aber sie behandeln jeden Dargestellten gleichmäßig in einem individuellen Spielraum. Seine letzten beiden Gruppenporträts sind die »Regenten« (Haarlem, Frans-Hals-Museum, 1664). und die »Regentinnen des Altmännerhauses in Haarlem« (Abb. S. 298). Am Ende der großen Zeit dieser Bildgattung – sie ist noch im 18. Jahrhundert in einigen Beispielen vertreten – sind Vitalität und barocke Theatralik verschwunden zugunsten einer pessimistisch-melancholischen Resignation vor dem Sinn menschlichen Tuns und Seins.

In den großen und repräsentativen Einzel- oder Doppelporträts wie dem lebensgroßen »Bildnis des Willem van Heythuysen« (Abb. S. 297) werden bei Hals auch flämische Elemente, Bezüge zu Rubens deutlich, sind dem Porträt bedeutungsvolle Ausblicke und szenische Staffagen zugeordnet. Im Genreporträt, an das man bei Hals zunächst denkt (»Die Zigeunerin«, Abb. S. 296, »Fröhlicher Zecher«, Abb. S. 296, »Malle Babbe«, Berlin, Gemäldegalerie, um 1629), sind seine besonderen Mittel einer Verlebendigung am deutlichsten zu beobachten. Mit einem spontanen und wie improvisiert wirkenden Pinselstrich werden die Reflexe des Lichts auf den Gesichtern, Gegenständen, Stoffen und Spitzen sichtbar gemacht. Das gibt aller Erscheinung etwas Momentanes wie auch sehr Vitales. Zu seinen Schülern zählten, neben seinem Sohn Dirck und der seinen Stil nachahmenden Judith Leyster, die Brüder Ostade, während Steen und Terborch von ihm beeinflußt wurden.

Abbildungen:

283 Zwei musizierende Knaben, 1626
295 Festmahl der Offiziere der St.-Georgs-Schützengilde in Haarlem, 1616
295 Junger Mann, einen Schädel haltend, um 1626
296 Fröhlicher Zecher, 1628
296 Die Zigeunerin, um 1628–1630
297 Bildnis des Willem van Heythuysen, um 1625–1630
298 Die Regentinnen des Altmännerhauses in Haarlem, 1664

HAMILTON Richard
* 1922 London
Hamilton, ein wichtiger Vertreter der kritischen englischen Pop Art, wurde zuerst als technischer Zeichner ausgebildet, dann besuchte er von 1948–1951 die Royal Academy School und die Slade School of Art. Er lehrte an der Central School of Arts and Crafts in London, am King's College der Universität von Durham und am Royal College of Art in London. Wichtig ist seine Tätigkeit als Organisator von Ausstellungen in enger Zusammenarbeit mit anderen Künstlern seit 1953 am Londoner Institute of Contemporary Arts und an der Hatton Gallery der Univerität Newcastle. Hamilton begeisterte sich für die Arbeiten Duchamps, rekonstruierte dessen »Großes Glas« und organisierte 1966 die umfangreiche Duchamp-Retrospektive in der Londoner Tate Gallery. Hamiltons Arbeiten, die sich kritisch mit der Konsumwelt beschäftigen, sind immer ironisch, manchmal sogar von bissigem Sarkasmus. Nachdem er in den siebziger Jahren mit der Polaroidkamera für Selbstporträts experimentierte, wandte er sich in den achtziger Jahren der Computerkunst zu.

Abbildung:

665 Badende I, 1966/67

HARING Keith
1958 Kutztown (Pennsylvania)–1990 New York
Haring begann schon früh Comicfiguren zu zeichnen, Vorlagen waren Figuren aus Fernsehtrickfilmen. Nach der High School besuchte er die Ivy School of Art in Pittsburgh, wechselte 1978 an die New Yorker School of Visual Arts, wo er bei Keith Sonnier und Joseph Kosuth studierte. Bereits 1982 hatte er seine erste Einzelausstellung in der Tony Shafrazi Gallery und nahm im gleichen Jahr an der Kasseler »documenta« teil. Haring entwickelte eine einfache, symbolhaltige Zeichensprache, bei der dicke schwarze Linien schematische Figuren in Leuchtfarben umranden. Er sorgte für eine weite Verbreitung seiner Kunst. In der New Yorker U-Bahn benutzte er nicht beklebte Werbeflächen als Untergrund; T-Shirts, Buttons oder auch Gipsabgüsse von Skulpturen wurden von ihm bemalt. 1986 eröffnete er den »Pop Shop«, in dem Multiples und von Haring bemalte Objekte des täglichen Gebrauchs verkauft wurden. Damit sorgte er für die konsequente Aufhebung der Grenzen zwischen hoher und trivialer Kultur. 1989 gründete er die Keith Haring Foundation zur Unterstützung sozialer Projekte, im Jahr darauf starb er an den Folgen der Immunschwäche AIDS.

Abbildung:

679 Ohne Titel (M. Mouse), 1985

HARTUNG Hans
1904 Leipzig–1989 Antibes
Hartung zeichnete und aquarellierte bereits in seiner Schulzeit, studierte 1924/25 an der Leipziger Universität Philosophie und Kunstgeschichte und besuchte anschließend die Akademien in Leipzig und Dresden. Nachdem er 1932 auf der Insel Menorca gelebt hatte, ließ er sich in Paris nieder. 1939 trat er in die Fremdenlegion ein. Nach dem Krieg erlangte er die französische Staatsbürgerschaft und widmete sich wieder der Malerei, die ab 1949 auf breite Anerkennung stieß. Hartungs abstrakte Bilder sind Kompositionen aus Strichbündeln, deren Wirkung auf äußerster Reduktion beruht. Neben seiner graphischen Arbeit gibt es auch noch ein umfangreiches photographisches Werk, das vor allem in den sechziger und siebziger Jahren entstand.

Abbildung:

636 T 1956-9, 1956

HAY Jean → Meister von Moulins

HECKEL Erich
1883 Döbeln (Sachsen)–1970 Hemmenhofen (Bodensee)
Heckel, als Sohn eines Eisenbahningenieurs geboren, nahm 1904 ein Architekturstudium in Dresden auf, das er nach drei Semestern aufgab. 1905 wurde er zum Organisator der Künstlergemeinschaft »Brücke«. 1910 wandelte sich Heckels früher »Brücke«-Stil. Die fließenden Liniengefüge und gerundeten Konturen sowie der leicht dekorative Rhythmus wurden durch schärfere Zuspitzungen abgelöst und bis zur holzschnitthaften Vereinfachung getrieben. In Berlin, wohin er 1911 übersiedelte, übernahm er das Atelier von Mueller. 1913 löste sich die »Brücke« auf, und Heckel baute allein seinen Stil aus, der nun jene kristalline Dichte erlangte, die seinem meditativen Lyrismus zur vielschichtigen Entfaltung verhalf. Seit 1915 tat er Dienst als Krankenpfleger in Flandern, wo er Beckmann begegnete. Er hat soziale Probleme aufgegriffen, Not und Verzweiflung geschildert, alte Frauen dargestellt, hagere Männer, Blinde, Verwundete und Irre. Später hat er, für den die Natur immer ein Generalthema bildete, Ansichten mit Steilhängen und Gebirgsmassiven, Dünen und Bergen, Wäldern und Gewässern gemalt.

Abbildung:

583 Windmühle in Dangast, 1909

HEDA Willem Claesz.
um 1593/94 Haarlem–1680 Haarlem
Neben Pieter Claesz., mit dem er oft verwechselt wird, war Heda der bedeutendste Vertreter einer Haarlemer Schule der Stillebenmalerei. Über sein Leben ist wenig bekannt, seit 1631 ist er Mitglied der Lukasgilde und wird seit 1637 mehrfach als deren Vorstand genannt. Nachdem er einige wenige Porträts und religiöse Bilder gemalt hatte, spezialisierte er sich auf Frühstücksstilleben, bei denen die abgewogene Anordnung und das geschmackvolle Arrangement beeindrucken. Nicht überladene prunkvolle Tafeln werden gezeigt, sondern nur wenige Gegenstände wie die Reste eines Kuchens, ein halb geleertes Weinglas, ein Zinnkrug, geknackte Nüsse oder eine ausgebrannte Tonpfeife. Es ist nicht die »Tafel«, sondern der Blick auf einen Tisch nach einem gerade beendeten einfachen Mahl. Den Begriff Stilleben gab es noch nicht vor der Jahrhundertmitte. Man unterschied zwischen »Ontbijtje«, dem Frühstücksarrangement, und dem »Banketje«, der kleinen Zwischenmahlzeit. Hedas Stilleben sind zurückhaltend in der Farbgebung und bewegen sich zwischen Goldgelb, Braun, Grau und einem silbrigen Weiß. Die Forschung spricht aus diesem Grunde bei ihm und Claesz. auch von »monochromen Banketjes«.

Abbildung:

304 Stilleben (Frühstück mit Brombeerpastete), 1631

HEEM Jan Davidsz. de
1606 Utrecht – um 1683/84 Antwerpen
De Heem entstammte einer holländisch-flämischen Familie von Stillebenmalern. Gelernt hat er wohl zunächst bei seinem Vater und anschließend bei Balthasar van der Ast in Utrecht. Von 1628–1631 ist er in Leiden, danach läßt er sich in Antwerpen nieder, wo er 1636 Mitglied der Lukasgilde wird. 1669 kehrt er nochmals nach Utrecht zurück, und seit 1672 ist er wieder in Antwerpen nachgewiesen. Er bewegte sich also zwischen den südlichen und nördlichen Niederlanden, was sich auch in seiner Malerei spiegelt. Die ersten Stilleben erinnern in ihrer tonigen Farbgebung noch an Heda und Claesz., während die späteren Blumenstücke und Fruchtkörbe in ihrer barocken Farbenpracht den Einfluß der Flamen Daniel Seghers und Snyders verraten. De Heems Spezialität waren große, dekorative Bilder von prunkvoll gedeckten Tischen mit silbernen Schalen, Gläsern und Obst- und Fruchtkörben, wobei häufig ein großer Hummer für einen leuchtenden Farbakzent sorgt. Vor allem aber malte er prachtvoll arrangierte und minuziös gezeichnete Blumenstücke und Fruchtgehänge, wobei er die äußerste Vielfalt subtil gemalter botanischer Einzelheiten mit Elementen des Vanitas-Stillebens (Raupen haben das Obst angefressen, Käfer krabbeln in den Blüten)

vereinte. In ihrer Fülle und Farbenpracht sind diese Bilder fast ohne Beispiel in der holländischen Malerei.
Abbildung:
317 Stilleben, o. J.

HEEMSKERCK Maerten van
1498 Heemskerk (bei Haarlem) – 1574 Haarlem
Heemskerck gehört zu den Hauptvertretern der sogenannten niederländischen Romanisten. Nach Lehrjahren in Haarlem und Delft tritt er 1527 in die Werkstatt des nur um wenige Jahre älteren Jan van Scorel ein. Angesichts seines Alters sicher Mitarbeiter und nicht Schüler Scorels, empfängt er von diesem doch entscheidende Impulse. 1532 siedelt Heemskerck für mehrere Jahre nach Rom über und bleibt dort vermutlich bis 1537. Seine Zeichnungen nach römischen Monumenten kennzeichnet eine geradezu archäologische Genauigkeit, so daß sie heute noch Bildquellen von hohem Wert darstellen. Durch den Vertrag für einen Flügelaltar mit Szenen aus der Passion Christi und der Legende des hl. Laurentius ist Heemskercks Rückkehr nach Haarlem für das Jahr 1538 gesichert. Hier erwirbt er sich rasch hohes Ansehen als Maler von Altarbildern und als Porträtist. Der Verkehr in Haarlemer Humanistenkreisen schlägt sich in allegorisch verschlüsselten Darstellungen nieder. 1540 wird Heemskerck Dekan der Haarlemer St.-Lukas-Gilde und erhält 1572 aufgrund seiner künstlerischen Leistungen Steuerfreiheit. Heemskercks Werke sind nach seinem Romaufenthalt nachhaltig von Michelangelo in dem Streben nach dreidimensionaler Modellierung der Figuren beeinflußt. Die Farbgebung ist häufig von kühler Distanz, der Bevorzugung der Holztafel als Bildträger gegenüber der Leinwand entspricht der meist glatte Farbauftrag.
Abbildung:
203 Familienbild, um 1530

HEISIG Bernhard
* 1925 Breslau
Der in Leipzig lebende Heisig ist wohl der bedeutendste Maler aus der ehemaligen DDR. Er besuchte 1941/42 die Kunstgewerbeschule in Breslau; diese Ausbildung wurde durch den Kriegsdienst unterbrochen. 1946/47 war er dann als Graphiker in Breslau tätig und nahm 1948 das Studium an der Fachschule für angewandte Kunst in Leipzig wieder auf, das er an der Hochschule für Grafik und Buchkunst bis 1951 fortführte. 1961 wurde Heisig Leiter der Leipziger Hochschule, aber 1964 als Rektor abgesetzt, weil er für das Recht des Künstlers eintrat, »Kritik an seiner Zeit« zu üben. Von 1968–1976 war er als freier Maler und Graphiker tätig und übernahm 1976 bis zu seiner Pensionierung 1987 erneut die Direktion der Leipziger Hochschule. 1989 gab er aus Protest gegen »Machtmißbrauch und Korruption« in der ehemaligen DDR seine beiden Nationalpreise (1972 und 1978) zurück.
Abbildung:
669 Der Zauberlehrling (zweite Fassung), 1978–1981

HILLIARD Nicholas
(auch: Heliard, Hildyard, Helier)
um 1547 Exeter – 1619 London
Die große englische Porträtkunst des 18. Jahrhunderts hatte ihre Anfänge bereits vor dem Anbruch des 17. Jahrhunderts in den Werken Hilliards. Dieser fand im Bereich des Porträts keine Grundlagen in seiner Heimat vor, wohl aber hochentwickelte Traditionen in Buchillumination und Goldschmiedekunst, die er zum Ausgangspunkt seines Schaffens machte. Selbst Sohn eines Goldschmieds, ging er in London von 1562–1569 bei dem Goldschmied und Juwelier Königin Elisabeths I. in die Lehre und schon in dem um 1570 entstandenen Porträt der Königin (Welbeck Abbey) zeigt sich die technische Präzision, die er dort erworben hatte. Im folgenden Jahrzehnt gewann Hilliards Stil an Eleganz in Form und Auffassung (»Selbstbildnis«, London, Victoria and Albert Museum, 1577). Schon Ende der sechziger Jahre hatte er das Monopol für Miniaturbildnisse erhalten, das Jakob I. 1603, nach Hilliards Frankreichaufenthalt, bestätigte und auf den gesamten Hofstaat ausdehnte. In dem Jahrzehnt nach 1580 fand Hilliard schließlich zur ausgewogenen Ovalform seiner – nun oft ganzfigurigen – Miniaturporträts, wofür der »Jüngling unter den Rosen« (London, Victoria and Albert Museum, um 1588) eines der schönsten Beispiele ist. In dieser Zeit gelang es ihm auch, charakterlich individuellen Ausdruck in seinen Bildnissen zu erfassen, worin gerade für die nachfolgende Generation sein besonderes Verdienst liegt.
Abbildung:
254 Bildnis des George Clifford, Earl of Cumberland, um 1590

HOBBEMA Meindert
1638 Amsterdam – 1709 Amsterdam
Der Sohn eines Kahnführers verlor früh die Mutter und wuchs im Waisenhaus auf. Bevor er sich selbständig machte, hat er zwischen 1657 und 1660 als Schüler bei Jacob van Ruisdael gelernt, dessen Stil er sich so weitgehend anpaßte, daß man die Bilder beider leicht verwechseln kann. Seine Heimatstadt hat Hobbema, von wenigen Abstechern nach Deventer, Haarlem und Middelharnis abgesehen, nicht verlassen. 1668 heiratet er eine Küchenmagd des Bürgermeisters, durch deren Vermittlung er das Amt eines Eichmeisters erhält und Wein- und Ölfässer nach Amsterdamer Maß berechnen muß. Seit dieser Zeit scheint er die Malerei, die ihm ohnehin kein Einkommen bescherte, aufgegeben zu haben. Jedenfalls ist außer seinem späten Meisterwerk von 1689, der »Allee von Middelharnis« (Abb. S. 331), so gut wie kein gesichert datiertes Bild aus dieser Zeit mehr bekannt. Hobbemas Thema ist die Landschaft, aber nicht die typisch holländische flache Küstenlandschaft, sondern bewachsene Dünen und Wälder, mit schweren Bäumen und dunklen Laubkronen, belebt von Wasserläufen mit Mühlen, einer Kate oder kleinen Staffagefiguren. Seine Farben sind ein kräftiges Grün, Gelb und Braun, später von hellen, silbrigen Tönen durchsetzt. Hobbemas Landschaften stehen am Übergang zum 18. Jahrhundert.
Abbildung:
331 Die Allee von Middelharnis, 1689

HOCKNEY David
* 1937 Bradford (Yorkshire)
Hockney studierte von 1953–1957 am Bradford College of Art, danach von 1959–1962 am Royal College of Art in London. Noch bevor er das Royal College verließ, hatte er seinen ersten Kunstpreis erhalten; Anerkennung und Erfolg waren ihm von Anfang an beschieden. 1961/62 reiste er nach New York und Berlin, später besuchte er für längere Zeiten nochmals die USA sowie Ägypten, verschiedene europäische Länder und Ostasien. Seine ersten Theaterdekorationen schuf er 1966. Er lehrte u. a. an der University of Iowa, an der University of Colorado und in Berkeley. 1969 war Hockney Gastprofessor an der Hamburger Kunsthochschule. Er lebt in London und Kalifornien. Hockney entwickelte einen stilisierter Realismus in Verbindung mit flächigen Ornamentierungen. Er hat eine Vorliebe für kühle bis grelle Acrylfarben und arbeitet oft mit von ihm selbst aufgenommenen Photographien als Vorlagen. Seit 1982 fertigt er Polaroidcollagen an. Ende der achtziger Jahre entstanden zudem erste Computer- und Faxzeichnungen.
Abbildung:
665 Ein größerer Spritzer, 1967

HODLER Ferdinand
1853 Gürzelen (bei Bern) – 1918 Genf
Hodler ist einer der wenigen Schweizer Maler, die Weltgeltung erlangt haben. Er stammte aus ärmlichen Verhältnissen, war früh verwaist, und bestand schon als junger Mensch einen harten Lebenskampf. 1871–1876 studierte er an der Kunstschule in Genf bei B. Menn, der ihn förderte und von seinen Freundschaften mit Ingres, Delacroix, Corot, Courbet und Manet profitieren ließ. Er beschäftigte sich mit Corot und den französischen Impressionisten, seine Malweise ist vom Impressionismus und Realismus geprägt. 1878/79 macht er eine neunmonatige Studienreise nach Madrid. Danach entwickelte er seinen eigenen monumentalen Stil, der symbolistische und Jugendstilelemente enthält mit flächenbetonter Farbigkeit, festen Konturen, symmetrischer Komposition mit parallelen Formen. Es entstehen Porträts und Historienbilder, vor allem Darstellungen von symbolistischen Inhalten. 1891 reist er nach Paris und schließt sich den Rosenkreuzern an. 1892 stellt er im ersten »Salon de la Rose-Croix« in Paris aus. Sein Hang zu monumentalen Leinwänden brachte ihm viele Aufträge für Wandbilder ein. 1897 Entwurf für die Waffenhalle des Züricher Landesmuseums, wofür er den ersten Preis erhellt. Hodler wird in der Öffentlichkeit kontrovers diskutiert. 1901–1905 nimmt er an der Wiener Sezession teil; er stellt auch bei der Münchner und Berliner Sezession aus. 1905 und 1911 Reisen nach Italien. 1907 Wandgemälde für die Universität in Jena. 1913 wird Hodler zum Offizier der französischen Ehrenlegion ernannt; Wandgemälde für das Rathaus in Hannover. 1917 große Retrospektive in Zürich. Seine Kritiker empfanden ihn als einen Protagonisten des Häßlichen, seine Anhänger lobten seine gnadenlose, energievolle Auseinandersetzung mit seinen Stoffen.
Abbildungen:
529 Herbstabend, 1892
529 Aufgehen im All, 1892

HOFMANN Hans
1880 Weißenburg (Bayern) – 1966 New York
Hofmann verbrachte seine Kindheit und Jugend in München. 1904 ging er nach Paris, wo er zunächst an der Académie de la Grande Chaumière studierte und die Bekanntschaft von Matisse, Delaunay, Braque, Pascin, Gris und Picasso machte. Nach seiner Rückkehr nach München eröffnete er eine Schule für moderne Kunst. 1930–1931 hielt er in Berkeley an der University of California Sommerkurse ab, unterrichtete im folgenden Jahr an der Arts Student League in New York, wo er sich auch niederließ. Seine eigene Schule in New York durchläuft in den Jahren 1934–1958 eine ganze Generation amerikanischer abstrakter Maler, die durch seine Tätigkeit als Lehrer und Theoretiker stark beeinflußt wird. Hofmann stand immer in der expressionistischen Tradition, ab den frühen vierziger Jahren entwickelte er einen abstrakten Expressionismus, der seine Stärken aus den mit einem starken Formwillen eingesetzten, ungebrochenen Farben und einem freien malerischen Gestus bezieht.
Abbildung:
630 Blau in Blau, 1954

HOGARTH William
1697 London – 1764 London
1712 kam Hogarth, Sohn eines Schullehrers, zur Ausbildung zu einem Silberschmied und Graveur, wo sein Interesse für den Kupferstich geweckt wurde. Er studierte an der Vanderbank's Academy in St. Martin's Lane und an der Kunstschule des Hofmalers Thornhill, dessen Tochter er 1729 heiratete und dessen Werk Anlaß für Hogarths eigene lebenslange Ambitionen als Historienmaler wurde. Während er in dieser Sparte (»Sigismunda«, London, Tate Gallery, 1759) nie Erfolg haben sollte, gelangte er durch seine Stichserien »Harlot's Progress« (1732), »Rake's Progress« (1735) und »Marriage à la mode« (1742–1744) rasch zu Ruhm und Beliebtheit, so daß er sich rechtlich gegen Plagiate absichern mußte. Zu Unrecht als plump und dilettantisch beurteilt wird bis heute Hogarths sakrales Werk (»Himmelfahrts-Triptychon«, St. Mary Redcliffe, Bristol, 1756). Seine Vielseitigkeit beweist sich ebenso in origineller Theoriebildung (das antiakademische Traktat »Ana-

lysis of Beauty«, erschienen 1753) wie in der Individualität seines Porträtstils (»Captain Thomas Coram«, London, Foundling Hospital, 1740). Wenngleich Hogarth, nach Thornhills Tod Leiter von dessen Kunstschule, keine direkte Nachfolge fand, wurde sein Werk dennoch zur Basis einer englischen Maltradition, vor allem im Bereich des Bildnisses.

Abbildungen:
340 Kurz nach der Hochzeit, 1744
380 Die Kinder der Familie Graham, 1742
380 Selbstbildnis, 1745
381 Das Krabbenmädchen, um 1740
382 Die Dienerschaft des Hauses Hogarth, um 1750–1755

HOHENFURTH → Meister

HOLBEIN Hans d.J.
um 1497/98 Augsburg – 1543 London
Unter den großen deutschen Malern des 16. Jahrhunderts darf Holbein als einziger ohne Einschränkung als Renaissancekünstler bezeichnet werden. Wie kein anderer hat er gemäß seiner Bildung und seiner Laufbahn als Kosmopolit zu gelten. Nach Lehrjahren in der Werkstatt des Vaters wird bereits der 16jährige gemeinsam mit seinem Bruder Ambrosius auf Wanderschaft geschickt. 1515 ist er erstmals in Basel bezeugt und tritt dort in die Werkstatt Hans Herbsters ein. 1517 erhält der junge Maler erste repräsentative Aufträge in Luzern. Wenig später dürfte er in die Lombardei und in die Emilia gereist sein. Zwar ist dieser Aufenthalt dokumentarisch nicht gesichert, spiegelt sich aber in den Werken der frühen zwanziger Jahre deutlich. 1519 wird Holbein als Meister in die Basler Malerzunft aufgenommen. Für das Jahr 1524 ist ein Aufenthalt in Frankreich belegt. Der entscheidende Einschnitt in seiner Laufbahn wird mit einer Reise über die Niederlande nach England gesetzt, das er 1526 mit einem Empfehlungsschreiben des Erasmus von Rotterdam erstmals betritt. Seit 1532 lebt er, trotz verlockender Angebote der Basler Stadtregierung, vorwiegend in London. Zwischen 1515 und 1528 hat er eine Reihe erstrangiger kirchlicher Aufträge ausgeführt (»Madonna von Solothurn«, Solothurn, Städtisches Museum, 1522; »Toter Christus im Grabe«, Basel, Kunstmuseum, 1521). In der Baseler Christus-Darstellung hat man zu Recht eine Verbindung der die Form nahezu sprengenden Ausdruckskraft Grünewalds mit einer in der Malerei der Zeit einzigartigen Schärfe nüchterner Beobachtung gesehen, die Holbein zum Porträtisten prädestinierten.

Tatsächlich hat sich Holbein seit 1528 ganz auf das Bildnis konzentriert. Vor allem in England entstanden zunächst die Porträts der Kaufleute am »Stahlhof«, der deutschen Niederlassung, dann von Mitgliedern des königlichen Hofes. In der Unbestechlichkeit von Detailbeobachtungen und psychologischer Durchdringung der Dargestellten in Verbindung mit höchster Farbkultur wurde Holbein zum größten Porträtisten der deutschen Kunst. Zugleich war Holbein ein Graphiker ersten Ranges (u.a. Holzschnittfolge »Der Totentanz«, überwiegend 1526 vollendet; 91 Holzschnitte zum »Alten Testament«, 1538 abgeschlossen).

Abbildungen:
194 Die Gesandten, 1533
195 Madonna des Bürgermeisters Jakob Meyer zum Hansen (Darmstädter Madonna), um 1528/29
195 Bildnis des Kaufmanns Georg Gisze, 1532

HOMER Winslow
1836 Boston – 1910 Prout's Neck (Maine)
Zusammen mit Thomas Eakins gehört Homer zu den bedeutendsten amerikanischen Malern der zweiten Hälfte des 19. Jahrhunderts. Er begann als Lithograph in Boston, beschloß aber bald, freier Künstler zu werden, und eignete sich die Technik des Holzschnitts an, die in Amerika noch wenig populär war. Seine Chronisten sprechen von impressionistischen Einflüssen und solchen des japanischen Holzschnittes auf sein Werk. 1859 siedelte er nach New York über, wo er als Illustrator für »Harper's Weekly« tätig wurde. Während des Bürgerkrieges entstanden Zeichnungen für diese Zeitschrift, in denen er ohne Sentimentalität und Heroisierung das tägliche Leben im Krieg und die Kriegsereignisse schilderte. Als er begann, in Öl zu malen, übertrug er die Prinzipien, die er beim Holzschnitt erprobt hatte, auf seine Gemälde und entwickelte einen feinen Farbsinn bei der Gestaltung. Homer bevorzugte Motive im Freien und zeigte das amerikanische Leben. Im Alter verlor er das Interesse an der Darstellung vor Personen und wurde Marinemaler.

Abbildung:
540 Es frischt auf, 1876

HONTHORST Gerrit van
(auch: Gerard van Honthorst; genannt: Gherardo della Notte)
1590 Utrecht – 1656 Utrecht
Honthorst gehört zu den vielseitigsten holländischen Malern – biblische Szenen, Allegorien, Genrebilder, Porträts, Wand- und Deckengemälde – und zu den wenigen, die es zu großem Reichtum brachten. Er lernte zunächst bei Bloemart in Utrecht. 1610 ging er für zehn Jahre nach Rom, wo die Begegnung mit Werken Caravaggios zu einem bestimmenden Erlebnis wurde. Zwar ist er Caravaggio selbst nicht mehr begegnet, aber er baute die Möglichkeiten der Hell-Dunkel-Effekte systematisch aus. Kerzen- oder Fackelbeleuchtung, verdeckte Lichtquellen oder kanalisiertes Licht in Dunkelräumen sind charakteristisch für seine Malerei. In Rom wurde er wegen seiner Vorliebe für Nachtstücke »Gherardo della Notte« genannt. 1622 kehrt er nach Utrecht zurück, wo er Mitglied der Lukasgilde wird. Hatte er in Rom vor allem religiöse Themen gemalt (»Geburt Christi«, »Anbetung der Hirten«, beide Florenz, Uffizien), so sah er sich jetzt gezwungen, seine Hell-Dunkel-Malerei auf Mythologien und vor allem Genreszenen mit Soldaten, Kartenspielern und fröhlichen Zechern (»Fröhliche Gesellschaft« München, Alte Pinakothek) zu übertragen. Vor allem aber erhält er zahlreiche Aufträge für Porträts. 1628 ist er in England, wo er Karl I. und die Königin malt. 1637 ernennt ihn der Statthalter Prinz von Oranien zum Hofmaler, weshalb sich Honthorst auch in Den Haag niederläßt. Zu seinem erlauchten Kundenkreis gehören auch noch König Christian IV. von Dänemark und der Kurfürst von Brandenburg, während die böhmische Königin Elisabeth mit ihrer Tochter Malunterricht bei Honthorst nimmt. Sein Vermögen ist so groß, daß er dieser im Jahre 1651 die stolze Summe von 35 000 Gulden leihen kann. Seine letzten sechs Lebensjahre verbringt Honthorst wieder in seiner Heimatstadt Utrecht.

Abbildung:
304 Der ungläubige Thomas, um 1620

HOOCH Pieter de (auch: Hoogh, Hooghe)
1629 Rotterdam – nach 1684 Amsterdam (?)
Seine Laufbahn als Maler begann nicht gerade steil. Der Sohn eines Maurers lernte zunächst bei Nicolaes Berchem in Haarlem. Um 1650 trat er bei einem Tuchhändler und Kunstsammler in Rotterdam als Maler und zugleich Kammerdiener ein, den er auf seinen Reisen nach Leiden, Den Haag und Delft begleitete. Nach seiner Heirat in Delft wurde er dort 1655 als Fremder in die Lukasgilde aufgenommen. Gegen 1667 übersiedelte er nach Amsterdam, wo er bis zu seinem Tode blieb. De Hoochs wichtigste Schaffensperiode waren die etwa zehn Jahre, die er in Delft verbrachte. Unter dem Einfluß des Rembrandt-Schülers Fabritius und Vermeers entstanden Genrebilder, in denen er die Idylle des holländischen Alltagslebens schildert. Meist sind es bürgerliche Wohnstuben oder Binnenhöfe mit Vorgärten, in denen das sanft einfallende Licht Menschen wie Gegenstände wie im Stilleben innehalten läßt. Sehr typisch für ihn, dessen Palette im Vergleich zu Vermeer wärmer ist, sind Durchblicke, Raumstaffelungen und offene Türen. In seiner Amsterdamer Zeit, in der er sich gern in der vornehmen Gesellschaft bewegt, werden aus den oft bescheidenen und natürlichen Interieurs noble Räumlichkeiten mit Marmorkaminen und Säulen, die Zeichnung der prunkvollen Einrichtung hart und übergenau, die Farben kalt und trocken.

Abbildungen:
284 Der Hof des Hauses in Delft, 1658
329 Hausfrau und Magd in einem Hof, 1660
329 Kartenspieler, um 1663–1665

HOOGSTRATEN Samuel van
(auch: Hoogstraaten, Hoogstraeten)
1627 Dordrecht – 1678 Dordrecht
Hoogstraten lernte zunächst bei seinem Vater Dirck in Dordrecht, trat um 1642 in Amsterdam in die Werkstatt Rembrandts ein und kehrte 1648 in seine Heimatstadt zurück. Wenn er sich in den fünfziger Jahren im Auftrag Kaiser Ferdinands III. in Wien aufhielt und von hier aus eine Reise nach Rom unternahm, so war das eine seltene Ausnahme in den Gepflogenheiten der holländischen Maler. 1656 heiratet er in Dordrecht und geht mit seiner Frau von 1662–1666 nach London. Danach tritt er in Den Haag in den Malerbund »Pictura« ein und wird erst wieder 1670 in Dordrecht seßhaft, wo er Provost der Münzmeister wird. Hoogstraten war als Maler weniger bedeutend denn als Experimentator und Theoretiker. Er schrieb eine 1678 gedruckte »Inleyding tot de Hooghe Schoole der Schilderkonst«, arbeitete mit optischen Geräten und konstruierte perspektivische Guckkästen (London, National Gallery). Eine seiner Spezialitäten waren Trompe-l'œils. In seinen Bildern ahmte er zunächst Rembrandt nach, ging danach aber zur Feinmalerei über.

Abbildung:
328 Stilleben, um 1666–1678

HOPPER Edward
1882 Nyack (New York) – 1967 New York
Hopper studierte 1900–1906 an der New York School of Art. Zwischen 1906 und 1910 unternahm er ausgedehnte Europareisen und hielt sich vor allem in Paris auf, wo er Straßenszenen in impressionistischer Manier malte. Ab 1908 hatte er seinen ständigen Wohnsitz in New York. Seit seiner Ausstellung in der Frank K.M. Rehn Gallery 1924 ließ er von der von Frankreich angeregten Bildwelt vollkommen ab und wandte sich völlig der Darstellung Amerikas zu. Hopper entnahm seine Hauptmotive der modernen Zivilisation, wobei ihn die Verstädterung des Landes, die Expansion der Industrie und die Auswüchse der amerikanischen Architektur besonders faszinierten. Viele Bilder zeigen Straßenansichten, Dächer, verlassene Häuser, wobei Zeit, Tag und Wetter genau wiedergegeben und zu einer unheimlichen Atmosphäre verdichtet sind. Hopper hat, abseits der avantgardistischen Strömungen in Europa und Amerika, ein Werk geschaffen, das wie kaum ein anderes eine Vorstellung von Amerika gibt, von der Landschaft, dem Licht und den Menschen in den Städten. 1968 vermachte Hoppers Witwe den gesamten Nachlaß dem Whitney Museum of American Art in New York.

Abbildungen:
555 Nighthawks (Nachtschwärmer), 1942
601 Fenster bei Nacht, 1928

HUET Paul
1803 Paris – 1869 Paris
Huet arbeitete als Schüler der École de Beaux-Arts in den Ateliers von Guérin und Gros, wo er die Bekanntschaft mit Delacroix und Bonington machte, mit denen ihn eine lebenslange Freundschaft verband. Besonders Bonington, mit dem er häufig zusammen malte und 1827 einen Studienaufenthalt in der Normandie verbrachte, wirkte anregend auf Huets Malerei. Von größter Bedeutung für sein weiteres Schaffen war aber, wie auch für Delacroix, die Begegnung mit der Kunst Constables im Pariser

Salon von 1824. Huet berichtete über den Eindruck: »Die Bewunderung der jungen Schule war ohne Grenzen ... Dies war vielleicht das erstemal, daß man eine solche Wärme fühlte, solche wuchernde Natur, solche Grüntöne, keine Schwärzen, keine Roheit, keine Manier.« Beeinflußt von Constable, den er auch vielfach kopierte, malte Huet seine Landschaften vorwiegend in der Normandie und im Wald von Compiègne, wohin er schon in den frühen zwanziger Jahren zog. Anders als die anderen Maler der Schule von Barbizon, zu deren weiterem Kreis er gehörte, interessierte Huet vor allem die Dynamik der Natur. Seine wild-romantischen Bilder, in denen er die Kraft des Baumwuchses, das Spiel des erregten Meeres und bewegter Wolkenbildungen bei Gewitter und Sturm darstellte, ließen ihn zu einem der Begründer der »Paysage intime« in Frankreich werden, der Malerei des stimmungserfüllten Naturausschnitts.
Abbildung:
438 Brandung an der Landspitze von Granville, um 1853

HUGUET Jaume (Jaime)
vor 1414 Valls (bei Tarragona) – 1492 Barcelona
Huguet vertritt exemplarisch die katalanische Kunst des 15. Jahrhunderts, die von allen Neuerungen der Frührenaissance weitgehend unberührt und der mittelalterlichen Tradition verpflichtet bleibt. Sein Schaffen läßt sich nicht über das Jahr 1448 zurückverfolgen. Damals erhielt er den Auftrag zu einem Jakobsaltar in Arbeca. Es folgt bis 1486 eine lange Reihe von vielteiligen Altarretabeln, unter denen der Altar der Heiligen Abdon und Sennen (heute in Santa María in Tarasa, 1458–1460) und der Dreikönigsaltar (Barcelona, Museo de Historia de la Ciudad, 1464) herausragen. Eine nennenswerte künstlerische Entwicklung zeigt Huguet nicht. Er hält in der Regel am Goldgrund fest, Raumangaben werden auf ein Minimum beschränkt, statt körperlichen Volumens herrscht die Fläche. Die Fülle von Aufträgen führte im Laufe der Zeit zu ständig zunehmender Mitarbeit der Werkstatt, was eine gewisse Formelhaftigkeit bei Nachlassen der malerischen Qualität zur Folge hatte.
Abbildung:
138 Abendmahl, nach 1450

HUNDERTWASSER Friedensreich
(Friedrich Stowasser)
* 1928 Wien
Hundertwasser besuchte die Montessori-Schule in Wien und studierte 1948 kurz an der Wiener Kunstakademie. 1949 nahm er seinen Künstlernamen an. Seine farbenprächtige Malerei ist vom Wiener Jugendstil, aber auch von Klee beeinflußt. Durch spektakuläre Auftritte in der Öffentlichkeit, durch sein Engagement für den Umwelschutz und seine Lebensweise wurde Hundertwasser einem breiteren Publikum bekannt. 1959 veranstaltete er zusammen mit Bazon Brock in Hamburg das Happening »Endlose Linie«. Hundertwasser unternahm zahlreiche Reisen, seit den siebziger Jahren hält er sich oft mehrere Monate auf Südseeinseln auf. Nachdem er zunächst mit Wandbildern aus Keramik Gebäude dekorierte (etwa für die Firma Rosenthal in Selb), beschäftigte er sich seit 1982 auch mit einer ökologischen Architektur und gestaltete mehrere Gebäude. Hundertwasser lebt in Neuseeland.
Abbildung:
655 Der Große Weg, 1955

HUNT William Holman
1827 London – 1910 London
Bereits während einer Lehre als Kaufmann begann Hunt zu malen. Er kopierte die Werke alter Meister, und die Flamen und Italiener des 15. Jahrhunderts blieben die Vorbilder, an denen er sich stets orientierte. Farbintensive Feinmalerei, eine akribische Liebe zum Detail, Naturstudium und symbolhafte Besetzung seiner Gegenstände schlagen sich in allen seinen Arbeiten nieder. 1845 trat er in die Royal Academy ein, und die Begegnung mit Rossetti und Millais war für ihn von glückhafter Bedeutung; schließlich führte sie zur Gründung der Bruderschaft der »Präraffaeliten«. Die idealistischen jungen Männer wollten die englische Malerei, die sie als erstarrt und inhaltslos empfanden, wieder zu würdigen Höhen führen. John Ruskin war der Gruppe eng verbunden und lieferte das theoretische Fundament für ihre Ziele. Hunt sah den Weg zur Erneuerung der Kunst in der Rückbesinnung auf religiös-moralische Leitideen, die dann auch vorwiegend seine Themen waren, und in einer soliden, handwerklichen Ausführung. Neben biblischen Motiven gestaltete er immer wieder die erhabenen Stoffe alter englischer Mythen und Sagen. Alle seine Bilder sind von stark symbolischem Gehalt durchdrungen, jeder noch so kleine Gegenstand soll zur Verdichtung der Botschaft beitragen. Für den heutigen Geschmack ist dabei oft die Grenze zu süßlicher Sentimentalität überschritten. Grundlagen seiner Malerei waren naturalistische Beobachtung und Wiedergabe und die virtuose Handhabung von Farbe und Licht. Hunt machte einige Reisen nach Palästina, um dort zu malen, und von 1866–1868 weilte er in Florenz. Bereits zu Lebzeiten war seine Malerei anerkannt und gefeiert. 1905 erhielt er den Order of Merit.
Abbildung:
526 Der abgelenkte Hirte, 1851

INDIANA Robert (Robert Clark)
* 1928 New Castle (Indiana)
Indiana studierte Pop Art an der John Herron School of Art in Indianapolis, am Art Institute of Chicago und während eines Schottlandaufenthalts 1953/54 am Edinburgh College of Art. Seit 1954 lebt er in New York. Indianas Arbeiten zählen zur Pop Art. Er fand seine charakteristische Bildsprache in der Verwendung von Schriftzeichen und Wörtern, Zeichen mit plakativ-symbolischem Charakter, in einer großangelegten, flächigen Hard-edge-Malerei. Seit 1966 zählt das Wort »Love« zu seinen bevorzugten Motiven, von dem er 1973 auch eine Briefmarke für die US-Post entwarf. In New York freundete er sich mit Ellsworth Kelly an, dessen Bildkonzepte nicht ohne Einfluß auf Indianas Arbeiten blieben. Neben seinen Gemälden entstand eine Vielzahl von Serigraphien. Indiana lebt seit 1969 in Vinalhaven (Maine).
Abbildung:
660 Der amerikanische Traum, I, 1961

INGEBORGPSALTER → Werkstatt

INGRES Jean Auguste Dominique
1780 Montauban – 1867 Paris
Ingres' Vater, der Bildhauer und Stukkateur war, gab seinem Sohn den ersten Zeichenunterricht und schickte ihn 1791 auf die Akademie von Toulouse. 1797 trat er in das Pariser Atelier Davids ein und wurde 1799 in die École des Beaux-Arts aufgenommen. Für sein Werk »Achill empfängt die Abgesandten Agamemnons« (Paris, Musée de l'École Nationale Supérieure des Beaux-Arts) erhielt er 1801 den Großen Rom-Preis. Im Salon trat er erstmals 1806 als Porträtist auf: Doch für seine herrlichen Bildnisse, darunter die der Familie Rivière, erntete er vor allem Kritik. Noch im selben Jahr kam er als Akademiestipendiat nach Rom, wo er von 1806–1819 blieb und sich als Porträtmaler der französischen Gesellschaft einen Namen machte. Unter dem Einfluß der Antike sowie der Werke Raffaels, Holbeins, Tizians und Masaccios, die er auch in Florenz studierte, wohin er 1819 übersiedelte, löste er sich immer mehr von der Manier seines großen Meisters David und fand zu einem eigenständigen Stil, wie bereits die 1808 entstandene »Badende von Valpinçon« (Abb. S. 429) zeigt.

1824 kehrte er nach Paris zurück, wo er als Lehrer tätig war. 1825 empfing er von König Karl X. den Orden der Ehrenlegion und wurde zum ordentlichen Akademiemitglied gewählt. Die »Apotheose Homers« (Paris, Louvre, 1827), die als künstlerisches und literarisches Glaubensbekenntnis des Malers erscheint, zeigt den für Ingres charakteristischen streng klassizistischen, vom Vorbild Raffaels geprägten Stil. Von größerer Freiheit sind seine präzis gemalten und gezeichneten Porträts, die in der lebensvollen Erfassung der dargestellten Personen unübertroffen sind. Die 4000 Skizzen und Zeichnungen, die Ingres seiner Heimatstadt Montauban vermachte, weisen ihn zudem als den bedeutendsten Zeichner des 19. Jahrhunderts aus. Die ablehnende Haltung des Salons von 1834 gegenüber seinem »Martyrium des hl. Symphorian« (Kathedrale von Autun) führte dazu, daß Ingres sich um die Stelle des Direktors der Villa Medici in Rom bewarb, sie erhielt und 1835–1834 innehatte. 1841 ließ er sich endgültig in Frankreich nieder, wo ihm nun große Ehren zuteil wurden. 1845 erhielt er den Orden »Pour le mérite«. Als Präsident der École des Beaux-Arts (seit 1850) wurde er bestimmend für die Malerei jener Zeit. Auf der Weltausstellung von 1855 in Paris triumphierte er mit 48 eigenen Gemälden. Ingres hielt als Gegenpol zu Delacroix und anderen Romantikern, dann zum Realismus Courbets, an klassischer Idealität und dem Vorrang einer strengen linearen Komposition vor der Sinnlichkeit von Farbwirkungen fest, betrieb jedoch stets ein sorgfältiges Naturstudium.
Abbildungen:
421 Bildnis Madame Inès Moitessier, 1856
428 Jeanne d'Arc bei der Krönung Karls VII. in der Kathedrale von Reims 1854, 1854
428 Das türkische Bad, 1862
429 Die Badende von Valpinçon, 1808
430 Mademoiselle Rivière, 1806
430 Louis-François Bertin, 1832

IVERNY Jacques
nachweisbar 1411–1435 in Avignon
Die Zuschreibung des Freskenzyklus von La Manta an Iverny ist umstritten. Doch ist weder ein brauchbarer Alternativvorschlag gemacht noch bemerkt worden, daß im frühen 15. Jahrhundert erhebliche Unterschiede bei der Gestaltung profaner und sakraler Gegenstände gemacht werden und zumindest große Ähnlichkeiten zwischen den von Iverny signierten Altarbildern und den religiösen Teilen des Freskenzyklus bestehen. Sicher ist, daß dieser Zyklus in diesem 60 km südlich von Turin gelegenen Schloß von einem französischen Maler geschaffen wurde, was angesichts der Tatsache, daß sowohl der ältere wie der jüngere Marchese von Saluzzo vornehmlich am französischen Hof gelebt haben, nicht ungewöhnlich ist. Der Freskenzyklus ist bemerkenswert auch wegen einer großen Darstellung des Jungbrunnens, in dem alte Leute wieder jung und liebesdurstig werden. Im selben Raum steht allerdings auch noch ein Altar mit dem Bild der Kreuzigung – Kontraste, die verblüffen. Über den Maler wissen wir sehr wenig; die längste Zeit ist er in Avignon nachweisbar. Doch scheint er aufgrund ausgiebiger Reisen auch sehr gute Kenntnisse der Kunst an den nordfranzösischen Höfen besessen zu haben.
Abbildung:
61 Fünf Heldinnen aus dem Rittersaal von La Manta, um 1420

JAWLENSKY Alexej von
(Alexej Georgewitsch von Jawlensky)
1864 Torschok (Rußland) – 1941 Wiesbaden
Als 20jähriger Leutnant hatte Jawlensky in Moskau zu malen begonnen. 1889 ließ er sich nach St. Petersburg versetzen, wo er als Offizier die Kunstakademie besuchte. Als Hauptmann nahm er 1896 seinen Abschied und ging mit Marianne von Werefkin nach München wo er die Ažbe-Malschule besuchte und dort Kandinsky begegnete. 1903 und 1905 reiste er nach Frankreich, stellte im Salon d'Automne aus und traf dabei Matisse. 1907 und 1911 arbeitete er erneut mit Matisse in Paris. Zusammen mit Kandinsky gründete er 1909 die »Neue Münchner Künstlervereinigung«. Im selben Jahr erreichte seine Kunst

einen ersten Höhepunkt mit den großen Figurenbildern, zu denen auch die »Dame mit Fächer« (Abb. S. 579) gehört. Bei Ausbruch des Ersten Weltkrieges mußte Jawlensky Deutschland verlassen und in der Schweiz Zuflucht suchen. In den folgenden Jahren wich die Expression immer mehr der Kontemplation. Religiosität und Verinnerlichung traten stärker hervor und erreichten ihren konzentriertesten Ausdruck in den »Meditationen«, die das menschliche Antlitz zur Ikone, zum »Andachtsbild« vergeistigten.
Abbildungen:
546 Der rote Schal, 1909
579 Dame mit Fächer, 1909

JOHNS Jasper
* 1930 Augusta (Georgia)
Johns studierte 1947/48 an der University of South Carolina. Während seines Militärdienstes war er 1949 in Japan. Nach seiner Rückkehr arbeitete er ab 1952 in New York als Buchverkäufer und zusammen mit Rauschenberg als Schaufensterdekorateur für Tiffany's. Für die Merce Cunningham Dance Company entwarf er 1966 Bühnenbilder und Kostüme und arbeitete mit dem Komponisten John Cage zusammen. Zusammen mit Rauschenberg gehört er zu den Künstlern, die nach dem Abstrakten Expressionismus entscheidende Neuerungen in die Kunst einführten. Seine erste Einzelausstellung 1958 wird als der Beginn der Pop Art angesehen, dennoch weisen seine Arbeiten über diese Stilrichtung hinaus. Johns beschränkte sich zunächst auf ein relativ schmales Repertoire von Bildgegenständen, zum Beispiel die amerikanische Flagge, Buchstaben, Zahlen oder Schießscheiben, die seit den mittleren fünfziger Jahren entstanden. Neben diesen Bildern stellte er Assemblagen realer Gegenstände und in Metall gegossene Alltagsgegenstände her. Johns lebt in Stony Point (New York).
Abbildungen:
621 Felstart, 1959
652 Flagge, 1954/55
653 Ohne Titel, 1980

JONES Allen
* 1937 Southampton
Jones studierte von 1955–1959 an der Hornsey School of Art in London und danach ein Jahr mit Kitaj und Hochney am Royal College of Art. Er gehört zu den bekanntesten englischen Pop-Künstlern. Seit den frühen siebziger Jahren lehrte er an Kunstschulen in den USA, Kanada und Deutschland. Auf unterkühlte und doch provozierende Art sucht er sich seine Motive auch in Sexmagazinen. Seine als Möbel zu benutzenden Frauenkörper aus Fiberglas – lediglich mit hochhackigen Schuhen und Korsetts bekleidet – sind in ihrer Frechheit bereits wieder entwaffnend. Die Vorlagen zu diesen sadomasochistischen Figuren fand Jones in der pornographischen Literatur der Subkultur.
Abbildung:
664 Man Woman, 1963

JONGKIND Johan Barthold
1819 Lattrop (bei Rotterdam)–1891 La Côte Saint-André (bei Grenoble)
Jongkind wuchs in Vlaardingen bei Rotterdam auf, wo er als Notariatsschreiber arbeitete. Nach dem Tod des Vaters studierte er 1836/37 an der Zeichenakademie in Den Haag. 1846–1853 ließ er sich in Paris nieder, arbeitete im Atelier von Isabey und studierte im Atelier Picot. Er lernt Israëls und Chassériau kennen und freundet sich mit Stevens, Courbet und Troyon an. 1848 stellte er erstmals im Salon ein Bild aus. 1850 reiste er nach Etretat in die Normandie und 1851 mit Isabey ein weiteres Mal nach Le Havre und in die Normandie. Unter dem Einfluß der französischen Landschaftsmalerei wandelt sich sein Stil ins Skizzenhafte, seine Palette wird bunter. Anfang der fünfziger Jahre weisen seine Aquarelle bereits impressionistische Züge auf. 1855 kehrte er nach Holland zurück und lebte bis 1860 in Rotterdam. Psychische Probleme belasten seine Arbeit. 1857 reist er nach Paris, wo er Courbet trifft. 1860–1870 lebt er wieder in Paris als Boheme in Armut. Er lernt Boudin, Monet und Mme Fesser kennen, eine Holländerin, mit deren Hilfe er seine labile Lebenslage überwindet. 1862 malt er mit Monet und Boudin in Le Havre und verbessert seine wirtschaftliche Lage durch einen größeren Erfolg beim Verkauf seiner in kräftigen Farben gemalten Bilder. Seit 1874 wohnt er in La Côte-Saint-André bei Grenoble, wo er – abgesehen von kurzen Reisen in die Provence und nach Paris – bis zum Tode bleibt. Seine Palette wird zunehmend heller, die Malweise immer mehr vereinfacht. Von Geistesstörungen und Verfolgungswahn heimgesucht und dem Alkohol verfallen, stirbt Jongkind in der Nervenheilanstalt Saint-Rambert bei Grenoble.
Abbildung:
524 Die Maas bei Maasluis, 1866

JORDAENS Jacob
1593 Antwerpen–1678 Antwerpen
Der Sohn eines Leinwandhändlers ist von 1607–1615 Schüler von Adam van Noort, bei dem auch Rubens kurze Zeit gelernt hatte. Bei seinem Eintritt in die Lukasgilde 1615 wird er als »Wassermaler« bezeichnet, er scheint Wandbehänge aus Leinen mit Wasserfarben bemalt zu haben, die als Ersatz für Wandteppiche dienten und mit denen auch sein Vater handelte. 1621 wird er Dekan der Gilde. Sein Ruf als hervorragender Entwerfer von Dekorationen verschafft ihm 1634 den Auftrag des Magistrats von Antwerpen, an der Festdekoration für den Einzug des Kardinalinfanten Ferdinand mitzuarbeiten, deren Gesamtleitung bei Rubens lag, in dessen Werkstatt Jordaens schon zuvor gearbeitet hat. Als vielbeschäftigte Kraft im Kreis um Rubens malte er nicht nur nach dessen Entwürfen, etwa die großen Leinwandbilder für das Jagdschloß Torre de le Parada bei Madrid, sondern eignete sich auch den »Rubens-Stil« kongenial an. Nach dessen Tod erhielt er zwischen 1640 und 1650 zahlreiche Aufträge von Kirche und Hof, darunter 22 Gemälde für den Salon der englischen Königin Henriette Maria in Greenwich, aber auch aus Skandinavien und Frankreich. Eine der wenigen malerischen Ausstattungen eines holländischen Schlosses im Huis ten Bosch bei Den Haag mit der Darstellung des »Triumphs des Prinzen Friedrich Heinrich von Nassau« stammt von ihm und seiner Werkstatt. Neben Historienbildern, religiösen Themen, allegorischen und mythologischen Szenen hat Jordaens auch zahlreiche Genrebilder gemalt. Neben Rubens und van Dyck ist er der dritte große flämische Barockmaler.
Abbildungen:
302 Allegorie der Fruchtbarkeit, um 1622
302 Die Familie des Malers, um 1621
303 Der Satyr beim Bauern, nach 1620

JORN Asger (Asger Oluf Jorgensen)
1914 Vejrum (Jütland)–1973 Århus
1929 zog Jorn nach Silkeborg und begann ein Jahr später zu malen. Während eines Parisaufenthalts arbeitete er 1936/37 im Atelier von Léger. 1941 war er Mitbegründer der Zeitschrift »Helhesten«, und während der deutschen Besatzungszeit druckte er das verbotene Blatt »Long og Folk«. Er war einer der Begründer der Gruppe »Cobra« und gab Monographien über Mitglieder der Künstlervereinigung heraus. Sein erstes Buch »Heil und Zufall« entstand während eines Sanatoriumsaufenthaltes in Silkeborg, als er eine Tuberkuloseerkrankung ausheilte. Jorn setzte sich oft in Serien mit einem Thema auseinander, so entstanden 1952/53 die Reihen »Das Lebensrad« und »Von einer stummen Mythe« sowie bei einem anschließenden längeren Aufenthalt in der Schweiz die »Schweizer Suite«, eine Serie von 23 Radierungen. Daneben trat Jorn auch als Autor von Schriften über Kunst und über das Verhältnis von Kunst und Gesellschaft in Erscheinung. Ab 1956 lebte er in Albisola (Italien) und Paris. Von 1956–1961 war er Mitglied der Gruppe der internationalen Situationisten, 1962 gründete er das »Institute for Comparative Vandalism«.
Abbildung:
644 Ohne Grenzen, um 1959/60

KAHLO Frida
(Magdalena Carmen Frieda Kahlo Calderón)
1907 Coyoacán (Mexico City)–1954 Coyoacán
Als 17jährige erlitt Frida Kahlo 1925 bei einem Verkehrunfall schwere Rückenverletzungen, die sie zu immer neuen Operationen zwangen und die sie auch in ihren Gemälden immer wieder thematisierte. In ihren sehr persönlichen Bildern gibt sie mit Hilfe einer direkten, an der Volkskunst orientierten Bildsprache Auskunft von ihrem Seelenzustand und ihrem Weltbild. 1928 trat Kahlo der Kommunistischen Partei Mexikos bei und lernte den Maler Rivera kennen, den sie ein Jahr später heiratete. 1932 zogen beide für zwei Jahre in die USA, wo Rivera mehrere Wandbilder ausführte. 1938 hatte Kahlo ihre erste Einzelausstellung in New York. Im gleichen Jahr lernte sie Breton kennen, der nach Mexiko gekommen war, um Leo Trotzki zu treffen, der bei ihnen wohnte. 1939 reiste sie nach Paris, stellte dort aus und machte die Bekanntschaft surrealistischer Maler und Dichter. 1943 erhielt Kahlo einen Lehrstuhl an der Kunstschule »La Esmeralda«; ihre Rückenverletzung zwang sie bald, den Unterricht in ihrem Privathaus abzuhalten. Ende der vierziger Jahre verschlechterte sich ihr Gesundheitszustand rapide, sie mußte ein Stahlkorsett tragen und konnte sich nur noch im Rollstuhl bewegen. 1953 hatte sie ihre erste Einzelausstellung in Mexiko, ein Jahr später starb sie an den Folgen einer Lungenentzündung.
Abbildung:
604 Selbstbildnis mit Affe, 1938

KALF Willem (auch: Kalff)
1619 Rotterdam–1693 Amsterdam
Der bei seinen Zeitgenossen als besonders gebildet und kunstverständig geltende Kalf erhielt seine Ausbildung vermutlich bei Frans Ryckhals und Hendrik Pot. 1640 ging er für sechs Jahre nach Paris, wo er mit seinen Bildern von Küchen und bäuerlichen Interieurs Erfolg hatte. Seine malerisch verlotterten Vorratskammern und Dielen mit Mägden und Gerätschaften waren ein Genre, das Chardin im 18. Jahrhundert wieder aufgriff. Daneben spezialisierte er sich auf Stilleben. Zunächst waren es einfach gedeckte Frühstückstische mit Resten der Mahlzeit, Gläsern und Kannen aus Zinn oder Silber, die in Aufbau und dezenter Farbgebung an die »monochromen Banketjes« der Haarlemer Claesz. und Heda erinnern. Später orientiert er sich am Geschmack der holländischen Kaufleute und an ihrem Hang zum Luxus und malt prächtige Tafeln mit orientalischen Teppichen, venezianischen Gläsern, chinesischem Porzellan und silbernen Schalen mit verlockenden Früchten, die durch die vollendete Wiedergabe des Stofflichen bestechen und nicht überladen wirken wie die flämischen Stilleben. Leuchtende Farben und die Verwendung von Hell-Dunkel-Effekten machen den Einfluß Rembrandts deutlich. Die meisten dieser Bilder stammen aus der Amsterdamer Zeit zwischen 1646 und 1663. Danach scheint Kalf die Malerei ganz zugunsten des Kunsthandels aufgegeben zu haben.
Abbildung:
322 Stilleben, um 1659

KANDINSKY Wassily
1866 Moskau–1944 Neuilly-sur-Seine
Kandinsky gab seine juristische Karriere auf, indem er 1896 eine Privatdozentur an der Universität ablehnte und es vorzog, nach München zu gehen, um an der Ažbe-Schule Malerei zu studieren. Dort lernte er seinen Landsmann Jawlensky kennen. 1900 wechselte er zur Akademie der bildenden Künste über und trat in die Klasse von Franz von Stuck ein, in der gleichzeitig Klee arbeitete. 1901 war er Mitbegrün-

der der Künstlergruppe »Phalanx«. Seine Bilder der Jahre 1901–1905 verbinden die märchenhaft anmutende Kunst seiner russischen Heimat mit Elementen des Jugendstils und des Neoimpressionismus. Zwischen 1904 und 1908 reiste er ständig in Europa. Als er 1908 mit Gabriele Münter von München nach Murnau zog, näherte sich seine Malweise den Fauves und nahm Einflüsse der bayerischen Hinterglasmalerei auf. 1909 war er Mitbegründer der »Neuen Künstlervereinigung München«. 1913 malte er sein erstes abstraktes Aquarell, das er nachträglich auf 1910 vordatierte (Abb. S. 550), dem bald das erste abstrakte Gemälde folgte. Diesen Schritt hatte er bereits 1912 in seinem Buch »Über das Geistige in der Kunst« begründet. Seine Vorstellungen prägten entscheidend den Almanach »Der Blaue Reiter«, den er mit Marc herausgab.

Bei Ausbruch des Ersten Weltkrieges kehrte Kandinsky nach Moskau zurück. Die Dramatik seiner Münchner Bilder wich einer strengeren Ordnung. 1921 kehrte er nach Deutschland zurück. Walter Gropius berief ihn 1922 an das Bauhaus in Weimar, wo er Klee wiedertraf. Kandinsky entwickelte am Bauhaus einen Stil von geometrischer Strenge, den er wiederum theoretisch untermauerte. 1926 erschien sein Buch »Punkt und Linie zu Fläche«. Die Opposition des Nationalsozialismus gegenüber dem Bauhaus veranlaßte Kandinsky, 1933 Deutschland ein zweites Mal zu verlassen und nach Neuilly-sur-Seine bei Paris überzusiedeln, wo er viele führende Maler traf: Chagall, Léger, Miró, Mondrian und vor allem Hans Arp, mit dem ihn eine Freundschaft verband. In Annäherung an Arp und Miró fanden neben geometrischen nun wieder organische Formen in seine Bilder Eingang, und seine Palette hellte sich zum Heiteren auf.

Abbildungen:
550 Ohne Titel, 1910 (1913)
579 Studie zur »Improvisation 8«, 1910
580 Improvisation »Klamm«, 1914
581 Himmelblau, 1940
581 Der Pfeil (La Flèche), 1943

KAUFFMANN Angelika
1741 Chur (Schweiz)–1807 Rom
Vom Vater, einem Vorarlberger Maler, schon frühzeitig gefördert und unterrichtet, malte bereits die 15jährige beachtliche Pastellporträts. Auf ausgedehnten Italienreisen erwarb sie sich gründliche Kenntnisse durch Kopieren älterer Meister. Sie wurde Mitglied der Akademien in Florenz und Rom und durch die Begegnung mit Johann Joachim Winckelmann entscheidend in klassizistischer Richtung beeinflußt. Von 1766 an lebte sie 15 Jahre in London, wurde dort ebenfalls Mitglied der Akademie und arbeitete u.a. mit dem Architekten Robert Adam zusammen. Nach Rom zurückgekehrt, wurde sie der Mittelpunkt eines schöngeistigen Salons, dem Goethe und Herder als Freunde angehörten. Ihre Porträts verdanken viel dem Einfluß von Reynolds und Mengs, ihre religiösen und mythologischen Historienbilder verraten das Studium der Antike aus dem Geiste Winckelmanns.
Abbildung:
379 Selbstbildnis, 1780

KAUFMANNSCHE KREUZIGUNG → Meister

KELLY Ellsworth
* 1923 Newburgh (New York)
Nach einem Studium am Pratt Institute, dem Militärdienst 1943–1945 und Fortsetzung des Studiums an der School of the Museum of Fine Arts ging Kelly 1948 nach Paris, um an der École des Beaux-Arts zu studieren. Beeinflußt durch konstruktivistisch arbeitende Maler wie Hans Arp oder Georges Vantangerloo wie auch durch die geometrischen Abstraktionen Vasarelys, entwickelte er bald einen Stil abstrakter Malerei, bei der geometrische Flächen in verschiedenen Farbabstufungen aneinandergesetzt wurden. Nach seiner Rückkehr in die USA 1954 arbeitete er an einer weiteren Reduktion seiner Bildsprache, die bald auf einzelne, präzise konstruierte objekthafte Bilder zurückgeführt wurde. Durch seine Beschäftigung mit zunehmend nach mathematischen Berechnungen hergestellten Skulpturen gewann Kelly seit den siebziger Jahren eine neue Bildform. Den möglichst neutral aufgetragenen Farben wurden Leinwände in klar definierten Flächenformen, die sogenannten »shaped canvas«, zugeordnet.
Abbildung:
651 Red Blue, 1968

KERSTING Georg Friedrich
1785 Güstrow–1847 Meißen
Kersting stammt wie viele deutsche Künstler seiner Zeit aus beengten bürgerlichen Verhältnissen. Nach dem Tode des Vaters, der als Glaser und Glasmaler tätig war, ermöglichte ein wohlhabender Vetter dem jungen Kersting das Studium an der Kopenhagener Akademie, das er von 1805–1808 absolvierte. Anschließend ließ er sich in Dresden nieder, wo er Freundschaft mit Gerhard von Kügelgen und Friedrich schloß. Mit letzterem unternahm er 1810 eine Wanderung durch Schlesien und Böhmen. Kersting malte ausschließlich Interieurs. Diese Gattung der bürgerlichen Malerei war durch die Niederländer des 17. Jahrhunderts begründet worden. In Kerstings Werken erscheinen die oft kärglichen Wohn- und Arbeitsräume der Bürger des frühen 19. Jahrhunderts in einer klaren Geordnetheit, durch die sie sich als Abbild des konzentrierten geistigen Lebens zu erkennen geben, das von den in ihnen lebenden Personen ausgeht. Daß Lesende und der Maler Friedrich zu seinen Lieblingsmotiven gehören, entspricht dem geistigen Anspruch, der sich in seinen kargen, aber farblich delikaten Bildern ausdrückt.
Abbildung:
451 Lesender bei Lampenlicht, 1814

KEYSER Thomas de
um 1596/97 Amsterdam–1667 Amsterdam
Der Sohn eines Bildhauers und Baumeisters war bis 1632, als Rembrandt nach Amsterdam kam, der führende Porträtmaler der Stadt. Seine Spezialität sind Bildnisse von ganzen Figuren in halber Lebensgröße, aber auch kleinformatige, gedrängte Familienbildnisse und Gruppenporträts (»Die Anatomie des Dr. Sebastiaen Egbertsz. de Vry«, Amsterdam, Rijksmuseum). Von 1640–1654 gibt er das Malen ganz auf und handelt mit Basaltsteinen. Danach entstehen vornehmlich Reiterbildnisse reicher Amsterdamer Patrizier, womit Keyser einen bis dahin dem Adel vorbehaltenen Bildtyp auf das Bürgertum überträgt. Von 1662 bis zu seinem Tod beaufsichtigt er als Bauleiter den Bau des neuen Rathauses in Amsterdam.
Abbildung:
306 Bildnis des Pieter Schout zu Pferde, 1660

KHNOPFF Fernand
1858 Grembergen (Ostflandern)–1921 Brüssel
Von Khnopff sind uns Ölbilder erhalten, Aquarelle, kolorierte Zeichnungen und Radierungen. Wie Klinger schuf er auch mehrfarbige Skulpturen, entwarf Gesamteinrichtungen und Bühnenbilder. Er begann mit dem Jurastudium, kam aber schon bald zur Malerei und besuchte die Kunstschule in Brüssel. Sein Lehrer Xavier Mellery vermittelte ihm die Malerei als Träger tiefen, verborgenen Sinnes und weihte ihn so in die Grundzüge des Symbolismus ein. 1877 machte er eine Reise nach Paris. Dort beeindruckte ihn stark die Kunst Moreaus und Delacroixs. Vorbilder für ihn waren auch die Werke der Präraffaeliten. 1883 war er Gründungsmitglied der Gruppe »Les XX«, der Maler und Dichter angehörten. Er selbst war mit vielen Dichtern befreundet, und für Georges Rodenbach und Gregoire Le Roy illustrierte er einige Bücher. Zarte Farben und eine ästhetische, zurückhaltende Darstellungsweise sind für ihn kennzeichnend. Er liebte es, seine Themen in idealisierende und verallgemeinernde Allegorien einzukleiden. Seine Frauengestalten sind geheimnisvolle Sphinxe und Chimären, rätselhafte schöne Mischwesen voll unterkühlter Erotik. Khnopff selbst verkörperte den Typ des eleganten Dandykünstlers, der in einem Traumhaus mit blinden Fenstern lebte, das nach seinen eigenen Entwürfen eingerichtet war.
Abbildung:
524 »Ich schließe mich selbst ein«
(»I lock my door upon myself«), 1891

KIEFER Anselm
* 1945 Donaueschingen
Kiefer studierte in Freiburg im Breisgau Jura und Romanistik und nahm Malkurse bei Peter Dreher. Dann entschied er sich gänzlich für die Kunst und besuchte seit 1969 die Akademie der bildenden Künste in Karlsruhe. Sein Lehrer war Horst Antes. 1970 studierte er an der Düsseldorfer Akademie bei Beuys. Seit diesem Jahr entstehen Gemälde in einem malerisch-expressiven Stil. Seine Themen bleiben immer heroisch oder mythologisch, sind also allegorisch hinterlegt. Seit 1980 beschäftigen ihn die Themen »Margarete« und »Sulamit« aus der »Todesfuge« von Paul Celan. In den neunziger Jahren entstanden große Skulpturen wie seine aus Bleiplatten zusammengesetzten Düsenjäger, die eine mythische Fracht tragen. Eine Ausstellungstournee zeigte außerdem die zahlreichen, in Jahrzehnten entstandenen Künstlerbücher.
Abbildung:
676 Bilderstreit, 1979

KIPPENBERGER Martin
1953 Dortmund – 1997 Wien
Kippenberger studierte 1972 drei Semester an der Hochschule der bildenden Künste in Hamburg. 1978 Übersiedlung nach Berlin, wo er das Büro Kippenberger gründete und Ausstellungen mit Walter Dahn, Werner Büttner, Albert Oehlen u.a. organisierte. 1984 Ausstellung »Arbeit ist Wahrheit« mit Büttner, Kippenberger und Oehlen im Folkwang Museum, Essen. 1986 ausgedehnter Studienaufenthalt in Brasilien. 1988 Umzug nach Los Angeles. 1990 Gastprofessur an der Städelschule, Frankfurt am Main. 1991 Einzelausstellung im Museum of Modern Art, San Francisco. 1993 Gründung des Museum of Modern Art auf Syros sowie Einzelausstellung im Centre Georges Pompidou, Paris. 1994 Ausstellung »The Happy End of Franz Kafka's Amerika« im Museum Boymans-van Beuningen, Rotterdam. 1995 Einweihung des »Exit of the Underground Station Dawson City West«, einer Skulptur im öffentlichen Raum, in Dawson City, Kanada. Kippenberger lebt und arbeitet in Köln und auf Syros, Griechenland.
Abbildung:
677 Heute denken – morgen fertig, 1983

KIRCHNER Ernst Ludwig
1880 Aschaffenburg–1938 Frauenkirch (bei Davos)
Kirchner ging 1901 nach Dresden zum Architekturstudium, das er 1903 für zwei Semester unterbrach, um in München an der Kunstschule zu studieren. Nach dem Examen wandte er sich ganz der Malerei zu, die er als Autodidakt nebenher betrieben hatte. 1905 gründete er zusammen mit Heckel, Schmidt-Rottluff und Fritz Bleyl die Künstlergruppe »Brücke«. Ausgehend vom Neuimpressionismus und van Gogh hatte er mit seinen Freunden einen flächigen, auf reinen Farben aufgebauten Stil entwickelt, der eine Parallele zum Fauvismus in Paris darstellt. Hinzu traten die Zeugnisse »primitiver« Kunst im Völkerkundemuseum. Fortan gerannen Gesichter zu Masken, während Körper groteske Haltungen einnahmen und Glieder sich überdehnten. Bis 1911 arbeitete Kirchner in Dresden und ging dann nach Berlin, wo er das seinem regen, nervösen Temperament entsprechende Thema fand: die Großstadt, deren Hektik und Unnatur er wie kein anderer Ausdruck zu geben vermochte. Seine Straßenbilder sind von zuckender Unruhe. 1914, kaum zum Kriegsdienst eingezogen, erlitt er einen folgenreichen Nervenzusammenbruch. Jahre der Rekonvaleszenz schlossen sich an, zunächst

in Deutschland, ab 1917 in der Nähe von Davos, wo er mit kurzen Unterbrechungen bis zu seinem Freitod blieb. An die Stelle der dramatischen Zuspitzung trat die Ruhe der Berge und Täler, für die er eine eigene, vergeistigte Form des Ausdrucks fand.
Abbildungen:
584 Negertanz, um 1911
584 Der Rote Turm in Halle, 1915
585 Die Straße, 1907

KITAJ Ronald B.
* 1932 Chagrin Falls (Ohio)
Kitaj studierte 1950 an der Cooper Union in New York, 1951 an der Wiener Akademie, 1958 an der Ruskin School of Drawing in Oxford und schließlich 1959–1961 am Royal College of Art in London. Zwischen den Stationen in Wien und Oxford reiste er als Seemann und betrieb ein Selbststudium. In London übte er großen Einfluß auf seine Mitstudenten Jones und Hockney aus, die wie er später der britischen Pop Art zugerechnet wurden. Kitaj selbst hingegen zählte sich nie zur Pop Art, da er seine Themen weniger aus der Massenkultur als aus der Philosophie, den Werken von Dichtern wie T. S. Eliot oder Ezra Pound oder aus der Politik bezog. Seine Bilder entstanden in Anwendung surrealistischer Collageverfahren, die die Kombination unterschiedlichster Sujets in einer überraschenden und anspielungsreichen Anordnung ermöglichte. 1970 war Kitaj Gastprofessor an der University of California in Berkeley, es folgten Lehrtätigkeiten an Kunstinstituten in Großbritannien. 1995 wurde ihm der Preis für Malerei der Biennale von Venedig zuerkannt.
Abbildung:
663 Wert, Preis und Profit, 1963

KLAPHECK Konrad
* 1935 Düsseldorf
Klapheck studierte von 1954–1958 bei Bruno Goller an der Düsseldorfer Akademie. Bereits während seiner Studienzeit fand er den Motivbereich, den er bis heute in immer neuen Ansätzen gestaltet: figurative Maschinenbilder in »prosaischer Supergegenständlichkeit«. Sein erstes Bild mit Schreibmaschine entstand 1955. Während eines halbjährigen Studienaufenthaltes in Paris lernte er die Arbeiten von Duchamp kennen. Zu Beginn der sechziger Jahre war er mit den Surrealisten um Breton befreundet. 1959 hatte er seine erste Einzelausstellung in der Galerie Schmela in Düsseldorf. Seit 1979 lehrt Klapheck als Professor an der Düsseldorfer Akademie.
Abbildung:
672 Die Gebete der Mutter, 1984

KLEE Paul
1879 Münchenbuchsee (bei Bern)–1940 Muralto (bei Locarno)
Klees Vater, ein Musiklehrer, war Deutscher, seine Mutter Schweizerin. Er selbst spielte Geige und blieb sein ganzes Leben lang der Musik eng verbunden. Die Entscheidung zwischen Musik und Malerei als Beruf fiel 1898, als er erstmals zum Malstudium nach München ging. Er besuchte zunächst die private Malschule von Heinrich Knirr und seit 1900 die Klasse Franz von Stucks an der Akademie. 1901 reiste er nach Italien, 1905 nach Paris. In den Jahren 1902–1906, die er in Bern verbrachte, entstanden von Francisco de Goya, Ensor und Aubrey Beardsley inspirierte Radierungen. Dann kehrte er nach München zurück. In München kam es zur Begegnung mit Macke und 1911 mit Kandinsky. Klee beteiligte sich daraufhin an der zweiten Ausstellung des »Blauen Reiters«. 1912 reiste er erneut nach Paris, wo die Begegnung mit Delaunay, dessen Aufsatz »Über das Licht« er übersetzte, bedeutsam wurde; hier sah er auch Bilder von Braque und Picasso. Doch die Entdeckung der Farbe als Möglichkeit und Notwendigkeit brachte erst die gemeinsame Reise mit Louis Moilliet und Macke nach Tunis im April 1914. Seine Eindrücke verschmolz er mit der vorgegebenen Ordnung farbiger Felder. Die Aquarelle, die nun entstanden, wiesen ihn endgültig als Maler aus.

1916 wurde Klee zum Militärdienst eingezogen. Nach seiner Entlassung begann er 1919 mit der Ölmalerei. Die Gegenständlichkeit seiner Bilder entwickelte er aus abstrakten Formen. 1920 erschien sein bereits 1918 begonnener Aufsatz »Schöpferische Konfession«. Im selben Jahr wurde er ans Bauhaus berufen. Das geometrische Raster verband er nun häufig mit Zeichnungen von feinem, oft hintergründigem Humor. 1931 wurde Klee an die Akademie nach Düsseldorf berufen. Es war die Zeit seiner divisionistischen Bilder, bei denen die Farbe ähnlich dem Pointillismus in kleinen Farbtupfen aufgetragen ist. Dem Druck der Nationalsozialisten wich er aus und kehrte 1933 nach Bern zurück, wo er sich immer mehr einem größeren Format zuwandte. Die Hieroglyphen seiner Handschrift sind oft doppeldeutig oder leicht ironisch, behalten aber stets innigen Bezug zur gegenständlichen Welt.
Abbildungen:
598 Villa R, 1919
599 Senecio, 1922
599 Um den Fisch, 1926

KLEIN Yves
1928 Nizza–1962 Paris
Klein, der in seiner Heimatstadt u.a. orientalische Sprachen studiert hatte, beschäftigte sich ab 1947 auch mit der Idee des Monochromen auf dem Gebiet der Musik: Er komponierte die aus einem einzigen Ton bestehende »Symphonie monotone«, von der bis 1961 weitere Fassungen entstanden. Nach mehreren Reisen lebte Klein zwei Jahre in Japan, wo er 1953 den »Schwarzen Gürtel« in Judo erwarb. Nach seiner Rückkehr ließ er sich in Paris nieder und wurde Leiter einer Judoschule. Schon ab 1949 entstanden monochrome Bilder, seit 1956 in »International Klein Blue« (IKB), einem leuchtenden Ultramarinblau, dessen Mischung er selbst entwickelt hatte. Seine monochromen Leinwände waren für ihn die Verkörperung seiner mystischen Ideen von der kosmischen Kraft der Farben. Zum Festival der Avantgarde in Paris im November 1960 erschien einmalig die Zeitschrift »Dimanche« mit einem Photo, das Klein fliegend zeigte. Er experimentierte auch mit unorthodoxen Mitteln: Er präsentierte völlig leere Räume, schuf »Anthropometrien« (Körperabdrücke von in Klein-Blau getauchten weiblichen Modellen), Kosmogonien mit den Spuren von Natureinwirkungen und ab 1961 Feuerbilder.
Abbildung:
654 Monochromes Blau ohne Titel (IKB 3), 1960

KLIMT Gustav
1862 Baumgarten (bei Wien)–1918 Wien
Von 1876–1882 besuchte Klimt die Wiener Kunstgewerbeschule und bekannte sich 1897 zusammen mit 19 anderen Künstlern ganz zum Schaffen im Sinne der Jugendstilbewegung. Er war Mitbegründer der Wiener Sezession, deren Präsident er bis zu seinem Austritt 1905 war. Seine Werke waren und sind noch jetzt bewundert und umstritten gleichermaßen. Klimts Vorliebe für überreich dekorative Motive wird ihm immer wieder zum Vorwurf gemacht, wegen seiner Goldgründe und Edelsteinfarben sucht man ihm die Ernsthaftigkeit der »großen« Kunst abzusprechen. Stilisierungen bis hin zur Auflösung ins Ornament sind typisch für seine Jugendstilkunst, ebenso der kunsthandwerkliche Aspekt. Wie viele seiner Zeitgenossen liebte er symbolistische Darstellungen wie »Die Hoffnung« (Turin, Galleria Galatea), »Musik« (München, Neue Pinakothek) oder »Die Erfüllung« (Straßburg, Musée des Beaux-Arts). Seine Porträts sind zart und prächtig zugleich, seine selteneren Landschaften wirken in ihrer getupften Malweise mosaikartig. Klimts Malerei, die heute sehr geschätzt wird, hatte entscheidenden Einfluß auf die Entwicklung des Wiener Jugendstils, besonders im Bereich des Kunsthandwerks, wie er zum Beispiel von den 1903 gegründeten »Wiener Werkstätten« vertreten wurde.
Abbildungen:
536 Blumengarten, um 1905/06
536 Die Jungfrau, um 1913

KLINE Franz
1910 Wilkes-Barre (Pennsylvania)–1962 New York
Von 1931–1935 studierte Kline in Boston, ab 1936 an der Heatherley School of Fine Art in London. 1938 zoge er nach New York, wo er 1943 Freundschaft mit de Kooning schloß, der sein Interesse an der Abstraktion weckte. So malte er anfangs Porträts, sitzende Figuren in Schaukelstühlen, Eisenbahnzüge und Bilder der Landschaft Pennsylvanias. Auch als er schon abstrakt malte, gab er seinen Bildern oft Titel, die mit seinen pennsylvanischen Jugenderinnerungen zusammenhingen. Gegen Ende der vierziger Jahre fand er zu seinem persönlichen Stil: einer gestischen Malerei, die nach immer größeren Bildformaten verlangte. Schließlich reduzierte er den Gebrauch seiner Farben auf Schwarz und Weiß. Seit etwa 1950 entstanden kraftvolle tektonische Konstruktionen, deren Ursprünge er selbst auf Mondrian zurückführte. Mitte der fünfziger Jahre nahm Kline wieder kräftige Farben in seine Palette auf: leuchtendes Rot, Gelb, Orange und Purpur, aber auch Braun und Grau. Seiner Formensprache blieb er treu.
Abbildung:
634 New York, 1953

KLINGER Max
1857 Leipzig–1920 Großjena (bei Naumburg)
Gemeinsam mit Slevogt und Hodler studierte Klinger bei Karl Gussow in Karlsruhe und Berlin. Goya, Menzel und Rembrandt beeindruckten ihn sehr, wobei er sich vor allem für deren graphisches Werk interessierte. So begann er seine eigene Arbeit mit einer Serie von Radierungen, von denen die ersten beiden bereits 1878 erschienen und großen Erfolg hatten. Danach malte er, widmete sich später aber fast ausschließlich der Bildhauerei und schuf Plastiken aus verschiedenartigem farbigen Material. Bei der Darstellung griff er auf Inspirationen aus dem Reich der Träume und Phantasien zurück, sein Werk hat sowohl symbolistische als auch jugendstilhafte Züge.
Abbildung:
533 Landschaft an der Unstrut, 1912

KØBKE Christen Schjellerup
1810 Kopenhagen–1848 Kopenhagen
Købke wurde 1828 Schüler Eckersbergs, nachdem er schon seit 1822 an der Kopenhagener Akademie studiert hatte. Wie sein Lehrer widmete er sich der Porträt- und der Landschaftsmalerei. Seine Bilder der dänischen Bürger und ihres Lebensraumes sind meist sehr klein. Diesem Format entspricht eine tüpfelnde malerische Handschrift, die die kleinsten Flächen zu beleben vermag. Anders als Eckersberg wählte er nicht die umfassende Panoramaansicht, sondern entdeckte unbekannte Winkel der heimatlichen Landschaft und der stadtnahen Umgebung, die er aus unerwarteter Perspektive und im klaren Tageslicht wiedergab. Købke gehörte zu den bedeutendsten Vertretern der helltonigen Freilichtmalerei und des frühen Realismus in Kopenhagen. Nach seiner Italienreise, die er in den Jahren 1838–1840 unternahm, malte er vorwiegend nach italienischen Reiseskizzen und verließ das kleine Format. Seine Malerei verlor dabei die Unmittelbarkeit und Frische seiner frühen Werke.
Abbildung:
462 Seeufer bei Dosseringen, 1838

KOCH Joseph Anton
1768 Obergiblen (Tirol)–1839 Rom
Der Sohn eines armen Tiroler Händlers war zunächst Hirtenbub. Durch Unterstützung des Augsburger Bischofs erhielt er eine Erziehung auf dem Dillinger Seminar und wurde schließlich auf der Stuttgarter

Karlsschule künstlerisch weitergebildet. Wie vor ihm Schiller floh Koch aus dem Zwang dieser Schule, wandte sich zunächst nach Straßburg und ging anschließend in die Schweiz. Während er in Straßburg dem Jakobinerklub beigetreten war, bot ihm die Schweizer Landschaft die Möglichkeit, jenseits von praktischer Politik seine Freiheitsideale künstlerisch umzusetzen. Die Gebirgsstudien, die Koch auf seinen ausgedehnten Wanderungen machte, bildeten die Grundlage für seine späteren großen Kompositionen wie den »Schmadribachfall« (Abb. S. 450), »Das Berner Oberland« (Abb. S. 450) oder »Das Hospiz am Grimselwaldgletscher« (verbrannt, ehemals Leipzig, Museum der bildenden Künste). Diese Werke entstanden jedoch erst, nachdem Koch in Rom die klassische Landschaftsmalerei des Jahrhunderts studiert hatte und so einen neuen monumentalen Typus des Alpenbildes schuf. Abgesehen von einem kurzen Intermezzo in Wien von 1812–1815 verbrachte Koch seit 1795 bis zu seinem Tod sein ganzes Leben in Rom. Die Albaner Berge und vor allem die Gegend um Olevano gaben ihm hier die Motive für seine Landschaften. In ihnen verband er die klassische Landschaftsauffassung Poussins mit der unmittelbaren Naturanschauung, die er durch Zeichnungen und Aquarelle in der Natur festhielt.

Abbildungen:

450 Das Berner Oberland, 1817

450 Der Schmadribachfall, um 1821/22

KOKOSCHKA Oskar

1886 Pöchlarn (Donau)–1980 Villeneuve (Genfer See)

Von 1905–1909 studierte Kokoschka an der Kunstgewerbeschule in Wien, war zugleich seit 1907 Mitarbeiter der »Wiener Werkstätte« und erfuhr seit 1908 nachdrückliche Förderung durch den Architekten Adolf Loos und den Schriftsteller Karl Kraus. Die »Wiener Werkstätte« edierte die Farblithographien zu seiner Dichtung »Die träumenden Knaben«, ein Höhepunkt der Illustrationskunst des Jugendstils. In der Periode seiner psychologischen Porträts 1909/10 wurden die Menschen nicht dargestellt, sondern »seziert«. 1910 ging er als Mitarbeiter von Herwarth Waldens »Sturm« nach Berlin, kehrte aber bereits 1911 als Assistent an die Kunstgewerbeschule nach Wien zurück. Den Mann-Weib-Konflikt, den er bereits in dem Drama »Mörder, Hoffnung der Frauen« dargestellt hatte, formte er 1914 in dem Bild »Die Windsbraut« (Basel, Kunstmuseum) zur Allegorie ungestümer Liebesbeziehungen. 1915 kehrte der Kriegsfreiwillige Kokoschka schwer verwundet von der Front zurück. 1917 siedelte er nach Dresden über, wo er 1919 Lehrer an der Akademie wurde. Neben dem Porträt entdeckte er als neues Thema die Stadtlandschaft. Seit 1924 reiste er vorwiegend in Europa und malte viele bekannte Städte in starken Farben und großflächiger Ordnung. 1934 ging er nach Prag und emigrierte von dort 1938 nach London. Seit 1953 lebte er in der Schweiz.

Abbildung:

586 Venedig, Boote an der Dogana, 1924

KONINCK Philips

(auch: Coning, Coningh, Goningh, Koning)

1619 Amsterdam–1688 Amsterdam

Konincks Vater war Goldschmied, sein älterer Bruder Jacob auch Maler, bei dem er von 1639–1641 in Rotterdam in die Lehre ging. 1641 kehrte er nach Amsterdam zurück, wo er vielleicht auch bei Rembrandt, mit dem er befreundet war und dem er viel verdankt, gelernt hat. Charakteristisch für Koninck sind großformatige Panoramalandschaften, die meist von einer kleinen Anhöhe den Blick über das weite flache oder leicht hügelige Land zeigen, der sich in der Tiefe unter einem mächtigen Wolkenhimmel verliert. Die Landschaft ist durchzogen von Wasserläufen mit sanften Ufern und schmalen Wegen und einzelnen Häusern im Vordergrund, das Kolorit in einem warmen, braun-goldenen Ton gehalten. Im Nebenberuf betrieb Koninck eine Fährlinie zwischen Amsterdam und Rotterdam.

Abbildung:

322 Dorf an einem Hügel, 1651

KONRAD VON SOEST

um 1370 Dortmund – nach 1422 Dortmund

Konrad stammt aus einer bereits zwei Generationen vor ihm in Dortmund nachweisbaren Malerfamilie; gleichwohl scheinen familiäre Verbindungen nach Soest noch bestanden zu haben. Das erste überlieferte Datum ist das seiner Heirat 1394; die Trauzeugen kommen aus den besseren Familien der Stadt. Aus seinen erhaltenen Gemälden läßt sich eine Schulung in Westfalen erschließen, da er in der Anordnung und Themenfassung der Bilder älteren örtlichen Gewohnheiten folgt. Andererseits muß angenommen werden, daß Konrad die Malerei Frankreichs und der Niederlande in großem Umfang kennengelernt hat. Er scheint dieser Kunst so eng verbunden zu sein, daß man aus seinen Gemälden Rückschlüsse auf das viele Verlorene im Westen ziehen zu können meint. Zum Zeitpunkt der Schaffung des Wildunger Altarretabels 1403 muß er bereits eine recht große Werkstatt mit weitgehender Aufgabenverteilung gehabt haben, da wohl kaum alle Szenen des Retabels von ihm stammen, nicht einmal in der Erfindung (Abb. S. 75). Ein fragmentarisch erhaltenes Hauptwerk Konrads aus seiner späteren Zeit ist das Retabel der Marienkirche von Dortmund. 1413–1422 wird er als Mitglied der Bruderschaft in St. Nicolai in Dortmund erwähnt. Bald danach dürfte er gestorben sein. Die Kunst des Meisters Konrad wurde weit über die engeren regionalen Grenzen hinaus als vorbildlich angesehen. Auswirkungen sind bis nach Mitteldeutschland und an die Küsten zu bemerken.

Abbildung:

75 Geburt Christi, 1403

KOONING Willem de

1904 Rotterdam–1997 New York

De Kooning arbeitete ab 1916 für vier Jahre in einer Kunsthandlung seiner Heimatstadt, wo er gleichzeitig Abendkurse der Akademie besuchte. 1926 wanderte er illegal in die USA ein. 1930 lernte er Gorky kennen, dessen Einfluß – sie hatten gemeinsam ein Atelier – bestimmend für ihn wurde. Er unterrichtete in Sommerkursen am Black Mountain College und in Yale, reiste nach Rom und San Francisco. In den dreißiger Jahren malte er mit Unterstützung durch ein Regierungsprogramm mehrere Wandbilder. Zusammen mit Pollock ist de Kooning einer der wichtigsten Maler des Abstrakten Expressionismus. Erst 1948 hatte er seine erste Einzelausstellung und wurde zu einer der führenden Avantgardepersönlichkeiten und zum dominierenden Künstler der fünfziger Jahre. Während der dreißiger und vierziger Jahre hatte de Kooning sich auf drei große Themen spezialisiert: Männer, Frauen und Abstraktionen. Mitte der vierziger Jahre wurde seine Malerei heftiger. Nach 1950 nahm er das Thema »Frau« wieder auf und arbeitete gleichzeitig an seinen abstrakten Kompositionen weiter. Die Bilder aus dieser Zeit sind von starker Farbintensität und Dichte. Danach wird seine Palette lichter, die Formen größer und reduzierter. Ab 1955 entstehen abstrakte Landschaftsbilder, seit 1970, nach Ermunterung durch Henry Moore, auch größere Skulpturen. 1963 baute er sich ein neues Atelier in Springs auf Long Island und zog dorthin. Seit 1989 steht der schwer erkrankte de Kooning unter der Kuratel seiner Tochter, malt aber unablässig weiter.

Abbildungen:

616 Ohne Titel, 1970

631 Woman, I, 1950–1952

631 Ohne Titel, III, 1980

KUPKA František

1871 Opočno (Böhmen)–1957 Puteaux (bei Paris)

Nach einer Sattlerlehre und einem Studium an der Prager Kunstakademie von 1888–1891 wechselte Kupka für zwei Jahre nach Wien an die dortige Akademie der bildenden Künste. 1895 übersiedelte er nach Paris. Seit 1904 wohnte er in Puteaux, wo er der Gruppe um Jacques Villon, Léger, Gris, Duchamp, Metzinger und Archipenko zugehörte. Seine neoimpressionistischen Bilder stellte er regelmäßig auf dem Herbstsalon aus; seinen Lebensunterhalt verdiente er als Illustrator. Er beschäftigte sich intensiv mit der Theosophie, östlicher Philosophie und dem Spiritismus. Um 1910 wandte sich Kupka der Abstraktion zu. Seine durch das Studium von Farbtheorien und den modernen physikalischen Entdeckungen inspirierten Bilder suchen ebenso die Bewegung wie auch das Licht autonom als Farbeindrücke wiederzugeben. 1912 stellt er auf dem Pariser Herbstsalon seine ersten vollständig abstrakten Bilder aus, die bereits durch die Titel »Amorpha: Fugue à deux couleurs« und »Chromatique chaude« ihre Nähe zur Musik andeuten. 1914 meldet er sich als Kriegsfreiwilliger. 1918–1920 lehrte er als Gastprofessor in Prag. Seine Bilder zeigen sich nun durch die Maschinenwelt und die Jazzmusik beeinflußt. In den Jahren 1931–1934 ist er Mitglied der Gruppe »Abstraction-Création«. Erst in den vierziger und fünfziger Jahren wurde Kupka durch Ausstellungen und Ankäufe der großen Museen der Welt als einer der Pioniere der abstrakten Kunst gewürdigt.

Abbildung:

592 Die Sprache der Vertikalen, 1911

LAM Wifredo

1902 Sagua la Grande (Kuba)–1982 Paris

Aus einer kosmopolitischen Familie stammend – der Vater war Chinese, die Mutter europäisch-afrikanischer Herkunft –, wurde Lam 1920–1923 an der Akademie San Alejandro in Havanna ausgebildet und setzte seine Studien ab 1924 in Madrid und Barcelona fort. 1928 sah er zum erstenmal afrikanische Skulpturen aus Guinea und dem Kongo, die seine Bilder ebenso stark beeinflußen sollten wie die Werke Picassos, den er 1937 in Paris kennenlernte. In Paris stieß er zum Kreis der Surrealisten, mit denen er 1940 nach Marseille flüchtete. 1941 schiffte er sich mit Breton, Masson und Lévi-Strauss nach Martinique, dann nach Kuba ein. 1945 kehrte Lam nach Paris zurück und begann ein unstetes Leben zwischen den Kontinenten. 1964 zog er nach Albisola Mare in Italien. Lam kann als hervorragender Exponent der surrealistischen Bemühungen um die Fruchtbarmachung afrikanischer und karibischer Mythen für die Kunst gelten. Kubas Götter und Sagen, der Voodoo-Kult und der gefährliche und wilde Dschungel sind die wichtigsten Themen seiner Bilder.

Abbildung:

612 Umbral (Senil), 1950/51

LANCRET Nicolas

1690 Paris–1743 Paris

Lancret erhielt seinen ersten Unterricht als Stecher und Zeichner und wurde mit 17 Jahren Mitarbeiter des Historienmalers Pierre Dulin in Paris. In diesem Fach blieb ihm jedoch die rechte Anerkennung versagt. Der erhoffe Rompreis der Königlichen Akademie blieb aus, und mit dem Eintritt in die Werkstatt Gilots, der auch der Lehrer Watteaus gewesen war, gab Lancret die Historienmalerei auf. Mit zwei Landschaften wurde er 1718 in die Akademie aufgenommen. Von Anfang an ist der Einfluß Watteaus, mit dem er sich bald überwarf, in Lancrets Bildproduktion erkennbar und bestimmend gewesen. Nach einem abermals fehlgeschlagenen Versuch in der Historienmalerei 1723/24 widmete er sich der ländlichen Idylle, Schäferszenen und Landpartien. Mit Bildern wie »Die Schaukel« (Abb. S. 353) wurde er zum Vermittler zwischen Watteau und Fragonard, deren poetische und malerische Qualitäten er allerdings nie erreicht hat. Als Illustrator hat Lancret nach Paters Tod die Serie der Fabeln La Fontaines fortgesetzt. Mit Ausnahme der »Tigerjagd« (Amiens, Musée de Picardie) und seiner Porträts ist Lancret dem sogenannten »Watteau-Genre« treu geblieben.

Abbildung:
353 Die Schaukel, o. J.

LANFRANCO Giovanni
(auch: Giovanni di Stefano)
1582 Terenzo (bei Parma)–1647 Rom
Als Schüler Agostino Carraccis arbeitete er 1600–1602 an der Ausgestaltung des Palazzo del Giardino in Parma mit und ist schon wenig später nach dem Tod seines Lehrers im Umkreis Annibale Carraccis in Rom nachzuweisen, wo er um 1605 den Camerino degli Eremiti im Palazzo Farnese ausmalt (zerstört). Um 1610 kehrt er für kurze Zeit in seine Heimat zurück; Altarbilder für Kirchen in Parma und Piacenza entstehen. Wieder in Rom, führt er schließlich die beiden Dekorationen aus, die ihn berühmt machen sollten: die Deckenmalerei in der Loggia des Casino Borghese mit ihren extremen Verkürzungen (»Olympische Sitzung«) und das Kuppelfresko mit der »Himmelfahrt Mariä« für Sant'Andrea della Valle, worin sich die für ihn charakteristische Wucht und monumentale Grandiosität äußert, die für Dekorationssysteme eines Pozzo oder Baciccio zum Vorbild wurden. 1633/34 wandte sich Lanfranco nach Neapel und führte zahlreiche Monumentalaufträge aus, worunter die Kuppel in Gesù Nuovo und die Fresken in Santi Apostoli hervorzuheben sind, in denen dramatische Eindringlichkeit vor der Sorgfalt genauer Ausführung steht.
Abbildung:
235 Hagar in der Wüste, o. J.

LARGILLIÈRE Nicolas de
1656 Paris–1746 Paris
Largillière hat seine künstlerische Ausbildung in Antwerpen erhalten, wo er 1672 Meister wurde. Zwei Jahre später ging er nach London, arbeitete bei dem gebürtigen Flamen Lely und für den Hof. Wegen der Katholikenverfolgung kehrte er 1682 wieder in seine Geburtsstadt Paris zurück, wo er Mitglied der Académie Royale wurde und als Aufnahmearbeit ein Porträt von Le Brun malte. 1685/86 hielt er sich abermals in London auf, um das Königspaar anläßlich der Krönungsfeierlichkeiten zu porträtieren. Largillière ist neben Rigaud der gesuchteste Bildnismaler in höfischen, adligen und bürgerlichen Kreisen. Als Lehrer – er wurde 1705 Professor an der Akademie – hielt er die flämische Tradition wach, die seit langem eine wichtige Rolle in der französischen Malerei spielte. So pflegte er als Porträtist die Gattung des Gruppenporträts und ist der Meister zahlreicher Stilleben.
Abbildung:
352 Die schöne Straßburgerin, 1703

LASTMAN Pieter
1583 Amsterdam–1633 Amsterdam
Es ist Lastmans Schicksal, daß er einen so bedeutenden Schüler wie Rembrandt hatte, der um 1622/23 kurze Zeit in seinem Atelier arbeitete. Sein eigenes Werk, dem Rembrandt in seiner Frühzeit so viel verdankt, ist dagegen fast in Vergessenheit geraten. Der Sohn eines Kuriers ging bei Gerrit Sweelinck in die Lehre, einem Schüler des Cornelis van Haarlem. Von hier aus erklären sich Einflüsse der alten Haarlemer Schule auf seine Malerei. Entscheidend für Lastman wurde jedoch um 1603–1607 eine Italienreise, die ihn nach Venedig und Rom führte. Die Begegnung mit Caravaggio und den Carracci und vor allem die enge Berührung mit Elsheimer, dessen Landschaftsgliederung und Figurenbildung ihn beeindruckten, gaben die entscheidenden Impulse für seine Arbeit. Nach seiner Rückkehr nach Amsterdam widmete er sich fast ausschließlich der Historienmalerei nach Stoffen der biblischen Geschichte und antiken Mythologie, die er mit ausgesprochener Erzählfreude drastisch, realistisch und originell vortrug. Charakteristisch für Lastman sind antikisierende Landschaften und Figuren, die er gerne in Gruppen anordnet (»Odysseus und Nausikaa«, verschiedene Fassungen in Braunschweig, Augsburg, München; Abb. S. 294) und mit üppigen Gewändern und reichen Farben ausstattet.
Abbildung:
294 Odysseus und Nausikaa, 1619

LA TOUR Georges de
1593 Vic-sur-Seille (bei Nancy)–1652 Lunéville
Zu Lebzeiten muß La Tour einer der begehrtesten Maler gewesen sein. Er wurde geadelt, zum »Peintre du Roi« ernannt, führte ein luxuriöses Leben, verfügte über die prominentesten Auftraggeber und erzielte enorm hohe Preise (so zum Beispiel für »Petrus verleugnet Christus«, Nantes, Musée des Beaux-Arts, 1650). Dieser Erfolg ist um so erstaunlicher, als La Tour seine Heimat – von einem kurzen Parisaufenthalt und einem nicht eindeutig belegbaren Aufenthalt in Rom abgesehen – nie verließ, und er verwundert angesichts der »Modernität« des Malers, die sich den modischen Zeitströmungen nicht unterordnete. Nach seinem Tod geriet er bald in Vergessenheit und wurde erst durch die »Neue Sachlichkeit« in den zwanziger Jahren unseres Jahrhunderts wiederentdeckt, die in seinem Werk – wohl mißverstehend – einen künstlerischen Vorfahren ihrer eigenen Konzepte entdecken zu können glaubte. La Tours Werk ist uns heute nur in etwa zwanzig Gemälden überliefert und läßt sich in eine frühe stilistische Phase – die der »Tagstücke« – und eine spätere – die der »Nachtstücke« – trennen. Aber sowohl die Zuschreibung (seine Bilder sind nur sehr selten signiert) als auch die chronologische Einordnung im einzelnen müssen oft fraglich bleiben. Im Unterschied zu den Utrechter Caravaggisten wendet sich La Tour, dem Saraceni, Caravaggio oder Gentileschi vermutlich durch den Malerkollegen Leclerc vermittelt wurden, von Detailgenauigkeit mehr und mehr ab. Sein so eigentümliches Bildlicht, vor allem im Spätwerk, verunklärt die Formen nicht, sondern zeichnet scharfe Konturen. Seine Gestalten haben, auch wenn sie nur zu einem geringen Teil aus dem Dunkel treten, eine ungeheure Plastizität. Sie sind von einer glatten, festen Schwere, von einer oft emailhaft opaken Oberflächenqualität, die sich – in einem Bild wie dem »Falschspieler mit dem Karo-As« (Abb. S. 242) – mit der Undurchschaubarkeit der Dargestellten verbündet.
Abbildungen:
242 Drehleierspieler, um 1620–1630
242 Der Falschspieler mit dem Karo-As, um 1620–1640
243 Die hl. Irene pflegt den hl. Sebastian, um 1634–1643

LA TOUR Maurice Quentin de
1704 St.-Quentin (Aisne)–1788 St.-Quentin
Aus der beengenden Armut seiner Kindheit floh der 15jährige nach Paris, lernte dort erst bei einem Radierer, dann bei dem Maler Jacques-Jean Spoède. Auf Empfehlung eines englischen Gesandten geht er nach England, wo ihn die Porträtkunst van Dycks entscheidend beeindruckt. Nach Paris zurückgekehrt, widmet er sich der Pastellmalerei, wozu ihn der Aufenthalt Rosalba Carrieras in Paris 1720/21 angeregt haben dürfte. Nach Mißerfolgen mit technischen Experimenten gelangt er bald zu einer Vollkommenheit, mit der er alle Konkurrenten, auch Peronneau, in der Gunst des Hofes aus dem Felde schlägt. La Tour hat höchste Anforderungen an seine Kunst gestellt, durch die sich die Ausführung seiner Werke oft schleppend lang hinzog. Neun Jahre läßt er die Akademie auf seine Aufnahmearbeit warten. Sein Porträt der Madame de Pompadour von 1755 (Paris, Louvre) und jenes des »Präsidenten de Rieux in seinem Arbeitszimmer« (Paris, Privatbesitz) gehören zu den wenigen ganzfigurigen Porträts in Pastelltechnik. Die wache, behende Intelligenz, mit der La Tour die Gesichter seiner Zeitgenossen erfaßt, überträgt sich als Charaktereigenschaft auf deren Persönlichkeiten.
Abbildung:
362 Selbstbildnis, 1751

LAWRENCE Thomas
1769 Bristol–1830 London
Thomas Lawrence wurde als 14. von 16 Kindern eines Zollinspektors und späteren Gastwirtes geboren. Eine frühe Neigung zum Schauspielen und Zeichnen lenkte die Aufmerksamkeit vornehmer Reisender auf den als Wunderkind geschilderten Knaben. Mit zehn Jahren porträtierte er fünfzig prominente Bürger von Oxford. Die Ausbildung des jungen Lawrence beschränkte sich auf ein wenig Unterricht in Pastell- und Ölmalerei, im wesentlichen hat er sich autodidaktisch im Studium privater Gemäldesammlungen gebildet. 1789 debütierte er mit einem Ganzfigurenporträt der Lady Cremorne (Bristol, City Art Gallery) an der Royal Academy. Für Reynolds hegte er tiefe Bewunderung und wurde nach dessen Tod sein eigentlicher Nachfolger. Lawrences schauspielerische Begabung hat sich auf das Verhalten der von ihm dargestellten Personen übertragen, wenn er sie in zitierten Posen und Attitüden agieren läßt. 1792 wurde er Hofmaler des Königs, zwei Jahre später Mitglied und 1820 Präsident der Royal Academy. Das Adelsdiplom erhielt er im selben Jahr 1815, indem ihm auch der Auftrag zuteil wurde, die führenden Köpfe des Wiener Kongresses zu malen. Lawrence hat mit seiner Porträtkunst entscheidend auf die viktorianische Malerei gewirkt.
Abbildungen:
389 Bildnis Master Ainslie, 1794
389 Bildnis Lady Elizabeth Conyngham, um 1821–1824

LE BRUN Charles
1619 Paris–1690 Paris
Der Schüler Perriers und Vouets wurde mit 18 Jahren zum »Peintre du Roi« ernannt und erhielt 1640 erste Aufträge von Kardinal Richelieu. Zwei Jahre später trat er mit Poussin eine Romreise an, von wo der er 1646 zurückkehrte, nachdem er die Werke Renis, der Carracci, Raffaels und Cortonas gesehen und kopiert hatte. In Paris entwickelte er rasch einen eigenen Stil und wurde mit der Ausmalung verschiedener Hotels beschäftigt (Hôtel Lambert, Hôtel Nouveau), war 1648 Mitbegründer der Académie Royale, die durch ihn zur künstlerischen Schule Frankreichs wurde, und hielt dort im selben Jahr die erste seiner legendären »Leçons«. 1657 tritt er in Kontakt mit Minister Fouquet, durch den er den Auftrag zur Ausschmükkung von Schloß Vaux (Plafond und Wandgemälde, 1658) erhält und der ihn zum Leiter seiner Gobelinmanufaktur macht. 1660 führte Mazarin ihn bei Hof ein, was ihm eine Vielzahl an Aufträgen und die Ernennung zum »Ersten Hofmaler« (1662) einbrachte. Der Kunstdiktator Le Brun entwarf auch – verlorene – Möbel aus massivem Silber, Triumphpforten, Feuerwerke, Trauergerüste und Katafalke. Zwanzig Jahre arbeitete er mit seinem Stab an der Dekorierung der Petit Galérie des Louvre, stellte architektonisch-plastische Entwürfe für Versailles her, wo er auch den Grand Escalier ausmalte (1674–1678, zerstört), und schmückte Colberts Schloß Sceaux (zerstört) und Marly (zerstört) aus. Heute ist Le Brun, zu Lebzeiten einer der universellsten, ruhmreichsten und einflußreichsten Künstler der Epoche, weitgehend vergessen.
Abbildungen:
252 Das Martyrium des Evangelisten Johannes an der Porta Latina, um 1641/42
252 Der Kanzler Séguir beim Einzug Ludwigs XIV. in Paris im Jahre 1660, 1660

LÉGER Fernand
1881 Argentan (Normandie)–1955 Gif-sur-Yvette
Léger begann als Architekturzeichner und setzte diese Tätigkeit bis 1903 in Paris fort. Wie so viele andere Maler war er 1907 von der Cézanne-Ausstellung im Salon d'Automne zutiefst beeindruckt. Seit 1908 lebte er im Kreise von Delaunay, Archipenko, Laurens, Lipchitz und anderen in der Künstlerkolonie »Zone«. Seit 1910 stellte er bei Kahnweiler aus, der auch Picasso und Braque vertrat, und näherte sich

dem Kubismus. Er vermochte wenig mit den analysierenden Zergliederungen des Bildfeldes anzufangen. Weit mehr interessierte ihn eine aus reinen Farben und Rhythmen entfaltete Kunst, wie er sie in seinen »Formkontrasten« verwirklichte. Das Kriegserlebnis 1914–1916 brachte ihm das eigentliche Thema: die technisierte Welt unseres Jahrhunderts. Er gab seinen Raumgebilden ab 1917 ein so pralles, röhrenähnliches Aussehen, daß ein Kritiker spöttelte, man solle die Kunst dieses Mannes nicht mehr Kubismus, sondern Tubismus (frz. »tube« = Rohr) nennen. Die stumme Maschinenwelt belebte Léger mit Werktätigen. Durch die Freundschaft mit dem Architekten Le Corbusier wurde er 1920 angeregt, sich auch in monumentalen Wandgemälden, Mosaiken und Glasfenstern auszudrücken. Es begann seine »monumentale« Periode, in der er die Menschen mit eigentümlich schablonenhaften Umrissen darstellte. Seit 1927 näherten sich seine Figuren wieder stärker einer »natürlichen« Wiedergabe an. Die Formen wurden organischer.

Abbildungen:
574 Die Treppe, 1914
574 Das große Frühstück (Drei Frauen), 1921

LEIBL Wilhelm
1844 Köln–1900 Würzburg
Leibl, in dem man heute einen der großen deutschen Maler sieht, hatte zu Lebzeiten nicht diese Anerkennung und litt oft unter seiner Erfolglosigkeit. Von 1864–1869 studierte er in München, u.a. bei Karl Theodor von Piloty und Wilhelm von Kaulbach. Anfänglich arbeitete er in altmeisterlicher Manier, meist Porträts und Genreszenen, mit dunkler Palette. Schon während seiner Studienzeit bildete sich um ihn der als »Leibl-Kreis« bekannte Zirkel befreundeter Maler, darunter Trübner. Der Leibl-Kreis vertrat allerdings keine manifesten Ideen und war nicht formell organisiert. Bei der I. Internationalen Kunstausstellung im Münchner Glaspalast hatte er 1869 einen ersten Erfolg mit dem »Bildnis der Frau Gedon« (München, Neue Pinakothek). Anläßlich dieser Ausstellung traf er mit Courbet zusammen, dessen Bilder, besonders die »Steinklopfer« (ehemals Dresden, Gemäldegalerie), ihn so stark beeindruckten, daß er sich 1869/70 in Paris aufhielt. Dort sah er auch die frühen Bilder der Impressionisten, von denen vor allem Manet ihn inspirierte, was sich auch in seinem künftigen Werk niederschlug. Aus Opposition gegen den »städtischen Kunstbetrieb« verließ er 1873 München und zog sich auf immer entlegenere oberbayerische Dörfer zurück. Seit dieser Zeit entstanden seine Bauernbilder, meist genrehafte Szenen, vielfach Interieurs im trüben Licht enger Bauernstuben, in denen er die Dorfbewohner in ihrer häuslichen Umgebung abbildete (»Drei Frauen in der Kirche«, Abb. S. 532). Seine Detailgenauigkeit und technische Brillanz erinnern an altniederländische Meister, während sich in seinem Spätwerk auch impressionistische Einflüsse bemerkbar machen.

Abbildung:
532 Drei Frauen in der Kirche, 1881

LELY Peter (Pieter van der Faes)
1618 Soest (bei Utrecht)–1680 London
Nach seiner Lehrzeit in Haarlem zog der junge Maler 1641 anläßlich der Hochzeit von Prinz Wilhelm II. von Oranien und Maria von England nach England, wo er sich sogleich mit dem Porträt des Brautpaares Zugang zum Hof verschaffte. Früh trat er dann in die Dienste des Earl of Northumberland, für den er Gemälde van Dycks kopierte, was die erste Schaffensphase deutlich prägte. Daneben waren Dobson und Fuller für Lelys Stil in dieser Zeit wesentlich, was in Bildern wie dem Doppelbildnis »Karl I. mit dem Herzog von York« (London, Syon House) oder den »Kindern Karls I.« (Petworth) sichtbar wird. 1656 erhielt er einen Reiseurlaub nach Holland bewilligt, der für die zweite Stilperiode wichtig werden sollte, die an die Stelle van Dyckscher Eleganz niederländische Bildformen setzt; vor allem der flämische Porträttypus vor einem Landschaftshintergrund prägt die Werke dieser Zeit. 1661 hatte ihn Karl I. zu seinem »Principal Painter« bei einem festen und sehr hohen Gehalt gemacht, und Lely formulierte das repräsentative Bildnisideal der Stuartschen Restaurationsepoche. 1662–1665 porträtierte er zehn Hofdamen, die als die sogenannten »Windsor Beauties« (Hampton Court) bis heute zu seinen Meisterwerken gerechnet werden. Der Spätstil Lelys zeichnet sich durch ein samtenes Helldunkel – dem Spätwerk van Dycks nahestehend – und einen lockeren Farbauftrag aus. 1680 wurde die erfolgreiche Laufbahn des Malers durch den Ritterschlag bekrönt.

Abbildung:
254 Bildnis Henriette von Frankreich, Königin von England, 1660

LE NAIN Antoine
um 1588 Laon–1648 Paris
LE NAIN Louis
um 1593 Laon–1648 Paris
LE NAIN Mathieu
1607 Laon–1677 Paris
Die drei Brüder, die alle dieselbe Signatur für ihre Bilder verwendeten und bis heute ein Problem der Händescheidung für die Kunstgeschichte darstellen, gingen vermutlich gemeinsam bei einem unbekannten Niederländer in Laon in die Lehre und ließen sich dann in Paris nieder.

Antoine, 1629 Meistermaler der Abtei St.-Germain-des-Près geworden, ist wohl der am stärksten niederländisch geprägte der Brüder, der kleinformatige Einzel- und Gruppenporträts bevorzugt; man glaubt, ihm dramatisch-kräftige Züge in der Menschendarstellung zuschreiben zu können (»Familienversammlung«, Paris, Louvre, 1642). 1629 erhielt er in Paris Bürgerrecht, wo er zusammen mit seinen ebenfalls unverheirateten Brüdern ein beträchtliches Vermögen erwarb, für das die drei sich gegenseitig zu Erben einsetzten. Mit Louis gehörte er zu den Gründungsmitgliedern der Akademie (1648).

Louis, seiner italienischen Stilmerkmale wegen »Le Romain« genannt, ist wahrscheinlich der künstlerisch Bedeutendste. Von dem erzählerischen Genre der sogenannten »Bambocciaden« ausgehend, entwickelte er eine eigene Darstellungsweise bäuerlichen Lebens (»Heimkehr von der Heuernte«, Abb. S. 241), die sich vor allem durch ihr raffiniert-sparsames Kolorit in Braun- und Grautönen auszeichnet und von einer seltsam feierlichen Stille und Statuarik beherrscht ist.

Mathieu scheint sich primär als Maler sakraler Themen hervorgetan zu haben. So gilt die »Geburt Christi« (Paris, Louvre) als seine Arbeit. Der Einfluß van Dycks schlug sich in ihm zugeschriebenen Werken wie »Die Tric-Trac-Spieler« (Paris, Louvre) in flüssiger Eleganz nieder, der gegenüber die Herbheit der Bauernbilder Antoines und Louis' um so deutlicher wird. Nach dem Tod seiner Brüder stellte Mathieu ihre unvollendeten Werke fertig, was das Problem der Zuschreibung noch mehr erschwert.

Abbildungen:
241 Heimkehr von der Heuernte (La Charette), 1641
241 Bauern vor ihrem Haus, o.J.

LENBACH Franz von
1836 Schrobenhausen (bei München)–1904 München
Lenbach kam erst über berufliche Umwege zur Malerei. Im Atelier Karl Theodor von Pilotys in München erhielt er eine relativ kurze malerische Ausbildung. Danach unternahm er Reisen nach Italien und Spanien und machte zusammen mit Hans Makart und L.C. Müller eine Ägyptenfahrt. Lenbachs Stärke war das Porträt, und er verleugnete nie seine Verehrung alter Meister, die er kopiert hatte und deren sonore Tonwerte in seinen Bildern wieder auftauchen. Wie sein Freund Makart war er ein Gesellschaftsmaler und ließ sich gern als Malerfürst bezeichnen. Er residierte in einer großzügigen Villa nach italienischem Vorbild in München, die heute Museum ist, und empfing dort auch seinen Freund Otto von Bismarck. Auch in Berlin und Wien unterhielt er aufwendige Wohnsitze, ab 1882 verbrachte er die Winter in Rom im Palazzo Borghese.

Abbildung:
531 Knabe in der Sonne, um 1860

LEONARDO DA VINCI
1452 Vinci (bei Empoli, Toskana)–1519 Cloux (bei Amboise, Loire)
Leonardo verkörpert als erster Künstler der Neuzeit in vollkommener Weise das Ideal des in allen Gattungen tätigen und zugleich universal gebildeten Künstlers. Neben Malerei, Skulptur, Architektur und Ingenieurwissenschaften stehen die vielfältigen wissenschaftlichen Forschungen in den Bereichen von Naturwissenschaften, Medizin und Philosophie. Die entscheidende Ausbildung erhielt Leonardo bei Verrocchio in Florenz, dessen Werkstatt er auch noch als selbständiger Meister verbunden blieb. 1482 siedelte er nach Mailand über und stand dort bis 1499 als Maler, Bildhauer und Ingenieur in den Diensten des Herzogs Lodovico Sforza. Nach dessen Vertreibung durch die Franzosen kehrte er in seine Heimat zurück, war 1506–1513 erneut in Mailand tätig und folgte im Anschluß an einen Aufenthalt in Rom (1513–1516) der Einladung König Franz' I. von Frankreich als Hofmaler.

Mit seinem »Abendmahl« in Mailand (Abb. S. 161) begründet Leonardo die Kunst der Hochrenaissance. Seine Darstellung dieses Themas ist zum Inbegriff aller Abendmahlskompositionen geworden. Selbst Rembrandt, sonst der italienischen Kunst distanziert gegenüberstehend, hat sich seiner Wirkung nicht entziehen können. Neben der Kunst des Bildaufbaus liegt Leonardos Bedeutung in einer Revolutionierung der malerischen Gestaltung. Hatte in der Frührenaissance die Zeichnung über die Farbe dominiert, so wendet sich Leonardo zunehmend der farbigen Modulation bei Reduzierung der be- und abgrenzenden Umrisse zu. Möglicherweise blieb er deswegen in Florenz letztlich unverstanden. Um so größer dürfte sein Einfluß auf die venezianische Malerei des 16. Jahrhunderts einzuschätzen sein. Leonardo hat sein neues malerisches Konzept auch theoretisch fixiert. Zahlreiche große Projekte blieben unvollendet. Das gilt besonders für das Wandbild der Anghiari-Schlacht im Palazzo Vecchio in Florenz, die zahlreichen Entwürfe für die beiden Reiterdenkmäler des Lodovico Sforza und des Marschalls Trivulzio in Mailand sowie für seine architektonischen Entwürfe (Dom zu Pavia).

Abbildungen:
146 Jungfrau und Kind mit hl. Johannes, um 1495
148 Mona Lisa, um 1503–1505
161 Abendmahl, 1495–1498
161 Anbetung der Könige, um 1481
162 Felsgrottenmadonna, um 1483
162 Felsgrottenmadonna, vollendet um 1506
163 Die hl. Anna selbdritt, um 1508

LE SUEUR Eustache
1616 Paris–1655 Paris
Die Ausmalung des Hôtel Lambert in Paris repräsentiert den Stilwandel, den Le Sueur in den vierziger Jahren vollzog. Während er in den früheren, ab 1644 ausgeführten mythologischen Darstellungen noch seinem Lehrer und Freund Vouet verpflichtet ist, in dessen Werkstatt er mit 15 eingetreten war und mit dem zusammen er die Decken im Cour des Aides und im Hôtel Bouillon ausgestattet hatte, sind die späteren Arbeiten wie »Die Musen« (Abb. S. 253) oder »Phaeton im Sonnenwagen« (1647–1649) deutlich an Poussin orientiert. Der akademische Klassizismus Le Sueurs, der sich auch – durch Stiche – an Raffaels Werk schulte, nach dessen Loggienfresken er Gobelinentwürfe zeichnete, zeigt sich in den 22 Bildern mit Szenen aus dem Leben des hl. Bruno für die Chartreuse de Vauvert (1645–1648). Viele seiner

Werke führte Le Sueur zusammen mit seinen Brüdern Pierre, Antoine und Philippe aus, teilweise auch durch seinen Schwager, Thomas Goussé, unterstützt. Le Sueur, der 1648 zu den Gründern der Akademie gehörte und im selben Jahr Hofmaler wurde, vereinte kühle Klarheit mit nahezu sentimentaler Empfindsamkeit, distanzierte Würde mit raffinierter Bewegungs-Choreographie.

Abbildung:

253 Melpomene, Erato und Polyhymnia (Die Musen), um 1652–1655

LEYDEN Lucas van

1494 Leiden–1533 Leiden

Neben seiner Ausbildung als Maler in der Werkstatt seines Vaters lernte der junge Lucas die Technik der Gold- und Waffenschmiede, die seine virtuose Begabung für den Kupferstich zu voller Entfaltung brachte. Carel van Mander schildert ihn als frühreifes Wunderkind. Nach 1508 arbeitete Lucas in der Werkstatt von Cornelis Engelbrechtsz. Mit seiner Leidenschaft für die realistische Wiedergabe von Figur, Landschaft und Architektur verbinden sich seit der Begegnung mit Gossaert um 1527 Einflüsse des italienischen Manierismus in Farbgebung und Unruhe der Linienführung. Abgrenzung und stilistische Entwicklung des malerischen Werks von Lucas van Leyden sind weithin noch ungeklärt. Um so umfangreicher ist sein überliefertes graphisches Schaffen, das durch die Begegnung mit Dürer während dessen niederländischer Reise 1521 wesentliche Impulse empfing.

Abbildung:

202 Lot und seine Töchter, um 1520

LEYSTER Judith (auch: Leijster)

1609 Haarlem–1660 Heemstede

Mit ihrem Vater, einem Haarlemer Bierbrauer, kam Judith in den zwanziger Jahren nach Utrecht, wo sie mit der charakteristischen Lichtbehandlung der dortigen Caravaggisten wie Honthorst und Terbrugghen vertraut wird. Um 1630 ist sie wahrscheinlich Schülerin von Frans Hals in Haarlem, dessen Stil sie in Porträts und Genreszenen weitgehend nachahmt, jedoch flüchtiger als ihr Vorbild wirkt. 1636 heiratet sie den Genremaler Jan Miense Molenaer und erreicht für kurze Zeit mit kleinen, ganzfigurigen Genreszenen und einer Vorliebe für hellblaue und hellgraue Töne eine persönliche Note.

Abbildung:

317 Lustige Gesellschaft, 1630

LICHTENSTEIN Roy

1923 New York–1997 New York

Von 1940–1943 studierte Lichtenstein bildende Kunst an der Ohio State University in Columbus. 1946–1950 setzte er seine Studien fort, zuletzt an der Art Students League in New York. Nach malerischen Anfängen, bei denen er sich sowohl vom Motiv her als auch stilistisch stark an Frederic Remington, den Hauptvertreter der malerischen Glorifizierung des »Wilden Westens«, anlehnte, geriet er 1957 unter den Einfluß des Abstrakten Expressionismus. 1961 beendete er diese Phase und fand zu seiner eigenen Kunstsprache, die ihn zum exponierten Vertreter der amerikanischen Pop Art machte. Er entlieh seine Vorlagen Comic strips und Cartoons, die er stark vergrößert plakativ auf die Leinwand brachte, zum Teil mit Punktrastern nach dem Beday-System. Nach berühmten Gemälden von Picasso, Mondrian und anderen schuf er Popversionen. Seine Farben sind stark leuchtend, klar und auf wenige Haupttöne beschränkt, seine Umrisse stets stark schwarz konturiert. Zwischen 1964 und 1966 malte er Sonnenuntergänge, Landschaften, antike Ruinen und eine Serie mit Pinselstrichen. 1966 entdeckte er seine Vorliebe für Art Deco, die er sammelt und die ihn zu Gemälden und Skulpturen anregt. Lichtenstein ist in erster Linie Maler, lieferte aber auch Entwürfe für Arbeiten in Keramik, Stahl oder Glas, die industriell hergestellt wurden.

Abbildung:

625 Razzmatazz, 1978

662 M-Maybe (A Girl's Picture); (M-Möglicherweise, Bild eines Mädchens), 1965

LIEBERMANN Max

1847 Berlin–1935 Berlin

Liebermann begann seine künstlerische Laufbahn mit Zeichenunterricht und besuchte ab 1868–1872 die Kunstakademie in Weimar. 1871 kam er in Düsseldorf mit dem ungarischen Maler Mihály von Munkácsy zusammen, der ihn zu dem erfolgreichen Bild »Die Gänserupferinnen« (Berlin, Nationalgalerie) inspirierte. Im selben Jahr besuchte er zum erstenmal Holland, das er von nun an bis 1913 alljährlich bereiste. 1873–1878 lebte er in Paris, wo er sich an der Malerei Courbets, Millets und Ribots orientiert; er verbringt die Sommermonate in Barbizon. 1878 machte er eine Venedigreise und zog anschließend für sechs Jahre nach München. 1884 kehrte er nach Berlin zurück. Liebermann machte drei Italienreisen, war 1899 Mitbegründer der Berliner Sezession, wurde 1904 in den Vorstand des Deutschen Künstlerbundes gewählt und 1920 zum Präsidenten der Akademie der bildenden Künste berufen. Anfangs war seine Malerei stark dem Realismus verhaftet, geriet aber gegen 1890 unter den Einfluß des Impressionismus. Außer Gemälden schuf er Zeichnungen, Aquarelle, Radierungen und verfaßte kunsttheoretische Schriften.

Abbildung:

534 Die Papageienallee im Zoo von Amsterdam, 1902

LIMBURG Paul, Jean, Herman

nach 1385 Nimwegen (?)–1416 Bourges (?)

Die Familie der drei Brüder stammt aus dem Aachener Raum. Geboren sind sie in Nimwegen. Ihr Vater war Bildschnitzer, ihr Onkel der gefeierte burgundische Hofmaler Jean Malouel (Malwael). Die beiden jüngeren Brüder Jean und Herman sind 1399 als junge Lehrlinge bei einem Pariser Goldschmied nachweisbar. 1402 haben die drei Brüder den Auftrag, eine sogenannte »Bible Moralisée« für den Herzog Philipp den Kühnen von Burgund zu illuminieren (die Bibel ist noch erhalten). Ihr Honorar ist sehr hoch, was darauf schließen läßt, daß sie sich bereits vorher einen Namen gemacht haben. Nach Philipps Tod gelingt es dem Herzog von Berry, die Brüder in seine Dienste zu übernehmen. Als der Herzog das Atelier nach Bourges verlegt, erhält Paul, der älteste und angesehenste der Brüder, 1411 ein prächtiges Haus, das zuvor der Schatzmeister des Herzogs bewohnt hatte. Das Verhältnis zwischen dem Herzog und den Brüdern ist sehr eng. Paul vor allem wird nach Angaben der Quellen immer wieder mit Geschenken verwöhnt. Der Herzog ernennt ihn 1413 zum »valet de chambre« und setzt durch, daß ein anderer Bruder eine Kanonikerstelle im Domkapitel von Bourges erhält. 1416 werden alle drei Maler als verstorben gemeldet, wahrscheinlich Opfer einer der Epidemien. Sie waren noch nicht dreißig Jahre alt und hinterließen die »Très Riches Heures« unvollendet. 1416 starb auch der Herzog im Alter von 76 Jahren. Der künstlerische Ausgangspunkt der Brüder scheint die Kunst Malouels gewesen zu sein. Sicher waren sie im Auftrag des Herzogs in Italien und haben dort die lombardische Kunst studiert, die der Duc de Berry sehr schätzte. Das Werk der Brüder ist zugleich Höhepunkt der Zeit um 1400, Abschluß einer Epoche und Übergang zu einer neuen.

Abbildungen:

62 Miniatur zu dem Gebet »Vor dem Beginn einer Reise«, nach 1410

62 Die Vertreibung aus dem Paradies, 1414–1416

63 Kalender: Der Monat Januar, 1414–1416

63 Die Versuchung Christi und das Schloß Méhun-sur-Yèvre, 1414–1416

64 Kalender: Der Monat Juni, das Palais de la Cité und die Sainte-Chapelle in Paris, 1414–1416

LINDNER Richard

1901 Hamburg–1978 New York

Lindner studierte von 1922–1924 an der Kunstgewerbeschule Nürnberg, anschließend an der Kunstgewerbeschule München und an der dortigen Akademie der bildenden Künste, dann 1927/28 an der Akademie der Künste in Berlin. 1929–1933 war er künstlerischer Leiter des Münchner Verlags Knorr & Hirth. 1933 floh er vor den Nazis nach Paris, wo er als Gebrauchsgraphiker arbeitete und emigrierte dann 1941 in die USA. Dort verdiente er sich anfänglich seinen Lebensunterhalt als Illustrator für Bücher und Nobelmagazine, u. a. für »Vogue« und »Harper's Bazaar«. 1948 nahm er die amerikanische Staatsbürgerschaft an. Erst seit 1950 widmete er sich wieder ganz seiner Malerei. Während seiner Jugend und Ausbildungszeit war Lindner mit dem deutschen Expressionismus konfrontiert worden, später mit der »Neuen Sachlichkeit«. In seinem Malstil sind die Jugendeindrücke mit den Erfahrungen des Illustrators und die aktuelle Begegnung mit der amerikanischen Pop Art miteinander verschmolzen. Lindner lehrte von 1952–1965 am Pratt Institute in Brooklyn. Von 1971 an lebte er abwechselnd in New York und Paris.

Abbildung:

656 Die Versammlung (The Meeting), 1953

LIOTARD Jean-Étienne

1702 Genf–1789 Genf

Liotard stammte aus einer französischen Familie. In Genf erhielt er eine erste Ausbildung als Miniaturmaler und Stecher. 1723 wird Jean-Baptiste Masse in Paris sein Lehrer. Die Bekanntschaft mit Lemoine führte ihn zur Pastelltechnik und zum Porträt. Einer Reise nach Rom, auf der er nach alten Meistern und mit Vorliebe nach Correggio kopiert, folgt eine zweite in den Orient in Begleitung von Sir William Ponsby im Jahre 1738. Während seines fünfjährigen Aufenthaltes in Konstantinopel nahm er türkische Sitten und Gewohnheiten an. In Wien malte er die kaiserliche Familie Maria Theresias und das berühmte »Schokoladenmädchen« (Dresden, Gemäldegalerie). Als Porträtist war er in Venedig, Lyon, Paris und London tätig, bevor er sich 1757 endgültig in seiner Vaterstadt niederließ. Seine charakteristische helle Palette wandte er auf eine detailgenaue Wiedergabe einer fast schattenlosen Gegenstandswelt an, deren makellose glatte Oberflächen nicht zuletzt auch den gelernten Emailmaler verraten, der Liotard gewesen ist.

Abbildungen:

378 Türkische Frau mit Tamburin, um 1738–1743

378 Bildnis des François Tronchin, 1757

LIPPI Filippino

um 1457 Prato–1504 Florenz

Der Sohn Fra Filippo Lippis lernte vermutlich zunächst in der Werkstatt seines Vaters und arbeitete mit an dessen letztem Werk, der Apsisausmalung im Dom zu Spoleto. 1472 wird er gemeinsam mit Botticelli erwähnt, dem er die entscheidende künstlerische Prägung verdankt. Seine frühesten Tafelbilder setzen sich gegen die Werke des großen Lehrers kaum ab. 1481 muß Filippino in Florenz bereits einen großen Ruf besessen haben, da er den Auftrag erhält, den von Masaccio und Masolino unvollendet zurückgelassenen Freskenzyklus in der Brancacci-Kapelle zu vollenden. In der Folgezeit erreicht der junge Maler unter dem Einfluß flämischer Malerei, die die Leuchtkraft seiner Farben bestimmt, den künstlerischen Höhepunkt seiner Laufbahn (»Vision des hl. Bernhard«, Abb. S. 109). In den neunziger Jahren steigert Filippino den bewegten Linienstil Botticellis zu fiebrig überhitzter Unruhe (»Anbetung der Könige«, 1496). Während eines Aufenthalts in Rom studiert er mit Leidenschaft antike Monumente. Sein dortiges Hauptwerk ist die Ausmalung der Familienkapelle der Caraffa an Santa Maria sopra Minerva. In der überbordenden Ornamentik spiegelt sich die Ausein-

andersetzung mit der Antike, die sich allerdings auf das Detail beschränkt, während das additive System seiner Konzeption allen Prinzipien der Antike entgegensteht. Diese Tendenz vollendet sich in der 1502 abgeschlossenen Ausmalung der Strozzi-Kapelle an Santa Maria Novella in Florenz. Die oft gesuchte Beweglichkeit der Figuren, die Freiheit der Linie und die Kompliziertheit der Scheinarchitekturen streifen hier gelegentlich die Grenze des Zügellosen. Hier werden der »antiklassischen Kunst« des 16. Jahrhunderts die Tore geöffnet, für den Manierismus gingen von hier starke Impulse aus, und auch Michelangelo muß das Figurenrepertoire Filippinos genau gekannt haben, ehe er 1506 mit der Ausmalung der Sixtinischen Decke begann.
Abbildung:
109 Vision des hl. Bernhard, um 1486

LIPPI Fra Filippo
um 1406 Florenz – 1469 Spoleto
Der Maler gehört zu den bedeutendsten Nachfolgern Masaccios. 1421 tritt er in das Kloster Santa Maria del Carmine in Florenz ein und erlebt dort unmittelbar das Entstehen des Freskenzyklus in der Brancacci-Kapelle mit. Diesen Eindruck zeigt sein erstes überliefertes Werk, die nur fragmentarisch erhaltenen Fresken im Kreuzgang des Klosters (1432) mit ihren plastisch modellierten Gestalten und den um Individualisierung bemühten Physiognomien. Noch die 1437 datierte Madonna aus Tarquinia (Rom, Galleria Nazionale) erinnert in der klaren Artikulation des Körpers an die Haupttafel aus Masaccios Pisaner Altarwerk. In den vierziger Jahren gewinnt eine Tendenz zu komplizierten Wendungen und einem unruhig bewegten Faltenstil die Oberhand (»Verkündigung«, Florenz, San Lorenzo). Hier liegen die Wurzeln zur Stilbildung seines großen Schülers Botticelli. Mit der Ausmalung des Domchores in Prato zwischen 1452 und 1465, die Lippi anstelle von Fra Angelico übernimmt, erreicht seine künstlerische Entwicklung ihren Höhepunkt. Zugleich stellt er sich mit diesem Zyklus in die Reihe der überragenden Freskenmaler seiner Zeit. Seit 1456 Kaplan an Santa Margherita in Prato, muß Filippo Lippi zeitweise den Orden verlassen, da aus der Beziehung zu der Nonne Lucretia Buti der Sohn Filippino hervorgeht (um 1457 geboren), der als Schüler und Mitarbeiter Botticellis dessen Spätstil zu einem überhitzten »Linienmanierismus« steigern wird. Gegen Ende seines Schaffens malt Lippi zahlreiche Darstellungen der Anbetung des Kindes, deren berühmteste auf dem Altar der Hauskapelle im Palazzo Medici stand (heute Berlin, Gemäldegalerie). Die Märchenstimmung, die durch den Kontrast von Licht und Schatten, reiche Verwendung von Gold und den kostbaren Blütenteppich entsteht, reiht die Tafel in der malerischen Qualität unter die höchsten Leistungen der Zeit ein.
Abbildung:
102 Das Gastmahl des Herodes, Tanz der Salome, um 1460–1464

LISS Johann (auch: Jan Lys)
um 1595 Oldenburg – um 1629/30 Venedig
Der Umfang seines Werkes ist schmal, die Nachrichten über sein Leben spärlich. Nach erstem Unterricht beim Vater zog er über Amsterdam, Haarlem, Antwerpen und Paris nach Venedig, wo er, von einem Romaufenthalt unbekannter Dauer abgesehen, bis zu seinem Tod durch die Pest bleiben sollte. Die Bedeutung der Haarlemer Etappe schlug sich in vielen Gesellschafts-Genrebildern nieder, die die Kenntnis des Haarlemer Spätmanierismus, der Werke von Goltzius und Buytewech, deutlich belegen. Für den späteren Schritt zu hochbarocken Bildgestaltungen war aber noch mehr die Begegnung mit dem jungen Jordaens in Antwerpen entscheidend. In Italien waren es, neben den Caravaggisten, die Liss eben bereits durch die flämische Tradition kannte, vor allem Fetti, die Carracci und Bril, die seinen Malstil prägten. Neben Bril vermittelte in Rom auch Poelenburg den Kontakt zu mythologischen Darstellungen, die bei Liss jedoch fast immer in den Kontext einer Landschaft eingebunden bleiben. Während »Das Morraspiel im Freien« (Kassel, Staatliche Kunstsammlungen, um 1622) noch den niederländisch bestimmten Sittenmaler zeigt, steht uns in einem sakralen Spätwerk wie dem Altarblatt mit der »Eingebung des hl. Hieronymus« (Venedig, San Niccolò da Tolentini) der Liss gegenüber, der mit seinem flockig-lockeren Farbauftrag, seinem aufgehellten Kolorit für die venezianische Malerei erst im 18. Jahrhundert Bedeutung erlangte.
Abbildung:
256 Tod der Kleopatra, um 1622–1624

LISSITZKY El (Eliezer Markowitsch Lissitzky)
1890 Polschinok (bei Smolensk) – 1941 Moskau
Nach einem Architekturstudium, das er 1909 in Darmstadt begann, kehrte Lissitzky 1914 nach Moskau zurück. Chagall berief ihn 1919 an die Kunstschule in Witebsk. Er schloß sich der von Malewitsch angeführten Künstlergruppe »Unovis« (Bejaher der neuen Kunst) an. 1919 begann er die Arbeit an seinen »Proun«-Projekten (Projekte zur Verwirklichung der neuen Kunst), welche die Umgestaltung des gesamten Lebensraumes zum Ziel haben. »Proun« (= pro unovis), suprematistische und konstruktivistische Ideale vereinigend, soll den geschlossenen Raum mit den Mitteln der Asymmetrie, der Disharmonie und der Arhythmie aufbrechen und dem Menschen ein nichteuklidisches, dynamisches, nach allen Seiten hin offenes Raumbewußtsein vermitteln. 1921 wurde er Leiter der Architekturfakultät »Wchutemas«. In den zwanziger Jahren war Lissitzky der wichtigste künstlerische Vermittler zwischen Ost und West. 1923 richtete er in Berlin einen »Proun«-Raum und in Dresden und Hannover Ausstellungsräume für gegenstandslose Kunst ein.
Abbildung:
596 Proun 19 D, um 1922 (?)

LOCHNER Stefan
um 1400 Meersburg (?) – 1451 Köln
Nach der Aussage einer Quelle ist der Maler (nachweisbar 1442–1451) in Meersburg am Bodensee geboren, kommt aber wohl aus Konstanz nach Köln. Wo er gelernt hat und wann er nach Köln kam, ist unbekannt. Alle erschließbaren Daten seiner Gemälde führen in das fünfte Jahrzehnt des 15. Jahrhunderts. Lochner muß die zeitgenössische niederländische Malerei kennengelernt haben (Campin und die van Eyck), doch sind direkte motivische Übernahmen selten. Unbestreitbar hat er sich in Köln an der älteren Malerei orientiert. Beim Studium seiner Kunst überwiegt immer der Eindruck des Persönlichen; Generations- und Schulzusammenhänge treten zurück. Sehr genau setzt Lochner die Mittel seiner Kunst entsprechend den Bildthemen, Aufgaben und Auftraggebern ein. In der Bewußtheit und Feinheit der künstlerischen Gestaltung hat der Maler in Mitteleuropa bis Schongauer nicht seinesgleichen. Lochner war 1447 und 1450 Ratsherr der Stadt Köln; doch ist dies nicht das einzige Zeugnis seines Ansehens. Er besaß eine florierende Werkstatt, die auch nach seinem Tode 1451 (durch die Pest) weiterarbeitete. Auch die Buchmalereien sind wohl wesentlich Werkstattarbeiten.
Abbildungen:
76 Anbetung des Christkindes, 1445
76 Darbringung im Tempel, 1447
77 Madonna im Rosenhag, um 1448

LONDONER GNADENSTUHL → Meister

LONGHI Pietro (Pietro Falca)
1702 Venedig – 1785 Venedig
Longhi lernte, wie auch andere Venezianer des Rokoko, in Bologna; zuerst bei Antonio Balestra, dann bei Crespi. Um 1730 lebte er wieder in Venedig. Als Maler religiöser Themen war ihm ebenso wie in der Historienmalerei, der er sich anfänglich widmete, kein Erfolg beschieden. Unter dem Eindruck Crespis widmete er sich seit den vierziger Jahren dem Genre und wurde zum gesuchten Schilderer des venezianischen Volkslebens. Unter dem Einfluß Watteaus und der Watteau-Nachfolge schuf er eine eigenständige Form des Konversationsstücks, in der die venezianische Gesellschaft mit feiner und kühler Ironie gesehen wird. 1756 wählte man ihn in die venezianische Akademie, an der er von 1758–1780 lehrte. Zu Recht betont man die innere Verwandtschaft von Longhis Sittenbildern mit den Komödien Carlo Goldonis, mit dem Longhi in Kontakt stand. Neben dem Genre nimmt das Porträt einen bedeutenden Platz in Longhis Schaffen ein.
Abbildungen:
374 Das Rhinozeros, um 1751
374 Der Zahnzieher, um 1746–1752

LORENZETTI Ambrogio
um 1290 Siena (?) – um 1348 (?) Siena (?)
Ambrogio ist wahrscheinlich der jüngere Bruder von Pietro Lorenzetti und sicher aus demselben künstlerischen Milieu hervorgegangen. Ambrogio, der von 1319–1347 in Siena nachweisbar ist, hielt sich mindestens zweimal für längere Zeit in Florenz auf. Seine genaue Kenntnis nicht nur von Giottos Kunst, sondern auch der seiner Florentiner Nachfolger, aber auch die Einwirkung der Sieneser Kunst auf Florenz, besonders auf die Aufgabe des kleinen Andachtsbildes, mögen sich so erklären. In der Konsequenz der räumlichen Durchbildung ist er sicher der modernste Meister des 14. Jahrhunderts. Bemerkenswert ist wie bei seinem Bruder das echte Naturstudium, noch mehr aber die Sicherheit und Leichtigkeit der Darstellung von Bewegung und Leben, Rhythmus und Empfindung. Während bei Pietro ein zur Düsterkeit neigendes Temperament spürbar wird, wirkt Ambrogio heiterer, gelöster und reicher.
Abbildungen:
39 Thronende Madonna mit Kind, Engeln und Heiligen, um 1340
40 Die Gute Regierung, um 1337–1340
41 Das Leben in der Stadt. Detail aus den »Folgen der Guten Regierung«, um 1337–1340
41 Das Leben auf dem Lande. Detail aus den »Folgen der Guten Regierung«, um 1337–1340
42 Stillende Madonna, um 1320–1330

LORENZETTI Pietro
um 1280–1290 Siena (?) – 1348 (?) Siena (?)
Wie bei den anderen großen Sieneser Meistern – Lorenzetti ist von 1306 (?) bis 1345 nachweisbar – sind die biographischen Daten spärlich, darüber hinaus aber auch die Chronologie seiner Werke trotz einiger datierter und signierter Gemälde nicht gesichert. Wenn es sich bei der Arbeit 1306 für den Sieneser Stadtrat wirklich um Pietro handelt, müßte man ein Geburtsdatum um oder vor 1290 annehmen. Das erste datierte Werk ist jedoch das 1320 geschaffene Hochaltarwerk für Pieve di Arezzo. Etwas früher sind vielleicht die Fresken in der Unterkirche von Assisi (Abb. S. 38). An ihnen ist erkennbar, daß Pietro von Duccio ausgeht, aber auch Giotto genau studiert hat und in diesen Fresken eine Synthese beider versucht. Selbst Erinnerungen an Cimabue sind feststellbar. Daneben sind auch die Neuerungen Simone Martinis und die Ausdruckskraft der Kunst Giovanni Pisanos vorbildlich gewesen. Und doch entsteht, analog zu Duccio, etwas Eigenes. Mit erstaunlichem Gefühl für Tages- und Jahreszeiten, mit Sinn für das Licht und seine verschiedenen Reflexe und Schatten, überhaupt mit großer Aufmerksamkeit für die den Menschen umgebende Wirklichkeit sind diese Bilder gemalt. In den Szenen der Gewölbe strebt Pietro vor allem Massenwirkungen an, zum Teil auf Kosten der Klarheit der Erzählung. Seine Tafelbilder sind anders konzipiert, was die Spannweite und Wandlungsfähigkeit seiner Kunst zeigt. Auffällig ist eine große Vorliebe für Folgen kühler

vor allem grünlicher und grauer Töne. Pietro ist wahrscheinlich der ältere Bruder Ambrogios. Die Brüder haben gelegentlich auch gemeinsam gearbeitet. Wahrscheinlich sind sie beide an der großen Pest gestorben, die 1348 über die Hälfte der Bevölkerung Sienas hinwegraffte.
Abbildungen:
37 Geburt Mariens, 1342
38 Der Traum Sobachs, 1329
38 Kreuzabnahme, um 1320–1330

LORENZO MONACO (Piero di Giovanni)
um 1370 Siena (?) – um 1425
Der Maler, der zwischen 1388 und 1422 in Florenz nachweisbar ist, wurde um 1370 in Siena geboren. Von den sienesischen Malern hat ihn vor allem Simone Martini beeindruckt. Doch ist in der Art der Farbtonfolgen auch das Studium Pietro Lorenzettis spürbar. In seiner Florentiner Anfangszeit hat ihn nach Ausweis seiner frühen Werke die Kunst der Giotto-Nachfolger, wie etwa Agnolo Gaddi, bestimmt. Er ist, auch wenn diese Seite seiner Kunst wieder stärker in den Hintergrund tritt, nie wieder zu der strengen Flächigkeit der älteren Sieneser Malerei zurückgekehrt. Im Jahre 1390 trat er in das Florentiner Kloster des Kamaldulenserordens ein, Santa Maria degli Angeli. 1402 wird er in die Florentiner Malergilde aufgenommen. In dieser Zeit scheint er aus dem engeren Klosterverband ausgetreten zu sein, ohne jedoch die Kutte abzulegen. 1414 mietet er ein Haus von seinen Mitbrüdern in der Nähe des Klosters. Im Dienste seines Klosters hat er eine Reihe von Miniaturen angefertigt. Kein Maler der Zeit um 1400 in Florenz ist in der Stilisierung von Form und Farbe so weit gegangen. Lorenzo hat sich dabei zuweilen von aller Wahrscheinlichkeit entfernt. Doch ist es nicht gerecht, ihn einen dekorativen Künstler zu nennen; denn er hat neue Möglichkeiten einer glaubhaften Darstellung des Überirdischen und Visionären geschaffen.
Abbildungen:
56 Verkündigung an Maria, um 1410–1415
56 Anbetung der Könige, 1421/22

LORRAIN Claude
(Claude Gellée, genannt: Le Lorrain)
1600 Chamage (Lothringen)–1682 Rom
Der gelernte Pastetenbäcker kam mit 14 Jahren nach Rom, wo er bei Tassi in die Lehre ging. Nach kurzen Aufenthalten in Neapel (zwischen 1619 und 1624) und in seiner Heimat (1625–1627) blieb er für immer in Rom. Dort schuf er – Tassi war schließlich Landschafts- und Dekorationsmaler – Fresken mit Landschaftsdarstellungen im Palazzo Crescenzi und im Palazzo Muti. Die römische Accademia di San Luca nahm ihn 1634 als Mitglied auf, und bereits drei Jahre später war er der führende Landschaftsmaler in Rom. Hochadel und Kirchenfürsten bestellten bei ihm Bilder, so auch der spanische König sieben religiöse Szenen für sein Schloß Buen Retiro. Die Landschaft blieb jedoch zeitlebens das Medium Lorrains in verschiedener Gestalt: als Vedute, als mythologische Szene, als Bühne alttestamentarischer Geschehnisse. Die Staffagefiguren, beeinflußt von den sogenannten »Bambocciaden«, also vielfigurigen Bildern, sind unbedeutend und oft von fremder Hand ausgeführt. Vor allem im Gegensatz zu Poussin zeichnen sich Lorrains Landschaften durch ihre spannungsarme, gelassene Weite und feiertägliche Stille aus. Der Nuancenreichtum seines meist verschleierten Kolorits, die lichte Stimmungshaftigkeit und die Ausstattung mit antiken Architektur-Versatzstücken machten seine Gemälde vor allem im 18. und 19. Jahrhundert zu Vorbildern der klassizistischen Landschaftsmalerei.
Abbildungen:
248 Landschaft mit Diana, Kephalus und Prokris, 1645
248 Landschaft mit Apoll und Merkur, um 1645
249 Seehafen bei aufgehender Sonne, 1674

LOTH Johann Carl (auch: Lotto, Carlotto)
1632 München–1698 Venedig
Bei seiner Mutter und seinem Vater Johann Ulrich, der selbst bereits von Caravaggio und Saraceni in Rom Anregungen empfangen hatte, ausgebildet, wandte sich Loth 1653 nach Italien, zunächst nach Rom. Dort lernte er das Werk Caravaggios und der Caravaggio-Nachfolge kennen, zog dann nach Venedig, wo er 1663 unter den dortigen Malern als »gran miniatore« bezeichnet wird. Die lebendige Darstellungsweise, mit der er für das süddeutsche Barock – über seine Schüler Rottmayr, Strudel oder Saiter – so wesentlich werden sollte, kennzeichnet schon seine Arbeiten für die Kirchen in Venedig und der Terra Ferma. Der Kontakt Loths mit den venezianischen »Tenebrosi« (so genannt wegen ihrer Vorliebe für starkes Helldunkel) zeigt sich deutlich im »Tod des hl. Andreas Avellino« (München, Theatinerkirche, 1677), ebenso jedoch Loths eigene menschlichnahe Formulierung des Themas. In mythologischen wie sakralen Szenen bevorzugte er die großfigurige Komposition, in der nahgesehene Gestalten den Bildraum definieren und beherrschen. Ein Spätwerk wie »Der hl. Josef mit dem Jesuskind, Gottvater in der Glorie und Maria« (Venedig, San Silvestro, 1681) beweist Loths neuartiges Talent, irdisches und himmlisches Geschehen zu einem lebensnahen Ganzen zu verschmelzen. Der Maler, der zu Lebzeiten höchste Anerkennung erfuhr, ist heute zu Unrecht in Vergessenheit geraten.
Abbildung:
258 Merkur und Argus, vor 1660

LOTTO Lorenzo
um 1480 Venedig–1556 Loreto (Marken)
Unter den bedeutenden venezianischen Malern des 16. Jahrhunderts ist Lotto derjenige, der fern seiner Heimatstadt ein unstetes Wanderleben geführt hat. In Venedig unter dem Einfluß Giovanni Bellinis und der Werke Antonello da Messinas aufgewachsen, lernte Lotto während seiner ersten Reisen in die Marken Werke von Melozzo da Forlì und Signorelli kennen. Sie schärften sein Verständnis für perspektivische Konstruktion und präzise Wiedergabe der bewegten menschlichen Figur. Die Tätigkeit in den Stanzen des Vatikans (1509–1511), von der sich keine Spuren erhalten haben, zeugt vom frühen Ruhm des Malers, der ihm aber nicht treu blieb. Zwar verlebte er 1513–1525 in Bergamo eine Zeit gleichmäßigen Schaffens, rang jedoch in Venedig vergeblich um Anerkennung, so daß er sich 1549 in die Marken zurückzog. Lotto löste sich in religiösen Darstellungen eigenwillig von den überlieferten Kompositionsmustern und war ein hervorragender Porträtist.
Abbildungen:
158 Bildnis eines Jünglings vor weißem Vorhang, um 1506–1508
179 Bildnis einer vornehmen Dame als Lucretia, um 1530

LOUIS Morris (Morris Louis Bernstein)
1912 Baltimore–1962 Washington
Louis studierte von 1927–1932 am Maryland Institute of Fine and Applied Arts. Zwischen 1936 und 1943 lebte er in New York, ansonsten war er immer in Baltimore ansässig bis zu seinem Umzug nach Washington im Jahre 1952. Anfänglich stand er ganz unter dem Einfluß des Abstrakten Expressionismus. Erst als er sich 1957 durch die Zerstörung von mehr als 300 Bildern davon freigemacht und zu seiner eigenen Farbfeldmalerei gefunden hatte, wurde er zu einer wichtigen Persönlichkeit für die amerikanische Malerei. Er arbeitete an vier großen Serien: Schleier (1954–1959), Blüten (1959/60), Unfurleds (1960) und Streifen (1961/62). Er goß verdünnte Acrylfarben auf ungrundierte Leinwände und benutzte dabei hin und wieder einen Stab, um das Strömen der Farben zu lenken. Die Farbe verband sich mit dem Stoff des Untergrundes, wodurch sanfte Übergänge entstanden. Seit 1952 war Louis mit Noland befreundet, was sich auf das Œuvre beider auswirkte. Beide waren sie Lehrer am Washingtoner Workshop Center of the Arts.
Abbildung:
650 Das dritte Element, 1965

LUDWIGSPSALTER → Werkstatt

LÜPERTZ Markus
* 1941 Liberec (Reichenberg, Böhmen)
Lüpertz studierte 1956–1961 an der Krefelder Werkkunstschule und an der Düsseldorfer Akademie. 1963 übersiedelte er nach Berlin. Entgegen allen zeitgenössischen Tendenzen zur Abstraktion begann Lüpertz, Bilder mit einfachen gegenständlichen Inhalten zu malen. Seine Bilder, die forciert expressiv gemalt sind, bezeichnete er ab 1966 als »dithyrambische Malerei«, nach einem altgriechischen Kultlied auf den Gott der Fruchtbarkeit Dionysos. Die Bilder, die auch in der Darstellung der alltäglichsten Dinge Schönheit ausdrücken sollten, waren nach seiner Vorstellung mit der Poesie zu vergleichen. 1969–1977 entsteht die Serie der »Motiv-Bilder«, stillebenartige Bildkompositionen, die sich aus symbolbehafteten Gegenständen der Vergangenheit wie Stahlhelmen, Schaufeln oder Fahnen zusammensetzen. Nachdem er ab 1977 in den »Stil-Bildern« abstrakte Tendenzen der fünfziger Jahre aufgriff, enstanden in den späten achtziger und neunziger Jahren wieder vermehrt Bilder mit gegenständlichen Motiven. Gleichzeitig fertigte er farbig bemalte, figürliche Monumentalplastiken aus Bronze. 1976 wurde Lüpertz zum Professor an der Akademie der bildenden Künste in Karlsruhe ernannt, seit 1986 lehrt er an der Düsseldorfer Kunstakademie, deren Rektor er seit 1988 ist.
Abbildung:
674 Babylon-dithyrambisch VI, 1975

MABUSE → Gossaert

MACKE August
1887 Meschede (Sauerland)–1914 Perthes-les-Hurlus (Champagne)
Während seines Studiums an der Kunstakademie in Düsseldorf entwarf Macke Bühnendekorationen für Louise Dumont, die Leiterin des Schauspielhauses. 1907 reiste er zum erstenmal nach Paris und war beeindruckt vom französischen Impressionismus und von Gauguin. 1907/08 ging er zu Corinth nach Berlin in die Lehre. 1909 fand die Begegnung mit Marc am Tegernsee statt. Der Kontakt zur »Neuen Künstlervereinigung München« stellte sich her. Er arbeitete am Almanach und an der Ausstellung »Der Blaue Reiter« in der Galerie Thannhauser in München mit und gehörte 1912 zu den Initiatoren der Sonderbundausstellung in Köln. Gemeinsam mit Marc reiste er erneut nach Paris, wo sie Apollinaire und Delaunay aufsuchten. Durch seine paradiesisch unbeschwerten, lichterfüllten Bilder in prismatischer Struktur wurde er der deutsche Orphist. Im Frühjahr 1914 reiste er mit Moilliet und Klee nach Tunis, eine kurze, aber äußerst fruchtbare Zeit: Die leuchtenden, klar geordneten Aquarelle sind der Höhepunkt des Werkes. Wenige Wochen nach Kriegsbeginn fiel er.
Abbildung:
587 Mädchen unter Bäumen, 1914

MADONNA VON EICHHORN → Meister

MADONNA VON NEUHAUS → Meister

MADONNA VON ST. VEIT → Meister

MAGNASCO Alessandro (genannt: Il Lissandrino)
1677 Genua–1749 Genua
Magnasco trat in jungen Jahren in Mailand in das Atelier des venezianischen Malers F. Abbiati ein. Nach ersten Anfängen als Porträtist entdeckte er bald das Thema, dem er sein Leben lang treu bleiben sollte: die Landschaft mit kleinen bizarren Figurinen. 1703 kehrte er in seine Geburtsstadt zurück, bereiste die

Emilia und fand in Florenz als Hofmaler Anstellung. Von 1711–1735 arbeitete er wieder in Florenz, kehrte aber dann endgültig in seine Vaterstadt zurück. In seinem Werk kreuzen sich verschiedenartige Einflüsse. Neben einer genuesischen Tradition finden sich entsprechend seiner Ausbildung lombardische Anklänge an Morazzone und Crespi. Doch auch die »macchia« – eine spontane, fleckenhafte Malweise und die Vorliebe für kleine, genrehafte Figuren – der Neapolitaner des 17. Jahrhunderts scheint auf seine Malweise Auswirkungen gehabt zu haben. Virtuos und in flackerndem, pastosem Auftrag monochromer Braunwerte sind jene Mönchsszenen gemalt, die Magnascos Lieblingsthema neben religiösen und mythologischen Stoffen sind und die eine starke Wahlverwandtschaft mit Jacques Callot erkennen lassen.
Abbildungen:
368 Seelandschaft mit netzziehenden Fischern und badenden Figuren, o. J.
368 Der gelehrte Rabe, um 1703–1711

MAGRITTE René
1898 Lessines (Hennegau)–1967 Brüssel
In Brüssel, wohin die Familie übersiedelte, besuchte Magritte 1916–1919 die Académie des Beaux-Arts. Er lernte den Konstruktivisten Victor Servranckx kennen und malte selbst geometrisch abstrakte Bilder. Seinen Lebensunterhalt verdiente er mit Entwürfen für Plakate und Reklamezeichnungen. Als er 1924 eine Reproduktion von de Chiricos »Le chant d'amour« sah, war er tief beeindruckt, und seine Malerei schlug eine neue Richtung ein. Er gründete eine Gruppe, die ähnliche Zielsetzungen hatte wie die Pariser Surrealisten. 1927 übersiedelte er nach Perreux-sur-Marne in der Nähe von Paris und nahm enge Kontakte zu Éluard und Breton auf. Magritte nahm innerhalb der surrealistischen Bewegung eine Sonderstellung ein. Er experimentierte nicht, übernahm keine neuen Techniken, sondern bediente sich einer konventionellen altmeisterlichen Malweise, um begrifflich faßbare Ideen und Vorstellungen zum Ausdruck zu bringen. 1930 kehrte er nach Brüssel zurück. Fortan war er auf allen wichtigen Ausstellungen surrealistischer Kunst vertreten.
Abbildungen:
611 Der bedrohte Mörder, 1926
611 Der Palast der Vorhänge III, um 1928/29

MALEWITSCH Kasimir
1878 Kiew–1935 Leningrad
1895 begann Malewitsch ein Studium an der Kunsthochschule in Kiew, seit 1900 hielt er sich in Moskau auf, wo er mit Larionow und Gontscharowa Kontakt hatte. 1910 nahm er an der ersten Ausstellung der Künstlergruppe »Karo-Bube« teil. In den folgenden Jahren wurden die neuesten Kunstäußerungen wie Symbolismus, Fauvismus, Kubismus und Futurismus in kürzester Zeit verarbeitet und zu einem eigenen Stil umgeformt. Ein entscheidender Einschnitt sind die Bühnenbilder in ungegenständlichen geometrischen Formen, die er 1913 für die futuristische Oper »Der Sieg über die Sonne« malte. Auf der letzten Futuristenausstellung in Petrograd zeigte er 1915 suprematistische Kompositionen, darunter sein berühmtes Bild »Schwarzes Quadrat auf weißem Grund« (St. Petersburg, Russisches Museum). 1916 forderte er in der Schrift »Vom Kubismus und Futurismus zum Suprematismus« emphatisch die Notwendigkeit einer gegenstandslosen Kunst. Nach der Oktoberrevolution 1917 lehrte er an der Staatlichen Kunstschule Moskau. Ab 1919 war er mit dem Aufbau moderner Lehranstalten in Witebsk und ab 1922 in Petrograd beschäftigt, wo er mit seinen Schülern an der plastischen Umsetzung seiner Ideen arbeitete. Mit der Verkündigung der »Neuen ökonomischen Politik« setzten 1921 die Angriffe auf die »Neue Kunst« ein. Als 1932 in Moskau die Ausstellung »15 Jahre Sowjetkunst« gezeigt wurde, hingen die »revolutionären Künstler«, unter ihnen auch Malewitsch, in einem besonderen Raum – als abschreckende Beispiele.
Abbildungen:
553 Suprematistische Malerei, 1916
593 Suprematistische Komposition, um 1914–1916
593 Der Schleifer, 1912

MALOUEL Jean (Jan Maelwael)
nachweisbar 1397 in Paris, † 1415 Dijon
Malouel stammte aus der holländischen Provinz Geldern, für 1397 wurde er in Paris als Maler der französischen Königin erwähnt. Ein Jahr später ging er als Hofmaler nach Dijon an den Hof der Herzöge von Burgund. Er leitete die Ausstattung der Kartause von Champmol und wurde mit der Herstellung von fünf Altären beauftragt. Daneben betätigte er sich als Dekorateur für Feste des Hofes. Malouel zählt neben Bellechose zu den herausragenden Malern der Internationalen Gotik am burgundischen Hof. Die beiden ihm zugeschriebenen Gemälde, die »Madonna mit Engeln und Schmetterlingen« (Berlin, Gemäldegalerie, um 1410) und die »Pietà« (Abb. S. 66), stechen durch ihre überlegene Komposition, die Plastizität der Figuren und die zarte Farbgebung hervor.
Abbildung:
66 Pietà (La grande Pietà ronde), um 1400

MANET Édouard
1832 Paris–1883 Paris
Manet stammte aus einem wohlhabenden Haus und kam erst über einige Umwege zur Malerei. Er studierte Jura, besuchte eine Marineschule und fuhr zur See. Seit 1855 studierte er sechs Jahre lang im Atelier Coutures an der Pariser Académie des Beaux-Arts und kopierte im Louvre die alten Meister. Er vervollkommnete seine Ausbildung durch viele Studienreisen nach Italien, Holland, Deutschland und Spanien. Eine starke Begeisterung für die Werke von Velázquez und vor allem von Goya prägte lange Zeit sein Schaffen. In seiner Frühphase bevorzugte Manet spanische Themen und machte oft Motivanleihen bei Klassikern, die er allerdings eindringlich umsetzte und in seinem individuellen Stil gestaltete. Seine Vorliebe für Schwarz und seine fast konventionellen Sujets ließen ihn anfangs Eingang zu den Ausstellungen der Salons finden, aber sein berühmtes »Frühstück im Freien« (Abb. S. 491) wurde bei der Einreichung zurückgewiesen und verursachte danach im »Salon des Refusées« einen Skandal wegen der Darstellung eines unbefangen nackt dasitzenden weiblichen Modells inmitten einer Gesellschaft bekleideter Maler.
Obwohl er Zeitgenosse und Freund der Impressionisten war und deren Arbeiten schätzte, verfolgte er mit seiner Malerei nicht die Ziele des reinen Impressionismus. Aber Elemente dieser Richtung sind – besonders seit er 1874 durch Monet zur Freilichtmalerei bekehrt worden war – auch in seinen Bildern vorhanden. Die Farbe als dominierendes Gestaltungsmittel und die Faszination der Strahlkraft bestimmter Farben und kontrahent gegeneinander gesetzter Farben bestimmen sein Werk. Wie Degas porträtierte er das Pariser Leben, aber auch politische Ereignisse wie »Die Erschießung Kaiser Maximilians von Mexiko« (Mannheim, Kunsthalle). Beschauliche Interieurszenen, Schilderungen seines familiären Umkreises und seines Freundeskreises tauchen häufig auf. Seine Freundin Morisot wurde mehrmals von ihm porträtiert, ebenso seine Frau, die Malerfreunde und die Schriftsteller Zola, Mallarmé sowie die Politiker und Kunstfreunde Georges Clemenceau und Antonin Proust. Die heitere Stimmung des Landlebens, von Pariser Caféhäusern, Turfplätzen und des Strandlebens wurde oft von ihm eingefangen. Bei den Darstellungen zog er eine feine, frische Stofflichkeit und Stimmung der psychologisierenden Charakteristik vor. In seinen Stilleben gestaltete er den verlockenden Reiz der Gegenstände mittels delikater Farben. Zola, Mallarmé und Baudelaire bewunderten ihn und schrieben über seine Kunst. 1881 wurde er Mitglied der Ehrenlegion.
Abbildungen:
485 Eine Bar in den Folies-Bergère, um 1881/82
491 Das Frühstück im Freien, 1863
491 Bildnis Émile Zola, 1868
492 Das Frühstück im Atelier, 1868
492 Argenteuil (Paar im Ruderanzug), 1874
493 Der Balkon (Vier Personen auf einem Balkon), um 1868/69

MAN RAY → Ray

MANTEGNA Andrea
1431 Isola di Carturo (bei Padua)–1506 Mantua
Neben Giovanni Bellini, allerdings mit anderen künstlerischen Zielen als jener, ist Mantegna für die Ausbreitung der Frührenaissancemalerei in Oberitalien die herausragende Persönlichkeit. Die ersten Lehrjahre bei dem Paduaner Francesco Squarcione haben ihn künstlerisch kaum geprägt, aber mit der antiken Überlieferung in Verbindung gebracht, da der Meister Antiken und Münzen sowohl sammelte als auch verkaufte. Als eigentlicher Lehrmeister Mantegnas darf der Bildhauer Donatello bezeichnet werden, der seit 1443 den Hochaltar für San Antonio in Padua schuf. Hier schulte der junge Maler sein Verständnis für die Wiedergabe des anatomisch stimmig aufgebauten Körpers, für Präzision in der Durchzeichnung des Details und nicht zuletzt die Virtuosität in der perspektivischen Konstruktion. Mit der Ausmalung der Ovetarikapelle an der Eremitanikirche in Padua (im Zweiten Weltkrieg weitgehend zerstört) erweist der 1448 selbständig gewordene Jüngling sich im vollen Besitz seiner künstlerischen Möglichkeiten. 1460 wird Mantegna Hofmaler der Gonzaga in Mantua. Von seinen für die dortige Residenz geschaffenen Freskenzyklen blieb nur die Ausstattung der Camera degli Sposi erhalten, die in der scheinbaren Ausweitung von Wänden und Decken auf Gestaltungsprobleme des Manierismus und des Barocks vorausweist (Abb. S. 115). Um 1490 entwickelte Mantegna die Technik des Kupferstichs zu hoher Kultur und wurde nicht zuletzt durch dieses Medium einer der Protagonisten bei der Verbreitung von Frührenaissanceformen nördlich der Alpen.
Abbildungen:
85 Brustbild des Kardinals Ludovico Trevisano, um 1459–1469
114 Christus am Ölberg, um 1460
114 Toter Christus, um 1480
115 Die Familie Gonzaga, 1474 vollendet

MANUEL Niklaus (genannt: Deutsch)
um 1484 Bern–1530 Bern
Gleich bedeutend als Maler, Zeichner und Holzschneider, war Manuel auch als Staatsmann, Reformator und Dichter tätig. Seine Ausbildung erhielt er möglicherweise als Glasmaler. Die Frühwerke, die seit etwa 1515 belegt sind, weisen auf die Tradition der spätgotischen Schweizer Malerei hin. Dann entwickelt sich Manuel in Richtung der »Donauschule« mit starker, auch stimmungsmäßiger Betonung der Landschaft und lebhafter Bewegung der Figuren (»Der Tod als Kriegsknecht umarmt ein Mädchen«, »Bathseba im Bade«, Bern, Kunstmuseum, beide 1517). In jähen Verkürzungen werden auch manieristische Tendenzen spürbar. Im späten Werk treten profane Themen in den Vordergrund. Wie andere bedeutende Künstler seiner Generation nahm Manuel lebhaften Anteil am politischen und religiösen Geschehen. 1516 zog er im Dienst der Franzosen in den Lombardischen Krieg. Seit 1518 war er verschiedentlich in politischer Mission auf Reisen und entwickelte sich dann zu einem Hauptvertreter der reformatorischen Bewegung in der Schweiz.
Abbildung:
198 Das Urteil des Paris, um 1517/18

MARC Franz
1880 München–1916 Verdun
Marc begann mit dem Studium der Theologie und Philologie, wandte sich aber 1900 der Malerei zu und studierte an der Akademie in München. Nach längerem Aufenthalt in der Bretagne und Paris besuchte er

die Athosklöster in Griechenland, bevor er sich 1905 für längere Zeit in den oberbayerischen Bergen und in seinem Atelier in München aufhielt. 1905 fand er das ihm eigene Thema: das Tier. 1909 siedelte Marc nach Sindelsdorf in Oberbayern über. Ein Jahr später fand die entscheidende Begegnung mit Kandinsky, Jawlensky und Marianne von Werefkin statt, und er befreundete sich mit Macke. Bald entstanden die ersten »blauen Pferde«. Die Farbe sollte das Wesen, nicht den Augenschein wiedergeben. Gemeinsam mit Kandinsky organisierte er die beiden Ausstellungen des »Blauen Reiters« 1911/12 und gab mit ihm den gleichnamigen Almanach heraus. Mit Macke reiste er 1912 nach Paris zu Delaunay. Nun malte er seine klassischen Tierbilder in einem kristallin aufgegliederten Bildraum. Die Durchdringung von Farbe, Form und Bewegung verschmolz zu einer Einheit, die zugleich Symbol seiner Weltsicht war: die Einheit alles Kreatürlichen mit der Schöpfung.
Abbildung:
587 Tirol, um 1913/14

MARQUET Albert
1875 Bordeaux – 1947 Paris
1890 begann Marquet das Studium an der École des Beaux-Arts in Paris. Dort lernte er Matisse kennen, dem er zeitlebens freundschaftlich verbunden blieb. 1897 wurde er Schüler von Gustave Moreau. Um seinen Lebensunterhalt zu verdienen, arbeitete er mit Matisse an den Dekorationen für das Grand Palais der Weltausstellung von 1900. Im Salon d'Automne von 1905 hingen seine Bilder neben denen von Matisse, Derain und Vlaminck in dem Saal, der den Kritiker Louis Vauxcelles zu dem berühmten Ausspruch veranlaßte, auf den die Bezeichnung Fauves zurückgeht. Marquets Name wurde bekannt. Er unternahm Reisen nach Saint-Tropez und in die Normandie, besuchte Hamburg, Neapel, München, Marokko, Holland und Algerien. Ziele weiterer Reisen waren Ägypten, Rumänien, die Sowjetunion und Skandinavien. Zwischendurch kam er immer wieder nach Paris, wohin er 1945 endgültig zurückkehrte. Das Erlebte und Erschaute wollte er lebensecht darstellen. Er pflegte seine Farben dünn aufzutragen und gedämpfte Grau- und Grüntöne mit sparsamen Akzenten zu verwenden.
Abbildung:
562 Der Strand von Fécamp, 1906

MARTINI → Simone Martini

MARTYROLOGIUM VON GERONA → Werkstatt

MASACCIO
(Tommaso di Ser Giovanni di Simone Guidi Cassai)
1401 San Giovanni Valdarno (Arezzo) – 1428 Rom
Masaccio ist der bahnbrechende Meister der gesamten italienischen Frührenaissancemalerei. In einer Zeit von rund fünf Jahren stellt er gleichsam das Programm für die folgenden Generationen auf. Über seine Ausbildung wissen wir so gut wie nichts. Jedenfalls empfing er seine entscheidenden Eindrücke vor den Werken der großen Florentiner Bildhauer, vor allem Donatellos und Nanni di Bancos, und in Auseinandersetzung mit den Frühwerken Brunelleschis. In der Malerei ist allein Giotto der adäquate Maßstab für das Werk Masaccios: Über rund hundert Jahre hinweg ist Masaccio der einzige ebenbürtige Schüler und Nachfolger Giottos, allerdings mit einer neuen leidenschaftlichen Bemühung um die abbildenden Qualitäten der Malerei. 1422 wird Masaccio als selbständiger Meister in die Florentiner Zunft eingetragen. Ab 1424 arbeitet er gemeinsam mit Masolino an der Ausmalung der Brancacci-Kapelle der Florentiner Karmeliterkirche (Abb. S. 93 ff.) und schafft wenig später das Fresko der Heiligen Dreifaltigkeit in Santa Maria Novella (Abb. S. 93). Hier wie dort zeigt sich der Maler, ohne daß wir Zeugnisse einer vorangehenden künstlerischen Entwicklung hätten, auf der Höhe seiner Meisterschaft. Die Sicherheit in der Raumdarstellung mit perspektivischen Mitteln verbindet sich mit der dreidimensionalen, »statuarischen« Erscheinung der Figuren. Architektur und Landschaft erscheinen in großer Natürlichkeit, sind allerdings nie Selbstzweck, sondern dienen wie bei Giotto der Steigerung des szenischen Geschehens; Licht und Schatten spielen eine zuvor unbekannte Rolle.
Abbildungen:
82 Anbetung der Könige, 1426
93 Die Heilige Dreifaltigkeit, 1425/26
93 Almosenspende des hl. Petrus und Der Tod des Ananias, um 1426/27
94 Der Zinsgroschen, 1426/27

MASO DI BANCO
nachweisbar um 1320 – um 1350 in Florenz
Maso war als Meister unter der Leitung Giottos an der Ausmalung der großen Fresken des Castel Nuovo in Neapel beteiligt, einem Auftrag des Königs Robert d'Anjou. Maso ist mit Taddeo Gaddi der wohl bedeutendste der uns bekannten Schüler Giottos. Seine Kompositionen sind von strengem, flächigem Aufbau. Das Florentiner Krisenjahrzehnt zwischen 1340 und 1350, durch Hungersnöte eingeleitet, mit seinen großen Bankkrächen und den damit verbundenen Kämpfen, hat nach Ausweis der Quellen auch den Maler Maso di Banco in seiner Existenz getroffen.
Abbildung:
42 Der hl. Papst Silvester zähmt den Drachen, zwischen 1340 und 1350

MASSON André
1896 Balagny-sur-Thérain (Oise) – 1987 Paris
Nach einem Studium an der Brüsseler Akademie ging Masson 1912 auf Anraten von Émile Verhaeren nach Paris. 1914 wurde er eingezogen, schwer verwundet und für kurze Zeit in eine Nervenklinik überwiesen. 1922 kehrte er nach Paris zurück und fand 1924 Kontakt zur Surrealistengruppe um Breton, der er bis 1929 und dann wieder ab 1937 angehörte. Masson entwickelte eine Methode des automatischen Zeichnens, die der surrealistischen Vorstellung von der Aufzeichnung nicht durch den Verstand kontrollierter Gedankenströme sehr nahe kam. Dieses Verfahren übertrug er später auf seine durch lineare Motive geprägte Malerei. In den Jahren 1934 – 1936 hielt sich Masson in Katalonien auf, 1937 kehrte er nach Paris zurück, von wo er für die Jahre von 1941 – 1945 nach New York und Connecticut emigrierte. Nach dem Krieg lebte Masson in Paris und Aix-en-Provence. Masson illustrierte zahlreiche Bücher und entwickelte neue graphische Drucktechniken.
Abbildung:
605 Meditation über ein Eichenblatt, 1942

MASSYS Quentin (auch: Matsys, Metsys)
um 1465/66 Löwen – 1530 Antwerpen
Massys erhielt seine Ausbildung vermutlich in Löwen unter dem Einfluß von Bouts. Die im »Altniederländischen« wurzelnde Komponente seiner Kunst blieb immer bestimmend, obwohl Massys auch Formengut der italienischen Renaissance aufgriff, das ihm vermutlich nur mittelbar bekannt wurde. Über das Frühwerk sind wir nicht unterrichtet. 1507 – 1509 zeigt er mit dem »Annenaltar« (Brüssel, Musées Royaux) seinen voll entwickelten Stil. Rückgriffe auf van der Weyden und Anwendung neuer Möglichkeiten der Figuren- und Raumdarstellung verbindet der »Johannesaltar« (Antwerpen, Koninklijk Museum voor Schone Kunsten, 1508 – 1511). Für Massys steht die häufig monumentalisierte Figur im Zentrum des Interesses. Hieraus erklärt sich auch seine Begabung für das Porträt, das er verschiedentlich zum Ausgangspunkt für Genredarstellungen nahm (Abb. S. 200).
Abbildungen:
200 Der Geldwechsler und seine Frau, 1514
200 Bildnis eines Chorherren, um 1510 – 1520 (?)

MATHIEU Georges
* 1921 Boulogne-sur-Mer (Pas-de-Calais)
Nach dem Besuch von Gymnasien in Boulogne, Versailles und Rouen studierte Mathieu Jura und Englisch. Ein Jahr lang war er als Englischlehrer am Lycée de Douai tätig, dann arbeitete er für die amerikanische Armee und unterrichtete Französisch an der amerikanischen Universität in Biarritz. Zur Malerei fand er durch die Lektüre eines Buches von Edward Crankshaw über Joseph Conrad. Er begann 1947 seine malerischen Versuche mit ungegenständlichen Arbeiten. Anfänglich war er von Wols, dann von Pollock und de Kooning beeinflußt, gegen 1948 fand er seinen eigenen Stil. Er wurde zu einem der wichtigsten Vertreter des französischen Tachismus. Bekannt wurde er durch seine öffentlichen Auftritte, bei denen er spontan und improvisierend Bilder produzierte, dabei oft die Farbe gleich aus der Tube auf die Leinwand drückte – eine Malweise, die sehr dem Action Painting verwandt ist. Seit 1962 schuf er auch große Skulpturen und Wandmalereien, nach seinen Entwürfen wurden auch Möbel und Gobelins hergestellt. 1967 machte er eine Serie von Plakaten für die Air France. Mathieu gab außerdem theoretische Schriften heraus und organisierte Gruppenausstellungen.
Abbildung:
637 Die Enthauptung Oliviers III., 1958

MATISSE Henri
1869 Le Cateau-Cambrésis – 1954 Nizza
Zunächst studierte Matisse in Paris Rechtswissenschaften, dann arbeitete er in einer Kanzlei in seiner Heimatstadt. Während der Genesung von einer Blinddarmoperation fing er 1890 aus Zeitvertreib an zu malen. Er ging nach Paris, um Malerei zu studieren. Vom akademischen Betrieb abgestoßen, wurde er, wie Rouault und Marquet, Schüler Moreaus. Im Louvre kopierte er Poussin und Chardin und malte in deren Hell-Dunkel-Manier. 1896 ging er während einer Reise in die Bretagne wieder zur impressionistischen Malweise über. Um 1900 wurde Matisse der selbständige Gestaltungswert der Farben bewußt, der in ihrer Leuchtkraft und intensiven Wirkung liegt. Er analysierte eingehend die Gestaltungsmittel Cézannes, van Goghs und Gauguins und suchte nach einer neuen Synthese. 1904 war er mit Signac in Saint-Tropez und malte in dessen pointillistischer Farbtupfentechnik, ging aber allmählich zu einem neuen Stil über. Die divisionistischen Pinselstriche wurden länger, bald standen große, durch dunklere Umrandung abgesetzte Farbflächen gegeneinander auf der Leinwand. Sein Gemälde »Luxe, calme et volupté« (Luxus, Ruhe und Sinnenfreude) von 1907 wurde zu einem Markstein des neuen, von ihm angeregten »Fauvismus«. 1909 malte er an den großen Bildern »Tanz« (Abb. S. 547) und »Musik« (St. Petersburg, Ermitage) für den russischen Sammler Schtschukin.

Gegen 1910 ging er zu einem intensiv leuchtenden Kolorit über und rhythmisierte durch Linien, Farbkontraste und Vereinfachung der Formen seine Werke derartig, daß sie trotz dekorativer und ornamentaler Wirkung Sinnbilder urwüchsiger Lebensfreude blieben. 1913 reiste er nach Marokko. In den folgenden Jahren bis 1917 rückte er vorübergehend dem Kubismus näher. 1918 zog er nach Nizza. Von da an wurde sein Stil wieder gelöster, weicher. Ab 1943 lebte er in Vence bei Nizza. In dieser Zeit gestaltete er seine Kunstwerke häufig in Form von »papiers découpés«; er schnitt vorher bemaltes Papier in den von ihm gewünschten Formen aus und klebte es auf. Die Mühen der Suche nach Vollkommenheit und Harmonie sind seinen Bildern, von denen Heiterkeit und Leichtigkeit ausgehen, nicht mehr anzumerken.
Abbildungen:
547 Der Tanz, 1910
565 Der Tanz, 1909
565 Die Klavierstunden, 1916
566 Bildnis mit grünem Streifen (Madame Matisse), 1905

566 Odaliske mit roten Hosen, 1921
567 Dekorative Figur vor ornamentalem Hintergrund, um 1925/26

MATTA Roberto
(Roberto Sebastián Antonio Matta Echaurren)
* 1911 Santiago de Chile
Matta studierte bis 1932 in seiner Heimatstadt Architektur, ging dann nach Europa und arbeitete von 1934–1935 bei Le Corbusier in Paris. Er lernte Picasso kennen, dessen Arbeit an »Guernica« er verfolgte, reiste viel in Europa und besuchte auch die UdSSR. Seine ersten Bilder, die unter surrealistischem Leitbild standen, schuf er um 1937. Zwei Jahre später ging er nach New York, wo er sich den Surrealisten anschloß. Mit seinen dort entstandenen abstrahierenden Bildern, die alle Elemente des psychischen Automatismus aufweisen, wurde er für viele New Yorker Künstler zu einem wichtigen Vorbild. Ohne ihn ist der Abstrakte Expressionismus nicht denkbar. Er hatte tiefen Einfluß auf das Werk von Gorky und auf Motherwell, mit dem er zusammen in Mexiko reiste und arbeitete. Nach dem Krieg kehrte er 1948 nach Europa zurück. Er lebte von 1949–1954 in Rom, seither in Paris und Tarquinia (Italien). In den sechziger und siebziger Jahren engagierte sich Matta in der Friedensbewegung und reiste mehrfach nach Kuba. Es gibt von ihm mehrere große Wandbilder, etwa in der Universität von Santiago de Chile und im UNESCO-Gebäude in Paris.
Abbildung:
629 Die Wahrheit des Eros, 1944

MAULBERTSCH Franz Anton (auch: Maulpertsch)
1724 Langenargen (Bodensee)–1796 Wien
Nach einer Malerlehre ohne besondere Ereignisse wird die Wiener Akademie zum wichtigen Anreger des jungen Maulbertsch. Besonders die Freskokunst Paul Trogers wird von vorbildgebender Bedeutung für ihn. Unter ihrem Eindruck steht zum Beispiel die Ausstattung der Wiener Piaristenkirche, die er 1753 vollendete. Daneben machen sich aber auch venezianische Einflüsse (Piazzetta) bemerkbar, die er zu einem sehr spezifischen und persönlichen Stil verarbeitet. Das Helldunkel Trogers verwandelt sich bei Maulbertsch in eine von geheimnisvoll aufglimmenden Buntfarben durchsetzte, gleichsam dunsterfüllte Atmosphäre. Neben großen und vielfältigen Aufgaben der Wand- und Deckenmalerei widmete sich Maulbertsch der Ölskizze, die er als eigenständiges Kunstwerk zur Vollendung erhob. In der zweiten Lebenshälfte reagierte Maulbertsch auf die klassizistische Bewegung mit erstaunlicher Anpassungskraft, ohne die Charakteristika seiner Rokokoherkunft gänzlich zu verleugnen. Sein Deckenfresko in der Strahover Klosterbibliothek von 1794 kann man als Gegenstück von Mengs' Parnaß in der Villa Albani bezeichnen.
Abbildung:
394 Anbetung des Gnadenbildes, 1757

MEISTER DES ANTWERPENER POLYPTYCHONS
tätig um 1400 in Südholland und am Niederrhein
Der Autor der sechs Täfelchen, die auf die Walters Art Gallery in Baltimore und das Museum Mayer van den Bergh in Antwerpen verteilt sind, wird aus stilistischen und ikonographischen Gründen in die weitere Umgebung von Aachen lokalisiert und in die Zeit um 1400 datiert. Das Werk stammt wohl aus der Kartause Champmol bei Dijon und ist auffälligerweise in der gleichen Weise aufgebaut wie das Polyptychon Orsini von Simone Martini (Abb. S. 36). Die Mitteltafel besteht aus zwei Bildern, Geburt und Kreuzigung; links sehen wir die Verkündigung, rechts die Auferstehung. Die Rückseiten der Seitenflügel sind (ohne Goldgrund) bemalt mit der Taufe Christi und dem Bild des Christophorus.
Abbildung:
60 Geburt Christi, um 1400

MEISTER DER BERLINER GEBURT CHRISTI
tätig um 1330–1340 in Süddeutschland
Aufgrund der Ähnlichkeit mit der von Kaiser Ludwig dem Bayern dem Kloster Schäftlarn südlich Münchens geschenkten Handschrift clm 17005 der Bayerischen Staatsbibliothek München aus den Jahren 1330–1340 kann auch das Berliner Bild näher datiert und lokalisiert werden. Wahrscheinlich war sein Meister in München tätig, vielleicht auch in Nürnberg, da der Heilsbronner Kreuzaltar von ca. 1346 in seiner Nachfolge steht. Andere Werke aus seinem Umkreis befinden sich im Bayerischen Nationalmuseum München. Der Maler kannte italienische Kunst aus eigener Anschauung. In Form und Farbgebung, aber auch der Art der Verwendung von Punzierungen im Goldgrund steht er der Florentiner Kunst besonders nahe. Doch scheinen ihm auch Gewohnheiten der Sieneser Malerei vertraut gewesen zu sein.
Abbildung:
44 Geburt Christi, um 1330–1340

MEISTER DER DARBRINGUNGEN
tätig um 1420–1435 in Österreich
Notname für eine Gruppe von Bildern, die nach G. Schmidt nochmals aufzuteilen wäre, was bei genauerer Betrachtung überzeugt. Festhalten muß man, daß es sich um österreichische Künstler handelt, die in Wien, vielleicht auch in Wiener Neustadt und in der Steiermark tätig waren. Ihre Tätigkeit ist in die Jahre um 1420–1440 zu setzen. Quellen ihrer Kunst sind zum Teil die älteren böhmischen Gemälde des Meisters von Wittingau, ebenso jedoch italienische Malerei des 14. Jahrhunderts, außerdem westliche Tendenzen in der Art der Brüder Limburg (siehe vor allem die Gewandbildung). In der Werkstatt wurde in großem Umfang gezeichnet, jedoch weniger im Sinne der italienischen Skizze, sondern musterbuchmäßig. Man hat einen großen typenprägenden Meister um 1420 anzunehmen, dessen Werkstattgenossen seinen Stil weitergeführt und variiert haben, meist jedoch unter fast stereotyper Wiederholung der Bildtypen und Einzelmotive. Die Wirkung dieser Malergruppe reichte bis Regensburg und Mittelfranken. Mit einiger Wahrscheinlichkeit gehört die hier abgebildete Tafel zu den frühesten, sicher aber zu den besten Bildern.
Abbildung:
73 Christus unter dem Kreuz mit den trauernden Maria und Johannes, um 1420

MEISTER FRANCKE
um 1380 Hamburg (?) – um 1436 Hamburg
Francke (nachweisbar 1424–1436) scheint von einer aus Zutphen in Geldern stammenden Schuhmacherfamilie in Hamburg abzustammen. Als Geburtsdatum wird die Zeit um 1380 angenommen, da Francke durchaus einige Jahre jünger als Konrad von Soest sein dürfte, der eines seiner Vorbilder gewesen ist. Francke trat in das Hamburger Dominikanerkloster St. Johannes ein und war dort als Maler tätig. Er hat deshalb vielleicht keine eigene große Werkstatt gehabt. Franckes Bewegungsfreiheit war durch sein Mönchtum wohl kaum eingeengt. Jedenfalls dürfte er sich seine guten Kenntnisse der westlichen Kunst auf mehreren Reisen verschafft haben. Er hatte großes Ansehen bei den Hamburger Kauffahrern, die ihn reichlich mit Aufträgen eindeckten. Doch erfahren wir auch von Bildaufträgen aus Reval oder aus der Bischofsstadt Münster. Wie die überall spürbaren Wirkungen (bis in die sechziger Jahre des Jahrhunderts) belegen, war der Ruhm des Malers groß. Leider ist der größte Teil seines Schaffens den Bilderstürmern der Reformation zum Opfer gefallen.
Abbildung:
75 Das Mauerwunder, 1414

MEISTER DES FRANKFURTER PARADIESGÄRTLEINS
tätig um 1410–1430 am Oberrhein
Aufgrund der Bilderstürme und der vielen Kriege in der Region ist die oberrheinische Malerei nur in spärlichen Resten erhalten, die jedoch noch sehr wohl die bedeutende Rolle der Kunst dieses Gebiets im 14. und 15. Jahrhundert deutlich machen. Gerade in der ersten Hälfte des Jahrhunderts dürfte durch die Konzilien, erst in Konstanz, dann in Basel, die Kunstproduktion sehr gesteigert worden. sein. Aufgrund der Verwandschaft mit lokalisierten Tafeln, etwa dem Bild der Erdbeermadonna in Solothurn, ist das Paradiesgärtlein in Frankfurt eindeutig als oberrheinisch einzuordnen. Schwerer fällt die Beantwortung der Frage, ob es in Straßburg, Basel, Konstanz oder anderswo gemalt ist. Für die Entstehung dieser Stilrichtung ist die Kreuzigungstafel im Colmarer Museum aufschlußreich. Sie ist um 1410 entstanden und wurde von einem in Brügge geschulten Maler geschaffen, wie das Studium von sicher dort gemalten Buchmalereien belegt. Dies erklärt die Nähe einiger Motive des Paradiesgärtleins zu den frühen Werken der Brüder van Eyck.
Abbildung:
74 Maria im beschlossenen Garten mit Heiligen, um 1410

MEISTER DES GUILLAUME DE MACHAUT
tätig um 1350–1355 in Paris
Das von François Avril entdeckte und eingeordnete Werk dieses Buchmalers umfaßt mehrere meist für den Hof verfaßte Handschriften. Benannt wird er nach der wichtigsten, dem Sammelband der Werke von Guillaume de Machaut. Er war ein dem Stand nach geistlicher, der Thematik und Gesinnung aber höfischer Dichter dieser Zeit. Das Lieblingsthema, die Liebe, wird allegorisch verkleidet und umschrieben und mit vielen schmückenden Elementen ausgestaltet. Gemäß dem höfischen Lebensstil der Zeit um 1340 wird diese weltlich-sinnliche Thematik in eigentümlich preziöser Weise dargestellt. Die literarische Auffassung geht parallel zu der damaligen Kleider- und Kunstmode. Nie zuvor war Mode so sinnlich; die Kleidung betonte die Körperrundungen und Körperformen und war doch überreich besetzt mit Zierat, Troddeln, Bändern Litzen und dergleichen. Ähnlich ist in der bildenden Kunst ein erstes Naturempfinden spürbar, dessen Umsetzung aber höchst künstlich ist und noch ohne Naturstudium auskommt. Der Meister des Guillaume de Machaut ist mit seiner großen Werkstatt ein Künstler, der diese Wünsche nach einer künstlich-phantastisch gestalteten Lebenswelt zu erfüllen vermochte.
Abbildung:
43 Die Geschichte vom Löwen: Der geheimnisvolle Garten, um 1350–1355

MEISTER DER HL. VERONIKA
tätig um 1400–1420 in Köln
Dieser für die Kölner Kunst der Jahrzehnte um 1400 –1420 besonders typische Maler wird nach dem Münchner Bild benannt. Da es viele ihm durchaus ähnliche Künstler in Köln gegeben zu haben scheint, teils wegen der in Köln gewichtigen örtlichen Schultradition, teils auch wegen der großen Wirkung des Malers auf seine Zunftgenossen, ist die Abgrenzung seines Schaffens, aber auch die Datierung der einzelnen Tafeln schwierig und noch nicht überzeugend geklärt. Die Umwälzungen der Säkularisation haben die historischen Spuren völlig verschüttet – denn keines seiner Bilder ist datiert; bei keinem ist ein Stifter oder wenigstens die Funktion eindeutig gesichert.
Abbildung:
74 Die hl. Veronika mit dem Schweißtuch, um 1420

MEISTER VON HOHENFURTH
tätig um 1350 in Böhmen
Benannt nach einem aus dem Zisterzienserkloster Hohenfurth in Südböhmen stammenden Zyklus von neun Tafeln, die heute in der Národní Galerie in Prag aufbewahrt werden. Nach G. Schmidts zutreffender Analyse handelt es sich um einen eher zweitrangigen

Künstler, der Elemente verschiedener Herkunft und Tradition miteinander verbindet und verschiedene Motive ohne größere eigene Gestaltungskraft kombiniert. Hierdurch ist am ehesten auch die Heterogenität der einzelnen Tafeln zu erklären.
Abbildung:
44 Christus am Ölberg, um 1350

MEISTER DER KAUFMANNSCHEN KREUZIGUNG
tätig um 1340 in Prag
Wir besitzen von diesem bedeutenden Maler allein diese Tafel aus der Sammlung Kaufmann (jetzt Berlin, Gemäldegalerie). Das Bild ist deshalb so kostbar, weil es belegt, wie herausragend die böhmische Tafelmalerei innerhalb Mitteleuropas seit ca. 1330–1340 war und daß mehrere große Maler nebeneinander schon in der Anfangsperiode Karls IV. in Prag tätig gewesen sind. Denn neben dem Meister dieser Kreuzigung gibt es mindestens noch den der Glatzer Madonna und den des Bostoner Marientodes. Die Lokalisierung des Bildes ist zwar umstritten; doch ist nicht nur das Aufgreifen zweier Motive durch den Meister von Hohenfurth (Abb. S. 44) sondern auch die Art der Grundierung und des Inkarnats, sodann die Farbwahl und der Farbauftrag ähnlich nur in böhmischen Bildern dieser Zeit zu finden. Der Meister der Kaufmannschen Kreuzigung steht auf der Höhe der damaligen italienischen Kunst; er kennt ihre wesentlichen Errungenschaften. Eine besondere Vorliebe für einen Maler oder eine Schule ist nicht erkennbar. Denn er ist kein Imitator. Nordalpin ist seine Vorliebe für skurrile Kopfbedeckungen, von denen er sich offensichtlich einige selbst ausgedacht hat. Seine künstlerische Leistung besteht vor allem darin, daß er statt der homogenen, in sich stimmigen italienischen Bildkonzepte Gegensätze, mindestens aber starke Kontraste herausarbeitet. Ausdruck und Idealität, Schönes und Häßliches stehen absichtsvoll nebeneinander.
Abbildung:
45 Kreuzigung Christi, um 1340

MEISTER DES LONDONER GNADENSTUHLS
tätig um 1420–1440 in Österreich
Benannt nach einem Bild des Gnadenstuhls in der Londoner National Gallery, das wohl aus der Steiermark kommt. Dieser Meister gehört zu derselben Gruppe von Malern wie der Meister der Darbringungen. Ob ihre Tätigkeit wirklich ausschließlich in Wien zu konzentrieren ist oder ob einzelne Mitglieder dieser Werkstattgruppe in Wiener Neustadt oder in der Steiermark ansässig gewesen sind, läßt sich unter den derzeitigen Verhältnissen noch nicht klar sagen. Auch scheint die Zuschreibung des Täfelchens aus St. Lambrecht an den Meister des Londoner Gnadenstuhls problematisch. Was diese Tafel betrifft, so läßt die Art der Farbgebung auf die Kenntnis sowohl böhmischer wie franko-flämischer Malerei schließen. Das Datum »um 1420« wird aus einer hypothetischen Identifikation mit einigen Benediktinermönchen von St. Lambrecht gewonnen.
Abbildung:
73 Strahlenkranzmadonna, um 1420

MEISTER DER MADONNA VON EICHHORN
tätig um 1350 in Prag
Benannt nach der Tafel mit der Madonna, die aus Schloß Eichhorn in Mähren stammt, aber wohl Prager Herkunft ist. Ein weiteres Bild, das man diesem Maler zuschreiben könnte, ist nicht bekannt. In den Motiven ist er dem Meister von Hohenfurth verwandt, als Künstler jedoch so weit überlegen, daß man ein Schülerverhältnis, wenn überhaupt, dann nur in dem Sinne annehmen könnte, daß der Meister von Eichhorn der Lehrer gewesen ist. In der Auffassung des Bildes zeigt sich jedoch ein eher jüngerer Meister, der sich die von Karl IV. erwünschten »kaiserlichen« Tendenzen nach mehr Würde und Monumentalität zu eigen gemacht hat.
Abbildung:
45 Madonnentafel aus Eichhorn (Mähren), um 1350

MEISTER DER MADONNA VON NEUHAUS
tätig um 1400 in Prag
Die ursprüngliche Bestimmung des Bildes für Neuhaus ist nicht gesichert. Wahrscheinlich handelt es sich bei dieser Art von Bildern um Prager Atelierware, die jederzeit in der Hauptstadt auf Vorrat bereitlag und von den Besuchern der Stadt erworben werden konnte. Immerhin aber gibt es in der Minoritenkirche von Neuhaus ein Fresko der Madonna genau des gleichen Typus, wenn auch später zu datieren. Somit könnte ein historisch korrekter Kern in der Provenienznachricht sein. Das Werk ist im übrigen schlecht erhalten. Der obere Streifen ist weitgehend erneuert. Die größte stilistische Ähnlichkeit besteht zu den Buchmalereien des 1409 datierten Missale des Prager Erzbischofs Sbinko von Hasenburg (in Wien).
Abbildung:
71 Madonna, um 1400

MEISTER DER MADONNA VON ST. VEIT
tätig um 1390–1400 in Prag
Dieser Tafelmaler des späten 14. Jahrhunderts ist uns nur durch die Tafel aus dem Prager St.-Veits-Dom bekannt. Leider ist weder klar, ob das Bild ursprünglich für den Dom geschaffen wurde, noch ob überhaupt einer der Prager Bischöfe dargestellt ist. Die Mitra allein kann ebenso einen Prager Domkanoniker wie auch einen der benedektinischen oder zisterziensischen Äbte Böhmens meinen. Die im Rahmen dargestellten Heiligen Wenzel, Veit, Sigismund, Adalbert und Prokop sind zwar Hauptheilige des Prager Doms, zugleich aber auch Hauptheilige Böhmens. Andererseits sind es gerade die stilkritischen Erwägungen über das Entstehungsdatum der kleinen Rahmenreliefs, die eine Schaffung der Tafel deutlich vor 1400 wahrscheinlich machen.
Abbildung:
71 Madonna, um 1390–1400

MEISTER VON MOULINS (Jean Hay oder Hey)
tätig um 1480 – nach 1504
Französischer Maler und Miniator niederländischer Herkunft, der nach einem Triptychon in der Kathedrale zu Moulins benannt wurde. Da hier als Stifter auf den Seitenflügeln Herzog Peter II. von Bourbon und seine Frau Anna dargestellt sind, arbeitete der Maler im Kreise höfischer Auftraggeber und seit etwa 1483 in der Provinz Bourbonnais. Im Gegensatz aber zu dem um eine Generation älteren Fouquet wendet sich der Meister von Moulins von der stark weltlichen Auffassung wieder ab. Zu der um die Reihe des Triptychons gruppierten Reihe von Tafelbildern des späten 15. Jahrhunderts gehören außerdem: »Karl II. von Bourbon, Kardinalerzbischof von Lyon« (München, Alte Pinakothek), »Begegnung von Joachim und Anna an der Goldenen Pforte« (London, National Gallery, 1500) oder »Der hl. Mauritius mit Stifter« (Glasgow, Art Gallery and Museum, um 1500). Die These, den Meister mit Jean Perréal gleichzusetzen, der gegen 1500 für die Bourbonen arbeitete und anschließend bis zu seinem Tode 1529 für das französische Königshaus tätig war, hat sich nicht durchsetzen können. Dagegen scheint jetzt gesichert, daß es sich um den vermutlich aus den Niederlanden stammenden Jean Hay (oder Hey) handelt, der dort wohl auch ausgebildet wurde, worauf auch die Technik der Öltempera und die Hervorhebung des kostbaren Details verweisen, während die Klarheit der Komposition die Kenntnis italienischer Malerei verrät. Die Zurückhaltung im Ausdruck und die Strenge des Bildbaues nehmen »klassizistische« Tendenzen vorweg, die die französische Malerei im 16. und besonders im 17. Jahrhundert bestimmen werden.
Abbildungen:
89 Maria in der Glorie, von Engeln umgeben, um 1489–1499
141 Geburt Christi mit dem Stifter Kardinalerzbischof Jean Rolin, um 1480

MEISTER DES PÄHLER ALTARS
tätig um 1400 in Prag
Die Herkunft des Altarretabels aus Schloß Pähl am Ammersee, einem Schloß der Augsburger Bischöfe, hat eher Schwierigkeiten als Einsichten gebracht. Denn der Altar kann für diese dem hl. Georg geweihte Kapelle kaum gemalt worden sein. Alle Versuche, vom Herkunftsort ausgehend diesen Altar als augsburgisch oder salzburgisch zu erweisen, sind fehlgeschlagen. Die verwendeten Motive und die Art der Gestaltung sind eindeutig böhmisch; es lassen sich Beziehungen zurück zu Meister Theoderich oder zum Meister von Wittingau feststellen. Dies erzwingt eine Lokalisierung nach Prag und eine Datierung in die Jahre um 1400. Die Kunst des Meisters zielt weniger auf Erfindung neuer als auf Umgestaltung alter Motive. Die Gewandmotive, Gesten und Köpfe werden typisiert, aber zugleich verfeinert, ein Prozeß analog dem der französischen Kunst um 1300. Größter Wert wird auf subtile Farbtönung und raffinierte Oberflächenwirkungen gelegt; es sind Werke für einen Auftraggeberkreis, dem weniger an thematischer Neuerung als an ästhetischer Verfeinerung gelegen war.
Abbildung:
70 Kreuzigung Christi zwischen Johannes dem Täufer und Barbara, um 1400

MEISTER DER RAIGERNER KREUZTRAGUNG
tätig um 1415–1430 in Südmähren
Der Meister wird nach einer Gruppe von Bildtafeln benannt, die aus dem Benediktinerkloster Raigern stammen, ohne daß jedoch sicher wäre, daß sie auch für dieses Kloster geschaffen worden sind. Die meisten der erhaltenen Werke stammen aus Mähren bzw. den östlichen Gebieten des heutigen Tschechien. Doch muß das keineswegs heißen, daß diese Bilder dort auch entstanden sind. Denn es gibt Tafeln dieser Richtung, die mit einiger Wahrscheinlichkeit eher in Prag geschaffen wurden. Außerdem hat mit Sicherheit die Prager Kunst, etwa die des Meisters von Wittingau, in den Motiven als Vorbild gedient. Gewisse Verwandschaftsbeziehungen bestehen zu den jüngeren Werken der Buchmalerwerkstätten um das Martyrologium von Gerona (Abb. S. 72), ebenfalls ein Argument für die Entstehung in Prag. Der Maler dürfte den Ideen der hussitischen Reform nahegestanden haben, hat jedoch wohl nicht ganz mit der alten Kirche gebrochen; zumindest hat er Themen, zum Beispiel solche der Heiligenlegenden, gemalt, die nicht den hussitischen Vorstellungen entsprechen.
Abbildung:
72 Kreuztragung Christi, um 1415–1420

MEISTER DES STUNDENBUCHS VON ROHAN
nachweisbar um 1420–1430 in Paris
Der Meister hat seinen Notnamen nach einem Stundenbuch der Bibliothèque Nationale in Paris erhalten, das sich ehemals im Besitz der Familie Rohan befand. Angefertigt wurde es jedoch für Jolanthe von Aragon aus dem französischen Haus der Anjou. In ihrem Besitz konnte der Maler die »Belles Heures« und die »Très Riches Heures« des Duc de Berry studieren, die nach dessen Tod 1416 an sie übergegangen waren. Außerdem waren ihm dort die vielen in Italien, vor allem in Neapel, für die Anjou gemalten Handschriften zugänglich. An diesem Stundenbuch sind nur wenige Bilder sowohl in Vorzeichnung wie Ausführung eigenhändig. Dies gilt noch mehr für andere Handschriften, die ebenfalls für fürstliche Kreise geschaffen wurden. Wahrscheinlich war er ein Tafelmaler (im Museum von Laon sind Bilder aus seiner Werkstatt erhalten), der Buchmalerei nur nebenbei behandelte. Er ist ein denkbar unhöfischer Hofkünstler, ein Generationsgenosse der böhmischen

hussitischen Maler, unschön, unelegant, voller Abneigung gegen alle Dekoration. Nicht ohne Grund ist er der erste Maler, der das Thema des Todes sich ganz zu eigen macht.
Abbildung:
65 Beweinung Christi, um 1420–1427

MEISTER THEODERICH
nachweisbar ab 1359, † um 1381
1359 wird ein Hausbesitz von Theoderich, dem Maler des Kaisers, erwähnt. Da er später mit dem Titel des »familiaris« bezeichnet wird, ist Theoderich als Hofkünstler im engeren Sinne anzusehen. 1367 erhält er Steuerbefreiung für einen Gutshof in Morin, am Fuß der Burg Karlstein, der zuvor wahrscheinlich seinem Vorgänger als Hofmaler gehört hatte, dem Straßburger Nikolaus Wurmser. In der Begründung wird angegeben, daß diese Steuerbefreiung geschehe, da Theoderich »kunstreiche und feierliche Malereien« geschaffen und die Kapelle »erfinderisch (auch im technischen Sinne) und künstlich« ausgestattet habe. Dieses Künstlerlob aus dem Munde des Kaisers drückt höchste Wertschätzung aus. Unklar ist jedoch, woher der Maler stammt und wo er gelernt hat. Er geht aus von der böhmischen und italienischen Kunst; doch scheinen gewisse Anregungen auch aus der oberdeutschen Kunst der Zeit gekommen zu sein. Zu denken ist vor allem an die Skulptur der Parler-Hütte, ihre Blockhaftigkeit und monumentale Schwere, womit sie Elemente des Stils der Skulptur des 13. Jahrhunderts aufgreift. Gerade mit dieser Monumentalität und Rückwärtsorientierung sowie der Integrierung verschiedener, auch italienischer, westlicher und byzantinischer Tendenzen scheint Theoderich genau den Intentionen seines Herrn entsprochen zu haben. Die Malerei Böhmens stand in den Jahren zwischen 1355 und 1375 gänzlich unter seiner Vorherrschaft.
Abbildungen:
25 Der hl. Gregor, um 1360–1365
68 Kreuzigung, um 1370
68 Der hl. Hieronymus, um 1360–1365

MEISTER DES WILTON-DIPTYCHONS
nachweisbar um 1390–1395
Der unbekannte Meister des Wiltoner Diptychons war wahrscheinlich englischer Herkunft und als Maler der Internationalen Gotik um 1380–1395 am englischen Hof tätig. Seinen Notnamen trägt er aufgrund des Diptychons, das sich früher in Wilton House befand, dem Sitz des Grafen von Pembroke. Weitere Gemälde ließen sich dem Künstler nicht zuschreiben. Seine Arbeit zeichnet sich durch delikate Farben, Hang zu ornamentaler Linienführung und eine präzis entwickelte Ornamentik aus.
Abbildung:
67 König Richard II. von England wird der Jungfrau Maria empfohlen, um 1395 oder später

MEISTER VON WITTINGAU
tätig um 1380–1390 in Böhmen
Wir wissen über diesen Maler nichts, sondern erschließen alles aus den Bildern. Das namengebende Hauptwerk ist das ehemalige Hochaltarretabel der Augustinerchorherrenkirche in Wittingau in Südböhmen. Ihr Hochaltar wurde 1378 geweiht; der Altar ist vielleicht schon zu diesem Weihedatum fertig oder etwas später. Die obere Grenze für die Ansetzung der Tätigkeit des Meisters bildet das 1395 datierte Jérén-Epitaph, das die Kunst des Wittingauer Meisters voraussetzt. Die Arbeiten in Wittingau hängen zusammen mit der Reform des Klosters, die aktiv vom Kaiser betrieben wurde. Deshalb vermutet man auch, daß der Wittingauer Meister nicht in Südböhmen, sondern in der Hauptstadt selbst seine Werkstatt hatte. Hierfür spricht auch die Herkunft einer Madonnentafel seiner Werkstatt aus Raudnitz nördlich von Prag. Schwierigkeiten macht noch die Rekonstruktion des Altarwerks. Sicher sind die beiden abgebildeten Tafeln von der sogenannten Werktagsseite des Altarretabels, was daran erkennbar ist, daß der Maler einen rotfarbenen Grund und nicht Gold verwendet hat.
An diesem Altarwerk sind Gehilfen beteiligt. Überhaupt hat der Maler eine große Werkstatt gehabt und ist von größtem Einfluß in seiner Zeit gewesen. Über seine künstlerische Herkunft können wir nur Spekulationen anstellen: Beziehungen zur italienischen Kunst sind nicht festzustellen. Ausgangspunkt ist mit Sicherheit die ältere böhmische Malerei. So zitiert der Krieger links in der Auferstehung das Motiv des Kindes der Madonna von Eichhorn (Abb. S. 45). Auch geht die Art der Lichtauffassung auf den Meister Theoderich zurück. Allerdings dürfte der Wittingauer Meister Anregungen aus der franko-flämischen Tafelmalerei gewonnen haben; die aber ist so restlos vernichtet, daß man allenfalls aus den (später zu datierenden) Tafeln Broederlams Rückschlüsse auf früher vorhandene Gemälde ziehen kann. Der Meister von Wittingau ist als Erneuerer der inhaltlichen wie formalen Gestaltung, vor allem aber als Kolorist der überragende Künstler in Mitteleuropa zwischen 1350 und 1400.
Abbildungen:
69 Christus am Ölberg, um 1380–1390
69 Auferstehung Christi, um 1380–1390

MELÉNDEZ Luis Eugenio (auch: Menéndez)
1716 Neapel – 1780 Madrid
Seine Ausbildung erhielt Meléndez zuerst bei seinem Vater, einem Miniaturmaler von Rang, der für den spanischen Hof arbeitete. Von der Bildniskunst des jungen Meléndez legt das Selbstbildnis von 1746 (Paris, Louvre) Zeugnis ab. Nach Aufenthalten in Rom und Neapel arbeitete er für den späteren spanischen König Karl III. Neben religiösen Werken schuf er vor allem hochgeschätzte Stilleben. Für die Vertäfelung eines Saales im Schloß von Aranjuez malte er eine Serie von 44 Stilleben, von denen sich noch 39 in verschiedenen europäischen und amerikanischen Museen erhalten haben. Melendez führt die Tradition der spanischen Stillebenmalerei eines Sanchez Cotán oder Zurbarán fort, was sich sowohl in den Motiven wie in der Farbgebung erweist: tönernes Geschirr, schlichte Feldfrüchte und Obst, die hölzernen Küchengeräte in einfachen Kompositionen und einem Kolorit, das dem matten Schimmer verhaltener Glanzlichter den Vortritt läßt.
Abbildung:
396 Stilleben mit Melone und Birnen, um 1772

MELOZZO DA FORLÌ
1438 Forlì – 1494 Forlì
Melozzo entstammte dem Künstlermilieu: sein Onkel war Baumeister, sein Bruder Goldschmied und sein Schwager Maler. Die Lehrzeit verbrachte er in seiner Heimatstadt, wohl bei dem Maler Ansuino da Forlì, der ihn in die von Mantegna und Piero della Francesca entwickelten Prinzipien der perspektivischen Malerei einweihte. Nach ersten Arbeitsjahren in Forlì verlebte Melozzo einen großen Teil der siebziger und und die frühen achtziger Jahre in Rom, wo er mehrere Fresken ausführte, die aber größtenteils nur noch bruchstückhaft erhalten sind. Um 1475 und dann wieder nach 1480 arbeitete er zusammen mit Justus van Gent an Gelehrtenporträts und Allegorien der »Freien Künste« für den Palazzo Ducale in Urbino. 1484 kehrte der Künstler wieder nach Forlì zurück und führte noch Fresken für Kirchen in Loreto und Forlì aus. Melozzos Bilder zeichnen sind durch präzise Zeichnung der Charaktere und eine sichere Beherrschung der perspektivischen Untersicht aus, die ihn zu einem der Vorläufer der späteren illusionistischen Deckenmalerei werden lassen.
Abbildung:
103 Papst Sixtus IV. ernennt Bartolomeo Platina zum Präfekten der Vatikansbibliothek, um 1480

MEMLING Hans
um 1430–1440 Seligenstadt (Main) – 1494 Brügge
Lange Zeit als größter niederländischer Maler des späten 15. Jahrhunderts gerühmt, wird Memling heute eher weniger geschätzt. Lehrzeit und Jugendwerk liegen für uns weitgehend im Dunkel. Vielleicht wurde Memling zunächst in einer mittelrheinischen oder Kölner Werkstatt ausgebildet, ehe er in die Niederlande übersiedelte. 1465 ist er in Brüssel nachweisbar, seit 1466 in Brügge tätig. Vermutlich war er noch Schüler van der Weydens. Jedenfalls entstanden seine frühesten gesicherten Werke bis in die Kompositionen hinein unter dem Einfluß Rogiers. Auch von Bouts blieb der junge Maler nicht unbeeindruckt, wie etwa der Marienaltar von 1468 beweist (London, National Gallery). In der Folgezeit findet er seinen persönlichen Stil, der durch Anmut der Figuren in Bewegung und Ausdruck, durch kostbare Farbigkeit und erzählerischen Reichtum gekennzeichnet ist. Bis zu einem gewissen Grad könnte man Memling als den Gozzoli der niederländischen Malerei bezeichnen. Es fehlen ihm Vertiefung des Ausdrucks und die Fähigkeit zu überzeugender »Regie« figurenreicher Szenen. Memlings Gemälde bilden eine Summe aus genau beobachteten und lebensfrischen Details (»Szenen aus dem Marienleben«, München, Alte Pinakothek, 1480). Die persönliche Entwicklung ist gering. Im Spätwerk wird eine Auseinandersetzung mit der italienischen Frührenaissance spürbar, die allerdings auf einzelne Elemente beschränkt bleibt (»Madonna mit Kind«, Florenz, Uffizien).
Abbildungen:
131 Das Martyrium der elftausend Jungfrauen und das Martyrium der hl. Ursula, vor 1489
131 Bildnis eines betenden Mannes, um 1480–1485

MENGS Anton Raphael
1728 Aussig (Böhmen) – 1779 Rom
Schon durch die Taufe des Knaben auf die Vornamen Correggios und Raffaels steckte sein Vater, Miniaturmaler und Akademiedirektor in Dresden, die Laufbahn seines Sohnes ab, den er, zwölfjährig, Raffaels Fresken in den Stanzen des Vatikans kopieren ließ. Mengs selbst trat zunächst in Dresden, wo er schon 1746 zum Hofmaler ernannt worden war, durch bravouröse Pastellporträts hervor. Wieder in Rom, konvertierte er zum Katholizismus und erhielt eine Professur an der Kapitolinischen Akademie. Entscheidend wurde dort aber seine Begegnung mit Johann Joachim Winckelmann, mit dem zusammen er die theoretischen Grundlagen des Klassizismus entwickelte. 1762 erschien seine Schrift »Gedanken über die Schönheit und den Geschmack in der Malerei«. Programmatisch ist auch sein 1761 entstandenes Deckenbild in der Villa Albani, in dem er mit den Prinzipien barocker Untersicht bricht und die Perspektive eines Staffeleibildes anwendet. Mit dem späteren König Karl III. kam er über Sizilien nach Madrid, wo er neben königlichen Aufträgen die Reorganisation der königlichen Akademie betreibt und zur einflußreichsten Autorität in Kunstfragen wird. Seine klassizistisch-eklektische Doktrin führte das Ende des Rokoko herbei, wie es in Madrid gleichzeitig von Tiepolo vertreten wurde.
Abbildung:
394 Allegorie der Geschichte, um 1772/73

MENZEL Adolph Friedrich Erdmann von
1815 Breslau – 1905 Berlin
Als Sohn eines Lehrers und Lithographen bildete sich Menzel zunächst autodidaktisch zum Lithographen und später zum Maler aus. Nach dem Tod des Vaters im Jahre 1832 mußte er seine Familie, die seit 1830 in Berlin lebte, durch den Erlös seiner graphischen Arbeiten ernähren. Seine Illustrationen zu Franz Kuglers »Geschichte Friedrichs des Großen« wurden sein erster großer Erfolg auf diesem Gebiet (1838 –1842). Damit hatte Menzel den Themenkreis angeschnitten, der ihn von nun an nicht mehr losließ. Mit den großen Gemälden aus dem Leben Friedrichs des Großen, vor allem dem »Flötenkonzert von Sanssouci« von 1852 (Berlin, Nationalgalerie), war sein Ruhm als Maler der preußischen Geschichte begrün-

det. Er blieb fortan dem Hause Hohenzollern in Berlin verbunden und malte später auch Bilder aus der gegenwärtigen preußischen Geschichte, so vor allem die »Krönung König Wilhelms I. in Königsberg am 18. 10. 1861« (Hannover, Niedersächsische Landesgalerie). 1853 wurde er Mitglied der Preußischen Akademie der Künste, 1856 Professor, 1883 Vizekanzler des Ordens »Pour le mérite« und 1898 in den Adelsstand erhoben.

Menzel war nicht nur ein unermüdlicher Zeichner, sondern nach Blechen, der vor ihm in Berlin gearbeitet hatte, einer der virtuosesten Meister der unmittelbar vor der Natur gemalten Ölstudie. Seine Studien aus den vierziger bis sechziger Jahren gehören zu den bedeutendsten Werken dieser Technik in Deutschland. Zunächst waren es nur Familienmitglieder und Freunde, die er auf diese Weise festhielt. Später kamen Ausblicke aus Fenstern und Vorstadtlandschaften hinzu. In der Spätzeit malte er gern vielfigurige Szenen, die in ihrer momentanen Unmittelbarkeit an gleichzeitige Werke des Impressionismus erinnern, von denen sie sich aber durch Farbigkeit, Lichtsituation und die sorgfältige Vorbereitung unterscheiden. Das bedeutendste realistische Werk seiner Spätzeit war das »Eisenwalzwerk« (Berlin, Nationalgalerie) von 1875, das Industriearbeiter bei der Produktion zeigt und das er durch zahlreiche Studien im Walzwerk Königshütte in Schlesien vorbereitete. Als Menzel starb, war er am Berliner Hof ein hochgeehrter und hochdekorierter Künstler.

Abbildungen:
458 Die Berlin-Potsdamer Eisenbahn, 1847
458 Pariser Wochentag, 1869
459 Die Schwester des Künstlers, 1847

METSU Gabriel (auch: Metzu)
1629 Leiden–1667 Amsterdam
Seine erste Ausbildung erhielt Metsu bei seinen Eltern, die beide Maler waren; vielleicht hat er später auch, wie Steen, bei Nicolaus Knüpfer in Utrecht gelernt. Mit wenigen Unterbrechungen hält er sich in Leiden auf, wo er 1648 zu den Gründern der Lukasgilde gehört, und zieht 1657 nach Amsterdam. Sein Frühwerk ist historischen, biblischen, mythologischen und allegorischen Themen gewidmet und steht unter dem Einfluß der Rembrandt-Schule. Nach 1650 malt er Interieurs und Genreszenen, in denen er vor allem das gesellschaftliche Leben des vornehmen Bürgertums mit warmem Kolorit und weicher Linienführung schildert. Unter dem Einfluß der Leidener Feinmalerei verfeinert er später seine Technik und legt großen Wert auf die penible Ausführung der Details, vor allem die Wiedergabe kostbarer Stoffe, ohne jedoch glatt und poliert zu wirken.

Abbildung:
330 Das Bohnenfest, um 1650–1655

MICHELANGELO BUONARROTI
(Michelagniolo di Ludovico di Lionardo di Buonarroti Simoni)
1475 Caprese (Toskana)–1564 Rom
Michelangelo ist die bildhauerische Urbegabung der abendländischen Kunst schlechthin – meßbar nur an den Meistern der griechischen Klassik. Auch als Maler und Architekt hat er seinen Werken stets plastische Konzepte zugrundegelegt. Vom Vater zur Wissenschaft bestimmt, zerstört der leidenschaftliche Trieb des Knaben zum künstlerischen Bilden sehr bald solche Ambitionen. Der 13jährige tritt als Lehrling in die Werkstatt Ghirlandaios ein. Hier dürfte er nicht mehr als die handwerklichen Grundlagen der Malerei vermittelt bekommen haben. Seine großen Vorbilder sind Giotto und Masaccio, wie es Jugendzeichnungen nach deren Werken belegen. Wenig später mag er mit dem berühmten Goldschmied und Bronzegießer Bertoldo di Giovanni in Berührung gekommen sein. Die ersten Jugendwerke – die Reliefs des »Kentaurenkampfes« und der »Madonna an der Treppe« (Florenz, Casa Buonarroti) – decken die wahren Wurzeln seiner Kunst als Bildhauer auf: auf der einen Seite die Antike, auf der anderen die expressiv hochgespannte Kunst Donatellos. Lorenzo de' Medici, mit genialischem Spürsinn für künstlerische Werte begabt, nimmt den Jüngling in die Obhut seines fürstlichen Hauses auf, wo der »Antikengarten« der Medici reiches Studienmaterial bot.

Die hier gewonnenen Eindrücke konnte Michelangelo 1496–1501 während seines ersten Aufenthalts in Rom vertiefen. Hier entsteht u.a. die »Pietà« für St. Peter, sein einziges signiertes Werk. Dann hält Florenz für den 25jährigen umfassende Aufträge bereit. Im »David« wird erstmals Michelangelos aus dem Geiste der Antike geborene Auffassung von der menschlichen Figur rein verwirklicht, erstmals läßt der Kopf jene »terribilità« – jenes Gewaltig-Schreckliche – spürbar werden, das die Zeitgenossen als die tiefste unheimlich-ehrfurchtgebietende Eigenschaft Michelangelos empfanden. In die Jahre zwischen 1501 und 1505 fallen auch die ersten malerischen Aufträge. Es entstehen, als einziges gesichertes Tafelbild, die »Heilige Familie« (das sogenannte »Doni-Tondo«, Abb. S. 167) und der nur in Detailkopien überlieferte Karton für das Wandgemälde mit der Darstellung der »Schlacht von Cascina«, das aber nicht zur Ausführung kam. 1505 beruft Papst Julius II. den 30jährigen zur Ausführung eines gigantischen Grabmalprojekts, dessen Konzept zunächst aus finanziellen Gründen, nach dem Tode des Papstes aus erlahmendem Interesse immer stärker reduziert werden wird. Gleichsam als Ersatz hält Julius II. 1508 ein neues, menschliche Kräfte scheinbar übersteigendes Projekt für Michelangelo bereit: die Ausmalung der Decke in der Sixtinischen Kapelle (Abb. S. 167 ff.). In zwei Arbeitsabschnitten hat Michelangelo sich bis 1512 unter Anspannung aller Kräfte der ungeheuren Aufgabe entledigt. Nie zuvor und nie danach ist die Malerei in gleichem Maße von urplastischen Vorstellungen beherrscht worden wie in diesem malerischen Hauptwerk Michelangelos.

Der in der Sixtinischen Decke eingeschlagene Weg zur Ausschließlichkeit der menschlichen Figur bleibt auch für die folgenden malerischen Werke Michelangelos bestimmend. 1534 endgültig nach Rom übergesiedelt, führt er 1536–1541 an der Altarwand der Sixtinischen Kapelle das »Jüngste Gericht« (Abb. S. 153) und 1542–1550 in der Cappella Paolina des Vatikans die Fresken mit der »Kreuzigung Petri« und der »Bekehrung Pauli« aus. Entgegen allen Gerichtsdarstellungen vorangehender Jahrhunderte gleicht Michelangelos Darstellung, die die gesamte Altarwand einnimmt (14,83 x 13,30 m), einer Vision vom Ende des Menschengeschlechtes, in der das Licht der Erlösung nicht gegen die Finsternis der Verderbnis aufzukommen vermag. Michelangelo hatte mit diesem Werk die Grenzen des religiösen Verständnisses seiner Zeit durchbrochen. An der antikischen Nacktheit der Gestalten nahmen die Zeitgenossen so heftigen Anstoß, daß Daniele da Volterra 1559 auf Geheiß Papst Pauls IV. erste Retuschen an dem Fresko vornehmen mußte; noch vier weitere Male hat das Werk dann Übermalungen erlitten. Noch heute bietet es sich uns in dieser entstellten Fassung dar.

In den letzten beiden Jahrzehnten seines Lebens beschäftigten Michelangelo in zunehmendem Maße architektonische Pläne: 1546 übernimmt er die Ausführung des Palazzo Farnese und beginnt mit den Plänen für die Neugestaltung des Kapitolsplatzes; ein Jahr später wird ihm auch die Bauleitung der Peterskirche übertragen. Er gibt der Ewigen Stadt ihr Wahrzeichen mit der Peterskuppel, die seine Schüler nach seinem Modell wölben. Aber ebenso wie der Maler Michelangelo in keinem Augenblick den geborenen Bildhauer zu leugnen vermochte, bleibt auch bei dem Architekten die bildhauerische Urbegabung stets spürbar. Er hat nicht im eigentlichen Sinne »Räume« geschaffen, sondern mit Hilfe plastischer Glieder Wände und Flächen modelliert.

Wie kein anderer Künstler zuvor hat sich Michelangelo aus den Bindungen der Überlieferung befreit und damit der Kunst eine Welt zuvor unbekannter Ausdrucksmöglichkeiten erschlossen. Nie zuvor ist das Werk eines Künstlers in gleichem Maße Bekenntnis persönlichen Erlebens und Erleidens gewesen. Mit Michelangelo tritt ein neuer Typ des Künstlers auf den Plan. Daß die Erweiterung der Ausdrucksskala, das Abschütteln von bindenden, aber gewiß auch stützenden Traditionen zugleich unermeßliche Gefährdungen mit sich brachte, hat niemand bitterer erfahren müssen als er selbst. Kein Künstler des 16. Jahrhunderts konnte sich dem Eindruck seines Werks entziehen. Für die unendliche Zahl wegweisender Anregungen aber, die der Barock ihm verdankt, ist Rubens der Kronzeuge. Er hat während seiner achtjährigen Wanderzeit auf italienischen Boden kein Werk eines anderen Meisters mit gleicher Aufmerksamkeit und Anteilnahme studiert wie das Michelangelos.

Abbildungen:
153 Das Jüngste Gericht (Detail), 1536–1541
167 Hl. Familie (Tondo-Doni), um 1504/05
167 Delphische Sibylle, um 1506–1509
168 Die Erschaffung Adams, um 1510

MICHELINO DA BESOZZO (Michelino Molinari)
nachweisbar 1388–1442
Der aus Pavia stammende Maler wird 1388 als Maler eines Freskenzyklus erwähnt, also muß er spätestens 1370 geboren sein. In einer zeitgenössischen Quelle wird von ihm berichtet, daß er schon ausgezeichnet Tiere zu malen verstand, ehe er überhaupt sprechen konnte. Sein Zeitgenosse Alcherius, der als Kunstagent des Duc de Berry 1410 in Venedig mit ihm zusammentraf, nennt ihn »den hervorragendsten unter allen Malern der Erde«. Die Mailänder Dombauakten rühmen ihn als »pictor supremus«, als größten Maler und als Meister der Glasmalerei. Weder diese Glasmalereien noch die anderen Arbeiten, die er für den von Gian Galeazzo Visconti gegründeten Dom geschaffen hat, sind erhalten. Auch von seiner Tätigkeit als Architekt ist keine Spur geblieben. Aufgrund seiner Begabung als Tiermaler dürfte eine Schulung bei Giovannino de' Grassi anzunehmen sein; Stefano di Giovanni (oder da Verona) dürfte eher sein Schüler gewesen sein. Erhalten sind im wesentlichen Miniaturen, in denen er sich als ein Künstler erweist, der das damalige französische Formenrepertorium mit sehr eigenwillig erfundenen Blumen- und Ornamenthintergründen umgibt, als ein zarter Kolorist und guter Porträtmaler.

Abbildungen:
48 Der Jesusknabe krönt den Herzog. Illustration zu P. da Castellettos Totenrede für Gian Galeazzo Visconti, 1402/03
48 Das mystische Verlöbnis der hl. Katharina, um 1410–1420

MIERIS Frans van d. Ä.
1635 Leiden–1681 Leiden
Mieris, dessen Vater Goldschmied und Diamantenschleifer war, war zuerst bei einem Glasmaler in der Lehre, dann aber bei Dou, dem Hauptmeister der Leidener Feinmalerei, der ihn als »Prinzen« unter seinen Schülern bezeichnete. 1658 trat er in die Lukasgilde ein, 1655 war er deren Dekan. Er hat Leiden nie verlassen und sogar eine Einladung von Erzherzog Leopold Wilhelm, Statthalter der Niederlande, an den Wiener Hof ausgeschlagen. Neben dem Porträt waren kleinformatige Gesellschaftsszenen, Konversationsstücke mit häufig erotischen Anspielungen, seine Spezialität. Seine besten Werke sind Kabinettstücke der Feinmalerei und bestechen durch reizvolle Lichtführung, präzise Detailzeichnung und farbliche Delikatesse (»Hauskonzert«, Schwerin, Gemäldegalerie; »Austernmahl«, St. Petersburg, Ermitage).

Abbildung:
330 Galante Szene, o. J.

MIGNARD Pierre
1612 Troyes–1695 Paris
Mit zwölf Jahren trat Mignard in Bourges in die Werkstatt Bouchers ein, bildete sich danach in Fontainebleau weiter und malte mit 15 die Kapelle des Schlosses Coubert en Brie aus. Nach einem mehr-

jährigen Aufenthalt in Paris bei Vouet ging er 1636 nach Rom, wo er anfangs als Kopist arbeitete, bald aber Aufträge für Porträts, Altarbilder und Raumausmalungen erhielt. Seine Madonnenbilder wurden unter dem Titel »Mignardes« populär, die in ihrer weichen, lichten Malweise den Zeitgeschmack trafen. Das Bildnis Papst Alexanders VII., 1655 nach einer Reise nach Mantua, Parma, Bologna, Modena und Venedig entstanden, zeigt die ausdrucksstarke Charakterisierungsfähigkeit Mignards, die ihn, 1660 nach Paris zurückgekehrt, zum kunstpolitischen und stilistischen Widersacher Le Bruns machte und ihm eine Vielzahl an Porträtaufgaben für Königinmutter, Mazarin und König Ludwig XIV. eintrug. Zusammen mit dem befreundeten Dufresnoy schuf er 1663 die vielbeachtete Dekoration der Kuppel von Val-de-Grâce. 1664 wurde er zum Direktor der Académie de St. Luc ernannt, 1687 geadelt und endlich 1690 als Nachfolger seines Rivalen Le Brun »Erster Hofmaler« und Direktor der königlichen Akademie.

Abbildung:
251 Das Mädchen mit den Seifenblasen (Marie-Anne de Bourbon), 1674

MILLAIS John Everett
1829 Southampton–1896 London
Millais gehört zu den wenigen Künstlern, die ohne Behinderungen und Anfeindung, mit Wohlstand und Ehren belohnt, eine Malerkarriere machten. Beim Studium an der Royal Academy in London lernte er Hunt und Rossetti kennen, und ihre gemeinsame Abneigung gegen die akademischen Regeln und den Studienbetrieb führte zur Gründung der Bruderschaft der »Präraffaeliten«. Moralisch hochstehende Ideale und Ideen sollten die Themen der Malerei tragen. Es war eine romantische Malerei durch die Vorliebe für diese Stoffe und realistisch durch die Detailtreue. Millais entfernte sich später – äußerlicher Anlaß war der Bruch mit John Ruskin, der die Gruppe stark trug und unterstützte – von den Gefährten idealistischer Jugendzeiten und paßte seine Produktion dem Publikumsgeschmack an, da er gute Einnahmen und akademische und gesellschaftliche Meriten schätzte und anstrebte. Schließlich wurde er auch geadelt und zum Vorstand der Royal Academy gewählt.

Abbildung:
527 Ophelia, 1851

MILLET Jean-François
1814 Gruchy (bei Gréville)–1875 Barbizon
Der Sohn eines Bauern aus der Normandie erhielt seinen ersten Malunterricht in Cherbourg. Ein Stipendium der Stadt ermöglichte es ihm, nach Paris zu gehen und 1837–1839 im Atelier des Historienmalers P. Delaroche zu arbeiten. Danach verdiente er sich seinen Lebensunterhalt sehr mühselig durch den Verkauf von Porträts und Bildern mit galanten Themen im Stil des Rokokos. Zwischen 1841 und 1845 lebte er vorwiegend in Cherbourg, wo er sich auch in seinem späteren Leben immer wieder aufhielt. Dort und in Le Havre entstanden seine wenigen Seestücke. 1849 schloß er sich der Schule von Barbizon an und ließ sich auch an diesem Ort nieder, wo er in ziemlicher Armut lebte. Die Barbizon-Maler Troyon, Diaz, Dupré und vor allem Rousseau wurden seine Freunde. In den fünfziger Jahren fand er zu seinem eigentlichen Thema, der Darstellung des bäuerlichen Lebens.

In dieser Zeit entstanden auch seine bekannten Bilder: »Der Sämann« (Boston, Museum of Fine Arts, 1850), mit dem er im Salon von 1851 bekannt wurde, »Die Heubinder« (Paris, Louvre, 1850), »Die Ährenleserinnen« (Abb. S. 442) und »Beim Angelusläuten« oder »Das Abendgebet« (Abb. S. 442). Darin zeigt er die harte Arbeit der Bauern, jedoch nicht, wie Courbet, als nüchtern-sachliche Schilderung ihres entbehrungsreichen Lebens. Er gibt vielmehr der kargen Existenz dieser Menschen durch eine stimmungsvolle Beleuchtung sowie durch die monumentale Gestaltung der Figuren eine nahezu religiöse Weihe. »Die wahre Menschlichkeit voll großer Poesie« offenbart sich ihm im Elend der Bauern. 1867 erhält er auf der Pariser Weltausstellung eine Auszeichnung. Zu seiner Zeit fand Millet nur begrenzte Anerkennung. Teilweise wurde er aufgrund seiner sozialen Motive als gefährlicher Umstürzler verdächtigt, zum Teil wegen seiner Darstellungsweise als sentimental abgelehnt. Schließlich aber erlangten sie weltweit Einfluß auf die Entwicklung des Realismus und beeindruckten besonders Pissarro und van Gogh. 1889 wurde sein Gemälde »Beim Angelusläuten« (Abb. S. 442) für den Sensationspreis von 553 000 Francs versteigert.

Abbildungen:
442 Die Ährenleserinnen, 1857
442 Beim Angelusläuten (Das Abendgebet), um 1858/59

MIRÓ Joan
1893 Montroig (bei Barcelona)–1983 Palma de Mallorca
Während Miró noch die Handelsschule besuchte, ging er bereits zu Kunstkursen der Akademie La Lonja in Barcelona. Danach trat er eine Drogistenstelle an, die er aber bald wieder aufgab, um von 1912–1915 die Kunstakademie Francisco Gali zu besuchen, wo er impressionistische und fauvistische Malerei kennenlernte. 1917 traf er Picabia in Barcelona und wurde 1919 bei einer Reise nach Paris mit Picasso und seinem Kreis bekannt. Er setzte sich mit dem Kubismus auseinander und hatte vorübergehend auch Verbindung zur »Dada«-Bewegung. 1920 siedelte er nach Paris über.

Zu einem ersten Höhepunkt gelangte er 1921/22 mit dem poetischen Realismus seiner paradiesischen Landschaften. Langsam verminderte er dann die Bildtiefe, ehe er zur reinen Flächenmalerei vorstieß. Das war 1924, als Miró mit dem Kreis der Surrealisten engere Beziehungen aufnahm. Er überschritt bald die Grenze zur Abstraktion des Wunderbaren und Imaginären hin. 1924 unterzeichnete er das surrealistische Manifest und nahm 1925 an der ersten gemeinsamen Ausstellung teil. Zusammen mit Max Ernst entwarf er 1926 Kostüme und Bühnenbilder für Sergej Diaghilews »Ballets Russes«. 1928 reiste er nach Holland und malte die »imaginären Porträts« nach alten Meistern. Gleichzeitig entstanden die ersten Collagen. Neue Formen tauchten auf, und die Bildwelt Mirós verwandelte sich in ein lebhaftes Zauberspiel realistischer Attribute mit frei Gefundenem. Der humorvoll-heitere Zug seiner Werke mit ihren Figuren ohne fleischliche Dichte, den schwebenden Phantomen mit zu Strichen verdünnten Gliedern wich in den dreißiger Jahren der Ahnung heraufdämmernder Verhängnisse. 1937 entwarf er Wanddekorationen für den spanischen Pavillon der Pariser Weltausstellung und engagierte Plakate für die spanische Republik. 1942 kehrte er nach Barcelona zurück und begann 1944 seine ersten Keramiken. Seinen endgültigen Wohnsitz nahm er 1956 in Palma de Mallorca. Die Bilder seiner letzten Jahrzehnte vereinen wieder geschmeidige Mensch-Tier-Figurationen mit einer kunstvoll-naiven Kosmologie.

Abbildungen:
554 Die Dichterin, 1940
606 Karneval der Harlekine, um 1924/25
606 L'Hirondelle d'Amour, 1934
607 Personen und Hund vor der Sonne, 1949

MODIGLIANI Amedeo
1884 Livorno–1920 Paris
Nach kurzem Studium an der Kunstakademie in Florenz und Venedig kam Modigliani 1906 nach Paris, wo er ein Leben führte, das von Krankheit, Alkohol und Drogen beherrscht wurde. Er lernte Picasso kennen, freundete sich mit Maurice Utrillo und Soutine an und war zeitweilig Nachbar des Bildhauers Constantin Brancusi, der ihn zur Plastik ermunterte. Karyatiden und Frauenköpfe entstanden, auf die die bewunderte afrikanische Negerplastik nicht ohne Einfluß blieb. Nach ruhelosem Experimentieren mit neuen Ausdrucksmöglichkeiten war sein sehr persönlicher Stil um 1915/16 voll entwickelt. Er bevorzugte rostige Farben, manieristische Überlängungen, schwankende Augen, pendelnde Nasen, ovale Köpfe auf röhrenförmigen Hälsen. Bei den Akten ist die freizügige Sinnlichkeit durch die Strenge des Konturs gebändigt. Bis an sein Lebensende hat Modigliani Menschen aus seiner Umgebung dargestellt: Künstler, Schriftsteller, Freunde und Freundinnen, Dienstmädchen und Kinder. Nur während eines Aufenthaltes bei dem Maler Survage in Cannes und Nizza malte er einige Landschaften, die an den frühen Kubismus anknüpfen.

Abbildungen:
578 Braut und Bräutigam (Das Brautpaar), um 1915/16
578 Liegender weiblicher Akt auf weißem Kissen, 1917

MOHOLY-NAGY Lázló
1895 Bácsborsod (Ungarn)–1946 Chicago
Nach einem Jurastudium in Budapest begann Moholy-Nagy während seines Militärdienstes 1914–1917 und nach einer schweren Verwundung im Lazarett zu zeichnen. Er beendete noch 1918 sein Studium, wandte sich aber dann ganz der Malerei zu. 1919/20 kam er über Wien nach Berlin. In dieser Zeit entstehen in Zusammenarbeit mit seiner Frau, der Photographin Lucia Schulz, erste Fotogramme. Sein malerisches Frühwerk zeigt sich durch den Konstruktivismus Malewitschs und El Lissitzkys beeinflußt, sein gesamtes Œuvre ist durch einen stark experimentellen Charakter geprägt. 1923 wurde er an das Weimarer Bauhaus berufen, wo er als Meister die Metallwerkstatt und später auch den Vorkurs übernahm. 1926 veröffentlichte er das Bauhaus-Buch »Malerei, Photographie, Film«. Nach 1928 arbeitete Moholy-Nagy in Berlin u. a. als Bühnenbildner, Ausstellungsorganisator und Kunsttheoretiker. 1934/35 emigrierte er über Amsterdam nach London. Er drehte dort Filme und veröffentlichte mehrere dokumentarische Bildbände. Daneben stellte er skulpturale Objekte aus Plexiglas her. 1937 wurde er als Leiter des New Bauhaus nach Chicago berufen, das jedoch bald wegen finanzieller Schwierigkeiten schließen mußte. Seiner eigenen School of Design stand er bis zu seinem Tod vor.

Abbildung:
592 Komposition Z VIII, 1924

MOMPER Joos de
(auch: Joost, Joes, Josse, Jodocus de Momper)
1564 Antwerpen – um 1634/35 Antwerpen
Wie in Utrecht Bloemaert mit seinem Schaffen weit aus der manieristischen Zeit in das barocke 17. Jahrhundert hineinragt, so Momper in Antwerpen. Er stammte aus einer Malerfamilie und lernte bei seinem Vater Bartholomäus. 1581 wird er Mitglied der Lukasgilde, und 1611 ist er deren Vorstand. Man muß annehmen, daß Momper eine längere Italienreise unternommen hat, die ihn u. a. auch zu dem in Treviso tätigen flämischen Landschaftsmaler Lodewijk Toeput (Pozzoserrato) geführt hat. 1594 ist es in Antwerpen an den Dekorationen zum Einzug des Erzherzogs Ernst beteiligt. Mompers Landschaften, die immer wieder das Hochgebirge zum Thema haben, orientieren sich zunächst an Pieter Breughel. Im farblichen Aufbau folgen sie dem geläufigen Schema: brauner Vordergrund, graugrüner Mittelgrund, blauer Hintergrund. Er vermeidet jedoch den gekünstelten Eindruck der Manieristen und beeindruckt durch natürliche Darstellungsfreude, sicheres Raumgefühl und Wirklichkeitstreue, die auch seinen Nachfolger Seghers auszeichnen. Neben Gebirgslandschaften hat Momper auch seine Heimat in Sommer- und Winterbildern gemalt.

Abbildung:
287 Ländliche Winterlandschaft, um 1620

MONDRIAN Piet (Pieter Cornelius Mondriaan)
1872 Amersfoort (bei Utrecht)–1944 New York
Mondrian wuchs in einer künstlerischen Familie auf

und studierte 1892–1897 an der Rijksakademie in Amsterdam bei A. Allebé; er ist beeindruckt von Breitner und den Landschaftsbildern der Haager und Amsterdamer Schule. 1904/05 malte er in den Provinzen Brabant und Overijssel und entwickelt einen persönlicheren Stils, der sich bereits vom Abbilden des Sichtbaren löst. Bis 1906 malte Mondrian hauptsächlich Landschaften im Stil der Amsterdamer und Haager Impressionisten. 1909 Ausstellung im Stedelijk Museum in Amsterdam; seine freien, an die Fauves erinnernden Landschaftsgestaltungen rufen heftige Kritik hervor. Während der Jahre 1911 – 1914 in Paris wurde er stark durch den Kubismus beeinflußt. Für seine weitere Entwicklung waren die Jahre 1914–1919 in Amsterdam entscheidend. 1915 traf er van Doesburg, mit dem er 1917 die Künstlergruppe »De Stijl« gründete. In der gleichnamigen Zeitschrift publizierte Mondrian seine wegweisende Artikelserie »Die neue Gestaltung in der Malerei«. Der Weg der Abstraktion führte 1917 erstmals zu Bildern mit rhythmisierten horizontalen und vertikalen Linien (Plus-Minus-Kompositionen), denen ein Jahr später die Bilder mit geometrischem Gitterwerk folgten. 1919 kehrte er nach Paris zurück, wo er 1920 »Le Neo Plasticisme« veröffentlichte. Um 1920 entstanden aus farbigen Rechtecken mit schwarzen Konturen aufgebaute Bilder. 1921 reduzierte Mondrian die bildnerischen Mittel auf die Primärfarben und Schwarz, Grau und Weiß. In den folgenden Jahren wurde dieser Stil mit immer größerer Reinheit ausgeführt. 1930 schloß er sich den Gruppen »Cercle et carré« und ein Jahr später »Abstraction-Création« an. 1938 siedelte er nach London über. Die Ausweitung des Zweiten Weltkrieges drängte ihn 1940 zur Emigration nach New York. Dort erfuhr sein Stil noch einmal eine Wandlung. Er ersetzte das schwarze Liniengerüst seiner Bildstruktur durch Farblinien und Reihungen kleiner Farbrechtecke.

Abbildungen:
552 Broadway Boogie-Woogie, 1942/43
597 Ovale Komposition (Baumstudie), 1913
597 Komposition, 1925

MONET Claude
1840 Paris–1926 Giverny (bei Paris)
Die Familie Monets zog 1843 von Paris nach Le Havre, wo der junge Claude 1855 dem Maler Boudin in der Rahmenhandlung begegnete, die Boudin lange Zeit gehört hatte und in der Künstler auch ausstellen und verkaufen konnten. Boudin erkannte Monets Talent und begann mit ihm zusammen zu arbeiten. Mit fast sanfter Gewalt bekehrte er ihn zur Freilichtmalerei. Schon nach kurzer Zeit riet er seinem Schützling, sich in Paris umfassend ausbilden zu lassen. So landete Monet 1859 in der Académie Suisse, wo er Pissarro traf. Zu dieser Zeit bewunderte er Delacroix, Corot, Millet und Courbet und suchte Daubigny und Constant Troyon auf, um sich von ihnen beraten zu lassen. Er traf auch den Freilichtmaler Jongkind, von dem er sehr beeindruckt war. 1861 wurde er zum Militärdienst eingezogen und kam nach Algerien, doch bereits ein Jahr später konnte er wegen seiner angegriffenen Gesundheit wieder nach Paris zurückkehren. Seine Familie machte ihm immer wieder Schwierigkeiten und verweigerte die notwendige Unterstützung. Von den Intellektuellen und Künstlern, die er in der Brasserie des Martyrs – ein Treffpunkt der Realisten und ihrer Anhänger – kennenlernte, wurde er besser verstanden. Im Atelier von Gleyre, das er seit 1862 besuchte, traf er die jungen Maler Bazille, Sisley und Renoir, und sie schlossen sich mit Pissarro zu einer Freundesgruppe zusammen.

1865 hatte Monet mit zwei von Paul Mantz in der »Gazette des Beaux-Arts« gut besprochenen Landschaften im Salon einen ersten öffentlichen Erfolg. Aber er ging einen anderen Weg, verfolgte mit seiner Malerei Ziele, die ihn von der Linie des offiziellen Geschmacks entfernten. Um dem Kriegsgeschehen zu entgehen, zog er 1870/71 mit seiner Familie nach London. Durch die Vermittlung von Daubigny lernte er dort den Kunsthändler Durand-Ruel kennen. Danach hielt er sich kurzfristig in Holland auf. Von 1872–1877 hatte er ein Haus in Argenteuil gemietet, kam aber immer wieder nach Paris, um Anschluß an seine Freunde zu halten und Absatzmöglichkeiten für seine Bilder aufzutun. Zu dieser Zeit engagierte sich nur Durand-Ruel, die Malerfreunde und einige wenige Sammler, die ihre Qualität erkannt hatten, für die damals preiswerten Arbeiten Monets. In den siebziger Jahren hatte er künstlerisch zu sich selbst gefunden, das Schwarz aus seiner Palette verbannt und durch Blau ersetzt. Als eine Art Selbsthilfeaktion entstand die Gruppe »Société des Artistes Indépendants« (Gesellschaft unabhängiger Künstler), von der Kritik nach einem Gemäldetitel Monets spöttisch als »Impressionisten« bezeichnet. Neben dem harten Kern Monet, Sisley, Pissarro und Renoir schlossen sich auch Maler an, die sich stilistisch nicht rein den Impressionisten zuordnen lassen: Cézanne, Degas, Morisot und Cassatt. Manet blieb wie Fantin-Latour nur Freund der Gruppe und stellte nicht mit ihnen zusammen aus. Zwischen 1874 und 1886 veranstaltete die Gruppe acht gemeinsame Ausstellungen und mehrere Versteigerungen ihrer Bilder. Langsam stellten sich kleine Erfolge und Anerkennungen ein.

1878 mietete sich Monet in Vétheuil nahe seiner geliebten Seine ein, 1879 starb dort seine Frau. 1881 zog er nach Poissy, und ab 1883 nahm er seinen ständigen Wohnsitz in Giverny und legte seinen berühmten Garten mit den Seerosenteichen an, in dem er Ruhe, Frieden und Inspiration empfing. Zurückgezogen von der Welt, aber keineswegs abgeschlossen – er empfing häufig Freunde und nahm am Zeitgeschehen Anteil –, verbrachte er die letzten Lebensjahre in Giverny. Niederschlag seiner tiefen Liebe zu seinen Seerosen sind zahllose Varianten dieses Motivs.

Abbildungen:
479 Impression, Sonnenaufgang, 1873
498 Rote Segelbote in Argenteuil, 1875
498 Le Pont de l'Europe, Gare Saint-Lazare, 1877
499 Frauen im Garten, 1867
500 Wassergarten mit japanischer Brücke, 1900
500 Seerosen (Reflets verts), um 1916–1921

MORANDI Giorgio
1890 Bologna–1964 Bologna
Morandi wuchs in einem alten Patrizierhaus auf, wo er bis zu seinem Tod wohnte. Nach kurzer Zeit als Angestellter im Handelsbüro seines Vaters studierte er von 1907–1913 an der Accademia di Belli Arti in Bologna. Cézanne, Renoir und Monet beeindruckten ihn. Seine ersten Gemälde mit Stilleben und Landschaften entstanden 1911. Seinen Lebensunterhalt verdiente er als Zeichenlehrer an verschiedenen Schulen in Bologna. 1918 entstanden seine ersten »metaphysischen« Stilleben mit ihren seltsamen Konstruktionen. Unter dem erneuten Einfluß Cézannes kehrte er 1920 zur klassischen Auffassung des Stillebens zurück. Er baute sich seine eigene Stillebenwelt aus vertrauten Gegenständen auf: Tassen, Salatschüsseln, Flaschen und Vasen. Farbe, Form und Licht sind zu einer Einheit verschmolzen, wobei sich Gegenstände und Raum im Laufe der Entwicklung immer weniger voneinander trennen.

Abbildung:
603 Stilleben, 1920

MOREAU Gustave
1826 Paris–1898 Paris
Schon früh zeigte sich das malerische Talent Moreaus, und er trat nach einer kurzen Studienzeit an der École des Beaux-Arts in das Atelier von François Picot ein, das auch sehr akademisch orientiert war. Er bewunderte Delacroix und die klassische Kunst und ließ sich stark von seinem früh verstorbenen Malerfreund Chassériau beeinflussen. 1857 ging er für vier Jahre nach Italien und brachte von dort Landschaftsskizzen in Aquarell und Pastell mit. Seit dieser Zeit war sein Tenor festgelegt: Themen mit allegorisch-symbolistischem Gehalt und Figuren in einer reichen, strahlenden Ausstattung. 1892 erhielt er eine Professur an der École des Beaux-Arts und hatte u.a. Matisse, Rouault und Marquet als Schüler. Noch zu Lebzeiten vermachte er sein zum Museum umgestaltetes Atelier dem Staat. Es ist noch heute zu besichtigen.

Abbildung:
509 Die Erscheinung, um 1875

MORISOT Berthe
1841 Bourges–1895 Paris
Die Tochter des obersten Verwaltungsbeamten des Département Cher und einer Großnichte des Rokokomalers Fragonard erhielt 1857 ihren ersten Zeichenunterricht. 1859 begegnete sie Fantin-Latour im Louvre. Von 1860–1862 war sie mit ihrer Schwester Edma (später Mme Pontillon) Schülerin von Corot. Corot riet ihr, nach Auvers-sur-Oise zu gehen, um Freilichtmalerei zu betreiben. Dort lernt sie Daubigny kennen. 1864 stellt sie erstmals Landschaften im Salon aus. 1868 Freundschaft mit Manet, der sie berät und porträtiert. 1874–1886 Teilnahme an allen Impressionistenausstellung; sie fehlt nur bei der IV. wegen Krankheit. 1874 heiratet sie Manets Bruder Eugène. 1881–1883 baut sie ein Haus in Paris, wo sich jeden Donnerstag Maler und Schriftsteller treffen: Degas, Caillebotte, Monet, Pissarro, Whistler; auch Puvis de Chavannes, Duret, Renoir und Mallarmé besuchen sie, der ihr bester Freund und größter Bewunderer wird. 1882 stellt sie bei G. Petit aus und 1887 bei »Les XX« in Brüssel. 1894 erwirbt der Staat erstmals ein Bild von ihr. 1895 findet eine große Gedächtnisausstellung bei Durand-Ruel mit 300 Werkenstatt, in die Mallarmé einführt. Ihre Tochter Julie heiratet einen Sohn des Sammlers und Malers Henri Rouart, ihre Nichte Nini Gobillard wird Valérys Frau. Ihre frischen, hellen Impressionen vom glücklichen Privatleben sind ein bedeutender Beitrag zum Impressionismus.

Abbildung:
501 Junge Frau, sich pudernd, 1877

MOSER Lukas
um 1390 Weil der Stadt – nach 1434
Lukas Moser (nachweisbar 1419–1434) stammt aus Weil der Stadt bei Stuttgart, arbeitete aber die meiste Zeit wohl in Ulm, wo er auch Vorlagen für Glasgemälde gefertigt hat. Mosers Ruhm geht von dem Retabel des Magdalenenaltars in Tiefenbronn aus (Abb. S. 78). Es ist sein einziges gesichertes und signiertes Werk. Merkwürdig ist die Rahmeninschrift: »Schri kunst schri und klag dich ser, din begert iecz niemen mer so o we 1432 lucas moser, maler von wil maister dez werx bit got vir in.« Von der Tendenz her klingt dieser Klageschrei wie der Ausruf eines alternden Künstlers. Vom Stil her aber ist Moser ganz sicher einer der Modernsten. Doch mochte man entweder seine Kunst nicht haben, weil sie zu modern war, oder dieser Wehruf ist auf die versteckt bilderfeindliche Stimmung nach der hussitischen Bildkritik und den Reformen des Konstanzer Konzils zurückzuführen. Moser hatte sicher Kenntnisse der oberitalienischen, vielleicht auch der älteren toskanischen Malerei. Wahrscheinlich ist er in der Provence und Südfrankreich gewesen, hat jedoch auch eigene direkte Kenntnisse der franko-flämischen Neuerungen gehabt.

Abbildung:
78 Magdalenenaltar, 1432

MOTHERWELL Robert
1915 Aberdeen (Washington)–1991 Provincetown (Massachusetts)
Motherwell studierte ab 1935 an der Stanford University in Kalifornien, an der California School of Fine Arts, Valencia, in Harvard und an der New Yorker Columbia University Philosophie, Kunstgeschichte und Archäologie. Er war tätig als Maler, Autor, Herausgeber von Kunstzeitschriften und als Lehrer. Neben seinen Gemälden sind seine Collagen und Drucke von Bedeutung. 1941 probierte er mit

Kurt Seligman Drucktechniken aus, und 1945 vertiefte er diese Experimente in Stanley William Hayter's »Atelier 17«. Mit den surrealistischen Theorien und dem Automatismus wurde er 1941 bekannt. Bald gehörte er neben Pollock und de Kooning zu den exponiertesten Vertretern des Abstrakten Expressionismus und des Action Painting. Seine Arbeiten sind wenig aggressiv, immer intellektuell durchdacht, ohne die spontane Heftigkeit und die sinnlichen Sensationen, die bei Werken Pollocks und de Koonings ins Auge springen. Von Motherwells Hand stammen auch Entwürfe für Wandbilder, u.a. für das Kennedy Building in Boston. Von großer Bedeutung ist seine Tätigkeit als Kunstschriftsteller und Herausgeber. 1944 begann er, Dokumente moderner Kunst als Buchreihe herauszugeben. Zusammen mit William Baziotes, Newman und Rothko gründete er 1948 die avantgardistische Kunstschule »Subjects of the Artists«, wo er auch ein Jahr unterrichtete. Weiter lehrte er 1950 bis 1959 am Hunter College sowie am Black Mountain College. Von 1970 bis zu seinem Tod lebte er in Greenwich (Connecticut).

Abbildung:
634 Elegie auf die spanische Republik 34, 1953/54

MOUNT William Sidney
1807 Setauket (New York) – 1868 Setauket
1824 kam William Mount zu seinem Bruder Henry in die Lehre, der als Schildermaler tätig war. Nach einer weiteren Ausbildung an der National Academy of Design kehrte Mount 1827 für zwei Jahre in seine Heimat auf Long Island zurück. Seinen Lebensunterhalt verdiente er dann bis 1836 in New York als Porträtmaler. Berühmt wurde er jedoch mit seinen Genrebildern, in denen er das alltägliche Leben in seiner Umgebung, das heute als typisch empfundene amerikanische Volksleben, festhielt. Mount wurde damit zu einem der ersten amerikanischen Freilichtmaler. Eine frische, nahezu impressionistische Malweise in Verbindung mit einfachen, einprägsamen Kompositionen ließen ihn sehr populär werden, bald wurden seine Bilder auch in Reproduktionen massenhaft verbreitet. Auf dem heimatlichen Hof Stony Brook sammelte er einen Kreis von Dichtern und Malern um sich. In den fünfziger Jahren, als seine Schaffenskraft nachließ, beschäftigte er sich mit spiritistischen Studien.

Abbildung:
471 Der Pferdehandel, 1835

MUELLER Otto
1874 Liebau (Schlesien) – 1930 Breslau
Nach dem Gymnasium absolvierte Mueller bis 1894 eine Lithographenlehre. Auf Anraten Gerhart Hauptmanns studierte er bis 1896 an der Dresdner Kunstakademie. 1898 studierte er kurze Zeit in München bei Franz von Stuck und orientierte sich, frei arbeitend, an Böcklin, Hans von Marées und Ludwig von Hofmann. Er arbeitete danach zurückgezogen in seiner Heimatstadt und zog 1908 nach Berlin, wo die für seine Entwicklung wichtige Freundschaft mit dem Bildhauer Wilhelm Lehmbruck begann. Er beteiligte sich an der Gründung der »Neuen Sezession« und wurde Mitglied der »Brücke«. Seither entwickelte Mueller seinen eigenen, auf wenige Farben beschränkten Malstil, die Technik der stumpfen, freskoartigen Leimfarbe und die Variationen seines lyrischen Bildthemas: Menschen im Einklang mit der Natur. Während des Kriegsdienstes 1916–1918 fixierte er vom Krieg unberührte Bildideen, die später seinen Gemälden als Vorlage dienten. 1919 wurde er an die Akademie nach Breslau berufen. Die Sommer 1920 und 1923 verbrachte er mit Heckel, zu dem er eine besonders herzliche Beziehung hatte, an der Flensburger Förde, wo seine wenigen Landschaftsbilder entstanden. Danach verbrachte er den Sommer meist in Dalmatien, Ungarn und Rumänien, den Zigeunern nachreisend.

Abbildung:
585 Liebespaar, 1919

MULTSCHER Hans
um 1390 Reichenhofen – um 1467 Ulm
Multscher ist neben Witz der bedeutendste deutsche Maler und Bildhauer in der ersten Hälfte des 15. Jahrhunderts. Sein erstes signiertes Werk ist der beim Bildersturm 1531 schwer beschädigte skulptierte Karg-Altar im Ulmer Münster. Erhalten blieben der räumliche Aufbau der in mehreren Schichten gegliederten Architektur mit dem zur Tiefe fluchtenden Fenster und die Gruppe der im organischen Aufbau sicher erfaßten Engelsfiguren. Annähernd gleichzeitig dürfte der Schmerzensmann am Mittelpfeiler des westlichen Münsterportals entstanden sein. Um 1434 wird das Sandsteinmodell für das Grabmal Herzog Ludwigs des Gebarteten angesetzt (München, Bayerisches Nationalmuseum). Während der Meister hier malerische Qualitäten auf die Gattung der Skulptur überträgt, erfüllt er die gemalten Tafeln des 1447 datierten Wurzacher Altars der vermutlich ehemals in der Stadtpfarrkirche in Landsberg am Lech stand, mit plastischen Energien (Abb. S. 143). Um die Jahrhundertmitte erreicht Multscher eine neue Entwicklungsstufe: Die holzgeschnitzten Figuren der Heiligen Barbara und Magdalena (Rottweil, Lorenzkapelle) verzichten auf schöne Dekorativität der Gewandung zugunsten betonter Körperlichkeit und Logik der Faltenanordnung, die vom Körper bestimmt wird. Multschers Weg gipfelt in dem Hauptaltar für die Frauenkirche in Sterzing, der 1456–1459 ausgeführt wird. Leider ist auch hier der ursprüngliche Zusammenhang nicht erhalten. Die Schreinfiguren, noch an Ort und Stelle, geben die Blockhaftigkeit der Rottweiler Figuren zugunsten stärkerer, ja leidenschaftlicher Bewegung in Körper und Gewand auf. Stofffülle und Linienphantasie sind zu fast barockem Pathos gesteigert. Die gemalten Tafeln, motivisch mit denen des Wurzacher Altars eng verwandt, verraten die Hand eines jüngeren Meisters.

Abbildung:
143 Auferstehung Christi, 1437

MUNCH Edvard
1863 Løten (Hedmark) – 1944 Ekely (bei Oslo)
Munch entstammt einer Familie, aus der berühmte Künstler und Wissenschaftler hervorgegangen sind. Tragische Familienerlebnisse prägen sein Œeuvre. 1868 stirbt die Mutter, 1877 seine Lieblingsschwester Sophie, der Vater neigt zu Melancholie. 1881 beginnt Munch das Studium an der Königlichen Zeichenschule in Oslo. Er lernt Krohg kennen und malt unter dessen Anleitung lichterfüllte naturalistische Landschaften und Personenstudien. 1885 erste Parisreise und Entwicklung seines persönlichen Stils, in dem Farbe und Form zu einem expressiven Stimmungsträger werden. 1889 hat er seine erste Einzelausstellung und erhält ein Staatsstipendium. 1889 – 1892 Parisaufenthalt. Er besucht den Zeichenkurs bei Bonnat, studiert die alten Meister und den Impressionismus. 1892 Reise nach Berlin und Ausstellung im »Verein der bildenden Künstler«, die einen Skandal auslöst und geschlossen werden muß; es folgt darauf die Gründung der Berliner Sezession. Seit 1894 veröffentlicht er Druckgraphik. Um 1900 zahlreiche berühmte Illustrationen. In den neunziger Jahren lebt er meist in Frankreich, Italien und Deutschland. 1896–1898 nimmt er an den Ausstellungen im »Salon des Indépendants« in Paris teil. 1902 stellt er die 1893 begonnene Bilderfolge »Lebensfries« in der Berliner Sezession aus und wird 1904 dort Mitglied. 1908 kehrt er nach einem Nervenzusammenbruch endgültig nach Norwegen zurück, wo er in dem kleinen Fischerstädtchen Kragerø wohnt. 1916 beendet er drei große Freskobilder für die Aula der Universität in Oslo. Seit 1916 lebt er in Ekely in der Nähe von Oslo. 1921/22 Dekoration für den Speisesaal der Osloer Schokoladenfabrik Freia. Er leidet in den dreißiger Jahren an einer Augenerkrankung.

Abbildungen:
560 Pubertät, 1895
560 Mädchen auf der Brücke, 1901

MURILLO Bartolomé Esteban
um 1617/18 Sevilla – 1682 Sevilla
Als jüngstes von 14 Kindern eines Arztes in Sevilla geboren, sollte Murillo, von einer nicht sicher belegten Madridreise um 1642 abgesehen, seine Heimatstadt nie verlassen. Mit zehn Jahren Waise geworden, kam er früh zu einem Maler namens Castillo in die Lehre. Der Gemäldezyklus für den Kreuzgang des Klosters San Francisco in Sevilla war sein erster großer Auftrag (1645/46) und machte ihn berühmt. Während er sich in der Frühzeit noch von Zurbaráns Helldunkel, dann von Ribera beeindruckt zeigt und ein kühles Kolorit bevorzugt, entwickelte er rasch seinen eigenen weich modellierenden Stil in warmen Farbtönen, für dessen Ausprägung die Bilder van Dycks, Rubens' und Raffaels wichtig waren, die er in Sevillaner Sammlungen kennengelernt hatte. Seine heute oft als süßlich angesehenen Genreszenen (»Trauben- und Melonenesser«, München, Alte Pinakothek, »Die kleine Obsthändlerin«, Abb. S. 267) bedeuten eine völlig neue Art zu sehen. Wenn Hegel über Murillos Bettelkinder sagte, sie säßen »zufrieden und selig fast wie olympische Götter« am Boden, wird darin die Befreiung von gewichtigem Pathos ebenso deutlich wie eine Sensibilisierung für einfache Gegenstände und Gefühle, wie sie erst im 18. Jahrhundert zu voller Ausprägung gelangten. Seine zahlreichen Madonnendarstellungen repräsentieren eine empfindsame und volksnahe Frömmigkeit. Was Murillo zum Haupt der Sevillaner Schule, deren höchstbezahlter Maler er war, und zum Präsidenten der von ihm gegründeten Akademie werden ließ, war neben solchen neuen Inhalten und Auffassungen nicht zuletzt seine brillante malerische Technik.

Abbildungen:
223 Die Pastetenesser, um 1662–1672
265 Verkündigung an Maria, um 1660–1665
266 La Immaculada, o.J.
266 Häusliche Toilette, um 1670–1675
267 Die kleine Obsthändlerin, um 1670–1675

NATTIER Jean-Marc d.J.
1685 Paris – 1766 Paris
Der junge Nattier erhielt seinen ersten Unterricht zunächst von seinem Vater Jean-Marc d.Ä. und war danach vermutlich Schüler Jouvenets. Anschließend studierte er die Werke älterer Meister, zumal von Rubens, in der Galerie du Luxembourg. Bereits mit 15 Jahren bekam er einen Preis der Akademie für eine Zeichnung nach Rubens, die Ludwig XIV. derart gefiel, daß er sie stechen ließ. Ein russischer Gesandter schickte den jungen Maler nach Amsterdam, um die dort weilende Zarenfamilie zu porträtieren. Nattiers persönliche Leistung ist die Übertragung des alten Typus des mythologischen Porträts in die Sprache des Rokoko (zum Beispiel »Mademoiselle de Lambesc als Minerva«, Paris, Louvre, 1737; »Madame Bouret als Diana«, Lugano-Castagnola, Sammlung Thyssen-Bornemisza, 1745). Mit diesen Bildnissen, die die Dargestellten nicht in antike mythologische Gestalten verwandeln wollen, sondern sie nur graziös mit den jeweiligen Attributen drapieren, hatte Nattier durchschlagenden Erfolg bei Hof. Seine Mätressenporträts verkörpern einen wesentlichen Aspekt der Malerei des Louis-quinze. Bezeichnend ist die Verwandlung des hochbarocken Kolorits in den perlmutthaften duftigen Schmelz, der für die eigenhändigen Arbeiten Nattiers charakteristisch ist.

Abbildung:
353 Madame Henriette als Flora, 1742

NAY Ernst Wilhelm
1902 Berlin – 1968 Köln
Zunächst waren Nays malerische Versuche autodidaktischer Natur. Erst 1925 nahm er das Studium an der Berliner Kunstakademie auf. Während seiner dreijährigen Studienzeit wurde er von Carl Hofer betreut und ermutigt. 1931 bekam er den Rompreis. Mehr und mehr wandte er sich der surrealistischen Abstrahierung seiner Bildgegenstände zu, zuerst in stillebenartigen Kompositionen, dann in großfiguri-

gen Bildern. Unter den Nazis war er als »entarteter« Künstler verfolgt. Er reiste mehrfach auf die Lofoten in Norwegen, wo er die karge Landschaft als Anreiz für seine Abstraktionen benutzte. Nach dem Krieg lebte er in Hofheim/Taunus und zog 1951 nach Köln. Bis in die fünfziger Jahre hinein dauerte sein Ringen um die ungegenständliche Malerei. Gegen 1955 entstanden seine ersten Kreisscheibenkompositionen mit einer dekorativen, teils unruhigen, starken Farbigkeit. In den sechziger Jahren nahm er Elemente des Informel in seine Malerei auf, ab 1963 sichtbar in der Serie der »Augenbilder«.
Abbildung:
639 Gelbe Chromatik, 1960

NEWMAN Barnett
1905 New York – 1970 New York
Newman stammte aus einer Familie polnischer Juden. Er studierte 1922 bis 1930 Philosophie und Ornithologie, sowie Kunst an der Art Students League. Etwa seit 1930 war er mit Still, Pollock, Adolph Gottlieb und Milton Avery bekannt. Er zerstörte seine bildnerischen Anfangswerke, ließ seine Schriften allerdings publizieren. In der von ihm mitherausgegebenen Zeitschrift »Tiger's Eye« erschienen die bedeutenden maltheoretischen Texte, 1947 »The First Man was an Artist« und 1948 »The Sublime is Now«. Erst im Alter von 43 Jahren fand er seinen eigenen Stil in der Malerei, seine mystische Abstraktion; er variierte dabei dünne senkrechte Farbstreifen auf monochromem Grund. Damit wurde er zum wichtigsten Vertreter der minimalistischen Farbfeldmalerei. Nach einer ersten späten Einzelausstellung 1950, die vernichtend kritisiert wurde, zog er sich für acht Jahre vom Kunstbetrieb zurück. Erst danach fand er mit der Bilderserie »Stations of the Cross« breite Anerkennung.
Abbildung:
650 Vir Heroicus Sublimus, 1950/51

NICHOLSON Ben
1894 Denham (Buckinghamshire) – 1982 London
Der Sohn eines Malerehepaares studierte nur kurz an der Gresham School in Holt und an der Londoner Slade School of Art. Nach einem Aufenthalt in Paris 1921, bei dem er erstmals Bilder von Braque, Matisse und Picasso sah, wird er zu großer Schaffenskraft animiert. In Auseinandersetzung mit dem Kubismus entwickelt Nicholson eine eigenständige Bildsprache, bei der dreidimensionale Naturerscheinungen in den zweidimensionalen Bildraum übertragen wurden. Das Bild wird als autonomes Objekt begriffen. Ende 1933 entstanden die ersten rein abstrakten Reliefs: Nach geometrischen Regeln zerschnittene und unterschiedlich getönte Hartfaserplatten wurden in mehreren Schichten übereinandergeklebt. In dieser Zeit wurde Nicholson Mitglied der Gruppe »Abstraction-Création«, der er bis 1937 angehörte. 1940 zog er sich mit seiner zweiten Frau, der Bildhauerin Barbara Hepworth, nach Cornwall zurück, dort bildete sich um das Ehepaar und den Bildhauer Naum Gabo ein Zentrum der abstrakten Kunst, die »Maler von St. Ives«. Nach 1945 versuchte Nicholson erneut, gegenständliche Elemente in seine Bilder aufzunehmen. Neben streng geometrischen Abstraktionen entstanden zu zeichenhafter Struktur reduzierte Stilleben und Landschaften. Sein Spätwerk ist wieder stärker durch klassisch-harmonische Geometrisierungen geprägt. Ben Nicholson wurde zum Hauptvertreter der konkreten Kunst in England.
Abbildung:
614 Stilleben, 1947

NOLAND Kenneth
* 1924 Asheville (North Carolina)
Noland studierte von 1946–1948 am Black Mountain College in New York und 1948/49 bei Ossip Zadkine in Paris. Danach lehrte er bis 1956 an verschiedenen Instituten in Washington. Zusammen mit Louis entwickelte er die Farbfeldmalerei mit verdünnten Farben. Außer zu den Hard-edge- und Farbfeldmalern zählt man Noland noch zu den Minimalkünstlern. Die Maler der Minimal Art reduzierten ganz bewußt die Elemente ihrer Malerei. Noland arbeitete zuerst mit scheibenartigen Farbfeldern, dann kam er mehr und mehr zu horizontal angelegten Farbbändern in sanften, harmonischen Farben. Mitte der achtziger Jahre entdeckte Noland die Computerkunst für sich. Zusammen mit dem Architekten I. M. Pei entwarf er Gebäude für das Massachusetts Institute of Technology.
Abbildung:
651 Ember, 1960

NOLDE Emil (Emil Hansen)
1867 Nolde (bei Tondern) – 1956 Seebüll (bei Neukirchen)
Zuerst besuchte Nolde eine Schnitzschule in Flensburg und war dann von 1892–1898 Gewerbelehrer in St. Gallen. Danach studierte er in München, Paris und Kopenhagen. Seit 1901 war er in Berlin und trat dort der Sezession bei. 1905 schloß er sich in Dresden vorübergehend der »Brücke« an, trennte sich aber 1907 wieder von dieser Gruppe. Als streitbarer Einzelgänger polemisierte er gegen die Kunstpolitik des Berliner Sezessions-Präsidenten Liebermann und wurde daraufhin 1911 von der Sezession ausgeschlossen. Von diesem Zeitpunkt an lebte er nur noch im Winter in Berlin, im Sommer malte er auf der Insel Alsen. 1913/14 machte er eine Südsee-Expedition, die ihn durch Rußland, China und Japan bis nach Polynesien führte. Seit 1940 lebte er ständig in Seebüll in Schleswig-Holstein. Noldes Malerei gehört inhaltlich und stilistisch zu den gefühlsbetonteren Erscheinungen des Expressionismus. Seine Bilder wirken monumental durch die Auflösung der Formen in eine glühende Farbmasse. Seine Naturdarstellungen sind meist dramatisch und erscheinen nicht selten bedrohlich durch die Kombination giftig-düsterer Farben. 1909 begann er, sich religiösen Themen zu widmen. Er nutzte Verzerrungen, Häßlichkeit und Primitivität um den Ausdruck des Gefühls, des innerlich Gesehenen, bildnerisch Gestalt werden zu lassen. 1933 rettete ihn seine positive Einstellung zum Nationalsozialismus nicht davor, als »entartet« gebrandmarkt zu werden.
Abbildungen:
582 Christus und die Kinder, 1910
582 Nordermühle, 1932

OEHLEN Albert
* 1954 Krefeld
Ausbildung als Verlagsbuchhändler. 1978–1981 Studium an der Hochschule für bildende Künste, Hamburg. Es entstehen erste großformatige Gemälde, die von einer stark gesellschaftskritischen Haltung geprägt sind. 1984 Ausstellung »Wahrheit ist Arbeit« im Folkwang Museum in Essen (mit Werner Büttner, Georg Herold und Kippenberger). Internationale Ausstellungsbeteiligungen folgen: 1984 »Von hier aus«, Düsseldorf; 1988 »Deutsche/Amerikanische Kunst der späten 80er Jahre«, Düsseldorf und Boston; 1989 »Bilderstreit«, Köln; 1991 »Metropolis«, Berlin. Ende der achtziger Jahre erste abstrakte Gemälde. 1991 erster Aufenthalt in Los Angeles (Übermalungen gegenständlicher Themen). Es entstehen am Computer entworfene Bilder neben abstrakten Ölgemälden. Weitere Ausstellungen: 1993 »Der zerbrochene Spiegel«, Wien und Hamburg; 1995 Wexner Center, Columbus (Ohio); 1994 Retrospektive in den Deichtorhallen, Hamburg. Oehlen lebt in La Palma, Spanien.
Abbildung:
677 Ohne Titel, 1983

ORLEY Bernaert van
um 1488 Brüssel – 1542 Brüssel
In der niederländischen Malerei nimmt Orley am Übergang von der Früh- zur Hochrenaissance eine wichtige Position ein. Geschult an den großen Vorbildern der »Altniederländer«, auf die seine Frühwerke unmittelbar verweisen (»Beweinung Christi« aus dem Triptychon des Philippe de Hanetou, Brüssel, Musées Royaux, um 1515), wendet er sich zunehmend der klassischen Formensprache der Italiener zu (»Weltgerichtsaltar«, Antwerpen, Koninklijk Museum voor Schone Kunsten, 1525). Ob er Italien aus eigener Anschauung kannte, wissen wir nicht. Vermittelnd könnte der Einfluß Dürers gewirkt haben, der Orley auf seiner niederländischen Reise 1521 begegnete. Gleich bedeutend als Schöpfer großer Altarwerke wie als Porträtist, genoß Orley schon früh hohes Ansehen in seiner Heimatstadt und wurde dort 1518 Hofmaler der Erzherzogin Margarete von Österreich, der Statthalterin der Niederlande.
Abbildung:
202 Die Heilige Familie, 1522

OSTADE Adriaen van (Adriaen Hendricx)
1610 Haarlem – 1685 Haarlem
Der Vater Jan Hendricx stammte aus Ostade bei Eindhoven, seine Söhne Adriaen und Isaac legten sich nach diesem Ort ihren Künstlernamen zu. 1627 war Adriaen, vielleicht zusammen mit dem etwas älteren Brouwer, Schüler von Frans Hals in Haarlem, wo er 1634 in die Lukasgilde eintrat. Er gehört zu den populärsten holländischen Malern überhaupt und hat sich von Anfang an auf das bäuerliche Genre spezialisiert. Zunächst sind es fast ausschließlich kleinformatige Szenen in ärmlichen Innenräumen und verlotterten Wirtsstuben, in denen saufende, tanzende, johlende und raufende Bauern in lebhafter Bewegung und schwacher Beleuchung geschildert werden. Später wird der Ton wärmer, die Räumlichkeiten manierlicher, Volksszenen im Freien kommen hinzu, auch Genreporträts von Drehleierspielern oder Hausierern. Diese Tendenz setzt sich seit etwa 1650 verstärkt fort, die Zeichnung wird genauer, die Palette heller und farbiger. Man kann sagen, daß er eine Entwicklung durchlief, die von einer Hell-Dunkel-Malerei unter Rembrandts Einfluß bis zu einer Annäherung an die Delfter Genremalerei reichte. Seine bis zur Karikatur gesteigerte Drastik der Frühzeit hat jedoch wenig mit der holländischen Wirklichkeit zu tun, sie ist vielmehr als Bildwitz für ein bürgerliches Stadtpublikum zu verstehen. Ostades wichtigste Schüler waren sein jüngerer Bruder Isaac und Steen.
Abbildung:
319 Ausgelassene Bauern in einer Schenke, um 1635

OUDRY Jean-Baptiste
1686 Paris – 1755 Beauvais
Oudry war Schüler der Académie de St.-Luc, der sein Vater als Direktor vorstand. Ferner erhielt er Unterricht bei Michel Serre, durch den er mit dem neu erwachten Interesse an der niederländischen Malerei des 17. Jahrhunderts vertraut wurde. Bei Largillière konnte er diese Anregungen noch vertiefen. Entsprechend breit gefächert ist Oudrys thematisches Spektrum. Er ist Tier-, Stilleben- und Landschaftsmaler, er hat sich erfolgreich als Porträtist versucht und wurde 1719 in die Akademie als Historienmaler aufgenommen, da er sich einen Namen als Maler religiöser Bilder gemacht hatte. Seit 1726 arbeitete Oudry für die Gobelinmanufaktur in Beauvais an einem königlichen Auftrag von Jagdbildern. Er löste Duplessis im Amt des Malers der Manufaktur ab und wurde 1734 deren Direktor. Eine der berühmtesten Serien, die er entworfen hat, ist die Folge von acht Teppichen mit den königlichen Jagden Ludwigs XV. Neben den Jagd- und Tierkampfbildern widmete sich Oudry aber auch der reinen Landschaft, wobei er Anregungen Ruisdaels und Berchems verarbeitete. Als Kolorist von höchster Eleganz und erlesenem Raffinement begegnet Oudry uns in seinen Stilleben, zum Beispiel in jenem mit der weißen Ente (Abb. S. 352), das ganz auf Variationen von Weiß- und Silbertönen aufgebaut ist.
Abbildung:
352 Stilleben mit weißer Ente, 1753

OVERBECK Johann Friedrich
1789 Lübeck – 1869 Rom
Overbeck, der Sohn eines Lübecker Patriziers, ist einer der Begründer der deutschen romantischen Kunst. Das Studium der italienischen und deutschen Künstler des Spätmittelalters und der Renaissance machte ihn zum Gegner der Wiener Akademie, an der er seit 1806 eingeschrieben war. 1809 gründete er mit seinem gleichgesinnten Freund Franz Pforr den »Lukasbund« (nach St. Lukas, dem Patron der Maler), die erste moderne Künstlervereinigung. Man wollte im Sinne des Mittelalters die Malerei allein auf die Religion und das gediegene Handwerk gegründet sehen. Die Mitglieder dieses Bundes konvertierten zum Katholizismus, soweit sie wie Overbeck protestantisch aufgewachsen waren. Noch im Gründungsjahr kam es zum offenen Bruch mit der Akademie. Die jungen Künstler gingen nun nach Rom, wo sie im Kloster San Isidoro die angemessene Behausung für ihre lebens- und kunstreformerischen Ideen fanden. Von den Italienern erhielten sie wegen ihrer Haartracht den Spottnamen »Nazarener«, der von nun an mit ihrer Bewegung verbunden blieb. Mit der Ausmalung der Casa Zuccaro erhielten sie durch den preußischen Konsul Bartholdy den ersten Freskenauftrag. Als Thema wählten sie die Josefsgeschichte aus dem Alten Testament. Es folgte die Ausmalung des Casino Massimo mit Darstellungen aus dem »Befreiten Jerusalem« von Torquato Tasso, die 1827 vollendet war. Danach trennten sich die Wege der Freunde, und Overbeck blieb als einziger in Rom zurück.
Abbildung:
454 Italia und Germania (Sulamith und Maria), 1828

PACHER Michael
um 1435 Bruneck (Tirol) – 1498 Salzburg
Pacher gehört zu den wenigen herausragenden Doppelbegabungen des 15. Jahrhunderts; seine Bedeutung als Maler und Bildschnitzer halten sich die Waage. Über Schulung und Frühwerk lassen sich vorläufig nur Vermutungen anstellen. Immerhin mag der 1457/58 vollendete Altar in der Liebfrauenkirche zu Sterzing von Multscher Impulse gegeben haben. Seit 1467 ist Pacher in Bruneck nachweisbar und unterhält dort eine umfangreiche Werkstatt. Der 1471 begonnene Flügelaltar für die Pfarrkirche in Gries bei Bozen mit der Darstellung der Marienkrönung im Schrein ist die Vorstufe für sein Hauptwerk, den aus Reliefs, Statuen und Gemälden kombinierten Flügelaltar in St. Wolfgang im Salzkammergut (Abb. S. 144). 1471 wird der Vertrag geschlossen, 1481 ist der Altar signiert, den Pacher laut Kontrakt persönlich nach St. Wolfgang bringen und dort aufstellen mußte.

Die szenische Darstellung der Marienkrönung verflicht sich mit den reichen Formen des Maßwerks zu einem einheitlichen Liniengeflecht, die Einbeziehung von Licht und Schatten – also gleichsam malerischer Werte – bewirkt die Suggestion unbestimmter räumlicher Tiefe. In den lebensgroßen Figuren, besonders den Heiligen Wolfgang und Georg neben dem geschlossenen Schrein, erweist sich Pacher als Zeitgenosse von Verrocchio und Pollaiuolo: Nördlich und südlich der Alpen bemüht man sich gleichzeitig um die Veranschaulichung der im Raum bewegten, auf Mehransichtigkeit berechneten Figur. In den gemalten Flügeln des Altars mit ihren teilweise kühnen Raumkonstruktionen klingt das Studium der Werke Mantegnas nach, die Pacher in Verona, Mantua und Padua studiert haben kann. Wie der Bildschnitzer Pacher sich malerischer Mittel bedient, so überträgt der Maler Pacher Kategorien der Bildschnitzerei auf die Fläche. Der 1483 für Kloster Neustift bei Brixen geschaffene »Kirchenväteraltar« (Abb. S. 144) bedeutet den extremsten Punkt einer Grenzverwischung zwischen Malerei und Skulptur in der Frührenaissancekunst nördlich der Alpen.
Abbildungen:
144 Auferweckung des Lazarus, 1471–1481
144 Hl. Augustin und hl. Gregor, um 1480

PÄHLER ALTAR → Meister

PALADINO Mimmo
* 1948 Paduli (bei Benevent)
Paladino studierte 1964–1968 am Liceo Artistico di Benevento. Heute lebt er meist in Mailand, der Stadt, wo er seine ersten künstlerischen Erfolge hatte, und in seiner Heimat Benevent. Zusammen mit Clemente, Chia und Cucchi gehört er zu der Generation jüngerer italienischer Maler, die, von Kritikern protegiert, auf die etwas müde gewordene Kunstszene reagierte und der es gelang, binnen weniger Jahre überall bekannt, anerkannt und umstritten zu sein. Paladinos Kunst ist individuell und weniger einem Stil verhaftet als einem inneren Diktat. Seine Bilder entstehen als eine Art psychologischer Projektion von Archetypen und Symbolen auf die Leinwand. Er benutzt oft Gegenstände in seinen Arbeiten, arbeitet fast abstrakt, dann wieder malt er flache, raumlos erscheinende Bilder voll gegenständlich-symbolischer Anspielungen. Seit 1982 unternahm er mehrere Brasilienreisen; die ihn faszinierende Vermischung der afrikanischen und katholischen Kultur fand seither Eingang in sein Werk.
Abbildung:
670 Ronda Notturna (Nachtwache), 1982

PALMA (IL) VECCHIO (Jacopo Negretti)
1480 Serina bei Bergamo – 1528 Venedig
Sicher noch in den neunziger Jahren ging Jacopo bei dem in Venedig arbeitenden Francesco di Simone da Santacroce in die Lehre, der ihm allerdings nur seine Maltechnik nahebringen konnte. Vorbild für seine Kompositionen, für Kolorit und Personenschilderung waren die wenige Jahre älteren Giorgione und Tizian. 1513 wurde Palma Mitglied der Scuola die S. Marco, die bei ihm ein Historienbild in Auftrag gab. Seine Bilder erfreuten sich großer Wertschätzung in Venedig, er wurde auf dem gleichen Niveau wie Tizian entlohnt. Seine konservativen Auftraggeber, vor allem Kirchen, bevorzugten Gemälde im klassischen Stil der Renaissance nach Art des Giorgione, und Palma entwickelte diesen Stil vor allem im Kolorit zu einer letzten Blüte. Seine Bilder religiöser Thematik, oft Bilder der Madonna mit dem Kind im Kreis von Heiligen, zeichnen sich durch harmonische und abgewogene Kompositionen aus, die Handlung ist ohne Dramatik. Besonders gerühmt werden seine sublim gestalteten Porträts.
Abbildung:
173 Diana entdeckt den Fehltritt der Callisto, um 1525

PARMIGIANINO
(Girolamo Francesco Maria Mazzola)
1503 Parma – 1540 Casalmaggiore (bei Parma)
In seiner Stilbildung entscheidend von Correggio bestimmt, ist Parmigianino zugleich dessen bedeutendster Nachfolger in der Malerei der Emilia während des 16. Jahrhunderts. Das »Selbstbildnis vor dem Konvexspiegel« (Wien, Kunsthistorisches Museum, 1523), mit dem sich der junge Maler dem Papst empfehlen wollte, zeigt ihn bereits auf der Höhe der Meisterschaft: Reichtum der Phantasie und äußerste Delikatesse der malerischen Behandlung zielen auf die Auflösung der idealen Abbildlichkeit der Hochrenaissance. Während eines Romaufenthaltes 1524–1527 wurde Parmigianino vor allem von Raffael und Giulio Romano beeindruckt, ohne allerdings sein von manieristischen Tendenzen bestimmtes Temperament auszugleichen. Nach seiner Rückkehr in die Emilia vorwiegend in Parma und Umgebung tätig, schuf Parmigianino im Bereich kirchlicher Themen und des Porträts eine Fülle bedeutender Werke. Als Freskant leistete er einen wichtigen Beitrag zum Problem der Grenzaufhebung zwischen Skulptur und Malerei (Saal mit Szenen aus der Geschichte von »Diana und Aktäon«, Fontanellato, Kastell, um 1523; »Vasentragende Jungfrauen« Parma, Santa Maria della Steccata, zwischen 1531 und 1539). Parmigianino hat in seiner Heimat stilbildend gewirkt, aber auch auf Venedig bedeutenden Einfluß ausgeübt.
Abbildung:
180 Madonna mit dem langen Hals, um 1534–1540

PATINIR Joachim (auch: Patenier)
um 1480 Dinant bei Namur (?) – 1524 Antwerpen
Lehrzeit und Frühwerk Patinirs sind nicht überliefert. 1515 wird er als Meister in die St.-Lukas-Gilde in Antwerpen aufgenommen. Patinir trug entscheidend zur Ausbildung der sogenannten Weltlandschaft bei – der in Vogelperspektive gesehenen Überblickslandschaft mit scheinbar unendlich fernem Horizont. In dieser Gattung errang er schon zu Lebzeiten internationalen Ruhm. So werden bereits 1523 im Palazzo Grimani zu Venedig drei seiner Gemälde erwähnt. Die Wirkung auf Zeitgenossen und nachfolgende Generationen war außerordentlich. Von Dürer wird Patinir im Tagebuch der niederländischen Reise häufig erwähnt. In den etwa zwanzig als eigenhändig anerkannten Gemälden Patinirs findet sich niemals die »reine« Landschaft. Meist hat er religiöse Themen dargestellt, die freilich häufig als »Staffage«, als »Vorwand« für die Wiedergabe landschaftlicher Unendlichkeit erscheinen.
Abbildung:
201 Überfahrt in die Unterwelt, um 1521

PECHSTEIN Max
1881 Zwickau – 1955 Berlin
Nach einer Dekorationsmalerlehre studierte Pechstein seit 1900 an der Kunstgewerbeschule und 1902–1906 an der Akademie in Dresden. 1906 lernte er Heckel kennen und schloß sich der »Brücke« an. Seine Malerei stand zunächst unter dem Einfluß von Munch und van Gogh. Er lernte van Dongen kennen und öffnete sich dem Einfluß der Fauves. Er neigte weniger zu Deformation und mehr zum Dekorativen, was ihm ermöglichte, 1908 und 1909 in der »Berliner Sezession« auszustellen, ihm 1910 aber nicht mehr gelang. In diesem Jahr gründete er mit anderen ausgeschlossenen Künstlern die »Neue Sezession«. Er hatte Kontakt zur »Neuen Künstlervereinigung München« und lernte Marc, Macke und Kandinsky kennen. 1912 schied er aus der »Brücke« aus. 1914 reiste er, begeistert für die ursprüngliche Kunst der Naturvölker, nach Palau in der Südsee. Über Manila, Japan und die USA kehrte er nach Deutschland zurück, wo er 1915 zum Kriegsdienst eingezogen wurde. Nach Kriegsende trat er dem »Arbeitsrat für Kunst« und der »Novembergruppe« bei. 1922 wurde er Mitglied der Preußischen Akademie der Künste, bis ihm die Nationalsozialisten als »entartetem Künstler« Ausstellungsverbot erteilten.
Abbildung:
586 Freilicht (Moritzburg), 1910

PENCK A. R. (Ralf Winkler)
* 1939 Dresden
Penck wurde in Dresden an der Deutschen Werbeagentur im Zeichnen geschult, die Grundlagen seiner Malerei erarbeitete er sich selbst. Seit 1965 hat er seine »System- und Weltbilder« entwickelt, sie bilden seither sein Thema. Er füllt die Leinwände mit Zeichen und Strichmännchen, die sich an die Bildsprache von Kinderkritzeleien, Höhlenzeichnungen und Logogramme unserer Zeit anlehnen. Seit 1968 trägt er seinen Künstlernamen. Von der Kulturbürokratie der DDR wurde er immer wieder schikaniert und mußte als Briefträger, Heizer, Nachtwächter und Margarinestopfer arbeiten. 1971–1976 war er Mitglied der Künstlergruppe »Lücke«. Immer wieder zu wichtigen Ausstellungen im Westen eingeladen, wurde er 1980 aus der DDR ausgebürgert, wohnte danach zuerst im Rheinland, seit 1983 in London, inzwischen in Dublin und New York. Seit 1988 lehrt Penck an der Düsseldorfer Kunstakademie. Er betätigt sich auch als Bildhauer von Holzskulpturen, die seit 1982 auch in Bronze gegossen werden.
Abbildung:
674 Mike Hammers Geburt, 1974

PERUGINO Pietro
(Pietro di Cristoforo Vannucci)
um 1448 Città della Pieve–1523 Fontignano
Perugino, der die Malerei seiner umbrischen Heimat aus einer gewissen provinziellen Enge herausführt und Perugia zu einem künstlerischen Zentrum ersten Ranges entwickelt, gehört zu den bedeutendsten Wegbereitern der Hochrenaissance. Zu Unrecht ist sein Ruhm heute durch den seines größten Schülers Raffael verdunkelt, obwohl dieser ihm entscheidende Grundlagen seiner gesamten Entwicklung verdankt. Die ersten Lehrjahre dürfen wir im Umkreis der Werkstatt Benedetto Bonfiglis vermuten. Wichtiger ist ein mehrjähriger Aufenthalt in Florenz seit 1472, wo der junge Maler, wahrscheinlich in der Werkstatt Verrocchios, mit den neuen gestalterischen Problemen von Raum- und Körperdarstellung vertraut wurde. Nachhaltigen Einfluß hatte auch die Begegnung mit Piero della Francesca, der dem Jüngeren die Balance zwischen Bildfläche und Bildraum sowie die Durchgliederung großer Formate lehrte. So wurde Perugino einer der herausragenden Freskenmaler seiner Zeit (1481 Beteiligung an der Ausmalung der Sixtinischen Kapelle; Kreuzigung im Kapitelsaal von Santa Maria Maddalena dei Pazzi, Florenz, 1493–1496; Ausmalung des Collegio del Cambio, Perugia, seit 1499). Seine Tafelbilder zeichnet eine schon nahe zu »klassische« Ausgewogenheit der Komposition, der empfindsame Ausdruck der Figuren, der sich auch in Bewegungen und Gebärden spiegelt, und nicht zuletzt die Auseinandersetzung mit der Landschaft aus, die nicht nur die Stimmung der jeweiligen Szene steigert, sondern in der Linienführung auf das harmonischste mit der Figurenkomposition abgestimmt ist.
Abbildungen:
111 Christus übergibt Petrus den Schlüssel zum Himmelreich, um 1482
111 Die Vision des hl. Bernhard, 1489

PIAZZETTA Giovanni Battista
1683 Venedig–1754 Venedig
Eine erste Ausbildung erhielt Piazzetta bei Antonio Molinari, doch wurde Crespi sein eigentlicher Lehrer. Ihm verdankt er seine breite, lockere Malweise, die erdige, warme Palette, in der Weiß mit Brauntönen kontrastiert, und ein Helldunkel, das nicht mehr, wie noch bei Liss und Loth, als Pathosform eingesetzt, sondern atmosphärisch verteilt ist. Aus der Bologneser Werkstatt Crespis kehrte Piazzetta 1711 nach Venedig zurück, wo seine Kunst in deutlichem Gegensatz zu der buntfarbigen und aufgehellten Malweise des dortigen Lokalstils stand, wie er etwa von Ricci, Pellegrini und Amigoni vertreten wurde. Erst in den zwanziger Jahren beginnt sich seine Palette aufzuhellen. Charakteristisch für Piazzettas Stil ist seine Übertragung des Genres auf Themen des Alten und Neuen Testaments, durch die er eine sinnliche, gleichsam taktile Nähe der Wahrnehmung suggeriert. Piazzetta zählt zu den bedeutendsten Vertretern der venezianischen Malerei des 18. Jahrhunderts.
Abbildung:
369 Junger Bettler, um 1740 (?)

PICABIA Francis
1879 Paris–1953 Paris
Als Sohn spanischer Eltern wurde Picabia in Paris geboren, wo er die Kunstschulen besuchte. Bis 1908 malte er im Stil der Impressionisten, geriet dann aber unter den Einfluß der Fauves und der Kubisten. Auf der Suche nach neuen Erfahrungen wurde er mit seinem Bild »Kautschuk« (Paris, Musée National d'Art Moderne) von 1909 zu einem Vorläufer der abstrakten Kunst. Diesen Weg setzte er in den Jahren 1913–1915 fort, die er überwiegend in den USA verbrachte. Aus den scharfkantigen, abstrakten Bildern entwickelten sich seine Maschinendarstellungen, die in ihrer Funktionsunfähigkeit den technischen Fortschritt in Zweifel ziehen. 1916 kehrte er nach Europa zurück und verstärkte die Pariser »Dada«-Gruppe. Aus Knöpfen, Streichhölzern, Federn und anderen nichtkünstlerischen Materialien fertigte er Collagen. Nach 1927 begann die zweite wichtige Phase in Picabias Werk, die Reihe der »Transparente«, die als die eigenständigsten seiner Bilder gelten. Über einer Grundierung sind lineare Darstellungen übereinander geblendet.
Abbildung:
595 Catch as catch can, 1913

PICASSO Pablo (Pablo Ruiz y Picasso)
1881 Málaga–1973 Mougins (bei Cannes)
Picassos Vater, Zeichenlehrer und selbst Künstler, förderte das früh sich äußernde Talent des Sohnes. Er vervollständigte seine Studien in Madrid, wo er im Oberkurs der Akademie von San Fernando aufgenommen wurde. 1899 kehrte er nach Barcelona zurück und verkehrte im Intellektuellencafé »El Quatre Gats«. 1900 machte er seine erste Parisreise. Er malte Szenen aus dem Varieté- und Zirkusmilieu. Von nun an signiert er nur noch mit »Picasso«, dem Namen der Mutter. Seine Bilder tendierten zu einem fast monochromen Blaugrün; es ist seine »blaue Periode«. 1904 ging er endgültig nach Paris und bezog ein Atelier im Bateau-Lavoir. Die Palette wechselte zu rosa Farbtönen; es ist seine »rosa Periode«. Er lernt Matisse und später auch Derain kennen und machte die Bekanntschaft von Gertrude Stein, seiner ersten Sammlerin.

1906 setzte er sich intensiv mit Cézanne auseinander. Eine Ausstellung im Louvre von vorrömischen iberischen Skulpturen erregte sein anhaltendes Interesse. 1907, noch bevor Kahnweiler und Braque ihm begegneten, hatte sein Malstil eine dramatische, revolutionäre Wende genommen: Er arbeitete an den »Demoiselles d'Avignon« (Abb. S. 569), einem Bild, das den Bruch mit den formalen und ästhetischen Vorstellungen des 19. Jahrhunderts endgültig vollzog. Es wurde zum Schlüsselbild für den sich daraus ableitenden Kubismus, der Ende 1909 zunächst in seine als »analytisch« gekennzeichnete Phase trat und von Picasso und Braque um 1912 parallel zum »synthetischen« Kubismus weiterentwickelt wurde. Im Frühjahr 1912 machte er sein erstes dreidimensionales »Bild«, indem er Blech und Draht als Konstruktionselemente einbezog; etwas später folgte die erste Collage. Bei Kriegsausbruch im August 1914 wurden Braque und Derain eingezogen, die gemeinsame Arbeit mit Picasso jäh unterbrochen.

Über Jean Cocteaus Freundschaft mit Sergej Diaghilew begann er, für dessen »Ballets Russes« zu arbeiten. Er fuhr 1917 nach Rom, besuchte Neapel und Pompeji, traf Igor Strawinsky und Erik Satie. Neben abstrahierenden, noch dem Kubismus verpflichteten Bildern entstanden von 1920–1924 Werke, die die figürliche Darstellung im Stil eines vereinfachten, monumentalen Klassizismus wiederaufnahmen. Sein weiteres Werk bewegte sich von nun an zwischen diesen beiden Polen. In beiden Bereichen schuf er in den dreißiger Jahren Hauptwerke. In dem 1937 für den spanischen Pavillon der Weltausstellung in Paris gemalten Bild »Guernica« (Abb. S. 549) setzte er Abstraktion, Deformation und anatomische Zerstückelung ein, um gegen die Bombardierung der baskischen Stadt durch die deutsche Legion Condor zu protestieren. 1930 begann er eine Serie von 100 Radierungen für seinen Kunsthändler Vollard. Thema waren sein Bildhaueratelier, das er sich im Schloß Boisgeloup in der Normandie eingerichtet hatte, und der Minotaurus-Mythos, der autobiographische Züge trägt. Die Serie erschien 1939 als »Suite Vollard«. Während des Zweiten Weltkrieges lebte Picasso zurückgezogen in Paris. Er malte stark deformierte, qualvolle Frauenköpfe, auf ein Minimum an sinnlicher Aussage reduzierte Stilleben, und er schrieb das surrealistische Stück »Wie man Wünsche am Schwanz packt«. Nach der Befreiung von Paris trat er 1944 in die Kommunistische Partei Frankreichs ein. Seit 1946 lebte er an der Côte d'Azur. Von 1950 an galt der Keramik sein besonderes Interesse. In den fünfziger Jahren setzte er sich mit Werken älterer Meister auseinander, Variationen zu Bildern von Velázquez, Delacroix und Manet entstanden. Malerei, Graphik und Plastik beschäftigten ihn gleichermaßen.
Abbildungen:
402 Der Kuß, 1925
544 Bildnis Dora Maar, 1937
549 Guernica, 1937
569 Les Demoiselles d'Avignon, 1907
570 »Ma Jolie«, 1914
570 Drei Frauen an der Quelle, 1921
571 Mädchen vor einem Spiegel, 1932

PIERO DELLA FRANCESCA
(Piero di Benedetto dei Franceschi)
um 1420 Borge Sansepolcro (bei Arezzo)–1492 Borgo Sansepolcro
Piero wurde vermutlich in einer sienesisch-umbrischen Werkstatt geschult und entwickelte bereits dort seine Begabung für delikate Farbabstufungen und sein Interesse für Landschaftsdarstellung. 1439–1445 setzte er sich mit den neuen, auf Wiedergabe von Raum und Körper konzentrierten gestalterischen Lösungen der Florentiner Frührenaissance auseinander und erhielt als Mitarbeiter Domenico Venezianos an dessen verlorenem Freskenzyklus in San Egidio (heute Santa Maria Nuova) die Grundlagen zur Veranschaulichung des atmosphärischen Lichtes, die durch eine neue Mischtechnik mit verstärkter Verwendung von Öl als Bindemittel erzielt wurde. In der Nachfolge Domenicos wirkte Piero in dieser Beziehung bahnbrechend für die Zukunft. Nach 1452 entsteht der Freskenzyklus mit Darstellungen aus der Geschichte des hl. Kreuzes in San Francesco zu Arezzo (Abb. S. 100). Hier stellt Piero nicht nur seine Fähigkeiten als genialer Perspektiv- und Farbkünstler, der im Medium der Freskotechnik geradezu »luminaristische« Wirkungen erreicht, unter Beweis, sondern zugleich vermag er Raumwiedergabe (also Öffnung der Bildfläche) und Angleichung an die Bedingungen der zweidimensionalen Wand (also Wahrung der Bildfläche) miteinander zu verschmelzen. Nicht zuletzt in dieser Leistung besteht seine epochale Bedeutung auf dem Weg zur Hochrenaissance. Seit 1469 ist Piero am Hof der Montefeltre in Urbino nachweisbar und dort mit niederländischer Malerei in Berührung gekommen. Pieros Ruhm zu Lebzeiten kann kaum überschätzt werden. Für die mittel- und oberitalienische Malerei der zweiten Jahrhunderthälfte war er einer der großen Lehrmeister, der seine Erkenntnisse auch in theoretischen Schriften niederlegte.
Abbildungen:
83 Madonna von Senigalla, um 1460–1475
99 Taufe Christi, um 1440–1450
99 Doppelbildnis von Federico da Montefeltro und seiner Frau Battista Sforza, um 1470
100 Die Anbetung des hl. Holzes und Die Königin von Saba bei König Salomo, nach 1452

PIERO DI COSIMO (Piero di Lorenzo)
1462 Florenz–1521 Florenz
Einer Künstlerfamilie entstammend, trat Piero im Alter von 18 Jahren in die Werkstatt Cosimo Rosellis ein, dessen Namen er annahm und mit dem er 1481–1482 nach Rom reiste, um ihm bei der Ausführung von Fresken in der Sixtinischen Kapelle des Vatikan zu assistieren. Er trat als Spezialist für die Bemalung der Cassoni, schwerer Truhen, hervor, deren ungewöhnliche Formate er mit geschickten Kompositionen zu nutzen wußte. In seinem Jugendwerk ist der Einfluß Filippino Lippis zu spüren, später dann werden Ghirlandaio und die Niederländer zu Anregern. Etwa um die Jahrhundertwende lehnte sich sein Kolorit an den wieder nach Florenz zurückgekehrten Leonardo an. Piero di Cosimo wußte diese zahlreichen Anregungen zu verarbeiten mit einer ihm eigenen Neigung zur Verbindung von stimmungsvollen und dramatischen Momenten, aus der sich gelegentlich bis in das Groteske reichende Effekte ergaben. Auch die Surrealisten schätzen sein Werk daher hoch ein.

Abbildungen:
112 Tod der Prokris, um 1510
112 Venus und Mars, um 1498

PISANELLO (Antonio di Puccio Pisano)
um 1395 Pisa–1455 Rom (?)
Pisanello war Sohn eines Pisaner Vaters und einer Veroneser Mutter. Beide Städte gehörten zum Zeitpunkt seiner Geburt zum Herrschaftsbereich der Visconti. Pisanello erhielt seine künstlerische Ausbildung im lombardischen Bereich; Genaues wissen wir jedoch nicht. Urkundlich zuerst faßbar ist er mit Gentile da Fabriano bei der Ausmalung des Dogenpalastes in Venedig. Vielleicht war er schon zuvor Gentiles Schüler. Jedenfalls ist seit dieser Zeit eine enge Zusammenarbeit mit ihm nachweisbar. Man vermutet, daß Pisanello an der »Anbetung der Könige« in den Uffizien beteiligt war (Abb. S. 54), so etwa an den Pferden und anderen Tieren. Sicher hat er mit Gentile an den Fresken der Lateransbasilika in Rom gearbeitet und sie nach dessen plötzlichem Tod auch beendet. Beide Meister haben einen reichen Bestand an Zeichnungen hinterlassen. An sich ist bereits das Zeichnen in diesem Umfang bemerkenswert. Noch wichtiger aber sind die Aufschlüsse, die man aus den Zeichnungen über die Kunst der beiden gewinnt: das intensive Studium der Natur, aber nicht mehr nur von Tieren und Pflanzen, sondern aller interessanten Dinge, auch das eines Gehenkten oder eines Bademädchens; die neu einsetzende Beschäftigung mit der Antike, die zu Kopien nach römischen Sarkophagreliefs oder Einzelstatuen führt. Doch werden auch zeitgenössische Werke, etwa von Michelino da Besozzo und Altichiero oder den toskanischen Neuerern wie Donatello, Fra Angelico und Luca della Robbia, gezeichnet. Pisanellos Auftraggeber sind die oberitalienischen Potentaten, die Gonzaga in Mantua, die Este in Ferrara, die Malatesta in Rimini, oder auch König Alfons von Neapel, ohne daß er sich völlig in die Abhängigkeit von einem dieser Herren begeben hätte. Die Zeitgenossen rühmen über alle Maßen seine Naturnähe; seine Wertschätzung wurde nicht einmal gemindert, als die von Florenz ausgehende neue Richtung der Kunst bestimmend und maßstabsetzend geworden war.
Abbildungen:
51 Die Vision des hl. Eustachius, um 1435
52 Bildnis Lionello d'Este, 1441(?)
52 Maria erscheint den Heiligen Antonius und Georg, um 1445

PISSARRO Camille
1830 Charlotte-Amalie (Dänische Antillen)–1903 Paris
Als Sohn wohlhabender Eltern konnte Pissarro 1842–1847 das Gymnasium in Passy bei Paris besuchen. Obwohl seine künstlerische Begabung sich schon früh zeigte, trat er 1847–1852 zunächst in das väterliche Geschäft auf der Insel Saint-Thomas ein. Die Betätigung als Kaufmann füllte ihn jedoch nicht aus, und er verließ 1852 Saint-Thomas und kam über Caracas 1855 nach Paris. Auf der damaligen Weltausstellung studierte er die Malereiabteilung und entdeckte seine tiefe Verehrung für Corot. 1859–1861 studierte er an der Académie Suisse, wo er Monet, Guillaumin und Cézanne traf. Damit begann eine fruchtbare und lebenslange Freundschaft mit Monet. Wie Monet hielt er sich während des Krieges 1870/71 in London auf, wo er Julie heiratete. Dort beeindruckten ihn die Bilder Turners besonders stark. Pissarro gehörte zu den aktivsten Mitgliedern der Gruppe der Impressionisten. Besonders bereitwillig gab er anderen und jüngeren Künstlern Anregungen und malte mit ihnen zusammen im Freien. Zwischen 1872 und 1878 arbeitete er in Pontoise, häufig zusammen mit Cézanne, seit 1879 auch mit Gauguin. Er nahm 1874–1886 als einziger Maler an allen acht Impressionistenausstellungen teil. 1876–1879 unterstützte ihn der Konditor Murer finanziell.

1881 begann sein verstärktes Interesse an Darstellung von Bäuerinnen. 1882–1884 lebte er in Osny. 1883 hat er die erste von mehreren Einzelausstellungen bei Durand-Ruel. Pissarro beginnt, sich für den Sozialismus zu interessieren. Sein Sohn Lucien, Graphiker und Maler, geht nach London. 1884 läßt er sich endgültig in Eragny an der Epte nieder. 1885 wird er politisch zum Anarchisten. 1886 Ausstellung bei Durand-Ruel in New York. 1888 beginnt sein Augenleiden. 1889 ist er auf der Jahrhundertschau der französischen Kunst bei der Pariser Weltausstellung und bei der Gruppe »Les XX« in Brüssel vertreten. 1890 reist er nach London, das er auch später noch mehrfach besucht. 1894 flieht er aus Angst vor Anarchistenverfolgungen nach Belgien. 1896 und 1898 malt er Stadt- und Hafenansichten in Rouen und bleibt dem ursprünglichen Impressionismus konsequent treu. 1897–1903 entstehen vorwiegend Stadtansichten von Paris, auch von Dieppe und Le Havre. 1900 ist Pissarro auf der Jahrhundertschau der französischen Kunst bei der Pariser Weltausstellung vertreten. Erst in späten Jahren fand er Anerkennung.
Abbildungen:
482 Landschaft bei Chaponval, 1880
496 Die roten Dächer (Dorfwinkel im Winter), 1877
496 Der alte Markt in Rouen und die Rue de l'Epicerie, 1898

POLIAKOFF Serge
1900 Moskau–1969 Paris
Poliakoff floh 1918 vor der Revolution und ließ sich 1923 in Paris nieder. Zuerst studierte er Musik und verdiente sich seinen Lebensunterhalt als Gitarrist. 1929/30 besuchte er in Paris die Académie Frochot, die Académie Bilbul und die Grande Chaumière. Von 1935 bis 1937 studierte er an der Slade School of Art in London. Dann kehrte er nach Paris zurück, wo er sich mit Kandinsky, Sonia und Robert Delaunay und Otto Freundlich befreundete. Die französische Staatsbürgerschaft erhielt er 1962. Poliakoff entwickelte eine sehr persönliche Variante der abstrakten Malerei. In den vierziger Jahren hatte er eine längere Epoche, in der seine Farben ruhig, sonor und zurückhaltend waren. Danach belebte er seine unregelmäßigen, nebeneinanderliegenden Farbflächen mit Farben von großer Intensität, von denen eine starke Faszination ausgeht. Mußte er in den frühen vierziger Jahren noch als Stoffdesigner seinen Lebensunterhalt verdienen, so fand er ab 1950 breite Anerkennung für seine Bilder.
Abbildung:
637 Komposition, 1959

POLKE Sigmar
* 1942 Oels (Niederschlesien)
1953 kam Polke mit seiner Familie in die Bundesrepublik. Er machte eine Glasmalerlehre und studierte 1961–1967 bei Karl Otto Götz, Gerhard Hoehme und Beuys an der Düsseldorfer Kunstakademie. Ironisch behandelt Polke immer wieder die Auswirkungen der Manipulation durch Massenmedien. Er bedient sich dabei der malerischen Mittel der klassischen Moderne, setzt aber auch Materialien aus der Subkultur ein. Mit spielerischer Freude zitiert er Motive von Picabia, aber auch aus Kitsch und Werbung. Seine zunehmend magisch-diabolisch werdenden Bildwelten finden ihre Entsprechung in virtuos gehandhabten chemischen Bildern, die noch Jahre später durch Umwelteinflüsse ihre Farben verändern.
Abbildung:
672 Remingtons Museums-Traum ist des Besuchers Schaum, 1979

POLLAIUOLO Antonio del
(Antonio di Jacobo d'Antonio Benci)
1432 Florenz–1498 Rom
Als Goldschmied geschult, anschließend vermutlich Schüler Donatellos, ist Pollaiuolo eine der vielseitigsten und zugleich für die Zukunft bedeutendsten Begabungen in der Florentiner Kunst des fortgeschrittenen 15. Jahrhunderts. Grundlegendes Thema seines Schaffens in allen Gattungen – Bronzeguß, Malerei, Kupferstich und Zeichnung – ist die Darstellung des bewegten Körpers im Raum. Nicht mehr Suggestion der kräftig modellierten bemalten »Statue« ist das Ziel, sondern Vielansichtigkeit, zuvor allenfalls ansatzweise in die künstlerische Rechnung miteinbezogen, wird als neues gestalterisches Problem aufgegriffen. Er verwirklicht diese Aufgabe vornehmlich im Bereich der Kleinbronzen, deren Entwicklung zu einem bevorzugten Sammlerobjekt er wesentlich gefördert hat. Aber seine in der Tradition der Goldschmiedewerkstätten geschulte Begabung für das kleine Format bezeichnet nur eine Seite seiner Fähigkeiten. Die Entwicklung des Künstlers gipfelt in den beiden für St. Peter in Rom ausgeführten Papstgrabmälern (Sixtus IV., vollendet 1492, und Innozenz VIII., vollendet 1496). Während die Reliefiguren mit stark geöffneten Konturen und einem knitternden Faltenstil unmittelbar verwandte Phänomene der Schongauer-Zeit nördlich der Alpen ins Gedächtnis rufen, wirkt bezeichnenderweise die mächtig in den Raum ausgreifende Gestalt des segnenden Innozenz VIII. in der heutigen Nachbarschaft der barocken Monumente Lorenzo Berninis in keiner Weise altertümlich. In Werkstattgemeinschaft mit seinem jüngeren Bruder Piero (1443–1496) wandte sich Antonio seit 1460 auch der Malerei zu und verwirklichte hier ähnliche Themen.
Abbildung:
103 Martyrium des hl. Sebastian, 1475

POLLOCK Jackson
1912 Cody (Wyoming)–1956 Easthampton (New York)
Pollock wuchs in Kalifornien und Arizona auf und studierte von 1928–1930 an der Manual Arts High School in Los Angeles und von 1930–1933 in New York. Dort traf er Thomas Hart Benton, den wichtigsten Vertreter der American Scene Painting, dem er bei seinen Wandbildern assistierte. Von 1936–1943 arbeitete er am US-Regierungsprogramm für Wandbilder mit. Wichtig für Pollock wurde eine psychiatrische Behandlung seiner Alkoholsucht im Jahre 1939; davon angeregt beschäftigte er sich intensiv mit der Lehre C. G. Jungs. Besonders faszinierte ihn die Theorie der Archetypen. Seit 1942 war er mit Motherwell, dem wichtigsten Vertreter des Abstrakten Expressionismus, und mit dem Surrealisten Matta befreundet. Er beschäftigte sich mit dem Unbewußten in der Kunst und begann, surrealistische Gedichte zu schreiben. Seine frühen Arbeiten sind ungegenständlich; stilisierte Formen primitiver Kunst – vor allem Indianerkunst – gingen dabei in seine Arbeiten ein. 1945 heiratete er die Malerin Lee Krasner. Um die Zeit der Jahreswende 1946/47 kam der entscheidende Bruch in Pollocks Malerei, der ihm künstlerisch zum Erfolg verhalf und ihn zu einer Schlüsselfigur der amerikanischen Malerei machte. Schon lange hatte es ihn vom klassischen, mit dem Pinsel auf der Staffelei komponierten Bild weggezogen. Mit seiner »Drip Painting« (Tropfmalerei) fand er eine neue Bildform. Die Leinwand liegt auf dem Boden, und aus durchlöcherten Farbbüchsen wird spontan die Farbe darüber getropft. Eine innere Spannung oder Gelöstheit, ein psychischer Automatismus dirigieren dabei die Schnelligkeit, den Rhythmus, die Aktion. Pollock erreichte damit einen Höhepunkt an expressiver Energie. 1943 hatte er seine erste Einzelausstellung in New York. 1956 starb er bei einem Autounfall.
Abbildung:
619 Painting, 1948
632 Blaue Pole, 1953

PONTORMO (Jacopo Carrucci da Pontormo)
1494 Pontormo (bei Empoli)–1556 Florenz
Pontormo darf als eine der interessantesten Erscheinungen in der italienischen Malerei des 16. Jahrhunderts und zugleich als exemplarischer Vertreter manieristischer Tendenzen gelten. Wie Rosso Fiorentino Schüler del Sartos, klingen in seinem frühesten

repräsentativen Werk (Fresko der »Heimsuchung« im Vorhof von SS. Annunziata, Florenz, 1514–1516) trotz gesteigerter Bewegung noch weitgehend die Normen der Hochrenaissance nach, von denen sich Pontormo jedoch schon wenige Jahre später zugunsten einer Aufhebung gleichgewichtiger Komposition, logischer Raumkonstruktion, idealisierender Figurendarstellung und klarer Lokalfarbigkeit abwendet (»Sacra Conversazione«, Florenz, San Michele in Visdomini, 1518). Seinem Freskenzyklus im Kreuzgang der Certosa di Galluzzo bei Florenz liegt ein intensives Studium von Dürers Graphik zugrunde. In der Folgezeit zielt Pontormo zunehmend auf Veranschaulichung von Bewegungsabläufen (»Heimsuchung«, Carmignano bei Florenz, Pfarrkirche, um 1530). Durch Verformung der idealen Körperproportionen – überlängte Gestalten mit kleinen Köpfen –, Aufhebung aller statischen Elemente und Verwendung unwirklicher, leuchtend-durchsichtiger Farben transponiert er die überkommenen Bildinhalte in eine neue, dem Mittelalter in manchen Zügen verwandte Sphäre der Transzendenz. Um 1530 wurde in Rom die Begegnung mit Michelangelo zu einem starken Erlebnis, das seinen Figurenstil in den späteren Werken prägte. Als Günstling der Medici führte Pontormo bedeutende Freskenaufträge aus, die leider nicht erhalten blieben. Pontormos Porträts gehören zu den höchsten Leistungen dieser Gattung in der Florentiner Malerei.

Abbildungen:
155 Josef mit Jakob in Ägypten, um 1515
181 Kreuzabnahme Christi, um 1526–1528

POST Frans
1612 Leiden – 1680 Haarlem
Post ist ein Unikum innerhalb der holländischen Malerei, da er fast ausschließlich brasilianische Landschaften gemalt hat, die ersten Ansichten Südamerikas von einem Europäer überhaupt. Von 1637–1644 hat er sich im Gefolge des Prinzen Johann Moritz von Nassau-Siegen, des Gouverneurs des 1630 von der Niederländisch-Westindischen Kompanie eroberten Gebiets, vor allem in Pernambuco und im Mündungsgebiet des Rio São Francisco aufgehalten. Nach seiner Rückkehr nach Haarlem, wo er 1646 der Lukasgilde beitrat, hat er in etwa hundert Bildern die Eindrücke seiner Reise geschildert, zum Teil nach Skizzen und Zeichnungen, aber auch frei nach der Phantasie. Es sind exotische Ansichten von grauen Flußläufen, die durch ein grünes hügeliges Land führen, mit getreuer Wiedergabe der fremden Pflanzen- und Tierwelt, der Eingeborenendörfer unter Palmen und ihrer Bewohner in der Landestracht, wobei ein blaugrüner Ton vorherrscht und das traditionelle Bildschema der holländischen Vedutenmalerei beibehalten wird.

Abbildung:
318 Hacienda, 1652

POTTER Paulus
1625 Enkhuizen – 1654 Amsterdam
Potter war wahrscheinlich Schüler seines Vaters Pieter, eines Landschafts- und Stillebenmalers, der von Enkhuizen nach Amsterdam übersiedelt war. 1646 wurde er Mitglied der Delfter Lukasgilde, lebte zwischendurch in Den Haag und war in seinen letzten beiden Lebensjahren wieder in Amsterdam tätig. Potters Bedeutung liegt in seinen Tierbildern, meist holländische Weidelandschaften mit Schafen, Ziegen und vor allem Kühen, in denen das Tier in Harmonie mit seiner Umwelt gezeigt wird. Indem er das Tier von seiner Rolle als Staffage der Landschaft befreit und selbst zum Bildgegenstand erhebt, gilt er als Begründer der eigentlichen Tiermalerei. Berühmt ist sein lebensgroßes Porträt »Der junge Stier« (Den Haag, Mauritshuis), das er bereits mit 22 Jahren malte und das noch immer Bewunderung hervorruft. Obwohl er in seinem Fach sehr stark der Wirklichkeit verbunden war, übertrug er auch Elemente der italienisierenden Pastorale in seine Bilder, was wohl auf die Zusammenarbeit mit Karel Dujardin zurückzuführen ist.

Abbildung:
324 Bauernfamilie mit Vieh, 1646

POUSSIN Nicolas
um 1593/94 Villers-en-Vexin (Eure) – 1665 Rom
Nach einer ersten Schulung bei dem durchreisenden Maler Varin erhielt Poussin, Sohn verarmter Eltern, in Paris von 1612–1624 als Mitarbeiter Champaignes und des Manieristen Lallemand seine Ausbildung, die er durch eigene Studien in den Königlichen Sammlungen vervollständigte, wobei sein Augenmerk besonders den Meisterwerken italienischer Malerei galt. Nach mehreren vergeblichen Anläufen gelang es ihm 1624, nach Rom zu kommen, und zwar in Gesellschaft seines Gönners und Förderers Marino. Marino, gefeierter Dichter seiner Epoche, machte Poussin mit der antiken Mythologie und den Dichtungen Ovids vertraut und verfaßte ein Epos mit dem Titel »Adone« (1623), das der junge Maler mit Illustrationen versah. In Rom fand Poussin allmählich zu seinem eigenen Stil, der, durch Domenichino beruhigt, die von Annibale Carracci vorbereiteten Möglichkeiten der Landschaftsdarstellung zu klassizistischer Vollendung brachte. Bereits in den dreißiger Jahren hellte sich Poussins Palette auf, er zeigt – wie in der »Inspiration des Dichters« (Paris, Louvre, 1630) – um diese Zeit schon die Tendenz zu poetisch-idealer Gestaltung antiker, aber auch biblischer Stoffe (»Martyrium des hl. Erasmus«, Rom, Musei Vaticani, 1629). Die Kenntnis literarischer und bildnerischer Traditionen der Antike und der Renaissance, Kontakte zu zeitgenössischen Gelehrten sowie historische Bildung prägten Poussin zum Prototyp des klassizistischen Malers, der in seiner Arkadiensehnsucht seiner Idealisierung von Freundschaft und Mannestugend, seiner Vorliebe für sentimentale Resignation die moralisch-didaktischen Tendenzen nachfolgender Malergenerationen bestimmte. Ein kurzer Parisaufenthalt 1640–1642, wo er auf Wunsch Richelieus und Ludwigs XIII. die Herkulesszenen für den Louvre schuf, ließ den empfindsamen Maler, vom höfischen Intrigenspiel verschreckt, rasch und für immer nach Rom, zu Freunden wie Dughet und Lorrain, zurückkehren.

Abbildungen:
217 Triumph Neptuns und der Amphitrite, 1634
245 Midas und Bacchus, um 1630
245 Landschaft mit drei Männern, um 1645–1650
246 Echo und Narziß, um 1627/28
246 Der Mosesknabe tritt auf die Krone Pharaos, um 1642–1646
247 Die hl. Cäcilie, um 1627/28

PRENDERGAST Maurice Brazil
1859 St. John's (Neufundland) – 1924 New York
Prendergast verdiente sich seinen Lebensunterhalt zuerst als Werbemaler in Boston, wo er Abendkurse an der Star King School besuchte. 1886/87 reiste er nach England und eventuell nach Frankreich. 1891 – 1894 ging er nach Paris, wo er Whistler, Manet und Bonnard kennenlernte, die ihn stark beeinflußten. Auch die Gruppe der »Nabis« beeindruckte ihn, und er begeisterte sich – wie viele Künstler seiner Zeit – für japanische Farbholzschnitte. Prendergast war einer der ersten amerikanischen Künstler, die die Kunst Cézannes entdeckten und anerkannten. 1894 kehrte er nach Boston zurück, wo er in der Umgebung malte. Eine weitere Europareise führte ihn 1898 – 1900 u.a. nach Italien. Die meiste Zeit verbrachte er in Venedig, wo er die alten Meister zu studierte. Zurück in Amerika suchte er bei Ausflügen nach New York nach Motiven. Er malte in einem heiteren, spätimpressionistischen Stil. 1908 stellte er mit der Gruppe »The Eight« aus. 1909/10 war er wieder in Paris, und nach der Rückkehr malte er bei längeren Sommeraufenthalten an der Küste Neuenglands. 1913 nahm er in New York an der legendären »Armory-Show« teil, und ein Jahr später übersiedelte er ganz nach New York. Prendergast gehört als engagierter Vertreter des Impressionismus und des Nachimpressionismus zu den Pionieren dieses Stils in den USA.

Abbildung:
541 Ponte della Paglia in Venedig, 1899

PRETI Mattia (genannt: Il Cavaliere Calabrese)
1613 Taverna (Kalabrien) – 1699 Valetta (Malta)
1630 kam Preti zu seinem Bruder nach Rom bis 1641 verbrachte er seine Studienzeit vermutlich in Modena, Parma, Bologna und Venedig, um dann nach Rom zurückzukehren und Mitglied des Malteserordens zu werden. Von Meistern des römischen Hochbarocks wie Lanfranco und Cortona anfänglich beeinflußt (»Almosenspende des hl. Karl Borromäus« für San Carlo ai Cartinari, um 1640), verarbeitete er den Einfluß Guercinos und Merkmale des venezianischen Kolorits zu einem kraftvollen persönlichen Stil, den bereits die Fresken in Sant' Andrea della Valle (1651) und San Biago (Modena, 1653–1656) zeigen. 1656–1659 malt Preti in Neapel Votivbilder gegen die Pest, die von einer wahrhaftigen Menschendarstellung belebt und von düsterer Farbigkeit beherrscht sind. »Das Gastmahl des Absalom« (Neapel, Galleria Nazionale, vor 1660) und »Das Gastmahl des Belsazar« (ebd., vor 1660) weisen komplizierte Kompositionssysteme und jene krassen Lichteffekte auf, die für Preti in vielen Bildern typisch sind. Seine späten Lebensjahre verbrachte er als Malteserritter auf Malta, wo ihm mit den »Szenen aus dem Leben Johannes' des Täufers« für San Giovanni (Valletta) eine erschütternde Darstellung menschlicher Taten und Leiden glückte.

Abbildung:
237 Der Zinsgroschen, um 1640

PRUD'HON Pierre-Paul
1758 Cluny – 1823 Paris
Prud'hon begann seine Laufbahn als Maler an der Akademie von Dijon bei François Devosge und studierte anschließend an der Pariser Akademie. 1784 gewann er ein Rom-Stipendium der Landstände von Burgund. Der Italienaufenthalt 1785–1788 wurde ausschlaggebend für seine Malerei. Obwohl er sich zur gleichen Zeit in Rom aufhielt, als David dort seine Triumphe feierte, blieb er unbeeindruckt vom Klassizismus des großen Malers. Er schloß sich dem Bildhauer Antonio Canova an, mit dem ihn eine enge Freundschaft verband, und studierte die Antike. Großen Einfluß übten die Meister der Renaissance auf ihn aus, vor allem Leonardo und Correggio. Nach seiner Rückkehr nach Frankreich ließ er sich in Paris nieder, wo er sein Leben zunächst mit Zeichnungen und Miniaturmalereien fristete. Seinen ersten bedeutenden Auftrag erhielt er 1798 für die Decke des Schlosses von Saint-Cloud. In der Folgezeit entstand eine Reihe von Deckengemälden mit allegorischen Themen. Vor allem Kaiserin Joséphine, deren Lieblingsmaler er wurde, setzte sich für ihn ein. Prud'hon wurde der Porträtmaler der kaiserlichen Familie. Auch Marie-Louise, Napoleons zweite Frau, verehrte ihn; sie verschaffte ihm zahlreiche Aufträge und ließ sich von ihm im Zeichnen unterrichten. Innerhalb des Klassizismus nahm Prud'hon eine isolierte Stellung ein. In seiner freien, sinnlichen Behandlung von Zeichnung und Farbe und der Empfindsamkeit des Ausdrucks kündigt er bereits die Romantik an.

Abbildung:
423 Kaiserin Joséphine in Malmaison, 1805

PUCELLE Jean
tätig zwischen 1319 und 1335 in Paris
Hervorgegangen ist der größte der damaligen Buchmaler des französischen Hofes wohl aus der Werkstatt des Maître Honoré von Amiens. Hier war er vielleicht schon um 1315 tätig. Urkundlich faßbar wird er zuerst durch eine zwischen 1319 und 1324 getätigte Geldanweisung für eine Entwurfszeichnung zum Siegel der hochfeinen Bruderschaft vom Hospital St. Jacques aux Pélerins in Paris. Der Meister wird mehrfach in kleinen Signaturen, aber auch Inventarnotizen genannt. Das Stundenbuch der Jeanne d'Evreux heißt in dem Inventar des Duc de Berry »Heures de Pucelle«. Diese Art der Nennung ist,

gemessen an den damaligen Gewohnheiten, als größter Ruhm zu bezeichnen. Pucelles Stil wurde nicht nur von seinen ehemaligen Mitarbeitern fast bis zum Ende des 14. Jahrhunderts weiter gepflegt, sondern teils im Auftrag König Karls V., teils des Duc de Berry in großem Umfange kopiert. Der Künstler muß gegen 1320 eine Italienreise gemacht haben. Neben einer genauen Kenntnis der Kunst Duccios sind auch Motive Giottos und anderer Italiener nachweisbar.

Abbildung:
43 Gefangennahme Christi und Verkündigung. Stundenbuch der Jeanne d'Evreux, zwischen 1325 und 1328

PUVIS DE CHAVANNES Pierre
1824 Lyon – 1898 Paris
Aus einer Familie von altem Amtsadel stammend, erhielt der Maler nach einem Jurastudium seine Ausbildung in Paris. Zuerst besuchte er das Atelier von Henri Scheffer, später lernte er bei Thomas Couture. Wie Moreau ließ er sich von der Malerei Chassériaus inspirieren. Einen ersten Erfolg hatte er 1850 im Salon, doch erst neun Jahre später wurde dort wieder ein Bild von ihm angenommen. 1854/55 hatte er die erste Gelegenheit zu ebenso bedeutungsschweren wie dekorativ-monumentalen Wandmalereien, die einen Großteil seines Werkes ausmachten. Viele davon befinden sich an schwer zugänglichen Orten, was lange Zeit die Würdigung seines Werkes verhinderte. Aber auch seine Malweise erschwerte zunächst eine Zuordnung in eine bestimmte Richtung. Er wandte sich nicht dem Impressionismus zu, aber auch nicht der anekdotischen Historienmalerei. Er baute seine Bilder nach einer strengen Ordnung auf, füllte umgrenzte Flächen homogen mit Farbe. Am ehesten läßt er sich in das Lager der Symbolisten fügen, da er allegorische Bildinhalte, biblische und historische Themen sowie klassische Figuren und Posen liebte. 1887 hatte er eine große Ausstellung bei Durand-Ruel, 1890 war er Mitbegründer und 1891 Vorsitzender der sezessionistischen »Société Nationale des Beaux-Arts«, die gegen die Rückständigkeit der Gesellschaft französischer Künstler ankämpfte.

Abbildung:
509 Der arme Fischer, 1881

QUARTON Enguerrand
(auch: Charonton, Charton, Charretier)
um 1410 Diözese Laon – 1461 oder später Avignon (?)
Auf der Ausstellung »Les primitifs français« in Paris 1904 neu entdeckt, hat kaum ein zweites Werk der europäischen Malerei der Frührenaissance der Forschung so viele Rätsel aufgegeben wie die aus Villeneuve-lès-Avignon stammende großformatige Tafel mit der »Beweinung Christi« (Abb. S. 139). Um das Werk nicht als einen erratischen Block isoliert im kunstgeschichtlichen Umfeld stehen zu lassen, sind die verschiedensten Zuschreibungen versucht worden, u.a. an den katalanischen Meister Bartolomeo Bermejo und an den großen Portugiesen Nuño Gonçalves. Der Verzicht auf jede Form von physischen Wirkungen, das Höchstmaß an Verinnerlichung in Ausdruck und Gebärden der Figuren, deren jede in ihrem Schmerz isoliert zu sein scheint, entziehen das Werk der unmittelbaren Verbindung mit irgendeinem anderen um 1450–1460 entstandenen Gemälde. Für den Meister ist die Kenntnis italienischer Kunst (Ganzheitsvorstellung der Komposition), katalanischer Malerei (asketische Strenge der Köpfe), aber auch niederländischer Werke (präzise Ausarbeitung des Details) vorauszusetzen. Erst in jüngerer Zeit ist er gelungen, dieses Werk Quarton zuzuschreiben, einem der Hauptmeister der Schule von Avignon. Er ist vor 1440 in Aix-en-Provence nachweisbar und 1447–1466 in Avignon. 1452 hat er, zusammen mit Pierre Villate, die »Schutzmantelmadonna« (Chantilly, Musée Cluny) gemalt und um 1453/54 die »Krönung Mariä« (Abb. S. 139).

Abbildungen:
139 Krönung Mariä, um 1453/54
139 Beweinung Christi, um 1460

RAFFAEL (Raffaello Santi)
1483 Urbino – 1520 Rom
Raffaels Ruhm als größter Maler der abendländischen Kunst dürfte sich trotz gewisser Gegenstimmen im frühen 20. Jahrhundert auch für die Zukunft behaupten. Die erste Lehrzeit bei seinem Vater Giovanni Santi hat ihm nicht mehr als handwerkliche Grundlagen vermittelt. Um so nachhaltiger wird der Eindruck der künstlerischen und geistigen Bildung im Umkreis des Hofes der Montefeltre auf den Heranwachsenden gewirkt haben. Entscheidend für seine Ausbildung zum Maler waren Lehrjahre und später Mitarbeit in der Werkstatt von Perugino. Hier konnte Raffael die Kunst der Flächenaufteilung, das Verständnis für die Darstellung der Landschaft und deren sensible Verbindung mit den Figuren sowie die besonders für seine Madonnendarstellungen kennzeichnende verträumte Empfindsamkeit des Ausdrucks entwickeln.

Die Übersiedlung nach Florenz 1504 bezeichnet eine entscheidende Etappe in seiner Stilbildung. Dem 21jährigen eröffnet sich ein unermeßliches Feld neuer gestalterischer Lösungen, deren sich seine künstlerische Intelligenz in wenigen Jahren bemächtigt. Figur und Raum stehen im Mittelpunkt des Interesses. Raffael darf als ein Genie der Aneignung bezeichnet werden, ohne freilich je der Gefahr des Eklektizismus zu verfallen. Seine Auseinandersetzung mit Werken der Vergangenheit ist stets kreativ. Er verhält sich den Eindrücken seiner Umgebung gegenüber auswählend und übernimmt nur, was der Vervollkommnung seiner eigenen, ursprünglichen künstlerischen Persönlichkeit dient. Bereits 1508 erreicht Raffael den Gipfel seiner Entwicklung, als Papst Julius II. ihn zur Ausmalung seiner Privatgemächer im Vatikan, der »Stanzen«, nach Rom beruft. Sein Landsmann Donato Bramante, Leiter des Neubaus von St. Peter, mag bei diesem Auftrag vermittelnd mitgewirkt haben. In der »Stanza della Segnatura« (1509–1512, Abb. S. 172) gewinnen Raffaels Kompositionen an Weiträumigkeit, seine Figuren an statuarischer Würde bei gesteigerter Freiheit der Bewegung. Schon in der unmittelbar anschließenden Ausmalung der »Stanza d'Eliodoro« (1512–1514) stößt Raffael zu neuen Ufern vor. Die Dramatik der Erzählung wird gesteigert, der Raum auf Kosten der Fläche betont, die farbige Modulation der Zeichnung übergeordnet (die »Befreiung Petri« ist das erste große »Nachtbild« der europäischen Malerei). Raffael, der Vollender der Hochrenaissance, eröffnet den Weg in den Manierismus. Diese Entwicklung setzt sich dynamisch in den großen Tafelbildern der Spätzeit fort (»Sixtinische Madonna«, Dresden, Gemäldegalerie, 1512/13; Gruppenbildnis »Papst Leo X. mit den Kardinälen Giulio de' Medici und Luigi de' Rossi«, Abb. S. 151; »Transfiguration«, Abb. S. 172).

Bei den umfangreichen Aufträgen zu Freskenzyklen (Loggien des Vatikans, Farnesina) stand Raffael eine zunehmend sich vergrößernde Werkstatt zur Seite. Von großer Bedeutung für die Werke der römischen Periode ist die Begegnung mit der Antike (1514 wird Raffael zum Präfekten der römischen Altertümer ernannt). Seine Bedeutung als Architekt ist nur noch in Umrissen zu erkennen: 1514 wird er Bauleiter von St. Peter, 1515/16 errichtet er den Palazzo Madama in Rom; auf seine Entwürfe gehen ebenfalls die Palazzi Vidoni-Caffarelli in Rom (1515) und Pandolfini in Florenz (1517–1520) zurück. Trotz der auf knapp zwei Jahrzehnte beschränkten Schaffenszeit spannt Raffaels Werk einen entwicklungsgeschichtlichen Bogen von einzigartiger Weite. Er wächst aus dem 15. Jahrhundert heraus, führt die Hochrenaissance auf ihren Gipfel und öffnet schließlich den Weg in den Manierismus mit zahlreichen Vorgriffen auf den Barock.

Abbildungen:
151 Papst Leo X. mit den Kardinälen Giulio de' Medici und Luigi de Rossi, 1518/19
170 Die Madonna im Grünen, 1505/06
171 Die Vermählung der Maria (Sposalizio della Vergine), 1504
171 Die Madonna von Foligno, um 1512
172 Verklärung Christi (Transfiguration), um 1517–1520
172 Die Schule von Athen, 1511/12

RAIGERNER KREUZTRAGUNG → Meister

RAINER Arnulf
* 1929 Baden (bei Wien)
Rainer studierte von 1947–1949 in Villach an der Staatsgewerbeschule, 1950 verließ er nach einem Tag die Hochschule für angewandte Kunst und nach drei Tagen die Akademie der bildenden Künste in Wien. Seine frühen Arbeiten waren surrealistisch inspiriert. Ab 1951, nach der Auseinandersetzung mit Abstraktem Expressionismus und Tachismus, negierte er figurative Elemente in seinen Arbeiten. Während der nächsten beiden Jahre entstanden seine flächen- und formauflösenden »Atomisationen« und »Blindzeichnungen«. Ab 1953 entwickelte er dann seine »Übermalungen«, die für seine weitere Werkkonzeption grundlegend wurden. Um 1964 entstanden Bilder nach Experimenten mit halluzinogenen Drogen. Rainer trieb auch Studien in psychiatrischen Kliniken. Er will durch seine Kunst in die Tiefen seiner eigenen Person vordringen. Seit 1969 benutzte er für seine Übermalungen Photos seiner eigenen Physiognomie, seines Körpers. Später übermalte er Vorlagen von Bildern alter Meister, etwa seit 1977 Bilder von Totenmasken und Totengesichtern. In den achtziger Jahren ist eine Rückkehr zu religiösen Bildthemen zu konstatieren, es entstanden die Serien der Kreuzbilder, der Märtyrer-, Katastrophen- und Engelbilder.

Abbildung:
667 Zünglein ohne Waage, 1975

RATGEB Jörg
um 1480 Schwäbisch Gmünd – 1526 Pforzheim
Über Jugend und Lehrzeit Ratgebs, der zu den eigenwilligsten Künstlern der Dürerzeit gehört, sind wir nicht unterrichtet. Offenbar erhielt er Anregungen von Grünewald und lernte während seiner Wanderjahre sowohl Flandern als auch Oberitalien kennen. Darauf weisen schon Farbgebung und Raumauffassung seines ersten gesicherten Werks, des Katharinenaltars in der Stadtpfarrkirche in Schwaigern (1510). 1514–1517 schuf Ratgeb einen der bedeutendsten Freskenzyklen seiner Zeit, Darstellungen aus der Heilsgeschichte in Kreuzgang und Refektorium des Karmeliterklosters in Frankfurt am Main (1944 schwer beschädigt). Ratgebs Neigung zu kühnen perspektivischen Verkürzungen und expressiver Steigerung der bewegten Figur gipfeln im Herrenberger Altar (Abb. S. 198). In den Wirren der Bauernkriege ergriff er leidenschaftlich Partei für die Bauern und wurde 1526 hingerichtet.

Abbildung:
198 Geißelung Christi, 1518/19

RAUSCHENBERG Robert
* 1925 Port Arthur (Texas)
Rauschenberg hatte eine gründliche Ausbildung; er studierte in Kansas City, Paris und von 1948–1949 bei Albers am Black Mountain College. 1952 unterrichtete er selbst dort; er veranstaltete dabei Happenings mit John Cage, Merce Cunnigham und David Tudor. Weitere Lehrer waren Motherwell, Kline und Jack Tworkov. Mit Jasper Johns verbanden ihn ähnliche Intentionen, von 1955–1960 hatten sie ihre Ateliers im selben Gebäude. Nach einer Serie von Schwarzweißbildern begann er 1953 aus den verschiedensten Materialien, aus alltäglichen Fundstücken seine »Combine Paintings« zu machen, die malerische Elemente mit eingefügten Objekten und Objektfragmenten verbinden; außerdem entstanden

Collagen und Materialassemblagen. Ihre malerischen Partien sind in der spontanen Heftigkeit des Action Painting entstanden, die Realität der Objekte führt die Arbeiten jedoch aus der Ebene der Abstraktion heraus. Rauschenberg gilt als ein Wegbereiter der amerikanischen Pop Art. Etwa seit 1970 arbeitete er vorzugsweise mit Pappkarton und griff damit auf die Sprache der Minimal Art über. In den achtziger Jahren entstanden Skulpturen aus Metallfundstücken und mit Säuren geätzte Bilder auf Metallplatten. 1966 gründete Rauschenberg zusammen mit dem Ingenieur Billy Klüver die Firma »Experiments in Art and Technology« (E. A.T). Seit 1984 arbeitet er an einem Projekt, Rauschenberg »Overseas Cultural Interchange« (ROCI) genannt, für das in Zusammenarbeit mit Künstlern auf allen Kontinenten Arbeiten entstehen. Hinzu kommen langjährige Tourneen mit Tanz- und Theatergruppen, für die er Bühnenbilder entwirft.

Abbildungen:
657 Charlene, 1954
657 Trophy I, 1959

RAY Man (Michael Radnitzky?)
1890 Philadelphia – 1976 Paris
Als einer der fruchtbarsten und einfallsreichsten Köpfe der »Dada«-Bewegung konnte sich Man Ray nie endgültig für eine seiner zahlreichen Begabungen entscheiden: Plastik, Photographie, Film, Literatur, Architektur. Er verkehrte in den avantgardistischen Kreisen New Yorks, vor allem in der Galerie Stieglitz. Nach der Begegnung mit Duchamp und Picabia 1915 widmete er sich dem dadaistischen Abenteuer, indem er 1916–1921 an den Manifestationen und Ausstellungen in New York teilnahm und an den Zeitschriften »391« und »New York Dada« mitarbeitete. In Paris, wohin er Duchamp 1921 folgte, wurde er im Kreis von Tristan Tzara, Breton und Picabia aufgenommen. Er machte photographische und filmische Experimente und fertigte Collagen und Objekte. Später schloß er sich dem Surrealismus an, wurde dessen »offizieller« Photograph und nahm auch die Malerei wieder auf. Von 1940–1951 arbeitete er in Hollywood. Danach kehrte er nach Paris zurück.

Abbildung:
595 Die Seiltänzerin begleitet sich selbst mit ihrem Schatten
(The Rope Dancer accompanies herself with her Shadow), 1916

RAYSKI Ferdinand von
(Louis Ferdinand von Rayski)
1806 Pegau (bei Leipzig) – 1890 Dresden
Rayski war der Sohn eines sächsischen Rittmeisters und erhielt eine standesgemäße Erziehung. Ab 1823 besuchte er die Dresdner Akademie. Für seine malerische Entwicklung wurde eine Parisreise in den Jahren 1834/35 entscheidend. Hier begeisterten ihn vor allem die Werke Géricaults. Anschließend malte er in sehr freier pastoser Manier Reiter- und Schlachtenbilder. Vor allem aber wurde er der Bildnismaler des sächsischen und preußischen Landadels, auf dessen Gütern er lebte, wenn er nicht in Dresden war. Rayski ist der erste deutsche Porträtmaler, in dessen Bildern, vor allem seit den fünfziger Jahren, die Farben wie bei den frühen Impressionisten als eigenständige Bildqualitäten behandelt werden, wobei ihre abbildende Funktion zurücktritt. Besonders die Unfarben Grau, Schwarz und Braun erhalten nun koloristischen Eigenwert. Seine Porträts zeichnen sich durch psychologische Feinfühligkeit aus.

Abbildung:
460 Bildnis eines jungen Mädchens, um 1840

REDON Odilon (Bertrand-Jean Redon)
1840 Bordeaux – 1916 Paris
Bis zum Krieg von 1870/71 lebte Redon in seiner Geburtsstadt. Als Sohn eines wohlhabenden »Forschers und Waldurbarmachers« und einer Kreolin war er zart, sensibel und introvertiert. In seiner Schulzeit begeisterte er sich für Zeichnen und für Literatur. Der Botaniker Armand Clavaud, den er mit 15 Jahren kennenlernte, interessierte ihn für zeitgenössische Kunst und für Biologie. Als er Rembrandt entdeckte, war er davon so stark beeinflußt, daß er sich mit Radierungen versuchte und 1867 schon seine erste Talentprobe zum Salon nach Paris einreichte. Nach 1870 hielt er sich meist in Paris auf, wo er Corot und Courbet traf und Delacroix bewunderte. Mit Fantin-Latour suchte er oft den Louvre auf, um dort zu kopieren. Fantin-Latour war es auch, der ihn in die Technik der Lithographie einführte, und 1879 erschien Redons erste Lithoserie »Im Traum«. Der Titel dieser Arbeiten zeigt die inhaltliche Richtung seiner Kunst, die stark dem Symbolismus verhaftet ist. Der Schriftsteller Joris-Karl Huysmans begeisterte sich für Redons Arbeiten und beschrieb Graphiken von ihm und Moreau in seinem damals Furore machenden dekadenten Fin-de-Siècle-Roman »A Rebours« (Gegen den Strich). Durand-Ruel nahm Redon in seine Galerie auf, und 1884 gehörte der Künstler zu den Mitbegründern des »Salon des Indépendants«, an dessen erster Ausstellung er teilnahm. 1886 nahm er an der VIII. Impressionistenausstellung teil und stellte auch bei »Les XX« in Brüssel aus. Mit den Malern der Gruppe »Nabis« sowie mit Gauguin war er ebenso befreundet wie mit den Dichtern Mallarmé, Gide und Valéry. Erst in den neunziger Jahren begann Redon, der bisher vorwiegend Lithographien veröffentlicht hatte, mit Gemälden. Er arbeitete viel mit Pastellfarben, und seine Gemälde zeigen eine verhaltene, zarte und trotzdem intensive Farbigkeit. 1900–1916 lebte er zurückgezogen und meditierend in Bièvres bei Paris.

Abbildung:
513 Blumenstilleben, um 1910

REINHARDT Ad
1913 Buffalo (New York) – 1967 New York
Nach einem Kunstgeschichtsstudium 1931–1937 an der Columbia University in New York bei Meyer Schapiro besuchte Reinhardt in den beiden folgenden Jahren die National Academy of Design. Von 1937–1947 war er Mitglied der »American Abstract Artists«. Während des Krieges arbeitete er als Kunstkritiker bei einer New Yorker Zeitung und diente als Marinephotograph. Nach dem Krieg führte er sein Studium der Kunstgeschichte weiter, spezialisierte sich auf fernöstliche Kunst und lehrte ab 1947 am Brooklyn College und zahlreichen weiteren amerikanischen Instituten und Universitäten. In den fünfziger und sechziger Jahren unternahm er viele Reisen nach Europa und Asien. In Fortführung der abstrakten Malerei eines Mondrian versuchte er mit extrem reduzierten Mitteln zu einer puristischen, nur sich selbst genügenden Kunst zu gelangen. Endpunkt dieser Entwicklung waren seine schwarzen Quadratbilder, bei denen gelegentlich nur noch leichte Schattierungen nach längerer Betrachtung wahrzunehmen sind. Als Künstler wie auch als Kritiker der zeitgenössischen Kunstwelt und Theoretiker der Avantgarde war Reinhardts Einfluß prägend für viele Künstler in den sechziger und siebziger Jahren.

Abbildung:
648 Red Abstract, 1952

REMBRANDT (Rembrandt Harmensz. van Rijn)
1606 Leiden – 1669 Amsterdam
Rembrandt wurde in Leiden als Sohn eines Müllers und einer Bäckerstochter geboren. Er sollte Gelehrter werden, besuchte auch die Lateinschule, doch blieb er nur ein Jahr auf der Universität. Von 1622–1624 ging er bei dem Romanisten Jacob van Swanenburgh in die Lehre, doch sein eigentlicher Lehrer war Lastman in Amsterdam, in dessen Werkstatt er zwar nur ein halbes Jahr arbeitete, der seine Malerei jedoch entscheidend beeinflußte. 1625 machte er sich zusammen mit seinem Freund Jan Lievens in Leiden selbständig, bis er um 1631/32 endgültig nach Amsterdam übersiedelte. In der niederländischen Kunstgeschichte bildet dieses Datum einen wichtigen Meilenstein, denn Rembrandt wurde zum unvergleichlichen Repräsentanten der Amsterdamer Kunst. Er war zunächst erfolgreich, hatte eine große Werkstatt und zahlreiche Aufträge. 1634 heiratete er die Juristentochter Saskia, die ein stattliches Vermögen in die Ehe brachte und beiden ein glanzvolles Leben ermöglichte. 1639 kaufte er ein Haus, das er nie ganz bezahlte und das er mit Gemälden, Antiquitäten, Requisiten und kuriosen Raritäten anfüllte. Seine Kauflust und Sammlerleidenschaft überstiegen bald seine finanziellen Möglichkeiten. 1642, im Jahr der »Nachtwache« (Abb. S. 313), starb Saskia, und seit 1649 lebte er mit der Magd Hendrickje Stoffels zusammen, die er aber nicht heiraten durfte, um Saskias Vermögen für seinen Sohn Titus nicht zu verlieren. 1656 mußte er Konkurs anmelden, sein Haus und gesamter Besitz wurden zwangsversteigert. Seine letzten Lebensjahre verbrachte er in Armut und Einsamkeit am Rande des Amsterdamer Gettos, ohne jedoch in seiner Schaffenskraft nachzulassen.

Rembrandt war der universalste Künstler seiner Zeit und prägte über die einzelnen Schulen und Städte hinweg die Malerei eines halben Jahrhunderts. Seine Schüler entwickelten aus einzelnen Bereichen seiner Kunst eigene Gattungen und Spezialfächer, vom Trompe-l'œil bis zur Feinmalerei. Unter den holländischen Malern war er der einzige, der auf kein Spezialgebiet festgelegt war. Im Mittelpunkt seines Werkes stehen zwar das Einzel- (»Jan Six«, Amsterdam, Stiftung Six) und Gruppenporträt (»De Staalmeesters«, Abb. S. 316) und vor allem die biblische Erzählung (»Opferung Isaaks«, St. Petersburg, Ermitage), aber auch mythologische Szenen (»Philemon und Baucis«, Washington, National Gallery), Landschaften (»Gewitterlandschaft«, Braunschweig, Herzog-Anton-Ulrich-Museum) und sogar Stilleben (»Der geschlachtete Ochse«, Abb. S. 315) hat er gemalt. Dabei sprengt er häufig die Grenzen der Gattungen, etwa des Gruppenporträts, wo er in der »Nachtwache« (Abb. S. 313) eine Reihe von Regeln verletzt. Entscheidend für seinen Ruhm waren neben einer ständigen Weiterentwicklung der bildnerischen Mittel eine gleichbleibende malerische Qualität, die nicht, wie etwa zeitweilig bei Rubens, von der Routine des Werkstattbetriebs beeinträchtigt wurde, eine unvergleichliche Tiefe im Ausdruck des Menschlichen und eine brillante Lichtregie, das dramatische Rembrandtsche Helldunkel.

Dem Maler Rembrandt steht der Zeichner und Radierer ebenbürtig zur Seite. In seinen etwa 300 Radierungen hat er die technischen und künstlerischen Möglichkeiten dieser graphischen Gattung, zum Beispiel durch Anwendung von Hell-Dunkel-Effekten, kontinuierlich erweitert und zu einer selbständigen Kunstart erhoben. Unter den etwa 1500 Handzeichnungen ragen vor allem die meisterhaften Landschaftsdarstellungen hervor, die trotz spontaner Strichführung durch Ruhe und Harmonie bestechen.

Abbildungen:
276 Selbstbildnis mit Stock, 1658
312 Selbstbildnis vor der Staffelei, um 1626–1628
312 Anatomische Vorlesung des Dr. Nicolaes Tulp, 1632
313 Die Nachtwache, 1642
314 Selbstbildnis als 63jähriger, 1669
315 Kreuzabnahme Christi, 1633
315 Der geschlachtete Ochse, 1655
316 Die Vorsteher der Tuchmachergilde (De Staalmeesters), 1662
316 Aristoteles vor der Büste Homers, 1653

RENI Guido
1575 Calvenzano – 1642 Bologna
Mit neun Jahren trat der musikalisch hochbegabte Sohn eines Musikers in die Werkstatt Calvaerts ein,

mit 13 in die der Carracci. 1598 arbeitete er schon an der Fassadenbemalung des Bologneser Palazzo Pubblico mit. 1602 zog er mit Albani nach Rom, von wo aus er nach Bologna zurückkehrte, um 1605 für lange Jahre erneut nach Rom zu gehen. Die Förderung durch den Kardinal Caffarelli-Borghese brachte ihm eine Flut von Aufträgen ein, die ihn zur Einstellung von Gehilfen zwang, was zum Anfang jener qualitativ schädigenden Massenproduktion führte, zu der er später durch verhängnisvolle Spielleidenschaft gezwungen wurde. 1622 kehrte er nach Bologna zurück, um dort nach dem Tod L. Carraccis zum Oberhaupt der Bologneser Schule zu werden. In frühen Werken, zum Beispiel der »Marienkrönung mit Heiligen« (Bologna, Pinacoteca Nazionale, 1595), verbindet Reni manieristische und auch nordische Elemente mit – durch die Carracci neubelebten – Zügen der römischen Hochrenaissance. Die »Kreuzigung Petri« (Rom, Pinacoteca Vaticana, 1603) mag als Beispiel für eine stark caravaggeske Phase in Renis Entwicklung gelten, der gegen 1608 die entscheidende Hinwendung zu einem eigenen Stil folgte (Samsonfresken, Vatikan). 1612–1614 entstand sein berühmtes Deckenfresko der »Aurora« für das Casino Rospigliosi, in dem er in klaren Farbflächen und pathetisch-harmonischer Komposition große Figuren zu einem festlichen Zug vereint. Die Madonnenbilder (»Madonna del Rosario«, Bologna, Pinacoteca Nazionale), denen Reni zu Lebzeiten und noch im 19. Jahrhundert seinen Ruhm verdankte, sind von einer großartig-monumentalen Absolutheit und Schönheit, die leider heute dem Zeitgeschmack entfremdet sind.

Abbildungen:
232 Der Bethlehemitische Kindermord, 1611
232 Taufe Christi, um 1623

RENOIR Pierre-Auguste
1841 Limoges–1919 Cagnes-sur-Mer (bei Nizza)
Der Sohn eines armen Schneiders zog 1844 mit der Familie nach Paris. Nach einer Lehre als Porzellanmaler 1854–1858 bemalte der junge Renoir Fächer und Vorhänge. 1860–1864 besuchte er das Atelier von Gleyre und die Kunsthochschule, wo er Bazille, Monet und Sisley traf, mit denen ihn eine lebenslange Freundschaft verband. Die jungen Maler arbeiteten zusammen im Atelier, studierten die alten Meister im Louvre oder stellten ihre Staffelei bei Barbizon im Freien auf. Renoir stellte 1864 und 1865 im Salon aus, wurde aber 1866 und 1867 zurückgewiesen. Er wohnt 1867 mit Monet bei Bazille, mit dem er 1868–1870 das Atelier teilt, verkehrt im Café Guerbois und lernt Manet kennen. 1869 bildet er mit Monet in Bougival an der Seine endgültig die impressionistische Gestaltungsweise aus. Er malt mit Monet in Argenteuil und nimmt 1874–1877 an der I.–III. Impressionistenausstellung teil. 1878–1881 stellt er im Salon aus.

1880 lernt er seine künftige Frau kennen, Aline Charigot. Er bricht sich den rechten Arm und malt mit der linken Hand. 1881 Reise nach Algier, später nach Italien. 1882 porträtiert er den Komponisten R. Wagner in Palermo und besucht Cézanne in L'Estaque. Aufenthalte in Jersey, Guernesey und an der Côte d'Azur. Fest umrissene und plastische Körperformen bestimmen zeitweilig seine Formensprache. 1886 stellt er bei der Gruppe »Les XX« in Brüssel aus, durch Durand-Ruel in New York und G. Petit in Paris. 1889 verweigert er die Teilnahme an der Pariser Weltausstellung. 1890 heiratet er Aline, sie bekommen drei Söhne. Rückkehr zu üppiger Farbigkeit und lockerer Pinselführung; er malt im folgenden hauptsächlich Akte und Landschaften. 1892 erster Ankauf eines Bildes durch den französischen Staat, vermittelt durch Mallarmé. Reisen nach Spanien und in die Bretagne (Pont-Aven). 1894 ist Renoir Testamentsvollstrecker für Caillebottes Stiftung impressionistischer Bilder an den Staat. Auf einer Deutschlandreise besucht er 1896 Bayreuth und Dresden. 1897 bricht er sich bei einem Sturz vom Fahrrad den Arm. 1898 Reise nach Holland. Seit 1899 beginnt Renoir wegen seines Rheumas, vorwiegend in Südfrankreich zu leben. 1900 ist er auf der Jahrhundertschau französischer Kunst bei der Pariser Weltausstellung vertreten und wird Ritter der Ehrenlegion. Er hat zunehmend Ausstellungen im Ausland. Ab 1902 verschlechtert sich seine Gesundheit immer mehr, und zuletzt sind seine Hände von Gicht verkrümmt. 1904 beteiligt er sich erstmals am Pariser Herbstsalon. 1907 erwirbt er das Haus »Les Colettes« in Cagnes. 1910 Retrospektive bei der 9. Biennale in Venedig und Reise nach München. 1911 wird er zum Offizier der Ehrenlegion ernannt, und 1913 beginnt er, mit Hilfe von R. Guinos Plastiken anzufertigen. 1919 wird er Kommandeur der Ehrenlegion und mit der Hängung eines seiner Bilder im Louvre geehrt.

Wie Monet liebte Renoir beschauliche Szenen des Stadt-, Land- und Familienlebens, aber er blieb immer der Darstellung von Menschen verbunden. Stilleben, Landschaften und Porträts sind häufig seine Themen, und viele seiner Bilder sind eine Huldigung an den Zauber der Frau. Obwohl auch er die homogene Farbfläche abgeschafft und durch ein vielfarbiges Gewebe von Pinselstrichen und Tupfern ersetzt hatte, unterscheiden sich seine Arbeiten immer durch eine starke persönliche Handschrift, eine besondere Leuchtkraft der Farben und eine heiter-liebenswürdige Stimmung von denen Monets, Sisleys und Pissarros, die mit ähnlichen Mitteln gestalteten.

Abbildungen:
477 Die Schaukel, 1876
484 Zwei Mädchen, um 1881
502 Das Ehepaar Sisley, 1868
502 Le Moulin de la Galette, 1876
503 Der erste Ausgang, um 1876/77
504 Auf der Terrasse, 1881
504 Badende mit offenem, blondem Haar, 1895

REPIN Ilja Jefimowitsch
1844 Tschugujewo (Ukraine)–1930 Kuokkala (Finnland)
Repin begann seine künstlerische Ausbildung als Ikonenmaler. 1863 kam er nach St. Petersburg, wo er 1864–1871 an der Akademie studierte und mit einer Großen Goldmedaille abschloß. 1873 wurde sein Bild »Wolgatreidler« auf der Weltausstellung in Wien ausgestellt. Mit einem Reisestipendium besuchte er 1873–1876 Italien und Frankreich, hielt sich 1876/77 in Tschugujewo auf und 1877–1882 in Moskau, bevor er 1882 nach St. Petersburg zurückkehrte, wo er Tolstoi kennenlernt. 1894 wurde er dort Professor an der Akademie und 1898/99 deren Rektor. 1878–1891 und wieder ab 1897 ist er Mitglied der »Wanderer«, deren Ziel es war, volkstümliche Kunst zu schaffen und diese auf Wanderausstellungen auch in entlegenen russischen Städten zu zeigen. Repin malte vorzugsweise sozialkritische Genrebilder und Porträts. Seit einer Westeuropareise 1883 mit Stassow gelangen zunehmend impressionistische Züge in seine Malerei. 1887 ist er in Italien und Deutschland, 1889 besucht er die Weltausstellung in Paris. Reisen nach England, Deutschland und in die Schweiz, später nach Konstantinopel und Jerusalem folgen. Er kauft ein Landhaus in Kuokkala, eine rechtsseitige Lähmung beginnt. 1900 ist er Jurymitglied bei der Pariser Weltausstellung und wird mit der Ehrenlegion ausgezeichnet. 1917 zieht er sich nach Kuokkala zurück, das nun zu Finnland gehört. Repin war auch ein bedeutender Bildnismaler, und fast alle wichtigen russischen Zeitgenossen saßen ihm Modell. Der starke Eindruck, den Courbet und die Impressionisten auf ihn gemacht hatten, schlug sich erst spät in seinem Werk nieder.

Abbildungen:
542 Die Saporoscher Kosaken schreiben dem türkischen Sultan Mohammed IV. einen Brief (Skizze), um 1878
542 Die Ruhepause (Bildnis Vera Alekseevna Repina), 1882

REYNOLDS Joshua
1732 Plympton (Devonshire)–1792 London
Reynolds war der Sohn eines Reverends, der ihn mit 17 zu dem gefragten Porträtisten Thomas Hudson nach London in die Lehre schickte. Er arbeitete einige Jahre in dem trockenen Stil seine Lehrers in Plymouth, London und Devonport. Die Begegnung mit William Gandy (Gandy of Exeter) regte ihn zu einer neuen Technik und einem flüssigeren Stil an, der wahrscheinlich auch durch das Studium Rembrandts inspiriert worden sein dürfte. In Begleitung des kunstliebenden Commodore und späteren Admirals Keppel reiste Reynolds über Lissabon und Algier nach Rom, wo ihn Raffael und Michelangelo in ihren Bann schlugen. Hier entstanden seine berühmten »Caricaturas«, Porträts von englischen Reisenden. Über Florenz, Parma, Venedig und Paris kehrte Reynolds zurück und ließ sich 1753 in London nieder, wo er das Bildnis seines Gönners Keppel malte, der nach einem Schiffbruch in der Pose des Apoll vom Belvedere dargestellt ist (Greenwich, National Maritime Museum). Durch derartige bedeutungshaltige Zitate und dramatische Ereignisse wollte Reynolds die Bildnismalerei in den Rang der Historienmalerei erheben. Die theoretische Begründung dieser »grand manner« lieferte er später als erster Direktor der Royal Academy (seit 1768) in den »Discourses«, den jährlichen Vorträgen anläßlich der Preisverleihungen. Der Kontakt mit Gainsborough, der sich in den siebziger Jahren in London aufhielt, blieb, wohl wegen der Verschiedenheit der Temperamente, nur locker. Eine letzte Reise auf den Kontinent, die ihn u. a. nach Antwerpen und Düsseldorf führte und dem Studium von Rubens gewidmet war, unternahm er im Jahre 1781. Reynolds, der 1769 geadelt wurde, gehört zu den großen Gestalten der englischen Malerei im 18. Jahrhundert, die eine ganze Malergeneration von Porträtisten geprägt hat.

Abbildungen:
346 Bildnis Susanna Beckford, 1756
383 Mrs. Siddons als tragische Muse, 1784
383 Samuel als Kind, 1776

RIBERA Jusepe de
(auch: José de Ribera; genannt: Lo Spagnoletto)
1591 Játiba (bei Valencia)–1652 Neapel
In Valencia wurde Ribera von Ribalta unterrichtet, der ihn mit seinem »Tenebroso«, einem dramatischen, düster-glühenden Helldunkel, vertraut machte. Auf Studienreisen nach Parma, Padua und Rom wurde er mit den Werken Raffaels, Correggios, Tizians und Veroneses bekannt. Seit 1616 ist er in Neapel nachweisbar, wo ihn Caravaggio beeinflußt. Der spanische Vizekönig Neapels ernennt ihn zum Hofmaler und wird, wie auch sein Nachfolger Graf Monterrey, sein Förderer. Durch diesen erhält er Aufträge für das Augustinerkloster in Salamanca (»Geburt Christi«, »Pietà«, »Maria mit den hl. Antonius und Augustinus«, 1631–1635). Danach befreit er sich vom düsteren Tenebroso-Stil und findet zu neuer Lichtbehandlung und leuchtendem Kolorit (12 Prophetenbildnisse, Neapel, Museo Nazionale di San Martino, 1637/38). Für den reiferen Stil ist malerisch wie inhaltlich »Der Knabe mit dem Klumpfuß« (Abb. S. 259) charakteristisch. Alten und mißgestalteten Menschen gilt nun das besondere Interesse seiner realistischen Malweise. In Riberas Werkstatt arbeiteten Italiener, Spanier und Flamen, er beeinflußte vor allem die neapolitanische Malerei, aber auch Rembrandt und Velázquez nahmen Anregungen von ihm auf.

Abbildungen:
259 Der Knabe mit dem Klumpfuß, 1642
260 Archimedes, 1630
260 Das Martyrium des hl. Bartholomäus, 1630
261 Der hl. Christopherus, 1637

RICHTER Gerhard
* 1932 Waltersdorf (Oberlausnitz)
Richter arbeitete zunächst als Bühnen- und Plakat-

maler in Zittau, studierte dann 1952–1955 an der Dresdner Kunstakademie, bevor er ab 1961, nach seiner Übersiedlung nach Westdeutschland an der Kunstakademie in Düsseldorf für weitere drei Jahre bei Karl Otto Götz studierte. 1963 annocierte er gemeinsam mit Konrad Fischer-Lueg und Sigmar Polke in eher parodistischer Absicht in einer Aktion in einem Möbelhaus den »Kapitalistischen Realismus«. 1964 entstanden seine ersten Bilder nach Photos aus Zeitschriften und nach Knipsbildern. Richter kopierte die Vorlagen oft unter Beibehaltung ihres Kontextes in verwischten Grautönen und vergrößerte sie dabei erheblich. Die Vorlagen, eigene Photographien und Fundstücke, sammelte er in einem »Atlas«, der ebenfalls seit 1972 in Ausstellungen präsentiert wurde. Neben diese zwischen Photorealismus und Pop Art stehenden Bilder traten weitere Werkreihen: farbige Landschaften und Wolkenbilder, Kerzenstilleben oder auch grob gemalte Städteluftbilder und Gemälde nach den RAL-Farbmusterkarten. Eine weitere Gruppe bilden seit etwa 1968 die oft großformatigen »abstrakten Bilder«, die auf das Studium von Malstrukturen zurückgehen und durch ihre große Farbintensität beeindrucken. Seit 1971 lehrt er als Professor an der Düsseldorfer Akademie.
Abbildungen:
627 Ema – Akt auf einer Treppe, 1966
673 Ohne Titel, 1984
673 Gebirge (Himalaja), 1968

RICHTER Ludwig (Adrian Ludwig Richter)
1803 Dresden–1884 Dresden
Der Sohn eines Kupferstechers wurde vor allem durch seine Holzschnittillustrationen für Märchen-, Volks- und Liederbücher bekannt. Mit dieser Tätigkeit begann er 1838 und setzte sie bis zu seinem Tode fort. Zunächst hatte er jedoch andere Pläne: Er wollte Landschaftsmaler werden. Dieser Wunsch erfüllte sich 1823 durch ein Romstipendium des Dresdner Buchhändlers Arnold. In Rom lernte er Koch und die Nazarener kennen. Er malte nun italienische Landschaften mit idyllischer Staffage. Nach seiner Rückkehr nach Dresden, wo er 1836 Professor für Landschaftsmalerei an der Akademie wurde, behielt er diese Thematik zunächst bei und änderte sie erst, als er wegen Geldmangels den Plan einer zweiten Italienreise aufgeben mußte. Um neue Themen zu finden, unternahm er mit seinen Schülern Wanderungen im Elbtal und in Böhmen und benutzte die hier entstandenen Studien für seine Kompositionen. Das, was er in seinen italienischen Landschaften zum Ausdruck gebracht hatte, fand er auch hier: harmonische Verbundenheit der Menschen und ein naturnahes frommes Leben. 1847 entstand sein letztes Ölbild.
Abbildung:
457 Die Kirche bei Graupen in Böhmen, 1836

RIGAUD Hyacinthe (Jacinto Rigau y Ros)
1659 Perpignan–1743 Paris
Das erhaltene Geschäftsbuch Rigauds dokumentiert die Position des Malers als Oberhaupt eines fabrikmäßigen Werkstattbetriebs mit »Fach«-Malern für Blumendekorationen, Stoffe, Schlachtenszenen und Landschaften in den Bildhintergründen. Nach erstem Unterricht in Montpellier und Lyon kam Rigaud 1681 nach Paris und erregte bereits 1682 mit dem Historienbild »Kain erbaut die Stadt Enoch« die Aufmerksamkeit Le Bruns, der ihn in die Porträtistenlaufbahn drängte, in der Rigaud zuerst in bürgerlichen Kreisen, dann bei Hof rasch Karriere machen sollte. Unter der absolutistischen Regentschaft Ludwigs XIV. fand er in der Ausbildung eines an van Dyck geschulten Repräsentationsporträts die zeitgemäße Bildnisform. Trotz der Massenproduktion erweist sich Rigaud in den Bildnissen von König »Philipp V.« (Madrid, Prado, 1701) oder dem der »Elisabeth Charlotte, Herzogin von Orléans« (Braunschweig, Herzog-Anton-Ulrich-Museum, 1713) als genauer Beobachter. In den berühmten Porträts des Sonnenkönigs zeigt er dagegen seine Fähigkeiten als Kolorist und Beherrscher zeremoniellen Anspruchs in Pose und Ausdruck.
Abbildung:
253 Bildnis Ludwigs XIV., 1701

RIVERA Diego
1886 Guanajuato (Mexiko)–1957 Mexico City
Bereits mit zehn Jahren studierte Rivera an der Akademie von S. Carlos in Mexico City. Ein Stipendium ermöglichte ihm 1907 eine Europareise, wo er sich in Madrid und Paris weiter fortbildete. In Paris lernte er die Bilder von Cézanne und Picasso kennen, die folgenden Jahre zeigen ihn als begabten kubistischen Maler. Eine mehrmonatige Reise zu den Fresken der italienischen Renaissance 1920/21 sorgte für eine Wende. Rivera kehrte nach Mexiko zurück, wo er sogleich mit Aufträgen für große Wandgemälde beauftragt wurde. Sein Zyklus im Erziehungsministerium von Mexico City aus den Jahren 1923–1928 zeigt bereits seinen persönlichen Stil. Rivera schilderte in einfach erzählten, monumentalen Kompositionen das Leben und die sozialen Auseinandersetzungen des mexikanischen Volkes. 1927/28 unternahm er eine Reise in die Sowjetunion, wegen trotzkistischer Tendenzen wurde er jedoch später aus der Kommunistischen Partei ausgeschlossen. 1929–1935 malte er den mexikanischen Nationalpalast mit einer Geschichte des Landes von den Indios und Atzteken bis in die Gegenwart aus. Es schließen sich mehrere Aufträge in den USA an, von denen die Arbeit für das Rockefeller Center in New York 1933 wegen ideologischer Differenzen nicht vollendet wurde. Bis in seine späten Lebensjahre sah sich Rivera mit Wandbildaufträgen zumeist zur Geschichte des eigenen Landes geradezu überhäuft. Rivera, der mit Frida Kahlo verheiratet war, zählt mit Orozco und Siqueiros zu den »großen Drei« der mexikanischen Wandbildbewegung.
Abbildung:
604 Die Geschichte Mexikos: Die Zivilisation der Huaxteken, 1930–1932

ROBERT Hubert
1733 Paris–1808 Paris
Roberts Vater war Kammerdiener beim Marquis de Stainville, des späteren Duc de Choiseul, der sich des Knaben annahm und seinen Wunsch, Maler zu werden, verständnisvoll förderte. Robert begleitete den Marquis nach Rom, wo dieser ihn an die französische Akademie vermittelte. Unter dem Eindruck der Bilder Panninis und der Radierungen Piranesis wandte er sich der Ruinenmalerei zu. 1760 begleitete er den Abbé de Saint-Non zu den eben entdeckten Ruinen von Pompeji und Herculaneum. In Roberts Ruinenmalerei verbindet sich die Exaktheit der topographisch getreuen Vedute mit dem phantastischen Element der Ruinenlandschaft, die es ihm ermöglichen, Ruinenvisionen völlig intakter Bauwerke zu malen. Nach elfjährigem Italienaufenthalt kehrt er 1765 nach Paris zurück und wird ein Jahr später in die Akademie aufgenommen. 1784 erhält er die Ernennung zum königlichen Gartenarchitekten und Verwalter der königlichen Bildersammlung. Er entwirft Pläne zur Umgestaltung des Versailler Schloßparks in einen englischen Garten. In der Französischen Revolution wird er in seinen Ämtern bestätigt, und zusammen mit Fragonard gehört er der Kommission an, die den Louvre zum Museum umgestalten soll. Zu seinen bekanntesten Werken zählen seine »Ereignisbilder« wie »Der Brand der Pariser Oper« und »Die Schleifung der Bastille« (beide Paris, Musée Carnevalet) oder »Abbruch der Häuser auf dem Pont du Change« (München, Alte Pinakothek).
Abbildung:
367 Die Pforte der Oktavia in Rom, o.J.

ROHAN-STUNDENBUCH → Meister

ROMNEY George
1734 Dalton-in-Furness (Lancashire)–1802 Kendal (Westmorland)
Der Sohn eines Kunsttischlers arbeitete zunächst in der väterlichen Werkstatt, bevor er bei Christopher Steele, einem Wanderporträtisten und Schüler Carle van Loos, in die Lehre ging. 1762 machte er sich in London selbständig und erregte durch sein Gemälde »Tod des Generals Wolfe« Aufsehen. Reisen nach Frankreich und Italien zwischen 1764 und 1775 brachten ihm den französischen Klassizismus, die Antike und die Meister der römischen Hochrenaissance nahe. Nach London zurückgekehrt, ließ Romney sich als Porträtist nieder und entwickelte lebhaftes Interesse an literarischen Themen, die er hauptsächlich zeichnerisch bearbeitete. Bedeutsam wurde für ihn die Begegnung mit Emma Harte, der späteren Lady Hamilton, die ihm als Modell für viele mythologische und literarische Vorwürfe diente. Um 1795 erkrankte Romney schwer und zog sich für seine letzten Lebensjahre nach Kendal zurück. Romney gilt neben Gainsborough und Reynolds als der bedeutendste englische Porträtmaler des 18. Jahrhunderts.
Abbildung:
388 Die Familie Leigh, um 1767–1769

ROSA Salvator
1615 Arenella (bei Neapel)–1673 Rom
Rosa, eines der vielseitigsten Talente seiner Epoche, arbeitete als Maler, Dichter, Radierer, Schauspieler, Musiker und Komponist. Nach Lehrzeiten bei seinem Onkel und seinem Schwager kam er zu Falcone, der ihn zu seinen fiebrig-bewegten Schlachtenbildern (»Schlachtenszene«, Florenz, Palazzo Pitti, um 1640) anregte, die zu Lebzeiten hauptsächlich seinen Ruhm ausmachten. In seinen unruhigen, dramatisch-erregten Landschaften und Hexenszenen zeigte er eine emotionale und individuell formulierte Gegenwelt zu klassischer Stereotypie. In der zweiten Hälfte der vierziger Jahre begann Rosa, Todesallegorien zu malen, die erst heute angemessene Wertschätzung finden (»L'umana fragilità«, Cambridge, Fitzwilliam Museum, 1651/52). Von Rom war er 1640 für neun Jahre nach Florenz übersiedelt, wo er die Accademia dei Percossi gründete und einen Kreis verschiedenster Künstler um sich versammelte. Rosas intellektuelles Niveau und seine eminente Bildung schlugen sich in Konzeptionen einer philosophisch verdichteten Kunst ebenso nieder wie in komplizierten Gedankengebäuden in vielen seiner Bilder.
Abbildung:
237 Demokrit in Meditation, um 1650

ROSENQUIST James
* 1933 Grand Forks (North Dakota)
Rosenquist studierte 1952–1955 an der University of Minnesota und in New York an der Art Students League. 1957–1959 besuchte er dort die Malklassen von Indiana und Jack Youngerman. Nebenbei war er als Designer und Plakatmaler tätig. Rosenquist, der als einer der Hauptvertreter der amerikanischen Pop Art gilt, setzt seine gegenständlichen Motivassemblagen aus der Welt des Alltags und dem Fundus der Bildwerbung zusammen, die er dann auf seine monumentalen Leinwände überträgt. Er benutzt einfache, sofort identifizierbare Objekte, die keinerlei symbolische Hintergründe für ihn haben. Bei seinem riesigen Wandgemälde »F 111« (3x26m), das Rosenquist 1965–1968 auf Welttournee schickte, verließ er einmal seinen Standpunkt der totalen Distanz und versuchte damit, die Interaktion zwischen Technik und Mensch in der gegenwärtigen amerikanischen Gesellschaft darzustellen. In den siebziger Jahren engagierte sich Rosenquist in der Anti-Vietnamkrieg-Bewegung und setzte sich für die demokratischen Rechte der Künstler ein. Seit 1983 lebt er in Aripeka, Florida.
Abbildung:
663 Marilyn Monroe, I, 1962

ROSLIN Alexander
1718 Malmö–1793 Paris
Roslin gilt als bedeutender Bildnismaler des 18. Jahrhunderts. Nach einer Lehrzeit in Schweden war er von 1745–1747 am markgräflichen Hof in Bayreuth tätig. Auf einer Italienreise 1747 studierte er die Werke von Tizian, Veronese, Reni und den Carracci. Von der Herzogin von Parma, einer Tochter König Ludwigs XV., wurde er an den französischen Hof empfohlen. 1752 traf er in Paris ein, wo er, mit kurzen Unterbrechungen, vierzig Jahre lang blieb. Dort wurde er rasch zu einem der beliebtesten Bildnismaler der Aristokratie. Mit Boucher verband ihn eine enge Freundschaft. Aufgrund seiner virtuosen Fähigkeit, Stoffe wiederzugeben, und seiner Charakterisierungskunst waren seine Porträts besonders beliebt. Während der siebziger Jahre war er der bevorzugte Fürstenmaler. 1774 wurde er an den Hof in Stockholm berufen, 1775 ging er als Hofmaler nach St. Petersburg. 1778 kehrt er über Warschau und Wien nach Paris zurück, wo er bis zu seinem Tod blieb. Die während der Revolutionszeit aufkommenden neuen antikisierenden Strömungen in der Malerei hatten allerdings zur Folge, daß Roslins Popularität zurückging. Dennoch hinterließ er ein enormes Lebenswerk.
Abbildung:
345 Dame mit Schleier: Marie Suzanne Roslin, 1768

ROSSETTI Dante Gabriel
(Gabriel Charles Rossetti)
1828 London–1882 Birchington-on-Sea (Kent)
Rossettis Vater war Dante-Forscher und mußte wegen seiner freien politischen Haltung aus der italienischen Heimat flüchten. 1843 begann Rossetti mit seiner künstlerischen Ausbildung, ab 1846 studierte er an der Royal Academy, dann arbeitete er bei Hunt und Ford Madox Brown und gehörte 1848 zu den Gründern der Bruderschaft der »Präraffaeliten«. Seine Arbeiten sind gänzlich dem Geist der Präraffaeliten verbunden, obwohl er schon bald wieder aus der Gemeinschaft austrat. Seine Themen waren religiös, entstammten der Welt der Sagen und Mythen, angereichert mit symbolistischen Motiven, und der idealer Frauengestalten.
Abbildung:
527 Die Braut, 1865

ROSSO FIORENTINO (Giovanni Battista Rossi)
1494 Florenz–1540 Paris
Von allen italienischen Malern des 16. Jahrhunderts wendet sich Rosso am entschiedensten gegen die normative Kunst der Hochrenaissance. Seine Neigung zur Verformung des Naturvorbilds, zur Zerlegung des menschlichen Körpers in geometrische Flächen und zu einer von der Realität gelösten Farbigkeit haben ihn bis in den Beginn des 20. Jahrhunderts hinein disqualifiziert. Erst mit der Abwendung der Kunst vom »Gegenstandssehen« durch Expressionismus und Kubismus, vor allem aber durch den Surrealismus ist Rossos Werk in einer neuen Weise »interessant« geworden, ohne allerdings erneut einem Mißverständnis zu entgehen. Seine Kunst zielt nicht auf »Ästhetizismus«, sondern durch Abwendung von der normativen Abbildlichkeit der Hochrenaissance auf eine neue Veranschaulichung der die reale Erfahrung übersteigenden Bildinhalte. Wie Pontormo, dessen Frühwerken sich Rosso in Farbgebung und Figurengestaltung verwandt zeigt, wird Rosso in der Werkstatt del Sartos gelernt haben. Dort wurde ihm sowohl das Erbe der Hochrenaissance vermittelt als auch die Möglichkeit, deren Grenzen zu überschreiten. Bereits sein erstes repräsentatives Werk, das Fresko der »Himmelfahrt Mariae« im Vorhof von SS. Annunziata in Florenz (1517), zeigt ihn auf einem der Hochrenaissance diametral entgegengesetzten Weg, der in den großen Altarbildern der folgenden Jahre konsequent fortgesetzt wird. Während eines Romaufenthalts 1524–1527 empfing er starke Eindrücke durch das Studium der Sixtinischen Decke Michelangelos.

1530 wurde Rosso von König Franz I. als Hofmaler nach Paris berufen. Das folgende Jahrzehnt widmete er vornehmlich der Ausstattung des Schlosses Fontainebleau. Sein Hauptwerk ist hier die Galerie Franz' I., wo er Fresken, dekorative Elemente und Stukkaturen zu einem Gesamtkunstwerk verschmilzt. Gemeinsam mit dem aus Bologna stammenden Maler Primaticcio wird er zum Begründer der »Schule von Fontainebleau«, die bei der Verbreitung des Formenschatzes der Renaissance nördlich der Alpen an vorderster Stelle steht.
Abbildung:
181 Kreuzabnahme Christi, 1521

ROTHKO Mark (Markus Rothkowitz)
1903 Dwinsk (Litauen)–1970 New York
Als Rothko sieben Jahre alt war, wanderte seine Familie nach Oregon aus. Er begann seine Studien an der Yale University, dann war er 1924–1929 Student bei Max Weber an der Art Students League in New York. Zusammen mit Adolph Gottlieb gründete er 1935 die expressionistische Künstlergruppe »The Ten«. Seit 1938 begann ihn der Surrealismus zu interessieren; er beschäftigte sich mit griechischer Mythologie, mit Metaphysik, den Jungschen Archetypen und mit der Kunst der Primitiven.

Die ersten Bilder mit im Raum schwebenden Formen entstanden ab 1947, nach dreijährigen Experimenten hatte er zu seinem eigenen Stil und zu seiner charakteristischen Bildform gefunden. 1949 war er zusammen mit William Baziotes, Motherwell und Newman Mitbegründer der »Subject of the Artist School«, die nur ein Jahr bestand. An der Nachfolgeeinrichtung, dem »Studio 35«, lehrte er bis 1955. 1950 machte er eine Europareise. 1951–1954 lehrte er als Assistant Professor am Brooklyn College. 1958 erhielt er einen lukrativen Auftrag für ein Wandgemälde im Seagram Building. Seit 1960 wurden seine Gemälde zunehmend dunkler und düsterer. In Houston gestaltete er 1964 eine von Philip Johnson entworfene Kapelle für Jean und Dominique De Menil aus. 1970 beging Rothko Selbstmord. Rothko gehört zu den bedeutendsten Vertretern der Farbfeldmalerei.
Abbildungen:
620 Rot, Grün, Blau, 1955
649 Nummer 10 (Number 10), 1950

ROTTMANN Carl
1797 Handschuhsheim (bei Heidelberg)–1850 München
Rottmann stammte aus einer Malerfamilie und hatte frühzeitig in Heidelberg Kontakt mit anderen Künstlern und Kunstfreunden. Seit 1821 studierte er Historienmalerei an der Münchner Akademie und machte gleichzeitig Naturstudien in den bayerischen Bergen. Zwei Italienreisen 1826–1828 und 1829 machten ihn mit der damaligen römischen Freilichtmalerei bekannt. Entscheidend für seine spätere Entwicklung wurde die Begegnung mit dem in Rom lebenden bayerischen Kronprinzen, dem späteren König Ludwig I. In dessen Auftrag entstanden Rottmanns vielfach von ihm selbst wiederholte Hauptwerke, der »Italienzyklus«, eine Serie von Fresken mit italienischen Landschaften in den Münchner Hofgartenarkaden (1830–1833), und der 1834/35 durch Naturstudien in Griechenland vorbereitete »Griechenlandzyklus«, eine Serie von enkaustischen (mit flüssigem Wachs verschmolzene Farben) Bildern für die Neue Pinakothek in München, an der Rottmann bis zu seinem Lebensende malte. In diesen Landschaften verbindet er den strengen architektonischen Aufbau der alten klassischen oder historischen Landschaft mit einem dramatischen Kolorismus in der Gestaltung von Licht- und Witterungserscheinungen.
Abbildung:
455 Sikyon mit Korinth, um 1836–1838

ROTTMAYR Johann Michael
1654 Laufen (Oberbayern)–1730 Wien
Von seiner Mutter ausgebildet, erhielt Rottmayr entscheidende Anregungen von Loth, in dessen Werkstatt in Venedig er von 1675–1688 arbeitete. Über Passau kam er 1689 nach Salzburg (mythologische Deckenfresken, Erzbischöfliches Schloß). Um diese Zeit ist er auch in seiner Tafelmalerei noch den venezianischen »Tenebrosi« verpflichtet, entwickelt aber schon einen eigenen kraftvoll-drastischen, später volkstümlichen Stil. Über Frain in Mähren und Prag kommt er dann nach Wien, wo er Aufträge aus dem österreichischen und süddeutschen Raum erhält. Rottmayr gelingt es vor allem im Fresko, sich von dem scheinarchitektonischen Gerüst im Sinne Pozzos zu befreien und im Bereich von Farbe und Figurenverkürzung illusionistische Mittel zu entdecken (Apotheose in der Kuppel des Ahnensaals von Schloß Vranov, Frain, 1696). Durch Zusammenschließung der Deckenfelder und ein lichtes, das Rokoko vorbereitendes Kolorit vervollkommnete Rottmayr die Monumentalmalerei zusammen mit Altomonte zu einer neuen, zukunftsweisenden Form, als deren Höhepunkte die Deckenfresken von Schloß Pommersfelden (1716–1718), der Stiftskirche Melk (1716–1722) und der Karlskirche in Wien (1726) gelten.
Abbildung:
258 Der hl. Benno, 1702

ROUAULT Georges
1871 Paris–1958 Paris
Zu seiner Lehrzeit bei einem Glasmaler gehörte das Restaurieren mittelalterlicher Glasfenster. Später studierte er bei Moreau, dessen Einfluß er bis 1903 nachgab. In seinen frühen Bildern behandelte er in der Hell-Dunkel-Manier Rembrandts vorwiegend religiöse Themen. Nach dem Tode Moreaus regten ihn Daumier und Toulouse-Lautrec an, sich sozialen Motiven zuzuwenden. Bis er sich um 1905 den Fauves annäherte, malte er in düsteren, schweren Farben. Nun begann er, die Farben nach ihrem Ausdruckswert zu wählen. Er setzte die Figuren – Clowns, Dirnen, Bauern, Arbeiter, Richter – mit wilden, kräftigen Pinselhieben vor einen Hintergrund aus glühendem Kolorit. Mit mächtigen dunklen Konturen umrahmte er die Gestalten. In dem Kontrast der breiten, schwarzen Linien und der irisierenden, leuchtend vitalen Farben lebte die Erinnerung an die ihm vertraute Technik der Glasmalerei fort.
Abbildungen:
561 Das heilige Antlitz (Das heilige Grabtuch von Turin), 1933
561 Der alte König, 1937

ROUSSEAU Henri
1844 Laval–1910 Paris
Rousseau, nach seinem früheren Beruf »der Zöllner« genannt, hatte keinerlei künstlerische Ausbildung genossen und malte lange nur in seiner Freizeit. Er nahm die Malerei allerdings sehr ernst, kopierte im Louvre und ließ sich mit vierzig pensionieren, um sein Leben ganz der Malerei zu widmen. Rousseau malte aus seinem Herzen und nach seinem Gefühl, unbeeindruckt von akademischen Regeln, Vorbildern und Theorien. Den Spott seiner Zeitgenossen verstand er nicht, die seine fröhlichen bunten Farben, die starren Posen seiner Geschöpfe und Kompositionen nicht heiter und phantasievoll beseelt sahen wie er selbst. Pissarro war einer der ersten, der sein Talent anerkannte, auch Gauguin nahm ihn ernst, und Picasso besaß Bilder von ihm, die heute im Louvre hängen. Seine Porträts, Stilleben, Landschaften und phantastischen Szenen sind die ersten Dokumente einer Malerei, die man als »naiv« bezeichnet. Naiv deshalb, weil sie ihre Gegenstände ohne realistische Analyse und ohne intellektuelle Reflexion in einer ganz individuell verklärten Weise formt.
Abbildung:
513 Der Krieg, 1894

ROUSSEAU Théodore
(Pierre Etienne Théodore Rousseau)
1812 Paris–1867 Barbizon
Bereits als zehnjähriger zeichnete Rousseau im Bois de Boulogne vor der Natur. 1829 wurde er Schüler von Charles Rémond an der Pariser École des Beaux Arts. Im Louvre kopierte er Bilder von Claude Lorrain und holländischen Meistern und studierte die Werke der neueren englischen Malerei, vor allem Constable und Bonington. Neben seiner Ausbildung malte er in der Umgebung von Paris; er ist wahrscheinlich der erste, der im Wald von Fontainebleau arbeitete. Mit Naturstudien, die er von einem Studienaufenthalt in der Auvergne 1830 mitbrachte, erregte er erstes Aufsehen. Ausgedehnte Reisen führten ihn auch in andere französische Landschaften, so in die Normandie, die Bretagne, die Provence, das Jura und die Vendée. Seit 1836 malte er regelmäßig im Dorf Barbizon bei Fontainebleau, wohin er sich zwischen 1848 und 1863 beinahe ausschließlich zurückzog. 1866 beriet er Monet, und Durand-Ruel kaufte 70 Bilder. 1867 war er Juryvorsitzender für Malerei bei der Pariser der Weltausstellung. Rousseaus Begeisterung galt allein der Natur: »Zum Teufel mit der zivilisierten Welt! Es lebe die Natur, die Wälder und die alte Poesie.« Aufgrund seines Eintretens für die Erhaltung des Waldes von Compiègne wurde der erste Landschaftsschutz der Welt ins Leben gerufen. Die Hauptthemen seiner Malerei waren denn auch der Wald und die Bäume, die er realistisch und gleichzeitig stimmungsvoll im Wandel der Tages- und Jahreszeiten wiedergab. Lange vor Monet war er der erste Maler, der dasselbe Landschaftsmotiv zu zwei verschiedenen Tageszeiten malte. Seine Bilder wurden lange Zeit abgelehnt und vom Salon zurückgewiesen, und erst in den fünfziger Jahren hatte er zeitweise Erfolg. Obwohl seine Freunde, die Barbizon-Maler Jules Dupré und Constant Troyon, größere Anerkennung in der Öffentlichkeit fanden, war es Rousseau, der zum geistigen Führer der Künstlerkolonie wurde.
Abbildungen:
439 Die Kastanienallee, 1837
439 Eichengruppe bei Apremont, 1852

RUBENS Peter Paul
1577 Siegen (Westfalen)–1640 Antwerpen
Sein Vater war Calvinist und mußte aus Antwerpen fliehen, so daß Rubens im Exil in Siegen geboren wurde und in Köln aufwuchs. Nach dem Tod des Vaters kehrte die Mutter 1587 nach Antwerpen zurück, wo ihr Sohn durch Schule und gesellschaftlichen Umgang katholisch geprägt wurden. Mit 14 war er Page einer flämischen Prinzessin. Er kam zu Tobias Verhaecht in die Lehre, einem Landschaftsmaler, dann zu Adam van Noort und zuletzt für vier Jahre bis 1600 zu dem Romanisten Otto van Veen. Noch in dessen Werkstatt trat er 1598 als Freimeister in die Lukasgilde ein. 1600 brach er nach Italien auf, wo in Venedig der Herzog Vincenzo Gonzaga auf ihn aufmerksam wurde und in Mantua in seine Dienste nahm. Rubens begleitete den Herzog auf seinen Reisen, zunächst nach Florenz und Rom. 1603 reiste er in dessen Auftrag in diplomatischer Mission mit Geschenken und Bildern nach Spanien. In Venedig, Rom und Genua kopierte Rubens mit Leidenschaft nach Tizian, Tintoretto und Raffael, studierte aber auch die Werke der Zeitgenossen wie Caravaggio, der Carracci oder Elsheimer. Bereits in Italien erhält er einige große Aufträge, so daß er 1608 als erfolgreicher Maler nach Antwerpen zurückkehren kann.

Hier wird er 1609 von den Regenten Albert und Isabella zum Hofmaler ernannt, von den Bindungen an die Gilde und der Steuerplicht befreit und mit einem Jahresgehalt von 500 Gulden ausgestattet. Er darf außerhalb der Residenz, die in Brüssel ist, arbeiten, heiratet Isabella Brant, die Tochter des Stadtschreibers (Abb. S. 291), und kauft sich 1610 ein Grundstück, auf dem er ein Palais mit Ateliers errichtet. Seine Antwerpener Zeit bis 1622 ist erfüllt mit zahlreichen Aufträgen für Kirche und Adel, die er mit seiner großen Werkstatt ausführt, in der er so bedeutende Künstler wie van Dyck, Jordaens, Snyders oder Cornelis de Vos als Mitarbeiter beschäftigt. Manufakturen wirken Teppiche nach seinen Skizzen, Kupferstecher arbeiten nach seinen Gemälden und verbreiten den »Rubensstil« in ganz Europa. Der größte Auftrag aus dieser Zeit war ein Zyklus von 21 Gemälden im Pariser Palais Luxembourg für die Königinwitwe Maria de' Medici, der ihm ein Honorar von 20000 Dukaten einbrachte (Abb. S. 292). Seit 1623–1631 ist er mit Unterbrechungen in diplomatischer Mission tätig, reist mehrmals nach Madrid und London, Karl I. von England und Philipp IV. von Spanien erheben ihn in den Adelsstand. Der bedeutendste Maler des internationalen Barocks war der erste Künstlerfürst geworden, dessen Ruhm und Wohlstand ständig wuchsen. 1626 stirbt Isabella Brant, im Jahr darauf verkauft er seine bedeutende Kunstsammlung mit Gemälden von Raffael, Tizian, Tintoretto und eigenen Werken für 100000 Gulden an den Herzog von Buckingham, und 1630 heiratet er die 16jährige Helene Fourment, die er in zahlreichen Porträts verewigt. Nach dem Tod der Regentin Isabella zieht er sich allmählich zurück und kauft für sich und Helene das Landschloß Steen bei Mecheln. Sein letzter großer Auftrag ist die Ausstattung des Jagdschlosses der spanischen Könige, Torre de la Parada bei Madrid, wofür er die Entwürfe liefert, die großen Formate jedoch selbst nicht mehr ausführen kann.

Der barocke »Großkünstler« Rubens, dessen Stil man als eine gelungene Synthese nordisch-flämischer und italienischer Elemente bezeichnen darf, hat die Malerei seines Jahrhunderts, aber auch die Bildhauerei und Architektur wie kein anderer geprägt. Seine teilweise gigantischen und heute oft etwas pathetisch wirkenden »Bildinventionen«, in Komposition, Zeichnung und Kolorit gleichermaßen wegweisend, sind allen großen Themen der Malerei gewidmet: den Erzählungen der Bibel und den Heiligenleben, der Mythologie und der antiken Geschichte, aber auch Stoffen des ländlichen Lebens, der Landschaft und dem Bildnis. »Mein Talent ist so geartet«, schreibt er selbst, »daß keine Unternehmung, sei sie auch noch so groß und mannigfaltig im Gegenstand, mein Selbstvertrauen jemals überstiegen hätte.«
Abbildungen:
274 Bildnis Susanne Fourment (La chapeau de paille), um 1625
277 Venus vor dem Spiegel, um 1615
290 Die vier Philosophen, um 1611
290 Sturmlandschaft mit Philemon und Baucis, um 1620
291 Rubens und Isabella Brant in der Geißblattlaube, um 1609/10
292 Die Ankunft der Maria de' Medici im Hafen von Marseille, um 1622–1625
292 Raub der Töchter des Leukippos, um 1618
293 Jagd auf Nilpferd und Krokodil, um 1615/16
294 Die drei Grazien, 1639

RUISDAEL Jacob van (auch: Ruysdael)
um 1628/29 Haarlem–1682 Haarlem
Ruisdaels Vater war Rahmenmacher und Kunsthändler, gelernt hat er vielleicht bei seinem Onkel Salomon oder dem Landschaftsmaler Cornelisz. Vroom. Mit zwanzig wird er bereits in die Haarlemer Lukasgilde aufgenommen, scheint aber auch Medizin studiert und als Arzt praktiziert zu haben, wenngleich seine Promotion erst 1676 erfolgte. Ruisdael gehört zu den bedeutendsten Landschaftsmalern überhaupt und dominiert dieses Fach zweifellos im Holland der zweiten Jahrhunderthälfte. In seiner Frühzeit malte er vorwiegend Dünenlandschaften aus der Umgebung von Haarlem. Nach 1650 unternahm er mit seinem Freund Berchem Reisen nach Ostholland und in das waldreiche rheinische Mittelgebirge. Seit dieser Zeit ändern sich seine Sujets, bergige Waldlandschaften, von Wasserläufen durchzogen, mit mächtigen knorrigen Eichen, malerische Wasserfälle und alte Wassermühlen, häufig von einem schweren Wolkenhimmel überzogen, bilden das Motiv seiner Malerei, die vor allem auf die Romantiker ausgestrahlt hat. In den sechziger Jahren, nachdem Ruisdael sich in Amsterdam niedergelassen hatte, kommen auch panoramaartige Stadtansichten, Winterbilder und Veduten hinzu. Sein bedeutendster Schüler war Hobbema.
Abbildungen:
280 Die Mühle in Wijk bei Duurstede, um 1670
327 Zwei Wassermühlen, um 1650–1652

RUNGE Philipp Otto
1777 Wolgast (bei Greifswald)–1810 Hamburg
Runge war der Sohn eines angesehenen Bürgers, der in Wolgast Kornhandel und Reederei betrieb. Schon in früher Jugend hatte er eine außerordentliche Geschicklichkeit im Scherenschneiden an den Tag gelegt. Entscheidend für seine künstlerische Entwicklung wurde sein Bruder Daniel, der ihn nicht nur mit Künstlern und künstlerisch interessierten Menschen bekannt machte, sondern auch mit seiner Hamburger Handelsgesellschaft den Lebensunterhalt des Bruders bestritt. Von 1799–1801 studierte Runge an der Kopenhagener Akademie. Anschließend suchte er Friedrich in Greifswald auf und ging dann nach Dresden. Die wichtigsten Anregungen erfuhr er in dieser Zeit durch den Dichter Ludwig Tieck, den er in Berlin besuchte. Ein Schlüsselerlebnis für seine menschliche und künstlerische Entwicklung wurde die Liebe zu Pauline Bassenge, mit der er nach der Heirat 1804 nach Wolgast zurückkehrte. Ab 1807 lebte der oft kränkliche Runge bis zu seinem frühen Tod mit seiner Familie bei seinem Bruder in Hamburg. In Runges Zeichnungen, Radierungen und Gemälden sind die realen Gegenstände nur Hinweise für eine von göttlichem Geist durchdrungene Welt, in der die Materialität der Dinge und das immaterielle Licht nur zwei verschiedene Stufen einer alles umgreifenden geistigen Einheit sind. Die Untersuchung der Spektralfarben bildet die naturwissenschaftliche Grundlage für seine sich in der Farbe manifestierende Lichtmetaphysik, in der er zugleich symbolische Gehalte der protestantischen Mystik des Barocks verarbeitet.
Abbildungen:
413 Die Hülsenbeckschen Kinder, 1805/06
452 Ruhe auf der Flucht nach Ägypten, um 1805/06
452 Die Eltern des Künstlers, 1806
453 Der Morgen (erste Fassung), 1808

RUYSDAEL Salomon van (auch: Ruisdael)
um 1600–1603 Naarden–1670 Haarlem
Ruysdael, der Onkel von Jacob van Ruisdael, kam um 1616 nach Haarlem, wo er vielleicht in der Werkstatt des Esaias van de Velde gelernt hat und 1623 in die Lukasgilde eintrat. Er muß ein angesehener Bürger gewesen sein, denn von 1659–1666 ist er Vorsteher eines Stadtviertels. Seine frühen Dünen- und Baumlandschaften, meist in Gelbbraun bis Graugrün gehalten, erinnern an seinen Lehrer und an die Bilder van Goyens. Am gelungensten sind seine nach 1645 entstandenen Ansichten von breiten und ruhigen Flußläufen, auf denen Kähne oder Fähren treiben, während Baumgruppen, Häuser oder Türme das Ufer säumen und meist ein blauer Himmel mit feiner Wolkenbildung den tiefliegenden Horizont bildet.
Abbildung:
310 Überfahrt bei Nimwegen, 1647

RYMAN Robert
* 1930 Nashville (Tennessee)
Ryman wurde 1948/49 am Tennessee Polytechnic Institute und 1949/50 am George Peabody College for Teachers in Nashville zum Lehrer ausgebildet. 1952 ließ er sich in New York nieder und sein Interesse für Malerei brach sich nun stärker Bahn. Er

arbeitete bis 1960 als Museumswärter am Museum of Modern Art und machte dort die Bekanntschaft von anderen Künstlern wie Dan Flavin und Sol LeWitt, die wie er der Minimal Art zugerechnet wurden. Bereits in seinen ersten Arbeiten aus den frühen fünfziger Jahren untersucht er den Entstehungsprozeß von Bildern; sein Interesse für die Bedingungen der Bilder bestimmt bis heute sein Werk. Gegen Ende der fünfziger Jahre legte sich Ryman auf das quadratische Bildformat fest, seine anfangs größere Farbskala wurde später ganz auf Weiß beschränkt. Seine Untersuchungen konzentrierten sich auf die Auswirkungen der unterschiedlichen Pinselführung, wenn sie auf unterschiedliche Malgründe aufgetragen wird, und auf die sich dadurch optisch wandelnde Qualität der Farbe. Diese Arbeit führte zu einer seriellen Abfolge seiner Gemälde. Seit den sechziger Jahren untersuchte Ryman ebenfalls die visuellen Effekte, die sich durch die Befestigung der Bilder an den Wänden ergaben; die Halterungen wurden ebenso wie die Bildträger integraler Bestandteil der Arbeit. Die strenge Abfolge seiner Werkreihen und die Konzentration auf die wenigen Merkmale, die ein Bild konstituieren, machen ihn zu einem herausragenden Vertreter der amerikanischen Konzeptkunst.
Abbildung:
678 Summit, 1978

SAENREDAM Pieter Jansz. (auch: Zaenredam)
1597 Assendelft – 1665 Haarlem
Der Sohn eines berühmten Kupferstechers hat zehn Jahre lang in der Werkstatt des Haarlemer Bildnismalers Frans Pietersz. Grebber gearbeitet und sich 1623 selbständig gemacht. Seitdem hat er sich fast ausschließlich dem Architekturbild gewidmet, vornehmlich der Innenansicht von Kirchen, und dieses Fach zu einer selbständigen Gattung innerhalb der holländischen Malerei gemacht. Seine »Porträts« von Kircheninterieurs, durch Skizzen und Zeichnungen genau vorbereitet, bestechen durch ihre topographisch präzise Wiedergabe von Perspektive und Proportion und erzeugen durch eine geschickte Regie in der Behandlung von Licht und Schatten, die mit nur wenigen Farbnuancen auskommt, eine ungewöhnliche räumliche Suggestion. Daneben hat Saenredam auch Außenansichten von großer Präzision und Sachtreue gemalt, in denen er gerade aus der kargen Linearität der Gebäude malerische Reize gewinnt.
Abbildung:
310 Innenansicht der St.-Jakobs-Kirche in Utrecht, 1642

SÁNCHEZ COTÁN → Cotán

SANDRART Joachim von
1609 Frankfurt am Main – 1688 Nürnberg
Sandrart ist heute weniger als Maler denn als Theoretiker und Autor der »Teutschen Academie der edlen Bau-, Bild- und Mahlerey-Künste« (Nürnberg 1675–1679) bekannt, einem historisch aufgebauten Kompendium von grundlegender Bedeutung für die deutsche Kunstgeschichtsschreibung. In Straßburg (Lehre bei Stoßkopf), Prag (Mitarbeit bei Sadeler), Utrecht (bei Honthorst), London, Bologna, Venedig und Rom hatte Sandrart die berühmtesten Künstler seiner Zeit kennengelernt, darunter Rembrandt, Rubens, Liss. Während er aus heutiger Sicht wenig originell erscheint, galt er unter seinen Zeitgenossen als der beste deutsche Maler seiner Generation. Zu seinem vielfältigen Repertoire gehören Bildnisse, Altarbilder, Mythologien, Historienbilder und Allegorien.
Abbildung:
257 Der November, 1643

SARGENT John Singer
1856 Florenz – 1925 London
Der Sohn eines aus Amerika emigrierten Arztes studierte 1870–1874 an der Accademia delle Belle Arti in Florenz und 1874 im Atelier von Carolus-Duran in Paris. 1878 stellte er mit großem Erfolg im Pariser Salon aus. 1879 reist er nach Spanien, wo er Werke von Velázquez sieht. 1880–1882 Aufenthalt in Holland, wo er Frans Hals studiert. 1884 verursacht sein Gemälde »Madame Gautreau« im Salon einen Skandal. Seitdem lebt er in London und ist mit mit Whistler befreundet, dessen Atelier er 1885 übernimmt. 1886 Mitbegründer der impressionistischen Vereinigung »The New English Art Club«. Seit 1888 hat er allmählich Erfolg als Porträtist. 1893–1906 ist Sargent ausschließlich als Porträtmaler in England und Amerika tätig. Seine Bildnisse treffen mit ihrem charakterisierenden Realismus, aber auch gefälliger Repräsentation den Geschmack des Großbürgertums. 1890 Mitglied der Ehrenlegion, 1894 der National Academy of Design in New York und 1897 der Royal Academy in London. 1907 wendet er sich der Landschaftsmalerei mit Wasserfarben zu und betreibt bis 1914 Freilichtmalerei auf dem Kontinent. 1890–1916 entsteht eine Serie von Wandgemälden für die Boston Public Library. 1918 ist er als Kriegsmaler in Nordfrankreich. In den zwanziger Jahren führt er Wandgemälde für das Boston Museum of Fine Arts und die Widener Library in der Universität von Harvard aus.
Abbildung:
540 Die Töchter Boit, 1882

SARTO Andrea del
1486 Florenz – 1530 Florenz
Der Sohn eines Schneiders (daher der Beiname del »Sarto«) wurde bei Piero di Cosimo in der Tradition des späten 15. Jahrhunderts geschult, entwickelte sich aber seit etwa 1505 in Auseinandersetzung mit Leonardo, Raffael und Michelangelo zu einem Hauptvertreter der Florentiner Hochrenaissance. Deren Normen durchbrach er seit etwa 1517 (»Madonna delle Arpie«, Florenz, Uffizien) in Richtung auf den Manierismus (»Opferung Isaaks«, Dresden, Gemäldegalerie, um 1527). Gleich perfekt in Zeichnung wie in allen malerischen Techniken, übte Andrea starken Einfluß auf Rosso und Pontormo aus, die ihrerseits auf sein Spätwerk zurückwirkten. Die Spannweite seiner Entwicklung zeigt ein Vergleich der kleinteilig-additiven Fresken mit Szenen aus dem Leben des hl. Filippo Benizzi (Florenz, Vorhof von SS. Annunziata, 1508–1510) mit den monochrom gestalteten, auf geschlossene Form bedachten Szenen aus dem Leben Johannes' des Täufers im Chiostro dello Scalzo in Florenz (1514–1526).
Abbildung:
166 Pietà, um 1519/20

SASSETTA (Stefano di Giovanni)
um 1392 Siena (?) – 1450 Siena
Die erste Nachricht über Sassetta stammt aus dem Jahre 1423. Über seine Herkunft und Lehrzeit wissen wir nichts. Den Bildern entnehmen kann man, daß er sich in hohem Maße an der Kunst Simone Martinis und gelegentlich auch der Lorenzettis orientiert hat, ohne – wie manche seiner Sieneser Malerkollegen – eine unfruchtbare epigonale Haltung einzunehmen. Entgegen dem örtlichen Trend hat er sich lombardischen, aber auch Florentiner Anregungen geöffnet, was etwa an der Art der räumlichen Gestaltungsweise erkennbar wird. In eigenständigem Umgang mit den Themen und Formen übertrifft er alle Sieneser Maler des 15. Jahrhunderts. Seine Sieneser Zeitgenossen haben ihn neben die Großen des Trecento zur Autorität erhoben und zum Teil so sehr in seiner Art gemalt, daß man ihre Werke lange für eigenhändige Arbeiten des Meisters gehalten hat.
Abbildungen:
55 Die mystische Vermählung des hl. Franziskus, 1437–1444
55 Die Reise der Heiligen Drei Könige, um 1432–1436

SAVERY Roelant (auch: Ruelandt Savery)
1576 Kortrijk – 1639 Utrecht
Savery kam 1590 mit seinen Eltern nach Holland, zunächst nach Haarlem und dann nach Amsterdam, und in seiner Malerei mischen sich auch flämische und holländische Elemente. 1604–1612 arbeitet er für Kaiser Rudolf II. in Prag, und 1615/16 ist er für Kaiser Matthias in Wien tätig. Danach lebt er in Utrecht, wo er 1619 in die Lukasgilde eintritt. Der späte Manierismus mit seiner Vorliebe für Extremes fand in Savery einen phantasievollen Vertreter, der von den wild-romantischen Landschaften van Coninxloos und Jan Breughels liebevoller Detailmalerei ausgeht. Bezeichnend für seine Malerei sind Landschaften, oft mit altertümlichen Ruinen oder der Arche Noah im Hintergrund, in denen sich eine ganze Menagerie einheimischer wie exotischer Tiere tummelt. Trotz genauer Beobachtung und Treue im Detail wirken die Bilder, die sich durch kühne Farbigkeit auszeichnen, wie aus einer paradiesischen und märchenhaften Welt.
Abbildung:
299 Landschaft mit Vögeln, 1628

SCHICK Gottlieb
1776 Stuttgart – 1812 Stuttgart
Der Sohn eines Schankwirts und Schneiders wurde frühzeitig durch Aufnahme in die Stuttgarter Karlsschule zum Künstler bestimmt. Er erhielt hier eine breit angelegte »humanistische« Bildung. Anschließend wurde er Schüler von David in Paris und bildete sich danach, wie damals üblich, in Rom weiter. Zwischen dem Paris- und dem Romaufenthalt entstanden im Jahre 1802 in Stuttgart seine bedeutendsten Werke: »Heinrike Dannecker« (Stuttgart, Staatsgalerie) das Bildnis der Frau seines Lehrers und Freundes, des Bildhauers Johann Heinrich Danecker, und das Porträt der »Frau Wilhelmine von Cotta« (Abb. S. 451), der Gemahlin des berühmten Tübinger Verlegers. In diesen Bildnissen verbindet Schick die klassische Form mit unkonventioneller Lebendigkeit des Ausdrucks. In Rom lernte Schick über Wilhelm von Humboldt die damals tonangebenden deutschen Intellektuellen kennen wie Ludwig Tieck, die Brüder Schlegel und den Philosophen Schelling. Zu seinen schönsten Porträts gehören die Bilder der Familie Humboldt. Er selbst sah sein eigentliches Betätigungsfeld in den damals üblichen Themen der Mythologie, der Allegorie und der römischen Historie (»Apoll unter den Hirten«, Stuttgart, Staatsgalerie).
Abbildung:
451 Frau Wilhelmine von Cotta, 1802

SCHIELE Egon
1890 Tulln (Niederösterreich) – 1918 Wien
Obwohl der früh verstorbene Schiele mit seiner Schaffenszeit ganz in die Ära des Wiener Jugendstils fiel, auch aktiv an der Bewegung teilnahm, ist sein Werk am stärksten von seinem persönlichen Talent geprägt. Es enthält sowohl Elemente des Jugendstils als auch Züge, die zum Expressionismus hinweisen. Von 1906–1909 besuchte er die Wiener Kunstakademie, beteiligte sich 1909 an der Gründung der »Neukunstgruppe« und arbeitete für die Wiener Werkstätten. Er verehrte van Gogh und Toulouse-Lautrec und ließ sich von Munch und Hodler anregen. Seine Freundschaft mit Klimt und der wechselseitige künstlerische Einfluß waren für beide fruchtbar. Obwohl seine frühen Arbeiten noch unter den Leitideen des Wiener Jugendstils entstanden, verließ Schiele bald deren verbindliche Ästhetik und setzte die flächenhaft-ornamentale Organisation in seine eigene Formsprache um. Er beschäftigte sich hauptsächlich mit Menschendarstellungen und Landschaften. Seine Farben waren lebendig, fast glühend, denn er maß der Farbe den höchsten Ausdrucksgehalt bei. Er verzerrte und verstreckte seine Gegenstände, benutzte kühne Perspektiven, fiebrige Farbpartien. Den weitaus größten Teil seines Werks machen Zeichnungen aus, und auch seine Ölbilder

legte er stets nach dem Konzept seiner Zeichnungen an. 1918 starb er, wie Klimt, an der spanischen Grippe.

Abbildungen:

537 Weibliches Modell in feuerrotem Gewand, 1914

537 Häuser und Fluß, Ansicht von Krumau, 1916

SCHLEMMER Oskar

1888 Stuttgart–1943 Baden-Baden

Nach Abschluß der Lehre in einer Intarsienwerkstatt studierte Schlemmer 1905–1909 an der Kunstgewerbeschule und an der Akademie für bildende Künste in Stuttgart. 1910 hielt er sich längere Zeit in Berlin auf und wurde 1912 in Stuttgart Meisterschüler von Adolf Hoelzel. 1920 berief ihn Walter Gropius an das Bauhaus in Weimar und übertrug ihm zunächst die Leitung der Werkstatt für Wandmalerei, dann die für Holz- und Steinbildhauerei. Weithin bekannt wurde sein Name, als 1922 in Stuttgart sein »Triadisches Ballett« uraufgeführt wurde. Er ließ typisierte Figuren, in Kostüme aus stereometrischen Grundformen gehüllt, als »Menschen im Raum« agieren. Sein Ziel sah Schlemmer erreicht, als er 1923 auch die Bühnenwerkstatt des Bauhauses übernehmen und nach dessen Ansiedlung in Dessau eine Versuchsbühne einrichten konnte. Die Untersuchungen der Verhältnisse und Wirkungen von Raum, Form, Farbe, Ton, Bewegung und Licht fanden ihren bildnerischen Niederschlag in Wandmalereien und einzelnen Bildern. 1929 folgte er dem Ruf an die Breslauer Akademie und 1932 an die Vereinigten Staatsschulen nach Berlin, bevor die Nationalsozialisten ihn 1933 aus dem Lehramt entließen.

Abbildung:

600 Bauhaustreppe, 1932

SCHMIDT-ROTTLUFF Karl

1884 Rottluff (bei Chemnitz)–1976 Berlin

1905 folgte Karl Schmidt seinem Schulfreund Heckel nach Dresden, um dort ebenfalls Architektur zu studieren. Hier gründeten sie mit Kirchner und Fritz Bleyl die »Brücke«. Die Anfangsjahre des Autodidakten stehen im Zeichen des Neoimpressionismus. Die Annäherung an den Fauvismus ließ breitere und intensiver leuchtende Farbflächen entstehen. Er malte Landschaften, Stilleben, Akte und Bildnisse. Neben der Malerei entstand viel Graphik, vor allem Holzschnitte. 1910 hatte er die Wende von der impressionistischen Valeurmalerei zum Malen mit reinen Farben vollzogen. Gleichzeitig hatte die Vereinfachung der Form eine Verfestigung der Bildstruktur bewirkt. 1911 übersiedelte er mit den anderen »Brücke«-Künstlern nach Berlin. Elemente des Kubismus und möglicherweise auch der afrikanischen Plastik drangen nun in die Gestaltung des Figürlichen. Die Körper werden schwer, groß, blockhaft, primitivistisch, von kantigen und kurvigen Linien schwarz umrahmt. Eine ähnliche sinnlich-zupackende Tendenz zeigen die Landschaften. Mitte der zwanziger Jahre wurden die Bilder freier, malerischer, gelöster und zeigten größere räumliche Tiefe. Unter den eingeschränkten Arbeitsbedingungen im Dritten Reich – er hatte seit 1941 Malverbot – wirken seine Bilder melancholisch und bedrückt.

Abbildung:

583 Deichdurchbruch, 1910

SCHNABEL Julian

* 1951 New York

Die Familie Schnabels zog 1965 von New York nach Texas, wo Julian 1969–1972 an der University of Houston studierte. Schnabel nahm in den beiden folgenden Jahren am Independent Study Programm des New Yorker Whitney Museum teil. Seinen Lebensunterhalt verdiente er mit Gelegenheitsjobs. Wie sein ebenfalls zu Beginn der achtziger Jahre zu großem Ruhm aufgestiegener Kollege David Salle betrat er 1979 mit einer Einzelausstellung in der Galerie von Mary Boone in New York die Kunstszene. Seine zumeist großformatigen Gemälde zeichnen sich durch die Kombination ungewöhnlicher Malgründe wie Samt und Teppich mit Fundstücken wie etwa Porzellanscherben oder auch Tiergeweihen aus. In heftigem, expressivem Gestus werden fragmentierte Bildzitate gleich Fundstücken in die Bilder eingefügt. Neben den großen Bildern entstanden seit den mittleren achtziger Jahren Collagen, Radierungen und auch Bronzeskulpturen.

Abbildung:

680 L'Heroïne, 1987

SCHÖNFELD Johann Heinrich

1609 Biberach an der Riß–1682 Augsburg

Nach einer Lehre in Memmingen ging Schönfeld über Basel, wo er Werke Callots und niederländischer Manieristen studierte, um 1633 zur weiteren Ausbildung nach Rom und Neapel. Bei seiner Rückkehr in die Heimat, wo er sich ab 1652 bis zu seinem Tod in Augsburg niederließ, vermittelte er all das, was er gesehen und gelernt hatte: die klassizistisch-freien Landschaftsräume Poussins aus Rom, die vielfigurigen bewegten Kompositionen Rosas aus Neapel, die nuancierte Farbigkeit der Venezianer. Von kleinfigurigen mythologischen und biblischen Szenen in atmosphärisch weiten Landschaften entwickelte sich Schönfeld unter den Eindrücken Italiens und vor allem der Neapolitaner zu einem phantasiereichen, originellen und vielseitigen Maler von Mythologien, Triumphzügen, Historien, Schlachten, Genreszenen und Phantasielandschaften. Er griff neue Bildvorwürfe auf (»Die Schatzgräber«, Stuttgart, Staatsgalerie, 1662), fand ein individuelles, fein abgestuftes helles Kolorit und hatte eine breite Nachfolge im gesamten süddeutschen Raum. Schönfeld galt als der bedeutendste Maler in Deutschland zwischen 1630 und 1680.

Abbildung:

257 Il Tempo (Chronos), um 1645

SCHONGAUER Martin

um 1450 Colmar–1491 Colmar

Der Name leitet sich vermutlich von der Stadt Schongau her. Allerdings ist die Familie seit 1329 im angesehenen Augsburger Patriziat nachweisbar, und der Vater Caspar Schongauer, offenbar ein bedeutender Goldschmied, war 1445 von Augsburg nach Colmar übergesiedelt. Zunächst zum Universitätsstudium nach Leipzig geschickt, kehrte Martin in die Goldschmiedewerkstatt seines Vaters zurück, erhielt dort seine für die Zukunft entscheidende Ausbildung als Stecher und Zeichner, ehe er eine Schulung als Maler, vermutlich bei Caspar Isenmann in Colmar, erhielt. Schongauer ist der bedeutendste Stecher und Zeichner in der deutschen Kunst vor Dürer. 115 Kupferstiche und 52 Zeichnungen haben sich bis heute nachweisen lassen; hinzu kommen zahlreiche Kopien nach seinen Werken. Kennzeichnend ist die Beherrschung des meisterhaft ausgeführten Details, das vornehmlich durch phantasievolle Linienführung gestaltet wird. Damit fügt sich Schongauer in die allgemeine Tendenz der europäischen Kunst in den siebziger und achtziger Jahren des Jahrhunderts ein – vergleichbar etwa dem nur um wenige Jahre älteren Botticelli in Italien. Wesentliche Elemente seiner Formgebung in Figuren- und Landschaftsdarstellung deuten auf eine Studienreise in die Niederlande, wo Schongauer besonders aus dem Umkreis van der Weydens entscheidende Eindrücke empfangen haben dürfte.

Abbildung:

143 Maria im Rosenhag, 1473

SCHULE VON FONTAINEBLEAU

um 1530 – um 1570

Begriff für die an der dekorativen Innenausstattung des Schlosses von Fontainebleau, 1528 unter Franz I. begonnen, beteiligte Künstlergruppe vorwiegend italienischen Ursprungs, die manieristische Stilelemente nach Frankreich brachte und an deren Verbreitung nördlich der Alpen entscheidenden Anteil hatte. Durch die Berufung von Rosso Fiorentino 1530 und Primaticcio 1531, dem 1552 Niccolò dell' Abbate nachfolgt, wird Fontainebleau zum Zentrum des Austausches zwischen italienischer und französischer Kunst. Wichtigste Zeugnisse sind die als Gesamtkunstwerke alle Gattungen miteinander verschmelzenden Galerien Franz' I. (Rosso) und Heinrichs II. (Primaticcio).

In der sogenannten zweiten Schule von Fontainebleau (seit 1590) bildet sich unter der Führung des Antwerpeners Ambroise Dubois und der Franzosen Toussaint Debreuil und Martin Fréminet ein Dekorationsstil aus, der in Europa durch graphische Vorlagen weit verbreitet wurde. Der Anteil italienischer, französischer und niederländischer Meister an der Schule von Fontainebleau ist nicht immer eindeutig abzugrenzen.

Abbildungen:

150 Gabrielle d'Estrées und eine ihrer Schwestern im Bad, um 1594–1599

209 Diana als Jägerin, um 1550

209 Landschaft mit Dreschern, um 1555–1565

SCHUMACHER Emil

* 1912 Hagen (Westfalen)

Schumacher studierte 1932–1935 auf Wunsch der Eltern Werbegraphik an der Dortmunder Kunstgewerbeschule. Er arbeitete zunächst als Maler und Lithograph und wurde von 1939–1945 als technischer Zeichner für einen Rüstungsbetrieb dienstverpflichtet. Beeinflußt von Gemälden von Christian Rohlfs, begann er nach dem Krieg mit kubistischen Landschaften, fand dann aber ab 1951, nach einem Parisaufenthalt und Bekanntschaft mit dem deutschen Maler Wols, zu einer dem Informel nahestehenden Bildsprache. Seine nun völlig abstrakten Bilder gehen von einer autonomen Farbensprache aus, bei der die als reine Materie behandelte Farbe durch eine gelegentlich, beinahe reliefartige Behandlung Tiefe erhält. 1958–1960 war Schumacher Professor an der Hamburger Hochschule für bildende Künste, von 1966–1977 an der Akademie der Künste in Karlsruhe. Seine Bilder wurden in jenen Jahren zunehmend durch die Einbeziehung von Materialien wie Blei, Asphalt, Sisal, Papier, durch die Behandlung der Maloberfläche mit Hammerschlägen zu Objekten zwischen Malerei und Relief weiterentwickelt. In den letzten Jahren beruhigte sich Schumachers Bildsprache zunehmend.

Abbildung:

643 Räumliche Trennung, 1955

SCHWIND Moritz von

1804 Wien–1871 München

Schwind, der Sohn eines Wieners Hofsekretärs und Legationsrates, besuchte das Gymnasium und die Universität. Der Inhalt seiner Malerei, die Verbildlichung romantischer Dichtung und Musik, wurde durch die Freundschaft mit Dichtern und Musikern wie Franz Grillparzer, Nikolaus Lenau und Franz Schubert geprägt, die idealistische Form seiner Malerei durch seine Lehrer an der Wiener Akademie und seit 1828 in München durch Cornelius. Bevor er 1847 eine Professur an der Münchner Akademie erhielt, war er in Karlsruhe und Frankfurt am Main tätig. Schwind liebte die Darstellung des zeitlichen Ablaufs einer Geschichte, was entweder in Freskenzyklen zu verwirklichen war (Wartburg, Wiener Hofoper) oder in einer von ihm in Analogie zu Dichtung und Musik erfundenen Form des Tafelbildes, das eine Vielzahl kleiner Bilder vereinigt (»Die Symphonie«, 1852, München, Neue Pinakothek). Daneben entstanden zahlreiche kleine Bildchen mit romantischen Szenen aus seiner Erinnerung und aus der Dichtung, die sich heute zum großen Teil in der Münchner Schack-Galerie befinden (»Die Morgenstunde«, »Die Hochzeitsreise«).

Abbildung:

457 Elfentanz im Erlenhain, um 1844

SCHWITTERS Kurt
1887 Hannover – 1948 Ambleside (England)
Sein Kunststudium absolvierte Schwitters 1909 – 1914 in Hannover, Dresden und Berlin. Dann kehrte er in seine Heimatstadt zurück. Er schrieb Gedichte im Stil des expressionistischen Dichters August Stramm. 1918 stellte er im Berliner »Sturm«, der Galerie Herwarth Waldens, eine erste Serie abstrakter Gemälde aus. Es ergaben sich die ersten Kontakte zur »Dada«-Szene in Zürich und Berlin über Hans Arp, Raoul Hausmann und Hannah Höch. Auf der Suche nach neuen bildnerischen und plastischen Ausdrucksformen entwickelte er die Idee des »Merz«-Bildes. 1919 entstand sein erstes »Merz«-Bild als Assemblage aufgeklebter Elemente verschiedenster Herkunft, und er veröffentlichte seine erste Gedichtsammlung, »Anna Blume«, die auf denselben Prinzipien aufgebaut ist. 1922 nahm er am Weimarer »Dada«-Kongreß teil und unterstützte van Doesburg bei der Verbreitung des Dadaismus in Holland. Ab 1920 wandte er die Bezeichnung »Merz« systematisch auf alle Werke an, vor allem auf seine »Totalskulptur«, den »Merzbau« in seinem Haus in Hannover und auf die Zeitschrift, die er zwischen 1923 und 1932 herausgab. 1932 wurde er Mitglied von »Abstraction-Création«.
Abbildung:
609 Merzbild 25 A. Das Sternenbild, 1920

SCOREL Jan van
1495 Schoorl (bei Alkmaar) – 1562 Utrecht
Nach der Lehrzeit bei Jacob Cornelisz. in Amsterdam begab sich der junge Maler auf eine ausgedehnte Wanderschaft in den Süden, suchte Dürer in Nürnberg auf, schuf in Obervellach (Kärnten) sein erstes repräsentatives Werk (»Sippenaltar«, 1520) und reiste über Venedig nach Rom, wo ihn der aus den Niederlanden stammende Papst Hadrian VI. zum Hofmaler und, als Nachfolger Raffaels, zum Präfekten der Altertümer ernannte. Von Rom aus unternahm er eine Pilgerfahrt ins Heilige Land. 1524 ließ sich Scorel in Utrecht nieder und entfaltete hier als einer der Führer der niederändischen »Romanisten« eine glänzende Tätigkeit als Maler und Lehrer. Hochgebildet, gleichermaßen mit Intellekt und Spontaneität begabt, schuf er eine Fülle von Altären und Porträts, in denen die Erfahrungen mit italienischer Kunst und die heimische Tradition verschmolzen wurden.
Abbildung:
203 Maria Magdalena, 1529

SEBASTIANO DEL PIOMBO
(Sebastiano Luciani)
um 1485 Venedig – 1547 Rom
Sebastiano lernte in der Werkstatt Giovanni Bellinis und bei Giovanni Battista Cima. Zu Giorgione stand er in engem Kontakt, nach dessen Tod er 1511 nach Rom ging, um für den Bankier Agostino Chigi einen Saal der Villa Farnesina mit mythologischen Szenen zu freskieren. In Rom befreundete er sich mit Raffael, dessen Stil sich in einigen Porträts Sebastianos wiederfindet. Die Freundschaft schlug 1515 in eine Feindschaft um, und der Venezianer lehnte sich nun stärker an Michelangelo an, dessen formale Anregungen vor allem in einigen religiösen Gemälden spürbar sind. Nach einem Aufenthalt in Venedig 1528/29 kehrte er nach Rom zurück, wo ihm 1531 das Amt des päpstlichen Siegelbewahrers zugesprochen wurde, woraus sein Beiname entstand. Sebastiano errang großen Ruhm als Porträtmaler, seine mythologischen und religiösen Gemälde stehen oft zu sehr in Abhängigkeit zu den Bildern seiner großen Freunde.
Abbildung:
173 Kardinal Carondelet und sein Sekretär, um 1512 – 1515

SEGANTINI Giovanni
1858 Arco (Gardasee) – 1899 bei Pontresina (Engadin)
Segantini wuchs in ärmlichen Verhältnissen auf und machte eine Lehre bei einem Dekorationsmaler. 1875 – 1879 besuchte er Abendkurse an der Akademie Brera in Mailand, erhielt danach einen Vertrag von dem Kunsthändler Grubica und ging für fünf Jahre nach Puisano, um dort nach der Natur zu malen. Seit dieser Zeit faszinierten ihn realistische Motive aus der Schweizer Alpenwelt und dem Leben der Bergbauern. Helle, leuchtende Farben, eine Aufsplitterung der Farbfläche in Strichfakturen und eine grelle Beleuchtung sind für seine häufig großformatigen Gemälde charakteristisch. 1886 ließ er sich in Savognin im Bündnerland nieder und lebte seit 1894 in Maloja im Oberengadin. Seit 1890 widmete er sich verstärkt allegorischen Themen mit symbolistischen Einflüssen (»Böse Mütter«, Wien, Kunsthistorisches Museum). 1898 wurde er Mitglied der Wiener Sezession. 1909 wurde in St. Moritz ein Segantini-Museum eröffnet. Seine Bilder werden sowohl dem Symbolismus als auch dem Jugendstil zugerechnet.
Abbildung:
530 Die Heuernte, 1899

SEURAT Georges
1859 Paris – 1891 Paris
Der Sohn eines Kleinbürgers nimmt seit 1875 Zeichenunterricht und kopiert später in Museen. 1878/79 studiert er der Kunsthochschule und liest farbtheoretische Schriften. 1880 Militärdienst, anschließend ist er in Paris ansässig. 1883 wird er mit einer großer Zeichnung vom Salon angenommen. Er beginnt sein erstes großes Gemälde, eine Freilichtszene, in neuer, farbzerlegender (divisionistischer, pointillistischer) Gestaltungsweise. 1884 lernt er Signac kennen und gründet mit ihm und anderen die »Gesellschaft unabhängiger Künstler« (Indépendants), die einen eigenen Salon veranstalten. 1885 malt er auf der Pariser Seine-Insel Grand Jatte und in Grancamp an der normannischen Küste. Er lernt Pissarro kennen, der seine Malweise übernimmt. 1886 erregt Seurat auf der VIII. Impressionistenausstellung mit »Ein Sonntagnachmittag auf der Insel Grande Jatte« (Abb. S. 507) großes Aufsehen. Er stellt mit Pissarro und Signac aus, lernt den Kunsttheoretiker C. Henry kennen, hat Kontakte mit Symbolisten und Anarchisten. 1887 stellt er bei der Gruppe »Les XX« in Brüssel aus und reist zur Eröffnung. 1888 malt er in Port-en-Bessin, 1889 am Strand von Crotoy und stellt bei »Les XX« in Brüssel aus. 1890 malt er in Gravelines und arbeitet seine Theorien schriftlich aus. Sein Hochmut zerstört den Zusammenhalt der Neoimpressionisten. 1891 ist er abermals bei der Ausstellung von »Les XX« vertreten und stirbt an Diphtherie.

Seurat gehörte zu der Generation von Malern, die bereits auf den Erkenntnissen des Impressionismus aufbauen konnten und versuchten, ihn weiterzuentwickeln. Beeindruckt von den Farbexperimenten seiner Vorläufer, die allerdings mehr von der Intuition her vorgenommen worden waren und dem Moment des Zufalls und der eigenen künstlerischen Intuition noch einen wichtigen Platz ließen, begann er, sich mit damals hochaktuellen wissenschaftlichen Farbtheorien auseinanderzusetzen, in erster Linie mit denen von Chevreul und Blanc. Als Resultat dieser Studien konstruierte er nun seine Bilder in einer nach Farbwirkungen genau ausgeklügelten Tüpfeltechnik und wurde mit seiner Kunst zum Initiator und Hauptvertreter des »Pointillismus«. Seurats Kompositionen waren gänzlich theoretisch untermauert. Nichts war nun mehr zufällig im Bild, jeder Farbpunkt hatte seinen vorher genau ermittelten Platz. Das Motiv wurde in langwieriger Arbeit auf eine vorausberechnete optische Wirkung hin konstruiert. Nach seinem frühen Tod übernahm es sein Freund Signac, seine Theorien weiterzugeben, dem Pointillismus Anhänger zuzuführen und zu seiner Anerkennung beizutragen. Seurats Versuch einer wissenschaftlich begründeten Malerei und seine Formstrenge haben viele Künstler des 20. Jahrhunderts beeinflußt.
Abbildungen:
506 Poseuse de Face (Studie für »Les Poseuses«), 1887
506 Badeplatz in Asnierès, um 1883/84
507 Ein Sonntagnachmittag auf der Insel Grande Jatte, 1884 – 1886

SEVERINI Gino
1883 Cortona – 1966 Paris
Severini ging 1899 nach Rom, wo er Abendkurse an der Villa Medici besuchte. 1901 begann nach einer entscheidenden Begegnung mit Balla und Boccioni seine künstlerische Tätigkeit. Er malte Bilder, die vom Divisionismus beeinflußt sind. Ab 1906 lebte er in Paris, wo er die Bilder Seurats für sich entdeckte und Modigliani begegnete. Das »Manifest der futuristischen Malerei« vom 11. Februar 1910 wurde auch von ihm unterzeichnet. Aus dieser Periode stammen seine ersten Tänzerinnen- und Kabarettszenen. Vor allem durch Severini blieben die Mailänder Futuristen mit Paris verbunden, und er organisierte auch deren Ausstellung 1912 in Paris. Zu dieser Zeit entstanden seine bedeutendsten Werke. Seine Themen deuten auf ein zunehmendes Interesse für Bewegung und Licht. Dazu kamen noch andere Kennzeichen wie die Überlagerung von zeitlich getrennten, jedoch durch die Erinnerung verbundenen Ereignissen.
Abbildung:
577 Sphärische Expansion des zentrifugalen Lichts, 1914

SIBERECHTS Jan
1627 Antwerpen – um 1700 – 1703 London
Siberechts trat um 1648/49 in die Antwerpener Lukasgilde ein und hat wohl kurz zuvor eine Italienreise unternommen. Jedenfalls erinnern seine frühen Bilder an die italienischen Landschaften der Holländer Both, Berchem und Dujardin. In den sechziger Jahren zeigen seine flämischen Landschaften meist einen engen Naturausschnitt, eine Weide, eine Furt oder Wegböschung mit Bauernkarren, Vieh, Bauern und Mägden in graugrüner oder bläulicher Farbgebung und silbrigem Licht. Um 1672 ging er nach London, wo er auch für den Herzog von Buckingham tätig war. Der Landschaftsausschnitt wird nun größer, topographisch genaue Ansichten von englischen Herrensitzen treten hinzu, ein warmer Braunton überwiegt.
Abbildung:
328 Landschaft mit Regenbogen (Henley-on-Thames), um 1690

SIGNAC Paul
1863 Paris – 1935 Paris
Unter dem Einfluß Monets und Guillaumins begann der Sohn eines Sattlermeisters 1880 zu malen, statt Architekt zu werden. 1883 besuchte er die freie Akademie von Bing. 1884 war er Mitbegründer der »Gesellschaft unabhängiger Künstler« (Indépendants). Er freundete sich mit Seurat an, dessen divisionistische, pointillistische Malweise er in Stadt- und Flußlandschaften sowie Figurenbildern übernahm. 1886 Teilnahme an der VIII. Impressionistenausstellung. Er wird von Durand-Ruel in New York ausgestellt und stellt mit Seurat und Pissarro in Nantes aus. In der Folgezeit ist Signac an der Organisation von Ausstellungen beteiligt und schreibt Kritiken. 1887 reist er mit Seurat nach Brüssel sowie erstmals ans Mittelmeer (Collioure) 1888 ist er erstmals bei der Gruppe »Les XX« in Brüssel vertreten. 1889 besucht er van Gogh in Arles, illustriert theoretische Schriften von C. Henry und gehört politisch zu den Anarchisten. 1890 erste von mehreren Italienreisen; er wird als erster Ausländer Mitglied von »Les XX«. 1892 heiratet er Berthe Roblès, eine Verwandte Pissarros, segelt von der Bretagne nach Marseille, bleibt lebenslang ein begeisterter Segler. Er malt und aquarelliert mit mosaikähnlichen, quadratischen Flecken leuchtender, reiner Farben hauptsächlich Hafenansichten und

Seestücke. 1893 kauft er ein Haus in Saint-Tropez, das zu einem Seebad und Lieblingsort moderner Maler wird. 1896 erste Hollandreise. 1899 veröffentlicht er die theoretische Schrift über den Neoimpressionismus: »Von Delacroix zum Neoimpressionismus«. 1907 Reise nach Konstantinopel. 1908 wird er Präsident der »Unabhängigen«. Wie sein Freund Seurat war Signac ein wichtiger Vertreter und Wortführer des Neoimpressionismus. Zunächst ließ er sich stark von Monet beeinflussen, um sich dann gänzlich Seurat und dessen Theorien anzuschließen.

Abbildungen:

483 Flußufer, Petit-Andely, 1886

508 Die Putzmacherinnen, Rue du Caire, um 1885/86

508 Der Hafen von Saint-Tropez, 1907

SIGNORELLI Luca

(Luca d'Egidio di Maestro Ventura de' Signorelli)
um 1450 Cortona–1523 Cortona

Im Grenzgebiet zwischen der Toskana und Umbrien geboren, dürfte Signorelli seine entscheidende künstlerische Formung in Florenz erfahren haben. Bezeichnenderweise lassen sich speziell Einflüsse der Skulptur, besonders des Bronzegusses, nachweisen. Ideell dürfen Pollaiuolo und Verrocchio, in dessen Werkstatt Signorelli möglicherweise einige Jahre gearbeitet hat, als die wichtigsten Lehrer des jungen Malers angesehen werden. Signorelli hat den Aufbau des menschlichen Körpers und seiner Bewegungsfunktionen mit Leidenschaft studiert. Eines des Hauptanliegen der Florentiner Malerei im frühen 15. Jahrhundert, die plastisch überzeugende Wiedergabe von Körpern in der Fläche, wird von Signorelli noch einmal aufgegriffen – nun allerdings nicht mehr primär in dem Bemühen um dreidimensionale Gesamterscheinung, sondern um genaue Wiedergabe des Details. Religiöse und profane Themen dienen Signorelli gleichermaßen zur Demonstration seiner Fähigkeiten in dieser Richtung. Schon 1481 gehört er zu dem ausgewählten Kreis mittelitalienischer Maler, die an dem Freskenzyklus unterhalb der Fensterzone der Sixtinischen Kapelle im Vatikan arbeiten (u.a. Botticelli, Ghirlandaio und Perugino). Der immer wieder behauptete Einfluß von Piero della Francesca auf Signorelli sollte nicht überschätzt werden. Zwar mögen eine Tendenz zu abstraktem Bildbau (»Maria mit Heiligen«, Perugia, Domopera, 1484) und die Vorliebe für Beleuchtungseffekte von Piero gefördert worden sein, doch bemüht sich Signorelli nicht um Darstellung einer von Licht und Luft erfüllten Atmosphäre, sondern unterstützt mit scharfen Lichtflächen und harten Schlagschatten die Prägnanz der Körpermodellierung. Signorellis Entwicklung gipfelt in den Fresken mit der Darstellung des Jüngsten Gerichtes im Dom zu Orvieto (1499–1504, Abb. S. 110).

Abbildungen:

110 Bildnis eines Rechtsgelehrten, um 1490–1500

110 Die Verdammten aus dem Jüngsten Gericht (Detail), 1499–1503

SIMONE MARTINI (Simone di Martino)
um 1280–1285 Siena–1344 Avignon

Das Geburtsdatum wird aus der Altersangabe einer Quelle des 16. Jahrhunderts erschlossen, könnte jedoch zutreffen, auch wenn das erste datierte und signierte Werk, das Fresko der Maestà im Palazzo Pubblico in Siena, erst aus dem Jahre 1316 stammt. Die Vielfalt künstlerischer Gestaltung des Meisters hat alle bisherigen Versuche der Konstruktion einer Chronologie zum Scheitern gebracht. Die Maestà in Siena, die Andachtsbilder für den Kardinal Orsini und altertümlich wirkende Altarbilder wie die Werke für Pisa oder Orvieto sind nebeneinander denkbar. Erkennbar ist jedenfalls aus Simones Werken, daß er Duccio, mit gleicher Intensität aber auch Giotto und die französische Kunst, von den Bildhauern vor allem Giovanni Pisano studiert hat. Die Verschiedenartigkeit der Vorbilder ist im Polyptychon Orsini noch gut erkennbar. Sicher ist aber auch, daß Simone um 1315 bereits ein berühmter Meister gewesen sein muß, da er wohl kaum den Auftrag in Siena erhalten hätte und sicher nicht 1317 mit einem erstaunlich hohen Jahresgehalt als geadelter Künstler in den Diensten von Robert d'Anjou genannt worden wäre. Die Anjou-Könige von Neapel und ihre Parteigänger sind seine Hauptauftraggeber in diesen Jahren. Er arbeitet, zusammen mit seiner großen Werkstatt, auch für die Stadt Siena und verschiedene andere Auftraggeber in Mittelitalien.

Auf Simone gehen einige der bedeutendsten Neuerungen vor allem im Andachtsbildbereich zurück, so die sogenannte Madonna dell' Umiltá (die kniende und ihr Kind zugleich stillende Maria). Spätestens seit 1339 ist er in Avignon nachweisbar, wo er für den Kardinal Stefaneschi sowie andere hohe Geistliche malt. Er hat sowohl in Siena wie in Avignon eine Schule von Nachahmern hinterlassen. Einige seiner Errungenschaften sind jedoch fast Gemeingut des Jahrhunderts geworden. Schon von Zeitgenossen gerühmt, so auch von Petrarca, für den er mehrere Arbeiten ausführte, blieb sein Ruhm nicht nur in Siena lebendig, wo man ihn im frühen 15. Jahrhundert für den größten Sieneser Maler überhaupt hielt, sondern lange auch nördlich der Alpen.

Abbildungen:

18 Maestà, 1315/16

35 Guido Riccio da Fogliano, um 1328

35 Der hl. Martin wird zum Ritter geschlagen. Detail: Musikanten, zwischen 1317–1319

36 Kreuztragung, um 1315 (oder später)

36 Kreuzabnahme, um 1315 (oder später)

SISLEY Alfred

1839 Paris–1899 Moret-sur-Loing (bei Paris)

Der angehende Kaufmann, Sohn wohlhabender englischer Eltern in London, beginnt 1857–1862 zu zeichnen. 1862/63 Studien im Atelier Gleyre in Paris mit Monet, Renoir, Bazille. 1863 erste Anfänge der Freilichtmalerei mit seinen Freunden in Chailly-en-Bière bei Barbizon. 1865 arbeitet er mit Renoir, Monet, Pissarro in Marlotte und mit Renoir auf einem Boot auf der Seine. 1866 stellt er erstmals im Salon aus. Er heiratet Marie Lescouezec und hat zwei Kinder. 1867 wird er vom Salon abgewiesen und fordert mit anderen Kollegen einen »Salon des Refusés«. Er malt in Honfleur. 1868 ist er zeitweise mit Renoir in Chailly und wird im Salon ausgestellt. 1869 wird er vom Salon zurückgewiesen; er verkehrt häufig im Pariser Café Guerbois. 1870 ist Sisley mit impressionistischen Bildern im Salon vertreten. 1871 ist er während der Kommune in Voisins-Louveciennes. Durand-Ruel stellt ein Bild in London aus und beginnt 1872 mit regelmäßigen Ankäufen seiner Gemälde. In der Folgezeit malt er vor allem in Argenteuil, Bougival und Louveciennes impressionistische Dorf- und Flußlandschaften, auch im Schnee. 1874 Teilnahme an der I. Impressionistenausstellung und Englandreise auf Kosten des Sängers und Kunstsammlers J.-B. Faure. 1875–1877 lebt er in Mary-le-Roi. 1875 läßt er mit Renoir und anderen mit geringem Erfolg Bilder im Hôtel Drouot versteigern.

1876 und 1877 Teilnahme an der II. und III. Impressionistenausstellung und weitere Bilderversteigerung. Er übersiedelt nach Sèvres und wird vom Gastwirt Murer und Verleger Charpentier unterstützt. 1878/79 gerät er in arge finanzielle Notlage; Duret vermittelt einige Verkäufe. 1880–1882 lebt er in Veneux-Nadon bei Moret und hat 1881 eine erste Einzelausstellung bei Charpentiers Zeitschrift »La Vie moderne«. 1882 nimmt er an der VII. Impressionistenausstellung teil. 1883 erfolglose Einzelausstellung bei Durand-Ruel in Paris, der ihn trotzdem 1885 in London, Boston, Rotterdam, Berlin ausstellt. 1888 stellt er mit Renoir und Pissarro bei Durand-Ruel aus. 1889 Einzelausstellung bei Durand-Ruel in New York. Sisley übersiedelt endgültig nach Moret und vertritt bis zum Ende die reine impressionistische Landschaftsmalerei. 1893/94 Höhepunkt seines Schaffens von Bilderserien in Anlehnung an Monet. Malt 1894 in der Normandie als Gast der Sammler Murer und Depeaux. 1897 große Retrospektivausstellung bei G. Petit ohne Erfolg bei Kritik und Käufern; er malt an der englischen Küste. 1898 erkrankt er schwer an Krebs. Er hat nicht genügend Geld, um die französische Staatsbürgerschaft zu erwerben. Bei einer Nachlaßversteigerung 1899 beginnen die Preise seiner Bilder rasch zu steigen. 1911 erhält er als erster Impressionist ein kleines Denkmal in Moret.

Abbildungen:

497 Die Barke während der Überschwemmungen von Port-Marly, 1876

497 Die Brücke von Moret, 1893

SLEVOGT Max

1868 Landshut (Bayern)–1932 Neukastel (Pfalz)

1884–1890 studiert Slevogt an der Akademie der Schönen Künste in München, wo ihn Leibl und Trübner beeinflussen. 1889 reist er nach Paris und studiert an der Académie Julian. 1890 Studienreise durch Italien. 1893 Mitglied der Münchner Sezession und der »Freien Vereinigung«. Seit 1896 Mitarbeiter bei der Zeitschrift »Simplizissimus«. Er knüpft über Leistikow Beziehungen zur Berliner Sezession. 1900 reist er zur Weltausstellung nach Paris. 1901 Aufenthalt in Frankfurt am Main, wo seine berühmten leuchtendfarbigen Zoobilder entstehen. Seitdem lebt er in Berlin und arbeitet hauptsächlich als Bildnismaler. Er leitet an der Akademie eine Meisterklasse. 1914 reist er nach Ägypten und malt Landschaften im gleißenden Sonnenlicht. Er wird Mitglied der Akademie der Künste in Berlin. 1915 als Kriegsmaler in Belgien. Lebt nach 1918 in Neukastel in der Pfalz. In den zwanziger Jahren graphische Zyklen; über 500 Illustrationen zu Goethes »Faust«. 1924 Wandbilder für den Musiksaal von Neukastel und in Berlin, 1927 in Bremen und 1932 in der Friedenskirche von Ludwigshafen. 1924 Bühnenbilder zu »Don Giovanni« an der Dresdner Oper.

Abbildung:

535 Blick auf die Alster bei Hamburg, 1905

SNYDERS Frans (auch: Snijders)

1579 Antwerpen–1657 Antwerpen

Seine Eltern besaßen in Antwerpen ein bekanntes Feinschmeckerlokal, in dem viele Künstler verkehrten. Um 1592/93 kam er zu Pieter Breughel d.J. in die Lehre, anschließend wohl auch zu Hendrik van Balen. 1602 wird er in die Lukasgilde aufgenommen, und danach hat er eine Italienreise unternommen, von der er 1609 heimkehrt. 1611 heiratet er eine Schwester des Malers Cornelis de Vos. Ausgehend von manieristischen Darstellungen von »Haushalten«, schuf Snyders zwei neue Bildtypen, das Jagdstilleben und die »Vorratskammer«. Seine prunkvollen Bankette mit Wildbret, Geflügel, Früchten und allerlei Tafelgerät, die sich als Dekoration von Schlössern und Palästen hervorragend eigneten und zuweilen durch hinzuspringende Tiere zusätzlich belebt werden, zeichnen sich durch intensive Farbigkeit und geschicktes Arrangement aus. Durch Snyders wurde das Stilleben zu einer bewegten Inszenierung. Daneben gibt es auch genau beobachtete dramatische Jagdszenen von ihm. Die Zusammenarbeit mit Rubens, in dessen Werkstatt Snyders als Spezialist für Tiere, Früchte und Blumen beschäftigt war zeigt hier erhebliche Wirkungen.

Abbildung:

299 Großes Stilleben, 1614

SOEST → Konrad von Soest

SOULAGES Pierre

* 1919 Rodez (Aveyron)

Soulages' Ausbildung an der Hochschule für graphische Künste in Montpellier wurde durch den Krieg

unterbrochen. Während der deutschen Besetzung arbeitete er als Gehilfe in Weinbergen. In Paris, wo er seit 1946 sein Atelier hatte, kamen wichtige Begegnungen mit anderen Künstlern zustande, darunter Picabia, Hartung und Léger. Auf einer USA-Reise lernte er Künstler und Museumsleute wie J. J. Sweeney kennen, den Direktor des Museum of Modern Art in New York. Soulages' tachistische Kompositionen setzten sich schnell durch, und er hatte schon bald weltweit Einzel- und Gruppenausstellungen. 1987 entwarf er einen monumentalen Wandteppich für das neugebaute Pariser Finanzministerium. 1995 stellte er eine Serie von Glasfenstern für die Abtei von Conques fertig.
Abbildung:
636 Gemälde 21.6.53, 1953

SOUTINE Chaim
1893 Smilowitsch (bei Minsk) – 1943 Paris
Als zehntes von elf Kindern eines armen jüdischen Schneiders geboren, hatte Soutine eine harte Kindheit. Er hatte jedoch das Glück, die Kunstschule in Wilna besuchen zu können. Von dort ging er 1913 nach Paris. 1916 zog er in eines der baufälligen Ateliers, die als »La Ruche« bekannt waren und auch Chagall als Unterkunft dienten. Durch Modigliani lernte er den Kunsthändler Léopold Zborowski kennen, der ihm 1919 vorschlug, nach Céret zu gehen, da sich die Landschaft als geeignetes Thema erweisen könnte. In den folgenden drei Jahren malte er zahlreiche Landschaftsbilder, die in ihrem dicken Impasto und grellen Farben von gequälter Unruhe sind. Es ist Soutines wichtigste Zeit. Als er 1923 wieder in Paris war, kaufte der amerikanische Sammler Albert Barnes alle Bilder aus seinem Atelier. Der neue Wohlstand milderte Soutines Vehemenz. Aber es gelang ihm dennoch ein neuer Höhepunkt mit der Reihe seiner »Schlachtbilder«, in denen er Rembrandt huldigte. Daneben wurden Menschen in Uniformen zu einem bevorzugten Thema.
Abbildung:
605 Page im Maxim, um 1925

SPITZWEG Carl
1808 München – 1885 München
Spitzweg ist noch heute einer der populärsten Maler des 19. Jahrhunderts. Ausgebildet als Apotheker – er war also ein studierter Mann –, widmete er sich seit den zwanziger Jahren autodidaktisch der Malerei. Seine Bilder gewinnen ihre humoristische Pointe daraus, daß in ihnen die Sehnsüchte des Kleinbürgers sich angesichts der beschränkten Verhältnisse lächerlich machen – sei es das Streben eines Dichters nach der hohen Form der Dichtung in einer schäbigen Dachkammer, sei es das Interesse eines ältlichen Witwers an den vorübergehenden jungen Mädchen und ähnliches mehr. 1851 unternahm Spitzweg mit Münchner Malerfreunden eine Reise nach Paris und London, auf der ihn besonders die Werke der Maler von Barbizon und diejenigen Constables beeindruckten. Aufgrund dieser Erfahrung wandte er sich mehr und mehr der Landschaftsmalerei zu, in der er die offene Pinselstruktur der Schule von Barbizon eigenständig verarbeitete. Die Figuren werden nun zu witzigen Randerscheinungen und sind nicht mehr das ausschließliche Thema seiner Bilder.
Abbildung:
460 Der arme Poet, 1839

STAËL Nicolas de
1914 St. Petersburg – 1955 Antibes (Côte d'Azur)
Bereits mit zwei Jahren wurde de Staël zum Pagen am Kaiserhof in St. Petersburg ernannt. Nach der Revolution 1919 flüchtete die Familie nach Polen und dann nach Belgien ins Exil. Von 1933–1936 studierte de Staël in Brüssel an der Akademie der schönen Künste. Anfangs arbeitete er als Theaterdekorateur. Seit 1938 lebte er in Paris. Mit Stilleben und Porträts begann er seine malerischen Aktivitäten, doch die meisten seiner frühen Arbeiten, vor allem Landschaftsaquarelle, hat er vernichtet. Er war u.a. mit Braque und Léger befreundet. Nach einer langen Phase tachistisch-informeller Arbeiten gelangte de Staël zu abstrakt-farbigen Farbfeldkonstruktionen, die sich nicht in gängige Stilraster einordnen lassen und ihm eine Einzelstellung, ähnlich der Poliakoffs, zuweisen. Bereits seine abstrakten Kompositionen trugen suggestive gegenständliche Titel, Anfang der fünfziger Jahre treten klare gegenständliche Formen in seinen Bildern auf. 1955 beging de Staël Selbstmord.
Abbildung:
638 Figur am Meeresstrand, 1952

STEEN Jan
um 1625/26 Leiden – 1679 Leiden
Der neben Ostade populärste und sicher vielseitigste der holländischen Genremaler führte ein rastloses Leben und wechselte wiederholt seinen Wohnsitz. Daß er kein haltloser Trunkenbold gewesen sein kann, wie häufig behauptet wird, beweist sein Werk mit etwa 800 Gemälden. Steen wurde als Sohn eines Bierbrauers in Leiden geboren, wo er mit der dortigen Feinmalerei in Berührung kam, die für sein Spätwerk wichtig wird. 1646 ist er kurz an der Universität eingeschrieben, wohl um dem Schützendienst zu entgehen. 1648 gehörte er zu den Gründungsmitgliedern der Gilde. Seine Ausbildung hat er wohl in Utrecht erhalten, und wahrscheinlich hat er auch in der Werkstatt von Ostade und Goyen gearbeitet. 1649 heiratet er in Den Haag, wo er bis 1654 bleibt, eine Tochter van Goyens. Danach pachtet er in Delft eine Brauerei, die bald eingeht, zieht nach Warmond bei Leiden, ist von 1661–1670 wieder in Haarlem und im letzten Lebensjahrzehnt in Leiden, wo er eine Konzession als Schankwirt erhält. In seinen Bildern aus dem Wirtshausleben, von Trinkgelagen und Schützenfesten, Hochzeiten und Tanzvergnügen, Kirmessen und Raufereien erweist er sich als genauer Beobachter des bäuerlich-kleinbürgerlichen Milieus, zu dessen Studium ihm Beruf wie Lebenslauf ausreichend Gelegenheit boten. Aber auch die vornehme Gesellschaft in modischen Interieurs ist sein Thema. Im Stil häufig schwankend, mal wie Ostade und Brouwer, mal wie de Hooch, Terborch oder Vermeer malend, geht es ihm immer um die menschlichen Schwächen und Torheiten, die er mit Witz und Spott belächelt und deren verborgene Moral und »Wahrheit« er, wie ein malender Molière, aufdeckt.
Abbildungen:
278 Rhetoriker am Fenster, um 1662–1666
325 Die Liebeskranke, um 1660
325 Verkehrte Welt, um 1660

STEFANO DI GIOVANNI
(Stefano da Verona, Stefano da Zevio)
um 1374/75 – nach 1438
Neuere Forschungen haben unsere Vorstellungen von diesem bedeutenden oberitalienischen Künstler stark verändert. Wir müssen ihn fortan mit einem anderen Namen bezeichnen: Stefano di Giovanni oder da Francia (aus Frankreich). Sein Vater ist der Maler Giovanni d'Arbois (in der Franche Comté), von dem wir wissen, daß er Hofmaler des Herzogs von Burgund war und von diesem aus der Lombardei nach Frankreich gerufen wurde. Leider sind keine Reste von seinem Werk erhalten – wir erhielten aus ihnen mit Sicherheit wichtige Aufschlüsse über die frühe Malerei in Burgund und der Lombardei und über ihre Verflechtungen. Der Sohn Stefano wird sehr gute Kenntnisse der französischen Kunst gehabt haben; von Reisen nach Frankreich ist jedoch nichts bekannt. Nachgewiesen ist ein längerer Aufenthalt in Padua 1396–1414, vorher auch in Treviso. Erst ab 1425 ist seine Tätigkeit in Verona gesichert. Wenn das Rosenhagbild von Anbeginn an für den Konvent der Nonnen von San Domenico in Verona bestimmt war, aus dem es in das Museum gelangte, so kann es erst 1425 oder noch später entstanden sein. Von Stefano di Giovanni sind neben einigen bedeutenden Handzeichnungen Werke vor allem in Verona und Umgebung erhalten, darunter auch zahlreiche Fresken. Für die Ausbildung seines Stils ist wohl vor allem der nur wenig ältere Michelino da Besozzo vorbildlich gewesen.
Abbildung:
49 Madonna im Rosenhag mit der hl. Katharina, um 1425

STELLA Frank
* 1936 Malden (bei Boston)
Stella studierte von 1954–1958 Geschichte und Kunstgeschichte bei Steven Greene und William C. Seitz an der Princeton University. Während eines Jahres, 1959 in New York, konstituierte sich bei ihm seine generelle Bildkonzeption: Arbeiten mit breiten schwarzen Streifen in symmetrischer, horizontal-vertikaler Anordnung. Mit fast maschineller Präzision entstanden diese bewußt unpersönlichen Bilder. In der Auseinandersetzung mit der Farbfeldmalerei wollte er seine malerischen Mittel und den Ausdruck total reduzieren und jeden artifiziellen Eindruck vermeiden. Er benutzte Anstreicherfarben und -utensilien, bevorzugte Symmetrie und regelmäßige Muster. Gegen 1966 entstanden Werkserien, bei denen die Kompaktheit der inneren Musterform zum Rahmen in Spannung stand, sowie die ersten in Kupfer- und Aluminiumfarben. Bei seinen »Shaped Canvases« schnitt er die Leinwand entsprechend der gemalten Form aus. Etwa seit 1975 verließ er die strenge Richtung, und es entstanden vielfarbig bemalte, aus gebogenen Aluminiumbändern zusammengesetzte Montagen. 1983 war er Gastprofessor an der Harvard University. 1990 entstanden erste dreidimensionale Plastiken, 1992 die ersten Architekturentwürfe, etwa für ein Museum für moderne Kunst in Dresden.
Abbildung:
653 Guadalupe Island, Caracara, 1979

STILL Clyfford
1904 Grandin (North Dakota) – 1980 New York
Still studierte 1931–1933 an der Spokane University (Washington), wo er anschließend als Kunstlehrer tätig war. Es folgten Lehraufträge an Colleges und Universitäten in Kalifornien, Virginia und New York, wo er zahlreiche Maler des Abstrakten Expressionismus wie Tobey und Rothko unterrichtete. In seinen Gemälden der dreißiger und vierziger Jahre beschäftigte er sich mit von Cézanne und van Gogh ausgehender, abstrahierender Figuren- und Landschaftsdarstellung , um dann, beeinflußt vom Surrealismus, sich der Darstellung des Unbewußten und mythologischer Themen zuzuwenden. Um 1947 fand er zu seinem reifen Stil: großformatige Leinwände, die zumeist mit einer dicken, monochrom-schwarzen Farbschicht bedeckt sind, an den Rändern von kontrastierenden kräftigen Farbakzenten umrahmt. Still führte damit den Abstrakten Expressionismus in eine ruhige, meditative Richtung weiter.
Abbildung:
630 Ohne Titel, 1954

STROZZI Bernardo (genannt: Il Cappuccino)
1581 Genua – 1644 Venedig
Seine erste Ausbildung erhielt er in Genua bei dem Sienesen Sorri, der ihm die toskanische Maltradition und das Werk Baroccis nahebrachte. Neben diesem waren es vor allem lombardische Künstler, die für die Stilentwicklung Strozzis Bedeutung erlangten, darunter Crespi. Rubens, der sich 1607 in Genua aufhielt, und van Dyck sollten seine Bilder vom Ende des ersten Jahrzehnts des 17. Jahrhunderts an beeinflussen, vor allem im Bereich des Kolorits, und so zur Ausbildung der leuchtenden Farbigkeit seines üppigen Figurenstils beitragen, wie er uns in der »Gambenspielerin« (Dresden, Gemäldegalerie) begegnet. Fresken fertigte Strozzi, der mit 17 den Kapuzinern beigetreten war, nur in seiner Jugend an. Seine Erfahrungen mit den Gemälden Cara-

vaggios und dessen Umkreis schlugen sich vor allem in Genreszenen nieder, in denen jedoch auch flämische Anregungen spürbar werden. Mit seinem Umzug nach Venedig 1630 trat er in eine neue Entwicklungsphase ein, die sich durch Vereinfachung und Beruhigung in der Komposition auszeichnet (»Hl. Sebastian«, Venedig, Museo Correr) und in der er sich mehr und mehr dem individuellen, malerisch freien Charakter seines Spätwerks näherte.
Abbildung:
234 Vanitas-Allegorie, um 1635

STUART Gilbert
1755 North Kingston (Rhode Island) – 1828 Boston
Stuart wuchs in einfachen, kleinstädtischen Verhältnissen auf. Er kam 1769 in die Lehre zu dem Wanderkünstler Cosmo Alexander, der ihn mit nach Schottland nahm. Nach dessen Tod eröffnete Stuart 1773 eine Porträtwerkstatt im heimatlichen Newport. 1775 ging er wieder nach England, wo er zwei Jahre später Schüler von West wurde, bei dem er bis 1782 blieb. Er eignete sich hier die in der kontinentalen Tradition stehenden Fertigkeiten der englischen Porträtkunst eines Reynolds oder Gainsborough an. Sein bald gestiegenes Renommee als Porträtist ließen ihn in London und Dublin das ausschweifende Leben eines Erfolgsmalers führen. Geldnot zwang ihn 1792/93 in die USA zurück, wo er als der beste Bildnismaler seiner Zeit galt. Er siedelte in die damalige amerikanische Hauptstadt Philadelphia über, wo er bis 1795 blieb, sich Zugang zu den Honoratioren bis hoch zu George Washington verschaffte, dessen Porträt er in zahlreichen Kopien verkaufen konnte. Auch die folgenden Präsidenten porträtierte er erfolgreich und wurde damit zum Bildchronisten der jungen Republik. Seine letzten Lebensjahre verbrachte er, bedrängt von Alkoholsucht und Schulden, ab 1805 in Boston.
Abbildung:
391 Bildnis Don José de Jaudenes y Nebot, 1794

STUBBS George
1724 Liverpool – 1806 London
Stubbs arbeitete als Illustrator wissenschaftlicher anatomischer Werke, bevor er sich hauptsächlich der Tiermalerei widmete. 1751 entstanden seine Illustrationen zu einem Werk über Geburtshilfe, 1756 – 1760 die Stiche zu »The Anatomy of the Horse«; eine weitere große Arbeit, »A Comparative Anatomical Exposition of the Structure of Human Body with that of a Tiger and a Common Fowl«, erschien erst 1817. In Marokko, wohin er nach einem Aufenthalt in Rom gereist war, hatte er ein Naturerlebnis, das seine künstlerische Thematik entscheidend beeinflußte. Er beobachtete einen Löwen, der ein Pferd anfiel. Diese dramatische Szene der Tierkampfgruppe kehrt wiederholt in seinem Werk wieder (»Ein Pferd schreckt vor einem Löwen zurück«, Liverpool, Walker Art Gallery). Neben Ben Marshall ist Stubbs der bedeutendste Vertreter der für das Verhältnis der englischen Nation zum Tier so kennzeichnenden Gattung des Tierporträts. Stubbs experimentierte auch mit neuen Techniken. Er befaßte sich mit Emailmalerei auf Kupfer und, in Zusammenarbeit mit Josiah Wedgwood, mit Emailfarbenmalerei auf Porzellan. Stubbs widmete sich neben dem Tierporträt auch traditionellen Themen wie Darstellungen des englischen Landlebens, doch hat er als Tiermaler mit seinem präzisen, klaren, oft nüchternen und an den Erfordernissen der wissenschaftlichen Illustration geschulten Stil den nachhaltigsten Einfluß auf die europäische Tradition des Tierbildnisses ausgeübt.
Abbildung:
387 »Molly Longlegs« mit Jockey, um 1761/62

STUCK Franz von
1863 Tettenweis (bei Passau) – 1928 München
Stuck war wie Lenbach einer der Malerfürsten Münchens. Nach drei Jahren Kunstschule und Polytechnikum kam er an die Münchner Akademie und wurde von Wilhelm von Diez, Böcklin und Lenbach beeinflußt. Er war Mitbegründer der Münchner Sezession und ab 1895 Professor. Als Lehrer war er begabt und tolerant und förderte seine Schüler. Seine Malerei, zu Lebzeiten sowohl in den Salons der Ausstellungen als auch in denen der Gesellschaft gut vertreten, enthält Elemente des Jugendstils, symbolistische und allegorische Inhalte.
Abbildung:
533 Das Diner, 1913

SUTHERLAND Graham
1903 London – 1980 London
Nach einer Ausbildung zum Graphiker am Londoner Goldsmith's College 1921 – 1926 lebte Sutherland als Buchillustrator und Plakatentwerfer; ab 1926 lehrte er auch an der Chelsea School of Art. Um die Mitte der dreißiger Jahre wandte er sich der Malerei zu, die unter surrealistischem Einfluß zu einer Darstellung unheimlich wirkender landschaftlicher Formen führte. In den Jahren 1941 – 1945 war er offizieller Kriegsmaler und malte die Bombenzerstörungen in London und anderen südenglischen Städten. Nach dem Krieg fertigte er eine Serie religiöser Gemälde an. Bot zunächst die herbe Landschaft in Westwales die Inspirationsquelle für Sutherlands noch düstere phantastische Landschaftsbilder, so hellte sich seine Palette unter dem Einfluß regelmäßiger Sommeraufenthalte an der Côte d'Azur zunehmend auf, ohne daß dadurch die feindliche Drohung der vegetabilen Formen nachgelassen hätte. Gegen Ende der fünfziger Jahre wurden von Sutherland zunehmend technizistische Formen in seine Bildwelt mit aufgenommen. Gleichzeitig wurde Sutherland in diesen Jahren zum Porträtisten berühmter Zeitgenossen, von Churchill bis zu Adenauer.
Abbildung:
614 Wiesenweg, 1939

TAAFFE Philip
* 1955 Elisabeth (New Jersey)
Studium an der Cooper Union, New York (BFA 1977). In den Bildern Anfang der achtziger Jahre werden Arbeiten von Op-Art-Künstlern wie Bridget Riley in neue Bildkonstruktionen umgesetzt. Neben der Technik der Op Art setzt sich Taaffe auch mit Bildern von Newman auseinander. 1988 – 1992 Aufenthalt in Neapel. Taffe vertieft seine Beschäftigung mit Ornamentformen aus unterschiedlichen Kulturbereichen. Ende der achtziger Jahre entstehen Acrylbilder, die aus verschiedenen Drucktechniken aufgebaut und teilweise collagiert sind. Sie werden zunehmend abstrahiert. Seit 1982 wird seine Malerei regelmäßig in Galerien in Europa und Amerika gezeigt. Teilnahme an folgenden Ausstellungen: »Deutsche und Amerikanische Kunst der späten 80er Jahre«, Düsseldorf und Boston (1988); »Post Abstract Abstraction«, Aldrich (1987); »Doubletake«, Wien und London (1992); »ARS 95«, Helsinki (1995). Der Künstler war 1987, 1991 und 1995 zur »Whitney Biennale« in New York eingeladen. Taaffe lebt in New York.
Abbildung:
680 Conflagration, 1991

TANGUY Yves
1900 Paris – 1955 Woodbury (Connecticut)
In seiner Kindheit war Tanguy oft in der Bretagne, deren Landschaft ihn beeindruckte. Er ließ sich von der französischen Handelsmarine anwerben und fuhr 1918 – 1920 auf einem Frachter nach England, Spanien, Portugal und Südamerika. Danach leistete er seinen Militärdienst. Die Entscheidung für die Malerei fiel 1923, als er im Schaufenster der Galerie Paul Guillaume in Paris ein Bild von de Chirico sah. Danach entstanden die ersten eigenen Bilder des Autodidakten. Tanguy dehnte die räumliche Begrenztheit de Chiricos zur grenzenlosen Ferne, eliminierte Fassaden, Architekturen, Gestalten und Monumente und wandte sich jenem Motiv zu, das ihm zur nie versiegenden Quelle der Anregung wurde: der Unendlichkeit des Meeres. 1925 lernte er Breton und die surrealistischen Maler kennen, an deren Ausstellungen er sich mit seinen Phantasielandschaften mit ungegenständlichen und skulpturalen Gebilden beteiligte. 1939 emigrierte er wie die meisten Surrealisten nach Amerika.
Abbildungen:
557 Die fünf Fremden, 1941
610 Der Palast der Fensterfelsen, 1942

TÀPIES Antoni
* 1923 Barcelona
Tàpies studierte von 1943 – 1946 in Barcelona Jura, dazwischen lag ein zweimonatiger Akademiebesuch. 1948 war er Mitbegründer der Künstlergruppe »Dau al Set« und der gleichnamigen Zeitschrift. Früh setzte er sich mit den Werken der Surrealisten auseinander und übernahm Anregungen von Picasso, Miró und Klee. Bald wandte er sich einem abstrahierenden Arbeitsstil zu. Er begann mit Collagen, bei deren Gestaltung er aus einer Vielfalt von Materialien schöpfen konnte. Diese Vorliebe charakterisiert auch sein späteres Werk. Tàpies beschäftigte sich mit Mythologie und Philosophie, und die Runen und Zeichen, die er in seine Materialbilder einritzt oder die als malerische Symbole erscheinen, haben für ihn magische und kosmische Bedeutung. Auch in den Farben sieht er symbolische Bezüge.
Abbildungen:
642 Relief in Ziegelrot, 1963
642 Sessel, 1982/83

TENIERS David d. J.
1610 Antwerpen – 1690 Brüssel
Während sein Vater David d. Ä., der ihn unterrichtete, erfolglos war und wegen Schulden gar ins Gefängnis kam, wurde sein Sohn in ganz Europa populär und brachte es zu einem bedeutenden Vermögen. Teniers wurde 1633 Meister in Antwerpen und heiratete 1637 eine Tochter des »Samtbreughels«, die eine ansehnliche Mitgift in die Ehe brachte. 1645 wurde er Dekan der Lukasgilde, und 1651 berief ihn Erzherzog Leopold Wilhelm als Hofmaler und Verwalter seiner Kunstsammlung nach Brüssel. Neben Stilleben, Landschaften und Porträts hat sich Teniers hauptsächlich dem Genre gewidmet, Szenen aus dem flämischen Volksleben mit Wirtshäusern und Wachstuben, Kirmesfesten und Kartenspielern, die sich stark an Brouwer orientieren. Von besonderer Bedeutung sind seine Galeriebilder, auf denen er die Bestände der herzoglichen Sammlung wie in photographischen Aufnahmen festgehalten hat. Außerdem hat er 246 Bilder der Sammlung in kleinem Format kopiert, so daß wir durch ihn über das Schicksal einiger Tizians, Giorgiones und Veroneses unterrichtet sind.
Abbildung:
319 Das Dreikönigsfest (Der König trinkt), um 1634 – 1640

TERBORCH Gerard
(auch: Gerard oder Gerrit ter Borch)
1617 Zwolle – 1681 Deventer
Sein Vater gab ihm Zeichenunterricht, dann ging er in Haarlem bei Pieter de Molijn in die Lehre. Ab 1635 bereiste er fünf Jahre lang England, Italien und Frankreich, später auch Spanien. Nach seiner Rückkehr arbeitete er in Haarlem, Amsterdam und Münster, wo er im »Friedensschwur von Münster« (London, National Gallery) das Ende des Dreißigjährigen Krieges festhielt, bevor er sich 1654 in Deventer niederließ. Terborch schildert in seinen meist kleinformatigen Interieurs und Konversationsstücken, vor allem aber in meisterhaften Bildnissen die Gesellschaft des gehobenen Bürgertums, wobei er sich zumeist auf eine oder wenige Figuren beschränkt und sich mit sparsam möblierten Räumen bescheidet. Seine Bilder sind still und in der Erzählung zurückhaltend, erreichen jedoch in der farblichen Nuancierung, der feinen Psychologisie-

rung und der delikaten Wiedergabe des Stofflichen eine Vollendung, die auf Metsu, de Hooch und Vermeer ausstrahlt.

Abbildungen:

281 Die Musikgesellschaft, um 1675
321 Die Kartenspieler, um 1650
321 Der verweigerte Brief, um 1655

TERBRUGGHEN Hendrik
(auch: Hendrick ter Brugghen)
um 1588 bei Deventer – 1629 Utrecht
Terbrugghen wuchs in Utrecht auf, wo ihn der Spätmanierist Bloemaert unterrichtete. 1604 ging er für zehn Jahre nach Italien. Die Begegnung mit Caravaggio, den er in Rom oder Neapel vielleicht noch traf, und den italienischen Caravaggisten wie Gentileschi oder Saraceni wurde entscheidend für seine Malerei. Mit Baburen und Honthorst brachte er die neue Hell-Dunkel-Malerei nach Utrecht, wo er 1616 Mitglied der Lukasgilde wurde. Mit seinen religiösen Halbfigurenbildern fand er zunächst wohl wenig Anklang, weshalb er sich vermehrt genrehaften Motiven mit Zechern, Spielern, Dirnen und Musikanten widmete. Er war der vitalste und konsequenteste Maler der Utrechter Schule und ging mit seiner weichen Beleuchtung der späteren Delfter Schule voran.

Abbildung:

301 Das Duo, 1628

THEODERICH → Meister

THORN-PRIKKER Jan
1868 Den Haag – 1932 Köln
Thorn-Prikker studierte in Den Haag. 1920–1923 übernahm er eine Professur an der Kunstgewerbeschule in München, danach lehrte er in Düsseldorf und später an der Werkkunstschule Köln. Er war einer der wichtigsten Vertreter des holländischen Jugendstils, bezog jedoch entscheidende Anregungen aus Pointillismus und Symbolismus. Das Schwergewicht seiner Arbeit lag auf dem Gebiet des Kunsthandwerks, das er zu neuen Höhepunkten führte. Am bedeutendsten waren seine Glasmalereien, mit denen er viele deutsche Maler beeinflußte. Thorn-Prikker gestaltete jedoch auch Keramiken und Batikarbeiten. Seine Gemälde sind nach den flächig-ornamentalen Prinzipien der Jugendstilkunst organisiert und haben meist symbolistisch-allegorische Inhalte. Mit seiner geometrisierenden Stilisierung ging er oft nahe an der Grenze zur Abstraktion.

Abbildung:

525 Madonna im Tulpenfeld (Vor dem Kreuz), 1893

TIEPOLO Giovanni Battista
(auch: Gian Battista Tiepolo)
1696 Venedig – 1770 Madrid
Tiepolo wurde als Sohn eines Schiffsmaklers geboren. Seine Lehrer waren Lazzarini und die alten Meister, von denen er neben Tizian und Tintoretto vor allem Veronese studierte, dessen Stil ihn entscheidend prägte. 1719 heiratete er eine Schwester des Malers Guardi. Als ältester Sohn aus dieser Ehe ging Giovanni Domenico hervor, sein späterer Mitarbeiter und Nachfolger. Tiepolos Frühwerke verraten noch Einflüsse Piazzettas, Bencovichs und Riccis. Ein früher Höhepunkt sind die Fresken im erzbischöflichen Palast in Udine (Abb. S. 376), die den Stil der Reifezeit vorwegnehmen. Die schweren Hell-Dunkel-Massen des 17. Jahrhunderts weichen einer transparenten Durchlichtung der Palette. Die weißliche Helle der Freskenfarben bestimmt auch das Kolorit der umfangreichen Tafelbildproduktion. In den vierziger Jahren wird der Sohn zum wichtigsten Mitarbeiter der großen und zahlreichen Aufträge in Venedig, Mailand, Bergamo und Vicenza. Ihren Höhepunkt stellt der Ruf nach Würzburg zur Ausmalung der Decken des Treppenhauses und des Kaisersaales der fürsterzbischöflichen Residenz dar, wo die historische Verherrlichung des Bistums und eine allegorische Huldigung des Auftraggebers entfaltet werden. Eine weitere von Aufträgen in und außerhalb Venedigs überhäufte Periode von acht Jahren ging dem zweiten großen Ruf ins Ausland voraus. 1762 reisten Vater und Sohn, nicht zuletzt in diplomatischen Diensten, nach Spanien. Die Fresken im Madrider Schloß haben die Verherrlichung Spaniens und des Königshauses zum Thema. Tiepolo mußte dort noch die Entthronung seiner Kunst durch den Klassizismus im Geiste Johann Joachim Winckelmanns erleben, der in Mengs seinen einflußreichsten Verfechter besaß.

Tiepolos Sohn Giovanni Domenico (1727–1804) war neben seiner Mitarbeit an den großen Aufträgen des Vaters ein eigenständiger und origineller Maler religiöser und profaner Themen. Er übertrug die phantastisch-pittoreske Phantasie seines Vaters ironisch und hintergründig auf die bizarre Welt der Commedia dell'arte, das Jahrmarkts- und Karnevalsgenre, wobei das kühle Kolorit zunehmend nüchterner wird. Wie sein Vater war auch Giovanni Domenico ein Meister der Handzeichnung und Druckgraphik.

Abbildungen:

339 Der hl. Carlo Borromeo, um 1767–1769
375 Rinaldo und Armida, 1753
376 Rahel verbirgt die Götterbilder, 1726–1728
376 Sara und der Erzengel, 1726–1728
377 Hagar und Ismael in der Wüste, um 1732

TINTORETTO (Jacopo Robusti)
1518 Venedig – 1594 Venedig
In der großen Trias der venezianischen Malerei des 16. Jahrhunderts vertritt Tintoretto entschiedener als Tizian und Veronese manieristische Stiltendenzen. Jacopo Robusti, nach dem Beruf des Vaters (»tintore« = Färber) Tintoretto genannt, wurde in der Werkstatt Tizians ausgebildet. 1539 ist er erstmals als Meister genannt. Zwischen 1548 und 1563 malt er mehrere großformatige Leinwände mit Szenen aus dem Markuswunder. Die Darstellungen werden von einer zuvor in der venezianischen Malerei unbekannten Heftigkeit der Aktion bestimmt, die sich in gewaltsamen Verkürzungen und übersteigerten Bewegungen veranschaulicht. Nicht weniger neu für Venedig ist die nachdrückliche plastische Modellierung der Körper, die Erfindungen Michelangelos übersteigert. Flackerndes Licht durchbricht den Flächenzusammenhang. Ob Tintoretto je in Rom war, wissen wir nicht. Aber nach alter Überlieferung soll er noch in späteren Werken Studien nach Antiken, nach Arbeiten Michelangelos und Giambolognas getrieben haben. Im fortschreitenden Werk wird das Licht in wachsendem Maße zum entscheidenden Akteur. Nach einem Bericht Marco Boschinis hat sich Tintoretto jeweils eine dem Bildraum ähnliche Bühne gebaut, probeweise Wachsfigürchen aufgestellt und das Ganze unter weitgehender Angleichung an den Anbringungsort beleuchtet. 1564–1587 ist der Maler mit der Ausstattung der Scuola di San Rocco beschäftigt. Der umfassende Zyklus macht die qualitative Spannweite des Malers anschaulich. Neben Leistungen höchsten Ranges stehen solche, in denen der virtuose Effekt die Oberhand gewinnt. Allerdings muß in dieser Beziehung die Beteiligung einer großen Werkstatt in Rechnung gestellt werden, zumal Tintoretto mit unerschöpflicher Arbeitskraft Auftrag an Auftrag förmlich an sich riß.

Abbildungen:

155 Die Entstehung der Milchstraße, um 1575–1580 (?)
182 Der hl. Georg im Kampf mit dem Drachen, um 1550–1560
182 Christus bei Maria und Martha, um 1580
183 Vulkan überrascht Venus und Mars, um 1555
183 Susanna im Bade, um 1565

TISCHBEIN Johann Heinrich Wilhelm
1751 Haina (Hessen) – 1829 Eutin
Tischbein entstammte einer weitverzweigten Künstlerfamilie, in deren Kreis er auch seinen ersten Unterricht erhielt. Nachdem er zuerst von seinem Onkel Johann Heinrich Tischbein d. Ä. in Kassel unterrichtet worden war, setzte er seine Studien bei einem anderen Onkel, Johann Jakob Tischbein, in Hamburg und in Holland fort. Von 1777–1779 arbeitete er als Porträtmaler in Bremen und Berlin. Dann ging er nach Italien, wo er sich zwanzig Jahre fast ununterbrochen aufhielt. Aus seiner Bekanntschaft mit Goethe entstand das berühmte Bildnis »Goethe in der Campagna« (Abb. S. 395), das er 1787 in Rom vollendete. 1789 erhielt er die Ernennung zum Direktor der Accademia di Belle Arti in Neapel. Nachdem er sich 1801 in Hamburg niedergelassen hatte, erreichte ihn sieben Jahre später der Ruf des Herzogs von Oldenburg, als dessen Hofmaler in Eutin er bis zu seinem Tod arbeitete.

Abbildung:

395 Goethe in der Campagna, 1787

TIZIAN (Tiziano Vecelli)
zwischen 1473 und 1490 Pieve di Cadore (Venetien) – 1576 Venedig
Tizian darf als überragende Malerpersönlichkeit des gesamten 16. Jahrhunderts angesehen werden. Im Gegensatz zu den manieristischen Tendenzen der Zeit übernimmt er das Erbe der Hochrenaissance, ohne es zu zerstören. Die Normen der »klassischen Kunst« um 1500 bleiben für ihn immer verpflichtend, werden allerdings durch Dynamisierung der Kompositionen zugunsten der Ausdruckssteigerung verwandelt. In der Geschichte der Farbe nimmt Tizian eine einzigartige Stellung ein. Er führt die rein malerische Gestaltung zu einer zuvor unbekannten Freiheit und wird auf diese Weise nicht nur zum wichtigsten Wegbereiter eines großen Teiles der europäischen Barockmalerei (Rubens), sondern wirkt bis ins späte 19. Jahrhundert hinein, als etwa Manet im Louvre seine Gemälde studiert und teilweise kopiert.

Tizian verdankt entscheidende Anregungen seiner Lehrzeit bei Giovanni Bellini. In dessen Werkstatt entstand auch die Beziehung zu dem vermutlich um rund zehn Jahre älteren Giorgione. Die künstlerischen Temperamente der beiden jungen Maler waren offenbar so eng verwandt, daß in einzelnen Bildern die Frage der jeweiligen Anteile noch nicht endgültig geklärt werden konnte. Mit dem Hochaltarbild der »Himmelfahrt Mariae« für Santa Maria dei Frari in Venedig (1516–1518) beginnt durch Steigerung der Bewegung, Überwindung der Statik zugunsten einer dynamischen Aufwärtsbewegung und eine zuvor unbekannte Freisetzung der Farbe gegenüber der Linie eine »protobarocke« Phase in der Entwicklung Tizians. Zugleich wird, nicht zuletzt bedingt durch die äußeren Maße und die Verbindung mit dem Kirchenraum, ein für alle Zukunft bestimmender Typ des repräsentativen Altarbildes geschaffen. Im Bereich der »Sacra-Conversazione«-Darstellungen setzt um 1526 die »Madonna aus dem Hause Pesaro« (ebenfalls Santa Maria dei Frari) einen ähnlichen Markstein. In allen Gattungen der Malerei gleich hervorragend begabt, schuf Tizian in der Folgezeit in dichter Fülle Altarbilder, mythologische Darstellungen und durch meisterhafte psychologische Durchdringung herausragende Porträts. Die ständige Verfeinerung der malerischen Mittel machte für ihn die Leinwand zum idealen Bildträger und ließ die Wandmalerei zurücktreten.

Schon um 1530 hatte sich Tizians Ruhm über ganz Europa verbreitet. Kaiser Karl V. beruft ihn 1533 zum Hofmaler und ernennt ihn zum Markgrafen. Allerdings hat er Venedig niemals für längere Zeit verlassen. In seinem Spätwerk gewinnt die Farbe nahezu »impressionistische« Wirkungen (»Verkündigung«, Venedig, San Salvatore, 1565; »Dornenkrönung Christi«, Abb. S. 178). Zugleich erreicht Tizian mit der Auflösung aller die Bildelemente fest umschreibender Linien eine die irdische Erfahrung transzendierende höhere Wahrheit (»Pietà«, Venedig, Accademia; bei seinem Tode nicht ganz vollendet, Abb. S. 178).

Abbildungen:

154 Bildnis eines Mannes (sog. »Ariost«), um 1512
176 Venus von Urbino, um 1538
176 Bacchanal (Die Andrier), um 1519/20
177 La Bella (Die Schöne), um 1536
178 Dornenkrönung Christi, um 1576
178 Pietà, um 1573–1576

TOBEY Mark
1890 Centerville (Wisconsin)–1976 Basel
Anfangs arbeitete Tobey als Zeichner für Modeateliers. Seit 1922 beschäftigte er sich mit chinesischer Kalligraphie und mit den Lehren der ostasiatischen Philosophie, vor allem der Baha'i-Religion. Er machte viele Reisen nach Europa, in den Orient und in den Fernen Osten. Zeitweise hielt er sich in einem Zen-Kloster in Japan auf. Seine »White Writings«, ein Netzwerk feiner, kalligraphisch durchmodellierter Zeichen, waren anfangs noch leicht gegenständlich, wurden aber zunehmend abstrakt, Ausdruck seiner inneren, meditativ-kontemplativen Lebenshaltung. Im Jahre 1960 zog Tobey nach Basel, das ihm wegen seiner humanistischen Tradition gefiel, reiste aber noch für längere Zeit nach Seattle, Chicago und New York.

Abbildung:

635 Nordwestströmung, 1958

TOMMASO DA MODENA
um 1325/26 Modena–vor 16. 7. 1379
Tommaso ist Sohn eines Malers mit Namen Barisino dei Barisini, und auch sein Sohn Bonifacio wurde Maler. Er erhielt seine künstlerische Ausbildung wahrscheinlich in Bologna. Um die Mitte des 14. Jahrhunderts war die Bologneser Malerschule mit Meistern wie Vitale da Bologna über den Schatten der toskanischen Kunst weit hinausgewachsen. Daneben hat Tommaso offensichtlich die sienesische Kunst, vor allem die des Simone Martini, sehr geschätzt. Wahrscheinlich ist auch er als Miniator tätig gewesen, sicher aber als Tafelmaler. Sitz seiner Werkstatt und seines Hauses blieb Modena, doch nahm er Aufträge überall in Oberitalien an. Neben Fresken in Mantua und Trient machen vor allem die für Treviso in Venetien ausgeführten Werke seinen Ruhm aus. Auch Kaiser Karl IV. hat für die Burg Karlstein Tafelbilder bestellt. Tommaso ist ein scharfer Beobachter der Menschen und Dinge. Zu Recht ist die 1352 gemalte Folge der dominikanischen Theologen aus dem Kapitelsaal der Dominikanerkirche in Treviso sein berühmtestes Werk: genau erfaßte Gelehrtenköpfe, in kleinen Schreibstübchen entsprechend ihren kirchlichen Rängen aufgereihte »berühmte Männer« des Ordens. Wesentlichstes Ziel seiner Kunst ist die Darstellung und Gruppierung von Figuren. Die räumlich-plastische Umsetzung oder gar das Eingehen auf Raumprobleme an sich lag ihm fern.

Abbildung:

46 Abschied der hl. Ursula, um 1355–1358

TOOROP Jan
1858 Poerworedjo (Java)–1928 Den Haag
Der Sohn eines auf Java stationierten holländischen Regierungsbeamten und einer Malerin studierte 1876–1878 an der Technischen Hochschule in Delft, 1878–1880 an der Reichsakademie in Amsterdam und 1880–1882 an der Akademie in Brüssel. Er war beeinflußt von Courbet und Ensor. 1884 lernte er in London Whistler kennen und wurde Mitglied der belgischen Künstlervereinigung »Les XX«, wo er regelmäßig ausstellte. 1885 Aufenthalt in Paris; er ist beeindruckt von Seurat und übernimmt dessen pointillistische Malweise. 1886 zieht er nach Den Haag. 1892 organisiert er die erste große van-Gogh-Ausstellung in Holland. In den neunziger Jahren malt er vorübergehend symbolistisch und wird zum wichtigsten Vertreter des holländischen »Luminismus«, einer Technik, die durch Nebeneinandersetzen breiter Farbtupfen den Eindruck eines Mosaiks erzielt. 1911 ist er Präsident des »Moderne Kunstkring«. 1905 konvertiert er zum Katholizismus und malt seither religiöse und mythische Bildthemen.

Abbildung:

525 Die drei Bräute, um 1892/93

TOULOUSE-LAUTREC Henri de
1864 Albi–1901 Schloß Malromé (Gironde)
1878 und 1879 bricht sich der Abkömmling eines alten südfranzösischen Adelsgeschlechts beide bereits geschwächte Oberschenkel und wird zum zwergenhaften Krüppel. Der familiäre Wohlstand enthebt ihn finanzieller Sorgen, trotzdem entschließt er sich, die Malerei professionell zu betreiben. 1882–1886 Studien im Lehratelier von Cormon, wo er u. a. Bernard und van Gogh kennenlernt; er malt kritisch-realistisch und hellfarbig-impressionistisch. In Paris zieht es ihn in die Welt der Amüsierbetriebe. Er ist ständiger Gast in Theatern, Cabarets, Tanzlokalen, im Zirkus, in Varietés und im Bordell und gibt realistisch, aber gefärbt durch die Linse seines Genies wieder, was er sieht. Auf dem Montmartre stellt er auch aus. Er verbringt lebenslang jährlich den Sommer am Meer. Seit 1886 hat er eine zeitweilige Verbindung mit dem Modell Suzanne Valadon, die auch Malerin ist; erste Veröffentlichung von Zeichnungen in Zeitschriften. 1888 stellt er erstmals bei der Gruppe »Les XX« in Brüssel aus; Théo van Gogh kauft für die Kunsthandlung Goupil ein Bild. Stellt 1889 erstmals im »Salon des Indépendants« aus und wird Stammgast im neu eröffneten Tanzlokal »Moulin Rouge«. 1890 reist er mit Signac nach Brüssel zur Ausstellung von »Les XX« und nach Spanien. Stellt 1891 mit Impressionisten und Symbolisten in der Kunsthandlung Le Barc de Boutteville aus. Beginnt mit neuartigen, großzügig flächenhaft stilisierten Plakaten für Lokale, Kabaretts, Buchverlage. Ein Plakat für den Sänger Aristide Bruant macht ihn über Nacht berühmt. 1892 Reisen nach Brüssel und London.

1893 erste größere Einzelausstellung bei Goupil und Teilnahme an anderen Ausstellungen. Er beginnt zeitweise in einem Bordell zu wohnen, um dort zu zeichnen und zu malen. 1894–1897 Reisen in Frankreich, nach Belgien, Holland, Spanien, London, Lissabon. Er stellt im Salon der »Libre Esthétique« in Brüssel aus; verkehrt im Kreis der Künstlergruppe »Nabis« und der Zeitschrift »La Revue Blanche«; verfällt zunehmend dem Alkohol. 1899 wird er nach körperlichem Zusammenbruch in die Nervenheilanstalt in Neuilly gebracht, wogegen Freunde öffentlich protestieren, aber er malt und trinkt weiter. 1901 ist er halbseitig gelähmt und stirbt im Schloß seiner Mutter. Toulouse-Lautrec war gleichermaßen stark als Maler und Zeichner, seine Lithographien und Plakate werden noch heute nachgedruckt. Obwohl vom Impressionismus berührt, ist sein Schaffen durch die eigene Charakteristik geprägt: Linien und Liniengeflechte, aber aufgelöste, lavierte oder energisch transparent gefüllte Farbflächen.

Abbildungen:

487 Jane Avril beim Tanz, 1892
516 Im »Moulin Rouge«: Zwei tanzende Frauen, 1892
517 Der Schauspieler Henry Samary, 1889
517 Die Clownesse Cha-U-Kao in der Garderobe, 1895
518 Die Toilette, 1896
518 Im Salon in der Rue des Moulins, um 1894

TROGER Paul
1698 Welsberg bei Zell (Tirol)–1762 Wien
Trogers Anfänge sind unklar. Greifbar wird die Entwicklung seines Stils in den Stationen seiner Italienreise, die ihn nach Venedig, Rom und Neapel geführt hat, wobei ihn vor allem Pittoni und Solimena beeinflußt haben. Mit dem Kuppelfresko der Kajetanerkirche in Salzburg von 1727 schuf er ein erstes Hauptwerk. Während er als Freskant von den schweren Hell-Dunkel-Massen der Frühzeit über ein buntfarbig reiches, durch Rottmayr angeregtes Kolorit zu immer größerer Helligkeit im Spätwerk (Maria Dreieichen, 1752) gelangt, hat er als Tafelbildmaler stets ein irrationales, die sakralen Themen in mystische Verklärung tauchendes Helldunkel behalten. Er hat mit farbigen und kompositionellen Mitteln ergänzend und vollendend auf die Architektur des jeweiligen Raumes reagiert, für den seine Arbeiten bestimmt waren. Sein spontaner, oft skizzenhafter Vortrag wurde zur Inspirationsquelle so bedeutender Freskanten wie Bergl und Maulbertsch, Knoller und Zeiller.

Abbildung:

393 Der hl. Sebastian und die Frauen, um 1746

TRÜBNER Wilhelm
1851 Heidelberg–1917 Karlsruhe
1867/68 Studium an der Karlsruher Kunstakademie bei K. F. Schick und 1868 an der Münchner Akademie bei A. von Wagner. Er lernt die Werke der französischen Impressionisten auf der großen Internationalen Kunstausstellung im Glaspalast kennen. 1869 geht er für kurze Zeit als Privatschüler nach Stuttgart. 1870 Rückkehr nach München und Studium an der Münchner Akademie. 1871 trifft er Leibl, der ihm rät, die Akademie zu verlassen. Trübner und schließt sich dem realistischen Münchner Malerkreis an. Er reist 1872/73 mit Carl Schuch nach Italien, dann 1873 nach Brüssel und schließlich an den Chiemsee, wo er sei seit 1890 häufig die Sommermonate verlebt. 1875–1884 lebt er in München und malt 1876 mit Schuch in Weßling und Bernried. 1879 reist er nach Paris und 1884 nach London. In den neunziger Jahren Aufhellung seiner dunklen Tonmalerei und Entwicklung einer durch helle Farben geprägten impressionistischen Malweise. Mit Corinth und Slevogt verband ihn eine Freundschaft, und er trat mit ihnen 1894 der Münchner Sezession bei. Seit 1896 ist er Lehrer am Städelschen Kunstinstitut in Frankfurt am Main und 1903–1907 Professor an der Karlsruher Akademie.

Abbildung:

532 Das Wirtshaus auf der Fraueninsel (Landschaft mit Fahnenstange), 1891

TÜBKE Werner
* 1929 Schönebeck (bei Magdeburg)
1948–1953 studierte Tübke nach einer Malerlehre und seinem Abschluß an der Meisterschule für das deutsche Handwerk in Magdeburg, anschließend an der Hochschule für Grafik und Buchkunst in Leipzig. Danach studierte er Kunsterziehung und Psychologie an der Universität Greifswald. Seit 1954 arbeitete Tübke als Maler in Leipzig. Er war seit 1964 Dozent, ab 1972 Professor an der Leipziger Kunsthochschule, die er auch einige Jahre als Rektor leitete. 1984 unterrichtete er an der Salzburger Sommerakademie. Anfang der siebziger Jahre bekam er Gelegenheit zu Italienreisen; die Begegnung mit den Klassikern der italienischen Malerei wurde für seine Arbeit wichtig. In seinen teilweise monumentalen Gemälden und Wandbildern sind altmeisterliche Züge unverkennbar, seine Themen entnimmt er der Geschichte. Tübke nahm als Staatskünstler an der »documenta« 3 (1964), der »documenta« 6 (1977) und an vielen anderen Ausstellungen im Ausland teil. Seit 1973 ist er Rektor der Leipziger Hochschule für Grafik und Buchkunst. Von 1983–1989 entstand unter Mitarbeit mehrerer Assistenten das Bauernkriegspanorama in Bad Frankenhausen, das mit einer Fläche von 1722 m² größte Ölgemälde der Welt.

Abbildung:

669 Bildnis des Viehzuchtbrigadiers Bodlenkow, 1962

TURA Cosmè (Cosimo)
um 1430 Ferrara–1495 Ferrara
Um die Jahrhundertmitte entwickelt sich Ferrara, vor allem unter der Herrschaft des Borso d'Este, zu einem Kulturzentrum ersten Ranges, das besonders auf dem Gebiet der Malerei eine höchst eigenwillige, sowohl gegen die Toskana als auch gegen die Lombardei und Venedig scharf sich abgrenzende »Schule« bildet. Ihr ältester Vertreter und zugleich ihr Hauptmeister ist Tura. Etwa gleichaltrig mit Mantegna, hat er wie dieser bei Francesco Squarcione in Padua gelernt und dort offenbar intensiv die Werke Donatellos studiert. 1456 nach Ferrara zurückgekehrt, wird er Hofmaler des Borso d'Este. Leider haben wir von seiner dortigen vielseitigen Tätigkeit nur noch eine sehr bedingte Vorstellung, doch vermittelt uns eine Reihe von erhaltenen Tafelbildern eine deutliche Vorstellung seiner künstlerischen Persönlichkeit. Der Antike entlehnte Architekturelemente (Orgelflügel mit der Verkündigung im Dommuseum, Ferrara, 1469), phantastische Landschaften, nahezu graphisch scharfe Umrisse, meisterhafte Perspektivkonstruktionen bei gleichzeitiger Aufhebung logischer räumlicher Zusammenhänge prägen einen Stil, der in Abwandlungen auch für die übrigen Vertreter der ferraresischen Malerschule kennzeichnend ist (Francesco del Cossa, Ercole de' Roberti). In der vor 1474 entstandenen Pala Roverella (nur teilweise erhalten, Haupttafel mit der »Thronenden Madonna« in London, National Gallery) bildet Tura einen Altartyp aus, dessen abstrakter räumlicher Aufbau und die an Prinzipien der Heraldik erinnernde ornamentale Gruppierung der Figuren eigentümlich sind. Zwischen 1460 und 1470 arbeitet Tura zusammen mit Cossa an den Monatsbildern im Palazzo Schifanoia, wobei die Anteile beider nicht immer leicht zu trennen sind (Abb. S. 113).
Abbildung:
113 Der Drachenkampf des hl. Georg und die Prinzessin, um 1470

TURNER William
(Joseph Mallord William Turner)
1775 London–1851 London
Turner wurde bereits im Alter von 14 Jahren Schüler der Royal Academy in London. Unter dem Einfluß von John Robert Cozen arbeitete er zunächst vorwiegend als Aquarellist und Mezzotintostecher. Seit 1796 malte er auch Ölbilder in der klassizistischen Art von Wilson und Poussin, die allgemeine Anerkennung fanden. Turner, der einer der produktivsten Maler seiner Zeit war, unternahm in seinem Leben zahlreiche Reisen, die ihn in verschiedene Gegenden Englands, Schottlands und Irlands führten, sowie etliche Reisen durch den europäischen Kontinent (Frankreich, Belgien, Holland, Deutschland, Italien). Wichtig wurde für ihn vor allem sein erster Parisaufenthalt 1802. 1804 hatte er seine erste Privatausstellung in eigener Galerie. Im Louvre studierte er intensiv die alten Meister, speziell holländische Seestücke, und Claude Lorrain, die großen Einfluß auf seine Malerei ausübten. Die Beschäftigung mit ihnen führte zu einem Stilwandel, bei dem die atmosphärische Lichtwirkung in seinen Bildern mehr und mehr an Bedeutung gewann. Während seiner Italienaufenthalte 1819 und 1829 vollendete sich diese Entwicklung.

Zum Teil besitzen seine fast frei hingeworfenen Aquarelle und Ölskizzen die Unmittelbarkeit und Wirklichkeitstreue von Constables Werken, so zum Beispiel die umfassende, nach der Natur gemalte Serie von Landschaften, die er 1807 von einem Boot auf der Themse aus malte. Anders als Constable, sah er in seiner Malerei jedoch ein Medium persönlicher Weltdeutung. Die meisten seiner Bilder sind von starkem symbolischen Gehalt und sollen menschliches Schicksal sowie den Gang der Geschichte verdeutlichen. Turners besonderes Interesse galt den Naturgewalten. In seinen romantischen Darstellungen von Schiffbrüchen und unheilvollen Naturereignissen, zu denen ihn vielleicht Bilder wie »Die Schlacht von Trafalgar« von Loutherbourg angeregt haben, der in der Nachbarschaft Turners wohnte, mischen sich Wirklichkeit und Phantasie, und die Farbe wird zunehmend Metapher für den Kreislauf der Naturkräfte. Turner ist in der Auflösung oder nur schemenhaften Andeutung der Bildformen und der damit einhergehenden Verselbständigung der Farbe, die er als Eigenwert handhabte, wegweisend vor allem für die Kunst des 20. Jahrhunderts geworden.
Abbildungen:
419 Rom, vom Aventin aus gesehen, 1836
468 Schneesturm, Hannibal und sein Heer überschreiten die Alpen, um 1810–1812
468 Frieden – Bestattung auf See, 1842
469 Die letzte Fahrt der Fighting Téméraire, 1838
470 Regen, Dampf, Geschwindigkeit – Die große Eisenbahn nach Westen, 1844
470 Schneesturm – ein Dampfer vor einer Hafeneinfahrt gibt Signale in der Untiefe und bewegt sich nach Lot, 1842

TWOMBLY Cy
* 1929 Lexington (Virginia)
1948/49 studierte Twombly an der Boston School of Fine Art und 1950/51 an der Art Students League, dann am Black Mountain College. Twombly pendelte mehrere Jahre zwischen Europa und Amerika, seit 1960 lebt er in Rom. Er arbeitet vorwiegend in Serien und faßt seine Bilder gern zu Zyklen zusammen. Von der Basis des Abstrakten Expressionismus aus fand er seine eigene, stark skripturale Bildsprache. Auf in sich stark modulierten, meist monochromen Gründen entstehen seine strichbetonten, rhythmisch verwobenen Zeichen mit Verwischungen und zarten Farbspuren.
Abbildung:
678 Pan (vierter Teil), 1980

UCCELLO Paolo
um 1397 Pratovecchio (bei Arezzo)–1475 Florenz
Uccello gehört zu den vielseitigsten Begründern der Frührenaissancemalerei in Italien, obwohl sein Nachruhm hinter seiner Bedeutung zurückgeblieben ist. Die erste entscheidende Prägung erfuhr er als Mitarbeiter Ghibertis an der Paradiestür des Florentiner Baptisteriums. Von seinem Anteil an den Mosaiken von San Marco in Venedig blieben keine Spuren erhalten, doch zeigen die Genesis-Fresken aus dem Chiostro Verde an Santa Maria Novella in Florenz (um 1430) nicht nur die Herkunft aus der Schule Ghibertis, sondern Uccellos Verwurzelung im Umkreis der Internationalen Gotik (Gentile da Fabriano, Pisanello). Um so überraschender ist der Wandel, der sich in den dreißiger Jahren vollzieht. Unter dem Einfluß der Werke Masaccios und Donatellos entwickelt sich Uccello zum größten Meister der Perspektive seiner Generation. Die Probleme der Raumdarstellung werden verfeinert und systematisiert, die Wiedergabe der dritten Dimension auf der zweidimensionalen Fläche zum beherrschenden Thema. Dieser Weg, dessen erste bedeutende Station das Reiterbildnis des John Hawkwood (Abb. S. 96) ist, gipfelt um 1450 in den Noah-Szenen des Chiostro Verde an Santa Maria Novella, wo etwa der »Raumtrichter«, der in der Szene der Sintflut den Blick in die Tiefe reißt, Bildstrukturen des Manierismus vorwegnimmt. Mit welcher Besessenheit Uccello an der Differenzierung perspektivischer Probleme arbeitet, belegen Handzeichnungen in den Uffizien, in denen Uccello vielfach polygonal gebrochene Gegenstände durchsichtig konstruiert, um ihre ganze stereometrische Kompliziertheit zur Anschauung zu bringen. Es gehört zur Tragik des Malers, daß er seine eigene Zeit überlebte: Nach der Ausführung der drei Schlachtenbilder von San Romano (Abb. S. 97) erhielt er in Florenz keine repräsentativen Aufträge mehr, da die Tendenz der Zeit nach höfischer Verfeinerung verlangte.
Abbildungen:
96 Reiterbildnis des Giovanni Acuto (John Hawkwood), 1436
96 Der hl. Georg und der Drache, um 1456
97 Die Schlacht von San Romano (linke Tafel), um 1456
97 Die Schlacht von San Romano (mittlere Tafel), um 1456
97 Die Schlacht von San Romano (rechte Tafel), um 1456

UHDE Fritz von
1848 Wolkenburg (Sachsen)–1911 München
Uhde, von den Eltern wohlwollend unterstützt und vorgebildet, trat nach dem Abitur 1866 in die Dresdner Akademie ein, die er nach einigen Monaten wieder verließ, um 1867–1871 eine Militärkarriere anzustreben. Dort brachte er es zum Rittmeister. Nebenbei trieb er Malstudien, besuchte 1876 Hans Makart in Wien, dessen dunkler, pathetischer Malstil ihn beeinflußte. Von Makart als Schüler abgewiesen, versuchte er nach einem Parisaufenthalt 1879 vergeblich, an der Münchner Akademie angenommen zu werden. 1880 wählte er München als ständigen Wohnsitz, wo er Liebermann kennenlernte, der ihn in die Freilichtmalerei einführte und ihn 1882 zu einer Hollandreise animierte. 1892 war er Mitbegründer der Münchner Sezession. Uhdes Entwicklung führte die Rezeption seiner Vorbilder zu einer dem Impressionismus verwandten Malweise, seine Themen gestaltete er jedoch realistisch. Viele seiner Motive sind religiöser Natur, biblische Szenen im Gewand von Gegenwartssituationen.
Abbildung:
534 Im Garten (Die Töchter des Malers), 1906

UTRILLO Maurice (Maurice Valadon)
1883 Paris–1955 Dax (Landes)
Utrillo wurde als uneheliches Kind der Malerin Suzanne Valadon geboren, führte ein unstetes Leben und wurde Alkoholiker. 1902 riet ein Arzt der Mutter, ihn zum Malen anzuregen. Damit wurde er zwar nicht von der Trunksucht geheilt, doch erwies er sich überraschend als malerisches Naturtalent. Seine reiche Bildproduktion wurde immer wieder durch Aufenthalte in Entziehungsanstalten unterbrochen. Bald schon konnte er seine Bilder von pittoresken Orten vor allem am Pariser Montmartre auch verkaufen. Seit 1909 malte er kaum noch nach der Natur sondern nach Postkarten. Nach einem Selbstmordversuch 1924 zog er zu seiner Mutter auf das Schloß St.-Bertin (Ain). Auf Anregung seines Verlegers Frapier wandte er sich auch der Druckgraphik zu. Erst in den dreißiger Jahren konnte Utrillo sich vom Alkohol lösen, heiratete und veranstaltete zahlreiche Ausstellungen. Der Erfolg verführte ihn allerdings auch, seine nun erfolgreichen Stadtbilder nur noch zu wiederholen.
Abbildung:
562 Impasse Cottin, 1911

VALDÉS LEAL Juan de
1622 Sevilla–1690 Sevilla
Valdes Leal, bei Castillo y Saavedra in Córdoba ausgebildet, behielt den ihm eigenen expressiven, ungewöhnlichen Stil zeitlebens bei. Schon in den Bildern, die er 1653/54 für die Clarissinnen von Carmona malte (»Angriff der Sarazenen auf das Kloster San Francisco«), zeigt er eine unverwechselbare Exaltiertheit in Form und Ausdruck, die das gesamte Werk dieses letzten Großen der andalusischen Barockmaler prägt. Innerhalb dieses Stils entwickelt er zwei gleichzeitig verwendete Manieren, die sich durch ihr Kolorit voneinander unterscheiden; die eine ist durch eine Palette duftiger, feiner Rosa-Grau-Töne von luzider Qualität gekennzeichnet, die andere durch tiefe, oft düstere Farbschattierungen von Grün-, Violett- und dunklen Rottönen. Während er die erste in den Bildern des Hieronymus-Zyklus für Kloster San Jeronimo in Sevilla (1657/58)

verwendet, benutzt er letztere zur Steigerung der inhaltlichen Aussage in seinen beiden großen Vanitas-Allegorien für das Spital de la Caridad, ebenfalls in Sevilla (1672).

Abbildung:
268 Allegorie des Todes, 1672

VALENTIN DE BOULOGNE
(auch: Jean de Boullongne)
1594 Coulommiers–1632 Rom
Der bedeutendste Vertreter der französischen Caravaggisten kam um 1612 nach Rom, wo ihn Vouet und Manfredi mit dem Werk Caravaggios vertraut machten, dessen Helldunkel er geometrisch regelte, indem er Licht- und Schattenwirkungen systematisierte. Valentin gehörte in Rom zu einer Gruppe skandinavischer und deutscher Maler mit dem Namen »Bentvögel«, deren Wahlspruch »Bacco, Tabacco e Venere« (»Auf Bacchus, den Tabak und Venus«) lautete und durch die er in Kontakt zu Dieben, Trinkern, Dirnen und Hehlern kam, deren Welt er in seinen Genrebildern eindringlich darstellte. Neben Szenen aus dem Volks- und Soldatenleben (»Streitende Kartenspieler«, Tours, Musée des Beaux-Arts; »Musiker und Soldaten«, Straßburg, Musée des Beaux-Arts) schuf Valentin auch bedeutende religiöse Darstellungen, bevorzugt nach Themen des Alten Testaments (»Urteil Salomons«, Paris, Louvre; »Judith und Holofernes«, Valletta, Nationalmuseum).

Abbildung:
244 Konzert an einem Stein mit antikem Relief, um 1622–1625

VALLOTTON Félix
1865 Lausanne–1925 Paris
Vallotton kam im Alter von 17 Jahren nach Paris an die Académie Julian. Er sah die Bilder von van Gogh, Gauguin und der Symbolisten. Als eigene künstlerische Maxime formulierte er den Vorsatz, nie eine genau nach dem Vorbild der Natur ausgerichtete Malerei anzustreben. Sein Werk weist viele symbolistische Züge auf, Art-Nouveau-Tendenzen, ästhetische Träumereien und entlarvend-nüchternen Realismus. Er malte Landschaften, Porträts, Alltags- und Genreszenen, perfektionierte die Technik des Holzschnitts und schuf viele Einzelblätter und einige Serien. Seine realistischen Bilder beeinflußten die »Neue Sachlichkeit«.

Abbildung:
528 Die Sandbänke der Loire, 1923

VARIN Quentin
um 1570 Beauvais–1634 Paris
Sein Name erscheint heute vor allem noch in Verbindung mit Poussin, dessen erster Lehrer er war. Varin selbst erhielt seine Ausbildung in Beauvais bei François Gaget, war danach als Geselle in der Werkstatt Duplans in Avignon tätig (1597–1600). In Paris protegierte ihn Maria de' Medici, arbeitete er am Luxembourg mit und wurde 1623 »Peintre du Roi«. Der Einfluß der »Schule von Fontainebleau« machte sich in seinen Bildern primär durch formale Nachahmungen eher oberflächlicher Natur bemerkbar; er bevorzugte übergroße Bildformate und eigenartig gelängte Proportionen in der Figurendarstellung.

Abbildung:
240 Darbringung im Tempel, um 1618–1620

VASARÉLY Victor (Gyözö Vásárhelyi)
1908 Pécs (Ungarn)–1997 Paris
Vasarely studierte von 1928–1930 in Sándor Bortnyiks »Werkstatt«, der ihn mit den Werken der russischen Konstruktivisten bekannt machte, ein Einfluß, der nachhaltig bleiben sollte. 1930 ließ sich Vasarely in Paris nieder, wo er vor allem als Graphiker arbeitete. Seit 1944 widmete er sich wieder der Malerei und versuchte in seinen Arbeiten, die Ergebnisse seiner systematischen Beobachtungen über die optischen Reize graphischer Mittel mit seiner Auffassung über Kunst zu vereinen. Kunst sollte nicht mehr an der Staffelei komponiert werden, sondern sich moderner Mittel und Techniken bedienen, sozial und dem täglichen Leben integriert sein. Über Variationen zur geometrischen Abstraktion gelangte er allmählich zu seinen eigenen optischen Bildmustern, die er patentieren ließ. In einem Gitterwerk sind geometrische Formen in leuchtenden Farben, teils bunt, teils auf einige wenige Farben beschränkt, so variiert, daß der Eindruck von fluktuierender Bewegung entsteht. Vasarely ist der kreativste Vertreter der Op Art. Erste kinetische Bilder entstanden 1951. Ab 1955 entwarf er vor allem für Gebäude in Frankreich Wandbilder aus Metall und Keramik. Vasarely lebt seit 1961 in Annet sur Marne. 1970 wurde in Gardes (Vaucluse) ein ihm gewidmetes Museum eröffnet. Zwei weitere Museen gibt es in Pécs und Budapest. 1976 gründete er in Aix-en-Provençe die Vasarely-Stiftung.

Abbildung:
655 Arcturus II, 1966

VELÁZQUEZ Diego
(Diego Rodríguez de Silva y Velázquez)
1599 Sevilla–1660 Madrid
Väterlicherseits stammte Velázquez aus portugiesischem Adel, was für seine spätere Karriere am spanischen Königshof von gewisser Bedeutung werden sollte. Seine erste Lehrzeit bei Herrera d. Ä. war nur von kurzer Dauer. Bedeutsamer war wohl der Unterricht, den er in der Werkstatt seines späteren Schwiegervaters Pacheco erhielt, dessen Tochter Juana er 1618 heiratete. Aus diesem Jahr stammt auch sein erstes datiertes Gemälde. 1622 und 1623 reiste der auftragshungrige Künstler zusammen mit seinem Schwiegervater nach Madrid, um sich bei Hof einführen zu lassen, was schließlich auch mit der Verleihung des Titels eines »Pintor del Rey« gelang, aber, den Gepflogenheiten jener Zeit entsprechend, kein festes Salär bedeutete. Pacheco, dem wir als Biographen seines Schwiegersohnes wertvolle Informationen über die schlecht dokumentierte Frühzeit verdanken, berichtet, daß Velázquez als Probestücke seiner Kunst für den Hof »Bodegones« in der Art etwa von »Christus im Hause von Martha und Maria« (Abb. S. 269) oder des »Wasserverkäufers von Sevilla« (London, Wellington Museum, um 1619/20) mitgenommen habe – ein Genre, das bis dahin in der spanischen Malerei noch nicht heimisch gewesen war und das Pacheco ablehnte, außer, »wenn es gemalt ist, wie Velázquez es malt«.

Bei Hof machte Velázquez eine steile Karriere. Nach einem Malwettbewerb wurde er 1627 zum Leibtürhüter und zuletzt, 1652, zum Hofmarschall ernannt. Entscheidend wurde für ihn die Bekanntschaft mit Rubens, der sich 1628 in diplomatischen Diensten in Spanien aufhielt. Vielleicht auf seinen Rat hin unternahm Velázquez seine erste Italienreise, die ihn auch nach Neapel zu Ribera führte. 1643 zum königlichen Kammermaler ernannt, konnte er fünf Jahre später zu einer zweiten Italienreise aufbrechen, auf der er sich als Ankäufer für die Kunstsammlungen des spanischen Königs betätigte. Die römischen Künstler ehrten ihn durch die Aufnahme in die Accademia di San Luca, nachdem er öffentlich ein Bildnis ausgestellt hatte. Zwei Jahre vor seinem Tod und nach einem langwierigen Aufnahmeprozeß, in dem ihm der erforderliche Nachweis, er habe nie mit seiner Hände Arbeit sein Brot verdienen müssen, mißlang, erhielt er durch persönlichen Einsatz des Königs den Ritterschlag als Mitglied des Santiago-Ordens. In der Höhe seiner künstlerischen Qualität, die ihn unter die allerersten Maler des 17. Jahrhunderts reiht, ist Velázquez wohl der Sevillaner Schule, nicht aber einem persönlichem Meister oder Vorbild spürbar verpflichtet. Seiner Aufnahmebereitschaft für Tizian, Caravaggio oder Rubens entsprach die unvergleichliche Fähigkeit zur spontanen, aber stets präzise und in ihrem malerischen Wirkungen wohlkalkulierten Transformation.

Abbildungen:
222 Philipp IV. von Spanien, um 1631
269 Christus im Hause von Martha und Maria, um 1619/20
269 Der Triumph des Bacchus (Los Borrachos), um 1629
270 Die Übergabe von Breda, 1635
270 Prinz Balthasar Carlos zu Pferde, um 1635/36
271 Der Hofzwerg Don Sebastían de Morra, um 1644–1648
272 Venus und Cupido (The Rokeby Venus), 1641
272 Las Meninas (Die Ehrenfräulein), 1656

VELDE Willem van de d.J.
1633 Leiden–1707 London
Mit seinem Vater, der ebenfalls Marinemaler war, kam Willem 1636 nach Amsterdam, wo sein jüngerer Bruder Adriaen, Landschafts- und Tiermaler, geboren wurde. Zuerst unterrichtete ihn sein Vater, später ging er bei Simon de Vlieger in die Lehre, einem Spezialisten für Seestücke. 1652 wurde er Meister in Amsterdam, und 1672 holte ihn König Karl II. nach England, wo er kurz darauf Hofmaler wurde. Zusammen mit Capelle prägte er den Typus des Marinebildes, in dem das Schiff in seiner Individualität wie ein Porträt aufgefaßt und die Bedeutung von Schiff und Seefahrt als Schauspiel und Augenweide zum Bild geworden ist. Seine Seeschlachten und Schiffsbilder, meist auf ruhiger oder leicht bewegter See gezeigt, zeichnen sich neben präziser Detailzeichnung durch besondere Farb- und Lichteffekte aus, die Atmosphäre und Stimmung gekonnt vermitteln.

Abbildung:
326 Der Kanonenschuß, o.J.

VENEZIANO → Domenico Veneziano

VERMEER Jan
(Jan van der Meer, Jan Vermeer van Delft)
1632 Delft–1675 Delft
Obgleich Vermeer, neben Frans Hals und Rembrandt, der bedeutendste Maler Hollands ist und sein Werk in der Kunstgeschichte ohne Beispiel ist, wissen wir über sein Leben nur wenig. Er war Sohn eines Seidenwirkers, Kunsthändlers und Gastwirts und hat wahrscheinlich bei Fabritius gelernt. 1653 heiratete er Catharina Bolens, die auf vielen seiner Bilder erscheint, und trat in die Delfter Lukasgilde ein. Er malte sehr langsam und konnte vom Verkauf seiner Bilder, obwohl er gute Preise erzielte, seine schließlich dreizehnköpfige Familie kaum ernähren. Auch der Kunsthandel, den er nebenbei betrieb, brach zusammen. Von seinen nur 36 erhaltenen Gemälden ist nur eines datiert (»Bei der Kupplerin«, Dresden, Gemäldegalerie, 1656).

Um 1655 dürfte »Die Rast der Diana« (Den Haag, Mauritshuis) entstanden sein, die ebenso wie »Christus bei Martha und Maria« (Edinburgh, National Gallery) Auseinandersetzungen mit italienischen Vorbildern wie mit den Utrechter Caravaggisten erkennen läßt. Es folgen Genreszenen, Kupplerszenen, Konversationsstücke, noch mit lauten Gesten und gegenständlichem Aufwand. Etwas vor 1660 und danach ist das Bild entstanden, das wir heute mit dem Namen Vermeer verbinden: brieflesende Mädchen am Fenster, eine Küchenmagd, die Milch ausgießt, die Goldwägerin (Abb. S. 332), ein Maler im Atelier (Abb. S. 334). Das Licht in den intimen Räumen ist selbst zum Gegenstand des Bildes geworden. Der schöne Augenblick, in dem aller Eindruck durch das Licht entsteht, dehnt sich zu einer Pause. Was wir heute an Vermeer bewundern, sind die vollkommene Beherrschung der Perspektive, die farbliche Harmonie, bei der ein kühles Blau und ein leuchtendes Gelb dominieren, und eine feine Technik, die durch emailartig aufgetragene, reich nuancierte Farbpunkte die Oberflächen der Dinge zum Leuchten bringt. In den letzten Jahren läßt Vermeers Fähigkeit der Lichtbehandlung etwas nach, die Konturen werden härter, die Zeichnung trockener, die Gegenstände vornehm. Nach seinem Tod wurden seine Bilder »verschleudert«, der Maler geriet in Vergessenheit und wurde erst gegen Ende des 19. Jahrhunderts in seiner wahren Bedeutung erkannt.

Abbildungen:

285 Straße in Delft (»Het Straatje«), um 1657/58
332 Die Spitzenklöpplerin, um 1665
332 Die Goldwägerin, um 1665
333 Ansicht von Delft, um 1658–1660
334 Allegorie der Malerei (Das Atelier), um 1666
334 Junge Frau am Spinett sitzend, um 1675

VERONESE Paolo (Paolo Caliari)
1528 Verona–1588 Venedig

Seit 1541 Schüler eines lokalen Veroneser Malers, Antonio Badile, sind die eigentlichen Lehrmeister Veroneses die großen Venezianer Tizian und Tintoretto sowie die Maler der Emilia, vor allem Parmigianino. 1553 siedelt Caliari nach Venedig über und wird seitdem nach seiner Heimatstadt Veronese genannt. Veronese ist der Antipode Tintorettos. Vertritt dessen Werk in hohem Maße manieristische Tendenzen, so fußt Veroneses Kunst auf der italienischen Hochrenaissance. Seine Schöpfungen spiegeln nicht die religiöse und politische Unruhe der Zeit wider, sondern verkörpern die Lebensfreude und den Glanz venezianischer Feste. Indem der Inhalt oft der Form untergeordnet erscheint, ist Veronese freilich ebenfalls ein typischer Repräsentant der Kunst des 16. Jahrhunderts. Gerade dieser Eigenschaft wegen konnte Cézanne drei Jahrhunderte später in Veronese den Vorläufer der reinen Form preisen.

1555/56 erhält Veronese in Venedig mit der Ausstattung von Sakristei und Decke in San Sebastiano seinen ersten repräsentativen Auftrag. Er schuf einen umfangreichen Zyklus von Leinwandbildern mit kühnen Unteransichten und virtuosen perspektivischen Verkürzungen. Während eines Romaufenthalts 1560 studiert er besonders Michelangelos Sixtinische Decke. Die Eindrücke zeigen sich in der Folgezeit in der plastischen Modellierung bewegter Figuren, der Vervollkommnung illusionistischer Raumerweiterung und der optischen Austauschbarkeit von Skulptur und Malerei. Hauptwerk in dieser Richtung ist die Freskierung der Villa Barbaro in Maser zu Beginn der sechziger Jahre (Abb. S. 184). Veronese hat weit über seine Zeit hinaus gewirkt. Seine virtuose Kunst der Komposition ist nicht nur von Rubens und Tiepolo, sondern von einer Vielzahl europäischer Maler des Barocks studiert worden. Seine Farbbehandlung aber weist bis in die französische Malerei des 19. Jahrhunderts voraus.

Abbildungen:

156 Allegorie von Tugend und Laster (Die Wahl des Herkules), um 1580
184 Giustiana Barbaro und Amme, um 1561/62
184 Allegorie der Liebe: Die Untreue, um 1575–1580
185 Die Auffindung des Moses, um 1570–1575

VERROCCHIO Andrea del
(Andrea di Michele Cione)
um 1435 Florenz–1488 Venedig

Verrocchio, als Bronzebildner, Goldschmied, Bildhauer und Maler tätig, ist die überragende Persönlichkeit der italienischen Skulptur in der zweiten Hälfte des 15. Jahrhunderts. Zunächst bei dem Goldschmied Giuliano del Verrocchio ausgebildet, dessen Namen er fortführte, schulte sich der junge Künstler zweifellos in der Auseinandersetzung mit den Werken Donatellos, aber nicht im Sinne eines Lehrer-Schüler-Verhältnisses, sondern in einer Art ideeller Konkurrenz, die für die gleichen Aufgaben grundlegend neue Lösungen suchte (Bronze-David, um 1476; Reiterstandbild des Colleoni in Venedig, 1480–1488). Wo Donatello geschlossene Volumina modelliert, läßt Verrocchio die nervöse, vor Erregung geradezu vibrierende Linie herrschen. An die Stelle der Fixierung auf eine Hauptansicht tritt bei Verrocchio die Viel-, im Spätwerk sogar die Allansichtigkeit, die auf den Manierismus des 16. Jahrhunderts vorausweist.

Über das Jugendwerk sind wir kaum unterrichtet. Erst 1472 tritt Verrocchio mit dem Grabmal für Piero und Giovanni de' Medizi (San Lorenzo, Alte Sakristei) als führender Meister seiner Generation hervor. Die Christus-Thomas-Gruppe an Or San Michele (1464–1482) bedeutet auf Florentiner Boden den Höhepunkt seiner künstlerischen Entwicklung. Verrocchios Werkstatt darf seit 1475 als eine Art Akademie der Künste bezeichnet werden, vergleichbar der Lorenzo Ghibertis im zweiten Viertel des Jahrhunderts. Obwohl sein malerisches Werk schwer gegen das seiner Schüler abzugrenzen ist, sind gerade eine Reihe erstrangiger Maler durch seine Schule gegangen: Leonardo da Vinci war sein bedeutendster Schüler, der weit über die übliche Zeit in seiner Werkstatt blieb; neben Lorenzo di Credi dürften Perugino und Signorelli bei ihm prägende Eindrücke empfangen haben. Sein malerisches Hauptwerk ist neben der »Taufe Christi« (Abb. S. 109) die »Sacra Conversazione« im Dom zu Pistoia (1478), die schönste Darstellung des Themas in der Florentiner Frührenaissancemalerei neben der Tafel Domenico Venezianos.

Abbildung:

109 Taufe Christi, um 1475

VIEIRA DA SILVA Maria Elena
* 1908 Lissabon

Die Malerin ist eine der Schlüsselfiguren der École de Paris. Anfangs wollte sie Bildhauerin werden und nahm in Paris bei Émile Bourdelle und Charles Despiau Unterricht, doch dann entschied sie sich für die Malerei. 1928/29 arbeitete sie bei Othon Friesz und Léger und wurde gleich in den Kreis junger Avantgardisten integriert. Trotzdem fand sie ihre Vorbilder auch in Bonnard, den spätmittelalterlichen Sienesen und den Kubisten. Anfangs war sie als Designerin für die Industrie tätig und als Illustratorin für Bücher und Zeitschriften. 1940–1947 lebte sie in Portugal und Brasilien, danach wieder in Paris. Obwohl man ihre Arbeiten stilistisch gern dem Informel zuordnet, blieb sie immer einem eigenen, sehr ästhetischen Bildschema treu. Vieira da Silvas Bilder zeichnen sich durch räumlich-architektonische und urbane Netzgefüge in fein abgestimmten Farben aus, die sich in ihrem Spätwerk zu abstarkteren, lyrischen Struktur- und Farbklängen wandeln.

Abbildung:

638 Die Bibliothek, 1949

VIGÉE-LEBRUN Elisabeth
(Marie Louise Elisabeth Vigée-Lebrun)
1755 Paris–1842 Paris

Ihren ersten Unterricht erhielt Vigée-Lebrun von ihrem Vater, einem Pastellmaler, danach gelten Doyen, Vernet, Davesne und Briard als ihre Lehrer und künstlerischen Ratgeber. Wesentliches verdankt sie auch dem Kopieren alter Meister, speziell der Niederländer. Als Porträtistin gelangte sie rasch zu Ruhm, wurde von Marie-Antoinette zur Hofmalerin erhoben, 1783 in die Akademie aufgenommen und mußte wegen ihrer Stellung bei Hof und Adel 1789 Frankreich verlassen. Sie bereiste Wien, Dresden, Berlin, London, St. Petersburg und die Schweiz und wurde mit akademischen Ehren und Aufträgen überhäuft. Vor allem ihre gefühlsbetonten, idealisierenden Frauen- und Kinderporträts, die ihr oft den Vorwurf sentimentaler Glätte eintragen, repräsentieren einen internationalen Bildnisstil der Übergangszeit; charaktervoller sind ihre zahlreichen Selbstbildnisse.

Abbildung:

367 Bildnis der Madame de Staël als Corinne, um 1807/08

VLAMINCK Maurice de
1876 Paris–1958 Reuil-la-Gadelière

Vlaminck verdiente sich als junger Mann seinen Lebensunterhalt als Geiger in einem Vorstadtorchester. Mit Begeisterung nahm er an Radrennen teil. Um 1900 begann er mit Derain in Chatou in der Nähe von Paris zu malen. Der Besuch der van-Gogh-Ausstellung 1901 in Paris versetzte ihn in einen Farbrausch. Bis 1907 malte er Bilder in heftigen Pinselzügen und unvermischten Farben. Seine Kühnheit übertrifft die der übrigen Fauves. 1908 begann sich die fauvistische Bewegung aufzuspalten. Vlamincks neue Bezugsgrößen wurden vorübergehend Cézanne und die Kubisten, bis er sich, dem Beispiel Derains folgend, einer Art »romantischem Realismus« zuwandte. Die Bilder sind düster und dramatisch. Seit 1918 führte er ein zurückgezogenes Leben auf dem Land.

Abbildung:

564 Die Brücke von Chatou (Les Bateaux-Lavoirs), 1906

VOS Cornelis de
um 1584 Hulst (Seeland)–1651 Antwerpen

Der Schwager von Snyders trat 1608 als Meister in die Antwerpener Gilde ein, betätigte sich eine Zeitlang als Kunsthändler und arbeitete 1635 zusammen mit Jordaens unter der Leitung von Rubens an den Dekorationen zum Einzug des Kardinalinfanten Ferdinand. 1636–1638 war er als Mitarbeiter von Rubens an der Ausstattung des Jagdschlosses Dorre de la Parada bei Madrid beteiligt. Hervorzuheben ist Vos aber vor allem als Porträtist der vornehmen und mittleren Bürgerschaft Antwerpens. Seine Bildnisse, darunter auch Gruppenporträts, zeichnen sich durch zurückhaltende Eleganz und scharfe Beobachtung aus und kommen nahe an van Dyck heran. Besonders gelungen aber sind seine Kinderbildnisse (»Die Töchter des Malers«, Berlin, Gemäldegalerie), die durch Frische und Natürlichkeit, wachen Ausdruck und koloristischen Reiz beeindrucken.

Abbildung:

300 Die Familie des Malers, um 1630–1635

VOUET Simon
1590 Paris–1649 Paris

Nur von seinem Vater ausgebildet, einem einfachen Faß- und Schildermaler, entwickelte sich Vouets Begabung rasch; im Alter von 14 Jahren soll man ihn als Porträtmaler nach England berufen haben. Nach Aufenthalten in Venedig und Konstantinopel kam er nach Rom, wo er zunächst vom Caravaggismus in der Art Valentins geprägt wurde (»Geburt Mariens«, San Francesco a Ripa, um 1622). Bald nahm er dort Eindrücke des Monumentalstils eines Reni, die klassizistische Ruhe Domenichinos, die Ideen Lanfrancos und Guercinos auf und verarbeitete sie. In Genua, wo er sich mit Strozzi befreundete, entstand die Kreuzigung für San Ambrogio (1622), eines seiner Hauptwerke. 1627 holte ihn Ludwig XIII. als »Peintre du Roi« nach Paris zurück, wo Vouet – eifersüchtig auf seinen Ruhm bedacht und keinen Auftrag ausschlagend – zum Maler idealer Erhabenheit und schöner Form wurde, die er in einem repräsentativen und dekorativen Stil in Gobelins, Altarblättern und Porträts realisierte. Er gestaltete die königlichen Residenzen St.-Germain, das Palais du Luxembourg, Schloß Fontainebleau, den Louvre. Zu seinen wichtigen Gemälden gehören »Lot und seine Töchter« (Straßburg, Musée des Beaux-Arts, 1633) und die »Allegorie des Siegers« (Paris, Louvre, 1630). Die Maler Le Brun, Mignard und Le Sueur haben in seinem Atelier gearbeitet.

Abbildungen:

221 Die Toilette der Venus, um 1628–1639
240 Saturn, besiegt durch Amor, Venus und Hoffnung, um 1645/46

VUILLARD Édouard
1868 Cuiseaux (Saône)
–1940 La Baule (Loire-Atlantique)

Vuillard war Freund und Ateliergenosse Bonnards, und auch ihr Werk weist Verwandtschaft auf. 1888 kam er nach Paris an die Académie Julian und war schon ein Jahr später bei der Gründung der »Nabis«

dabei. Trotz seiner Freundschaft mit Gauguin, Maurice Denis und Paul Sérusier finden weder symbolistische noch pointillistische Züge in seiner Bildersprache Eingang. Eher nimmt er Elemente des Japonismus und Jugendstils auf, malt beschauliche Interieurs, Stilleben, Porträts und Stadtansichten in frischen, delikaten Farben in impressionistischer Manier. Für die »Revue Blanche« zeichnete er Illustrationen, entwarf Plakate und Inneneinrichtungen.
Abbildung:
519 Bildnis Toulouse-Lautrec, 1898

WALDMÜLLER Ferdinand Georg
1793 Wien–1865 Hinterbrühl (bei Wien)
Waldmüller ist der bedeutendste Wiener Biedermeiermaler. Er malte vorwiegend Porträts und Landschaften, wobei in der Spätzeit das Genrebild dazukam. Seit 1807 studierte er an der Wiener Akademie, an der er 1829 zum Kustos der Gemäldegalerie und Professor ernannt wurde. Doch obgleich er die Schwierigkeiten eines Künstlerdaseins ohne festes Gehalt kannte – bis dahin hatte seine Frau, eine Schauspielerin, für beide den Lebensunterhalt bestritten –, setzte er diese gesicherte Existenz in den vierziger Jahren wieder aufs Spiel. Als überzeugter Realist griff er in zwei Streitschriften von 1846 und 1849 die dem Idealismus verpflichteten Lehrmethoden seiner Professorenkollegen an der Wiener Akademie an. Diese Polemik hatte schließlich Kürzungen seines Gehalts und seiner Pension zur Folge. So lebte er, erst 1864 rehabilitiert, trotz Anerkennung außerhalb Österreichs in späteren Jahren in sehr beschränkten Verhältnissen. Waldmüller hat zusammen mit seinem Malerfreund Franz Steinfeld ein vom Tageslicht bestimmtes Kolorit in die Landschaftsmalerei eingeführt, das er schließlich zu einem fast photographisch wirkenden Realismus fortentwickelte, wobei ihn vor allem die Wirkungen extremen Sonnenlichts interessierten.
Abbildung:
455 Der Notverkauf (Das letzte Kalb), 1857

WARHOL Andy (Andrej Warhola)
1928 Pittsburgh–1987 New York
Von 1945–1949 studierte Warhol am Carnegie Institute of Technology in Pittsburgh. Nach erfolgreichem Abschluß ging er nach New York, wo er eine Schlüsselfigur der Pop Art wurde. Zuerst arbeitete er als Illustrator und Gebrauchsgraphiker. Dabei entwickelte er die Technik der »blotted line«, die eine Vorstufe zu den Reproduktionsverfahren darstellte, der Grundlage seiner bildnerischen Arbeit. Ab 1960 begann er, Bilder herzustellen, die auf Comic-strip-Vorlagen beruhten. Dann übernahm er die großen Renner der amerikanischen Reklame- und Konsumwelt als Motive: Coca-Cola-Flaschen, Dollarscheine, Campbell-Suppendosen. Das Programm wurde um Vorlagen erweitert, die er Magazinen und Zeitungen mit Schnappschüssen von Tagesaktualität wie etwa Verkehrsunfällen entnahm. In Warhols New Yorker »Factory«, die seit 1962 bestand, entstanden in Teamarbeit seine Porträts berühmter Persönlichkeiten, sein photographisches Werk, Filme und Musik. Hier wurde auch seine Zeitschrift »Interview« konzipiert, wurden Fernsehshows und Multi-Media-Konzerte mit der Popgruppe »Velvet Underground« geplant. In seinem Spätwerk waren die Vorlagen für seine Bilder vor allem berühmte Werke der Kunstgeschichte, wie etwa Leonardos »Abendmahl«, oder bekannte Gebäude, zum Beispiel das Märchenschloß Neuschwanstein König Ludwigs II. von Bayern.
Abbildungen:
658 200 Campbell-Suppendosen, 1962
658 Vorlage für Sonntagsmaler – Landschaft, 1962
659 Marilyn, 1964

WATTEAU Jean-Antoine
1684 Valenciennes–1721 Nogent-sur-Marne
Als Sohn eines Handwerkers kam Antoine im Alter von elf Jahren zu einem Dekorationsmaler in die Lehre. Etwa fünf Jahre später ging er nach Paris und schloß sich den flämischen Malern in St.-Germain-des-Prés an. Die Zusammenarbeit mit Claude Gilot brachte ihn mit der Welt des Theaters und der eleganten Gesellschaft in Berührung. Im Auftrag des Kunsthändlers Sirois entstanden 1709/10, nach einem Zerwürfnis mit Gilot, Bilder aus dem Soldatenleben. 1712 erfolgte seine Aufnahme in die Akademie. Fünf Jahre später reichte Watteau seine »Einschiffung nach Kythera« (Abb. S. 349) ein und wurde daraufhin sofort zum Mitglied ernannt. Da das Bild keiner der üblichen Themengattungen zuzuordnen war, schuf man die neue Fachbezeichnung eines »Peintre des fêtes galantes«. Damit war das galante Genre, die völlig persönliche Schöpfung Watteaus, in die akademische Hierarchie eingeführt. Die Poetisierung des Erotischen beherrscht nun fast ausschließlich sein Bilddenken. Das Theater, die Musik, die Konversation und der Mythos werden bei Watteau zu Traumreichen der Liebe. Die unerhört delikate Palette verrät das Studium der Flamen, zumal von Rubens. Watteau ist aber auch einer der größten Zeichner des 18. Jahrhunderts. Die Sammlung seines Mäzens Crozat bot ihm beste Studienmöglichkeiten der Graphik der Renaissancemeister. Neben den Anregungen, die Watteau aus der gebildeten Gesellschaft gewonnen haben mag, war es vor allem die Welt der italienischen Komödianten, die ihn anzog und nach der offiziellen Ausweisung 1716 wieder nach Paris zurückkehren ließ. In seinen letzten beiden Lebensjahren litt Watteau unter Tuberkuloseanfällen, die er in London behandeln ließ. Nach seiner Rückkehr von dort zog er sich nach Nogent-sur-Marne zurück, wo er noch nicht vierzigjährig starb.
Abbildungen:
342 Die Tonleiter der Liebe um, 1717–1719
349 Der Gleichgültige (Junger Mann in Tanzpose), 1717
349 Einschiffung nach Kythera, um 1718/19
350 Gilles, 1721
350 Der Fehltritt (Junges Paar im Freien), 1717
351 Venezianisches Fest, 1719

WENZELSBIBEL → Werkstatt

WERKSTATT DES INGEBORGPSALTER
erstes Viertel des 13. Jahrhunderts
Benannt nach dem Psalter für die Königin Ingeborg von Frankreich, der zweiten Gemahlin von König Philippe Auguste. Sie stammte aus Dänemark, wurde von ihrem Mann jedoch verstoßen. Die Versöhnung fand 1213 statt. Der Psalter ist wahrscheinlich ein Versöhnungsgeschenk. Die in Paris tätige Werkstatt hat zwei Hauptmaler und mehrere Gehilfen. Die beiden Maler sind von gleicher Qualität und haben teils gemeinsam, teils getrennt noch andere Handschriften, meist für den Hof, illuminiert. Neben guten Kenntnissen der byzantinischen Kunst ist die enge Berührung mit der nordfranzösisch-englischen Buchmalerei der Zeit anzunehmen, ebenso aber mit der maasländischen Goldschmiedekunst des Nikolaus von Verdun. Die Miniaturen sind als geschlossene Bilderfolge vor dem eigentlichen Psalter angebracht, ohne Bezug zum Text, jeweils zwei Doppelseiten bemalt und zwei freigelassen.
Abbildung:
27 Salbung des Leichnams Christi und Die drei Marien am leeren Grab. Aus dem Psalter der französischen Königin Ingeborg, um 1213

WERKSTATT DES LUDWIGSPSALTER
drittes Viertel des 13. Jahrhunderts
Dieses höfische Atelier, das in Paris tätig war, wird nach seiner bedeutendsten Leistung benannt, dem Psalter für König Ludwig IX., den Heiligen, von Frankreich. Ein weiterer Prachtpsalter liegt in Cambridge, wohl geschaffen für Ludwigs Schwester, die Äbtissin Isabella. Die Datierung der Werke läßt sich nur aufgrund von Eintragungen in den Nekrologien sowie stilistischer und historischer Erwägungen gewinnen (nach 1258, dem Jahr der Heirat einer Tochter Ludwigs mit dem Grafen der Champagne, aber vor 1270, dem Todesjahr des Königs). Es handelt sich um eine gut organisierte Werkstatt, deren Meister wohl zuvor an der Illustration von Handschriften für die Bibliothek der königlichen Sainte Chapelle in Paris gearbeitet hat. Er prägte seinen Stil den Mitarbeitern so fest auf, daß die Herauslösung einzelner Hände (am Psalter sind mindestens sechs verschiedene Maler beteiligt) schwerfällt. Die Gleichförmigkeit von Schmuck und Bildkonzeption ist im Sinne der schon vor der Mitte des 13. Jahrhunderts einsetzenden Tendenzen zur Vereinheitlichung, ja Normierung der Kunst. Die Grundprinzipien sind festgelegt, unterschieden wird nur nach dem Grad des Raffinements und dem Reichtum der Ausstattung.
Abbildung:
27 Josua hält Sonne und Mond an. Aus dem Psalter Ludwig IX. von Frankreich, um 1258–1270

WERKSTATT DES MARTYROLOGIUM VON GERONA
tätig um 1405–1425
Unter diesem Namen fassen wir eine Reihe von in sich durchaus unterscheidbaren Buchmalereien zusammen. Eine überzeugende Aufteilung ist jedoch noch nicht vorgenommen worden. Der sogenannte Josua-Meister der Antwerpener Bibel gehört dazu, das Martyrologium im Diözesanmuseum von Gerona und die herausgeschnittenen Illustrationen des Book of John of Mandeville in der British Library. Diese Buchmalergruppe ist die führende Richtung in der Prager Buchmalerei schon seit dem ersten Jahrzehnt des 15. Jahrhunderts und bleibt es bis in die zwanziger Jahre. Stilanalytisch läßt sich erschließen, daß westliche Vorbilder, mindestens im gleichen Maße aber auch oberitalienische, verarbeitet worden sein müssen. Die Buchmalergruppe dürfte zumindest enge Verbindungen zur Tafelmalerei gehabt haben. Das läßt sich aus technischen Gewohnheiten schließen, die der Tafelmalerei entstammen, ebenso aber auch aus der Bevorzugung einer strenger bildmäßigen Auffassung.
Abbildung:
72 Schöpfungsgeschichte, um 1415

WERKSTATT DER WENZELSBIBEL
tätig um 1390–1410 in Prag
Eigentlich handelt es sich um eine lockere Verbindung von mehreren Malerateliers, die wiederum aus verschiedenen, zum Teil durchaus unterscheidbaren Malerpersönlichkeiten bestehen, von denen uns einzelne durch ihre Signatur namentlich bekannt sind. Andere haben aufgrund ihres deutlichen Persönlichkeitsprofils einen Notnamen bekommen. Dennoch ist es erlaubt, diese verschiedenen Maler und Ateliers zusammenzufassen und unter dem Obertitel »Werkstatt der Wenzelsbibel« zu führen. Aufgrund ihrer Tätigkeit für die großen Privataufträge des Königs mußten sie bis zu einem gewissen Grade in die esoterische Symbolik und in die Geschmacksvorlieben eingeweiht sein. Es muß unter ihnen führende Köpfe mit engeren Verbindungen zum Kreis der Höflinge und Günstlinge des Königs gegeben haben, die die Bedeutung der Privatsymbolik kannten und sich die zuweilen witzigen Korrespondenzen zwischen Hauptbild und Marginalillustration ausgedacht haben. Künstlerischer Ausgangspunkt der ganzen Richtung ist die ältere böhmische und die italienische, vor allem bolognesische Buchmalerei. Mit dem Ende des Mäzenatentums des Königs um 1405 – die Wenzelsbibel zum Beispiel wurde nicht vollendet – löste sich die Werkstatt wieder in ihre einzelnen Ateliers auf.
Abbildung:
70 Titelillustration des »Quadripartitus« des Ptolemäus, um 1395–1400

WESSELMANN Tom
* 1931 Cincinnati
Wesselmann studierte zuerst von 1951–1955 an der Universität seiner Heimatstadt Psychologie, dann besuchte er die dortige Kunstakademie und anschließend die Cooper Union in New York, wo er seither lebt. Wesselmann gehört zu den wichtigen Künstlern der amerikanischen Pop Art. Er begann mit Collagen, die von Matisse und de Kooning beeinflußt waren, zwei sehr gegensätzlichen Vorbildern. Dann malte er immer wieder Interieurs, bunt und plakativ, oft mit weiblichen Aktfiguren – ein Thema, zu dem er immer wieder zurückkehren wird. Gleichzeitig machte er Collagen aus Abbildungen von Lebensmitteln und Speisen. Teilweise produzierte er diese Themen als Relief. Am berühmtesten ist seine seit den frühen sechziger Jahren entstandene Serie »Great American Nudes«. In den siebziger Jahren entstanden Bilder auf freistehenden Leinwänden, die die Grenze zwischen Malerei und Skulptur aufheben. Seit etwa 1983 stellt er vor allem Zeichnungen her, die auf Aluminium oder Stahl übertragen und ausgeschnitten werden.
Abbildung:
661 Badewanne Nr. 3 (Bathtub 3), 1963

WEST Benjamin
1738 Springfield (Pennsylvania)–1820 London
West begann als Porträtmaler in Philadelphia und New York. Ein Auftraggeber konnte ihn für die Historienmalerei erwärmen, der »Tod des Sokrates« (Nazareth, Pennsylvania, Sammlung Stites) war sein erster Versuch in dieser Gattung. Gönner ermöglichten ihm als erstem amerikanischen Künstler eine Stipendienreise nach Rom, wo er in Kardinal Albani einen Förderer fand und mit Mengs Freundschaft schloß sowie mit Johann Joachim Winckelmann und den führenden Künstlern des damaligen Rom verkehrte. Florenz und Parma nahmen ihn als Akademiemitglied auf. Auf seiner beabsichtigten Heimreise machte West 1763 in London Station, wo er sich endgültig niederließ. Er erlebte hier eine glänzende Karriere, wurde Gründungsmitglied der 1768 gegründeten Royal Academy und 1772 zum königlichen Historienmaler ernannt. In London wurde West auch zum eigentlichen Begründer der amerikanischen Schule. Copley, Trumbull, Sully, Stuart und Pratt wurden von ihm unterrichtet.
Abbildung:
391 Colonel Guy Johnson, um 1775/76

WEYDEN Rogier van der
um 1400 Tournai–1464 Brüssel
Rogier ist die überragende Persönlichkeit der niederländischen Malerei in der Nachfolge der Brüder Jan und Hubert van Eyck. Zugleich hat er wie kein anderer Maler des 15. Jahrhunderts außerhalb Italiens Formeln geprägt – und zwar sowohl im Hinblick auf Kompositionen als auch auf Figurenerfindungen –, die im gesamten Bereich der Malerei nördlich der Alpen aufgegriffen wurden. Auch darf, besonders in maltechnischer Hinsicht, sein Einfluß auf Italien nicht unterschätzt werden, wo er als einer der bedeutendsten Maler seiner Zeit galt. Erstaunlich spät, 1427, ist Rogier bei Campin in der Lehre. Das Jugendwerk Rogiers mit dem Campins zu identifizieren, wie früher häufig versucht wurde, dürfte nicht haltbar sein. Erst 1432 Meister, wird Rogier 1436 Stadtmaler von Brüssel. Eine Reise nach Rom zum Heiligen Jahr 1449/50 bewirkt eine der wichtigsten Begegnungen zwischen der Kunst nördlich und südlich der Alpen während des gesamten 15. Jahrhunderts. Rogier geht, bei Klärung des anatomischen Aufbaus, von dem plastischen Figurenideal Campins, auch Jan van Eycks, aus und vervollkommnet die perspektivische Wiedergabe von Räumen und Landschaften. Unmittelbare Rückgriffe auf die älteren Meister – etwa in den in mehreren Versionen erhaltenen Darstellungen des hl. Lukas, der die Madonna malt, auf van Eycks Rolin-Madonna (Abb. S. 123) – treten seit etwa 1440 zunehmend hinter dem Bemühen um einen kunstvollen Ausgleich zwischen Raum und Fläche zurück. Die Figuren werden schlanker proportioniert, Gewänder und Schmuck der Innenräume gewinnen an Eleganz, die naturgetreue Wiedergabe des Details nimmt gegenüber dem großen Gesamtkonzept an Bedeutung zu.
Abbildungen:
88 Altar der sieben Sakramente, Mittelteil: Kreuzigung in einer Kirche, um 1445
127 Maria mit Kind und den Heiligen Petrus, Johannes, Cosmas und Damiann (Medici-Madonna), um 1450
127 Kreuzabnahme, um 1435–1440
128 Anbetung der Könige (Columba-Altar), um 1455
129 Maria Magdalena, um 1452
129 Grablegung, um 1450

WHISTLER James Abbot McNeill
1834 Lowell (Massachusetts)–1903 London
Whistler wuchs in Neuengland auf. 1843 zog die Familie nach Rußland, wo er 1845 den ersten Zeichenunterricht an der Akademie in St. Petersburg erhält. Nach dem Tod des Vaters 1849 Rückkehr nach Amerika. 1851 tritt er für drei Jahre in die Militärakademie in West Point ein. 1855 beginnt er seine Ausbildung als Maler in Paris und studiert 1856 im Atelier von Gleyre. Für die künstlerische Entwicklung bedeutsam sind die Begegnungen mit Fantin-Latour und Courbet; er ist auch mit Monet, Manet und Degas befreundet. 1859 wird er vom Salon zurückgewiesen und zieht nach London. In den sechziger Jahren beeinflußt ihn der Japonismus. 1866 Reise nach Chile. 1886–1888 Präsident der »Society of British Artists«. Um 1870 erste »Nocturnes« mit dem Thema der Themselandschaft, die dazu dienen, die Wiedergabe eines poetischen Stimmungsgehalts und Übereinstimmung bildlicher und musikalischer Harmonie zu verdeutlichen. Dieses Thema beschäftigt ihn das folgende Jahrzehnt über. Seit den siebziger Jahren malt er vermehrt Porträts, die bis in die neunziger Jahre seine Haupteinnahmequelle bilden. 1878 Beleidigungsklage gegen Ruskin, die ihn trotz eines moralischen Sieges in den Bankrott treibt. 1886–1888 ist er Präsident der »Society of British Artists«. 1892 erfolgreiche Einzelausstellung in der Goupil Gallery in London. Whistler war stark dem Ästhetischen verhaftet, den subtilen Reizen zarter Farbnuancen und Tonwerte und schuf Porträts, Landschaften und Interieurs von großem Zauber. Seine Malweise ist weniger mit der analytischen Technik des Impressionismus zu vergleichen als vielmehr mit dem Farbenimpressionismus, der bereits im 17. Jahrhundert entwickelt wurde.
Abbildungen:
538 Rosa und Silber: Die Prinzessin des Porzellanlandes, 1864
538 Caprice in Purple and Gold, No. 2: The Golden Screen, 1864

WILKIE David
1785 Cults (bei Edinburgh)–1841 auf See vor Gibraltar
Wilkie studierte in Edinburgh und seit 1805 in London an der Royal Academy, deren Mitglied er 1811 wurde. Er malte zunächst vorwiegend Porträts. Nach einem ersten großen Ausstellungserfolg 1806 in London mit Genrebildern widmete er sich in den nächsten zwanzig Jahren jedoch fast ausschließlich diesem Zweig der Malerei, der seinen Ruhm begründete. Seine Bilder mit liebenswürdigen, teils karikaturistischen Szenen aus dem schottischen Alltagsleben malte er im Stil der holländischen Genrebilder des 17. Jahrhunderts, vor allem in der Art von Ostade und Teniers. Sie entsprachen dem Bedürfnis des neuen reichen Bürgertums in England, das damals begann, zum reichsten Land der Welt zu werden. Zwischen 1825 und 1828 bereiste er den europäischen Kontinent. Nach seiner Rückkehr wandte er sich besonders der Historienmalerei zu. Die tiefere und leuchtendere Farbgebung sowie die großzügigere, teilweise pompöse Formgebung seiner Bilder lassen einen Einfluß Correggios, Velázquez' und Murillos erkennen. 1840 trat Wilkie eine Orientreise an, die ihn nach Konstantinopel, Jerusalem und Alexandria führte. Auf der Heimfahrt nach England fand er den Tod.
Abbildung:
467 Die Testamentseröffnung, 1820

WILSON Richard
1714 Penegoes (Wales)–1782 Colommendy (Wales)
Wilson begann als Schüler Thomas Wrights in London und spezialisierte sich wie dieser zunächst auf die Porträtmalerei. Die obligatorische Italienreise führte ihn von 1750–1758 zunächst nach Venedig und dann nach Rom. Der Süden bestärkte seine Neigung zur Landschaftsmalerei, als deren für England zukunftsweisender Vertreter er gilt. Auf eine keineswegs eklektische Weise verstand er es, die Errungenschaften der kontinentalen Landschaftskompositionen eines Poussin, Lorrain und Vernet zu vereinen. Auch fehlen nicht Einflüsse der holländischen romanisierenden Landschaftsmalerei des späten 17. Jahrhunderts. Seine größte Leistung aber ist wohl das englische Landschaftsporträt, in dem er mit topographischer Sorgfalt, einer ausgeglichenen Verteilung der Hell-Dunkel-Massen und subtil abgestuften Farbreihen die Weite und Ruhe der englischen Seen und Gebirge erfaßt (Abb. S. 387).
Abbildung:
387 Blick von Llyn Nantlle auf den Snowdon, um 1766

WILTON-DIPTYCHON → Meister

WITTE Emanuel de
um 1617 Alkmaar–1692 Amsterdam
Zunächst malte de Witte, der 1636 in Alkmaar in die Lukasgilde eintrat, mythologische und religiöse Szenen sowie Porträts. Als er um 1640 nach Delft zog, wurde er – vielleicht durch die Perspektivkunst von Fabritius angeregt – zu einem Spezialisten für Kircheninterieurs. Seit 1651, als er nach Amsterdam übersiedelte, bis zu seinem Tod durch Selbstmord malte er fast ausschließlich Innenansichten von Kirchen. Aber anders als Saenredam, dem es auf topographisch exakte Wiedergabe ankommt, bildet de Witte auch Phantasieräume ab oder vermischt Ansichten verschiedener Kirchen zu einem Bild. Er wählt ungewöhnliche Raumausschnitte, in denen die Architekturelemente, meist schräggestellt und überschnitten, auf typisch Delfter Weise im wandernden und spielenden Licht geschildert sind. Die so entstehende Stimmung scheint der eigentliche Bildgegenstand zu sein. Kirchenbesucher, als Staffagefiguren effektvoll im Vordergrund plaziert und in Unterhaltung oder beim Anhören der Predigt begriffen, meist von Hunden begleitet, vermitteln einen Eindruck von der Weite der Räume und beleben die Atmosphäre.
Abbildung:
320 Kircheninneres, um 1660

WITTINGAU → Meister

WITZ Konrad
um 1400 Rottweil–1445 Basel oder Genf
Witz ist die vielseitigste Begabung in der deutschen Malerei der ersten Hälfte des 15. Jahrhunderts. Seine Bedeutung kann in verschiedener Hinsicht mit der Masaccios und Jan van Eycks verglichen werden. Seine Heimat Rottweil, ein wichtiges Handelszentrum außerhalb feudaler oder kirchlicher Autorität, wird seinen Weg zur künstlerischen Erfassung der diesseitigen Wirklichkeit entscheidend mitbestimmt haben, ohne daß wir einstweilen über seine Lehrzeit Genaueres sagen könnten. Die historische Überlieferung bietet uns nur wenige Anhaltspunkte für Leben und Werk: 1434 wird »Meister Konrad von Rotwil« in die Basler Him-

melzunft (die Malerzunft) aufgenommen. Im selben Jahr erwirbt er das Basler Bürgerrecht. Signatur und Datum 1444 auf dem Gemälde »Petri Fischzug« (Abb. S. 142) des Genfer Altars sind die letzten bekannten Nachrichten über Leben und Werk. Witz setzt sich in gleichem Maße mit den Problemen der malerischen Wiedergabe plastischer Figuren wie mit der perspektivischen Konstruktion von Räumen auseinander. In der Wiedergabe der farbig gefaßten »Statue« (Heilsspiegelaltar) geht Witz über die gleichaltrigen Italiener (Masaccio) und Niederländer (Jan van Eyck) in einem Maße hinaus, daß man gelegentlich an eine Tätigkeit auch als Bildschnitzer gedacht hat, die freilich nicht nachweisbar ist. Seine Innenräume (»Verkündigung« in Nürnberg; »Maria und Katharina in der Kirche«, Straßburg) arbeiten zwar mit einer mathematisch nicht exakten »Erfahrungsperspektive«, erreichen aber ein hohes Maß an Tiefensuggestion. In Landschaft und Architekturwiedergabe strebt Witz »Porträtähnlichkeit« an. Die Berührung mit niederländischer Malerei darf als sicher angenommen, die Kenntnis italienischer Kunst nicht ausgeschlossen werden.

Abbildungen:
142 Sabothai und Benaja, um 1435
142 Der wunderbare Fischzug Petri, 1444

WOLS (Alfred Otto Wolfgang Schulze)
1913 Berlin–1951 Paris
Schulze, der sich 1937 Wols nannte, zog 1919 mit seiner Familie nach Dresden. 1932 ging er nach Berlin, um sich zur Aufnahme am Bauhaus zu bewerben. Moholy-Nagy riet ihm jedoch, nach Paris zu gehen. Dort schrieb er, malte und arbeitete als Porträtphotograph und war mit Max Ernst, Léger, César Domela, Arp und Amédée Ozenfant befreundet. 1937 bekam er seinen ersten großen Auftrag als Photograph für die Pariser Weltausstellung. 1939 wurde er bei Kriegsausbruch interniert. Nach seiner Flucht 1940 lebte er versteckt in Cassis bei Marseille, wo er zeichnete und aquarellierte. 1942 floh er vor den Deutschen nach Montélimar und traf dort den Schriftsteller Henri-Pierre Roché, der ihn unterstützte und förderte. Eine erste Ausstellung seiner Aquarelle 1945 in der Galerie Drouin war erfolglos. Ein Jahr später kehrte er nach Paris zurück, und eine Ausstellung 1947 in der gleichen Galerie wurde zur Sensation. Er lernte Sartre und Simone de Beauvoir kennen, die ihm nun Hilfe gewährten. Mit Giacometti und Mathieu verbanden ihn künstlerische Interessen. Seine Zeichnungen, Aquarelle und Gemälde waren zunächst durch den psychischen Automatismus der Surrealisten beeinflußt, entstanden unter Drogen- und Alkoholeinfluß. Später interessierte ihn mehr die Verbindung von heftigen Pinselstrichen mit einer zum Relief tendierenden Malstruktur.

Abbildung:
641 Le Bateau ivre (Das trunkene Schiff), 1945

WOOD Grant
1892 Anamosa (Iowa)–1942 Iowa City
Wood studierte 1910/11 an der Minneapolis School of Design and Handicraft, arbeitete in der Folge als Designer und hatte 1914–1916 mit Christopher Haga in Chicago eine Silberwerkstatt. 1920 reiste er nach Paris, wo er 1923/24 die Académie Julian besuchte. Seine anfänglich noch impressionistisch gemalten Landschaften und Porträts wandelten sich, beeinflußt durch die deutsche Renaissancekunst und die »Neue Sachlichkeit«, die er 1928 auf einer Deutschlandreise kennenlernte, zu einem harten, präzisen Realismus. Nach seiner Rückkehr in die USA gründete er 1932 die Stone City Colony and Art School (Iowa) und lehrte zwischen 1934 und 1941 an der University of Iowa. Seine kompromißlosen Porträts der Farmer und Kleinbürger des mittleren Westens und seine Landschaftsgemälde lassen ihn zu einem bedeutenden Vertreter des amerikanischen Realismus werden.

Abbildung:
601 Amerikanische Gotik, 1930

WRIGHT Joseph (Wright of Derby)
1734 Derby–1797 Derby
Wright lernte bei Thomas Hudson in London. 1771 wurde er Mitglied der Society of Art und 1784 in die Royal Academy aufgenommen. Eine Italienreise von 1773–1775 verschaffe ihm Einblicke in die Malweise und -technik der alten Meister. Vor allem Caravaggio und seine Nachfolger scheinen ihn fasziniert zu haben, wie die Behandlung des Lichts in Wrights späterer Malerei zeigt. Nach England zurückgekehrt, arbeitete er in Bath als Porträtist, entdeckte aber dann das »wissenschaftliche Gesellschaftsstück« als Aufgabe (Abb. S. 382). Mit raffinierten Beleuchtungseffekten verstand er es, Pathosformen in die scheinbar sachliche Atmosphäre seiner Arbeits- und Gesellschaftsstücke einzubringen. Auch seine Landschaftsmalerei lebt in erster Linie von der differenzierten Behandlung des Lichts und der Beleuchtung.

Abbildung:
382 Das Experiment mit dem Vogel in der Luftpumpe, 1768

ZICK Januarius
(auch: Johann Rasso Januarius Zickh)
1730 München–1797 Ehrenbreitstein
Zick erhielt seine Ausbildung von seinem Vater, dem Maler Johann Zick, der ein Vertreter der »Rembrandt-Mode« des Rokoko in der Staffeleimalerei war, als Freskant aber in der Tradition Asams und Bergmüllers stand. Januarius ging 1757 nach Rom, um bei Mengs seine Ausbildung zu vervollständigen. Dennoch blieb er der Bildsprache des süddeutschen Rokoko treu, wenngleich sich in seinem Werk durchaus deutliche Züge eines gemäßigten Klassizismus finden. Sein erster bedeutender Auftrag war die Ausstattung des Watteau-Zimmers in Schloß Bruchsal von 1759, sein Hauptwerk die Fresken der Klosterkirche von Wiblingen 1778–1780. Nicht nur als Freskant, sondern auch als Tafelbildmaler, Radierer und Architekt ist Zick eine herausragende Künstlergestalt in der kritischen Übergangszeit vom Rokoko zum Klassizismus.

Abbildung:
395 Der Hüttenherr Gottfried Peter de Requilé mit zwei Söhnen und dem Gott Merkur, 1771

ZIMMERMANN Johann Baptist
1680 Gaispoint (bei Wessobrunn)–1758 München
Zimmermann wuchs in dem künstlerischen und handwerklichen Milieu Wessobrunns auf, das für seine Stukkatorenschule berühmt ist. Seine Ausbildung als Maler erhielt er in Augsburg. Bis 1720 scheint Zimmermann nur als Stukkateur gearbeitet zu haben. Als Freskant hat er vor allem in Zusammenarbeit mit seinem Bruder Dominikus, dem Architekten, bedeutende Gesamtkunstwerke geschaffen (zum Beispiel Kirche Steinhausen, 1730/31). Während in den übrigen europäischen Ländern die Freskomalerei schon in der ersten Hälfte des 18. Jahrhunderts mit wenigen Ausnahmen im Niedergang begriffen ist und abstirbt, treibt sie in Süddeutschland kostbare Blüten. Der Generation Asams zugehörig, ist Zimmermann (zusammen mit seinem Bruder) der Hauptmeister des frühen bayerischen Rokoko. Wesentliches Merkmal seiner Deckenmalerei ist die Abkehr von illusionistischer Scheinarchitekturmalerei, die Einbringung terrestrischer Zonen an den Bildrändern, wodurch der geöffnete Himmelsraum Landschaftsausschnitten mit bukolischem oder idyllischem Charakter zugeordnet wird (Hofkirche St. Michael in Berg am Laim, München, 1739; Festsaal im Schloß Nymphenburg, München, 1757). Architektur, Ornament und Bild greifen an den Bildrändern ineinander. Höhepunkt seiner Kunst ist die Ausstattung der Wieskirche, des Spätwerks seines Bruders, in der Zimmermann die vollkommene farbige und luminöse Durchgestaltung des Raumes erreicht hat.

Abbildung:
392 Die Nymphe als Symbolgestalt Nymphenburgs, 1757

ZURBARÁN Francisco de
1598 Fuente de Cantos (Estremadura)–1664 Madrid
Bei einem unbekannten Faßmaler ging Zurbarán ab 1616/17 in Sevilla in die Lehre. 1617 kehrte er in die Nähe seines Heimatortes zurück und betrieb eine Massenproduktion religiöser Kunst für die Klöster Sevillas. Sein Werk wird, neben bedeutenden Stilleben, von sakralen Themen im Sinn der gegenreformatorischen Bestrebungen beherrscht. Bis in die dreißiger Jahre hinein dominiert ein kontrastreiches, an Herrera d. Ä. geschultes Helldunkel. Wenngleich sich dies später zu einer ausgeglicheneren, beruhigteren Malweise hin wandelte, blieben seine Bilder doch zeitlebens von herber, oft monumentaler Strenge bestimmt. Äußerlich sind sowohl seine Stilleben als auch seine figürlichen Darstellungen von einer nahezu reglosen Statuarik. In Sevilla, wo er sich 1629 niedergelassen hatte, erlebte er den Höhepunkt seines Ruhms, stattete Klöster mit umfangreichen Zyklen und Altarblättern aus, aber dort mußte er sich auch dem Erfolg Murillos beugen, der seinen Niedergang bedeutete. 1634 noch war er zum »Pintor del Rey« ernannt worden, ein Jahrzehnt später versuchte er schon, seine Einkünfte durch Kunsthandel notdürftig aufzubessern. 1658 siedelte er schließlich nach Madrid über, wo er dem Santiago-Orden beitrat. Caravaggio, Velázquez, El Greco, Cotán, Dürer, Raffael und Tizian hinterließen Spuren in seinem Werk, das dennoch eines der eigenwilligsten in der spanischen Malerei ist.

Abbildungen:
262 Der Tod des hl. Bonaventura, 1629
262 Besuch des hl. Hugo von Grenoble im Refektorium der Kartäuser, um 1633
263 Die hl. Margareta, um 1630–1635
264 Der hl. Franziskus in Ekstase, um 1660
264 Stilleben mit Zitronen, 1633

Danksagung

Herausgeber und Verlag danken den Museen und öffentlichen Sammlungen, den Galerien und privaten Sammlern, den Archiven und Photographen und allen anderen, die uns bei der Arbeit an diesem Werk unterstützt haben. Herausgeber und Verlag haben sich entsprechend den gesetzlichen Bestimmungen des Urheberrechts intensiv bemüht, das Copyright bei den Künstlern, deren Erben oder Bevollmächtigten und bei den Urhebern der photographischen Aufnahmen einzuholen und abzugelten. Bei der großen Anzahl von Künstlern war dies trotz intensiver Recherchen in einigen wenigen Fällen nicht möglich. Sollten deshalb noch Ansprüche bestehen, so werden die Rechteinhaber oder deren Bevollmächtigte gebeten, sich an den Verlag zu wenden.
Das Copyright für die abgebildeten Werke liegt, sofern nicht eigens angeführt, bei den Künstlern, deren Erben oder Bevollmächtigten bzw. deren Rechtsnachfolgern: Albers: © VG Bild-Kunst, Bonn, 1995. – Appel: © De Tulp Pers, Hilversum. – Bacon: © Marlborough Fine Art, London. – Balla: Erben Giacomo Balla. – Balthus: © VG Bild-Kunst, Bonn, 1995. – Baselitz: © Galerie Michael Werner, Köln und New York. – Basquiat: © VG Bild-Kunst, Bonn, 1995. – Baumeister: © VG Bild-Kunst, Bonn, 1995. – Beckmann: © VG Bild-Kunst, Bonn, 1995. – Beuys: © VG Bild-Kunst, Bonn, 1995. – Blake: © Waddington Galleries Ltd, London. – Bonnard: © VG Bild-Kunst, Bonn, 1995. – Botero: © Fernando Botero. – Braque: © VG Bild-Kunst, Bonn, 1995. – Brauner: © VG Bild-Kunst, Bonn, 1995. – Burri: © Erben Alberto Burri. – Carrà: © VG Bild-Kunst, Bonn, 1995. – Chagall: © VG Bild-Kunst, Bonn, 1995. – Chirico: © VG Bild-Kunst, Bonn, 1995. – Clemente: © Francesco Clemente, New York. – Close: © Chuck Close, New York. – Cucchi: © Enzo Cucchi . – Dalí: © VG Bild-Kunst, Bonn, 1995/Demart pro arte B.V. – Delaunay: © VG Bild-Kunst, Bonn, 1995. – Delvaux: © VG Bild-Kunst, Bonn, 1995. – Denis: © VG Bild-Kunst, Bonn, 1995. – Derain: © VG Bild-Kunst, Bonn, 1995. – Dine: © Pace Gallery, New York. – Dix: © VG Bild-Kunst, Bonn, 1995. – Doesburg: © VG Bild-Kunst, Bonn, 1995. – Dongen: © VG Bild-Kunst, Bonn, 1995. – Dubuffet: © VG Bild-Kunst, Bonn, 1995. – Duchamp: © VG Bild-Kunst, Bonn, 1995. – Dufy: © VG Bild-Kunst, Bonn, 1995. – Ensor: © VG Bild-Kunst, Bonn, 1995. – Ernst: © VG Bild-Kunst, Bonn, 1995. – Estes: © VG Bild-Kunst, Bonn, 1995. – Fautrier: © VG Bild-Kunst, Bonn, 1995. – Feininger: © VG Bild-Kunst, Bonn, 1995. – Fontana: © Archivio Lucio Fontana, Mailand. – Francis: © VG Bild-Kunst, Bonn, 1995. – Freud: © Lucian Freud, London. – Gertsch: © Franz Gertsch, Rüschegg-Heubach. – Giacometti: © VG Bild-Kunst, Bonn, 1995. – Gorky: © VG Bild-Kunst, Bonn, 1995. – Gris: © VG Bild-Kunst, Bonn, 1995. – Grosz: © VG Bild-Kunst, Bonn, 1995. – Guttuso: © Archiví Guttuso. – Hamilton: © VG Bild-Kunst, Bonn, 1995. – Haring: © Keith Haring Estate, New York. – Hartung: © VG Bild-Kunst, Bonn, 1995. – Heckel: © Nachlaß Erich Heckel, Gaienhofen. – Heisig: © VG Bild-Kunst, Bonn, 1995. – Hockney: © Tradhart Ltd., Slough, Berkshire. – Hofmann: © Hans und Maria Hofmann Memorial Galleries, Berkeley. – Hundertwasser: © Jeram Harel Management, Wien. – Indiana: © Star of Hope, Vinalhaven. – Jawlensky: © VG Bild-Kunst, Bonn, 1995. – Johns: © VG Bild-Kunst, Bonn, 1995. – Jones: © Allen Jones, London. – Jorn: © Jon Palle Buhl, Kopenhagen. – Kahlo: © Instituto Nacional de Bellas Artes, Mexico-City. – Kandinsky: © VG Bild-Kunst, Bonn, 1995. – Kelly: © Elsworth Kelly, Spencertown. – Kiefer: © Anselm Kiefer, La Ribante. – Kippenberger: © Martin Kippenberger, Köln. – Kirchner: © Galerie Henze & Ketterer AG, Wichtrach/Bern. – Kitaj: © Ronald B. Kitaj. – Klapheck: © Konrad Klapheck, Düsseldorf. – Klee: © VG Bild-Kunst, Bonn, 1995. – Klein: © VG Bild-Kunst, Bonn, 1995. – Kline: © VAGA Inc., New York. – Kokoschka: © VG Bild-Kunst, Bonn, 1995. – Kooning: © VG Bild-Kunst, Bonn, 1995. – Kupka: © VG Bild-Kunst, Bonn, 1995 . – Lam: © VG Bild-Kunst, Bonn, 1995. – Léger: © VG Bild-Kunst, Bonn, 1995. – Lichtenstein: © VG Bild-Kunst, Bonn, 1995. – Liebermann: © Marianne Feilchenfeldt, Zürich. – Lindner: © VG Bild-Kunst, Bonn, 1995. – Lissitzky: © VG Bild-Kunst, Bonn, 1995. – Louis: © Garfinkle & Associates, Washington. – Lüpertz: © Galerie Michael Werner, Köln und New York. – Magritte: © VG Bild-Kunst, Bonn, 1995. – Marquet: © VG Bild-Kunst, Bonn, 1995. – Masson: © VG Bild-Kunst, Bonn, 1995. – Mathieu: © Georges Mathieu, Paris. – Matisse: © VG Bild-Kunst, Bonn, 1995/Succession Matisse. – Matta: © VG Bild-Kunst, Bonn, 1995. – Mirò: © VG Bild-Kunst, Bonn, 1995. – Moholy-Nagy: © VG Bild-Kunst, Bonn, 1995. – Mondrian: © 1995 ABC/Mondrian Estate/Holzmann Trust. – Morandi: © VG Bild-Kunst, Bonn, 1995. – Motherwell: © VG Bild-Kunst, Bonn, 1995. – Mueller: © VG Bild-Kunst, Bonn, 1995. – Munch: © The Munch Museet/The Munch Ellingsen Group/VG Bild-Kunst, Bonn, 1995. – Nay: © Elisabeth Scheibler-Nay, Köln. – Newman: © Barnett Newman Estate, New York. – Nicholson: © VG Bild-Kunst, Bonn, 1995. – Noland: © VG Bild-Kunst, Bonn, 1995. – Nolde: © Stiftung Seebüll Ada und Emil Nolde, Neukirchen-Seebüll. – Oehlen: © Albert Oehlen, Hamburg. – Paladino: © Mimmo Paladino, Mailand. – Pechstein: © Max Pechstein Urhebergemeinschaft, Hamburg. – Penck: © Galerie Michael Werner, Köln und New York. – Picabia: © VG Bild-Kunst, Bonn, 1995. – Picasso: © VG Bild-Kunst, Bonn, 1995. – Poliakoff: © VG Bild-Kunst, Bonn, 1995. – Polke: © Sigmar Polke, Köln. – Pollock: © VG Bild-Kunst, Bonn, 1995. – Rainer: © Atelier Arnulf Rainer, Wien. – Rauschenberg: © VG Bild-Kunst, Bonn, 1995. – Ray: © VG Bild-Kunst, Bonn, 1995. – Reinhardt: © VG Bild-Kunst, Bonn, 1995. – Richter: © Gerhard Richter, Köln. – Rivera: © Kettenmann de Doniz, Mexico City. – Rosenquist: © VG Bild-Kunst, Bonn, 1995. – Rothko: © VG Bild-Kunst, Bonn, 1995. – Rouault: © VG Bild-Kunst, Bonn, 1995. – Ryman: © John Weber Gallery, New York. – Schlemmer: © Familien-Nachlaß Oskar Schlemmer. – Schmidt-Rottluff: © VG Bild-Kunst, Bonn, 1995. – Schnabel: © Julian Schnabel, New York. – Schumacher: © VG Bild-Kunst, Bonn, 1995. – Schwitters: © VG Bild-Kunst, Bonn, 1995. – Severini: © VG Bild-Kunst, Bonn, 1995. – Signac: © VG Bild-Kunst, Bonn, 1995. – Slevogt: © VG Bild-Kunst, Bonn, 1995. – Soulages: © VG Bild-Kunst, Bonn, 1995. – Staël: © VG Bild-Kunst, Bonn, 1995. – Stella: © VG Bild-Kunst, Bonn, 1995. – Still: © Clifford Still, New Windsor. – Stuck: © Eva Heilmann, Baldham. – Sutherland: © VG Bild-Kunst, Bonn, 1995. – Taaffe: © Philip Taaffe, New York. – Tanguy: © VG Bild-Kunst, Bonn, 1995. – Tàpies: © VG Bild-Kunst, Bonn, 1995. – Thorn-Prikker: © Erben des Künstlers. – Tobey: © VG Bild-Kunst, Bonn, 1995. – Toorop: © Erben des Künstlers. – Tübke: © VG Bild-Kunst, Bonn, 1995. – Twombly: © Cy Twombly, Rom. – Utrillo: © VG Bild-Kunst, Bonn, 1995. – Vasarely: © VG Bild-Kunst, Bonn, 1995. – Vieira da Silva: © VG Bild-Kunst, Bonn, 1995. – Vlaminck: © VG Bild-Kunst, Bonn, 1995. – Vuillard: © VG Bild-Kunst, Bonn, 1995. – Warhol: © VG Bild-Kunst, Bonn, 1995. – Wesselmann: © VG Bild-Kunst, Bonn, 1995. – Wood: © VG Bild-Kunst, Bonn, 1995. – Wols: © VG Bild-Kunst, Bonn, 1995.

Die Standorte und Eigentümer der abgebildeten Werke sind in den Bildlegenden vermerkt, sofern diese nicht ungenannt bleiben wollten oder dem Herausgeber nicht bekannt waren. Im folgenden sind die Archive und Bildrechteinhaber genannt, die uns unterstützt haben. Ihnen danken wir für ihre Mitarbeit. Für Hinweise auf fehlende oder irrtümliche Angaben sind Herausgeber und Verlag dankbar. Die Zahlen beziehen sich auf die Buchseiten, die Abkürzungen bedeuten: o = oben, u = unten.
Antella (Firenze), Scala Istituto Grafico Editoriale S.p.A.: 4o. – Basel, Öffentliche Kunstsammlung, Kunstmuseum Basel: 599o. – Berlin, Archiv für Kunst und Geschichte: 36u, 39, 44u, 54, 78, 118f., 122, 144o, 203u, 204, 246o, 533o. – Bottrop, Dr. U. Schumacher: 643u. – Città del Vaticano, Monumenti Musei e Gallerie Pontificie (Foto: A. Bracchetti/P. Zigrossi): 168f. – Ecublens, Archiv André Held: 242o, 243, 305o, 315o, 320u, 321o, 322o, 324o 332o, 332u, 349u, 355, 365u, 423o, 424u, 437, 442u, 443u, 444f., 449, 495, 501u, 502u, 509u, 510, 517o, 521u, 523, 524o, 572o, 602u, 638o. – Florenz, Raffaello Bencini: 94f. – Graz, Akademische Druck – und Verlagsanstalt: 27o, 27u. – Köln, Galerie Michael Werner: 674o. – Kopenhagen, Petersen: 461o, 461u. – London, Tate Gallery: 465, 466o. – Luzern, Faksimile Verlag Luzern: 62u, 63, 64o, 64u. – Mailand, Gruppo Editoriale Fabbri: 29, 50f., 100f., 108o, 110u, 113u, 115, 117o, 117u, 133, 161u, 164o, 166o, 166u, 171o, 171u, 183u, 184o, 196o, 197o, 200o, 202o, 202u, 225o, 226u, 231u, 233u, 235o, 238o, 239o, 239u, 241u, 246u, 248o, 252u, 253u, 262u, 265o, 290o, 295o, 298o, 299u, 306o, 316o, 333, 351, 354o, 354u, 359, 360o, 364, 365o, 367o, 367u, 368u, 370o, 370u, 373o, 374u, 376o, 376u, 378u, 388o, 391o, 426, 427u, 434o, 443o, 454u, 462u, 463o, 463u, 530o, 530u, 532o, 538o, 538u, 641u. – München, Archiv Alexander Koch: 58u, 76o, 103o, 104f., 106u, 112o, 114o, 116o, 123o, 126o, 126u, 127u, 131u, 136, 137, 138u, 140u, 142u, 144u, 178o, 179o, 183o, 184u, 187u, 188o, 189o, 189u, 190o, 192o, 192u, 193, 194, 195o, 195u, 196u, 198o, 201o, 201u, 205u, 210o, 211, 212o, 228o, 229o, 229u, 236u, 241o, 242u, 244u, 245o, 245u, 247, 249, 254o, 255u, 256o, 260o, 260u, 261, 263, 264o, 265u, 266o, 266u, 269o, 269u, 270u, 271, 272o, 272u, 287o, 288o, 288u, 289, 291, 293, 297, 298u, 300o, 300u, 301o, 301u, 302u, 303, 304o, 304u, 307o, 308o, 308u, 309, 310o, 311u, 314, 317o, 317u, 319o, 319u, 320o, 321u, 323o, 324u, 325o, 326o, 328o, 329o, 329u, 330o, 330u, 331, 334u, 353u, 356, 357o, 363o, 363u, 371, 373u, 374o, 375, 378o, 379o, 379u, 380o, 381, 383u, 384o, 384u, 385, 389o, 389u, 392u, 394o, 395o, 396u, 397o, 397u, 398u, 399, 400, 431, 434u, 440u, 441o, 450u, 451o, 451u, 453, 455o, 455u, 456u, 457o, 457u, 458u, 460o, 464u, 469, 492o, 493, 496o, 499, 500u, 502o, 503, 504u, 506u, 508u, 511o, 512o, 513o, 513u, 515, 516, 517u, 518o, 519o, 526u, 527o, 527u, 529o, 529u, 531o, 531u, 532u, 533u, 534u, 535u, 536o, 536u, 537o, 537u, 542o, 542u, 576u, 578u, 579o, 581u, 583o, 583u, 585u, 586o, 588o, 589o, 589u, 591, 598, 607, 609o, 641o. – München, Bayerisches Nationalmuseum: 70u. – New York, Pace Gallery: 660o, 666u. – Paris, Musée Picasso: 402, 544. – Peißenberg, Artothek: 2, 74u, 77, 127o, 143u, 182u, 185, 186, 191, 197u, 256u, 267, 305u, 310u, 323u, 372, 429, 459, 528o. – Prag, Národní Galerie: 45u. – Tokio, Archiv Kodansha: 227, 559o, 559u. – Venedig, Osvaldo Böhm: 120o, 120u, 377. – Weert, Smeets: 313. – Wien, Kunsthistorisches Museum: 238u. – Wien, Österreichische Galerie, Belvedere (Foto: Fotostudio Otto, Wien): 393o. – Zürich, Thomas Ammann Fine Art: 616, 659. – Die übrigen Vorlagen entstammen den in den Bildlegenden genannten Sammlungen sowie dem Archiv des Herausgebers, dem Archiv des ehemaligen Walther & Walther Verlags, Alling, dem ehemaligen Archiv des KML, München, sowie dem Archiv des Benedikt Taschen Verlags, Köln.

INGO F. WALTHER, Studium der Mediävistik, Literaturwissenschaft und Kunstgeschichte in Frankfurt am Main und München. Veröffentlichungen zur Literatur- und Kunstgeschichte vom Mittelalter bis zum 20. Jahrhundert, u. a.: »Gotische Buchmalerei« (1978), »Sämtliche Miniaturen der Manesse-Liederhandschrift« (1981), »Codex Manesse« (1988). Redaktion der deutschen Ausgaben zahlreicher internationaler Ausstellungskataloge, darunter »Paris – Berlin« (1979), »Salvador Dalí« (1980), »Pablo Picasso« (1980), »Paris – Paris« (1981). Im Benedikt Taschen Verlag erschienen von Walther Monographien über »Vincent van Gogh« (1986), »Pablo Picasso« (1986), »Paul Gauguin« (1988) und »Marc Chagall« (mit Rainer Metzger, 1987), der Werkkatalog »Vincent van Gogh. Sämtliche Gemälde« (mit Rainer Metzger, 1989) sowie die von ihm herausgegebenen großen Monographien über »Pablo Picasso« (1991) und die »Malerei des Impressionismus« (1992). Walther ist Herausgeber von »Malerei der Welt«.

HERMANN BAUER, Promotion 1955 mit einer Arbeit über die Rocaille. 1969–1973 Ordinarius für Kunstgeschichte an der Universität Salzburg, von 1973–1994 in gleicher Funktion an der Universität München. Mitherausgeber und Autor des »Corpus der barocken Deckenmalerei in Deutschland«. Buchveröffentlichungen u. a.: »Der Himmel im Rokoko« (1965), »Kunst und Utopie« (1965), »Kunsthistorik« (1976), »Rubens« (1977), »Holländische Malerei im 17. Jahrhundert« (1979), »Niederländische Malerei im 17. Jahrhundert« (1982), »Johann Baptist und Dominikus Zimmermann« (mit Anna Bauer, 1985), »Kunst in Bayern« (1985), »Klöster in Bayern« (mit Anna Bauer, 1985), »Barock« (1992). Schrieb das Kapitel »Barock in den Niederlanden«.

EVA GESINE BAUR studierte Germanistik, Kunstgeschichte, Musikwissenschaften und Psychologie in München. Nach der Promotion Mitarbeit an einem DFG-Projekt der Universität München, dann Tätigkeit als Journalistin. Redakteurin, stellvertretende Chefredakteurin und Chefredakteurin bei verschiedenen Zeitschriften. Seit 1989 arbeitet sie als freie Journalistin, schreibt fürs Fernsehen und verfaßt Bücher über psychologische Themen und Kunst (»Meisterwerke der erotischen Kunst«, 1995). Schrieb das Kapitel »Rokoko und Klassizismus«.

BARBARA ESCHENBURG, Promotion 1970 über den Bildhauer Christian Daniel Rauch, Mitarbeit an den Katalogen der Neuen Pinakothek in München. 1980–1989 am Münchner Stadtmuseum, seit 1989 am Lenbachhaus in München tätig. Veröffentlichungen u. a.: »Spätromantik und Realismus« (Bestandskatalog der Neuen Pinakothek, 1984), »Landschaft in der deutschen Malerei vom Spätmittelalter bis heute« (1987), »Der Kampf der Geschlechter. Der neue Mythos in der Kunst 1850–1930« (Ausstellungskatalog, Lenbachhaus München, 1995) sowie Aufsätze zur Landschaftsmalerei und zur deutschen Kunst des 19. Jahrhunderts. Schrieb, gemeinsam mit Ingeborg Güssow, das Kapitel »Romantik und Realismus«.

VOLKMAR ESSERS, Promotion 1972 mit einer Arbeit über den Bildhauer Drake. Seit 1975 Kustos an der Kunstsammlung Nordrhein-Westfalen in Düsseldorf. Mitarbeit an didaktischen Ausstellungen, u. a. über Klee, Picasso, Max Ernst und Kandinsky. Buchveröffentlichungen u. a.: »Johann Friedrich Drake« (1976), »Paul Klee« (1992), »Julius Bissier« (1993). Aufsätze u. a. über Pierre Bonnard, René Magritte, Max Ernst und Oskar Schlemmer. Im Benedikt Taschen Verlag erschien von Essers »Henri Matisse« (1986). Schrieb das Kapitel »Klassische Moderne«.

INGEBORG GÜSSOW, Promotion 1971, danach Tätigkeiten u. a. an den Bayerischen Staatsgemäldesammlungen und am Haus der Bayerischen Geschichte in München. Veröffentlichungen zur mittelalterlichen Goldschmiedekunst und zur Museumspädagogik; Ausstellungskatalog »Kunst und Technik der 20er Jahre« (1980). Schrieb, gemeinsam mit Barbara Eschenburg, das Kapitel »Romantik und Realismus«.

CHRISTA VON LENGERKE, Promotion 1980 mit einer Arbeit zur Geschichte der Objektdarstellung von der Antike bis zur Gegenwart. Tätigkeit als Journalistin und Kunstkritikerin, Mitarbeit an Büchern, Katalogen und Ausstellungen. Lehrt seit 1980 Kunstgeschichte an der Universität München. Schrieb die Kapitel »Vom Impressionismus zum Jugendstil« und »Malerei der Gegenwart«.

ANDREAS R. PRATER, Promotion 1974 über die »Cappella Medicea« Michelangelos, Habilitation 1984 über »Licht und Farbe bei Caravaggio«. Seit 1994 Professor für Kunstgeschichte an der Universität Freiburg. Schrieb das Kapitel »Barock«.

ROBERT SUCKALE, Studium in Berlin, Bonn, Paris und München. Seit 1980 Professor für Kunstgeschichte an der Universität Bamberg, seit 1990 an der TU Berlin. Veröffentlichungen u. a.: »Die gotische Architektur in Frankreich 1140–1270« (mit Dieter Kimpel, 1985), »Die Hofkunst Kaiser Ludwigs des Bayern« (1993). Zahlreiche Arbeiten zur europäischen Kunst und Architektur zwischen 1100 und 1530. Schrieb das Kapitel »Gotik«.

MANFRED WUNDRAM, Promotion 1952 mit einer Arbeit über Lorenzo Ghiberti. 1955–1957 Forschungsaufenthalt am Kunsthistorischen Institut, Florenz. 1967/68 Mitglied des Harvard University Center for Renaissance Studies in Florenz. 1970–1989 Professor für mittlere und neuere Kunstgeschichte an der Universität Bochum. Buchveröffentlichungen u. a.: »Donatello und Nanni di Banco« (1969), »Frührenaissance« (1970), »Europäische Baukunst: Renaissance« (1972), »Raffael« (1977), »Renaissance und Manierismus« (1985), »Florenz« (1993). Im Benedikt Taschen Verlag erschien von Wundram »Palladio« (mit Thomas Pape, 1988). Schrieb die Kapitel »Frührenaissance« und »Renaissance und Manierismus«.